中華禮藏

禮經卷　儀禮之屬　第二冊

浙江大學出版社
ZHEJIANG UNIVERSITY PRESS

儀禮疏卷第十九　儀禮卷第八

聘禮第八

○聘禮第八，鄭云："大問曰聘，諸侯相於久無事，使卿相問之禮也。小聘使大夫。"【疏】"聘禮第八"。○鄭《目録》云："大問曰聘，諸侯相於久無事，使卿相問之禮。小聘使大夫。《周禮》曰：'凡諸侯之邦交，歲相問也①，殷相聘也，世相朝也。'於五禮屬賓禮，《大戴》第十四，《小戴》第十五，《別録》第八。"○釋曰：鄭云"大問曰聘"者，則此篇發首所論是也。云"久無事"者，案下記云"久無事則聘焉"，注云"事，謂盟會之屬"，若有事，事上相見，故鄭據"久無事"而言。云"小聘使大夫"者，下經云"小聘曰問，其禮，如爲介，三介"是也。"《周禮》曰"者，《大行人》文，鄭彼注"小聘曰問。殷，中也。久無事，又於殷朝者及而相聘也。父死子立曰世。凡君即位，大國朝焉，小國聘焉，此皆所以習禮考義，正刑一德，以尊天子也，必擇有道之國而就脩之"，然"歲相問，殷相聘"，《聘義》所云"比年小聘，三年大聘"是也。《大行人》云"上公九介，侯伯七介，子男五介"，又云"凡諸侯之卿，其禮各下其君二等"，《聘義》"上公七介，侯伯五介，子男三介"，是諸侯之卿，介各下其君二等者也，若"小聘曰問"使大夫，又下其卿二等。此《聘禮》是侯伯之卿大聘，以其經云五介，"上介奉束錦，士介四人皆奉玉錦"，又云"及竟②，張旃"，孤卿建旃，據侯伯之卿之聘者。必見侯伯之卿聘者，周公作經，互見爲義，此見侯伯之卿大聘，《玉人》云"瑑圭璋八寸，璧琮八寸以覜聘"，據上公之臣③，《公食大夫》俎實云"倫膚七"，據子男之臣，是各舉一邊而言，明五等俱有，是其互見爲義也。

聘禮。君與卿圖事，圖，謀也。謀聘、故及可使者。謀事者必因朝，其位，

---

① "問"下原無"也"字，阮云："毛本、《通解》有'也'字。"《周禮·大行人》亦有"也"字，據補。

② "及"字原作"入"，阮云："陳本、《通解》、《要義》同，毛本'入'作'及'。"作"及"與此經相合，據改。

③ "上"上原無"據"字，四庫本"上"上有"據"字，據補。

君南面，卿西面，大夫北面，士東面。○聘禮，匹正反，問也。因朝，直遥反，後皆同。【疏】"聘禮"至"圖事"。○注"圖謀"至"東面"。○釋曰：自此盡"官具"，論聘人及用幣之事。云"謀聘、故及可使者"，"謀聘"者，爲久無事須聘；"故"，謂有事故，或因聘，或特行，若記云"若有故則卒聘，束帛加書將命"，是因聘者也，晉侯使韓穿來言汝陽之田之類，是特行者也；言"及可使者"，謂於三卿之中，選可使者，即經云"遂命使者"是也。其總三事，皆須謀者也。言"謀事者必因朝"者，欲取對衆共詢之意。云"其位，君南面"已下，知面位然者，此《儀禮》之內見諸侯三朝：燕朝，《燕禮》是也，又射朝，《大射》是也，不見路門外正朝，正朝當與二朝面位同，案《燕禮》、《大射》皆云卿西面，大夫北面，士東面，公降階南面揖之，是以知正朝面位然也。若天子三朝，《射人》見射朝，《司士》見正朝，不見燕朝，以諸侯正朝與燕朝同，明天子燕朝亦與正朝同也。**遂命使者。**遂，猶因也。既謀其人，因命之也。聘使卿。○命使，所吏反，下以意求之。【疏】"遂命使者"。○注"遂猶"至"使卿"。○釋曰：云"既謀其人，因命之也"者，謂謀其人，人亦在謀事之中，故云"因命"，即上注"可使者"是也。云"聘使卿"者，以其經云"及竟，張旜"，《周禮·司常》云"孤卿建旜"，故知使卿也。若然，使者自在謀內，審知所聘之國遠近，何以下記云使者"既受行，出，遂見宰，問幾月之資"，注云"古者君臣謀密草創，未知所之遠近，問行用多少"，但所謀之時，經云出聘，不言其國，使者不得審知，故更問之，是以《左氏》吳公子季札來聘①，遂聘齊、晉、衛、鄭之等，下文云"無行，則重賄、反幣"，是亦有歷聘之事也。**使者再拜稽首，辭。**辭以不敏。【疏】"使者"至"首辭"。○注"辭以不敏"。○釋曰：云"辭以不敏"者，鄭取《孝經》曾子曰"參不敏"之辭爲義也。**君不許，乃退。**退，反位也。受命者必進。【疏】"君不許乃退"。○注"退反"至"必進"。○釋曰：知"受命者必進"者，以其云"退"，故知進，乃有退法，是受命前進，近君也。**既圖事，戒上介，亦如之。**既，已也。戒，猶命也。已謀事乃命上介，難於使者易於介。○上介，音界，副也，下放此。易於，以豉反。【疏】"既圖"至"如之"。○注"既已"至"於介"。○釋曰：既謀事，乃命介，在謀後別命之，謀使者是難，謀後命介是易也。**宰命司馬戒衆介，衆介皆逆命，不辭。**宰，上卿，貳君事者也，諸

---

①　"季札"下原無"來聘"二字，曹云："下脱'來聘'。"據補。

侯謂司徒爲大宰①。衆介者，士也，士屬司馬。《周禮》司馬之屬司士，掌“作士適四方，使爲介”。逆，猶受也。○大宰，音泰，官名，下放此。【疏】“宰命”至“不辭”。○注“宰上”至“受也”。○釋曰：天子有六卿，天、地、四時之官，是諸侯兼官而有三卿，立地官司徒兼冢宰，立夏官司馬兼春官，立冬官司空兼秋官，是以《左氏》杜泄云“吾子爲司徒，叔孫爲司馬，孟孫爲司空”，故《禮記·内則》云“后王命冢宰，降德于衆兆民”，鄭云“《周禮》冢宰掌飲食，司徒掌十二教。今一云冢宰，記者據諸侯也。諸侯并六卿爲三，或兼職焉”，是其諸侯并六卿爲三，諸侯以司徒爲冢宰，義與此同。宰，上卿，貳君事，諸侯謂司徒爲宰者也。云“士屬司馬”，引《周禮》者，案司士屬司馬而云“作士適四方，使爲介”，諸侯之司馬亦然，故引以證諸侯司馬戒衆介也。云“不辭”者，是其副使之賤者，故不敢辭。**宰書幣**，書聘所用幣多少也。宰又掌制國之用。【疏】“宰書幣”。○注“書聘”至“之用”。○釋曰：宰即上命司馬兼官者也。云“書聘所用幣多少也”者，謂聘鄰國享君及夫人、問卿之等幣，《周禮·司儀》云“凡諸侯之交，各稱其邦而爲之幣，以其幣爲之禮”，鄭云“幣，享幣也。於大國則豐，於小國則殺”是也。云“宰又掌制國之用”者，案《王制》云“冢宰制國用，必於歲之秒”，是以使之書幣也。**命宰夫官具**。宰夫，大宰之屬也②。命之使衆官具幣及所宜齎。【疏】“命宰夫官具”。○注“宰夫”至“宜齎”。○釋曰：所命者，冢宰司徒命之，以宰夫屬司徒，《周禮·宰夫》“掌百官府之徵令”，故命諸官。云“官具”者，謂使宰夫命諸官各具所行幣，幣在官之府，其司非一，故言“衆官”，幣謂享幣及問大夫、問卿，總具之。“及所宜齎”者，謂行道所用多少皆是。

　　及期，夕幣。及，猶至也。夕幣，先行之日夕，陳幣而視之，重聘也。○先行，悉薦反。【疏】“及期夕幣”。○注“及猶”至“聘也”。○釋曰：自此盡“受書以行”，論陳幣付使者之事。云“夕幣，先行之日夕”，知者，下云“厥明，釋幣于禰”，是行日，明此夕

---

　　①　“宰”上原無“大”字，阮云：“張氏曰：‘注曰：諸侯謂司徒爲宰。又曰：宰夫，宰之屬也。按《釋文》云：大宰音泰，下放此。自宰命司馬而下，皆不見大字。古者天子有大宰，諸侯則以司徒兼爲之。疑注司徒爲宰之句，合稱大宰。又《燕禮》注曰：宰夫，大宰之屬。《大射》注曰：宰夫，冢宰之屬。《公食大夫》注曰：甸人，冢宰之屬。又曰：司宮，大宰之屬。彼不兼大則兼冢，此不應獨稱宰之屬，故又疑注宰之屬也之句，亦有大字，增二大，從《釋文》。’按《集釋》此注有‘大’字，下注無。”據補。

　　②　“宰”上原無“大”字，“宰”亦當爲“大宰”，詳見上文阮校，據補。

是"先行之日夕"也。云"視之"者,正謂賓及衆介視之,故下云"使者朝服,帥衆介夕",注云"視其事"是也。**使者朝服,帥衆介夕**。視其事也。古文帥皆作率。**管人布幕于寢門外**。管,猶館也,館人謂掌次舍帷幕者也。布幕以承幣。寢門外,朝也。古文管作官,今文布作敷。○管人,古緩反,劉音官,管人掌館舍之官,後同。布幕,音莫。【疏】"管人"至"門外"。○注"管猶"至"作敷"。○釋曰:云"館人謂掌次舍帷幕者也"者,案《天官》有《掌舍》、《掌次》、《幕人》等,《掌次》云"有邦事,則張幕設案",《掌舍職》云"爲帷宮,設旌門",又《幕人》云"掌帷幕幄帟綬之事",鄭云"在旁曰帷,在上曰幕。幕或在地,展陳于上",即此布幕是也。館人即彼掌舍,以諸侯兼官,故鄭總言之也。云"布幕以承幣"者①,即下文"官陳幣"是也。云"寢門外,朝也"者,謂路門外,即正朝之處也。下記云"宗人授次,次以帷",則館人與宗人共掌之,若賓客則宗人掌之也。**官陳幣,皮北首西上,加其奉於左皮上,馬則北面,奠幣于其前**。奉,所奉以致命,謂束帛及玄纁也。馬言則者,此享主用皮,或時用馬。馬入則在幕南,皮馬皆乘。古文奉爲卷,今文無則。○玄纁,許云反。皆乘,繩證反。【疏】"官陳"至"其前"。○注"奉所"至"無則"。○釋曰:云"官陳幣"者,即上文"官具"者也,館人布幕於地,官陳幣於其上。云"奉,所奉以致命,謂束帛及玄纁也"者,所奉謂後享時奉入以致命,故知,是以下文享時所致,束帛加璧以享君,玄纁加琮以享夫人,鄭不言璧琮者,璧琮不陳,厥明乃授之。云"馬言則者,此享主用皮,或時用馬"者,主用皮,謂有皮之國,國無皮者乃用馬,故下云"庭實,皮則攝之",鄭注"皮言則者,或用馬也",記云"皮馬相間可也",注"間,猶代也,土物有宜"也。云"馬入則在幕南"者,以經云"馬則北面,奠幣于其前"②,是馬在幕南,故下展幣時云"馬則幕南北面,奠幣于其前"也。知"皮馬皆乘"者,案下賓覿時云"總乘馬",又云"禮玉、束帛、乘皮",是皆乘也。**使者北面,衆介立于其左,東上**。既受行,同位也,位在幕南。【疏】"使者"至"東上"。○注"既受"至"幕南"。○釋曰:云"既受行,同位"者,對未受命行已前,卿大夫、士面位各異,是以記云"使者既受行日,朝同位",鄭注云"謂前夕幣之閒。同位者,使者北面,介立于其左,少退,別其處臣也"是也。知"在幕南"者,幣在幕上,使者

---

① "云"下原無"布"字,阮云:"《要義》同,毛本'云'下有'布'字。按注文有'布'字。"據補。

② "前"下原有"也"字,曹云:"'也'字衍。"據刪。

須視幣，故“在幕南”也。卿、大夫在幕東，西面北上。大夫西面，辟使者。○辟使，音避。【疏】“卿大”至“北上”。○注“大夫”至“使者”。○釋曰：此謂處者，大夫常北面，今與卿同西面，故云“辟使者”。宰入告具于君，君朝服出門左，南鄉。入告，入路門而告。○南鄉，許亮反，下以意求之。【疏】注“入告”至“而告”。○釋曰：朝在路門外，故知“入路門”，至路寢而告君，以其在路寢聽政處故也。史讀書展幣。展，猶校録也。史幕東西面讀書，賈人坐撫其幣，每者曰在。必西面者，欲君與使者俱見之也。○賈人，音嫁，後同，掌物價之官。【疏】“史讀書展幣”。○注“展猶”至“之也”。○釋曰：知“史幕東西面”者，以其君南面，使者北面，故知幕東西面讀之可知，是以鄭云“欲君與使者俱見之也”。知賈人撫幣者，以其賈人主幣行者，故知賈人撫幣受之。其幣，謂官具之者，非直所奉而已。若然，賈人當在幕西東面撫之，亦欲使君與賓俱見之也。宰執書，告備具于君，授使者。使者受書，授上介。史展幣畢，以書還授宰。宰既告備，以授使者。其受授皆北面。【疏】注“史展”至“北面”。○釋曰：云“史展幣畢，以書還授宰”者，以其宰在幕東西面，史居前西面讀書展幣，展幣訖，明迴還授宰，宰以書授使者。云“其受授皆北面”者，當宰以書授使者之時，宰來至使者之東，北面授使者，使者北面授介，三者皆北面，向君故也。公揖入。揖，禮羣臣。【疏】“公揖入”。○釋曰：以展幣授使者訖，禮畢，故入於寢也。官載其幣，舍于朝。待旦行也。【疏】“官載”至“于朝”。○注“待旦行也”。○釋曰：此云“官”，謂官人從賓行者，與前“官陳幣”者異，必知行者，以下文入竟又展之，“有司展羣幣以告”[1]，注云“有司載幣者自展自告”是也。云“待旦行”者，下文“厥明，釋幣，遂行”是也。上介視載者。監其安處之畢，乃出。○監其，古銜反。【疏】“上介視載者”。○注“監其”至“乃出”。○釋曰：經直云“上介視載者”，注云“監其安處之畢，乃出”，不言餘人出，則上文“舍於朝”，不出，待旦則行，以其須守幣故也。所受書以行。爲當復展。○爲當，于僞反，下同。復展，扶又反，下不復入、復校、復請、不復皆同。【疏】“所受書以行”。○注“爲當復展”。○釋曰：書謂前宰授使者，此書將行，“爲當復展”故也。

---

　　① “又展之”下原有“又”字，曹云：“下‘又’字衍。”據刪。

厥明，賓朝服釋幣于禰。告爲君使也。賓，使者。謂之賓，尊之也。天子、諸侯將出告羣廟，大夫告禰而已。凡釋幣，設洗盥如祭。【疏】"厥明"至"于禰"。○注"告爲"至"如祭"。○釋曰：自此盡"亦如之"，論賓與上介將行，告禰之事。云"朝服"者，卿、大夫朝服祭，故還服朝服告也。云"天子、諸侯將出告羣廟"者，案《禮記·曾子問》云"孔子曰：諸侯適天子，必告于祖，奠于禰"，注云"皆奠幣以告之"，是諸侯出告羣廟，案彼下文又云"孔子曰：天子、諸侯將出，必以幣帛皮圭告于祖禰，遂奉以出"，是天子與諸侯同告羣廟之事。云"大夫告禰而已"者，大夫三廟，降天子、諸侯①，不得並告，故直告禰而已，若父在則告祖，知者，下記云"賜饗，唯羮飪，筮一尸，若昭若穆"，注云"筮尸，若昭若穆，容父在。父在則祭祖，父卒則祭禰"，以此言之，明初行時，父在釋幣於祖廟可知。案昭元年，楚公子圍聘於鄭，云"布几筵於莊、共之廟而來"，服氏云"莊，謂楚莊王，圍之祖。共王，圍之父"，是大夫並告羣廟者，彼不告聘，直告娶，故得並告，古者大夫得因聘而娶，故《傳》云"且娶於公孫段氏"是也。云"凡釋幣，設洗盥如祭"者，案《曾子問》云"凡告，用牲幣"，注云"牲，當爲制"，則告無牲，直用幣而已，但執幣須繫，當有洗而盥手，其設洗如祭祀之時，亦洗當東榮，南北以堂深，水在洗東，篚在洗西。必知無祭事者，下文還時云"乃至于禰，筵几于室，薦脯醢，觴酒陳"，鄭云"行釋幣，反釋奠，略出謹入"，是其差也。有司筵几于室中，祝先入，主人從入。主人在右，再拜，祝告，又再拜。更云主人者，廟中之稱也。祝告，告以主人將行也。○之稱，尺證反。【疏】"有司"至"再拜"。○注"更云"至"行也"。○釋曰：云"更云主人者，廟中之稱也"者，上云"賓"，至此更云"主人"，是廟中之稱，故《特牲》、《少牢》皆稱主人，對《聘》稱賓也。釋幣，制玄纁束，奠于几下，出。祝釋之也。凡物十曰束。玄纁之率，玄居三，纁居二。《朝貢禮》云："純，四只。制，丈八尺。"○之率，音律，劉音類。四只，劉音紙。【疏】"釋幣"至"下出"。○注"祝釋"至"八尺"。○釋曰：知祝釋幣者，案《曾子問》"君薨而世子生，大祝裨冕，執束帛，升自西階，命無哭，告曰：'某之子生，敢告。'奠幣於殯東"，則知此亦大祝釋之可知也。云"凡物十曰束"者，案《昏禮》玄纁束，則每卷二丈，自餘行禮云束者，每卷一丈八尺爲制幣，帛錦十卷者皆名束，至於脯十脡亦曰束，故云"凡物十曰束"也。云"玄纁之率，玄居三，纁居二"者，

---

① "天子"下原無"諸侯"二字，曹云："下脱'諸侯'二字。"據補。

言率皆如是也，玄三纁二者，象天三覆地二也。云“《朝貢禮》云：純，四只。制，丈八尺”者，純謂幅之廣狹，制謂舒之長短，《周禮》趙商問“只長八寸，四八三十二，幅廣三尺二寸，大廣非其度”，鄭玄荅云“古積畫誤爲四①，當爲三，三咫則二尺四寸矣”，《雜記》云“納幣一束，束五兩，兩五尋”，然則每卷二丈，若作制幣者，每卷丈八尺爲制，合卷爲匹也。**主人立于户東，祝立于牖西。**少頃之閒，示有俟於神。【疏】注“少頃”至“於神”。○釋曰：案《士虞禮》無尸者出户而聽，若食間，此無祭事，故云“有俟於神”也。**又入，取幣降，卷幣實于笲，埋于西階東。**又入者，祝也。埋幣必盛以器，若藏之然。○于笲，音煩，器名。必盛，音成。**又釋幣于行，**告將行也。行者之先，其古人之名未聞。天子、諸侯有常祀在冬。大夫三祀，曰門、曰行、曰厲。喪禮有毀宗躐行，出于大門，則行神之位在廟門外西方。不言埋幣，可知也。今時民春秋祭祀有行神，古之遺禮乎？躐行，力涉反。【疏】“又釋幣于行”。○注“告將”至“禮乎”。○釋曰：云“行者之先，其古人之名未聞”者，此謂平地道路之神。云“古人名未聞”者，謂古人教人行道路者，其人名字未聞。云“天子、諸侯有常祀在冬”者，《月令》祀行是也，言此者，欲見大夫雖三祀有行，無常祀，因行使始出，有告禮而已，至於出城，又有載祭，祭山川之神，喻無險難也。“大夫三祀，曰門、曰行、曰厲”者，見《祭法》文。云“喪禮有毀宗躐行，出于大門”者，《檀弓》文，案彼云“掘中霤而浴，毀竈以綴足。及葬，毀宗躐行，出于大門，殷道也”，下文“周柩入毀宗”②，雖不云“躐行”，亦有行可知，所毀者，毀廟門西而云“躐行”，明行神在廟門西矣。“不云埋幣，可知”者，承上宗廟埋之，此亦埋可知。云“今時民春秋祭祀有行神，古之遺禮乎”者③，鄭以行神無正文，雖約《檀弓》，猶引漢法爲況，“乎”者，猶疑之矣。若然，城外祭山川之神有載壇，此禮行神亦當有載壤，是《月令》冬祭行，注云“行在廟門外之西，爲載壇，厚二寸，廣五尺，輪四尺”是也。**遂受命。**賓須介來，乃受命也。言遂者，明自是出，不復入。【疏】“遂受命”。○注“賓須”至“復入”。○釋曰：下云“上介及衆介俟于使者之門外”，是其賓須介

---

① “鄭玄”原作“鄭志”，阮云：“《要義》同，毛本、《通解》、楊氏‘志’俱作‘玄’。”據改。

② “周柩入毀宗”，此文不見於《禮記·檀弓》上下篇，鄭注《禮記·曾子問》有“殷柩出毀宗，周柩入毀宗，禮相變也”之語，賈疏誤以鄭注爲《檀弓》文，或有意牽合二者作解。

③ “遺”字原作“餘”，阮云：“《要義》同，毛本‘餘’作‘遺’。按‘遺’與注合。”據改。

來，乃受命也。云"自是出，不復入"者，自釋幣於門，不復更入。若然，則待介於門矣。

上介釋幣亦如之。如其於禰與行。

　　上介及衆介俟于使者之門外。俟，待也，待於門外，東面北上。【疏】"上介"至"門外"。○注"俟待至北上"。○釋曰：自此盡"斂旜"，爲使者與介向君朝受命即行之事。知"待於門外，東面北上"者，上云賓釋幣訖，不復入，明介待賓於大門外，賓出則向君也，言"東面北上"者，依賓客門外之位。**使者載旜，帥以受命于朝。**旜，旌旗屬也。載之者，所以表識其事也。《周禮》曰："通帛爲旜。"又曰"孤卿建旜。"至於朝門，使者北面東上。古文旜皆爲膳。○載旜，之然反，通帛爲旜，孤卿所建。表識，如字，又音志。【疏】"使者"至"于朝"。○注"旜旌"至"爲膳"。○釋曰：云"載之者，所以表識其事"者，人見張旜，則知是孤卿爲使之事，是"表識其事"也。云"《周禮》曰"者，《司常》文。云"至於朝門"者，凡平諸侯三門，臯、應、路，路門外有常朝位，下文君臣皆朝列位，乃使卿進使者，使者乃入至朝，即此朝門者①，臯門外矣。知"北面東上"者，還依展幣之位也。**君朝服南鄉，卿、大夫西面北上，君使卿進使者。**進之者，使者謙，不敢必君之終使己。【疏】"君朝服"至"使者"。○注"進之"至"使己"。○釋曰：此還依展幣之位，知大夫與卿同西面避賓，下文使者還，亦同展幣北面東上位。**使者入，及衆介隨入，北面東上。君揖使者，進之。上介立于其左，接聞命。**進之者，有命宜相近也。接，猶續也。○相近，附近之近。**賈人西面坐啓櫝，取圭，垂繅，不起而授宰。**賈人，在官知物賈者。繅，所以藉圭也。其或拜，則奠於其上。今文繅作璪。○櫝，大木反，函也。繅，音早，圭藉也，注璪同。藉圭，在夜反，後皆放此。【疏】"賈人"至"授宰"。○注"賈人"至"作璪"。○釋曰：云"賈人，在官知物賈者"，謂若《王制》云庶人之在官，府史胥徒之類，以知物賈，故名賈。云"其或拜，則奠于其上"者，故《覲禮記》云"奠圭于繅上"是也。但繅有二種：一者以木爲中幹，以韋衣之，天子五采，公侯伯三采，子男二采，采爲再行，下記及《典瑞》皆有其文，此爲繅也；下記云"絢組尺"及《曲禮下》文"執玉，其有藉

---

① "即此朝門者"，曹云："'即'猶'則'也。"

者則褘”，鄭亦謂之繅①。若韋版爲之者，奠玉於上，此則無垂繅、屈繅之事。若絢組爲之者，所以繫玉於韋版，使不失墜，此乃有屈、垂之法，則此經所云者是也。案向來所注，皆以韋版繅藉解之者，鄭意以承玉及繫玉二者，所據雖異，所用相將，又同名爲繅，是以和合解之，故以韋版爲之者，解絢組之繅也②。**宰執圭，屈繅，自公左授使者**。屈繅者，斂之，禮以相變爲敬也。自公左，贊幣之義。【疏】“宰執”至“使者”。○注“屈繅”至“之義”。○釋曰：云“自公左，贊幣之義”者，《禮記·少儀》云“詔辭自右，贊幣自左”，取地道尊右之法，是贊幣之義，故於公左也。**使者受圭，同面，垂繅以受命**。同面者，宰就使者北面並授之。既授之而君出命矣。凡授受者，授由其右，受由其左。【疏】“使者”至“受命”。○注“同面”至“其左”。○釋曰：知“宰就使者北面”者，以經言“同面”，不見使者進文，使者既先北面，故知“就使者北面並授之”③。既授與使者，即言“受命”，明知“君出命”矣④。云“凡授受者，授由其右，受由其左”者，據此宰由其右授使者，使者受由其左，又據《鄉飲酒》、《鄉射》、《燕禮》獻、酢、酬皆授由其右，受由其左，故云“凡”以廣之。若有所因由，則有授由左，受由右，是以使者反命之時，“宰自公左受玉”，鄭云“亦於使者之東，同面並受。不右使者，由便也”，又賓覿時⑤，士受馬，適右受，鄭云“適牽者之右而受，由便”，又《鄉飲酒》云“受酬者自介右”，鄭云“尊介，使不失故位”，如此者，皆是變例，鄭據平常行事而言也。**既述命，同面授上介**。述命者，循君之言，重失誤。【疏】“既述”至“上介”。○注“述命”至“失誤”。○釋曰：上文授玉訖，君出命，命辭雖不知何語，要知使者既受命，使者又重述君命爲述命，述命者，重失誤。**上介受圭，屈繅，出授賈人，衆介不從**。賈人，將行者，在門外北面。【疏】“上介”至“不從”。○注“賈人”至“北面”。○釋曰：云“衆介不從”者，以上介送圭向外，與賈人，反來，故“衆介不從”，以待之。云“賈人，將行者”，知者，經言“授賈人”，使受之，則是行人主掌此玉，故知“將行者”，對上云賈人出

---

① “謂”字原作“爲”，阮云：“《要義》同，毛本、《通解》‘爲’作‘謂’。”曹云：“‘爲’，阮云《通解》作‘謂’。案‘謂’字是。”據改。

② “解”上原有“以”字，曹云：“‘以’字衍。”據刪。

③ “並”下原有“面”字，曹云：“‘面’字衍。”據刪。

④ “君”字原作“則”，四庫本作“君”，據改。

⑤ “賓”下原有“授”字，曹云：“‘授’字衍。”據刪。

玉者是留者也。知"在門外北面"者，以其使者在門外時皆北面，此賈人不入，明依本北面可知。**受享束帛加璧，受夫人之聘璋、享玄纁束帛加琮，皆如初。**享，獻也。既聘又獻，所以厚恩惠也。帛，今之璧色繒也。夫人亦有聘享者，以其與己同體，爲國小君也，其聘用璋，取其半圭也。君享用璧，夫人用琮，天地配合之象也。圭璋特達，瑞也。璧琮有加，往德也。《周禮》曰："璙圭璋璧琮，以覜聘。"○璋，音章，半圭。加琮，才宗反，劉又音綜，半璧也。繒也，似陵反，又才陵反。妃合，音配，本亦作配。璙圭，大轉反。以覜，他弔反。【疏】"受享"至"如初"。○注"享獻"至"覜聘"。○釋曰：此經中三事，上經已受聘君圭，此經受享君束帛加璧，又受聘夫人璋，又受享夫人琮。案上文夕幣時云"官陳幣，皮北首西上，加其奉於左皮上"，鄭注云"奉，所奉以致命，謂束帛及玄纁也"，則知所陳，直陳束帛及玄纁，不陳璧琮，所以此經受璧琮而連言束帛玄纁者①，以其享時，束帛加璧於其上，玄纁加琮於其上，以相配之物，故兼言束帛玄纁。若然，璧琮後受者②，以其璧琮與圭璋同類，尊之故也。云"帛，今之璧色繒"者，《周禮·大宗伯》云"孤執皮帛"，鄭注亦然，又案《宗伯》云"以蒼璧禮天"，下云"牲幣各放其器之色"，幣即幣帛，禮天之璧用蒼色，則幣帛之色亦蒼色，是"璧色繒"，於漢時云"璧色繒"者，亦因周法，則此束帛亦與璧色同，以其相配，但未知正用何色耳。云"聘用璋，取其半圭"，知半曰璋者，案《周禮·典瑞》云"四圭有邸以祀天，兩圭有邸以祀地，圭璧以祀日月，璋邸射以祀山川"，以上向下差之，以兩圭半四圭，圭璧半兩圭，璋邸射又半圭璧，是半圭曰璋也。云"圭璋特達，瑞也"者，《聘義》云"圭璋特達，德也"，鄭云"特達，謂以朝聘也"，言"瑞"者，《大宗伯》云"以玉作六瑞，公執桓圭"以下皆是瑞，故《尚書》云"班瑞於羣后"，言"特達"者，不加束帛也。云"璧琮有加，往德也"者，謂加於束帛之上，言"往德"者，《郊特牲》云"束帛加璧，往德也"，謂以束帛加璧致厚，往爲主君有德，故以玉致之，君子於玉比德，故言"往德也"，往德義出於彼，鄭言此者，欲見朝聘享用玉之意也③。"《周禮》曰"，《玉人》文，云"璙圭璋璧琮，以覜聘"者，欲見此篇聘賓不用君之所執圭璋，以其公則執桓圭，侯執信圭，伯執躬圭，子執穀璧，男

---

①　"所以此經受璧琮"原作"是以此經受璧"，曹云："'是'當爲'所'，'璧'下當有'琮'字。"據改補。

②　"後"字原作"右"，曹云："'右'當爲'後'。"據改。

③　"聘"字原作"置"，曹云："'置'當爲'聘'。"據改。

執蒲璧，臣出聘，圭璋璧琮則璱之而已，無此桓、信、躬、穀、蒲之文，又所執皆降其君一等，故引之爲證也。　遂行，舍于郊，於此脫舍衣服，乃即道也①。《曲禮》曰："凡爲君使，已受命、君言，不宿於家。"○脫舍，音捨。【疏】"遂行舍于郊"。○注"於此"至"於家"。○釋曰：言"遂行"者，受命則行，不留停，故云"遂行"。言"於此脫舍衣服，乃即道也"者②，上文云賓朝服告禰，乃遂朝君受命③，至此衣服未改，鄭注云"吉時道路深衣"，則此脫舍朝服，服深衣而行，故云"於此脫舍衣服④，乃即道也"。引《曲禮》者，見受君命及君言，言別有告請之事。"遂行，舍於郊"，則彼云"不宿于家"也。　斂旜。此行道耳，未有事也。斂，藏也。【疏】"斂旜"。○注"此行"至"藏也"。○釋曰：云"此行道耳，未有事也"者，案下文云"及竟，張旜"，是有事也，故此自舍郊已後⑤，未有事，斂藏也。

若過邦，至于竟，使次介假道，束帛將命于朝曰："請帥。"奠幣。至竟而假道，諸侯以國爲家，不敢直徑也。將，猶奉也。帥，猶道也，請道己道路所當由。○于竟，音景，後同。直徑，古定反。猶道，音導，下請道同。【疏】"若過"至"奠幣"。○注"至竟"至"當由"。○釋曰：自此盡"執策立於其後"⑥，論過他國竟假道之事。云"諸侯以國爲家，不敢直徑"者，案《左氏傳》僖三十三年，秦師襲鄭，不假道於晉，爲晉所敗，是其不假道直徑過。天子之師，行過無假道，以其天子以天下爲家，所在如主人故也。天子微弱，則有之，是以《周語》"定王使單襄公聘於宋，遂假道於陳以聘楚"，服氏注云"是時天子微弱，故與諸侯相聘同"是也。　下大夫取以入告，出許，遂受幣。言遂者，明受其幣，非爲許故也，容其辭讓不得命也。○非爲，于僞反，下爲其、且爲、所爲、來爲主、凡爲、明爲同。【疏】"下大夫"至"受幣"。○注"言遂"

---

① "於此脫舍衣服乃即道也"，吳紱云："按舍於郊，謂止宿於郊也，非脫舍衣服之謂。下聘畢將歸，'遂行，舍於郊'，注云'始發且宿近郊'，又'朝服載旜'，注云'行時稅舍於此郊'，皆不作脫舍衣服解，當從彼注爲正。"

② "者"上原無"也"字，阮云："《要義》同，毛本'者'作'也'。按依下文述注，則此處當作'也者'。"據補。

③ "乃"字原作"及"，曹云："'及'毛本作'乃'是。"據改。

④ "此"下原有"所"字，阮云："毛本無'所'字。按'所'疑衍文。"據刪。

⑤ "自"下原無"舍"字，曹云："'自'下脫'舍'字。"據補。

⑥ "於"上原無"立"字，曹云："'於'上脫'立'字。"據補。

至"命也"。○釋曰：云"言遂者，明受其幣，非爲許故也"者，幣本爲行禮，非爲求許，若許爲受幣①，當云"出許，受幣"，不須言"遂"，今不以許道受幣，云"遂"，是以容其辭讓，不受此幣，不得命遂受之，故云"遂"也。**餼之以其禮，上賓大牢，積唯芻禾，介皆有餼。** 凡賜人以牲，生曰餼。餼，猶稟也、給也。以其禮者，尊卑有常差也。常差者，上賓、上介牲用大牢，衆介用少牢。米皆百筥，牲陳于門內之西，北面，米設于中庭。上賓、上介致之以束帛，衆介則牽羊焉。上賓有禾十車，芻二十車，禾以秣馬。○餼之，許氣反，猶遺也，牲腥曰餼，謂殺而未熟。積唯，子賜反，或如字。用少，詩照反，下少牢皆同。以秣，音末。【疏】"餼之"至"有餼"。○注"凡賜"至"秣馬"。○釋曰：此謂主國所致禮。云"凡賜人以牲，生曰餼"者，言"凡"者，總解諸文，案此下經云主國"使卿歸饔餼五牢"云"飪一牢，腥二牢，餼二牢陳于門西"，鄭注云"餼，生也。牛羊，右手牽之②。豕束之"③，是牲生曰餼，上介及士亦皆有餼④，《論語》云"告朔之餼羊"，鄭注亦云"牲生曰餼"，《春秋傳》云"餼臧石牛"，服氏亦云"牲生"，是凡牲生曰餼。《春秋》僖三十三年鄭皇武子云"餼牽竭矣"，服氏以爲腥曰餼，以其對牽，故以餼爲腥。《詩序》云"雖有牲牢饔餼"，鄭云"腥曰餼"，以其對生是活，故以餼爲腥，又不爲牲生者，鄭望文爲義，故注不同也。"餼，猶稟也、給也"者，於賓爲稟，稟受也；於主人爲給，給賓客也。云"以其禮者，尊卑有常差。常差者，上賓、上介牲用大牢"，經不言上介，知與賓同大牢者，若上介與衆介同，當爲介皆少牢，是以下文"大夫餼賓"云上賓、上介皆大牢，米八筐，衆介皆少牢，米六筐，是上介與賓同之義也。云"米皆百筥"以下盡"二十車"，皆約下文君使卿致饔餼禮。若然，上介與賓同大牢，依大夫餼賓禮，米不依大夫餼賓與上介米八筐，而依君致饔餼者，以此經有芻禾，大夫餼賓禮無芻禾，故還依主國歸饔餼之禮也。案下歸饔餼，上賓、上介米陳于門內，衆介米百筥設於門外，鄭不言者，略而不辨之也。云"上賓、上介致之以束帛，衆介則牽羊"者，案大夫餼賓禮，使者"牽牛以致之，上介亦如之"，不依此，依歸饔餼者，以其彼此皆是國君禮，唯牽以行

---

① "若許爲受幣"原作"若許受幣"，阮云："毛本、《通解》'若'下有'因'字，'許'下有'道'字。"曹云："'許'下似脱'爲'字。"據曹校補。

② "右"下原無"手"字，阮云："《要義》同，毛本'右'下有'手'字。按《曲禮》云：'效馬、效羊者右牽之。'此涉彼文而誤脱也，下文注疏並作'牛羊右手牽之'。"據補。

③ "束"字原作"東"，倉石云："'束'誤'東'。"據改。

④ "亦皆有餼"原作"亦皆牲生爲餼"，曹云："似當爲'亦皆有餼'。"據改。

道之間，不依歸饔餼之法，致之用束帛，宜與歸饔餼同也。云"羣介則牽羊焉"者，致禮於士，無用束帛之法，但歸餼則用大牢，禮盛，宰夫朝服，牽牛以致之，此衆介皆少牢，當與大夫餼賓少牢牽羊以致之同也①，無正文，故言"則"也。"上賓有禾十車，芻二十車"，亦與下歸饔餼同也。若然，大牢則上介與上賓同，芻禾不同者，以經上賓云"唯芻禾"，言"唯"著異，明上介無也。但下文設飧時，大夫之禮禾視死牢而已，此餼賓用生牢，不用死牢，得有禾者，此過國致禮，異於常禮，故生致而有芻禾也，以芻薪倍禾，故"禾十車，芻二十車"也。**士帥，没其竟。**没，盡。**誓于其竟，賓南面，上介西面，衆介北面東上，史讀書，司馬執策立于其後。**此使次介假道，止而誓也。賓南面，專威信也。史於衆介之前，北面讀書，以勅告士衆，爲其犯禮暴掠也。禮，君行師從，卿行旅從。司馬主軍法者，執策示罰。○執筴，音策。掠也，音諒。師從，才用反，下同。【疏】"誓于"至"其後"。○注"此使"至"示罰"。○釋曰：此誓當在使次介假道之時，止而誓②，今在"士帥，没其竟"之後言之者，此文因上設彼國禮法訖，乃更却本而言之，不謂此在士帥没竟後③，是以鄭云"此使次介假道，止而誓也"。言"賓南面，專威信"者，此聘禮雖非軍事，亦是梱外之事，使專威信，故南面若君然也。知"史於衆介之前，北面讀書"者，以經言"衆介北面"，則言"史讀書"④，明亦北面，與衆介同北面，又賓南面復對之故也。云"君行師從"已下，定四年召陵之會祝佗辭，引之者，證此聘使有旅從⑤，恐暴掠也。

　　未入竟，壹肄。謂於所聘之國竟也。肄，習也。習聘之威儀，重失誤。○一肄，以二反，劉常二反，習也，注同。【疏】"未入竟壹肄"。○注"謂於"至"失誤"。○釋曰：自此盡"私事"，論雖未至主國，預習聘享威儀之事。此與下文爲目，所習之禮事在下。云"謂於所聘之國竟"者⑥，鄭解"未入境"，境謂所聘之國境，未入也。**爲壝壇，畫階，帷其北，無宮。**壝土象壇也。帷其北，宜有所鄉依也。無宮，不壝土畫外

---

① "牽"上原有"亦"字，曹云："'亦'字衍。"據删。
② "誓"下原有"言"字，曹云："'言'字衍。"據删。
③ "此"下原無"在"字，曹云："'此'下脱'在'字。"據補。
④ "則言史讀書"，曹云："'則'猶'即'也。"
⑤ "此"上原無"證"字，曹云："'此'上當有'證'字。"據補。
⑥ "國"下原無"竟"字，倉石云："'國'下脱'竟'字。"據補。

垣也。○爲壇，劉以垂反，一音以癸反。壇，大丹反，封土曰壇。畫階，音獲，注同。外垣，音袁。【疏】"爲壇"至"無宮"。○注"壇土"至"垣也"。○釋曰：案《覲禮》與《司儀》同爲壇三成，宮方三百步，此則無外宮，其壇壝土爲之，無成，又無尺數，象之而已。云"帷其北，宜有所鄉依"者，雖不立主人，賓、介習禮，宜有所向，故"帷其北"也。云"無宮，不壝土畫外垣也"者，壝土爲宮，是畫外垣。垣，牆。今不壝土爲外牆，則不畫宮也①。**朝服無主，無執也。**不立主人，主人尊也。不執玉，不敢褻也。徒習其威儀而已。【疏】"朝服"至"執也"。○注"不立"至"而已"。○釋曰：云"不立主人，主人尊也"者，主人則主國君受聘享者，不立臣作君，故云"主人尊也"。**介皆與，北面西上。**入門左之位也。古文與作豫。○皆與，音預，注同。【疏】"介皆"至"西上"。○注"入門"至"作豫"。○釋曰：此所習之禮，不習大門外内及廟門外之禮者②，以其於外威儀少而易行，故略之，但習入廟聘享、揖讓、升降、布幣、授玉之禮，是以直云"北面西上"之位也。云"入門左之位"者，案下文云"賓入門左，介皆入門左③，北面西上"是也。**習享，士執庭實。**士，士介也。庭實必執之者，皮則有攝張之節。【疏】"習享士執庭實"。○注"士士"至"之節"。○釋曰：享時庭實旅百，獻國所有，非止於皮，知所執是皮者，以其金龜竹箭之等皆列之於地，不執之，所執者唯有皮而已，是以下聘時，賓升致命授玉之時，執皮者張之以見文，是以特言執也，是以云"皮有攝張之節"。**習夫人之聘享，亦如之。習公事，不習私事。**公事，致命者也。【疏】"習夫"至"私事"。○注"公事致命者也"。○釋曰：云"習夫人之聘享，亦如之"者，以其行聘君訖，則行聘夫人，行享君訖，即行享夫人，還君受之，一如受君禮，故云"亦如之"也。云"習公事"者，謂君聘享、夫人聘享及問大夫，皆致君命，故鄭云"公事，致命者"，是以下文行君聘享及夫人聘享訖，擯出請，"賓告事畢"，鄭注云"公事畢"，又問卿時云"大夫

---

① "壝土爲宮"至"不畫宮也"原作"不壝土爲宮是畫外垣垣墻壝土爲外墻土今則不畫宮也"，此數語衍倒不能卒讀，曹校以上一"不"字及"今"上之"土"字爲衍文，孫校疑上一"不"字當爲"若"，四庫本改爲"壝土爲宮，是畫爲外垣。今不壝土爲外垣牆，是則不畫宮也"。此綜合諸家之校，順鄭注之意，訂正如上。

② "廟門外"原作"廟門内"，曹云："'内'當爲'外'。"據改。

③ "左"字原作"右"，阮云："浦鏜云'左'誤'右'。按浦云是也。"據改。

升堂①，北面聽命，賓東面致命”，鄭注云“致其君之命”，皆公事致命者也。私事者，謂私覿於君，私面於卿大夫，故下文賓覿，“入門右”，注云“私事自闑右”是，又問卿訖，“賓面②，如覿幣，入門右，大夫辭，賓遂左”，注云“見，私事。賓雖敵，謙入門右，爲若降等然”是也。若然，大夫之幣不在朝付之，至郊乃付之，避君禮，不謂非公事。

及竟，張旜，誓，及，至也。張旜，明事在此國也。張旜，謂使人維之。【疏】“及竟張旜誓”。○注“及至”至“維之”。○釋曰：自此盡“入境，斂旜”，論賓至主國之境，謁關人見威儀之事。云“張旜，明事在此國”者，以其行道斂旜，及境張旜，明所聘之事在此國，故張旜以表其事也，是以鄭云“明事在此國也”。云“張旜，使人維之”者，案《禮緯·稽命徵》云“大夫杠五刃，齊於較”，較崇八尺，人又長八尺，人維得手及之者，蓋以物接之，乃得維持之，案《節服氏》“掌祭祀、朝覲，六人維王之大常，諸侯則四人”，但大常十二旒，人有六，則一人維持二旒，鄭云“維之以縷”，用線維之，大夫無文，諸侯四人，不依命數，大夫或一人或二人維持之。乃謁關人。謁，告也。古者竟上爲關，以譏異服、識異言。○以幾，音機，本亦作譏。【疏】“乃謁關人”。○注“謁告”至“異言”。○釋曰：“古者境上爲關”者，王城十二門，則亦通十二辰，辰有一門一關，諸侯未知幾關，魯廢六關，半天子，則餘諸侯亦或然也。云“關，譏異服、識異言”者③，案《王制》云“關，譏而不征”，注亦云“譏，譏異服、識異言”④，二注皆無正文，案《周禮·司門》云“幾出入不物者”，注云“不物，衣服視占不與衆同”，鄭以“出入不物”幾之，則不物中含有此異服、異言，云“衣服視占不與衆同”，則是異也。但《周禮》“司關，上士二人，中士四人”，又云“每關下士二人”，但司關爲都總，主十二關，居在國都，“每關下士二人”者，各主一關，今所謂關人者，謂告每關，關人來告司關，司關爲之告王，故《司關職》云“凡四方之賓客叩關，則爲之告”是也。關人問：“從者幾人？”欲知聘問，且爲有司當共委積之具。○問從，才用反，下注授從同。幾人，居豈反。當共，音恭，本或作供，同，後放此。委積，上於僞反，下子賜反，後放此。【疏】“關人”至“幾人”。○

---

① “大夫”上原有“卿”字，曹云：“‘卿’字衍。”據刪。

② “面”上原有“西”字，曹云：“‘西’字衍。倉石云：“殿本刪‘西’字是。”據刪。

③ “云關”至“言者”原作“云關譏異言”，阮云：“《要義》同，毛本作‘云關譏異服識異言者’.”據補。

④ “譏譏異服識異言”原作“幾幾異服異言”，阮云：“《要義》同，毛本上‘幾’字作‘譏’，陳、閩俱無。按今《王制》注作‘譏，譏異服、識異言’.”據改補。

注"欲知"至"之具"。○釋曰：不問使人而問從者，闞人卑者，不敢輕問尊者，故問從者。云"欲知聘問"者，問得從者，即知使者是大聘，亦知使者是小聘，知者，以君行師從，一州之民，卿行旅從，一黨之人，若大夫小聘，當一族之人，百人也①。"且爲有司當共委積之具"者②，賓客入竟，當於廬宿市設委積③，少曰委，多曰積，是爲行道之具也。

以介對。 以所與受命者對，謙也。聘禮，上公之使者七介，侯伯之使者五介，子男之使者三介。以其代君交於列國，是以貴之。《周禮》曰："凡諸侯之卿，其禮各下其君二等。"○各下，户嫁反。【疏】"以介對"。○注"以所"至"二等"。○釋曰：云"以所與受命者對，謙也"者，上問從者幾人，當爲卿行旅從對，今不云而以介與受命者對，是謙也。"聘禮，上公之使七介"至"三介"，皆《禮記·聘義》文而云"聘禮"者，《聘義》亦得言"聘禮"也。云"以其代君交於列國，是以貴之"，貴之者，隨國大小，節級與之介，以副使者，是貴之也。引《周禮》者，欲見貴之，纔下其君二等而已也，鄭注《周禮》"二等"，謂"介與朝位賓主之閒也"。**君使士請事，遂以入竟。** 請，猶問也，問所爲來之故也，遂以入，因道之。【疏】"君使"至"入竟"。○注"請猶"至"道之"。○釋曰：君得闞人告，即知爲聘來，使士迎之，故《聘義》云"君使士迎于竟"是也，而云"使士請事"，君子不必人，故知而猶問也。云"遂以入竟"者，若然，向來賓之問，猶停關外，君使士請訖，乃導以入竟。

　　入竟，斂旜，乃展。 復校録幣，重其事。斂旜，變於始入。【疏】"入竟斂旜乃展"。○注"復校"至"始入"。○釋曰：自此盡"賈人之館"，論三度展幣之事。云"重其事"者，亦恐有脱漏失錯，故云"重其事"，不可輕也。"斂旜，變於始入"者，上"及竟，張旜"，注云"事在此國也"，此則入竟後乃斂之者④，謂若初出至郊"斂旜"，鄭云"行道耳，未有事也"，此亦及竟，示有事於此國張之，既入斂之⑤，去國遠，更是行道未有事，

---

① "當一族之人百人也"，阮云："毛本'族'作'旅'，陳、閩俱誤作'放'，監本作'族'，'之'下陳、閩俱無'人'字。按'旅'是也。"曹云："'族'字不誤。"
② "爲"字原作"謂"，阮云："《要義》同。按各本注俱作'爲'。"作"爲"與注合，據改。
③ "設"下原無"委積"二字，曹云："'設'下脱'委積'二字。"據補。
④ "乃斂"下原重"斂"字，阮云："陳、閩、毛本俱不重'斂'字。"曹云："衍一'斂'字。阮云單疏不重。案單疏實重。"據以删一"斂"字。
⑤ "既入斂之"原作"始入張之"，曹云："當爲'既入斂之'。"據改。

故鄭云“變於始入”，始入時示有事於此國，今是行道去之，故云“變於始入”也。布幕，賓朝服立于幕東，西面，介皆北面東上。賈人北面，坐拭圭，拭，清也。側幕而坐，乃開櫝。○拭圭，音式。拭清，如字，劉才姓反。【疏】“布幕”至“拭圭”。○注“拭清”至“開櫝”。○釋曰：賓西面者，雖不對君，猶是臣道①，異於前誓時示威信也。知賈人側幕者，以其幕所陳皆賈人所主，此圭雖不陳，亦宜側近於幕以開圭也。知賈人坐者，下文聘時，於廟門外賈人開圭，坐授上介，故知此亦坐。遂執展之。持之而立，告在。【疏】“遂執展之”。○注“持之而立告在”。○釋曰：此經告訖，下文乃云“上介北面視之”，則此所告者，告賓云在，上介乃視之。上介北面視之，退復位。言退復位，則視圭進，違位。【疏】“上介”至“復位”。○注“言退”至“違位”。○釋曰：鄭言此者，見經直有退文，不見其進，故云“則視圭進”也。違位之言，出於《曲禮》。《曲禮》云“揖人必違其位”，鄭云“禮以變爲敬”，今此進違位，亦是敬也。退圭。圭璋尊，不陳之。【疏】“退圭”。○注“圭璋尊不陳之”。○釋曰：尊不陳，對下文“拭璧，加于左皮上”陳之，爲卑故也。上不言璋，直言圭，下乃言“夫人之聘享”，則璋未拭而并言璋者，欲見皆不陳故。陳皮，北首西上，又拭璧，展之，會諸其幣，加于左皮上。上介視之，退。會，合也。諸，於也。古文曰陳幣北首。【疏】“陳皮”至“之退”。○注“會合”至“北首”。○釋曰：璧言合諸幣者，享時當合，故今亦合而陳之，故《小行人》云“合六幣”，六幣亦是所享之物故也。馬則幕南北面，奠幣于其前。前，當前幕上。展夫人之聘享，亦如之。賈人告于上介，上介告于賓。展夫人聘享，上介不視，貶於君也。賈人既拭璋琮，南面告於上介，上介於是乃東面以告賓，亦所謂放而文之類。○放而，方往反。【疏】“展夫”至“于賓”。○注“展夫”至“之類”。○釋曰：知面位如此者，其賈人北面在幕南，上介亦北面，明賈人既拭夫人聘璋享琮訖，乃迴身南面告上介，上介於是還東面告賓可知也。云“所謂放而文之類”者，所謂《禮器》文。案《禮器》云“有放而文也”，注云“謂若天子服日月以至黼黻”，是天子衣放象日月以下而爲文，今夫人聘享展訖，但上介不視，至於賈人南面告上介，上介東面告賓，放象君禮而爲文變，是其類也。有司展羣幣以

---

① “猶”字原作“由”，“由”可通“猶”，但作“猶”義更顯明，謹改。

告。羣幣,私覿及大夫者。有司,載幣者,自展自告。○私覿,大歷反。【疏】"有司"至"以告"。○注"羣幣"至"自告"。○釋曰:云"羣幣,私覿及大夫者",上展君及夫人幣訖,此言"有司展羣幣",故知是"私覿及大夫者","私覿"者,行君、夫人聘享訖,賓以私禮己物見主君,"及大夫者"①,亦謂賓以己物面主國之卿,必知私覿之幣是賓、介自將己物者,以經、記上下唯有君及夫人聘享及問大夫之幣付使者之文②,不見有付賓、介私覿之幣,又案下文賓將還,云"遂行,舍于郊。公使卿贈,如覿幣。使下大夫贈上介,亦如之。使士贈衆介,如其覿幣",還至本國,陳幣于朝,云"上賓之公幣、私幣皆陳,上介公幣陳,他介皆否",注云"此幣,使者及介所得於彼國君、卿大夫之贈賜也。其禮於君者不陳。公幣,君之賜也。私幣,卿大夫之幣也",至於賓反命訖,"君使宰賜使者及介幣",以此言之,彼國所報私覿之幣還與賓、介,明知私覿是賓、介私齎行可知也。《夏官・校人》云"凡國之使者,皆供其幣馬",鄭注"使者所用私覿",若然,彼使者謂天子使卿大夫存覜省問諸侯之事,使者得行私覿③,私覿之馬,校人供之,與諸侯禮異也。

及郊,又展,如初。郊,遠郊也。周制,天子畿內千里,遠郊百里。以此差之,遠郊,上公五十里,侯伯三十里,子男十里也,近郊各半之。【疏】"及郊"至"如初"。○注"郊遠"至"半之"。○釋曰:云"周制,天子畿內千里"者,《周禮・大司徒》云"制其畿方千里",據《周禮》而言,其自殷已上,亦畿方千里,《商頌》云"邦畿千里,唯民所止",夏亦千里,《王制》云"天子縣內方千里",鄭據夏時《禹貢》方千里曰甸服據唐虞畿內是也。云"遠郊百里"者,《司馬法》文,畿方千里,王城面五百里,以百里爲遠郊,若公五百里中置國④,城面二百五十里,故遠郊五十里,自此已下至子男差之可知。云"近郊各半之"者,亦約周天子遠郊百里,近郊五十里,亦無正文。《尚書・君陳序》云"命君陳分正東郊成周",鄭注"周之近郊五十里,今河南、洛陽相去則然",鄭以目驗知之。若然,天子近郊半遠郊,則諸侯近郊各半遠郊可知也。及館,展幣於賈人之館,如初。館,舍也。遠郊之內有候館,可以小休止沐浴。展幣不于賓館者,爲主國之人有

---

① "及"字原作"云",曹云:"'云'當爲'及'。"據改。
② "大夫"下原有"聘"字,曹云:"'聘'衍字。"據刪。
③ "得"下原有"之"字,曹云:"'之'字似衍。"據刪。
④ "公"下原無"五"字,阮云:"《要義》同,毛本'公'下有'五'字,《通解》同。"據補。

勞問己者就焉，便疾也。○有勞，力到反，下文及注皆同。便疾，婢面反，後放此。【疏】"及館"至"如初"。○注"館舍"至"疾也"。○釋曰：案《周禮·遺人職》云"十里有廬，三十里有宿，五十里有市，市有候館"，畿内道路皆有候館，鄭云"遠郊之内有候館"者，據此候館在遠郊之内指而言之，不謂於此獨有也。以行道之閒停息，故云"小休止沐浴"，又得展幣也。云"展幣不于賓館者，爲主國之人有勞問己者就焉，便疾也"者，若并在賓館，則事煩不疾，若展幣於賈人之館，其賓館受勞問，是以就賈人之館展幣，便疾也。案《大行人》諸侯朝天子，上公三勞，侯伯再勞，子男一勞，孤不問一勞。諸侯自相朝，無過如朝天子，遣臣相聘，無過一勞。此下文使卿近郊勞，此乃遠郊之内得有此勞問己者，謂同姓舅甥之國而加恩厚者，別有遠郊之内問勞也。

　　賓至于近郊，張旃。君使下大夫請行，反，君使卿朝服，用束帛勞。請行，問所之也。雖知之，謙不必也。士請事，大夫請行，卿勞，彌尊賓也，其服皆朝服。【疏】"賓至"至"帛勞"。○注"請行"至"朝服"。○釋曰：自此盡"遂以賓入"，論主君使大夫及卿請行勞之事①。入近郊張旃者，示將有事以自表也。知皆朝服者，以卿勞禮重尚朝服，明以外士、大夫輕者朝服可知也，故舉後以明前也。上介出請入告，賓禮辭，迎于舍門之外，再拜，出請，出門西面，請所以來事也。入告，入北面告賓也。每所及至，皆有舍。其有來者②，皆出請入告。于此言之者，賓彌尊，事彌録。○者與，音餘。【疏】"上介"至"再拜"。○注"出請"至"彌録"。○釋曰：云"入北面告賓也"者，此時賓當在賓館，阼階西面，故上介北面告賓也。云"每所及至，皆有舍。其有來者，皆出請入告。于此言之者，賓彌尊，事彌録"者，道皆有廬、宿、市之舍③，前士請事④，大夫請行，亦當出請入告，於此始言之者，先士，次大夫，後卿，已

---

① "請行"原作"行請"，倉石云："'行請'二字疑倒。"據乙。
② "來者"下原重"者"字，阮云："毛本下'者'字作'與'，徐、楊、《集釋》俱無'與'字，與疏合。嚴本'與'作'者'。張氏曰：'注曰其有來者者，巾箱、杭本同，監本無一者字。按《釋文》云者與，音餘，蓋傳寫者誤以與字作者爾，監本以其重複遂去其一，尤非也，從《釋文》。'朱子曰：'此非疑詞，不當音餘，疑本介字。'"疏述注"者"字不重，據徐本、楊本、《集釋》删一"者"字。
③ "市"下原有"來"字，曹云："'來'字衍。"據删。
④ "士請事"原作"出請士"，曹云："阮云毛本作'士請事'。案毛本是。"據改。

是先卑後尊①,今復見此言,故云"賓彌尊,事彌録"也。**勞者不荅拜**。凡爲人使,不當其禮。【疏】"勞者不荅拜"。○注"凡爲"至"其禮"。○釋曰:言"凡"者,非直此卿爲君勞賓,不敢當其禮,不荅拜聘賓,亦初入大門,主君拜賓,辟不荅拜也,如此之類皆然,故云"凡"以該之。至後償勞者,與之荅拜,爲已故也。**賓揖,先入,受于舍門內**。不受于堂,此主於侯伯之臣也,公之臣受勞於堂。【疏】"賓揖"至"門內"。○注"不受"至"於堂"。○釋曰:知"公之臣受勞於堂"者,案《司儀》云"諸公之臣相爲國客,及大夫郊勞,三辭,拜辱,三讓,登,聽命",是公之臣受勞於堂之事。**勞者奉幣入,東面致命**。東面,鄉賓。【疏】"勞者"至"致命"。○注"東面鄉賓"。○釋曰:賓在館如主人,當入門西面,故勞者東面向之也。**賓北面聽命,還,少退,再拜稽首,受幣,勞者出**。北面聽命,若君南面然。少退,象降拜。【疏】"賓北"至"者出"。○注"北面"至"降拜"。○釋曰:云"北面聽命,若君南面然。少退②,象降拜"者,下文歸饔餼,"大夫東面致命,賓降,階西再拜稽首③,是此象之也。若然,此行尊卑禮,訝受法。歸饔餼時,堂上北面受幣④,此在庭亦當北面,訝受幣,勞者南面可知也。**授老幣**,老,賓之臣。【疏】"授老幣"。○注"老賓之臣"。○釋曰:大夫家臣稱老,若趙魏臧氏老之類也。**出迎勞者**。欲償之。【疏】"出迎勞者"。○注"欲償之"。○釋曰:《司儀》注云"上於下曰禮,敵者曰償",此言償者,欲見賓以禮禮使者,故云"欲償之"。**勞者禮辭,賓揖先入,勞者從之,乘皮設**。設於門內也。物四曰乘。皮,麋鹿皮也。○乘皮,繩證反,後乘馬、乘禽、乘皮皆同。【疏】"勞者"至"皮設"。○注"設於"至"皮也"。○釋曰:庭賓當三分庭一在南設之,今以償勞者在庭,故"設於門內也"。云"皮,麋鹿皮"者,鄭於下注云"君於臣,臣於君,麋鹿皮可"者,以無正文,知用麋鹿皮者,案《郊特牲》云"虎豹之皮,示服猛也",彼諸侯朝,享天子法,用虎豹,此臣聘君,降於享天子法,用麋鹿皮,故《齊語》云齊桓公使諸侯輕其幣,用麋鹿皮四張,亦一隅也。**賓用束錦償勞者**,言償者,賓在公館如家之義,亦以來者爲賓。○償勞,

----

① "已是"原作"以是",曹云:"'以'、'已'通。"據改。
② "少"上原有"云"字,阮云:"毛本無'云'字。按此本有'云'字,非也。"據删。
③ "西"下原有"面"字,阮云:"浦鐘云誤衍'面'字。"據删。
④ "上"上原無"堂"字,阮云:"毛本、《通解》'上'上有'堂'字。"據補。

必刃反,劉云與擯同。【疏】"賓用"至"勞者"。○注"言儐"至"爲賓"。○釋曰:云"言儐者,賓在公館如家之義,亦以來者爲賓"者,凡言儐者,謂報於賓,今以賓在館①,故賓若主人,故云儐勞者,即以勞者爲賓故也。**勞者再拜稽首受**,稽首,尊國賓也。【疏】"勞者"至"首受"。○注"稽首尊國賓"。○釋曰:《周禮·大祝》辨九拜,一曰稽首,首至地,臣拜君法,二曰頓首,頭叩地,平敵相拜法②,三曰空首,首至手,君荅臣下拜法。《郊特牲》云"大夫之臣不稽首,非尊家臣,以辟君也",今此勞者與賓同類,不頓首而稽首,故云"尊國賓也",下賓亦稽首送者,以是爲君使,故亦稽首以報之也。**賓再拜稽首送幣**。受、送拜皆北面,象階上。【疏】注"受送"至"階上"。○釋曰:知"受、送拜皆北面,象階上"者,此經面位無文,案歸饗餼賓儐大夫時,賓楹閒北面授幣,大夫南面受③,此賓亦宜與彼同,北面授,還北面拜送。若然,云"受、送拜皆北面"者誤,當云"授、送拜皆北面",並據賓而言也。**勞者揖皮出,乃退,賓送再拜**。揖皮出,東面揖執皮者而出。【疏】"勞者"至"再拜"。○注"揖皮"至"而出"。○釋曰:知"東面揖執皮者",以其執皮者在門內當門,勞者在執皮之西,故知東面揖皮可知,揖之若親受之。又執皮者是賓之從者④,執皮者得揖從出,勞者從人當訝受之,是以《公食大夫禮》云賓三飯,公侑食以束帛,庭實設乘皮,賓受幣,賓揖庭實出⑤,鄭云揖執皮者若親受,下云"上介受賓幣⑥,從者訝受皮",則此從者亦訝受可知也。

---

① "館"上原無"在"字,曹云:"'館'上脱'在'字。"據補。
② "拜"字原作"於",阮云:"《通解》《要義》同,毛本'於'作'拜'。"據改。
③ "南面"原作"西面",阮云:"朱子曰'西面'當作'南面'。"據改。
④ "從"字原作"使",曹云:"'使'當爲'從'。"據改。
⑤ "揖"上原有"出"字,曹云:"上'出'字衍。"據删。
⑥ "云"上原無"下"字,曹云:"'云'上脱'下'字。"據補。

儀禮疏卷第二十　儀禮卷第八

　　夫人使下大夫勞以二竹簋方,玄被纁裹,有蓋。竹簋方者,器名也,以竹爲之,狀如簋而方,如今寒具筥。筥者圜,此方耳。○簋方,音甫,劉音蒲,本或作篚,外圓内方曰簠,内圓外方曰簋。圜,音圓。【疏】"夫人"至"有蓋"。○注"竹簋"至"方耳"。○釋曰:自此盡"以賓入",論夫人勞賓之事。夫人勞使下大夫者,降于君,故不使卿。凡簋皆用木而圓,受斗二升,此則用竹而方,故云"如簋而方",受斗二升則同。"如今寒具筥"者,寒具,若《籩人》先鄭云"朝事,謂清朝未食,先進寒具口實之籩",實以寒食①,故謂之寒具,筥圓,此方者,方圓不同爲異也。案《玉人》云"案十有二寸②,棗栗十有二列,諸侯純九,大夫純五,夫人以勞諸侯",彼有玉案者,謂王后法有玉案,并有竹簋以盛棗栗,故彼注引此爲證③,此諸侯夫人勞卿大夫,故無案,直有竹簋以盛棗栗。其實棗蒸栗擇,兼執之以進。兼,猶兩也。右手執棗,左手執栗。【疏】"其實"至"以進"。○注"兼猶"至"執栗"。○釋曰:云"兼,猶兩"者,謂一人執兩事。知"右手執棗,左手執栗"者,見下文云"賓受棗,大夫二手授栗",則大夫先度右手,乃以左手共授栗便也,明知右手執棗可知。必用右手執棗先度之者,鄭注《士虞禮》云"棗美",故用右手執棗也。賓受棗,大夫二手授栗。受授不游手,慎之也。【疏】注"受授"至"之也"。○釋曰:初兩手俱用,既授棗④,不共授栗,游暇一手,不慎也。今右手授棗訖,即共授栗,不游手,爲謹慎也。賓之受,如初禮。如卿勞之儀。儐之如初,下大夫勞者遂以賓入。出以束錦授從者,因東面釋辭,請道之以入,然則賓送不拜。【疏】"儐之"至"賓入"。○注"出以"至"不拜"。○釋曰:云

---

　　① "寒"字原作"冬",曹云:"'冬'疑當爲'寒'。"據改。
　　② "二"下原無"寸"字,阮云:"毛本'二'下有'寸'字,此本與《要義》無。按毛本是。"據補。
　　③ "彼"下原無"注"字,曹云:"'彼'下脱'注'字。"據補。
　　④ "授"字原作"受",毛氏汲古閣刊本作"授",據改。

“出以束錦授從者，因東面釋辭，請導之”者，儐下大夫如前有束錦，則此大夫亦受得束錦。經言“遂以賓入”，明知有辭請導之，雖無文，鄭以意言之。大夫在西，明出時授束錦與己從者，乃得因東面釋請導之辭也。云“然則賓送不拜”者，以其云“遂以賓入”，即從之，明賓送不拜，謂若《公食大夫》使人戒賓，“不拜送，遂從之”，其類也。案上君使士請，遂以賓入，鄭云“因導之”，鄭不言“賓送不拜”者，士請事空手無幣，賓亦不儐，請導賓，賓從入，無再拜送之理，故鄭不言“賓送不拜”，此大夫勞，儐與卿同，有拜送之理，故云“賓送不拜”也。《覲禮》大夫勞侯氏，侯氏即從大夫入，拜送大夫，天子使尊，故雖從亦拜送，與此異。

　　至于朝，主人曰：“不腆先君之祧，既拚以俟矣。”賓至外門，下大夫入告，出釋此辭。主人者，公也。不言公而言主人，主人，接賓之辭，明至欲受之，不敢稽賓也。腆，猶善也。遷主所在曰祧。周禮，天子七廟，文、武爲祧。諸侯五廟，則祧，始祖也，是亦廟也。言祧者，祧尊而廟親，待賓客者，上尊者。○不腆，他典反，善也，厚也。之祧，他條反，遠廟爲祧，謂始祖廟也。既拚，方問反，謂灑埽也，劉符變反。

【疏】“至于”至“俟矣”。○釋曰：自此盡“俟閒”，論賓初至，主君請行聘禮，賓又請俟閒之事。云“至于朝”①，鄭云“賓至外門”者，外門即諸侯之外朝，故下云“以柩造朝”，亦謂大門外爲外朝也。云“下大夫入告，出釋此辭”者，此下大夫即夫人使勞賓導賓入者也②。云“明至欲受之，不敢稽賓”，案《覲禮》云“侯氏遂從之，天子賜舍”，鄭云“且使即安”，不即言“欲受之”者，彼天子以諸侯爲臣，故使且安，此鄰國聘賓，不臣人之臣，故言“不敢稽賓也”。云“遷主所在曰祧”者，此總解天子、諸侯稱祧也。云“周禮，天子七廟，文、武爲祧”者，案《周禮·大宗伯·序官·守祧職》云“奄八人”，鄭注云“遠廟曰祧”，又《守祧職》云“掌守先王、先公之廟祧”，鄭注云“廟，謂大祖之廟及三昭三穆。遷主所藏曰祧。先公之遷主藏于后稷之廟，先王之遷主藏于文、武之廟”，云“奄八人”，廟有一奄，周立七廟，通姜嫄廟爲八，故“奄八人”，《祭法》鄭注云“祧之言超也，超上去意也”，不毀之也。云“遷主所藏曰祧”，天子有二祧，以藏遷主，諸侯無二祧，遷主藏于大祖廟，故此名大祖廟爲祧也。云“既拚”者，《少儀》云“埽席前曰拚”，拚者，埽除之名。

---

① “朝”下原有“者”字，曹云：“‘者’字衍。”據刪。
② “人”下原無“使”字，曹云：“‘人’下脫‘使’字。”據補。

云"諸侯五廟",《王制》與《祭法》文。云"則祧,始祖也①,是亦廟也。言祧者,祧尊而廟親,待賓客者,上尊者"者②,下文"迎賓於大門,揖入,及廟門",受賓聘享皆在廟,此云先君之祧,明下云廟是大祖廟可知,是於大祖廟受聘享③,尊之。若饗、食則於禰廟,燕又在寢,彌相親也。此鄭義,若孔君、王肅則以高祖之父及祖爲二祧,非鄭義也。**賓曰:"俟閒。"**賓之意,不欲奄卒主人也,且以道路悠遠,欲沐浴齊戒,俟閒,未敢聞命。○俟閒,如字,劉音閑。奄卒,寸忽反。齊戒,側皆反,本亦作齋。【疏】"賓曰俟閒"。○注"賓之"至"聞命"。○釋曰:此鄭以意解之。上文以意解主君不欲稽留於賓,此經解賓意不欲奄卒主人,故云"俟閒"。必知有齊戒沐浴者,案《玉藻》云"將適公所,宿齊戒,沐浴",彼謂臣見己君入廟必須齊戒沐浴④,此有齊戒沐浴可知也。云"未敢聞命"者,謂"不腆先君之祧,既拚以俟"之命不敢聞之也。

　　大夫帥至于館,卿致館。致,至也。賓至此館,主人以上卿禮致之,所以安之也。【疏】"大夫"至"致館"。○注"致至"至"之也"。○釋曰:自此盡"送再拜",論主君遣卿致館之事。云"賓至此館,主人以上卿禮致之"者,案《覲禮》云"侯氏遂從之。天子賜舍,辭曰:'賜伯父舍。'侯氏再拜稽首受,儐之束帛、乘馬",注云"王使人以命致館,無禮,猶儐之者,尊王使也",無禮謂無束帛,此云"以上卿禮",明有束帛致亦可知。若然,有禮則稱致,《覲禮》不稱致,無禮故也。案《司儀》云"諸公相爲賓,主君郊勞",云"三辭,拜受",拜受謂拜受幣,又云"致館亦如之",鄭云"使大夫授之,君又以禮親致焉",亦是有幣可知,又云"諸侯、諸伯、諸子、諸男之相爲賓也,各以其禮相待也,如諸公之儀",是五等相待,致館同有幣矣。天子待諸侯無幣,則其臣來無幣可知。據此文侯伯之卿聘,郊勞、致館有幣,則五等待臣皆同有幣也,《司儀》諸侯之臣相爲國客亦皆有幣,與此同。若諸侯遣大夫小聘曰問,下云"小聘曰問,不享有獻,不及夫人。不筵几,不禮,面不升,不郊勞",注云"記貶於大聘,所以爲小也。獻,私獻也。面,猶覿也",雖不言不致館,略之耳,亦不致也。又諸侯朝覲天子⑤,天子無禮以致,猶儐,尊王使。

---

①　"祖"下原無"也"字,曹云:"'祖'下注有'也'字。"據補。

②　"者"下原不重"者"字,曹云:"'者'字當重。"據補。

③　"是"下原有"以"字,曹云:"'以'字衍。"據刪。

④　"彼謂臣見己君入廟",曹云:"'入廟'句連下句讀。"

⑤　"侯"字原作"臣",曹云:"'臣'當爲'侯'。"據改。

又五等自相朝，主國皆有禮，皆有儐，故《司儀》云"賓繼主君，皆如主國之禮"，鄭玄謂"繼主君者，儐主君也。儐之者，主君郊勞、致館、饗餼、還圭、贈、郊送之時也"，此等皆主君親致①，上云"致館亦如之"②，亦如郊勞時，亦有儐矣。以此言，諸侯致者③，皆有儐也。若諸侯遣卿大夫聘，主國有用幣致館④，無儐也，故《司儀》云"諸公之臣相爲國客，致館如初之儀"，鄭注云"如郊勞也，不儐耳"是也。**賓迎，再拜。卿致命，賓再拜稽首。卿退，賓送再拜。**卿不俟設飧之畢，以不用束帛致故也。不用束帛致之者，明爲新至，非大禮也。【疏】"賓迎"至"再拜"。○注"卿不"至"禮也"。○釋曰：云"賓迎，再拜"者，賓在館如主人，故先拜也，卿不言荅拜，荅拜可知，但文略耳。雖不言入，言迎則入門可知。言"卿致命"者，亦東面致君命也。云"卿不俟設飧之畢，以不用束帛致故也"者，下直云"宰夫朝服設飧"，不言致，則此卿致館，兼致飧矣，致館有束帛，致飧空以辭致君命無束帛者，案下記云"飧不致"，鄭注云"不以束帛致命，草次饌飧具輕"，若然，卿以空手致飧⑤，既即退，不待宰夫設畢也，以不用束帛致故也。云"非大禮也"者，對下"聘日致饗"，鄭云"急歸大禮"也。若然，此侯伯之卿禮，其公之臣亦不以幣帛致⑥，案《司儀》"諸公之臣相爲國客，致館如初之儀"，鄭注云"不言致飧者，君於聘大夫不致飧也。《聘禮》曰飧不致，賓不拜"是也，其子男之臣，不致可知。又案《司儀》云君親致館，至於"致飧如致積之禮"，鄭注云"俱使大夫，禮同也"，以此言之，致館、致飧似別人者，但致積在道，致飧在館，所致別人，若致館與致飧同時，致館者兼致飧無嫌也，言"俱使大夫"者，言積與飧同使大夫，決君不親之義，何妨致館與致飧一人也。其臣致飧無幣，其五等諸侯致飧則有幣，案《司儀》諸侯相於"致飧如致積"，致積有幣，知致飧亦有幣也。

　　宰夫朝服設飧。食不備禮曰飧。《詩》云"不素飧兮"，《春秋傳》曰"方食魚飧"，皆謂是。○設飧，音孫，注同，熟食曰飧。【疏】"宰夫朝服設飧"。○注"食不"至"謂是"。○釋曰：云"食不備禮曰飧"者，對饗餼也，生與腥餼俱有，餘物又多，此飧唯

---

① "致"下原有"館"字，曹云："'館'字衍。"據删。
② "上云"原作"又云"，曹云："'又'當爲'上'。"據改。
③ "侯"字原作"臣"，曹云："'臣'亦當爲'侯'。"據改。
④ "主"字原作"王"，倉石云："'王'當作'主'。"據改。
⑤ "手"字原作"拜"，曹云："'拜'當爲'手'。"據改。
⑥ "亦"下原無"不"字，曹云："'亦'下脱'不'字。"據補。

有腥餁而無生，餘物又少，故云"不備禮"也。引《詩》、《傳》者，案《詩》云"彼君子兮，不素飧兮"，毛云"熟食曰飧"，鄭云"讀如魚飧之飧"，則《詩》飧與《傳》魚飧同，是直食魚與飯爲飧，彼小禮中不備①，此則兩大牢，大禮中不備，不備是同，故引證一邊不備，其實禮有異也。"《春秋傳》曰方食魚飧"者，案宣六年經書"晉趙盾、衛孫免侵陳"，《公羊傳》曰"趙盾弑君，此其復見何？親弑君者，趙穿也。親弑君者趙穿，則曷爲加之趙盾？不討賊也。復國不討賊，此非弑君如何？趙盾之復國奈何？靈公爲無道"，靈公使膳宰以熊膰不熟，公殺之。盾入諫，公見盾再拜，盾拜稽首。歸，"公使勇士某者往殺之"，勇士入門，不見人，"闚其户，方食魚飧。勇士曰：'嘻！子誠仁人也，是子之儉也，吾不忍殺子也。雖然，吾不可復見吾君矣。'遂刎頸而死"，是魚飧之事。**餁一牢在西，鼎九，羞鼎三。腥一牢在東，鼎七。**中庭之饌也。餁，孰也。孰在西，腥在東，象春秋也。鼎西九、東七。凡其鼎實與其陳，如陳饔餼，羞鼎則陪鼎也。以其實言之則曰羞，以其陳言之則曰陪。○餁一，而審反，劉而鳩反，孰也。【疏】"餁一"至"鼎七"。○注"中庭"至"曰陪"。○釋曰：云"中庭之饌也"者，對下文是堂上及門外之饌也。云"象春秋也"者，腥之言生，象春物生，餁，孰也，象秋物有成孰，故云"象春秋也"。云"鼎西九、東七"者，九謂正鼎九，牛、羊、豕、魚、腊、腸胃、膚、鮮魚、鮮腊，東七者，腥鼎無鮮魚、鮮腊，故七。云"凡其鼎實與其陳，如陳饔餼"者，如其死牢，故《掌客》云諸侯之禮，饔餼九牢、七牢、五牢，"其死牢如飧之陳，凡介、行人皆有飧、饔餼"，此則如介禮也②，是飧之死牢與饔餼死牢，實與其陳同③，亦於東階、西階。云"羞鼎則陪鼎也"，知是一物者，此云"羞鼎"，下饔餼言"陪鼎"，故知一也。陪鼎三，則下云"臐、膮、臐"是也。**堂上之饌八，西夾六。**八、六者，豆數也。凡饌以豆爲本。堂上八豆、八簋、六鉶、兩簠、八壺，西夾六豆、六簋、四鉶、兩簠、六壺，其實與其陳亦如饔餼。○六鉶，音刑。【疏】"堂上"至"夾六"。○注"八六"至"饔餼"。○釋曰：堂上與西夾所陳六、八非一，知六、八是豆者，凡設饌皆先設豆，乃設餘饌，故鄭云"凡饌以豆爲本"，無妨六、八之內兼有餘饌，故鄭言簋、鉶之等也。凡鄭所云，皆約饔餼，故云"亦如饔餼"也。

---

①　"彼"下原有"少牢"二字，曹云："'少牢'二字衍。"據刪。

②　"此則如介禮也"，曹云："言此賓之牢數，如隨君爲上介之禮。"

③　"其"字原作"飧"，倉石云："汲古閣本'飧'作'其'，《校勘記》云作'其'誤，《校釋》又云'飧'字衍。今案'其'字較優。"據改。

鄭必約與陳饔飧同者，以其陳鼎與饔飧同①，故知餘亦同也。**門外米、禾皆二十車**，禾、稾實并刈者也。諸侯之禮，車米視生牢，禾視死牢，牢十車。大夫之禮，皆視死牢而已，雖有生牢不取數焉。米陳門東，禾陳門西。○稾實，古老反。并刈，魚廢反。【疏】"門外"至"十車"。○注"禾稾"至"門西"。○釋曰："諸侯之禮，車米視生牢，禾視死牢，牢十車"者②，案《掌客》云"上公之禮，飧五牢，饔飧九牢，其死牢如飧之陳，牽四牢，車米視生牢，牢十車，車乘有五籔，車禾視死牢，牢十車。侯伯飧四牢，饔飧七牢，其死牢如飧之陳，牽三牢。子男飧三牢，饔飧五牢，其死牢如飧之陳，牽二牢，皆米視生牢，牢十車，禾視死牢，牢十車"，是其義也。云"大夫之禮，皆視死牢而已，雖有生牢不取數焉"者，知然者，見下歸饔飧五牢，饔三牢，飧二牢，饔三牢死牢也，門外米禾皆三十車，與死三牢同，不取飧二牢生之數，故知義然也。云"米陳門東，禾陳門西"者，此亦約下歸饔飧知之，上皆云陳如饔飧，此不云如饔飧者，至下經與薪芻并云"凡此之陳，亦如饔飧"是也。**薪芻倍禾**。各四十車。凡此之陳，亦如饔飧。**上介餼一牢在西，鼎七，羞鼎三，堂上之饌六，門外米、禾皆十車，薪芻倍禾**。西鼎七，無鮮魚、鮮腊。【疏】"上介"至"倍禾"。○注"西鼎"至"鮮腊"。○釋曰：六者與賓西夾數同，但言堂則西夾無矣。云"西鼎七，無鮮魚、鮮腊"者，此亦約饔飧時賓腥鼎數③，故下文賓腥鼎七，無鮮魚、鮮腊，此亦鼎七，故知"無鮮魚、鮮腊"也。**眾介皆少牢**。亦餼在西。鼎五，羊、豕、腸胃、魚、腊。新至尚執。堂上之饌四豆、四籩、兩鉶、四壺，無簠。【疏】"眾介皆少牢"。○注"亦餼"至"無簠"。○釋曰：知"亦餼"者，依上介知然。知"鼎五"者，以賓九，上介七，眾介當五，降殺以兩，又約《少牢》五鼎，此亦少牢，故知亦五鼎也。知鼎實有羊、豕、魚、腊與腸胃者，以上介無鮮魚、鮮腊，此又無牛，故從羊、豕以下數之得五，案《少牢》有膚，此無者，生人食與祭異，故《玉藻》"朔月少牢，五俎"，注亦云羊、豕、魚、腊、腸胃④，不數膚也。案上注皆不言"新至尚熟"，於此言之者，上文賓與上介皆言"餼一牢在西"，下歸饔飧，亦言"餼一牢在西"，此

---

① "饔"上原無"與"字，曹云："'饔'上脱'與'字。"據補。

② "牢"下原有"皆"字，曹云："注無'皆'字。"據刪。

③ "腥"字原作"餼"，曹云："'餼'當爲'腥'。"據改。

④ "亦"上原無"注"字，以羊、豕、魚、腊、腸胃爲五俎是此疏概述原鄭注大意，疑"亦云"上脱"注"字，謹補。

衆介直言“少牢”，不言“飪”，下文歸饔餼亦直言“餼一牢”，無飪，恐衆介飧、饔前後皆無飪，故特言之，“新至尚熟”，對後無饔直有餼，不尚熟也。必知少牢是飪者，承上介一牢飪，知此亦飪。云“堂上之饌四豆、四籩、兩鉶、四壺，無簠”，知數如此者，以賓與上介降殺以兩故然也。知“無簠”者，以賓簠有二，《曲禮》云“歲凶，大夫不食粱”，非歲凶，大夫食粱，粱，大夫常食，大夫禮多與賓同，簠盛稻粱，則上介亦二簠，與賓同，士非直不合食粱，差降亦無簠也。

厥明，訝賓于館。此訝，下大夫也，以君命迎賓謂之訝。訝，迎也，亦皮弁。○訝，五嫁反，迎也。【疏】“厥明”至“于館”。○注“此訝”至“皮弁”。○釋曰：自此盡“每曲揖”，論將行聘禮，主君迎賓向廟之事。云“此訝，下大夫也”者，案《周禮》有掌訝，中士八人爲之，此訝下大夫，非彼掌訝也，案下記云“卿，大夫訝。大夫，士訝。士皆有訝”，又《周禮·掌訝》云“凡賓客，諸侯有卿訝，卿有大夫訝，大夫有士訝，士皆有訝”，此大聘是卿，故使下大夫訝也。天子、諸侯雖有掌訝之官，朝聘之賓不使掌訝爲訝，直以尊卑節級爲訝，故云“此訝，下大夫也”。言“以君命迎”者，凡舉事，皆以承君命，故知迎賓待君命也。云“亦皮弁”者，下文君及賓皮弁，明此大夫亦皮弁服也。賓皮弁聘，至于朝，賓入于次，服皮弁者，朝聘主相尊敬也。諸侯視朔皮弁服。入于次者，俟辨也。次在大門外之西，以帷爲之。○俟辨，蒲莧反，辨具之辨。【疏】“賓皮”至“于次”。○注“服皮”至“爲之”。○釋曰：云“服皮弁者，朝聘主相尊敬也”者，《周禮·大行人》諸侯朝天子，各服冕服，廟中將幣三享，《覲禮》亦云“侯氏裨冕”，在廟覲天子，此諸侯待四方朝聘，皆皮弁者，入天子廟得申其上服，入己廟不可以冕服，又不可服常朝之服，故服天子之朝服，諸侯以爲視朔之服，在廟待朝聘之賓，是相尊敬故也。知此皮弁是諸侯視朔服者，以其《玉藻》云“諸侯皮弁以聽朔於大廟”是也。云“次在大門外之西，以帷爲之”者，下記云“宗人授次，次以帷，少退于君之次”，以賓位在西，故知也。乃陳幣。有司入于主國廟門外，以布幕陳幣，如展幣焉。圭璋，賈人執櫝而俟。【疏】“乃陳幣”。○注“有司”至“而俟”。○釋曰：“有司入于主國廟門外”者，案下文行聘時，幣在主國廟門外，知在此也。知有幕者，以言陳幣如展幣，明亦布幕陳幣也。云“圭璋，賈人執櫝而俟”者，案下文云“賈人東面坐啓櫝，取圭”，鄭注“賈人鄉入陳幣，東面俟。於此言之，就有事也”是也①。**卿爲上擯，大夫爲承擯，士爲紹擯。擯者出請事**，擯，謂主國之君所使出接賓者也。紹，繼也，其位相承繼而出也。主君，公也，則擯者五人；侯伯也，則擯者四人；子男也，則擯者三人。《聘義》曰：“介紹而傳命，君子於其所尊不敢質，敬之至也。”既知其所爲來之事，復請之者，賓來當與主君爲禮，爲其謙，不敢斥尊者，啓發以進之。於是時，賓出次，直闃西北面。上擯在闃東闑外，西面。其相去也，公之使者七十步，侯伯之使者五十步，子男之使者三十步。此旅擯耳，不傳命。上介在賓西北，東面。承擯在上擯東南，西面。各自次序而下，末介、末擯旁相去三丈六尺。上擯之請事，進，南面，揖賓俱前。賓至末介，上擯至末擯，亦相去三丈六尺。止，揖而請事。還，入告于公。天子、諸侯朝覲，乃命介紹傳命耳。其儀，各鄉本受命，反面傳而下及末，則鄉受之，反面傳而上，又受命傳而下，亦如之。此三丈六尺者，門容二徹參个，旁加各一步也。今文無擯。○而傳，丈專反，下同，後傳命放此。所爲，于僞反，下爲其皆同。直，音值。闑，魚列反。闑外，音域，又況域反。而上，時掌反。【疏】“卿爲”至“請事”。○注“擯謂”至“無擯”。○釋曰：此擯陳在主國大門外，主君之擯與賓之介東西相對，南北陳之。云“其位相承繼而出也”者，從門向南陳爲繼而出。云“主君，公也，則擯者五人；侯伯也，則擯者四人；子男也，則擯者三人”者，案《周禮·大行人》天子待諸侯云“上公之禮，擯者五人；侯伯之禮，擯者四人；子男則擯者三人”，今以諸侯待聘賓，用天子待己之擯數者，以諸侯自相待無文，鄭以意解之，但天子尊，得分辨諸侯尊卑以待之，諸侯卑，降天子，不敢分辨前人，故據己國大小而爲擯數，且《春秋》又有大國朝焉，小國聘焉，又有卿出並聘之事，則小國有朝大國法，無大國下朝小國之禮，若相聘問，大小皆得。若然，待其臣，據此文，與待君等，天子待諸侯之臣，亦宜與君同也。又案《周禮》大宗伯爲上擯，小行人爲承擯，《覲禮》嗇夫爲末擯，若待子男三人足矣，若侯伯少一人，待上公少二人，一人、二人皆以士充數也。引《聘義》者，案彼鄭注“質謂正，自相當”，故設擯介通情乃相見，是“敬之至”，引之者，證須擯介之意也。云“既知其所爲來之事”者，在道已遣士請事，大夫問行、郊勞、致館之等，是足知來事矣。云“復請之者，賓來當與主君爲禮，爲其謙，不敢斥尊者，啓發以進之”者，亦解所以立擯介通情及進相見之義也。云“於是時，賓出次，直闃

---

①　“有”下原有“其”字，阮云：“浦鏜云誤衍‘其’字。”據刪。

西北面”者，案《玉藻》云“君入門，介拂闑，大夫中棖與闑之間，士介拂棖”，此謂朝君，又云“賓入不中門”，此謂聘賓，云“不中門”，則此闑西北面者。若然，聘賓入門，還依作介入時同，亦拂闑也。云“上擯在闑東閾外，西面”者，主位在東，故賓在闑西，上擯在闑東，以擯位並門東西面，故上擯亦西面向賓也①。云“其相去也，公之使者七十步，侯伯之使者五十步，子男之使者三十步”者，此依《大行人》云“諸侯之卿，其禮各下其君二等”，鄭注云“所下者，介與賓主之間”，是以步數與介數亦降二等也。云“此旅擯耳”者，案《司儀》云“三問，旅擯”，鄭云“旅，陳，陳擯位②，不傳辭”，故鄭此云“不傳命”也。若然，上注、下注皆引《聘義》云“介紹而傳命”者，若交擯傳命，則是擯介傳命③，此旅擯傳命者，直是賓來至末介下，對上擯傳本君之命也。其介相紹繼，則交擯、旅擯同，唯傳命不傳辭有異矣，是以《司儀》云“及將幣，交擯”，鄭注亦引《聘》“介紹而傳命”爲證，以其皆是相連繼於位也。云“上介在賓西北，東面。承擯在上擯東南，西面”，此謂賓直闑西北面，主君在門内南面列位時，云“西北”、“東南”者，據賓西北望上介，介仍向正北陳之矣，上擯東南望承擯等，仍向正南陳之矣，不謂介西北邪陳，擯東南向邪陳也。云“各自次序而下”者，賓之介或七、或五、或三，從南向北次序，上次下至末介，主人之擯或五、或四、或三，從承擯向南，上次下至末擯也，東西相去三丈六尺。云“上擯之請事，進，南面，揖賓俱前”者，謂上擯入向公前，北面受命，出門南面，遙揖賓使前，擯者漸南行，賓至末介北，東面，上擯至末擯南，西面，東西相去亦三丈六尺。云“止，揖而請事”者，二人俱立定，乃揖而請所爲來之事。云“還，入告于公”者，賓對訖，上擯入告公，公乃有命納賓也。云“天子、諸侯朝覲，乃命介紹傳命耳”者，此引《聘義》文。自此以下，論天子、諸侯交擯法。云“紹”者，亦謂使介相紹繼以傳命，傳命即擯介相傳賓主之命也，此交擯謂在大門外初未迎賓時，案《曲禮》注“春夏受摯於朝，受享於廟，秋冬一受之於廟”，《覲禮》天子不下堂而見諸侯，則秋冬受摯、受享皆無迎法，無迎法則無此交擯之義，若春夏受摯於朝無迎法，受享於廟則迎之，故《大行人》云“廟中將幣三享”，鄭注“朝先享，不言朝者，朝正禮，不嫌有等也”，是正朝無迎法。若然，《覲禮》無迎法，此云“朝覲”連言“覲”者④，覲雖無迎法，饗食則有迎法，故《齊僕》云

---

①　“賓”字原作“君”，倉石云：“‘君’當爲‘賓’。”據改。
②　“位”字原作“介”，四庫本作“位”與鄭注合，據改。
③　“擯”字原作“賓”，四庫本作“擯”，據改。
④　“連”字原作“彼”，曹云：“‘彼’當爲‘連’。”據改。

“朝覲、宗遇、饗食皆乘金路，其法儀各以其等爲車送逆之節”，故連覲也。云“其儀，各鄉本受命，反面傳而下”者，雖言“各鄉本受命”，非一時之事，先上擯入受命，出傳與承擯，承擯傳與末擯，此是上擯鄉本受命，反面傳而下，末介向末擯邊受命，傳與次介，次介傳與上介，上介傳與賓，是及其末，則鄉受之①，反面傳而上也。云“又受命傳而下，亦如之”者，此乃發賓傳向主君，一如前發主君傳而向下，故云“亦如之”，如此三迴，爲交擯三辭，此則《司儀》云“諸公相爲賓，交擯三辭”者也。諸侯、伯、子、男相爲賓，如諸公之儀，其交擯則同也。云“此三丈六尺者”，此則却計前云“相去三丈六尺”。云“門容二徹參个”者②，《冬官·匠人》文③。天子五門，《匠人》直計應門，直舉應門，則皋、庫、雉亦同，云“二徹參个”者，轍廣八尺，參个三八二十四，門容二丈四。云“傍加各壹步也”者，此無正文，但人之進退周旋，不過再舉足一步，故門傍各空一步，丈二添二丈四尺爲三丈六尺。**公皮弁迎賓于大門內，大夫納賓。**公不出大門，降于待其君也。大夫，上擯也，謂之大夫者，上序可知。從大夫，總無所別也。於是賓、主人皆裼。○所別，彼列反。皆裼，西歷反。【疏】注“公不”至“皆裼”。○釋曰：云“降于待其君也”者，案《司儀》諸公相爲賓，公皮弁，交擯，車迎，拜辱，出大門，此於門內，是“降於待其君也”。云“從大夫，總無所別也”者，《春秋》之義，卿稱大夫，《王制》云“上大夫卿”，是總無別也。云“於是賓、主人皆裼”者，案《玉藻》云“不文飾也不裼”，又云“執龜玉襲”，下文行聘時執玉，賓、主人皆襲，此時未執玉，正是文飾之時，明賓、主人皆裼也。**賓入門左，**由賓位也④。衆介隨入，北面西上，少退。擯者亦入門而右，北面東上，上擯進相君。○相君，息亮反，下放此。【疏】“賓入門左”。○注“由賓”至“相君”。○釋曰：知“衆介隨入，北面西上，少退”者，約下文入廟行聘享時，衆介入廟，隨賓入門左⑤，北面西上，少退，不敢與賓齊也。知“擯者亦入門而右，北面東上”者，亦約

---

　　① “則鄉受之”，阮云：“‘鄉’，陳、閩俱作‘卿’。按注中‘卿’字，亦或作‘鄉’。《釋文》無音，當從‘卿’爲正。”曹云：“阮氏從卿，非也，此字義當作‘鄉’。”

　　② “云門容二徹參个者”，阮云：“毛本‘徹’作‘轍’，陳、閩、《通解》、《要義》俱作‘徹’，下同。唯轍廣之轍仍從車，楊氏並作‘徹’。盧文弨云：‘老子《道經》云善行無徹迹，《説文》無轍字。’按述注則從古作‘徹’，自下語則從俗作‘轍’，亦古人不苟處。”

　　③ “文”字原作“云”，曹云：“‘云’當爲‘文’。”據改。

　　④ “由”字原作“內”，曹云：“‘內’單疏標目作‘由’，似是。”據改。

　　⑤ “左”下原有“相”字，阮云：“毛本無‘相’字。按‘相’字不當有。”據删。

衆介統於賓，北面西上，明擯者北面東上，亦約朝君擯位[①]，亦北面東上而知之也。知"上擯進相君"者，《鄉黨》云"君召使擯"，鄭云"有賓客，使迎之"，彼據初迎賓時，至於入門之後，每事皆上擯相君也。**公再拜**。南面拜迎。【疏】"公再拜"。○注"南面拜迎"。○釋曰：知君南面者，經雖不見君面位，主君尊，於外國臣猶南面，故《郊特牲》云"君之南鄉，荅陽之義"，故知君南面也。**賓辟，不荅拜**。辟位逡遁，不敢當其禮。○賓辟，音避，劉房益反，注同，後賓辟之類并注各放此。逡，七旬反。遁，音旬。【疏】注"不敢當其禮"。○釋曰：云"不敢當其禮"者，以卿奉君命使，不敢當相酬亢之禮[②]，故"不荅拜"，直"逡遁"而已。**公揖入，每門、每曲揖**。每門輒揖者，以相人偶爲敬也。凡君與賓入門，賓必後君，介及擯者隨之，並而鴈行。既入則或左或右，相去如初。《玉藻》曰："君入門，介拂闑，大夫中棖與闑之閒，士介拂棖。賓入不中門，不履閾。"此賓謂聘卿大夫也。門中，門之正也。不敢與君並由之，敬也。介與擯者鴈行，卑不踰尊者之迹，亦敬也。賓之介，猶主人之擯。○必後，户豆反，又如字，下及後同。鴈行，户郎反，下同。中棖，直庚反，《爾雅》謂之楔，門兩旁木也。【疏】"公揖"至"曲揖"。○注"每門"至"之擯"。○釋曰：諸侯三門，臯、應、路，則應門爲中門，左宗廟，右社稷，入大門東行，即至廟門，其閒得有每門者，諸侯有五廟，大祖之廟居中，二昭居東，二穆居西，廟皆别門，門外兩邊皆有南北隔牆，隔牆中央通門[③]。若然，祖廟已西，隔牆有三，則閤門亦有三。東行經三門，乃至大祖廟。門中則相逼，入門則相遠，是以每門皆有曲，有曲即相揖，故"每曲揖"也，是以《司儀》亦云"每門止一相"，亦據閤門而言也。云"以相人偶"者，以人意相存偶也。云"凡君與賓入門，賓必後君"者，以賓主不敵，是以《玉藻》云"於異國之君，稱外臣某"，故知聘賓後於主國君也。言"凡"者，非直聘享向祖廟，若饗食向禰廟，燕禮向路寢，皆當後於主君，故言"凡"以廣之。云"介及擯者隨之，並而鴈行"者[④]，言"並"，上擯與上介並，次擯與次介並，末擯與末介並，各自鴈行於後也。云"既入則或左或右"者，東行，賓、介於左，君、擯於右也。云"相去如

---

① "擯"字原作"揖"，曹云："'揖'似當爲'擯'。"據改。

② "敢"下原有"賓辟"二字，曹云："'賓辟'二字衍。"據删。

③ "央"字原作"夾"，倉石云："'夾'，疑當'央'字之譌。"據改。

④ "並"下原有"前"字，倉石云："'前'字各本無，與注合。《校勘記》以單疏本爲是，未詳所據。"據删。

初”者,初謂大門外相去三丈六尺也。《玉藻》曰“君入門,介拂闑,大夫中棖與闑之間,士介拂棖”,鄭注云“此謂兩君相見也。君入必中門,上介夾闑,大夫介、士介鴈行於後,示不相沿也。君若迎聘客,擯者亦然”,又云“賓入不中門,不履閾”,鄭注云“辟尊者所從也”,此經謂聘客,鄭君并引朝君,欲見卿大夫聘來,還與從君爲介時入門同,故并引之也。云“君入門,介拂闑”,又云“門中,門之正”,又云“卑不踰尊者之迹”,若然,聊爲一闑言之,君最近闑,亦拂之而過,上介則隨君而行,拂闑而過,所以與君同行者,臣自爲一列。主君既出迎賓,主君與賓並入①,主君於東闑之內,賓於西闑之內,並行而入;上介於西闑之外,上擯於東闑之外,皆拂闑;次介、次擯皆大夫,中棖與闑之間;末介、末擯皆士,各自拂棖。如是,得君入中門之正,上擯、上介俱得拂闑,又得不踰尊者之迹矣。又云“賓入不中門”者,此謂聘賓,大聘使卿,小聘使大夫②,故鄭卿、大夫並言,入門之時,還依與君爲介來入相似,賓入還拂闑,故上注賓自闑西,擬一時拂闑西故也。云“門中,門之正也”者,謂兩闑之間。云“卑不踰尊者之迹”者,士以大夫爲尊,大夫以上介爲尊,上介以君爲尊也。云“賓之介,猶主人之擯”者,欲見擯、介鴈行不別也。

及廟門,公揖入,立于中庭。公揖先入,省內事也。既則立於中庭以俟賓,不復出。如此得君行一,臣行二,於禮可矣。公迎賓于大門內,卿大夫以下入廟門即位而俟之。【疏】“及廟”至“中庭”。○注“公揖”至“俟之”。○釋曰:自此盡“公襢,降立”,論行聘之事。云“公揖先入,省內事也”者,《曲禮》云“請入爲席”,彼卿大夫、士禮,是以鄭注云“雖君亦然”,“省內事”即“請入爲席”之類也。云“如此得君行一,臣行二,於禮可矣”者,言“得君行一,臣行二”者,案下文“三揖”言之,初揖注云“將曲揖”,謂在內霤之間住,主君先立,無過近於內霤閒,若然,去門既近,去階又遠也,以此不得君行一,臣行二,下文“受玉于東楹之閒”,彼得爲君行一,臣行二矣,下文又云“公升二等,賓升”,君階七等,君升二等,賓升一等,已上仍有五階,亦不得爲君行一,臣行二,與此同,欲見君行近,臣行遠之義,皆據大判而言,不可細分之矣。言“於禮可”者,以其尊者宜逸,卑者宜勞,故言“於禮可”也。云“公迎賓於大門內,卿大夫以下入廟門即位而

---

①　“賓”字原作“君”,汪刊單疏作“賓”,據改。
②　“大聘”下原無“使卿小聘使”五字,曹云:“‘大聘’下脫‘使卿小聘使’五字。”據補。

俟之"者,上初命迎賓于館之時①,卿大夫、士固在朝矣,及賓來大門外陳介之時,主君之擯亦在大門外之位,君在大門内時,其卿大夫不以無事亂有事,當於廟中在位矣。必知義然者②,當見行事之時,"公授宰玉",又云"士受皮",又云宰夫授公几,皆是於外無事,在廟始有事,更不見此官等命入廟之文,明君未入廟時,此官已在位而俟。《公食大夫》以其官各具饌物,皆有事,不預入廟,故公迎賓入後,乃見卿大夫以下之位,與此異也。**賓立接西塾**。接,猶近也。門側之堂謂之塾。立近塾者,已與主君交禮,將有出命,俟之於此。介在幣南,北面西上。上擯亦隨公入門東,東上,少進於士。○西塾,音孰,劉又音育。猶近,附近之近,下同。【疏】"賓立接西塾"。○注"接猶"至"於士"。○釋曰:云"門側之堂謂之塾"者,《爾雅・釋宫》文。云"立近塾者,已與主君交禮,將有出命,俟之於此"者,對在大門外時,未與主君交禮,直使擯傳命,故去門七十步、五十步、三十步,此已與君交禮③,故近門也。云"介在幣南④,北面西上"者,以上文入竟展幣時,布幕,賓西面,介北面東上,統於賓,今此陳幣,賓在門西北面,明介北面西上,統於賓也。云"上擯隨公入門東,東上,少進於士"者⑤,案下"几筵既設,擯者出請命",更不見上擯別入之文,明隨公入可知也。知門東有上者,案《公食》云"士立于門東,北面西上",鄭云"統於門者,非其正位"也,故知此亦然,以擯者是卿,又相君,故知"進於士",在士前也。**几筵既設,擯者出請命**。有几筵者,以其廟受,宜依神也。賓至廟門,司宫乃于依前設之。神尊,不豫事也,席西上。上擯待而出,請受賓所以來之命,重停賓也。至此言命,事彌至,言彌信也。《周禮》:"諸侯祭祀,席蒲筵,繢純,右彫几。"○依前,於豈反,本又作扆。繢,户内反。純,劉之閏反,一音章允反,後放此。【疏】"几筵"至"請命"。○注"有几"至"彫几"。○釋曰:云"有几筵者,以其廟受,宜依神也"者,此對不在廟受,不几筵,故下云"聘遭喪,入竟,則遂也,不郊勞,不几筵",注云"致命不於廟,就尸柩於殯宫,又不神之",下小聘"不几筵",注云"記貶於聘",是以記云"唯大聘有几筵",《覲禮》不云几筵,文不具也。又案《曲禮》注"春夏受

---

① "命"下原有"拜"字,曹云:"'拜'字衍。"據删。
② "然"下原無"者"字,曹云:"'然'下脱'者'字。"據補。
③ "已"字原作"將",阮云:"《要義》同,毛本無'將'字。"曹云:"'將'當爲'已'。"據曹校改。
④ "云"下原有"於此"二字,阮云:"《要義》同,毛本無'於此'二字。"據删。
⑤ "士"字原作"上",張敦仁本作"士",與注合,據改。

摯於朝，受享於廟，秋冬一受之於廟”，諸侯無此法，四時皆在於廟，亦無四時朝覲之
別，名同，皆曰朝也。云“賓至廟門，司宮乃于依前設之。神尊，不豫事也”者，此對《公
食》“宰夫設筵，加席几”而後迎賓，彼食禮，與此異也。知在“宬前”者，案《司几筵》云大
朝覲，大饗射，王位依前南鄉，設筵几，《覲禮》亦云依前，諸侯亦然。《爾雅・釋宮》云
“牖户之閒謂之宬”，但天子以屏風設於宬，諸侯無屏風爲異，席亦不同也。云“至此言
命，事彌至，言彌信也”者，上入竟，士請事，近郊，下大夫請行，皆是謙問，不敢必來之
己國①，不正言之，至此事益至，言益信矣②，故正問之而言請命，是其事至言信矣。云
“《周禮》”至“彤几”者，《周禮・司几筵》文，彼諸侯祭祀，席三重，上更有加莞筵紛純，不
引之者，文略可知，引之者，證此所設者，設常祭祀之席也。**賈人東面坐啓櫝，**
取圭垂繅，不起而授上介。賈人鄉入陳幣，東面俟，於此言之，就有事也。授
圭不起，賤不與爲禮也。不言裼、襲者，賤不裼也。繅，有組繫也。○暴入，許亮反，下
同。【疏】“賈人”至“上介”。○注“賈人”至“繫也”。○釋曰：“賈人鄉入陳幣，東面俟，
於此言之，就有事也”者，上文賓入次，乃陳幣在廟門外③，不言者，彼賈人未有事，今此
有事，故就此言面位，以此東面，明初亦東面矣，故舉此明前東面也。云“授圭不起，賤
不與爲禮也”者，以賈人是庶人在官者，故云“賤不與爲禮”，爲禮當起而授也。云“不
言裼、襲者，賤不裼也”者，若不賤，以垂繅當裼，以賤故不裼也。云“繅，有組繫也”，知
有組者，下記云“所以朝天子，圭與繅皆九寸。問諸侯，朱綠繅八寸。皆玄纁繫長尺，
絢組”是也。**上介不襲，執圭屈繅，授賓**。上介北面受圭，進西面授賓。不襲
者，以盛禮不在於己也。屈繅，并持之也。《曲禮》曰：“執玉，其有藉者則裼，無藉者則
襲。”【疏】“上介”至“授賓”。○注“上介”至“則襲”。○釋曰：上介裼於賈人處，垂繅受
得圭，屈繅執之而不襲者④，鄭云“以盛禮不在於己”故也，以賓執圭，升堂致命，爲盛禮
在己者也。云“上介北面受圭，進西面授賓”者，以上介本位北面，故北面受圭，賓東
面，故上介西面授賓。引《曲禮》者，彼記人據此絢組尺爲繅藉，不據韋皮衣木板畫以
五采之繅藉也。云“執玉，其有藉者則裼”，據此賈人垂繅以授上介，上介不襲受之時

①　“敢”下原有“以”字，曹云：“‘以’字衍。”據刪。
②　“益”字原作“則”，倉石云：“‘則’，注疏本作‘益’。”據改。
③　“門”上原無“廟”字，曹云：“‘門’上脱‘廟’字。”據補。
④　“而”上原無“屈繅執之”四字，曹云：“句上似脱‘屈繅執之’四字。”據補。

也。云其“無藉者則襲”者，據此上介屈繅以授賓，賓襲受之時也。記人直記裼、襲之義，不論盛禮在己之意，故各舉一邊而言也。**賓襲，執圭。**執圭盛禮而又盡飾，爲其相蔽敬也。《玉藻》曰：“服之襲也，充美也。是故尸襲，執玉龜襲也。”○又盡，津忍反。【疏】“賓襲執玉”。○注“執圭”至“襲也”。○釋曰：云“執圭盛禮”者，《玉藻》云“執玉龜襲”，注“重寶瑞也”，若然，云“盛禮”者，以其圭瑞以行禮，故爲“盛禮”也。云“又盡飾，爲其相蔽敬也”者，《玉藻》又云“君在則裼，盡飾也”，注云“臣於君所”，今聘賓於主君，亦是臣於君所，合裼以盡飾，今既執圭，以瑞爲敬，若又盡飾而裼，則掩蔽執玉之敬①，故不得裼也。云“服之襲也，充美也”者，彼注云“充，猶覆也”。“是故尸襲”者，爲尸尊，故去飾不裼也②。云“執玉龜襲也”者，彼注云“重寶瑞也”，以龜玉爲寶瑞，若裼則盡飾爲蔽敬，故引之證不裼也。**擯者入告，出辭玉。**擯者，上擯也。入告公以賓執圭，將致其聘命。圭，贄之重者，辭之，亦所以致尊讓也。【疏】“擯者”至“辭玉”。○注“擯者”至“尊讓”。○釋曰：知擯是上擯者，案上相禮者皆上擯，故知此亦據上擯。云“圭，贄之重者”，《大宗伯》云“以玉作六瑞”，君之所執，又云“以禽作六贄”，臣之所執，總而言之，皆是贄，故《左氏傳》云男贄不過玉帛、禽鳥，但君之所執爲贄之重者也。云“辭之，亦所以致尊讓也”，“致尊讓”，《鄉飲酒義》文，彼爲賓主三辭三讓，是“致尊讓”，此辭玉亦是“致尊讓”之事，故引之爲證也。案文公十二年《左氏傳》云“秦伯使西乞術來聘，襄仲辭玉，賓對曰：不腆敝器，不足辭也”，彼主人三辭，此無三辭者③，文不具，亦當三辭。**納賓，賓入門左。**公事自閩西。【疏】“納賓賓入門左”。○注“公事自閩西”。○釋曰：案《玉藻》云“公事自閩西”，注云“聘享也”，又云“私事自閩東”，注云“覿面也”，故鄭引之以證此“入門左”是聘享，賓入自閩西，入門左也。**介皆入門左，北面西上。**隨賓入也。介無事，止於此。今文無門。【疏】“介皆”至“西上”。○注“隨賓”至“無門”。○釋曰：案《司儀》云“諸公之臣相爲國客，及將幣，每門止一相，及廟，唯君相入”，注云“唯君相入，客，臣也，相不入矣”，此介皆入，不同者，彼云“每門止一相”，鄭云“絕行在後耳”，非是全不入廟，又云“唯君相入”者，謂前相君禮須

---

① “蔽”下原無“執”字，阮云：“《要義》同，毛本‘蔽’作‘執’。按‘蔽’字是，《通解》、楊氏俱兼有‘蔽執’二字。”據以補“執”字。

② “也”字原在“飾”下，倉石云：“殿本移‘也’字在‘裼’下。”據乙。

③ “主人”下原無“三辭此”三字，曹云：“當爲‘彼主人三辭此無三辭者’。”據補。

入，故言之，臣相不前相禮，故不言入，其實皆入，與此同也。**三揖**，君與賓也。入門
將曲揖，既曲北面又揖，當碑揖。【疏】"三揖"。○注"君與"至"碑揖"。○釋曰：前云
"公揖入，立于中庭"，三分庭一在南，賓後獨入，得云"入門將曲揖"者，謂公先在庭，南
面，賓既入門，至將曲揖，賓既曲北面，賓又向主君揖，主君二者①，皆向賓揖之，再揖
訖，主君東面向堂塗北行當碑②，乃得賓主相向而揖，是以得"君行一，臣行二"，非謂賓
入門時，主君更向內霤，相近而揖，若然，何得云"君行一，臣行二"也。**至于階，三**
讓。讓升。**公升二等**，先賓升二等，亦欲君行一，臣行二。○先賓，悉薦反。【疏】
"公升二等"。○注"升賓"至"行二"。○釋曰：諸侯階有七等，公升二等，在上仍有五等
而得云"君行一，臣行二"者，但君行少，臣行多，大判而言，非謂即"君行一，臣行二"，
此文出《齊語》晏子辭③。**賓升，西楹西東面**。與主君相鄉。**擯者退中庭**。
鄉公所立處退者，以公宜親受賓命，不用擯相也。○立處，昌慮反。【疏】"擯者退中
庭"。○注"鄉公"至"相也"。○釋曰：上文"公揖入，立于中庭"，今公與賓升堂，云"擯
者退中庭"，此文與君立中庭同，故云"鄉公所立處"。**賓致命**。致其君之命也。**公**
左還北鄉，當拜。【疏】"公左還北鄉"。○注"當拜"。○釋曰：言"左還北鄉"者，公
升受賓致命時西鄉，以左手鄉外，迴身北面乃拜，故云"當拜"。**擯者進**，進阼階西，
釋辭於賓，相公拜也。【疏】"擯者進"。○注"進阼"至"拜也"。○釋曰：知阼階西者，以
其擯者在中庭公立處，直言進，則進至阼階西，不得更向阼階前，亦不可更進西階，故
知"進阼階西，釋辭於賓"，復得"相公拜也"。**公當楣再拜**。拜貺也。貺，惠賜也。
楣謂之梁。○當楣，亡悲反。【疏】"公當楣再拜"。○注"拜貺"至"賜也"。○釋曰："拜
貺"之言，文出《聘義》，彼云"北面拜貺，拜君命之辱"是也。**賓三退，負序**。三退，

---

① 　"賓既入門"至"主君二者"原作"賓既入門至碑曲揖賓既曲北面賓又揖主君揖
主君二者"，阮云："陳、閩、《通解》俱作'賓既入門至將曲之時，既曲北面之時，主君二
者'。朱子曰：'疏說蓋印本差誤，今以文義考之，更定如此。'按一本與毛本略同，但改
'碑曲'爲'將曲'，'賓又揖主君'爲'賓又向主君揖'，'揖主君二者'刪'揖'字。"據改。
② 　"主"上原有"亦"字，阮云："陳、閩俱無'亦'字。"據刪。
③ 　"此文出齊語晏子辭"，此說誤釋鄭注所言"君行一，臣行二"之出處，孫人龍
云："朱子云：'《齊語》無此辭，今見《曲禮》、《雜記》。'按晏子語《韓詩外傳》亦有之，不在
《齊語》。"

三逡遁也。不言辟者，以執圭將進授之。○言辟，音避，又扶益反。【疏】"賓三退負序"。○注"三退"至"授之"。○釋曰：案上文"賓入門，公再拜。賓辟，不荅拜"，又下文云"賓訝受几於筵前，公一拜送，賓以几辟"，皆言辟，此不言辟，故決之也。案《司儀》云"諸公之臣相爲國客，及將幣，客登拜，客三辟，授幣"，注云"客三辟，三退，負序也"者，彼諸公之臣相聘之禮，與侯伯之卿聘於鄰國之禮少異故也。**公側襲，受玉于中堂與東楹之閒。**側，猶獨也。言獨，見其尊賓也。他日公有事，必有贊爲之者。凡襲，于隱者，公序坫之閒可也①。中堂，南北之中也。入堂深，尊賓事也。東楹之閒，亦以君行一，臣行二。○見其，賢遍反，下皆可以意求之。坫之，丁念反。【疏】"公側"至"之閒"。○注"側猶"至"行二"。○釋曰：云"他日公有事，必有贊爲之者"，案《大射》云"公卒射，小臣正贊襲"，是其贊爲之也。云"凡襲，於隱者"，案《士喪禮》小斂，主人袒于户内，襲于序東，喪禮遽於事，尚襲於序東，況吉事乎？明知襲於隱者也。云"公序坫之閒可也"者，《士喪》襲于序東，謂於堂東地上，此則公在堂上，堂東南角爲坫，鄭以意斟酌隱處，無過於序東坫北，無正文②，故云"可也"。云"中堂，南北之中也。入堂深，尊賓事也"者，凡廟之堂皆五架③，棟南北皆有兩架，棟北一架下有壁開户，棟南一架謂之楣，則楣北有二架，楣南有一架，今於當楣北面拜訖，乃更前北侵半架，於南北之中乃受玉，故云"南北之中"，乃入堂深，尊賓事故也。云"東楹之閒，亦以君行一，臣行二"者，兩楹之閒爲賓主處中，今乃於東楹之閒，更侵東半閒，故云"君行一，臣行二"也。**擯者退，負東塾而立。**反其等位，無事。**賓降，介逆出**，逆出，由便。**賓出。**聘事畢。**公側授宰玉，**使藏之，授於序端。【疏】"公側授宰玉"。○注"使藏"至"序端"。○釋曰：鄭知"授於序端"者，凡公授受皆於序端，是以下文"公升，側受几于序端"，故知此亦授于序端也。**裼，降立。**裼者，免上衣，見裼衣。凡當盛禮者以充美爲敬，非盛禮者以見美爲敬，禮尚相變也。《玉藻》曰："裘之裼也，見美也。"又曰："麛裘青豻褎，絞衣以裼之。"《論語》曰："素衣麛裘。"皮弁時或素衣，其裘同可知也。裘者爲溫，表之，爲其襲也。寒暑之服，冬則裘，夏則葛。凡禕裼者左。降立，

---

① "可"下原有"知"字，疏述注無"知"字，阮云："《要義》同，毛本'可'下有'知'字。按疏云'無正文，故云可也'，則無'知'字明矣。各本注俱有'知'字，誤也。"據刪。
② "無"上原有"可也"二字，曹云："'可也'二字衍。"據刪。
③ "堂"上原有"室"字，曹云："'室'字衍。"據刪。

俟享也，亦於中庭。古文裼皆作賜①。○麛，音迷，或作麂，同。青豻，五旦反，胡地野犬也，劉音鴈。裘，本又作褎，詳又反。絞衣，戶交反。爲溫，于僞反，下及注賓爲同。凡禫，音但，劉上戰反。【疏】"裼降立"。○注"裼者"至"作賜"。○釋曰：云"裼者，免上衣，見裼衣"者，案《玉藻》云"君衣狐白裘，錦衣以裼之"，注云"君衣狐白毛之裘，則以素錦爲衣覆之，使可裼也。袒而有衣曰裼。必覆之者，裘褻也。《詩》云：'衣錦絅衣，裳錦絅裳。'然則錦衣復有上衣明矣。天子狐白之上衣，皮弁服與？凡裼衣象裘色也"，若然，凡服四時不同，假令冬有裘，襯身禪衫②，又有襦袴，禪衫、襦袴之上有裘③，裘上有裼衣，裼衣之上又有上服皮弁、祭服之等，若夏則以絺綌，絺綌之上則有中衣，中衣之上復有上服皮弁、祭服之等，若春秋二時，則衣袷褶，袷褶之上加以中衣，中衣之上加以上服也。言"見裼衣"者，謂袒衿前上服，見裼衣也，故《玉藻》云"裘之裼也，見美也"，襲者掩之④，故《玉藻》云"襲，充美"是也。云"凡當盛禮者以充美爲敬，非盛禮者以見美爲敬，禮尚相變也"者，《玉藻》云"執玉龜襲"⑤，是禮之盛者，充美爲敬，《玉藻》又云"君在則裼，盡飾也"，是非盛禮者以見美爲敬，據此二者，是"禮尚相變"也⑥。引《玉藻》者，證禮不盛者，以裼見美也。又曰"麛裘青豻褎，絞衣以裼之"，引《論語》"素衣麛裘"，又云"皮弁時或素衣，其裘同可知也"，鄭并引二文者，欲見諸侯與其臣視朔與行聘禮，皆服麛裘，但君則麛裘還用麛褎，臣則不敢純如君，麛裘則青豻褎。裼衣，君臣亦有異時。若在國視朔，君臣同素衣爲裼，故《鄉黨》云"素衣麛裘"，彼一篇是孔子行事，鄭兼見君臣視朔之服，是其君臣同用素裼可知。若聘禮，亦君臣同用麛裘，但主君則用素衣爲裼，使臣則用絞衣爲裼，是以鄭總云"皮弁時或素衣，其裘同可知也"。言"或素衣"者，在國則君臣同素衣，聘時主君亦素衣，唯臣用絞衣爲裼也。案《雜記》

---

① "古文裼皆作賜"，阮云："浦鏜云'賜'疑'緆'字之誤。"疏標起止作"賜"，雖誤而仍其舊。
② "禪"字原作"褝"，曹云："'褝'，阮云《通解》作'禪'。案'禪'字似是。"據改。
③ "襦袴之上"原無"禪衫"二字，曹云："'襦'上似脫'禪衫'二字。"據補。
④ "掩"字原作"奄"，阮云："《要義》同，毛本'奄'作'掩'。按'掩'是。"據改。
⑤ "玉龜"原作"龜玉"，阮云："《要義》同，俱倒，毛本'龜玉'作'玉龜'，與《玉藻》合。"據乙。
⑥ "尚"下原有"有"字，阮云："《要義》同，毛本無'有'字。"曹云："'有'字衍。"據刪。

云“朝服十五升布”①，皮弁亦天子朝服，與諸侯朝服同用十五升布，亦同素積以爲裳，白舄，臣用白屨也。云“裘者爲温，表之，爲其褻”者②，案《月令》云“孟冬，天子始裘”，是裘爲温。云“表之”者，則裼衣是也，裼衣象裘色，復與上服色同也。云“凡襢裼者左”者，吉凶皆袒左是也，是以《士喪禮》主人左袒，《檀弓》云吴季札“左袒，右還其封”，《大射》亦左袒，若受刑則袒右，故《覲禮》侯氏袒右受刑是也。知“降立，俟享也”者，下文賓行享是也。

----

① “案”字原作“依”，阮云：“《要義》同，毛本‘依’作‘案’。”據改。
② “爲”下原無“其”字，阮云：“《要義》同，毛本‘爲’下有‘其’字。”毛本與注合，據補。

儀禮疏卷第二十一　儀禮卷第八

擯者出請。不必賓事之有無。【疏】"擯者出請"。〇注"不必"至"有無"。〇釋曰：自此盡"以束帛，如享禮"，論享禮之事。賓裼，奉束帛加璧享。擯者入告，出許。許受之。庭實，皮則攝之，毛在內，內攝之，入設也。皮，虎豹之皮。攝之者，右手并執前足，左手并執後足。毛在內，不欲文之豫見也。內攝之者，兩手相鄉也。入設，亦參分庭一在南也。言則者，或以馬也。凡君於臣，臣於君，麋鹿皮可也。〇則攝，之涉反，下及注皆同。并執，必性反，一音如字，下同。【疏】"庭實"至"設也"。〇注"皮虎"至"可也"。〇釋曰：知皮是虎豹皮者，經云"毛在內，不欲文之豫見"，是有文之皮，《郊特牲》云"虎豹之皮，示服猛也。束帛加璧，往德也"，文無所屬，則天子、諸侯皆得用之，此聘使爲君行之，故知皮是虎豹之皮也。《齊語》云桓公知諸侯歸己，令諸侯輕其幣，用麋鹿皮，非其正也。云"攝之者，右手并執前足，左手并執後足"者，下云皮右首，故云右手執前兩足，必以一手執兩足者，取兩足相向，得掩毛在內，俱放又得毛向外，故鄭云"內攝之者，兩手相鄉也"。知"入設，參分庭一在南"者，見《昏禮記》"納徵，執皮攝之，內文，兼執足，左首，隨入，西上，參分庭一在南"，故知此亦然，但此右首，彼左首者，昏禮象生，故與此異也。云"則者，或以馬也"者，以其皮馬相閒，有皮則用皮，無皮則用馬，故云"則"，見其不定故也。云"凡君於臣，臣於君，麋鹿皮可也"者，云"凡君於臣"，謂使者歸，君使卿贈①，如覿幣及食饗以侑幣、酬幣，庭實皆有皮，故云"凡"也。"臣於君"，謂私覿，庭實設四皮及介用儷皮，此皆用麋鹿皮②，故亦云"凡"也。若然，《大宗伯》云"孤執皮帛"，鄭云天子之孤用虎皮，諸侯之孤用豹皮，得用虎豹者，彼所執以爲贄，與庭實不同，故得用虎豹皮也③。賓入門左，揖讓如初，升致命，張皮。張者，釋外足見文也。【疏】"賓入"至"張皮"。〇注"張者"

---

① "君"字原作"若"，曹云："'若'當爲'君'。"據改。
② "用"字原作"有"，曹云："'有'當爲'用'。"據改。
③ "豹"下原無"皮"字，阮云："毛本'豹'下有'皮'字。"據補。

至“文也”。○釋曰：案《昏禮記》“賓致命，釋外足見文。主人受幣，士受皮”，注云“賓致命，主人受幣，庭實所用爲節”，此亦然，下受皮以授幣爲節也。**公再拜受幣，士受皮者自後右客。**自，由也。從東方來，由客後西，居其左受皮也。執皮者既授，亦自前西而出。【疏】“公再”至“右客”。○注“自由”至“而出”。○釋曰：云“執皮者既授，亦自前西而出”者，此約下私覿時，牽馬者自前西向出相類，故云“亦”也。**賓出，當之，坐攝之。**象受于賓。【疏】“賓出”至“攝之”。○注“象受于賓”。○釋曰：云“坐攝之”者，向張皮見文，今攝之者還如入時，執前後足，内文也。**公側授宰幣，皮如入，右首而東。**如入，左在前。皮右首者，變于生也。【疏】“公側”至“而東”。○注“如入”至“生也”。○釋曰：云“公側授宰幣”者，上云“公側襲”，側猶獨也，此側亦獨①，無人贊之也。云“如入，左在前”者，皮四張，入門時②，先者北面在左，西頭爲上，餘三人以次而東，取皮向東者③，亦左在前，向東爲次第也。云“皮右首者，變于生也”者，《曲禮》云“執禽者左首”，《士相見》贊用雉，“左頭奉之”，下大夫執鴈，上大夫執羔，“如執雉”，皆左首，雉雖死，以不可生服，執之如羔鴈，亦從左首，象陽，今此皮則右首，變於生。《昏禮》左首，昏禮取象生，與此異也。**聘于夫人用璋，享用琮，如初禮。**如公立于中庭以下。**若有言，則以束帛，如享禮。**有言，有所告請，若有所問也。記曰：“有故，則束帛加書以將命。”《春秋》臧孫辰告糴于齊，公子遂如楚乞師，晉侯使韓穿來言汶陽之田，皆是也，無庭實也。○告糴，大歷反。汶陽，音問。【疏】“若有”至“享禮”。○注“有言”至“實也”。○釋曰：云“有言，有所告請，若有所問也”者，“言”、“有所告”即“告糴”之類是也，“請”即“乞師”之類是也，“問”即“言汶陽之田”之類是也，鄭據《傳》而言，有此三事，皆是“有言”，“有言”即記云“有故”，一也。云“有言”，即有書致之，故記云“有故，則束帛加書以將命”也。云“《春秋》臧孫辰告糴”者，事在莊公二十八年也，云“公子遂如楚乞師”者，事在僖二十六年也，云“晉侯使韓穿來言汶陽之田”，事在成公八年也，此三者皆見《春秋經》，引之者，證此有言

---

①　“此”下原有“已上”二字，倉石云：“‘已上’二字似衍。”據刪。

②　“入”上原有“三人”二字，曹云：“‘三人’二字不當在此。”據刪。

③　“餘”下、“取”上原無“三人以次而東”六字，曹云：“前‘三人’二字當在‘餘’字下，‘餘三人’下當有‘以次而東’四字。”據補。

以束帛加書之事也。云“無庭實也”者，以經直云“束帛，如享禮”，則除束帛之外，更無所有，故知“無庭實也”。《國語》云臧孫辰以豹圭者，是告糴之物，服注云“無庭實也”，又哀七年《左傳》云“邾茅夷鴻以乘韋束帛自請救于吳”，求救非法，故有乘韋爲庭實也。**擯者出請事，賓告事畢。**公事畢。

賓奉束錦以請覿。覿，見也。鄉將公事，是欲交其歡敬也。不用羔，因使而見，非特來。【疏】“擯者”至“事畢”。○注“覿見”至“特來”。○釋曰：自此盡“從者訝受馬”，論賓將私覿，主人不許而行禮賓之事。云“鄉將公事”者，聘享是也。云“是欲交其歡敬也”者，聘是公禮，非是交歡，此行私禮，爲交歡敬也。案《郊特牲》云“爲人臣者無外交”，鄭注“私覿，是外交也”者，彼謂臣爲君介而行私覿是外交，若特行聘則得私覿，非外交也，故彼上經云“大夫執圭而使，所以申信也”，注云“其君親來，其臣不敢私見於主國君也，以君命聘，則有私見”是也。云“不用羔，因使而見，非特來”者，謂因爲君聘使而行私見，故用束錦，非特來，若特來則卿用羔也。若然，案《士相見》卿初仕，見己君及卿皆見以羔，見他君得有羔者，案《尚書》有“三帛、二生”，二生，卿執羔，大夫執鴈，彼見天子法，從朝君而見，得有羔，若諸侯相朝，其臣從君亦得執羔見主君可知，其爲君聘則不得執羔見主君也，故鄭云“因使而見，非特來”。案定公八年經書“公會晉師于瓦”，《左傳》云“范獻子執羔，趙簡子、中行文子皆執鴈”，亦是從君見主君法也。**擯者入告，出辭，**客有大禮，未有以待之。【疏】“擯者入告出辭”。○注“客有”至“待之”。○釋曰：云“大禮”者，即上行聘享是也。云“未有以待之”者，謂主人未有以待之，以禮待之，即下禮賓是也，故止客私覿，即下文先行禮賓也①。**請禮賓，賓禮辭，聽命，擯者入告。**告賓許也。**宰夫徹几改筵。**宰夫，又主酒食者也。將禮賓，徹神几，改神席，更布也，賓席東上。《公食大夫禮》曰：“蒲筵常，緇布純，加萑席尋，玄帛純。”此筵上、下大夫也。《周禮》曰“筵國賓于牖前，莞筵紛純，加繅席畫純，左彤几”者，則是筵孤也。孤彤几，卿大夫其漆几與？○公食，音似，下親食同。加萑，音完。几與，音餘。【疏】“宰夫徹几改筵”。○注“宰夫”至“几與”。○釋曰：云“宰夫，又主酒食者也”者，對上宰夫設殮，今又主酒食以禮賓也。云“賓席東上”者，對前爲神而西上也。云“《公食大夫禮》曰蒲筵”及“萑席”、“此筵上、下大夫也”者，以

---

① “文”下原無“先”字，阮云：“毛本、《通解》‘文’下有‘先’字。”據補。

《公食》蒲筵、萑席二者是爲上、下大夫法，又引《周禮》者，鄭欲推出上、下大夫用漆几也。案《司几筵》云"諸侯酢席，莞筵紛純，加繅席畫純，筵國賓于牖前亦如之，左彤几"，注云"國賓，諸侯來朝，孤、卿大夫來聘。後言几者，使不蒙如也。朝者彫几，聘者彤几"，但司几筵是天子之官，几筵又是諸侯之法，又鄭云"國賓，諸侯來朝，孤、卿大夫來聘"，是諸侯朝聘天子法①，則孤、卿大夫是諸侯之臣也，以此言之，則天子孤、卿大夫几筵與諸侯之臣同可知。若然，《公食大夫》筵上、下大夫禮同用蒲筵莞席，與此席不同，鄭注此國賓中卿大夫得與孤同者，鄭欲廣國賓之義，其實此國賓中唯有諸侯與孤，無卿大夫也，鄭必知卿大夫漆几者，《司几筵》有五几，從上向下序之，天子玉几，諸侯彫几，孤彤几，卿大夫漆几，下有素几，喪事所用，差次然也。無正文，故云"與"以疑之。**公出，迎賓以入，揖讓如初。**公出迎者，己之禮，更端也。【疏】"公出"至"如初"。○注"公出"至"端也"。○釋曰：云"公出迎者，己之禮，更端也"者，前聘享俱是公禮，故不出迎，此禮賓私禮，改更其端序，故公出迎也。**公升，側受几于序端。**漆几也。今文無升。**宰夫内拂几三，奉兩端以進。**内拂几，不欲塵坋尊者。以進，自東箱來授君。○塵坋，蒲悶反，劉本亦作坌，被也，或作被，皮義反。【疏】"宰夫"至"以進"。○注"内拂"至"授君"。○釋曰：知几"自東箱來"者，案《覲禮記》云"几俟于東箱"，又此經直云"進"，不言"升"，明不從下來，從東箱來可知也。**公東南鄉，外拂几三，卒，振袂，中攝之，進西鄉。**進就賓也。【疏】"公東"至"西鄉"。○釋曰：云"中攝之"者，擬賓用兩手在公手外取之故也。**擯者告。**告賓以公授几。**賓進，訝受几于筵前，東面俟。**未設也。今文訝爲梧。○爲梧，五故反。【疏】"賓進"至"面俟"。○注"未設"至"爲梧"。○釋曰：未設而俟者，待公拜送訖，乃設之故也。**公壹拜送。**公尊也。古文壹作一。【疏】"公壹拜送"。○注"尊公"至"作一"。○釋曰：賓再拜稽首，公乃壹拜，當空首，故注云"公尊也"。**賓以几辟，**辟位逡遁。○几辟，婢亦反，又音避，注同。**北面設几，不降，階上答再拜稽首。**不降，以主人禮未成也。凡賓左几②。【疏】注"不降"至"左几"。○釋

---

① "侯"下原有"與"字，曹云："'與'字衍。"據刪。
② "凡"字原作"几"，阮云："上'几'字《集釋》、《通解》俱作'凡'。"張氏曰：'疏上几作凡，從疏。'"據改。

曰：云“不降，以主人禮未成”者，案《鄉飲酒義》云“啐酒，成禮也，於席末”，據此而言，則啐酒爲成禮，此設几主爲啐酒，今未啐醴，故云“禮未成也”。云“凡賓左几”者，對神右几也。**宰夫實觶以醴，加柶于觶，面枋。**酌以授君也。君不自酌，尊也。宰夫亦洗升實觶，以醴自東箱來，不面擩，不訝授也。○加柶，音四。面枋，彼命反。【疏】“宰夫”至“面枋”。○注“酌以”至“授也”。○釋曰：“宰夫亦洗升實觶”者，經無宰夫升降之文，以理亦之者，亦上授几時，從下而升，東箱取几，進以授君，今又從下升，東箱酌醴，進以授君，故亦之，不言宰夫升降者，賤，略之也。云“以醴自東箱來”者，下記云“醴尊于東箱，瓦泰一①，有豐”是也。云“不面擩，不訝授也”者，公西面向賓，宰夫自東箱來，在公傍側，並授與公，是以下云“公側受醴”，不訝受，故“不面擩”也。**公側受醴。**將以飲賓。○以飲，於鴆反。**賓不降，壹拜，進筵前受醴，復位，公拜送醴。**賓壹拜者，醴質，以少爲貴。【疏】注“賓壹”至“爲貴”。○釋曰：《禮器》云“禮有以少爲貴者”，今賓於上下皆再拜稽首，獨此一拜，故鄭據大古之醴質，無玄酒配之，故壹拜，以少爲貴也。**宰夫薦籩豆脯醢，賓升筵，擯者退負東塾。**事未畢，擯者不退中庭，以有宰夫也。【疏】“宰夫”至“東塾”。○注“事未”至“宰夫”。○釋曰：云“事未畢，擯者不退中庭，以有宰夫也”者，案上文“擯者退中庭”，又云“擯者進”，事未畢在中庭可知，此下文亦云“擯者進，相幣”，事亦未畢而在東塾，故決之。若然，以有宰夫在②，飲食之事，宰夫所主，己雖事未畢，猶得負東塾，以其閒有事，宰夫相，己無事故也，若無宰夫，則在中庭矣③。**賓祭脯醢，以柶祭醴三，庭實設。**庭實，乘馬。【疏】注“庭實乘馬”。○釋曰：鄭知乘馬者，下文（元缺起此）“賓執左馬以出”，故知也。**降筵，北面以柶兼諸觶，尚擩，坐啐醴。**降筵，就階上。○尚擩，劉音獵，一音以涉反。啐，七内反。【疏】注“降筵就階上”。○釋曰：以左手執觶，右手以柶祭醴訖，降筵，北面以柶兼并於觶，兩手奉之，尚擩，不作上字者，尚、上古

今通用也①。云"降筵，就階上"者，以《鄉飲酒》賓主行禮，獻酢卒爵，皆各於其階，此"降筵，啐醴"，明亦在西階之上。**公用束帛。**致幣也。言用，尊于下也，亦受之于序端。【疏】注"致幣"至"序端"。○釋曰：上文郊勞，賓用束錦儐勞者，下文歸饔餼於上介，云大夫"用束帛致之"，皆亦云"用"，獨於此"言用，尊於下"者，儐勞者及歸饔餼，皆是賓敬君之使者，自尊之可知，今君親用束帛禮賓，故"言用，尊于下也"。云"亦受之于序端"者，上"公側受几於序端"，則知此幣亦受之於序端也。**建柶，北面奠于薦東。**糟醴不卒②。**擯者進，相幣。**贊以辭。○相幣，息亮反，下以相并注同。**賓降，辭幣，**不敢當公禮也。**公降一等辭。**辭賓降也。**栗階升，聽命，**栗階，趨君命尚疾，不連步。【疏】注"栗階"至"連步"。○釋曰：凡"栗階"者，其始升亦連步以上③，栗階不過二等，今云"不連步"者，謂不從下向上皆連步，其始升連步則有之也。**降拜，**拜受。**公辭。**不降一等，殺也。○殺也，所界反。【疏】注"不降一等殺也"。○釋曰：案前辭辭幣，君降一等，今不降，故言"殺"。**升，再拜稽首，受幣，當東楹，北面，**亦訝受而北面者，禮主於己。己，臣也。【疏】注"亦訝"至"臣也"。○釋曰：前行聘享時，賓東面，主君西面，訝授受，但以奉君命，故賓不北面，此以主君禮己，己，臣也，故北面受，異於聘享時也。若然，上受几、受醴亦是己之禮，以禮未成，故不北面也，此禮成，故北面。**退，東面俟。**俟君拜也。不北面者，謙若不敢當階然。**公壹拜，賓降也，公再拜。**不俟公再拜者，不敢當公之盛也。公再拜者，事畢成禮也。【疏】注"不俟"至"禮也"。○釋曰：此賓主俱謙，公本欲再拜，賓見公一拜④，則降，不敢當，公不止，遂再拜也。云"公再拜者，事畢成禮也"者，前受几及醴，

---

① "尚"下原無"上"字，曹云："'尚'下當有'上'字。"倉石云："《詳校》'尚'下補'上'字。"據補。

② "卒"字原作"啐"，阮云："張爾岐曰'啐'字誤。周學健云：'當作卒，上言啐醴，則非不啐明矣。不卒爵，故建柶而奠之，他篇疏文引此者亦誤。'按此本《士冠》疏引此作'卒'，《集釋》此節釋辭已缺，尚存'不卒觶'三字。戴震云似《集釋》所見本亦作'卒'。"據改。

③ "以"字原作"於"，倉石云："《詳校》'於'字作'以'，依《曲禮》改。"據改。

④ "拜"下原有"止"字，阮云："陳、閩、《通解》俱無'止'字。"曹云："阮云陳、閩、《通解》俱無'止'字。案無者似是。"據刪。

公送皆一拜，注云“公尊也”，今事畢成禮①，不可亦自尊亢，故送幣亦再拜也。**賓執左馬以出**，受尊者禮，宜親之也。效馬者并左右靷授之。餘三馬，主人牽者從出也。○右靷，丁歷反。從者，才用反，注及下注可從、從者皆同。【疏】注“受尊”至“出也”。○釋曰：案下歸饔餼於賓，賓儐大夫，庭實設乘馬，賓用束錦、乘馬，“大夫降，執左馬以出”；《覲禮》侯氏至郊，王使人用璧勞訖，“侯氏用束帛、乘馬儐使者”，使者受幣降，“以左驂出”，二者皆是尊國賓故也，唯上文郊勞賓儐，勞者執幣捐皮者②，皮是死物，異於馬故也。云“效馬者并左右靷授之”者，《曲禮》云“效馬、效羊者，右牽之”，效猶呈見，故謂牽馬人爲效馬者也。云“餘三馬，主人牽者從出也”者，以是主人庭實，出門乃有從者訝受馬，明“主人牽者從出”可知。**上介受賓幣，從者訝受馬**。從者，士介。【疏】注“從者士介”。○釋曰：鄭云“從者，士介”，下記文。案《公食》云“上介受賓幣，從者訝受皮”，鄭注“從者，府史之屬”，不爲士者，彼《公食》是子男之大夫小聘，一介，其餘皆府史以下，故知從者是府史之屬也；《既夕》云“賵馬兩，士受馬”，鄭云“此士謂胥徒之長，有勇力者受馬”，彼據一廟下士，不應更有其屬士，故以爲胥徒之長言之也；《昏禮記》云“士受皮”，鄭注“士，謂若中士、下士不命者，以其主人爲官長”，據上士而言也（元缺止此）。

賓覿，奉束錦，總乘馬，二人贊，入門右，北面奠幣，再拜稽首。不請、不辭，鄉時已請也。覿用束錦，辟享幣也。總者，總八轡牽之。贊者，居馬閒扣馬也。入門而右，私事自闑右。奠幣再拜，以臣禮見也。贊者，賈人之屬，介特覿也。○辟享，音避，下辟堂、辟君、又辟皆同。扣馬，音口。【疏】“賓覿”至“稽首”。○注“不請”至“覿也”。○釋曰：自此盡“公降立”，論行私覿之事。云“不請、不辭，鄉時已請也”者，云“不請”，賓不請，“不辭”，主君不辭，所以不辭者，鄉時已請覿，主人辭之以禮賓，故今不復請，亦不辭之也。云“覿用束錦，辟享幣也”者，以上文享主君用束帛、享夫人用玄纁束帛，以今用束錦，是辟享幣也。云“總者”至“扣馬也”者，賓總八轡在前牽之，二人贊者各居兩馬閒，各用左右手，手扣一匹，故云“在馬閒扣馬也”。云“入門而右，私事自闑右”者，《玉藻》云“公事自闑西”，鄭注云“聘享也”，又云“私事自闑東”，

---

① “今”字原作“令”，張敦仁本作“今”，據改。

② “勞”下原無“者”字，曹云：“‘勞’下脫‘者’字。”據補。

注云"覿面也",此行覿禮,故引之也。云"奠幣再拜,以臣禮見也"者,謂由闈東,介又不從,又自牽馬,又不升堂授幣①,皆是以臣禮見也。云"贊者,賈人之屬"者,既行臣禮,不使介從,明贊者是賈人之屬從行者。云"介特覿也"者,主君辭賓,賓入門左,則介五人隨入門西,北面西上,其介五人行覿禮,各自特行,無介從,爲"特覿也"。**擯者辭**,辭其臣。**賓出**。事畢。**擯者坐取幣出,有司二人牽馬以從,出門,西面于東塾南**。將還之也。贊者有司受馬乃出。凡取幣于庭,北面。【疏】注"將還"至"北面"。○釋曰:云"贊者有司受馬乃出"者,賓出之時,贊扣馬者未得出,待人受馬乃得出,所以然者,幣可奠之於地,其馬不可散放,故待人受之,乃可以出,故云"有司受馬乃出"也。云"凡取幣于庭,北面"者,言"凡"非一,此時辭賓,更取幣出②,後門右禮訖,又取幣,皆北面,又衆介奠幣,擯者取亦北面,故云"凡"以廣之也。**擯者請受**,請以客禮受之。**賓禮辭,聽命**。賓受其幣,贊者受馬。**牽馬,右之,入設**。庭實先設,客禮也。右之,欲人居馬左,任右手便也。於是牽馬者四人,事得申。《曲禮》曰:"效馬、效羊者,右牽之。"【疏】"牽馬右之入設"。○注"庭實"至"牽之"。○釋曰:云"庭實先設,客禮也"者,對前入門右時,"賓奉束錦,總乘馬",一時入,無先後之別,是臣禮,今此"入設",下經乃云"賓奉幣",是先設庭實,客禮也。云"於是牽馬者四人,事得申也"者,知四人者,若如前贊者二人,則不得云"右之",既言"右之",明人牽一匹,不須賓牽之,事得申,人牽一匹,賓不總牽是也。引《曲禮》者,欲見牽馬在右,禮之常,彼效馬、效羊,謂尊者之物使養之,今來呈見,此取一邊牽之法,義不與彼同也。**賓奉幣,入門左。介皆入門左,西上**。以客禮入,可從介。【疏】注"以客"至"從介"。○釋曰:對入門右行臣禮,不得從介也。**公揖讓如初,升,公北面再拜**。公再拜者,以其初以臣禮見,新之也。【疏】"公揖"至"再拜"。○注"公再拜"至"之也"。○釋曰:"臣禮見",謂初"入門右",是以今"再拜","新之也"。知此不爲拜至者,下記云"禮不拜至",鄭注云"以賓不於是始至",私覿固非始至而爲"再拜",明爲"臣禮見,新之也"。**賓三退,反還,負序**,反還者,不敢與授圭同。

---

① "授"字原作"人",曹云:"'人'當爲'授'。"據改。
② "更取幣出"原作"更出取幣",曹云:"'出'字當在'幣'下。"據乙。

【疏】"賓三"至"負序"。○注"反還"至"圭同"。○釋曰:云"反還者,不敢與授圭同"者,上行聘時,"三退,負序",不言"反還",故決之也。振幣進授,當東楹,北面。不言君受,略之也。【疏】注"不言"至"之也"。○釋曰:此決聘享皆言公受,此乃私覿,故略之,不言公受也①。士受馬者自前還牽者後,適其右受。自,由也。適牽者之右而受之也,此亦並授者,不自前左,由便也,便其已授而去也。受馬自前,變於受皮。○還牽,劉戶串反。【疏】"士受"至"右受"。○注"自由"至"受皮"。○釋曰:此庭實之馬四匹,在庭,北面西上,牽馬者亦四人,各在馬西以右手執馬而立,士受馬者從東方來,由馬前各適牽馬者之前,還遶其後,適牽馬者之東,馬西而受之,牽馬者自前行而出之。云"此亦並授者,不自前左,由便也"者,《鄉飲酒》之等於西階之上,皆授由其右,受由其左,今乃受馬者不自左而由其右受者,使授馬者授訖,右迴其身,於出時爲便,故鄭注云"便其已授而去也"。云"受馬自前,變於受皮"者,上受享庭實之皮,"受皮者自後右客",鄭注云"自,由也。從東方來,由客後西,居其左受皮也",此亦從東而來,由馬前者,馬是生物,恐驚,故由前,是"變於受皮"也。牽馬者自前西,乃出。自,由也。【疏】"牽馬"至"乃出"。○釋曰:四馬並北面,牽馬者皆在馬西,士既受馬,其最西頭者便即出門,不須由馬之前,其次東三匹者,皆由西於馬前而出,故云"牽馬者自前西,乃出",據三人而言也。賓降,階東拜送,君辭。拜送幣于階東,以君在堂,鄉之。【疏】"賓降"至"君辭"。○注"拜送"至"鄉之"。○釋曰:此言賓拜送幣者,私覿己物故也,前享幣不拜送者,致君命,非己物故也。拜也,君降一等辭。君乃辭之而賓猶拜②,敬也。【疏】注"君乃"至"敬也"。○釋曰:經上云"拜送"而云"君辭",君辭復云"拜也",是其"君乃辭之,賓猶拜"者,敬主國君故也。擯者曰:"寡君從子,雖將拜,起也。"此禮固多有辭矣,未有著之者,是其志而焕乎?未敢明説。【疏】注"此禮"至"明説"。○釋曰:云"此禮固多有辭矣"者,謂此《儀禮》之內,賓主之辭固多有辭矣,但周公作經,未有顯著明言之者,直云"辭"耳,此及《公食》皆著其辭,此二者是志記之,言焕乎可見。云"未敢明説"者,據此二者,觸類而

---

① "言"下原有"其"字,曹云:"'其'字衍。"據删。

② "猶"字原作"由",阮云:"'由',楊、敖俱作'猶'。浦鏜云'由'古通'猶'。"據改,疏衍注意亦改。

長之，餘辭亦可以意量作，但疑事無質，未可造次明説，故上注每云"其辭未聞"也。**栗階升，公西鄉，賓階上再拜稽首**，成拜。**公少退。**爲敬。**賓降，出。公側授宰幣，馬出。**廟中宜清。【疏】"賓降"至"馬出"。〇注"廟中宜清"。〇釋曰：云"公側授宰幣"，不言出，言"馬出"者，以廟中宜清潔，出就廄。幣不言出，與上皮幣同，皆以東入藏之，故記云"賓之幣，唯馬出，其餘皆東"，注云"馬出，當就廄也。餘物皆東，藏之內府"，是幣不出之義也。**公降，**立。

　　擯者出請，上介奉束錦，士介四人皆奉玉錦束，請覜。玉錦，錦之文纖縟者也。禮有以少文爲貴者。後言束，辭之便也。〇纖縟，音辱。【疏】"公降"至"請覜"。〇注"玉錦"至"便也"。〇釋曰：自此盡"舉皮以東"，論上介、眾介行私覜之事。云"玉錦，錦之文纖縟者也"者，案《聘義》孔子論玉而云"縝密以栗，知也"，是玉有密致，錦之纖縟似玉之密致者。云"禮有以少文爲貴"者，《禮器》直云"有以文爲貴者"、"有以少爲貴者"，無"少文爲貴"之語，但有以少爲貴，以文爲貴，明亦有以少文爲貴，故鄭以義而言之也。**擯者入告，出許。上介奉幣，儷皮，二人贊，**儷，猶兩也。上介用皮，變於賓也。皮，麋鹿皮。〇儷皮，音麗，兩也。【疏】注"上介用皮變於賓"。〇釋曰：賓用馬，今上介用皮，故云"變於賓也"。**皆入門右，東上，奠幣，皆再拜稽首。**皆者，皆眾介也。贊者奠皮出。【疏】注"贊者奠皮出"。〇釋曰：鄭知"贊者奠皮出"者，下云"有司二人舉皮，從其幣出"，無人授之，明贊者奠即出可知。**擯者辭，**亦辭其臣。**介逆出。**亦事畢也。**擯者執上幣，士執眾幣，有司二人舉皮，從其幣出，請受。**此請受，請于上介也。擯者先即西面位請之，釋辭之時，眾執幣者隨立門中而俟。【疏】注"此請"至"而俟"。〇釋曰：云"此請受，請于上介也"者，對前請賓[1]，此請上介，亦不請眾介也。知"擯者先即西面位請之"者，以其上介等先立門西東面，故擯西面對之。云"釋辭之時，眾執幣者隨（元缺起此）立門中而俟"者，以其請受之，下經云"委皮南面，執幣者西面"，故知當請之時，立于門中可知。言"隨"者，謂相隨從，故《昏禮記》云"納徵，執皮隨入"，注云"爲門中阨狹"，記云"凡庭實，隨入，左先"，明此出時亦隨出而立也。案《匠人》云"廟門容大扃七

---

①　"賓"上原無"請"字，曹云："'賓'上似脱'請'字。"據補。

个”，注“大扃，牛鼎之扃，長三尺，七个則二丈一尺”，闑東①，明不得並出也。**委皮**
南面，擯者既釋辭，執衆幣者進即位，有司乃得委之。南面，便其復入也，委皮當門。
○其復，扶又反，下乃復、復特同。【疏】注“擯者”至“當門”。○釋曰：云“擯者既釋辭，
執衆幣者進即位，有司乃得委皮”者，以前文云舉皮者從其幣出，皮在後，可知隨立門
中之時未得委皮，明執幣者進即位，乃得委皮也。云“南面，便其復入也，委皮當門”
者，此決執幣者西面，其皮不西面委之者，以皮入右首，皮先②，故南面橫委於門中，當
門北上，執皮者北面受之而乃入，便故也。**執幣者西面北上，擯者請受。**請
于上介也。上言其次，此言其位，互約文也。【疏】注“請于”至“文也”。○釋曰：上文
“擯者執上幣”，注云“請受，請于上介也”，此雖衆介，所請，亦請上介，上介尊故也。云
“上言其次，此言其位，互約文也”者，上云“擯者執上幣，士執衆幣，有司二人舉皮，從
其幣出，請受”，是其次也，此言“委皮南面，執幣者西面北上”，是其位也。言“互”者，此
言“西面北上”，則上當有“北面東上”之文，下文士介觀時③，“士三人東上，坐取幣立”
是也，此宜有“士執衆幣，立於擯南”之文④，如是者，互文也。言“約”者，雖互見其文，
文猶不備，若欲備文，當上取歸賓幣之文，下取歸士介幣之文，以理推，約之乃備也。
若然，上當言“擯者執幣，士四人北面東上，坐取幣從。有司二人坐舉皮，從其幣出，隨
立於門中。擯者出門西面，于東塾南請受。士執幣者進立擯南，西面北上。執皮者南
面委皮於門中，北上”，如是乃爲文備也。**介禮辭，聽命，皆進，訝受其幣。**
此言皆訝受者，嫌擯者一一授之。【疏】注“此言”至“授之”。○釋曰：“此言皆訝受者，
嫌擯者一一授之”者，案上受享皮及賓私觀之馬，並不云“皆”，此獨云“皆”者，嫌擯者
獨請上介，先授上介幣⑤，故言“皆”，明不一一授，同時訝受可知也。享幣無門外授先
後之法，故不言“皆”。**上介奉幣，皮先，入門左，奠皮。**皮先者，介隨執皮者

---

① “闑東”，阮云：“朱子曰‘闑東’下當有脱字。”

② “皮”字原作“右”，倉石云：“《校釋》云下‘右’字當爲‘左’，曹氏蓋據‘享皮如
入，右首而東’注云‘如入，左在前’而改。今案‘右先’當作‘皮先’，下經云‘上介奉幣，
皮先’是也。”據改。

③ “下文士介觀時”原作“下云士介觀幣時”，曹云：“‘云’當爲‘文’，‘幣’衍字。”
據改删。

④ “擯南”原作“南面”，曹云：“‘南面’似當爲‘擯南’。”據改。

⑤ “先”上原有“請”字，曹云：“‘請’字衍。”據删。

而入也,入門左,介至揖位而立。執皮者奠皮,以有不敢授之義。古文重入。○重入,直用反。【疏】注"皮先"至"重入"。○釋曰:云"介至揖位而立"者,謂賓覿時,"奉幣①,入門左,介皆入門左,西上。公揖讓如初,升",賓至此待揖而後進,明此介亦至揖位而立。云"執皮者奠皮,以有不敢授之義"者,案享時庭實使人執之,《昏禮》庭實亦使人執之,亦皆東,不奠於地,以其得親授主人有司,此奠之不敢授,故下云"二人坐舉皮②,明不授也。公再拜。拜中庭也。不受于堂,介賤也。【疏】注"拜中"至"賤也"。○釋曰:知"拜中庭"者,上云"公降立",不見更有進退之文,自受享以來,降立皆在中庭,故知此公拜亦中庭可知也。介振幣,自皮西進,北面授幣,退復位,再拜稽首送幣。進者,北行,參分庭一而東行,當君乃復北行也。【疏】注"進者"至"行(元缺止此)也"。○釋曰:介初在揖位,君在中庭,奠皮近西,故介發揖位,經皮西,北出三分庭一乃東行③,北向當君乃北行,至君所乃授幣,故云"自皮西進,北面授幣"也。介出,宰自公左受幣,不側授,介禮輕。【疏】"介出"至"受幣"。○注"不側授介禮輕"。○釋曰:案賓覿禮云"側授宰幣",此不云"側授",故云"介禮輕","宰自公左受",則是"側",不云"側"者,當有贊者於公受,轉授宰,故云"介禮輕"也。有司二人坐舉皮以東。

擯者又納士介。納者,出道入也。○道入,音導,下逆道、道賓、帥道放此。【疏】"擯者又納士介"。○注"納者出道入也"。○釋曰:自此盡"序從之",論士介行私覿之事。云"納者,出道入也"者,謂若《燕禮》、《大射》小臣納卿大夫,出道之入也④。士介入門右,奠幣,再拜稽首。終不敢以客禮見。【疏】注"終不"至"禮見"。○釋曰:上介奠幣訖,辭之,終以客禮見⑤,是士介卑,奠幣出,私覿即了,終不敢以客禮見也。擯者辭,介逆出。擯者執上幣以出,禮請受,賓(固)辭,禮請受者,一請受而聽之也。賓爲之辭,士介賤,不敢以言通於主君也。固,衍字,當如面

---

①　"幣"上原無"奉"字,曹云:"'幣'上脱'奉'字。"倉石云:"《正字》云'幣'上脱'奉'字。"據補。

②　"下"下原無"云"字,阮云:"當作'故下云二人坐舉皮'。"據補。

③　"一"上原無"庭"字,曹云:"'一'上脱'庭'字。"據補。

④　"之人"原作"人之",曹云:"'入之'二字當倒。"據乙。

⑤　"禮"下原無"見"字,曹云:"'禮'下當有'見'字。"據補。

大夫也。【疏】"擯者"至"固辭"。○注"禮請"至"大夫也"。○釋曰：知"固，衍字，當如面大夫"者，案下士介面大夫時，"擯者執上幣出，禮請受，賓辭"，無"固"字，故知此"固"衍字，當如士介面大夫。**公荅再拜，擯者出，立于門中以相拜**，擯者以賓辭入告，還立門中，闃外西面，公乃遥荅拜也，相者贊告之。【疏】注"擯者"至"告之"。○釋曰：鄭知擯立門中闃外西面者，以公在内，賓在門外之西，東面，擯者兩處相之，明居闃外西面，向賓告之也。**士介皆辟。**辟，於其東面位逡遁也。**士三人東上，坐取幣立。**俟擯者執上幣來也。【疏】"士三"至"幣立"。○注"俟擯"至"來也"。○釋曰：上文"擯者執上幣以出"，賓辭之，士介皆辟之，乃云士三人取幣立，擯者執上幣始來，明士三人立俟之可知也。**擯者進，**就公所也。【疏】"擯者進"。○注"就公所也"。○釋曰：以公在庭，故擯者自門外來，進向公左，授幣與宰也。**宰夫受幣于中庭以東，**使宰夫受于上，士介幣輕也，受之于公左。賓幣，公側授宰，上介幣，宰受于公左，士介幣，宰夫受于士，敬之差。【疏】注"使宰"至"之差"。○釋曰：云"使宰夫受于士"者，以上文士三人取幣，明此宰夫所受，受于士也。知"受之於公左"者，《禮記·少儀》云"贊幣自左"，是以凡受幣皆於公左也。云"賓幣，公側授宰"者，即上文"公側授宰幣"于序端是也。云"上介幣，宰受於公左"者，即上文庭中①，"宰自公左受之"是也。云"士介幣，宰夫受于士"者，即經文是也。在公左受之，是尊卑不同，敬之差也（元缺一字）。所受之人雖不同②，及其以東藏③，并是宰夫，宰夫幣所主故也。**執幣者序從之。**序從者，以宰夫當一一受之。

擯者出請，賓告事畢。賓既告事畢，衆介逆道賓而出也。【疏】"擯者"至"事畢"。○注"賓既"至"出也"。○釋曰：自此盡"不顧"，論事畢送賓之事。云"衆介逆道賓而出也"者，介爲首，賓爲尾，爲逆道也④。必知有逆出者，上文聘訖，云"賓降，介逆出"，又聘夫人、私覿亦介逆出，諸聘禮之事皆逆出⑤，故知此亦逆出可知也。**擯者**

---

① "文"字原作"云"，曹云："'云'當爲'文'。"據改。
② "之"下原無"人"字，曹云："'之'下脱'人'字。"據補。
③ "藏"上原有"其"字，曹云："'其'字衍。"據删。
④ "爲"字原作"謂"，曹云："'謂'當爲'爲'。"據改。
⑤ "事"字原作"等"，曹云："'等'當爲'事'。"據改。

入告，公出送賓，公出，衆擯亦逆道。紹擯及賓並行，閒亦六步。及大門内，公問君。鄉以公禮將事，無由問也。賓至始入門之位，北面，將揖而出，衆介亦在其右，少退，西上。於此可以問君居處何如，序殷勤也。時承擯、紹擯亦於門東，北面東上，上擯往來傳君命，南面。蘧伯玉使人於孔子，孔子問曰："夫子何爲？"此公問君之類也。○蘧伯，其居反。【疏】"及大"至"問君"。○注"鄉以"至"類也"。○釋曰：云"衆介亦在其右，少退，西上"者，案上賓初入門左，鄭注云"由賓位也。衆介隨入，北面西上，少退"，今賓出，至入門之位，將北面拜君而後出，故知其位亦當初入門之位，此位前後，皆約聘享入廟北面西上之位也。云"時承擯、紹擯亦於門東，北面東上，上擯往來傳君命"者，亦約常朝入門，門東，北面東上之揖位，上擯往來相君，自是其常。引《論語》者，彼雖非聘，亦是大夫使人往來法，問"夫子何爲"，亦是問君之類，故云"之類也"。賓對，公再拜。拜其無恙。公拜，賓亦辟。○無恙，羊亮反。【疏】注"拜其"至"亦辟"。○釋曰：案《爾雅·釋詁》①："恙，憂也。"言"亦"者，亦初迎賓入門，主君拜，賓辟，故云"亦"也。公問大夫，賓對。公勞賓，賓再拜稽首，公荅拜。勞以道路之勤。公勞介，介皆再拜稽首，公荅拜。賓出，公再拜送，賓不顧。公既拜，客趨辟。君命上擯送賓出，反告賓不顧，於此君可以反路寢矣。《論語》説孔子之行曰："君召使擯，色勃如也，足躩如也。賓退，必復命曰賓不顧矣。"○公勞，力到反，注及下同。之行，下孟反，又如字。足躩，駈碧反，劉俱碧反。【疏】"公勞"至"不顧"。○注"公既"至"顧矣"。○釋曰：云"賓不顧"，據上擯送賓復迴，謂君云"賓不顧"矣，故引孔子事爲證。若然，此送賓是上擯，則卿爲上擯，孔子爲下大夫，得爲上擯者，以孔子有德，君命使攝上擯，若定十年夾谷之會令孔子爲相同也。

　　賓請有事於大夫，請，問，問卿也。不言問聘，聘亦問也，嫌近君也。上擯送賓出，賓東面而請之。擯者反命，因告之。○嫌近，附近之近，下放此。【疏】"賓請"至"大夫"。○注"請問"至"告之"。○釋曰：自此盡"亦如之"，論賓請問大夫訖即館，卿大夫勞賓、介之事。云"不言問聘，聘亦問也，嫌近君也"者，對文大聘曰聘，小聘曰問，總而言之，問聘一也，不得云問卿，若言問，近君矣，故云"有事于大夫"也。鄭云"擯者反命，因告之"者，但從朝以來，行聘享、行禮賓之事，事已煩矣，今日即請，未可即行，

---

　　①　"釋詁"原作"釋言"，倉石云："'言'當爲'詁'。"據改。

故云"反命，因告之"，告之使知而已，是以賓至館行勞賓、介及受饗餼，終日有事，明日乃行問卿之禮也。賓所請問卿，宜云"有事于某子"，故下記云"幣之所及，皆勞"，鄭云"所以知及不及者，賓請有事，固曰某子某子"是也。**公禮辭，許。**禮辭，一辭。**賓即館。**小休息也。即，就也。【疏】"賓即館"。○注"小休息也"。○釋曰：言"休息"者，據此一日之間其事多矣，明旦行問卿，暫時止息，故云"小休息也"。**卿大夫勞賓，賓不見。**以己公事未行，上介以賓辭辭之。【疏】注"以己"至"辭之"。○釋曰："以己公事未行"者，其聘享公事已行，仍有問大夫之等公事未行，故不敢見。云"上介以賓辭辭之"者，以經云"賓不見"，明"上介以賓辭辭之"可知，是以下言"上介受"，明此上介辭也。**大夫奠鴈再拜，上介受。**不言卿，卿與大夫同執鴈，下見于國君。《周禮》凡諸侯之卿見朝君，皆執羔。○下見，户嫁反。【疏】"大夫"至"介受"。○注"不言"至"執羔"。○釋曰：云"《周禮》"者，案《周禮·秋官·掌客》云"凡諸侯之禮，上公五積，卿皆見以羔，侯伯四積，卿皆見以羔"，是主國之卿見朝君皆執羔，引之證主國卿見聘客不得執羔，與大夫同用鴈，不見朝君故也。**勞上介，亦如之。**

君使卿韋弁，歸饗餼五牢。變皮弁，服韋弁，敬也。韋弁，韎韋之弁，兵服也，而服之者，皮韋同類，取相近耳。其服蓋韎布以爲衣而素裳。牲，殺曰饗，生曰餼。古文歸或爲饋①。○韎韋，音昧，又亡拜反，劉又武八反。【疏】"君使"至"五牢"。○注"變皮"至"爲饋"。○釋曰：自此盡"無儐"，論主君使卿歸饗餼於賓、介之事。云"變皮弁，服韋弁，敬也"者，案《周禮·春官·司服》王之吉服有九，祭服之下先云"兵事，韋弁服"，後云"視朝，皮弁服"，則韋弁尊於皮弁，今行聘享之事等皆皮弁，至歸饗餼則韋弁，故云"敬也"。云"韋弁，韎韋之弁，兵服也"者，鄭知弁用韎韋者，案《司服》注鄭引《春秋傳》曰"郤縠至衣韎韋之跗注"，又云"今時五伯緹衣，古兵服之遺色"，故知用韎韋也，韎即赤色，以赤韋爲弁也。云"兵服"者，《司服》云"凡兵事，韋弁服"，故云"兵服也"。云"服之者，皮韋同類，取相近耳"者，有毛則曰皮，去毛熟治則曰韋，本是一物，有毛無毛爲異，故云"取相近耳"。云"其服蓋韎布以爲衣而素裳"者，此無正文，

---

① "古"字原作"今"，從沈校改，詳記文"夫人歸禮"鄭注"今文歸作饋"下校記。

但兵服①，則鄭注《司服》云"韋弁，以韎韋爲弁，又以爲衣"②，又"晉郤至衣韎韋之跗
注"，《鄭志》解此跗注，以跗爲幅，以注爲屬，謂制韋如布帛之幅而連屬爲衣而素裳③，
今此鄭云以韎布爲衣而素裳，與兵服異者④，鄭以意量之，此爲賓館於大夫、士之廟，既
爲入廟之服，不可純如兵服，故爲韎布爲衣而素裳，《鄭志》兵服⑤，以其與皮弁同白舄，
故以"素裳"解之，此言"素裳"，又與《鄭志》同。若然，唯變其衣耳，以無正文，故云"蓋"
以疑之也。云"殺曰饔，生曰餼"者，《周禮》有内饔、外饔，皆掌割亨之事，《詩》云"有母
之尸饔"，故知"殺曰饔"。"生曰餼"者，以其對饔是腥飪，故知餼是生，故下云"餼二
牢"，皆活陳之也。**上介請事，賓朝服禮辭**，朝服示不受也，受之當以尊服。
【疏】"上介"至"禮辭"。○注"朝服"至"尊服"。○釋曰：鄭知義然者，案下云"賓皮弁迎
大夫"，是受之用皮弁，爲尊服，明此著朝服，朝服卑於皮弁，是示不受，言"示不受"，終
受之也。**有司入陳**。入賓所館之廟，陳其積。【疏】"有司入陳"。○注"入賓"至
"其積"。○釋曰：案上文直云"致館"及"即館"，不辨廟與正客館之名，案下記云"卿館
於大夫，大夫館於士"，皆是大夫士之廟，下文又云"揖入，及廟"，鄭據此而言，明陳之
於廟也。《曾子問》孔子云"自卿大夫士之家曰私館"，即卿大夫士之廟一也，孔子又云

---

① "兵"字原作"正"，倉石云："'正'疑'兵'字之譌。"據改。
② "衣"下原有"裳"字，曹云："賈所據《周禮》注有'裳'字，孔氏《詩·六月正義》
引無。阮氏《毛詩校勘記》曰：'案此不誤，兵事素裳，下文引《鄭志》可證，今《周禮》注衍
裳字耳。'"據删。
③ "而素裳"原作"及裳"，曹云："《周禮》疏引《雜問志》'及裳'作'而素裳'，《六月
正義》同。案此所引與《周禮疏》、《詩正義》所引恐是一條，竊疑此條唐時有二本。一
作'而素裳'，《周禮》疏引之，以見與彼注異。一作'及裳'，此疏引之，以見與彼注同，與
此注異。以《六月正義》引《周禮》注無'裳'字及《詩》、《周禮》二疏所引《鄭志》皆作'而
素裳'及此疏下文別引《鄭志》一條訂之，似作'而素裳'者是，俟通人正之。"孫云："'及
裳'當爲'而素裳'，《詩·六月》、《采芑》及《周禮·司服》疏引《鄭志》可證。此下文亦云
'此言素裳，與《鄭志》同'。"據改。
④ "與"上原有"全"字，從曹校删，詳下。
⑤ "鄭志兵服"，曹云："此蓋別一條，有脱字，當爲'《鄭志》又云兵服素裳'，或曰
上'及裳'當作'而素裳'，全與兵服異者'全'字衍，此處不必增字。據《周禮》疏，則賈謂
鄭以衣裳皆韎韋爲兵服之正，素裳別存一解。韎布爲衣而素裳，則《聘禮》歸大禮之
服，非兵服之常也。胡氏從之。"倉石云："《周禮》賈疏辨《司服》注與《雜問志》不相同，
此亦先釋注畢，又引《志》解之，其有奪文明矣。"

“公館與公所爲曰公館”，鄭注云“公館，若今縣官舍也”①，彼是正客館，彼此兩言之者，若聘使少②，則皆於正客館，若使多，則有在大夫廟，多少不定，兩言之也。案《大行人》及《掌客》積與饔餼各別，此注以饔餼爲“陳其積”者，對文饔餼與積別，散文總是委積，故云“積”也。　饔：謂飪與腥。【疏】“饔”。○注“謂飪與腥”。○釋曰：知者，上總言“饔餼五牢”，下陳有三處，據此饔下云“飪一牢”、“腥二牢”，下又別云“餼二牢”，故知饔別飪、腥二者也。若然，飪與腥共以饔目之者，以其同是死，列之以鼎故也。　飪一牢，鼎九，設于西階前，陪鼎當内廉，東面北上，上當碑，南陳，牛、羊、豕、魚、腊、腸胃同鼎、膚、鮮魚、鮮腊，設扃鼏，臐、膮，蓋陪牛、羊、豕；陪鼎，三牲臛臐、膮陪之，庶羞加也。當内廉，辟堂塗也。腸胃次腊，以其出牛羊也。膚，豕肉也。唯燖者有膚。此饌先陳其位，後言其次，重大禮，詳其事也。宮必有碑，所以識日景，引陰陽也。凡碑，引物者，宗廟則麗牲焉，以取毛血。其材，宮廟以石，窆用木。○魚腊，音昔。扃，古螢反。鼏，亡狄反。臐，音香，牛臛也。臐，許云反，羊臛也。膮，許堯反，豕臛也。牲臛，火各反，《字林》火郭反。唯燖，劉音尋，一本作燂，音潛。窆用，彼驗反。【疏】注“陪鼎”至“用木”。○釋曰：案《公食大夫》庶羞也，以非正饌，故在正鼎後而言“加”也。云“當内廉，辟堂塗也”者，正鼎九，雖大判繼階而言，其云于階前，則階東稍遠，故陪鼎猶當内廉也，而辟堂塗，堂塗之内也。云“腸胃次腊，以其出牛羊也”，鄭言此者，以其膚是豕肉，腸胃是腹内之物而在肉前者，以其腸胃出於牛羊，故在膚前列之也。云“膚，豕肉也，唯燖者有膚”者，君子不食圂腴，犬豕曰圂，若然，牛羊有腸胃而無膚，豕則有膚而無腸胃也，且豕則有膚，豚則無膚，故《士喪禮》豚皆無膚，以其皮薄故也，縱豕以四解，亦無膚，故《既夕》大遣奠少牢無膚，以其豚解故也。云“此饌先陳其位，後言其次，重大禮，詳其事也”者，“先陳其位”者，“南陳”已上是也，後言“其次”者，“牛、羊、豕”已下是也，案設飱時直云“飪一牢在西，鼎九，羞鼎三。腥一牢在東，鼎七，直言西九、東七，不言次、陳位，飱是小禮，輕之故也。云“宮必有碑，所以識日景，引陰陽也”者，言“宮必有碑”者，案諸經云“三揖”

---

① 　“舍”字原作“宮”，阮云：“浦鏜云‘舍’誤‘宮’。”據改。

② 　“聘使”原作“朝聘使”，曹云：“‘使’字衍。”此“使少”對下文“使多”，且此《聘禮》記諸侯之卿大夫聘問，無朝見天子之儀，故“朝”字衍而非“使”字衍，謹刪“朝”字。

者，鄭注皆云"入門將曲揖，既曲北面揖①，當碑揖"，若然，《士昏》及此聘禮是大夫、士廟內皆有碑矣，《鄉飲酒》、《鄉射》言"三揖"，則庠序之內亦有碑矣，《祭義》云"君牽牲，麗于碑"，則諸侯廟內有碑明矣，天子廟及庠序有碑可知。但生人寢內不見有碑，雖無文，兩君相朝，燕在寢，豈不三揖乎？明亦當有碑矣。言"所以識日景"者，《周禮·匠人》云"爲規，識日出之景與日入之景"者，自是正東西南北，此識日景，唯可觀碑景邪正，以知日之早晚也。又云"引陰陽"者，又觀碑景南北長短，十一月日南至，景南北最長，陰盛也，五月日北至，景南北最短，陽盛也，二至之間，景之盈縮、陰陽進退可知。云"凡碑，引物者，宗廟則麗牲焉，以取毛血"者，云"凡碑，引物"，則識日景、引陰陽皆是引物，則宗廟之中亦是引物②，但廟碑又有麗牲，麗，繫也，案《祭義》云"君牽牲，麗于碑"，以其鸞刀以取血毛，毛以告純，血以告殺，兼爲此事也。云"其材，宮廟以石，窆用木"者，此雖無正文，以義言之，葬碑取縣繩縴，暫時之間，往來運載，當用木而已，其宮廟之碑，取其妙好，又須久長，用石爲之，理勝於木，故云"宮廟以石，窆用木"也，是以《檀弓》云"公室視豐碑，三家視桓楹"，時魯與大夫皆僭，言"視桓楹"，桓楹，宮廟兩楹之柱，是葬用木之驗也。**腥二牢，鼎二七，無鮮魚、鮮腊，設于阼階前，西面，南陳如飪鼎，二列。**有腥者③，所以優賓也。【疏】"腥二"至"二列"。○注"有腥"至"賓也"。○釋曰：云"優賓"者，案下文士四人皆餼大牢，無腥，是不優之也。

堂上八豆，設于戶西，西陳，皆二以並，東上。韭菹，其南醓醢，屈。戶，室戶也。東上，變于親食賓也。醓醢，汁也。屈，猶錯也。今文並皆爲併。○韭，音九。菹，莊居反。醓醢，他感反，又注曰醓醢，汁也④。【疏】"堂上"至"醢屈"。○注"戶室"至"爲併"。○釋曰：云"設于戶西，西陳，皆二以並，東上。韭菹，其南醓醢，屈"者，謂其南東上醓醢，醓醢西昌本，昌本西麋臡，麋臡西菁菹，菁菹北鹿臡，鹿臡東葵菹，葵菹東蝸醢，蝸醢東韭菹，案《周禮·天官·醢人》朝事之豆有八，韭菹、醓醢、昌

---

①　"既"下原無"曲"字，阮云："《要義》同，《通解》、毛本'既'下有'曲'字。"曹云："毛本'既'下有'曲'字。阮云單疏、《要義》俱無'曲'字，《通解》有。案有者是。"據補。

②　"是"上原無"亦"字，曹云："'是'上脫'亦'字。"據補。

③　"腥"字原作"腊"，阮云："毛本'腊'作'腥'，徐本作'腊'。張曰：'注曰有腊者所以優賓。按疏腊作腥，經曰無鮮魚、鮮腊，今注作有腊，傳寫誤也，當從疏。'"曹云："'腊'，各本作'腥'是，注舉腥以包飪。"據改。

④　"又注曰醓醢汁也"，黃云："宋本無'汁'字。盧云：'此七字疑誤衍。'"

本、糜臡、菁菹、鹿臡、茆菹、麕臡，饋食之豆，葵菹、蠃醢，此經直云“韭菹、醓醢、屈”，知此昌本以下八豆者，案《公食》下大夫六豆，韭菹、醓醢、昌本、糜臡、菁菹、鹿臡，又云上大夫八豆，鄭注云“記公食上大夫異於下大夫之數，豆加葵菹、蝸醢”，以充八豆，若然，案朝事八豆菁菹、鹿臡下，仍有茆菹、麕臡不取而取饋食葵菹、蝸醢者，案《少牢》正祭用韭菹、醓醢、葵菹、蝸醢，朝事、饋食之豆兼用之，明此賓上大夫，亦兼用朝事、饋食之豆，以充八豆可知。云“東上者，變於親食賓也”者，案《公食大夫》公親食賓，云“宰夫自東房薦豆六，設于醬東，西上”，此云“東上”，是“變於親食賓也”。云“屈，猶錯也”者，猶下經錯黍，其南稷①，此經菹醢不自相當②，皆交錯陳之，故云“錯”也。 **八簋繼之，黍，其南稷，錯。黍在北。**【疏】“八簋”至“稷錯”。○注“黍在北”。○釋曰：云“繼”者，繼八豆以西陳之。云“八簋”者，此陳之次第與八豆同，故鄭云“屈，猶錯也”。八豆言“屈”，八簋言“錯”者，以八豆之實各別，直次第屈陳之則得相變，故云“屈”也，八簋唯有黍、稷二種，雖屈陳之則閒雜，錯陳之使當行黍、稷閒錯，不得並陳設亦相變，故鄭下注“凡饌，屈、錯要相變”是也。 **六鉶繼之，牛以西羊、豕，豕南牛，以東羊、豕。鉶，羹器也。**【疏】“六鉶”至“羊豕”。○注“鉶羹器也”。○釋曰：此不言綷、屈、錯者，綷文自具，故不言之也。案此文上下綷、屈、錯似各別，鄭此注“屈，猶錯”，《士喪禮》“陳衣於房中，南領西上，綷”，注云“綷，猶屈”，又似不別者，云綷、屈，二者下手陳之少異，屈者句而屈陳之，綷者直陳之不爲句，陳訖則相似，故注《士喪禮》云“綷，猶屈”，言錯者，閒雜而陳之，與綷、屈同，或句屈陳而錯，此文是也，或綷陳而錯③，《公食大夫》是也，故《公食大夫》云“宰夫設黍稷六簋于俎西，二以並，東北上。黍當牛俎，其西稷，錯以終，南陳”，是其直綷錯之也。 **兩簠繼之，粱在北。簠不次簋者，**粱、稻加也。凡饌，屈、錯要相變。【疏】注“凡饌”至“相變”。○釋曰：凡豆及簋之數皆耦，兩自相對而陳之，屈、錯不相對者，欲使陳設者，其要各得相變④，不使相當。其六

---

① “黍”下原無“其南稷”三字，曹云：“‘黍’下脫‘其南稷’三字。”據補。
② “菹醢”原作“菹菹”，阮云：“毛本‘菹’作‘醢’。按‘菹’字不當有，此本非也。”曹云：“下‘菹’字毛本作‘醢’是。”據改。
③ “而”字原作“如”，倉石云：“‘如’，疑當作‘而’。”據改。
④ “要”下原有“殺”字，曹云：“‘殺’字衍。”據刪。

鉶綷者，牛及豕二者相變，羊自相當①，不相變，以其大牢牛、羊、豕不耦，故羊不得變也②。**八壺設于西序，北上，二以並，南陳。** 壺，酒尊也。酒蓋稻酒、粱酒。不錯者，酒不以雜錯爲味。【疏】"八壺"至"南陳"。〇注"壺酒"至"爲味"。〇釋曰：鄭云"蓋稻酒、粱酒也"者，以下夫人歸禮，醆、黍、清各兩壺，此中若有黍，不得各二壺，若三者各二壺，則止有六壺，與夫人歸禮同，又不得各三壺，若三者各三壺則九壺，不合八數，止有稻、粱，無正文，故云"蓋"以疑之。鄭知不直有稻、黍而爲稻、粱者，稻、粱是加，相對之物，故爲稻、粱也。此陳饔餼，堂上及東西夾簋有二十，簠六，上文設飧時，與此堂上及東夾相對③，則簋十四，簠四。案《掌客》設飧，公、侯、伯、子、男簋同十二，公簠十，侯伯簠八，子男簠六，又皆陳饔餼，其死牢如飧之陳④，如何此中飧之簋數及饔餼之簠數⑤，皆多於君者？彼是君禮，自上下爲差，此乃臣禮，或多或少，自是一法，不可以彼相並。又此中致饔餼於賓，醴醷百甕，米百筥，《周禮》上公甕筥百二十，侯伯甕筥百，子男甕筥八十，子男少於此卿大夫禮，禮或損之而益，此其類也。**西夾六豆，設于西墉下，北上。韭菹，其東醓醢，屈。六簋繼之，黍，其東稷，錯。四鉶繼之，牛以南羊，羊東豕，豕以北牛。兩簠繼之，粱在西，皆二以並，南陳。六壺西上，二以並，東陳。** 東陳，在北墉下，統於豆。【疏】"西夾"至"東陳"。〇釋曰：六豆者，先設韭菹，其東醓醢，又其東昌本，南麋臡，麋臡西菁菹，又西鹿臡，此陳還取朝事之豆，其六簋、四鉶、兩簠南陳⑥，六壺東陳，其次可知，義復與前同也。

---

① "自"字原作"豕"，吳紱云："按'羊豕'當作'羊鉶'，以'羊鉶相當'，對牛豕不相當，則明矣。"曹云："'豕'當爲'自'。"據曹校改。
② "羊"下原有"豕"字，曹云："'豕'字衍。"據刪。
③ "相"字原作"其"，曹云："'其'似當爲'相'，'相對'猶'相較'也。"據改。
④ "如"原作"加"，張敦仁本作"如"，據改。
⑤ "簠"字原作"簋"，孫云："'簋'亦當爲'簠'，簠數六，并不多也。"據改。
⑥ "簠"下原無"南陳"二字，曹云："'簠'下脫'南陳'二字。"據補。

儀禮疏卷第二十二　儀禮卷第八

饌于東方亦如之，東方，東夾室。西北上。亦韭菹，其東醓醢也。【疏】“饌于”
至“北上”。○釋曰：云“西北上”者，則於東壁下南陳，西北有韭菹，東有醓醢，次昌本，
次南麋臡，次西有菁菹，次西有鹿臡①，亦屈錯也。上西夾饌六豆，直言“北上”，不云
“西北上”，此東夾獨云“西北上”者，以其西夾言“北上”，其東醓醢，是西北上可知，此
東夾饌，若不言“西北上”，恐東夾饌從東壁南陳，以東北爲上，其西有醓醢，與西夾相
對陳之，故云“西北上”，見雖東夾，其陳亦與西夾同，是以鄭云“亦韭菹，其東醓醢也”。
壺東上，西陳。亦在北墉下，統於豆。醓醢百甕，夾碑，十以爲列，醢在
東。夾碑，在鼎之中央也。醢在東，醢，穀，陽也。醢，肉，陰也。○百甕，烏弄
反。【疏】“醓醢”至“在東”。○注“夾碑”至“陰也”。○釋曰：案《既夕禮》云“甕三，醯、醢、
屑”，鄭注云“甕，瓦器，其容亦蓋一穀”，《瓬人》云“簋，實一穀”，又云“豆，實三而成穀”，
四升曰豆，則甕與簋同受斗二升也②。《禮器》云“五獻之尊，門外缶，門內壺，君尊瓦
甒”，注云“壺大一石，瓦甒五斗”，即此壺大一石也③。云“夾碑，在鼎之中央也”者，上
陳鼎云“西階前，陪鼎當內廉，東面北上，上當碑，南陳”，下腥鼎亦如之，此言“夾碑”，
自然“在鼎之中央”可知。云“醢在東，醢，穀，陽也。醢，肉，陰也”者，醢是釀穀爲之，酒
之類，在人消散，故云“陽”，醢是釀肉爲之，在人沈重，故云“陰”也。《大宗伯》云“天產
作陰德，地產作陽德”，注云“天產，六牲之屬。地產，九穀之屬”，以六牲爲陽，九穀爲
陰，與此醢是穀物爲陽違者，物各有所對，六牲，動物行蟲也，故九穀爲陰。《郊特牲》
云“鼎俎奇而籩豆偶，陰陽之義也”，又以籩豆醓醢等爲陰，鼎俎肉物總爲陽者，亦各有
所對，以鼎俎之實以骨爲主，故爲陽；籩豆，穀物，故爲陰也。《有司徹》注又以庶羞爲

---

① “西”字原作“北”，曹云：“‘北’當爲‘西’。”據改。

② “斗二升”原作“升二升”，四庫本、《通解》、張敦仁本上“升”字皆作“斗”，據改。

③ “《禮器》云”至“一石也”，曹云：“此數語論壺制，不當在此。”文中“瓦甒五升”
之“升”字，四庫本、張敦仁本亦皆作“斗”，據改。

陽，内羞爲陰者，亦羞中自相對，内羞雖有糁食，是肉物，其中有糗餌粉餈穀物①，故爲陰；庶羞，肉物，故爲陽也。餼二牢陳于門西，北面東上。牛以西羊、豕，豕西牛、羊、豕。餼，生也。牛、羊，右手牽之。豕東之，寢右，亦居其左。【疏】“餼二”至“羊豕”。〇注“餼生”至“其左”。〇釋曰：先言饔，後言餼者，陳者先以孰爲主，是以先陳饔，饔下即陳孰物繼之，故六豆以下相次，此餼是生物，其下次陳芻薪、米禾之等相繼也。云“牛、羊，右手牽之”者，《曲禮》云“效馬、效羊者，右牽之”，以不噬齧人，用右手便也。言“右手牽之”，則人居其左也。云“豕東之，寢右，亦居其左”者，豕東縛其足，亦北首，寢臥其右，亦人居其左。案《特牲》云“牲在其西，北首東足”，鄭注云“東足者，尚右也”，與此不同者，彼祭禮法，用右胖，故寢左上右。《士虞記》云“陳牲于廟門外，北首西上，寢右”，鄭注“寢右者，當升左胖也”，變吉，故與此生人同也。米百筥，筥半斛，設于中庭，十以爲列，北上，黍、粱、稻皆二行，稷四行。庭實固當庭中，言當中庭者，南北之中也。東西爲列②，列當醯醢南，亦相變也。此言中庭，則設碑近如堂深也。〇百筥，居吕反。二行，户郎反，下同。【疏】“米百”至“四行”。〇注“庭實”至“深也”。〇釋曰：云“庭實固當庭中，言當中庭者，南北之中也”者，上享時直言庭實入設，不言中庭，則在東西之中，其南北三分庭一在南，此更言中庭，欲明南北之中也，上文公立於中庭，宰受幣於中庭，皆南北之中也。知“北上”，東西爲行者，以經云“北上，黍、粱、稻皆兩行，稷四行”，若南北縱陳，止得言東西，不得言北上，何者？以黍、粱、稻及稷每行皆一種③，無上下故也，明横陳可知，黍兩行在北，次粱兩行，次稻兩行，次南稷四行。所以不用稻爲上者，稻粱是加，黍稷是正，故黍爲上端，稷爲下端，以見上下而稻粱居其間，亦相變者，亦上綪、屈、錯之義。云“此言中庭，則設碑近如堂深也”者，陳鼎上當其碑，南向陳之，醯醢夾碑，在鼎中央，亦南向陳之，今米筥④，在醯醢之南，南北之中⑤，則碑近北可知，言“堂深”者，猶若設洗，南北以堂深相似。若然，碑東當洗矣。門外米三十車，車秉有五籔，設于門東，爲三

① “穀”字原作“食”，曹云：“‘食’似當爲‘穀’。”據改。
② “東西爲列”，曹云：“疏述注作‘行’。”
③ “每”字原作“當”，阮云：“陳本、《通解》、《要義》同，毛本‘當’作‘每’。”據改。
④ “米”下原有“爲”字，曹云：“‘爲’字衍。”據删。
⑤ “北”上原不重“南”字，曹云：“‘南’字當重。”倉石云：“殿本重‘南’字。”據補。

列，東陳。大夫之禮，米禾皆視死牢。秉、籔，數名也。秉有五籔，二十四斛也。籔，讀若不數之數。今文籔或爲逾。○五籔，劉色縷反，一音速，注不數之數同，卷末放此。爲逾，劉音余，後同，《説文》大溝反。【疏】“門外”至“東陳”。○注“大夫”至“爲逾”。○釋曰：云“大夫之禮，米禾皆視死牢”者，上文餁一牢，腥二牢，是三牢死，故米三十車，并下“禾三十車”，亦是視死牢也。云“秉、籔，數名也。秉有五籔，二十四斛也”者，下記云“十斗曰斛，十六斗曰籔，十籔曰秉”，若然，一秉十六斛，又有五籔爲八斛，總二十四斛也。云“籔，讀若不數之數”者，鄭君時以籔爲數名，數名有數有不數，故云“不數之數”，此從音讀，其字仍竹下爲之，得爲十六斗爲籔，故下記注云“今江淮之閒，量名有爲籔者”，是十六斗量器之名。禾三十車，車三秅，設于門西，西陳。秅，數名也。三秅，千二百秉。○三秅，丁故反，四百秉爲秅，《字林》疾加反。【疏】注“秅數”至“百秉”。○釋曰：下記云“四秉曰筥，十筥曰稷，十稷曰秅，四百秉爲一秅”，三四十二，爲千二百秉也。薪芻倍禾。倍禾者，以其用多也。薪從米，芻從禾。四者之車皆陳，北輈。凡此所以厚重禮也。《聘義》曰：“古之用財不能均如此，然而用財如此其厚者，言盡之於禮也。盡之於禮，則內君臣不相陵而外不相侵，故天子制之而諸侯務焉爾。”○北輈，丁留反，車轅。【疏】“薪芻倍禾”。○注“倍禾”至“焉爾”。○釋曰：云“薪從米，芻從禾”者，以其薪可以炊爨，故從米陳之，芻可以食馬，故從禾陳之。鄭言此者，以經云“倍禾”，恐並從禾陳之故也。云“四者之車皆陳，北輈”者，以其向內爲正故也。引《聘義》者，欲見主君享禮聘賓，外內皆善，故引爲證也。賓皮弁迎大夫于外門外，再拜，大夫不荅拜。大夫，使者，卿也。【疏】“賓皮”至“荅拜”。○注“大夫使者卿也”。○釋曰：云“外門外”者，謂於主人大門外，入大門東行，即至廟門也。云“不荅拜”者，亦以爲君使，不敢當故也。云“大夫，使者，卿也”者，即上“卿韋弁”者也。揖入，及廟門，賓揖入。賓與使者揖而入，使者止執幣，賓俟之于門內，謙也。古者天子適諸侯，必舍於大祖廟。諸侯行，舍于諸公廟。大夫行，舍于大夫廟。○大祖，音泰。【疏】“揖入”至“揖入”。○注“賓與”至“夫廟”。○釋曰：云“使者止執幣”者，下經始云“大夫奉束帛，入”，明此“賓揖入”時，“使者止執幣”可知。云“賓俟之于門內，謙也”者，聘時主君揖入，立于庭，尊卑法，此賓與使者敵，故賓在門內，謙也。云“門內”，即宁下，故下賓問卿，云“及廟門，大夫揖入”，鄭注“入者，省內事也，既而俟于宁下”是也。云“古者天子適諸侯，必舍于大祖廟”者，案《禮運》云“天子適諸侯，必舍其祖廟”，下記云“卿館於大夫，大夫館于士，士館于工商”，鄭注云“不館於敵者之廟，爲大尊也”，以此差之，諸侯無正文，鄭注“舍于諸公廟”者，諸公，大國之孤。云“大夫行，舍于大夫廟”者，謂卿舍于大夫也，若無孤之國，諸侯舍於卿廟也。**大夫奉束帛**，執其所以將命。**入，三揖，皆行**，皆，猶並也。使者尊，不後主人。【疏】“入三揖皆行”。○注“皆猶”至“主人”。○釋曰：云“使者尊，不後主人”者，主人則賓，所在若主人也。然君與使者行，當後君也。**至于階，讓，大夫先升一等**。讓不言三，不成三也。凡升者，主人讓于客三，敵者則客三辭，主人乃許升，亦道賓之義也。使者尊，主人三讓，則許升矣。今使者三讓，則是主人四讓也。公雖尊，亦三讓乃許升，不可以不下，主人也①。古文曰三讓。○不下，户嫁反，後下君、下朝皆同。【疏】“至于”至“一等”。○注“讓不”至“三讓”。○釋曰：云“讓不言三，不成三也。凡升者，主人讓于客三，敵者則客三辭，主人乃許升”者，是三讓三辭成也，今賓三讓，大夫即升，無三辭，則“不成三也”。云“使者尊，主人三讓，則許升矣”者，即此經主人讓，“大夫先升”是也。云“今使者三讓，則是主人四讓也”者，經雖言“讓，大夫先升”，大夫之讓不明，故鄭君兩言之，但使尊終先升，若主人三讓，使人亦三讓，主人又一讓，則主人四讓，使者乃升，故鄭復言此也。案《周禮·司儀》云“諸公之臣相爲國客，大夫郊勞，三讓，登聽命”，又云“致饔餼，如勞之禮”，即得行三讓之禮，此中“古文云三讓”，與彼合，鄭不從者，《周禮》統心，舉其大率而云“三讓”，此《儀禮》據屈曲行事，觀此經直云“讓，大夫先升”，是主人或三讓，大夫無三讓，故不從古文也。云“公雖尊，亦三讓乃許升，不可以不下，主人也”者，此據公爲主人，亦有三讓，故上行聘時云“至於階，三讓。公升二等，賓升”，亦是公先讓先升，故成三讓，是以《聘義》云“三讓而後升”，公尊，必三讓者，必下賓客②，主人之義故也。**賓從，升堂，北面聽命**。北面于階上也。**大夫東面致命，賓降，階西再拜稽首，拜餼亦如之**。大夫以束帛同致饔餼也，賓殊拜之，敬也，重君之禮也。【疏】注“大夫”至“禮也”。○釋曰：大夫以束帛同致饔餼五牢及陳豆、壺、車米之等，今賓拜饔三牢及庭實，又別拜餼二牢及門外米、禾，殊拜之者，敬主君以重禮故也。**大夫辭，升成拜**。尊賓。**受幣堂中西，**

---

① “不可以不下主人也”，曹云：“疏讀‘下’字絶句。”
② “必”字原作“不”，曹云：“‘不’殿本改作‘必’。”據改。

北面。趨主君命也。堂中西，中央之西。大夫降，出。賓降，授老幣，出迎大夫。老，家臣也。賓出迎，欲儐之①。大夫禮辭，許，入，揖讓如初。賓升一等，大夫從，升堂。賓先升，敵也，皆北面。【疏】"大夫"至"升堂"。〇注"賓先"至"北面"。〇釋曰：前大夫奉君命歸饔餼，故先升一等，今賓私儐使者，無君命，體敵，故賓先升，在館如主人之儀故也。知"皆北面"者，以其體敵，又下始云"賓奉幣西面，大夫東面"，明此北面可知。庭實設，馬乘。乘，四馬也。賓降堂，受老束錦，大夫止。止不降，使之餘尊。【疏】注"止不"至"餘尊"。〇釋曰：凡賓主體敵之法，主人降，賓亦降，今賓降，使者不降者，使之餘尊，雖合降而不降。賓奉幣西面，大夫東面，賓致幣。不言致命，非君命也。大夫對，北面當楣再拜稽首，稽首，尊君客也。致、對有辭也。【疏】注"稽首"至"辭也"。〇釋曰：賓主既行敵體之禮，當行頓首，今大夫稽首於賓，爲拜君之拜，尊君客故也。致者，賓致幣當有辭。對者，大夫對亦當有辭。所以無辭者，文不具故也。受幣于楹閒，南面，退東面俟。賓北面授，尊君之使。【疏】"受幣"至"面俟"。〇注"賓北"至"之使"。〇釋曰：此賓儐使者②，是體敵之義，經云"受幣于楹閒，南面"，知賓不南面並授而云"賓北面授"者，凡敵體授受之義③，授由其右，受由其左，今尊君之使，是以大夫南面，賓北面，故知賓北面授幣。賓再拜稽首送幣，大夫降，執左馬以出。出廟門，從者亦訝受之。【疏】注"出廟"至"受之"。〇釋曰：言"亦"者，上賓受禮時，受幣馬，云"賓降，執左馬以出，上介受賓幣，從者訝受馬"，此亦從者訝受馬，故云"亦"也。賓送于外門外，再拜。明日，賓拜于朝，拜饔與餼，皆再拜稽首。拜謝主君之恩惠於大門外。《周禮》曰"凡賓客之治，令訝"聽之。此拜亦皮弁服。〇治令，直吏反。【疏】"賓送"至"稽首"。〇注"拜謝"至"弁服"。〇釋曰：知拜謝在大門外者，以其直言"賓拜於朝"，無入門之文，故知在大門外。若然，諸侯外朝在大門外明矣。引《周禮》者，《秋官·掌訝職》云"賓客至于國，賓入館，次于舍門外，待事于客。及

---

① "儐"字原作"擯"，四庫本作"儐"，據改。
② "此"字原作"北"，張敦仁本作"此"，據改。
③ "授"下原無"受"字，阮云："《要義》同，毛本'授'下有'受'字。曹云："'授'下各本有'受'字是，阮云《要義》無'受'字。案單疏亦無。"據補。

將幣，爲前驅。至于朝，詔其位。凡賓客之治，令訝，訝治之”，引之者，欲見賓客發館至朝來往，皆掌訝前驅爲之導。知“此拜亦皮弁”者，以其受時皮弁，故知此拜亦皮弁也，故《公食大夫》云“若不親食，使大夫各以其爵，朝服以侑幣致之，賓朝服以受。明日，賓朝服以拜賜于朝”，彼朝服受，還朝服拜，則知此皮弁受，亦皮弁拜可知。

上介饔餼三牢。飪一牢，在西，鼎七，羞鼎三。飪鼎七，無鮮魚、鮮腊也。賓、介皆異館。【疏】“上介”至“鼎三”。○釋曰：自此盡“兩馬、束錦”，論主君使下大夫歸饔餼於上介之事。○注“飪鼎”至“異館”。○釋曰：云“飪鼎七，無鮮魚、鮮腊也”者，對上賓九鼎，有鮮魚、鮮腊也。云“賓、介皆異館”者，案下記云“卿館於大夫，大夫館於士，士館於工商”，彼云卿，即此賓，一也，彼云大夫，即此上介也，彼云士，即此衆介也，故知賓、介各異館。必異館者，所陳饔餼厚，無所容故也。腥一牢，在東，鼎七。堂上之饌六，六者，賓西夾之數。西夾亦如之。筥及甕如上賓。凡所不貶者，尊介也。言如上賓者，明此賓客介也。【疏】“西夾”至“上賓”。○注“凡所”至“介也”。○釋曰：云“如上賓者，明此賓客介也”者，案下云“賓之公幣、私幣皆陳，上介公幣陳”，是上介有不與賓同者①，前經不言“如上賓”，獨此經言“如上賓”，以其此饔餼大禮，西夾筥及甕如上賓，以其客此上介如上賓之禮也。餼一牢。門外米、禾視死牢，牢十車，薪芻倍禾。凡其實與陳，如上賓。凡，凡飪以下。下大夫韋弁，用束帛致之。上介韋弁以受，如賓禮。介不皮弁者，以其受大禮似賓，不敢純如賓也。儐之兩馬、束錦。【疏】“儐之兩馬束錦”。○釋曰：此下大夫使者受上介之儐禮，與卿使者受賓儐禮當同②，不言如上大夫者，省文也。

士介四人，皆餼大牢，米百筥，設于門外。牢米不入門，略之也。米設當門，亦十爲列，北上。牢在其南，西上。【疏】“士介”至“門外”。○注“牢米”至“西上”。○釋曰：自此至“無儐”，論使宰夫歸餼於衆介之事。上文賓與上介米陳碑南，餼

───────────

①　“有”下原無“不”字，阮云：“毛本、《通解》‘有’下有‘不’字。按‘不’字當有。”據補。

②　“與”字原作“如”、“當”下原有“庭”字，曹云：“‘如’當爲‘與’，‘庭’字衍。”據改刪。

陳門内，此不入門，陳於門外者，鄭云“略之也”。云“米設當門，亦十爲列，北上”，彼亦當門，此直云“設於門外”，不云“東西”，明當門北上，與賓同。云“牢在其南，西上”者，以此饎本設於庭，在門内，由士介賤，不得入門，且賓與上介門東有米三十車、薪六十車，門西禾三十車、芻六十車，皆統門爲上，此饎本非門外東西之物，知不在門外東西①，宜當門陳之。云“牢在其南，西上”，知如此設之者，以其賓、上介饎在米南，門西東上，明知此牢亦在米南而西上爲異耳。**宰夫朝服，牽牛以致之**。執紖牽之，東面致命。朝服無束帛，亦略之。士介西面拜迎。○執紖，直軫反。【疏】“宰夫”至“致之”。○注“執紖”至“拜迎”。○釋曰：案下記云“士館于工商”，則此致者在工商之館，宰夫從外來，即爲賓客，宜在門西東面，此就太牢之中取以致饎。云“朝服無束帛，亦略之”者，決上賓與上介皮弁有束帛，故以爲略之也。云“士介西面拜迎”者，以其士介爲主人，故西面拜。上賓與上介米禾皆視死牢②，具有芻薪米禾，此士直有生饎，無死牢，則無芻薪米禾矣。**士介朝服，北面再拜稽首受**，受，於牢東拜。自牢後適宰夫右受，由前東面授從者。【疏】“士介”至“首受”。○注“受於”至“從者”。○釋曰：知“自牢後適宰夫右受”者，以其牢東北面拜，明在宰夫東南，從牢後來適宰夫，至宰夫之右受取牛③，便故也。必知在宰夫右受者，見前君使士受私覿之馬，適其右受，知此亦在右受也。若然，君使士受私覿由前，此由牢後，與受馬不同者，牛畜擾馴，與馬有異，故得從其後適宰夫右，取便也。云“由前東面授從者”，於宰夫之右受牛④，遂由宰夫之前東授從者，亦是取便也。**無（擯）〔儐〕⑤**。既受，拜送之矣。明日，衆介亦各如其受之服，從賓拜於朝。【疏】“無儐”。○注“既受”至“於朝”。○釋曰：言“無儐”者⑥，決上賓與上介皆有儐，士介賤，故略之。知“明日，衆介亦各如其受之服，從賓拜

---

① “知”字原作“制”，曹云：“‘制’當爲‘知’。”據改。

② “拜上賓與上介”原作“每上賓與上介”，曹云：“‘每’字似誤，或當爲‘拜’，屬上讀。”據改。

③ “右”字原作“後”，曹云：“‘後’當爲‘右’。”據改。

④ “右”字原作“後”，此節上下文皆言於宰夫之右受牛，此句“後”字亦當爲“右”，謹改。

⑤ “無儐”，阮云：“毛本‘擯’作‘儐’，唐石經、徐、陳、閩、葛、《集釋》、《通解》、楊、敖俱作‘擯’，與述注合。李氏曰：‘擯當作儐，下經、記無擯及注不擯賓可。’按篇中言‘無儐’者，舊本俱作‘擯’，今本俱作‘儐’，殆因李説而改。”當據改，疏標起止徑改。

⑥ “儐”字原作“擯”，阮云：“陳本同，毛本‘擯’作‘儐’。”據改。

於朝"者,案下"夫人使下大夫韋弁歸禮,賓受如受饗之禮,儐之乘馬、束錦",又歸禮於上介,"上介受之如賓禮,儐之兩馬、束錦。明日,賓拜禮於朝",鄭注云"於是乃言賓拜,明介從拜",夫人歸禮,介尚從拜,則君饗饋介皆從拜可知。

　　賓朝服問卿,不皮弁,別於主君。卿,每國三人。○別於,彼列反,下同。【疏】"賓朝服問卿"。○注"不皮"至"三人"。○釋曰:自此盡"無儐",論賓齋聘君之幣,問主國卿之事。云"不皮弁,別於主君"者,對上文行聘享、私覿皆皮弁,此朝服,降一等,故鄭注云"別於主君"。云"卿,每國三人"者,每國三卿是其常,鄭言此者,欲見三卿皆以幣問之。其主國下大夫曾使向己國者,乃得幣問之,與卿異。**卿受于祖廟**,重賓禮也。祖,王父也。【疏】"卿受于祖廟"。○注"重賓"至"父也"。○釋曰:卿受鄰國君所問之禮,不辭讓者,以其初君送客之時,"賓請有事於大夫,君禮辭,許",是以卿不敢更辭,故下記云"大夫不敢辭"。云"祖,王父也"者,大夫三廟,有別子者立大祖廟,非別子者并立曾祖廟,王父即祖廟也,今不受於大祖廟及曾祖廟而受於祖廟者,以其天子受於文王廟,諸侯受於太祖廟①,大夫下君,故受於王父廟。**下大夫擯。**無士擯者,既接於君所,急見之。【疏】"下大夫擯"。○注"無士"至"見之"。○釋曰:行聘享於主國君時,主君擯者三人以上,并有士擯,賓又設介,今直云"大夫擯",無士擯者,以其設擯介多者不敢質,示行事有漸,但賓行聘享於主君之時,卿以與賓相接,故急見之,不須士擯。**擯者出請事,大夫朝服迎于外門外,再拜。賓不苔拜,揖。大夫先入,每門、每曲揖,及廟門,大夫揖入。**入者,省內事也,既而俟于宁也②。○于宁,直呂反,劉直慮反。【疏】"擯者"至"揖入"。○注"入者"至"宁也"。○釋曰:大夫二門,入大門東行即至廟門,未及廟門而有每門者,大夫三廟,每廟兩旁皆南北豎牆,牆皆有閣門③,假令王父廟在東,則有每門每曲之事。云"入者,省內事也"者,《曲禮》云"請入爲席"是也。云"既而俟于宁"者,宁,門屋宁也,知"俟于宁"者,下云"賓入,三揖,皆行",鄭注云"皆,猶並也",賓與卿並行,以卿俟于宁,

---

①　"於"下原無"太"字,阮云:"《要義》同,毛本、《通解》、楊氏'於'下俱有'太'字。按有是也。"據補。

②　"既而俟于宁也",曹云:"'也'前疏引作'下'。"

③　"皆有閣門"原作"皆閣門",曹云:"'皆'下似脱'有'字。"阮云:"《要義》同,毛本、《通解》'閣'作'閤'。按'閣'是也。"據補改。

故得並行，與賓三揖①，不俟于庭者，下君也。案《曲禮》云"客至於寢門，則主人請入爲席。然後出迎客，主人肅客而入"，此卿既入，不重出迎客者，彼《曲禮》平常賓客，故重出迎客，此聘問之賓與平常賓客異，上君揖賓不重出，此卿亦不重出，與彼同，但在庭與在宁不同矣。**擯者請命。**亦從入而出請，不几筵，辟君也。【疏】注"亦從"至"君也"。○釋曰："亦"者，亦君受聘時，擯從君而入，几筵既設，擯者出請，此擯者亦從卿而入，省內然後出請。**庭實設四皮。**麋鹿皮也。**賓奉束帛入，三揖，皆行，至于階，讓。**皆，猶並也。古文曰三讓。【疏】注"古文曰三讓"。○釋曰：不從古文者，亦是不成三，故賓先升一等，大夫從升堂，故不從"三讓"也。**賓升一等，大夫從，升堂，北面聽命，**賓先升，使者尊。**賓東面致命。**致其君命。**大夫降，階西再拜稽首。賓辭，升成拜。受幣堂中西，北面。**於堂中央之西受幣，趨聘君之命。**賓降，出。大夫降，授老幣，無（擯）〔儐〕②。**不儐賓③，辟君也。【疏】注"不儐賓辟君也"④。○釋曰：上文賓行聘享訖而君禮賓，有束帛、乘馬，敵者曰儐，今卿不儐賓者，辟國君也。

　　擯者出請事，賓面，如覿幣。面亦見也，其謂之面，威儀質也。○亦見，如字，劉胡旿反。【疏】"擯者"至"覿幣"。○注"面亦"至"質也"。○釋曰：自此至"授老幣"，論賓行私面於卿之事。賓私面於卿，其幣多少，與私覿於君同，故云"如覿幣"。賓私覿之時，用束錦、乘馬，則此私面於卿，亦用束錦、乘馬可知也。云"面亦見也，其謂之面，威儀質也"者，覿、面並文，其面爲質，若散文，面亦爲覿，故鄭《司儀》注云"私面，私覿也"，又《左傳》云"楚公子棄疾以乘馬八匹私面鄭伯"是也。**賓奉幣，庭實從，**庭實，四馬。【疏】"賓奉幣庭實從"。○注"庭實四馬"。○釋曰：以其言"如覿幣"，故知庭實四馬也。**入門右，大夫辭，**大夫於賓入，自階下辭迎之。【疏】注"大夫"

---

①　"與賓"原作"與卿"，《通解》無"與卿"二字。不俟于庭者謂主國之卿，以上下文義推闡，"與卿"當爲"與賓"，謹改。

②　"無擯"，阮云："毛本'擯'作'儐'，唐石經、徐、陳、閩、葛、《集釋》、《通解》、楊、敖俱作'擯'，注同。"當據改。

③　"儐"字原作"擯"，毛氏汲古閣刊本作"儐"，據改。

④　"儐"字原作"擯"，阮云："陳、閩同，毛本'擯'作'儐'，下同。"據改。

至"迎之"。○釋曰：知"階下辭"者，以其授老幣時，降故也。知"迎"者，下文"揖讓如初"，明（元缺一字）迎之可知。**賓遂左**。見，私事也。雖敵，賓猶謙入門右，爲若降等然。《曲禮》曰："客若降等，則就主人之階。主人興辭於客，然後客復就西階。"【疏】注"見私"至"西階"。○釋曰：云"爲若降等"者，主人是大夫，客是士，降等法，士就東階，今此賓與卿敵者①，就門右，若士於大夫降等。引《曲禮》者，主人辭賓，賓遂左，就門左西階復正也②。**庭實設**。**揖讓如初**，大夫至庭中，旋並行。【疏】"庭實"至"如初"。○注"大夫"至"並行"。○釋曰：云"大夫至庭中，旋並行"者，賓初入門右，大夫階下辭賓，賓遂左③，大夫至庭中迎賓，大夫迴旋與賓揖而並行，北面④。言"如初"者，大夫不出門，唯有庭中一揖，至碑（元缺一字）又揖，再揖而已。**大夫升一等，賓從之**。大夫先升道賓。**大夫西面，賓稱面**，稱，舉也，舉相見之辭以相接。**大夫對，北面當楣再拜，受幣于楹閒，南面，退西面立**。受幣楹閒，敵也。賓亦振幣，進北面授。【疏】注"受幣"至"面授"。○釋曰：知賓北面授者，以云"大夫南面，退西面立"，言退，明賓不得南面，又見下文"賓當楣再拜"，明北面授因拜可知。云"受幣楹閒，敵也"者，凡授受之義，在於兩楹之閒者，皆是體敵，故《昏禮》云"授于楹閒，南面"，注云"授於楹閒，明爲合好，其節同也。南面，並授也"，謂賓主俱至楹閒，南面並而授，是以《曲禮》云"鄉與客並，然後受"，注云"於堂上，則俱南面。禮，敵者並授"，此是敵者之常禮也，雖是敵者於兩楹之閒，或有訝受者，皆是相尊敬之法，則此云大夫南面，賓北面授，雖是敵禮，是尊大夫，故訝受，又前致饔餼，儐使者於楹閒，賓北面授幣，鄭云"賓北面授，尊君之使"。自餘不在楹閒，別相尊敬，是以前云"公受玉于中堂與東楹之閒"，鄭注云"東楹之閒，亦以君行一，臣行二"，又云公禮賓，"賓受幣當東楹，北面"，注云"亦訝受"，又賓覿公云"振幣進授，當東楹北面"，如此之類，不在兩楹之閒者，皆非敵法，就文解之。**賓當楣再拜送幣，降，出。大夫降，授老幣。**

---

　　①　"敵"字原作"覯"，曹云："'覯'當爲'敵'。"倉石云："'覯'，殿本作'敵'。"據改。
　　②　"門左"原作"門右"，阮云："閩本作'賓遂就門左由西階復正也'。"據閩本改"門右"爲"門左"。
　　③　"遂"下原有"門"字，曹云："'門'字衍。"據刪。
　　④　"面"字原作"出"，阮云："陳、監、《通解》同，毛本'出'作'面'。"據改。

擯者出請事，上介特面，幣如覿，介奉幣。特面者，異於主君，士介不從而入也。君尊，衆介始覿不自別也，上賓則衆介皆從之。【疏】"擯者"至"奉幣"。○注"特面"至"從之"。○釋曰：自此盡"再拜送幣"，論上介私面於鄰國卿之事。云"特面者，異於主君"者，介初覿主君之時，不敢自尊別，與衆介同執幣而入，今私面於鄰國卿，不與衆介同而特行禮焉，故云"特面者，異於主君"也。云"士介不從而入"者，對覿君時，衆介從而入，故鄭云"君尊，衆介始覿不自別也"①。云"上賓則衆介皆從之"者，上介言"特面"，則賓問卿與私面，介皆從可知。皮，二人贊。亦儷皮也。【疏】"皮二人贊"。○注"亦儷皮也"。○釋曰：案經云"幣如覿"，則上介私面亦與私覿於君幣同，故云"亦儷皮也"。入門右，奠幣，再拜，降等也。【疏】"入門"至"再拜"。○注"降等也"。○釋曰：言"降等"者，主人是卿，上介是大夫，故"入門右"，不敢自同賓客。大夫辭。於辭，上介則出。擯者反幣。出還于上介也。【疏】"擯者反幣"。○注"出還于上介也"。○釋曰：不言反皮，幣出還於上介②，皮出可知，但文不具。庭實設。介奉幣入，大夫揖讓如初。大夫亦先升一等。今文曰入設。【疏】注"大夫"至"入設"。○釋曰：云"亦"者，亦上賓行私面，大夫升一等，賓乃升，此上介私面亦然，故云"亦"也。介升，大夫再拜受。亦於楹閒南面而受。【疏】注"亦於"至"而受"。○釋曰："亦"者，賓行私面，大夫受幣於楹閒，南面，故云"亦"，得在楹閒爲敵法，上介是下大夫，與卿小異大同，明得行敵法，在楹閒可知。介降拜，大夫降辭。介升，再拜送幣。介既送幣，降出也。大夫亦授老幣。

擯者出請，衆介面，如覿幣，入門右，奠幣，皆再拜，大夫辭，介逆出。擯者執上幣出，禮請受，賓辭，賓亦爲士介辭。○亦爲，于僞反，下文注爲之、爲大夫、爲賓皆同。【疏】"擯者"至"賓辭"。○注"賓亦爲士介辭"。○釋曰：自此至"拜辱"，論士介私面於鄰國卿之事。云"賓亦爲士介辭"者，"亦"者，亦士介

---

① "衆"上原有"於"字，阮云："各本注俱無'於'字。"據刪。

② "皮"下原無"幣"字，曹云："'皮'當爲'幣'。"經言"反幣"而不言"反皮"，疏以爲幣既反，皮亦反，經是以幣概皮。疑此疏"不言反皮"之"皮"字本不誤，"皮"下脫"幣"字而已。若從曹校，改"皮"爲"幣"，則與經文相違，因經文明言"反幣"，疏不當言"不言反幣"，故謹補"幣"字。

私覿於主國君時,故云“亦”也。**大夫荅再拜,擯者執上幣,立于門中以相拜,士介皆辟。老受擯者幣于中庭,士三人坐取羣幣以從之。擯者出請事,賓出,大夫送于外門外,再拜,賓不顧。**不顧,言去。○相拜,息亮反,下注如相同。**擯者退,大夫拜辱。**拜送也。

　　下大夫嘗使至者,幣及之。嘗使至己國,則以幣問之也,君子不忘舊。【疏】“下大”至“及之”。○注“嘗使”至“忘舊”。○釋曰:自此盡“于卿之禮”,論主國下大夫嘗使至己國者,聘君使上介以幣問之事。諸侯之國皆有三卿、五大夫,其三卿不問至己國、不至己國,皆以幣及之,上已論訖。其五大夫者,或作介,或特行,至彼國者,乃以幣及之,略於三卿故也。言“君子不忘舊”者,此大夫嘗與彼國君相接,即是故舊也,今以幣及之,故云“君子不忘舊”也。**上介朝服,三介,問下大夫,下大夫如卿受幣之禮。**上介三介,下大夫使之禮也。【疏】注“上介”至“禮也”。○釋曰:云“上介三介,下大夫使之禮也”者,下經云“小聘曰問。其禮,如爲介,三介”,是下大夫小聘之禮,據此篇,大聘使卿五介,小聘使大夫三介,若大國之卿七介,小聘使大夫五介,小國之卿三介,小聘使大夫一介也。《曲禮》云“儐人必於其倫”,故問下大夫還使上介,是各以其爵①,易以相尊敬者也。**其面,如賓面于卿之禮。**

　　大夫若不見,有故也。【疏】“大夫若不見”。○注“有故也”。○釋曰:自此盡“不拜”,論主國卿大夫有故,不得親受聘君之幣之事。言“有故”者,或有疾病②,或有哀慘,不得受其問禮。**君使大夫各以其爵爲之受,如主人受幣禮,不拜。**各以其爵,主人卿也則使卿,大夫也則使大夫。不拜,代受之耳,不當主人禮也。【疏】“君使”至“不拜”。○注“各以”至“禮也”。○釋曰:云“各以其爵,主人卿也則使卿,大夫也則使大夫”者,若然,經云“君使大夫”,大夫中有卿,大夫總名也。云“各以其爵”,亦是易以相尊敬故也。云“不拜,代受之耳,不當主人禮也”者,案《周禮·宗伯》云“大賓客,則攝而載祼”,鄭注云宗伯“代王爲祼,拜送則王”,亦此類,拜是致敬之事,不可人代之拜③,故直受之而已,不當主人之禮拜之。

---

①　“以”字原作“於”,曹云:“‘於’當爲‘以’。”據改。
②　“疾病”原作“病疾”,曹云:“‘病疾’二字當倒。”據乙。
③　“人代”原作“代人”,四庫本作“人代”,據乙。

夕，夫人使下大夫韋弁歸禮。夕，問卿之夕也。使下大夫，下君也。君使之，云夫人者，以致辭當稱寡小君。【疏】"夕夫"至"歸禮"。○注"夕問"至"小君"。○釋曰：自此盡"賓拜禮於朝"，論主君夫人歸禮於賓與上介之事。云"夕，問卿之夕也"者，案下記云"聘日致饗。明日，問大夫。夕，夫人歸禮"，是其問卿之夕也。云"使下大夫，下君也"者，歸饗餼使卿，此夫人使下大夫，故云"下君也"。云"君使之，云夫人者，以致辭當稱寡小君"者，案隱二年《傳》"九月，紀裂繻來逆女。何以不稱使？昏禮不稱主人"，又云"紀有母乎？曰有。有則何以不稱母？母不通也"，何休注云"禮，婦人無外事"，明知此使下大夫歸禮者，是君使之可知，而稱夫人使者，以其致辭於賓客時，當稱寡小君，故稱夫人使下大夫，其實君使之也。堂上籩豆六，設于戶東，西上，二以並，東陳。籩豆六者，下君禮也。設于戶東①，又辟饌位也。其設，脯其南醢，屈，六籩六豆。【疏】"堂上"至"東陳"。○注"籩豆"至"六豆"。○釋曰：言"籩豆六，東陳"者，其饌自戶東爲首，二以並，東陳，先於北設豆，即於脯南設醢，又於醢東設脯，以次屈而陳之，皆如上也。云"籩豆六者，下君禮也"者，君歸饗餼八豆，此六豆，故云"下君"也。"設於戶東"，又辟君饌位故也。云"其設，脯其南醢，屈，六籩六豆"者，此約君禮設豆法云"韭菹，其南醓醢，屈"，故知此醢在南，屈陳之。又知"籩豆各六"者，下文"上介四豆、四籩"，降殺以兩，明夫人多二，六豆、六籩可知。壺設于東序，北上，二以並，南陳，醴、黍、清皆兩壺。醴，白酒也。凡酒，稻爲上，黍次之，粱次之，皆有清白。以黍間清白者，互相備，明三酒六壺也。先言醴，白酒尊，先設之。○醴，所九反，白酒也。黍間，間厠之間。【疏】"壺設"至"兩壺"。○注"醴白"至"設之"。○釋曰：其設壺於東序，自北向南而陳，稻、黍、粱皆二壺，並之而陳也，故言"醴、黍、清皆兩壺"也。云"以黍間清白者，互相備"者，醴，白也，上言白，明黍、粱皆有白，下言清，明稻、黍亦有清故也，於清白中言黍，明醴即是稻，清即是粱也，故言"互相備"也。三酒既有清白二色，故言六壺，必先言醴者，以白酒尊重，故先設之也。大夫以束帛致之，致夫人命也。此禮無牢，下朝君也。【疏】"大夫"至"致之"。○注"致夫"至"君也"。○釋曰：案《周禮·掌客》云上公之禮，"夫人致禮八籩，膳大牢，致饗大牢"，侯伯以下亦皆有牢，是朝君來時有牢，此卿來聘無牢，故云"下朝君也"。賓如

---

① "設"上原有"臣"字，四庫本無"臣"字，據删。

受饗之禮，儐之乘馬、束錦。上介四豆、四籩、四壺，受之如賓禮，四壺，無稻酒也。不致牢，下於君也。【疏】注"四壺無稻酒"。○釋曰：知者，案上致於賓六壺，稻、黍、粱皆有清白，今上介四壺，明從上去之，無稻米之酒，清白俱去之（元缺一字），故四壺也。儐之兩馬、束錦。明日，賓拜禮於朝。於是乃言賓拜，明介從拜也。今文禮爲醴。○從拜，才用反，又如字。【疏】注"於是"至"爲醴"。○釋曰：鄭解若於上文賓下言之，則介從拜之事不明，故於上介之下乃云"明日，賓拜禮於朝"，則介從（元缺起此）賓拜可知。

　　大夫餼賓大牢，米八筐。其陳於門外，黍、粱各二筐，稷四筐，二以並，南陳，無稻。牲陳於後，東上。不饌於堂、庭，辟君也。【疏】注"其陳"至"君也"。○釋曰：自此至"牽羊以致之"，論主國大夫餼賓及上介之事。云"陳於門外"，知者，經無牢米入門之文，故明是門外可知，與君餼士介同。云"黍、粱各二筐，稷四筐，二以並，南陳，無稻"者，案上使卿歸饗餼之時，"米百筥，設於中庭，十以爲列，北上。稻、粱、黍各二行，稷四行"，此云"八筐"，黍、粱、稷亦宜法其行數，故知"黍、粱各二筐，稷四筐"。知"二以並，南陳"者，以其君筥米北上，故知此亦北上，南陳。知"二以並"者，以其陳筥米，粱、黍、稻不雜陳，則知此筐米亦不雜陳，二以並可知。云"無稻"者，見記云"凡餼，大夫黍、粱、稷，筐五斛"是也。云"牲陳於後，東上"者，此與君餼士介略同，餼士介時不言門東西，鄭注云"當門"，則知此門外亦當門。君餼賓，米在庭，牲在門西，雖不正當米南，亦得牲在其南，故知此牲陳亦在米南可知。知"東上"者，君餼賓時，陳於門西東上也。云"不饌於堂、庭，辟君也"者，案上君致饗餼，籩豆在堂，牲牢米等在庭，此在門外，故云"辟君也"。若然，案《掌客》鄰國之君來朝，卿皆見以羔，膳大牢，侯伯子男膳特牛，彼又無筐米，此侯伯之臣，得用大牢，有筐米者，彼爲君禮，此是臣禮，各自爲差降，不得以彼難此。賓迎，再拜，老牽牛以致之，賓再拜稽首受。老退，賓再拜送。老，室老，大夫之貴臣。【疏】注"老室"至"貴臣"。○釋曰：案《喪服》"公士大夫之衆臣，爲其君布帶、繩屨"，傳曰"室老、士，貴臣，其餘皆衆臣也"，鄭注云"室老，家相也。士，邑宰也"，即此室老貴臣者，家相邑宰之屬，故爲貴臣也。上介亦如之，衆介皆少牢，米六筐，皆士牽羊以致之。米六筐者，又無粱也。士亦大夫之貴臣。【疏】注"米六"至"貴臣"。○釋曰：言"又無粱也"者，上文八筐無稻，從上去之，明知此亦從上去之，無粱，其稻、粱是加，故去之。云"士亦大夫之貴臣"者，即是大夫邑宰也，以其大夫使之，故知大夫之貴臣也。

公於賓，壹食再饗，饗，謂亨大牢以飲賓也。《公食大夫禮》曰"設洗如饗"，則饗與食互相先後也。古文壹皆爲一，饗皆爲鄉①。○壹食，音嗣，注及下皆同。亨大，普庚反。以飲，於鴆反。【疏】注"饗謂"至"爲鄉"。○釋曰：此篇雖據侯伯之卿聘使，五等諸侯其臣聘使，牢禮皆同，無大國次國之別，是以《掌客》五等諸侯相朝，其下皆云"羣介、行人、宰、史皆有飧、饔餼，以其爵等爲之牢禮之陳數"，又云"凡諸侯之卿大夫、士爲國客，則如其介之禮以待之"，鄭注云"尊其君以及其臣也，以其爵等爲之牢禮之陳數②。爵，卿也，則飧二牢，饔餼五牢；大夫也，則飧大牢，饔餼三牢；士也，則飧少牢，饔餼大牢也。此降小禮，豐大禮也。以命數則參差難等，略於臣，用爵而已"，以此言之，公侯伯子男大聘使卿，主君一食再饗，小聘使大夫，則主君一食一饗。若然，案《掌客》子男一食一饗，子男之卿再饗，多於君者，以其君臣各自相差③，不得以君決臣也。云"饗，謂亨大牢以飲賓也"者，以其饗禮與食禮同，食禮既亨大（元缺止此）牢，明饗禮亨大牢可知，但以食禮無酒，饗禮有酒，故以飲賓言之。引《公食》饗與食互相先後者，此經先言食，後言饗，則食在饗前，《公食》言設洗如饗禮，則饗在食前，饗先後出於主君之意，故先後不定也。燕與羞、俶獻無常數。羞，謂禽羞、鴈鶩之屬，成孰煎和也。俶，始也。始獻，四時新物，《聘義》所謂"時賜"。無常數，由恩意也。古文俶作淑。○俶獻，昌叔反，始也。鴈鶩，劉下音木。【疏】"燕與"至"常數"。○注"羞謂"至"作淑"。○釋曰：案《周禮·掌客》上公三燕，侯伯再燕，子男一燕，皆有常數，此臣無常數者，亦是君臣各爲一，不得相決。知"羞，謂禽羞、鴈鶩之屬"者，案下記云"禽羞、俶獻"，故知是禽。知"成孰煎和"者，以其言羞鼎臑之類，故知"成孰煎和"者也。知禽是鴈鶩之屬者，案下記云"宰夫歸乘禽，日如饔餼之數"，鄭注"乘禽，乘行之禽也"，亦云"鴈鶩之屬"，以無正文，故以意解之。賓、介皆明日拜于朝。上介壹食

---

① "饗"上原有"今文"二字，沈云："《公食》陳具節'設洗如饗'、大夫相食之禮節'皆如饗拜'，鄭注並云：'古文饗或作鄉。'徐養原《疏證》既疑《聘禮》注'今'字亦當作'古'，又云：'或《公食》誤。'其實如羅振玉氏所云：'古公卿之卿，鄉黨之鄉，饗食之饗，皆爲一字。'古文饗食作'鄉'與鄉樂同作，《聘禮》注誤衍'今文'二字耳。"據刪。

② "陳數"原作"數陳"，阮云："《要義》同，毛本'數陳'作'陳數'。按此本倒。"據乙。

③ "差"字原作"望"，孫云："黃以周云：'望，差之誤。'"據改。

壹饗。饗食賓，介爲介，從饗獻矣，復特饗之，客之也。【疏】注“饗食”至“之也”。○釋曰：不言從食者，《公食》介雖從入，不從食，賓食畢，介逆出，是不得從食矣。知“從饗”者，下記云“大夫來使，無罪饗之，過則餼之，其介爲介”，注云“饗賓有介者，賓尊，行敵禮也”，故知介從饗。案襄二十七年，“宋公兼享晉、楚之大夫，趙孟爲客，子木與之言，弗能對，使叔向侍言焉，子木亦不能對也”，叔向爲趙孟介而得從饗，是其義也。云“復特饗之”，即此經是也。若不親食，使大夫各以其爵，朝服致之以侑幣，如致饔，無儐。君不親食，謂有疾及他故也。必致之，不廢其禮也。致之必使同班，敵者易以相親敬也。致禮於卿使卿，致禮於大夫使大夫，非必命數也。無儐，以己本宜往。古文侑皆作宥。○以侑，音又。易以，以豉反。【疏】“若不”至“無儐”。○注“君不”至“作宥”。○釋曰：案上文云君使卿歸饗餼於賓館，賓儐之，今君有故，不親食，使卿生致其牢禮亦於賓館，但無儐爲異。云“謂有疾及他故也”者，他故之中兼及有哀慘。云“非必命數也”者，依《典命》，公侯伯之卿三命，大夫再命，子男之卿再命，大夫一命，經云“各以其爵”，故知不依命數。云“無儐，以己本宜往”者，饗餼之等不宜召賓，故君使人致，賓則儐使者，此饗食之禮，主君無故，合速賓來①，就主君入廟，賓無儐禮，今主君有故，生致於賓，亦無儐，故云“本宜往”。此篇據侯伯之卿來聘，是使卿致禮，鄭兼云“於大夫使大夫”者②，小聘使大夫來，使大夫致禮也。若然，經直言“使大夫”者，大夫中兼有上大夫卿也③。致饗以酬幣，亦如之。酬幣，饗禮酬賓勸酒之幣也，所用未聞也。禮幣束帛、乘馬，亦不是過也。《禮器》曰：“琥璜爵。”蓋天子酬諸侯。○琥璜，音虎。【疏】“致饗”至“如之”。○注“酬幣”至“諸侯”。○釋曰：云“禮幣束帛、乘馬，亦不是過也”者，鄭以饗之酬幣無文，故約上主君禮賓之時用束帛、乘馬，此饗賓酬幣亦不過是，故云“亦不是過”。引《禮器》者，案彼經云“有以少爲貴者，圭璋特，琥璜爵”，鄭注“圭璋特，朝聘以爲瑞，無幣帛也。琥璜爵者，天子酬諸侯，諸侯相酬，以此玉將幣也”，彼經不云天子、諸侯相酬之幣，故此注云“蓋”，言“酬諸侯”者，公侯伯用琥，於子男用璜，引之者，證與此酬卿大夫不同之義。大夫於

---

① “賓”下原有“之”字，曹云：“‘之’字衍。”據刪。
② “於大夫使大夫”原作“使大夫於大夫”，曹云：“‘使’、‘於’二字當互易。”據乙。
③ “卿”上原有“兼”字，曹云：“‘兼’字衍。”據刪。

賓，壹饗壹食，上介，若食若饗。若不親饗，則公作大夫致之以酬幣，致食以侑幣。作，使也。大夫有故，君必使其同爵者爲之致之。列國之賓來，榮辱之事，君臣同之。○若鄉，許亮反。【疏】"大夫"至"侑幣"。○注"作使"至"同之"。○釋曰：此一經論主國卿大夫饗食聘賓及上介之事。此直言饗食，不言燕，亦有燕，是以《鄭詩·雞鳴》云"知子之來之，雜佩以贈之"①，鄭注云"與異國賓客燕時，雖無此物，猶言之，以致其厚意。其若有之，固將行之。士大夫以君命出使，主君之臣必以燕禮樂之，助君之歡"是也，又昭二年《左傳》云"韓宣子來聘，宴于季氏"，傳無譏文，明鄰國大夫有相燕之法，又此大夫相禮，饗食有常數，雖有燕②，亦無常數，亦無酬幣矣。

---

① "女曰雞鳴"原作"羔裘"，所引詩句見於《女曰雞鳴》而不見於《羔裘》。倉石云："'羔裘'譌，殿本改作'雞鳴'二字。"謹改。
② "燕"下原有"之"字，曹云："'之'字似衍。"據刪。

儀禮疏卷第二十三　儀禮卷第八

　　君使卿皮弁，還玉于館。玉，圭也。君子於玉比德焉，以之聘，重禮也。還之者，德不可取於人，相切屬之義也。皮弁者，始以此服受之，不敢不終也。【疏】"君使"至"于館"。○注"玉圭"至"終也"。○釋曰：自此盡"賓送，不拜"，論主君使卿詣館還玉及報享之事。云"玉，圭也"者，據聘君之圭①。云"君子於玉比德焉，以之聘，重禮也"并"相切屬之義"，並《聘義》文，案《聘義》云"天子制諸侯，比年小聘，三年大聘，相屬以禮"，又云"已聘而還圭璋，此輕財而重禮之義"，又云"夫昔者君子比德於玉焉"，是其義也。云"還之者，德不可取於人，相切屬之義也"者，既以玉比德，德在於身，不取於人，彼既將玉來，似將德與己，己不可取彼之德，故還之，不取德也。既不得取而將玉往來者，相切磋相磨屬以德而尊天子，故用之也。云"皮弁者，始以此服受之，不敢不終也"者，始謂受聘享在廟時，今還以皮弁還玉，是終之也。賓皮弁，襲，迎于外門外，不拜，帥大夫以入。迎之不拜，示將去，不純爲主也。帥，道也。今文曰迎于門外，古文帥爲率。【疏】"賓皮"至"以入"。○注"迎之"至"爲率"。○釋曰：云"帥大夫以入"者，大夫即卿，卿亦大夫也。云"不純爲主也"者，客在館如主人，卿往如賓，今不拜迎，是不純爲主也，決上君使卿歸饔餼時，賓拜迎，是純爲主人故也。大夫升自西階，鉤楹。鉤楹，由楹内，將南面致命。致命不東面，以賓在下也。必言鉤楹者，賓在下，嫌楹外也。【疏】"大夫"至"鉤楹"。○注"鉤楹"至"外也"。○釋曰：云"不東面，以賓在下也"者，決歸饔餼時，大夫東面致命，行聘時，賓亦東面致命也。云"必言鉤楹者，賓在下，嫌楹外也"，若然，不在楹外近之者，以初行聘時，在堂上楹内，故今還在楹内也。賓自碑内聽命，升自西階，自左南面受圭，退負右房而立。聽命於下，敬也。自左南面，右大夫且並受也。必並受者，若鄉君前耳。退，爲大夫降逡遁。今文或曰由自西階，無南面。【疏】"賓自"至"而立"。○注"聽

----

① "據"字原作"羣"，曹云："'羣'似當爲'據'。"據改。

命”至“南面”。○釋曰：云“聽命於下，敬也”者，此決賓受禮時，公用束帛，賓西階上聽命，歸饗餼時，賓阼階上聽命，此特於下聽命，故云“敬也”。云“自左南面，右大夫且並受也”者，以《鄉飲酒》獻酢之時，授者在右，受者在左，故右大夫也，“且並受”者，欲取如向君前然也。云“若向君前耳”者，謂於本國君前受圭璋時，北面並受，今還，南面並受，面位不同①，並受一邊不異，故云“若向君前耳”。云“退，爲大夫降逡遁”者，以大夫降，爲之逡遁而退，因即負右房南面而立。大夫、士直有東房、西室，天子、諸侯左右房，今不在大夫廟，於正客館，故有右房也。**大夫降中庭，賓降，自碑內東面，授上介于阼階東。**大夫降出，言中庭者，爲賓降節也。授於阼階東者，欲親見賈人藏之也。賓還阼階下西面立。【疏】“大夫”至“階東”。○注“大夫”至“面立”。○釋曰：云“大夫降出，言中庭者，爲賓降節也”者，以其大夫授賓圭訖，降自西階，將出門，至中庭不止，今云“大夫降中庭”者②，大夫至中庭③，賓乃降，故鄭云“爲賓降節也”。云“授於阼階東者，欲親見賈人藏之也”者，賈人是上啓櫝者，是掌玉之人，此時無事，在堂東待此玉，故賓向阼階東得見之。云“賓還阼階下西面立”者，以其賓在館如主人，在階下西面立是其常處，立者以待授璋也。**上介出請，賓迎，大夫還璋，如初入。**出請，請事於外以入告也。賓雖將去，出入猶東，唯升堂由西階。凡介之位，未有改也。【疏】注“唯升堂”至“改也”。○釋曰：案上文云“賓自碑內聽命，升自西階”，是其升堂由西階也。云“凡介之位，未有改也”者，以其賓唯升自西階，明介猶在東方，故上文“授上介于阼階東”也，故言“未有改”。**賓裼迎，大夫賄用束紡，**賄，予人財之言也。紡，紡絲爲之，今之縛也。所以遺聘君，可以爲衣服，相厚之至。○賄用，呼罪反，劉音誨，下同。束紡，劉敷罔反。之縞，劉音須，一本作縛，息絹反，案《説文》白鮮色也，居掾反，《聲類》以爲今正絹字。以遺，唯季反。【疏】“賓裼”至“束紡”。○注“賄予”至“至也”。○釋曰：此則未知何用之財，若是報享之物，不應在禮玉之上，今言此束紡者，以其上圭璋是彼國之物，下云“禮玉、束帛”，報聘君之享物，彼君厚禮於此，此亦當厚禮於彼，故特加此束紡，是以鄭云“相厚之至”也。云“賄，予人

---

① “位”下原有“受”字，阮云：“毛本、《通解》無‘受’字。”曹云：“‘受’字衍。”據刪。

② “降”下原有“出”字，曹云：“‘出’字衍。”據刪。

③ “夫”下原無“至”字，曹云：“‘夫’下似脱‘至’字。”倉石云：“殿本‘夫’下補‘至’字。”據補。

財之言也"者，案下記云"賄，在聘于賄"，又云"無行，則重賄反幣"，鄭注《周禮》云"布帛曰賄"，是賄爲財物，是與人財物謂之賄也。云"紡，紡絲爲之"者，因名此物爲紡。云"今之縳也"者，鄭注《周禮·内司服》亦云"素紗者，今之白縳也"，則此束紡者，素紗也，故據漢法況之。**禮玉、束帛、乘皮**，禮，禮聘君也，所以報享也。亦言玉，璧可知也。今文禮皆作醴。【疏】"禮玉束帛乘皮"。○注"禮禮"至"作醴"。○釋曰：云"禮，禮聘君也"者，此謂報享之物，以其彼持享物來禮此主君，此主君亦以物禮彼君，故云"禮，禮聘君也"。云"所以報享也"者，彼以物享此君，此君亦以物享彼君，《曲禮》云"往而不來，非禮也。來而不往，亦非禮也"，今以來而往是相享之法，故云"報享也"。云"亦言玉，璧可知也"者，上文聘賓行享之時，束帛加璧，束錦加琮，今報享物亦有璧琮致之，故云"亦言玉，璧可知"，此玉則璧琮也①，以其上經言玉②，故亦以玉言之③。若然，經言束帛兼有束錦矣。案下記云"賄，在聘于賄"，又云"無行，則重賄反幣"，則此禮也。**皆如還玉禮。大夫出，賓送，不拜。**

　公館賓，爲賓將去，親存送之，厚殷勤，且謝聘君之意也。公朝服。【疏】"公館賓"。○注"爲賓"至"朝服"。○釋曰：自此盡"賓退"，論明日賓將發，主君就館拜謝聘君使臣來禮己國之事。云"公朝服"者，以其行聘享在廟之時，相尊敬重，故著皮弁，此拜謝之禮輕，故知著朝服。**賓辟**，不敢受主國君見己於此館也。此亦不見，言辟者，君在廟門，敬也。凡君有事於諸臣之家④，車造廟門乃下。○車造，七到反，下同。【疏】"賓辟"。○注"不敢"至"乃下"。○釋曰：云"此亦不見，言辟者，君在廟門，敬也"者，此言"亦"者，亦勞賓時，故上文賓即館，卿大夫勞賓，賓不見，以其不見，故遣上介聽命，故知此賓亦不見。凡言"辟"者，將見而不見則謂之辟，此本不見而言"辟"者，以其君在廟門外，雖不見而言"辟"，故鄭云"敬也"。云"凡君有事於諸臣之家，車造廟門乃下"者，以其卿館于大夫之廟，此館則是諸臣之家，案《公食記》云"賓之乘車在大門外"，又《曲禮》云"客車不入大門"，以此言之，君車入大門矣。大夫、士有兩門，入門東

---

① "琮"上原無"璧"字，曹云："'琮'上脱'璧'字。"據補。
② "經"上原無"上"字，曹云："'經'上脱'上'字。"據補。
③ "以"上原無"亦"字，曹云："'以'上似脱'亦'字。"據補。
④ "諸"下原有"侯"字，阮云："徐本、《通解》同，毛本無'侯'字。張曰：'疏無侯字，當從疏。'"據删。

行則是廟門矣,既至廟門,須與賓行禮,故鄭云"造廟門乃下"也。上介聽命。聽命
於廟門中,西面,如相拜然也。擯者每贊君辭,則曰:"敢不承命,告于寡君之老。"【疏】
"上介聽命"。○注"聽命"至"之老"。○釋曰:云"聽命於廟門中,西面,如相拜然也"
者,案前受士介幣之時,"賓固辭,公荅再拜,擯者出,立于門中以相拜",注云"立門中,
闑外西面",此賓不見①,使介聽命,明如相拜然,取其視外便也。必知在門中西面者,
以其君來以賓禮,東面,介西面面公可知。云"擯者每贊君辭,則曰:敢不承命,告于寡
君之老"者,以其君尊,不自出辭,以是故君之擯者每事贊君出辭。"則曰:敢不承命"
者,謂上介荅君之辭。知告賓云"告于寡君之老"者,案《玉藻》云"擯者曰寡君之老",
注云"擯者之辭,主於見他國君",今上介當擯者之處,故知告于賓稱"告于寡君之老"。

聘享、夫人之聘享、問大夫、送賓,公皆再拜。拜此四事,公東面拜,擯者
北面。【疏】"聘享"至"再拜"。○注"拜此"至"北面"。○釋曰:云"聘享"者,謂賓聘君
以圭,享君以璧。"夫人聘享"者,謂賓聘夫人以璋,享夫人以琮。"問大夫"者,問三卿
及嘗聘彼國之下大夫②。"送賓",以登路。云"拜此四事"者,君禮一,夫人禮二,大夫
禮三,送賓禮四,四事皆再拜。云"公東面"者,公如賓禮,門西東面,擯者向公、向介,
故知"北面",爲相而言也③。公退,賓從,請命于朝。賓從者,實爲拜主君之館
已也。言請命者,以己不見,不敢斥尊者之意。○爲拜,于僞反,下爲旦、見爲、爲君、
爲行、爲酢、爲之、爲鄰皆同④。【疏】"公退"至"于朝"。○注"賓從"至"之意"。○釋
曰:云"言請命者,以己不見,不敢斥尊者之意"者,案《司儀》云"君館客,客辟,介受命,
遂送,客從,拜辱于朝",此經不言"拜辱"而言"請命",凡言"請"者,得不由君⑤,君聽則
拜,此下經直云"公辭,賓退",不見拜文,是君不受其謝,故云"請命者,以己不敢斥尊

---

①　"此"下原有"中"字,曹云:"'中'字似衍。"據刪。

②　"問"字原作"問",張敦仁本作"問",據改。

③　"爲相而言也",曹云:"'而'似當爲'向',或'相'讀'擯相'之'相','而'字不
誤。"

④　"下爲旦"至"皆同"原作"下爲旦見爲爲行爲君爲酢爲之爲皆同",黃云:"宋本
'旦'作'且','爲君'作'注君',盧本刪之爲'爲'字。"張氏《識誤》云:"案鄭注有曰爲君
之荅己也,又曰爲酢主人也,又曰喪禮殺爲之不備,當曰爲君、爲酢、爲之皆同。'阮云:
'宋本且字誤,爲君當在爲行之前,諸本並誤倒,宋本作注君亦誤,之爲爲字下當脫鄰
字,非衍文。'"據阮校乙補。

⑤　"得不由君",曹云:"'不'讀'否'。"

者之意",故不言"拜辱"而言"請"①。公辭,賓退。辭其拜也。退,還館裝駕,爲旦將發也。《周禮》曰:"賓從,拜辱于朝。明日,客拜禮賜,遂行。"②【疏】"公辭賓退"。○注"辭其"至"行之"。○釋曰:云"退,還館裝駕"者,以明旦將發,故裝束駕乘。引《周禮》者,證明日客拜禮賜,遂行之事,鄭彼注云"禮賜者,謂乘禽",即此下文賓拜乘禽是也。

賓三拜乘禽於朝,訝聽之,發去乃拜乘禽,明己受賜,大小無不識。【疏】"賓三"至"聽之"。○注"發去"至"不識"。○釋曰:自此盡"送至于竟",論賓介發行,主國贈送之事。云"明己受賜,大小無不識"者,以其乘禽是禮之細小③,尚記識而拜之,況饔餼饗食④,禮之大者,記識可知,故云"大小無不識"。遂行,舍于郊。始發且宿近郊,自展軨。○展軨,力丁反,劉音領。【疏】"遂行舍于郊"。○注"始發"至"展軨"。○釋曰:《曲禮》云"已駕,僕展軨",鄭注云"具視"也,彼是君車,故使僕展之,此卿大夫,故鄭云"自展軨",恐不得所故也。公使卿贈,如覿幣。贈,送也,所以好送之也。言如覿幣,見爲反報也。今文公爲君。○以好,呼報反。見爲,賢徧反。【疏】"公使"至"覿幣"。○注"贈送"至"爲君"。○釋曰:"所以好送之"者,來而不往,非禮,以禮來往,皆是和好之事,故云"好送之也"。云"言如覿幣,見爲反報也"者,以其贈之多少,一如覿幣,故鄭云"見爲反報也"。受于舍門外,如受勞禮,無儐。不入,無儐,明去而宜有已也。如受勞禮,以贈、勞同節。○受勞,力到反,後同。【疏】注"不入"至"同節"。○釋曰:言"不入,無儐",對歸饔餼入設而有儐,此則"不入,無儐",明賓去,禮宜有已。云"如受勞禮,以贈、勞同節"者,賓來勞之,去有贈之⑤,皆在近郊,禮又不別,故言"同節"也。使下大夫贈上介,亦如之。使士贈衆介,如其覿幣。大夫親贈,如其面幣,無儐,贈上介亦如之。使人贈衆介,如其面幣。士送至于竟。

---

① "辱"上原無"拜"字,曹云:"'辱'上脫'拜'字。"據補。

② "遂行"下原有"之"字,孫云:"《司儀》無'之'字,此疑涉疏而衍。"據删。

③ "之"字原作"以",阮云:"'以'《要義》作'之'。"倉石云:"'以',殿本作'之'。"據改。

④ "食"上原無"饗"字,曹云:"'食'上脫'饗'字。"據補。

⑤ "去有贈之",曹云:"'有'、'又'通。"

使者歸，及郊，請反命。郊，近郊也。告郊人，使請反命於君也。必請之者，以己久在外，嫌有罪惡，不可以入。春秋時，鄭伯惡其大夫高克，使之將兵，逐而不納，此蓋請而不得入。○惡其，烏路反。使之將，子匠反，一本作使之將兵，將則後加字。【疏】"使者"至"反命"。○注"郊近"至"得入"。○釋曰：自此盡"拜其辱"，論使者反命之事。知郊是近郊者，以下文云"朝服，載旜"，鄭云"行時稅舍於此郊，今還至此，正其故行服，以俟君命，敬也"①，初行云"舍於郊，斂旜"，今至此載旜而入，故知近郊也。云"告郊人，使請反命於君"者，以其使者至所聘之國謁關人，明此至郊告郊人使請可知。引《春秋》者，案閔二年《公羊傳》云"鄭伯惡高克，使之將，逐而不納，棄師之道也"，何休云"使將師救衛，隨後逐之"，彼無大夫文，言大夫者，鄭君加之也。朝服，載旜，行時稅舍於此郊，今還至此，正其故行服，以俟君命，敬也。古文旜作膳。禳乃入。禳，祭名也。爲行道累歷不祥，禳之以除災凶。○禳乃，如羊反。【疏】"禳乃入"。○注"禳祭"至"災凶"。○釋曰：案《春官·小祝》云"掌侯禳禱祠之祝號"，鄭注云"禳，禳卻凶咎"，故鄭此云禳是祭名也。乃入，陳幣于朝，西上。上賓之公幣、私幣皆陳，上介公幣陳，他介皆否。皆否者，公幣、私幣皆不陳。此幣，使者及介所得於彼國君、卿大夫之贈賜也。其或陳，或不陳，詳尊而略卑也。其陳之及卿大夫處者待之，如夕幣。其禮於君者不陳。上賓，使者。公幣，君之賜也。私幣，卿大夫之幣也。他介，士介也。言他，容衆從者。○衆從，才用反。【疏】"乃入陳"至"皆否"。○注"皆否"至"從者"。○釋曰：云"此幣，使者及介所得於彼國君、卿大夫之贈賜也"者，於君所得爲公幣，於卿大夫所得爲私幣②。賓之公幣有八：郊勞幣，一也；禮賓幣，二也；致饔餼，三也；夫人歸禮幣，四也；侑食幣，五也；饗幣，六也；再饗幣，七也③；贈賄幣，八也。此八者，皆主君禮賜使者，皆用束帛④，故曰"公幣"。賓之私

①　"敬也"下原有"者"字，曹云："'者'字似衍。"倉石云："殿本刪'者'字。"據刪。

②　"所"下原無"得"字，阮云：《要義》同，毛本'所'下有'得'字。曹云："'所'下毛有'得'字，阮云單疏、《要義》俱無'得'字。案'得'字當有。"據補。

③　"饗幣六也再饗幣七也"原作"再饗幣六也夕幣七也"，阮云："朱子曰：'主國禮賜無有夕幣，疏於上介公幣云：無郊贈及無禮賓幣，又闕一饗幣，故賓八、上介五，則此夕字當是饗字之誤，而其次亦當在再饗之前。'"據乙改。

④　"帛"字原作"錦"，倉石云："案'錦'當爲'帛'。"據改。

707

幣,略有十九:主國三卿、五大夫皆一食一饗①,食有侑幣,饗有酬幣,皆用束錦,則是十六;有三卿郊贈,則十九也。其上介公幣則有五:致饗餼,一也;夫人致禮幣,二也;侑食幣,三也;饗酬幣,四也;郊贈幣,五也。降於賓者,以其上介無郊勞幣②,又無禮賓幣,又闕一饗幣,故賓八、上介五也。上介私幣有十一:主國三卿、五大夫或饗或食不備,要有其一,則其幣八也;又三卿皆有郊贈,如其面幣,通前則十一也。主國下大夫當使己國者,聘亦有幣及之,則亦有報幣之事,其數不定。士介四人直有郊贈報私覿幣③,主國卿大夫報士介私面幣④,士介私幣,數不甚明。云"禮於君者不陳"者,謂賄用束紡,禮玉⑤、束帛、乘皮,不陳之者,以經云"公幣",又云"上介公幣陳⑥,他介皆否",若禮於君者,一統於賓,不得云介之幣,故知"禮於君者不陳"。必禮於君不陳,禮於己始陳者,以其禮於君者是其正,故不陳之,禮於己者,以其榮,故陳之,是以下注云"不加於其皮上,榮其多",是其義也。若然,聘君以幣問卿而其卿不見報聘君之幣者,以其尊卑不敵,若報之,嫌其敵體故也。**束帛各加其庭實,皮左。**不加於其皮上,榮其多也。【疏】注"不加"至"多也"。○釋曰:此決初夕幣時,束帛皆加于左皮上,今不言加於皮上者,若加於皮上相掩蔽,故"不加於皮上,榮其多也"。**公南鄉。**亦宰告于君,君乃朝服出門左,南鄉。【疏】"公南鄉"。○注"亦宰"至"南鄉"。○釋曰:此陳幣當如初夕幣之時,"管人布幕于寢門外,使者北面,衆介立于其左,東上。卿大夫在幕東,西面北上",宰告於君,"君朝服出門左,南鄉",是以鄭此注亦依夕幣而言之。**卿進使者,使者執圭垂繅,北面。上介執璋屈繅,立于其左。**此主於反命,士介亦隨入,並立東上。【疏】"卿進"至"其左"。○注"此主"至"東上"。○釋曰:案上行聘禮之時,上介屈繅授賓,賓襲受之,今此賓執圭垂繅,賓則裼,變於賓彼國致命時也。"上介執璋屈繅"者,變於賓故也。必變之者,反命致敬少於鄰國致命時,

---

①　"皆一"下原無"食一饗"三字,倉石云:"《正字》云下當脱'食一饗'三字。"據補。

②　"勞"字原作"贈",曹云:"'贈'當爲'勞'。"倉石云:"《正譌》云'贈'當爲'勞'。"據改。

③　"私"下原無"覿"字,曹云:"'私'下脱'覿'字。"據補。

④　"面"下原無"幣"字,曹云:"'面'下脱'幣'字。"據補。

⑤　"玉"字原作"用",曹云:"'用'當爲'玉'。"據改。

⑥　"幣"下原無"陳"字,阮云:"'幣'下《要義》有'陳'字。"據補。

儀禮疏卷第二十三　儀禮卷第八

故賓於君前得裼，見美爲敬也。云“士介亦隨入，並立東上”者，此言“亦”者，亦初行受命於朝時①，“君使卿進使者入，衆介隨入，北面東上”，此中雖不云士介入，明亦隨入可知。**反命曰：“以君命聘于某君，某君受幣于某宮，某君再拜，以享某君，某君再拜。”**君亦揖使者進之，乃進反命也。某君，某，國名也。某宮，若言桓宮、僖宮也。某君再拜，謂再拜受也。必言此者，明彼君敬君，己不辱命。【疏】“反命”至“再拜”。○注“君亦”至“辱命”。○釋曰：云“君亦揖使者進之，乃進反命也”者，亦謂亦受命於朝位立定時，君揖使者，乃進受命，明反命亦然。云“某君②，某，國名”者，若云鄭國君、齊國君。云“某宮，若言桓宮、僖宮”者，《左傳》有桓宮之楹，宮是廟名，其受聘享於廟，故以宮言之，但受聘享在大祖廟，不在親廟四而云“桓宮、僖宮”者，略舉廟名而言也。**宰自公左受玉，**亦於使者之東，同面並受也。不右使者，由便也。【疏】“宰自公左受玉”。○注“亦於”至“便也”。○釋曰：此言“亦”者，亦於出使初受玉時，宰自公左授使者圭，同面，注云“北面並授之。凡並授者，授由其右，受由其左”，此中受由其右者，因東藏之便，故鄭云“不右使者，由便也”。**受上介璋。致命亦如之。**變反言致者，若云非君命也。致命曰：“以君命聘於某君夫人，某君再拜，以享于某君夫人，某君再拜。”不言受幣于某宮，可知，略之。【疏】“受上”至“如之”。○注“變反”至“略之”。○釋曰：云“變反言致者，若云非君命也”者，君與夫人聘於鄰國君與夫人，各有所當，聘鄰國君受命於君，今使者還，反命於君，聘於鄰國夫人，當受命於夫人，使者還，反命於夫人，但婦人無外事，雖聘夫人，亦君命之，今使還反命，不云反命於君，變反言致命者，若本非君命，猶夫人之命然，故變反言致也。若然，夫人既無外事而承君命聘鄰國夫人者，以其夫婦一體，共事社稷，故下記云“君以社稷故，在寡小君，拜”，是賓主相對之辭也。云“致命曰”已下，聘夫人反命無文，此鄭君依託上文反命於君之辭而言之③。云“不言受幣於某宮，可知，略之”者，以其夫人受聘享，皆因君聘享，同時同宮，故略之也。**執賄幣以告曰：“某君使某子賄。”授宰。**某子，若言高子、國子。凡使者所當以告君者，上介取以授之，賄幣在外也。【疏】“執

---

① “於”上原無“命”字，曹云：“‘於’上脫‘命’字。”據補。
② “某”上原無“云”字，阮云：“《要義》同，毛本‘某’上有‘云’字。”據補。
③ “託”字原作“記”，曹云：“‘記’當爲‘託’。”據改。

709

賄”至“授宰”。○注“某子”至“外也”。○釋曰：此賄幣者，即上文“賄用束紡”是也。云“某子，若言高子、國子”者，案閔公二年冬，經書“齊高子來盟”，僖三十三年經書“齊國歸父來聘”，《左傳》曰“國子爲政，齊猶有禮”者是也。云“凡使者所當以告君者，上介取以授之”者，以上“受上介璋”，是上介授賓，明其餘皆上介取以授之。云“賄幣在外”者，以其上文云“禮於君者不陳”，此賄幣即是禮於君者①，明在外也。**禮玉亦如之。**亦執束帛加璧也。告曰：“某君使某子禮。”宰受之，士隨，自後左士介，受乘皮如初。上介出取玉束帛，士介從取皮也。【疏】“禮玉亦如之”。○注“亦執”至“皮也”。○釋曰：此即上云“禮玉、束帛、乘皮”，鄭注云“禮，禮聘君也，所以報享也”。云“亦執束帛加璧也”者，言“亦”，亦上文行享時，“束帛加璧”者也。云“宰受之，士隨，自後左士介，受乘皮”者，此約初行享之時，“公側授宰幣”，士受皮皆自後右客，今執報享幣玉②，宰受之可知。言“宰受之，士隨，自後”，隨宰，“自後”謂自士介後，其在東上者，不須云“自後”，其餘三人皆後，乃得左之。必“左士介”者，取向東藏之便故也。云“上介出取玉束帛，士介從取皮也”者，此亦約初享之時③，賓奉束帛加璧，是上介取以授賓，明士介從取皮可知。**執禮幣，以盡言賜禮。**禮幣，主國君初禮賓之幣也。以盡言賜禮，謂自此至於贈。○盡言，津忍切。【疏】注“禮幣”至“於贈”。○釋曰：云“禮幣，主國君初禮賓之幣也”者，謂從郊勞已後至於贈賄，八度禮賓，皆有幣，是自郊勞爲初也。云“以盡言賜禮，謂自此至於贈”者，此則郊勞也。**公曰：“然，而不善乎！”**善其能使於四方。而，猶女也。○猶女，音汝。**授上介幣，再拜稽首，公荅再拜。**授上介幣，當拜公言也。不授宰者，當復陳之。○當復，扶又反，下將復、又復、復以、復記同。【疏】“授上”至“再拜”。○注“授上”至“陳之”。○釋曰：云“不授宰者，當復陳之”者，此幣皆先陳之，今賓執以告君，賓釋辭，君曰勤勞使於四方，故授上介幣，當拜荅君言，此幣不授與宰者，當復陳之於本處，此幣入於己者，故不授宰也。上賄幣禮君者，反命訖，皆授宰，故以此決之。**私幣不告。**亦略卑也。**君勞之，再拜稽首，君荅再拜。**勞之以道路勤苦。**若有獻，則曰：“某君之賜也。**言此物

---

① “者”字原作“前”，曹云：“‘前’似當爲‘者’。”倉石云：“‘前’，《詳校》改作‘者’，似是。”據改。

② “報享”原作“享皮”，曹云：“‘享皮’當爲‘報享’。”據改。

③ “亦”下原無“約”字，曹云：“‘亦’下脱‘約’字。”據補。

某君之所賜予爲惠者也。其所獻雖珍異，不言某爲彼君服御物，謙也。其大夫出，反必獻，忠孝也。【疏】“若有”至“賜也”。○注“言此”至“孝也”。○釋曰：此獻物謂入賓者，故下記云“既覿，賓若私獻，奉獻將命”，注云“時有珍異之物，或賓奉之，猶以君命致之”，則是賓有私獻於彼君①，則彼君亦有私獻報賓，則此獻者也。云“大夫出，反必獻，忠孝也”者，案《下曲禮》云“大夫私行，出疆必請，反必有獻”，彼私行出疆，反必有獻，此以公聘出疆，反亦有獻，故云“大夫出，反必獻”，此以入己之物獻於君者，忠孝也。事君言忠，事父言孝，此獻君忠也而兼言孝者，忠臣出孝子之門，故連言孝也。

君其以賜乎？”不必其當君也。獻不拜者，爲君之荅己也。【疏】“君其以賜乎”。○注“不必”至“己也”。○釋曰：言“君其以賜乎”者，大夫所獻之物，謙不必當君所須此物，君其以賜臣下乎？言“乎”者，或當君意，或不當君意，故言“乎”以疑之。云“獻不拜者②，爲君之荅己也”者，士拜國君，國君不拜士，賤故也，大夫拜國君，國君即荅拜，大夫尊故也，故云不拜者，爲君之荅己拜。若然，自反命以來，盡於賜禮之等，或拜或不拜，無荅己之嫌，獨此不拜，爲君之荅己者，自此以前，皆是彼國報君之物，賓直告事而已，君受之而無言，故賓不拜，君有言及己者，乃拜之，拜君言也。此獻是彼國君賜於己，理須拜送，是以《玉藻》云“凡獻於君，大夫使宰，士親，皆再拜稽首送之”，又《郊特牲》云“大夫有獻弗親，不面拜，爲君之荅己”，亦此類，故鄭云“獻不拜者，爲君之荅己”。若然，《玉藻》不親，此親者，此因反命，故親獻也。上介徒以公賜告，如上賓之禮。徒，謂空手，不執其幣。君勞之，再拜稽首，君荅拜。勞士介亦如之。士介四人，旅荅壹拜，又賤也。【疏】注“士介”至“賤也”。○釋曰：鄭知旅荅士介共一拜者，君勞上介，上介再拜稽首，君荅拜，不言再拜，則君荅上介一拜矣，“勞士亦如之”，不言皆，則總荅一拜矣。勞賓，君荅再拜，勞上介，君荅一拜，對賓再拜，已是賤矣，今此士介四人，共荅一拜，故云“又賤也”。此一拜荅臣下，則《周禮·大祝》辨九拜，“七曰奇拜”是也，是以彼注云“一拜，荅臣下也”。案《曲禮》云“君於士不荅拜”，此君荅拜士者，以其新行反命，君勞苦之，故荅拜，異於常也。君使宰賜使者

---

① “賓”下原有“亦言”二字，曹云：“‘亦言’二字衍。”據刪。

② “云”下原無“獻”字，阮云：“《要義》同。毛本‘云’下有‘獻’字。按‘獻’字當有。”據補。

幣,使者再拜稽首。以所陳幣賜之也。禮,臣子,人賜之而必獻之君父,不敢自私服也。君父因以予之,則拜受之,如更受賜也。既拜,宰以上幣授之。【疏】"君使"至"稽首"。○注"以所"至"授之"。○釋曰:云"禮,臣子,人賜之而必獻之君父,不敢自私服也。君父因以予之,則拜受之,如更受賜也"者,案《內則》云"婦或賜之衣服,則受而獻諸舅姑,舅姑受之則喜,若反賜之則辭,不得命如更受賜",臣子於君父亦然,言此者,證此經君使宰以所獻之物反賜使者,使者辭,不得命,再拜稽首受之,如更受賜。云"既拜,宰即以上幣授之"者①,以其上文云執禮幣授上介者,是執上幣,不執下幣,明知宰所執授之者,是上幣可知。**賜介,介皆再拜稽首。**士介之幣,皆載以造朝,不陳之耳。與上介同受賜命,俱拜。既拜,宰亦以上幣授上介。**乃退。**君揖入,皆出去。【疏】"乃退"。○注"君揖入皆出去"。○釋曰:知"君揖入,皆出去"者,初賓將行,君前受命訖,君揖入,賓②、介出,故知此君退者,亦反命訖,賓、介出可知。**介皆送至于使者之門,**將行,俟于門,反又送于門,與尊長出入之禮也。○尊長,丁丈反。【疏】"介皆"至"之門"。○注"將行"至"禮也"。○釋曰:云"將行,俟於門",是出之禮,初行之時,介皆至賓門,俟賓同行,今行反,又送至于門,是入之禮,故云"與尊長出入之禮"。**乃退揖,**揖別也。**使者拜其辱。**隨謝之也。再拜上介,三拜士介。【疏】注"再拜上介三拜士介"。○釋曰:上介是大夫,與己同類,故知再拜,士卑,與己異類,各一拜,故言"三拜士介"。

　　釋幣于門,門,大門也。主于闑,布席于闑西閾外,東面,設洗于門外東方,其餘如初于禰時。出于行,入于門,不兩告,告所先見也。○于闑,魚列反,劉魚子反。于禰,乃禮反。【疏】"釋幣于門"。○注"門大"至"見也"。○釋曰:自此盡"亦如之",論賓、上介使還,禮門神及奠于禰之事。知門是大門者,以其從外來,先至大門,即禮門神,故知門是大門也。案《特牲》筮時云"席於門中,闑西閾外",故知此亦席于闑西閾外。知"東面"者,神居東面爲正故也。云"設洗于門外東方"者,以其廟若學③,設洗皆

---

　　①　"宰即以上幣授之",注無"即"字。
　　②　"賓"上原有"揖"字,曹云:"'揖'字衍。"據刪。
　　③　"若"字原作"在",阮云:"《要義》同,毛本、《通解》無'在'字。"曹云:"'在'當爲'若'。"據曹校改。

云“洗當東榮”，故在門外，亦在東方也。云“其餘如初于禰時”者，初出亦釋幣於行，不如之者，以其初出於禰①，禮文具，設于行，其文略，故此云如禰時也。言“如”者，謂釋幣於禰②，“祝先入”已下至“埋于西階東”是也③。云“出于行，入于門，不兩告，告所先見也”者④，出時自廟出，先見行，即告行，入時先見門，故告門，出入皆告一，故云“不兩告”也。**乃至于禰，筵几于室，薦脯醢，**告反也。薦，進也。【疏】“乃至”至“脯醢”。○注“告反也薦進也”。○釋曰：云“筵几于室”者，還依《特牲》⑤、《少牢》司宮設席于奧，東面右几，但無牲牢，進脯醢而已，以告祭非常故也。**觶酒陳，**主人酌，進奠，一獻也。言陳者，將復有次也。先薦後酌，祭禮也。行釋幣，反釋奠，略出謹入也。【疏】“觶酒陳”。○注“主人”至“入也”。○釋曰：云“言陳者，將復有次也”者，但云主人一獻，當言奠，今不言奠而言陳者，以其下仍有室老及士獻，以備三獻，故言陳，陳有次第之言，以其三時次第皆列于坐者也。云“先薦後酌，祭禮也”者，以其《特牲》、《少牢》皆先薦饌，乃後酌⑥，奠于鉶南，此與彼同，故云“先薦後酌，祭禮也”。云“行釋幣，反釋奠，略出謹入也”者，必略出謹入者，出時以禱祈，入時以祠報，故不同也。**席于阼，**爲酢主人也。酢主人者，祝取爵酌，不酢於室，異於祭。【疏】“席于阼”。○注“爲酢”至“於祭”。○釋曰：鄭知“祝取爵酌”者，案《特牲》、《少牢》尸酢主人，祝取爵，酌授尸，尸以酢主人⑦，但此無尸爲異也。“不酢於室，異於祭”者，此決《特牲》、《少牢》皆於室內，尸東西面受酢，此乃於外，行來告反，故在阼不在室，知與正祭異也。又於正祭時有尸，尸飲卒爵，以尸爵酢主人，此告祭無尸(元缺一字)⑧，爵皆奠⑨，故別取爵以酢主

---

① “禰”字原作“廟”，曹云：“‘廟’當爲‘禰’。”據改。
② “於”下原無“禰”字，曹云：“‘於’下脱‘禰’字。”倉石云：“殿本‘於’下補‘禰’字。”據補。
③ “埋”上原無“至”字，曹云：“‘埋’上脱‘至’字。”據補。
④ “所”下原有“以”字，阮云：“毛本、《要義》無‘以’字。按各本注俱無‘以’字。”據刪。
⑤ “依”字原作“以”，曹云：“‘以’似當爲‘依’。”據改。
⑥ “酌”字原作“獻”，曹云：“‘獻’當爲‘酌’。”據改。
⑦ “爵”下、“以”以原無“酌授尸尸”四字，曹云：“當爲‘祝取爵，酌授尸，尸以酢主人’。”據補。
⑧ “告”字原作“吉”，曹云：“阮云‘告’單疏作‘吉’。案單疏實作‘告’，‘告’字是。”據改。
⑨ “皆”字原作“兼”，四庫本作“皆”，據改。

人,亦異也。**薦脯醢**,成酢禮也。【疏】"薦脯醢"。○注"成酢禮也"。○釋曰:此薦①,謂若《特牲》、《少牢》主人受酢時,皆席于戶內,有薦俎,此雖無俎,亦薦脯醢于主人之前,以成酢禮也。　**三獻**。室老亞獻,士三獻也。每獻奠,輒取爵酌,主人自酢也。【疏】"三獻"。○注"室老"至"酢也"。○釋曰:鄭注《喪服》云"室老,家相。士,邑宰",知無主婦而取室老、士者②,以其自外來,主於告反,即釋奠於禰廟,故知主婦不與而取室老、士備三獻。必知有室老與士者,以其前大夫致饋於賓時③,使老牽牛以致之,饋士介,士牽羊以致之④,鄭注云皆大夫之貴臣,故知此亦貴臣為獻也。云"每獻奠,輒取爵酌"者,此通三獻皆獻奠訖,別取爵自酢,故云"輒取爵酌"也。別云"主人自酢"者,對正祭有尸,三獻皆獻尸訖,尸酢主人、主婦、賓長,今此無尸,皆自酢,獨云主人者,主人為首正,故舉前以包後。　**一人舉爵**,三獻禮成,更起酒也。主人奠之,未舉也。【疏】"一人舉爵"。○注"三獻"至"舉也"。○釋曰:云"三獻禮成"者,大夫、士家祭,三獻,《特牲》、《少牢》禮是也。云"更起酒"者,此欲獻酬從者,不得酌神之尊,是以《特牲》行酬時,設尊兩壺於阼階東,西方亦如之,鄭注云"謂酬賓及兄弟"⑤,則此亦當然,故知別取酒也。云"主人奠之,未舉"者,以其下文云"獻從者",乃云"行酬",似《鄉飲酒》、《鄉射》一人舉觶,未舉,待樂作後⑥,乃行酬,亦然也。　**獻從者**,從者,家臣從行者也。主人獻之,勞之也。皆升飲酒於西階上,不使人獻之,辟國君也。○獻從,才用反,注同。辟國,音避。【疏】"獻從者"。○注"從者"至"君也"。○釋曰:知升飲於上者,案《特牲禮》獻眾賓及兄弟之等,皆升飲於西階上,故此獻從者,亦於階上可知。云"不使人獻之,避國君"者,若正祭,雖國君亦自獻,故《祭統》云"尸飲五,君洗玉爵獻卿。尸飲七,君洗瑤爵獻大夫"之等。若然,則告祭非常,今獻從者,從燕法,案《燕禮》使宰夫為獻主,是國君不親獻,此大夫親獻,故云"避國君也"。　**行酬,乃出**。主人

---

①　"薦"字原作"奠",曹云:"'奠'當為'薦'。"倉石云:"'奠',殿本作'薦'。"據改。

②　"士"上原無"室老"二字,曹云:"'士'上似脫'室老'二字,下而取士備三獻同。"據補。

③　"致"下原有"饗"字,曹云:"'饗'字衍。"據刪。

④　"致之"下原無"饋士"至"致之"九字,曹云:"下脫'饋士介士牽羊以致之'九字。"據補。

⑤　"謂酬賓及兄弟",下文鄭注"謂"作"為"。

⑥　"待樂作後"原作"待獻介眾賓後",曹云:"當為'待樂作後'。"據改。

舉奠酬從者，下辯，室老亦與焉也。○下辯，音遍，下文辯復、明辯同。亦與，音預。【疏】注“室老亦與”。○釋曰：知者，案《燕禮》勞使者①，在者亦與，故知此室老亦與。不言士者，文不具，亦與可知。**上介至，亦如之。**

　　聘遭喪，入竟，則遂也。 遭喪，主國君薨也。入竟則遂，國君以國爲體。士既請事，已入竟矣。關人未告，則反。【疏】“聘遭喪入竟則遂也”。○注“遭喪”至“則反”。○釋曰：自此盡“卒殯乃歸”，上陳吉行聘之事②，此以下論或遭主國君喪，或聘君薨於後，或使者與介身卒，安不忘危，故見此非常之事。從此盡“練冠以受”，論主國君或夫人薨，或世子死，行變禮之事。云“以國爲體”者，謂《公羊傳》宋人執鄭祭仲，使之逐忽而立突仲，以逐忽則國存，不逐則國滅，故逐忽而立突，是以國爲體，但聘君主以聘國，故君雖薨而遂入。“關人未告，則反”者，聘使至關，乃謁關人，關人入告君，君知乃使士請事，已入關自然入矣，若關人未告君，君不知，使者又未入，聞主國君死，理當反矣。**不郊勞，** 子未君也。【疏】“不郊勞”。○注“子未君也”。○釋曰：案文公八年，天王崩，九年毛伯來求金，《公羊傳》曰“何以不稱使？當喪未君也。踰年矣，何以謂之未君？即位矣而未稱王也。未稱王，何以知其即位？以諸侯踰年即位，亦知天子之踰年即位也。以天子三年然後稱王，亦知諸侯於其封內三年稱子”，若然，云“子未君”，《公羊傳》文。但彼據踰年即位後，此據新遭父喪，引之者，以其同是“子未君”故也。**不筵几，** 致命不於廟，就尸柩於殯宮，又不神之。【疏】“不筵几”。○注“致命”至“神之”。○釋曰：“不筵几”，“致命不於廟”，決正聘設几筵也。“就尸柩於殯宮”者，國君雖以國爲體，主聘其國，但聘亦爲兩君相好，今君薨，當就尸柩，故不就祖廟也。云“又不神之”者，以其鬼神所在曰廟，則殯宮亦得爲廟，則設几筵亦可矣，但始死不忍異於生，不神之，故於殯傍無几筵也。《曾子問》云“君薨世子生”，告殯，殯東有几筵者，鄭云“明繼體也”，然則尋常則殯東不設几筵，當在室內矣。**不禮賓。** 喪降事也。【疏】“不禮賓”。○注“喪降事也”。○釋曰：云“不禮”者，謂既行聘享訖，不以醴酒禮賓也。**主人畢歸禮，** 賓所飲食不可廢也。禮，謂饔餼、饗食。○饗食，音嗣，凡饗食

---

①　“勞使者”原作“使者勞者”，曹云：“‘使者勞者’當爲‘勞使者’，上經云‘賓降，授老幣’，則老固在從者中。此疏似以在者比室老，未喻其故。”據改。

②　“吉”字原作“告”，曹云：“‘告’，單疏作‘吉’是也，此誤。”據改。

皆同。【疏】“主人畢歸禮”。○注“賓所”至“饗食”。○釋曰：知歸禮中兼有饗食者，主人有故，雖饗食亦有生致法，故主人亦歸之，且下文云“賓唯饗餼之受”，明本并饗食亦歸賓，乃就中受饗餼，若本不歸饗食，空歸饗餼，何須云“饗餼之受”①，明其時并致饗食也。**賓唯饗餼之受。**受正不受加也。【疏】“賓唯饗餼之受”。○注“受正不受加也”。○釋曰：饗餼大禮，是其正，自饗食之等是其加也。**不賄，不禮玉，不贈。**喪殺禮，爲之不備。○喪殺，色界反。【疏】“不賄不禮玉不贈”。○注“喪殺禮爲之不備”。○釋曰：云“不賄”者，皆據上文謂不以束紡遺聘君②，“不禮玉”者，謂不以束帛、乘皮以報享。“不贈”者，賓出至郊，不以物贈之也。**遭夫人、世子之喪，君不受，使大夫受于廟，其他如遭君喪。**夫人、世子死，君爲喪主，使大夫受聘禮，不以凶接吉也。其他，謂禮所降。【疏】“遭夫”至“君喪”。○注“夫人”至“所降”。○釋曰：云“夫人、世子死，君爲喪主”者，案《禮記·服問》云“君所主，夫人妻、大子、適婦”，鄭注云“言妻，見大夫以下亦爲此三人爲喪主也”，故云“君爲喪主”，既爲喪主，是以使大夫受聘禮，不以凶接吉也。云“其他，謂禮所降”者，謂“不禮”以下，“不贈”以上，皆闕之。**遭喪，將命于大夫，主人長衣練冠以受。**遭喪，謂主國君薨，夫人、世子死也。此三者，皆大夫攝主人。長衣，素純布衣也，去衰易冠，不以純凶接純吉也。吉時在裏爲中衣，中衣、長衣繼皆掩尺，表之曰深衣，純袂寸半耳。君喪不言使大夫受，子未君，無使臣義也。○素純，諸允反，又之閏反，下純同。去衰，起呂反，下七回反，下注皆同。【疏】“遭喪”至“以受”。○注“遭喪”至“義也”。○釋曰：此經總説上三人死，主君不得受命，故使將命於大夫，主人即大夫，故鄭云“此三者，皆大夫攝主人”也。云“長衣，素純布衣”者，此長衣則與深衣同布，但袖長素純爲異，故云“長衣，素純布衣也”，此長衣之緣，以素爲之，故云“素純”也。“去衰易冠”者，謂脱去斬衰、齊衰之服而著長衣③，脱去六升、九升之冠而著練冠，故云“去衰易冠”也。云“不以純凶接純吉”者，聘禮是純吉禮，爲君三升衰裳、六升冠，爲夫人、世子六升衰裳、九升冠是純凶禮，麻絰與屨不易，直“去衰易冠”而已，故云“不以純凶接純吉”。云“吉時在裏爲中衣，中衣、長衣繼皆掩尺，表之曰深衣，純袂寸半耳”，鄭言此者，欲廣解長衣、中衣、

---

① “須”字原作“頓”，曹云：“‘頓’，阮云《要義》作‘須’。案‘須’字是。”據改。
② “紡”下原無“遺聘君”三字，曹云：“此下似脱‘遺聘君’三字。”據補。
③ “之”上原無“齊衰”二字，曹云：“‘之’上脱‘齊衰’二字。”據補。

深衣三者之義。此三者之衣，皆用朝服十五升布，六幅分爲十二幅而連衣裳，袖與純緣則異，故云"吉時在裏爲中衣"。"中衣與長衣繼皆掩尺"者，案《玉藻》云"長、中繼掩尺"，鄭注云"其爲長衣、中衣則繼袂掩一尺"，此鄭云吉時之服，在裏爲中衣，對長衣凶時之服在外也①。"純袂寸半"者，純爲衣裳之側，袂爲口緣，皆寸半，表裏共三寸。案《深衣目録》云"深衣連衣裳而純以綵，純素曰長衣，有表則謂之中衣"，以此言之，則長衣、中衣皆用素純。云"君喪不使大夫受，子未君，無使臣義也"者，其疏見於上。若然，臣爲君斬，爲夫人、世子期，輕重不同，今受鄰國之聘禮，同用長衣練冠者，但接鄰國者，禮不可以純凶，故權制此服，略爲一節耳。向來所釋，皆是君主始薨，假令君薨踰年，嗣子即位，鄰國朝聘，以吉禮受之於廟，故成十七年經書"邾子貜且卒"，十八年邾宣公來朝，《傳》云"即位而來見"，踰年可以朝他國，他國來朝亦得以吉禮受之於廟矣。雖踰年而未葬，則不得朝人，人來朝己，亦使人受之於廟，於夫人、世子亦然，以其本爲死者來故也。

聘，君若薨于後，入竟則遂。既接於主國君也。【疏】"聘君"至"則遂"。○注"既接於主國君也"。○釋曰：自此盡"唯稍受之"，論聘者遭己君之喪，行非常之禮事。云"接於主國"者，謂謁關人，關人告君，君使士請事，是接於主國矣，故入境則遂也。赴者未至，則哭于巷，衰于館，未至，謂赴告主國君者也。哭于巷者，哭于巷門，未可爲位也。衰于館，未可以凶服出見人。其聘享之事，自若吉也。今文赴作訃。○作訃，音赴。【疏】"赴者"至"于館"。○注"未至"至"作訃"。○釋曰："未至，謂赴告主國君者也"，以其本國遭喪，赴者有兩使，一使告聘者，一使告主國。云"未可爲位"者，以其赴主國之使未至，是以未可爲位受人弔禮。云"衰于館，未可以凶服出見人"者，對下經"赴者至，則衰而出"。云"其聘享之事，自若吉"者，下云受饗餼之禮，故知先行聘享，乃後受禮，以其主國未得赴告，故自若吉也。受禮，受饗餼也。【疏】"受禮"。○注"受饗餼也"。○釋曰：上文遭主國之喪，"賓唯饗餼之受"，受禮亦饗餼之禮。不受饗食。亦不受加。【疏】"不受饗食"。○注"亦不受加"。○釋曰：上文遭主國之喪云"唯饗餼之受"，注云"受正不受加也"，加即此饗食也，故此云"亦不受

---

① "之服"下原無"在裏"至"外也"十五字，曹云："句下有脱，擬補云'在裏爲中衣，對長衣凶時之服在外也'，容商。"姑據補。

加”也。**赴者至，則衰而出**，禮，爲鄰國闋，於是可以凶服將事也。【疏】“赴者”至“而出”。○注“禮爲”至“事也”。○釋曰：云“禮，爲鄰國闋”者，案襄二十三年《春秋左氏傳》云“杞孝公卒，晉悼夫人喪之，平公不徹樂，非禮也。禮，爲鄰國闋”，服注云“鄰國尚爲之闋樂，況舅甥之親乎”，若然，赴者至主國君，使者衰而出，則主國可以闋樂。云“於是可以凶服將事”者，謂主人所歸禮，則賓可以凶服受之，其正行聘享，則著吉服矣，故《雜記》云“執玉不麻”是也。**唯稍受之。**稍，稟食也。【疏】“唯稍受之”。○注“稍稟食也”。○釋曰：禮，君行師從，卿行旅從，從者既多，不可闋於稍食，案《周禮》每云“稍事”，皆謂米稟以其稍稍給之，故謂米稟爲稍。

歸，執圭復命于殯，升自西階，不升堂。復命于殯者，臣子之於君父，存亡同。【疏】“歸執”至“升堂”。○注“復命”至“亡同”。○釋曰：自此盡“即位踊”，論使者遭喪①，執圭還國復命之事。云“臣子之於君父，存亡同”者，案《禮記》奔父母之喪，升自西階，此復命於殯，亦升自西階，法生時出必告，反必面，故云“臣子於君父，存亡同”也。**子即位，不哭，**將有告請之事，宜清浄也。不言世子者，君薨也。諸臣待之，亦皆如朝夕哭位。【疏】“子即位不哭”。○注“將有”至“哭位”。○釋曰：云“不言世子者，君薨也”者，案《公羊傳》“君存稱世子，君薨稱子某，既葬稱子，踰年稱君”，案上文稱世子，此文單稱子，是知其君薨故②，君薨不稱子某③，而與既葬同號者④，以其既不得稱世子，略云子而已，故不言某，其實正法稱子某，是以《雜記》在殯待鄰國之使皆稱某。云“諸臣待之，亦皆如朝夕哭位”者，但臣子一列，上下文唯言子，不言羣臣，與子同，知“如朝夕哭位”者，案《奔喪》云奔父之喪，在家者待之，皆如朝夕哭位，故知此亦然。**辯復命，如聘，**自陳幣至于上介以公賜告，無勞。【疏】“辯復命如聘”。○注“自陳”至“無勞”。○釋曰：言“辯復命，如聘”者，上文君存時，使者復命，自陳公幣已下至上介以公賜告之等⑤，今復命於殯所，亦盡陳之，故言“辯”。知“無勞”者，勞，主

---

①　“遭喪”原作“喪還”，曹云：“‘喪還’當爲‘遭喪’。”據改。

②　“是知其君薨故”，曹云：“故字句。”

③　“君薨不稱子某”原作“君不稱某”，曹云：“‘君’下脱‘薨’字，‘某’上脱‘子’字。”據補。

④　“與”下原有“此”字，曹云：“‘此’衍字。”據删。

⑤　“至”下原無“上介以公”四字，曹云：“‘至’下脱‘上介以公’四字。”據補。

君出命，今君薨，不可代君出命，故知“無勞”也。**子臣皆哭。**使者既復命，子與羣臣皆哭。【疏】“子臣皆哭”。○注“使者”至“皆哭”。○釋曰：此據子在位哭，亦兼羣臣，故鄭云“子與羣臣皆哭”。**與介入，北鄉哭，**北鄉哭，新至別於朝夕。○別於，彼列反，下別處同。【疏】“與介入北鄉哭”。○注“北鄉”至“朝夕”。○釋曰：使者升階復命訖，不見出文而言“與介入”者，以其復命之時，介在幣南，北面，去殯遠，復命訖，除去幣，賓更與介前入近殯，北鄉哭，鄉内爲入，故云“與介入，北鄉哭”也。云“北鄉哭，新至別於朝夕”者，朝夕哭位在阼階下，西面，今於殯前北鄉，故云“別於朝夕”也。**出，祖，括髮，**悲哀變於外，臣也。○括髮，古活反。【疏】“出祖括髮”。○注“悲哀變於外臣也”。○釋曰：案《奔喪》云“至於家，入門左，升自西階”，東面哭，括髮，祖於殯東，是於内者，子故也，此使者出門祖，括髮，變於外者，臣故也。**入門右，即位踊。**從臣位，自哭至踊，如奔喪禮。【疏】“入門右即位踊”。○注“從臣”至“喪禮”。○釋曰：案《奔喪》云“祖，括髮，降堂[1]，東即位，踊，襲絰於序東”，此門外祖，括髮，入門右，即位踊，亦當襲絰於序東，故鄭云“自哭至踊，如奔喪禮”也。

　　若有私喪，則哭于館，衰而居，不饗食。私喪，謂其父母也。哭于館，衰而居，不敢以私喪自聞于主國，凶服干君之吉使。《春秋傳》曰：“大夫以君命出，聞喪徐行而不反。”【疏】“若有”至“饗食”。○注“私喪”至“不反”。○釋曰：自此盡“從之”，論使者有父母之喪，行變禮之事。云“不敢以私喪自聞于主國”者，解“哭于館”，又云“凶服干君之吉使”者，亦取“不敢”解之。言“衰而居”，謂服衰居館，行聘享即皮弁吉服，故不敢以凶服干君之吉使也[2]。引《春秋傳》者，案宣八年經書“夏，六月，公子遂如齊，至黄乃復”，《公羊傳》云“其言至黄乃復何？有疾也。何言乎有疾乃復？譏。何譏爾？大夫以君命出，聞喪徐行而不反”，何氏注“聞大喪而不反，重君命也。徐行者，爲君當使人追代之。以喪喻疾者，喪猶不還而況疾乎”是也，以此言之，使雖未出國境，聞父母之喪遂行，不敢以私廢王事，君使人代之可也，以此言之，明至彼所使之國，雖聞父母之喪，不反可知，是以“哭于館，衰而居”。**歸，使衆介先，衰而從**

───────

[1]　“降堂”原作“於西階”，曹云：“‘於西階’三字似當爲‘降堂’。”倉石云：“今案下‘歸使’至‘從之’節又引《奔喪》，正作‘降堂’。”據改。

[2]　“敢”下原無“以”字，曹云：“‘敢’下似脱‘以’字。”據補。

之。己有齊斬之服，不忍顯然趨於往來，其在道路，使介居前，歸又請反命，己猶徐行隨之。君納之，乃朝服，既反命，出公門釋服，哭而歸，其佗如奔喪之禮。吉時道路深衣。【疏】"歸使"至"從之"。○注"己有"至"深衣"。○釋曰：云"己有齊斬之服"者，以其私喪之內，有爲父斬，爲母齊衰，故齊斬並言之也。云"不忍顯然趨於往來"者，解經"使衆介先①，衰而從之"意。經云"歸"，據反國時，兼云"往"者，鄭意去時聞父母之喪，不敢即反，亦使衆介先，衰而從之，故往來並言。云"其在道路②，使介居前"者，謂去向彼國時。云"歸又請反命，己猶徐行隨之"者，此謂還國至近郊，使人請反命，君許入，猶使介居前，徐行於後，隨介至國也。云"君納之，乃朝服"者，以其行聘之時，不以凶服干君之吉而服吉服③，知此反命時，亦不以凶服干君之吉使而服朝服，如吉時反命矣。云"出公門釋服，哭而歸"者，案《雜記》云"大夫、士將與祭於公，既視濯而父母死，則猶是與祭也，次於異宮。既祭，釋服，出公門外哭而歸"，亦云"其它如奔喪之禮"，明此亦出公門，釋朝服而歸，但彼祭服不可著出，故門內釋服，此朝服可以著，出門乃釋服爲異也。云"其他如奔喪之禮"者，案《奔喪》云："至於家，入門左，升自西階，殯東西面坐，哭盡哀，括髮，袒，降堂，東即位，西鄉哭，成踊，襲絰于序東，絞帶，反位，拜賓，成踊，送賓，反位。有賓後至者，則拜之，成踊，送賓，皆如初。衆主人、兄弟皆出門，出門哭止，闔門，相者告就次。於又哭，括髮，袒，成踊。於三哭，猶括髮，袒，成踊。三日成服，拜賓送賓皆如初。"云"吉時道路深衣"者，以其朝服之下，唯有深衣，庶人之常服，既以朝服反命，出門去朝服，還服吉時深衣，三日成服乃去之。

---

① "經"下原有"並"字，阮云："《要義》同，毛本'並'作'歸'。"曹云："'並'字疑衍。"據曹校删。

② "在"上原無"其"字，曹云："注'在'上有'其'字。"據補。

③ "不"上原有"猶"字，曹云："'猶'字疑衍。"據删。

儀禮疏卷第二十四　儀禮卷第八

賓入竟而死，遂也，主人爲之具而殯。具，謂始死至殯所當用。○爲之具，于僞反，又如字，下爲之棺同。【疏】"賓入"至"而殯"。○注"具謂"至"當用"。○釋曰：自此盡"卒殯乃歸"，論賓、介死之事。云"賓入境而死，遂也"者，若未入境，即反來。云"主人爲之具而殯"者，謂從始死至殯所當用者，主人皆供之。鄭云"具，謂始死至殯所當用"，直云"至殯所當用"，明不殯於館，取其至殯節，主人供喪具，以其大斂訖即殯，故連言殯，故下文"歸，介復命"之時，柩止門外，明斂於棺而已。介攝其命，爲致聘享之禮也。初時，上介接聞命。○爲致，于僞反，下爲大、下文爲客同。【疏】"介攝其命"。○注"爲致"至"聞命"。○釋曰：云"初時，上介接聞命"者，鄭解介得代賓致命之意，以其命出於君，初賓受命於君之時，賓、介同北面，上介接聞君命矣，以是今賓死得攝其命。君弔，介爲主人。雖有臣子、親因，猶不爲主人，以介與賓並命於君，尊也。【疏】"君弔介爲主人"。○注"雖有"至"尊也"。○釋曰：古者賓聘，家臣、適子皆從行，是以延陵季子聘於齊，其子死葬於嬴搏之間，故鄭云"雖有臣子、親因，猶不爲主人"，以其介尊故也。主人歸禮幣，必以用。當中奠、贈、諸喪具之用，不必如賓禮。【疏】"主人"至"以用"。○注"當中"至"賓禮"。○釋曰：賓既死，主人所歸禮與幣，必以當喪者之用。云"當中奠"者①，解經"禮"②，奠謂小斂、大斂之奠③。云"贈④、諸喪具之用"者，"具"，謂襲與小斂、大斂諸衣物⑤，解經"幣"。云"不必如賓禮"者，不必如致飧、饔之禮，束錦⑥、皮帛之類，不堪喪者之用故也。介受賓禮，無辭

---

① "奠"下原有"贈"字，曹云："'贈'字疑衍。"據刪。
② "禮"原作"中"，曹云："'中'當爲'禮'。"據改。
③ "奠謂小斂大斂之奠"原作"小斂大斂之用"，曹云："'小'上似脫'奠謂'二字，'用'當爲'奠'。"據補改。
④ "云"下原有"當中奠"三字，曹云："'當中奠'三字衍。"據刪。
⑤ "大斂"下原無"諸衣物"三字，曹云："句下似脫'諸衣物'三字。"據補。
⑥ "束錦"原作"束紡"，曹云："'紡'當爲'錦'。"據改。

也，介受主國賓己之禮，無所辭也，以其當陳之以反命也。有賓喪，嫌其辭之。【疏】
"介受賓禮無辭也"。○注"介受"至"辭之"。○釋曰：云"介受主國賓己之禮"者，謂公
幣、私幣之屬，故鄭云"當陳之以反命也"。言"無辭"者，雖無三辭，以其賓受饗餼之時
禮辭，受食三辭，明介亦有禮辭，云"無所辭也"者，以有賓喪，嫌介有三辭，故云"介受
賓禮，無辭也"。不饗食。【疏】"不饗食"。○釋曰：案上遭君喪，受饗餼不受饗食，
鄭云"受正不受加"，此云"不饗食"，介不就君受饗食，明受饗餼正禮也。歸，介復
命，柩止于門外。門外，大門外也。必以柩造朝，達其忠心。【疏】"歸介"至"門
外"。○注"門外"至"忠心"。○釋曰：知門外是大門外者，國君有三門，皋、應、路，又有
三朝，內朝在路寢庭，正朝在路門外，應門外無朝，外朝當在皋門外，經直云"止於門
外"，無入門之言，明知止於大門外，外朝之上，是以上賓拜賜，皆云"於門外"，亦在外
朝矣，故鄭云"必以柩造朝，達其忠心"也。介卒復命，出，奉柩送之。君弔，
卒殯。卒殯，成節乃去。【疏】"介卒"至"卒殯"。○注"卒殯成節乃去"。○釋曰：當
介復命之時，賓之尸柩在外朝上。"介卒復命"，謂復命訖，出君大門，奉賓之柩，送至
賓之家，屍柩入，殯於兩楹之間，君往就弔。"卒殯"者，謂殯訖，殯是喪之大節，故云
"卒殯，成節乃去"，謂君與大夫盡去。若大夫介卒，亦如之。不言上介者，小聘
上介，士也。【疏】"若大"至"如之"。○注"不言"至"士也"。○釋曰：云"不言上介者，
小聘上介，士也"者，案經"大夫介卒"，據大聘上介是大夫而言，今鄭以經不言上介，則
"大夫介卒"中兼有聘使大夫，其卒亦如之，故鄭云"不言上介，小聘上介，士也"，欲兼
見小聘之法也。若小聘上介、末介皆士，則入下文"士介死"中，以其下文更不見小聘
賓、介死法，故此兼言之也。士介死，爲之棺，斂之，不具佗衣物也，自以時服
也。○棺，古患反，一讀如字。斂之，力豔反，下同。【疏】注"不具"至"服也"。○釋曰：
以其士介卑，其禮降於賓與上介，非直具棺，他衣物亦具之，此士介直具棺，不具他衣
物也[①]，其士介從者，自用時服斂之。君不弔焉。主國君使人弔，不親往。【疏】
"君不弔焉"。○注"主國"至"親往"。○釋曰：云"主國君使人弔，不親往"者，對上經賓
死君弔，介爲主人，此士云"不弔"者，明不親弔，使人弔之可知也。若賓死，未將

---

① "物"上原無"衣"字，阮云："《要義》同，毛本'物'上有'衣'字。"據補。

命，則既斂于棺，造于朝，介將命。未將命，謂俟間之後也。以柩造朝，以已至朝，志在達君命。○俟間，劉音閑，又如字。【疏】"若賓"至"將命"。○注"未將"至"君命"。○釋曰：前云"賓入境而死"，謂在路死，未至國，此經更説賓至朝俟間之後，使大夫致館，未行聘享而賓在館死之事，故鄭云"俟間之後"。"以柩造朝"①，以其既至朝，志在達君命，則知上國外死，不以柩造朝可知。若介死，歸復命，唯上介造于朝。若介死，雖士介，賓既復命，往，卒殯乃歸。往，謂送柩。

小聘曰問，不享有獻，不及夫人。主人不筵几，不禮，面不升，不郊勞。記貶於聘，所以爲小也。獻，私獻也。面，猶覿也。○不享，本又作饗。【疏】"小聘"至"郊勞"。○注"記貶"至"覿也"。○釋曰：自此盡"三介"，論侯伯行小聘之事。云"不享"者，謂不以束帛加璧獻國所有。云"不禮"者，聘訖，不以禮酒禮賓②。"面不升"者，謂私覿庭中受之，不升堂，此對大聘升堂受。若然，不言私覿而言面者，對大聘言覿，故辟之而言面也。其禮，如爲介，三介。如爲介，如爲大聘上介。【疏】"其禮"至"三介"。○注"如爲"至"上介"。○釋曰：云"其禮，如爲介"者，謂特問使大夫，得主國之禮多少，如大聘使卿③，此大夫爲上介之時，即上文介之禮，飧、饗餼及食、燕之等。"三介"者，大夫降於卿二等故也，舉此侯伯之小聘，則公之臣、子男之臣小聘禮數，其義可知也。

記：久無事則聘焉。事，謂盟會之屬。【疏】"記久"至"聘焉"。○注"事謂盟會之屬"。○釋曰：此云"久無事則聘焉"者，則《周禮》殷聘也，是以《周禮·大行人》云"凡諸侯之邦交，歲相問也，殷相聘也，世相朝也"，注云"小聘曰問。殷，中也。久無事，又於殷朝者及而相聘也"。云"事，謂盟會之屬"者，案《春秋》有事而會，不協而盟，是以《春秋》有會而不盟，盟必因會，若有盟會相見，故云"久無事則聘焉"。若有故則卒聘，束帛加書將命。百名以上書於策，不及百名書於方。故，謂災患及時事相告請也。將，猶致也。名，書文也，今謂之字。策，簡也。方，板也。○百名，名謂文字也。以上，時掌反，凡以上放此。方版，音板。【疏】"若有"至"於方"。

---

① "以"上原有"是以鄭云"四字，曹云："'是以鄭云'四字衍。"據删。

② "禮酒"原作"齊酒"，曹云："'齊'當爲'禮'。"據改。

③ "卿"上原無"使"字，曹云："'卿'上脱'使'字。"據補。

○注“故謂”至“板也”。○釋曰：云“故，謂災患及時事相告請”者①，此即上經云“若有言”，一也，言“災患”，上注引《春秋》臧孫辰告糴于齊，公子遂如楚乞師，此云“及時事”者，即上注引《春秋》晉侯使韓穿來言汶陽之田是也。云“名，書文，今謂之字”者，鄭注《論語》亦云“古者曰名，今世曰字”，許氏《說文》亦然，言此者，欲見經云“名”，“名”者即今之文字也。云“策，簡。方，板也”者，簡據一片而言②，策是編連之稱，是以《左傳》云“南史氏執簡以往”，是簡者未編之稱，此經云“百名以上書之於策”，是其衆簡相連之名。鄭作《論語序》云“《易》、《詩》、《書》、《禮》、《樂》、《春秋》策皆二尺四寸③，《孝經》謙，半之，《論語》八寸策者，三分居一，又謙焉”，是其策之長短。鄭注《尚書》“三十字，一簡之文”，服虔注《左氏》云“古文篆書一簡八字”④，是一簡容字多少者。云“方，板”者，以其百名以下書之於方，若今之祝板，不假連編之策，一板書盡，故言“方，板也”。

主人使人與客讀諸門外。受其意，既聘享，賓出而讀之。讀之不於內者，人稱處嚴，不得審悉。主人，主國君也。人，內史也。書必璽之。○人稱，直由反。處嚴，昌慮反，下常處同。必璽，音徙。【疏】“主人”至“門外”。○注“受其”至“璽之”。○釋曰：云“既聘享，賓出而讀之”者，上經云“若有言，則以束帛，如享禮”，文承聘享之後，故知此“讀諸門外”，在既聘享也⑤。鄭知人是內史者，案《內史職》云“凡四方之事書，內史讀之”，此云“使人與客讀諸門外”者，亦是四方事書，故知人是內史也。知“書必璽之”者，案襄二十九年《左傳》云公如楚還，“及方城，季武子取卞，使公冶問，璽書追而與之”，故知此書亦璽之也。**客將歸，使大夫以其束帛反命于館。**爲書報也。

---

① “時”下原無“事”字，阮云：“《要義》同，毛本‘時’下有‘事’字。按各本注俱有‘事’字。”據補。

② “簡據”原作“簡謂據”，阮云：“毛本‘簡’作‘皆’，陳、閩、《要義》‘皆’上俱有‘簡’字，《要義》無‘皆’字，陳、閩俱無‘謂’字，監本‘皆謂’誤作‘謂謂’。”據陳、閩刪“謂”字。

③ “二尺四寸”原作“尺二寸”，阮云：“按《春秋序》疏云：‘鄭玄注《論語序》以《鉤命決》云《春秋》二尺四寸書之，《孝經》一尺二寸書之，故知六經之策皆稱長二尺四寸。’然則此云‘尺二寸’，乃傳寫之誤，當作‘二尺四寸’。下云‘《孝經》謙，半之’，乃一尺二寸也。又云‘《論語》八寸策者，三分居一，又謙焉’，謂《論語》八寸，居六經三分之一，比《孝經》更少四寸，故云‘又謙焉’。”據改。

④ “八”下原有“分”字，阮云：“《要義》同，毛本無‘分’字。”據刪。

⑤ “在”字原作“故云”二字，曹云：“‘故云’二字當爲‘在’。”據改。

【疏】"客將"至"于館"。○注"爲書報也"。○釋曰:此爲書報上"有故"之事,彼以束帛加書將命,此亦以束帛加書反命于館。**明日君館之。**既報,館之,書問尚疾也。

【疏】"明日君館之"。○注"既報"至"疾也"。○釋曰:昨日爲書報之①,今日君始就館送客者,書問之道尚疾故也。必須尚疾者,以其所報告請多是密事,是以鄭云"既報,館之,書問尚疾也"。

　　既受行出,遂見宰,問幾月之資。資,行用也。古者君臣謀密草創,未知所之遠近,問行用當知多少而已。古文資作齎。○幾月,居豈反。作齎,子兮反。

【疏】"既受"至"之資"。○注"資行"至"作齎"。○釋曰:使者受命於君,但知出聘,不知遠近,故云"古者君臣謀密草創,未知所之遠近",故問宰行糧多少,即知遠近也,故知須問之。**使者既受行日,朝同位。**謂前夕幣之閒。同位者,使者北面,介立于左,少退,別其處臣也。【疏】"使者"至"同位"。○注"謂前"至"臣也"。○釋曰:云"既受行日"者,謂已受命日夕幣之前,使者及介朝君之時,皆同位,北面東上,在朝處臣東方,西面北上,故鄭云"同位者,使者北面②,介立于左,少退,以別處臣也"。**出祖釋軷,祭酒脯,乃飲酒于其側。**祖,始也。既受聘享之禮,行出國門,止陳車騎,釋酒脯之奠於軷,爲行始也。《詩傳》曰"軷,道祭也",謂祭道路之神。《春秋傳》曰"軷涉山川",然則軷山行之名也。道路以險阻爲難,是以委土爲山,或伏牲其上,使者爲軷祭酒脯祈告也。卿大夫處者於是餞之,飲酒於其側,禮畢,乘車轢之而遂行,舍於近郊矣。其牲,犬、羊可也。古文軷作柭。○釋軷,蒲末反,道神也,注跋涉音同。車騎,其義反。爲難,乃旦反。餞之,在淺反,送行飲酒也。轢之,力狄反。作柭,芳弗反,又音廢。【疏】"出祖"至"其側"。○注"祖始"至"作柭"。○釋曰:云"既受聘享之禮,行出國門,止陳車騎,釋酒脯之奠於軷"者,凡道路之神有二:在國內釋幣於行者,謂平地道路之神③,出國門釋奠於軷者,謂山行道路之神,是以委土爲山象,國中不得軷名,國外

---

①　"昨"上原有"爲"字,阮云:"《要義》同,毛本、《通解》、楊氏俱無上'爲'字。"據刪。

②　"北面"上原無"使者"二字,阮云:"毛本'北'上有'使者'二字。按無'使者'二字非也。"據補。

③　"地"字原作"敵",阮云:"《要義》同,毛本、《通解》'敵'作'適'。按'適'是也。"曹云:"'敵'當爲'地'。"倉石云:"今案上'釋幣於行'節疏正作'地'。"據曹校改。

即得軷稱①。引"《詩傳》曰"者,證軷祭道路之神也。引"《春秋傳》曰"者,案襄二十八年《左氏傳》子大叔云"軷涉山川,蒙犯霜露",引之者,證軷是山行之名,涉者水行之稱,故《鄘詩》云"大夫軷涉,我心則憂",毛傳云"草行曰軷,水行曰涉"。云"是以委土爲山"者,案《月令》冬祀行,鄭注云"行在廟門外之西②,爲軷壤,厚二寸,廣五尺,輪四尺。祀行之禮,北面設主於軷上",國外祀山行之神爲軷壤,大小與之同,鄭注《夏官·大馭》云"封土爲山象,以菩芻棘柏爲神主,既祭之,以車轢之而去,喻無險難也"。云"或伏牲其上"者,案《周禮·犬人》云"掌犬牲,凡祭祀,供犬牲,用牷物,伏瘞亦如之",鄭注云"伏,謂伏犬,以王車轢之",故知有伏牲其上。云"使者爲軷祭酒脯祈告也"者,案《周禮·大馭》"掌馭玉路以祀。及犯軷,王自左馭,馭下祝,登,受轡",彼天子禮,使馭祭,此大夫禮,故使者自祭,犯軷而去。云"卿大夫處者於是餞之"者,案《詩》云"飲餞于禰",是處者送行人而飲酒名曰餞也。云"遂行,舍于郊"者,即上經云"舍于近郊"是也。云"其牲,犬、羊可"者③,《犬人職》云"伏瘞亦如之",是用犬也,《詩》云"取羝以軷",是用羊也,是犬、羊各用其一,未必並用之。言"可"者,人君有牲,大夫無牲,直用酒脯。若然,此見出行時祭軷,案《韓奕》詩云"韓侯出祖,出宿于屠。顯父餞之,清酒百壺",是韓侯入覲天子,出京城爲祖道,又《左氏傳》"鄭忽逆婦嬀于陳,先配而後祖。陳鍼子曰:是不爲夫婦,誣其祖矣",《鄭志》以祖爲祭道神,是亦將還而後祖道,此聘使還,亦宜有祖,但文不具。

　　所以朝天子,圭與繅皆九寸,剡上寸半,厚半寸,博三寸,繅三采六等,朱白倉〔朱白倉〕④,圭,所執以爲瑞節也。剡上,象天圜地方也。

---

　　①　"在國内"至"得軷稱",孫云:"《月令》注引逸《中霤禮》祭行亦爲軷壤,則國内亦得名軷矣,賈説未然。"
　　②　"鄭注云行在"原作"鄭注行",阮云:"《要義》同,毛本'注'下有'云'字,'行'下有'在'字。按《月令》注有'在'字。"據毛本補。
　　③　"其"下原有"有"字,阮云:"毛本無'有'字。按各本注俱無'有'字。"據刪。
　　④　"朱白倉",阮云:"《雜記》疏:'三采六等以朱白蒼畫之再行也者,案《聘禮記》云朝天子,圭與繅皆九寸,繅三采六等,朱白蒼朱白蒼是也。'既重云'朱白蒼',是一采爲二等,相間而爲六等也。朱子曰:'記只有朱白蒼三字而《雜記》疏所引乃重有之,不知何時傳寫之誤,失此三字。''蒼',唐石經、嚴本《集釋》、敖氏俱作'倉',與單疏標目合,《通解》、楊氏、毛本俱作'蒼'。"吳紱云:"'朱白倉'三字原文蓋叠爲六字。"當據以補"朱白倉"三字。

雜采曰繅，以韋衣木板，飾以三色再就，所以薦玉，重慎也。九寸，上公之圭也。古文繅或作藻，今文作璪。○與繅，音早，注藻及璪音同。剡上，以冉反，《字林》才冉反，云銳。厚半，戶豆反。韋衣，於既反。【疏】"所以"至"白倉"。○注"圭所"至"作璪"。○釋曰：云"圭，所執以爲瑞節"者，案《周禮·大宗伯》云"以玉作六瑞以等邦國"，又云"王執鎭圭，公執桓圭，侯執信圭，伯執躬圭，子執穀璧，男執蒲璧"，是以其圭爲瑞，又案《周禮·掌節》有玉節角節①，即是節與瑞別矣，今此云"瑞節"，乃連言"節"者②，案節不得言瑞，瑞亦是節信，故連言節也。云"剡上，象天圜地方也"者，下不剡，象地方，上剡，象天圜，案《雜記》"贊大行曰：博三寸，厚半寸，剡上，左右各寸半"，此經直言"剡上寸半"③，不言"左右"，文不具也。凡圭，天子鎭圭，公桓圭，侯信圭，皆博三寸，厚半寸，剡上左右各寸半，唯長短依命數不同。云"雜采曰繅"者，凡言繅者，皆象水草之文，天子五采，公侯伯三采，子男二采，皆是雜采也。云"以韋衣木板，飾以三色再就"者，依《漢禮器制度》而知也，但木板大小一如玉制，然後以韋衣之，大小一如其板，經云"三采六等"，注云"三色再就"者，就即等也，是一采爲再就，三采即六等也，是以鄭注《典瑞》云"一帀爲一就"，《典瑞》云侯伯"三采三就"者，以一采雖有再帀，併爲一就，《覲禮》注云"朱白倉爲六色"者，亦是一采一帀爲二色，三采故六色。三采據公侯伯，子男則二采，故《典瑞》云子男"皆二采再就"是也。"所以薦玉，重慎"者，玉者寶而脆，今以繅藉薦之，是其"重慎"也。

問諸侯，朱綠繅，八寸。 二采再就，降於天子也。於天子曰朝，於諸侯曰問，記之於聘，文互相備。【疏】"問諸"至"八寸"。○注"二采"至"相備"。○釋曰：此諸侯使臣聘，繅藉之等。云"二采再就"者，上云"三采六等"，此二采不云四就者，此臣禮與君禮異，此二采雖與子男同，子男即一采爲一帀，二采爲再帀，爲四等，今臣一采爲一就，二采共爲再就，是二采當君一采之處，是以《典瑞》云"琰圭璋璧琮，繅皆二采一就，以覜聘"，亦是臣二采共當君一采一帀之處。云"降於天子"者，案《典瑞》王執鎭圭，"繅藉五采五就"，言五就者，據一采爲一等，若據一采一帀而言，即五采十等，此二采二等，是降於天子也。此亦降於諸侯而言"降於天子"者，此

---

① "玉節角節"原作"玉節之節"，倉石云："下'節'字《詳校》改作'等'。今案'節'字未誤，'之'疑當作'角'。"據改。

② "乃"字原作"但"，曹云："'但'當爲'乃'。"據改。

③ "直"下原無"言"字，曹云："'直'下脱'言'字。"據補。

鄭君指上文朝天子而言,故言聘諸侯降於朝天子也。云"於天子曰朝"者,據上文"所以朝天子"是也,則諸侯自相朝亦同,圭與繅九寸,侯伯以下亦依命數。云"於諸侯曰問"者,諸侯遣臣自相問①,若遣臣問天子,圭與繅亦八寸,是以云"記之於聘,文互相備"。案《玉人》云"瑑圭璋八寸,璧琮八寸,以覜聘",無所依據,則於天子、諸侯同言八寸者,據上公之臣,侯伯之臣則六寸,子男之臣則四寸,各降其君一等②。若然,經言"八寸"者,據上公之臣也。**皆玄纁繫長尺,絢組。**采成文曰絢。繫,無事則以繫玉,因以爲飾,皆用五采組,上以玄,下以絳爲地。今文絢作約。○玄纁,許云反,劉又音訓。繫,音計,劉胡帝反。長尺,直亮反,又如字。絢,呼縣反,劉云舊音縣,李胥倫反,一音巡。組,音祖。作約,音巡,劉音圜,《聲類》以爲絢字③。【疏】"皆玄"至"絢組"。○注"采成"至"作約"。○釋曰:上文繅藉,尊卑不同,此之組繫,尊卑一等。云"采成文曰絢",鄭注《論語》"文成章曰絢",與此語異義同。云"繫,無事則以繫玉,因以爲飾"者,無事謂在櫝之時,亦以繫玉,因以爲飾。此組繫亦名繅藉,即上文反命之時,"使者執圭垂繅,上介執璋屈繅",又《曲禮下》云"執玉,其有藉者則裼,無藉者則襲",鄭注亦云"藉,繅也",裼、襲皆據有繅、無繅之時,是其"因以爲飾"。云"皆用五采組"者,以其言絢,絢是文章之名,經又言"皆",復無尊卑之别,故知"皆用五采組"也。云"上以玄,下以絳爲地"者,以其皆用五采而經直云"玄纁"爲地,上加五采,上下皆據垂之爲上下,必知上玄下絳者,上玄以法天,下絳以法地故也。經云"纁",注云"絳"者,《爾雅》三入赤汁爲纁,絳則赤也,故舉絳以解纁④。**問大夫之幣俟于郊,爲肆,又齋皮馬。**肆,猶陳列也。齋,猶付也。使者既受命,宰夫載問大夫之禮待於郊,陳之爲行列,至則以付之也。使者初行,舍于近郊。幣云肆,馬云齋,因其宜,亦互文也。不於朝付之者,辟君禮也。必陳列之者,不夕也。古文肆爲肄。○又賞,子分反,注同。爲行,户郎反,下有行同。爲肆,以二反。【疏】"問大夫"至"皮馬"。○注"肆猶"至"爲肆"。○釋曰:知載大夫幣是宰夫者,以其初,宰夫使衆官具幣⑤,故知載幣於

---

① "問"上原無"相"字,阮云:"《要義》同,毛本'問'上有'相'字。"據補。

② "一"字原作"二",曹云:"'二'當爲'一'。"據改。

③ "絢"字原作"約",黄云:"下'約'字宋本亦與正文同。惠云:'《玉篇》約乃絢或字,此當云《聲類》以爲絢字。'"據改。

④ "舉"字原作"本",阮云:"毛本'本'作'舉'。"據改。

⑤ "宰"下原無"夫使"二字,曹云:"'宰'下脱'夫使'二字。"據補。

郊付使者,亦是宰夫可知。云"幣云肆,馬云齎,因其宜,亦互文也"者,以其幣是財賄易可陳列,故言肆,不言齎,亦付使者矣,馬是難陳之物,故直言齎,付使者①,亦陳之,是因其宜,互文也。

　　辭無常,孫而說。孫,順也。大夫使,受命不受辭,辭必順且說。○孫而說,音遜,下音悅,注及卷末注同。【疏】注"受命不受辭"。○釋曰:受命謂受君命聘於鄰國,不受賓主對荅之辭。必不受辭者,以其口及則言,辭無定準,以辭無常,故不受之也。辭多則史,少則不達。史,謂策祝。【疏】注"史謂策祝"。○釋曰:案《周禮》大史、内史皆掌策書,《尚書·金縢》云"史乃策祝",是策書祝辭,故辭多爲文史。辭苟足以達,義之至也。至,極也。今文至爲砥。○爲砥,之氏反。辭曰:"非禮也,敢。"對曰:"非禮也,敢(辭)。"②辭,不受也。對,荅問也。二者皆卒曰敢,言不敢。【疏】"辭曰"至"敢辭"。○注"辭不"至"不敢"。○釋曰:辭謂賓辭主人,荅謂賓荅主人,介則在旁,曰"非禮也,敢",故《易·旅卦》初六云"瑣瑣,斯其所取災",鄭云"瑣瑣,猶小小。爻互體艮,艮小石,小小之象。三爲聘客,初與二其介也,介當以篤實之人爲之而用小人瑣瑣然。客、主人爲言,不能辭曰'非禮',不能對曰'非禮',每者不能以禮行之,則其所以得罪",是其義也。

　　卿館於大夫,大夫館於士,士館於工商。館者必於廟,不館於敵者之廟,爲大尊也。自官師以上,有廟有寢,工商則寢而已。○爲大,音泰,劉唐餓反,下

①　"付"上原有"亦"字,曹云:"'亦'字衍。"據删。
②　"非禮也敢辭",阮云:"毛本'敢'下無'辭'字,唐石經、徐本俱有,與此本標目合,《集釋》、《通解》、楊、敖俱無,《要義》載經亦無'辭'字。張氏曰:'經曰:辭曰非禮也,敢;對曰非禮也,敢辭。按注云:辭,不受。對,荅問也。二者皆卒曰敢,言不敢。又按疏云:辭謂賓辭主人,荅謂賓荅主人,介則在旁,曰非禮也敢。以注及疏文義攷之,下羨一辭字審矣。又嘗疑注辭不受也之句上,更有一辭字,傳寫者誤以注文作經文,今減經以還注。'《石經考文提要》云:'細繹經文,賓辭主人既稱辭,則敢下可省文。賓對主人亦辭,既稱對,則敢下當有辭字。若省辭字,是爲非禮也敢對矣。監本以經辭字混入注首而疏中仍作非禮也敢辭,即一本中可證。今從唐石經、宋本《儀禮》鄭注。'按張說是也。注以'辭'爲'不受','對'爲'荅',爲截然兩事。二者皆曰'不敢',一則不敢不辭,一則不敢不對,疏引《易》注其義甚明,故朱子、敖氏皆從張說。疏中'非禮也敢辭'句,此本無'辭'字,毛本於經、注既依《通解》而疏中反增一'辭'字,適滋後人之惑。然此本標經文起止仍有'辭'字,蓋自唐石經之後誤讀已久,校疏者不知而誤改耳。"當據以删經末之辭字。

大宣同。【疏】"卿館"至"工商"。○注"館者"至"而已"。○釋曰:云"館者必於廟",案上歸饔餼云"於廟",明其禮皆在廟可知。云"不館於敵者之廟,爲大尊也"者,以其在廟,尊則尊矣,故就降等而已,若又在敵者之廟以上,是其大尊。云"自官師以上,有廟有寢"者,案《祭法》云"適士二廟,官師一廟",鄭云"官師,謂中士、下士",是其官師有廟。知"廟有寢"者①,案《周禮・隸僕》云"掌五寢之埽除",鄭注云"五寢,五廟之寢。天子七廟,唯祧無寢。《詩》云'寢廟奕奕',相連之貌",故《左傳》云"大叔之廟在道南,其寢在道北",是其前曰廟,後曰寢。"工商則寢而已"者,案《爾雅・釋宮》云"室有東西廂曰廟",注云"夾室前堂",又云"無東西廂有室曰寢",注云"但有大室",是其自士以上,有廟者必有寢,庶人在官者工商之等有寢者則無廟,故《祭法》云"庶士、庶人無廟,祭於寢"是也。 **管人爲客,三日具沐,五日具浴。**管人,掌客館者也。客,謂使者下及士介也。

飧不致,不以束帛致命,草次饌飧具輕。○飧不,素昆反。【疏】"飧不致"。○注"不以"至"具輕"。○釋曰:云"不以束帛致命"者②,對饔餼以束帛致之,此不以束帛致,草次饌具輕者,以其客始至則致之,故言"草次"也,對聘日致饔餼,生死俱有,禮物又多爲重,故以此物爲輕而不致。 **賓不拜,**以不致命。【疏】"賓不拜"。○注"以不致命"。○釋曰:云"不拜"者,宰夫朝服設飧③,賓無拜受之文,以其不以束帛致故也。 **沐浴而食之。**自絜清,尊主國君賜也。記此,重者沐浴可知。○絜清,才性反,又如字。【疏】"沐浴而食之"。○注"自絜"至"可知"。○釋曰:云"記此,重者沐浴可知"者,以其飧禮輕④,尚沐浴而食,饔餼重者⑤,沐浴而食可知。

卿,大夫訝。大夫,士訝。士皆有訝。卿,使者。大夫,上介也。士,衆介也。訝,主國君所使迎待賓者,如今使者護客。○訝大,五嫁反。【疏】"卿大"至"有訝"。○注"卿使"至"護客"。○釋曰:云"卿,大夫訝"者,謂大聘使卿,主人使大夫迎。"士訝"者,小聘使大夫,主人使士迎。言"皆有訝"者,自介已下皆迎之。云"卿,使

---

① "寢"下原無"者"字,曹云:"'寢'下似脫'者'字。"據補。
② "云"字原作"君",阮云:"按'君'疑'云'字之誤。"據改。
③ "飧"字原作"食",曹云:"'食'當爲'飧'。"據改。
④ "飧"字原作"食",曹云:"'食'亦當爲'飧'。"據改。
⑤ "餼"下原有"食"字,曹云:"'食'字衍。"據刪。

者。大夫，上介。士，衆介也"者，據此篇是侯伯之卿大聘而言，其實小聘使大夫，亦使士迎之。所迎者，謂初行聘及饗、食、燕皆迎之，故鄭君無所指定①。**賓即館，訝將公命，**使己迎待之命。【疏】"賓即館訝將公命"。○注"使己迎待之命"。○釋曰：案《秋官·掌訝職》云"賓入館，次于舍門外，待事于客"，注云"次，如今官府門外更衣處②。待事于客，通其所求索"，彼謂天子有掌訝之官，共承客禮，此諸侯無掌訝③，是以還遣所使大夫、士訝，將公命，有事通傳于君。**又見之以其摯。**又，復也。復以私禮見者，訝將舍於賓館之外，宜相親也。大夫訝者執鴈，士訝者執雉。○其摯，音至。【疏】"又見之以其摯"。○注"又復"至"執雉"。○釋曰：云"復以私禮見者，訝將舍於賓館之外，宜相親也"者，禮，掌訝舍於賓之館門外，此大夫、士，君使爲訝，雖非掌訝之官，亦爲次舍于賓之館外，宜相親，故執摯以相見。"大夫訝者執鴈，士訝者執雉"，案《士相見》及《大宗伯》文也。**賓既將公事，復見之以其摯。**既，已也。公事，聘、享、問大夫。復，報也。使者及上介執鴈，羣介執雉，各以見其訝。【疏】"賓既"至"其摯"。○注"既已"至"其訝"。○釋曰：云"公事④，聘、享、問大夫"者，此並行君物享主國君及問大夫，故云"公事"也。云"復，報也"者，訝向者以摯私見己⑤，今還以摯私報之。知使者及上介同執鴈，不執羔者，見上文主國卿、大夫勞賓同執鴈，則知此使者及上介同執鴈可知。"各以見其訝"者，謂使者見大夫之訝者，上介見士之訝者，士介亦見士訝者。

　　凡四器者，唯其所寶，以聘可也。言國獨以此爲寶也。四器，謂圭、璋、璧、琮。【疏】"凡四"至"可也"。○注"言國"至"璧琮"。○釋曰：案《周禮·大宗伯》云"以玉作六瑞⑥，王執鎮圭，公執桓圭"以下，人執之曰瑞，又云"以玉作六器，以禮天地四方"，謂禮神曰器，此四者，人所執，不言"瑞"而言"器"者，對文，執之曰"瑞"，禮神

---

① "指"字原作"止"，阮云："《要義》同，毛本、《通解》‘止’作‘指’。"據改。

② "官"字原作"宮"，阮云："《通解》同，毛本、《要義》、楊氏‘宮’俱作‘官’，《要義》無‘門外’二字。按毛本不誤，否則與《周禮》注不合。"據改。

③ "侯"下原有"使"字，曹云："‘使’字衍。"據刪。

④ "公"上原有"以"字，曹云："‘以’字衍。"據刪。

⑤ "訝向者"原作"有報訝者"，曹云："當爲‘訝向者’。"據改。

⑥ "案周禮大宗伯"原作"案以公事宗伯"，毛氏汲古閣刊本、張敦仁本皆作"案周禮大宗伯"，據改。

曰"器",散文則通,雖執之亦曰"器",是以《尚書》云"五器卒乃復",與此文皆稱器。云"言國獨以此爲寶"者①,案《周禮·天府職》"凡邦國之玉鎮大寶器藏焉",注云"玉鎮大寶器,玉瑞玉器之美者",是其玉稱寶。云"四器,謂圭、璋、璧、琮"者,是據上經圭、璋以行聘,璧、琮以行享而言,此據公侯伯之使者用圭、璋、璧、琮,若子男使者,聘用璧、琮,享用琥、璜。

　　宗人授次,次以帷,少退于君之次。主國之門外,諸侯及卿大夫之所使者,次位皆有常處。【疏】"宗人"至"之次"。○注"主國"至"常處"。○釋曰:主國門外,以其行朝聘,陳賓介,皆在大門外,故次亦在大門外可知。云"諸侯及卿大夫之所使者②,次位皆有常處"者,以其上公九十步,侯伯七十步,子男五十步,使其臣聘使③,大聘、小聘又各降二等,其次皆依其步數,就西方而置之,未行禮之時,止於次中,至將行禮,賓乃出次。凡爲次,君次在前,臣次在後,故云"少退於君之次",故云"皆有常處"。

　　上介執圭,如重,授賓。慎之也。《曲禮》曰:"凡執主器,執輕如不克。"【疏】"上介"至"授賓"。○注"慎之"至"不克"。○釋曰:此謂當將聘於主君廟門外,上介屈繰以授賓,賓襲受之節。引《曲禮》者,彼器即此玉,欲證執玉如重之義也。**賓入門,皇。升堂,讓。將授,志趨。**皇,自莊盛也。讓,謂舉手平衡也。志,猶念也。念趨,謂審行步也。孔子之執圭,鞠躬如也,如不勝,上如揖,下如授,勃如戰色,足蹜蹜如有循。古文皇皆作王。○鞠窮,劉音弓,本亦作躬。不勝,音升。上如,示掌反。蹜蹜,所六反。【疏】"賓入"至"志趨"。○注"皇自"至"作王"。○釋曰:"賓入門,皇",謂未至堂時。"升堂,讓",謂升堂東面向主君之時。"將授,志趨",謂賓執玉向楹,將授玉之時,念鄉入門在庭時,執玉徐趨,今亦然,若降堂後,趨進翼如,則疾趨也。云"讓,謂舉手平衡也"者,謂若《曲禮》云"凡奉者當心",下又云"執天子之器則上衡",注云"謂高於心","國君則平衡",注云"謂與心平",則此亦執國君器也,故引之爲證。引

---

①　"言國獨以此爲寶"原作"言四國獨此以爲寶",阮云:"毛本、《要義》無'四'字。按各本注俱無'四'字,又'此以'注作'以此'。"據刪乙。

②　"之"下原無"所"字,阮云:"《要義》同,毛本'之'下有'所'字。按注有'所'字。"據補。

③　"使其臣聘使",阮云:"《通解》、《要義》、楊氏同,毛下'使'字作'侯'。"曹云:"言使其臣爲聘使。"疏本無誤字,稍欠顯豁而已。

“孔子之執圭”者，《鄉黨》論孔子爲君聘使法，彼“足蹜蹜如有循”，謂徐趨，據入彼國廟門，執玉行步之時，以足容重退之在降堂之下，與此“趨”同，故爲證也。**授如爭承，下如送，君還而后退。**重失隊也。而后，猶然後也。○如爭，爭鬭之爭。失隊，直類反。【疏】“授如”至“後退”。○注“重失”至“後也”。○釋曰：授，謂就東楹授玉於主君時，如與人爭承取物，恐失墜。云“下如送，君還而后退”者，以上文次言之，此“下如送”者，止謂聘享每訖，君實不送而賓之敬如君送然，故云“下如送”也。君迴還，賓則退出廟門，更行後事，非謂賓出大門也。**下階，發氣，怡焉。再三舉足，又趨。**發氣，舍息也。再三舉足，自安定，乃復趨也。至此云舉足，則志趨卷邅而行也。孔子之升堂，鞠躬如也，屏氣似不息者，出降一等，逞顏色，怡怡如也。沒階，趨進，翼如也。○怡焉，以之反。卷，去阮反。邅，他門反。【疏】“下階”至“又趨”。○注“發氣”至“如也”。○釋曰：云“下階，發氣，怡焉”者，即《論語》云“出降一等，逞顏色，怡怡如也”。云“再三舉足，自安定，乃復趨也”者，謂降時再三舉足，故又趨進翼如也。云“發氣，舍息”者，以將授玉，屏氣似不息，今既授玉，降階，縱舍其氣，怡然和悦也。云“至此舉足，則志趨卷邅而行也”者，是釋志趨爲徐趨，此舉足爲疾趨也。**及門，正焉。**容色復故，此皆心變見於威儀。○見於，賢遍反，下不見同。【疏】“及門正焉”。○注“容色”至“威儀”。○釋曰：此謂聘訖，將更有享而出門時。云“心變見於威儀”者，以其貌從心起，觀威儀，省禍福，覩貌可以知心故也。**執圭入門，鞠躬焉，如恐失之。**記異説也。【疏】“執圭”至“失之”。○注“記異説也”。○釋曰：亦謂將聘執圭入廟門時。云“鞠躬焉”，則“鞠躬如也”。“如恐失之”者，即“執輕如不克”也。云“記異説”者，以上文已記執圭，此又記執圭之儀，以同記事而言有差，異人記事，説有不同也。**及享，發氣焉，盈容。**發，舍氣也。孔子之於享禮，有容色。【疏】“及享”至“盈容”。○注“發舍”至“容色”。○釋曰：云“及享，發氣焉，盈容”者，即孔子行享禮有容色，一也，故注引爲證也。此“發氣”即上注云“舍息”，一也。**衆介北面，蹌焉。**容貌舒揚。○蹌焉，七羊反。【疏】“衆介北面蹌焉”。○注“容貌舒揚”。○釋曰：此謂賓行聘，衆介從，入門左北面。《曲禮》云“大夫濟濟，士蹌蹌”，鄭云“皆行容止之貌”，故此注亦云“容貌舒揚”也，但彼大夫云“濟濟”，諸侯云“皇皇”，上文“賓入門，皇”，得與諸侯同者，以其執君圭、璋，志在重玉，故行容得與君同，若尋常行，則大夫濟濟也。**私**

覿,愉愉焉。容貌和敬。○俞俞,羊朱反,劉音庚。【疏】"私覿愉愉焉"。○注"容貌和敬"。○釋曰:上文享時盈容,對聘時儀貌戰色顔舒緩,此私覿對享時,又愉愉和敬,舒於盈容也。出,如舒鴈。威儀自然而有行列。舒鴈,鵝。○鵝也,五何反。【疏】"出如舒鴈"。○注"威儀"至"鴈鵝"。○釋曰:此出廟門之外,行步如鵝,又紓緩於愉愉也。云"舒鴈,鵝"者,《爾雅·釋鳥》文。皇且行,入門主敬,升堂主慎。復記執玉異説。【疏】"皇且"至"主慎"。○注"復記執玉異説"。○釋曰:上已二度記執玉行步之法,今又云"皇且行",是别有人更記此執玉行法,故云"復記執玉異説"也。

　　凡庭實,隨入,左先,皮馬相閒可也。隨入,不並行也。閒,猶代也,土物有宜,君子不以所無爲禮,畜獸同類,可以相代。古文閒作干。○相閒,閒厠之閒,注及下猶閒同。畜獸,許又反。【疏】"凡庭"至"可也"。○注"隨入"至"作干"。○釋曰:云"左先"者,以皮馬以四爲禮,北面以西頭爲上,故左先入陳也。云"君子不以所無爲禮"者,案《禮器》云"天不生,地不養,君子不以爲禮",言當國有馬而無虎豹皮則用馬,或有虎豹皮并有馬,則以皮爲主而用皮。云"畜獸同類,可以相代"者,畜謂馬,獸謂虎豹,《爾雅》釋云"在家曰畜,在野曰獸",云"同類"者,《爾雅》又云"二足而羽謂之禽,四足而毛謂之獸",若然,則馬畜亦是四足之類,故云"同類,可以相代"也。賓之幣,唯馬出,其餘皆東。馬出,當從廄也。餘物皆東藏之内府。○從廄,居又反。【疏】"賓之"至"皆東"。○注"馬出"至"内府"。○釋曰:云"馬出,當從廄也"者,若有皮之國用皮,則不出,亦從餘物東藏也。知"東藏之内府"者,案《天官·内府職》云"凡四方之幣獻之金玉、齒革、兵器,凡良貨賄入焉",注云"諸侯朝聘所獻國珍",彼天子禮,諸侯亦當有内府,諸侯自朝聘,其貢獻珍異①,亦入内府,故注依之也。多貨,則傷于德。貨,天地所化生,謂玉也。君子於玉比德焉,朝聘之禮以爲瑞節,重禮也。多之則是主於貨,傷敗其爲德。【疏】"多貨則傷于德"。○注"貨天"至"爲德"。○釋曰:此經主論聘享所用圭、璋、璧、琮不得過多之事也。云"貨,天地所化生,謂玉也"者,鄭注《周禮》九職亦云"金玉曰貨,布帛曰賄",故此注云"貨,天地所化生,謂玉也",下注云"幣,人所造成",幣則布帛曰賄,對金玉是自然之物也。云"君子於玉比德焉"者,《聘義》文。云"重禮也",亦《聘義》文。云"多之則是主於貨,傷敗其爲德"

___

① "貢"字原作"貨",曹云:"'貨',阮云陳本作'貢'。案'貢'字是。"據改。

者,以玉比德,故朝聘用之,相屬以德,不取重寶珍美之意,若多之,則是主於貨物,不取相屬以德,是傷敗其爲德,是以圭、璧聘享主國君,璋、琮聘享主國夫人,各用一而已也。**幣美,則没禮**。幣,人所造成,以自覆幣,謂束帛也。愛之,斯欲衣食之,君子之情也,是以享用幣,所以副忠信。美之則是主於幣而禮之本意不見也。○衣食,於既反,下音嗣。【疏】"幣美則没禮"。○注"幣人"至"見也"。○釋曰:此主論享時用束帛,故享君用束帛,享夫人用束錦,皆不得過美。云"幣,人所造成,以自覆幣,謂束帛也"者,案《禮記·檀弓》"伯高之喪,孔氏之使者未至,冉子攝束帛乘馬而將之。孔子曰:異哉! 徒使我不誠於伯高",鄭注云"禮所以副忠信也,忠信而無禮,何傳乎",是知"自覆"者,覆忠信而已,若更美,則主意於財美而禮不見,故"没禮"也。云"愛之,斯欲衣食之,君子之情也"者,《禮記·檀弓》云"愛之,斯録之矣",彼據愛父母而作重,此亦微取彼文,但此云"愛之,斯欲衣食之",兼言食,謂以幣侑之①,君子之情則忠信。

賄,在聘于賄。賄,財也。于,讀曰爲。言主國禮賓,當視賓之聘禮而爲之財也。賓客者,主人所欲豐也。若苟豐之,是又傷財也。《周禮》曰:"凡諸侯之交,各稱其邦而爲之幣,以其幣爲之禮。"古文賄皆作悔。○聘于,于音爲,羽危反,出注。各稱,尺證反。【疏】"賄在聘于賄"。○注"賄財"至"作悔"。○釋曰:鄭轉"于"作"爲"者,欲就《司儀》之文爲解故也。云"言主國禮賓"者,釋經"賄",是主國禮賓也。云"當視賓之聘禮"者,釋經"在聘",謂在賓聘財多少。云"而爲之財也"者,釋經"于賄"也,謂主人視賓多少爲財賄報賓。云"若苟豐之,是又傷財也"者,凡行禮用財者,取不豐不儉,取於折中,若苟且豐多,則傷於貪財。引《周禮》者,《秋官·司儀職》文,案彼注云"幣,謂享幣也,於大國則豐,於小國則殺",解經"各稱其邦而爲之幣",彼又注云"主國禮之,如其豐殺之禮",解經"以其幣爲之禮",謂"賄用束紡,禮玉、束帛、乘皮"及"贈"之屬是也。

　　凡執玉,無藉者襲。藉,謂繅也。繅,所以縕藉玉。○以縕,於問反。【疏】"凡執玉無藉者襲"。○注"藉謂"至"藉玉"。○釋曰:凡繅藉有二種,若以木爲中幹,施五采、三采者,此繅常有,不得云"無藉",今此云"無藉者襲",據絢組尺繅藉而言,若廟門外賈人啓櫝取玉,垂繅以授上介,上介祫受,上介屈繅以授賓,賓即襲受,即此執玉無藉者是也,此文與《曲禮》同,故《曲禮》凡執玉,"其有藉者則祫,無藉者則襲"是也。

---

　　①　"侑"字原作"欲",曹云:"'欲'當爲'侑',幣有侑食之用。"倉石云:"'欲',殿本作'侑'。"據改。

禮，不拜至。以賓不於是始至。今文禮爲醴。【疏】“禮不拜至”。○注“以賓”至“爲醴”。○釋曰：此文承執玉帛之下，言聘事①，據《鄉飲酒》賓主升堂，主人有拜至之禮，此賓昨日初至之時，主人請賓行禮，賓言“俟閒”，此時賓已至矣，故聘時“不拜至”，是以鄭云“以賓不於是始至”。醴尊于東箱，瓦大一，有豐。瓦大，瓦尊。豐，承尊器，如豆而卑。○瓦大，音泰。而卑，劉音婢。薦脯五臟，祭半臟，橫之。臟，脯如版然者，或謂之脡，皆取直貌焉。○五臟，音職。之脡，大頂反。【疏】注“臟脯”至“貌焉”。○釋曰：此脯禮賓時所用薦脯是也，案《鄉飲酒禮》云薦脯五脡，故云“或謂之脡，皆取直貌”。祭醴再扱，始扱一祭，卒再祭。卒，謂後扱。○再扱，初洽反。主人之庭實，則主人遂以出，賓之士訝受之。此謂餘三馬也。左馬，賓執以出矣。士，士介從者。【疏】“主人”至“受之”。○注“此謂”至“從者”。○釋曰：此“主人之庭實”者，謂主人禮賓時設乘馬也，經云“賓執左馬以出”，三馬在後，主人從者牽之，遂從賓以出於門外，賓之士介迎受之，故鄭云“此謂餘三馬也”。知士是士介從者，以其經云“從者訝受馬”，此記云士②，故知“士介從者”也。

既覿，賓若私獻，奉獻將命。時有珍異之物，或賓奉之，所以自序尊敬也，猶以君命致之。【疏】“既覿”至“將命”。○注“時有”至“致之”。○釋曰：云“猶以君命致之”者，以經云“將命”，是以知雖是私獻己物，與君物同，皆云君命致之，臣統於君故。擯者入告，出，禮辭。辭其獻也。賓東面坐奠獻，再拜稽首。送獻不入者，奉物禮輕。【疏】注“送獻”至“禮輕”。○釋曰：云“奉物禮輕”者，謂以奉私獻入，則是主於貨，傷敗於享覿，故不入。擯者東面坐取獻，舉以入告，出，禮請受。東面坐取獻者，以宜並受也。其取之，由賓南而自後右客也。【疏】“擯者”至“請受”。○注“東面”至“客也”。○釋曰：“擯者東面坐取獻，舉以入告”者，謂擯者從門東適南方，西行，於賓北舉幣，入告於君，及出，一請於賓而受之，故云“出，禮請受”。云“東面坐取獻者，以宜並受也”者，獻物在門外，擯者出受之，擯者與賓敵並受，故云“宜並受也”。云“其取之，由賓南而自後右客也”者，案上受享之時，“受皮者自後右

---

① “言聘事”原作“聘臣事”，曹云：“當爲‘言聘事’。”據改。
② “記”字原作“既”，曹云：“‘既’或當爲‘記’。”據改。

客”，鄭注云“自，由也。從東方來，由客後西，居其左受皮也”，此賓門西東面奠獻，擯者從東由賓南，自客後居賓左取獻物，故云“自後右客也”。**賓（固）辭，公答再拜**。拜受於賓也。固亦衍字。【疏】注“固亦衍字”。○釋曰：知“固”是衍字者，以其上擯者“禮請受”，不云“固”，明知賓不固辭，故云“固”衍字，云“亦”者，亦士介私覿時，“賓固辭”，鄭注云“固衍字，當如面大夫”也。**擯者立于閾外以相拜，賓辟**。相，贊也。古文閾爲蹙。○以相，息亮反，注及下注相拜同。爲蹙，子六反。**擯者授宰夫于中庭**。東藏之，既乃介覿。**若兄弟之國，則問夫人**。兄弟，謂同姓若昏姻甥舅有親者。問，猶遺也，謂獻也。不言獻者，變於君也。非兄弟，獻不及夫人。○猶遺，唯季反。【疏】注“兄弟”至“夫人”。○釋曰：云“兄弟，謂同姓”者，若魯於晉、鄭之等同姓也。云“若昏姻甥舅有親”者，若魯取齊女以爲舅，齊則以魯爲甥，是“有親者”也。云“非兄弟，獻不及夫人”者，以其經云“兄弟之國，則問夫人”，則非兄弟，問不及夫人可知。

若君不見，君有疾若他故，不見使者。【疏】“若君不見”。○注“君有”至“使者”。○釋曰：云“他故”者，病之外，或新有哀慘也。**使大夫受**。受聘享也。大夫，上卿也。【疏】“使大夫受”。○注“受聘”至“卿也”。○釋曰：知“受聘享”者，以其在後雖有覿獻之法，聘享在前，是以據在先者而言。云“大夫，上卿也”者，以其卿上大夫，故以卿爲大夫。必知使卿，不使下大夫者，以其君無故，君親受，今既有故，明使上卿代君受之。**自下聽命，自西階升受，負右房而立，賓降亦降**，此儀如還圭然，而賓、大夫易處耳。今文無而。【疏】注“此儀”至“處耳”。○釋曰：案上使大夫還玉於館，“大夫升自西階，鉤楹。賓自碑內聽命，升自西階，自左南面受圭，退負右房而立。大夫降中庭，賓降，自碑內東面，授上介于阼階東”，此中與彼還玉，皆升自西階，此非易處也，但還玉時，賓自大夫左受之，此中大夫於賓左受之，其賓主之位，皆易於還玉時①，故云“易處”也。**不禮**。辟正主也。古文禮作醴。○辟正，音避。【疏】“不禮”。○注“辟正主也”。○釋曰：案上聘享及請私覿訖②，主君禮賓，此大夫代君，不

---

①　“易”下原有“處”字，曹云：“‘處’字衍。”據刪。

②　“及請私覿”原作“及私覿”，曹云：“‘及私覿’三字衍，或‘及’下脱‘請’字。”據後説補。

禮，故云“辟正主也”。

　　幣之所及，皆勞，不釋服。以與賓接於君所，賓又請有事于己，不可以不速也。所不及者，下大夫未嘗使者也。不勞者，以先是賓請有事於己同類，既聞彼爲禮所及，則己往有嫌也。所以知及不及者，賓請有事，固曰某子某子。【疏】“幣之”至“釋服”。○注“以與”至“某子”。○釋曰：云“不可以不速也”者，釋經“不釋服”，即往①。云“所不及者，下大夫未嘗使者”，以其經云“下大夫嘗使至者，幣及之”，故知“所不及者”，是“下大夫未嘗使者也”。云“不勞者，以先是賓請有事於己同類，既聞彼爲禮所及，則己往有嫌也”者，此勞賓在後，賓請有事於大夫在聘畢②，云“先是賓請有事於己同類”，同類，謂幣所及者，故鄭云“既聞彼爲禮所及”，云“則己往有嫌”者，彼國幣及己，是以禮加於己，今勞賓者是以禮報之，若幣不及己，若往勞賓，則是己有禮於賓，有譏賓無禮於己之嫌③，是以不往勞之，故云“己往有嫌也”。云“所以知及不及者，賓請有事，固曰某子某子”者，當賓請事於大夫之時，顯此張子、李子之等，使受禮者預知，爾時不道己姓，則知己乃幣所不及。

　　賜饔，唯羹飪筮一尸，若昭若穆。羹飪，謂飪一牢也，肉謂之羹。唯是祭其先，大禮之盛者也。筮尸，若昭若穆，容父在。父在則祭祖，父卒則祭禰，腥、餼不祭，則士介不祭也。士之初行不釋幣于禰，不祭可也。古文羹爲羔，飪作腍。○若昭，式遙反，注同。作腍，而甚反，劉音審。【疏】“賜饔”至“若穆”。○注“羹飪”至“作腍”。○釋曰：古者天子、諸侯行，載廟木主，大夫雖無木主，亦以幣帛主其神，是以受主國饔餼，必筮尸祭④，然後食之，尊神以求福故也。“昭穆”言“若”者，以其昭穆不定，故云“若”也。云“腥、餼不祭，則士介不祭也”者，上致饔餼之時，云“上介饔餼三牢”，則飪、腥、餼三者皆有，後云“士介四人⑤，皆餼大牢”，無飪可祭，故知“士介不祭也”。**僕爲祝，祝曰：“孝孫某，孝子某，薦嘉禮于皇祖某甫，皇考某子。”**僕爲祝者，大夫之臣攝官也。○祝祝，上之六反，下之又反。【疏】“僕爲”至“某子”。○注

---

①　“往”字原作“注”，四庫本作“往”，據改。
②　“畢”字原作“日”，曹云：“‘日’當爲‘畢’，謂事畢賓退時。”據改。
③　“有”字原作“是”，曹云：“‘是’當爲‘有’。”據改。
④　“必”字原作“故”，曹云：“‘故’似當爲‘必’。”據改。
⑤　“後”字原作“故”，曹云：“毛本‘故’作‘後’是也。阮云陳、監俱作‘故’。案單疏作‘故’。”據改。

“僕爲”至“官也”。○釋曰：經並云孝孫、孝子，皇祖、皇考，以其不定，故兩言，謂上經“若昭若穆”，亦兩言之。云“僕爲祝者，大夫之臣攝官也”者，若然，諸侯不攝官，使祝祝策矣。案定四年，祝佗云“嘉好之事，君行師從，卿行旅從，則臣無事”，若然①，君到主國祭饗之時，得不攝官乎？諸侯亦使人攝②，是以《覲禮》云“侯氏裨冕，釋幣于禰”，注云“釋幣于禰之禮，既則祝藏其幣，歸乃埋之於祧西階之東”，大夫使僕攝祝，則是本無祝官，與諸侯異矣。其諸侯禮，大祝不行，知不使小祝行者，以其《掌客》云“羣介、行人、宰、史”，是諸侯從官不言祝，明大、小祝俱不行矣。**如饋食之禮**。如少牢饋食之禮，不言少牢，今以大牢也。今文無之。【疏】“如饋食之禮”。○注“如少牢”至“無之”。○釋曰：云“如少牢饋食之禮”者，案《少牢禮》有尊、俎、籩、豆、鼎、敦之數，陳設之儀，陰厭、陽厭之禮，九飯、三獻之法，上大夫又有正祭於室，儐尸於堂，此等皆宜有之，至於致爵、加爵及獻兄弟、弟子等，固當略之矣。**假器於大夫**，不敢以君之器爲祭器。【疏】“假器於大夫”。○注“不敢”至“祭器”。○釋曰：案《曲禮》云“大夫、士去國，大夫寓祭器於大夫，士寓祭器於士”，注云“與得用者言寄，覬己後還”，若然，卑者不得用尊者之器，是以此大夫聘使，不得將己之祭器而行，致饗餼，雖是祭器，人臣不敢以君之器爲祭器，是以聘使是大夫，還於主國大夫假祭器而行之。**肦肉及庮、車**。肦，猶賦也。庮，庮人也。車，巾車也。二人掌視車馬之官也。賦及之，明辯也。古文肦作紛。○肦肉，音班，賦也。及庮，所求反。【疏】“肦肉及庮車”。○注“肦猶”至“作紛”。○釋曰：此謂祭訖，歸胙在下。云“庮，庮人也。車，巾車也”者，案《周禮》天子夏官有庮人職，掌養馬，春官有巾車職，諸侯雖兼官，亦當有庮人、巾車，是故引《周禮》爲證。

　　聘日致饔。急歸大禮。**明日，問大夫**。不以殘日問人，崇敬也。古文曰

---

①　“若”下原無“然”字，四庫本“若”下有“然”字，據補。
②　“亦”字原作“不”，阮云：《要義》、毛本‘不’作‘亦’。許宗彦云：‘疏意始終謂諸侯亦攝，雖引《覲禮》而後申之，以大、小祝俱不行，是其意謂《覲禮》釋幣之祝，亦是使人攝之者。’”倉石云：“今案許説是，‘不’當作‘亦’。”據改。

問夫人也。**夕，夫人歸禮。**與君異日，下之也。古文歸作饋①。○下之，戶嫁反。**既致饔，旬而稍，宰夫始歸乘禽，日如其饔餼之數，**稍，稟食也。乘禽，乘行之禽也，謂鴈鶩之屬。其歸之，以雙爲數。其，賓與上介也。古文既爲餼。【疏】"既致"至"之數"。○注"稍稟"至"爲餼"。○釋曰：云"既致饔，旬而稍"者，以其賓客之道，十日爲正，行聘禮既訖，合歸，一旬之後，或逢凶變，或主人留之，不得時反，即有稍禮，故下文云"既將公事，賓請歸"，注云"謂已問大夫，事畢請歸，不敢自專，謙也。主國留之，饗食燕獻無日數②，盡殷勤也"，是主人留之，是以《周禮·漿人》亦云"共賓客之稍禮"③，注云"稍禮，非飧饗之禮，留間，王稍所給賓客者，漿人所給亦六飲而已"，諸侯相待亦如之，是其留間致稍者也。云"乘禽，乘行之禽也"者，別言此者，欲見此乘非物四曰乘。言"如其饔餼之數"者，一牢當一雙，故《聘義》云"乘禽日五雙"，是此饔餼五牢者也。若然，上介三牢則三雙也，士介一牢則一雙也。云"鴈鶩之屬"者，案《爾雅》"二足而羽謂之禽"④，故以禽爲鴈鶩之屬。云"其，賓與上介也"者，以其下文別有士介故也。**士中日則二雙。**中，猶間也。不一日一雙，大寡，不敬也。○士中，丁仲反，注同。**凡獻，執一雙，委其餘于面。**執一雙，以將命也。面，前也。其受之也，上介受以入告之，士舉其餘從之，賓不辭，拜受于庭，上介執之以相拜于門中，乃入授人。上介受亦如之，士介拜受于門外。【疏】"凡獻"至"于面"。○注"執一"至"門外"。○釋曰：云"上介受以入告之，士舉其餘從之"者，此乘禽而云"凡獻"，宜約私

---

① "古"字原作"今"，沈云："注文有誤，'今'字當作'古'。《論語·先進》'詠而歸'，《釋文》：'如字。鄭本作饋，饋酒食也。魯讀饋爲歸，今從古。'《陽貨》'歸孔子豚'，《釋文》：'鄭本作饋，魯讀爲歸，今從古。'魯《論》今文作'歸'，鄭用古《論》作'饋'。云'今從古'，陸德明不從所據本也。《論衡·明雩篇》引《論語》作'詠而歸'，釋云：'詠而饋，詠，歌；饋，祭也。歌詠而祭也。'引本文據魯《論》而述說從古《論》，徐養原以爲'充此論乃古文說'是也。然則《聘禮》作'歸'是今文用假借字，故鄭注當作'古文歸作饋'。"據改。

② "饗食燕獻無日數"，阮云："《要義》同，毛本'獻'作'饗'。按作'獻'與下文注與疏並合。曹云：'獻'，毛作'饗'。阮云《要義》作'獻'。案單疏作'獻'。"

③ "亦"下原無"云"字，曹云："'亦'下脫'云'字。"據補。

④ "云鴈"至"而羽"原在上文"五牢者也"下、"若然"上，倉石云："'云鴈鶩之屬者案爾雅二足而羽'十三字，《詳校》移置下文'則一雙也'下，刪'羽'字。《校勘記》云：'疏意欲以二足釋雙字之義，故引《爾雅》而截出之，不必如盧所改。'今案必如盧說，文義方完，阮氏駁之，殊覺牽强。"據乙並刪一"羽"字。

獻。私獻,擯者取獻以入,士舉其餘,此一雙上介受入①,明其餘士舉從入可知。云“不辭,拜受于庭”者,以其經無辭文,又饗餼云“禮辭”,明此禽禮輕,無辭,受于庭可知。“上介執之,以相拜于門中,乃入授人”者,此亦約私獻。私獻之時,擯者取獻以入,又云“擯者立于闑外以相拜,賓辭,擯者授宰夫”,是其約也。云“上介受亦如之”者,以其受饗餼之時,上介受已如賓禮,故知受乘禽亦如賓也。云“士介拜受於門外”者,以其受餼在門外,此受乘禽在門外可知。　**禽羞、俶獻比。** 比,放也。其致之禮,如乘禽也。禽羞,謂成孰有齊和者。俶獻,四時珍美新物也。俶,始也。言其始可獻也,《聘義》謂之時賜。○比放也,甫往反。有齊,才計反。和者,户臥反。【疏】“禽羞俶獻比”。○注“比放”至“時賜”。○釋曰:云“禽羞,謂成孰有齊和者”,以其稱羞,謂若庶羞、内羞之等,故以成熟解之,稱禽則以鴈鶩等爲之②。“《聘義》謂之時賜”者,案《聘義》云“燕與時賜無數”,時賜,謂四時珍異以賜諸賓客,與此俶獻是一物,故引以爲證。

歸大禮之日,既受饗餼,請觀。 聘於是國,欲見其宗廟之好,百官之富,若尤尊大之焉。○請觀,古亂反,下注同,又如字。**訝帥之,自下門入。** 帥,猶道也。從下門外入,游觀非正也。○猶道,音導。

各以其爵,朝服。 此句似非其次,宜在凡致禮下,絶爛在此。【疏】“各以其爵朝服”。○注“此句”至“在此”。○釋曰:云“宜在凡致禮下”者,以其“各以其爵,朝服”,爲致禮而言,故知義然。

士無饔,無饔者無(擯)〔儐〕③。 謂歸餼也。【疏】“士無”至“無擯”。○注“謂歸餼也”。○釋曰:案上經直云宰夫朝服以致之,是其無饔,宰夫退去,士介不儐之是也。

大夫不敢辭,君初爲之辭矣。 此句亦非其次,宜在明日問大夫之下。○爲之,于僞反。【疏】“大夫”至“辭矣”。○注“此句”至“之下”。○釋曰:此謂賓問卿之時,卿不敢辭者,以賓聘享訖,出大門,請有事於大夫,君禮辭許,是君初爲之辭,故

---

① “一雙”原作“若”,曹云:“‘若’字疑當爲‘一雙’二字。”據改。
② “故以”至“爲之”原作“故稱禽則以鴈鶩等爲之故以成孰解之”,曹云:“上‘故’字衍,二句當倒。‘孰’,單疏作‘熟’。”據改。
③ “無擯”,阮云:“‘擯’,唐石經、徐、陳、閩、葛、《集釋》、《通解》、楊、敖俱作‘擯’,毛本作‘儐’。李氏曰當爲‘儐’。”當據改。

卿不辭也。

　　凡致禮，皆用其饗之加籩豆。 凡致禮，謂君不親饗賓及上介，以酬幣致其禮也。其，其賓與上介也。加籩豆，謂其實也，亦實於甕筐。饗禮今亡。【疏】"凡致"至"籩豆"。○注"凡致"至"今亡"。○釋曰：云"其，其賓與上介也"者，案上經"賓壹食壹饗，上介若食若饗"，唯士介不言饗，故知其中唯有賓與上介耳。云"加籩豆，謂其實也，亦實于甕"者①，案致饗餼，醢醓是豆實，實于甕，明此饗之豆實，亦實于甕可知也。案昭六年，"夏，季孫宿如晉，拜莒田也。晉侯享之，有加籩②。武子退，使行人告曰：小國之事大國也，苟免於討，不敢求貺。得貺不過三獻，今豆有加，下臣弗堪，無乃戾也"，此中致饗有加籩豆者，饗使者無加籩豆是正禮③，此云"加籩豆"者，殷勤之義也。云"饗禮今亡"者，以其食禮在，知其豆數，饗禮亡，無文以知之。**無饔者無饗禮。** 士介無饗禮。【疏】"無饔者無饗禮"。○注"士介無饗禮"。○釋曰："無饔者無饗禮"，文承饗下，故鄭以"士介無饗禮"解之④，以其賓與上介饗餼俱有，故有饗，士介唯有餼而已，無饔，故無饗禮也。

　　凡餼，大夫黍、粱、稷，筐五斛。 謂大夫餼賓、上介也。器寡而大，略。【疏】"凡餼"至"五斛"。○注"謂大"至"大略"。○釋曰：案上經云"大夫餼賓大牢，米八筐，衆介米六筐"⑤，不辨大小，故此記人辨之云"筐五斛"。云"器寡而大，略"者，以其君歸饗餼于賓與大夫介，筥米小而多者，是尊者所致，以多器爲榮，今大夫致禮於賓、介，器寡而大，是略之於卑者也。

　　既將公事，賓請歸。 謂已問大夫，事畢請歸，不敢自專，謙也。主國留之，饗食燕獻無日數，盡殷勤也。【疏】"既將公事賓請歸"。○主"謂已"至"勤也"。○釋曰：云"已問大夫"者，請問三卿與下大夫嘗使於彼國幣所及，皆是君命及以君物行禮

---

　　① "亦實於甕者"，阮云："《要義》同，毛本甕下有'筐'字。魏氏曰：'温本甕下有筐字。'按下文兩言豆實實于甕，則無'筐'是也。注內'筐'字恐係衍文，經不言籩實，不必有'筐'字。"

　　② "有"字原作"以"，阮云："浦鏜云'有'誤'以'。"倉石云："'以'，殿本、《正字》據《左傳》作'有'字。案《冠禮》疏引，正作'有'。"據改。

　　③ "是"字原作"之"，曹云："'之'字譌，單疏作'是'。"據改。

　　④ "以"下原無"士介"二字，阮云："'以'下《要義》有'士介'二字。"據補。

　　⑤ "六"字原作"八"，阮云："'八'，聶氏作'六'。按'六'字與上經合。"據改。

者，皆是公事，事訖，故請歸也。云"主國留之，饗食燕獻無日數，盡殷勤也"者，亦謂至旬，賓乃將歸，主君乃留賓，有此饗食燕獻之等，故《燕禮》注云"今燕又宜獻焉"是也。云"無日數"者，謂行此饗食之等，相去希數無常日數，盡主人殷勤也。**凡賓拜于朝，訝聽之。**拜，拜賜也。唯稍不拜。【疏】"凡賓"至"聽之"。○注"拜拜"至"不拜"。○釋曰：案上經云"賓三拜乘禽於朝，訝聽之。遂行，舍于郊"，又案《司儀》云"明日，客拜禮賜，遂行"，是臨行大小禮皆拜賜，則知唯米禾芻薪等不拜也。

　　燕則上介爲賓，賓爲苟敬，饗食，君親爲主，尊賓也。燕，私樂之禮，崇恩殺敬也。賓不欲主君復舉禮事禮己，于是辭爲賓，君聽之，從諸公之席，命爲苟敬。苟敬者，主人所以小敬也。更降迎其介以爲賓。介，大夫也。雖爲賓，猶卑於君，君則不與亢禮也。主人所以致敬者，自敵以上。○私樂，音洛。恩殺，所介反。君復，扶又反，下同。【疏】"燕則"至"苟敬"。○注"饗食"至"以上"。○釋曰：云"饗食，君親爲主，尊賓也"者，以其饗食在廟爲賓，故君親爲主，至後燕禮在寢，又以醉爲度，崇於恩殺於敬，故賓辭而使介爲賓也。以"苟敬"爲"小敬"者，以阼階西近主爲位，諸公坐位，故云"小敬"，對戶牖南面爲大敬。云"更降迎其介以爲賓"者，介在廟門內西北面，降至庭迎之。云"不與亢禮也"者，略取《燕義》文，解君不親爲獻主而使宰夫之意也。云"主人所以致敬者，自敵以上"者，謂兩君相見，兩大夫、兩士以上，則主人親獻也。**宰夫獻。**爲主人代公獻。

　　無行，則重賄、反幣。無行，謂獨來，復無所之也。必重其賄與反幣者，使者歸，以得禮多爲榮，所以盈聘君之意也。反幣，謂禮玉、束帛、乘皮，所以報聘君之享禮也。昔秦康公使西乞術聘于魯，辭孫而説，襄仲曰"不有君子，其能國乎？厚賄之"，此謂重賄反幣者也。今文曰賄反幣。【疏】"無行"至"反幣"。○注"無行"至"反幣"。○釋曰：云"重其賄"，即上"賄，在聘于賄"是也。"反幣"，謂上"禮玉、束帛、乘皮"是也。云"秦康公"者，案文公十二年《左氏傳》云"秦伯使西乞術來聘"云云是也。此特來，非歷聘，歷聘則吳公子札聘於上國、聘齊、聘魯是也。

　　曰："子以君命在寡君，寡君拜君命之辱。"此贊君拜聘享辭也。在，存也。【疏】"曰子"至"之辱"。○釋曰：此及下三經，即上經云"公館賓，賓辟，上介聽命。聘享、夫人之聘享、問大夫，送賓，公皆再拜"，注云"拜此四事"，彼見其拜，此見其贊辭也。**"君以社稷故，在寡小君，拜。"**此贊拜夫人聘享辭也。言君以社稷故者，夫人與君體敵，不敢當其惠也。其卒亦曰："寡君拜命之辱。"【疏】"君以"至"君拜"。○注"此贊"至"之辱"。○釋曰：云"言君以社稷故者，夫人與君體敵，不敢當其惠也"者，釋經云"社稷故"，以其《禮記·哀公問》孔子云取夫人爲社稷主，婦人無外事，天地并社稷，后、夫人雖不與，以夫婦一體，故夫人亦得云"社稷主"，是其云"社稷故者"，見夫人與君體敵，今夫人使致禮來，主人不敢當，下文云"君眂寡君，延及二三老"，是與君不敵，敢當之也。"君眂寡君，延及二三老，拜。"此贊拜問大夫之辭。眂，賜也。大夫曰老。又拜送。拜送賓也。其辭蓋云："子將有行，寡君敢拜送。"自拜聘享至此，亦非其次，宜承上君館之下。【疏】"又拜送"。○注"拜送"至"之下"。○釋曰：此即上經君即館，拜送賓，故鄭云此"宜承上君館之下"。

　　賓於館堂楹閒，釋四皮、束帛。賓不致，主人不拜。賓將遂去是館，留禮以禮主人，所以謝之也。不致，不拜，不以將別崇新敬也。【疏】注"不致"至"敬也"。○釋曰：若賓敬主，宜致，主人敬賓，宜拜，皆是崇敬，若致與拜，即是"崇新敬"，故不爲，若《鄉飲酒》送賓，賓不苔，禮有終，相類也。

　　大夫來使，無罪饗之，樂與嘉賓爲禮。【疏】"大夫"至"饗之"。○注"樂與嘉賓爲禮"。○釋曰：案《鹿鳴序》燕羣臣嘉賓，此無罪饗之，亦是樂賓爲禮者也。過則餼之，餼之，腥致其牢禮也。其致之辭，不云君之有故耳。《聘義》曰："使者聘而誤，主君不親饗食，所以愧厲之也。"不言罪者，罪將執之。【疏】"過則餼之"。○注"餼之"至"執之"。○釋曰：云"過則餼之"，謂禮有失誤，故引《聘義》"使者聘而誤，主君"云云①。"不言罪者，罪將執之"者②，《春秋》之義，聘賓有罪皆執之。若然，上經云"無罪饗之"，有罪非但不饗，又執之，此"過則餼之"，雖不饗，猶生致，過輕故也。若然，上云"罪"，下云"過"，互見其義也。其介爲介。饗賓有介者，賓尊，行敵禮也。【疏】"其介爲介"。○注"饗賓"至"禮也"。○釋曰：謂饗賓於廟之時，還以聘之上介爲介。若

---

①　"主君云云"原作"主君云"，阮云："毛本'君'下有'不親饗食所以愧厲之也'十字，《要義》有'云云'二字。按既無下十字，則主君下必加'云云'二字文義方足，當從《要義》。"據補。

②　"不言罪者罪將執之者"，阮云："毛本無'者罪'二字，《要義》無'云'字，有'者罪'二字。按上既有'云云'二字，故此句之首不加'云'字。凡疏例述注，亦有無'云'字者。"

然,上經上介、主人別行饗,則是從賓爲介得饗①,復別饗也。云"賓尊,行敵禮也"者,若《鄉飲酒》賓主行敵禮而有介然也。有大客後至,則先客不饗食,致之。卑不與尊者齊禮。【疏】"有大"至"致之"。○注"卑不"至"齊禮"。○釋曰:此據《聘禮》而言,則無君朝之事。若然,則前有小國之卿大夫來聘,將行饗食,有大國卿大夫來聘,則廢小國饗食之禮,以其卑不與尊齊禮並行之。

　　唯大聘有几筵。謂受聘享時也。小聘輕,雖受于廟,不爲神位。【疏】"唯大聘有几筵"。○注"謂受"至"神位"。○釋曰:案上經云"几筵既設,擯者出請命"②,行聘享及請私覿禮畢③,云"宰夫徹几改筵",是行聘享爲神位,今小聘不爲神位,屈也。

　　十斗曰斛,十六斗曰籔,十籔曰秉,秉,十六斛。今江、淮之間,量名有爲籔者。今文籔爲逾。○量名,音亮。二百四十斗。謂一車之米,秉有五籔。四秉曰筥。此秉謂刈禾盈手之秉也。筥,穧名也。若今萊、易之間④,刈稻聚把,有名爲筥者。《詩》云"彼有遺秉",又云"此有不斂穧"。○穧名,才計反,下同。萊易,音來。聚把,百馬反。【疏】"四秉曰筥"。○注"此秉"至"斂穧"。○釋曰:云"此秉爲刈禾盈手之秉也",對上文秉爲量名也。引《詩》者,證此秉爲盈手穧,即此筥,亦一,即今人謂之一鋪、兩鋪也。十筥曰稯,十稯曰秅,四百秉爲一秅。一車之禾三秅,爲千二百秉。三百筥,三十稯也。古文稯作緵。○曰稯,劉宰孔反,《字林》子工反。作緵,劉音總。【疏】注"一車"至"作緵"。○釋曰:云"一車之禾三秅",即經致饔餼時云"禾三十車,車三秅"也。

---

　　①　"介"下原有"得介"二字,曹云:"'得介'二字衍。"據删。又"得饗"原作"則饗",張敦仁本作"得饗",據改。

　　②　"命"下原有"者"字,曹云:"'者'字衍。"據删。

　　③　"及請私覿"原作"及私覿",曹云:"'及私覿'三字亦衍,或'及'下當有'請'字。"據後説補。

　　④　"萊易"原作"萊陽",阮云:"'陽',《通解》、楊、敖俱作'易',《釋文》宋本亦作'易',今本作'易'。按萊、易二地名,故云之間。或誤作'易',遂誤作'陽'。"據改。

儀禮疏卷第二十五　儀禮卷第九

公食大夫禮第九

　　○公食大夫禮第九，鄭云："主國君以禮食小聘大夫之禮也。"【疏】"公食大夫禮第九"。○鄭《目録》云："主國君以禮食小聘大夫之禮，於五禮屬嘉禮。《大戴》第十五，《小戴》第十六，《別録》第九。"○釋曰：鄭知是小聘大夫者，案下文云"宰夫自東房薦豆六①，設於醬東"②，"設黍稷六簋"，又設庶羞十六豆，此等皆是下大夫小聘之禮，下乃別云"上大夫八豆、八簋"，又云上大夫庶羞二十豆③，是食上大夫之法，故知此篇據小聘大夫也。若然，《聘禮》據侯伯之大聘，此篇據小聘大夫者，周公設經，互見爲義。案篇末云"魚、腸胃、倫膚，若九若十有一，下大夫則若七若九"，鄭注云"此以命數爲差，九謂再命者，十一謂三命者，七謂一命者。九或上或下者，再命謂小國之卿、次國之大夫也。卿則曰上，大夫則曰下，大國之孤視子男"，以此言之，魚、腸胃、倫膚皆七者，謂子男小聘之大夫。此《公食》序在《聘禮》之下，是因聘而食之，不言食賓與上介，直云大夫者，若云食賓與上介，則小聘使下大夫，上介乃是士，是以直云大夫，兼侯伯大聘賓與上介④，亦兼小聘之賓。若然，《聘禮》據大聘，因見小聘，此《公食》先見小聘，後言大聘者，欲見大聘、小聘或先或後，不常之義。

　　公食大夫之禮。使大夫戒，各以其爵。戒，猶告也。告之必使同班，敵者易以相親敬。○公食，音嗣，下注後食、饗食同⑤。易以，以豉反。【疏】"公食"

---

　　①　"房"字原作"方"，據經文，"方"當爲"房"，謹改。
　　②　"於"上原無"設"字，曹云："'於'上脱'設'字。"據補。
　　③　"二十"原作"十六"，據經文，"十六"當爲"二十"，謹改。
　　④　"侯伯大"原作"得大夫"，倉石云："此疑有譌，'得大夫'或當作'侯伯大'三字。"據改。
　　⑤　"後食饗食同"原作"後食饗食禮同"，黄云："宋本同。盧本於'禮'上增'食'字。張氏《識誤》云：'食饗當作饗食。'阮云：'案後食指下注先饗後食，饗食指下注小臣於小賓客饗食，今本不誤，惟禮字疑衍文。'"據阮校删"禮"字。

至"其爵"。○注"戒猶"至"親敬"。○釋曰:自此盡"如聘",論主君使大夫就館,戒聘客使來行食禮之事。云"各以其爵"者,此篇雖據子男大夫爲正,兼見五等諸侯大聘使卿之事,故云"各以其爵"也。**上介出請,入告**,問所以來事①。○以爲,于僞反,下爲既、爲從、爲公、爲賓同。【疏】"上介出請入告"。○注"問所以來事"。○釋曰:據大夫就賓館之門外,賓使上介出請大夫所爲來之事。**三辭**。爲既先受賜,不敢當。○三辭,息暫反,又如字。【疏】"三辭"。○注"爲既"至"敢當"。○釋曰:"既先受賜"者,謂聘日致饗,受賜大禮,故今辭食,不敢當之。但受饗之時,禮辭而已,至於饗食,皆當三辭。**賓出,拜辱**。拜使者屈辱來迎己。○拜使,所吏反,下同。**大夫不荅拜,將命**,不荅拜,爲人使也。將,猶致也。**賓再拜稽首**。受命。**大夫還**,復於君。**賓不拜送,遂從之**。不拜送者,爲從之,不終事。【疏】"賓不"至"從之"。○注"不拜"至"終事"。○釋曰:案《鄉飲酒》主人拜送,賓不荅拜,云"禮有終",此賓不拜送,爲從之,不終事,故"賓不拜送"也。若然,《鄉飲酒》、《鄉射》戒賓,遂從之而云"拜辱"、"拜送"者,以其主人先反,不相隨,故得拜辱、拜送。《覲禮》使者勞賓,"侯氏送於門外,再拜,遂從之"②,使者既不先反,猶拜送者,尊天子使故也。**賓朝服即位于大門外,如聘**。於是朝服,則初時玄端。如聘,亦入于次俟。○賓朝,直遙反,下及注同。【疏】"賓朝"至"如聘"。○注"於是"至"次俟"。○釋曰:云"大門外,如聘"者,則賓主設擯介以相待,如聘時。云"於是朝服,則初時玄端"者,初時,謂賓發館時服玄端,若《鄉射》"主人朝服,乃速賓",鄭注云"射,賓輕也,戒時玄端",以此言之,亦賓在館拜所戒大夫即玄端,賓遂從大夫至君大門外入次,乃去玄端,著朝服,出次即位也。云"如聘,亦入於次俟"者,案《聘禮》"賓皮弁聘,至于朝,賓入于次",注云"入于次者,俟辦",則此入次,亦俟主人辦也。若然,聘禮重,賓發館即皮弁,此食禮輕,及大門乃朝服。

----

① "問所以來事",阮云:"毛本'以'下有'爲'字,嚴本、《集釋》、《要義》俱無'爲'字。張氏曰:'注曰問所以來事,按《釋文》云:以爲,于僞反。今本于以字下脫一爲字,從《釋文》。'盧文弨云:'疏云賓使上介出請大夫所爲來之事,無以字。《釋文》或本是所爲,誤作以爲也。'"《釋文》摘"以爲"二字爲音,與注不合,必有一誤。

② "侯氏"至"從之"原作"於門外侯氏再拜遂送之",曹云:"當爲'侯氏送於門外,再拜,遂從之'。"據改。

即位，具。主人也。擯者俟君於大門外，卿大夫士序及宰夫具其饌物，皆於廟門之外。【疏】“即位具”。○注“主人”至“之外”。○釋曰：云“擯者俟君於大門外”者，解“即位”之事。云“卿大夫士序及宰夫具其饌物，皆於廟門之外”者，以其君迎賓入，始言卿大夫以下廟內之位，則知此具饌物時，皆在廟門外也，故鄭下文注云“自卿大夫至此，不先即位，從君而入者，明助君饗食賓，自無事”，故不在廟門內①，是其義也。羹定，肉謂之羹。定，猶熟也。著之者，下以爲節。○羹定，多佞反，注同。【疏】“羹定”。○注“肉謂”至“爲節”。○釋曰：云“肉謂之羹”者，《爾雅》文。云“著之者，下以爲節”者，“羹定”與下文“陳鼎”之節爲目也。甸人陳鼎七，當門，南面西上，設扃鼏，鼏若束若編。七鼎，一大牢也。甸人，冢宰之屬兼亨人者。南面西上，以其爲賓，統於外也。扃，鼎扛，所以舉之者也。凡鼎鼏，蓋以茅爲之，長則束本，短則編其中央。今文扃作鉉，古文鼏皆作密。○若編，必緜反，劉方緜反。兼亨，普庚反。鼎扛，音江。作鉉，胡犬反，一音扃，劉古頑反，又音玄，又音關。【疏】“甸人”至“若編”。○注“七鼎”至“作密”。○釋曰：云“七鼎，一大牢也”者，案《聘禮》致飧與饔餼皆九鼎，此亦一大牢而七鼎者，此食禮輕，無鮮魚、鮮腊，與《聘禮》“腥一牢，鼎七”同也。云“甸人，冢宰之屬兼亨人者”，案《天官》有甸師氏，兼有亨人，皆屬冢宰，彼天子禮，諸侯比天子爲兼官，故甸人兼亨人也。必使甸人陳鼎兼亨人者，案《亨人職》云“掌共鼎鑊”，又案《甸師職》云“掌帥其徒以薪蒸役外內饔之事”，故使甸人兼亨人陳鼎。若然，案《少牢》“羹定，饔人陳鼎”者，以其無甸人官，故饔人陳鼎也。《既夕》士禮，云“甸人抗重”，又云“甸人築坅坎”，以士無臣，使屬吏攝甸人之事，非謂置此官也。云“凡鼎鼏，蓋以茅爲之”者，諸文多言鼎鼏，皆不言所用之物，此經雖言“若束若編”，亦不指所用之體，故鄭云“蓋”以疑之，然必知用茅者，《詩》云“白茅苞之”②，《尚書》孔傳云“苴以白茅”，茅是絜白之物，故疑用茅也。設洗如饗。必如饗者，先饗後食，如其近者也。饗禮亡，《燕禮》則設洗於阼階東南。古文饗或作鄉。【疏】“設洗如饗”。○注“必如”至“作鄉”。○釋曰：云“必如饗者，先饗後食，如其近者也”，鄭據此文行食禮而云“如饗”，明先饗，設洗訖，乃後食，故鄉前如之，是“先饗後食”也。案《聘禮》云“公

---

① “廟”字原作“大”，曹云：“‘大’當爲‘廟’。”據改。
② “云”字原作“曰”，曹云：“‘曰’單疏作‘云’。”據改。

於賓，壹食再饗”，則食在饗前矣，不言如燕禮者，饗食在廟，燕在寢，則是饗食重，先行之，故二者自相先後，是以不得用燕禮決之也。引《燕禮》者，欲見設洗之法，燕與饗食同，故無《饗禮》，引《燕禮》而言也。**小臣具槃匜，在東堂下。**爲公盥也。公尊，不就洗。小臣於小賓客饗食，掌正君服位。○槃匜，以支反。【疏】“小臣”至“堂下”。○注“爲公”至“服位”。○釋曰：知此“爲公盥”者，案《特牲》尸尊，不就洗，盥用槃匜，故知此所設槃匜，亦爲公盥不就洗也。云“小臣於小賓客饗食，掌正君服位”者①，按《夏官・小臣職》云“小祭祀、賓客、饗食，如大僕之法”，此諸侯之聘客饗食，故亦小臣掌之也。**宰夫設筵，加席、几。**設筵於戶西，南面而左几。公不賓至授几者，親設涪醬，可以略此。○設涪，劉羌立反，下及注並同。【疏】“宰夫”至“席几”。○注“設筵”至“略此”。○釋曰：云“設筵於戶西，南面而左几”者，以其賓在戶牖之閒南面，又生人左几，異於神右几故也。云“公不賓至授几者，親設涪醬，可以略此”者，決《聘禮》禮賓時，公親授几者，以無設涪醬之事故也，故下記云“不授几”，鄭云“異於醴也”。**無尊，**主於食，不獻酬。**飲酒、漿飲俟于東房。**飲酒，清酒也。漿飲，戴漿也。其俟，奠於豐上也。飲酒先言飲，明非獻酬之酒也。漿飲先言漿，別於六飲也。○戴漿，昨再反。別於，彼列反。【疏】“飲酒”至“東房”。○注“飲酒”至“飲也”。○釋曰：云“飲酒，清酒也”者，按《周禮・酒正》注“先鄭云清酒，祭祀之酒”，後鄭從之，則此賓客用之者，優賓故也。云“漿飲，戴漿也”者，戴之言載，以其汁滓相載，故云戴，漢法有此名故也。云“其俟，奠於豐上也”者，下云“飲酒實於觶，加于豐”是也，此云“奠”，即彼“加”也。云“飲酒先言飲，明非獻酬之酒也”者，以其《鄉飲酒》、《燕禮》等獻酬之酒皆不言飲，飲之可知，此擬酳口，故言飲，是異於獻酬酒故也，是以《酒人》云“共賓客之禮酒、飲酒”，鄭注云“禮酒，饗燕之酒”，不言飲，“飲酒，食之酒”②，云飲，亦是其義也。云“漿飲先言漿，別於六飲也”者，按《漿人》云“共王六飲，水、漿、醴、涼、醫、酏”，彼先云六飲，後云水、漿，與此先云漿不同，故云“先云漿，別於六飲”，必別於六飲者，彼六飲爲渴而飲，此漿爲酳口，不爲渴，故異之。**凡宰夫之具，饌于東房。**凡，非一也。飲食之具，宰夫所掌也。酒漿不在凡中者，雖無尊，猶嫌在堂。【疏】“凡宰”至“東房”。

---

① “君”下原無“服”字，曹云：“‘君’下注有‘服’字。”據補。
② “食”上原無“飲酒”二字，曹云：“上脫‘飲酒’二字。”據補。

〇注"凡非"至"在堂"。〇釋曰:云"酒漿不在凡中者,雖無尊,猶嫌在堂"者,以其酒漿常在堂,若不特言之,則凡中不含之,嫌謂酒漿仍在堂①,故上特言之。

公如賓服,迎賓于大門内。不出大門,降於國君。【疏】"公如"至"門内"。〇注"不出"至"國君"。〇釋曰:自此盡"階上北面再拜稽首",論主君迎賓入拜至之事。云"不出大門,降於國君"者,按《周禮·司儀》云"將幣,交擯,三辭,車逆,拜辱。賓車進,荅拜",又云"致饔餼、饗食,皆如將幣之儀",是國君來則出迎也。大夫納賓,大夫,謂上擯也。納賓以公命。(公)〔賓〕入門左②,公再拜,賓辟,再拜稽首。左,西方,賓位也。辟,逡遁,不敢當君拜也。〇賓辟,婢亦反,又音避,及下同。逡,七旬反。遁,音旬。公揖入,賓從,揖入,道之。〇賓從,才用反。道之,音導。及廟門,公揖入,廟,禰廟也。【疏】"及廟門公揖入"。〇注"廟禰廟也"。〇釋曰:《儀禮》之内單言廟者,皆據禰廟,是以《昏禮》納采云"至于廟",記云"凡行事,必用昏昕,受諸禰廟",以此而言,則言廟皆禰廟也。若非禰廟,則言廟號③,若《聘禮》云"不腆先君之祧",問卿云"受于祖廟"之類是也。但受聘在祖廟,食饗在禰,燕輕於食饗,又在寢,是其差次也。賓入,三揖,每曲揖,及當碑揖,相人偶。至于階,三讓。讓先升。【疏】"至于階三讓"。〇釋曰:按《曲禮》云"客若降等,則就主人之階。主人固辭,然後客復就西階",此亦降等,初即就西階者,此君與客食禮,禮之正,彼謂大夫、士以小小燕食之禮,故與此不同也。公升二等,賓升。遠下人君。〇遠下,户嫁反。【疏】"公升二等賓升"。〇注"遠下人君"。〇釋曰:言"遠下人君"者,亦取君行一、臣行二之義也。大夫立于東夾南,西面北上。東夾南,東西節也。取節於夾,明東於堂。〇東夾,古洽反,劉古協反。【疏】"大夫"至"北上"。〇注"東夾"至"於堂"。〇釋曰:此謂主國卿大夫立位。云"取節於夾,明東於堂"者,序已西爲正堂,序東有夾室,今大夫立于夾室之南,是東于堂也。士立于門東,北面西上。統於門者,非其正位,辟賓在此。【疏】"士立"至"西上"。〇注"統於"至

---

① "嫌"字原作"言",阮云:"浦鏜云'言'疑'嫌'字誤。"據改。
② "公入門左",諸本"公"字皆作"賓",當據改。
③ "號"字原作"祧",曹云:"'祧'似當爲'號'。"據改。

“在此”。○釋曰：案《燕禮》、《大射》士在西方，東面北上，不統於門，今在門東北面①，宜東統於君，而在門東西上②，“統於門者”，以賓在門西，辟賓在此，非正位故也。**小臣東堂下，南面西上。宰東夾北，西面南上。**宰，宰夫之屬也。古文無南上。【疏】“小臣”至“南上”。○注“宰宰”至“南上”。○釋曰：云“宰東夾北，西面南上”者，謂在北堂之東③，與夾室相當，故云“夾北”也。云“宰，宰夫之屬也”者，以經云“南上”，則非止一人，但宰官之內，有宰夫之等，是以下有宰夫之官，皆於此立可知，故云“之屬也”。若然，宰尊官，在小臣之下者，以其小臣位在東堂下④，故先見之，非謂尊卑先後爲次也。**内官之士在宰東北，西面南上。**夫人之官，内宰之屬也。自卿大夫至此，不先即位，從君而入者，明助君饗食賓，自無事。【疏】“内官”至“南上”。○注“夫人”至“無事”。○釋曰：云“夫人之官，内宰之屬也”者，經云“内官”，按《周禮·天官》内宰下大夫，掌王后已下，彼天子内官，諸侯未必有内宰，以其言“内官之士”，以士爲之，明當天子内宰，故舉内宰況之也。云“自卿大夫至此，不先即位，從君而入者，明助君饗食賓，自無事”者，按前聘時君迎客于大門内時，卿大夫已下入廟即位者，受聘事重，非饗食之事，故先入廟即位，此已下雖有宰及宰夫者，皆有事，及大夫匕牲⑤，士庶羞之等，皆助君食賓，非己之事，故後入也。**介門西，北面西上。**西上，自統於賓也。然則承擯以下，立於士西，少進，東上。【疏】“介門”至“西上”。○注“西上”至“東上”。○釋曰：云“然則承擯以下，立于士西，少進，東上”者，以其介統於賓而西上，則擯統於君而東上可知，承擯以下既是有事之人，承擯是大夫，又尊於士，故知“少進，東上”，不言上擯者，上擯有事，其位不定，故不言。**公當楣北鄉，至再拜，賓降也，公再拜。**楣謂之梁。至再拜者，興禮俟賓，嘉其來也。公再拜，賓降矣。○北鄉，許亮反，後皆放此。【疏】“公當”至“再拜”。○注“楣謂”至“降矣”。○釋曰：自此盡“稽首”，論公拜至，賓荅拜之事。云“公再拜，賓降矣”者，釋經“賓降”在“至再拜”下、

---

① “今”字原作“又”，倉石云：“‘又’，《通解》作‘今’。”據改。

② “而”字原作“今”，倉石云：“‘今’，《通解》作‘而’。”據改。

③ “東”字原作“南”，四庫本作“東”，據改。

④ “東堂下”原作“北堂南”，曹云：“當爲‘東堂下’。”據改。

⑤ “匕”字原作“二”，阮云：“浦鏜云‘匕’誤‘二’。”倉石云：“‘二’，《通解》作‘匕’。”據改。

"公再拜"上,以其"至再拜"者,公已一拜,賓即降下,"公再拜"者,賓降後又一拜,雖一拜,本當再拜,故皆以"再拜"言之,猶下侑幣之時,"公一拜,賓降,公再拜",注云"賓不敢俟成拜"也。若然,鄭云"公再拜,賓降矣"者,解經"至再拜,賓降也"①。**賓西階東,北面荅拜。**西階東,少就主君,敬也。**擯者辭,**辭拜於下。**拜也,公降一等,辭曰:"寡君從子,雖將拜,興也。"**賓降再拜,公降,擯者釋辭矣,賓猶降,終其再拜稽首。興,起也。【疏】"賓西"至"荅拜"。○釋曰:自此盡"稽首",論賓降荅拜之事。此云"荅拜",下云"拜也",並據公未降之前,賓爲一拜,以其賓始一拜之閒,公降一等,故閒在一辭之中,是以鄭云"賓降再拜",釋經"北面荅拜"及"拜也"②。云"公降,擯者釋辭矣"者,解經"辭曰:寡君從子,雖將拜,興也",鄭注云"賓猶降,終其再拜稽首"者,按下文"賓栗階升,不拜",升既不拜,明於下雖辭③,賓猶終降再拜稽首也。若然,擯者辭拜於下之時,其位在下,故下記云"卿擯由下",注云"不升堂"是也。按下文云"擯者退,負東塾而立",注云"無事",又云"擯者進相幣",然則擯者有事則進,無事則退,故負東塾也④。**賓栗階升,不拜。**自以已拜也。栗,寁栗也。不拾級連步,趨主國君之命,不拾級而下曰茇。○不拾,音涉,下同。曰茇,敕略反。【疏】"賓栗階升不拜"。○注"自以"至"曰茇"。○釋曰:云"自以已拜也"者,於堂下終爲再拜稽首,故於堂上不拜也。云"栗,寁栗也"者,謂疾之意。云"不拾級連步"者,《曲禮》云"拾級聚足,連步以上",鄭注云"拾當爲涉,聲之誤也。級,等也。涉等聚足,謂前足躡一等,後足從之併",此涉級也。"連步",鄭云"重蹉跌也,連步謂足相隨不相過也",其"連步",據足而言,"涉級",據階而説,其實一也,此等尋常升法。此"栗階",據趨君命而上,按《燕禮記》云"凡君所辭,皆栗階",注云"栗,蹙也,謂越等急趨君命也",

---

① "至再拜賓降也"原作"至再拜者賓降也",阮云:"陳、閩、《要義》同,毛本'也'作'矣'。按'者'字衍文。"據删。

② "北面荅拜"原作"北面拜荅",經文作"北面荅拜",據乙,汪刊單疏不誤。

③ "明"字原作"略",曹云:"'略'當爲'明'。"倉石云:"《正字》云'略'當'明'字誤。"據改。

④ "自此"至"塾也",此段疏文,依疏所標起止,當置於前文"賓西階東,北面荅拜"鄭注下,然自"云公降擯者釋辭矣者"至"故負東塾也"又別釋經文"擯者辭"以下及鄭注,故四庫本割裂此段疏文,分別置於相應的經文及鄭注下。因諸本皆如此本,不敢遽移,姑存其舊。

又曰“凡栗階，不過二等”，注云“其始升，猶聚足連步。越二等，左右足各一發而升堂”，是栗階之法也。云“不拾級而下曰走”者，凡升階有四種①，云“走”者，君臣急諫諍，則越三等爲走階，越一等爲歷階，又有連步，又有栗階，爲四等也，義已具於《燕禮記》疏也。**命之成拜，階上北面再拜稽首**。賓降拜，主君辭之。賓雖終拜，於主君之意猶爲不成。【疏】“命之”至“稽首”。○注“賓降”至“不成”。○釋曰：按《論語》孔子云“拜下，禮也。今拜乎上，泰也”，是以上文主君雖辭，賓猶終拜於下，盡臣之禮爲成拜，主君之意猶以爲不成，故命之升成拜，賓遂主君之意，故升更拜也。

　　士舉鼎，去冪于外，次入，陳鼎于碑〔南〕，南面西上②。**右人抽扃，坐奠于鼎西，（南）順出**③，**自鼎西，左人待載**。入由東，出由西，明爲賓也。今文奠爲委，古文待爲持。○去冪，起呂反，卷末注去會同。【疏】“士舉”至“待載”。○注“入由”至“爲持”。○釋曰：自此盡“逆退，復位”，論鼎入匕載之事④。云“去冪於外，次入”者，次入，謂序入也，故《少牢》云“序入”，“去冪於外”者，以其入，當載於俎，故去之也。《士喪》、《士虞》皆入乃去冪者，喪禮變于吉故也。**雍人以俎入，陳于鼎南。旅人南面加匕于鼎，退**。旅人，雍人之屬，旅食者也。雍人言入，旅人言退，文互相備也。出入之由，亦如舉鼎者。匕、俎每器一人，諸侯官多也。【疏】“雍人”至“鼎退”。○注“旅人”至“多也”。○釋曰：云“旅人，雍人之屬”者，即《燕禮》云“尊士旅食于門西，兩圜壺”，鄭云“士旅食者，所謂庶人在官者也”，引《王制》解之者是也。云“雍人言入，旅人言退，文互相備也”者，雍人言入亦退，旅人言退亦入，皆入而退去，故云“文互相備也”。云“每器一人，諸侯官多也”者，按《少牢》云“鼎序入，雍正執一匕以從，雍府執四匕以從，司士合執二俎以從，司士贊者二人皆合執二俎以

---

①　“階”字原作“降”，倉石云：“‘降’，殿本作‘階’。今案《燕禮記》疏正作‘階’。”據改。

②　“陳鼎于碑南面西上”，阮云：“‘南’字唐石經、嚴本、《集釋》、《通解》、敖氏俱不重，徐本、楊氏、毛本俱重。敖氏曰‘碑’下脱一‘南’字。”當據補。

③　“南順出”，吳紱云：“敖繼公云‘南’字衍文。按此‘順出’與下‘旬人舉鼎順出’同，敖説是也。”當據删。

④　“匕”字原作“已”，阮云：“浦鏜云‘匕’誤‘已’。”據改。

相,從入"①,是大夫官少,故每人兼執也,若然,《特牲》云"贊者執俎及匕從鼎入"②,《士虞》亦云"匕、俎從",《士昏禮》亦云"匕、俎從設",彼注云"執匕者、執俎者從鼎而入,設之",不言并合者,士官彌少,并合可知,不言者,文不具。或云士禮又異於大夫③,執鼎人兼執匕、俎,故《士喪禮》小斂、大斂奠,舉鼎者兼執俎也,若依前釋,則《士喪禮》略威儀故也。大夫長盥,洗東南,西面北上,序進盥,退者與進者交于前。卒盥,序進,南面匕。長,以長幼也。序,猶更也。前,洗南。○大夫長,丁丈反,注及下注之長同。猶更,音庚。【疏】"大夫"至"面匕"。○注"長以"至"洗南"。○釋曰:云"進盥,退者與進者交于前",鄭云前謂洗南,但言前,不云面④,《鄉飲酒》、《鄉射》賓盥北面,則此大夫亦皆北面可知。云"長,以長幼也"者,若《燕禮》云"命長"之類,皆據長幼爲長,不謂衆中之長者也。載者西面。載者,左人,亦序自鼎東,西面於其前。大夫匕,則載之。【疏】"載者西面"。○注"載者"至"載之"。○釋曰:前云"左人待載",其時鼎東南面,今大夫鼎北南面匕之⑤,左人當載,故序自鼎東,西面於其前矣。俎正當鼎南,則載者在鼎南稍東也。魚、腊飪。飪,孰也。食禮宜孰,饗有腥者。○腊飪,而審反。【疏】"魚腊飪"。○注"飪孰"至"宜孰"。○釋曰:上文直云"羹定",肉謂之羹,恐魚、腊不在羹定之中,故此特著"魚、腊飪"也,以食禮尚孰,故皆飪也。○注"饗有腥者"。○釋曰:《樂記》云"大饗而俎腥魚",鄭注云"以腥魚爲俎實,不臑孰之",是饗禮有腥也,又宣公十六年,"冬,晉侯使士會平王室,定王享之,原襄公相禮。殽烝,武子私問其故,王聞之,召武子曰:季氏!而弗聞乎?王享有體薦,宴有折俎。公當享,卿當宴,王室之禮也",又《國語》云"禘郊之事則有全烝,王公立飫則有房烝,親戚宴饗則有殽烝",以此觀之,明饗有腥,以饗禮用體薦,體薦則腥矣,故《禮記》云"腥其俎",謂豚解而腥之,豚解者,皆腥也。載體進奏。體,謂牲與腊也。奏,謂皮膚之理也。進其理,本在前。下大夫體七个。○進奏,千豆反,注同。七个,古賀反。【疏】"載體進奏"。○注"體謂"至"七个"。○釋曰:三牲與腊皆載體,直言體,不辨體形

---

① "從"下原無"入"字,阮云:"監本、《通解》同,毛本'從'下有'入'字。"據補。
② "贊者執俎及匕從鼎入",此爲鄭注而非《特牲》文,賈氏誤記。
③ "云"字原作"可",阮云:"監本同,毛本'可'作'云'。"據改。
④ "面"字原作"北",曹云:"'北'當爲'面'。"據改。
⑤ "南面"原作"面南",曹云:"'面南'二字當倒。"據乙。

及數，以下魚、腸胃、倫膚皆言七，則此亦七體，故鄭云“下大夫體七個”。若然，七个，此不言體形，按《士虞記》云“升左肩、臂、臑、肫、骼、脊、脅”七體，彼喪禮用左，又按《鄉飲酒》、《鄉射記》皆云“右胖進膴”，則此亦用右胖肩、臂、臑①、肫、骼、脊、脅可知。既用右胖，則左胖爲庶羞，其庶羞者，此下大夫十六豆，上大夫二十豆是也。若致飱及歸饔餼，腥鼎皆無庶羞，《鄉飲酒》、《鄉射》、《燕禮》、《大射》雖同用狗一牲，以其亨，亨亦皆有庶羞也。云“奏，謂皮膚之理。進其理，本在前”者，此謂生人食法，故進本，本謂近上者，若祭祀則進末，故《少牢》云“進下”，鄭云“變於食生”是也。**魚七，縮俎，寢右**。右首也，寢右，進鬐也。乾魚近腴，多骨鯁。○鬐也，巨之反。魚近，附近之近，下宜近、相近同。腴，羊朱反。骨鯁，古孟反。【疏】“魚七縮俎寢右”。○注“右首”至“骨鯁”。○釋曰：云“縮俎”者，俎於人爲橫②，縮，縱也，魚在俎爲縱，於人亦橫。云“寢右”，鄭云“右首也，寢右，進鬐也”，賓在户牖之間南面，俎則東西陳之，魚在俎，首在右，腹腴鄉南，鬐，脊也，進脊在北鄉賓，必以脊鄉賓者，鄭云“乾魚近腴，多骨鯁”，故不欲以腴鄉賓，取脊少骨鯁者鄉賓，優賓故也。若祭祀則進腴，以鬼神尚氣，腴者氣之所聚，故《少牢》進腴是也。**腸胃七，同俎**。以其同類也。不異其牛羊，腴賤也。此俎實凡二十八。【疏】“腸胃七同俎”。○注“以其”至“十八”。○釋曰：云“以其同類也”者，釋經“同俎”，以其牛羊同是畜類也。云“不異其牛羊，腴賤也”者，以牲體則異俎，及此腸胃即同俎，以其腹腴賤，故略之，同俎也。云“此俎實凡二十八”者③，牛羊各有腸胃，腸胃各七，四七二十八也。但此腸胃與牲，或同鼎同俎，或別鼎別俎，何者？據此下文七鼎，腸胃與牲別鼎別俎，是其正法，取其鼎俎奇也，《少牢》五俎，腸胃與牲同鼎者，以其有鮮獸，若腸胃別鼎則六，不得奇，故并腸胃與牲同鼎，《有司徹》亦然。此腸胃七者，以其與牲體別鼎，故取數於牲亦七，《少牢》并腸胃於牲鼎，故云“腸三、胃三”，取數於脊、脅各三也，賓尸禮殺於正祭，故腸胃各一，《既夕》盛葬奠，故腸胃五也。**倫膚七**。倫，理也，謂精理滑脆者。今文倫或作論。○滑脆，七歲反。【疏】“倫膚七”。○釋曰：倫膚，謂豕之皮革爲之，但此公食大夫爲賓用爲美，故膚與腸胃皆別鼎

---

① “臂臑”原作“臑臂”，曹云：“‘臑臂’二字當倒。”倉石云：“‘臑臂’二字殿本倒。”據乙。
② “於”上原無“俎”字，曹云：“‘於’上似脱‘俎’字。”據補。
③ “實”下原無“凡”字，注“實”下有“凡”字，據補。

俎。《特牲》惟有三鼎①,魚腊不同鼎,故膚從牲,同鼎。《有司徹》雖同《少牢》,亦止三鼎而已,羊、豕、魚皆一鼎,故膚還從於牲鼎也。又此膚與牲體之數亦七而《少牢》膚九者,此食禮,故膚從體數,《少牢》大夫之祭,膚出下牲,故取數於牲之體而九也。**腸胃、膚皆橫諸俎,垂之。**順其在牲之性也。腸胃垂及俎拒。○俎拒,劉音巨。【疏】"腸胃"至"垂之"。○注"順其"至"俎拒"。○釋曰:腸胃得在牲而垂,膚亦言順牲之性者,從多而言。云"垂及俎拒"者,《少牢》云"腸三、胃三,垂及俎拒"是也。**大夫既匕,匕奠于鼎,逆退,復位。**事畢,宜由便也。士匕載者,又待設俎。○由便,婢面反,後放此。【疏】"大夫"至"復位"。○注"事畢"至"設俎"。○釋曰:"士匕載者,又待設俎"者,以上文云"士舉鼎",又云"左人待載",下文云"士設俎于豆南",是載者又待設俎可知也。

　　公降盥,將設醬。【疏】"公降盥"。○注"將設醬"。○釋曰:自此盡"各卻于其西",論公與宰夫爲賓設正饌之事。云"將設醬"者,下云"公設之",是以盥手也。**賓降,公辭。**辭其從己。**卒盥,公壹揖,壹讓,公升,賓升。**揖讓皆壹,殺於初。古文壹皆作一。○殺於,所界反。**宰夫自東房授醯醬,**授,授公也。醯醬,以醯和醬。○授醯,呼西反。【疏】"宰夫"至"醯醬"。○注"授授"至"和醬"。○釋曰:按記云"蒲筵常",長丈六尺,於堂上戶牖之間南面設之,乃設正饌於中席已東,自中席已西設庶羞也。云"醯醬,以醯和醬"者,按歸饔餼,醯醢別,知此醯醬不別而"以醯和醬"者,此經所陳,物異者皆別器,此"醯醬"下但言"醬",不別言"醯",明"以醯和醬"可知,祭祀無此法,以生人尚褻味,故有之。**公設之。**以其爲饌本。**賓辭,北面坐遷而東遷所。**東遷所,奠之東,側其故處。○處也,昌慮反,下放此。【疏】"賓辭"至"遷所"。○注"東遷"至"故處"。○釋曰:云"東遷所"者,謂以西爲上,君設當席中,故東遷之,辟君設處。側,近也,近其故處。**公立于序内,西鄉。**不立阼階上,示親饌。【疏】"公立"至"西鄉"。○注"不立"至"親饌"。○釋曰:云"不立阼階上,示親饌"者,以其君之行事,皆在阼階上,今近阼北者,以其設饌在戶西近北,今君亦近北,

---

① "惟"字原作"腥",曹云:"'腥'當爲'惟'。"倉石云:"'腥',殿本作'惟'字。"據改。

是示親監饌故也①。賓立于階西，疑立。不立階上，以主君離阼也。疑，正立也，自定之貌。今文曰西階。○疑立，魚乞反，又魚力反，注同。君離，力智反。宰夫自東房薦豆六，設于醬東，西上。韭菹以東醓醢、昌本，昌本南麷蕡，以西菁菹、鹿臡。醓醢，醢有醓。昌本，昌蒲本，菹也。醢有骨謂之臡。菁，蔓菁，菹也。今文臡皆作麋。○醓，他感反。麋臡，奴兮反，醢有骨者也，《字林》作胒，人兮反。菁，子丁反，劉音精。蔓，亡丁反。【疏】“宰夫”至“鹿臡”。○注“醓醢”至“作麋”。○釋曰：云“醓醢，醢有醓”者，按《周禮·醢人》云“朝事之豆，韭菹、醓醢”已下，依此爲次，彼注云“醓，肉汁也”，則此醓醢是肉之汁。“昌本”者，彼注云“昌蒲根”，又按彼注“韲菹之稱，菜肉通”，又云“細切爲韲，全物若腍爲菹”，又按彼經爲菹者，經言菹，爲韲者，不言韲②，菹者即是韲也，彼言“昌本”，亦即韲也，此注云“菹”者，韲菹麤細爲異，通而言之，韲亦得爲菹，故云“菹也”。云“醢有骨謂爲臡”者③，案《爾雅·釋器》云“肉爲之醢，有骨者謂之臡”，又鄭司農云“有骨爲臡，無骨爲醢”也。云“菁，蔓菁，菹也”者，即今之蔓菁也。士設俎于豆南，西上，牛、羊、豕，魚在牛（西）〔南〕④，腊、腸胃亞之，亞，次也。不言綌錯⑤，俎尊。○不綌，側耕反。【疏】“士設俎”至“亞之”。○注“亞次”至“俎尊”。○釋曰：云“不言綌錯，俎尊”者，上設豆綌陳之，下設黍稷錯陳之，此設俎不綌、不錯者，俎尊故也⑥。膚以爲特。直豕與腸胃東也。特膚者，出下牲，賤。○直豕，音值。【疏】“膚以爲特”。○注“直豕”至“牲賤”。○釋曰：云“出下牲，賤”者，以豕在牛、羊之下，賤。膚，豕之所出，故云“出下牲，賤”，特之於俎東也。旅人取匕，甸人舉鼎，順出，奠于其所。以其空也。其所，謂當門。【疏】“旅人”至“其所”。○釋曰：前旅人以匕入，加於鼎，退出，今還使之取匕。前士舉鼎入，今不使士舉鼎出者，以其士載訖，遂設俎於賓前，事未畢，故甸人舉鼎而出也。

---

① “示”字原作“亦”，阮云：“毛本、《通解》‘亦’作‘示’。”據改。

② “不”上原無“爲韲者”三字，曹云：“上脱‘爲韲者’三字。”據補。

③ “者”字原在“骨”下，倉石云：“殿本‘者’字移於‘臡’下。”據乙。

④ “魚在牛西”，曹云：“‘西’，嚴本及各本皆作‘南’。”當據改。

⑤ “不言綌錯”，阮云：“張氏曰：‘《釋文》云不綌，中無言字，從《釋文》。’按疏有‘言’字。”

⑥ “俎”字原作“但”，阮云：“毛本‘但’作‘俎’。”據改。

宰夫設黍稷六簋于俎西，二以並，東北上。黍當牛俎，其西稷，錯以終，南陳。並，併也。今文曰併，古文簋皆作軌。○並併，步頂反，下皆同。大羹湆不和，實于鐙。宰右執鐙，左執蓋，由門入，升自阼階，盡階，不升堂，授公，以蓋降，出，入反位。大羹湆，煑肉汁也，大古之羹不和，無鹽菜。瓦豆謂之鐙。宰，謂大宰，宰夫之長也。有蓋者，饌自外入，爲風塵。今文湆爲汁，又曰入門自阼階，無升。○不和，户卧反，注不和同。于鐙，音登，瓦豆也。大古，音泰，下大宰皆同。爲風，于僞反，下爲其、爲將同。【疏】“大羹”至“反位”。○注“大羹”至“無升”。○釋曰：云“以蓋降，出，入反位”者，宰位在東夾北，西面南上，今以蓋降出，送於門外，乃更入門，反於東夾北位也。云“大羹，湆煑肉汁也，大古之羹”者，謂是大古五帝之羹。云“不和，無鹽菜”者①，大古質，故不和以鹽菜，對鉶羹調之以鹽菜者也。云“瓦豆謂之鐙”，《詩》云“于豆于登”，毛亦云“木曰豆，瓦曰登”。云“宰，謂大宰，宰夫之長”者，以單言宰，諸侯三卿無大宰，以司徒兼大宰，大宰之下有宰夫，故云“宰夫之長也”。公設之于醬西，賓辭，坐遷之。亦東遷所。【疏】“公設”至“遷之”。○注“亦東遷所”。○釋曰：言“亦”者，亦前醬東遷所，以醬既東遷所，今於醬西遷之，明亦東遷所，移之故醬處也。宰夫設鉶四于豆西，東上。牛以西羊，羊南豕，豕以東牛。鉶，菜和羹之器。○設鉶，音刑。【疏】“宰夫”至“東牛”。○注“鉶菜和羹之器”。○釋曰：云“鉶，菜和羹之器”者，下記云“牛藿、羊苦、豕薇”，是菜和羹，以鉶盛此羹，故云“之器”也，據羹在鉶言之，謂之鉶羹，據器言之，謂之鉶，據正鼎之後設②，謂之陪鼎，據入庶羞言之，謂之羞鼎，其實一也。飲酒實于觶，加于豐。豐，所以承觶者也，如豆而卑。○而卑，劉音婢，又如字。宰夫右執觶，左執豐，進設于豆東。食有酒者，優賓也。設于豆東，不舉也。《燕禮記》曰：“凡奠者於左。”○食有，音嗣，下爲食、食禮同。【疏】“宰夫”至“豆東”。○注“食有”至“於左”。○釋曰：云“食有酒者，優賓也”者，按下文宰夫執漿飲，賓興受，唯用漿酳口，不

---

① “者”字原作“也”，曹云：“‘也’當爲‘者’。”據改。

② “據”字原作“鼎”，阮云：“《校釋》云‘正’上脱‘據’字。今案上‘鼎’字或當‘據’字誤。又案殿本上‘鼎’字屬上讀，謬甚。”據改。

用酒，今主人猶設之，是優賓。引《燕禮記》者①，彼據酬酒②，主人奠於薦右，賓不飲，取奠於薦左③，此酒不用，故亦奠於豆東，酒義雖異，不舉是同，故引爲證也。按《燕禮》無此文，《鄉飲酒》《鄉射記》皆云“凡奠者於左，舉者於右”，不引之④，而引《燕禮記》者，此必轉寫者誤，鄭本引《鄉飲酒》《鄉射》之等也。**宰夫東面坐，啓籩會，各卻于其西**。會，籩蓋也，亦一一合卻之，各當其籩之西。【疏】注“會籩”至“之西”。○釋曰：云“亦一一合卻之”者，卻者，仰也，籩蓋有六，兩兩皆相重而仰之，謂之合卻⑤，故云“一一合卻之，各當其籩之西”，爲三處⑥。“亦”者，亦《少牢》，故《少牢》云“佐食啓會蓋，二以重，設于敦南”也。

　　贊者負東房，南面告具于公。負東房，負房户而立也。南面者，欲得鄉公與賓也。【疏】“贊者”至“于公”。○注“負東”至“賓也”。○釋曰：自此盡“醬、湆不祭”，論賓所祭饌之事。經直云“負東房”，鄭知“負房户而立”者，以公在東序內，賓在階西⑦，雖告具于公，且欲使賓聞之，故知於房近西，是以鄭云“得鄉公與賓也”。**公再拜，揖食，**再拜，拜賓饌具。**賓降拜，**荅公拜。**公辭，賓升，再拜稽首。**不言成拜，降未拜。**賓升席，坐取韭菹，以辯擩于醢，上豆之閒祭**。擩，猶染也。今文無于。○以辯，音遍，下同。擩于，人悅反，劉而玄反，又而誰反。染也，人漸反，又七內反。**贊者東面，坐取黍，實于左手，辯，又取稷，辯，反于右手，興以授賓，賓祭之**。取、授以右手，便也。賓亦興受，坐祭之於豆祭也。獨云贊興，優賓也。《少儀》曰：“受立，授立，不坐。”○少儀，詩召反。【疏】“贊者東面”至“祭之”。○注“取授”至“不坐”。○釋曰：此所授者，皆謂遠賓者，故菹醢及鉶皆

---

① “禮”下原無“記”字，阮云：“‘禮’下《要義》有‘記’字。”據補。
② “酒”上原無“酬”字，曹云：“酒上脱酬字。”據補。
③ “主人”至“薦右”原作“主人奠於薦左賓不飲取奠於薦右”，曹云：“‘左’、‘右’二字當互易。”據乙。
④ “引”字原作“同”，阮云：“按‘同’字疑誤，或是‘引’字。”倉石云：“‘同’，殿本改作‘引’。”據改。
⑤ “合卻”原作“卻合”，阮云：“‘卻合’二字《要義》倒，下同。”據乙。
⑥ “三”原作“兩”，曹云：“籩蓋有六，上云兩兩相重，則爲三處矣，疑此‘兩’當爲‘三’。”據改。
⑦ “階”字原作“户”，曹云：“‘户’當爲‘階’。”據改。

不授，以其近賓，取之易，故不言，按《曲禮》云“殽之序，辯祭之”，故知雖不授，亦祭可知也。經直云“祭”，知“祭之於豆祭”者，按《少牢》云“尸取韭菹，辯摷于三豆，祭于豆閒”，故知“於豆祭也”。云“獨云贊興，優賓”者，欲見賓坐而不興，是優賓，其實俱興也。引《少儀》者，欲見贊興，賓亦興之義，以其賓坐，贊亦坐故也。**三牲之肺不離，贊者辯取之，壹以授賓。**肺不離者，刌之也。不言刌，刌則祭肺也。此舉肺不離而刌之，便賓祭也。祭離肺者，絶肺祭也。壹，猶稍也。古文壹作一①。○刌之，寸本反。【疏】“三牲”至“授賓”。○注“肺不”至“作一”。○釋曰：云“肺不離者，刌之也”者，按《少儀》云“牛羊之肺，離而不提心”，鄭云“提，猶絶也。刌之，不絶中央少者”，此即爲食而舉肺也。《少牢》云“舉肺一，長終肺；祭肺三，皆切之”，是祭肺切，舉肺不切。云“不言刌，刌則祭肺也”者，是與祭肺同②，其實舉肺。云“祭離肺者，絶肺祭也”者，此鄭解舉肺將祭之時，絶末而祭之，與祭肺異也。凡舉肺有二名，一名離肺，亦名舉肺，祭肺亦名刌肺也。**賓興受，坐祭，**於是云賓興受坐祭，重牲也。賓亦每肺興受，祭於豆祭。**挩手，扱上鉶以柶，辯擩之，上鉶之閒祭。**扱以柶，扱其鉶菜也。挩，拭也，拭以巾。○挩手，始鋭反。扱上，初洽反。拭也，音式。【疏】“挩手”至“閒祭”。○注“扱以”至“以巾”。○釋曰：此云“上鉶之閒祭”者，著其異於餘者，餘祭於上豆之閒，此鉶別自祭鉶閒。云“挩，拭也，拭以巾”者，案《内則》“左佩紛帨”，帨即佩巾，而云挩，拭，拭手以巾，似帨不名巾者，本名帨者，以拭手爲名，其實名巾，故鄭舉其實稱也。此有四鉶而云“扱上鉶，辯擩”，則唯有一柶，優賓，故用一柶而已，《少牢》二鉶祭神，故宜各有柶也。**祭飲酒於上豆之閒，魚、腊、醬、湆不祭。**不祭者，非食物之盛者。【疏】“祭飲”至“不祭”。○注“不祭”至“盛者”。○釋曰：此“不祭者”，以在正饌之内③，以其有三牲之體，魚、腊、湆、醬非盛者，故不祭也。若入庶羞則祭之，故下文云“士羞庶羞，皆有大”，又云“辯取庶羞之大，興，一以授賓。賓受，兼壹祭之”，

---

① “壹猶稍也古文壹作一”，阮云：“古上今本有一圈，不知何故，《通解》亦無。按此節經注，據《士冠》疏，則經當云‘一以授賓’，注當云‘古文一作壹’，今本與賈説不合，當由後人妄改。然諸本皆然，其誤久矣。”

② “與”字原作“興”，汪刊單疏作“與”，據改。

③ “在正”原作“正在”，阮云：“‘正在’，毛本作‘在正’，此本倒。”曹云：“‘正在’二字當依毛本倒。”據乙。

《少儀》云“祭膴”，膴詁爲大，魚肉之臠，是亦祭之。

　　宰夫授公飯粱，公設之于涪西。賓北面辭，坐遷之。既告具矣而又設此，殷勤之加也。遷之，遷而西之，以其東上也。【疏】“宰夫”至“遷之”。○注“既告”至“上也”。○釋曰：自此盡“降，出”，論設加饌粱與庶羞之事。云“遷之，遷而西之，以其東上也”，知粱東上者，下文“宰夫膳稻于粱西”，是以粱在東爲上也。**公與賓皆復初位。**位，序內、階西。【疏】“公與賓皆復初位”。○注“位序內階西”。○釋曰：按上公設醬時，立于序內，賓立於階西，此云“公與賓復初位”，故知公還在序內，賓還在階西也。**宰夫膳稻于粱西。**膳，猶進也，進稻粱者以簋。【疏】“宰夫”至“粱西”。○注“膳猶”至“以簋”。○釋曰：知進稻以簋者，下記云“簋有蓋冪”，鄭注云“稻粱將食乃設，去會於房，蓋以冪”，上文設黍稷訖①，云卻會，此稻粱不云卻會者，先於房去之故也。**士羞庶羞，皆有大、蓋，執豆如宰。**羞，進也。庶，衆也，進衆珍味可進者也。大，以肥美者特爲臠，所以祭也。魚或謂之膴。膴，大也。唯醓醬無大。如宰，如其進大羹湆右執鐙，左執蓋。○爲臠，力轉反。之膴，火奴反。【疏】“士羞”至“如宰”。○注“羞進”至“執蓋”。○釋曰：云“皆有大”者，中有二物，三牲之肉②，兼有魚也。云“魚或謂之膴。膴，大也”者，或《有司徹》云“尸俎五魚，侑、主人皆一魚，皆加膴祭于其上”是也，《少儀》云祭膴也③。云“唯醓醬無大”者，鄭注《周禮·醓人》作醓之法，“先膊乾其肉，乃後莝之，雜以粱麴及鹽，漬以美酒，塗置甀中百日則成矣”，何大臠之有也？醬則醓也，亦無大臠也。**先者反之，由門入，升自西階。**庶羞多，羞人不足，則相授於階上，復出取也。○復出，扶又反，下復告、復發、將復、不復、復自皆同。【疏】“先者反之”。○釋曰：“反之”者，以其庶羞十六豆，羞人不足，故先至者反取之，下文云“先者一人升，設於稻南”，其人不反，則此云“先者反之”，謂第二已下爲先者也。**先者一人升，設于稻南簋西，聞容人。**簋西，黍稷西也，必言稻南者，明庶羞加，不與正豆併也。聞容人者，賓當從聞往來也。【疏】注“簋西”至“往

來也”。○釋曰:“簋西,黍稷西也,必言稻南者”,以其黍稷西之北有稻①,故庶羞設黍稷西南,南陳之,稻粱與庶羞俱是加②,故南北相繼而在黍稷正饌之西,是不與正豆併也③。云“聞容人者,賓當從聞往來也”者,下文“賓左擁簋粱,右執涪以降。公辭,升,反奠于其所”,是賓往來也。 旁四列,西北上。不統於正饌者,雖加,自是一禮,是所謂羹菹中別。【疏】“旁四列西北上”。○注“不統”至“中別”。○釋曰:云“所謂羹菹中別”者,按《曲禮》云“左殽右菹”,彼云殽,骨體也,此肉謂之羹,亦一也,殽爲正饌,菹謂切肉,則庶羞云“左殽右菹”,則與此正饌在東④,庶羞在西,聞容人同,故謂“所謂羹菹中別”也。 臐以東膮、臐、牛炙。臐、膮、臐,今時臛也。牛曰臐,羊曰臐,豕曰膮,皆香美之名也。古文臐作香,臐作薰。○臐,音香。臐,許云反。膮,呼堯反。牛炙,章夜反,下同。臛,火各反,又火沃反。 炙南醢,以西牛胾、醢、牛鮨。先設醢,綷之以次也。《内則》謂鮨爲膾⑤,然則膾用鮨。今文鮨作鯦。○牛鮨,巨之反,注鯦音同,郭璞云鮨,鮓屬⑥。【疏】注“先設醢綷之以次也”。○釋曰:此云“先設醢,綷之以次”⑦,而《特牲》注云“以有醢,不得綷也”,與此“先設醢⑧,綷之以次”違者,大凡醢配菹是其正而醢卑于菹,今牛羊豕菹皆在醢下者,直是綷之次,非尊卑之列。《特牲》以有一醢⑨,若綷之,當醢在菹上,不成錯,故不得綷。《少牢》四豆羊菹醢,故得綷而錯,與此同也。 鮨南羊炙,以東羊胾、醢、豕炙。 炙南醢,以西豕胾、芥醬、魚膾。芥醬,芥實醬也。《内則》曰:“膾,春用蔥,秋用芥。”衆人騰羞者

① “之”字原作“近”,阮云:“閩本、《通解》同,毛本‘近’作‘之’。按‘近’字是。”當云“‘之’字是”,據改。

② “稻”上原有“是”字,曹云:“上‘是’字似衍。”據删。

③ “是”下原有“下”字,阮云:“浦鏜云誤衍‘下’字。”據删。

④ “與”字原作“曰”,曹云:“‘曰’當爲‘與’。”倉石云:“‘曰’,殿本改爲‘與’字。”據改。

⑤ “内”字原作“肉”,阮云:“張氏曰:‘注曰肉則謂鮨爲膾,按監本、毛本肉作内。膾,徐、陳俱作會,張淳、《通解》、楊、敖俱作膾。’”據改。

⑥ “鮨”字原作“鮮”,黄云:“宋本‘鮮’作‘鮨’,是也。”據改。

⑦ “次”上原無“以”字,倉石云:“‘次’上脱‘以’字,各本有。”據補。

⑧ “先設”原作“設設”,曹云:“上‘設’字譌,單疏作‘先’。”據改。

⑨ “有一”原作“一有”,曹云:“‘一有’二字當倒。”倉石云:“‘一有’二字殿本倒。”據乙。

盡階，不升堂授，以蓋降，出。騰，當作媵。媵，送也。授，授先者一人。○衆人騰，依注音媵，以證反，又繩證反。

　　贊者負東房，告備于公。復告庶羞具者，以其異饌。【疏】“贊者”至“于公”。○釋曰：自此盡“兼壹祭之”，論贊告饌具，賓祭之事。贊升賓。以公命命賓升席。【疏】“贊升賓”。○注“以公命命賓升席”。○釋曰：前設饌訖，贊者告具于公，公再拜揖食，此使贊升賓者，以其禮殺故也，是以上文正饌，公先拜，賓荅拜，此賓先拜公，公荅拜，爲異也。賓坐席末，取梁即稻，祭于醬湆閒。即，就也。祭稻梁不於豆祭，祭加宜於加。【疏】注“即就”至“於加”。○釋曰：云“祭稻梁不於豆祭，祭加宜於加”者，按下文云“賓三飯以湆醬”，注云“每飯歠湆，以肴擩醬，食正饌也，三飯而止”，又云“不以湆醬”，注云“不復用正饌也”，則此湆醬是正饌而云“加”者，但湆醬與梁皆是加，故公親設之，下文爲正饌而此云“加”者，爲湆醬雖是加，以在正饌之上，得與正饌爲本，故名正饌，其實是正饌之加，故公親設之也。贊者北面坐，（奠）〔辯〕取庶羞之大①，興，一以授賓。賓受，兼壹祭之。壹壹受之而兼一祭之，庶羞輕也。自祭之於脀、臐之閒，以異饌也。【疏】“贊者”至“祭之”。○注“壹壹”至“饌也”。○釋曰：“壹壹受之而兼一祭之，庶羞輕也”者，決上三牲之肺一一祭之②，今此祭庶羞并之，故云“輕也”。云“自祭之於脀、臐之閒，以異饌也”者，不云“於豆祭”而云“於脀、臐之閒”，以祭宜於加饌故也③。

　　賓降拜，拜庶羞。【疏】“賓降拜”。○注“拜庶羞”。○釋曰：自此盡“魚、腊不與”，論賓正食受侑幣至於食終之事。公辭，賓升，再拜稽首，公荅再拜。賓北面自閒坐，左擁簠梁，右執湆以降。自閒坐，由兩饌之閒也。擁，抱也。必取梁者，公所設也。以之降者，堂，尊處，欲食於階下然也。公辭，賓西面坐，奠于階西，東面對，西面坐取之，栗階升，北面反奠于其所，降辭公。奠而後對，成其意也。降辭公，敬也。必辭公者，爲其尊而親臨己食。侍食，

---

①　“奠取庶羞之大”，諸本“奠”字皆作“辯”，此本獨誤，當據改。

②　“三牲之肺一一祭之”原作“三牲之脯祭之”，曹云：“‘脯’盧氏文弨改‘肺’是也。祭上似當有‘一一’二字。”據改補。

③　“加”下原無“饌”字，曹云：“‘加’下宜增‘饌’字。”據補。

贊者之事。【疏】注“奠而”至“之事”。○釋曰：云“成其意”者，謂成其降食階下之意①，故奠乃對，此決下文大夫相食，賓執粱與湆之西序端，主人辭，賓反之而不奠也。公許，賓升。公揖，退于箱。箱，東夾之前，俟事之處。【疏】注“箱東”至“之處”。○釋曰：按《爾雅》“有東西廂曰廟”，其夾皆在序外故也，知是“俟事之處”者，正以此文“公揖，退于廂”而俟賓食，即待事之處也。擯者退，負東塾而立。無事。賓坐，遂卷加席，公不辭。贊者以告公，公聽之，重來，優賓。【疏】“賓坐”至“不辭”。○注“贊者”至“優賓”。○釋曰：云“贊者以告公②，公聽之”者，公既在序外，賓食在戶西，若不告公，公何以知之？明知贊者告公也。云“重來，優賓”者，若公來則勞賓，不來則賓不勞，故難重來而不來，則優饒賓也。賓三飯以湆醬。每飯歠湆，以肴擩醬，食正饌也，三飯而止，君子食不求飽。不言其肴，優賓。○三飯，扶晚反，注同。歠湆，昌悅反。【疏】“賓三飯以湆醬”。○注“每飯”至“優賓”。○釋曰：云“每飯歠湆，以殽擩醬”者，按《曲禮》“三飯，主人延客食胾，然後辯殽”，鄭注云“先食胾，後食殽，殽尊”，此先食殽者，彼鄭云“大夫士與客燕食之法，其禮食，宜放《公食大夫禮》云”，若然，此爲禮食，故先食殽，彼大夫士與客燕食③，則先食胾，故不同。又按《昏禮》同牢云“贊爾黍，授肺、脊。皆食以湆醬，皆祭舉、食舉也”，注云“皆食，食黍也④。以，用也。用者，謂歠湆呷醬”，而不食殽者，此公食賓禮，解體折節，明食殽可知，彼豚解者皆不食，故彼不食殽也，是以彼又云“三飯，卒食”，注“同牢示親，不主爲食起，三飯而成禮也”，故不食殽也。但湆言歠，淡故也，醬言擩，鹹故也。云“三飯而止，君子食不求飽”者，解三飯而止，故下宰夫進漿，是不求飽，故引《論語》學者“食不求飽”爲證也。云“不言其殽，優賓”者，案《特牲》、《少牢》尸食時舉殽，皆言次第，此不言者，任賓取之，是優賓也。宰夫執觶漿飲與其豐以進。此進漱也，非爲卒食，爲將有事，緣賓意欲自絜清。○漱，所又反。賓挩手，興受。受觶。宰夫設其豐于稻西。酒在東，漿在西，是所謂左酒右漿。【疏】“宰夫”至“稻西”。○注“酒在”至“右漿”。○

①“降食”原作“食降”，曹云：“胡氏引‘食降’二字倒是也。”據乙。
②“云”上原有“知”字，曹云：“‘知’字衍。”據刪。
③“大”上原無“彼”字，阮云：“《要義》同，毛本、《通解》‘大’上有‘彼’字。按‘彼’字當有。”據補。
④“皆”下原不重“食”字，阮云：“浦鏜云脫一‘食’字。”據補。

釋曰：云“酒在東，漿在西”者，案上飲酒實于觶，宰夫設于豆東，是酒在東也。云“漿在西”者，即此經設於稻西是也。云“是所謂左酒右漿”者，按《曲禮》云“酒漿處右”，鄭云“此言若酒若漿耳。兩有之，則左酒右漿”，云“兩有”者，據此《公食》而言左酒右漿也。**庭實設。**乘皮。○乘皮，繩證反，下乘皮、下文之乘同。**賓坐祭，遂飲，奠於豐上。**飲，漱。**公受宰夫束帛以侑，西鄉立。**束帛，十端帛也。侑，猶勸也。主國君以爲食賓，殷勤之意未至，復發幣以勸之，欲用深安賓也。西鄉立，序內位也。受束帛于序端。○以侑，音又。【疏】“公受”至“鄉立”。○注“束帛”至“序端”。○釋曰：云“西鄉立，序內位也”者，按上文公設醬，“公立于序內，西鄉”，此經亦云“西鄉立”，故知亦在序內位也。云“受束帛于序端”者，按上《聘禮》公受几於序端①，故每云公之所受者，皆約之受於序端。**賓降筵，北面。**以君將有命也，北面於西階上②。【疏】“賓降筵北面”。○注“以君”至“階上”。○釋曰：云“以君將有命”者，謂有束帛侑食之命，故賓降筵，北面於西階上，以待主君之命。**擯者進相幣。**爲君釋幣辭於賓。○相幣，息亮反。爲君，于僞反，下爲其、爲之致同。**賓降辭幣，升，聽命③**，降辭幣，主國君又命之升，聽命，釋許辭。【疏】“賓降”至“聽命”。○注“降辭”至“許辭”。○釋曰：云“主國君又命之升”，知者，約《聘禮》禮賓，“賓降，辭幣。公降一等辭。栗階升，聽命”是也。**降拜。**當拜受幣。**公辭，賓升，再拜稽首，受幣，當東楹，北面，**主國君南面授之。當東楹者，欲得君行一，臣行二也。**退西楹西，東面立。**俟主國君送幣也。退不負序，以將降。【疏】“退西楹西東面立”。○注“俟主”至“將降”。○釋曰：按《聘禮》“賓三退，負序”，注云“三退，三逡遁也。不言辟者，以執圭將進授之”，彼君當楣再拜④，故賓退負序，此亦爲公拜送幣，但在楹西不

---

① “按上聘禮”原作“按大射禮”，阮云：“‘大’閩本作‘上’，按‘射’亦當作‘聘’。”又“公受几於序端”原作“公凡受於序端”，四庫本作“公受几於序端”。據改。

② “於”下原無“西”字，阮云：“嚴本、敖氏同，徐本、《集釋》、《通解》、楊氏、毛本‘於’下有‘西’字。張氏曰：‘疏云西階上，從疏。’”據補。

③ “賓降辭幣升聽命”，敖繼公云：“經似有脫文，蓋賓降辭幣，則公當辭其降，且不許其辭，然後賓升而聽命也。”

④ “君”字原作“皆”，曹云：“‘皆’當爲‘君’。”據改。

負序者①，以將降故也。公壹拜，賓降也，公再拜。賓不敢俟成拜。介逆出。以賓事畢。賓北面揖，執庭實以出。揖執者，示親受。公降立。俟賓反。上介受賓幣，從者訝受皮。從者，府史之屬。訝，迎也。今文曰梧受。○從者，才用反，注同。曰梧，五故反。【疏】注“從者”至“梧受”。○釋曰：云“從者，府史之屬”，知非士介者，此子男小聘使大夫，士介一人而已，介已受賓幣，故知訝受者非士介，是府史之屬也。賓入門左，没霤，北面再拜稽首。便退則食禮未卒，不退則嫌。更入行拜，若欲從此退。【疏】“賓入”至“稽首”。○注“便退”至“此退”。○釋曰：云“便退則食禮未卒，不退則嫌”者，此鄭探解賓意，食禮自有常法，三飯之後，當受侑幣，更入以終食禮，故送庭實而後入，是以鄭云“便退則食禮未卒”，解經“賓入”之意。云“不退則嫌”者，謂有貪食之嫌，解“再拜稽首”，將辭之意，是以“更入行拜，若欲從此退”者，待公設辭留賓之意也。公辭，止其拜，使之卒食。揖讓如初，升。如初入也。賓再拜稽首，公荅再拜。賓拜，拜主國君之厚意。賓揖介，入復位。【疏】注“賓揖介入復位”。○釋曰：上文云“介逆出”，下更云“介逆出”，明知中閒介復入可知，但復入之節，當此賓入之時也。賓降，辭公如初。將復食。賓升，公揖，退于箱。賓卒食會飯，三飲，卒，已也。已食會飯，三漱漿也。會飯，謂黍稷也。此食黍稷，則初時食稻粱。【疏】注“卒已也”至“稻粱”。○釋曰：知會飯是黍稷者，見上文云“宰夫東面坐，啓簋會，各卻於其西”，此云“食會飯”，故知“會飯”者是黍稷也。前賓三飯不云會，以其簠盛稻粱，以其稻粱無會，故鄭云“此食黍稷，則初時食稻粱”矣。不以醬湆。不復用正饌也。初時食加飯用正饌，此食正飯用庶羞，互相成也。後言湆者，湆或時後用。【疏】“不以醬湆”。○注“不復”至“後用”。○釋曰：云“初時食加飯用正饌，此食正飯用庶羞，互相成也”者，按上文“賓三飯以湆醬”，注云“每飯歠湆，以殽擩醬”，是正饌，稻粱是其加，此云“卒食會飯，三飲，不以醬湆”，鄭意以黍稷是其正②，庶羞是其加，互相成而已。言“相成”者，既非互文，直取饌食互

① “但在楹西不負序者”原作“但在楹西耳故賓在階西不負序”，曹云：“‘耳’當爲‘者’。”又云：“‘故’當爲‘此’，或‘耳故賓在階西’六字衍，‘不負序’下脱‘者’字。”據以刪補。

② “以”下原有“庶羞”二字，阮云：“《要義》同，毛本無‘庶羞’二字。”據刪。

相成而已。云"後言湆者，湆或時後用"者，前文"賓三飯以湆醬"，先言湆，後言醬，是先用湆，此後言湆，或容前三飯後用湆也，故作文有先後也。**捝手，興，北面坐取梁與醬以降，西面坐奠于階西**，示親徹也。不以出者，非所當得，又以已得侑幣。【疏】注"示親"至"侑幣"。○釋曰：云"不以出者，非所當得，又以已得侑幣"者，云"不以出者"，決《士昏禮》賓取脯出以授從者，彼是已所當得，此非直已得侑幣，下文"有司卷三牲之俎，歸于賓館"，是已所當得，鄭不言三牲而言侑幣者，據已得者而言之。**東面再拜稽首**。卒食拜也，不北面者，異於辭。【疏】"東面再拜稽首"。○注"卒食"至"於辭"。○釋曰：云"卒食拜也，不北面者"，按上文賓受侑幣出，更"入門左①，没霤，北面再拜稽首"，其時辭欲退，公留之卒食，故決之，以其待公留，故北面，此卒食禮終，故東面，爲意有異，故面位不同，是以鄭云"不北面者，異於辭"也。**公降，再拜**。荅之也。不辭之使升堂，明禮有終。**介逆出，賓出，公（逆）〔送〕于大門內②，再拜，賓不顧**。初來揖讓而退不顧，退禮略也，示難進易退之義。擯者以賓不顧告公，公乃還也。○易退，以豉反。【疏】"介逆"至"不顧"。○注"初來"至"還也"。○釋曰：云"擯者以賓不顧告公，公乃還也"者，知擯者告公者，按經"公送于大門內"，公不見賓矣而云"賓不顧"，明知擯者告公，公還入燕寢也③。此擯者告賓不顧，即《論語》云"賓退，必復命曰賓不顧矣"，但彼據聘享訖，此據食禮訖，事雖不同，復命云"賓不顧矣"即不異。**有司卷三牲之俎，歸于賓館**，卷，猶收也，無遺之辭也。三牲之俎，正饌，尤尊，盡以歸賓，尊之至。歸俎者實于篚，它時有所釋故。○盡以，津忍反。它時，土多反，本又作他。【疏】"有司"至"賓館"。○注"卷猶"至"釋故"。○釋曰：云"歸俎者實于篚"者，此食禮無肵俎而言"卷三牲之俎"，不言用俎，故云"實于篚"④，按《士虞禮》亦無肵俎，尸舉牲體皆盛於篚，吉凶雖不同，無肵俎是一，故知同用篚也。云"它時有所釋故"者，解"三牲之俎"言"卷"，案《特牲》及《士虞》尸卒食，取俎歸於尸，釋三个⑤，是有所釋，此無所釋，故稱"卷"也，彼注云"釋，猶遺也。遺者，君子

---

① "入"上原無"更"字，阮云："毛本、《通解》'入'上有'更'字。"據補。
② "公逆于大門內"，曹云："'逆'字譌，嚴本作'送'。"當據改。
③ "燕"字原作"宴"，曹云："'宴'當爲'燕'。"據改。
④ "故"字原作"唯"，曹云："'唯'似當爲'故'。"據改。
⑤ "三"上原無"釋"字，曹云："'三'上殿本增'釋'字。"據補。

不盡人之歡，不竭人之忠”也。**魚、腊不與**。以三牲之俎無所釋故也。禮之有餘，爲施惠。不言腸胃、膚者，在魚、腊下，不與可知也。古文與作豫。○不與，音預，注同。爲施，如字，又音式豉反。

儀禮疏卷第二十六　儀禮卷第九

明日，賓朝服拜賜于朝，拜食與侑幣，皆再拜稽首。<small>朝，謂大門外。○賓朝，直遥反，除之朝一字皆同。拜食，音嗣，下以意求之。</small>【疏】“明日”至“稽首”。○注“朝謂大門外”。○釋曰：自此盡“訝聽之”，論賓拜謝主君之事。云“朝，謂大門外”者，以其經云“拜賜于朝”，無賓入之文，又《聘禮》以樞造朝，亦無喪入之文①，皆言朝，故云“朝②，謂大門外”也。若然，案閔二年《左氏傳》云“季友將生③，使卜楚丘之父卜之，曰：男也，其名曰友，在公之右，閒於兩社，爲公室輔”，注“兩社，周社、亳社之閒，朝廷執政所在”，但諸侯左宗廟，右社稷，在大門之内，則諸侯外朝不在大門内者，但外朝在大門外兩社之閒，遥繫外朝而言“執政所在”。又此《食禮》拜侑幣，《聘禮》歸饗餼，直言拜饗與餼，不拜束帛者，彼使人致之，故不拜，此食禮，君親賜，故拜也④。訝聽之。<small>受其言入告出報也。此下大夫有士訝。</small>【疏】“訝聽之”。○注“受其”至“士訝”。○釋曰：云“此下大夫有士訝”者，此篇是子男使下大夫小聘，又案《周禮・掌訝》大夫有士訝，故云“此下大夫有士訝”也。

上大夫八豆、八簋、六鉶、九俎，魚、腊皆二俎。<small>記公食上大夫異於下大夫之數，豆加葵菹、蝸醢，四四爲列。俎加鮮魚、鮮腊，三三爲列，無特。○蝸醢，力禾反。</small>【疏】“上大夫”至“二俎”。○注“記公”至“無特”。○釋曰：云“豆加葵菹、蝸醢”者，案《周禮・醢人》朝事之豆云“韭菹、醓醢、昌本、麋臡、菁菹、鹿臡、茆菹、麋臡”，案上文下大夫六豆用至鹿臡⑤，以下仍有茆菹、麋臡在，今上大夫八豆不取茆菹、麋臡而取饋食之豆葵菹、蝸醢者，鄭以《特牲》、《少牢》參之，彼二篇俱以饋食爲始，皆用《周禮》饋食之豆，《特牲》兩豆用饋食葵菹、蝸醢，《少牢》四豆，二豆與《特牲》同，兩豆

---

① “文”字原作“故”，曹云：“‘故’殿本改作‘文’，屬上讀。”據改。
② “故云”原作“云云”，曹云：“上‘云’殿本改作‘故’。”據改。
③ “二年”原作“三年”，四庫本、張敦仁本皆作“二年”，據改。
④ “故拜也”原作“不拜之”，孫云：“當云‘故拜也’。”據改。
⑤ “用”下原無“至”字，曹云：“‘用’下似脱‘至’字。”據補。

用朝事之豆韭菹、醓醢，注云“韭菹、醓醢，朝事之豆也，而饋食用之，豐大夫禮”，以此觀之，故此公食大夫，兼用饋食之豆，亦是豐大夫禮也。云“俎加鮮魚、鮮腊”者，上文下大夫七俎，牛、羊、豕、魚、腊、腸胃與膚，此云九俎，明加鮮魚、鮮腊。云“無特”者，陳饌要方，上七俎者，東西兩行爲六俎，餘一俎在①，特于俎東，此九俎爲三行，故無特，雖無特，膚亦爲下。**魚、腸胃、倫膚若九若十有一，下大夫則若七若九。**此以命數爲差也，九謂再命者也，十一謂三命者也，七謂一命者也。九或上或下者，再命謂小國之卿、次國之大夫也。卿則曰上，大夫則曰下。大國之孤視子男。【疏】“魚腸”至“若九”。○注“此以”至“子男”。○釋曰：云“此以命數爲差也”者，案《周禮·典命》公侯伯之卿三命，大夫再命，士一命，子男之卿再命，大夫一命，士不命，則諸侯之臣分爲三等，三命、再命、一命，不命與一命同，此經魚、腸胃、倫膚亦分爲三等，有十一，有九，有七，則十一當三命，九當再命，七當一命。若然，唯有上下二文者，以公侯伯之大夫與子男之卿同再命，卿爵尊爲上，大夫爵卑爲下，則上言若九者，子男之卿也，下言若九者，公侯伯之大夫也②，故鄭云“卿則曰上，大夫則曰下”。云“大國之孤視子男”者，欲見此經唯見三命以下，案《周禮·典命》大國之孤四命，又《大行人》云“大國之孤執皮帛以繼子男”，又云“其他皆視小國之君”，若然，孤與子男同十三，侯伯十五，上公十七，差次可知。**庶羞，西東毋過四列。**謂上下大夫也。古文毋爲無。○毋過，音無。【疏】“庶羞”至“四列”。○注“謂上”至“爲無”。○釋曰：上文云庶羞“旁四列”，此上大夫饌內言“庶羞，西東毋過四列”，則東西橫行，上下大夫皆四以爲行，下大夫四四十六，東西四行，南北亦四行，上大夫東西四行，南北五行矣。**上大夫庶羞二十，加於下大夫以雉、兔、鶉、鴽。**鴽，無母。○鶉，音淳。鴽，音如。【疏】“上大”至“鶉鴽”。○注“鴽無母”。○釋曰：云“鴽，無母”者，案《爾雅·釋鳥》云“鴽，鴾母”，郭氏曰“鷃也，青州人呼曰鴾母”，《莊子》曰“田鼠化爲鶉”，《淮南子》云“蝦蟆所化也”，《月令》曰“田鼠化爲鴽”，然則鴽、鶉一物也。

　　若不親食，謂主國君有疾病，若它故。【疏】“若不親食”。○注“謂主”至“它故”。○釋曰：自此盡“聽命”，論主君不親食，使大夫致禮於賓館之事。疾病之外，別

---

① “一”上原無“餘”字，曹云：“‘一’上當有‘餘’字。”據補。
② “伯”下原無“之”字，阮云：“‘伯’下《要義》有‘之’字。”據補。

云“他故”者,君有死喪之事,故《聘禮》云“主人畢歸禮,賓唯饗餼之受”,謂畢致饗食,但賓不受之。**使大夫各以其爵,朝服以侑幣致之。**執幣以將命。**豆實,實于甕,陳于楹外,二以並,北陳。簋實,實于筐,陳于楹内兩楹閒,二以並,南陳。**陳甕、筐於楹閒者,象授、受於堂中也。南北相當,以食饌同列耳。甕北陳者,變於食。甕數如豆、醢、芥、醬從焉。筐米四。今文並作併。○于甕,烏送反。【疏】“豆實”至“南陳”。○注“陳甕”至“作併”。○釋曰:云“南北相當,以食饌同列耳”者,案上文正食之時,黍稷亦南陳,今於楹閒陳筐米亦南陳,是正食及此饌陳同列也①。云“甕北陳者,變於食”者,上文正食之時,“宰夫自東房薦豆六,設於醬東,西上”陳之,今於楹閒二以併北陳,故云“變於食”也。云“甕數如豆”者,以菹醢各異物,不可同甕,故甕數如豆,上大夫八豆則八甕,下大夫六豆則六甕。云“醢、芥、醬從焉”者,以其三牲不殺,生列於門内,醢經百日乃成,不由于殺②,故有醢,庶羞之醢同是醬類,故使之相從,但庶羞之醢,更無別種,宜同一甕,芥、醬宜亦一甕。知有芥、醬者,以其有生魚,故知有也。云“筐米四”者,上文“上大夫八簋”,今乃生致之,黍稷宜各一筐,稻粱又二筐,故云“筐米四”。**庶羞陳于碑内,**生魚也,魚、腊從焉。上大夫加鮮魚、鮮腊、雉、兔、鶉、鴽,不陳于堂,辟正饌。○辟正,音避。【疏】“庶羞陳于碑内”。○注“生魚”至“正饌”。○釋曰:云“生魚”者,上文魚膾是魚之中膾者,皆是生魚也,案鄭注《周禮》云“燕人膾魚方寸,切其腴以唅所貴”是也,此則全生不膾,何者? 本膾在豆③,與裁炙俱設,今裁炙在牲未殺,膾全不破可知。若然,庶羞之内,衆羞俱有,鄭獨云“生魚”者,以其裁炙在牲不殺,於此無矣,雖有乾腊、雉、兔之等,以生魚爲主,故云“生魚也”。云“魚、腊從焉”者,雖無三牲之肉,有乾魚、腊可知。云“上大夫加鮮魚、鮮腊、雉、兔、鶉、鴽”者,以其下大夫七鼎,無鮮魚、鮮腊,上大夫九鼎,加鮮魚、鮮腊可知,雉、兔、鶉、鴽亦生致之矣。云“不陳于堂,辟正饌”者,以其庶羞本在堂上正饌之西,今在碑内,故云“辟正饌”也。若然,不陳於碑南者,以其本合在堂,今宜近堂,故在碑北。**庭實陳于碑外。**執乘皮者也,不參分庭一在南者,以言歸,宜近内。【疏】“庭實陳于碑外”。○注“執乘”至“近内”。○釋曰:“執乘皮者,不參分庭一在南者,以言歸,宜

---

① “同”上原有“是”字,曹云:“‘是’字似衍。”據删。
② “于”字原作“不”,曹云:“下‘不’當爲‘于’。”據改。
③ “本”字原作“十”,曹云:“‘十’單疏作‘本’。”據改。

近内”者,庭實正法,皆参分庭一在南而陳之,故《昏禮記》云“納徵”,執皮者“参分庭一在南”,上文親食,庭實陳處當亦然,今云“碑外”①,繼碑而言近北矣,彼参分庭一在南陳之者,謂在主人之庭参分庭一陳之②,擬與賓向外,故近南,此陳於客館,擬與賓入内,故鄭云“以言歸,故在内”也。**牛、羊、豕陳于門内西方,東上。**爲其踐汙館庭,使近外。【疏】“牛羊”至“東上”。○注“爲其”至“近外”。○釋曰:案上庶羞與庭實在碑之内外③,近内陳之,此牛、羊、豕陳於門内,繼門言之,云“爲其踐汙館庭,使近外”也。若然,致饔餼,牛、羊、豕亦在此,此云“使近外”者,以饔餼有腥有熟,故略其生者,近門是其常,此既不殺,牛、羊、豕宜近内,故決之也。**賓朝服以受,如受饔禮**,朝服,食禮輕也。【疏】“賓朝”至“饔禮”。○注“朝服食禮輕也”。○釋曰:云“朝服,食禮輕”者,以其歸饔餼時,卿韋弁,賓皮弁受,此食禮,賓朝服受,不皮弁,故云“食禮輕”。**無(擯)〔儐〕④。**以己本宜往。【疏】“無擯”。○注“以己本宜往”。○釋曰:云“以己本宜往”者,明主君無故,速賓在廟行食禮而有侑幣,賓無儐法,主君有故,致食禮并有侑幣,亦不合有儐,故云“以己本宜往”。**明日,賓朝服以拜賜于朝,訝聽命。**賜,亦謂食、侑幣。【疏】注“賜亦謂食侑幣”。○釋曰:云“亦”者,亦上君親食賓⑤,拜食與侑幣,今亦然,故云“亦”。

大夫相食,親戒、速。記異於君者也。速,召也。先就告之,歸具。既具,復自召之。【疏】“大夫”至“戒速”。○注“記異”至“召”。○釋曰:自此盡“大夫之禮”,論主國大夫食賓之禮,別於主君之事。云“記異於君者”,案下文“其他皆如公食大夫之禮”,故知自此已下,皆記異於君法⑥,是以此經大夫親戒、速,決君不親戒、速,此則異於君也,以其下諸文皆異,故云“記異於君者也”。云“先就告之,歸具。既具,

---

①　“今”上原無“上文親食庭實陳處當亦然”十一字,曹云:“此上有脱,宜補云‘上文親食,庭實陳處當亦然’。下句‘彼参分庭’,彼,彼親食也。”據補。

②　“庭”下原無“一”字,阮云:“監本、《要義》同,毛本‘庭’下有‘一’字。”據補。

③　“内”下原無“外”字,曹云:“‘内’下脱‘外’字。”據補。

④　“無擯”,阮云:“‘擯’,唐石經、徐本、《集釋》、敖氏俱作‘擯’,《通解》、楊氏、毛本俱作‘儐’,説見《聘禮》。”當據改。

⑤　“亦上君親食賓”原作“亦上速賓食時”,四庫本作“亦上君親食賓”,據改。

⑥　“法”字原作“注”,曹云:“‘注’單疏作‘法’,此譌。”據改。

復自召之”者，以其戒、速兩有①，皆親爲之，故爲此解，與《鄉飲酒》、《鄉射》同，故彼二文皆云戒賓既歸，布筵設尊，乃親速賓是也。**迎賓于門外，拜至，皆如饗拜。**饗，大夫相饗之禮也，今亡。古文饗或作鄉。**降盥，受醬、湆、侑幣束錦也，皆自阼階降堂受，授者升一等，**皆者，謂受醬、受湆、受幣也。侑用束錦，大夫文也。降堂，謂止階上。今文無束。**賓止也。**主人三降，賓不從。【疏】“賓止也”。○注“主人三降賓不從”。○釋曰：云“主人三降”者，案上文鄭注“皆者，謂受醬、受湆、受幣”，“皆自阼階降”，此鄭云“主人三降”，即上三者。不數主人降盥者，案《鄉飲酒》所言降盥者，皆爲洗爵，故賓從降，此降盥不爲洗爵，故鄭不數之，案《聘禮》致饔餼，“賓降堂，受老束錦，大夫止”，注云“止不降，使之餘尊”，此賓不降者，雖賓主敵，以主人降堂不至地，故賓止不降也。**賓執粱與湆，之西序端，**不敢食於尊處。【疏】“賓執”至“序端”。○注“不敢食於尊處”。○釋曰：此兩大夫敵，故之西序端，上公食大夫，大夫降階下，臣卑故也。**主人辭，賓反之。卷加席，主人辭，賓反之。辭幣，降一等，主人從。**從，辭賓降。**受侑幣，再拜稽首，主人送幣亦然。**敵也。【疏】“受侑”至“亦然”。○注“敵也”。○釋曰：案《郊特牲》云“大夫之臣不稽首，非尊家臣，以辟君也”，又案《左氏傳》哀十七年，“公會齊侯盟于蒙，孟武伯相。齊侯稽首，公拜。齊人怒，武伯曰：非天子，寡君無所稽首”，若然，臣於君乃稽首，平敵相施當頓首②，今言敵而稽首者，以食禮相尊敬，雖敵亦稽首，與臣拜君同故也。**辭於主人，降一等，主人從。**辭，謂辭其臨己食。**卒食，徹于西序端，**亦親徹。**東面再拜，降出。**拜，亦拜卒食。**其他皆如公食大夫之禮。**【疏】“其他”至“之禮”。○釋曰：云“其他”，謂豆數、俎體、陳設皆不異上陳，但禮異者，謂親戒、速，君則不親，迎賓公不出，此大夫出大門，公受醬、湆、幣不降，此大夫則降也，公食大夫，大夫降食於階下，此言西序端，上公食卷加席，公不辭，此則辭之，皆是異也。

　　若不親食，則公作大夫朝服以侑幣致之，作，使也。大夫有故，君必

---

① “速”字原作“具”，曹云：“‘具’當爲‘速’。”據改。
② “施”字原作“於”，阮云：“陳本、《通解》、《要義》同，毛本‘於’作‘施’。”據改。

773

使其同爵者爲之致禮。列國之賓來，榮辱之事君臣同。**賓受于堂，無（擯）〔儐〕**①。與受君禮同。【疏】"賓受于堂無擯"。○注"與受君禮同"。○釋曰：云"與受君禮同"者，《聘禮》賓受致饔幣，云"堂中西，北面"，注"趨主君之命也。堂中西，中央之西"，此雖無儐，受幣亦與之同也。

記：不宿、戒。食禮輕也，此所以不宿、戒者，謂前期三日之戒，申戒爲宿，謂前期一日。【疏】"記不宿戒"。○注"食禮"至"一日"。○釋曰：祭祀，散齊七日爲戒，致齊三日爲宿，此則與祭祀異，此"不宿、戒"者，謂不爲三日之戒，又不爲一日之宿，故鄭云"此所以不宿、戒者，謂前期三日之戒，申戒爲宿，謂前期一日"②。若然，必知三日之戒，一日之宿者，《大射》"前期三日，宰夫戒宰及司馬"，又《少牢》辟人君，有前期一日之宿，此雖人君禮，以食禮輕，故知無三日之戒③，一日之宿。既無前日之事，宜與《鄉飲酒》《鄉射》禮同，當日爲之，故皆不言日數，故下注云"食賓之朝，夙興戒之④，賓則從戒者而來⑤，不復召"是也。**戒，不速。**食賓之朝，夙興戒之，賓則從戒者而來，不復召。**不授几。**異於醴也。【疏】"不授几"。○注"異於醴也"。○釋曰：決禮賓時，公親授几也。**無阼席。**公不坐。

亨于門外東方。必於門外者，大夫之事也。東方者，主陽。○亨于，普庚反。【疏】"亨于門外東方"。○注"必於"至"主陽"。○釋曰：案上經甸人、亨人之等，亨人是士官，不得言大夫之事，言"大夫之事"者，解亨在門外之禮也，《燕禮》注云"亨於門外，臣所掌也"，言臣亦是大夫事，《少牢》廩爨、饔爨皆在門外，亦大夫事，《特牲》云"主婦視饎爨于西堂下"者，以其無廩人主之，故在內。若然，《鄉飲酒》雖是大夫之事，以其取祖陽氣之始，故亦於門內。

司宮具几與蒲筵常，緇布純，加萑席尋，玄帛純，皆卷自末。司宮，大宰之屬，掌宮廟者也。丈六尺曰常，半常曰尋。純，緣也。萑，細葦也。末，經

---

① "無擯"，阮云："'擯'，唐石經、《集釋》、敖氏俱從手，徐本、《通解》、楊氏、毛本俱從人。"當據徐本等改。
② "日"下原有"者"字，曹云："'者'字衍。"據刪。
③ "無"字原作"有"，曹云："'有'當爲'無'。"據改。
④ "夙"原作"宿"，曹云："'宿'當爲'夙'。"據改。
⑤ "戒"下原無"者"字，曹云："下注'戒'下有'者'字。"據補。

所終有以識之。必長筵者，以有左右饌也。今文萑皆爲莞。○布純，諸閏反，又諸允反，下及注同。加萑，音丸。純緣，以絹反。作莞，音官，或音丸。【疏】"司宮"至"自末"。○注"司宮"至"爲莞"。○釋曰：云"司宮，大宰之屬，掌宮廟者"，案《燕禮》云"司宮尊于東楹之西"，注"司宮，天子曰小宰，聽酒人之成要者也"，注雖不同，其義一也，但《燕禮》司宮云"設尊"，故以小宰解之，此司宮設几席，故以大宰之屬解之。案《大宰》之下有宮人，掌宮中除汙穢之事，即此司宮，彼不言設几席者，以天子具官，別有司几筵，又有小宰，諸侯兼官，故司宮兼司几筵及小宰也。云"丈六尺曰常，半常曰尋"者，此皆無正文，案《周禮·考工記》云車有六等之數云"軫崇四尺，謂之一等"，又云"戈長六尺六寸，既建而迤之，崇於軫四尺，謂之二等。人長八尺，崇於戈四尺，謂之三等。殳長尋有四尺，崇於人四尺，謂之四等。車戟常，崇于殳四尺，謂之五等。酋矛常有四尺，崇于戟四尺，謂之六等"，自軫至矛，皆以四尺爲差，以是約之，即知常是丈六尺，尋是八尺也。云"萑，細葦"者，以類言之，其實全別，是以《詩》云"葭菼"，注云"葭，蘆。菼，薍"，則葦一名蘆，一名薍，一名萑，一名菼，此萑又與莞蓆之莞不同，彼莞謂蒲也。云"有以識之"者，席無異物爲記，但織之自有首尾可爲記識耳。云"必以長筵者，以有左右饌"者，賓在户牖之間，南面，上陳饌之時，正饌在左，庶羞在右，陳饌雖不在席上，皆陳於席前，當席左右，其間容人，故必長筵也①。**宰夫筵，出自東房。**筵本在房，宰夫敷之也。天子、諸侯左右房。○敷之，如字，又普吳反，劉芳蒲反。【疏】"宰夫"至"東房"。○注"筵本"至"右房"。○釋曰：上云司宮具几筵，具之在房，宰夫敷之而已。"天子、諸侯左右房"，以其言東房對西房，若大夫、士直有東房而已，故直云在房也。

　　賓之乘車在大門外西方，北面立。賓車不入門，廣敬也。凡賓即朝，中道而往，將至，下行，而後車還立于西方。賓及位而止，北面。卿大夫之位當車前。凡朝位，賓主之間各以命數爲遠近之節也。【疏】"賓之"至"面立"。○注"賓車"至"節也"。○釋曰：云"賓車不入門，廣敬也"者，《曲禮》云"客車不入大門"，與此同，《覲禮》云"偏駕不入王門"，偏駕謂同姓金路之等，乘墨車以朝，墨車亦云不入大門，與此亦同。云"凡賓即朝，中道而往"者，《内則》云"男子由右，女子由左"，車從中央，故賓乘車

---

① "必"字原作"謂"，阮云："浦鏜云'必'誤'謂'。"據改。

中道。云"而後車還立于西方"者,案《少儀》云"僕於君子,始乘則式,君子下行,然後還立",注云"還車而立,以俟其去",是還立于西方鄉内①。云"賓及位而止,北面"者,案《玉藻》云"賓立不當門",彼亦謂聘使也。云"卿大夫之位當車前"者,案《大行人》云"上公立當軹,侯伯立當前疾②,子男立當衡",又云"大國之孤朝位當車前"③,則卿大夫立亦與孤同一節,兼云大夫者,小聘曰問,使下大夫,立與孤卿同,當車前,故連言也。云"凡朝位,賓主之間各以命數爲遠近之節"者,案《大行人》云"上公朝位,賓主之間九十步,侯伯七十步,子男五十步",注云"朝位,謂大門外賓下車及王車出迎所立處",又云"凡諸侯之卿,其禮各下其君二等以下,及大夫、士皆如之",若然,如諸侯則依命數,臣下其君二等,則不得依命數矣,而云依命數者,依命數據君而言,其臣依君命數而降之,故鄭總以命數言之也。

　　銅芼,牛藿、羊苦、豕薇,皆有滑。藿,豆葉也。苦,苦荼也。滑,堇荁之屬。今文苦或爲芐④。○銅芼,亡報反。豕薇,音微。苦荼,音徒。堇荁,音丸。爲芐,音户,《爾雅》云地黃也,劉又云芐一音遐嫁反。【疏】"銅芼"至"有滑"。○注"藿豆"至"爲芐"。○釋曰:云"滑,堇荁之屬"者,案《士虞記》云"銅芼用苦若薇,有滑,夏用葵,冬用荁",鄭注云"荁,堇類也,乾則滑。夏、秋用生葵,冬、春用乾荁",此經云"皆有滑",不言所用之物,故取《士虞記》解之。云"之屬"者,其中兼有葵也。

　　贊者盥,從俎升。俎,其所有事。【疏】"贊者盥從俎升"。○注"俎其所有事"。○釋曰:直言此者,豆亦從下升,不言從豆升者,贊者不佐祭豆,直佐祭俎,故云"俎,其所有事",是以上經云"三牲之肺不離⑤,贊者辯取之,壹以授賓",若然,黍稷亦贊祭,不從黍稷升者⑥,黍稷設之在後故也,黍稷雖後升先祭者,以其先食黍稷,後食肉故也。

---

①　"内"字原作"外",曹云:"'外'似當爲'内'。"據改。
②　"前疾",阮云:"按《大行人》'疾'字,《詩》疏引作'侯',是唐初人所見本作'侯'也。此疏亦作'疾',未知賈氏原本如是,抑後人誤改歟?"
③　"前"下原有"者"字,張爾岐《儀禮鄭注句讀》載錄此疏"前"下無"者"字,此本恐是涉上下文而衍,謹删。
④　"苦"下原無"或"字,謹補,詳《特牲》"銅芼用苦若薇"下鄭注校記。
⑤　"牲"字原作"特",據上經,"特"當爲"牲",謹改。
⑥　"從"字原作"彼",曹云:"'彼'字譌,單疏作'從'。"據改。

簠有蓋冪。稻粱將食乃設，去會於房，蓋以冪。冪，巾也。今文或作幕。○作幕，音莫。【疏】"簠有蓋冪"。○注"稻粱"至"作幕"。○釋曰：簠簋相將，簋既有會，明簠亦有會可知，但黍稷先設，故卻會於簠西①，簠盛稻粱，將食乃設，故鄭云"去會于房，蓋以冪。冪，巾也"，至於陳設，冪亦去之，經云"有蓋冪"者，據出房未設而言。

凡炙無醬。已有鹹和。○凡炙，章夜反。和也，戶臥反。【疏】"凡炙無醬"。○注"已有鹹和"。○釋曰：云"凡"者，欲解《儀禮》一部之內，牛、羊、豕炙皆無醬配之。云"已有鹹和"者，若今人食炙然。

上大夫蒲筵，加萑席，其純，皆如下大夫純。謂三命大夫也。孤爲賓，則莞筵紛純，加繅席畫純也。○加繅，音早。【疏】"上大"至"夫純"。○注"謂三"至"純也"。○釋曰：經云"上大夫"，不辨命數，則子男之卿再命，其席亦同下大夫。鄭言"謂三命大夫"者，欲見公侯伯之卿三命，亦與子男下大夫同。公之孤四命，其席則異，鄭據三命而言。云"孤爲賓，則莞筵紛純，加繅席畫純"者，案《周禮‧司几筵》云"筵國賓于牖前，莞筵紛純，加繅席畫純，左彤几"②，與此記三命已下席不同，故知彼國賓謂筵孤也，無正文，故云"則"也。

卿擯由下。不升堂也。【疏】"卿擯由下"。○注"不升堂也"。○釋曰：此謂上擯擯詔賓主升降周還之事，故云"不升堂"。上贊，下大夫也。上，謂堂上。擯贊者事相近，以佐上下爲名。【疏】"上贊下大夫也"。○注"上謂"至"爲名"。○釋曰：案上經云贊者告具於公而贊賓食，故云上贊使下大夫爲之。

上大夫庶羞，酒飲、漿飲，庶羞可也。於食庶羞，宰夫又設酒漿，以之食庶羞可也，以優賓。【疏】"上大夫"至"可也"。○注"於食"至"優賓"。○釋曰：案上經云上大夫庶羞二十豆，此記人復記之者，欲見上大夫食加飯之時，得兼飲酒漿③，又食會飯及庶羞之時，宰夫更設酒飲、漿飲，故鄭云"於食庶羞，宰夫又設酒漿，以之食庶羞可也"④，所以然者，優賓故也。拜食與侑幣，皆再拜稽首。嫌上大夫不稽首。

---

① "簠西"原作"敦南"，曹云："'敦南'當爲'簠西'。"據改。

② "左"上原有"云"字，曹云："'云'衍字。"倉石云："殿本、《正字》俱刪'云'字。"據刪。

③ "得兼飲酒漿"原作"得兼食庶羞"，曹云："當爲'得兼飲酒漿'。"據改。

④ "以之"原作"所以"，曹云："毛本作'以之'是。"據改。

儀禮疏卷第二十六下　儀禮卷第十

覲禮第十

○覲禮第十，鄭云："覲，見也，諸侯秋見天子之禮曰覲禮。"【疏】"覲禮第十"。○鄭《目錄》云："覲，見也，諸侯秋見天子之禮。春見曰朝，夏見曰宗，秋見曰覲，冬見曰遇。朝、宗禮備，覲、遇禮省，是以享獻不見焉。三時禮亡，唯此存爾。覲禮於五禮屬賓禮①。《大戴》第十六，《小戴》第十七②，《別錄》第十。"○釋曰：鄭云"春見曰朝"等，《大宗伯》文。云"朝、宗禮備，覲、遇禮省"者，按《曲禮下》云"天子當宁而立，諸侯北面而見天子曰覲。天子當宁而立，諸公東面，諸侯西面曰朝"，鄭注"諸侯春見曰朝，受摯於朝，受享於廟，生氣，文也。秋見曰覲，一受之於廟，殺氣，質也。朝者位於內朝而序進，覲者位於廟門外而序入，王南面立於扆、宁而受焉。夏宗依春，冬遇依秋。春秋時齊侯唁魯昭公，以遇禮相見，取易略也。覲禮今存，朝、宗、遇禮今亡"，據此注而言③，是"朝、宗禮備，覲、遇禮省"可知。鄭又云"是以享獻不見焉"者，享謂朝覲而行三享，獻謂三享後行私覲④，私覲後即有私獻，獻其珍異之物，故《聘禮記》云"既覲，賓若私獻，奉獻將命"，注云"時有珍異之物，或賓奉之，所以自序尊敬也，猶以君命致之"，臣聘猶有私獻，況諸侯朝覲，有私獻可知，是以《周禮·大宰職》云"大朝覲會同，贊玉幣、玉獻"，注云"幣，諸侯享幣。玉獻，獻國珍異，亦執玉以致之"，大朝覲會同既有私獻者，四時常朝有私獻可知。案下文有享，亦當有獻而云"享獻不見"者，案《周禮·大行人》云上公冕服九章，介九人，賓主之間九十步，廟中將幣三享，侯伯子男亦云，鄭云"朝先享不言朝者，朝正禮，不嫌有等"，彼據春夏朝宗而言，不見秋冬者，以四時相對，

---

① "賓"下原無"禮"字，阮云："'賓'下《集釋》有'禮'字。"據補。
② "小戴"下原無"第"字，胡培翬云毛本"小戴"下脫"第"字，《集釋》俱有，據補。
③ "注"字原作"彼"，阮云："陳、閩俱無'彼'字，《要義》有。盧文弨改'彼'爲'注'。"據改。
④ "三"字原作"二"，曹云："'二'當爲'三'。"據改。

朝、宗禮備，故見之，覲、遇禮省，故略而不言，此下文見享者，不對春夏，故言之。鄭云"是以享獻不見"者，據《周禮・大行人》而説也，必知鄭據《大行人》者，以其引《周禮》四時朝見，即云"是以享獻不見"，明鄭據《周禮・大行人》而言也。有人解"享"字上讀，以"獻不見"爲義者，苟就此文有享無獻，不辭之甚也。

覲禮。至于郊，王使人皮弁用璧勞。侯氏亦皮弁迎于帷門之外，再拜。郊，謂近郊，去王城五十里。《小行人職》曰："凡諸侯入王，則逆勞于畿。"則郊勞者，大行人也。皮弁者，天子之朝朝服也。璧無束帛者，天子之玉尊也。不言諸侯，言侯氏者，明國殊舍異，禮不凡之也。郊舍狹寡，爲帷宮以受勞。《掌舍職》曰："爲帷宮，設旌門。"○覲禮，其靳反①。璧勞，力到反，注同，下王勞、注勞之、勞其、以勞、請事勞同。之朝朝服，並直遥反，下以意求之。【疏】"覲禮"至"再拜"。○注"郊謂"至"旌門"。○釋曰：自此盡"乃出"，論侯氏至近郊，天子使使者勞侯氏之事。云"郊，謂近郊"者，案《聘禮》云至於近郊，君使卿勞，故知此郊者亦近郊也。知"近郊，去王城五十里"者，成周與王城相去五十里而《君陳序》云"分正東郊成周"，鄭云"今河南、洛陽相去則然"，是近郊五十里也。引《小行人職》者，約近郊勞是大行人，以其尊者宜逸，小行人既勞于畿，明近郊使大行人也。案《大行人》上公三勞，侯伯再勞，子男一勞，此雖不辨勞數，案《小行人》云"凡諸侯入王，則逆勞于畿"，不辨尊卑，則五等同有畿勞，其子男唯有此一勞而已，侯伯又加遠郊勞，上公又加近郊勞，則此云"近郊"，據上公而言。若然，《聘禮》使臣聘而云近郊勞者，臣禮異於君禮，君禮宜先遠，臣禮宜先近故也。若然，《書傳略説》云"天子之子十八曰孟侯者，於四方諸侯來朝，迎於郊"，《孝經注》亦云"天子使世子郊迎"者，皆異代法，非周禮也。案《玉人職》云"案十有二寸，棗栗十有二列，諸侯純九，大夫純五，夫人以勞諸侯"，注云夫人謂王后，勞諸侯皆九，勞大夫皆五，此文不見者，以其《聘禮》於聘客，主國夫人尚有勞，以二竹簋方，明后亦有，略言王勞，不言后，文不具也。云"皮弁者，天子之朝朝服"者，《司服》云"眡朝則皮弁"，故知在朝服皮弁，至入廟乃裨冕也。云"璧無束帛者，天子之玉尊"者，此對諸侯玉卑，故《聘禮》云"束帛加璧"，是諸侯臣所執，《小行人》合六幣云"璧以帛，琮以錦，琥以繡，璜以黼"，是諸侯所執以致享，皆有束帛配之，諸侯玉卑故也，此乃行勞所用，

---

① "其靳反"原作"其覲反"，黄云："宋本作'其靳反'，是也。"據改。

以享禮況之耳。云"不言諸侯,言侯氏者,明國殊舍異,禮不凡之也"者,言諸侯則凡之,總稱,言侯氏則指一身,不凡之也,而所勞之處,或非一國,舍處不同,故不總言諸侯而云侯氏也。云"郊舍狹寡,爲帷宫以受勞"者,《周禮》十里有廬,三十里有宿,五十里有市,市有館,郊關之所各自有舍,或來者多,館舍狹寡,故不在館舍,以帷爲宫,以受勞禮也。云"《掌舍職》曰:爲帷宫,設旌門"者,謂爲帷宫,則設旌旗以表四門,彼天子所舍,平地之事,引之者,證諸侯行亦有帷宫,設旌爲門之事也。案《聘禮》使卿勞,賓受於門内,《司儀》諸公之臣相爲國客①,亦是受勞於館,不爲帷宫者,彼臣禮,卿行旅從徒衆少,故在館,此諸侯禮,君行師從徒衆多,故於帷宫。襄二十八年《左氏傳》云"子産相鄭伯以如楚,舍不爲壇",注云"至敵國郊,除地封土爲壇,以受郊勞",又"外僕言曰:先大夫相先君適四國,未嘗不爲壇。今子草舍,無乃不可乎? 子産曰:大適小則爲壇,小適大,苟舍而已,焉用壇",彼亦是諸侯相朝,當爲壇,以帷爲宫,受勞之事也。

使者不荅拜,遂執玉,三揖,至于階,使者不讓先升。侯氏升,聽命,降,再拜稽首,遂升受玉。 不荅拜者,爲人使不當其禮也。不讓先升,奉王命尊也。升者,升壇。使者東面致命,侯氏東階上西面聽之。○使者,所吏反,下放此。爲人,如字,又于僞反。【疏】"使者"至"受玉"。○注"不荅"至"聽之"。○釋曰:云"升者,升壇"者,以帷宫無堂可升,故知"升者,升壇"也。云"使者東面致命,侯氏東階上西面聽之"者,知面位如此者,並約下文就館賜侯氏車服而知也。**使者左還而立,侯氏還璧,使者受。侯氏降,再拜稽首,使者乃出。** 左還,還南面,示將去也。立者,見侯氏將有事於己,俟之也。還玉,重禮。○見侯,賢遍反,下侯見、卑見同。【疏】"使者"至"乃出"。○注"左還"至"重禮"。○釋曰:直云"使者左還",不云拜送玉者,凡奉命使,皆不拜送,若卿歸饔餼,不拜送幣,亦斯類也,若身自致者,乃拜送,下文儐使者及聘禮私覿、私面皆拜送幣是也。云"左還,還南面,示將去也"者,以其東面致命而左還,明左還者南面也,未降而南面,示將去故也。云"立者,見侯氏將有事於己,俟之"者,經云"而立",即云"侯氏還璧",故知立者見侯氏將有還玉之事於己,故俟之不降。云"還玉,重禮"者,案《聘義》圭璋還之,璧琮加束帛報之,所以輕財重禮,彼以璧琮不還則爲輕財者,以其璧琮加束帛,故爲輕財不還,此以天子之璧

---

① "諸公"原作"諸侯",阮云:"'侯',陳本作'公'。"《周禮·司儀》作"公",據改。

不加束帛，尊之與圭璋同，故亦還之，爲重禮也。

　　侯氏乃止使者，使者乃入。侯氏與之讓升，侯氏先升，授几，侯氏拜送几。使者設几，荅拜。侯氏先升，賓禮統焉。几者，安賓，所以崇優厚也。上介出止使者，則已布席也①。【疏】“侯氏”至“荅拜”。○注“侯氏”至“席也”。○釋曰：自此盡“遂從之”，論侯氏儐使者，遂從入朝之事。云“侯氏先升，賓禮統焉”者，行擯禮是待賓客之禮②，是以賓在館爲主人，主人先升，使者爲賓，賓後升，故云“禮統焉”，謂賓統於主人也③。云“几者，安賓，所以崇優厚”者，按《大宰》云“贊玉几”，注云“立而設几，優尊也”，此使者亦不坐而設几，故云“所以優厚”，《聘禮》卿勞受儐不設几者，諸侯之卿卑，故不與此同也。云“上介出止使者，則已布席”者，經不云“上介出止使者”，鄭云“上介出止使者”，案至館皆不敢當，皆使上介出請事，又見此經云“使者乃入”，始云“侯氏與之讓升”，是侯氏不出，故知使上介止使者也，云“則已布席”者，以其素不云布席而云設几，几不可設於地，明有席，席之所設，唯在此時，案《聘禮》受聘云“几筵既設”，是几筵相將，故云“上介出止使者，則已布席也”。侯氏用束帛、乘馬儐使者，使者再拜受，侯氏再拜送幣。儐使者，所以致尊敬也。拜者各於其階。○乘馬，繩證反，下乘馬皆同。【疏】“侯氏”至“送幣”。○注“儐使”至“其階”。○釋曰：云“儐使者，所以致尊敬也”者，案《聘禮》使卿用束帛勞賓，賓不還束帛，賓儐卿以束錦，此使者以玉勞侯氏，侯氏還玉，仍亦儐使者，是致尊敬天子之使故也。知“拜各於其階”者，此賓與使行敵禮，若《鄉飲酒》、《鄉射》賓主拜各於其階也。使者降，以左驂出。侯氏送于門外，再拜，侯氏遂從之。騑馬曰驂。左驂，設在西者。其餘三馬，侯氏之士遂以出授使者之從者于外。從之者，遂隨使者以至朝。○左驂，七南反。騑，芳非反。之從者，才用反。【疏】“使者”至“從之”。○注“騑馬”至“至朝”。○釋曰：知“左驂，設在西者”，陳四馬與人，以西爲上，案《聘禮》禮賓時，

　　① “已”字原作“己”，阮云：“張氏曰：‘注曰：上介出止使者，則己布席也。按杭本己作已，從杭本。’按嚴、徐、鍾本、《集釋》俱作‘已’。”曹云：“嚴本實作‘己’。”又云：“‘己’當爲‘已’，疏所釋是‘已’字義。”據改，疏述注亦改。

　　② “行擯禮是待賓客之禮”原作“行賓禮是賓客之禮”，曹云：“上‘賓’疑當爲‘擯’，下‘賓’上似脫‘待’字。”今案：據改補，“擯”通“儐”。

　　③ “於主人”原作“有此堂”，曹云：“‘有此堂’三字似當爲‘於主人’。”據改。

賓執左馬以出，此亦以左驂出，故知左驂設在西也。又知"其餘三馬，侯氏之士遂以出授使者之從者于外"者，亦案《聘禮》禮賓執左馬以出，記云"主人之庭實，則主人遂以出，賓之士訝受之"，此侯氏在館如主人，明三馬亦侯氏之士以出授使者從者可知。云"從之者，遂隨使者以至朝"者，亦如《聘禮》云下大夫勞賓，使者"遂以賓入，至於朝"，其義同，故知義然也。

　　天子賜舍，以其新至，道路勞苦，未受其禮，且使即安也。賜舍，猶致館也。所使者，司空與？小行人爲承擯。今文賜皆作錫。○司空與，音餘，篇末注月與、館與同。【疏】"天子賜舍"。○注"以其"至"作錫"。○釋曰：自此盡"乘馬"，論賜侯氏舍館，侯氏償使之事。云"賜舍，猶致館"者，猶《聘禮》賓至於朝，君使卿致館，此不言致館，言賜舍者，天子尊極，故言賜舍也。云"所使者，司空與"者，《聘禮》使卿致館，此亦宜使卿，知是司空卿者①，《周禮》以天、地、春、夏、秋、冬分六卿②，五官無致館之事③，司空主營城郭宮室，館亦宮室之事，故知所使者司空也。但司空亡，無正文，故云"與"以疑之。知"小行人爲承擯"者，案《周禮》致館④，賓、主人各陳擯介⑤，故知此亦陳賓介，必知使小行人爲承擯者，案《小行人》云"及郊勞，眡館，將幣，爲承而擯"，是其義也。**曰："伯父，女順命于王所，賜伯父舍。"**此使者致館辭。○女順，音汝，下注猶女同。【疏】"曰伯"至"父舍"。○注"此使者致館辭"。○釋曰：此及下經皆云伯父者，案下文謂同姓大國，舉同姓大國，則同姓小國及異姓之國禮不殊也。**侯氏再拜稽首。受館。償之束帛、乘馬。**王使人以命致館，無禮，猶償之者，尊王使也。侯氏受館於外，既則償使者於內。【疏】"償之束帛乘馬"。○注"王使"至"於內"。○釋曰：云"王使人以命致館，無禮，猶償之者，尊王使也"者，決《聘禮》卿無禮致館，賓無束帛償卿，此王使亦無禮致館，其賓猶償使者，用束帛、乘馬，故云"尊王使也"。云"侯氏受館於外"者，案《聘禮》"大夫帥至館，卿致館"而云"賓迎，再拜。卿退，賓送再拜"，則《聘禮》致館不在外，此不見大夫帥至館，即云"天子賜舍"，是侯氏受舍于外可知，與

---

① "空"下原有"非"字，曹云："'非'字衍。"據刪。

② "六"上原無"分"字，曹云："'六'上似脱'分'字。"據補。

③ "無"上原無"五官"二字，曹云："'無'上似脱'五官'二字。"據補。

④ "周禮"原作"聘禮"，曹云："'聘'當爲'周'。"據改。

⑤ "各"下原無"陳"字，曹云："'各'下脱'陳'字。"據補。

《聘禮》異也。知"既則償使者於内"者,以其既受館則爲己所有,明償使者在内可知也。

天子使大夫戒,曰:"某日,伯父帥乃初事。"大夫者,卿爲訝者也。《掌訝職》曰:"凡訝者,賓客至而往,詔相其事。"戒,猶告也。其爲告,使順循其事也。初,猶故也。古文帥作率。○卿爲,或作鄉,非。訝者,五嫁反①。詔相,息亮反。【疏】"天子"至"初事"。○注"大夫"至"作率"。○釋曰:自此盡"再拜稽首",論天子使大夫戒侯氏期日,使行覲禮之事。知大夫是卿爲訝者,以其《周禮·秋官·掌訝職》云"諸侯有卿訝",故知大夫即卿爲訝者。云"其爲告,使順循其事也。初,猶故"者,以其四時朝覲,自是尋常,故使恒循故事之常也。侯氏再拜稽首。受覲日也。

諸侯前朝,皆受舍于朝。同姓西面北上,異姓東面北上。言諸侯者,明來朝者衆矣。顧其入覲,不得並耳。受舍於朝,受次於文王廟門之外。《聘禮記》曰:"宗人授次,次以帷,少退于君之次。"則是次也,言舍者,尊舍也。天子使掌次爲之,諸侯上介先朝受焉。此覲也,言朝者,覲、遇之禮雖簡,其來之心猶若朝也。分別同姓、異姓受之,將有先後也。《春秋傳》曰:"寡人若朝于薛,不敢與諸任齒。"則周禮先同姓。○先朝,悉薦反。分別,彼列反。諸任,音壬。【疏】"諸侯"至"北上"。○注"言諸"至"同姓"。○釋曰:此一經論前朝一日,諸侯各遣上介受次於朝之事。云"言諸侯者,明來朝者衆矣"者,上注云"言侯氏者,明國殊舍異,禮不凡之",於此言諸侯凡之者,以其諸國同時遣上介,故言"來朝者衆矣",若其行禮,自有前後,故鄭云"顧其入覲,不得並耳"。云"受舍於朝,受次于文王廟門之外"者,以其春、夏受贄於朝無迎法,受享於廟有迎禮,秋、冬受贄、受享皆在廟,並無迎法,是以大門外無位,既受覲於廟,故在廟門外受次②。知在文王廟門外者,案《聘禮》云"不腆先君之祧,既拚以俟",則諸侯待朝聘之賓,皆在大祖之廟,以其諸侯無二祧③,遷主所藏皆在始祖之廟,故以始祖爲祧,案天子待覲、遇亦當在祧,《祭法》云天子七廟有二祧,又案《周禮·守祧職》云"掌守先王、先公之廟祧",鄭注"遷主所藏曰祧",穆之遷主藏於文王廟,昭之

---

① "反"字原作"同",黄云:"'同'字誤,宋本作'反'。"據改。

② "廟"字原作"大",曹云:"'大'當爲'廟'。"倉石云:"'大',殿本改爲'廟'是也。"據改。

③ "侯"下原有"者"字,倉石云:"殿本、《正字》俱删'者'字。今案《周禮·守祧》疏亦云'諸侯無二祧',無'者'字。"據删。

遷主藏於武王廟，今不在武王廟而在文王廟者，父尊而子卑，故知在文王廟也。若然，先公木主藏於后稷廟，受覲、遇不在后稷廟者，后稷生非王，故不宜在焉。云"言舍者，尊舍也"者，此實以帷爲次①，非屋舍，尊天子之次，故以屋舍言之，是尊舍也。若天子春、夏受享，諸侯相朝聘迎賓客者，皆有外次，即《聘禮記》"宗人授次"是也，有外次於大門外者，則無廟門外之內次，天子覲、遇在廟，有廟門外之內次，無大門外之外次，此文是也。云"天子使掌次爲之"者，案《周禮·掌次》云"掌王次之法②，以待張事"，故知使掌次爲之，諸侯兼官無掌次，使館人爲之，故《聘禮》云"館人布幕于寢門外"，鄭注云"館人掌次舍帷幕者"是也。云"諸侯上介先朝受焉"者，知使上介者，案下文諸侯覲於天子，爲宮方三百步，"上介皆奉其君之旂置于宮"，明知此亦使上介也。云"其來之心，猶若朝也"者，案《周禮·大宗伯》云"春曰朝，秋曰覲"，鄭注云"朝之言朝也，欲其來之早。覲之言勤，欲其勤王事"，各舉一邊而言，其實早來、勤王通有也，故鄭云"其來之心，猶若朝"，故變覲言朝也。云"分別同姓、異姓受之，將有先後"者，案此經同姓西面，異姓東面，案《下曲禮》云"天子當依而立，諸侯北面而見天子曰覲"，彼此皆是覲禮，彼諸侯皆北面，不辨同姓、異姓，與此不同者，此謂廟門外爲位時，彼謂入見天子時，故鄭注云"覲者位於廟門外而序入"，入謂北面見天子時。引《春秋》者，案隱十一年經書"滕侯、薛侯來朝"，《左傳》曰："爭長。薛侯曰：'我先封。'滕侯曰：'我周之卜正也。薛，庶姓也，我不可以後之。'公使羽父請於薛侯曰：'君與滕君，辱在寡人。周諺有之曰：山有木，工則度之，賓有禮，主則擇之。周之宗盟，異姓爲後。寡人若朝于薛，不敢與諸任齒。君若辱貺寡人，則願以滕君爲請。'薛侯許之，乃長滕侯也。"若然，彼服注云"爭長，先登授玉"，此位在門外，引之者，以其在先即先登，外內同，故引以爲證。

　　侯氏裨冕，釋幣于禰。將覲質明時也。裨冕者，衣裨衣而冠冕也。裨之爲言埤也。天子六服，大裘爲上，其餘爲裨，以事尊卑服之而諸侯亦服焉。上公袞無升龍，侯伯鷩，子男毳，孤絺，卿大夫玄。此差，司服所掌也。禰，謂行主遷主矣而云禰，親之也。釋幣者，告將覲也。其釋幣，如聘大夫將受命，釋幣于禰之禮，既則祝藏其幣，歸乃埋之於祧西階之東。今文冕皆作絻。○裨冕，婢支反，劉音卑，注同。衣裨

　　①　"實"字原作"賓"，曹云："'賓'當爲'實'。"據改。
　　②　"次"下原有"舍"字，阮云："《周禮》作'掌王次之灋'，疏云：'次者，次則舍也。'此本誤衍'舍'字。"據刪。

衣,上於既反,下如字,下衣此衣放此。而冠,古亂反,下冠冕同。言埤,毗支反,一音卑。公衮,工本反。鷩,必列反。毳,尺鋭反。孤絺,丁里反,劉本作希,張里反。於挑,他彫反。【疏】"侯氏"至"于禰"。○注"將覲"至"爲緫"。○釋曰:此經明諸侯在館內①,將覲於王,先釋幣告於行主之禮。知"將覲質明時"者,案《聘禮》賓厥明釋幣于禰,故知此亦質明時也。云"禰之言埤"者,讀從《詩》"政事一埤益我",取禰陪之義。云"天子六服,大裘爲上,其餘爲禰"者②,天子吉服有九而言六服者,據六冕而言,以大裘爲上,無埤義,衮冕以下皆爲禰,故云"其餘爲禰"。云"以事尊卑服之"者,即《司服》所云王"祀昊天上帝則大裘而冕,祀五帝亦如之,祀先王則衮冕"以下,至"羣小祀則玄冕",舉天子而言,故云"以事尊卑服之"。云"而諸侯亦服焉"者,亦據《司服》而言,諸侯唯不得有大裘,上公則衮冕以下,故鄭云"此差,司服所掌也"。云"上公衮無升龍"者,案《白虎通》引《禮記》曰"天子乘龍,載大旗,象日月、升龍。《傳》曰:天子升龍,諸侯降龍",以此言之,上得兼下,下不得僭上,則天子升降俱有,諸侯直有降龍而已。若然,彼"升龍"文承"大旗"之下,知不施於旌旗而據衣服者,案《司常》云"交龍爲旂",又云"諸侯建旂",注云"諸侯畫交龍,一象其升朝,一象其下復",則旌旗升降俱有,而《白虎通》云"諸侯降龍"者,據衣服而言。案《玉藻》"諸侯玄冕以祭",不得服衮冕以下,是以鄭注《司服》云諸侯自祭於其家則降③。若然,諸侯自家祭降,魯與二王之後,皆不得用衮冕、鷩冕、毳冕,則此等及孤卿大夫絺冕④、玄冕者,是入君廟及入天子之廟,故服也。今云諸侯告禰用禰冕者,將入天子之廟,故服以告禰,謂若《曾子問》云諸侯"禰冕以朝",鄭注云"爲將廟受",亦斯之類也。云"禰,謂行主遷主矣"者,案《禮記·曾子問》云"師行,必以遷廟主行乎? 孔子曰:天子巡守,以遷廟主行,載于齊車,言必有尊也",彼雖據天子,其諸侯行亦然,以其皆有遷廟木主。若然,大夫無木主,《聘禮》賓釋幣于禰者,大夫雖無木主,以幣帛主其神,亦爲行主也。"而云禰,親之"者,以其在外,唯有遷主可事,故不言遷主而云禰也。云"其釋幣,如聘大夫將受命,釋幣于禰之禮"者,案《聘禮》將行,釋幣于禰,此禰無文,故約與之同,彼既釋幣,乃受命⑤,即出行,故云"將

---

① "侯"下原有"之"字,曹云:"'之'字衍。"據刪。
② "禰"字原作"埤",阮云:"毛本、《要義》'埤'作'禰'。"作"禰"與注合,據改。
③ "是以"至"則降",倉石云:"案《司服》注無文。殿本'自'下補'祭'字。"據補。
④ "此"下原無"等"字,阮云:"毛本、《要義》'此'下有'等'字。"據補。
⑤ "乃"上原無"彼既釋幣"四字,曹云:"此上似脱'彼既釋幣'四字。"據補。

受命，釋幣于禰”，皆是告將行，無祭祀。知“既則祝藏其幣，歸乃埋之於祧西階之東”者，此無正文，案《聘禮》祝告，祝“又入取幣降，卷幣實于笲，埋于西階東”，此亦與彼同。云“祧”者，諸侯遷主藏於始祖之廟，諸侯既以始祖之廟爲祧，遷主歸，還入祧廟，故知此幣埋於祧西階之東也。

乘墨車，載龍旂、弧、韣，乃朝，以瑞玉，有繅。墨車，大夫制也。乘之者，入天子之國，車服不可盡同也。交龍爲旂，諸侯之所建。弧，所以張縿之弓也。弓衣曰韣。瑞玉，謂公桓圭、侯信圭、伯躬圭、子穀璧、男蒲璧。繅，所以藉玉，以韋衣木，廣袤各如其玉之大小，以朱白蒼爲六色。今文玉爲圭，繅或爲璪。○弧，音胡。韣，音獨。有繅，音早。張縿，所銜反，又所感反，本又作幓，下同。侯信，音申。以藉，才夜反，下繅藉同。韋衣，於既反。廣袤，上古曠反，下音茂。爲璪，音早。【疏】“乘墨”至“有繅”。○注“墨車”至“爲璪”。○釋曰：自此盡“乃出”，論諸侯發館至天子廟門之外，以次行覲禮之事。云“墨車，大夫制也”者，案《周禮・巾車職》云“孤乘夏篆①，卿乘夏縵，大夫乘墨車，士乘棧車，庶人乘役車”，故知“墨車②，大夫制也”。必言“墨車，大夫制”者，對玉路、金路、象路之等，天子、諸侯之制也。云“乘之者，入天子之國，車服不可盡同”者，《巾車》云同姓金路，異姓象路，四衛革路，並得與天子同，據在本國所乘，下記云“偏駕不入王門”，偏駕金路、象路等是也，既不入王門，舍於客館，乘此墨車以朝也。云“交龍爲旂，諸侯之所建”者，《司常職》文也。云“弧，所以張縿之弓也”者，《爾雅》說旌旗正幅爲縿，故以此弧弓張縿之兩幅，故云“張縿之弓也”。云“弓衣曰韣”者，案《月令》云“后妃帥九嬪御，乃禮天子所御，帶以弓韣，授以弓矢，于高禖之前”，言“帶以弓韣”，韣是弓衣可知。云“瑞玉，謂公桓圭”之等，皆《大宗伯》、《典瑞職》文。云“繅，所以藉玉”至“爲六色”，其義疏已見於《聘禮記》。天子設斧依於户牖之閒，左右几。依，如今綈素屏風也。有繡斧文，所以示威也。斧謂之黼。几，玉几也。左右者，優至尊也。其席莞席紛純，加繅席畫純，加次席黼純。○斧依，於豈反，注依如同。今綈，大西反。屏風，步丁反。莞席，音官。紛純，諸允反，劉之閏反，下同。【疏】“天子”至“右几”。○注“依如”至“黼純”。○釋曰：云“依，如今綈素屏風也”者，案

---

①　“乘”字原作“墨”，曹云：“‘墨’字譌，單疏作‘乘’。”據改。

②　“墨”字原作“乘”，曹云：“‘乘’字譌，單疏作‘墨’，此本‘墨’字與上‘乘’字兩行並寫互譌。”據改。

《爾雅》"牖户之閒謂之扆",以屏風爲斧文,置於依地,孔安國《顧命傳》云"扆,屏風,畫爲斧文,置户牖閒"是也。言"綈素"者,綈,赤也;素,白也,漢時屏風以綈素爲之,象古者白黑斧文,故鄭以漢法爲況。云"有繡斧文,所以示威也"者,案《周禮・繢人》云"青與赤謂之文,赤與白謂之章,白與黑謂之黼,黑與青謂之黻,五采備謂之繡"①,此白黑斧以比方繡次爲之,故云"有繡斧文,所以示威也"。云"斧謂之黼"者,據繡次言之,白與黑謂之黼,即爲此黼字也,據文體形質言之,刃白而鐏黑,則爲此斧字,故二字不同也。云"几,玉几也"者,案《周禮・司几筵》云"左右玉几",故知此几是玉几也,注"左右有几,優至尊也",亦與此同,又案《大宰》云"贊玉几",鄭注云"玉几,王所依也,立而設几,優尊者",但几唯須其一,又几坐時所以馮依,今左右及立而設之,皆是優至尊也,兩注相兼乃具。云"其席莞席"以下,亦《司几筵》文,案彼云"大朝覲,大饗射,凡封國命諸侯,王位設黼依,依前南鄉設莞席紛純"等,鄭注云"紛純者,紛如綬,有文而狹。繅席者,削蒲蒻展之②,編以五采,若今合歡矣。畫純者,謂畫雲氣。次席者,桃枝席③,有次列成文",此"次席"即《顧命》所謂"篾席"也,篾謂竹青,據竹而言,次謂次列,據文體而説,是以《顧命》云"牖閒南嚮,敷重篾席",孔傳云"桃枝竹",義與鄭同。**天子衮冕,負斧依。**衮衣者,裨之上也,繢之、繡之爲九章。其龍,天子有升龍、有降龍。衣此衣而冠冕,南鄉而立,以俟諸侯見。○繢之,户内反。南鄉,許亮反,下放此。【疏】"天子衮冕負斧依"。○注"衮衣"至"侯見"。○釋曰:云"負斧依"者,負謂背之南面也。云"衮衣者,裨之上也"者,但裨衣者自衮冕至玄冕,五者皆裨衣,故云"裨之上也"。上文云裨衣者,總五等諸侯,指其衣有三等,不得定其衣號,故總言裨衣④,此據天子一身,故指其衣體言衮冕。云"繢之、繡之爲九章"者,衣繢而裳繡,衣在上爲陽,陽主輕浮,故對方爲繢次;裳在下爲陰,陰主沈深,故刺之爲繡次,是以《尚書》衣言作繢,裳言紩繡,"爲九章"者,鄭注《司服》云"冕服九章,登龍於山,登火於宗彝,尊其神明也。九章,初一曰龍,次二曰山,次三曰華蟲,次四曰火,次五曰宗彝,皆畫以爲繢,次六曰藻,次七曰粉米,次八曰黼,次九曰黻,皆絺以爲繡",則衮之衣五章,裳四章,凡

---

① "采"字原作"色",孫云:"'色'《繢人》文作'采'。"據改。
② "蒻"字原作"弱",阮云:"浦鏜云:'蒻誤弱。'按'蒻'、'弱'古字通。《考工記・輪人》曰:'故竑其輻廣以爲之弱。'注云:'弱,蒻也,今人謂蒲本在水中者爲弱。'"據改。
③ "席"字原作"蓆",阮云:"毛本'蓆'作'篚'。浦鏜云'席'誤'篚'。"據改。
④ "總言"原作"言總",曹云:"阮云《要義》倒,案倒者是。"據乙。

九也。云"南鄉而立"者,此文及《司几筵》雖不云立,案《下曲禮》云"天子當宁而立",又云"當扆而立",在朝、在廟皆云立,故知此南面而立,以俟諸侯之見也。**嗇夫承命,告于天子。**嗇夫,蓋司空之屬也,爲末擯,承命於侯氏下介,傳而上,上擯以告于天子。天子見公,擯者五人,見侯伯,擯者四人,見子男,擯者三人,皆宗伯爲上擯。《春秋傳》曰:"嗇夫馳。"○傳,丈專反①,下傳此、傳而皆同。而上,時掌反,下而上同。【疏】"嗇夫"至"天子"。○注"嗇夫"至"夫馳"。○釋曰:云"嗇夫,蓋司空之屬也"者,無正文,知司空屬者,案五官之内,無嗇夫之名,故知是司空之屬,但《司空職》亡,故言"蓋"以疑之。云"爲末擯②,承命於侯氏下介,傳而上,上擯以告于天子"者,案《周禮·司儀職》兩諸侯相朝,皆爲交擯,則此諸侯見天子交擯可知,此所陳擯介,當在廟之外,門東陳擯,從北鄉南,門西陳介,從南鄉北,各自爲上下,此經先云"嗇夫承命,告于天子",則命先從侯氏出,下文天子得命,呼之而入,命又從天子下至侯氏,即令入,故下注云"君乃許入"。若然,此觀遇之禮略,唯有此一辭而已,無三辭之事,《司儀》云"交擯三辭"者,據諸侯自相見於大門外法,其天子春、夏受享於廟,見於大門外,亦可交擯三辭矣。云"天子見公,擯者五人"以下,並《大行人》文。云"皆宗伯爲上擯"者,案《大宗伯職》云"朝覲會同,則爲上相",鄭注云"相詔王禮也,出接賓曰擯,入詔禮曰相",若四時常朝,則小行人爲承擯,故《小行人職》云"將幣,爲承而擯",此文嗇夫爲末擯,若子男三擯,此則足矣,若侯伯四擯,別增一士,若上公五擯,更別增二士,若時會殷同,則肆師爲承擯,故《肆師職》云"大朝覲佐儐",鄭注云"爲承擯",是其義也。引《春秋傳》者,案《左氏傳》昭十七年,夏六月朔,日有食之,叔孫昭子救日食,引《夏書》云"辰不集于房,瞽奏鼓,嗇夫馳,庶人走",鄭引者,欲見嗇夫是卑官,得爲末擯之意。**天子曰:"非他,伯父實來,予一人嘉之。伯父其入,予一人將受之。"**言非他者,親之辭。嘉之者,美之辭也。上擯又傳此而下至嗇夫,侯氏之下介受之,傳而上,上介以告其君,君乃許入。今文實作寔,嘉作賀。【疏】"天子"至"受之"。○注"言非"至"作賀"。○釋曰:此經直云"伯父其入",不云迎之,《禮記·郊特牲》云"覲禮,天子不下堂而見諸侯",故無迎法。若然,案《夏官·齊僕》云"掌馭金路以賓,朝、覲、宗、

① "丈專反",黃云:"宋本'丈'作'大'。"
② "云"下原無"爲"字,曹云:"'云'下脱'爲'字。"據補。

遇、饗、食皆乘金路，其法儀各以其等，爲車送逆之節”者，觀遇雖無迎法，至於饗即與春夏同，故連言之。**侯氏入門右，坐奠圭，再拜稽首。**入門而右，執臣道不敢由賓客位也。卑者見尊，奠摯而不授。【疏】“侯氏”至“稽首”。○注“入門”至“不授”。○釋曰：云“卑者見尊，奠摯而不授”者，案《士昏禮》云壻執鴈，升奠鴈，又云“若不親迎，則婦入三月然後壻見。主人出門，壻入門，奠摯再拜，出”，鄭注云“奠摯者，壻有子道，不敢授也”，又《士相見》凡臣見於君，奠摯再拜，與此奠圭皆是卑者不敢授而奠之。**擯者謁。**謁，猶告也。上擯告以天子前辭，欲親受之，如賓客也，其辭所易者，曰“伯父其升”。【疏】“擯者謁”。○注“謁猶”至“其升”。○釋曰：云“其辭所易者，曰‘伯父其升’”者，此文不見謁告之辭①，鄭注云“上擯告以天子前辭”者，謂擯者謁以上辭云“天子曰：非他，伯父實來，予一人嘉之。伯父其入，予一人將受之”，是擯者於門外傳王辭，告之使入，此擯者謁告，還用彼辭，所改易者，唯改“入”字爲“升”，故云“伯父其升”也，以其喚使升堂，親受之也。**侯氏坐取圭，升致命，王受之玉。侯氏降，階東北面再拜稽首。擯者延之曰：“升。”升成拜，乃出。**擯者請之，侯氏坐取圭，則遂左。降拜稽首，送玉也。從後詔禮曰延。延，進也。【疏】“侯氏”至“乃出”。○注“擯者”至“進也”。○釋曰：云“侯氏坐取圭，則遂左”者②，以經侯氏得擯者之告，坐取圭，即言“升致命”，無出門之文，明知遂向門左，從左堂塗升自西階致命也。云“從後詔禮曰延。延，進也”者，以其賓升堂，擯者亦升③，若《特牲》、《少牢》祝延尸使升，尸升，祝從升，與此文同，皆是從後詔禮之事。

---

① “文”字原作“又”，曹云：“‘又’當爲‘文’。”據改。
② “左”下原有“降”字，曹云：“‘降’字衍。”倉石云：“殿本刪‘降’字是也。”據刪。
③ “亦”字原作“不”，孫云：“疑當作‘亦升’。”據改。

儀禮疏卷第二十七　　儀禮卷第十

（四）〔三〕享，皆束帛加璧，庭實唯國所有。四當爲三，古書作三、四或皆積畫，此篇又多四字，字相似，由此誤也。《大行人職》曰諸侯廟中將幣，皆三享。其禮差，又無取於四也。初享，或用馬，或用虎豹之皮。其次享，三牲、魚、腊、籩豆之實、龜也、金也、丹漆、絲纊、竹箭也，其餘無常貨。此地物非一國所能有，唯所有分爲三享，皆以璧帛致之。○四享，四依注音三，享音香丈反，劉虛讓反。積畫，音獲。絲纊，音曠，劉古曠反。【疏】"四享"至"所有"。○注"四當"至"致之"。○釋曰：自此盡"事畢"，論侯氏行覲禮訖，相隨即行三享之事。云"四當爲三，古書作三、四或皆積畫，此篇又多四字，字相似，由此誤也"者，知四當爲三者，諸文唯謂三享，無四享之事，所以誤作四者，由古書作三、四之字，或皆積畫者，《堯典》云"帝曰：咨①！三岳"，《皋陶》云"外薄三海"，《泰誓序》云"作《泰誓》三篇"，是古書三、四皆積畫也。云"此篇又多四字"者，下有"四傳擯"，又云"路下四，亞之"，又云"束帛四馬"、"四門"、"四尺"，四字既多，積畫三又似三，由此故誤爲四字也。引《大行人》者，欲證三享爲正文。云"其禮差，又無取於四也"者，案《聘禮》"小聘曰問，不享"，大聘雖有享，不言數，明一享而已，案《大行人》五等諸侯皆同三享，若然，三與一及不享是其禮之差，是無取於四之義，故從三爲正。云"初享，或用馬，或用虎豹之皮"者②，案下經先陳馬，《聘禮》特言皮，故知初享以此二者爲先，言"或"者，《聘禮記》云"皮馬相閒，可也"，又《聘禮經》夕幣時，"皮則北首"③，展幣時，更云"馬則幕南北面"，此下經亦用馬，案《郊特牲》云"虎豹之皮，示服猛也"，是其或用馬，或用虎豹之皮爲初享也。云"其次享，三牲、魚、腊、籩豆之實"以下，皆《禮器》文，是以《禮器》云"大饗，其王事與？三牲、魚、腊，四海九州之美味也。籩豆之薦，四時之和氣也。內金，示和也。束帛加璧，尊德也。龜爲前列，先知也。金次之，見情也。丹漆、絲纊、竹箭，與衆共財也。其餘無常貨，各以其國之所有，則致遠

---

① "咨"字原作"次"，曹云："'次'字譌，單疏作'咨'。"據改。
② "或"下原無"用"字，曹云："'或'下注有'用'字。"據補。
③ "北"字原作"左"，倉石云："'左'，殿本據經改作'北'。"據改。

物也”，彼諸侯因王爲祫祭而致之①，與此因覲致之同，以其因覲即助祭，因祭即致享物，若不當三年祫祭，即特致三享也。云“皆以璧帛致之”者，案《聘禮》束帛加璧享君，束錦加琮享夫人，《小行人》亦云“璧以帛，琮以錦”，是五等諸侯享天子與后，此云“璧帛致之”者，據享天子而言，若享后，即用琮錦。但三享在庭分爲三段，一度致之，據三享而言，非謂三度致之爲皆也。凡享者，貢國所有，或因朝而貢，或歲之常貢。歲之常貢，則《小行人》云“春入貢”及《大宰》“九貢”是也，因朝而貢者，則《大行人》云“侯服歲一見，其貢祀物”之等是也，皆有璧帛以致之。案《小行人》云“合六幣，圭以馬，璋以皮，璧以帛，琮以錦，琥以繡，璜以黼。此六物者，以和諸侯之好故”，注云“合，同也。六幣，所以享也。五等諸侯享天子用璧，享后用琮，其大各如其瑞，皆有庭實，以馬若皮。皮，虎豹之皮。用圭璋者，二王之後也。二王後尊，故享用圭璋而特之。《禮器》曰‘圭璋特’，義亦通於此，其於諸侯，亦用璧琮耳。子男於諸侯，則享用琥璜，下其瑞也。凡二王後、諸侯相享之玉，大小各降其瑞一等”。若如此言，鄭知五等享玉各如其瑞者，見《玉人職》云“璧琮九寸，諸侯以享天子”，言九寸，據上公，琮以享后不言者，文不具，公依命數與瑞等，則侯、伯、子、男之享玉亦如其瑞可知。又知五等自相享各降其瑞一等者，又見《玉人職》云“瑑琮八寸，諸侯以享夫人”，鄭云“獻於所朝聘君之夫人”，兼言聘者，欲見聘使亦下君之瑞一寸，與君同，直言瑑琮享夫人，不言瑑璧以享君，亦文不具，若然，侯、伯、子、男自相享，各降其瑞一寸可知。圭璋據二王後享天子與后者，五等諸侯既用璧琮，二王後尊，明用圭以享天子，用璋以享后可知。又知二王後自相享亦用璧琮者，以五等諸侯降於享天子，明二王後退用璧琮可知。子、男自相享用琥璜者，以其子、男瑞用璧，享天子可與瑞同，自相享不得與瑞等，降用琥璜可知，若然，子、男之臣自相聘，亦享用琥璜，不得踰君故也。又知五等之臣聘享之玉，皆降其君一寸者，又見《玉人》云“瑑圭璋八寸，璧琮八寸以覜聘”，八寸，據上公之臣，則侯、伯、子、男臣各降其君一寸可知。案《孝經緯·援神契》云“二王後稱公，大國稱侯”，則二王之後爲公而則前謂公者②，案《典命》云“上公九命爲伯，其國家、宮室、車旗、衣服、禮儀皆以九爲節”，鄭注云“上公者，謂王之三公有德者，加命爲二伯，二王之後亦爲上公”，若

---

① “因”字原作“國”，曹云：“‘國’當爲‘因’。”倉石云：“殿本倒‘王爲’二字，《正字》改‘國’爲‘因’。今案尋繹文理，浦説似優。”據改。

② “而則前謂公者”，曹云：“‘則前’殿本倒。案‘則’猶‘即’也。”

然,《典命》云"王之三公八命",有功加一命爲二伯,則周公、召公是也,本國猶稱侯,則魯侯、燕伯是也。**奉束帛,匹馬卓上,九馬隨之,中庭西上,奠幣,再拜稽首。**卓,讀如卓王孫之卓。卓,猶的也。以素的一馬以爲上,書其國名,後當識其何産也。馬必十匹者,不敢斥王之乘,用成數,敬也。○卓上,劉丁角反。【疏】"奉束"至"稽首"。○注"卓讀"至"敬也"。○釋曰:云"中庭西上"者,案《昏禮》云"參分庭一在南",又《聘禮》云"庭實,皮則攝之",注云"參分庭一在南",又米筥設于中庭,鄭注云"言當中庭者,南北之中也",則此云"中庭",亦是南北之中,不參分庭一在南者,以其三享同陳,須入庭深設之故也。云"卓,讀如卓王孫之卓。卓,猶的也"者,以音字既同而讀從之,卓王孫是司馬相如之妻文君之父也,於十馬之内,以素的一馬以爲上,故訓卓爲的也。云"書其國名,後當識其何産也"者,謂若晉有鄭之小駟,復有屈産之類是也。云"馬必十匹者,不敢斥王之乘,用成數,敬也"者,此爲庭實,故用十匹,案《康王之誥》二伯率諸侯而入,皆布乘黃朱陳四匹者[1],彼據二王之後,以國所有享新王,享物陳於庭,用圭以馬致享,馬不得上堂,亦陳於庭,直以圭升堂致命,乘馬若乘皮,故以四爲禮,非所享之物,故用四馬,與此異也。**擯者曰:"予一人將受之。"**亦言王欲親受之。【疏】"擯者"至"受之"。○注"亦言"至"受之"。○釋曰:云"亦言王欲親受之"者,亦上親受之也。**侯氏升致命,王撫玉。侯氏降自西階,東面授宰幣,西階前再拜稽首,以馬出,授人,九馬隨之。**王不受玉,撫之而已,輕財也。以馬出,隨侯氏出授王人於外也。王不使人受馬者,至于享[2],王之尊益君,侯氏之卑益臣。【疏】"侯氏"至"隨之"。○注"王不"至"益臣"。○釋曰:云"授宰幣",王既撫玉,不受幣,幣即束帛加璧,并玉言幣,故《小行人》合六幣,皮、馬與玉皆爲幣,此單言宰,即大宰,大宰主幣,故《周禮·大宰職》云"大朝覲會同,贊玉幣、玉獻、玉几、玉爵",注云"助王受此四者"是也。云"王不受玉,撫之而已,輕財也"者,案《聘義》圭璋

---

① "朱"下原有"而"字,曹云:"'而'字衍。"據刪。

② "至"字原作"主",阮云:"徐、陳、閩、葛、《集釋》、《通解》同,毛本、楊氏'主'作'至'。張氏曰:'按疏云今至于三享云云,詳其義,主字當作至。'"據改。

還之爲重禮，璧琮不還爲輕財①，是以圭璋親受，璧琮即不受②，爲輕財故也。云"以馬出，隨侯氏出授王人於外也"者，謂侯氏牽馬而出，馬隨侯氏之後，出授王人於外也。云"王之尊益君，侯氏之卑益臣"者，春、夏受贄於朝，雖無迎法，王猶在朝，至受享又迎之而稱賓主，至覲禮，受贄③、受享皆無迎法，不下堂而見諸侯，已是王尊爲君禮，侯卑爲臣禮④，王猶親受其玉，今至于三享，貢國所有，行供奉之節，故使自執其馬，王不使人受之於庭者，是王之尊益君，侯氏之卑益臣故也。《聘禮》享用皮及賓私覿，馬皆使人受之者，見他國之君，不臣人之臣，故與此異也。若然，《聘禮》享君，尚有幣問卿大夫，此諸侯覲天子，享天子訖，亦當有幣問公卿大夫，是以隱七年《左氏傳》云"初，戎朝于周，發幣于公卿而凡伯不賓"，服注云"戎以朝，禮及公卿大夫，發陳其幣，凡伯以諸侯爲王卿士，不修賓主之禮，敬報於戎"，是以"冬，天王使凡伯來聘，還，戎伐之於楚丘以歸"，是諸侯朝天子，亦有幣及公卿大夫之事也⑤。**事畢**。三享訖。

　乃右肉袒于廟門之東，乃入門右，北面立，告聽事。右肉袒者，刑宜施於右也。凡以禮事者，左袒。入更從右者，臣益純也。告聽事者，告王以國所用爲罪之事也。《易》曰："折其右肱，无咎。"○折其，之設反。右肱，古弘反。【疏】"乃右"至"聽事"。○注"右肉"至"無咎"。○釋曰：自此盡"降出"，論侯氏受刑，王免之降出之事。刑袒於右者，右是用事之便，又是陰，陰主刑，以不能用事，故刑袒於右也。云"凡以禮事者，左袒"，左袒者，無問吉凶禮，皆袒左，知者，《士喪禮》云"主人出南面，左袒，扱諸面之右"，《檀弓》云"延陵季子葬其子於嬴、博之間"，葬訖，"左袒"，故云"凡"以該之。引《易》曰：折其右肱，无咎"者，案《易·豐䷶》卦九三云"折其右肱，无咎"，凡卦爻，二至四、三至五、兩體交互，各成一卦，先儒謂之互體，故鄭隨其義而注云"三，艮爻，艮爲手。互體爲巽，巽又爲進退。手而便於進退，右肱也。猶大臣用事於君，君能誅之，故无咎"，引之者，證刑理宜於右之義。云"告聽事者，告王以國所用爲罪之事

---

① "案聘義"至"爲輕財"，吳紱云："按《聘義》但言已聘而還圭璋，不言及璧琮，賈蓋約其文耳。"
② "琮"下原有"初"字，曹云："'初'字衍。"據刪。不受，不親受，非不受也。
③ "禮"下原無"受贄"二字，曹云："'禮'下脫'受贄'二字。"據補。
④ "侯"字原作"臣"，曹云："上'臣'當爲'侯'。"據改。
⑤ "幣"字原作"聘"，曹云："'聘'當爲'幣'。"倉石云："'聘'，殿本改爲'幣'。"據改。

也"者,加"得"字解之,當云"告王以國所用爲者,得非罪之事也",正是罪之一辭,解擬受刑之意。又解云"告王以己無罪",引下文"伯父無事"解之,不辭之甚也。**擯者謁諸天子,天子辭於侯氏,曰:"伯父無事,歸寧乃邦。"** 謁,告。寧,安也。乃,猶女也。**侯氏再拜稽首,出,自屏南適門西,遂入門左,北面立,王勞之,再拜稽首。擯者延之曰:"升。"升成拜,降出。** 王辭之,不即左者,當出隱於屏而襲之也。天子外屏。勞之,勞其道勞也。【疏】"侯氏"至"降出"。○注"王辭"至"勞也"。○釋曰:云"當出隱於屏而襲之也"者,以屏外不見天子爲隱,向者右袒,今王辭以無事,故宜襲也。云"天子外屏"者,據此文出門,乃云"屏南",即是外屏。云"天子外屏",取《禮緯》之文,故《禮緯》云"天子外屏,諸侯內屏,大夫以簾,士以帷"是也。

　　天子賜侯氏以車服。迎于外門外,再拜。 賜車者,同姓以金路,異姓以象路。服則衮也、鷩也、毳也。古文曰迎于門外也。【疏】"天子"至"再拜"。○注"賜車"至"外也"。○釋曰:自此盡"亦如之",論王使人賜侯氏車服之事。云"同姓金路,異姓象路",案《周禮·巾車》掌五路,自玉路至木路,玉路以祀,尊之,不賜諸侯,金路云"同姓以封",象路云"異姓以封",革路云"以封四衛",木路云"以封蕃國",鄭云同姓"謂王子母弟,率以功德出封,雖爲侯伯,其畫服猶如上公",賜魯侯、鄭伯服則衮冕,得乘金路以下,與上公同,則大公與杞、宋雖異姓,服衮冕乘金路矣;異姓謂舅甥之國,與王有親者,得乘象路;異姓侯伯,同姓子男,皆乘象路以下;四衛,謂要服以內庶姓,與王無親者,自侯、伯、子、男皆乘革路以下;蕃國,據外爲總名,皆乘木路而已。鄭直言金路、象路者,略之也。云"服則衮也、鷩也、毳也",據《司服》而言,案《司服》上陳王之吉服有九,下云"公之服,自衮冕而下,如王之服。侯伯自鷩冕而下,如公之服。子男自毳冕而下,如侯伯之服"也。**路先設,西上。路下四,亞之。重賜無數,在車南。** 路謂車也。凡君所乘車曰路。路下四,謂乘馬也。亞之,次車而東也。《詩》云:"君子來朝,何錫予之?雖無予之,路車乘馬。又何予之?玄衮及黼。"重,猶善也。所加賜善物多少,由恩也。《春秋傳》曰:"重錦三十兩。"【疏】"路先"至"車南"。○注"路謂"至"十兩"。○釋曰:云"凡君所乘車曰路"者①,鄭注《周禮》云"路,大

---

①　"乘"上原無"所"字,阮云:"'乘'上注有'所'字。"據補。

也”，君之居以大爲名，是以云路寢、路門之等。引《春秋》者，閔二年《左氏傳》云“狄人伐衞”，又云“及狄人戰于熒澤，衞師敗績，遂滅衞。夜與國人出，狄入衞，遂從之，又敗諸河。宋桓公逆諸河，宵濟，立戴公以廬於曹。齊侯使公子無虧帥車三百乘、甲士三千人以戍曹，歸公乘馬，祭服五稱，牛、羊、豕、雞、狗皆三百與門材，歸夫人魚軒，重錦三十兩”，鄭引之證重賜無數，在車南也。**諸公奉篋服，加命書于其上，升自西階，東面，大史是右。**言諸公者，王同時分命之而使賜侯氏也。右，讀如周公右王之右。是右者，始隨入，於升東面乃居其右。古文是爲氏也。○奉篋，苦協反。大史，音泰，後大史、大常、大陰皆同。是右，音又，亦如字，注右王之右同①。【疏】“諸公”至“是右”。○注“言諸”至“氏也”。○釋曰：云“言諸公者，王同時分命之而使賜侯氏也”者，以其言諸，非一之義，以諸侯來覲者衆，各停一館，故命諸公分往賜之。云“右，讀如周公右王之右”者，案襄公二十一年《左氏傳》晉欒盈出奔楚，范宣子殺羊舌虎，囚伯華、叔向②，於是祁奚老矣，聞之，乘馹而見宣子，祁奚曰“夫謀而鮮過，惠訓不倦者，叔向有焉。社稷之固也，猶將十世宥之，以勸能者。今壹不免其身，以棄社稷，不亦惑乎！鯀殛而禹興，伊尹放太甲而相之，而卒無怨色，管、蔡爲戮，周公右王，若之何其以虎也棄社稷”，鄭引此者，證“大史是右”，是佐公而在公右之義也。云“是右者，始隨入，於升東面乃居其右”者，大史卑，明始時隨公後，升訖，公東面，大史乃居其右，故云是右，謂於是乃居公右而並東面，知並立者，以其在公右宣王命故也。**侯氏升，西面立，大史述命。**讀王命書也。**侯氏降，兩階之間，北面再拜稽首**，受命。**升成拜。**大史辭之降也。《春秋傳》曰：“且有後命，以伯舅耋老，毋下拜。”此辭之類。○耋老，大結反，又音鐵。毋下，音無。【疏】“升成拜”。○注“大史”至“之類”。○釋曰：引《春秋》者，僖九年經“夏，公會宰周公、齊侯、宋子、衞侯之等于葵丘”，《傳》云“王使宰孔賜齊侯胙，曰：‘天子有事于文、武，使孔賜伯舅胙。’齊侯將下拜，孔曰：‘且有後命，天子使孔曰：以伯舅耋老，加勞賜一級，無下拜。’對曰：‘天威不違顏咫尺，小白余敢貪天子之命，無下拜？恐隕越于下，以遺天子羞，敢不下拜。’下拜，登受”，鄭引之者，證此大史述王辭，侯氏下拜亦如此，故鄭云“此辭之類”也。但彼以齊

---

① “右王”原作“右主”，黃云：“‘主’字誤，宋本作‘王’。”據改。

② “伯華”下原無“叔向”二字，曹云：“下脫‘叔向’二字。”倉石云：“《正字》下補‘叔向’二字。”據補。

侯年老,故未降已辭,此下拜,禮也,故降拜乃辭之,彼齊侯不升成拜者,亦以年老故也。**大史加書于服上,侯氏受。**受篋服。**使者出,侯氏送,再拜。儐使者,諸公賜服者束帛四馬,儐大史亦如之。**既云拜送,乃言儐使者,以勞有成禮,略而遂言。【疏】"使者"至"如之"。○注"既云"至"遂言"。○釋曰:云"既云拜送,乃言儐使者,以勞有成禮,略而遂言"者,經云"侯氏送,再拜"者,事勢宜終,故連言之,其實儐使者在拜送前,必以儐退後略言者①,以儐有成禮可依,故後略言。案上篇以來,每有儐禮,皆是成禮也②。

　　同姓大國則曰伯父,其異姓則曰伯舅,同姓小邦則曰叔父,其異姓(小邦)則曰叔舅③。據此禮云伯父,同姓大邦而言④。【疏】"同姓"至"叔舅"。○注"據此"至"而言"。○釋曰:案《周禮·冢宰職》云"掌建邦之六典,以佐王治邦國",注云"大曰邦,小曰國,邦之所居亦曰國"者,彼經或邦國連言,或單言國,則邦國連言據諸侯,單言國據王,以邦在國上,故云"大曰邦,小曰國",唯王建國,是王之所居⑤,亦曰國,彼對文則別⑥,散文則通,故此大國言國,小國言邦也。鄭云"據此禮云伯父,同姓大邦而言"者,鄭欲解稱伯父、叔父不要同姓爲定之意。云"據此云伯父"者,即上文云"伯父",此文即云"同姓大國則曰伯父",是以云"據此禮云伯父,同姓大邦而言",若據他文⑦,則不要同姓與大國,案《下曲禮》東西二伯,不問同姓、異姓,皆稱

---

① "儐退"原作"之儐",曹云:"'之儐'當爲'儐退'。"據改。

② "皆"下原有"是成篇之法"五字,周學健云"是成篇之法"五字"冗複無義,當是衍文"。據刪。

③ "其異姓小邦則曰叔舅",王念孫云:"異姓大國曰伯舅,不言大國者,蒙上而省也。然則異姓小邦曰叔舅,小邦亦當蒙上而省。今本有'小邦'二字,即涉上句而衍。《周官·大宰》疏引此有'小邦'二字,則賈所見本已然,不始於唐石經矣。《康王之誥》正義、《文侯之命》正義、《小雅·伐木》正義、隱五年《左傳》正義引此,皆作'其異姓則曰叔舅',則孔所見本無'小邦'二字,於義爲長。"當據以刪"小邦"二字。

④ "據此禮云伯父同姓大邦而言",敖本"據"字在伯父下,屬下讀。胡培翬云:"敖氏引此注作'此禮云伯父,據同姓大邦而言',義似較顯,然敖氏引注,多所移易,未必注本如是也。"

⑤ "王"字原作"邦",四庫本作"王",據改。

⑥ "別"字原作"例",曹云:"'例'當爲'別'。"據改。

⑦ "若據他文"原作"若也據文",阮云:"許宗彦云:'若也據文,乃若據他文之訛。'"據改。

伯父①,州牧皆稱叔父②,鄭云"牧尊於大國之君而謂之叔父,辟二伯,亦以此爲尊"是,此文云"同姓大國則曰伯父"者③,唯據此禮云伯父而言④,不據他文,故鄭此注決爲不定之意。

　　饗、禮,乃歸。禮謂食、燕也。王或不親,以其禮幣致之。略言饗、禮,互文也。《掌客職》曰:"上公三饗、三食、三燕,侯伯再饗⑤、再食、再燕,子男一饗、一食、一燕。"○謂食,音嗣,下同。【疏】"饗禮乃歸"。○注"禮謂"至"一燕"。○釋曰:云"禮謂食、燕也"者,案《聘禮》及諸文,言饗皆單云饗,無云禮,鄭所引《掌客》五等饗、食、燕三者具有,今饗下有禮,故以禮爲食、燕也。云"王或不親,以其禮幣致之",鄭言此者,欲解經變食、燕而謂之禮⑥,見王有故不親食、燕,則以禮幣致之,故謂之禮⑦。云"略言饗、禮,互文"者,直言饗,見王無故親饗之,若王有故,亦以酬幣之禮致之⑧,食、燕謂之禮⑨,見王有故,以侑幣之禮致之⑩,亦宜有王無故親食、燕,故云"互文也"。引《掌客》者,見五等諸侯饗、食、燕皆具有,證經之禮是食、燕之義也。以此文爲互,則饗、食、燕皆有酬幣、侑幣,是以《掌客職》"三饗、三食、三燕"云云,即云"若弗酌,則以幣致之",鄭注云"若弗酌,謂君有故,不親饗、食、燕",彼是諸侯自相待法,此鄭引之,證經天子待諸侯法,則天子待諸侯三者皆有幣可知。案《掌客》云王巡守,"從者三公眠上公之禮,

---

①　"案下曲禮"至"皆稱伯父",吳紱云:"按異姓焉得有稱伯父之理,顯與《曲禮》原文不合。但此賈氏失解,非寫刻之譌,未便遽改也。"
②　"皆"字原作"而",曹云:"'而'當爲'皆'。然《曲禮》明有異姓稱伯舅、叔舅之文,此疏所云,弼殊未解。"據改。
③　"是此文"原作"是也又",阮云:"'也',《要義》作'此'。"曹云:"'也'單疏作'此',屬下讀,'是'字句,'此'下'又'字當爲'文'。"據曹校改。
④　"禮"下原有"而"字,曹云:"'而'字衍。"據删。
⑤　"侯伯再饗",吳紱云:"按《掌客職》侯伯亦三饗,此云再饗,是鄭氏記憶之譌。"胡培翬云:"今本《周禮·掌客》作侯伯三饗,鄭引作再饗者,《郊特牲》孔疏辨之曰:'南本或云侯伯亦三饗,誤也',則今所傳殆唐時誤本,是以《周禮·内宰》、《職金》疏引《掌客》文,俱作侯伯再饗也。"
⑥　"謂"字原作"言",曹云:"'言'當爲'謂'。"據改。
⑦　"謂"字原作"言",曹云:"'言'亦當爲'謂'。"據改。
⑧　"酬"字原作"侑",曹云:"'侑'當爲'酬'。"倉石云:"'侑',殿本改爲'酬'。"據改。
⑨　"謂"字原作"公",曹云:"'公'當爲'謂'。"據改。
⑩　"幣"上原無"侑"字,倉石云:"殿本'幣'上補'侑'字。"據補。

卿眂侯伯之禮，大夫眂子男之禮”，則天子使公卿大夫存覜省，至諸侯之國，諸侯與之饗、食、燕皆有幣，與諸侯同可知也。若大國之孤聘於天子及鄰國，其饗、食、燕有侑幣、酬幣，亦與子男同，故《大行人》云“凡大國之孤，執皮帛以繼小國之君，出入三積，不問，一勞”，又云“其他皆眂小國之君”，鄭注云“他，謂貳車及介、牢禮、賓主之閒、擯者、將幣、裸酢、饗食之數”，故知饗、食、燕亦有幣也。案《聘禮》云“若不親食，使大夫各以其爵朝服致之，以侑幣，如致饔，無儐，致饗以酬幣亦如之”，是親饗、食之有幣可知，又云“燕與儌獻無常數”，又不言致燕以幣，則無致燕之禮，親燕亦無酬幣。《鹿鳴序》云“燕羣臣嘉賓也，既飲食之，又實幣帛筐篚以將其厚意”，則飲食據饗、食有幣，若然，發首云“燕羣臣嘉賓”者，文王於羣臣嘉賓恩厚，燕之無數，故先言，其實無幣也。若然，天子燕己臣及四方卿大夫，諸侯燕己臣及四方卿大夫，皆無酬幣也。

〔記[①]:〕諸侯覲于天子，爲宮方三百步，四門。壇十有二尋，深四尺，加方明于其上。四時朝覲受之於廟，此謂時會殷同也。宮謂壝土爲壏，以象墻壁也。爲宮者，於國外，春會同則於東方，夏會同則於南方，秋會同則於西方，冬會同則於北方。八尺曰尋，十有二尋則方九十六尺也。深謂高也，從上向下曰深[②]。《司儀職》曰：“爲壇三成。”成，猶重也。三重者，自下差之爲三等而上有堂焉。堂上方二丈四尺，上等、中等、下等每面十二尺。方明者，上下四方神明之象也。上下四方之神者，所謂明神也[③]。會同而盟，明神監之，則謂之天之司盟。有象者，猶宗廟之有主乎？王巡守，至于方嶽之下，諸侯會之，亦爲此宮以見之。《司儀職》曰：“將會

---

① “記”字今本皆在下文“几俟于東箱”上，方苞云：“‘記’字宜冠此節之首。”又云：“‘方明者，木也’，自爲注釋，通經所無，記文多此類。”吳廷華云：“上侯氏裨冕，疏謂《白虎通》引《禮記》‘天子乘龍，載大斾，象日月升龍’，又與下節略同，則漢人固以此數節爲記也。考十七篇中，有有記者，有無記者，獨此篇記只三語，又與諸經不同，則此節以下其爲記說無疑。”盛世佐云：“詳其文體，有似乎記。”胡培翬云：“‘四傳擯’下注云：‘王受玉撫玉，降拜於下等，及請事、勞，皆如覲禮，是以記之《覲》云。’據此則鄭注固明以此數節爲記矣。”當據以移“記”字於經文“饗、禮，乃歸”下，冠“諸侯覲于天子”以下諸節。

② “上”下原無“向下”二字，阮云：“浦鏜云：‘按《秋官・司儀職》疏引此作從上向下爲深，義尤悉。’按《通典・巡守篇》引此亦有‘向下’二字。”據補。

③ “明神”原作“神明”，阮云：“‘神明’，監本、《集釋》、楊氏俱作‘明神’，與疏合。”據乙。

諸侯，則命爲壇三成，宮旁一門，詔王儀，南鄉見諸侯也。"○壇土，以垂反，後同。爲埒，音劣。猶重，直龍反，下同。監之，工銜反。巡守，音狩，下同。【疏】"諸侯"至"其上"。○注"四時"至"侯也"○釋曰：自此盡"四傳擯"①，論會同王爲壇見諸侯之事。云"四時朝覲受之於廟"者，案《曲禮》下經言之，春夏朝宗在朝，不在廟，而言四時朝覲皆在廟者，朝宗雖在朝，受享則在廟，故并言之。云"此謂時會殷同也"者，以《司儀職》云"將合諸侯則令爲壇三成"，與此爲一事，則合者會諸侯也②，故知此爲壇見諸侯謂時會殷同時也。案《大宗伯》云"時見曰會，殷見曰同"，鄭注云"時見者，言無常期。諸侯有不順服者，王將有征討之事，則既朝覲，王爲壇於國外，合諸侯而命事焉。《春秋傳》曰'有事而會，不協而盟'是也。殷，猶衆也。十二歲王如不巡守，則六服盡朝。朝禮既畢，王亦爲壇，合諸侯以命政焉。所命之政，如王巡守。殷見，四方四時分來③，終歲則遍"，若如此注，則時會殷同亦有朝覲在廟，而獨云四時朝覲在廟者，以其《周禮·大行人》諸侯依服數來朝，時會無常期，假令當方諸侯有不順服，則順服者皆來朝王，其中則有當朝之歲者，復有不當朝之歲者。若當朝之歲者，自於廟朝覲，若不當朝之歲者，當在壇朝。若十二年王不巡守則殷朝，亦云既朝乃於壇者，六服之内，若以當歲者即在廟，則依服數十二歲合有侯服年年朝者在廟朝覲，其甸④、男、采、衛、要五服，若以十二歲王巡守總合朝，五服不得同在廟⑤，在壇朝，故鄭會同皆言既朝覲乃爲壇於國外也。《朝事儀》未在壇朝而先言帥諸侯拜日，亦謂帥已朝者諸侯而言也。云"爲宮者，於國外，春會同則於東方"云云者，經直言爲壇，鄭知逐四方爲之者，案《司儀》云"將合諸侯，則令爲壇三成"，鄭注云"合諸侯，謂有事而會也。爲壇於國外以命事。天子春帥諸侯拜日於東郊，則爲壇於國東。夏禮日於南郊，則爲壇於國南。秋禮山川丘陵於西郊，則爲壇於國西。冬禮月與四瀆於北郊，則爲壇於國北。既拜禮而還，加方明於壇上而祀焉"，鄭引此文，下及朝事儀而言，故知爲壇皆依方爲之。但四方之壇，並宜

---

① "擯"字原作"儐"，四庫本作"擯"，與下文"四傳擯"作"擯"相合，據改。
② "會"字原作"合"，曹云："下'合'似當爲'會'。"據改。
③ "四方"下原重"四方"二字，阮云："'四方'二字，陳、閩俱不重出。"孫云："《大宗伯》注亦不重，當删。"據删。
④ "其"下原有"五服自"三字，曹云："'五服自'三字衍。"據删。
⑤ "五服不得同在廟"原作"服不得獨在廟"，曹云："'服'上脱'五'字，'獨'當爲'同'。然疏義未是，在廟非五服同時覲也。"據補改。

在四郊之內，以其拜日之等於近郊，退來就壇，明壇在近郊之內，但去城不知遠近，或四方皆依成數，東方八里，南方七里，西方九里，北方六里，四方此其定分。案《職方》王會同或出畿在諸侯之國①，故職方氏令諸侯共待之事，則無常數。云"八尺曰尋"者，依《考工記》云"殳長尋有四尺"，從軫差之，知尋長八尺。云"三重者，自下差之為三等而上有堂焉。堂上方二丈四尺，上等、中等、下等每面十二尺"者，此以下基九十六尺，上下三等，每等兩相各丈二尺，共二丈四尺，三等總七丈二尺，通堂上二丈四尺②，合九丈六尺也。云"方明者，上下四方神明之象也"者，謂合木為上下四方，故名方，此則神明之象，故名明，此鄭解得名方明③，神之義也。云"所謂明神也"者，所謂《秋官·司盟》之職云"北面詔明神，既盟，則貳之"是也。云"則謂之天之司盟"者④，案《春秋》襄十一年經書"公會晉侯、宋公之等伐鄭。鄭人懼，行成。秋七月，同盟于亳。范宣子曰：不慎，必失諸侯。乃盟，載書曰：凡我同盟，毋蘊年，毋壅利，毋保姦，毋留慝，救災患，恤禍亂，同好惡，獎王室。或間茲命，司慎、司盟，名山、名川，明神殛之"，注云"二司，天神"，司慎司不敬者，司盟司察盟者⑤，是為天之司盟也。云"有象者，猶宗廟之有主乎"者，以其宗廟木主，亦上下四方為之，故云"猶宗廟之有主"，無正文，約同之，故云"乎"以疑之，雖同四方為之，但宗廟主止一神而已，此下文以六色為六神，用六玉禮之，有此別，但取四方同而已。云"王巡狩至於方岳之下，諸侯會之，亦為此宮以見之"者，案下文"祭天，燔柴。祭山、丘陵，升。祭川，沈。祭地，瘞"，鄭注云"升、沈必就祭者也，則是謂王巡守及諸侯之盟祭也"⑥，是王巡守在方岳，亦為此宮可知，是以《司儀》注云"王巡守殷國而同，則其為宮亦如此與"，以其為宮同也⑦。案《司儀》云"王合諸侯，令為宮"，據時會而言，其巡守，據王就方岳，殷國是王有故不行⑧，諸侯同來，此二者，

① "職方"至"之國"，吳紱云："按《夏官·職方氏》，無會同出畿之文。"
② "四"下原無"尺"字，倉石云："'四'下脫'尺'字，各本有。"據補。
③ "鄭"字原作"樂"，阮云："'樂'《要義》作'鄭'。"據改。
④ "盟"下原有"有象"二字，疏下文摘注云"云有象者，猶宗廟之有主乎者"，既而專釋明神有象，猶宗廟之有主，則此處摘注誤衍"有象"二字，謹刪。
⑤ "司慎"至"盟者"原作"司盟司慎不敬者盟司察明者"，阮云："毛本同，惟'明'字作'盟'。《要義》作'司慎司不敬者司盟司察盟者'。"據改。
⑥ "也"下原有"者"字，倉石云："殿本刪'者'字是也。"據刪。
⑦ "為"字原作"與"，曹云："'與'當為'為'。"據改。
⑧ "是"字原作"此"，曹云："'此'當為'是'。"據改。

其壇文約與時會同，故云“與”以疑之，是以鄭注《大宗伯》云“殷同王亦爲壇於國外”，亦時會有文者也。引《司儀》者，彼此同是一事，但文有詳略，此文未言者①，取《司儀》以足之。云“南鄉見諸侯也”者，王在堂上，公於上等，侯伯於中等，子男於下等，奠玉、拜皆升堂，授玉，乃降也。**方明者，木也，方四尺。設六色：東方青，南方赤，西方白，北方黑，上玄，下黃。設六玉：上圭，下璧，南方璋，西方琥，北方璜，東方圭。**六色象其神，六玉以禮之。上宜以蒼璧，下宜以黃琮，而不以者，則上下之神非天地之至貴者也。設玉者，刻其木而著之。○方琥，音虎。黃琮，才宗反。【疏】“方明”至“方圭”。○注“六色”至“著之”。○釋曰：云“上宜以蒼璧，下宜以黃琮”者，案《大宗伯》云“蒼璧禮天，黃琮禮地，青圭禮東方，赤璋禮南方，白琥禮西方，玄璜禮北方”，據彼文，上宜用蒼璧，下宜用黃琮，今於四方還依《宗伯》，唯上不用璧，下不用琮，故鄭云“而不以者，則上下之神非天地之至貴者也”，案《宗伯》注“此禮天以冬至，謂天皇大帝在北極者也。禮地以夏至，謂神在崑崙者也”，鄭云“非天地之貴”，其天地之貴即昊天、崑崙是也，既非天地之貴，即日月之神，故下云“祭天，燔柴。祭地，瘞”，鄭注“天地謂日月也”，若然，日月用圭璧者，《典瑞》云“圭璧以祀日月”，故用圭璧也。四方用圭璋之等，案《大宗伯》注云“禮東方以立春，謂蒼精之帝而大昊句芒食焉”，餘三方皆據天帝、人帝、人神，則此亦非彼神也，以其下文有日月、四瀆、山川、丘陵之神，迎拜以爲明神，故知非天帝、人帝之等，是以《司盟》云“凡邦國有疑會同，則掌其盟約之載及其禮儀，北面詔明神”②，鄭注云“有疑，不協也。明神，神之明察者，謂日月、山川也。《覲禮》加方明於壇上，所以依之也”，是鄭解方明之神，明日月、山川之等，非天帝也。若然，四方禮神還用圭、璋、琥、璜，非天神還用禮玉者，尊此明神而與天神同，故用之也。云“刻其木而著之”者，雖無正文，以意言之，以其非置於坐以禮神於上下，猶南北爲順，刻木於四方亦順，不刻木安於中則不可，故知義然也。**上介皆奉其君之旂，置于宮，尚左。公、侯、伯、子、男皆就其旂而立。**置於宮者，建之，豫爲其君見王之位也。諸公中階之前，北面東上。諸侯東階之東，西面北上。諸伯西階之西，東面北上。諸子門東，北面東上。諸男門西，北面東

---

①　“文”下原無“未”字，曹云：“‘文’下脱‘未’字。”據補。

②　“明神”原作“盟神”，阮云：“毛本‘盟’作‘盤’。按‘盟’字亦非，《周禮》作‘明’。鄭注云：‘明神，神之明察者。’”據改。

801

上。尚左者，建旂，公東上，侯先伯，伯先子，子先男，而位皆上東方也。諸侯入壇門，或左或右，各就其旂而立。王降階，南鄉見之，三揖。土揖庶姓，時揖異姓，天揖同姓。見揖，位乃定。古文尚作上。○見王，賢遍反。侯先，悉薦反，下同。【疏】“上介”至“而立”。○注“置於”至“作上”。○釋曰：云“上介皆奉其君之旂，置于宮，尚左”者，此雖不言前期，鄭云“豫爲其君見王之位也”，則亦前期一日可也。公、侯就旂，據臨朝之時也，此旂鄭雖不解，鄭注《夏官》中夏辨號名，此表朝位之旂，與銘旌及在軍徽幟同，皆以尺易刃，小而爲之也。云“中階之前”已下，皆朝事儀，《明堂位》文，以朝事儀論會同之事，《明堂位》周公朝諸侯于明堂，不在宗廟，皆與此同，故鄭依之也。言上者，皆以近王爲上。云“尚左者，建旂，公東上，侯先伯，伯先子，子先男，而位皆上東方”者，以其侯、伯別階相對，子、男雖隔門，亦相對，皆以東爲上，故云“侯先伯，子先男”也。云“諸侯入壇門，或左或右，各就其旂而立”者，案下注云“諸侯初入門，王官之伯帥之”，則此云“諸侯入壇門，或左或右”者，是二伯初帥之，各依左右，若《康王之誥》云“大保帥西方諸侯入應門左，畢公帥東方諸侯入應門右”，皆北面，此雖無應門，亦二伯帥諸侯初入宮門，或左或右，亦皆北面立定，乃始各就其旂而立，王乃降，南面見之而揖。必知王有降、揖之事者，《燕禮》、《大射》公降揖羣臣，使定位，故知王亦然。又知王“土揖庶姓”之等者，此是《司儀職》王在壇揖諸侯之事，彼與此同，鄭彼注云“土揖，推手小下之也。時揖，平推手也。天揖，推手小舉之”，以推手曰揖，引手曰揖，故爲此解也。若然，覲禮天子不下堂而見諸侯，今王降者，以在壇會同相見，與覲異故也，以其覲禮廟門設擯，此則堂下壇門內設擯①，是以雖繼覲禮之下，覲禮無降揖法，此與諸侯對面相見，故有降揖之事。**四傳擯。**王既揖五者，升壇，設擯，升諸侯以會同之禮。其奠瑞玉及享幣，公拜於上等，侯、伯於中等，子、男於下等。擯者每延之，升堂致命，王受玉撫玉，降拜於下等②，及請事、勞，皆如覲禮，是以記之《覲》云。四傳擯者，每一位畢，擯者以告，乃更陳列而升。其次，公也、侯也、伯也，各一位，子、男俠門而俱東上，亦一

---

① “堂下壇門內”原作“堂壇門”，曹云：“‘堂’下脱‘下’字，‘門’下脱‘内’字。”據補。

② “降拜於下等”，胡培翬云：“‘等’字係涉上文‘下等’而衍，降拜於下，即降拜於地也。若以爲下等，則義有難通矣。”當據刪。

位也。至庭乃設擯，則諸侯初入門，王官之伯帥之耳。古文傳作傳。○四傳，丈專反①，注同，一音孚。俠門，古洽反。作傅，音付。【疏】"四傳擯"。○注"王既"至"作傳"②。○釋曰：知"奠瑞玉及享幣，公拜於上等，侯、伯於中等，子、男於下等。擯者每延之升堂致命，王受玉撫玉，降拜於下等"者，三等拜禮皆《司儀職》文。擯者延之升堂以下，約上覲禮之法。云王受玉謂朝時，撫玉謂享時，是以《司儀》三等之下云"其將幣亦如之"，鄭云"將幣，享也"，又云"及請事、勞，皆如覲禮"者，請事謂上文侯氏奠圭，擯者請侯氏，王欲親受之，勞謂侯氏受刑後，王勞之，故云"皆如覲禮"。云"公也、侯也、伯也，各一位"者，以其面位不同③，故各自設擯。云"子、男俠門而俱東上，亦一位也"者，以其雖隔門，相去近，又同北面東上，故共一位設擯，故有四傳擯。云"至庭乃設擯"者，對上覲禮門外設擯，案此上經，諸侯各就其旃而立，乃云"四傳擯"，則在諸侯之北，故知至庭乃設擯。云"則諸侯初入門，王官之伯帥之耳"者，約《顧命》而知之。

天子乘龍，載大(旂)〔旃〕④，象日月、升龍、降龍，出，拜日於東門之外，反祀方明。此謂會同以春者也。馬八尺以上爲龍。大旃，大常也。王建大常，緫首畫日月，其下及旒交畫升龍、降龍。《朝事儀》曰："天子冕而執鎮圭，尺有二寸。繅藉尺有二寸。搢大圭，乘大路，建大常十有二旒，樊纓十有二就，貳車十有二乘，帥諸侯而朝日於東郊，所以教尊尊也，退而朝諸侯。"由此二者言之，已祀方明，乃以會同之禮見諸侯也。凡會同者，不協而盟。《司盟職》曰："凡邦國有疑會同，則掌其盟約之載書及其禮儀，北面詔明神，既盟則藏之。"言北面詔明神，則明神有象也。象者，其方明乎？及盟時又加於壇上，乃以載辭告焉。詛祝掌其祝號。○樊纓，步干反。二乘，繩證反。盟約，如字，又於妙反。詛祝，莊慮反。【疏】"天子"至"方明"。○

---

① "四傳丈專反"，黃云："宋本葉鈔'丈'作'大'。案'傳'字凡數見，宋本皆作'大專反'。蓋丈屬澄紐，大屬定紐，古音澄紐歸定，故'丈'、'大'通用。阮校於此皆不載，殆以葉鈔爲誤耳。"

② "傅"字原作"傳"，阮云："此本、《要義》'傅'俱作'傳'，與《釋文》不合。"據改。

③ "同"上原無"不"字，曹云："'同'上脱'不'字。"據補。

④ "載大旃"，四庫本卷末《考證》云："'旃'，監本譌作'旂'，今依石經及敖本改正。張淳云：'諸本旃作旂，從諸本。'然則宋本固有作旃者矣。"阮云："'旃'，唐石經、《集釋》、楊、敖俱作'旂'，注同，與疏合。張氏曰：'載大旃，諸本旃作旂，從諸本。'"胡培翬云："陳鳳梧本經注俱作'旃'，《玉海》引亦作'旃'。"當據改，此本注亦作"大旃"，與疏述注不合，亦當改。

注“此謂”至“祝號”。○釋曰：自此盡“西門外”，論將見諸侯，先禮日月山川之事。云“此謂會同以春者也”者，案下文於南門、北門、西門之外禮日月、四瀆，會同以夏、秋、冬，此云“拜日於東門之外”，故知會同以春者也。云“馬八尺以上爲龍”者，是《周禮·廋人職》文，案彼云“馬八尺以上爲龍，七尺以上爲騋，六尺以上爲馬，五尺以上爲駒”。云“大旂，大常也”者，案《周禮·司常》云“日月爲常，交龍爲旂”，則旂與常别，此既象日月，則是大常而云大旂者，九旂各有定稱，亦有通名，故桓二年臧哀伯云“三辰旂旗”，服氏注云“九旂之總名”，故大常亦謂之大旂，是以諸侯建交龍爲旂，亦謂之常，《大行人》云五等諸侯亦曰“建常九斿”，亦是通稱也。云“王建大常，緣首畫日月，其下及旒交畫升龍、降龍”，知義然者，以其先言日月，後言龍，故知緣首畫日月，依《爾雅》説旌旗云正幅爲緣，長尋曰旐，謂旌旗身也，其下屬旒，乃畫日月交龍①。案《左傳》云“三辰旂旗”，服注云“三辰，謂日、月、星”，孔君《尚書傳》亦云“畫日、月、星於衣服、旌旗”，鄭注《司服》亦云“王者相變，至周而以日、月、星辰畫於旌旗，所謂三辰旂旗，昭其明也”，若然，大常當有星，所以《司常》及此直云日、月，不云星者，既言三辰則日、月、星俱有，《周禮·司常》不言星者，《司常》九旂皆以二字爲名，故略不言星，是以此文亦略不言星。案文大常之上又有交龍，則諸侯交龍爲旂無日、月，王之大常非直有日、月，兼有交龍，《司常》不言交龍，亦是於文略。引《朝事儀》以下至“朝諸侯”，此亦同法，故引之證此拜日於東門之事。云“天子冕而執鎮圭”者，案《玉藻》“天子玄冕，拜日於東門之外”，則知此亦玄冕也。“搢大圭”者，則《周禮·玉人職》“大圭長三尺，杼上終葵首”是也。云“乘大路”者，則《周禮》玉路也，以周之玉路，因殷之大路，飾之以玉，故猶以大路爲名。云“樊纓十有二就”者，案《巾車》鄭注云“樊，馬大帶。纓，馬鞅。就，成也”，以五采罽飾之，一币爲一成，樊與纓各飾爲十二币，十二就也。云“貳車十有二乘”者，案《周禮·大行人》云上公貳車九乘，侯伯七乘，子男五乘而天子十二以爲節，故十二乘，貳車者，飾皆與正路同，當亦飾之以玉，使人乘之，《少儀》云“乘貳車則式，佐車則否”是也。云“帥諸侯朝日於東郊”者，朝日即拜日，一也，以其朝必有拜。云“所以教尊尊也”者，天子至尊，猶往朝日，是教天下尊敬其所尊者，故云“教尊尊也”。云“退而朝諸侯”者，朝日於東郊，退就壇使諸侯朝己。云“由此二者言之，已祀方明，

---

①　“乃畫日月交龍”，曹云：“言設旒屬旐乃畫之。或者上文‘謂旌旗身也’下脱‘畫日月’三字，此句‘日月’二字衍。”

乃以會同之禮見諸侯也"者,言二者,諸侯朝事儀與此覲禮。其朝事儀朝日退,乃始朝諸侯,此覲禮加方明於壇上,公、侯、伯、子、男就其旂而立,王乃四傳擯見之,是已祀方明,乃始見諸侯,二者同,故云"由此二者言之"。若然,朝事儀直有朝日禮畢,退見諸侯,此覲禮祀方明禮畢,乃朝諸侯,不同者,以其邦國有疑則有盟事,朝日既畢,乃祀方明於壇,祀方明禮畢,退去方明於下,天子乃升壇,與諸侯相見,朝禮既畢,乃更加方明於壇,與諸侯行盟誓之禮,若邦國無疑,王帥諸侯朝日而已,無祀方明之事,是以《朝事儀》直云朝日教尊尊而朝諸侯,不言祀方明之事。鄭云"已祀方明"者,據此覲禮上下有盟誓而言,此天子乘龍及下文禮日之等,若有盟誓,文當在"宮方三百步"之上,今退文在下者,欲見盟誓非常,尋常無盟誓之事,直朝日而已故也。云"凡會同者,不協而盟"者,《左氏傳》云"有事而會,不協而盟",引此者,解此經"反祀方明"之意。"反祀方明"者,爲不協而盟故也,故引《司盟》證之。云"既盟則藏之"者,盟誓既訖,寫此盟辭頒之於六官,司盟之官覆寫一通自藏,擬後覆驗。云"言北面詔明神,則明神有象也。象者,其方明乎",鄭云此者,《司盟》云"詔明神",不言方明,此文直言方明,不言明神,鄭欲合爲一事,故云"言北面詔明神",則明神有形象可告,以其方明有四方四色,是其象,無正文,以義約爲一事,故言"乎"以疑之。云"及盟時又加於壇上,乃以載辭告焉"者,對前祀方明加於壇上,祀訖退而乃朝諸侯,訖又加於壇上,以載辭告之。云"詛祝掌其祝號"者,案《春官·詛祝職》云"掌盟、詛、類、造、攻、說、禬、禜之祝號",注云"八者之辭,皆所以告神明也。盟詛主要誓,大事曰盟,小事曰詛",又云"作盟詛之載辭,以叙邦國之信"是也。**禮日於南門外,禮月與四瀆於北門外,禮山川丘陵於西門外。**此謂會同以夏、冬、秋者也。變拜言禮者,容祀也。禮月於北郊者,月,大陰之精,以爲地神也。盟神必云日月山川焉者,尚著明也。《詩》曰:"謂予不信,有如曒日。"《春秋傳》曰:"縱子忘之,山川神祇其忘諸乎?"此皆用明神爲信也。○如曒,古了反。【疏】"禮日"至"門外"。○注"此謂"至"信也"。○釋曰:知"此謂會同以夏①、秋、冬"者,以經禮日之等各於其門外,上經禮日於東門之外,已是春會同,明知此是夏、秋、冬也,既所禮各於門外,爲壇亦合各於其方②,是以《司儀》云"將合諸侯,則令爲壇三成,宮旁一門",鄭注云"天子春率諸侯拜日於東方,則爲壇於國東。夏禮日於

---

①　"同"下原無"以"字,曹云:"'同'下脫'以'字。"據補。

②　"合各"原作"各合",曹云:"'各合'二字當倒。"據乙。

南郊，則爲壇於國南。秋禮山川、丘陵於西郊，則爲壇於國西。冬禮月、四瀆於北郊，則爲壇於國北”。云“變拜言禮者，容祀也”者，言拜無祀，祀則兼拜，上經云“拜日”無盟誓，不加方明於壇，直拜日教尊尊而已，此經三時皆言禮，見有盟誓之事，加方明於壇，則有祀日月、四瀆及山川之事①，故言禮，是以或言拜，或言禮。云“禮月於北郊者，月，大陰之精，以爲地神也”者，鄭據經，三時先北後西，不以次第，以其祭地於北郊，祭月、四瀆亦於北郊，與地同，但日者大陽之精，故於東郊、南郊，於陽方而禮之，以月是地神，四瀆與山陵俱是地神，以山陵出見爲微陰②，故配西方，四瀆爲極陰，故與月同配北方③，又以月尊，故先言之而又祭於北郊也。云“盟神必云日月山川焉者，爲其著明也”者，以山川是著見，日月是其明，故同爲盟神也。引《詩》者，日明④，詩人以爲明證。引《春秋》者，定元年正月⑤，“孟懿子會城成周，宋仲幾不受功”，即云士彌牟曰“晉之從政者新，子姑受功歸，吾視諸故府”，仲幾曰“縱子忘之，山川鬼神其忘諸乎”，引之者，證山川神爲盟神義也⑥。不言月者，諸文無以月爲盟神之事，故不引，據此觀禮言月，以月明爲盟神可知。

祭天，燔柴。祭山、丘陵，升。祭川，沈。祭地，瘞。升、沈，必就祭者也。就祭，則是謂王巡守及諸侯之盟祭也。其盟，愒其著明者。燔柴、升、沈、瘞，祭禮終矣、備矣。《郊特牲》曰：“郊之祭也，迎長日之至也，大報天而主日也。”《宗伯職》曰：“以實柴祀日月星辰。”則燔柴祭天，謂祭日也。柴爲祭日，則祭地瘞者，祭月也。日月而云天地，靈之也。《王制》曰：“王巡守，至于岱宗柴。”是王巡守之盟，其神主日也。《春秋傳》曰“晉文公爲踐土之盟”，而《傳》云“山川之神”，是諸侯之盟，其神主山川也。月者，大陰之精，上爲天使，臣道莫貴焉。是王官之伯會諸侯而盟，其神主月與？古文瘞作殪。○燔柴，音煩。地瘞，乙例反。揭，苦蓋反。作殪，一計反。【疏】“祭天”至“地瘞”。○注“升沈”至“作殪”。○釋曰：上論天子在國行會同之禮，於國之四郊拜

----

① “日月四瀆”原作“日與四瀆”，阮云：“‘與’，閩本作‘月’。”曹云：“‘日’下脱‘月’字。”倉石云：“閩本於文理較勝。”據閩本改。
② “以山陵出見爲微陰”，此句意謂以山陵出雲見風雨爲微陰，或有脱文。
③ “月”上原無“與”字，曹云：“‘月’上脱‘與’字。”據補。
④ “日”字原作“曰”，倉石云：“‘曰’各本作‘日’，似是。”據改。
⑤ “正”字原作“二”，倉石云：“‘二’，疑當作‘正’。”據改。
⑥ “山”上原無“證”字，曹云：“句首脱‘證’字。”據補。

禮於日月、山川之神，以爲盟主，已備於上，今更言祭日月、山川者，據天子巡守於四岳，各隨方向祭之，以爲盟主，故重見此文。云“升、沈，必就祭者也”者，對上經山川、丘陵但於四郊望祭之，故不言升、沈之事，此經言升、沈，必是就山川、丘陵，故言升、沈，案《爾雅》云“祭山曰庪懸，祭川曰浮沈”，不言升，此山、丘陵云升者，升即庪懸也，此祭川直言沈，不言浮者，以牲體或沈或浮，不言浮，亦文略也。云“就祭，則是謂王巡守及諸侯之盟祭也”者①，此經主爲天子春東郊、夏南郊皆禮日，即此經“祭天，燔柴”也，秋西郊，即此經“祭山、丘陵，升”是也，冬北郊，即此經“祭川，沈。祭地，瘞”也，以其川即四瀆也，鄭兼言諸侯之盟者，以其諸侯自盟，亦祭山川爲神主，故兼言之，此經兼有王官之伯以月爲神主，不言者，無正文，故不言也。云“其盟，惕於著明者”，亦如上釋以日月爲明，山川爲著也。云“燔柴、升、沈、瘞，祭禮終矣”者，案《周禮》裡祀實柴燎是歆神始，禮未終而言禮終者，以其祭禮有三始：樂爲下神始，裡柴爲歆神始，牲體爲薦饌始。燔柴是樂爲下神之後，是下神之禮終，故云禮終，案《爾雅》“祭天曰燔柴，祭地曰瘞埋”，柴與瘞相對，則瘞埋亦是歆神，若然，則升、沈在柴、瘞之間，則升、沈亦是歆神之節，皆據樂爲下神之後而爲祭禮終矣或可。周禮此三者爲歆神，至祭祀之後，更有此柴、瘞、升、沈之事，若今時祭祀訖，始有柴、瘞之事者也。引《郊特牲》者，案《易緯》“三王之郊，一用夏正”，春分以後始日長，於建寅之月郊天，云“迎長日之至”者，預迎之，又云“大報天而主日也”者，鄭注云“大猶徧”，謂郊天之時，祭尊可以及卑，日月以下皆祭，以日爲主。又云“《大宗伯職》曰：以實柴祀日月星辰”者，此所引不取月與星辰之義，直取日而已，與此經燔祭文同。鄭引此諸文者，欲證此經“祭天，燔柴”是祭日，非正祭天神，以其日亦是天神，故以祭天言之，是以鄭云“則燔柴祭天，謂祭日也”。又云“柴爲祭日，則祭地瘞者，祭月也”者，以其前文天子在國祀日月，燔祭既是日，祭地是月可知，亦非正地神也。云“日月而云天地，靈之”者，以其尊之欲爲方明之主，故變日月而云天地，是神靈之也。云“《王制》曰：‘王巡守，至於岱宗柴。’是王巡守之盟，其神主日也”者，案彼注以爲告至，案《堯典》“歲二月東巡守②，至於岱宗，柴”，注“爲考績燔燎柴”，此又爲祭日柴，不同者，但巡守至岱宗之下，有此三種之柴，告至訖，別有

① “盟祭”原作“盟神”，毛氏汲古閣刊本作“盟祭”，與注合，據改。
② “堯典”原作“祀典”，阮云：“按段玉裁校本作‘堯典’。”據改。

807

考績,皆正祭天神①,別有祭日,以爲方明之主,《尚書》與《王制》并此文唯有柴之文,故注不同,互見爲義,明皆有,是以此引《王制》之柴以爲祭日。引《春秋》者,僖公二十八年,晉文公敗楚於城濮,爲踐土之盟,《傳》云"山川之神",引之證諸侯之盟用山川爲主,此不言宋仲幾者,所引之言,皆是諸侯之事。云"月者,大陰之精,上爲天使,臣道莫貴焉"者,鄭注《周禮·九嬪職》引孔子云"日者天之明,月者地之理。陰契制,故月上屬爲天使,婦從夫,放月紀",此二處俱是緯文,鄭言此者,證王官之伯,臣中最尊,奉王使出與諸侯盟,其神主月,以其無正文,故言"與"以疑之。鄉來所解,諸侯以山川爲主②,王官之伯以月爲主,案襄十一年《左傳》云"秋七月,諸侯同盟於亳",云"司慎、司盟,名山名川",彼非直有山川,兼有二司,則此所云日月、山川者,兼有此二司可知。又王官之伯非直奉王使出會諸侯而盟,若受弓矢之賜,得專征伐,亦與諸侯爲盟。

(記③:)几俟于東箱。王即席,乃設之也。東箱,東夾之前,相翔待事之處。○之處,昌慮反。【疏】"記几俟于東箱"。○注"王即"至"之處"。○釋曰:云"王即席,乃設之也"者,案《公食大夫記》"宰夫筵,出自東房",則此天子禮,几筵亦在東房,其席先敷,其几且俟于東箱,待王即席,乃設之,謂若《聘禮》賓即席乃授几。若然,《公食大夫》"宰夫設筵,加席几",同時預設者,公親設湆,可以略几,故以几與席同時設之,若爲神几筵,亦同時而設,故《聘禮》"几筵既設④,擯者出請命"。云"東箱,東夾之前"者,案上文覲在文王廟中,案鄭《周禮》注,宗廟、路寢制如明堂,明堂有五室、四堂,無箱夾,則宗廟亦無箱夾之制⑤,此有東夾者,此周公制禮,據東都乃有明堂,此文王廟仍依諸侯之制,是以有東夾室。若然,《樂記》注云"文王廟爲明堂制"者,彼本無"制"字,直云文王廟爲明堂。云"相翔待事之處"者,翔謂翱翔無事,故《公食》賓將食,辭公親臨己食⑥,公揖退於箱以俟賓食,是相翔待事之處也。**偏駕不入王門。在旁與**

---

①　"天"字原作"之",曹云:"'之'當爲'天'。"據改。
②　"山"下原無"川"字,倉石云:"'山'下各本有'川'字。"據補。
③　"記"字本應在上文"諸侯覲于天子"上,今本誤置於此,當刪,說見前。
④　"設"上原無"既"字,曹云:"'設'上脫'既'字。"據補。
⑤　"明堂"至"之制",吳綬云:"按明堂無箱夾可也,宗廟若無箱夾,何以行禮?總緣《考工》鄭注謂宗廟、路寢制如明堂,孔、賈因之,遂多迷繆,朱子已辨之。"孫云:"箱即明堂之个,不得謂明堂無箱夾之制。但鄭謂天子宗廟如明堂,義不確耳。"
⑥　"辭"下原有"於"字,曹云:"'於'字衍。"據刪。

己同曰偏。同姓金路，異姓象路，四衛革路，蕃國木路。駕之與王同，謂之偏駕，不入王門，乘墨車以朝是也。偏駕之車，舍之於館與？【疏】"偏駕不入王門"。○注"在旁"至"館與"。○釋曰：云"在旁與己同曰偏"者，依《周禮·巾車》掌王五路：玉路以祀，不賜諸侯；金路以賓，同姓以封；象路以朝，異姓以封；革路以即戎，以封四衛；木路以田，以封蕃國。此五路者，天子所乘爲正，四路者，諸侯乘之爲偏，是據諸侯在旁，與王同爲偏。云"不入王門，乘墨車以朝是也"者①，據上文而言。云"偏駕之車，舍之於館與"者，偏駕既云不入王門，又云乘墨車而至門外，諸侯各停於館，明舍在館，無正文，故言"與"以疑之。 **奠圭于繅上。** 謂釋於地也。古文繅作璪。【疏】"奠圭于繅上"。○釋曰：此解侯氏入門右，奠圭釋於地時，當以繅藉承之（元損一字），乃釋於地，此繅謂以韋衣木版②，朱白蒼與朱緑畫之者，非謂絢組尺爲繫者，彼所以繫玉使固者也③。

---

① "車"字原作"路"，阮云："毛本'路'作'車'，此本作'路'似誤，《要義》亦作'車'。"據改。

② "謂"下原無"以"字，阮云："毛本'謂'下有'以'字。"據補。

③ "玉"下原無"使"字，阮云："毛本'玉'下有'使'字。"據補。

儀禮疏卷第二十八　儀禮卷第十一

喪服第十一

　　○喪服經傳第十一，鄭云："天子以下，死而相喪，衣服、年月、親疏、隆殺之禮也①，喪必有服，所以爲至痛飾也。"【疏】喪服第十一。○案鄭《目録》云："天子以下，死而相喪，衣服、年月、親疏、隆殺之禮。不忍言死而言喪，喪者棄亡之辭，若全存居於彼焉，已亡之耳。《大戴》第十七，《小戴》第九，劉向《別録》第十一。"○釋曰：案《禮器》云"經禮三百，曲禮三千"，鄭云"經禮謂《周禮》也，曲猶事也，事禮謂今禮也。禮篇今亡，本數未聞，其中事儀三千"，若然，未亡之時，有天子、諸侯、卿大夫、士之喪禮②，其篇各別，今皆亡，唯《士喪禮》在，若然，據《喪服》一篇，總包天子以下服制之事，故鄭《目録》云"天子以下相喪，衣服、親疏之禮"。喪服之制，成服之後，宜在《士喪》始死之下，今在《士喪》之上者，以《喪服》總包尊卑上下，不專據士，故在《士喪》之上，是以《喪服》爲第十一。《喪服》所陳，其理深大，今之所釋，且以七章明之。第一，明黄帝之時，朴略尚質，行心喪之禮，終身不變。第二，明唐虞之日，淳朴漸虧，雖行心喪，更以三年爲限。第三，明三王以降，澆僞漸起，故制喪服以表哀情。第四，明既有喪服，須明喪服二字。第五，明《喪服》章次以精麤爲序。第六，明作傳之人并爲傳之意。第七，明鄭玄之注，經傳兩解之。第一，明黄帝之時，朴略尚質，行心喪之禮，終身不變者，案《禮運》云"昔者先王未有宮室，食鳥獸之肉，衣其羽皮"，此乃伏羲之時也，又云"後聖有作，治其絲麻，以爲布帛，養生送死，以事鬼神"，此謂黄帝之時也，又案《易·繫辭》云"古之葬者，厚衣之以薪，葬之中野，不封不樹，喪期無數"，在黄帝九事章中，亦據黄帝之日言喪期無數，是其心喪終身者也。第二，明唐虞之日，淳朴漸虧，雖行心喪，更以三年爲限者，案《禮記·三年問》云"將由夫患邪淫之人與？則彼朝死而夕忘之，然而

---

　　① "隆"字原作"降"，黄云："'降'，盧依注疏本改作'隆'，是也。"據改。
　　② "禮"字原作"服"，曹云："'服'殿本改作'禮'。"據改。

從之，則是曾鳥獸之不若也，夫焉能相與羣居而不亂乎？將由夫脩飾之君子與？則三年之喪，二十五月而畢，若駟之過隙，然而遂之，則是無窮也。故先王焉爲之立中制節，壹使足以成文理則釋之矣。然則何以至期也？曰至親以期斷。是何也？曰天地則已易矣，四時則已變矣，其在天地之中者，莫不更始焉，以是象之也”，鄭注云“法此變易，可以期也”，又云“然則何以三年也”，注云“言法此變易，可以期，何以乃三年爲”，又云“曰加隆焉爾也，焉使倍之，故再期也”，注云“言於父母加隆其恩，使倍期也”，據此而言，則聖人初欲爲父母期，加隆焉，故爲父母三年，必加隆至三年者，孔子荅宰我云“子生三年，然後免於父母之懷”，是以子爲之三年報之。《三年問》又云“三年之喪，人道之至文者也①。夫是之謂至隆，是百王之所同，古今之所壹也，未有知其所由來者也”，注云“不知其所從來，喻此三年之喪，前世行之久矣”，既云喻前世行之久，則三年之喪，實知其所從來，但喻久爾，故《虞書》云“二十八載，帝乃殂落，百姓如喪考妣。三載，四海遏密八音”，是心喪三年，未有服制之明驗也。第三，明三王已降，澆僞漸起，故制喪服以表哀情者，案《郊特牲》云“大古冠布，齊則緇之”，鄭注云“唐虞已上曰大古”，又云“冠而敝之可也”，注云“此重古而冠之耳。三代改制，齊冠不復用也，以白布冠質，以爲喪冠也”，據此而言，則唐虞已上，吉凶同服，惟有白布衣、白布冠而已，故鄭注云三王以來②，以唐虞白布冠爲喪冠，又案《喪服記》云“凡衰，外削幅，裳內削幅”，注云“大古冠布衣布，先知爲上，外殺其幅，以便體也。後知爲下，內殺其幅，稍有飾也。後世聖人易之，以此爲喪服”，據此《喪服記》與《郊特牲》兩注而言，則鄭云“後世聖人”，夏禹也，是三王用唐虞白布冠、白布衣爲喪服矣。第四，明既有喪服，須明喪服二字者，案鄭《目録》云“不忍言死而言喪，喪者棄亡之辭，若全存於彼焉，已棄亡之耳”，又案《曲禮》云“天子曰崩，諸侯曰薨，大夫曰卒，士曰不禄，庶人曰死”，《爾雅》崩③、薨、卒、不禄，皆訓死也，是士以上各爲義稱④，庶人言死，得其總名，鄭注《曲禮》云“死之言澌，精神漸盡”，又案《檀弓》孔子云“喪欲速貧”，《春秋公羊傳》魯昭公出居

---

①　“人道之至文者也”，阮云：“陳本、《要義》同，毛本‘文’作‘大’。按‘大’是也。”《禮記·三年問》作“文”，“大”字未必是。

②　“云”下原有“白布冠爲喪冠又案”八字，曹云：“‘白布’以下八字衍。”據删。

③　“爾雅”下原有“曰”字，曹云：“‘曰’字似衍。”據删。

④　“爲”上原無“各”字，阮云：“‘爲’上聶氏有‘各’字是也。”據補。

乾侯,齊侯唁公於野井,公曰"喪人其何稱"①,是喪棄亡之辭,棄於此,存於彼,是孝子不忍言父母精神盡漸,雖棄於此,猶存於彼,以此鄭義言之,其喪字去聲讀之,人或以平聲讀之者,雖不同②,義亦通也。死者既喪,生人制服服之者,但貌以表心,服以表貌,故《禮記·閒傳》云"斬衰何以服苴? 苴,惡貌也。所以首其内③,見諸外。斬衰貌若苴,齊衰貌若枲,大功貌若止,小功、緦麻容貌可也",下又云斬衰三升、三升半④、齊衰四升以下,是其孝子喪親,以衣服表心,但吉服所以表德,凶服所以表哀,德有高下,章有升降,哀有淺深,布有精麤,不同者也。第五,明《喪服》章次以精麤爲叙者,案《喪服》上下十有一章,從斬至緦麻,升數有異。異者,斬有二義不同,爲父以三升爲正,爲君以三升半爲義,其冠同六升。三年齊衰,惟有正之四升,冠七升,繼母、慈母雖是義,以配父故,與因母同,是以略爲節,有正而已。杖期齊衰,有正而已,父在爲母與爲妻同正服齊衰五升,冠八升。不杖齊衰期章有正、有義二等,正則五升,冠八升,義則六升,冠九升。齊衰三月章皆義服,齊衰六升,冠九升,曾祖父母計是正服,但正服合以小功,以尊其祖,不服小功而服齊衰,非本服,故同義服也。殤大功有降、有義,爲夫之昆弟之子長殤是義⑤,其餘皆降服也,降服衰七升,冠十升,義服衰九升,冠十一升。大功章有降、有正、有義,姑姊妹出適之等是降,婦人爲夫之族類爲義,自餘皆正,衰冠如上釋也。緦衰唯有義服四升半,皆冠七升而已⑥,以諸侯大夫爲天子,故同義服也。殤小功有降、有義,婦人爲夫之族類是義,自餘皆降服,降則衰冠同十升,義則衰冠同十二升。小功亦有降、亦有正、有義,如前釋。緦麻亦有降、有正、有義,皆如上陳,但衰冠同十五升抽去半而已。自斬以下至緦麻,皆以升數,升數少者在前,升數多者在後,要不得以此升數爲叙者,一則正、義及降升數不得同在一章,又緦衰四升半,在大功之

①　"公羊傳"原作"左氏傳",疏所述及所引"喪人其何稱"見於《公羊傳·昭公二十五年》而不見於《左傳》,賈氏誤記,謹改。

②　"不"下原有"與"字,阮云:"陳、閩俱無'與'字。"據刪。

③　"首"字原作"苴",曹云:"'苴'殿本改作'首'。"倉石云:"'苴',殿本作'首',是。張氏錫恭云聶氏《三禮圖》引此作'首',《閒傳》正作'首'。"據改。

④　"三升半",曹云:"《閒傳》不言'三升半',疏增成其義。"倉石云:"此蓋用下記文,《校釋》屬上讀,云'《閒傳》不言三升半,疏增成其義',誤。"

⑤　"子長"原作"長子",曹云:"阮云:'長子,陳、閩、《通解》俱倒。'案倒者是。"據乙。

⑥　"皆冠七升而已",倉石云:"案下記緦衰冠八升,此疑誤。"

下，小功之上，鄭下注云“在小功之上者，欲審著縷之精麤”，若然，《喪服》章次雖以升數多少爲前後，要取縷之精麤爲次第也。第六，明作傳之人，又明作傳之意①。“傳曰”者，不知是誰人所作，人皆云孔子弟子卜商字子夏所爲，案《公羊傳》是公羊高所爲，公羊高是子夏弟子，今案《公羊傳》有云“者何”、“何以”、“曷爲”、“孰謂”之等，今此傳亦云“者何”、“何以”、“孰謂”、“曷爲”等之問，師徒相習，語勢相遵，以弟子却本前師，此傳得爲子夏所作，是以師師相傳，蓋不虛也。其傳内更云傳者，是子夏引他舊傳以證己義。《儀禮》見在一十七篇，餘不爲傳，獨爲《喪服》作傳者，但《喪服》一篇總包天子已下五服差降，六術精麤，變除之數既繁，出入正殤交互，恐讀者不能悉解其義，是以特爲傳解。第七，明鄭玄之注，經傳兩解之，云“鄭氏”者，北海郡高密縣人，姓鄭，名玄，字康成，漢僕射鄭崇八世孫也。後漢徵爲大司農而不就，年七十四卒於家。云“注”者，注義於經傳之下，辨其義意，若傳不釋經者，則注在傳上以釋經，若傳義難明者，則在傳下以釋傳。又在傳下注，皆須題云“玄謂”以別傳，若在傳上注者，不須題“玄”，義可知。或云注，或云傳，出注述者意耳。或有解云前漢以前云傳，後漢以後云注。若然，王弼、王肅之等後漢之人云傳，此説非也②。

　　喪服。斬衰裳，苴絰、杖、絞帶，冠繩纓，菅屨者：者者，明爲下出也。凡服，上曰衰，下曰裳。麻在首、在要皆曰絰，絰之言實也，明孝子有忠實之心，故爲制此服焉。首絰象緇布冠之缺項，要絰象大帶，又有絞帶象革帶。齊衰以下用布。○斬衰，七回反，字又作縗，後皆同，斬者，不緝也，縗以布爲之，長六寸，廣四寸，在心前，縗之言摧也，所以表其中心摧痛。苴，七如反，有子之麻。絰，大結反，實也。絞帶，户交反，後皆同，一音如字。菅，古顔反，草也，《毛詩傳》云茅已漚爲菅。屨，九具反，履也。明爲，于僞反，下同。在要，一遥反，後放此。之缺，丘藥反，劉屈絹反。齊衰，音咨，緝也，後同。【疏】“喪服”至“屨者”。○釋曰：題此二字於上者，與此一篇爲總目。

───────────

　　①　“意”字原作“義”，阮云：“陳、閩同，毛本‘義’作‘意’。”曹云：“‘義’單疏作‘意’。”據改。

　　②　“非也”下原有大字“子夏傳儀禮鄭氏注”八字，阮云：“《釋文》作‘喪服經傳第十一’，無‘子夏傳’三字。瞿中溶云：‘石本原刻作喪服經傳第十一，後磨改。’按《隋書·經籍志》，馬融等注《喪服》，其題皆曰‘喪服經傳’，則此四字乃舊題也。疏云：‘傳曰者，不知何人所作，人皆云孔子弟子卜商字子夏所爲，師師相傳，蓋不虛也。’若題中本有‘子夏傳’三字，則賈氏何必云爾。此蓋唐石經誤改，而後人習焉不察也。”舊題既無“子夏傳”三字，故删。依本書體例，“儀禮鄭氏注”五字亦删。

言"斬衰裳"者,謂斬三升布以爲衰裳,不言裁割而言"斬"者,取痛甚之意,知者,案《三年問》云"創鉅者其日久,痛甚者其愈遲",《雜記》縣子云"三年之喪如斬,期之喪如剡",謂哀有深淺,是斬者痛深之義,故云"斬"也。若然,斬衰先言斬,下疏衰後言齊者,以斬衰先斬布後作之,故先言斬,疏衰先作之後齊之,故後云齊。斬、齊既有先後,是以作文有異也。云"苴絰、杖、絞帶"者,以一苴目此三事,謂苴麻爲首絰、要絰,又以苴竹爲杖,又以苴麻爲絞帶。知此三物皆同苴者,以其"冠繩纓"不得用苴,明此三者皆用苴。又《喪服小記》云"苴杖,竹也",記人解此杖是苴竹也。又絞帶與要絰象大帶與革帶,二者同在要,要絰既苴,明絞帶與要絰同用苴可知。又《喪服四制》云"苴衰不補",則衰裳亦同苴矣。云"冠繩纓"者,以六升布爲冠,又屈一條繩爲武,垂下爲纓。冠在首,退在帶下者,以其衰用布三升,冠六升,冠既加飾,故退在帶下。又齊衰冠纓用布,則知此繩纓不用苴麻,用枲麻,故退冠在下,更見斯義①。云"菅屨"者,謂以菅草爲屨,《詩》云"白華菅兮,白茅束兮",鄭云"白華已漚,名之爲菅,濡刃中用",則此菅亦是已漚者也。已下諸章並見年月,唯此斬章不言三年者,以其喪之痛極,莫甚於斬,故不言年月,表創鉅而已,是以衰沒人功之疏②,經不言麻之形體③。至於齊衰已下,非直見人功之疏,又見經,去麻之狀貌④,舉齊衰云三年,明上斬衰三年可知。然此一經爲次若此者,以先喪而後服,故服在喪下,又先斬後乃爲衰裳,故斬文在衰裳之上,絰、杖、絞帶俱蒙於苴,故苴又在前。經中絰有二事,仍以首絰爲主,故經文在上。杖者各齊其心,故在絞帶之前。冠纓雖加於首,以其不蒙於苴,故退文在下。屨乃服中之賤者⑤,最後爲宜。聖人作文倫次然。○注"者者"至"用布"。○釋曰:云"者者,明爲下出也"者,周公設經,上陳其服,下列其人,此經所陳服者,明爲下人所出,故服下出"者",明臣子爲君父等所出也。案下諸章皆言"者",鄭止一解,餘皆不釋,義皆如此也。云"凡服,上曰衰,下曰裳"者,言"凡"者,鄭欲兼解五服。案下記云"衰,廣四寸,長

---

①　"斯"字原作"斬",曹云:"'斬'當爲'斯'。"據改。

②　"沒"字原作"設",阮云:"浦鏜云:'沒誤設,從下疏校。'"據改。

③　"不"字原作"又",倉石云:"下疏云'斬衰絰不言麻',則此'又'字似當爲'不'。"據改。

④　"又見經去麻之狀貌",曹云:"'經'字逗,言又其見經(猶言經也)。'去麻之狀貌',謂言牡不言枲也。《記》曰:'齊衰貌若枲。''麻之',單疏倒。"

⑤　"賤"下原無"者"字,阮云:"《通解》同,毛本'賤'下有'者'字。"曹云:"'賤'下毛有'者'字,阮云《通解》無'者'字。案單疏亦無。"據毛本補。

六寸”，綴之於心，此衰則以上衣總號爲衰①，非止當心而已②，故諸言衰，皆與裳相對。至於弔服三者，亦謂之爲衰也。云“麻在首、在要皆曰経”，知一経而兼二者，以子夏傳要、首二経俱解，《禮記》諸文亦首、要並陳，故《士喪禮》云“要経小焉”，故知一経而兼二文也。云“経之言實也，明孝子有忠實之心，故爲制此服焉”，《檀弓》云“経也者，實也”，“明孝子有忠實之心，故爲制此服焉”，案《閒傳》云“斬衰貌若苴，齊衰貌若枲”之等③，皆是心内苴惡，貌亦苴惡，服亦苴惡，是服以象貌，貌以象心，是孝子有忠實之心，若服苴而貌美，心不苴惡者，是中外不相稱，無忠實之心者也。云“首経象緇布冠之缺項”者，案《士冠禮》“緇布冠，青組纓屬於缺”，鄭注云“缺，讀如‘有頍者弁’之‘頍’。緇布冠無笄者④，著頍圍髮際，結項中，隅爲四綴，以固冠也”，此所象無正文，但喪服法吉服而爲之，吉時有二帶，凶時有二経，以要経象大帶，明首経象頍項可知，以彼頍項爲吉時緇布冠無笄，故用頍項以固之，今喪之首経與冠繩纓別材而不相綴，今言象之者，直取経法象頍項而爲之。至於喪冠，亦無笄，直用六升布爲冠，一條繩爲纓，與此全異也。云“要経象大帶”者，案《玉藻》云大夫以上⑤，大帶用素，天子朱裏，終裨以朱緑，諸侯不朱裏，亦終裨以朱緑，大夫裨垂以玄黄⑥，士則練帶，裨下末三尺⑦，用緇，是大帶之制，今此要経，下傳名爲帶，明象吉時大帶也。云“又有絞帶象革帶”者，案《玉藻》鞸之形制云“肩、革帶博二寸”，吉備二帶，大帶申束衣，革帶以佩玉佩及事佩之等，今於要経之外，別有絞帶，明絞帶象革帶可知。案《士喪禮》云“苴経大鬲，要経小焉”，又云“婦人之帶，牡麻結本”，注云“婦人亦有首経，但言帶者，記其異。此齊衰婦人，斬衰婦人亦有苴経”，以此而言，則婦人吉時雖云女鞶絲，以絲爲帶而無頍項，今於喪禮哀痛甚，亦有二経與絞帶，以備喪禮，故此経具陳於上，男女俱言於下，明男女共有此服也。

---

①　“總”上原無“此衰”至“上衣”六字，曹云：“此上有脱，擬補云‘此衰則以上衣總號爲衰’。”據補。

②　“止”字原作“正”，阮云：“‘正’，《通解》作‘止’。按篇中‘止’字多誤作‘正’。盧文弨謂唐人書‘止’多作‘正’，不必改，俟考。”據改。

③　“閒傳”原作“問喪”，倉石云：“‘問喪’誤，當爲‘閒傳’，齊衰三年章疏正引《閒傳》。”據改。

④　“冠”下原有“之”字，曹云：“‘之’字衍。”據删。

⑤　“上”字原作“下”，曹云：“‘下’當爲‘上’。”據改。

⑥　“天子”至“玄黄”原作“天子朱裏終裨以玄黄”，曹云：“‘以’上有脱文，擬補云‘天子朱裏，終裨以朱緑；諸侯不朱裏，亦終裨以朱緑；大夫裨垂以玄黄’。”據補。

⑦　“尺”字原作“赤”，阮云：“《要義》同，毛本‘赤’作‘尺’。”據改。

云“齊衰已下用布”者，即下齊衰章云“削杖，布帶”是也。若然，案此經，凶服皆依舊名，唯衰與經特制別名者，案《禮記·檀弓》云“有以故興物者”，鄭云“衰経之制”，以經表孝子忠實之心，衰明孝子有哀摧之義，故制此二者而異名，見其哀痛之甚故也。傳曰：斬者（何）①？不緝也。苴経者，麻之有蕡者也。苴経大搹，左本在下，去五分一以爲帶。齊衰之経，斬衰之帶也，去五分一以爲帶。大功之経，齊衰之帶也，去五分一以爲帶。小功之経，大功之帶也，去五分一以爲帶。緦麻之経，小功之帶也，去五分一以爲帶。苴杖，竹也。削杖，桐也。（杖）〔長〕各齊其心②，皆下本。杖者何？爵也。無爵而杖者何？擔主也。非主而杖者何？輔病也。童子何以不杖？不能病也。婦人何以不杖？亦不能病也。絞帶者，繩帶也。冠繩纓，條屬，右縫。冠六升，外畢，鍛而勿灰。衰三升。菅屨者，菅菲也，外納。居倚廬，寢苫枕塊，哭晝夜無時。歠粥，朝一溢米，夕一溢米。寢不説経帶。既虞，（翦

---

① “者”下漢簡《服傳》甲、乙本皆無“何”字，沈云：“傳多設問荅之詞。解説服制與親等，均用‘何’、‘何也’、‘何以’、‘何謂’等問辭；其對某一服飾之用材與製法，喪具之取象與形狀，如苴経、絞帶等，則不用問辭。傳解斬、齊、緦、緦等字，當屬後者，簡本俱無‘何’字，前後一貫；今本則於斬、齊、緦字下有‘何’字，緦字下無‘何’字，殊乏條例。又《太平御覽·禮儀部》二十六引此傳亦無‘何’字。足證簡本單傳以近原本爲善，而今本出合編者之手或有所增删也。”當據删。

② “杖”字漢簡《服傳》甲、乙本皆作“長”，沈云：“《通典》卷八十七：‘削桐木爲杖，長與心齊，下本。’此言杖之長度依人之長度而定，文承杖之用材下，非更端重起，當作‘長’。此簡本之善者。今本誤。”當據改。

屏）〔贊楄〕柱楣①，寢有席，食疏食，水飲，朝一哭，夕一哭而已。既練，舍外寢，始食菜果，（飯）〔反〕素食②，哭無時。盈手曰搹③。搹，扼也。中人之扼圍九寸，以五分一爲殺者，象五服之數也。爵，謂天子、諸侯、卿、大夫、士也。無爵，謂庶人也。擔，猶假也。無爵者假之以杖，尊其爲主也。非主，謂衆子也。屬，猶著也。通屈一條繩爲武，垂下爲纓，著之冠也。布八十縷爲升，升字當爲登。登，成也。今之《禮》皆以登爲升，俗誤已行久矣。《雜記》曰：“喪冠條屬，以別吉凶。三年之練冠，亦條屬，右縫，小功以下左縫。”④外畢者，冠前後屈而出，縫於武也。二十兩曰溢，爲米一升二十四分升之一。楣謂之梁，柱楣所謂梁闇。疏，猶麤也。舍外寢，於中門之外，屋下壘墼爲之，不塗墍，所謂堊室也。素，猶故也，謂復平生時食也。斬衰不書受月者，天子、諸侯、卿、大夫、士、虞、卒哭異數。○不緝，七入反，下同。有賮，扶云反，麻實。大搹，音革，扼也。去五，起吕反，下同。各齊，如字，劉才計反。

---

① “翦屏”漢簡《服傳》甲、乙本皆作“贊楄”，沈云：“《説文·木部》：‘楄，楄部，方木也。从木扁聲。’《文選·景福殿賦》：‘爰有禁楄，勒分翼張，承以陽馬，按以員方。’李善注：‘楄附，陽馬之短桷也。陽馬，四阿長桁也。禁楄列布，衆材相接，或員方也。’梁上於陽馬（即桁），陽馬上加方木（即楄附），以便于架椽。初喪之倚廬，橫置楄梁于地，無柱，其椽一頭倚東壁，一頭架于地楣。既虞哀殺，倚廬改建，楣下豎柱，楣上加楄附方木以承椽。《漢書·東方朔傳》顔注：‘贊，進也。’是謂進楄而柱楣。《漢書·嚴助傳》‘劗髮文身之民也’，顔注引晉灼曰：‘《淮南》云越人劗髮，張揖以爲古翦字也。’贊翦、楄屏並爲一聲之轉。贊楄之作翦屏，蓋聲之訛也，禮家遂曲説以爲柱楣而翦其草苫屏蔽。”當據改。

② “飯”字漢簡《服傳》甲本爛缺，乙本作“反”，沈云：“鄭注：‘素猶故也，謂復平生時食也。’可見鄭本不作‘飯’。敖繼公即據此而謂‘《傳》之飯似當作反’。盧文弨《儀禮注疏詳校》云：‘《白虎通》正作反，俗本譌作及。’本無疑義，而諸家猶多未信，如胡氏《正義》云：‘鄭注或本《白虎通》之義，但此《傳》自作飯，與《論語》飯疏食文法一例。’今得簡乙本正作‘反’，則今本作‘飯’爲後人所臆改無疑。”當據改。

③ “盈手曰搹”上本有“玄謂”二字，阮云：“按篇題疏云：‘在傳下注，皆須題云玄謂以別傳。若在傳上注者，不須題玄，義可知。’若然，傳下之注，注首本有‘玄謂’二字。《士喪禮》‘衆婦人户外北面’疏引《喪服記》傳曰：‘小功以下爲兄弟，玄謂爲此發兄弟傳者’云云，尤可爲証。今本俱無，蓋後人所删也。又疑鄭氏原本，傳注連寫，故題‘玄謂’以示識別，與《周禮》同例，亦猶《毛詩》之‘箋云’也。但《詩》箋必在傳後，故傳首不加傳字。此則有於傳上作注者，故傳首復加‘傳曰’以別之。凡傳與注皆連寫，故傳下之注必總在傳末，不得分一傳爲數節。”

④ “小功以下左縫”，四庫本卷末《考證》云：“此引《雜記》語，原文無‘縫’字，本是省文，鄭氏因上句‘右縫’而增之。”

擔主，市豔反，注同。條屬，音燭，注同。六升，衆並如字，鄭音登，登，成也。鍛，丁亂反。菲，扶未反，杜預云草屨也。倚，於綺反。廬，力居反。寢苫，失占反，草心。枕，之鴆反。塊，苦對反，土也，本又作凷，《説文》云：塊，俗凷字。歠，昌悦反。粥，之六反，劉音育。一溢，如字，劉音實，鄭云：二十四兩曰溢，爲米一升二十四分升之一，射慈同，王肅、劉逵、袁準、孔倫、葛洪皆云滿手曰溢。柱，丁主反，注同。楣，亡悲反，梁也。疏食，音嗣，又如字。飯素，劉扶晩反，今本多作飾字。食，如字，又音寺。挖也，於革反。爲殺，所界反，劉所例反。猶著，直略反，下同。以別，彼列反，下遠別、別於同。右縫，扶弄反，下左縫、出縫皆同。梁闇，烏南反。疊，劣委反，又力水反。墼，古狄反，劉薄歷反。涂墍，劉其既反，又許氣反，一古慨反。【疏】“傳曰”至“無時”。○釋曰：云“斬者何”，問辭，以執所不知，故云“者何”。云“不緝也”者，苔辭，此對下“疏衰裳齊”，齊是緝，此則不緝也。云“苴絰者，麻之有蕡者也”，案《爾雅·釋草》云“蕡，枲實”，孫氏注云“蕡，麻子也”，以色言之謂之苴，以實言之謂之蕡，下言牡者，對蕡爲名，言枲者，對苴生稱也，是以云“斬衰貌若苴，齊衰貌若枲”也。若然，枲是雄麻，蕡是子麻，《爾雅》云“蕡，枲實”者，舉類而言，若圓曰簞，方曰笥，鄭注《論語》云“簞，笥”，亦舉其類也。下傳云“牡麻者，枲麻也”，不連言絰，此苴連言絰者，欲見苴絰別於苴杖，故下傳別云苴杖，後傳牡麻不連言絰，此苴連言絰者，彼無他物之嫌，獨有絰，故不須連言絰也。云“苴絰大搹，左本在下”者，《士喪禮》文與此同，彼此皆云“苴絰大搹”，連言苴者，但經連言苴絰，經中有二，此“苴絰大搹”①，先據首絰而言也。雷氏以搹搤不言寸數，則各從其人大小爲搤，非鄭義。據鄭注，無問人之大小，皆以九寸圍之爲正，若中人之跡尺二寸也。云“左本在下”者，本謂麻根，案《士喪禮》鄭注云“下本在左，重服統於内而本陽也”，以其父是陽，左亦陽，言下是内，故云“重服統於内”，以言痛從心内發故也，此對爲母右本在上，輕服統於外而本陰也。云“去五分一以爲帶”者，以其首絰圍九寸，取五寸，去一寸，得四寸，餘四分，寸爲五分，總二十分，去四分餘十六分，取十五分，五分爲寸，爲三寸，添前四寸爲七寸，并一分，總七寸五分寸之一也。云“齊衰之絰，斬衰之帶也”者，以其大小同，故疊而同之也。云“去五分一以爲帶”者，謂七寸五分寸之一中

----

① “經中”至“大搹”原作“經中有此二言經大搹”，倉石云：“‘此二’二字當倒，‘言’當作‘苴’。”據乙改。

五分去一①，爲齊衰之帶。今計之，以七寸中取五寸，去一寸，得四寸，餘二寸，寸分爲二十五分，二寸合爲五十分，餘一分者又破爲五分，添前爲五十五分，亦五分去一，總去一十一分，餘四十四分在，又二十五分爲一寸，餘十九分在，齊衰之帶總五寸二十五分寸之十九也。云“大功之絰，齊衰之帶也，去五分一以爲帶”者，就五寸中去一寸，得四寸，前二十五分破寸，今大功百二十五分破寸，則以十九分者各分破爲五分，十九分總破爲九十五，與百二十五分破寸相當，就九十五分中五分去一，去十九餘七十六，則大功之絰五寸二十五分寸之十九，帶則四寸百二十五分寸之七十六。又云“小功之絰，大功之帶也，去五分一以爲帶”者，又就四寸百二十五分寸之七十六中五分去一，前百二十五分破寸，今亦四倍加之，以六百二十五分破寸，然後五分去一爲小功帶。又云“緦麻之絰，小功之帶，去五分一以爲帶”，則亦四倍加之，前六百二十五分破寸，今則三千一百二十五分破寸，五分去一取四，以爲緦麻之帶。絰帶之等，皆以五分破寸，既有成法，何假盡言？然斬衰有二，齊衰有四，大功、小功成人與殤各有二等，緦麻殤與成人章又不別，若使絰帶各依升數，則參差難等，是以子夏作傳，五服各爲一節計之，似《周禮·掌客》云羣介、行人、宰史，各以爵等爲牢禮之數，鄭云“以命數則參差難等，略於臣，用爵而已”，此經亦然也。《士喪禮》云“苴絰大鬲，下本在左，要絰小焉”，鄭注云“絰帶之差，自此出焉”，謂子夏言絰帶之差，出於《士喪》之經，故鄭指而言之也，但斬衰之絰圍九寸者，首是陽，故欲取陽數極於九，自齊衰以下，自取降殺之義，無所法象也。云“苴杖，竹也。削杖，桐也”者，傳意見經唯云苴杖，不出杖體所用，故言苴杖者竹也，下章直云削杖②，亦不辨木名，故因釋之云削杖者桐也。若然，經言苴杖，因釋削杖，唯上下二章不通於下，是以兼釋之。至於絰帶，五服自明，故不兼釋。然爲父所以杖竹者，父者子之天，竹圓亦象天，竹又外内有節，象子爲父亦有外内之痛，又竹能貫四時而不變，子之爲父哀痛亦經寒温而不改，故用竹也。爲母杖桐者，欲取桐之言同，内心同之於父，外無節，象家無二尊，屈於父，爲之齊衰，經時而有變。又案《變除》云削之使下方者③，取母象於地故也。此雖不言杖之麤細，案《喪服小記》云“絰殺

---

①　“中”上原有“也”字，曹云：“殿本刪‘也’字。”據刪。

②　“杖”字原作“竹”，張敦仁本作“杖”，下句“削竹者”之“竹”亦作“杖”，據改。

③　“云削之使下方”原作“削之使方”，阮云：“‘除’下聶氏有‘云’字。案《隋志》有《喪服變除》一卷，葛洪撰。”倉石云：“聶崇義《三禮圖》引《變除》‘使’下有‘下’字。”據補。

五分而去一，杖大如経”，鄭注云“如要経也”，鄭知如要経者，以其先云経五分爲殺爲
要経，其下即云“杖大如経”，明如要経也。如要経者，以杖從心已下，與要経同處，故
如要経也。云“杖各齊其心”者，杖所以扶病，病從心起，故杖之高下以心爲斷也。云
“皆下本”者，本，根也，案《士喪禮》“下本”，注云“順其性也”。云“杖者何？爵也”者，自
此已下，有五問五荅，皆爲杖起文。云“者何”者，亦是執所不知，以其吉時五十已後乃
杖，所以扶老，今爲父母之喪，有杖、有不杖，不知，故執而問之。云“爵”，以爵荅之，以
其有爵之人必有德，有德則能爲父母致病深，故許其以杖扶病。云“無爵而杖者何”，
問辭也，庶人無爵，何亦得杖①？云“檐主也”者，荅辭也，以其雖無爵無德，然以適子
故，假取有爵之杖爲喪主②，拜賓、送賓成喪主之義也。云“非主而杖者何”，問辭也。
“輔病也”，荅辭也，鄭云“謂衆子”，雖非爲主，子爲父母致病是同，亦爲輔病也。云“童
子何以不杖”者，案此子夏之問辭有不同，或云“者何”，或云“何以”，或云“何如”，或云
“孰後”，或云“孰謂”，或云“何大夫”，或云“曷爲”，有此七者，各有義意③。凡言“者
何”，皆謂執所不知，故隱元年《公羊傳》云“元年者何”，何休云“諸據疑問所不知，故曰
者何”，即此問“杖者何”是也。稱“何以”者，皆據彼決此，即下云“父爲長子，何以三
年”，據期章，爲衆子期，適庶皆子，長子獨三年，是據彼決此也，此即《公羊傳》云“何以
不言即位”，何休云“據文公言即位，隱不稱即位”是也。云“何如”者，問比類之辭，即
下傳云“何如而可爲之後④，同宗則可爲之後”，是其問比類也。云“孰後”者，亦問比
類⑤，依不杖章子夏傳云“孰後？後大宗”，禮有大宗、小宗，故問爲誰後⑥。云“孰謂”
者，亦是問比類，但舊君有二等，一是待放之臣，二是致仕之臣，俱爲舊君，是以齊衰三
月章云“舊君”，傳曰“爲舊君者孰謂也，仕焉而已者也”，由其有二等，故問比類也，即
《公羊傳》云“王者孰謂？謂文王”是也。云“何大夫”者，亦是據彼決此，即齊衰三月章
云“大夫爲舊君”，傳曰“何大夫之謂乎？言其以道去君而猶未絶也”，由其大夫有致仕

---

① “亦”上原無“何”字，阮云：“《要義》同，毛本‘亦’上有‘何’字。”據補。
② “爲”下原有“之”字，阮云：“陳、閩俱無‘之’字。”據删。
③ “各”字原作“荅”，阮云：“浦鏜云‘荅’當‘各’字之誤。”據改。
④ “何如而可爲之後”原作“何爲而可爲人後者”，曹云：“‘爲’當爲‘如’，‘人’當
爲‘之’，下句‘人’字同，‘者’字衍。”據改删。
⑤ “亦”字原作“不”，曹云：“‘不’疑當爲‘亦’。”據改。
⑥ “爲誰”原作“誰爲”，四庫本作“爲誰”，據乙。

者、有待放者不同，故舉“何大夫”之問也。言“曷爲”者，亦是據彼決此，故不杖章云“大夫曷爲不降命婦也”，注謂據大夫於姑姊妹①，出嫁宜降不降，故舉“曷爲”之問也。今云“童子何以不杖”，問辭也。“不能病也”，荅辭也。此庶童子非直不杖并不免②，以其未冠杖者亦首加免而已③，故《問喪》云“免者以何爲也？曰不冠者之所服也”。言“何以”者，據當室童子及成人皆杖，唯此庶童子不杖，故云“何以”決之也。知當室童子杖者，案《問喪》云“禮曰：‘童子不緦，唯當室緦。’緦者，其免也，當室則免而杖矣”，謂適子也。案《雜記》云“童子哭不偯，不踊，不杖，不菲，不廬”，注云“未成人者不能備禮也”，此獨云“不杖”，餘不言者，此上下皆釋杖，故言杖，不云餘者，其實皆無，直有衰裳絰帶而已。又云“婦人何以不杖？亦不能病也”者，此亦謂童子婦人，若成人婦人正杖，知者，此《喪服》上陳其服，下陳其人，喪服之下，男子、婦人俱列，男子、婦人同有苴杖，又《喪大記》云“三日，子、夫人杖。五日，大夫、世婦杖”，諸經皆有婦人杖文，故知成人婦人正杖也，明此童子婦人。案《喪服小記》云“女子子在室爲父母，其主喪者不杖，則子一人杖”，鄭注云“女子子在室亦童子也，無男昆弟，使同姓爲攝主，不杖，則子一人杖，謂長女也。許嫁及二十而笄，笄爲成人，成人正杖也”，是其童女爲喪主，則亦杖矣。若然，童子得稱婦人者，案小功章云“爲姪、庶孫丈夫、婦人之長殤”，是未成人稱婦人也。雷氏以爲此《喪服》妻爲夫、妾爲君、女子子在室爲父、女子子嫁反在父之室④，爲父三年，如傳所云婦人者皆不杖，《喪服小記》婦人不爲主而杖者，唯著此一條，明其餘不爲主者皆不杖。此説非，何者？此四等婦人皆在杖科之内，何得不杖？又《禮記》諸文説婦人杖者甚衆⑤，何言無杖也。云“絞帶者，繩帶也”者，以絞麻爲繩作帶，故云“絞帶”也。王肅以爲絞帶如要絰，馬、鄭不言，當依王義。雷氏以爲絞帶在要絰之下言之，則要絰五分去一爲絞帶⑥。但首絰象頍項之布，又在首，要絰象大帶用繒，又在要，故須五分去一以爲帶，今絞帶象革帶，與要絰同在要，一則無上下之差，二

① “注”字原作“云”，曹云：“‘云’當爲‘注’。”據改。

② “杖”下原無“并不免”三字，曹云：“下脱‘并不免’三字。”據補。

③ “冠”下原無“杖者亦”三字，曹云：“下脱‘杖者亦’三字。”據補。

④ “反”字原作“及”，曹云：“‘及’當爲‘反’。”倉石云：“‘及’，《詳校》作‘反’，似是。”據改。

⑤ “諸”字原作“記”，曹云：“下‘記’字譌，單疏作‘諸’。”據改。

⑥ “帶”上原無“絞”字，曹云：“‘帶’上殿本增‘絞’字。”據補。

則無麤細可象而云去要絰五分一爲絞帶，失其義也。但絰帶至虞後變麻服葛，絞帶虞後雖不言所變，案公士、衆臣爲君服布帶，又齊衰已下亦布帶，則絞帶虞後變麻服布，於義可也。云"冠繩纓，條屬"者，喪用繩爲纓，屬，著也，著之冠垂之爲纓也。云"外畢"者，前後兩畢之末而向外�之也。云"鍛而勿灰"者，以冠爲首飾，布倍衰裳而用六升，又加以水濯，勿用灰而已，冠六升勿灰，則七升已上固灰矣①，故大功章鄭注云"大功布者，其鍛治之功麤沽之"，則七升已上皆用灰也。云"衰三升"者，不言裳，裳與衰同，故舉衰以見裳。爲君義服衰三升半，不言者，以縷如三升半，成布三升，故直言三升，舉正以包義也。云"菅屨者，菅菲也，外納。居倚廬"者，周公時謂之屨，子夏時謂之菲，案《士喪禮》"屨外納"，鄭注云"納，收餘也"，王謂正向外編之。"居倚廬"，孝子所居在門外東壁②，倚木爲廬，故《既夕記》云"居倚廬"，鄭注云"倚木爲廬，在中門外東方，北户"，又《喪大記》云"凡非適子者，自未葬，以於隱者爲廬"，注云"不欲人屬目，蓋廬於東南角"，若然，適子則廬於其北，顯處爲之，以其適子當應接弔賓，故不於隱者。若然，此下有臣爲君，則亦居廬，案《周禮·宫正》云"大喪授廬舍，辨其親疏貴賤之居"，注云"親者、貴者居倚廬，疏者、賤者居堊室"，又《雜記》朝廷卿大夫、士居廬，都邑之士居堊室，見諸侯之臣爲其君之禮。案《喪大記》云"婦人不居廬"，若然，此經云"居倚廬"，專據男子生文。云"寢苫枕塊"，《既夕》文與此同，彼注云"苫，編藁。塊，墣也"，彼又云"不説絰帶"，鄭注云"哀戚不在於安"，若然，在中門外者，哀親之在外，寢苫者，哀親之在草故也。此之"衰三升，枕塊"，據大夫已上，若士則大夫適子爲士者得行大夫禮，若正士則枕草，衰則縷三升半，成布三升，《雜記》注所云"齊晏平仲爲其父麤衰斬枕草是也③，但平仲謙，爲父服士服耳。云"哭晝夜無時"者，哭有三無時：始死未殯已前，哭不絶聲，一無時；既殯已後，卒哭祭已前，阼階之下爲朝夕哭，在廬中思憶則哭，二無時；既練之後無朝夕哭，唯有廬中或十日、或五日思憶則哭，三無時也。卒哭之後，未練之前，唯有朝夕哭，是一有時也。云"歠粥，朝一溢米，夕一溢米"者，孝子遭父

---

① "固"字原作"故"，曹云："'故'，《讀禮通考》改作'固'。"據改。
② "居"下原重"居"字，阮云："《要義》同，《通解》、楊氏、毛本俱不重'居'字。"據删。
③ "記"下原無"注"字，曹云："'記'下脱'注'字。"據補。

母之喪，當爲父母致病，故《喪大記》云水漿不入口，三日之後乃始食①，必三日許食者，聖人制法，不以死傷生，恐至滅性，故禮許之食，雖食猶節之，使朝夕各一溢米而已也。曾子有母之喪，水漿不入於口七日者，失禮之法，故子思非之云“先王制禮，過之者俯而就之，不至者跂而及之，故君子執親之喪，水漿不入於口者三日，杖而後能起”，是禮之常法也。云“寢不説絰帶”者，案《雜記》孔子云“少連、大連善居喪，三月不解”，鄭注云“不解倦也”，又案《既夕》文與此同，鄭注云“哀戚不在於安”，絰帶在衰裳之上而云不説，則衰裳在内不説可知。此據未葬前，故文在虞上，既虞後，寢有席，衰絰説可知也。云“既虞，翦屏柱楣”者，案《王制》云“天子七月而葬，諸侯五月而葬，大夫、士三月而葬”，又案《士虞禮》既葬反，日中而虞，鄭注《士喪》“三虞”云“虞，安也”，葬時送形而往，迎魂而反，反哭之時，入廟中，上堂不見，入室又不見，乃至適寢之中舊殯之處，爲虞祭以安之，《禮記·檀弓》云“葬日虞，不忍一日離也。是日也，以虞易奠”是也。依《公羊傳》云天子九虞，諸侯七虞，大夫五虞，士三虞②，今傳言既虞，謂九虞、七虞、五虞、三虞之後，乃改舊廬，西鄉開户，翦去户傍兩廂屏之餘草。“柱楣”者，前梁謂之楣，楣下兩頭豎柱施梁，乃夾户傍之屏也。云“寢有席”者，案《閒傳》云“既虞、卒哭，柱楣翦屏，苄翦不納”，鄭云“苄，今之蒲苹”，即此“寢有席”，謂蒲席加於苄上也。云“食疏食，水飲”者，未虞以前，朝一溢米，夕一溢米而爲粥，今既虞之後，用麤疏米爲飯而食之，明不止朝一溢、夕一溢而已，當以足爲度。云“飲水”者③，未虞以前，渴亦飲水，而在既虞後與疏食同言水飲者，恐虞後飲漿酪之等，故云飲水而已也。云“朝一哭，夕一哭而已”者，此當《士虞禮》卒哭之後，彼云卒哭者，謂卒去廬中無時之哭，唯有朝夕於阼階下有時之哭，《喪服》之中，三無時哭外，唯此卒哭之後、未練之前一節之閒是有時之哭，故云“而已”，言其不足之意。云“既練，舍外寢”者，謂十三月服七升冠，男子除首絰而帶獨存，婦人除要帶而絰獨存④，又練布爲冠，著繩屨，止舍外寢之中，不復居廬

---

① “喪大記”至“乃始食”，倉石云：“《喪大記》無此語。《問喪》云：‘親始死，水漿不入口，三日不舉火。’《檀弓》云：‘水漿不入於口者三日，杖而後能起。’皆與此微異。案下曾子有母之喪云云，出《檀弓》，則此或亦用《檀弓》文。”

② “依公羊傳”至“士三虞”，倉石云：“公羊文二年《傳》何注云：‘虞祭，天子九，諸侯七，卿大夫五，士三。’疏云：‘自諸侯七以下《雜記》文，其天子九虞者，何氏差之耳。’明此非傳文可知。”

③ “飲水”，曹云：“傳作‘水飲’。”

④ “要”字原作“於”，阮云：“陳本、《要義》同，毛本‘於’作‘要’。”據改。

也。云"始食菜果，飯素食"者①，案《喪大記》"祥而食肉"，《閒傳》云"大祥有醯醬，中月而禫，禫而飲醴酒②。始飲酒者，先飲醴酒。始食肉者，先食乾肉"，《曲禮》云父母之喪，"有疾飲酒食肉，疾止復初"，皆爲不以死傷生也。云"哭無時"者，此三無時哭中，謂練後堊室之中，或十日，或五日，思憶則哭，《大記》云"祥而外無哭者，禫而内無哭者"，皆在哭無時之限也。○注"盈手"至"異數"。○釋曰：云"以五分一爲殺者，象五服之數也"者，鄭以五服之内③，升數至多，若経帶象升數，降殺參差難等，若五服，服爲一節，則降殺易明，故鄭云"象五服之數也"。云"爵，謂天子、諸侯、卿、大夫、士也"者，案《白虎通》云"天子爵號"，又夏、殷之士無爵，周之道，爵及命士，卿、大夫自然皆爵也④，是天子以下，皆曰爵也。云"屬，猶著也。通屈一條繩爲武，垂下爲纓，著之冠也"者，案《禮記》云"喪冠條屬，以別吉凶"，若然，吉冠則纓、武別材，凶冠則纓、武同材，是以鄭云"通屈一條繩爲武"，謂將一條繩從額上約之，至項後交過，兩相各至耳，於武綴之，各垂於頤下結之。云"著之冠"者，武、纓皆上屬著冠，冠六升，外畢是也。云"布八十縷爲升"者，此無正文，師師相傳言之，是以今亦云"八十縷謂之宗"，宗即古之升也。云"今之《禮》皆以登爲升，俗誤已行久矣"者，案鄭注《儀禮》之時，古、今二《禮》並觀，疊古文者，則從經今文，若疊今文者，則從經古文，今此注而云"今之《禮》皆以登爲升"，與諸注不同，則今、古《禮》皆作升字，俗誤已行久矣也。若然，《論語》云"新穀既升"，升亦訓爲成，今從登不從升者，凡織紝之法，皆縷縷相登上，乃成繒布，登義强於升，故從登也。引《雜記》者，證條屬是喪冠，若吉冠則纓、武異材。云"三年之練冠亦條屬"者，欲見條屬以至大祥除衰杖，大祥除喪之際，朝服縞冠，當纓、武異材，從吉法也。云"右縫，小功以下左縫"者⑤，案《大戴禮》云"大功已上唯唯，小功已下額額"⑥，然孝子朝夕哭在阼階之下西面，弔賓從外入門，北面見之，大功以上哀重，其冠三辟積鄉右爲之，從陰，陰唯唯然順，小功、緦麻哀輕，其冠亦三辟積鄉左爲之，從陽，弔賓入門北鄉望

---

①　"素"字原作"疏"，曹云："'疏'字譌，單疏作'素'。"據改。

②　"禫"下原不重"禫"字，阮云："陳、閩俱重'禫'字。按《閒傳》重'禫'字。"據補。

③　"鄭"下原無"以"字，阮云："浦鏜云'鄭'下當脱'以'字。"據補。

④　"卿"字原作"通"，曹云："'通'字譌，單疏作'卿'。"據改。

⑤　"左"下原無"縫"字，阮云："《通解》、《要義》同，毛本'左'下有'縫'字。按各本注俱有'縫'字。"據補。

⑥　"大戴禮"至"額額"，倉石云："《詳校》云：'疏所引《大戴禮》今皆闕。'"

之，額額然逆鄉賓，二者皆條屬，但從吉、從凶不同也。云"外畢者，冠前後屈而出，縫於武也"者，冠廣三寸①，落頂，前後兩頭皆在武下鄉外出，反屈之縫於武而爲之，兩頭縫，畢鄉外，故云"外畢"，案《曲禮》云"厭冠不入公門"，鄭注云"厭，猶伏也，喪冠厭伏"，是五服同名，由在武下出，反屈之，故得厭伏之名。《檀弓》云"古者冠縮縫，今也衡縫，故喪冠之反吉，非古也"，是吉冠則辟積無數②，橫縫，亦兩頭皆在武上，鄉內反屈而縫之，不得厭伏之名。云"二十兩曰溢，爲米一升二十四分升之一"者，依筭法，百二十斤曰石，則是一斛。若然，則十二斤爲一斗。取十斤分之，升得一斤。餘二斤，斤爲十六兩，二斤爲三十二兩。取三十兩十升③，升得三兩。添前一斤十六兩，爲十九兩。餘二兩，兩爲二十四銖，二兩爲四十八銖。取四十銖十升，升得四銖。餘八銖，一銖爲十絫，八銖爲八十絫。十升，升得八絫。添前則是一升得十九兩四銖八絫。於二十兩，仍少十九銖二絫，則別取一升破爲十九兩四銖八絫。分十兩，兩爲二十四銖，則爲二百四十銖。又分九兩，兩爲二十四銖，則九兩者二百一十六銖并四銖八絫。添前，四百六十銖八絫，總爲二十四分。直取二百四十銖，餘二百二十銖八絫在。又取二百一十六銖二十四分，分得九銖，添前分得十九銖，猶有四銖八絫在④。四銖，銖爲十絫，總爲四十絫，通八絫爲四十八絫，二十四分，分得二絫。是一升爲二十四分，分得十九銖，添前四銖爲二十三銖。將二絫添前八絫則爲十絫，則十絫爲一銖。以此一銖添前二十三銖，則二十四銖，爲一兩。一兩添十九兩，總二十兩曰溢。云"楣謂之梁，所謂梁闇"者，所謂《書傳》文。案《喪服四制》云"高宗諒闇三年"，鄭注云"諒，古作梁，楣謂之梁。闇，讀如鶉鷃之鷃，闇謂廬也。廬有梁者，所謂柱楣也"，即此柱楣者也。云"舍外寢，於中門之外，屋下壘墼爲之，不塗墍，所謂至室也"者，今至練後不居舊廬，還於廬處爲屋，但天子五門，諸侯三門，得有中門，大夫、士唯有大門、內門兩門而已，無

①　"三寸"原作"二寸"，倉石云："張氏錫恭云：'聶氏《三禮圖》引賈疏作三寸，溫公《書儀》斬衰冠服用古禮而述冠制亦云廣三寸，《讀禮通考》引《通解續》言五服冠之廣狹皆同亦云廣三寸（今通行本三作二），《後漢書·輿服志》記竹皮冠制亦云廣三寸。疑賈疏本作冠廣三寸，作二者乃傳寫之誤。惟廣三寸，故可容三辟積也。'今案張説是。"據改。

②　"數"字原作"殺"，阮云："'殺'《通解》作'數'。"據改。

③　"取"上原有"升"字，曹云："'升'字衍。"據刪。

④　"猶有四銖八絫在"原作"有四銖八絫"，四庫本"有"上有"猶"字，"絫"下有"在"字，據補。

中門而云中門外者,案《士喪禮》及《既夕》外位唯在寢門外,其東壁有廬、堊室,若然,則以寢門爲中門①,據内外皆有哭位,其門在外内位中,故爲中門,非謂在外門、内門之中爲中門也。言"屋下壘墼爲之"者,東壁之所,舊本無屋而云屋下爲之者,謂兩下爲屋,謂之屋下,對廬偏加東壁,非兩下謂之廬也。云"不塗墼"者,謂翦屏而已,不泥塗墼飾也。云"所謂堊室"者,《閒傳》云"父母之喪,既虞翦屏,期而小祥,居堊室",彼練後居堊室,即此外寢,故鄭云"所謂堊室"也。云"謂復平生時食也"者,此食爲飼讀之,不得爲食讀之。知者,天子已下,平常之食,皆有牲牢魚腊,練後始食菜果,未得食肉飲酒,何得平常時食? 明專據米飯而言也,以其初據一溢米而言,既虞飯疏食,食亦米飯也,此既練後復平生時食,食亦據米飯而言,以其古者名飯爲食,與公食大夫者同音也。云"斬衰不書受月者"云云,凡喪服,所以表哀,哀有盛時、殺時,服乃隨哀以降殺,故初服麤,至葬後、練後、大祥後,漸細加飾,是以冠爲受,斬衰裳三升,冠六升,既葬後,以其冠爲受,衰裳六升,冠七升,小祥又以其冠爲受,衰裳七升,冠八升。自餘齊衰以下,受服之時,差降可知。然葬後有受服、有不受服,案下齊衰三月章及殤大功章皆云"無受",正大功章即云"三月,受以小功衰即葛九月者",今此斬衰章及齊衰章應言受月而不言,故鄭君特解之,案《雜記》云天子七月而葬,九月而卒哭②,諸侯五月而葬,七月而卒哭;大夫三月而葬,五月而卒哭;士三月而葬,是月而卒哭,是天子已下,虞、卒哭異數,尊卑皆葬訖反,日中而虞,天子九虞,諸侯七虞,大夫五虞,虞訖即受服,士三虞,待卒哭乃受服。必然者,以其大夫已上,卒哭在後月,虞在前月,日已多,是以虞即受服,不得至卒哭,士葬月卒哭與虞同月,故受服待卒哭後也。今不言受月者,《喪服》總包天子以下,若言七月,唯據天子,若言五月,唯據諸侯,皆不該上下,故周公設經,沒去受服之文,欲見上下俱含故也。

---

① "以"下原無"寢"字,倉石云:"殿本'以'下補'寢'字,似是。"據補。

② "案雜記"至"而卒哭",倉石云:"《雜記》無此二語,賈氏蓋差次言之。案天子七月而葬,《王制》文。"

儀禮疏卷第二十九　儀禮卷第十一

父。傳曰:爲父何以斬衰也? 父至尊也。○爲父,于僞反,凡爲服之例放此,意求之。【疏】"父"。○釋曰:周公設經,上陳其服,下列其人,即此文父已下,是爲其人服上之服者也。先陳父者,此章恩義並設,忠臣出孝子之門,義由恩出,故先言父也,又下文"諸侯爲天子","妻爲夫","妾爲君"之等,皆兼舉著服之人於上,乃言所爲之人於下,若然,此父與君直單舉所爲之人者,餘者,若直言天子,臣皆爲天子,故舉諸侯也,若直言夫,則妾於君雖非體敵①,亦有夫義,"妾爲君",若直言君,與前臣爲君文不殊,已外亦有嫌疑②,故兼舉著服之人。子爲父,臣爲君,二者無嫌疑,故單舉所爲之人而已。云"傳曰:爲父何以斬衰也? 父至尊也"者,言"何以"者,問比例,以父母恩愛等,母則在齊衰,父則入於斬,比並不例,故問"何以斬",不齊衰,苔云"父至尊"者,天無二日,家無二尊,父是一家之尊,尊中至極,故爲之斬也。

諸侯爲天子。【疏】"諸侯爲天子"。○釋曰:此文在父下、君上者,以下文君中雖言天子,兼有諸侯及大夫,此天子不兼餘君,君中最尊上,故特著文於上也。傳曰:天子至尊也。【疏】"傳曰天子至尊也"。○釋曰:不發問而直苔之者,義可知,故直苔而云"天子至尊",同於父也。

君。【疏】"君"。○釋曰:臣爲之服,此君内兼有諸侯及大夫,故文在天子下,鄭注《曲禮》云"臣無君猶無天",則君者,臣之天,故亦同之於父爲至尊,但義故,還著義服也。傳曰:君至尊也。天子、諸侯及卿大夫有地者皆曰君。【疏】注"天子"至"曰君"。○釋曰:卿大夫承天子、諸侯,則天子、諸侯之下卿大夫有地者皆曰君,案《周禮‧載師》云"家邑任稍地,小都任縣地,大都任畺地",是天子卿大夫有地者,若魯國季孫氏有費邑,叔孫氏有郈邑,孟孫氏有郕邑,晉國三家亦皆有韓、趙、魏之邑,是諸侯

---

① "體"上原無"雖非"二字,曹云:"'體'上脱'雖非'二字。"據補。
② "有"字原作"皆",阮云:"毛本'皆'作'有'。"據改。

之卿大夫有地者皆曰君，以其有地，則有臣故也。天子不言公與孤，諸侯大國亦有孤，鄭不言者，《詩》云"三事大夫"，謂三公，則大夫中含之也。但士無臣，雖有地不得君稱，故僕隸等爲其長，弔服加麻不服斬也。

父爲長子。不言適子，通上下也，亦言立適以長。○長子，丁丈反，後長子、長殤皆同。言嫡，本又作適，同丁狄反。【疏】"父爲長子"。○釋曰：君、父尊外，次長子之重，故其文在此。○注"不言"至"以長"。○釋曰：言長子通上下，則適子之號，唯據大夫、士，不通天子、諸侯，若言大子，亦不通上下，案《服問》云"君所主，夫人妻、大子、適婦"，鄭注云"言妻，見大夫已下亦爲此三人爲喪主也"，則大子，下及大夫之子不通士，若言世子，亦不通上下，唯據天子、諸侯之子，是以鄭云"不言適子，通上下"，非直長子得通上下，冢子亦通上下，故《內則》云"冢子則大牢"，注云"冢子，猶言長子，通於下也"，是冢子亦通上下也。云"亦言立適以長"者，欲見適妻所生，皆名適子，第一子死也，則取適妻所生第二長者立之，亦名長子，若言適子，唯據第一者，若云長子，通立適以長故也。傳曰：何以三年也？正體於上，又乃將所傳重也。庶子不得爲長子三年，不繼祖也。此言爲父後者，然後爲長子三年，重其當先祖之正體，又以其將代己爲宗廟主也。庶子者，爲父後者之弟也。言庶者，遠別之也。《小記》曰："不繼祖與禰。"此但言祖，不言禰，容祖禰共廟。○所傳，丈專反。與禰，乃禮反。【疏】"傳曰何"至"祖也"。○釋曰：云"何以"者，亦是問比例，以其俱是子，不杖章父爲衆子期，此章長子則爲之三年，故發"何以"之傳也。不問斬而問三年者，斬重而三年輕，長子非尊極，故舉輕以問之，輕者尚問，明重者可知，故舉輕以明重也。云"正體於上，又乃將所傳重也"者，此是荅辭也，以其父祖適適相承於上[1]，己又是適，承之於後，故云"正體於上"，云"又乃將所傳重"者，爲宗廟主，是有此二事，乃得三年。云"庶子不得爲長子三年，不繼祖也"者，此明適適相承，故須繼祖乃得爲長子三年也。○注"此言"至"共廟"。○釋曰：云"此言爲父後者，然後爲長子三年"者，經云"繼祖"[2]，即是爲祖後，乃得爲長子三年，鄭云"爲父後者，然後爲長子三年"，不同者，周之

---

[1]　"於"字原作"爲"，阮云："'爲'，陳、閩、《通解》俱作'於'。"據改。

[2]　"經云繼祖"，吳紱云："按此釋傳'繼祖'二字，非釋經也，疏目之爲經耳。凡記傳亦稱爲經，疏家之常。"

道，有適子無適孫，適孫猶同庶孫之例，要適子死後，乃立適孫，乃得爲長子三年①，是“爲父後者，然後爲長子三年”也。云“重其當先祖之正體”者，解經“正體於上”。又云“又以其將代己爲宗廟主也”者，釋經“傳重也”。云“庶子者，爲父後者之弟也”者，謂兄得爲父後者是適子，其弟則是庶子，是爲父後者之弟，不得爲長子三年。此鄭據初而言，其實繼父祖，身三世，長子四世乃得三年也。云“言庶者，遠別之也”者，庶子，妾子之號，適妻所生第二者是衆子，今同名庶子，遠別於長子，故與妾子同號也。云“《小記》曰：‘不繼祖與禰。’此但言祖，不言禰，容祖禰共廟”者，案《祭法》云“適士二廟，官師一廟”，鄭注云官師，中下之士，祖禰共廟，則此“容祖禰共廟”，據官師而言。若然，《小記》所云祖禰并言者，是適士二廟者也。祖禰共廟，不言禰，直言祖，舉尊而言也。鄭注《小記》云“言不繼祖禰，則長子不必五世”者，鄭前有馬融之等，解爲長子五世，鄭以義推之，己身繼祖與禰，通己三世，即得爲長子斬，長子唯四世，不待五世也，此微破先師馬融之義也，以融是先師，故不正言而云“不必”而已也。若然，雖承重不得三年有四種：一則正體不得傳重，謂適子有廢疾，不堪主宗廟也；二則傳重非正體，庶孫爲後是也；三則體而不正，立庶子爲後是也；四則正而不體，立適孫爲後是也。案《喪服小記》云“適婦不爲舅後者，則姑爲之小功”，鄭注云“謂夫有廢疾他故，若死而無子，不受重者”，婦既小功不大功，則夫死亦不三年期可知也。

爲人後者。【疏】“爲人後者”。○釋曰：此出後大宗，其情本疏，故設文次在長子之下也。案《喪服小記》云“繼別爲大宗，繼禰爲小宗”，大宗即下文爲宗子齊衰三月，彼注云謂大宗②，則此所後，亦後大宗者也。傳曰：何以三年也？受重者必以尊服服之。何如而可爲（之）後③？同宗則可爲之後。何如而可以爲人後？支子可也。爲所後者之祖父母、〔父母、〕妻，妻

---

① “要適子死後”至“三年”，吳紱云：“按祖在則父不爲長子三年，以孫未爲適也，所謂有適子者無適孫也。若適子死，立適孫，則爲長子三年者，何人乎？賈氏蓋未檢。”

② “彼注云謂大宗”原作“彼云後大宗者”，曹云：“‘云’上脫‘注’字，‘後’當爲‘謂’，‘者’字衍。”據補改删。

③ “爲”字下漢簡《服傳》甲、乙本皆無“之”字，沈云：“案‘爲之後’之‘之’，即‘爲人後’之‘人’，實指大宗無後之人。傳釋經設二問，首明爲後限於同宗，次明同宗限於支子，前義爲主，故問辭概説，自以無‘之’字爲長；答辭實指，故稱‘爲之後’，問答應有異，當從簡本。今本蓋涉下句誤衍。”當據删。

之父母、昆弟、昆弟之子若子①。若子者，爲所爲後之親如親子。○爲所爲，上于僞反，注同，下如字。【疏】"傳曰"至"若子"。○釋曰：云"何以三年"者，以生己父母三年，彼不生己亦爲之三年，故發問比例之傳也。云"受重者必以尊服服之"者，荅辭也。雷氏云："此文當云'爲人後者爲所後之父'，闕此五字者，以其所後之父或早卒，今所後其人不定，或後祖父，或後曾高祖，故闕之，見所後不定故也。"云"何如而可爲之後"，問辭。"同宗則可爲之後"，荅辭。此問亦問比類，以其取後取何人爲之，荅以"同宗則可爲之後"，以其大宗子當收聚族人，非同宗則不可謂同承別子之後，一宗之內，若別宗同姓，亦不可以其收族故也。又云"何如而可以爲人後"，問辭。云"支子可也"，荅辭。以其他家適子當家，自爲小宗，小宗當收斂五服之內，亦不可闕，則適子不得後他，故取支子，支子則第二已下庶子也。不言庶子，云"支子"者，若言庶子，妾子之稱，言謂妾子得後人，適妻第二已下子不得後人，是以變庶言支，支者取支條之義，不限妾子而已。若然，適子不得後人，無後亦當有立後之義也。云"爲所後者之祖父母"已下之親至"若子"，謂如死者之親子，則死者祖父母，則當己曾祖父母，齊衰三月也，妻謂死者之妻，即後人之母也，"妻之父母、昆弟、昆弟之子"，並據死者妻之父母、妻之昆弟、妻之昆弟之子，於後人爲外祖父母及舅與內兄弟，皆如親子爲之著服也。若然，上經直言爲人後，不言爲父，此經直言爲所後者之祖父母及妻及死者外親

① "爲所後者"至"若子"，漢簡《服傳》甲本作"爲所爲祖母＝妻＝之父＝母＝昆＝弟＝之子若子"、乙本作"爲所爲後祖□□（爛缺）妻＝之父母昆＝弟＝之子若子"，沈云："此節甲、乙二本有明顯不同，爲全篇所罕見，而乙本爲善。乙本之'所爲後'與今本之'所後者'同義，下記文'於所爲後之兄弟'，今本與簡丙本同，則今本亦有作'所爲後'者。大宗無後，小宗之子入繼曰'爲人後者'或'爲後者'，其所繼之父曰'所後者'或'所爲後'，此'後'字至爲重要，以簡乙、丙本校甲本，可斷甲本誤脱'後'字無疑。此'所爲後'云云與下記文'所爲後之'云云句例正同，則此連接詞不可省，以丙本校甲、乙本，斷其誤脱'之'字。全篇均祖父母連稱，豈有爲所後者之祖母服而不爲所後者之祖父服者？甲本誤脱'父'字。乙本爛缺，不具論。所爲後之祖父母、妻即爲人後者之曾祖父母與母。今本實少所爲後之父母一等。簡甲本'祖母'下有重文號，其原本當作'祖父＝母＝'，抄寫誤脱'父＝'，其保存'母'下重文號，猶是西漢本之最善者。乙本'祖'下爛缺如係兩格，則當作'父＝母＝'。據甲本校今本，則今本誤脱'父母'二字無疑。所爲後之妻之父母即爲人後者之外祖父母。乙本'妻之父母'無重文號，與今本同，可決甲本'父母'下誤衍重文號，蓋'妻之父母父母'實不可通。據以上所論，三本均有衍脱，互勘而得原本真面。此蓋歷代禮家所不及知者。"當於今本"祖父母"下補"父母"二字。

之等，不言死者緦麻、小功、大功及期之骨肉親者，子夏作傳，舉疏以見親，言外以包内，骨肉親者如親子可知。

妻爲夫。傳曰：夫至尊也。【疏】“妻爲夫傳曰夫至尊也”。○釋曰：自此已下，論婦人服也。婦人卑於男子，故次之。案《曲禮》云“天子曰后，諸侯曰夫人，大夫曰孺人，士曰婦人，庶人曰妻”，后以下皆以義稱，士、庶人得其緫名。妻者，齊也，婦人無爵，從夫之爵，坐以夫之齒，是言妻之尊卑與夫齊者也。若然，此經云“妻爲夫”者，上從天子，下至庶人，皆同爲夫斬衰也。傳言“夫至尊”者，雖是體敵齊等，夫者猶是妻之尊敬，以其在家天父，出則天夫，又婦人有三從之義，在家從父，出嫁從夫，夫死從子，是其男尊女卑之義，故云“夫至尊”，同之於君父也。

妾爲君。傳曰：君至尊也。妾謂夫爲君者，不得體之，加尊之也，雖士亦然。【疏】“妾爲君傳曰君至尊也”。○釋曰：妾賤於妻，故次妻後。案《内則》云“聘則爲妻，奔則爲妾”，鄭注云“妾之言接，聞彼有禮，走而往焉，以得接見於君子”，是名妾之義，但其並后匹適，則國亡家絶之本，故深抑之，別名爲妾也。既名爲妾，故不得名壻爲夫，故加其尊名，名之爲君也，亦得接於夫，又有尊事之稱，故亦服斬衰也。云“君至尊也”者，既名夫爲君，故同於人君之至尊也。○注“妾謂”至“亦然”。○釋曰：云“不得體之，加尊之也”者，以妻得體之，得名爲夫，妾雖接見於夫，不得體敵，故“加尊之”而名夫爲君，是以服斬也。云“雖士亦然”者，案《孝經》士言爭友，則屬隸不得爲臣，則士身不合名君，至於妾之尊夫，與臣無異①，是以雖士妾，得稱夫爲君，故云“雖士亦然”也。

女子子在室爲父。女子子者，子女也，別於男子也。言在室者，關已許嫁②。【疏】“女子”至“爲父”。○注“女子”至“許嫁”。○釋曰：自此盡“爲父三年”，論女子子爲父出及在室之事，制服又與男子不同。云“女子子者，子女也，別於男子也”者，男子、女子各單稱了，是對父母生稱，今於女子別加一字，故雙言二子，以別於男一子者。云“言在室者，關已許嫁”者，鄭意經直云“女子子爲父”得矣，而別加“在室”者，關已許嫁，關，通也，通已許嫁。《内則》“女子十年不出”，又云“十有五年而笄”，女子子

---

① “無”字原作“爲”，阮云：“毛本、《通解》‘爲’作‘無’。”據改。
② “關”字原作“謂”，阮云：“‘關’，徐本作‘謂’，《通典》、《集釋》、《通解》俱作‘關’。張氏曰：‘監、巾箱、杭本謂作關，疏云關，通也，通已許嫁。從諸本及疏。’”據改。

十五許嫁而笄,謂女子子年十五笄,四德已備,許嫁與人,即加笄,與丈夫二十而冠同,死而不殤,則同成人矣,身既成人,亦得爲父服斬杖也①,雖許嫁爲成人,及嫁要至二十乃嫁於夫家也。

　　布總、箭笄、髽、衰三年。此妻、妾、女子子喪服之異於男子者。總,束髮。謂之總者,既束其本,又總其末。箭笄,篠竹也。髽,露紒也,其用於未成服時者②,猶男子之括髮。斬衰括髮以麻,則髽亦用麻。以麻者,自項而前,交於額上,卻繞紒,如著幓頭焉。《小記》曰:"男子冠而婦人笄,男子免而婦人髽。"凡服,上曰衰,下曰裳。此但言衰,不言裳,婦人不殊裳,衰如男子衰,下如深衣。深衣則衰無帶下,又無袽。○布總,子孔反。箭笄,音雞。髽,側瓜反。篠也,素了反。露紒,音計,下同。之括,如字,劉音活。如著,丁略反。幓頭,七消反。子冠,古亂反。子免,音問。無袽,而甚反,又而鳩反,裳際也。【疏】"布總"至"三年"。○注"此妻"至"無袽"。○釋曰:上文不言布,不言三年,至此言之者,上以衰極,故没其布名與年月,至此須言之故也,以其笄既用箭,則總不可不言用布,又上文經,至練有除者,此經三者既與男子有殊,並終三年,乃始除之矣。案《喪服小記》云婦人帶、惡笄以終喪,彼謂婦人期服者,帶與笄終喪,此斬衰帶亦練而除,笄亦終三年矣,故以三年言之。云"此妻、妾、女子子喪服之異於男子者",鄭據經上下婦人服斬者而言,若然,周公作經,越妻、妾而在女子子之下言之者,雷氏云"服者本爲至情,故在女子之下爲文也",若然,經之體例,皆上陳服,下陳人,此服之異在下言之者,欲見與男子同者如前,與男子異者如後,故設文與常不例也。以上陳服,下陳人,則上服之中亦有女子子,今更言女子子之服③,是言其異者,若然,上文列服之中,冠繩纓非女子所服,此布總、笄、髽等亦非男子所服,是以爲文以易之也。云"謂之總者,既束其本,又總其末"者,鄭解此經云"布總"者,只爲出紒後垂爲飾者而言,以其布總六升,與男子冠六升相對,故知據出見者而言,是以鄭云"謂之總

---

　　①　"斬"下原無"杖"字,曹云:"'斬'下脱'杖'字,未成人者但得服斬,不得杖。"據補。

　　②　"露紒也"下原無"其用於未成服時者"八字,曹云:"'露紒也'下有脱文,大約謂'其用於未成服時者,猶男子之括髮',皇氏、賈氏所據本皆有此句,故其釋鄭注義皆與今本抵捂。孔氏所據本無,故引皇説而駁之。皇引注文爲孔所删節,此疏述注又爲後人據孔本改,故文皆與今本注同而義則與所述不合。沈氏、胡氏不能校注之譌脱而輕議之,非也。"據補,疏述注亦補。

　　③　"女子子"下原無"之服"二字,曹云:"下似脱'之服'二字。"據補。

者，既束其本，又總其末也"。云"箭笄，篠竹也"者，案《尚書·禹貢》云"篠簜既敷"，孔
云"篠，竹箭"，是箭、篠爲一也。又云"髽，露紒也，其用於未成服時者，猶男子之括髮"
者，髽有二種，案《士喪禮》曰"婦人髽于室"，注云"始死，婦人將斬衰者去笄而纚，將齊
衰者骨笄而纚。今言髽者，亦去笄纚而紒也，齊衰以上至笄猶髽。髽之異於括髮者，
既去纚而以髮爲大紒，如今婦人露紒，其象也。其用麻布，亦如著幓頭然"，是婦人髽
之制也，二種者，一是未成服之髽，即《士喪禮》所云者是也，將斬衰者用麻，將齊衰者
用布二者；成服之後露紒之髽，即此經注是也。云"斬衰括髮以麻，則髽亦用麻"者，案
《喪服小記》云"斬衰括髮以麻，免而以布"，男子髻髮與免用麻布有文[1]，婦人髽用麻布
無文，鄭以男子髻髮，婦人髽，同在小斂之節，明用物與制度亦應不殊，但男子陽，以外
物爲名，名爲括髮，婦人陰，以内物爲稱，稱爲髽爲異耳。鄭引漢法"幓頭"況者，古之
括髮與髽之狀亦如此[2]，故鄭注《士喪禮》云"其用麻布，亦如著幓頭也"。引《喪服小
記》者，彼男子冠，婦人笄，相對有二時：一者男子二十而冠，婦人許嫁而笄，吉時相對
也；一者成服後，男子喪服，婦人箭笄，喪中相對也。今此《小記》所云，參上下文，是據
喪中冠笄相對而言。引之者，證經"箭笄"是與男冠相對之物也。云"男子免而婦人
髽"者，亦《小記》之文，此免既齊衰以下用布爲免，則髽是齊衰以下亦同用布爲髽，相
對而言也，但男子陽多變，斬衰名括髮，齊衰以下名免耳，婦人陰少變，故齊斬婦人同
名髽。案《士喪禮》鄭注云"衆主人免者，齊衰將袒，以免代冠。免之制未聞，舊説以爲
如冠狀，廣一寸"，亦引《小記》括髮及漢幓頭爲説，則括髮及免與髽三者，雖用麻布不
同，皆如著幓頭不別。若然，成服以後，斬衰至緦麻皆冠，不如著幓頭[3]，婦人皆露紒而
髽也。云"凡服，上曰衰，下曰裳。此但言衰，不言裳，婦人不殊裳"者，以其男子殊衣
裳，是以衰綴於衣，衣統名爲衰，故衰裳並見。案《周禮·内司服》王后六服，皆單言
衣，不言裳，以連衣裳，不别見裳，則此喪服亦連裳於衣，衰亦綴於衣而名衰，故直名
衰，無裳之别稱也。云"衰如男子衰"者，婦人衰亦如下記所云"凡衰，外削幅"以下之
制，如男子衰也。云"下如深衣"者，如深衣六幅，破爲十二，闊頭鄉下，狹頭鄉上，縫齊
倍要也。云"深衣則衰無帶下"者，案下記云"衣帶下尺"，注云"衣帶下尺者，要也。廣

---

①　"布"上原無"麻"字，曹云："'布'上脱'麻'字。"據補。
②　"與"字原作"其"，曹云："'其'當爲'與'。"據改。
③　"如"上原無"不"字，曹云："'如'上脱'不'字。"據補。

尺,足以掩裳上際也",今此裳既縫著衣,不見裏衣,故不須要以掩裳上際,故知無要也。云"又無衽"者,又案下記云"衽,二尺有五寸",注云"衽,所以掩裳際也",彼據男子陽多變,故衣裳別制,裳又前三幅,後四幅,開兩邊,露裏衣,是以須衽屬衣兩旁垂之,以掩交際之處,此既下如深衣,縫之以合前後,兩邊不開,故不須衽以掩之也。案《深衣》云"續衽鈎邊",注云"續,猶屬也。衽,在裳旁者也。屬,連之,不殊裳前後也。鈎邊,如今曲裾也",彼吉服深衣,須有曲裾之衽,此婦人凶服之衰,下連裳,雖如深衣,不得盡如深衣并有衽,故鄭總云"下無衽",則非直無喪服之衽,亦無吉服深衣之衽也。

傳曰:總六升,長六寸。箭笄長尺,吉笄尺二寸。總六升者,首飾象冠數。長六寸,謂出紒後所垂爲飾也。○長六,直亮反,後放此。【疏】"傳曰總"至"二寸"。○釋曰:云"箭笄長尺,吉笄尺二寸"者,此斬之笄用箭,下記云"女子子適人爲父母,婦爲舅姑"用"惡笄",鄭以爲榛木爲笄,則《檀弓》南宮縚之妻之姑之喪云"蓋榛以爲笄"是也。吉時,大夫、士之妻用象①,天子、諸侯之后夫人用玉爲笄,今於喪中,唯有此箭笄及榛二者,若言寸數,亦不過此二等,以其斬衰尺,吉笄尺二寸,《檀弓》南宮縚之妻爲姑榛以爲笄,亦云一尺,則大功以下,不得更容差降,鄭注《小記》云"笄,所以卷髮",既直同卷髮②,故五服略爲一節,皆用一尺而已,是以女子子爲父母既用榛笄,卒哭之後,折吉笄之首歸於夫家,以榛笄之外,無可差降,故用吉笄也。若然,總不言吉而笄言之者,以其喪中有用吉笄之法③,故下記"折吉笄之首"是也④。○注"總六"至"飾也"。○釋曰:云"總六升者,首飾象冠數"也,上云男子冠六升,此女子子總用布,當男子冠用布之處,故同六升,以同首飾故也。首飾尊⑤,故吉服之冕三十升,亦倍於朝服十五升也。云"長六寸,謂出紒後所垂爲飾也",鄭知者,若據其束本,人所不見⑥,何寸數之有乎?故鄭以六寸據垂之者,此斬衰六寸,南宮縚妻爲姑總八寸以下,雖無

---

① "之"字原作"與",阮云:"'與',浦鏜改作'之'。"據改。

② "直"字原作"在",汪刊單疏作"直",據改。

③ "之法"下原有"故小記無折笄之法當記文"十一字,四庫本卷末《考證》云:"舊本此句下有'故小記無折笄之法當記文'十一字,蓋緣下文'故小記'三字而誤衍。"阮云:"'故小記無折笄之法當記文',周學健云十一字蓋緣下文'故小記'三字而誤衍。"據刪,然所謂"故小記"亦有誤,見下。

④ "故下記"原作"故小記",曹云:"'小'當爲'下'。"據改。

⑤ "首"上原有"十五升"三字,曹云:"上三字疑衍。"據刪。

⑥ "人"字原作"入",阮云:"'入',《要義》作'人',《通解》作'入'。"據《要義》改。

文,大功當與齊同八寸,緦麻、小功同一尺,吉總當尺二寸,與笄同也。

　　子嫁,反在父之室,爲父三年。謂遭喪後而出者,始服齊衰期,出而虞則受以三年之喪受,既虞而出,則小祥亦如之,既除喪而出則已。凡女,行於大夫以上曰嫁,行於士、庶人曰適人。【疏】"子嫁"至"三年"。○釋曰:不言"女子子"直云"子嫁"者,上文已云"女子子",別於男子,此承上,故不須具言,直云"子嫁",是女子子可知。直云"反爲父"足矣而云"反在父之室"者,以其出時,父已死,初服齊衰,不與在室同,既服齊衰,後反被出,更服斬衰,即與在室同,故須言"在室"也。言"三年"者,亦有事須言,以其初死服朞服,死後被出向父家,更服斬衰三年,與上在室者同,故須言"三年"也。○注"謂遭喪"至"適人"。○釋曰:鄭知遭喪後被出者,若父未死被出,自然是在室,與上文同,何須設此經?明是遭喪後被七出者。云"始服齊衰"者,以其遭父喪時未出,即不杖期麻屨章云"女子子嫁爲父母"是也。云"出而虞則受以三年之喪受"者,若不被出,則虞後以其冠爲受,嫁女爲父五升衰裳①,八升總,今未虞而出,是出而乃虞,虞後受服與在家兄弟同受斬衰,斬衰初死三升衰裳,六升冠,既葬以其冠爲受,衰六升,冠七升,此被出之女亦受衰裳六升,總七升,與在室之女同,故云"受以三年之喪受"也。云"既虞而出,則小祥亦如之"者,未虞已前未被出,至虞後②,受以出嫁之受,以八升衰裳,九升總,今既虞後乃被出至家,又與在室女同,至小祥練祭,在室之女受衰七升,總八升,此被出之女與之同,故云"既虞而出,小祥亦如之"。云"既除喪而出則已"者,此謂既小祥而出者,以其嫁女爲父母朞,至小祥已除矣,除服後乃被出,不復爲父更著服,故云既除而出則已也。云"凡女,行於大夫以上曰嫁,行於士、庶人者曰適人",案齊衰三月章云"女子子嫁者、未嫁者爲曾祖父母",傳曰"嫁者,嫁於大夫。未嫁者,成人而未嫁者",是行於大夫曰嫁。不杖章云"女子子適人者爲其父母、昆弟之爲父後者",傳雖不解喪服,本文是士,故知行於士、庶人曰適人。庶人,謂庶人在官者府史胥徒名曰庶人,至於民庶,亦同行士禮,以禮窮則同之。行大夫以上曰嫁,若天子之女嫁於諸侯,諸侯之女嫁於大夫,出嫁爲夫斬,仍爲父母不降,知者,以其外宗、內宗及與諸侯爲兄弟者爲君皆斬,明知女雖出嫁反,爲君不降。若然,下傳云"婦人不二斬,猶曰不二天",今若爲夫斬,又爲父斬,則是二天,與傳違者,彼不二天者,以婦人有

---

①　"女"下原有"在室"二字,曹云:"'在室'二字衍。"據删。

②　"虞"字原作"受",曹云:"'受'當爲'虞'。"據改。

三從之義，無自專之道，欲使一心於其天，此乃尊君宜斬，不可以輕服服之，不得以彼決此。若然，外宗、内宗、與諸侯爲兄弟服斬者，豈不爲夫服斬乎？明爲君斬，爲夫亦斬矣。

公、士、大夫之衆臣爲其君布帶、繩屨。士，卿士也。公、卿、大夫厭於天子、諸侯，故降其衆臣布帶、繩屨。貴臣得伸，不奪其正。○厭於，一葉反，後皆放此。【疏】"公士"至"繩屨"。○注"士卿"至"其正"。○釋曰：云"士，卿士也"者，以其在公之下、大夫之上，尊卑當卿之位，故知是卿士也。不言公、卿言士者，欲見公無正職，大夫又承副於卿，士之言事，卿有職事之重，故變言士，見斯義也。云"公、卿、大夫厭於天子、諸侯，故降其衆臣布帶、繩屨"者，鄭解公、卿、大夫，天子、諸侯並言之者，欲見天子、諸侯下皆有公、卿、大夫，公、卿、大夫下皆有貴臣、衆臣。若然，天子、諸侯下公、卿、大夫，《周禮·典命》及《大宰》具有其文，此諸侯下公①，《典命》大國立孤一人是也，以其諸侯無公，故以孤爲公，《燕禮》云"若有諸公則先卿獻之"，鄭注云"諸公者，大國之孤也。孤一人，言諸者，容牧有三監"，是以其孤爲公，言厭於天子、諸侯，故降其衆臣布帶、繩屨二事②，其餘服、杖、冠、經則如常也，其布帶則與齊衰同，其繩屨則與大功等也。云"貴臣得伸，不奪其正"者，下傳云"室老、士，貴臣"，故云"貴臣得伸"，得伸者，依上文絞帶、菅屨，故云"不奪其正"也。傳曰：〔繩屨者，繩菲也。衆臣者何也？曰：〕公③、卿、大夫室老、士，貴臣，其餘皆衆臣也。君，謂有地者也，衆臣杖，不以即位。近臣，君服斯服矣。（繩屨者，繩菲也④。）室老，家相也。士，邑宰也。近臣，閽寺之屬。君，嗣君也。斯，此也。近臣從君，喪服無所降也。繩菲，今時不借也。○家相，息亮反。閽寺，音昏，守門人也，寺，

---

① "公"下原有"卿"，曹云："'卿'字衍，下'故以孤爲公卿'同。下又云'以其孤爲公'，無'卿'字可證。"據刪，下"故以孤爲公卿"句亦刪"卿"字。

② "降"字原作"除"，倉石云："'除'，金氏曰追依注及《通解》作'降'字是。"據改。

③ "公"上漢簡《服傳》甲、乙本皆有"繩屨者繩菲也衆臣者何也曰"十二字，沈云："今本首六字在文末，無'衆臣者何也曰'六字。此傳解經'公士大夫之衆臣爲其君布帶繩屨'，衆臣之帶非絞帶、之屨非菅屨，依例先解服飾，此文當在傳首，簡本是。大夫家臣有二，命於諸侯者曰貴臣，大夫自命者曰衆臣。此傳解衆臣，故設此問辭，今本誤脱。"當據以移傳末"繩屨者繩菲也"六字置於傳首而繼補"衆臣者何也曰"六字。

④ "繩屨者繩菲也"，沈云此六字宜據漢簡《服傳》甲、乙本移置傳首，説見前。

內小臣。【疏】"傳曰公"至"菲也"。○釋曰：云"室老、士，貴臣，其餘皆衆臣也"者，傳以經直云"衆臣"，不分別上下貴賤，故云"室老、士"二者是貴臣，其餘皆衆臣也。云"有地者，衆臣杖，不以即位"，欲見公、卿、大夫或有地，或無地，衆臣爲之皆有杖，但無地公、卿、大夫其君卑，衆臣爲之皆得以杖，與嗣君同即阼階下朝夕哭位，若有地公、卿、大夫其君尊，衆臣雖杖，不得與嗣君同即阼階下朝夕哭位，下君故也。○注"室老"至"借也"。○釋曰：云"室老，家相也"者，《左氏傳》云"臧氏老"，《論語》云"趙魏老"，是家臣稱老。云"家相"者，案《曲禮》云大夫"不名家相、長妾"①，以大夫稱家，是室老相家事者也。云"士，邑宰也"者，《雜記》云"大夫居廬，士居堊室"，鄭注云"士居堊室，亦謂邑宰也"，與此同，皆謂邑宰爲士也。若然，孤、卿、大夫有菜邑者，其邑既有邑宰，又有家相，若魯三卿，公山弗擾爲季氏費宰，子羔爲孟氏之郕宰之類，皆爲邑宰也，陽貨、冉有、子路之等爲季氏家相，亦名家宰，若無地卿、大夫則無邑宰，直有家宰，則孔子爲魯大夫而原思爲之宰，是直有家相者也，此等諸侯之臣而有貴臣、衆臣之事。案《周禮·載師》云"家邑任稍地，小都任縣地，大都任畺地"，是天子公、卿、大夫有菜地者也，案《鄭志》答云"天子之卿，其地見賜乃有何？由諸侯之臣正有此地"，則天子下有無地者也，有菜地者有邑宰，復有家相，無地者直有家相可知。云"近臣，閽寺之屬"者，《周禮》天子宮有閽人、寺人，閽人掌守中門之禁，晨夜開閉，墨者使守門者也，寺人掌外內之通令，奄人使守后之宮門者也②，是皆近君之小臣，又與衆臣不同，無所降其服，又得與貴臣等，不嫌相逼也③，是以《喪服小記》云"近臣，君服斯服矣。其餘從而服，不從而稅"，彼亦是近君小臣，與大臣異也。云"君，嗣君也"者，釋傳云"君服"，但其君已死矣④，更有君爲死君之服，故知是嗣君。若然，案《王制》畿內諸侯不世爵而世祿，彼則天子公、卿、大夫未爵命得有嗣君者，以世祿不降⑤，未得爵亦得爲嗣君，況其中兼畿外

---

① "大夫不名家相長妾"，程怐云："按不名家相、長妾者，士也。引以爲大夫，是賈氏之誤。下貴臣、貴妾疏誤同。"

② "周禮"至"者也"，孫云："掌外內之通令，乃《內豎職》文，此微誤。"

③ "逼"下原有"通"字，曹云："阮云陳、閩、《通解》俱無'通'字。案無者是。"據刪。

④ "已"字原作"以"，阮云："《要義》同，毛本'以'作'已'。"據改。

⑤ "降"上原無"不"字，曹云："'降'上脫'不'字。"據補。

諸侯下公、卿、大夫也①，且《詩》云"維周之士，不顯亦世"，《左氏傳》云"官有世功，則有官族"，皆是臣有世功，子孫得襲爵，故雖畿内公、卿、大夫有嗣君也。云"繩菲，今時不借也"者，周時人謂之屨，子夏時人謂之菲，漢時謂之不借者，此凶菅屨②，不得從人借，亦不得借人，皆是異時而別名也。

---

① "畿外諸侯下公卿大夫也"原作"畿外諸侯下卿大夫也"，阮云："'外'，陳、閩俱作'内'。'下'，毛本作'公'，陳本、《要義》俱作'下'。案以下文考之，'外'字當從陳、閩作'内'。以前節疏考之，'下'、'公'二字宜兼有之。"曹云："'外'字不誤，'下'毛作'公'，阮云'下'、'公'二字宜兼有之。"據以補"公"字。

② "菅"字原作"荼"，四庫本作"菅"，據改。

838

儀禮疏卷第三十　儀禮卷第十一

疏衰裳齊、牡麻絰、冠布纓、削杖、布帶、疏屨三年者：疏，猶麤也。【疏】“疏衰”至“年者”。○注“疏猶麤也”。○釋曰：此齊衰三年章，以輕於斬，故次斬後。“疏，猶麤也”，麤衰者，案上斬衰章中，爲君三升半麤衰斬①，鄭注《雜記》云“微細焉，則屬於麤”，則三升正服斬不得麤名，三升半成布三升，微細則得麤稱，麤衰爲在三升斬内，以斬爲正，故没義服之麤，至此四升，始見麤也。若然，爲父哀極，直見深痛之斬，没人功之麤②，至於義服斬衰之等，乃見麤稱，至於大功、小功，更見人功之顯，緦麻極輕，又表細密之事，皆爲哀有深淺，故作文不同也。斬衰先言斬者，一則見先斬其布，乃作衰裳，二則見爲父極哀，先表斬之深重，此齊衰稍輕，直見造衣之法，衰裳既就，乃始緝之，是以斬衰斬在上，齊衰齊在下。“牡麻絰”者，斬衰絰不言麻，此齊衰絰見麻者，彼有杖，杖亦苴，故不得言麻，此經文孤不兼杖，故得言麻也。云“冠布纓”者，案斬衰冠繩纓退在絞帶下，使不蒙苴，齊冠布纓無此義，故進之使與絰同處，此布纓亦如上繩纓，以一條爲武，垂下爲纓也。云“削杖、布帶”者，並不取蒙苴之義，故在常處，但杖實是桐，不言桐者，以斬衰杖不言竹，使蒙苴，故闕竹字，此既不取蒙苴，亦不言桐者，欲見母比父削殺之義，故亦没桐文也。“布帶”者，亦象革帶，以七升布爲之，此即下章“帶、緣各視其冠”是也。齊、斬不言布，此纓、帶言布者，以對斬衰纓、帶用繩，故此須言用布之事也。“疏屨”者，疏取用草之義，即《爾雅》云“疏不熟”之“疏”，若然，注云“疏猶麤”者，直釋經疏衰而已，不釋疏屨之疏，若然，斬衰章言菅屨見草體者，以其重故見草體，舉其惡貌，此言疏，以其稍輕，故舉草之總稱。自此以下，各舉差降之宜，故不杖章言麻屨，齊衰三月與大功同繩屨，小功、緦麻輕，又没其屨號。言“三年”者，以其爲母稍輕，故表其年月。若然，父在爲厭降至期，今既父卒，直申三年之衰，猶不申斬者，以天無二日，家無二尊也，是以父雖卒後，仍以餘尊所厭，直申三年，不得申斬

① “衰”下原無“斬”字，曹云：“‘衰’下脱‘斬’字。”據補。
② “没”上原有“不”字，倉石云：“‘没’字殿本改作‘見’。今案據斬衰章疏衰没人功之疏言之，此‘不’字恐衍，‘没’字疏常見，不容有譌。”據删。

也。云“者”者，亦如斬衰章文，明者爲下出也。傳曰：齊者何？緝也。牡麻者，枲麻也。牡麻絰，右本在上。冠者，沽功也。疏屨者，蔍蒯之菲也。沽，猶麤也。冠尊，加其麤。麤功，大功也。齊衰不書受月者，亦天子、諸侯、卿、大夫、士虞、卒哭異數。○牡麻，茂后反。枲麻，思似反。沽功，音古，後同。蔍，皮表反，劉扶表反。蒯，苦怪反，草也。【疏】“傳曰”至“菲也”。○注“沽猶”至“異數”。○釋曰：緝則今人謂之爲緶也。上章傳先云“斬者何？不緝也”，此章言齊對斬，故亦先言“齊者何？緝也”。云“牡麻者，枲麻也”者，此枲對上章苴，苴是惡色，則枲是好色，故《閒傳》云“斬衰貌若苴，齊衰貌若枲”也。云“牡麻絰，右本在上”者，上章爲父“左本在下”者，陽統於内，則此爲母，陰統於外，故“右本在上”也。云“疏屨者，蔍蒯之菲也”者，蔍是草名，案《玉藻》云“屨蒯席”①，則蒯亦草類。云“冠尊，加其麤。麤功，大功也”者，此鄭雖據齊衰三年而言，冠尊加服皆同，是以衰裳升數恒少，冠之升數恒多，冠在首尊，既冠從首尊，故加飾而升數恒多也。斬冠六升，不言功者，六升雖是齊之末，未得沽稱，故不見人功，此三年齊冠七升，初入大功之境，故言沽功，始見人功。沽，麤之義，故云“麤功”，見人功麤大不精者也。云“齊衰不書受月者，亦天子、諸侯、卿、大夫、士虞、卒哭異數”者，其義説與斬章同，故云“亦”也。

　　父卒則爲母。尊得伸也。【疏】“父卒則爲母”。○注“尊得伸也”。○釋曰：此章專爲母，三年重於期，故在前也。直云“父卒爲母”足矣而云“則”者，欲見父卒三年之内而母卒，仍服期，要父服除後而母死，乃得伸三年，故云“則”以差其義也。必知義如此者，案《内則》云“女子十有五而筓，二十而嫁。有故，二十三年而嫁”，注云“故，謂父母之喪”，言“二十三而嫁”，不止一喪而已，故鄭并云父母喪也。若前遭母喪，後遭父喪，自然爲母期，爲父三年，二十三而嫁可知。若前遭父喪，服未闋②，即得爲母三年，則是有故，二十四而嫁，不止二十三也。知者，假令女年二十，二月嫁娶之月將嫁，正月而遭父喪，并後年正月爲十三月小祥，又至後年正月大祥，女年二十二，欲以二月將嫁，又遭母喪，至後年正月十三月大祥，女年二十三將嫁，此是父服將除遭母喪，猶

---

① “屨”字原作“屩”，曹云：“‘屩’字譌，單疏作‘屨’。”據改。
② “服”上原無“喪”字，阮云：“‘服’《要義》作‘喪’，《通解》‘喪’、‘服’二字並有。”據補。

不得爲申三年，況遭母喪在小祥之前①，何得即申三年也？是父服未除，不得爲母三年之驗，一也。又《服問》注曰"爲母既葬，衰八升"，亦據父卒爲母，與父在爲母同，五升衰裳，八升冠，既葬以其冠爲之受，衰八升，是父卒爲母未得申三年之驗，二也。《閒傳》云爲母既虞卒哭衰七升者，乃是父服除後，乃爲母申三年，初死衰四升，冠七升，既葬以其冠爲之受，衰七升，與此經同是父服除後，爲母乃申三年之驗，三也②。諸解者全不得此義③，妄解"則"文，説義多塗，皆爲謬也。"尊得伸"者，得伸三年，猶未伸斬。

　　繼母如母。【疏】"繼母如母"。○釋曰：繼母本非骨肉，故次親母後，謂己母早卒，或被出之後，繼續己母，喪之如親母，故云"如母"。但父卒之後如母，明父在如母可知，下期章不言者，舉父没後，明父在如母可知，慈母之義亦然，皆省文也，故皆舉後以明前也。若然，直言"繼母"，載在三年章内，自然如母可知而言"如母"者，欲見生事、死事一皆如己母也。傳曰：繼母何以如母？繼母之配父與因母同，故孝子不敢殊也。因，猶親也。【疏】"傳曰"至"殊也"。○釋曰：傳發問者，以繼母本是路人，今來配父，輒如己母，故發斯問，荅云繼母配父，即是片合之義，既與己母無別，故孝子不敢殊異之也。

　　慈母如母。【疏】"慈母如母"。○釋曰：慈母非父片合，故次後也。云"如母"者，亦生禮死事皆如己母。傳曰：慈母者何也？傳曰：妾之無子者，妾子之無母者，父命妾曰女以爲子，命子曰女以爲母。若是，則生養之終其身。如母，死則喪之三年。如母，貴父之命也④。此主謂大夫、士之妾，妾子之無母，父命爲母子者。其使養之，不命爲母子，則亦服庶母慈己之服可也。大夫之妾子，父在爲母大功，則士之妾子爲母期矣，父卒則皆得伸也。○女以，音汝，下同。期矣，音基，本又作朞，後皆放此。【疏】"傳曰"至"命也"。○釋曰：傳

---

①　"母"字原作"父"，曹云："'父'當爲'母'。"據改。
②　"三"上原有"是"字，阮云："《要義》同，毛本、《通解》無'是'字。"據删。
③　"得"下原有"思"字，阮云："《要義》無'思'字。"據删。
④　"如母死則喪之三年如母貴父之命也"，阮云："'如'，閩、葛、《通解》俱作'慈'。按傳文兩言'如母'，疏俱屬下讀，於文義未順，宜俱屬上讀，謂生養死喪皆如母也。如此，則《通解》以'如'爲'慈'之誤，不辨自明。"以兩"如母"屬上讀，文義固順，然與疏義不合，此從疏讀。倉石云："《曾子問》疏引此傳無'如母，貴父之命'句，則孔亦讀與賈同。"

別舉傳者，是子夏引舊傳證成己義故也，欲見慈母之義，舊已如此，故須重之如己母也。云“妾之無子者”，謂舊有子，今無者，失子之妾有恩慈深，則能養他子以爲己子者也，若未經有子，恩慈淺，則不得立後而養他子①。不云“君命妾曰”而云“父”者，對子而言父，故言“父”也。必先命母者，容子小，未有所識，長乃命之②，或養子是母③，故先命母也。云“若是，則生養之終其身”者，案《内則》云“孝子之身終，終身也者，非終父母之身，終其身也”，彼終其身爲終孝子之身，此終其身下乃云“如母，死則喪之三年”，則以慈母輕於繼母，言“終其身”，唯據終慈母之身而已，明三年之後不復如是，以《小記》云“慈母不世祭”，亦見輕之義也。云“如母，貴父之命也”者，一非骨血之屬，二非配父之尊，但唯貴父之命故也。傳所引唯言妾之子與妾相事者，案《喪服小記》云“爲慈母後者，爲庶母可也，爲祖庶母可也”，鄭云“緣爲慈母後之義，父之妾無子者，亦可命己庶子爲後”，又云“即庶子爲後，此皆子也，傳重而已，不先命之與適妻使爲母子也”，若然，此父命妾之文，兼有庶母、祖庶母，但不命女君與妾子爲母子而已。○注“此謂”至“伸也”。○釋曰：鄭知“此主謂大夫、士之妾，妾子之無母，父命爲母子者”，知非天子、諸侯之妾與妾子者，案下記云“公子爲其母練冠、麻衣縓緣，既葬除之”，父没乃大功，明天子庶子亦然，何有命爲母子爲之三年乎？故知主謂大夫、士之妾與妾子也。云“其使養之，不命爲母子，則亦服庶母慈己之服可也”者，小功章云“君子子爲庶母慈己者”④，注云“君子子者，大夫及公子之適妻子”，彼謂適妻子備三母，有師母、慈母、保母，慈居中服之，則師母、保母服可知，是庶母爲慈母，服小功，下云“其不慈己，則緦可也”，是大夫之適妻子，不命爲母子，慈己加服小功，若妾子爲父之妾慈己加服小功可知，若不慈己則緦麻矣。士爲庶母緦麻⑤，緦麻章云“士爲庶母”，傳曰“以名服也”，故此云“不命爲母子，則亦服庶母慈己者之服可也”。云“大夫之妾子，父在爲其母大功”者，大功章云“大夫之庶子爲其母”，是大功也。云“士之妾子爲其母期矣”者，

① “他”下原無“子”字，曹云：“‘他’下阮云毛本、《通解》有‘子’字。案有者是。”據補。
② “乃”上原無“長”字，曹云：“‘乃’上脱‘長’字。”據補。
③ “母”字原作“然”，曹云：“‘然’當爲‘母’。”據改。
④ “母”下原有“之”字，曹云：“‘之’字衍。”據删。
⑤ “緦麻”下原不重“緦麻”，倉石云：“‘緦麻’二字當疊，今脱其一也。”據補。

期章云"父在爲母",不言士之妾子爲其母①,鄭知者,推究其理,大夫妾子厭降,爲母大功,士無厭降,明如衆人服期也。云"父卒則皆得伸也"者,士父在已伸矣,但大夫妾子父在大功者,父卒則與士皆得伸三年也。

　　母爲長子。【疏】"母爲長子"。○釋曰:長子卑,故在母下,但父爲長子在斬章,母爲長子在齊衰,以子爲母服齊衰,母爲之不得過於子爲己,故亦齊衰也。若然,長子與衆子爲母,父在期,若夫在爲長子,豈亦不得過於子爲己服期乎? 然者②,子爲母有降屈之義,父母爲長子本爲先祖之正體,無厭降之義,故不得以父在屈至期,明母爲長子不問夫之在否也。傳曰:何以三年也? 父之所不降,母亦不敢降也。不敢降者,不敢以己尊降祖禰之正體。【疏】"傳曰"至"降也"。○釋曰:云"何以三年"者,此亦問比例,父母爲衆子期,等是子,此何以獨三年? 云"父之所不降,母亦不敢降也"者,斬章亦云"何以三年"③,荅云"正體於上,將所傳重",不降,故於母亦云"不敢降",故荅云"父之所不降,母亦不敢降"。若然,夫不敢降,妻亦不敢降而云父母者,以其父母各自爲子,故父母各云"何以三年"而問之,是以荅各據父母爲子而言,不據夫妻也。○注"不敢"至"正體"。○釋曰:云"不敢以己尊降祖禰之正體"者,上傳於父已荅云"正體於上",是以鄭解母不降,亦與父同,以夫婦一體,故不降之義亦等。

　　疏衰裳齊、牡麻絰、冠布纓、削杖、布帶、疏屨期者:【疏】"疏衰"至"期者"。○釋曰:案下章不言"疏衰"已下者,還依此經所陳,唯言"不杖"及"麻屨"異於上者,此章"疏衰"已下與前章不殊,唯"期"一字與前"三年"有異,今不直言其異而還具列之者,以其此一期與前三年懸絶,恐服制亦多不同,故須重列七服者也,但此章雖止一期而禪杖具有,案《下雜記》云"期之喪,十一月而練,十三月而祥,十五月而禪",注云"此謂父在爲母",即是此章者也。母之與父,恩愛本同,爲父所厭屈而至期,是以雖屈猶申禪杖也。爲妻亦申,妻雖義合,妻乃天夫,爲夫斬衰,爲妻報以禪杖,但以夫尊妻卑,故齊、斬有異。傳曰:問者曰:何冠也? 曰:齊衰、大功,冠

---

①　"不"下原有"可"字,曹云:"'可'字衍。"據删。

②　"然者",阮云:"陳、閩、《通解》俱作'而母爲長子不問夫之在否皆三年者'。按此蓋黄氏臆改。"曹云:"'然者',猶云如此者。"

③　"亦"字原作"又",曹云:"'又'當爲'亦'。"據改。

其受也；緦（麻）①、小功，冠其衰也。帶、緣各視其冠。問之者，見斬衰有二，其冠同，今齊衰有四章，不知其冠之異同爾。緣，如深衣之緣。今文無冠布纓。○帶緣，以絹反，注同。【疏】“傳曰”至“其冠”。○釋曰：云“問者曰：何冠也”者，此還子夏之問荅而言“問者曰”者，子夏欲起發前人使之開悟，故假他人問荅己之言也②。云“曰：齊衰、大功，冠其受也”者，降服齊衰四升，冠七升，既葬，以其冠爲受，衰七升，冠八升。正服齊衰五升，冠八升，既葬，以其冠爲受，衰八升，冠九升。義服齊衰六升，冠九升，既葬，以其冠爲受，受衰九升③，冠十升。降服大功衰七升，冠十升，既葬，以其冠爲受，受衰十升，冠十一升。正服大功衰八升，冠十升，既葬，以其冠爲受，受衰十升，冠十一升。義服大功衰九升，冠十一升，既葬，以其冠爲受，受衰十一升，冠十二升。以其初死，冠升皆與既葬衰升數同，故云“冠其受也”，大功亦然。云“緦麻、小功，冠其衰也”者，以其降服小功衰十升，正服小功衰十一升，義服小功衰十二升，緦麻，十五升抽其半，七升半，冠皆與衰升數同，故云“冠其衰也”，義疏備於下記也。云“帶、緣各視其冠”者，帶謂布帶象革帶者，緣謂喪服之内中衣用布緣之④，二者之布升數多少，視猶比也，各比擬其冠也。然本問齊衰之冠，因荅大功與緦麻、小功并荅帶、緣者，子夏欲因問，博陳其義，是以假問荅異常例也。○注“問之”至“布纓”。○釋曰：云“問之者，見斬衰有二，其冠同”者，下記云“斬衰三升，三升有半，冠六升”，是其冠同也。云“今齊衰有四章，不知其冠之異同爾”者，下記云“齊衰四升，其冠七升”，既葬，以其冠爲受，受衰七升，冠八升，唯見此降服齊衰，不見正服、義服及三月齊衰一章，不見，以不知其冠之異同，故致此問也。云“緣，如深衣之緣”者，案《深衣目録》云“深衣連衣裳而純之以采，素純曰長衣，有表則謂之中衣”，此既在喪服之内，則是中衣矣而云“深

---

① “緦”下漢簡本《服傳》甲、乙本皆無“麻”字，沈云：“緦麻章首‘緦麻三月者’，鄭注：‘緦麻，布衰裳而麻絰帶也。’胡氏《正義》云：‘以緦布爲衰裳，以麻爲絰帶，故服名緦麻也。’鄭注又云：‘不言衰絰，略輕服，省文。’敖繼公云：‘齊衰三月不言繩屨，大功不言冠布纓，小功不言布帶，緦麻不言衰絰，服彌輕則文彌略也。’鄭氏謂此等爲省文，是也，而敖氏云服輕彌略則可商。蓋此經緦麻已是省稱，而《傳》文‘何以緦也’、‘何以服緦也’更省‘麻’字，則‘彌略’之説爲無據矣。此《傳》‘緦小功冠其衰’，簡本無‘麻’字正相一致。經作‘緦麻’，傳並省作‘緦’，今本爲後人臆加‘麻’字。”當據删。
② “他”下原無“人”字，曹云：“‘他’下脱‘人’字。”據補。
③ “受”下原有“服”字，曹云：“‘服’字衍。”據删。
④ “用”上原有“緣”字，曹云：“上‘緣’字似衍。”據删。

衣”，以其中衣與深衣同是連衣裳，其制大同，故就深衣有篇目者而言之。案《玉藻》云“長、中繼揜尺”①，注云“其爲長衣、中衣，則繼袂揜一尺，若今褎矣，深衣則緣而已”，若然，中衣與長衣袂皆手外長一尺。案《檀弓》云練時“鹿裘衡長袪”，注云“袪，謂褎緣袂口也。練而爲裘，橫廣之，又長之，又爲袪，則先時狹短，無袪可知”，若然，此初喪之中衣緣亦狹短，不得如《玉藻》中衣繼袂揜一尺者也。但“吉時麛裘”②，即凶時鹿裘。吉時中衣，《深衣目録》云“大夫以上用素”，士中衣用布③，緣皆用采，況喪中緣用布，明中衣亦用布也。其中衣用布，雖無明文，亦當視冠。若然，直言緣視冠，不言中衣，吉時中衣緣用采④，故特言緣用布，何妨喪時中衣亦用布乎？云“今文無冠布纓”者，鄭注《儀禮》從經今文者，注内疊出古文，不從古文，若從經古文者，注内疊出今文，不從今文，此注既疊出今文，明不從今文，從經古文有“冠布纓”爲正也。

　　父在爲母。【疏】“父在爲母”。○釋曰：斬章直言“父”，即知子爲之可知，今此言“母”，亦知子爲之而言“父在爲母”者，欲明父母恩愛等，爲母期者，由父在厭，故爲母屈至期，故須言“父在爲母”也。傳曰：何以期也？屈也。至尊在，不敢伸其私尊也。父必三年然後娶，達子之志也。【疏】“傳曰”至“之志也”。○釋曰：上章已論斬衰不同訖，故傳直言“何以期”而不三年決之也。“屈也”者，荅辭，以家無二尊，故於母屈而爲期，是以云“至尊在，不敢伸其私尊也”，解父在母屈之意也。言“不敢伸其私尊”，明子於父母本尊，若然，不直言“尊”而言“私尊”者，其父非直於子爲至尊，夫於妻亦至尊⑤，母則於子爲尊，夫不尊之，直據子而言，故言“私尊也”。若然，夫妻敵體而言“屈”，公子爲母練冠，在五服之外，不言“屈”者，舉尊以見卑，屈可知。大夫妾子爲母大功，亦斯類也。云“父必三年然後娶，達子之志也”者，子於母屈而期，心喪猶三年，故父雖爲妻期而除，三年乃娶者，通達子之心喪之志故也。不

---

①　“長”上原有“其爲”二字，曹云：“‘其爲’二字涉下句衍。”據删。

②　“吉時麛裘”，倉石云：“‘吉時麛裘’四字，承先時狹短無裘，可知下亦是《檀弓》注文。”

③　“用”上原有“不”字，阮云：“陳、閩、《通解》、《要義》同，毛本無‘不’字。按‘不’字疑衍文。”據删。

④　“緣”上原無“吉時中衣”四字，倉石云：“‘緣’上疑脱‘吉時中衣’四字。”據補。

⑤　“夫於妻亦至尊”原作“妻於夫亦至尊”，以上下文意審讀，“妻”與“夫”或互倒，謹乙。

云"心"而言"志"者，心者，萬慮之總，喜怒哀樂好惡六情皆是情，則爲志，母雖一期，哀猶未絶，是六情之中而哀偏在，故云"志"也，不云"心"也。《左氏傳》晉叔向云"一歲王有三年之喪二"，據大子與穆后，天子爲后亦期而云三年喪者，據達子之志而言三年也。

　　妻。傳曰：爲妻何以期也？妻至親也。適子父在，則爲妻不杖即位①，以父爲之主也。《服問》曰："君所主，夫人妻、大子、適婦。"父在，子爲妻以杖即位，謂庶子。○大子，音泰。【疏】"妻傳曰"至"親也"。○釋曰：妻卑於母，故次之。夫爲妻，年月禫杖亦與母同，故同章也，以其出嫁天夫，爲夫斬，故夫爲之，亦與父在爲母同。傳曰"何以期也"者，傳意以妻擬母，母是血屬得期，怪妻義亦期，故發此"何以"之傳②。此問異於常例，上問母直云"何以期"，今云"爲妻"乃云"何以期"者，雷氏云"妻卑，以擬同於母，故問深於常也"。云"妻至親也"，苔以"妻至親"，故同於母，言"妻至親"者，妻既移天齊體，與己同奉宗廟，爲萬世之主，故云"至親也"。○注"適子"至"庶子"。○釋曰：云"適子父在，則爲妻不杖即位，以父爲之主也"者，不杖章之文也。又引《服問》者，鄭彼注云"言妻，見大夫已下亦爲此三人爲喪主也"，若士卑，爲此三人爲喪主可知。若然，注以此經爲妻③，非直是庶子爲妻，欲見兼有適子父没爲妻在其中。云"父在，子爲妻以杖即位，謂庶子"者，案《喪服小記》云"父在，庶子爲妻以杖即位可"是也④。引之者，證經所云⑤，是天子以下至士、庶人，父皆不爲庶子之妻爲喪主，故夫皆爲妻杖得伸也。

　　出妻之子爲母。出，猶去也。【疏】"出妻之子爲母"。○釋曰：此謂母犯七出去，謂去夫氏，或適他族，或之本家，子從而爲服者也。七出者，無子一也，淫泆二

---

　　① "杖"下原無"即位"二字，曹云："'杖'下脱'即位'二字。下云'父在子爲妻以杖即位，謂庶子'，'杖'下有'即位'字可證。不以杖即位，則仍有杖，故在杖期章，此士適子之禮也。大夫適子則并不杖，故下不杖章別出大夫之適子爲妻。"據補，疏述注亦補。

　　② "此"下原無"何以"二字，阮云："'此'下陳、閩俱有'何以'二字，《通解》有'何以'二字，無'此'字。"據陳、閩補。

　　③ "注以"原作"至"字，曹云："'至'字似當爲'注以'二字。"據改。

　　④ "子"上原無"庶"字，阮云："《喪服小記》作'父在庶子爲妻'，此脱'庶'字。"據補。

　　⑤ "云"上原無"所"字，曹云："'云'上脱'所'字。"據補。

也，不事舅姑三也，口舌四也，盜竊五也，妒忌六也，惡疾七也。天子、諸侯之妻，無子不出，唯有六出耳。雷氏云：“子無出母之義，故繼夫而言‘出妻之子’也。”傳曰：出妻之子爲母期，則爲外祖父母無服。傳曰：絶族無施服，親者屬。出妻之子爲父後者，則爲出母無服。傳曰：與尊者爲一體，不敢服其私親也①。在旁而及曰施。親者屬，母子至親無絶道。○無施，以豉反，注同。【疏】“傳曰”至“私親也”。○釋曰：云“出妻之子爲母期，則爲外祖父母無服”者，傳意以言出妻②，即是絶族，故於外祖可以無服，恐人疑爲之服，故傳明言之也。又云“傳曰”者，子夏引他舊傳證成己義。云“絶族”者，嫁來承奉宗廟，與族相連綴，今出則與族絶，故云“絶族”也。“無施服”者，傍及爲施，以母與族絶③，即無傍及之服也。云“親者屬”者，舊傳解母被出，猶爲之服也。云“出妻之子爲父後者，則爲出母無服”者，舊傳釋爲父後者，謂父没適子承重，不合爲出母服意。云“傳曰”者，子夏釋舊傳意。云“與尊者爲一體”者，不言與父爲體而言與尊者，上斬衰章已有傳云“正體於上，將所傳重”，釋相承，父祖已上皆是尊者，故不言父也。但事宗廟祭祀者，不欲聞見凶人，故《雜記》云有死於宮中三月不祭④，況有故可得祭乎？是以“不敢服其私親也”。父已與母無親，子獨親之，故云“私親也”。○注“在旁”至“絶道”。○釋曰：云“在旁而及曰施”者，《詩》云“莫莫葛藟，施于條枚。蔦與女蘿，施于松上”，皆是在旁而及曰施，此以母爲主，旁及外祖，今母已絶族，不復及在旁，故云“無施服”也。云“親者屬，母子至親無絶道”者，屬，猶續也，《孝經》云“父母主之，續莫大焉”，故謂母子爲屬，對父與母義合有絶道，故云“母子至親無絶道”。

---

① “出妻之子爲母”至“不敢服其私親也”，顧炎武云：“‘出妻之子爲母’，此經文也。‘傳曰：出妻之子爲母期，則爲外祖父母無服’，此子夏傳也。‘傳曰：絶族無施服，親者屬’，此傳中引傳，援古人之言以證其無服也，當自爲一條。‘出妻之子爲父後者，則爲出母無服’，此又經文也。‘傳曰：與尊者爲一體，不敢服其私親也’，此子夏傳，當自爲一條，今本乃誤連之。”此説分別經、傳，與此本不同，四庫本從之，別出“出妻之子爲父後者，則爲出母無服”爲經文，此則仍從其舊。
② “以”字原作“似”，倉石云：“‘似’恐當作‘以’字。”據改。
③ “與”字原作“爲”，曹云：“‘爲’當爲‘與’。”據改。
④ “雜記”至“不祭”，倉石云：“緦麻章傳云：‘有死於宮中者，則爲之三月不舉祭。’此引《雜記》恐誤。攷《雜記》：‘父母之喪將祭而昆弟死，既殯而祭。如同宮，則雖臣妾葬而后祭。’孔疏亦引《喪服傳》證之。”

父卒，繼母嫁，從爲之服，報①。傳曰：何以（期）也②，貴終也。

尚爲母子③，貴終其恩。○從爲，于僞反。【疏】"父卒繼母嫁從爲之服報"。○釋曰：云"父卒，繼母嫁"者，欲見此母爲父已服斬衰三年，恩意之極，故子爲之一期，得伸禫杖，但以不生己，父卒改嫁，故降於己母，雖父卒後，不伸三年，一期而已。云"從爲之服"者，亦爲本是路人，暫時與父片合④，父卒還嫁，便是路人，子仍著服，故生"從爲"之文也。"報"者，《喪服》上下并記云"報"者十有二，無降殺之差，感恩者皆稱報，若此子念繼母恩終，從而爲服，母以子恩不可降殺，即生"報"文，餘皆放此。

不杖、麻屨者：此亦齊衰，言其異於上。【疏】"不杖麻屨者"。○注"此亦"至"於上"。○釋曰：案上斬章"布總、箭笄"亦是異於上，鄭不言之，至此乃注者，彼亦是異於上，不言者，以下文更有"公、士、大夫之衆臣爲其君布帶、繩屨"，亦是異於上，同是斬衰而有二文皆異，故不得言異於上，直注云"此妻、妾、女子子異於男子"而已，此則雖是別章，唯此二事異於上，故得言之也。此不杖章輕於上禫杖，故次之。又案此章與上章⑤，雖杖與不杖不同，其正服齊衰裳皆同五升而冠八升則不異也。必知父在爲母不衰四升，冠七升，與上三年齊衰同者，見鄭注《雜記》云"士以臣從君服之齊衰，爲其母與兄弟"，是父在爲母與兄弟同正服五升、八升之驗也，又鄭注《服問》云"爲母既葬衰八升"⑥，是初死衰五升，冠八升，既葬以其冠爲受，受衰八升，冠九升，是亦爲母同正服衰五升之驗也，又案此章云"不杖、麻屨"，鄭云"言其異於上"，則上章中疏衰之

---

① "父卒繼母嫁從爲之服報"，四庫本卷末《考證》云："注、疏以從字連下爲句，王肅云：'從乎繼母而寄育，則爲之服，不從則不服。'從字讀斷，其義爲長。"

② "以"下漢簡《服傳》甲、乙本皆無"期"字，沈云："齊衰期章傳文問辭'何以基也'句，簡本除爛缺外存十九句，惟此句無'基'字。案此傳所問，不僅從繼母嫁之子何以爲母服期，亦問母爲子何以有報服，與其他問辭微有不同，無'期'字爲長。簡本甚善，今本必爲淺人所臆加。"當據刪。

③ "尚"字原作"嘗"，曹云："'嘗'當爲'尚'，聲之誤也。從者尚爲母子，則不從者非母子明矣。此繼母之與因母異者。"據改。

④ "時"下原有"之"字，阮云："《要義》同，毛本、《通解》無'之'字。"據刪。

⑤ "案"字原作"云"，曹云："'云'當爲'案'。"據改。

⑥ "爲母既葬衰八升"，曹云："'八'當爲'七'，《服問正義》已言之。爲母齊衰，不論父在、父卒，皆四升，既葬受衰七升。賈疏誤。"賈疏釋不杖麻屨章衰冠升數，引《禮記·服問》鄭注爲證，"八"爲"七"之誤，乃孔疏所論，鄭注本原本作"八"，賈疏引之，既不辨正誤，此則仍其舊。

等亦同①，又是爲母同正服五升之驗也。案下記云"齊衰四升，冠七升"及《閒傳》云"爲母既虞，受衰七升"者，唯據上章父卒爲母齊衰三年者也。

祖父母。【疏】"祖父母"。○釋曰：孫爲之服。《喪服》條例，皆親而尊者在先，故斬章先父三年，齊衰先母，此不杖期先祖，亦是其次。若然，此章有降、有正、有義，服之本制，若爲父期，祖合大功，爲父母加隆至三年，祖亦加隆至期，是以祖在於章首，得其宜也。傳曰：何以期也？至尊也。【疏】"傳曰"至"尊也"。○釋曰：云"何以期也？至尊也"者，此據母而問，所生之母至親，唯期而已，祖爲孫止大功，孫爲祖既疏，何以亦期？荅云"至尊也"者，祖爲孫降至大功，似父母於子降至期，祖雖非至親，是至尊，故期。若然，不云"祖至尊"而直云"至尊"者，以是父之至尊，非孫之至尊，故直云"至尊也"。

世父母、叔父母。【疏】"世父母叔父母"。○釋曰：世叔既卑於祖，故次之。伯言世者，欲見繼世。爲昆弟之子亦期，不言報者，以昆弟之子猶子，若言報爲疏，故不言報也。傳曰：世父、叔父何以期也？與尊者一體也。然則〔爲〕昆弟之子何以亦期也②？旁尊也，不足以加尊焉，故報之也。父子一體也，夫妻一體也，昆弟一體也。故父子，首足也；夫妻，胖合也；昆弟，四體也，故昆弟之義無分。然而有分者，則辟子之私也。子不私其父，則不成爲子，故有東宫，有西宫，有南宫，有北宫。異居而同財，有餘則歸之宗，不足則資之宗。世母、叔母何以亦期也？以名服也。宗者，世父爲小宗典宗事者。資，取也。爲姑姊妹在室亦如之。○旁尊，劉薄浪反，下注同，又如字。胖合，普半反。則辟，音避，下注辟大同。【疏】"傳曰"至"名服也"。○釋曰：傳發"何以期"問比例者，雷氏云"非父之所尊，嫌服重，故問也"。不直云"何以"，言"世父、叔父"者，以經總言而傳離釋，故二文欲別問也。云"與尊者一體也"者，雖非至尊，既與尊者爲一體，故服期。不言與父爲一體者，直言

---

① "中"字原作"下"，曹云："'下'或當爲'中'。"據改。

② "則"下漢簡《服傳》甲、乙本皆有"爲"字，沈云："此經昆弟之子爲世叔父母正服不杖期，下經'昆弟之子'，乃世叔父母爲昆弟之子亦正服不杖期，傳發報服之義，遂於此總釋之，則有'爲'字義長。"當據補。

"尊者",明父子爲一體也①,爲與二尊爲體②,故加期也。云"然則昆弟之子何以亦期也"者,以世、叔父與二尊爲體,故加期,昆弟之子無此義,何以亦期? 故怪而致問也。云"旁尊也,不足以加尊焉,故報之也"者,凡得降者,皆由己尊也,故降之,世、叔非正尊,故生報也。云"父子一體"已下云云,傳云此者,上既云"一體",故傳又廣明"一體"之義。凡言體者,若人之四體,故傳解父子、夫妻、兄弟還比人四體而言也。云"父子一體也"者,謂子與父骨血是同爲體,因其父與祖亦爲一體,又見世、叔與祖亦爲一體也。云"夫妻一體也"者,亦見世、叔母與世叔、父爲一體也。云"昆弟一體也"者,又見世、叔與父亦爲一體也,故馬云"言一體者,還是至親",因父加於世、叔,故云"昆弟一體",因世、叔加於世、叔母,故云"夫妻一體也"③,因上世叔是旁尊,故以下廣明尊有正、有旁之義也。人身首足爲上下,父子亦是尊卑之上下,故父子比於首足。因父子兼見祖孫,故馬云"首足者,父尊若首,加祖在期,子卑若足,曾孫在緦也"。云"夫婦牉合也"者,《郊特牲》云"天地合而后萬物興焉",是夫婦半合,子胤生焉,是半合爲一體也。云"昆弟四體也"者,四體謂二手二足,在身之旁,昆弟亦在父之旁,故云"四體也"。云"故昆弟之義無分"者,此傳見兄弟有合離之義④,以手足四體本在一身,不可分别,若昆弟共成父身,亦不可分别,是昆弟之義不合分也。云"然而有分者,則辟子之私也"者,昆弟理不合分,然而分者,則辟子之私也,使昆弟之子各自私朝其父,故須分也。云"子不私其父,則不成爲子"者,《内則》云"子事父母,雞初鳴,咸盥漱,櫛縰笄總",朝事父母,若兄弟同在一宫,則尊崇諸父之長者,第二已下,其子不得私其父,不成爲人子之法也⑤。云"故有東宫,有西宫"云云,案《内則》云"命士以上,父子異宫",不命之士,父子同宫,縱同宫亦有隔别,亦爲四方之宫也。云"世母、叔母何以亦期也? 以名服也"者,二母是路人,以來配世、叔父,則生母名,既有母名,則當隨世、叔而服之,故云"以名服也"。○注"宗者"至"如之"。○釋曰:案《喪服小記》云"繼别爲大宗,

---

① "父"下原無"子"字,曹云:"'父'下脱'子'字,言世叔父非直與己父爲兄弟一體,又與己祖爲父子一體,故渾言尊者以明斯義。"據補。

② "爲與二尊爲體"原作"爲與一尊",汪刊單疏作"二尊"。曹云:"'尊'下脱'爲體'二字,二尊謂父祖。"據改補。

③ "云"字原作"以",阮云:"《要義》同,毛本'以'作'云'。"據改。

④ "兄"上原無"見"字,曹云:"'兄'上似脱'見'字。"據補。

⑤ "人子之法"原作"人人之子之法",阮云:"《要義》、毛本不重'人'字,陳、閩、《通解》、敖氏'人'下俱無'之'字。曹云:"'人之'二字衍。"據曹校删。

繼禰爲小宗”，大宗繼別子之後，百世不遷之宗，在五服之中者，族人爲之月筭如邦人，如在五服外，則爲齊衰三月，齊衰三月章爲宗子是也①，小宗有四，皆據五服之内依常著服，五世别高祖，則别事親者。今宗子在期章之内，明非大宗子，是“世父爲小宗典宗事者”也。云“爲姑姊妹在室亦如之”者，大功章云爲姑嫁大功，明未嫁在此期章。若然，不見姑者，雷云“不見姑者，欲見及時早出之義”②。

　　大夫之適子爲妻。【疏】“大夫之適子爲妻”。○釋曰：云“大夫之適子爲妻”，在此不杖章，則上杖章爲妻者是庶子爲妻。父没後，適子亦爲妻杖，亦在彼章也。

傳曰：何以期也？父之所不降，子亦不敢降也。何以不杖也？父在則爲妻不杖。大夫不以尊降適婦者，重適也。凡不降者，謂如其親服服之。降有四品：君、大夫以尊降，公子、大夫之子以厭降，公之昆弟以旁尊降，爲人後者、女子子嫁者以出降。○適子，丁狄反，本又作嫡，後除適人之類，可以意求之。【疏】“傳曰”至“不杖”。○釋曰：怪所以期，發比例而問者，大夫衆子爲妻皆大功，今令適子爲妻期，故發問也。云“父之所不降，子亦不敢降也”者，大功章有適婦，注云“適子之妻”，是父不降適婦也，云“子亦不敢降”者，謂不敢降至大功與庶子同也。云“何以不杖也”者，既不降，怪不杖，故發問也。“父在爲妻不杖”者，父爲適子之婦爲喪主，故適子不敢伸而杖也，《服問》云“君所主，夫人妻、大子、適婦”，是大夫爲適婦爲喪主也，故子不杖也。若然，此適子爲妻通貴賤，今不云長子通上下而云適子唯據大夫者，以五十始爵，爲降服之始，嫌降適婦，其子亦降其妻，故明。舉大夫不降，天子、諸侯雖尊不降可知。○注“大夫”至“出降”。○釋曰：云“大夫不以尊降適婦者，重適也”者，此解經文所不降適子之婦，對大夫爲庶子之婦小功，是尊降也。云“凡不降者，謂如其親服服之”者，謂依五服常法服之。云“降有四品”者，鄭因傳有“降”、“不降”之文，遂總解《喪服》上下降服之義。云“君、大夫以尊降”者，天子、諸侯爲正統之親后夫人與長子、長子之妻等不降，餘親則絶，天子、諸侯絶者，大夫降一等，即大夫爲衆子大功之等是也。云

----

① “如在”至“是也”原作“如爲齊衰齊衰三月章宗子是也”，曹云：“此處有脱，當云‘如在五服外，則爲齊衰三月，齊衰三月章爲宗子是也’。”據補。

② “時”上原無“及”字，曹云：“‘時’上脱‘及’字。”倉石云：“殿本‘時’上補‘及’字是，下爲衆子疏又引雷説有‘及’字，雷氏蓋用下大功章注‘及將出者，明當及時也’。”據補。

"公子、大夫之子以厭降"者,此非身自尊,受父之厭屈以降無尊之妻,下記云"公子爲其母練冠、麻、麻衣縓緣,爲其妻縓冠、葛絰帶、麻衣",父卒乃大功是也,大夫之子即小功章云"大夫之子爲從父昆弟"在小功皆是也。云"公之昆弟以旁尊降"者,此亦非己尊,以公尊旁及昆弟①,故亦降其諸親,即小功章云"公之昆弟爲從父昆弟"是也②,案大功章云"公之庶昆弟爲母、妻、昆弟",傳曰"先君餘尊之所厭,不得過大功",若然,公之昆弟有兩義,既以旁尊降③,又爲餘尊厭也。云"爲人後者、女子子嫁者以出降"者,謂若下文云"爲人後者爲其父母、報",又下文云"女子適人者爲其父母、昆弟爲父後者",此二者是出也。凡大夫之服,例在正服後,今在昆弟上者,以其妻本在杖期,直以父爲主,故降入不杖章,是以進之在昆弟上也。

　　昆弟。昆,兄也,爲姊妹在室亦如之。【疏】"昆弟"。○注"昆兄"至"如之"。○釋曰:昆弟卑於世、叔,故次之,此亦至親以期斷。云"昆,兄也"者,昆,明也,以其次長,故以明爲稱。弟,弟也,以其小,故以次弟爲名。云"爲姊妹在室亦如之"者,義同於上姑在室也。

　　爲衆子。衆子者,長子之弟及妾子,女子子亦如之④。士謂之衆子,未能遠別也。大夫則謂之庶子,降之爲大功。天子、國君不服之。《內則》曰:"冢子未食而見,必執其右手。適子、庶子已食而見,必循其首。"○遠別,彼列反,下同。而見,賢遍反,下同。【疏】"爲衆子"。○注"衆子"至"其首"。○釋曰:衆子卑於昆弟,故次之。注兼云女子之義如上姑姊妹,但上注鄭云"在室",此不云"在室"可知,故略不言也。昆弟、衆子皆不發傳者⑤,以其同是一體,故無異問。姊妹、女子子在室不見者,亦如上姑不見,雷氏云"欲見出當及時",又大功章見姑姊妹、女子子嫁大功,明此在室可知,故略之也。云"士謂之衆子,未能遠別也"者,經不云士,鄭云士者,《喪服》本文是士⑥,故言士

―――――――――

① "旁"上原無"以公尊"三字,曹云:"上似脱'以公尊'三字。"據補。
② "父"下原有"母"字,曹云:"'母'字衍。"倉石云:"《詳校》云'母'字衍,是。"據刪。
③ "尊"下原無"降"字,曹云:"'尊'下脱'降'字。"據補。
④ "女子子"下原有"在室"二字,四庫本卷末《考證》云:"監本'女子'下衍'在室'二字,據疏文則知後人誤增者,今刪。"阮云:"盧文弨云'在室'二字疏無。"據刪。
⑤ "衆子"下原有"及下昆弟之子者"七字,曹云:"'及下昆弟之子者'七字衍。"據刪。
⑥ "本"字原作"平",阮云:"《要義》同,毛本'平'作'本'。"據改。

可知也。云“大夫則謂之庶子,降之爲大功”者,下文大夫之子皆云庶子,降一等,故大
功。云“天子、國君不服之”者,以其絶旁親,故知不服。若然,經所云唯據士也。引《内
則》者,案彼云子生三月之末,擇日翦髮爲鬌①,以見於父,若冢子生,則見於正寢,其日
夫妻共食,具視朔食,天子則大牢,諸侯則少牢,大夫特牲,士特豚,冢子未食而見,必
執其右手,咳而名之,執右明授之室事,退入夫之燕寢乃食,下云其非冢子皆降一等。
云“適子、庶子已食而見,必循其首”者,不授室事故也,而鄭注未食、已食,急正緩庶之
義。言冢子猶言長子,通於下也,彼言適子,謂適妻所生第二已下,庶子謂妾子也。引
之者,證言庶子是別於適長者也。

昆弟之子。傳曰:何以期也? 報之也。《檀弓》曰:“喪服,兄弟之子
猶子也。”蓋引而進之。【疏】“昆弟之子”。○注“檀弓”至“進之”。○釋曰:昆弟子疏於
親子,故次之。世、叔父爲之,此兩相爲服,不言報者,引同己子,與親子同,故不言報,
是以《檀弓》爲證,言“進”者,進同己子故也。

大夫之庶子爲適昆弟。兩言之者,適子或爲兄,或爲弟。【疏】“大夫”至
“昆弟”。○注“兩言”至“爲弟”。○釋曰:此大夫之妾子,故言庶,若適妻所生第二已
下,當直云昆弟,不言庶也。云“兩言之者,適子或爲兄,或爲弟”者②,以其適妻所生適
子,或長於妾子,或小於妾子,故云“兩言之”,適子或爲兄,或爲弟,是以經“昆弟”並言
之。傳曰:何以期也? 父之所不降,子亦不敢降也。大夫雖尊,不敢降
其適,重之也。適子爲庶昆弟,庶昆弟相爲,亦如大夫爲之。【疏】“傳曰”至“降也”。○
釋曰:云“父之所不降”者,即斬章父爲長子是也。云“子亦不敢降”者,於此服期是也。
發“何以”傳者,餘兄弟相爲皆大功,獨爲適服期,故發問比例之傳也。○注“大夫”至
“爲之”。○釋曰:云“大夫雖尊,不敢降其適,重之也”者,釋傳“父之所不降”。云“適子
爲庶昆弟”已下,鄭廣明大夫與適子所降者,以大夫適子得行大夫禮,故父子俱降庶,
庶又自相降也,如大夫爲之皆大功也。

適孫。【疏】“適孫”。○釋曰:孫卑於昆弟,故次之。此謂適子死,其適孫承重
者,祖爲之期。傳曰:何以期也? 不敢降其適也。有適子者無適孫,

① “擇”字原作“釋”,汪刊單疏作“擇”,據改。

② “兩言之者”下原無“適子或爲兄或爲弟者”九字,曹云:“下脱‘適子或爲兄,或
爲弟者’九字。”據補。

孫婦亦如之。周之道，適子死則立適孫，是適孫將上爲祖後者也。長子在，則皆爲庶孫耳，孫婦亦如之。適婦在，亦爲庶孫之婦。凡父於將爲後者，非長子皆期也。○將上，時掌反。【疏】"傳曰"至"如之"。○釋曰：傳云"何以"問比例者，亦爲衆孫大功，此獨期，故發問也。云"有適子者無適孫"者，謂適子在，不得立適孫爲後也。云"孫婦亦如之"，亦謂不立，故云"亦如之"也。○注"周之"至"期也"。○釋曰：云"周之道，適子死則立適孫，是適孫將上爲祖後者也"者，此釋祖爲孫服重之義，言"周之道"，對殷道則不然，以其殷道適子死，弟乃當先立，故言"周之道"也。云"長子在，則皆爲庶孫耳"者①，既適子在不得立孫，明同庶孫之例。云"凡父於將爲後者，非長子皆期也"者，案《喪服小記》云"適婦不爲舅後者，則姑爲之小功"，注云"謂夫有廢疾他故，若死而無子，不受重者。小功，庶婦之服也。凡父母於子，舅姑於婦，將不傳重於適及將傳重者非適，服之皆如衆子、庶婦也"，是以鄭云"凡父於將爲後者，非長子皆期"②，明非長子婦及於非適孫傳重，同於庶孫，大功可知也。若然，長子爲父斬，父亦爲斬，適孫承重爲祖斬，祖爲之期，不報之斬者，父子一體，本有三年之情，故特爲之斬③，祖爲孫本非一體，但以報期，故不得斬也④。

　　爲人後者爲其父母，報。【疏】"爲人後者爲其父母報"。○釋曰：此謂其子後人，反來爲父母，在此者⑤，欲其厚於所後，薄於本親，抑之，故次在孫後也。若然，既爲本生不斬，降至禫杖章者⑥，亦是深抑，厚於大宗也。言報者，既深抑之，使同本疏往來相報之法故也。傳曰：何以期也？不貳斬也。何以不貳斬也？持重於大宗者，降其小宗也。爲人後者孰後？後大宗也。曷爲

---

①　"則"下原無"皆"字，阮云："《要義》同，毛本'則'下有'皆'字。按各本注俱有'皆'字。"據補。

②　"是以"至"皆期"原作"是以鄭云凡父母於子舅姑於婦非長子皆期"，曹云："當爲'是以鄭云凡父於將爲後者，非長子皆期'。"據改。

③　"之"字原作"祖"，曹云："'祖'當爲'之'。"據改。

④　"故"下原有"期"字，阮云："陳、閩、《通解》俱無'期'字。"據刪。

⑤　"在"下原無"此"字，阮云："按'在'下疑脫'此'字。"據補。

⑥　"斬降"原作"降斬"，爲人後者出後他人，既爲所後者斬衰，則降本生父母一等而服齊衰，即傳所謂"不貳斬"之意，故疑"降斬"二字倒，謹乙。

後大宗？（大宗者）尊之統也①。禽獸知母而不知父，野人曰父母何筭焉？都邑之士則知尊禰矣，大夫及學士則知尊祖矣。諸侯及其大祖，天子及其始祖之所自出。尊者尊統上，卑者尊統下。大宗者，尊之統也。大宗者，收族者也，不可以絕，故族人以支子後大宗也，適子不得後大宗。都邑之士則知尊禰，近政化也。大祖，始封之君。始祖者，感神靈而生，若稷、契也。自，由也。及始祖之所由出，謂祭天也。上，猶遠也。下，猶近也。收族者，謂別親疏、序昭穆。《大傳》曰："繫之以姓而弗別，綴之以食而弗殊。雖百世昏姻不通者，周道然也。"○執後，如字，又音候，下放此。何筭，素管反，劉音選。大祖，音泰，注大祖同。近政，附近之近。稷契，息列反。序昭，市遙反，又如字，下昭穆皆放此。綴之，丁劣反。【疏】"傳曰"至"大宗"。○釋曰：問者，本生父母應斬及三年，今乃不杖期，故問比例也。云"不貳斬"者，苔辭。又云不貳斬者"持重於大宗者②，降其小宗"，此解不貳斬之意也。此問答雖兼母，專據父，故苔惟以斬而言③。案《喪服小記》云"別子爲祖，繼別爲大宗"，謂若魯桓公適夫人文姜生大子，名同，後爲君，次子慶父、叔牙、季友，此三子謂之別子。別子者，皆以臣道事君，無兄弟相宗之法，與大子有別，又與後世爲始，故稱別子也。大宗有一，小宗有四。大宗一者，別子之子適者爲宗子④，諸弟來宗之，即謂之大宗，自此以下，適適相承，謂之百世不遷之宗。五服之內，親者月筭如邦人。五服之外，皆來宗之，爲之齊衰三月⑤，齊衰三月章"爲宗子、宗子之母妻"是也⑥。小宗有四者，謂大宗之後生者，謂別子子之弟⑦。《小記》注云別子之世長子，兄弟宗之。第二已下長者，親弟來宗之，爲繼禰小

---

① "尊"上漢簡《服傳》甲、乙本皆無"大宗者"三字，沈云："答辭'尊之統也'實是總括後大宗之義，下文乃分述'尊統'與'收族'二義，文相承接，毋庸重起，簡本是，今本蓋涉下二'大宗者'句而誤衍。"當據刪。

② "又"下原無"云"字，曹云："'又'下脫'云'字。"據補。

③ "以"上原無"惟"字，曹云："'以'上似脫一'惟'字。"據補。

④ "爲"下原無"宗子"二字，曹云："下脫'宗子'。"據補。

⑤ "齊衰"下原無"三月"二字，曹校於"齊衰"下增"三月"二字，據補。

⑥ "宗子"下原不重"宗子"二字，曹校重"宗子"二字，與下經文合，據補。

⑦ "別子"下原無"子"字，曹云："'別子'下似脫一'子'字，此用《大傳》注別子子弟之文也。"據補。

宗。更一世，長者非直有親兄弟①，又從父昆弟亦來宗之，爲繼祖小宗。更一世，長者非直有親昆弟、從父昆弟，又有從祖昆弟來宗之，爲繼曾祖小宗。更一世，長者非直有親昆弟、從父昆弟、從祖昆弟來宗之，又有從曾祖昆弟來宗之，爲繼高祖小宗也。更一世絶服，不復來事，以彼自事五服内繼高祖已下者也。四者皆是小宗，則家家皆有兄弟相事長者之小宗，雖家家盡有小宗，仍世事繼高祖已下之小宗也，是以上傳云“有餘則歸之宗”，亦謂當家之長爲小宗者也②。云“爲人後者孰後？後大宗也”者，此問小宗、大宗二者與何者爲後，後大宗也，案何休云“小宗無後當絶”，與此義同也，又云“後大宗者降其小宗”，則此經爲人後爲父母③，父母尚降，明餘皆降也，故大功章云“爲人後者爲其昆弟”，是降小宗之類也。云“曷爲後大宗？大宗者尊之統”者，此問必後大宗何意也？明宗子尊，統領族人④，是以《書傳》云“宗子燕族人於堂，宗婦燕族人於房，序之以昭穆”，既有族食、族燕齒序族人之事，是以須後不可絶也，故云“尊之統也”。云“禽獸”已下者，因上尊宗子，遂廣申尊祖以及宗子之事也⑤。云“禽獸知母不知父”者，《爾雅》云“兩足而羽謂之禽，四足而毛謂之獸”，彼對文而言之也，若散文言之，獸亦名禽，禽獸所生，唯知隨母，不知隨父，是知母不知父。云“野人曰父母何算焉”者，野人謂若《論語》鄭注云“野人粗略”，與都邑之士相對，亦謂國外爲野人，野人稍遠政化，都邑之士爲近政化，《周禮》云“野自六尺”之類者，不知分別父母尊卑也。云“都邑之士則知尊禰”者，士下對野人，上對大夫，則此士所謂在朝之士并在城郭士民知義禮者，總謂之爲士也。云“大夫及學士則知尊祖”者，此學士謂鄉庠、序及國之大學、小學之學士⑥，《文王世子》亦云學士⑦，雖未有官爵，以其習知四術，閑知六藝，知祖義父仁

----

① “直”下原無“有”字，阮云：“‘直’下陳、閩、《通解》俱有‘有’字，下同。”據補。
② “四者”至“爲小宗者也”，曹云：“義不甚分明，大約謂家家皆有繼禰之小宗，仍世事繼高、曾祖之小宗，上傳所云，謂當家之小宗也。‘是以’字、‘亦’字可刪。”可刪意謂不必刪，姑仍其舊。
③ “則此經”原作“此則繼”，曹云：“‘此則繼’當爲‘則此經’。”據改。
④ “領”下原無“族人”二字，阮云：“《要義》同，毛本、《通解》‘領’下有‘族人’二字。”曹云：“‘領’下毛本、《通解》有‘族人’二字是。”據補。
⑤ “祖”下原無“以及”二字，阮云：“‘祖’下陳、閩、《通解》俱有‘以及’二字。”曹云：“案有者是。”據補。
⑥ “此學”下原無“士”字，倉石云：“首‘學’下各本補‘士’字是。”據補。
⑦ “文王”下原有“之”字，阮云：“‘之’字衍。”據刪。

之禮，故敬父遂尊祖，得與大夫之貴同也。"諸侯及其大祖，天子及其始祖所自出"①，皆是爵尊者其德所及遠之義也。云"大宗收族"已下，論爲大宗立後之意也②。云"適子不得後大宗"者，以其自當主家事并承重祭祀之事故也。○注"都邑"至"道然也"。○釋曰："都邑之士"者，對文天子、諸侯曰國，大夫采地曰都邑③，故《周禮·載師》有家邑、小都、大都，《左氏》諸侯之大夫采地亦云都邑，邑曰築，都曰城④，散文天子已下皆名都邑，都邑之内者，其民近政化。若然，天子、諸侯施政化民，無以遠近爲異，但近者易化，遠者難感，故民近政化者識深，則知尊父，遠政化者識淺，不知父母有尊卑之别也。"大祖，始封之君"者，案《周禮·典命》云三公八命，卿六命，大夫四命，其爵皆加一等。加一等者，八命爲上公九命，六命爲牧八命、爲侯伯七命，四命爲子男五命⑤。此皆爲大祖，後世不毀其廟，若魯之周公、齊之大公、衛之康叔、鄭之桓公之類，皆是大祖者也。云"始祖，感神靈而生，若后稷、契也。自，由也。及始祖所由出，謂祭天"者，謂祭所感帝，還以始祖配之，案《大傳》云"王者禘其祖之所自出，以其祖配之"，是后稷感東方青帝靈威仰所生，契感北方黑帝汁光紀所生，《易緯》云"三王之郊，一用夏正"，《郊特牲》云"兆日於南郊，就陽位"，則王者建寅之月，祀所感帝於南郊，還以感生祖配祭，周以后稷，殷以契配之，故鄭云謂祖配祭天也。又鄭注《大傳》云"王者之先祖，皆感大微五帝之精以生"，則不止后稷與契而已，但后稷感青帝所生，即《生民》詩云"履帝武敏歆"，據鄭義，帝嚳後世妃姜原履青帝大人跡而生后稷，殷之先母有娀氏之女簡狄吞燕卵而生契，此二者文著，故鄭據而言之，其實帝王皆有所感而生也。云"上，猶遠也。下，猶近也"者，天子始祖，諸侯及大祖，並於親廟外祭之，是尊統遠，大夫三廟，適士二廟，中下士一廟，是卑者尊統近也。若然，此論大宗子而言天子、諸侯、大夫、士之

---

① "始祖"下原無"所自出"三字，四庫本卷末《考證》云："監本脱'所自出'三字，則與諸侯無别，今据傳文補之。"據補。

② "論爲"原作"謂論"，阮云："'謂論'二字《要義》倒。按'論謂'疑當作'論爲'。"據改。

③ "對文"至"都邑"原作"對天子諸侯曰國采地大夫曰都邑"，曹校於"對"字下增"文"字，"采地"與"大夫"互乙，據以補乙。

④ "左氏"至"曰城"原作"春秋左氏諸侯下大夫采地亦云邑曰築都曰城"，曹云："此句誤，當云'《左氏》諸侯之大夫采地亦云都邑，邑曰築，都曰城'，文乃順。"據改。

⑤ "六命"至"五命"原作"爲牧八命爲侯伯七命爲子男五命"，曹校於"爲牧"上增"六命"二字，於"爲子男"上增"四命"二字，據補。

等者,欲見大宗子統領族人①,百世而不遷,又上祭別子爲大祖而不易②,亦是尊統遠,小宗子唯統五服之内,是尊統近,故傳言尊統遠近而云"大宗者,尊之統也",又云"大宗者,收族",是大宗統遠之事也。引《大傳》者,案彼稱姓謂正姓,若殷子、周姬之類,綴之以食者,以食禮相連綴,使不相疏,若宗子於族人行族食、族燕者也。云"百世昏姻不通,周道然"者,對殷道則不然,謂殷家不繫之以正姓,但五世絶服以後,庶姓別於上而戚單於下,昏姻通也③。引之者,證周之大宗子統領族人,序以昭穆,百世不亂之事也。

女子子適人者爲父母、昆弟之爲父後者。【疏】"女子子"至"父後者"。○釋曰:女子卑於男子,故次男子後。傳曰:爲父何以期也? 婦人不貳斬也。婦人不貳斬者何也? 婦人有三從之義,無專用之道,故未嫁從父,既嫁從夫,夫死從子。故父者,子之天也,夫者,妻之天也。婦人不貳斬者,猶曰不貳天也,婦人不能貳尊也。爲昆弟之爲父後者何以亦期也? 婦人雖在外,必有歸宗,曰小宗,故服期也④。從者,從其教令。歸宗者,父雖卒,猶自歸宗,其爲父後持重者⑤,不自絶於其族類也。曰小宗者,言是乃小宗也。小宗明非一也,小宗有四。丈夫、婦人之爲小宗,各如其親之服,辟大宗。○適人,施隻反。【疏】"傳曰"至"服期也"。○釋曰:經兼言父母,傳特問父,不問母者,家無二尊,故父在爲母期,今出嫁仍期,但不杖禪而已,未多懸絶,故不問。父則女子子在室斬衰三年⑥,今出嫁與母同在不杖麻屨,懸絶,故問云"爲父何以期也","婦人不貳斬也",荅辭。云"婦人不貳斬者何",更問不貳斬之

---

①　"領"下原無"族人"二字,曹云:"'領'下似脱'族人'二字。"據補。

②　"又上"至"不易"原作"又上祭別祖子太祖而不易",阮云:"陳本、《要義》同,毛本'子'作'於'。按當云'又上祭別子爲太祖而不易'。"據删改。

③　"昏"上原有"下"字,曹云:"阮云陳、閩俱無'下'字。案無者是。"據删。

④　"曰小宗故服期也",馬融云:"歸宗者,歸父母之宗也,昆弟之爲父後者曰小宗。"此順傳意而爲釋,則"曰小宗"之上非有誤脱,承上文而省。

⑤　"猶自歸宗其爲父後持重者",賈疏於"宗"字句,見下文。胡培翬云:"此注當以'歸'字句,'宗'字屬下讀。"

⑥　"女子子"上原無"父則"二字,曹校於"女子子"上增"父則"二字,據補。

意也。云"婦人有三從之義"已下,荅辭。前章爲人後①,不云丈夫不貳斬,至此女子子云"婦人不貳斬者",則丈夫容有貳斬,故有爲長子皆斬,又《喪服四制》云"門内之治恩揜義,門外之治義斷恩",至於君父別時而喪,仍得爲父申斬,則丈夫有二斬。至於女子子在家爲父,出嫁爲夫,唯一無二,故特言婦人,是異於男子故也。若然,案《小記》云"與諸侯爲兄弟者服斬"②,是婦人爲夫并爲君得二斬者,然則此婦人不貳斬者,在家爲父斬,出嫁爲夫斬,爲父期,此其常事,彼爲君不可以輕服服君,非常之事,不得決此也。言"婦人有三從之義"者,欲言不貳斬之意,婦人從人,所從即爲之斬。若然,夫死從子,不爲子斬者,子爲母齊衰,母爲子不得過齊衰,故亦不斬也。云"婦人不能二尊"者,欲見不貳斬之義。云"曰小宗,故服期"者,欲見大宗子百世不遷,婦人所歸,雖不歸大宗,宗内丈夫、婦人爲之齊衰三月。小宗,宗内兄弟父之適長者爲之,婦人之所歸宗者,歸此小宗,遂爲之期③,與大宗別。傳恐人疑爲大宗,故辨之"曰小宗,故服期也"。○注"從者"至"大宗"。○釋曰:"歸宗者,父雖卒,猶自歸宗",知義然者,若父母在,嫁女自當歸寧父母,何須歸宗子? 傳言"婦人雖在外,必歸宗",明是據父母卒者,故鄭據父母卒而言。若然,天子、諸侯夫人父母卒,不得歸宗,以其人君絕宗,故許穆夫人、衛侯之女,父死不得歸,賦《載馳》詩是也。云"小宗者,言是乃小宗也"者,鄭解傳意,言"曰小宗"者,傳重釋"歸宗",是乃小宗也。云"明非一"者,欲見家家皆有也。云"小宗有四"者,已於上釋。云"丈夫、婦人爲小宗,各如其親之服"者,謂各如五服尊卑服之,無所加減。云"避大宗"者,大宗則齊衰三月,凡丈夫④、婦人五服外,皆齊衰三月,五服内月筭如邦人,亦皆齊衰,無大功、小功、緦麻,故云"避大宗"也。

---

① "前章爲人後"原作"前斬章云爲人後",曹云:"'斬'字、'云'字似衍。"據刪。

② "小記"原作"雜記",倉石云:"'雜記'當爲'小記'。"據改。

③ "遂"下原無"爲"字,阮云:"《要義》同,毛本、《通解》'遂'下有'爲'字。曹云:"遂,如'得爲其子遂'之'遂'。"據《通解》、毛本補。

④ "凡"字原作"云",四庫本作"凡",據改。

儀禮疏卷第三十一　儀禮卷第十一

繼父同居者。【疏】“繼父同居者”。○釋曰：繼父本非骨肉，故次在女子子之下。案《郊特牲》云“夫死不嫁，終身不改”，《詩》共姜自誓不許再歸①，此得有婦人將子嫁而有繼父者，彼不嫁者自是貞女守志，而有嫁者，雖不如不嫁，聖人許之，故齊衰三年章有“繼母”，此又有“繼父”之文也。傳曰：何以期也？傳曰：夫死，妻稚，子幼。子無大功之親，與之適人而所適者亦無大功之親。所適者以其貨財爲之築宮廟，歲時使之祀焉，妻不敢與焉。若是，則繼父之道也。同居則服齊衰期，異居則服齊衰三月，必嘗同居。然後爲異居。未嘗同居，則不爲異居。妻稚，謂年未滿五十。子幼，謂年十五已下。子無大功之親，謂同財者也。爲之築宮廟於家門之外，神不歆非族。妻不敢與焉，恩雖至親，族已絕矣，夫不可二。此以恩服爾，未嘗同居則不服之。○妻稚，直吏反。爲之，于僞反，下爲其同。敢與，音預，注同。【疏】“傳曰”至“異居”。○釋曰：“何以期也”者，以本非骨肉，故致問也。“傳曰”已下，並是引舊傳爲問答。自此至齊衰耆，謂子家無大功之内親，繼父家亦無大功之内親，繼父以財貨爲此子築宮廟，使此子四時祭祀不絕，三者皆具，即爲同居，子爲之耆，以繼父恩深故也。言妻不言母者，已適他族，與己絕，故言妻，欲見與他爲妻，不合祭己之父故也。云“異居則服齊衰三月，必嘗同居，然後爲異居”者，此一節論異居，繼父言異者，昔同今異，謂上三者若闕一事，則爲異居。假令前三者皆具②，後或繼父有子，即是繼父有大功之内親，亦爲異居矣。如此，父死爲之齊衰三月，入下文齊衰三月章繼父是也。云“必嘗同居，然後爲異居”者，欲見前時三者具爲同居，後三者一事闕，即爲異居之意。云“未嘗同居，則不爲異居”，謂子初與母往繼父家時，或繼父有大功内親，或己有大功内親，或繼

---

① “共”字原作“恭”，倉石云：“《柏舟序》‘共姜自誓也’，陸氏《釋文》云‘共音恭’，則此作‘恭’誤，當從各本作‘共’。”據改。

② “皆”字原作“仍是”，阮云：“《要義》同，毛本、《通解》‘仍是’作‘皆’。”據改。

父不爲己築宮廟，三者一事闕，雖同在繼父家，亦名不同居繼父，全不服之矣。○注“妻稈”至“服之”。○釋曰：鄭知“妻稈，謂年未滿五十”者，案《內則》妾年五十閉房，不復御，何得更嫁？故未滿五十也。云“子幼，謂年十五已下”者，案《論語》云“可以託六尺之孤”，鄭亦云“十五已下”，知者，見《周禮·鄉大夫職》云“國中自七尺以及六十，野自六尺以及六十有五，皆征之”，七尺謂年二十，六尺謂年十五，十五則受征役，何得隨母，則知子幼十五已下。言“已下”，則不通十五，以其十五受征，明據十四至年一歲已上也。云“大功之親，謂同財者”，下記云“小功已下爲兄弟”，則小功已下疏，故得兄弟之稱，則大功之親容同財共活可知。云“爲之築宮廟於家門之外”者，以其中門外有己宗廟，則知此在大門外築之也。必在大門外築之者，神不歆非族故也。若在門內，於鬼神爲非族，恐不歆之，是以大門外爲之。隨母嫁，得有廟者，非必正廟，但是鬼神所居曰廟，若《王制》云“庶人祭於寢”也①。“神不歆非族”，《大戴禮》文。云“夫不可二”者，據傳云“妻”，明據繼父而言，以其與繼父爲妻，不可更於前夫爲妻而祭，故云“夫不可二”也。云“此以恩服爾”者，并解爲繼父期與三月。云“未嘗同居則不服之”者，以其同居與異居有服，明未嘗同居不服可知。

　　爲夫之君。傳曰：何以期也？從服也。【疏】“爲夫之君傳曰”至“從服也”。○釋曰：此以從服，故次繼父下。但臣之妻皆稟命於君之夫人，不從服小君者，欲明夫人命亦由君來，故臣妻於夫人無服也。不直言“夫之君”而言“爲”者，以夫之君從服輕②，故特言“爲夫之君”也。“傳曰：何以期”者，問比例者，怪人疏而同親者，故發問。云“從服也”，以夫爲君斬，故妻從服期也。

　　姑姊妹、女子子適人無主者，姑姊妹報。【疏】“姑姊”至“姊妹報”。○釋曰：此等親出適，已降在大功，雖矜之服期，不絕於夫氏，故次義服之下。“女子子”閒在上，不言報者，女子子出適大功，反爲父母，自然猶期，不須言報，故不言也。姑對姪，姊妹對兄弟，出適反爲姪與兄弟大功，姪與兄弟爲之降至大功，今還相爲期，故須言“報”也。**傳曰：無主者，謂其無祭主者也。何以期也？爲其無祭主故也。**無主後者，人之所哀憐不忍降之。【疏】“傳曰”至“主者也”。○釋

---

①　“王制”原作“祭法”，倉石云：“‘祭法’誤，當作‘王制’。”據改。

②　“以”上原有“以夫之君而言爲者”八字，曹云：“‘以夫之君而言爲者’，此八字今本無，似可省。”毛氏汲古閣刊本無此八字，則所謂今本，蓋指毛本，據刪。

曰:云"無主者,謂其無祭主者",無主有二,謂喪主、祭主,傳不言喪主者,喪有無後,無無主者,若當家無喪主,或取五服之内親,又無五服親,則取東西家,若無則里尹主之,今無主者,謂無祭主也,故可哀憐而不降也。○注"無主"至"降之"。○釋曰:云"人之所哀憐"者,謂行路之人,見此無夫復無子而不嫁,猶生哀戚,況姪與兄弟及父母,故不忍降之也。若然,除此之外,餘人爲之服者,仍依出降之服而不服加,以其餘人恩疏故也。不言"嫁"而云"適人"者,若言適人,即謂士也,若言嫁①,乃嫁於大夫,於本親又以尊降,不得言"報",故云"適人"不言"嫁"。

　　爲君之父母、妻、長子、祖父母。【疏】"爲君之父母妻長子祖父母"。○釋曰:此亦從服,輕於夫之君及姑姊妹、女子子無主,故次之。言"爲"者,亦如"爲夫之君"也。**傳曰:何以期也? 從服也。父母、長子,君服斬,妻則小君也。父卒,然後爲祖後者服斬。**此爲君矣而有父若祖之喪者,謂始封之君也。若是繼體,則其父若祖有廢疾不立。父卒者,父爲君之孫,宜嗣位而早卒,今君受國於曾祖。【疏】"傳曰"至"者服斬"。○釋曰:云"父母、長子,君服斬"者,欲見臣從君服期。若然,君之母當在齊衰,與君父同在斬者,以母亦有三年之服,故并言之。云"妻則小君也"者,欲見臣爲小君期是常,非從服之例。云"父卒,然後爲祖後者服斬"者,傳解經臣爲君之祖父母服期,若父在則爲父父母從服期②。○注"此爲"至"曾祖"③。○釋曰:云"此爲君矣而有父若祖之喪者,謂始封之君也"者,若《周禮·典命》三公八命,其卿六命,大夫四命,出封皆加一等,是五等諸侯爲始封之君非繼體,容有祖父不爲君而死,君爲之斬,臣亦從服期也。云"若是繼體,則其父若祖有廢疾不立"者,此祖與父合立,爲廢疾不立,己當立,是受國於曾祖。若然,此二者自是不立,今君立不關父祖。又云"父卒者,父爲君之孫,宜嗣位而早卒,今君受國於曾祖"者,此解傳之"父卒"耳,鄭意以父祖有廢疾,必以今君受國於曾祖,不取受國於祖者,若今君受國

---

　　① "嫁"下原有"之嫁之"三字,阮云:"《要義》同,毛本、《通解》無'之嫁之'三字。"曹云:"'之嫁之'三字,毛本、《通解》無,似是。"據删。

　　② "若父"至"服期"原作"若父在則爲君祖父母從服期",曹云:"'君'似當爲'父','祖'字似衍,此但順傳文釋之。"倉石云:"今案下疏引《鄭志》云天子、諸侯父在爲祖服斬,與父卒爲祖後者同,則臣皆爲君祖父母從服期。曹校是。曹氏又云'祖字似衍'者,恐非。"據曹校改删。

　　③ "曾祖"原作"尊祖",曹云:"'尊'字譌,單疏作'曾'。"據改。

於祖,祖薨則羣臣爲之斬,何得從服期,故鄭以新君受國於曾祖。若然,曾祖爲君薨,羣臣自當服斬,若君之祖薨,君爲之服斬,臣從服期也,若然,"父卒者,父爲君之孫,宜嗣位而早卒",則君之祖亦是癈疾不立①,是以君之父宜受國於祖②,復早卒,今君乃受國於曾祖也。趙商問:"己爲諸侯,父有癈疾,不任國政,不任喪事而爲其祖服,制度之宜,年月之斷,云何?"荅云:"父卒,爲祖後者三年斬,何疑?"趙商又問:"父卒,爲祖後者三年已聞命矣。所問者,父在爲祖如何?欲言三年則父在,欲言期復無主,斬杖之宜,主喪之制,未知所定。"荅曰:"天子、諸侯之喪皆斬衰,無期。"彼志與此注相兼乃具也。

　　妾爲女君。【疏】"妾爲女君"。○釋曰:妾事女君,使與臣事君同,故次之也。以其妻既與夫體敵,妾不得體夫,故名妾。妾,接也,接事適妻,故妾稱適妻爲女君也。

傳曰:何以期也?妾之事女君,與婦之事舅姑等。女君,君適妻也。女君於妾無服,報之則重,降之則嫌。【疏】"傳曰"至"姑等"。○釋曰:傳意謂妾或是妻之姪娣,同事一人,忽爲之重服,故發問也。荅曰"妾之事女君,與婦之事舅姑等"者,婦之事舅姑亦期,故云"等",但並后匹適,傾覆之階,故抑之,雖或姪娣,使如子之妻,與婦事舅姑同也。○注"女君"至"則嫌"。○釋曰:云"女君於妾無服"者,諸經傳無女君服妾之文,故云"無服"。必無服者,鄭解其不服之意,是以云"報之則重",還報以期,無尊卑降殺,大重也。云"降之則嫌"者,若降之大功、小功,則似舅姑爲適婦、庶婦之嫌,故使女君爲妾無服也。

　　婦爲舅姑。【疏】"婦爲舅姑"。○釋曰:文在此者,既欲抑妾,事女君使如事舅姑,故婦事舅姑在下,欲使妾情先於婦,故婦文在後也。傳曰:何以期也?從服也。【疏】"傳曰"至"從服也"。○釋曰:問之者,本是路人,與子判合,則爲重服服夫之父母,故問也。云"從服也"者,荅辭,既得體其子爲親,故重服爲其舅姑也。

　　夫之昆弟之子。男女皆是。【疏】"夫之昆弟之子"。○注"男女皆是"。○釋曰:《檀弓》云"兄弟之子猶子也,蓋引而進之",進同己子,故二母爲之,亦如己子服期也。云"男女皆是"者,據女在室與出嫁,與二母相爲服,同期與大功,故子中兼男女,但以義服情輕,同婦事舅姑,故次在下也。傳曰:何以期也?報之也。

① "疾"下原有"或早死",曹云:"'或早死'三字疑衍。"據刪。
② "受"上原無"宜"字,曹云:"'受'上似脱'宜'字。"據補。

【疏】"傳曰何以期也報之也"。○釋曰："報之"者，二母與子本是路人，爲配二父而有母名，爲之服期，故二母報子，還服期。若然，上世叔之下不言報，至此言之者，二父本是父之一體，又引同己子，不得言報，至此本疏，故言報也。

公妾、大夫之妾爲其子。【疏】"公妾大夫之妾爲其子"。○釋曰：二妾爲其子，應降而不降，重出此文，故次之。傳曰：何以期也？妾不得體君，爲其子得遂也。此言二妾不得從於女君尊，降其子也。女君與君一體，唯爲長子三年，其餘以尊降之，與妾子同也。【疏】"傳曰"至"遂也"。○釋曰：傳嫌二妾承尊應降，今不降，故發問。答云"妾不得體君，爲其子得遂也"者，諸侯絕旁期，爲衆子無服，大夫降一等，爲衆子大功，其妻體君，皆從夫而降之，至於二妾賤，皆不得體君，君不厭妾，故自爲其子得伸，遂而服期也。○注"此言"至"同也"。○釋曰：云"唯爲長子三年"，更云"其餘"，謂己所生第二已下，以尊降，與妾子同，諸侯夫人無服，大夫妻爲之大功也。

女子子爲祖父母。【疏】"女子子爲祖父母"。○釋曰：章首已言爲祖父母，兼男女，彼女據成人之女，此言女子子，謂十五許嫁者，亦以重出其文，故次在此也。傳曰：何以期也？不敢降其祖也。經似在室，傳似已嫁，明雖有出道，猶不降。【疏】"傳曰"至"祖也"。○釋曰：祖父母正期也，已嫁之女可降旁親，祖父母正期，故不降也，故云"不敢降其祖也"。○注"經似"至"不降"。○釋曰：知"經似在室"者，以其直云"女子子"，無嫁文，故云"似在室"。云"傳似已嫁"者，以其言"不敢"，則有敢者，敢謂出嫁降旁親，是已嫁之文，此言"不敢"是雖嫁而不敢降祖，故云"傳似已嫁"也。經、傳互言之，欲見在室、出嫁同不降，故鄭云"明雖有出道，猶不降"也。云"出道"者，女子子雖十五許嫁，始行納采、問名、納吉、納徵四禮，即著笄爲成人，得降旁親，要至二十乃行請期①、親迎之禮，以其笄而未出，故云"明雖有出道，猶不降"。不直言"出"而言"道"者，實未出，故云"出道"，猶如鄭注《論語》云"雖不得祿，亦得祿之道"，是亦未得祿而云"之道"，亦此類也。

大夫之子爲世父母、叔父母、子、昆弟、昆弟之子、姑姊妹女子子無主者爲大夫、命婦者，唯子不報。傳曰：大夫者，其男子之

---

① "行"下原有"謂"字，曹云："'謂'字衍。"據删。

爲大夫者也。命婦者，其婦人之爲大夫妻者也。無主者，命婦之無祭主者也。何以言唯子不報也？女子子適人者爲其父母期，故言不報也，言其餘皆報也。何以期也？父之所不降，子亦不敢降也。大夫曷爲不降命婦也？夫尊於朝，妻貴於室矣。命者，加爵服之名，自士至上公，凡九等。君命其夫，則后、夫人亦命其妻矣①。此所爲者，凡六大夫②、六命婦。無主者，命婦之無祭主，謂姑姊妹、女子子也。其有祭主者，如衆人。唯子不報，男女同不報爾，傳以爲主謂女子子，似失之矣。大夫曷爲不降命婦，據大夫於姑姊妹、女子子既以出降在大功③，其適士又以尊降在小功也。夫尊於朝，與己同。妻貴於室，從夫爵也。○於朝，直遥反，注及下章注同。【疏】“大夫之子”至“於室矣”。○釋曰：此言大夫之子爲此六大夫、六命婦服期不降之事，其中雖有子女重出其文，其餘並是應降而不降，故次在女子爲祖下。但大夫尊，降旁親一等，此男女皆合降至大功，爲作大夫與己尊同，故不降，還服期，若姑姊妹、女子子出嫁大功④，適士又降至小功，今嫁大夫雖降至大功，爲無祭主，哀憐之不忍降，還服期也。傳云“無主者，命婦之無祭主者也”者，傳兼言命婦⑤，欲見既爲命婦不降，又無祭主更不降，服期之意也。傳云“何以言唯子不報也”，鄭云子中兼男女，傳唯據女子子，鄭不從也。云“何以期也？父之所不降，子亦不敢降也”者，欲見此經云“大夫之子”，得行大夫禮，降與不降，一與父同，故傳據父爲大夫爲本，以子亦之也。云“大夫曷爲不降命婦也”已下，欲見大夫是尊同，大夫妻是婦人，非尊同，亦不降者，傳解妻亦與夫同尊卑之意，是以云“夫尊於朝，妻貴於室”，以其大夫以上貴，士以下賤，此中無士與士妻，故以貴言之也。○注“命者”至“夫爵也”。○釋曰：云“命者，加爵服之名”者，見《公羊傳》云“錫者何？賜也。

---

① “君命其夫則后夫人亦命其妻矣”，吳紱云：“按君命其夫，則其妻自當爲命婦，不俟后、夫人之更命之也，故曰婦人無爵，從夫之爵。鄭説非是。”

② “大”字原作“命”，阮云：“‘命’，《通典》作‘大’。按經、傳皆以大夫與命婦對言，此‘命’字當依《通典》作‘大’。”據改。

③ “降”下原無“在大功”三字，阮云：“‘以’，徐本、《通典》、《集釋》、《通解》俱作‘以’，與疏合，毛本作‘已’。毛本‘降’下有‘大功’二字，徐本、《集釋》俱無，與述注合，《通典》、《通解》俱有，《通典》‘大’上有‘在’字。按以下句考之，則此句當依《通典》。”據補。

④ “出”上原有“若”字，曹云：“‘若’字似衍。”據刪。

⑤ “傳”字原作“鄭”，曹云：“‘鄭’當爲‘傳’。”據改。

命者何？加我服也”，又案《覲禮》“諸公奉篋服，加命書於其上”，以命侯氏，是“命者，加
爵服之名”也。云“自士至上公，凡九等”者，不據爵，皆據命而言，故《大宗伯》云“以九
儀之命，正邦國之位：壹命受爵，再命受服，三命受位，四命受器，五命賜則，六命賜官，
七命賜國，八命作牧，九命作伯”，伯則分陝爲上公者①，是九等者也。以其《典命》上公
九命，侯伯七命，子男五命；大國孤四命，公侯伯卿三命，大夫再命，士一命；子男卿二
命，大夫一命，士不命；天子三公八命，其卿六命，大夫四命，上士三命，中士二命，下士
一命。此經雖無士，鄭總解天子、諸侯命臣，后夫人命妻之事，故兼言士也。云“君命
其夫”者，君中總天子、諸侯。云“后、夫人亦命其妻矣”者，案《禮記》云“夫人不命於天
子，自魯昭公始也”，由昭公娶同姓，不告天子，天子亦不命，明臣妻皆得后、夫人命也。
鄭言此者，經云“大夫”②、“命婦”，不辨天子、諸侯之臣，則天子、諸侯下，但是大夫、大
夫妻，皆是命夫、命婦也。云“此所爲者，凡六大夫、六命婦”者，六大夫③，謂世父一也，
叔父二也，子三也，昆四也，弟五也，昆弟之子六也；六命婦者，世母一也，叔母二也，姑
三也，姊四也，妹五也，女子子六也。云“無主者，命婦之無祭主，謂姑姊妹、女子子
也”，鄭言此者，經六命婦中有世母、叔母，故鄭辨之，以其世母、叔母無主、有主，皆爲
之期，故知唯據此四人而言也。云“其有祭主者，如衆人”者，自爲大功矣。云“唯子不
報，男女同不報爾”者，以其男女俱爲父母三年，父母唯爲長子斬，其餘降，何得言報？
故知子中兼男女，是知傳唯據女子子失之矣。云“大夫曷爲不降命婦者，據大夫於姑
姊妹、女子子既以出降在大功④，其適士者又以尊降在小功也”者，此亦六命婦中有二
母，故鄭辨之也。云“夫尊於朝”已下，鄭亦解姑姊妹、女子子之夫貴與己同之義。若
然，案《曲禮》云“四十强而仕，五十艾，服官政”，爲大夫，何得大夫子又爲大夫？又何
得爲弟之子爲大夫者？五十命爲大夫，自是常法，大夫之子有德行茂盛者，豈待五十
乃命之乎？是以殤小功有大夫爲其昆弟之長殤，大夫既爲兄姊殤⑤，明是幼爲大夫，舉

---

① “陝”下原無“爲”字，曹云：“‘陝’下脱‘爲’字。”據補。
② “大夫”原作“命夫”，阮云：“按經不云‘命夫’，此‘命夫’亦當作‘大夫’。”據改。
③ “大夫”原作“命夫”，阮云：“按上句述注既作‘大夫’，則此句‘命’字亦當作
‘大’。”據改。
④ “降”下原無“在大功”三字，阮云：“毛本‘降’下有‘大功’二字。”《通典》載鄭
注，“大功”上更有“在”字，據補。
⑤ “姊”字原作“弟”，倉石云：“張氏錫恭云：‘弟字衍。’今案‘弟’當爲‘姊’，下小
功殤章屢言兄姊殤是也。”據改。

此一隅，不得以常法相難也。

大夫爲祖父母、適孫爲士者。【疏】“大夫”至“爲士者”。○釋曰：祖與孫爲士卑，故次在此也。傳曰：何以期也？大夫不敢降其祖與適也。不敢降其祖與適，則可降其旁親也。【疏】注“不敢”至“親也”。○釋曰：大夫以尊降其旁親，雖有差約，不顯著，故於此更明之。經云不降祖與適，明於餘親降可知，大夫降旁親明矣。

公妾以及士妾爲其父母。【疏】“公妾”至“父母”。○釋曰：以出嫁爲其父母，亦重出其文，故次在此。云“公”，謂五等諸侯皆有八妾，“士”，謂一妻一妾，中間猶有孤、猶有卿大夫①，不言之者，舉其極尊卑，其中有妾爲父母可知。傳曰：何以期也？妾不得體君，得爲其父母遂也。然則女君有以尊降其父母者與？《春秋》之義，雖爲天王后，猶曰吾季姜，是言子尊不加於父母，此傳似誤矣。禮，妾從女君而服其黨服，是嫌不自服其父母，故以明之。○者與，音餘。【疏】“傳曰”至“遂也”。○釋曰：傳曰“何以期也”，問者以公子爲君厭，爲己母不在五服，又爲己母黨無服，公妾既不得體君，君不厭，故妾爲父母得伸，遂而服期也。○注“然則”至“明之”。○釋曰：鄭欲破傳義，故據傳云“妾不得體君，得爲其父母遂也”，然則女君體君者，有以尊降其父母者與？言“與”，猶不正執之辭也。云“《春秋》之義”者，案桓九年《左傳》云“紀季姜歸于京師”，杜云“季姜，桓王后也。季，字。姜，紀姓也。書字者，伸父母之尊”，是王后猶不得降父母②，是子尊不加父母，傳何云“妾不得體君”乎？豈可女君降其父母，是以云“傳似誤矣”。言“似”，亦是不正執，故云“似”，其實誤也。云“禮，妾從女君而服其黨服”者，《雜記》文也。云“是嫌不自服其父母，故以明之”者，鄭既以傳爲誤③，故自解之。鄭必不從傳者，一則以女君不可降父母，二則經文兼有卿大夫、士，何得專據公子以決父母乎？是以傳爲誤也。

疏衰裳齊、牡麻絰無受者：無受者，服是服而除，不以輕服受之。不著月數者，天子、諸侯葬異月也。《小記》曰：“齊衰三月與大功同者，繩屨。”【疏】“疏衰”至

---

① “妾”字原作“妻”，曹云：“‘妻’字譌，單疏作‘妾’。”據改。
② “得”字原作“待”，曹云：“‘待’字譌，單疏作‘得’。”據改。
③ “傳”字原作“鄭”，汪刊單疏作“傳”，據改。

“受者”。○釋曰：此齊衰三月章，以其義服，日月又少，故在不杖章下。上皆言冠、帶，此及下殤大功皆不言冠、帶者①，以其輕，故略之。至正大功言帶，見其正，猶不言冠②。緦麻又直言緦麻，餘又略之。若然，《禮記》云“齊衰居堊室”者，據期，故譙周亦云“齊衰三月不居堊室”。○注“無受”至“繩屨”。○釋曰：云“無受者，服是服而除，不以輕服受之”者，凡變除，皆因葬、練、祥乃行，但此服至葬即除，無變服之理，故云“服是服而除”，若大功已上，至葬後以輕服受之，若斬衰三升，冠六升，葬後受衰六升，是更以輕服受之也。云“不著月數者，天子、諸侯葬異月也”者，大夫、士三月葬，此章皆三月葬後除之，故以三月爲主。三月者，法一時天氣變，可以除之。但此經中有“寄公爲所寓”，又有“舊君”，舊君中兼天子、諸侯，又有“庶人爲國君”，鄭云“天子畿內之民，服天子亦如之”也，但天子七月葬，諸侯五月葬，爲之齊衰者皆三月，藏其服至葬更服之，葬後乃除，是以不得言少以包多，亦不得言多以包少，是以“不著月數者，天子、諸侯葬異月”故也。云《小記》者，彼記人見此《喪服》齊衰三月與大功皆不言屨，故解此二章同繩屨，是以鄭還引之，證此章著繩屨也。

寄公爲所寓。寓，亦寄也，爲所寄之國君服。○所寓，音遇，寄也。【疏】“寄公爲所寓”。○注“寓亦”至“君服”。○釋曰：此章論義服，故以疏者爲首，故寄公在前。言“寓，亦寄”者，《詩·式微》云“黎侯寓於衛”，寓即寄，其義同，故云“寓，亦寄也”，作文之勢，不可重言“寄公爲所寄”，故云“寓”也。傳曰：寄公者何也？失地之君也。何以爲所寓服齊衰三月也？言與民同也。諸侯五月而葬而服齊衰三月者，三月而藏其服，至葬又反服之，既葬而除之。【疏】“傳曰”至“同也”。○釋曰：傳依上例，執所不知稱“者何”，問比例者，等是諸侯，各有國土而寄在他國，故發問也。“失地之君也”，荅辭也。失地君者，謂若《禮記·射義》貢士不得其人，“數有讓”，數有讓，黜爵削地，削地盡，君則寄在他國，《詩·式微》“黎侯寓於侯”，彼爲狄人所迫逐，寄在衛，黎之臣子勸以歸，是失地之君爲所寓服齊衰三月③，藏其服，至葬更服，葬

---

①　“殤”字原作“傳”，倉石云：“盛氏世佐云‘傳’當是‘殤’字之誤，是。”據改。

②　“言帶”至“言冠”原作“言冠見其正猶不言帶”，倉石云：“張氏錫恭云‘冠’、‘帶’二字疑互誤。”據乙。

③　“所寓”原作“衛侯”，曹云：“‘衛侯’當爲‘所寓’。”倉石云：“此云‘衛侯’者，或假如言之，不必改爲‘所寓’也。”姑據曹校改。

訖，乃除也。云"言與民同也"者，以客在主國，得主君之恩，故報主君與民同，則民亦服之三月，藏其服，至葬又反服之，既葬訖，乃除也。○注"諸侯"至"除之"。○釋曰：上以釋變除要待葬後，諸侯五月葬而言"三月"，故知三月藏服，至葬更服，葬後乃除可知。不於章首言之，欲就"三月"之下解之故也。

　　丈夫、婦人爲宗子、宗子之母、妻。婦人，女子子在室及嫁歸宗者也。宗子，繼別之後，百世不遷，所謂大宗也。【疏】"丈夫"至"母妻"。○釋曰：此與大宗同宗親，如寄公爲所寓，故次在此。言"丈夫、婦人"者，謂同宗男子、女子皆爲大宗子并宗子母、妻齊衰三月也。○注"婦人"至"大宗也"。○釋曰：此經爲宗子，謂與大宗別高祖之人，皆服三月。案斬章女子子在室及嫁反在父室者①，又不杖章中歸宗婦人，爲當家小宗親者期，爲大宗疏者三月。云"宗子，繼別之後"者，案《喪服小記》及《大傳》云"繼別爲大宗"，又云"有五世則遷之宗"，小宗有四是也，有百世不遷之宗，繼別爲大宗是也。云"所謂大宗也"者，即上文"大宗者，尊之統"是也。**傳曰：何以服齊衰三月也？尊祖也。尊祖故敬宗，敬宗者尊祖之義也。宗子之母在，則不爲宗子之妻服也。**【疏】"傳曰"至"妻服也"。○釋曰：傳以丈夫、婦人與宗子服絶而越大功、小功與曾祖同，怪其大重，故問比例，何以服齊衰三月？云"尊祖也"至"之義也"，荅辭也。祖謂別子爲祖，百世不遷之祖，當祭之日，同宗皆來陪位及助祭，故云"尊祖也"。云"尊祖故敬宗"者，是百世不遷之宗，大宗者尊之統，故同宗敬之。云"敬宗者尊祖之義也"者，以宗子奉事別子之祖，是尊祖之義也。"宗子之母在，則不爲宗子之妻服也"者，謂宗子父已卒，宗子主其祭。《王制》云"八十齊喪之事不與"，則母七十亦不與，今宗子母在，未年七十，母自與祭，母死，宗人爲之服。宗子母七十已上，則宗子妻得與祭，宗人乃爲宗子妻服，故云然也。必爲宗子母、妻服者，以宗子燕食族人於堂，其母、妻亦燕食族人之婦於房，皆序以昭穆，故族人爲之服也。

　　爲舊君、君之母、妻。【疏】"爲舊君君之母妻"。○釋曰：舊君，舊蒙恩深，以對於父，今雖退歸田野，不忘舊德，故次在宗子之下也。但爲舊君有二，一則致仕，二則待放未去，此則致仕者也。不云"舊臣"而云"舊君"者，若云舊臣，言謂舊君爲之，

---

① "嫁"字原作"女"，倉石云："下'女'字疑當作'嫁'。"據改。

非喪服體例，故云“舊君”，若斬章云父、君者，則臣、子爲之，此不復言臣，法如君也。

傳曰：爲舊君者孰謂也？仕焉而已者也。何以服齊衰三月也？言與民同也。君之母、妻，則小君也。仕焉而已者，謂老若有廢疾而致仕者也。爲小君服者，恩深於民。【疏】“傳曰”至“小君也”。○釋曰：云“爲舊君者孰謂也”者，此經上下臣爲舊君有二，故發問云“孰謂也”。云“仕焉而已者也”者，荅辭也。傳意以下爲舊君，是待放之臣，以此爲致仕之臣也。云“何以服齊衰三月”者，怪其舊服斬衰，今服三月也。云“言與民同也”者，以本義合，但今義已斷①，故抑之使與民同也。云“君之母、妻，則小君也”者，雖前後不得同時，皆是小君，故齊衰三月，恩深於民故也②。○注“仕焉”至“於民”。○釋曰：云“仕焉而已者，謂老若有廢疾而致仕者也”者，此解“仕焉而已”，有仕已老者，《曲禮》云“大夫七十而致仕”，云“有廢疾”者，謂未七十而有廢疾，亦致仕，是致仕之中有二也。云“爲小君服者，恩深於民也”者③，下文庶人爲國君，無小君，是恩淺，此爲小君，是恩深於民也。

　　庶人爲國君。不言民而言庶人，庶人或有在官者，天子畿內之民服天子亦如之。○圻內，巨衣反，本又作畿，同。【疏】“庶人爲國君”。○注“不言”至“如之”。○釋曰：案《論語》云“民可使由之，不可使知之”，注云“民者，冥也，其見人道遠”，案《王制》云“庶人在官者，其禄以是爲差也”，庶人謂府史胥徒，經不言“民”而言“庶人”，庶人或有在官者，據在官者而言之。《檀弓》云“君之喪，諸達官之長杖”，謂士、大夫爲君杖，則庶人不爲君杖斬，則下同於民三月也。云“天子畿內之民亦如之”者，以其畿外上公五百里，侯四百里已下，其民皆服君三月，則畿內千里是專屬天子，故知爲天子亦如諸侯之境內也。

　　大夫在外，其妻、長子爲舊國君。在外，待放已去者。【疏】“大夫”至“國君”。○注“在外待放已去者”。○釋曰：此大夫在外，不言爲本君服與不服者，案《雜記》云“違諸侯，之大夫，不反服。違大夫，之諸侯，不反服”，以其尊卑不敵，若然，其君尊卑敵，乃反服舊君服，則此大夫已去他國，不言服者，是其君尊卑不敵，不反服者也，是以直言“其妻、長子爲舊國君”，注云“在外，待放已去者”。知是“待放已去者”，對

①　“但”字原作“且”，阮云：“《要義》、楊氏同，毛本‘且’作‘但’。”據改。
②　“民”字原作“人”，阮云：“毛本‘人’作‘民’。按賈疏應諱‘民’字。”據改。
③　“恩深於民也者”，曹云：“注無‘也’字。”

上下文而知，以其上傳以爲“仕焉而已”，下傳云“而猶未絶”，此傳云“長子，言未去”，明身是已去他國，與本國絶者，故鄭云“待放已去者”也。傳曰：何以服齊衰三月也？妻，言與民同也。長子，言未去也。妻雖從夫而出，古者大夫不外娶，婦人歸宗，往來猶民也。《春秋傳》曰：“大夫越竟逆女，非禮。”君臣有合離之義，長子去可以無服。○越竟，音景。【疏】“傳曰”至“未去也”。○釋曰：并服而問者，怪其重，何者？妻本從夫服君，今夫已絶，妻不合服而服之，長子本爲君斬者，亦大夫之子得行大夫禮，從父而服之，今父已絶於君，亦當不服矣而皆服齊衰三月①，故發問也。○注“妻雖”至“無服”。○釋曰：云“妻雖從夫而出，古者大夫不外娶”者，鄭欲解傳云“妻，言與民同”之意，以古者不外娶，是當國娶婦，婦是當國之女，今身與妻俱出他國，大夫雖絶而妻歸宗，往來猶是本國之民。其歸者，則期章云爲昆弟之爲父後者曰小宗者是也。云《春秋》者，案《春秋公羊傳》莊二十七年，“莒慶來逆叔姬”，傳曰“大夫越竟逆婦②，非禮”，彼云“婦”，此云“女”，鄭以義言之，以其未至夫家，故云“女”。引之者，證古者大夫不外娶之事。云“君臣有合離之義”者，謂諫争從臣，是有義則合，三諫不從，是無義則離，子既隨父，故去可以無服矣。

繼父不同居者。嘗同居，今不同。【疏】“繼父不同居者”。○注“嘗同居今不同”。○釋曰：此則期章云“必嘗同居，然後爲異居”者也，但章皆有傳，唯“庶人爲國君”及此“繼父”不傳者，以其庶人已於寄公與上下舊君釋訖，繼父已於期章釋了，是以皆不言也。

曾祖父母。傳曰：何以齊衰三月也？小功者，兄弟之服也，不敢以兄弟之服服至尊也。正言小功者，服之數盡於五，則高祖宜緦麻，曾祖宜小功也。據祖期，則曾祖宜大功，高祖宜小功也。高祖、曾祖皆有小功之差，則曾孫、玄孫爲之服同也。重其衰麻尊尊也，减其日月恩殺也。○恩殺，所界反。【疏】“曾祖父母”。○釋曰：曾、高本合小功，加至齊衰，故次繼父之下。此經直云曾祖，不言高祖，案下緦麻章鄭注云“族祖父者，亦高祖之孫，則高祖有服明矣”，是以此注亦兼曾、

---

① “衰”上原無“齊”字，曹云：“‘衰’上脱‘齊’字。”據補。

② “婦”字原作“女”，阮云：“‘女’，《要義》作‘婦’。按《公羊傳》是‘女’字，《要義》非也。凌曙云：‘來，内辭，當作女。’”倉石云：“今案下文又云‘彼云婦，此云女’，則疏本如此無疑，諸本據《公羊》改爲‘女’，以致輇輵不通，不可從也。”據改。

高而説也。若然,此曾祖之内合有高祖可知,不言者,見其同服故也。〇"傳曰"至"尊也"。〇釋曰:云"何以齊衰三月也"者,問者怪其三月大輕,齊衰又重,故發問也。云"小功者,兄弟之服也",案下記傳云凡小功已下爲兄弟,是以云"小功者,兄弟之服也"。云"不敢以兄弟之服服至尊也"者,傳釋服齊衰之意也。〇注"正言"至"恩殺也"。〇釋曰:云"正言小功者,服之數盡於五"者,自斬至緦是也。云"則高祖宜緦麻,曾祖宜小功也",據爲父期而言,故《三年問》云"何以至期也? 曰:至親以期斷。是何也? 曰:天地則已易矣,四時則已變矣,其在天地之中莫不更始焉,以是象之也",彼又云"然則何以三年也? 曰:加隆焉爾也,焉使倍之,故再期也",是本爲父母加隆至三年,故以父爲本而上殺下殺也,是故言爲高祖緦麻者,謂爲父期,爲祖宜大功,曾祖宜小功,高祖宜緦麻。又云"據祖期",是爲父加隆三年,爲祖宜期,曾祖宜大功,高祖宜小功,故鄭云"高祖、曾祖皆有小功之差"。此鄭總釋傳云"小功者,兄弟之服",其中含有曾、高二祖而言之也。又云"則曾孫、玄孫爲之服同也"者,曾祖中既兼有高祖,是以云曾孫、玄孫各爲之齊衰三月也。云"重其衰麻尊尊也"者,既不以兄弟之服服至尊,故云"重其衰麻",謂以義服六升衰,九升冠,此尊尊者也①。云"減其日月恩殺也"者,謂減五月爲三月者,因曾、高於己非一體,恩殺故也。

　　大夫爲宗子。【疏】"大夫爲宗子"。〇釋曰:大夫尊,降旁親皆一等,尊祖故敬宗,是以大夫雖尊,不降宗子,爲之三月。宗子既不降,母、妻不降可知。傳曰:何以服齊衰三月也? 大夫不敢降其宗也。【疏】"傳曰"至"其宗也"。〇釋曰:以大夫於餘親皆降,獨不降宗子,故并服而問,苔云"不敢降其宗也"者,於餘親則降也。

　　舊君。大夫待放未去者。【疏】"舊君"。〇注"大夫待放未去者"。〇釋曰:此舊君以重出,故次在此也。鄭知此舊君是待放未去之大夫者,鄭據傳而言也。案上下四經皆爲君、爲舊君②,不言國,庶人爲國君言國,其妻、長子爲舊國君言國,此舊君又

---

　　① "此尊"原作"尊此",阮云:"《通解》、《要義》同,毛本'尊此'作'此尊'。按毛本是。"據乙。
　　② "皆"下原無"爲君"二字,倉石云:"《校釋》云:'皆字似衍。'今案'皆'下當補'爲君'二字。"據補。

不言國。言國者①，據繼在土地而爲之服。正如爲舊君②，止是不敢進同臣例，故服之三月，非爲土地，故不言國。庶人本繼土地，故言國也。其妻、長子本爲繼土地，故言國。此待放未去，本爲君埽其宗廟爲服，不繼土地，故不言國也。傳曰：**大夫爲舊君，何以服齊衰三月也？大夫去，君埽其宗廟，故服齊衰三月也，言與民同也。何大夫之謂乎？言其以道去君而猶未絶也。**以道去君，謂三諫不從③，待放於郊。未絶者，言爵禄尚有列於朝，出入有詔於國，妻子自若民也。【疏】"傳曰"至"絶也"。○釋曰：此爲舊君服，對前已去，不服舊君。此雖未去，已在境而爲服，故怪其重，所以并服而問也。又餘皆不并人問，直云何以齊衰，唯此與寄公并人而問者，所怪深重者，并人而言，至如寄公，本是體敵，一朝重服，故并言寄公。此待放之臣，已在國境，可以不服而服之，故并言大夫也。○注"以道"至"若民也"。○釋曰：云"以道去君，謂三諫不從，待放"者，此以道去君，據三諫不從，在境待放，得環則還，得玦則去，如此者，謂之以道去君。有罪放逐，若晉放胥甲父於衛之等，爲非道去君。云"未絶者，言爵禄有列於朝，出入有詔於國"者，《下曲禮》文。"爵禄有列"，謂待放大夫舊位仍在④。"出入有詔於國"者，謂兄弟宗族猶存，吉凶之事，書信往來，相告不絶。引之者，證大夫去，君埽其宗廟，詔使宗族祭祀，爲此，大夫雖去，猶爲舊君服。若然，君不使埽宗廟，爵禄已絶，則是得玦而去，則亦不服矣。云"妻子自若民也"者，此鄭還約上"大夫在外，其妻、長子爲舊國君"也。上下"舊君"皆不言士者，上"仕焉"者有士可知，是以傳亦不言大夫，次云"大夫在外"，言大夫者，以其士妻亦歸宗，與大夫同，其大夫長子，父在朝，長子得行大夫禮，未去爲君服⑤，若士之長子與衆子同，父去，子雖未去，即無服矣，與大夫長子異，故特言大夫也。此不言士者，此主爲待放未絶，大夫有此法，士雖有三諫不從，出國之時，案《曲禮》踰竟，素服，乘髦馬，不蚤鬋，不御婦人，三月而後，即向他國，無待放之法，是出國即不服舊君矣。是以此舊君，唯

---

①　"言國"下原不重"言國"二字，曹云："'言國'二字似當重。"據補。

②　"正如爲舊君"，倉石云："《校釋》云：'正如當爲上文。'今案'正如'二字總提四經以下言國、不言國，各分別釋之，曹校非是。"

③　"謂"字原作"爲"，阮云："徐、陳、《通解》、楊氏同，毛本、《通典》、《集釋》'爲'俱作'謂'。"疏述注"爲"字亦作"謂"，據改。

④　"仍"字原作"乃"，張敦仁本作"仍"，據改。

⑤　"服"下原有"斬"字，曹云："'斬'字衍。"據刪。

有大夫也。若然，不言公卿及孤者，《詩》云“三事大夫”，則三公亦號大夫，則大夫中總兼之矣。

　　曾祖父母爲士者如衆人。傳曰：何以齊衰三月也？大夫不敢降其祖也。【疏】“曾祖父母爲士者如衆人”。○“傳曰”至“其祖也”。○釋曰：問者，以大夫尊，皆降旁親，今怪其服，故發問。經不言大夫，傳爲大夫解之者，以其言曾祖爲士者，故知對大夫爲之①，明知曾孫是大夫。

　　女子子嫁者、未嫁者爲曾祖父母。【疏】“女子子”至“未嫁”。○釋曰：此亦重出，故次在男子曾孫下也。但未嫁者同於前爲曾祖父母②，今并言者，女子子有未嫁逆降之理③，故因已嫁，并言未嫁。傳曰：嫁者，其嫁於大夫者也。未嫁者，其成人而未嫁者也。何以服齊衰三月？不敢降其祖也。言嫁於大夫者，明雖尊猶不降也。成人，謂年二十已笄醴者也。此著不降，明有所降。【疏】注“言嫁”至“所降”。○釋曰：云“言嫁於大夫者，明雖尊猶不降也”者，以舉尊以見卑，欲明適士者以下不降可知也。云“成人，謂年二十已笄醴者也”者，以其云成人，明據二十已笄，以醴禮之，若十五許嫁，亦笄爲成人，亦得降，與出嫁同，但鄭據二十不許嫁者而言之。案上章爲祖父母本無降理，不須言嫁、不嫁④，故直云“女子子爲祖父母”⑤，傳亦直言“不敢降其祖”，不言嫁、未嫁⑥。至此乃言者，謂曾祖輕，尚嫁者、未嫁者皆不降⑦，況祖父母重者，皆不降可知⑧，是舉輕以見重也。云“此著不降，明有所降”者，案大功章女子子嫁者、未嫁者爲世、叔父母，如此類是有所降也，餘者皆不次。

　　大功布衰裳、牡麻経無受者：大功布者，其鍛治之功麤沽之。【疏】“大

功"至"受者"。○釋曰:章次此者,以其本服齊衰斬,爲殤死,降在大功,故在正大功之上,義齊衰之下也。不云月數者,下文有纓經、無纓經,須言七月、九月,彼已見月,故於此略之,且此經與前不同,前期章具文於前杖章,下不杖章直言其異者,此殤大功章首爲文略,於正具文者,欲見殤不成人故,故前略後具,亦見相參取義。云"無受者",以傳云殤文不縟,不以輕服受之。○注"大功"至"沽之"。○釋曰:云"大功布者,其鍛治之功麤沽之"者,斬、齊皆不言布與功①,以其哀痛極,未可言布體與人功,至此輕,可以見之。言"大功"者,斬衰章傳云"冠六升",不加灰,則此七升,言"鍛治",可以加灰矣,但麤沽而已。若然,言"大功"者,用功麤大,故沽疏,其言小者,對大功,是用功細小。

子、女子子之長殤、中殤。殤者,男女未冠笄而死,可傷者②。女子子許嫁不爲殤也。○未冠,古亂反。【疏】"子女子子之長殤中殤"。○注"殤者"至"殤也"。○釋曰:子、女子子在章首者,以其父母於子,哀痛情深,故在前。云"殤者,男女未冠笄"者,案《禮記·喪服小記》云"男子冠而不爲殤,女子笄而不爲殤",故知男女未冠笄而死可哀傷者。"女子子許嫁不爲殤者",女子笄與男子冠同,明許嫁笄,雖未出,亦爲成人,不爲殤可知。兄弟之子亦同此而不別言者,以其兄弟之子猶子,明同於子,故不言,且中殤或從上,或從下,是則殤有三等,制服唯有二等者,欲使大功下,殤有服故也。若服亦三等,則大功下,殤無服,故聖人之意然也。傳曰:何以大功也?未成人也。何以無受也?喪成人者其文縟,喪未成人者其文不縟,故殤之經不樛垂,蓋未成人也。年十九至十六爲長殤,十五至十二爲中殤,十一至八歲爲下殤,不滿八歲以下皆爲無服之殤。無服之殤以日易月,以日易月之殤,殤而無服,故子生三月則父名之,死則哭之,未名則不哭也。縟,猶數也。其文數者,謂變除之節也。不樛垂者,不絞其帶之垂者。《雜記》曰:"大功以上散帶。"以日易月,謂生一月者哭之一日也。殤而無服者,哭之而已。爲昆弟之子、女子子亦如之。凡言子者,可以兼男女。

---

① "齊"字原作"麤",四庫本作"齊",據改。
② "傷"字原作"殤",阮云:"'殤',戴校《集釋》改作'傷'。按疏云'可哀殤者',亦當爲'可哀傷者'。"據改,疏亦改。

又云女子子者,殊之以子,關適庶也。○文縟,音辱。不樛,居蚪反。猶數,音朔,下同。散帶,悉但反。【疏】"傳曰"至"不哭也"。○釋曰:云"何以大功也",問者以成人皆期,今乃大功,故發問也。云"未成人也"者,荅辭,以其未成人,故降至大功。云"何以無受也",問者以其成人至葬後,皆以輕服受之,今喪未成人,即無受,故發問也。云"喪成人者其文縟"已下,荅辭,遂因廣解四等之殤,年數之別并哭與不哭,具列其文。但此殤次成人,是以從長以及下與無服之殤。又三等殤皆以四年爲差,取法四時穀物變易故也。又以八歲已上爲有服,七歲已下爲無服者,案《家語·本命》云"男子八月生齒,八歲齔齒。女子七月生齒,七歲齔齒",今傳據男子而言,故八歲已上爲有服之殤也。傳必以三月造名,始哭之者,以其三月一時,天氣變,有所識眄①,人所加憐,故據名爲限也。云"未名則不哭也"者,不正依"以日易月"而哭②,初死亦當有哭而已。○注"縟猶"至"庶也"。○釋曰:云"其文數者,謂變除之節也"者,成人之喪,既葬以輕服受之,又變麻服葛,緦麻者除之,至小祥,又以輕服受之,男子除於首,婦人除於帶,是有變除之數也。今於殤人喪,象物不成,則無此變除之節數,月滿則除之。又云"不樛垂者,不絞帶之垂者",凡喪,至小斂皆服未成服之麻,麻絰、麻帶,大功以上散帶之垂者,至成服乃絞之,小功以下初而絞之,今殤大功,亦於小斂服麻,散垂,至成服後,亦散不絞,以示未成人,故與成人異,亦無受之類,故傳云蓋不成也。引《雜記》者,證此殤大功有散帶,要至成服則與成人異也。云"以日易月,謂生一月者哭之一日也",若至七歲,歲有十二月,則八十四日哭之。此既於子、女子子下發傳,則唯據父母於子,不關餘親。云"殤而無服,哭之而已"者,此鄭總解無服之殤,以日易月哭之事也。云"昆弟之子、女子子亦如之"者,以其成人同是期,與眾子同,今經傳不言者,以其亦猶子故也。云"凡言子者,可以兼男女"者,謂若期章云"子",又云"昆弟之子",是子中兼男女也。"又云女子子者,殊之以子,關適庶",關,通也,爲子中通有長之適。若然,成人爲之斬衰三年,今殤死,與眾子同者,以其殤不成人,與穀物未熟同,故入殤大功

---

① "眄"字原作"盻",阮云:"《要義》同,毛本'盻'作'盼',陳、閩、監本、《通解》俱作'眄'。按《玉篇》云:'盻,俗作盻。'《説文》:'眄,目偏合也。'今俗以眄、盻、盼混爲一字,故遂誤爲'盻'、'盼',宜作'眄'。"據改。

② "正"字原作"止",曹云:"'止'當爲'正'。"倉石云:"殿本'止'作'正'。"據改。

也①，故別言“子”，見斯義也。王肅、馬融以爲，日易月者，以哭之日易服之月，殤之期親，則以旬有三日哭，緦麻之親者，則以三日爲制。若然，哭三月喪②，與七歲同，又此傳承父母子之下而哭緦麻孩子，疏失之甚也。

　　叔父之長殤、中殤，姑姊妹之長殤、中殤，昆弟之長殤、中殤，夫之昆弟之子、女子子之長殤、中殤，適孫之長殤、中殤，大夫之庶子爲適昆弟之長殤、中殤，公爲適子之長殤、中殤，大夫爲適子之長殤、中殤。公，君也，諸侯。大夫不降適殤者，重適也，天子亦如之。【疏】“叔父”至“中殤”。○釋曰：自“叔父”至“大夫庶子爲適昆弟之長殤、中殤”③，皆是成人齊衰朞，長殤，中殤降一等在大功④，故於此總見之，又皆尊卑爲前後次第作文也。云“公爲適子”、“大夫爲適子”，皆是正統，成人斬衰，今爲殤死，不得著代，故入大功。特言“適子”者，天子、諸侯於庶子則絶而無服，大夫於庶子降一等，故於此不言，唯言適子也。若然，二適在下者，亦爲重出其文故也。○注“公君”至“如之”。○釋曰：云“公，君也”者，直言公恐是公士之公，三公與孤皆號公⑤，故訓爲君，見是五等之君，故言“諸侯”。言“天子亦如之”者，以其天子與諸侯同絶宗故也。

　　其長殤皆九月，纓絰。其中殤七月，不纓絰。絰有纓者，爲其重也。自大功以上絰有纓，以一條繩爲之，小功已下絰無纓也。○爲其，于僞反。【疏】“其長殤”至“纓絰”。○注“絰有”至“無纓也”。○釋曰：絰之有纓，所以固絰，猶如冠之有纓以固冠，亦結於頤下也。五服之正，無七月之服，唯此大功中殤有之，故《禮記》云“九月、七月之喪，三時”是也。云“絰有纓者，爲其重也”者，以經云“九月，纓絰。七月，不纓絰”，故知絰有纓，爲其情重故也。“自大功已上絰有纓”，此鄭廣解五服有纓、無

　　①　“同故”原作“故同”，曹云：“‘故同’二字似當倒。”倉石云：“殿本‘故同’二字倒。”據乙。

　　②　“哭”下原有“緦麻”二字，曹云：“‘緦麻’二字似衍。”據删。

　　③　“自叔父至”原作“自此盡”，阮云：“‘自此盡’，《通解》、楊氏俱作‘自叔父至’。”據改。

　　④　“降一等在大功”原作“殤降一等在功”，阮云：“‘殤降’二字，楊氏倒，《要義》無‘殤’字，”又云：“‘在功’，《要義》、楊氏同，毛本、《通解》‘在’下有‘大’字。”曹云：“‘殤’字衍，‘功’上脱‘大’字。”據删補。

　　⑤　“三公”上原有“及”字，曹云：“‘及’字衍。”據删。

縷之事,但諸文唯有冠縷,不見経有縷之文,鄭檢此経長殤有縷法,則知成人大功已上経有縷明矣。鄭知"一條繩爲之"者,見斬衰冠繩縷,通屈一條繩屬之武①,垂下爲縷②,故知此経之縷,亦通屈一條屬之経,垂下爲縷可知。"小功已下経無縷也"者,亦以此経中殤七月経無縷,明小功五月已下経無縷可知。

大功布衰裳、牡麻経縷、布帶三月,受以小功衰即葛九月者:

受,猶承也。傳曰:大功布九升,小功布十一升。此受之下也,以發傳者,明受盡於此也,又受麻経以葛経。《間傳》曰:"大功之葛與小功之麻同。"凡天子、諸侯、卿大夫既虞,士卒哭而受服。正言三月者,天子、諸侯無大功,主於大夫、士也。此雖有君爲姑姊妹、女子子嫁於國君者,非内喪也③,故亦依此禮也④。【疏】"大功"至"月者"。○注"受猶承也"。○釋曰:此成人大功章,輕於前殤章,殤章既略⑤,於此具言。○"傳曰"至"十一升"。○注"此受之"至"禮也"。○釋曰:云"大功布九升,小功布十一升"者,此章有降、有正、有義。降則衰七升,冠十升,正則衰八升,冠亦十升,義則衰九升,冠十一升。十升者,降小功。十一升者,正小功。傳於受服不言降大功與正大功⑥,直云義大功之受者,鄭云"此受之下",止據受之下發傳者⑦,明受盡於此義服大功,以其小功至葬,唯有變麻服葛,因故衰,無受服之法,故傳據義大功而言也。云"又受麻経以葛経"者,言受,衰麻俱受而傳唯發衰,不言受麻以葛,故鄭解之云"又受

---

①　"屬之武"原作"屈之武",阮云:"《通解》、毛本'屈之武'作'爲武',聶氏作'屬之於武'。按此本'屈'字蓋'屬'字之誤,《通解》作'爲武',與前注合。"據改。

②　"爲"下原無"縷"字,阮云:"此本'爲'下脱'縷'字,據聶氏、《通解》、毛本補入。"

③　"凡天子"至"内喪也",阮云:"自此以下五十四字,徐本、《集釋》俱在此節注末,與此本合,《通解》、楊氏俱在上節,與毛本同。盧文弨云:'金曰追亦謂脱誤在上文。弨細審,當以在上者爲是,宋本不可從。'按此亦可爲傳、注連寫之証,鄭於経下注云'受,猶承也',即載傳而釋之曰'此受之下也',経注與傳注一氣相承,以下或釋経,或釋傳,皆發明受服之義。此注之變例,不必與他節同也。"

④　"故亦"原作"古文",曹云:"'古文'當爲'故亦'。言非内喪,故亦依三月受服之禮也,玩疏自明。"據改。

⑤　"既"上原無"殤章"二字,曹云:"上脱'殤章'二字。"據補。

⑥　"於"字原作"以",曹云:"'以'似當爲'於'。"據改。

⑦　"止"字原作"正",四庫本作"止",據改。

麻經以葛經”①。引《閒傳》者，證經大功既葬，其麻經受以葛者②，以其大功既葬，變麻爲葛③，五分去一，大小與小功初死同，即《閒傳》云“大功之葛與小功之麻同”④，一也，故引之爲證耳。云“凡天子、諸侯、卿大夫既虞，士卒哭而受服”者，已於斬章釋訖⑤，言此者，欲見天子七月而葬，諸侯五月而葬，虞而受服。若然，經正言“三月”者⑥，以其天子、諸侯絕旁朞，無此大功喪，以此而言，經言“三月”者，主於大夫、士三月葬者。若然，大夫除死月數，亦得爲三月也。云“此雖有君爲姑姊妹、女子子嫁於國君者，非内喪也”者，彼國自以五月葬後服，此諸侯爲之，自以三月受服，同於大夫、士，故云“主於大夫、士也”。

姑姊妹、女子子適人者。【疏】“姑姊”至“人者”。○釋曰：此等並是本朞，出降大功，故次在此。傳曰：何以大功也？出也。出必降之者，蓋有受我而厚之者。【疏】“傳曰”至“出也”。○釋曰：問之者，以本朞，今大功，故發問也。○注“出必”至“之者”。○釋曰：案《檀弓》云“姑姊妹之薄也，蓋有受我而厚之者也”，鄭取以爲説。若然，女子子出降亦同，受我而厚之，皆是於彼厚，夫自爲之禫杖朞，故於此薄，爲之大功。

從父昆弟。世父、叔父之子也，其姊妹在室亦如之。【疏】“從父昆弟”。○注“世父”至“如之”。○釋曰：親昆弟爲之朞⑦，此從父昆弟降一等，故次姑姊妹之下。云“其姊妹在室亦如之”者，義當然也。謂之“從父昆弟”，世、叔父與祖爲一體，又與己父爲一體，緣親以致服，故云“從”也。降於親兄弟一等是其常，故傳不問⑧。

爲人後者爲其昆弟。【疏】“爲人”至“昆弟”。○釋曰：在此者，以其小宗之支子後大宗⑨，欲使厚於大宗之親，故抑之，在從父昆弟之下。傳曰：何以大功

---

① “麻”下原無“經”字，四庫本“麻”下有“經”字，與注合，據補。
② “以”下原有“小功”二字，曹云：“‘小功’二字衍。”據删。
③ “以其大功既葬變麻爲葛”，曹云：“二句似衍，容商。”
④ “小”上原無“與”字，曹云：“‘小’上脱‘與’字。”據補。
⑤ “已”字原作“以”，曹云：“以、已通。”作“以”義不顯豁，謹改。
⑥ “正”下原無“言”字，阮云：“毛本、《通解》、楊氏‘正’下有‘言’字。”曹云：“‘正’下《通解》有‘言’字是。”據補。
⑦ “親昆弟”原作“昆弟親”，曹云：“‘親’字當在‘昆弟’上。”據乙。
⑧ “傳不”原作“不傳”，曹云：“‘不傳’二字當倒。”據乙。
⑨ “之”下原無“支子”二字，曹校於“之”下增“支子”二字，據補。

也？爲人後者降其昆弟也。【疏】"傳曰"至"昆弟也"。○釋曰：案下記云"爲人後者於兄弟降一等"者，故大功也。若然，於本宗餘親皆降一等也。

　　庶（子）〔孫〕①。男女皆是，下殤小功章曰"爲姪、庶孫丈夫、婦人"同。【疏】"庶孫"。○注"男女"至"婦人同"。○釋曰：卑於昆弟，故次之。庶孫從父而服祖朞，故祖從子而服孫大功，降一等，亦是其常，故傳亦不問也。云"男女皆是"者，女孫在室與男孫同，其義然也。引殤小功者，欲見彼殤既男女同，證此成人同，不異也。

---

　　①　"庶子"，疏標起止作"庶孫"，唐石經及諸本皆作"庶孫"，當據改。

儀禮疏卷第三十二　儀禮卷第十一

適婦。適婦,適子之妻。【疏】○注“適婦適子之妻”。○釋曰:疏於孫,故次之。其婦從夫而服其舅姑期,其舅姑從子而服其婦大功,降一等者也。**傳曰:何以大功也? 不降其適也。**婦言適者,從夫名。【疏】○釋曰:此傳問者,以其適庶之子,其妻等是婦而爲庶婦小功,特爲適婦服大功,故發問也,荅不降其適故也。若然,父母爲適長三年,今爲適婦不降一等服期者,長子本爲正體於上,故加至三年,婦直是適子之妻,無正體之義,故直加於庶婦一等,大功而已。

女子子適人者爲眾昆弟。父在則同,父没乃爲父後者服期也。【疏】○釋曰:前云姑姊妹、女子子出適在章首者,情重故,至此女子子反爲昆弟在此者,抑之,欲使厚於夫氏,故次在此也。爲本親降一等,是其常,故無傳也。云“父没,乃爲父後者服期也”者,不杖章所云是也。

姪丈夫、婦人(報)①。爲姪男女服同。○姪,大結反,《字林》丈一反。【疏】○注“爲姪男女服同”。○釋曰:姪卑於昆弟,故次之。不言男子、女子而言丈夫、婦人者,姑與姪在室、出嫁同,以姪女言婦人②,見嫁出,因此謂姪男爲丈夫,亦見長大之稱,是以鄭還以男女解之。**傳曰:姪者何也? 謂吾姑者吾謂之姪。**【疏】○釋曰:云“謂吾姑者吾謂之姪”者,姪之名唯對姑生稱③,若對世、叔,唯得言昆弟之子,不得姪名也。

夫之祖父母、世父母、叔父母。【疏】○釋曰:以其義服,故次在此。記

---

①　“婦人”下漢簡《喪服》丙本無“報”字,沈云:“敖繼公云:‘章首已見爲姑適人者之服,此似不必言報,疑報字非誤則衍。’得簡丙本相證,知今本‘報’字爲衍文。”當據刪。

②　“婦”字原作“男”,張敦仁本作“婦”,據改。

③　“名”上原無“姪之”二字,倉石云:“‘名’上浦氏、金氏俱依《通解》增‘姪之’二字是。”據補。

云"爲夫之兄弟降一等",此皆夫之朞,故妻爲之大功也。傳曰:何以大功也?
從服也。夫之昆弟何以無服也?其夫屬乎父道者,妻皆母道也。
其夫屬乎子道者,妻皆婦道也。謂弟之妻婦者,是嫂亦可謂之母
乎?故名者,人治之大者也,可無慎乎!道,猶行也。言婦人棄姓無常
秩,嫁於父行則爲母行,嫁於子行則爲婦行。謂弟之妻爲婦者,卑遠之,故謂之婦。嫂
者,尊嚴之稱,是嫂亦可謂之母乎?言不可①。嫂,猶叟也。叟,老人稱也。是爲序男
女之別爾。若己以母、婦之服服兄弟之妻,兄弟之妻以舅、子之服服己,則是亂昭穆之
序也。治,猶理也。父母、兄弟、夫婦之理,人倫之大者,可不慎乎!《大傳》曰:"同姓從
宗合族屬,異姓主名治際會,名著而男女有別。"○婡,本又作嫂,同素早反。人治,直
吏反,注治猶同。猶行,户郎反,下同。卑遠,于万反。猶傁,素口反。人稱,尺證反。
之別,彼列反,下有別并傳同。【疏】"傳曰"至"慎乎"。○釋曰:問者,怪無骨肉之親而
重服大功,故致問也。答"從服也",從夫而服,故大功也。若然,夫之祖父母、世父母
爲此妻著何服也?案下緦麻章云婦爲夫之諸祖父母報,鄭注謂夫所服小功者,則此夫
所服朞,不在報限②。王肅以爲父爲衆子朞,妻小功,爲兄弟之子朞,其妻亦小功,以其
兄弟之子猶子,引而進之,進同己子,明妻同可知。"夫之昆弟何以無服"已下,總論兄
弟之妻不爲夫之兄弟服,夫之兄弟不爲兄弟妻服之事。云"其夫屬乎父道者,妻皆母
道也。其夫屬乎子道者,妻皆婦道也",此二者尊卑之叙,並依昭穆相爲服,即此經爲
夫之世、叔父母服是也。云"謂弟之妻婦者,是嫂亦可謂之母乎"者,此二者欲論不著
服之事,若著服則相親,近于淫亂,故不著服,推而遠之,遠乎淫亂,故無服也。又云
"名者,人治之大者也,可無慎乎"者,欲明母之與婦,本是路人,今來嫁于父、子之行,
則生母、婦之名,既名母、婦,即有服,有服則相尊敬,遠于淫亂者也,是母、婦之名,人
理之大,可不慎乎!當慎之。若然,兄弟之妻,本無母、婦之名,名兄妻爲嫂者,尊嚴之

---

① "乎"下原無"言不可"三字,阮云:"上八字毛本脱,徐本、《通典》、《集釋》、《通
解》俱有,與疏合,《通典》'乎'下更有'言不可'三字。按若無'言不可'三字,則空述傳
文,殊覺無謂。注意言嫂者雖是尊嚴之稱,然竟謂之母則不可也,不過比之以老人耳。
賈疏曰:'云嫂者尊嚴之稱,是嫂亦可謂之母乎者,此因弟妻名爲婦,以致斯問,言不可
也。'此首尾述注而中間釋其義,疏家每有此例,非杜氏取賈氏疏羼入鄭注也,宜補
入。"據補。

② "不"下原無"在"字,曹云:"'不'下當有'在'字。"據補。

稱，名弟妻爲婦，與子妻同號者，推而遠之，下同子妻也，是兄弟妻既無母、婦之名，今名爲嫂、婦者，假作此號，使遠于淫亂，故不相爲服也。○注"道猶"至"有別"。○釋曰：云"謂弟之妻爲婦者，卑遠之，故謂之婦"者，使下同子妻，則本無婦名，假與子妻同，遠之也。云"嫂者，尊嚴之稱，是嫂亦可謂之母乎"者，此因弟妻名爲婦，以致斯問，言不可也。云"嫂，猶叟也。叟，老人稱也"者，叟有兩號，若孔注《尚書》"西蜀叟"，叟是頑愚之惡稱，若《左氏傳》云"趙叟在後"，叟是老人之善名，是以名爲嫂，嫂，婦人之老稱，故云老人之稱。云"是爲序男女之別爾"者，謂不名兄妻爲母，是次序昭穆之別也。云"若己以母、婦之服服兄弟之妻，兄弟之妻以舅、子之服服己，則是亂昭穆之序也"者，此解不得之意，何者？以弟妻爲婦，即以兄妻爲母而以母服服兄妻，又以婦服服弟妻，又使妻以舅服服夫之兄，又使兄妻以子服服夫之弟①，則兄弟反爲父子，亂昭穆之次序，故不得以兄妻爲母者也，故聖人深塞亂源，使兄弟之妻本無母、婦之名，不相爲服也。引《大傳》云"同姓從宗合族屬"者②，謂大宗子同是正姓，姬、姜之類，屬，聚也，合聚族人於宗子之家，在堂上行食燕之禮，即"繫之以姓而弗別，綴之以食而弗殊"是也。又云"異姓主名治際會"者，"主名"，謂母與婦之名，治，正也，際，接也，以母、婦正接之會聚，則宗子之妻食燕族人之婦於房是也。云"名著而男女有別"者，謂母、婦之名明著，則男女各有分別而無淫亂也。

大夫爲世父母、叔父母、子、昆弟、昆弟之子爲士者。子，謂庶子。【疏】○注"子謂庶子"。○釋曰：大夫爲此八者本朞，今以爲士故，降至大功，亦爲重出此文，故次在此也。云"子，謂庶子"者，若長子，在斬章，故謂庶子也。**傳曰：何以大功也？尊不同也，尊同則得服其親服。**尊同，謂亦爲大夫者。親服，期。【疏】○注"尊同"至"服期"。○釋曰："尊同，謂亦爲大夫者"，經言大夫爲之，明尊同，是亦爲大夫也。云"親服，期"者，此八者並見期章是也。

公之庶昆弟、大夫之庶子爲母、妻、昆弟。公之庶昆弟則父卒也，大夫之庶子則父在也。其或爲母，謂妾子也。【疏】○釋曰：云"公之庶昆弟、大夫之庶子"者，此二人各自爲母、妻、爲昆弟服大功，此並受厭降，卑於自降，故次在自降人之

---

① "夫"上原有"己"字，曹云："'己'字似衍。然此句及上句於注文未合。"據刪。
② "云"上原有"者"字，阮云："《要義》同，毛本無'者'字。"據刪。

下。〇注“公之”至“子也”。〇釋曰：若云公子，是父在，今繼兄而言昆弟，故知父卒也，又公子父在爲母、妻在五服之外，今服大功，故知父卒也。云“大夫之庶子則父在也”者，以其繼父而言，又大夫卒，子爲母、妻得伸，今但大功，故知父在也。云“其或爲母，謂妾子也”者，以其爲妻、昆弟，其禮並同，又於適妻，君①、大夫自不降，其子皆得伸，今在大功，明妾子自爲己母也。**傳曰：何以大功？先君餘尊之所厭，不得過大功也。大夫之庶子則從乎大夫而降也。（父之所不降，子亦不敢降也②。）**言從乎大夫而降，則於父卒如國人也。昆弟，庶昆弟也。舊讀昆弟在下，其於厭降之義宜蒙此傳也，是以上而同之。父所不降，謂適也。〇上而，時掌反。【疏】“傳曰”至“降也”。〇釋曰：問者，怪此等皆合重服期，今大功，故發問也。荅云“先君餘尊之所厭，不得過大功也”者，此直荅公之庶昆弟，以其公在爲母、妻厭，在五服外，公卒猶爲餘尊之所厭，不得過大功。其大夫之子，據父在有厭，從於大夫降一等，大夫若卒，則得伸，無餘尊之厭也。云“父之所不降，子亦不敢降也”者，此傳云“而降”，遂言不降者也。此傳雖文承大夫下，亦兼解公之昆弟。未悉公爲何人不降弟，公不降，子亦不降③，與大夫同也。〇注“言從”至“適也”。〇釋曰：以大夫尊少，身在，降一等，身没，其庶子則得伸，如國人也。云“昆弟，庶昆弟也”者，若適則在父之所不降之中，故知庶昆弟也。云“舊讀昆弟在下，其於厭降之義宜蒙此傳也，是以上而同之”者，言“舊讀”，謂鄭君以前馬融之等，以“昆弟”二字抽之在傳下，今皆易之在上，鄭檢經義，“昆弟”，乃是公之庶昆弟、大夫之庶子所爲者，父以尊降庶子，則庶子亦厭而爲昆弟大功，是知“宜蒙此傳”，則“昆弟”二字當在傳上，與母、妻宜蒙此傳同爲厭降之

---

① “君”字原作“皆”，張敦仁本作“君”，據改。

② “從乎大夫而降也”下漢簡《服傳》甲、乙本皆無“父之所不降子亦不敢降也”十一字，沈云：“今本此傳，本屬可疑。不杖期章‘大夫之適子爲妻’，傳云：‘父之所不降，子亦不敢降也’，又‘大夫之庶子爲適昆弟’，傳云：‘父之所不降，子亦不敢降也’；如此條乃‘大夫之庶子爲庶昆弟’釋義，則當云‘父之所降，子亦不敢不降也’，不當如今本所云也。今得簡本，知此傳未及爲‘庶昆弟’之服，故述經無‘昆弟’二字，又無此二句，其疑始渙然冰釋矣。今本‘父之’二句爲衍文無疑也。”當據刪。

③ “未悉”至“不降”，四庫本改作“未悉父爲何人不降適昆弟，父不降，子亦不降”，卷末《考證》云：“監本‘父’字並作‘公’，又脱‘適昆’二字，細玩傳注改正。”倉石云：“弟字虛用，並非昆弟之弟，謂雖公之不降，未悉何人，但公所不降，子亦不降矣，文義至瞭。”疏釋經文“父之所不降，子亦不敢降也”，此二句經文本是衍文，姑存其舊。

文，不得如舊讀也。云“父所不降，謂適也”者，不指不降之人而云“謂適”者，欲見適中非一，謂父爲適妻、適子之等皆是也。

　　皆爲其從父昆弟之爲大夫者。皆者，言其互相爲服，尊同則不相降。其爲士者，降在小功。適子爲之，亦如之。○相爲，于僞反，下其爲、爲之、下文所爲同。【疏】○注“皆者”至“如之”。○釋曰：此文承上“公之庶昆弟、大夫之庶子”之下，則是上二人爲此“從父昆弟之爲大夫者”，以其二人爲父所厭降親，今此從父昆弟爲大夫，故此二人不降而服大功，依本服也。言“皆”者，鄭云“互相爲服”者，以彼此相爲，同是從父昆弟相爲著服，故云“皆”，見互相之義故也①。云“其爲士者，降在小功”者，降一等故也②。云“適子爲之，亦如之”者，雖適不降，同故也。

　　爲夫之昆弟之婦人子適人者。婦人子者，女子子也。不言女子子者，因出見恩疏。○見恩，賢遍反，下以見同。【疏】○注“婦人”至“恩疏”。○釋曰：此亦重出，故次從父昆弟下。此謂世、叔母爲之服，在家期，出嫁大功。云“不言女子子者，因出見恩疏”者，女，在家室之名，是親也，婦者，事人之稱，是見疏也。今不言女與母而言“夫之昆弟之婦人子”者③，是因出，見恩疏故也。

　　大夫之妾爲君之庶子。下傳曰“何以大功也？妾爲君之黨服，得與女君同”，指爲此也。妾爲君之長子亦三年，自爲其子期，異於女君也。士之妾爲君之衆子亦期。【疏】○注“下傳”至“亦期”。○釋曰：妾爲君之庶子，輕於爲夫之昆弟之女，故次之。引下傳曰“‘何以大功也？妾爲君之黨服，得與女君同’，指爲此也”者，彼傳爲此經而作，故云“指爲此”，在下者，鄭彼云“文爛在下爾”故也。云“妾爲君之長子亦三年”者，妾從女君服，得與女君同，故亦同女君三年。又云“自爲其子期，異於女君也”者，以其女君從夫降其庶子大功，夫不厭妾，故自服其子期，是異於女君也。云“士之妾爲君之衆子亦期”，亦得與己子同者，亦是與女君同故也④。

　　女子子嫁者、未嫁者爲世父母、叔父母、姑姊妹。舊讀合大夫之

――――――
①　“見互相”原作“互相見”，倉石云：“‘見’字當移在‘互’上。”據乙。
②　“一”字原作“亦”，張敦仁本作“一”，據改。
③　“昆弟之婦人子”原作“昆弟與婦人子”，四庫本“與”作“之”，與經合，據改。
④　“亦得”至“故也”原作“謂亦得與女君期者亦是與己子同故也”，曹云：“當爲‘亦得與己子同者，亦是與女君同故也’。”據改。

妾爲君之庶子、女子子嫁者、未嫁者,言大夫之妾爲此三人之服也。【疏】○注"舊讀"
至"服也"。○釋曰:此是女子子逆降旁親,又是重出,故次之於此。知逆降者,此經云
嫁者爲世父已下,出降大功,自是常法,更言未嫁者亦爲世父已下,非未嫁逆降如何?
云"舊讀合大夫之妾爲君之庶子、女子子嫁者、未嫁者,言大夫之妾爲此三人之服也"
者,此馬融之輩舊讀如此,鄭以此爲非,故此下注破之也。傳曰:嫁者,其嫁於
大夫者也。未嫁者,成人而未嫁者也。何以大功也?妾爲君之
黨服,得與女君同。下言爲世父母、叔父母、姑姊妹者,謂妾自服
其私親也。此不辭,即實爲妾遂自服其私親,當言"其"以明之。齊衰三月章曰"女
子子嫁者、未嫁者爲曾祖父母",經與此同,足以明之矣。傳所云"何以大功也?妾爲
君之黨服,得與女君同",文爛在下爾。女子子成人者有出道,降旁親,及將出者,明當
及時也。【疏】○釋曰:云"嫁者,其嫁於大夫者也。未嫁者,成人而未嫁者也",此二者,
依鄭爲世父已下七人本服皆期,未嫁者逆降之,服大功也。云"何以大功也?妾爲君
之黨服,得與女君同"者,此傳當在上"大夫之妾爲君之庶子"下,爛脫誤在此,但"下
言"二字及"者謂妾自服其私親也"九字總十一字,既非子夏自著,又非舊讀者自安,是
誰置之也? 今以義,必是鄭君置之。鄭君欲分別舊讀者如此意趣,然後以注破之。云
"此不辭"者,謂此分別文句,不是解義言辭也。云"即實爲妾遂自服其私親,當言'其'
以明之"者①,此鄭欲就舊讀破之②。案不杖期章云"女子子適人者爲其父母、昆弟之
爲父後者"也,又云"公妾以及士妾爲其父母",自爲其親,皆言"其"以明妾爲私親,今
此不言"其",明非妾爲私親,一人逆降,一人合降,不得合云一人③,是二人爲此七人等
逆降者④。又引齊衰三月章曰"'女子子嫁者、未嫁者爲曾祖父母',經與此同,足以見
之矣"者,彼二人爲曾祖是正尊,雖出嫁亦不降,此則爲旁親,雖未嫁,亦逆降,聖人作
文是同,足以明之,明是二人爲此七人,不得以嫁者、未嫁者上同君之庶子,下文爲世
父以下爲妾自服私親也。云"傳所云'何以大功也?妾爲君之黨服,得與女君同',文

---

①　"明"字原作"名",張敦仁本作"明",與注合,據改。

②　"舊"下原有"章"字,曹云:"'章'字衍。"據删。

③　"一"字原作"二",四庫本作"一",據改。

④　"是二人爲此七人等逆降者",曹云:"二人不皆逆降,但疏意重在逆降一邊,故
惟據逆降言之。"

爛在下爾”者，此傳爲“大夫之妾爲君之庶子”而發，應在“女子子”之上、“君之庶子”之下，以簡札韋編爛斷，後人錯置於下，是以舊讀將爲本在於此，是以遂誤也。云“女子子成人者有出道，降旁親”者，此鄭依經正解之，以其嫁者降旁親是其常，而云未嫁者，成人未嫁亦降旁親者，謂女子子十五已後許嫁，笄爲成人，有出嫁之道，是以雖未出，即逆降世父已下旁親也。云“及將出者，明當及時也”者，謂女子子年十九，後年二月，冠子娶妻之月，其女當嫁，今年遭此世父已下之喪，若依本服期者，過後年二月①，不得及時，逆降在大功，大功之末可以嫁子，則於二月得及時而嫁，是以云“明當及時也”。

大夫、大夫之妻、大夫之子、公之昆弟爲姑姊妹、女子子嫁於大夫者。君爲姑姊妹、女子子嫁於國君者。【疏】○釋曰：此等姑姊已下，應降而不降，又兼重出其文，故次在此也。此大夫、大夫妻、大夫之子、公之昆弟四等人，尊卑同，皆降旁親姑姊已下一等，大功，又以出降，當小功，但嫁於大夫尊同，無尊降，直有出降，故皆大功也。但大夫妻爲命婦，若夫之姑姊妹在室及嫁皆小功，若不爲大夫妻，又降在緦麻，假令彼姑姊妹亦爲命婦，唯小功耳，今得在大夫科中者，此謂命婦爲本親姑姊妹、己之女子子，因大夫、大夫之子爲姑姊妹、女子子，寄文於夫與子姑姊妹之中，不煩別見也。云“君爲姑姊妹、女子子嫁於國君者”，國君絶期已下，今爲尊同，故亦不降，依嫁服大功。傳曰：何以大功也？尊同也，尊同則得服其親服。諸侯之子稱公子，公子不得禰先君。公子之子稱公孫，公孫不得祖諸侯。此自卑別於尊者也。若公子之子孫有封爲國君者，則世世祖是人也，不祖公子，此自尊別於卑者也。是故始封之君不臣諸父、昆弟，封君之子不臣諸父而臣昆弟，封君之孫盡臣諸父、昆弟，故君之所爲服，子亦不敢不服也，君之所不服，子亦不敢服也。不得禰、不得祖者，不得立其廟而祭之也。卿大夫以下，祭其祖禰。則世世祖是人，不得祖公子者，後世爲君者，祖此受封之君，不得祀別子也。公子若在高祖以下，則如其親服。後世遷之，乃毀其廟爾。因國君以尊降其親，故終說此義云。○不復，扶又反。【疏】“傳曰”至“不敢服也”。○釋曰：云“何以大功也”，問者以諸侯絶旁服，大夫降一等①，今此大功，故發問也。荅曰"尊同也②，尊同則得服其親服"者，大夫與諸侯所以亦爲服者，各自以爲尊同，故服之也。若然，"大夫"之下則云"命婦"、"大夫之子"，國君之下不云"夫人"、"世子"，亦同國君，不降可知。云"諸侯之子稱公子"已下，因尊同，遂廣説尊不同之義也。但諸侯之子適適相承象賢，而旁支庶已下並爲諸侯所絶，不得稱諸侯子，變名公子，案《檀弓》注云"庶子言公，卑遠之"，是以子與孫皆言公，見疏遠之義故也。云"此自卑別於尊者也"者，謂適既立廟，支庶子孫不立廟，是自卑別於尊者也。云"若公子之子孫有封爲國君者"，謂若《周禮·典命》云公八命，卿六命，大夫四命，其出封皆如一等，公子之子孫③，或爲天子臣，出封爲五等諸侯，是子孫有封爲國君之事④。云"則世世祖是人也，不祖公子，此自尊別於卑者也"者，謂後世將此始封之君，世世祖是人也，不祖公子，謂不復祀別子也。云"是故始封之君不臣諸父、昆弟"者，以其初升爲君，諸父是祖之一體，又是父之一體，其昆弟既是父之一體，又是己之一體，故不臣此二者，仍爲之著服也。云"封君之子不臣諸父而臣昆弟"者，以其諸父尊，故未得臣，仍爲之服，昆弟卑，故臣之，不爲之服，亦既不臣，當服本服期，其不臣者爲君所服當服斬，以其與諸侯爲兄弟者雖在外國，猶爲君斬，不敢以輕服服至尊，明諸父、昆弟雖不臣，亦不得以輕服服君，爲之斬衰可知。云"封君之孫盡臣諸父、昆弟"者，繼世至孫，漸爲貴重，故盡臣之，不言不降而言不臣，君是絶宗之人，親疏皆有臣道，故雖未臣，子孫終是爲臣，故以臣言之。云"故君之所爲服，子亦不敢不服也"者，此欲釋臣與不臣，君之子與君同之義。云"君之所爲服"者，謂君之所不臣者，君爲之服者，子亦服之，故云"子亦不敢不服也"。云"君之所不服，子亦不敢服也"者，此謂君所臣之者⑤，君不爲之服，子亦不敢服之，以其子從父升降故也。○注"不得"至"義云"。○釋曰：云"不得禰、不得祖者，不得立其廟而祭之也"者，鄭恐人以傳云"不得禰"、"不得祖"，令卑別之，不得將爲禰祖，故云"不得"者，"不得立其廟而祭之"，名爲"不得"也，以其廟已在，適子爲君者立之，旁支庶不得並立廟，故云"不得"

---

①　"大"上原有"則"字，曹云："'則'字衍。"據刪。

②　"曰"下原有"云"字，曹云："'云'字衍。"據刪。

③　"公子之子孫"原作"是公之子孫"，曹云："'公'下脱'子'字，'是'字容衍。"據刪補。

④　"子孫"原作"公子"，曹云："'公子'當爲'子孫'。"據改。

⑤　"此"上原有"然"字，曹云："'然'字衍。"據刪。

888

也。云“卿大夫以下祭其祖禰”，鄭言此者，欲見公子、公孫若立爲卿大夫，得立三廟，若作上士，得立二廟，若作中士，得立一廟，並得祭其祖禰，既不祖禰先君，當立別子已下，以其公子並是別子①，若魯桓公生世子名同者後爲君，慶父、叔牙、季友等謂之公子，公子並爲別子，不得禰先君桓公之廟，慶父等雖爲卿大夫，未有廟，至子孫已後，乃得立別子爲大祖不毀廟，已下二廟，祖禰之外，次第則遷之也，故云“卿大夫已下祭其祖禰”也。雖得祭祖禰，但不得禰祖先君也。云“則世世祖是人，不得祖公子者”，此鄭疊傳文也②。云“後世爲君者，祖此受封之君，不得祀別子也”者，此鄭解義語，以其後世爲君，祖此受封君，解世世祖是人，不得祀別子，解不祖公子者也，以其別子卑，始封君尊，是爲自尊別於卑者也。云“公子若在高祖以下，則如其親服”者，此解始封君得立五廟，五廟者，大祖與高祖已下四廟，今始封君，後世乃不毀其廟，爲大祖於此，始封君未有大祖廟，唯有高祖以下四廟，則公子爲別子者得入四廟之限，故云“公子若在高祖以下，則如其親”，如其親，謂自禰已上至高祖，以次立四廟。云“後世遷之，乃毀其廟爾”者，謂始封君死，其子立，即以父爲禰廟，前高祖者爲高祖之父，當遷之，又至四世之後，始封君爲高祖父，當遷之時，轉爲大祖，通四廟爲五廟，定制也，故云“後世遷之，乃毀其廟”也。云“因國君以尊降其親，故終説此義云”者，自諸侯之子已下③，既非經語而傳汎説降與公子之義，故云“終説”也。

　　緦衰裳、牡麻絰，既葬除之者：【疏】○釋曰：此緦衰是諸侯之臣爲天子，在大功下、小功上者，以其天子七月葬，既葬除，故在大功九月下、小功五月上，又緦雖如小功，升數又少，故在小功上也。此不言帶屨者，以其傳云“小功之緦也”，則帶屨亦同小功可知。（傳曰：緦衰者何？以小功之緦也④。）治其緦如小功而成布

---

①　“公子”下原有“公孫”二字，曹云：“‘公孫’二字衍。”據刪。
②　“此”下原有“謂”字，阮云：“‘謂’字疑衍。”據刪。
③　“侯”字原作“臣”，曹云：“‘臣’當爲‘侯’。”據改。
④　“既葬除之者”下漢簡《服傳》甲、乙本皆無“緦衰者何以小功之緦也”二句，沈云：“案緦衰章特爲‘諸侯之大夫爲天子服’而設，故釋緦衰之文繫於傳末，以恩輕服重之義見曾接見於至尊之殊遇，必顛倒其次而文義始得連貫。今本經傳合編，編者以爲‘以小功之緦也’句正解經章首‘緦衰’之義，使傳分繫於經，故移於章首之下。”當據以移置“緦衰者何以小功之緦也”於傳末，繫於“諸侯之大夫以時接見乎天子”句下，且刪經傳合編時所加“傳曰”二字，注、疏亦當並移。

四升半①。細其縷者,以恩輕也。升數少者,以服至尊也②。凡布細而疏者謂之總,今南陽有鄧總。○總衰,音葳。【疏】○注“治其”至“鄧總”。○釋曰:傳問者,正問縷之麤細,不問升數多少,故荅云“小功之總也”。若然,小功總,知據縷麤細非升數者,下記人記出升數而“總衰四升有半”,鄭彼注云“服在小功之上者,欲著其縷之精麤也”,故此注亦云“治其縷如小功而成布四升半也”③。云“細其縷者,以恩輕也”者,以其諸侯大夫是諸侯臣,於天子爲陪臣,唯有聘問接見天子,天子禮之而已,故服此服,是恩輕也。云“升數少者,以服至尊也”者,諸侯爲天子服至尊義服斬,縷如三升半④,陪臣降君,改服至尊加一升,四升半也。云“凡布細而疏者謂之總”者,此喪服謂之總,由細而疏⑤,若非喪服細而疏,亦謂之總,故云“凡”以總之。云“今南陽有鄧總”者,謂漢時南陽郡鄧氏造布,有名總,言此者,證“凡布細而疏”即是總之義。

　　諸侯之大夫爲天子。【疏】○釋曰:此經直云“大夫”,則大夫中有孤、卿,以其小聘使下大夫,大聘或使孤,或使卿也,故《大行人》云諸侯之孤以皮帛繼子男,故知大夫中兼孤、卿。傳曰:何以總衰也? 諸侯之大夫以時接見乎天子。〔總衰者何? 以小功之總也⑥。〕接,猶會也,諸侯之大夫以時會見於天子而服之,則其士、庶民不服可知。○接見,賢遍反,注同下章不見并注放此。【疏】○注“接猶”至“可知”。○釋曰:傳問者,怪其重,此既陪臣,何意服四升半布,七月乃除。荅云“以時接見乎天子”者,爲有恩,故服之。云“接,猶會也,諸侯之大夫以時會見於天子而服之”者,案《周禮·大宗伯》有“時見曰會”,彼諸侯時見曰會⑦,無常期曰時會,此鄭云“以時會見”者,直據諸侯大夫,以時會見⑧,問覜天子禮,此即《周禮·大宗伯》

---

① “布”下原有“尊”字,阮云:“徐本同,毛本無‘尊’字。”據删。
② “至”下原無“尊”字,阮云:“徐本同,毛本‘至’下有‘尊’字。張氏曰:‘注曰治其縷如小功而成布尊四升半,又曰以服至也。按疏上句多一尊字,下句少一尊字。後記總衰之注云不敢以兄弟之服服至尊也,與疏下句之義合,並從疏。’”據補。
③ “故此注亦云”原作“故云注亦云”,阮云:“上‘云’字疑當作‘此’。”據改。
④ “如”字原作“加”,曹云:“‘加’當爲‘如’。”據改。
⑤ “細”字原作“總”,曹云:“‘總’當爲‘細’。”據改。
⑥ “天子”下漢簡《服傳》甲、乙本皆有“總衰者何以小功之總也”二句,今本誤置於章首經文“既葬除之者”句下,且冠以“傳曰”二字,當移置於此,説見前。
⑦ “侯”下原有“聘”字,曹云:“‘聘’字衍。”據删。
⑧ “以時會見”原作“時復會其”,四庫本作“以時會見”,據改。

云“時聘曰問，殷覜曰視”，鄭注云“時聘者，亦無常期，天子有事乃聘之焉。竟外之臣，既非朝歲，不敢瀆爲小禮”，是天子有事乃遣大夫來聘，彼又注云“殷覜，謂一服朝之歲，以朝者少，諸侯乃使卿以大禮衆聘焉。一服朝在元年、七年、十一年”，此時唯有侯服一服朝，故餘五服並使卿來見天子，此並是以時會見天子。天子待之以禮，皆有委積、殽、饗、饔、食、燕與時賜，加恩既深，故諸侯大夫報而服之也。云“則其士、庶民不服可知”者，上文云“庶人爲國君”，注云“天子畿內之民服天子亦如之”，即知畿外之民不服可知，今又言之者，以畿外內民庶於天子有服、無服，無明文，今因畿外諸侯大夫接見天子者乃有服，不聘天子者即無服，明民庶不爲天子服可知，故重明之。若然，諸侯之士約大夫，不接見天子則無服，明士不接見亦無服可知。其士與卿大夫聘時作介者①，雖亦得禮，介本副使，不得天子接見，亦不服可知。

小功布衰裳、澡麻帶絰五月者：澡者，治去莩垢，不絶其本也。《小記》曰：“下殤小功，帶澡麻，不絶其本，屈而反以報之。”○澡麻，音早。治去，起呂反，後注猶去、則去同。莩，音敷。垢，古口反。【疏】“小功”至“月者”。○釋曰：此殤小功章，在此者，本齊衰、大功之親，爲殤，降在小功，故在成人小功之上也。但言小功者，對大功是用功麤大，則小功是用功細小精密者也。自上以來，皆帶在絰下，今此帶在絰上者，以大功已上絰帶有本，小功以下斷本，此殤小功中，有下殤小功，帶不絶本，與大功同，故進帶於絰上，倒文以見重，故與常例不同也，且上文多直見一絰包二，此別言帶者，亦欲見帶不絶本，與絰不同，故兩見之也。又殤大功直言無受，不言月數，此直言月，不言無受者，聖人作經，欲互見爲義，大功言無受，此亦無受，此言五月，彼則九月、七月可知。又且下章言“即葛”，此章不言“即葛”，亦是兼見無受之義也。又不言布帶與冠，文略也。不言屨者，當與下章同吉屨無絇也。○注“澡者”至“報之”。○釋曰：云“澡者，治去莩垢”者，謂以枲麻又治去莩垢，使之滑净，以其入輕竟故也。引《小記》者，欲見下殤小功中，有本是齊衰之喪，故特言下殤，若大功下殤，則入緦麻，是以特據下殤。云“屈而反以報之”者，謂先以一股麻不絶本者爲一條，展之爲繩，報，合也，以一頭屈而反，鄉上合之，乃絞垂，必屈而反以合者，見其重故也。引之者，證此帶亦不絶本，屈而反以報之也。若然，此章亦有大功長殤在小功者，未知帶得與齊衰下殤小

---

① “其”下原有“有”字，阮云：“《要義》同，毛本、《通解》無‘有’字。”據刪。

功同不絕本不①，案《服問》云"小功無變也"，又云"麻之有本者，變三年之葛"，彼云"小功無變"，據成人小功無變，三年之葛有本得變之，則知大功殤長、中在小功者輕，帶無本也。以此而言，經注專據齊衰下殤小功重者而言②，其中兼有大功之殤在小功帶麻絕本者③，似若斬衰章兼有義服，傳直言衰三升，冠六升，不言義服衰三升半者也。若然，姑姊妹出適降在小功者，以其成人，非所哀痛，帶與大功之殤同，亦無本也。

　　叔父之下殤，適孫之下殤，昆弟之下殤，大夫庶子爲適昆弟之下殤，爲姑姊妹、女子子之下殤，爲人後者爲其昆弟、從父昆弟之長殤。【疏】○釋曰：此經自"叔父"已下至"女子子之下殤"八人，皆是成人期，長殤、中殤大功，已在上殤大功章，以此下殤小功，故在此章也，仍以尊者在前，卑者居後。云"爲人後者爲其昆弟之長殤、從父昆弟之長殤"，此二者以本服大功，今長殤、中殤小功，故在此章，從父昆弟情本輕，故在出降昆弟後也。傳曰：問者曰中殤何以不見也？大功之殤中從上，小功之殤中從下。問者據從父昆弟之下殤在緦麻也。大功、小功，皆謂服其成人也。大功之殤中從上，則齊衰之殤亦中從上也。此主謂丈夫之爲殤者服也。凡不見者，以此求之也。【疏】○注"問者"至"求之也"。○釋曰：不直云"何以"而云"問者曰"者，以其傳總問大功、小功，所問非一，故云"問者曰"，與常例不同。鄭云"問者據從父昆弟之下殤在緦麻也"者，以其緦麻章見從父昆弟之下殤，此章見從父昆弟之長殤，唯中殤不見，故致問，是以據從父昆弟也。云"大功、小功，皆謂服其成人也"者，以其緦麻章傳云"齊衰之殤中從上，大功之殤中從下"，據此二傳言之，禮無殤在齊衰，則下齊衰之殤與大功之殤據成人，明此大功與小功之殤據服其成人可知也。若然，此經大功之殤，唯有爲人後者爲昆弟及從父昆弟二者，長殤、中殤在此小功，其成人小功之殤中從下，自在緦麻，於此言之者，欲使小功與大功相對，故兼言之也。云"大功之殤中從上，則齊衰之殤亦中從上也"者，以此傳云"大功之殤中從上，小功之殤中從下"而言，則大功重者中從上，齊衰重於大功，明從上

---

① "齊衰"原作"斬衰"，殤小功章專據本齊衰、大功之親而言，因殤死降在小功，無本是斬衰之親者，四庫本作"齊衰"，據改。

② "齊衰"原作"斬衰"，阮云："'斬衰'，陳、閩、監本俱作'齊斬'，《通解》作'齊衰斬'。"四庫本作"齊衰"，據改。

③ "兼"字原作"無"，四庫本作"兼"，據改。

可知，故謂舉輕以明重也。又云“此主謂丈夫之爲殤者服也”者，鄭以此云“大功之殤中從上，小功之殤中從下”，緦麻章云“齊衰之殤中從上，大功之殤中從下”，兩文相反，故鄭以彼謂婦人爲夫之族類，此謂丈夫爲殤者服也。鄭必知義然者，以其此傳發在從父昆弟丈夫下，下文發傳在婦人爲夫之親服下①，故知義然也。云“凡不見者，以此求之也”者，周公作經，不可具出，略舉以明義，故云“不見者，以此求之也”。

　　爲夫之叔父之長殤。不見中殤者，中從下也。【疏】○注“不見”至“下也”。○釋曰：夫之叔父義服，故次在此，成人大功，故長殤降一等在小功。云“不見中殤者，中從下也”者，下傳云“大功之殤中從下”，主謂此婦人爲夫之黨類，故知中從下在緦麻也。

　　昆弟之子、女子子、夫之昆弟之子、女子子之下殤。爲姪、庶孫丈夫、婦人之長殤。【疏】○釋曰：云“昆弟之子、女子子、夫之昆弟之子、女子子之下殤”者，此皆成人爲之齊衰期，長中殤在大功，故下殤在此小功也。云“爲姪、庶孫丈夫、婦人之長殤”者，謂姑爲姪成人大功，長殤在此小功，不言中殤，中從上，不言男子、女子而言丈夫、婦人，亦是見恩疏之義。庶孫者，祖爲之大功，長殤、中殤亦在此小功，言丈夫、婦人亦是見恩疏也。

　　大夫、公之昆弟、大夫之子爲其昆弟、庶子、姑姊妹、女子子之長殤。大夫爲昆弟之長殤小功，謂爲士者若不仕者也，以此知爲大夫無殤服也。公之昆弟不言庶者，此無母服②，無所見也。大夫之子不言庶者，關適子亦服此殤也。云公之昆弟爲庶子之長殤，則知公之昆弟猶大夫。【疏】○釋曰：云“大夫、公之昆弟、大夫之子爲其昆弟、庶子、姑姊妹、女子子之長殤”者，謂此三人爲此六種人，成人以尊降至大功，故長殤小功，中亦從上，此一經亦尊卑爲次序也。○注“大夫”至“大夫”。

---

①　“親”下原無“服”字，四庫本“親”下有“服”字，吳紱云：“‘夫之親服’四字，監本誤作‘服之親’三字。按下從父昆弟之子章注云‘此主謂妻爲夫之親服也’，可以証此疏之誤。”據補。

②　“無”下原無“母”字，阮云：“《通典》‘無’下有‘母’字，《通解》‘無’作‘庶’。張氏曰：‘注曰公之昆弟不言庶者，此無服，無所見也。按疏云：若爲母則兼云庶，以其適母、適庶之子皆同服，妾子爲母，見厭不申，今此經不爲母服，爲昆弟以下長殤並同，故不言庶也。考疏之義，無蓋‘庶’字也，從疏。’按須如《通典》作‘此無母服’，乃與疏合，張氏改‘無’爲‘庶’，雖云從疏，實非疏意。”據《通典》補“母”字，疏述注亦補。

○釋曰：云“大夫爲昆弟之長殤小功，謂爲士者若不仕者也”者，凡爲昆弟，成人期，長殤在大功，今大夫爲昆弟長殤小功，明大夫爲昆弟降一等，成人大功，長殤、中殤在小功，若昆弟亦爲大夫，同等則不降，今言降在小功，明是昆弟爲士若不仕者也。云“以此知爲大夫無殤服也”者，已爲大夫則冠矣，丈夫冠而不爲殤，是以知大夫無殤服矣。若然，大夫身用士禮，已二十而冠而有兄姊殤者，己與兄姊同十九而兄姊於年終死，己至明年初二十，因喪而冠，是已冠成人而有兄姊殤也，且五十乃爵命，今未二十已得爲大夫者，五十乃爵命，自是禮之常法，或有大夫之子有盛德，謂若甘羅十二相秦之等，未必要至五十，是以得有幼爲大夫者也。若然，《曲禮》云“四十强而仕”，則四十然後爲士，今云殤死者爲士若不仕，則爲士而殤死，亦是未二十得爲士者，謂若《士冠禮》鄭《目錄》云士之子“任士職，居士位，二十而冠”，則亦是有德，未二十爲士，至二十乃冠，故鄭引《管子》書四民之業，士亦世焉是也。云“公之昆弟不言庶者，此無母服，無所見也”者，經云公之昆弟多兼言庶，此特不云“公之庶昆弟”，直云“公之昆弟”者，若爲母則兼云庶，以其適母、適庶之子皆同服，妾子爲母，見厭不申，今此經不爲母服，爲昆弟已下長殤並同①，故不言庶也。云“大夫之子不言庶者，關適子亦服此殤也”者，若言大夫庶子爲昆弟，謂嫌適子不服之②，若不言庶子，則兼適庶，是以鄭云不言庶子者，關適子，關，通也，通適子亦服此服也。“云公之昆弟爲庶子之長殤，則知公之昆弟猶大夫”者，舊疑大夫與公之昆弟尊卑異，今案此經云公之昆弟與大夫同降昆弟已下，成人大功，長殤同小功，則知此二人尊卑同，故云“猶大夫”也。

　　大夫之妾爲庶子之長殤。君之庶子。【疏】○注“君之庶子”。○釋曰：妾爲君之庶子，成人在大功，已見上章，今長殤降一等，在此小功。云“君之庶子”者，若適長，則成人隨女君三年，長殤在大功，與此異，故言“君之庶子”以別之也。

---

① “長殤並同”原作“並同長殤”，阮云：“下四字張氏《識誤》引作‘長殤並同’。”曹云：“張引是也。”據乙。
② “嫌”字原作“言”，曹云：“‘言’當爲‘嫌’。”據改。

儀禮疏卷第三十三　儀禮卷第十一

小功布衰裳、牡麻絰即葛五月者：即，就也。小功輕，三月變麻，因故衰以就葛絰帶而五月也。《閒傳》曰：“小功之葛與緦之麻同。”舊説小功以下吉屨無絢也。○無絢，其俱反。【疏】○注“即就”至“絢也”。○釋曰：此是小功成人章，輕於殤小功，故次之。此章有三等，正、降、義，其衰裳之制，澡絰等與前同，故略也。云“即葛五月者”，以此成人文縟，故有變麻從葛，故云“即葛”，但以日月爲促①，故不變衰也，不列冠屨，承上大功文略，小功又輕，故亦不言也。言日月者，成人文縟，故具言也。云“即，就也”者，謂去麻就葛也。引《閒傳》，欲見小功有變麻服葛法，既葬，大小同，故變同之也。引舊説云“小功以下吉屨無絢也”者，以小功輕，非直喪服不見屨，諸經亦不見其屨，以輕略之，是以引舊説爲證。絢者，案《周禮・屨人職》屨、舄皆有絢、繶、純。純者，於屨口緣。繶者，牙底接處縫中有條。絢者，屨鼻頭有飾爲行戒。吉時有行戒，故有絢，喪中無行戒，故無絢，以其小功輕，故從吉屨，爲其大飾，故無絢也。

從祖祖父母、從祖父母，報。祖父之昆弟之親。【疏】○注“祖父”至“之親”。○釋曰：此亦從尊向卑，故先言從祖祖父母，以上章已先言父②，次言祖，次言曾，此從祖祖父母是曾祖之子，祖之兄弟，故次之，是以鄭言祖父之昆弟之親者。云“從祖父母”者，是從祖祖父之子，是父之從父昆弟之親，故鄭并言“祖父之昆弟之親”。云“報”者，恩輕，欲見兩相爲服，故云“報”也。

從祖昆弟。父之從父昆弟之子。【疏】○注“父之”至“之子”。○釋曰：此是從祖父之子，故鄭云“父之從父昆弟之子”，己之再從兄弟，以上三者爲三小功也。

從父姊妹。父之昆弟之女。【疏】○注“父之昆弟之女”。○釋曰：此謂從父姊妹，在家大功，出適小功。不言出適與在室，姊妹既逆降宗族，亦逆降報之，故不辨在室及出嫁也。

---

① “促”字原作“足”，曹云：“阮云：‘足，聶氏作促。’案聶氏是。”據改。
② “以上章”原作“已上章”，毛氏汲古閣刊本作“以上章”，據改。

孫適人者。孫者，子之子，女孫在室亦大功也。【疏】○注“孫者”至“功也”。○釋曰：以女孫在室，與男孫同大功，故出適小功也。

爲人後者爲其姊妹適人者。不言姑者，舉其親者而恩輕者降可知。【疏】○注“不言”至“可知”。○釋曰：云“不言姑者，舉其親者而恩輕者降可知”，案《詩》云“問我諸姑，遂及伯姊”，注云“先姑後姊，尊姑也”，是姑尊而不親，姊妹親而不尊，故云不言姑，舉姊妹親者也。

爲外祖父母。傳曰：何以小功也？以尊加也。【疏】○釋曰：發問者，是傳之不得決此，以云外親之服不過緦，今乃小功，故發問。云“以尊加也”者，以言祖者，祖是尊名，故加至小功。言“爲”者，以其母之所生情重，故言“爲”，猶若衆子恩愛與長子同，退入緦，故特言“爲衆子”也。

從母，丈夫、婦人報。從母，母之姊妹。【疏】○注“從母母之姊妹”。○釋曰：母之姊妹與母一體，從於己母而有此名，故曰從母。言“丈夫、婦人”者，姊妹之男女①，與從母兩相爲服，故曰“報”。云“丈夫、婦人”者，馬氏云“從母報姊妹之子男女也。丈夫、婦人者，異姓無出入降”，若然，是皆成人長大爲號。傳曰：何以小功也？以名加也，外親之服皆緦也。外親，異姓，正服不過緦。丈夫、婦人，姊妹之子，男女同。【疏】○注“外親”至“女同”。○釋曰：云“以名加也”者，以有母名，故加至小功。云“外親之服皆緦也”者，以其異姓，故云“外親”，以本非骨肉，情疏，故聖人制禮，無過緦也。言此者，見外親有母名②，即加服之意耳。注云“外親，異姓”者，從母與姊妹子、舅與外祖父母，皆異姓，故總言“外親”也。

夫之姑姊妹、娣姒婦，報。夫之姑姊妹不殊在室及嫁者，因恩輕，略從降。○娣，大計反。姒，音似，兄弟之妻，娣姒或云謂先後，亦曰姒娌。【疏】○注“夫之”至“從降”③。○釋曰：夫之姑姊妹，夫爲之期，妻降一等，出嫁小功，因恩疏，略從降，故在室及嫁同小功，若此釋，恐謂未當報，然文不爲娣姒設，以其娣姒婦兩見，更相爲服

---

①　“姊妹”上原有“母之”二字，曹云：“‘母之’二字似衍。”據刪。

②　“外親有母名”原作“有親與母名”，倉石云：“‘有親與’殿本作‘親有’二字。今案當作‘外親有’三字。”據改。

③　“夫之”原作“大夫”，曹云：“‘大夫’當爲‘夫之’。”據改。

自明，何言報也？既報字不爲娣姒，其報不於娣姒上者①，以其於夫之兄弟，使之遠別，故無名，使不相爲服，要娣姒婦相爲服，亦因夫而有，故娣姒婦下云報②，使娣姒上蒙夫字以冠之也。**傳曰：娣姒婦者，弟長也。何以小功也？以爲相與居室中，則生小功之親焉。**娣姒婦者，兄弟之妻相名也。長婦謂稺婦爲娣婦，娣婦謂長婦爲姒婦。○弟，大計反，本亦作娣。長，丁丈反，注同。【疏】○注"娣姒"至"姒婦"。○釋曰：傳云"娣姒婦者，弟長也"者，此二字皆以女爲形，弟、以爲聲③，則據二婦立稱，謂年小者爲娣，故云娣，弟是其年幼也，年大者爲姒，故云姒。長是其年長，假令弟妻年大，稱之曰姒，兄妻年小，謂之曰娣，是以《左氏傳》穆姜是宣公夫人，大婦也，聲伯之母是宣公弟叔肸之妻，小婦也，聲伯之母不聘，穆姜云吾不以妾爲姒，是據二婦年大小爲娣姒，不據夫年爲小大之事也④。

　　大夫、大夫之子、公之昆弟爲從父昆弟、庶孫、姑姊妹、女子子適士者。從父昆弟及庶孫，亦謂爲士者。【疏】○注"從父"至"士者"。○釋曰：從父昆弟、庶孫本大功，此三等以尊降，入小功。姑姊妹、女子子本期，此三等出降，入大功，若適士又降一等，入小功也。此等以重出其文，姑姊妹又以再降，故在此。鄭云"從父昆弟及庶孫⑤，亦謂爲士"者，以經女子子下總云"適士"，鄭恐人疑，故鄭別言之，以其從父昆弟及庶孫已見於大功章，今在此，三等人降親一等⑥，故知此文"亦謂爲士者"也。

　　大夫之妾爲庶子適人者。君之庶子，女子子也。庶女子子在室大功，其嫁於大夫亦大功。【疏】○注"君之"至"大功"。○釋曰：此云"適人者"，謂士，是以本在室大功，出降，故小功。鄭云"嫁於大夫亦大功"者，直有出降，無尊降故也。

---

①　"於"上原無"不"字，曹云："'於'上似脱'不'字。"據補。

②　"故"字原作"姑"，《通解》、張敦仁本皆作"故"，據改。

③　"弟以爲聲"原作"以弟爲聲"，阮云："陳、閩俱無'以'字，聶氏作'弟似爲聲'。按當作'弟以爲聲'，'似'字即'以'字之誤。"據乙。

④　"是據二婦年大小爲娣姒不據夫年爲小大之事也"，程恂云："按此論於義爲繆。上妻爲夫疏引《曲禮》婦人從夫之爵，坐以夫之齒，此乃云然，亦自相矛盾。蓋當時修纂者非一手，故論説或錯出不符，賈氏未審定耳。"

⑤　"從"字原作"爲"，張敦仁本作"從"，與注合，據改。

⑥　"三"上原有"故"字，曹云："'故'字疑衍，或曰'故'當爲'因'。"據删。

庶婦。夫將不受重者。【疏】○注"夫將不受重者"。○釋曰：經云於支庶，舅姑爲其婦小功，鄭云"夫將不受重"，則若《喪服小記》注云"世子有廢疾不可立而庶子立"，其舅姑皆爲其婦小功，則亦兼此婦也。

君母之父母、從母。君母，父之適妻也。從母，君母之姉妹。【疏】○注"君母"至"姉妹"。○釋曰：此亦謂妾子爲適妻之父母及君母姉妹，如適妻子爲之同也①。傳曰：何以小功也？君母在則不敢不從服，君母不在則不服。不敢不服者，恩實輕也。凡庶子，爲君母如適子。【疏】○注"不敢"至"適子"。○釋曰："何以"發問者，以既不生己，母又非骨肉，怪爲小功，故發問也。荅云"不敢不從服"者，言無情，實但畏敬，故云"不敢不從服"也。云"君母不在"者，或出或死，故直云"不在"，容有數事不在也。鄭云"不敢不服者，恩實輕也"者，以解"不敢"意也。云"如適子"者，則如適妻之子，非正適長，但據君母在而云如②，若君母不在則不如。若然，君母在，既爲君母父母，其己母之父母或亦兼服之。若馬氏義，君母不在，乃可申矣。

君子子爲庶母慈己者。君子子者，大夫及公子之適妻子。【疏】○注"君子"至"妻子"。○釋曰：鄭云"君子子者，大夫及公子之適妻子"者，禮之通例，云君子與貴人，皆據大夫已上，公子尊卑比大夫，故鄭據而言焉。又國君之子爲慈母無服，士又不得稱君子，亦復自養子，無三母具，故知此二人而已。必知適妻子者，妾子賤，亦不合有三母故也。傳曰：君子子者，貴人之子也。爲庶母何以小功也？以慈己加也。云君子子者，則父在也，父没則不服之矣。以慈己加，則君子子亦以士禮爲庶母總也。《内則》曰："異爲孺子室於宫中，擇於諸母與可者，必求其寬裕、慈惠、温良、恭敬、慎而寡言者，使爲子師，其次爲慈母，其次爲保母，皆居子室，他人無事不往。"又曰："大夫之子有食母。"庶母慈己者，此之謂也。其可者賤於諸母，謂傅姆之屬也。其不慈己，則總可矣。不言師、保，慈母居中，服之可知也。國君世子生，卜士之妻、大夫之妾，使食子。三年而出，見於公宫則劬，非慈母也。士之妻自養其子。○孺子，而注反。有食，音嗣。傅姆，音茂，劉音母，《字林》亡又反。見於，賢遍反。則劬，其俱反。【疏】○注"云君"至"其子"。○釋曰：云"爲庶母何以小功也"，發問

---

① "如"字原作"知"，曹云："'知'當爲'如'。"據改。

② "但"字原作"而"，四庫本作"但"，據改。

者，以諸侯與士之子皆無此服，唯此貴人大夫與公子之子獨有此服①，故發問也。荅云"慈己加也"，故以緦麻上加至小功也。"云君子子者，則父在也"者，以其言子，繼於父，故云"父在"，且大夫、公子不繼世，身死則無餘尊之厭，如凡人，則無三母慈己之義，故知"父在"也。云"父没則不服之矣"者，以其無餘尊，雖不服小功，仍服庶母緦麻也，如士禮，故鄭又云"以慈己加，則君子子以士禮爲庶母緦也"，是其本爲庶母緦麻也。"《内則》"已下至"非慈母也"，皆《内則》文，彼文承國君與大夫士之子生之下，鄭彼注云"人君養子之禮"②，今此鄭所引，證大夫、公子養子之法，以其大夫、公子適妻亦得立三母故也。云"異爲孺子室於宮中"者，鄭注云"特埽一處以處之"，更不别室，還於側室生子之處也。云"擇於諸母與可者"，諸母謂父之妾，即此經庶母者也。云"可者"，彼注云"可者，傅、御之屬也"，諸母之外③，别有傅姆④、御妾之等有德行者，可以充三母也。云"必求其寬裕、慈惠、温良、恭敬、慎而寡言者"，寬謂寬弘，裕謂容裕，慈謂恩慈，惠謂惠愛，温謂温潤，良謂良善，恭謂恭恪，敬謂敬肅，慎謂能謹慎，寡言謂審詞語，有此十行者得爲子師，始終與子爲模範，故取德行高者爲之也，故彼注云"子師，教示以善道者"。云"其次爲慈母"，彼注云"慈母，知其嗜欲者"，德行稍劣者爲慈母，即此經慈母是也。又云"其次爲保母"者，德行又劣前者爲保母，彼注云"保母，安其居處者"。云"皆居子室"者，以皆是子母，是以居子之室也。云"他人無事不往"者，彼注云"爲兒精氣微弱，將驚動也"，又云"大夫之子有食母"者，彼注云"選於傅、御之中，《喪服》所謂乳母也"，案下章云"乳母"，注云"謂養子者有他故，賤者代之慈己"者。若然，大夫三母之内，慈母有他故，使賤者代慈母養子，謂之乳母，死則服之三月，與慈母服異。引之者，證三母外又有此母也⑤，君與士皆無此事。云"庶母慈己者，此之謂也"者，謂此經"庶母慈己"，則《内則》所云之謂也。云"其可者賤於諸母，謂傅姆之屬也"者，傅姆謂女師，鄭注《昬禮》云"姆，婦人年五十無子，出而不復嫁，能以婦道教人者，若今時乳母矣"，鄭注《内則》云"可者，傅、御之屬"，與此注不同者，無正文，故注有異，相兼乃具。云"其不慈己，則緦可矣"者，覆解子爲三母之服，謂諸母也。傳云"以慈己

---

① "獨"字原作"猶"，曹云："'猶'當爲'獨'。"據改。
② "人"字原作"爲"，曹云："'爲'當爲'人'。"據改。
③ "諸"字原作"謂"，曹云："'謂'當爲'諸'。"據改。
④ "姆"字原作"母"，曹云："'母'當爲'姆'。"據改。
⑤ "外"字原作"中"，四庫本作"外"，據改。

加”，若不慈己，則不加，明本當緦也。云“不言師、保，慈母居中，服之可知也”者，周公作經，舉中以見上下，故知皆服之矣。云“國君世子生，卜士之妻、大夫之妾，使食子。三年而出，見於公宮則劬，非慈母”者，引此者，彼既總據國君與卿大夫士養子法，向來所引，唯據大夫與公子養子法，故更見國君養子之禮。但國君子之三母具，如前説，三母之外，別有食子者，二者之中，先取士妻，無堪者，乃取大夫妾，不并取之，案彼注謂先有子者，以其須乳故也。劬勞三年，子大出，見公宮，則勞之以束帛，非經慈母①，以其無服故也。知國君子於三母無服者，案《曾子問》孔子曰“古者男子外有傅，内有慈母，君命所使教子也，何服之有”，以此而言，則知天子、諸侯之子，於三母皆無服也。云“士之妻自養其子”者，此亦《内則》文，取之者，以其君大夫養子已具，故因論士之養子法，彼注云“賤不敢使人也”。

緦麻三月者：緦麻，布衰裳而麻絰帶也。不言衰絰，略輕服，省文。○緦麻，音絲。省文，色景反。【疏】○注“緦麻”至“省文”。○釋曰：此章五服之内，輕之極者，故以細如絲者爲衰裳②，又以澡治莩垢之麻爲絰帶，故曰“緦麻”也。“三月”者，凡喪服變除，皆法天道，故此服之輕者，法三月一時，天氣變可以除之，故“三月”也。云“緦麻，布衰裳”者，緦則絲也，但古之緦麻字通用，故作緦字。直云“而麻絰帶也”，案上殤小功章云“澡麻絰帶”，況緦服輕，明亦澡麻可知。云“不言衰絰，略輕服，省文”者，據上殤小功言絰帶，故成人小功與此緦麻有絰帶可知，故云“略輕服，省文”也。**傳曰：緦者，十五升抽其半，有事其縷、無事其布曰緦。**謂之緦者，治其縷，細如絲也。或曰有絲。朝服用布，何衰用絲乎？抽，猶去也。《雜記》曰：“緦冠繰纓。”○朝服，直遥反，後章放此。【疏】○注“謂之”至“繰纓”。○釋曰：云“緦者，十五升抽其半”者，以八十縷爲升，十五升千二百縷，抽其半六百縷，縷麤細如朝服，數則半之，可謂細而疏③，服最輕故也。云“有事其縷、無事其布曰緦”者，案下記云“大夫弔於命婦錫衰”，傳曰“錫者，十五升抽其半，無事其縷、有事其布曰錫”，鄭注云“謂之錫者，治其布使之滑易也。錫者④，不治其縷，哀在内也。緦者，不治其布，哀在外”，若然，則二衰

---

① “非”字原作“此”，曹云：“‘此’當爲‘非’。”據改。
② “細”字原作“緦”，曹云：“‘緦’當爲‘細’。”據改。
③ “細”字原作“緦”，曹云：“‘緦’當爲‘細’。”據改。
④ “錫”上原有“不”字，阮云：“聶氏無上‘不’字。”無“不”字，與鄭注合，據删。

皆同升數，但錫衰重，故治布不治縷，哀在內故也，此緦麻衰，治縷不治布，哀在外故也。云"謂之緦者，治其縷，細如絲也"者，以其糜細與朝服十五升同，故"細如絲也"。云"或曰有絲"者，有人解有用絲爲之，故云"緦"，又曰"朝服用布，何衰用絲乎"者，此鄭以義破或解，朝服，謂諸侯朝服緇布衣及天子朝服皮弁服白布衣，皆用布，至於喪衰，何得反絲乎？故不可也。引《雜記》"緦冠繰纓"者，以其斬衰纓，纓重於冠，齊衰已下纓，纓與冠等，上傳曰"齊衰、大功，冠其受也。緦麻、小功，冠其衰也"，則此云"緦冠"者，冠與衰同用緦布，但"繰纓"者，以灰澡治布爲纓，與冠別，以其冠與衰皆不治布，纓則澡治①，以其輕，故特異於上也。

族曾祖父母、族祖父母、族父母、族昆弟。族曾祖父者，曾祖昆弟之親也。祖父之從父昆弟之親族祖父者②，亦高祖之孫，則高祖有服明矣。【疏】○注"族曾"至"明矣"。○釋曰：此即《禮記·大傳》云"四世而緦，服之窮也"，名爲四緦麻者也。云"族曾祖父母"者，己之曾祖親兄弟也。云"族祖父母"者，己之祖父從父昆弟也。云"族父母"者，己之父從祖昆弟也。云"族昆弟"者，己之三從兄弟。皆名爲族，族，屬也，骨肉相連屬，以其親盡，恐相疏，故以"族"言之耳。云"祖父之從父昆弟之親"者，欲推出高祖有服之意也，以己之祖父與族祖父相與爲從昆弟，族祖父與己之祖俱是高祖之孫，此四緦麻又與己同出高祖，己上至高祖爲四世，旁亦四世，旁四世既有服，於高祖有服明矣。鄭言此者，舊有人解，見齊衰三月章直見曾祖父母，不言高祖，以爲無服，故鄭從下鄉上推之，高祖有服可知。上章不言者，鄭彼注"高祖、曾祖皆有小功之差"，服同，故舉一以見二也。然則又云"族祖父者"，鄭意以"族祖父者"上連"祖父之從父

---

① "澡"字原作"繰"，倉石云："'繰'，殿本作'澡'。今案《雜記》'緦冠繰纓'注：'繰當澡麻帶絰之澡，聲之誤也。'疏云：'絰之繰字，絲旁爲之，非澡治之義，故讀從《喪服小記》下殤澡麻帶絰之澡（張氏錫恭云：小記當作小功，澡麻帶絰，《喪服》殤小功章文也。《小記》則作帶澡麻不絕本，與此文略殊）。'據彼言之，此並上'以灰繰治布'兩'繰'字俱作'澡'得之。"據改，上文"以灰繰治布"之"繰"亦改。

② "族祖父者"上原無"祖父之從父昆弟之親"九字，阮云："《通典》'父'下有'母'字，又此句上有'祖父之從父昆弟父昆弟之親'十二字。按《通典》與疏合，惟重出'父昆弟'三字，當爲衍文。"據《通典》補而刪"父昆弟"三字。四庫本則於"族祖父者"下補"祖父之從父昆弟之親也"十字，吳紱云："監本無此句。按疏呼此句而釋之，則應有明矣，且有此方與上文'曾祖昆弟之親也'句相配，今補。"據補，但所補脫文與《通典》相同，惟置於"族祖父者"下爲異。

昆弟"爲義,句也,故下云"亦高祖之孫"也①,明己之祖父,即高祖之正孫,族祖父,高祖之旁孫也。

　　庶孫之婦、庶孫之(中)〔下〕殤。庶孫者,成人大功,其殤中從上。此當爲下殤,言中殤者,字之誤爾。又諸言中者,皆連上下也。○庶孫之中殤,依注中音下。【疏】○注"庶孫"至"下也"。○釋曰:庶孫之婦緦者,以其適子之婦大功,庶子之婦小功,適孫之婦小功,庶孫之婦緦,是其差也。云"庶孫之中殤",注云"庶孫者,成人大功,其殤中從上"者,則長、中殤皆入小功章中,故云"此當爲下殤,言中殤者,字之誤爾。又諸言中者,皆連上下也"者,謂大功之殤中從上,小功之殤中從下②,謂殤之内無單言中殤者,此經單言中殤,故知誤,宜爲下也。

　　從祖姑姊妹適人者,報③。從祖父、從祖昆弟之長殤。不見中殤者,中從下。○不見,賢遍反,章末注同。【疏】○注"不見"至"從下"。○釋曰:此一經皆本服小功,是以此經或出適,或長殤,降一等皆緦麻。云"不見中殤者,中從下"者,以其小功之殤中從下故也。其云從祖父長殤,謂叔父者也。

　　外孫。女子子之子。【疏】○注"女子子之子"。○釋曰:云"外孫"者,以女出外適而生,故云"外孫"。

　　從父昆弟、姪之下殤,夫之叔父之中殤、下殤。言中殤者,明中從下。【疏】○注"言中"至"從下"。○釋曰:從父昆弟成人大功,長中殤在小功,故下殤在此章也。姪者爲姑之出降大功,姑亦報之大功,長中殤小功④,故下殤在此也。夫之叔父成人大功,長殤在小功,故中下殤在此。以下傳言之,婦人爲夫之族類,大功之殤中從下,故鄭據而言之也。

---

　　①　"下"下原無"云"字,曹云:"'下'下似脱'云'字。"據補。
　　②　"小功"下原有"緦麻"二字,倉石云:"張氏錫恭云:'依上傳,緦麻二字當衍。又本服緦麻殤皆無服,無從上從下之可言也。'今案胡氏《正義》引已删之。"據删。
　　③　"從祖姑姊妹適人者報",四庫本卷末《考證》云:"此當另爲一節,緣疏連下節合解之,故併爲一節耳,今仍之。"
　　④　"長"上原無"姑亦報之大功"六字,倉石云:"《欽定義疏》云:'姪爲姑之下殤小功,據在室者降之也。姑爲姪之下殤緦,據己適人而降之也。疏以姪爲姑釋此,非其次也。當云姑爲姪成人大功,長中殤小功,故下殤緦。'今案張氏錫恭'大功'下補'姑亦報之大功'六字,近之。"據補。

從母之長殤，報。【疏】○釋曰：從母者，母之姊妹，成人小功，故長殤在此，中下之殤則無服，故不言。云“報”者，以其疏，亦兩相爲服也。案小功章已見從母報服，此殤又云“報”者，以前章見兩俱成人以小功相報，此章見從母與姊妹子亦俱在殤死，相爲報服，故二章並言“報”也。

庶子爲（父）後（者）爲其母①。【疏】○釋曰：此爲無冢適，唯有妾子，父死，庶子承後，爲其母緦也。傳曰：何以緦也？傳曰：與尊者爲一體，不敢服其私親也。然則何以服緦也？有死於宮中者，則爲之三月不舉祭，因是以服緦也。君卒，庶子爲母大功。大夫卒，庶子爲母三年也。士雖在，庶子爲母皆如衆人。○則爲，于僞反，下記所爲、下注必爲、相爲、爲其同。【疏】“傳曰”至“緦也”。○釋曰：傳發問者，怪其親重而服輕，故問。引舊傳者，子夏見有成文，引以爲證。云“與尊者爲一體”者，父子一體，如有首足者也。云“不敢服其私親也”者，妾母不得體君，不得爲正親，故言“私親也”。云“然則何以服緦也”，又發此問者，前答既云“不敢服其私親”，即應全不服而又服緦，何也？答曰“有死於宮中者，則爲之三月不舉祭，因是以服緦也”者，云有死宮中者，縱是臣僕死於宮中，亦三月不舉祭，故此庶子因是爲母服緦。有死即廢祭者，不欲聞凶人故也。○注“君卒”至“衆人”。○釋曰：云“君卒，庶子爲母大功”者，大功章云公之庶昆弟爲其母是也，以其先君在，公子爲母在五服外，記所云是也，先君卒，則今君庶昆弟爲其母大功，先君餘尊之所厭，不得過大功，今庶子承重，故緦。云“大夫卒，庶子爲母三年也”者，以其母在大功，父卒無餘尊所厭，故伸三年。“士雖在，庶子爲母皆如衆人”者，士卑無厭故也。鄭并言大夫、士之庶子者，欲見不承後者如此服，若承後則皆緦，故并言之也。向來經傳所云者，據大夫、士之庶子承後法，若天子、諸侯庶子承後，爲其母所服云何？案《曾子問》云“古者天子練冠以燕居”，鄭云謂庶子王爲其母無服，案《服問》云“君之母非夫人，則羣臣無服，唯近臣及僕、驂乘從服，唯君所服服也”，注云“妾，先君所不服

也。禮，庶子爲後，爲其母緦。言‘唯君所服’，申君也。《春秋》之義，有以小君服之者，時若小君在，則益不可”，據彼二文而言，《曾子問》所云據小君在，則練冠五服外，《服問》所云據小君没後，其庶子爲得申，故鄭云“申君”，是以引《春秋》之義，母以子貴。若然，天子、諸侯禮同，與大夫、士禮有異也。

士爲庶母。【疏】○釋曰：上下體例，平文皆士，若非士，則顯其名位。傳云“大夫已上爲庶母無服”，則爲庶母是士可知而經云“士”者，雷云大夫已上，不服庶母，庶人又無庶母，爲庶母服者，唯士而已，故詭例言士也①。傳曰：何以緦也？以名服也。大夫以上爲庶母無服。【疏】○釋曰：發問者，除士以外，皆無服庶母服，獨士有服，故發問。荅云“以名服也”，以有母名，故有服。云“大夫以上爲庶母無服”者，以其降，故無服，此傳解特稱“士”之意也。

貴臣、貴妾。【疏】“貴臣貴妾”。○釋曰：此貴臣、貴妾謂公士、大夫爲之服緦，以尊非南面②，故服之也。傳曰：何以緦也？以其貴也。此謂公士、大夫之君也，殊其臣妾貴賤而爲之服。貴臣，室老、士也。貴妾，姪娣也。天子、諸侯降其臣妾，無服。士卑無臣，則士妾又賤，不足殊，有子則爲之緦，無子則已。【疏】○釋曰：發問者，以臣妾言，不應服，故發問之也。荅云“以其貴也”，以非南面，故簡貴者服之也。○注“此謂”至“則已”。○釋曰：云“此謂公士、大夫之君也”者，若士則無臣，又不得簡妾貴賤，天子、諸侯又以此二者無服，則知爲此服者，是公卿、大夫之君，得“殊其臣妾貴賤而爲之服”也。云“貴臣，室老、士也”者，上斬章鄭已注云“室老，家相也。士，邑宰也”。云“貴妾，姪娣也”者，案《曲禮》云“大夫不名世臣、姪娣”③，《士昏》云“雖無

---

① “雷云”至“士也”原作“當云大夫已上”云云，倉石云“‘當’當作‘雷’，字之誤也。《通典》卷九十二引雷次宗曰：‘爲五服之凡不稱其人者，皆士也。若有天子、諸侯下及庶人，則指其稱位，未有言士爲者。此獨言士何乎？蓋大夫以上庶母無服，庶人無妾則無庶母，爲庶母者唯士而已，故詭常例以著唯獨一人也。’即謂此也，殿本、《校釋》紛紛改字，皆非。鄭氏《私箋》又云：‘雷次宗説，賈氏疏蓋沿之。’不知賈氏明明引雷，學如遵義，亦爲瞀惑如此，甚矣，魯魚之貽誤後人也。”據以改“當”爲“雷”字。

② “尊”字原作“等”，曹云：“‘等’當爲‘尊’。”據改。

③ “世臣姪娣”原作“家相長妾”，曹云：“下四字當爲‘世臣姪娣’。”據改。

娣,媵先”,是士姪娣不具,卿大夫有姪娣爲貴妾可知①,故曰“貴妾,姪娣也”②。云“天子、諸侯降其臣妾,無服”者,以其絶萃已下故也。云“士卑無臣”者,《孝經》以諸侯、天子大夫皆云“爭臣”,士有“爭友”,是士無臣也。云“妾又賤,不足殊”者,以大夫已上身貴,妾亦有貴,士身賤,妾亦隨之賤者,故云“妾又賤,不足殊”也。云“有子則爲之緦,無子則已”者,《喪服小記》文。

乳母。謂養子者有他故,賤者代之慈己。【疏】○注“謂養”至“慈己”。○釋曰:案《內則》云“大夫之子有食母”,彼注亦引此云“《喪服》所謂乳母”,以天子、諸侯其子有三母具,皆不爲之服,士又自養其子,若然,自外皆無此法,唯有大夫之子有此食母爲乳母,其子爲之緦也。云“爲養子者有他故”者,謂三母之內,慈母有疾病或死,則使此賤者代之養子,故云“乳母”也。傳曰:何以緦也?以名服也。【疏】○釋曰:怪其餘人之子皆無此乳母,獨大夫之子有之,故發問也。荅“以名服”,有母名,即爲之服緦也。

從祖昆弟之子。族父母爲之服。【疏】○注“族父母爲之服”。○釋曰:云“從祖昆弟之子”者,據己呼彼爲再從兄弟之子③。云“族父母爲之服”者,據彼來呼己爲族父母,爲之服緦也。

曾孫。孫之子。【疏】○注“孫之子”。○釋曰:據曾祖爲之緦,不言玄孫者,此亦如齊衰三月章直見曾祖,不言高祖,以其曾孫、玄孫爲曾、高同,曾、高亦爲曾孫、玄孫同,故二章皆略不言高祖、玄孫也。

父之姑。歸孫爲祖父之姊妹。【疏】○注“歸孫”至“姊妹”。○釋曰:案《爾雅》云“女子謂晜弟之子爲姪,謂姪之子爲歸孫”,是以鄭據而言焉。

從母昆弟。傳曰:何以緦也?以名服也。【疏】○釋曰:傳問者,怪外親輕而有服者。荅云“以名服”者,因從母有母名而服其子,故云“以名服也”。必知不因兄弟名,以其昆弟非尊親之號,是以上小功章云爲從母小功,云“以名加也”,爲外祖父母,“以尊加也”,知此“以名”者,亦因“從母”之名而服其子爲義。

---

① “貴”字原作“長”,曹云:“‘長’當爲‘貴’。”據改。
② “曰”字原作“以”,阮云:“《要義》同,毛本、《通解》‘以’作‘曰’。”據改。
③ “呼”字原作“於”,曹云:“‘於’當爲‘呼’。”據改。

甥。姊妹之子。【疏】○注“姊妹之子”。○釋曰:云“甥”者,舅爲姊妹之子。

傳曰:甥者何也? 謂吾舅者吾謂之甥。何以緦也? 報之也。【疏】

○釋曰:發問者,五服未有此名,故問之。荅云“謂吾舅者吾謂之甥”,以其父之昆弟有

世叔之名,母之昆弟不可復謂之世叔,故名爲舅,舅既得別名,故謂姊妹之子爲甥,亦

爲別稱也。云“何以緦也,報之也”者,此怪其外親而有服,故發問也。荅曰“報之”者,

甥既服舅以緦,舅亦爲甥以緦也。

壻。女子子之夫也。○壻,息計反,女之夫。傳曰:何以緦? 報之也。

【疏】○釋曰:發問之者,怪女之父母爲外親女夫服。荅云“報之”者,壻既從妻而服妻

之父母,妻之父母遂報之服。前疑姪及甥之名而發問,此不疑壻而發問者,姪、甥本親

而疑異稱,故發問,而壻本是疏人,宜有異稱,故不疑而問之也。

妻之父母。傳曰:何以緦? 從服也。從於妻而服之。【疏】○注“從

於妻而服之”。○釋曰:傳發問者,亦怪外親而有服。荅云“從服”,故有此服。若然,上

言甥不次言舅,此言壻,次即言妻之父母者,舅、甥本親不相報,故在後別言舅,此壻本

疏,恐不是從服,故即言妻之父母也。

姑之子。外兄弟也。傳曰:何以緦? 報之也。【疏】○釋曰:云“外兄

弟”者,姑是内人,以出外而生,故曰“外兄弟”。傳發問者,亦疑外親而服之,故問也。

荅云“報之”者,姑之子既爲舅之子服,舅之子復爲姑之子兩相爲服,故云“報之也”。

舅。母之昆弟。傳曰:何以緦? 從服也。從於母而服之。【疏】○注

“從於母而服之”。○釋曰:傳發問者,亦疑於外親而有服。荅“從服”者,從於母而服

之。不言報者,既是母之懷抱之親,不得言報也。

舅之子。内兄弟也。傳曰:何以緦? 從服也。【疏】○釋曰:云“内兄

弟”者,對姑之子外兄弟①,云“舅之子”,本在内不出,故得内名也。傳發問者,亦以外

親服之,故問也。荅云“從服”者,亦是從於母而服之。不言報者,爲舅既言從服,其子

相施②,亦不得言報也。

夫之姑姊妹之長殤。夫之諸祖父母,報。諸祖父者,夫之所爲小

---

① “子”下原無“外兄弟”三字,曹云:“下似脱‘外兄弟’三字。”據補。

② “施”字原作“於”,阮云:“陳本、《要義》同,毛本、《通解》‘於’作‘施’。”據改。

功，從祖祖父母、外祖父母。或曰曾祖父母。曾祖於曾孫之婦無服而云報乎？曾祖父母正服小功，妻從服緦。【疏】○注“諸祖”至“服緦”。○釋曰：夫之姑姊妹成人，婦爲之小功，長殤降一等，故緦麻也。云“諸祖父者，夫之所爲小功”者，妻降一等，故緦麻。云“報”者①，以其本疏，兩相爲服，則生報名。云“從祖祖父母、外祖父母”者，此依小功章夫爲之小功者也。云“或曰曾祖父母”者，或人解諸祖之中兼有夫之曾祖父母，凡言“報”者，兩相爲服，曾祖爲曾孫之婦無服，何得云“報”乎？鄭破或解也。云“曾祖父母正服小功，妻從服緦”者，此鄭既破或解，更爲或人而言，若今夫不爲曾祖齊衰三月②，而依差降服小功，其妻降一等，得有緦服，今既齊衰三月，明爲曾孫妻無服。

君母之昆弟。【疏】○釋曰：前章不云君母姊妹而云從母者，以其上連君母之父母故也③。此昆弟單出，不得直云舅，故云“君母之昆弟”也。傳曰：何以緦？從服也。從於君母而舅服之也。君母在則不敢不從服，君母卒則不服也。【疏】○注“從於”至“服也”。○釋曰：傳發問者，怪非己母而服之。荅云“從服”者，雖本非己親，敬君母④，故從於君母而服緦也。云“君母在則不敢不從服，君母卒則不服也”者，君母之昆弟從服，與君母之父母同，故亦取於上傳解之也⑤，皆徒從，故所從亡則已也。

從父昆弟之子之長殤、昆弟之孫之長殤，爲夫之從父昆弟之妻。【疏】○釋曰：“從父昆弟之子之長殤、昆弟之孫之長殤”，此二人本皆小功，故長殤在緦麻，中殤從下殤無服。“夫之從父昆弟之妻”，同堂娣姒，降於親娣姒，故緦也。傳曰：何以緦也？以爲相與同室，則生緦之親焉。長殤、中殤降一等，下殤降二等。齊衰之殤中從上，大功之殤中從下。同室者不如居室之親也。齊衰、大功，皆服其成人也。大功之殤中從下，則小功之殤亦中從下也。此主謂妻爲夫之親服也，凡不見者，以此求之。【疏】“傳曰”至“從下”。○釋曰：“何以緦”發問者，以本路人，夫又不服之，今相爲服，故問之。荅云“以爲相與同室，則生緦之親焉”者，以大功有同室同財之義，故云“相與同室，則生緦之親焉”。云“長殤、

---

① “者”上原無“云報”二字，曹云：“‘者’上脱‘云報’二字。”據補。
② “夫”字原作“本”，倉石云：“‘本’疑當爲‘夫’。”據改。
③ “君”下原無“母”字，阮云：“浦鏜云‘君’下脱‘母’字。”據補。
④ “君”下原有“之”字，曹云：“‘之’字衍。”據删。
⑤ “同故亦”原作“故亦同”，阮云：“‘同’字誤在‘故亦’下。”據乙。

中殤降一等，下殤降二等”者，即云“齊衰之殤中從上”，乃是婦人爲夫之族著殤服法①，則此一等、二等之傳，雖文承上男子爲殤之下，要此傳爲下婦人著殤服而發之。若然②，云“長殤、中殤降一等”者，據下齊衰中殤從上，在大功也。“下殤降二等”者，亦是齊衰下殤在小功者也。○注“同室”至“求之”。○釋曰：云“同室者不如居室之親也”者，言“同室”者，直是舍同，未必安坐，言“居”者，非直舍同，又是安坐，以上小功章親娣姒婦發傳而云“相與居室”，此從父昆弟之妻相爲即云“相與同室”，是親疏相並，同室不如居室中，故輕重不等也。云“齊衰、大功，皆服其成人也”者，以其無殤在齊衰之服，明據成人，齊衰既是成人，明大功亦是成人可知也。云“大功之殤中從下，則小功之殤亦中從下”者，則舉上以明下，上殤小功注云“大功之殤中從上，則齊衰之殤亦中從上”，彼注舉下以明上，皆是省文之義，故言一以包二也。云“此主謂妻爲夫之親服也”者，此傳又承婦人在夫家相爲著服之下，又上文殤小功章已發傳，據大功、小功，不據齊衰，以其重，故據男子爲殤服而言，此不言小功，上取齊衰對大功，以其輕，故知婦人義服，爲夫之親而發也。云“凡不見者，以此求之”者，以其婦人爲夫之親，從夫服而降一等而經傳不見者，以此求也，事意盡可知。前章注爲丈夫而言，此章更爲婦人出，故兩處並見也。

記：【疏】○釋曰：《儀禮》諸篇有記者，皆是記經不備者也。作記之人，其疏已在《士冠篇》。

公子爲其母練冠、麻、麻衣縓緣，爲其妻縓冠、葛（絰帶）③、麻衣縓緣，皆既葬除之。公子，君之庶子也。其或爲母，謂妾子也。麻者，緦麻之絰帶也。此麻衣者，如小功布深衣，爲不制衰裳變也。《詩》云：“麻衣如雪。”縓，淺絳也，一染謂之縓。練冠而麻衣，縓緣，三年練之受飾也。《檀弓》曰：“練，練衣黃裏、縓緣。”諸侯之妾子厭於父，爲母不得伸，權爲制此服，不奪其恩也。爲妻縓冠、葛絰帶，妻輕。○縓，七絹反，范倉亂反。緣，以絹反，下及注同。一染，而漸反。【疏】○注“公

---

① “殤”下原無“服”字，曹云：“‘殤’下脫‘服’字。”據補。

② “若”下原無“然”字，阮云：“‘若’下《通解》有‘然’字。”據補。

③ “葛”下漢簡《服傳》甲、乙本及《喪服》丙本皆無“絰帶”二字，沈云：“‘練冠麻’即練冠麻絰帶，‘縓冠葛’即縓冠葛絰帶，如緦麻即緦布衰麻絰帶，例得省‘絰帶’二字。大功小功章之即葛亦是葛絰帶。據以相校，簡本爲長。”當據刪。

子”至“妻輕”。○釋曰：云“練冠、麻、麻衣縓緣”者，以練布爲冠，“麻”者，以麻爲経帶，又云“麻衣”者，謂白布深衣，云“縓緣”者，以繒爲縓色，與深衣爲領緣。“爲其妻縓冠”者，以布爲縓色爲冠，“葛経帶”者，又以葛爲経帶。云“麻衣縓緣”者，與爲母同。“皆既葬除之”者，與緦麻所除同也。云“公子，君之庶子也”者，則君之適夫人第二已下及八妾子皆名庶子。云“其或爲母，謂妾子也”者，以其適夫人所生第二已下，爲母自與世子同①，故知爲母，妾子也。云“麻者，緦麻之経帶也”者，以経有二麻，上麻爲首経、腰経，知一麻而含二経者，斬衰云“苴経”，鄭云“麻在首、在要皆曰経”，故知此経亦然。知如緦之麻者，以其此言麻，緦麻亦云麻，又見《司服》弔服環経，鄭云“大如緦之経”，則此云子爲母，雖在五服外，経亦當如緦之経，故鄭以此麻兼緦言之也。云“此麻衣者，如小功布深衣”，知者，案士之妾子，父在爲母朞，大夫之妾子，父在爲母大功，則諸侯妾子，父在小功，是其差次，故知此當小功布也。云“爲不制衰裳變也”者，此記不言衰，明不制衰裳，變者，以其爲深衣，不與喪服同，故云“變”也。《詩》云“麻衣如雪”者，彼麻衣及《禮記·檀弓》云“子游麻衣”，并《閒傳》云“大祥素縞麻衣”，注皆云十五升布深衣，與此小功布深衣異。引之者，證麻衣之名同，取升數則異。禮之通例，麻衣與深衣制同，但以布緣之則曰麻衣，以采緣之則曰深衣，以素緣之，袖長在外則曰長衣，又以采緣之，袖長在衣内則曰中衣，又以此爲異也，皆以六幅破爲十二幅，連衣裳則同也。云“縓，淺絳也”者，對三入爲纁，爲淺絳。云“一染謂之縓”者，《爾雅》文，案彼云“一染謂之縓，再染謂之赬，三染謂之纁也”。云“縓緣，三年練之受飾也”，知者，引《檀弓》云“練衣黄裏，縓緣”，注云“練中衣，以黄爲内，縓爲飾”，爲中衣之飾，據重服三年變服後爲中衣之飾也，此公子爲母，在五服外輕，故將爲初死深衣之飾②，輕重有異，故不同也。云“諸侯之妾子厭於父，爲母不得申，權爲制此服，不奪其恩也”者，諸侯尊，絕朞已下無服，公子被厭，不合爲母服，不奪其母子之恩，故五服外權爲制此服。必服

① “世”字原作“正”，阮云：“‘正’，《通解》、《要義》俱作‘出’。按‘正子’有誤作‘出子’者，無作‘世子’者。此本作‘世子’誤也，今改從毛本。蓋長適固多爲世子，然《左氏》云：‘誓於天子則爲世子，未誓於天子則爲公子。’故有世子而非適長者，可知適長不得輒稱世子也，鄭故以正子言之。”據此阮校，則原本作“世子”。曹云：“‘世’，阮云《要義》作‘出’。案‘出’乃‘世’之譌耳。《内則》曰‘國君世子生’，是初生即爲世子，立適以長，周之制也。”倉石云：“今案《小記》云：‘世子不降妻之父母，其爲妻也，與大夫之適子同。’此正賈疏所本，則此當作‘世子’無疑。”據改。
② “爲”下原有“人”字，曹云：“‘人’字衍。”據删。

麻衣縓緣者①，麻衣大祥受服，縓緣練之受飾，雖被抑，猶容有三年之哀故也。云“爲妻縓冠，葛絰帶，妻輕”者，以縓布爲冠，對母用練冠，以葛是葬後受服而爲絰帶，對母用麻，皆是爲妻輕故也。**傳曰：何以不在五服之中也？君之所不服，子亦不敢服也。君之所爲服，子亦不敢不服也。君之所不服，謂妾與庶婦也。君之所爲服，謂夫人與適婦也。諸侯之妾，貴者視卿，賤者視大夫，皆三月而葬。**【疏】○注“君之”至“而葬”。○釋曰：傳發問者，怪親母與妻，其服大輕，故問之。荅云“君之所不服”者，以尊降，諸侯絶旁朞已下，故不服妾與庶婦也。公子以厭降，亦不敢私服母與妻。又云“君之所爲服，子亦不敢不服也”者，謂君之正統者也。注云“君之所不服，謂妾與庶婦也”者，解傳意還釋上公子爲母與妻者也。云“君之所爲服，謂夫人與適婦也”者，正統故不降也。云“諸侯之妾，貴者視卿，賤者視大夫，皆三月而葬”者，《大戴禮》文，鄭不於上經葬之下注之，至於此傳下乃引之者，鄭意傳云“君之所不服”②，謂妾與庶婦也，下乃解妾有貴賤，葬有早晚，故至此引之，見此意也。云“妾，貴者”，謂諸侯一娶九女，夫人與左右媵各有姪娣，二媵與夫人之娣三人爲貴妾，餘五者爲賤妾也。卿大夫三月而葬③，《王制》文。

大夫、公之昆弟、大夫之子於兄弟降一等。兄弟，猶言族親也。凡不見者，以此求之。○不見，賢遍反。【疏】○注“兄弟”至“求之”。○釋曰：此三人所以降者，大夫以尊降，公之昆弟以旁尊降④，大夫之子以厭降，是以總云降一等。上經當已言訖，今又言之者，上雖言之，恐猶不盡，記人總結之，是以鄭云“凡不見者，以此求之”。云“兄弟，猶言族親也”者，以下云“小功已下爲兄弟”，恐此兄弟亦據小功已下得降，故曰“猶族親也”，則此兄弟及下文爲人後者爲兄弟，皆非專據小功已下⑤，猶族親，所容廣也。

爲人後者於兄弟降一等，報。於所爲後之兄弟之子，若子。言報者，嫌其爲宗子不降。○嫌其爲，如字，又于僞反。【疏】○注“言報”至“不降”。○

---

① “緣”字原作“衣”，阮云：“段玉裁校本下‘衣’字作‘緣’。”據改。
② “意”下原有“注”字，倉石云：“‘意注’，殿本倒。今案‘注’字似衍。”據删。
③ “葬”下原有“之”字，阮云：“‘之’字衍。”據删。
④ “昆”上原無“公之”二字，倉石云：“浦氏句首補‘公之’二字，似是。”據補。
⑤ “非”下原無“專據”二字，阮云：“‘非’下《通解》有‘專據’二字。”據補。

釋曰：謂支子爲大宗子後，反來爲族親兄弟之類，降一等。云“於所爲後之兄弟之子，若子”者，此等服其義已見於斬章。云“言報者，嫌其爲宗子不降”者，以其出降本親，又宗子尊重，恐本親爲宗子有不敢降服之嫌，故云“報”以明之，言“報”，是兩相爲服者也。

　　兄弟皆在他邦，加一等。不及知父母，與兄弟居，加一等。皆在他邦，謂行仕、出遊若辟仇。不及知父母，父母早卒。○若辟，音避，下同。【疏】○注“皆在”至“早卒”。○釋曰：云“在他邦，加一等”者，二人共在他國，一死一不死，相愍不得辭於親眷，故加一等也。云“不及知父母，與兄弟居，加一等”者，謂各有父母，或父母有早卒者，與兄弟共居而死，亦當愍其孤幼相育，特加一等。云“皆在他邦，謂行仕”者，孔子身行七十二國，是行仕者①，以古者有出他國之法，故云“行仕”也，又云“出遊”者，謂若孔子弟子朋友同周遊他國，兄弟容有死者，又云“若辟仇”者，《周禮‧調人》云“從父兄弟之仇，不同國。兄弟之仇，辟諸千里之外”，皆有兄弟共行之法也。云“不及知父母，父母早卒”者，或遺腹子，或幼小未有知識而父母早死者也。傳曰：何如則可謂之兄弟？傳曰：小功以下爲兄弟。於此發兄弟傳者，嫌大功已上又加也。大功以上，若皆在他國，則親自親矣。若不及知父母，則固同財矣。【疏】○注“於此”至“財矣”。○釋曰：發問者，上經及記已有兄弟，皆是降等，唯此兄弟加一等，故怪而致問。引舊傳者，以有成文，故引之。云“小功已下爲兄弟”者，以其加一等故也。鄭云“於此發兄弟傳者，嫌大功以上又加也”者，鄭亦據於此兄弟加一等發傳者，嫌大功已上親則親矣，又加之，故以小功發傳也②。云“大功以上，若皆在他國，則親自親矣”者，不可復加者也。云“若不及知父母，則固同財矣”者，據經“不及知父母，與兄弟居”，是本不同財，大功以上既親重③，則財食是同，雖無父母，恩自隆重，不可復加也。

---

①　“是行”原作“不見”，曹云：“‘不見’當爲‘是行’。”據改。

②　“以”字原作“於”，曹云：“‘於’當爲‘以’。”據改。

③　“居”下“既”上原無“是本不同財大功以上”九字，曹云：“‘居’下有脱，擬補‘是本不同財，大功以上’九字。”據補。

儀禮疏卷第三十四　儀禮卷第十一

朋友皆在他邦，祖免，歸則已。謂服無親者，當爲之主，每至祖時則祖，祖則去冠，代之以免。舊説以爲免象冠①，廣一寸。已，猶止也。歸有主則止也，主若幼少則未止。《小記》曰："大功者主人之喪，有三年者則必爲之再祭，朋友虞、祔而已。"○祖，徒旱反。免，音問，字或作絻，注同。幼少，詩召反。虞祔，音附。【疏】○注"謂服"至"而已"。○釋曰：謂同門曰朋，同志曰友，或共遊學，皆在他國而死者，每至可祖之節，則爲之祖而免，與宗族五世祖免同。云"歸則已"者，謂在他國祖免，爲死者無主，歸至家，自有主則止，不爲祖免也。鄭云"謂服無親者，當爲之主"者，以其有親入五服，今言朋友，故知是義合之輕，無親者也，既孤在外，明爲之作主可知。云"每至祖時則祖"者，凡喪，至小斂節，主人素冠環絰以視斂，斂訖②，投冠括髪，將括髪，先祖，乃括髪，括髪據正主人，齊衰已下皆以免代冠，以冠不居肉祖之體故也③。云"舊説以爲免象冠，廣一寸"者，鄭注《士喪禮》云"免之制未聞，舊説以爲如冠狀，廣一寸"，引《喪服小記》曰"'斬衰括髪以麻④，免而以布。'此用麻布爲之，狀如今之著幓頭矣，自項中而前，交於額上⑤，卻繞紒也"，是著免之義也。云"歸有主則止也，主若幼少則未止"者，本以在外爲無主，與之爲主，今至家，主若幼少，不能爲主，則朋友猶爲之主，未止。引《小記》者，證主幼少不能主喪，朋友爲主之義，以雖有子，是三年之人小，不能爲主，大功爲主者，爲之再祭，謂練祥，朋友輕，爲之虞、祔而已，以其又無大功已下之親，此朋友自外來及在家朋友，皆得爲主，虞、祔乃去，彼鄭注以義推之，又云"小功、緦麻爲

---

① "説"下原有"云"字，阮云："《集釋》、《要義》、敖氏俱無'云'字。盧文弨云疏亦當删。"據删，疏述注亦删。

② "視斂"下原不重"斂"字，阮云："毛本重'斂'字，陳、閩'斂斂'二字俱誤作'見'。"曹云："毛本重'斂'字是。"據補。

③ "體"字原作"禮"，曹云："'禮'當爲'體'。"據改。

④ "斬衰"原作"齊衰"，《禮記·喪服小記》作"斬衰"，鄭注《士喪禮》引亦作"斬衰"，據改。

⑤ "交於額上"原作"反於項上"，鄭注《士喪禮》作"交於額上"，據改。

之練祭可也”,是親疏差降之法也。

朋友,麻。朋友雖無親,有同道之恩,相爲服緦之經帶。《檀弓》曰:“羣居則經,出則否。”其服,弔服也。《周禮》曰:凡弔,當事則弁經服。弁經者,如爵弁而素,加環經也。其服有三,錫衰也、緦衰也、疑衰也。王爲三公、六卿錫衰,爲諸侯緦衰,爲大夫、士疑衰。諸侯及卿大夫亦以錫衰爲弔服①,當事乃弁經,否則皮弁,辟天子也。士以緦衰爲喪服,其弔服則疑衰也。舊説以爲士弔服布上素下,或曰素委貌冠加朝服。《論語》曰“緇衣羔裘”,又曰“羔裘玄冠不以弔”,何朝服之有乎?然則二者皆有似也。此實疑衰也,其弁經、皮弁之時則如卿大夫然,又改其裳以素,辟諸侯也。朋友之相爲服,即士弔服疑衰素裳,冠則皮弁加經②。庶人不爵弁,則其弔服冠素委貌③。○錫衰,思狄反。【疏】○注“朋友”至“委貌”。○釋曰:云“朋友,麻”者,上文據在他國,加袒免,今此在國相爲弔服,麻經帶而已。注云“朋友雖無親,有同道之恩,相爲服緦之經帶”者,案《禮記·禮運》云“人其父生而師教之,朋友成之”④,又《學記》云“獨學而無友,則孤陋而寡聞”,《論語》云“以文會友,以友輔仁”,以此而言,人須朋友而成也,故云“朋友雖無親,有同道之恩”,故爲之服。知“緦之經帶”者,以其緦是五服之輕,爲朋友之經帶,約與之等,故云“緦之經帶”也。云“《檀弓》曰:羣居則經,出則否”者,彼注“羣,謂七十二弟子相爲朋友”,彼亦是朋友相爲之法。云“居則經”,經謂在家居止則爲之經,出家行道則否,引之者,證此亦然也。彼又云“孔子之喪,二三子皆經而出”,是爲師出行亦經也。云“其服,弔服也”者,以其不在五服,五服之外,唯有弔服,故即引《周禮》弔服之等也。“《周禮》”者,《司服職》文,彼云“凡弔事,弁經服”,鄭注亦云“弁

①　“及卿大夫”原作“卿及大夫”,張敦仁本作“及卿大夫”,疏述注與張本合,據乙。

②　“疑衰素裳”下原無“冠則皮弁加經”六字,四庫本於“疑衰素裳”下補“冠則皮弁加經”六字,吳紱云:“監本脱‘冠則皮弁加經’六字。按《春官·司服》疏引此注有此句,今据彼補之。”阮云:“此句下《集釋》有‘冠則皮弁加經’六字。浦鏜云:‘下按《周禮·司服》疏引此注有冠則皮弁之經六字。’”據《集釋》補。

③　“冠素委貌”原作“素冠委貌”,阮云:“陳、閩、監、葛俱作‘則其冠素委貌’,與疏合。”孫云:“《司服》疏引作‘則其弔服冠素委貌’。案當作‘則其弔服冠素委貌’,今本倒‘冠素’二字,不可通。”據乙。

④　“朋友成之”,《禮記·禮運》無此句。

絰者,如爵弁而素,加環絰"也。言"爵弁"者,制如冕,以木爲中幹①,廣八寸,長尺六寸,前低一寸二分,以三十升布②,上玄下纁,爵弁之體,廣長亦然,亦以三十升布,但染作爵頭赤多黑少之色③,置之於版上,今則以素爲之,又加環絰者,以一股麻爲骨④,又以一股麻爲繩,纏之如環然,謂之環絰,加於素弁之上,彼注云"絰大如緦之絰",是弔服之絰。但此文云"朋友,麻",鄭引《周禮》王弔諸臣之絰及三衰證此者,以其王於諸侯、諸臣⑤,諸侯於諸臣,皆有朋友之義,故《泰誓》武王謂諸侯云"我友邦家君",是謂諸侯爲友,《洛誥》周公謂武王云"孺子其朋",是王以諸臣爲朋,諸侯於臣亦有朋友之義可知,故引《周禮》弁絰與三衰證此"朋友,麻"也。若然,弁絰唯一,衰則有三,則一弁冠三衰也。云"其服有三,錫衰也、緦衰也⑥、疑衰也"者,案彼云"王爲三公、六卿錫衰,爲諸侯緦衰,爲大夫、士疑衰",鄭司農云"錫,麻之滑易者也,十五升去其半,有事其布,無事其縷。緦亦十五升去其半,有事其縷,無事其布。疑衰,十四升",玄謂"無事其縷,衰在内。無事其布,衰在外。疑之言擬也,擬於吉"者也。云"諸侯及卿大夫亦以錫衰爲弔服,當事乃弁絰,否則皮弁,辟天子也"者,案《禮記·服問》云"公爲卿大夫錫衰以居,出亦如之,當事則弁絰,大夫相爲亦然。爲其妻,往則服之,出則否",注云"出,謂以他事不至喪所",是諸侯及卿大夫亦以錫衰爲弔服也。天子常弁絰,諸侯、卿大夫當事大斂、小斂及殯時,乃弁絰,非此時則皮弁,是辟天子也。云"士以緦衰爲喪服"者,士卑,無降服,是以緦爲喪服,既以緦爲喪服,不得復將緦爲弔服,故向下取疑衰爲弔服也。"舊説"者,以士弔服無文,故舊説云"以爲士弔服布上素下",云"或曰素委貌冠加朝服"者,前有此二種解者,故鄭引《論語》破之。云"《論語》曰'緇衣羔裘'",言此者,欲解"緇衣羔裘"與下"羔裘玄冠"爲一物,並是朝服,是以云"又曰'羔裘玄冠不以弔',何朝服之有乎",此破舊,以言朝服不合首加素委貌,又"布上素下",是近天子之朝服⑦,又不言首所加,故非之也。云"然則二者皆有似也"者,以其未小斂已前,

---

① "幹"字原作"朝",張敦仁本作"幹",據改。
② "三"下原無"十"字,阮云:"'三'上浦鏜云脱'十'字。"曹云:"阮云'三上浦鏜云脱十字'。案'上'當爲'下',下'亦以三升布'同。"據補,下文亦補。
③ "爵頭"下原有"色"字,孫云:"'爵頭'下疑衍'色'字。"據删。
④ "一"上原無"以"字,阮云:"毛本上'一'字上有'以'字。"據補。
⑤ "於"下原無"諸侯"二字,曹云:"'於'下脱'諸侯'二字。"據補。
⑥ "衰"字原作"麻",阮云:"'麻'《要義》作'衰',與徐本注合。"據改。
⑦ "是近"原作"近是",阮云:"《要義》同,毛本'近是'作'是近'。"據乙。

容有著朝服弔法，則子游、曾子弔是也，但非正弔法之服，又"布上素下"，近士之弔服素下，故云"二者皆有似也"。云"此實疑衰也"者，總破二者也。云"弁絰、皮弁之時則如卿大夫然"者，以其三衰共有弁絰，不當事著皮弁亦同①，故知二者如卿大夫然也。云"又改其裳以素，辟諸侯也"者，諸侯及卿大夫"否則皮弁"，辟天子，此諸侯之士不著疑裳而用素，又辟諸侯也。云"朋友之相爲服，即士弔服疑衰素裳"者，是鄭正解士之弔服。云"庶人不爵弁者，則其冠素委貌"，不言其服，則白布深衣，以白布深衣，庶人之常服，又尊卑始死，未成服已前服之，故庶人得爲弔服也。向來所釋，皆據鄭君所引而言。案《司服》諸侯如王之服言之，則諸侯皆如王②，亦有三衰。《服問》直云君弔用錫衰，未辨緦衰、疑衰所施用。案《文王世子》注云"君雖不服臣，卿大夫死，則皮弁錫衰以居，往弔當事則弁絰。於士蓋疑衰，同姓則緦衰"，若然，案《士喪禮》"君若有賜焉，則視斂"，注云"賜，恩惠也。斂，大斂。君視大斂，皮弁服襲裘，主人成服之後往則錫衰"，此注又與《文王世子》違者，《士喪禮》既言有恩惠，則君與此士有師友之恩，特加與卿大夫同。其諸侯卿大夫則有錫衰，士唯疑衰。其天子卿大夫、士既執摯與諸侯之臣同，則弔服亦同也。天子孤與卿同六命，又亦名爲卿，諸侯孤雖四命，與卿異，及其聘之介數，與卿降君二等亦同③，則孤弔服皆與卿同也。天子三公與王子母弟得稱諸侯，其弔服亦與畿外諸侯同三衰也。凡弔服直云素弁環絰，不言帶，或有解云有絰無帶，但弔服既著衰，首有絰，不可著吉時之大帶，吉時之大帶既有采矣，麻既不加于采，采可得加於凶服乎？明不可也，案此經注"服緦之絰帶"，則三衰絰帶同有可知，以其三衰所用④，皆是朋友，故知凡弔皆有帶矣。首言環絰，則其帶未必如環，但亦五分去一爲帶，糾之矣。其弔服除之，案《雜記》云"君於卿大夫，比葬不食肉，比卒哭不舉樂"，是知未吉則凡弔服亦當依氣節而除，並與緦麻同三月除之矣。爲士雖比殯不舉樂，其服亦當既葬除矣。

君之所爲兄弟服，室老降一等。 公士、大夫之君。【疏】○注"公士"至"之君"。○釋曰：天子、諸侯絕朞，今言爲兄弟服，明是"公士、大夫之君"，於旁親降一

---

① "當"上原無"不"字，曹云："'當'上脫'不'字。"據補。
② "則"上原有"鄭"字，曹云："'鄭'字衍。"據刪。
③ "亦"字原作"等"，曹云："'等'當爲'亦'。"據改。
④ "以其"原作"其以"，阮云："按'其以'疑當作'以其'。"據乙。

等者。室老，家相，降一等，不言士。士，邑宰，遠臣，不從服。若然，室老似是君近臣①，故從君所服也。

夫之所爲兄弟服，妻降一等。庶子爲後者爲其外祖父母、從母、舅無服，不爲後如邦人。【疏】○釋曰：妻從夫服其族親，即上經夫之諸祖父母，見於緦麻章，夫之世叔，見於大功章，夫之昆弟之子不降，嫂叔又無服，今言從夫降一等，記其不見者，當是夫之從母之類乎？云"庶子爲後者爲其外祖父母、從母、舅無服"者，以其與尊者爲一體，既不得服所出母，是以母黨皆不服之。不言兄弟而顯尊親之名者，雷氏云"爲父後者服其本族"，若言兄弟，恐本族亦無服，故顯著其尊親之號②，以別於族人也。

宗子孤爲殤，大功衰、小功衰皆三月，親則月筭如邦人。言孤，有不孤者。不孤則族人不爲殤服服之也，不孤謂父有廢疾，若年七十而老，子代主宗事者也。孤爲殤，長殤、中殤大功衰，下殤小功衰，皆如殤服而三月，謂與宗子絶屬者也。親，謂在五屬之内。筭，數也。月數如邦人者，與宗子有期之親者，成人服之齊衰期，長殤大功衰九月，中殤大功衰七月，下殤小功衰五月。有大功之親者，成人服之齊衰三月，卒哭受以大功衰九月，其長殤、中殤大功衰五月，下殤小功衰三月。有小功之親者，成人服之齊衰三月，卒哭受以小功衰五月，其殤與絶屬者同。有緦麻之親者，成人及殤皆與絶屬者同。【疏】○注"言孤"至"者同"。○釋曰：宗子謂繼別爲大宗，百世不遷收族者也。云"孤爲殤"者，謂無父未冠而死者也。云"大功衰、小功衰"者，以其成人齊衰，故長殤、中殤皆在大功衰，下殤在小功衰也。云"皆三月"者，以其衰雖降，月本三月，法一時，不可更降③，故還依本三月也。云"親則月筭如邦人"者，上三月者是絶屬者，若在五屬之内親者，月數當依本親爲限，故云"如邦人也"。注云"言孤，有不孤者"，鄭以記文云"孤"，明對"不孤者"，故《曲禮》注云"是謂宗子不孤"④，彼不孤，對此孤也。云"不孤則族人不爲殤服服之也"者，以父在，猶如周之道有適子無適孫，

---

① "是"字原作"正"，阮云："《通解》、《要義》同，毛本'正'作'止'。按'止'疑'是'字之誤。"據改。

② "顯"字原作"汎"，曹云："'汎'疑當爲'顯'。"據改。

③ "降"字原作"服"，曹云："'服'當爲'降'。"據改。

④ "是謂宗子不孤"，倉石云："疏兩引皆同。案《曲禮》注作'是謂宗子之父'。"

以其父在爲適子,則不爲適孫服,同於庶孫,明此本無服,父在亦不爲之服殤可知也。云"不孤謂父有廢疾"者,案《喪服小記》云"適婦不爲舅後者,則姑爲之小功",注云"謂夫有廢疾他故,若死而無子,不受重者",是宗子不孤①,謂父有廢疾不立,其子代父主宗事。云"若年七十而老,子代主宗事者",案《曲禮》云"七十曰老,而傳",注云"傳家事任子孫",是謂宗子不孤,是父年七十,子代主宗事者。云"與宗子有期之親者,成人服之齊衰期"者,謂宗子親昆弟及伯叔昆弟之子,姑姊妹在室之等皆是也。自大功親以下盡小功親以上,成人月數雖依本皆服齊衰者,以其絶屬者猶齊衰三月,明親者無問大功、小功、緦麻皆齊衰者也。既皆齊衰,故三月既葬受服,乃始受以大功、小功也②。至於小功親已下,"殤與絶屬者同"者,以其成人小功五月,殤即入三月,是以"與絶屬者同",皆大功衰、小功衰三月,故"與絶屬者同"也。云"有緦麻之親者,成人及殤皆與絶屬者同"者,以其絶屬者爲宗子齊衰三月,緦麻親亦三月,是以成人及殤死皆與絶屬者同也。

改葬,緦。謂墳墓以他故崩壞,將亡失尸柩者也③。言改葬者,明棺物毀敗,改設之如葬時也。其奠如大斂,從廟之廟,從墓之墓,禮宜同也。服緦者,臣爲君也,子爲父也,妻爲夫也。必服緦者,親見尸柩,不可以無服,緦三月而除之。○謂墳,扶云反。屍,音尸。柩,其又反。大斂,力驗反。【疏】○注"謂墳"至"除之"。○釋曰:云"謂墳墓以他故崩壞,將亡失尸柩者也"者,鄭解改葬之意。云"他故"者,謂若遭水潦漂蕩之等,墳墓崩壞,將亡失尸柩,故須別處改葬也。云"改葬者,明棺物毀敗,改設之如葬時也"者,直言棺物毀敗而改設,不言衣服④,則所設者,唯此棺如葬時也。云"其奠如大斂"者,案《既夕》記朝廟至廟中更設遷祖奠,云如大斂奠,即此移柩向新葬之處所設之奠,亦如大斂之奠,士用豚三鼎⑤,則大夫已上更加牲牢,大夫用特牲,諸侯用少牢,天子用大牢可知。云"從廟之廟,從墓之墓,禮宜同也"者,即設奠之禮,朝廟是也,

①　"子"上原無"宗"字,曹云:"'子'上似脱'宗'字。"據補。
②　"小功"下原有"齊衰"二字,曹云:"'齊衰'二字似衍。"據刪。
③　"柩"下原無"者"字,阮云:"毛本、聶氏'柩'下有'者'字,徐本、《集解》、《要義》、敖氏俱無。"疏述注"柩"下有"者"字,據補。
④　"衣"字原作"依",張敦仕本作"衣",據改。
⑤　"豚"字原作"肫",倉石云:"浦氏、金氏皆依《通解》作'豚'。張氏錫恭云:'《士喪禮》大斂奠陳三鼎,其實豚、魚、腊是也。'"四庫本亦作"豚",據改。

又朝廟載柩之時，士用輁軸，大夫已上用輴，不用蜃車，飾以帷荒，則此從墓之墓，亦與朝廟同可知，故云“禮宜同也”。云“服緦者，臣爲君也，子爲父也，妻爲夫也”，知者，若更言餘服，無妨更及齊衰已下，今直言緦之輕服，明知唯據極重而言，故以三等也。不言妾爲君，以不得體君，差輕故也。不言女子子，婦人外成，在家又非常，故亦不言。諸侯爲天子，諸侯在畿外差遠，改葬不來，故亦不言也。云“必服緦者，親見尸柩，不可以無服”者，君親死已多時，哀殺已久，可以無服，但親見君父尸柩，暫時之痛，不可不制服以表哀，故皆服緦也。云“三月而除”者①，謂葬時服之，及其除也，亦法天道一時，故亦三月除也。若然，鄭言三等，舉痛極者而言，父爲長子，子爲母，亦與此同也。

童子，唯當室緦。童子，未冠之稱也。當室者，爲父後承家事者，爲家主，與族人爲禮，於有親者，雖恩不至，不可以無服也。○之稱，尺證反。【疏】○注“童子”至“服也”。○釋曰：此云“當室”者，《周禮》謂之門子，與宗室往來，故爲族人有緦服。云“童子，未冠之稱”者，謂十九已下，案《內則》年二十敦行孝弟，十九已下未能敦行孝弟，非當室則無緦麻，以當室故服緦也。云“當室者，爲父後承家事者”，以其言“當室”，是代父當家事故。云“爲家主，與族人爲禮，於有親者”，則族內四緦麻以來皆是也。云“雖恩不至，不可以無服也”者，以其童子未能敦行孝弟，故云恩不至，與族爲禮而爲服，故服之也。若然，不在緦章者，若在緦章，則外內俱服②，此當室童子，直與族人爲禮有此服，不及外親，故不在緦章而在此記也。傳曰：〔童子〕不當室則無緦服也③。【疏】○釋曰：記自云“唯當室緦”，自然不當室則無緦服而傳言之者，案《曲禮》云“孤子當室，冠衣不純采”，但是孤子，皆不純以采，《曲禮》言之者，嫌當室與不當室異，故言之，此傳恐不當室與當室者同，故明之也。

凡妾，爲私兄弟如邦人。嫌厭降之也。私兄弟，目其族親也④。然則女君有以尊降其兄弟者，謂士之女爲大夫妻，大夫之女爲諸侯夫人，諸侯之女爲天王后也。父卒，昆弟之爲父後者宗子，亦不敢降也。【疏】○注“嫌厭”至“降也”。○釋曰：妾

---

① “云”上原有“故”字，曹云：“‘故’字衍。”據刪。
② “服”字原作“報”，曹云：“‘報’當爲‘服’。”據改。
③ “不”上漢簡《服傳》甲、乙本皆有“童子”二字，沈云：“傳以相反之義釋記文，文當重起，簡本爲長。”當據補。
④ “目”字原作“自”，阮云：“‘自’，徐本、《集釋》、《要義》、敖氏俱作‘自’，與疏不合，毛本作‘目’。”曹云：“‘自’當爲‘目’。”據改，疏述注亦改。

言“凡”者，總天子以下至士，故“凡”以該之也。云“嫌厭降之也”者，解記此之意，君與女君不厭妾，故云嫌厭之，其實不厭，故記人明之。云“私兄弟，目其族親也”者，以其兄弟總外內之稱，若言“私兄弟”，則妾家族親也。云“然則女君有以尊降其兄弟者”，以其女君與君體敵，故得降其兄弟旁親之等，子尊不加父母，唯不降父母，則可降其兄弟旁親。云“謂士之女爲大夫妻，大夫之女爲諸侯夫人，諸侯之女爲天王后”者，此等皆得降其兄弟旁親也。云“父卒，昆弟之爲父後者宗子，亦不敢降也”者，雖得降其兄弟，此爲父後者不得降，容有歸宗之義，歸於此家，故不降。

大夫弔於命婦，錫衰。命婦弔於大夫，亦錫衰。弔於命婦，命婦死也。弔於大夫，大夫死也。《小記》曰：“諸侯弔，必皮弁錫衰。”《服問》曰：“公爲卿大夫錫衰以居，出亦如之，當事則弁絰，大夫相爲亦然。爲其妻，往則服之，出則否。”【疏】○注“弔於”至“則否”。○釋曰：云“弔於命婦，命婦死也”者，鄭恐以記云大夫弔命婦者，以爲大夫死，其妻受弔①，故云“命婦死也”。知弔命婦不爲命婦夫死者②，以其記人作文，宜先弔大夫身，然後弔其婦，故以命婦死，弔其夫解之也。引《小記》者，以記人直言身上衰，不言首服，故引《小記》也。言“諸侯弔，必皮弁”者，言諸侯不言君，謂諸侯因朝弔異國之臣，著皮弁錫衰，雖成服後，亦不弁絰也。引《服問》者，有己君并有卿大夫與命婦相弔法。云“以居”者，君在家服之。“出亦如之”，出行不至喪所亦服之。云“當事則弁絰”者，謂當大小斂及殯皆弁絰也。云“大夫相爲亦然”者，一與君爲卿大夫同。“爲其妻，往則服之③，出則否”，引之者，證大夫與命婦相弔服錫衰同也。

傳曰：錫者何也？麻之有錫者也。錫者，十五升抽其半，無事其縷，有事其布曰錫。謂之錫者，治其布使之滑易也。錫者④，不治其縷，哀在內也。緦者，不治其布，哀在外也。君及卿大夫弔士，雖當事，皮弁錫衰而已⑤。士之相弔

---

① “弔”下原有“於命婦”三字，曹云：“‘於命婦’三字衍。”據刪。

② “弔命婦不爲”原作“不弔命婦爲”，阮云：“‘不’字陳、閩俱在‘婦’字下。”據乙。

③ “往則服之”原作“降于大夫”，四庫本作“往則服之”，卷末《考證》云：“‘往則服之’四字，監本譌作‘降于大功’，今據注引《服問》語改正。”據改。

④ “錫”上原有“不”字，阮云：“徐本、楊氏同，毛本‘錫’上無‘不’字。按前緦麻三月者疏引此注，惟聶氏無‘不’字，各本俱有。”孫云：“案‘不’字不當有，宜依聶氏引刪。”據刪。

⑤ “皮”下原無“弁”字，阮云：“毛本‘皮’下有‘弁’字，徐本無，張氏曰：‘監本云皮弁錫衰，從監本。’”據補。

則如朋友服矣，疑衰素裳。凡婦人相弔，吉笄無首，素總。○滑易，以豉反。素總，子孔反。【疏】○注"謂之"至"素總"。○釋曰：問者先問其名，荅云"麻之有錫者也"，荅以名錫之意，但言"麻"者，以麻表布之縷也。又云"錫者，十五升抽其半"者，以其縷之多少與總同。云"無事其縷，有事其布"者，事猶治也，謂不治其縷，治其布，以哀在内故也。總則治縷，不治布，哀在外，以其王爲三公、六卿，重於畿外諸侯故也。鄭云"謂之錫者，治其布使之滑易"，以"治"解"事"，以"滑易"解"錫"，謂使錫錫然滑易也。云"君及卿大夫弔士，雖當事，皮弁錫衰而已"者，是士輕，無服弁絰之禮，有事、無事皆皮弁錫衰而已①，見其不足之意。若然，《文王世子》注"諸侯爲異姓之士疑衰，同姓之士總衰"，今言士與大夫又同錫衰者，此言與《士喪禮》注同，亦是君於此士有師友之恩者也。云"士之相弔則如朋友服矣"者，"朋友，麻"，是朋友服也，上注士弔服用疑衰素裳，腰首服麻弔，亦朋友服也。云"凡婦人相弔，吉笄無首，素總"者，上文"命婦弔於大夫，錫衰"，未解首服，至此乃解之者，婦人弔之首服無文，故待傳釋錫衰後②，下近婦人吉笄無首，布總，乃解之。必知用"吉笄無首，素總"者，下文"女子子爲父母，卒哭，折吉笄之首，布總"，此弔服用"吉笄無首，素總"，又男子冠、婦人笄相對，婦人喪服，又笄總相將③，上注男子弔用素冠，故知婦人弔亦"吉笄無首，素總"也。

女子子適人者爲其父母，婦爲舅姑，惡笄有首以髽，卒哭，子折笄首以笄，布總。言以髽，則髽有著笄者明矣。○折笄，之設反。有著，丁略反，下同。【疏】○注"言以"至"明矣"。○釋曰：此二者皆期服，但婦人以飾事人，是以雖居喪内，不可頓去脩容，故使惡笄而有首，至卒哭，女子子哀殺，歸於夫氏，故折吉笄之首而著布總也。案斬衰章"吉笄尺二寸"，斬衰以"箭笄長尺"，《檀弓》齊衰笄亦云尺，則齊衰已下皆與斬同一尺，不可更變，故折吉笄首而已。其總，斬衰以六升④，長六寸，鄭注"總六升，象冠數"，則齊衰總亦象冠數，正服齊衰冠八升，則正齊衰總亦八升，

---

① "衰"上原無"錫"字，曹云："'衰'，阮云《要義》作'言'。案'言'字誤，'衰'上脱'錫'字。"據補。

② "待"字原作"特"，倉石云："'傳'浦氏改作'傅'，殿本、《校釋》'傳'上補'於'字。今案'特'當作'待'字之譌也。"據改。

③ "將"字原作"對"，阮云："'對'《要義》作'將'。"曹云："此'對'似當爲'將'。"據改。

④ "以"字原作"已"，古"已"、"以"通，但此作"已"字，義不顯豁，謹改。

是以總長八寸。笄總與斬衰長短爲差，但笄不可更變，折其首，總可更變，宜從大功總十升之布總也。“言以髺，則髺有著笄明矣”者①，鄭言此者，舊有人解《喪服小記》云“男子免而婦人髺”，免而無冠②，則髺亦無笄矣，但免、髺自相對，不得以婦人與男子冠笄有無相對③，故鄭以經云“惡笄有首以髺”，髺、笄連言，則髺有著笄明矣。傳曰：笄有首者，惡笄之有首也。惡笄者，櫛笄也。折笄首者，折吉笄之首也。吉笄者，象笄也。何以言子折笄首而不言婦？終之也。櫛笄者，以櫛之木爲笄，或曰榛笄。有首者，若今時刻鏤摘頭矣。卒哭而喪之大事畢，女子子可以歸於夫家而著吉笄。吉笄尊，變其尊者，婦人之義也。折其首者，爲其大飾也。據在夫家，宜言婦。終之者，終子道於父母之恩。○櫛，莊乙反。榛笄，莊巾反。刻鏤，劉音陋。摘頭，他狄反。大飾，音泰，劉唐餓反。【疏】○注“櫛笄”至“之恩”。○釋曰：案記自云“惡笄有首”④，即惡笄自有首明矣，而傳更云“笄有首”，重言之者，但惡者，直木理麤惡，非木之名。若然，斬衰笄用箭，齊衰用櫛，俱是惡，傳恐名通於箭，故重疊言之，明不通於箭⑤，直謂此齊衰櫛木爲惡木也。又云“惡笄者，櫛笄也”者，既疊不通箭，乃釋木名，故云櫛木之笄也。云“折笄首者，折吉笄之首也”者，以記“折笄首”，文承“惡笄”之下，恐折惡笄之首，故傳辨之，以折首去飾，不可以初喪重時有首，至卒哭哀殺之後乃更去首，應輕更重，於義不可，故傳以爲初死惡笄有首，至卒哭更著吉笄，嫌其大飾，乃折去首而著之也。又云“吉笄者，象笄也”者，傳明吉時之笄，以象骨爲之，據大夫士而言，案《弁師》天子、諸侯笄皆玉也。鄭云“櫛笄者，以櫛之木爲笄”者，此櫛亦非木名，案《玉藻》云“沐櫛用樿櫛，髮晞用象櫛”，鄭云“樿，白理木爲櫛⑥，

① “言以”至“矣者”原作“言以髺者則髺有著笄明矣”，依疏述注通例，“者”字當在句末，謹乙。
② “冠”字原作“笄”，曹云：“‘笄’當爲‘冠’字之誤也。”據改。
③ “冠笄有無”原作“有笄無笄”，曹云：“‘有笄無笄’四字，當作‘冠笄有無’。言免、髺自有相對之時，然不得過泥於冠笄之有無以相對，因男子免必無冠，遂謂婦人髺必無笄也，髺固有著笄時矣。疏文多譌，姑爲釋之如此。”據改。
④ “惡笄有首”原作“惡笄之有首也”，此爲傳文而非記文，記僅言“惡笄有首以髺”，故曹校據以刪“之”字、“也”字，以下文云“而傳更云笄有首重言之者”相證，刪“之”字、“也”字是，此亦從之。
⑤ “明”字原作“名”，曹云：“‘名’當爲‘明’。”據改。
⑥ “樿白理木爲櫛”，曹云：“《玉藻》注無此文，《禮器》注云：‘樿，木白理也。’”

櫛即梳也，以白理木爲梳櫛也，彼櫸木與象櫛相對，此櫛笄與象笄相對，故鄭云“櫛笄者，以櫛之木爲笄”。云“或曰榛笄”者，案《檀弓》云“南宮縚之妻之姑之喪，夫子誨之髽，曰：爾母從從爾，爾母扈扈爾。蓋榛以爲笄，長尺而總八寸”，彼爲姑用榛木爲笄，此亦婦人爲姑，與彼同，但此用櫸木，彼用榛木①，不同耳，蓋二木俱用，故鄭兩存之也。云“笄有首者，若今刻鏤摘頭矣”，鄭時摘頭之物，刻鏤爲之，此笄亦在頭而去首爲大飾，明首亦刻鏤之，故舉漢法況之也。云“卒哭而喪之大事畢，女子子可以歸於夫家”者，但以出適女子與在家婦俱著惡笄，婦不言卒哭折吉笄首，女子子即言折吉笄之首，明女子子有所爲，故獨折笄首耳。所爲者，以女子外成，既以哀殺，事人可以加容，故著吉笄，仍爲大飾，折去其首，故以歸於夫家解之。若然，《喪大記》云女子子既練而歸，與此注違者，彼小祥歸是其正法，此歸者，容有故許之歸，故云“可以”，權許之耳。云“吉笄尊，變其尊者，婦人之義也”，婦人之事人，不可頓凶居喪，不可盡飾，故著吉笄，又折笄首，是婦人事人之義，異於男子也。若然，案《服問》云“男子重首，婦人重要”②，此云“笄尊”者，彼男女相對，故云“婦人重要”，若婦人不對男子③，亦是上體尊於下體④，故云“笄尊”也。云“據在夫家，宜言婦”者，傳解記文女子適人，猶云“子折笄首”。云“終之者，終子道於父母之恩”者，子對父母生稱，婦對舅姑立名⑤，出適應稱婦，故雖出適猶稱子，終初未出適之恩也。

　　妾爲女君、君之長子惡笄有首，布總。【疏】○釋曰：妾爲女君之黨服⑥，得與女君同，爲長子亦三年，但爲情輕，故與上文婦事舅姑齊衰同，“惡笄有首，布總”也。

---

① “榛”字原作“櫛”，阮云：“按‘櫛’疑當作‘榛’。”據改。
② “服問”至“重要”，倉石云：“‘服問’當作‘閒傳’，《閒傳》‘要’作‘帶’。”
③ “不”下原有“同”字，曹云：“‘同’字衍。”據删。
④ “亦”上原有“然”字，曹云：“‘然’字衍。”據删。
⑤ “婦”字原作“父”，張敦仁本作“婦”，據改。
⑥ “之”下原無“黨”字，阮云：“程瑤田曰：‘妾爲女君見不杖麻屨章，爲君之長子經不見其服，故賈疏曰妾爲君之黨服，得與女君同，爲長子亦三年也。今疏作妾爲女君之服，蓋君之黨三字，轉寫作女君之三字也。今據經傳服例，參考改正。’按大功章‘大夫之妾爲君之庶子’，疏云：‘妾爲君之長子亦三年者，妾從女君服，得與女君同，故亦同女君三年。’此疏與彼正同，然則此句但須改‘爲’字作‘從’。若據《小記》注‘妾爲女君之黨服，得與女君同’，則可於‘之’下加‘黨’字。”據以補“黨”字。

　　凡衰，外削幅。裳，內削幅。幅三袧。削，猶殺也。大古冠布衣布，先知爲上，外殺其幅，以便體也。後知爲下，內殺其幅，稍有飾也。後世聖人易之，以此爲喪服。袧者，謂辟兩側空中央也。祭服、朝服，辟積無數。凡裳，前三幅、後四幅也。○三袧，劉音鉤，又恪憂反。猶殺，色界反，劉色例反，下同。大古，音泰。以便，婢面反。謂辟，音壁，博歷反，下皆同。【疏】○注“削猶”至“幅也”。○釋曰：自此已下盡“袪尺二寸”，記人記衰裳之制，用布多少，尺寸之數也。云“凡”者，總五服而言，故云“凡”以該之。云“衰，外削幅”者，謂縫之邊幅向外。“裳，內削幅”者，亦謂縫之邊幅向內。云“幅三袧”者，據裳而言，爲裳之法，前三幅後四幅，幅皆三辟攝之，以其七幅，布幅二尺二寸，幅皆兩畔各去一寸爲削幅，則二七十四尺，若不辟積其腰中，則束身不得就，故須辟積其腰中也。腰中廣狹，在人䪡細，故袧之，辟攝亦不言寸數多少，但幅別以三爲限耳。鄭云“大古冠布衣布”者，案《禮記·郊特牲》云“大古冠布，齊則緇之”，鄭注云“唐虞以上曰大古也”，是“大古冠布衣布”也。云“先知爲上，外殺其幅，以便體也。後知爲下，內殺其幅，稍有飾也”者，此亦唐虞已上，黃帝已下，故《禮運》云“未有麻絲，衣其羽皮”，謂黃帝已前，下文云“後聖有作，治其絲麻，以爲布帛”，後聖謂黃帝，是黃帝始有布帛，是時先知爲上，後知爲下。“便體”者，邊幅向外，於體便。“有飾”者，邊幅向內，觀之美也。云“後世聖人易之，以此爲喪服”者，又案《郊特牲》云“緇布冠，冠而敝之可也”，注“此重古而冠之耳，三代改制，齊冠不復用也，以白布冠質，以爲喪冠也”，以此言之，唐虞以上①，冠衣皆白布，吉凶同，齊則緇之，鬼神尚幽闇。三代改制者，更制牟追、章甫、委貌爲行道朝服之冠。緇布冠，三代將爲始冠之冠，白布冠質，三代爲喪冠也。若然，此後世聖人指夏禹身也，以其三代最先故也。云“袧者，謂辟兩側空中央也”者，案《曲禮》“以脯脩置者，左朐右末”，鄭云“屈中云朐”，則此言袧者，亦是屈中之稱，一幅凡三處屈之②，辟兩邊相著，自然中央空矣，幅別皆然也。云“祭服、朝服，辟積無數”者，朝服謂諸侯與其臣以玄冠服爲朝服，天子與其臣以皮弁服爲朝服，祭服者，六冕與爵弁爲祭服。不云玄端，亦是士家祭服中兼之。凡服，唯深衣、長衣之

---

① 　“上”字原作“下”，曹云：“‘下’，阮云聶氏作‘上’。案‘上’字是。”據改。
② 　“屈”字原作“出”，張敦仁本作“屈”，據改。

等,六幅破爲十二幅,狹頭向上,不須辟積其腰閒①,已外皆辟積無數,似喪冠三辟積,吉冠辟積無數者然②。"凡裳,前三幅,後四幅"者,前爲陽,後爲陰,故前三後四,各象陰陽也。唯深衣之等,連衣裳十二幅,以象十二月也。**若齊,裳内衰外。**齊,緝也。凡五服之衰,一斬四緝。緝裳者,内展之。緝衰者,外展之。【疏】〇注"齊緝"至"展之"。〇釋曰:據上齊斬五章,有一斬四齊,此據四齊而言,不言斬者③,上文已論五服衰裳,縫之外内,斬衰裳亦在其中,此據衰裳之下緝之用針功者,斬衰不齊,無針功,故不言也。言"若"者④,不定辭,以其上有斬不齊,故云"若"也。言"裳内衰外"者,上言"衰,外削幅",此齊還向外展之,上言"裳,内削幅",此齊還向内展之,並順上外内而緝之,此先言裳者,凡齊據下畔而緝之⑤,裳在下,故先言裳,順上下也。鄭云"齊,緝也"者,據上傳而言之也。云"凡五服之衰,一斬四緝"者,謂齊衰至緦麻並齊,齊既有針功,緦之名則没去齊名,亦齊可知也。言"展之"者,若今亦先展訖,乃行針功者也。

負,廣出於適寸。負,在背上者也。適,辟領也。負出於辟領外旁一寸。〇廣,古曠反。【疏】〇注"負在"至"一寸"。〇釋曰:以一方布置於背上,上畔縫著領,下畔垂放之,以在背上,故得負名。"適,辟領",即下文"適"也,"出於辟領外旁一寸",總尺八寸也。

適,博四寸,出於衰。博,廣也。辟領廣四寸,則與闊中八寸也,兩之爲尺六寸也。出於衰者,旁出衰外。不著寸數者,可知也。【疏】〇注"博廣"至"知也"。〇釋曰:此辟領廣四寸,據一相而言⑥。云"出於衰者",謂比胷前衰而言出也。云"博,廣也"者,若言博,博是寬狹之稱,上下兩旁俱名爲博,若言廣,則唯據橫闊而言,今此適四寸,據橫,故博爲廣,見此義焉。云"辟領廣四寸"者,據項之兩相,向外各廣四寸。云"則與闊中八寸也"者,謂兩身當縫中央,總闊八寸,一邊有四寸,并辟領四寸爲八寸。云"兩之爲尺六寸也"者,一相闊與辟領八寸,故兩之總一尺六寸。云"出於衰者,

---

① "其"下原有"實"字,倉石云:"'實',《通解》作'它',汲古閣本作'餘'。張氏錫恭云:'實字衍,其要閒三字屬上爲句,下文已外乃指深衣、長衣之外朝祭之服。'今案此承上喪裳須辟積其要中而言,張説差可從。"據删。

② "者"字原作"也",曹云:"'也'當爲'者'。"據改。

③ "言"字原作"一",阮云:"按'而言'二字屬上'此據四齊'爲句,'一'字疑亦當作'言'。"孫云:"'而言'固屬上句,'不'下仍當有'言'字,此奪。"據補。

④ "言若"原作"若言",曹云:"'若言'二字當倒。"據乙。

⑤ "畔"字原作"裳",曹云:"'裳'似當爲'畔'。"據改。

⑥ "一"字原作"兩",倉石云:"'兩'疑當作'一'。"據改。

旁出衰外”者，以兩旁辟領向前，望衰之外也。云“不著寸數者，可知也”者，以衰廣四寸，辟領橫廣總尺六寸，除中央四寸當衰，衰外兩旁各出衰六寸，故云“不著寸數，可知也”。**衰，長六寸，博四寸。**廣衰當心也①。前有衰，後有負板，左右有辟領，孝子哀戚無所不在。○衰，音茂。【疏】○注“廣衰”至“不在”。○釋曰：衰，長也，據上下而言也。綴於外衿之上，故得廣長當心。云“前有衰，後有負板”者，謂“負，廣出於適寸”及“衰，長六寸，博四寸”。云“左右有辟領”者，謂左右各四寸。云“孝子哀戚無所不在”者，以衰之言摧，孝子有哀摧之志，負在背上者，荷負其悲哀在背。云“適”者，以哀戚之情，指適緣於父母，不兼念餘事，是其四處皆有悲痛，是“無所不在”也。**衣帶下尺，**衣帶下尺者，要也。廣尺，足以掩裳上際也。【疏】○注“衣帶”至“際也”。○釋曰：謂衣腰也。云“衣”者，即衰也，但衰是當心廣四寸者，取其哀摧在於偏體②，故衣一名爲衰，今此云“衣”③，據在上曰衣，舉其實稱。云“帶”者，此帶謂衣之帶④，即大帶、革帶者也⑤。云“衣帶下尺”者，據上下闊一尺，若橫而言之，不著尺寸者，人有麤細，取足爲限也。云“足以掩裳上際也”者，若無腰則衣與裳之交際之閒，露見裏衣⑥，有腰則不露見，故云“掩裳上際也”，言“上際”者，對兩旁有袵，掩旁兩廂下際也。**袵二尺有五寸，**袵，所以掩裳際也。二尺五寸，與有司紳齊也。上正一尺，燕尾一尺五寸⑦，凡用布三尺五寸。【疏】○注“袵所”至“五寸”。○釋曰：云“掩裳際也”者，對上腰而言，此掩裳兩廂下際不合處也。云“二尺五寸，與有司紳齊也”者，《玉藻》文，案彼士已上，大帶垂之皆三尺，又云“有司二尺有五寸”，謂府史，紳即大帶也。紳，重也，屈而重，故曰紳。此但垂之二尺五寸，故曰“與有司紳齊也”。云“上正一尺”者，取布三尺

---

① “廣衰當心也”原作“廣衰四寸也”，各本所載鄭注皆作“廣衰當心也”，下疏云“綴於外衿之上，故得廣長當心”，是賈所見本亦作“廣衰當心也”，據改。

② “徧”字原作“偏”，毛氏汲古閣刊本作“徧”，據改。

③ “云”下原無“衣”字，曹云：“‘云’下似脱‘衣’字。”據補。

④ “帶謂”原作“謂帶”，曹云：“‘謂帶’二字疑倒。”據乙。

⑤ “即”字原作“非”，曹云：“‘非’當爲‘即’，言此帶謂平常衣之帶，即大帶、革帶。衣帶下尺者，至當帶處，以布接之，垂下長尺耳。衣帶下尺，不獨喪服然也。”據改。

⑥ “裏”字原作“表”，曹云：“‘表’，阮云《通解》作‘裏’。案‘裏’字是。”據改。

⑦ “一”字原作“二”，阮云：“‘二’敖氏作‘一’。”按敖氏是也。用布三尺五寸，兩端各留正一尺，中間一尺五寸邪裁之爲燕尾。但諸本皆誤，惟敖氏不誤，豈以意改之與？抑別有所據與？”據改。

五寸，廣一幅，留上一尺爲正，正者，正方不破之言也，一尺之下，從一畔旁入六寸，乃向下，邪向下一畔一尺五寸，去下畔亦六寸，橫斷之，留下一尺爲正，如是，則用布三尺五寸，得兩條袀，袀各二尺五寸，兩條共用布三尺五寸也，然後兩旁皆綴於衣，垂之向下，掩裳際。此謂男子之服，婦人則無，以其婦人之服連衣裳，故鄭上斬章注云婦人之服如深衣，"則衰無帶下，又無袀"是也。袂屬幅，屬，猶連也。連幅，謂不削。○袂屬，音燭，劉又音蜀。【疏】○注"屬猶"至"不削"。○釋曰："屬幅"者，謂整幅二尺二寸，凡用布爲衣物及射侯，皆去邊幅一寸爲縫殺，今此屬連其幅，則不削去其邊幅，取整幅爲袂。必不削幅者，欲取與下文"衣二尺二寸"同，縱橫皆二尺二寸，正方者也，故《深衣》云袂中"可以運肘"，二尺二寸亦足以運肘也。衣二尺有二寸，此謂袂中也。言衣者，明與身參齊。二尺二寸，其袖足以容中人之肱也。衣自領至要二尺二寸，倍之四尺四寸，加闊中八寸而又倍之①，凡衣用布一丈四寸。○之肱，古弘反。【疏】○注"此謂"至"四寸"。○釋曰：云"此謂袂中也"者，上云"袂"，據從身向袪而言，此"衣"據從上向掖下而言。云"言衣者，明與身參齊"者，袂連衣爲之②，衣即身也，兩旁袂與中央身總三事，下畔皆等③，故變"袂"言"衣"，欲見袂與衣齊參也，故云"與身參齊"。云"二尺二寸，其袖足以容中人之肱也"者，案《深衣》云袂中"可以運肘"，鄭注云"肘不能不出入"，彼云肘，此云肱也。凡手足之度，鄭皆據中人爲法，故云"中人"也。云"衣自領已下云云者，鄭欲計衣之用布多少之數。自領至腰二尺二寸者④，衣身有前後，今且據一相而言，故云"衣二尺二寸"，倍之爲四尺四寸，總前後計之，故云"倍之爲四尺四寸"也。云"加闊中八寸"者，闊中謂闊去中央安項處，當縫兩相，總闊去八寸，若去一相，正去四寸，若前後據長而言，則一相各長八寸，通前兩身四尺四寸，總五尺二寸也。云"而又倍之"者，更以一相五尺二寸并計之，故云"又倍之"。云"凡衣用布一丈四寸"者，此唯計身，不計袂與袪及負袀之等者，彼當文尺寸自見⑤，又有不全幅者，故皆不言也。袪尺二寸。袪，袖口也。尺二寸，足以容中人之并兩手也。吉時拱尚

---

① "闊中"原作"辟領"，阮云："徐本、《集釋》、《通解》、楊氏同，毛本'辟領'作'闊中'。李氏曰賈氏作'闊中'。"下疏述注作"加闊中八寸"，據改。

② "袂"下原有"所以"二字，曹云："'所以'二字似衍。"據刪。

③ "下"下原有"與"字，曹云："'與'字衍。"據刪。

④ "腰"下原有"皆"字，曹云："'皆'字衍。"據刪。

⑤ "文"字原作"丈"，曹云："'丈'當爲'文'。"據改。

左手，喪時拱尚右手。○袪尺，起魚反。併兩，步頂反。拱尚，九勇反。【疏】○注"袪袖"至"右手"。○釋曰：云"袪，袖口也"者，則袂末接袪者也。云"尺二寸"者，據複攝而言，圍之則二尺四寸，與深衣之袪同，故云"尺二寸，足以容中人之併兩手也"。"吉時拱尚左手，喪時拱尚右手"者，案《檀弓》云"孔子與門人立，拱而尚右，二三子亦皆尚右。孔子曰：'我則有姊之喪故也。'二三子皆尚左"，鄭云"復正也。喪尚右，右，陰也。吉尚左，左，陽也"，是其吉時拱尚左，喪時拱尚右也。"尺二寸"，既據橫而言，不言緣之深淺尺寸者，以袪橫既與深衣同①，故緣口深淺亦與深衣同寸半可知，故記人略不言也。

衰三升、三升有半，其冠六升，以其冠爲受，受冠七升。衰，斬衰也。或曰三升半者，義服也。其冠六升，齊衰之下也，斬衰正服變而受之此服也。三升、三升半，其受冠皆同，以服至尊，宜少差也。【疏】○注"衰斬"至"差也"。○釋曰：自此至篇末，皆論衰冠升數多少也，以其正經言斬與齊衰及大功、小功、緦麻之等，並不言布之升數多少，故記之也。云"衰三升、三升有半，其冠六升"者，衰異冠同者，以其三升半謂縷如三升半，成布還三升，故其冠同六升也。云"以其冠爲受，受冠七升"者，據至虞變麻服葛時，更以初死之冠六升布爲衰，更以七升布爲冠，以其葬後哀殺，衰冠亦隨而變輕故也。云"衰，斬衰也"者，總二衰皆在斬衰章也。云"或曰三升半者，義服也"者，以其斬章有正、義，子爲父，父爲長子，妻爲夫之等是正斬，云"諸侯爲天子"，臣爲君之等是義斬，此三升半實是義服，但無正文，故引或人所解爲證也。上章子夏傳亦直云"衰三升，冠六升"，亦據正斬而言，不言義服者，欲見義服成布同三升故也。云"六升，齊衰之下也"者，齊衰之降服四升，正服五升，義服六升，以其六升是義服，故云"下也"。云"斬衰正服變而受之此服也"者，下注云"重者輕之"故也。云"三升、三升半，其受冠皆同②，以服至尊，宜少差也"者，以父與君尊等，恩情則別，故恩深

① "尺二寸"至"深衣同"原作"以袪橫既與深衣尺二寸既據橫而言不言緣之深淺尺寸者同"，四庫本改作"不言緣之深淺尺寸者，袪據橫而言，袪橫既與深衣尺二寸同"，周學健云："按此數句舊文倒錯隔礙，考其制度并繹其文意如此，乃明順而與下文相貫。"阮云："《通解》無兩'既'字。按此處疑有錯簡，當云'以袪橫據橫而言，既與深衣尺二寸同'。"許宗彥云當作'不言緣之深淺尺寸者，以袪據橫而言，既與深衣尺二寸同，故緣'云云。"孫校乙"以袪橫既與深衣"七字於"者"字下，云："此乙七字便可通，似不必如許校增易太多，轉失其舊也。"據孫校乙正。
② "皆"字原作"者"，張敦仁本作"皆"，與鄭注合，據改。

者三升,恩淺者三升半,成布還三升,故云“少差也”。**齊衰四升,其冠七升,以其冠爲受,受冠八升**。言受以大功之上也,此謂爲母服也。齊衰正服五升,其冠八升,義服六升,其冠九升,亦以其冠爲受。凡不著之者,服之首主於父母。【疏】○注“言受”至“父母”。○釋曰:此據父卒爲母齊衰三年而言也。云“言受以大功之上也”者,以其降服大功衰七升,正服大功衰八升,故云“大功之上”。云“此謂爲母服也”者,據父卒爲母而言,若父在爲母,在正服齊衰,前已解訖。云“齊衰正服五升,其冠八升,義服六升,其冠九升,亦以其冠爲受。凡不著之者,服之首主於父母”者,上斬言三升,主於父,此言四升,主於母,正服以下輕,故不言,從可知也。**總衰四升有半,其冠八升**。此謂諸侯之大夫爲天子總衰也。服在小功之上者,欲著其總之精麤也。升數在齊衰之中者,不敢以兄弟之服服至尊也。【疏】○注“此謂”至“尊也”。○釋曰:云“諸侯之大夫爲天子總衰也”者,是正經文也。云“服在小功之上者,欲著其總之精麤也”者,據升數,合在杖期上,以其升數雖少,以總精麤與小功同,不得在杖期上,故在小功之上也。云“升數在齊衰之中者,不敢以兄弟之服服至尊也”者,據總如小功,小功已下乃是兄弟,故云“不敢以兄弟之服服至尊”,至尊則天子是也。**大功八升,若九升。小功十升,若十一升**。此以小功受大功之差也。不言七升者,主於受服,欲其文相值。言服降而在大功者,衰七升,正服衰八升,其冠皆十升,義服九升,其冠十一升,亦皆以其冠爲受也。斬衰受之以下,大功受之以正者,重者輕之,輕者從禮,聖人之意然也。其降而在小功者,衰十升,正服衰十一升,義服衰十二升,皆以即葛及總麻無受也。此大功不言受者,其章既著。【疏】○注“此以”至“著之”。○釋曰:云“此以小功受大功之差也”者,以其小功、大功俱有三等,此唯各言二等,故云“此以小功受大功之差也”,以此二小功衰[①],受二大功之冠爲衰,二大功初死,冠還用二小功之衰,故轉相受也。云“不言七升者,主於受服,欲其文相值”者,以其七升乃是殤大功,殤大功章云“無受”,此主於受,故不言七升者也。云“欲其文相值”,值者,當也,以其正大功衰八升,冠十升,與降服小功衰十升同,既葬受衰十升,冠十一升,義服大功衰九升,其冠十一升,與正服小功衰同,既葬以其冠爲受,受衰十一升,冠十二升,初死冠皆與小功衰相當,故云“文相值”也,是冠衰之文相值。云“言服降而在大功

---

① “小功衰”下原重“衰”字,曹云:“下‘衰’字衍。”據删。

者,衰七升,正服衰八升,其冠皆十升,義服九升,其冠十一升,亦皆以其冠爲受也",鄭言此者,既解爲文相值,又覆解文相值之事。若然,降服既無受而亦覆言之者,欲見大功正服與降服冠升數同之意,必冠同者,以其自一斬及四齊衰與降大功,冠皆校衰三等,及至正大功衰八升,冠十升,冠與降大功同,止校二等者①,若不進正大功冠與降同,則冠宜十一升,義大功衰九升者,冠宜十二升,則小功、緦麻冠衰同,則降小功衰冠當十二升,正服小功冠衰同十三升,義服小功當冠衰十四升,緦麻冠衰當十五升,十五升即與朝服十五升同,與吉無別,故聖人之意,進正大功冠與降大功同,則緦麻不至十五升。若然,正服大功不進之,使義服小功至十四升,緦麻十五升抽其半,豈不得爲緦乎?然者,若使義服小功十四升,則與疑衰同,非五服之差故也。又云"斬衰受之以下,大功受之以正者,重者輕之,輕者從禮,聖人之意然也"者,聖人之意,重者恐至滅性,故抑之,受之以輕服,義服齊衰六升是也。"輕者從禮"者,正大功八升,冠十升,既葬,衰十升,受以降服小功,義服大功衰九升,冠十一升,既葬,衰十一升,受以正服小功,二等大功皆不受以義服小功,是從禮也,是聖人有此抑揚之義也。云"其降而在小功者,衰十升,正服衰十一升,義服衰十二升,皆以即葛及緦麻無受"者,此鄭云"皆以即葛"及"無受",文出小功緦麻章,以其小功因故衰,唯變麻服葛爲異也,其降服小功已下升數,文出《閒傳》,故彼云"斬衰三升、齊衰四升、五升、六升、大功七升、八升、九升、小功十升、十一升、十二升,緦麻十五升去其半,有事其縷,無事其布曰緦,此哀之發於衣服者也",鄭注云"此齊衰多二等,大功、小功多一等,服主於受,是極列衣服之差也",鄭彼注顧此文校多少而言。云"服主於受",據此文不言降服大功、小功、緦麻之受,以其無受,又不言正服、義服齊衰者,二者雖有受,齊斬之受,主於父母,故亦不言。若然,此言十升、十一升小功者,爲大功之受而言,非小功有受。彼注云"是極列衣服之差"者,據彼經緫言,是極盡陳列衣服之差降②,故其言之,與此異也。

---

①　"止"字原作"上",倉石云:"'上',《詳校》作'止',似是。"據改。

②　"衣"字原作"於",張敦仁本作"衣",據改。

儀禮疏卷第三十五　儀禮卷第十二

士喪禮第十二

○士喪禮第十二，鄭云："士喪其父母，自始死至於既殯之禮。"【疏】士喪禮第十二。○鄭《目録》云："士喪其父母，自始死至於既殯之禮。喪於五禮屬凶。《大戴》第四，《小戴》第十三①，《別録》第十二。"○釋曰：鄭云"自始死至於既殯之禮"者，自，從也；既，已也，謂從始死已殯之後、未葬之前皆録之，是以下殯後論朔奠②、筮宅、卜椁、卜葬日之事也。又云"喪於五禮屬凶"者，案《周禮》大宗伯掌五禮，吉、凶、賓、軍、嘉，此於五禮屬凶。若然，天子、諸侯之下皆有士，此當諸侯之士。知者，下云"君若有賜"，不言王，又《喪大記》云"君沐粱，大夫沐稷，士沐粱"，鄭云"《士喪禮》沐稻，此云士沐粱，蓋天子之士也"，又大斂陳衣與《喪大記》不同，鄭亦云"彼天子之士，此諸侯之士"，以此言之，此篇諸侯之士可知。但公、侯、伯之士一命，子、男之士不命，一命與不命皆分爲三等，各有上、中、下，及行喪禮，其節同，但銘旌有異，故下云"爲銘各以其物，亡則以緇長半幅"，物謂公、侯、伯之士一命已上生時得建旌旗，亡謂子、男之士生時無旌旗之物者，唯此爲異。又鄭直云"士喪父母"，不言妻與長子二者，亦依士禮，故下記云"赴曰：'君之臣某死。'赴母、妻、長子則曰：'君之臣某之某死。'"是禮同，故得同赴於君③。記不云父者，以其經主於父死，故記不言也。

士喪禮。死于適室，幠用斂衾。適室，正寢之室也。疾者齊，故于正寢焉。疾時處北墉下，死而遷之當牖下，有牀袵。幠，覆也。斂衾，大斂所并用之衾。衾，被也。小斂之衾當陳。《喪大記》曰："始死，遷尸于牀，幠用斂衾，去死衣。"○適室，

---

① "第十三"原作"第八"，倉石云："胡氏匡衷《鄭氏儀禮目録校證》云：'據《士冠禮》疏，當作第十三，第八乃《士虞禮》。'"據改。

② "以"字原作"已"，古"已"、"以"相通，作"以"義更顯豁，謹改。

③ "同赴於君"原作"同附於君之臣"，張敦仁本"附"作"赴"；曹云："'之臣'二字衍。"據改删。

丁狄反，注同，適室，正寢之室也。幠，火吴反，覆也。用斂，力豔反，後皆同。者齊，側皆反，本亦作齋。北庸，如字，牆也，本亦作墉。當牖，音酉，窻也。袉，而甚反，《曲禮》注云臥席也。去死，起吕反。【疏】○注“適室”至“死衣”。○釋曰：自此盡“帷堂”，論始死招魂、楔齒①、綴足、設奠、帷堂之事。云“適室，正寢之室也”者，若對文②，天子、諸侯謂之路寢，卿、大夫、士謂之適室，亦謂之適寢，故下記云“士處適寢”，總而言之，皆謂之正寢，是以莊三十二年秋八月，公薨于路寢，《公羊傳》云“路寢者何？正寢也”，《穀梁傳》亦云“路寢，正寢也”，言正寢者，對燕寢與側室非正。案《喪大記》云“君夫人卒於路寢，大夫世婦卒於適寢，内子未命則死于下室，遷尸于寢，士之妻皆死于寢”，鄭注云“言死者必皆於正處也”，以此言之，妻皆與夫同處。若然，天子崩亦於路寢，是以《顧命》成王崩，延康王於翼室，翼室則路寢也，若非正寢，則失其所，是以僖三十三年冬十二月，公薨於小寢，《左氏傳》云“即安也”，是譏不得其正。云“疾者齊，故於正寢焉。疾時處北墉下，死而遷之當牖下，有牀袉”者，此並取下記文，但文有詳略，文次不與本同。云“疾者齊，故于正寢焉”，以其齊須在適寢，是以故在正寢，鄭彼注云“正情性也”。袉是臥席，故彼云“下莞上簟，設枕焉”。云“幠，覆也。斂衾，大斂所并用之衾”者，經直云斂衾③，不辯大小，鄭知非小斂衾，是大斂衾者，鄭云“小斂之衾當陳”，故不用小斂衾④，以其大斂未至，故且覆尸，是以小斂訖，大斂之衾當陳，則用夷衾覆尸，是其次也。此所覆尸，尸襲後將小斂乃去之，是以下襲訖，亦云“幠用衾”，鄭注云“始死時斂衾”，必覆之者，爲其形褻。言“大斂所并用之衾”者⑤，案《喪大記》君、大夫、士皆小斂一衾，大斂二衾，今始死用大斂一衾以覆尸，及至大斂之時，兩衾俱用，一衾承薦於下，一衾以覆尸，故云“大斂所并用之衾”。引《喪大記》者，欲見加斂衾以覆尸，以去死衣，鄭彼注云“去死衣，病時所加新衣及復衣也，去之以俟沐浴”是也。**復者一人，以爵弁服，簭裳于衣，左何之，扱領于帶。**復者，有司招魂復魄也。天子則夏采、祭僕之屬，諸侯則小臣爲之。爵弁服，純衣纁裳也。禮以冠名服。簭，連也。○簭裳，側林反，劉左南反。左何，户我反，又音河。扱領，初洽反，劉初輒反。則

---

① “魂”下原無“楔齒”二字，曹云：“‘魂’下脱‘楔齒’二字。”據補。
② “對”下原無“文”字，曹云：“‘對’下似脱‘文’字。”據補。
③ “衾”上原無“斂”字，曹云：“‘衾’上脱‘斂’字。”據補。
④ “故”字原作“者”，曹云：“‘者’當爲‘故’，屬下讀。”據改。
⑤ “用”上原無“并”字，曹云：“‘用’上脱‘并’字。”據補。

夏,户雅反,後夏祝皆同。純衣,側其反。纁裳,許云反。【疏】○注"復者"至"連也"。
○釋曰:言"復者一人"者,諸侯之士一命與不命並皆一人。案《雜記》云"復西上"者,
鄭注云"北面而西上,陽長左也。復者多少,各如其命之數",若然,案《典命》諸侯卿大
夫三命、再命、一命;天子三公八命,其卿六命,大夫四命,上士三命,中士再命,下士一
命;上公九命,侯、伯七命,子、男五命,皆依命數,九人以下,則天子宜十二爲節,當有
十二人也①。云"復者,有司"者,案《喪大記》復者小臣,則士家不得同僚爲之,則有司,
府史之等也。不言所著衣服者,案《喪大記》小臣朝服,下記亦云"復者朝服",則尊卑
皆朝服可知,必著朝服者,鄭注《喪大記》云"朝服而復,所以事君之衣也"。復者,庶其
生氣復,既不蘇,方始爲死事耳。愚謂朝服平生所服,冀精神識之而來反②,以其事死
如事生,故復者皆朝服也。若然,天子崩復者皮弁服也。云"招魂復魄也"者,出入之
氣謂之魂,耳目聰明謂之魄,死者魂神去離於魄,今欲招取魂來復歸于魄,故云"招魂
復魄也"。云"天子則夏采、祭僕之屬"者,案《周禮·天官·夏采職》云"大喪,以冕服
復於大祖,以乘車建綏復於四郊",鄭注云"求之王平生嘗所有事之處。乘車,玉路。
於大廟,以冕服不出宮也",又《夏宫·祭僕職》云"大喪,復於小廟",鄭注云"小廟,高
祖以下也,始祖曰大廟",又《隸僕》云"大喪,復於小寢、大寢"③,鄭注云"小寢,高祖以
下廟之寢也,始祖曰大寢",此不言隸僕,以其隸僕與祭僕同僕官,"之屬"中兼之。案
《檀弓》"君復於小寢、大寢、小祖、大祖、庫門、四郊",鄭注云"尊者求之備也,亦他日所
嘗有事",是諸侯復法。言庫門,據魯作説。若凡平諸侯,則皋門,舉外門而言,三門俱
復,則天子五門及四郊皆復,不言者,文不具。卿大夫以下,復自門以内廟及寢而已。
婦人無外事,自王后以下,所復處亦自門以内廟及寢而已。云"諸侯則小臣爲之"者,
《喪大記》文也。云"爵弁服,純衣纁裳也"者,案《士冠禮》云"陳服於房中西墉下,東領
北上。爵弁服,纁裳純衣"是也。士用爵弁者,案《雜記》云"士弁而祭於公,冠而祭於
己",是士服爵弁助祭於君,玄冠自祭於家廟,士復用助祭之服,則諸侯以下,皆用助祭
之服可知,故《雜記》云"復,諸侯以褒衣、冕服、爵弁服",鄭注云"復,招魂復魄也。冕服
者,上公五,侯伯四,子男三。褒衣,亦始命爲諸侯及朝覲見加賜之衣也。褒,猶進

---

①　"有十"原作"十有",阮云:"'十有'二字誤倒。"據乙。

②　"反"下原有"衣",阮云:"'反'下衍'衣'字。"據刪。

③　"小寢"下原無"大寢"二字,四庫本卷末《考證》云:"据《隸僕職》,'小寢'下當
有'大寢'二字。"據補。

也”，則袞冕之類。若然，冕服者有六，除大裘，有袞冕、鷩冕、毳冕、絺冕、玄冕，上公袞冕而下，侯、伯鷩冕而下，子、男毳冕而下，皆爵弁。若然，孤自絺冕而下，卿大夫玄冕爵弁，士爵弁而已。天子孤、卿大夫、士，其衣亦與之同。三公執璧與子、男同，其服亦同。若然，大裘是祭天地之服，又以四郊建綏而復①，不用大裘而冕，則門及廟寢等用袞冕以下，與上公同。但復者依命數，衣服不足，覆取上服重用之，以充其數。王后以下，案《雜記》云復衣“夫人稅衣、揄狄”，鄭注云“用稅衣上至揄狄”②，是侯伯夫人。案《周禮·內司服》掌王后六服，褘衣、揄狄、闕狄、鞠衣、展衣、褖衣。王后及上公夫人、二王後及魯之夫人，皆用褘衣下至褖衣。侯伯夫人與王之三夫人，同揄翟以下至褖衣。子、男夫人與三公夫人，自闕狄以下至褖衣。孤之妻與九嬪，鞠衣、展衣、褖衣。卿大夫妻與王之世婦，展衣、褖衣。士妻與女御，褖衣而已。云“禮以冠名服”者，案《士冠禮》皮弁、爵弁並列於階下執之而空陳服於房，云皮弁服、爵弁服是以冠名服，鄭言此者，欲見復時唯用緇衣纁裳，不用爵弁而經言爵弁服，是禮以冠名服也。云“簪，連也”者，若凡常，衣服、衣裳各別，今此招魂，取其便，故連裳於衣。**升自前東榮，中屋北面招以衣，曰“皋某復”三，降衣于前。**北面招，求諸幽之義也。皋，長聲也。某，死者之名也。復，反也。降衣，下之也。《喪大記》曰：“凡復，男子稱名，婦人稱字。○中屋，如字，劉丁仲反。【疏】○注“北面”至“稱字”。○釋曰：案《喪大記》“復，有林麓則虞人設階，無林麓則狄人設階”，鄭云“階，所乘以升屋者。虞人，主林麓之官也。狄人，樂吏之賤者。階，梯也，簨虡之類”，有林麓謂君與夫人有國、大夫有采地者③，無林麓謂大夫、士無采地者，則此升屋之時，使狄人設梯。復聲必三者，禮成於三。“北面招，求諸幽之義也”者，《禮記·檀弓》文，以其死者必歸幽暗之方，故北面招之，求諸幽之義。引《喪大記》者，證經復時所呼名字。云“男子稱名”者，據大夫以下，若天子崩，則云“皋天子復”，若諸侯薨，則稱“皋某甫復”，若婦人稱字，則尊卑同。此經含有男子、婦人之喪，故言“男子稱名，婦人稱字”，案《喪服小記》云“男子稱名，婦人書姓與伯仲”是也。**受用篋，升自阼階，以衣尸。**受者，受之於庭也。

---

① “於”字原作“與”，曹云：“‘與’當爲‘於’。”據改。

② “鄭注”至“揄狄”原作“鄭鞠衣展衣褖衣至揄狄”，阮云：“許宗彥云當作‘鄭注云用稅衣上至揄狄’。”據改。

③ “有”上原無“大夫”二字，曹云：“‘有’上脫‘大夫’二字。”據補。

復者,其一人招,則受衣亦一人也。人君則司服受之。衣尸者,覆之,若得魂反之。○用筐,方鬼反,本或作篋,苦協反。以衣,於既反,注及衣尸同。【疏】○注"受者"至"反之"。○釋曰:鄭知"受之於庭"者,以其降衣簷前,受而升自阼階,明知受之於堂下在庭可知。云"復者,其一人招,則受衣亦一人也"者,以其服唯一領,明知各一人也,自再命以上,受者亦各依命數。云"人君則司服受之"者,案《喪大記》云"北面三號,捲衣投于前,司服受之",以其大夫、士無司服之官,明據君也。云"衣尸者,覆之,若得魂反之"者,此復衣浴而去之[1],不用襲、斂,故《喪大記》云"始死,遷尸于牀,幠用斂衾,去死衣",鄭注云"死衣,病時所加新衣及復衣也",彼又云"復衣不以衣尸,不以斂",鄭注云"不以衣尸,謂不以襲也",斂謂小斂、大斂而云覆之,直取魂魄反而已。**復者降自後西榮**。不由前降,不似虛反也[2]。降因徹西北厞,若云此室凶不可居然也,自是行死事。○西北厞,扶未反,本或作扉,音非。【疏】○注"不由"至"死事"。○釋曰:云"不由前降,不似虛反也"者,凡復者,緣孝子之心望得魂氣復反,復而不蘇,則是虛反,今降自後,是不欲虛反也。云"降因徹西北厞"者,案此文及《喪大記》皆言降自西北榮,皆不言徹厞,鄭云徹厞者,案《喪大記》將沐,"甸人為垼于西牆下,陶人出重鬲。管人受沐,乃爨之。甸人取所徹廟之西北厞薪,用爨之"[3],諸文更不見徹厞薪之文,故知復者降時徹之,故鄭云"降因徹西北厞"也。西北名為厞者,案《特牲》尸謖之後,改饌於西北隅以為陽厭而云"厞用筵",鄭云"厞,隱也",故以西北隅為厞也。必徹毀之者,鄭云"若云此室凶不可居然也"。"自是行死事"者,復而不蘇,下文楔齒、綴足之等,皆是行死事也。**楔齒用角柶**。為將含,恐其口閉急也。○楔齒,息結反。為將,于偽反,下并注不為同。含,戶暗反,本亦作唅,後放此。【疏】○注"為將"至"急也"。○釋曰:案記云"楔貌如軶,上兩末",鄭云"事便也",此角柶其形與扱醴角柶制別,故屈之如軶,中央入口,兩末向上,取事便也,以其兩末向上,出入易故也。**綴足用燕几**。綴,猶拘也。為將屨,恐其辟戾也。今文綴為對。○綴足,丁劣反,劉張歲反。辟

---

① "復"字原作"服",張敦仁本作"復",據改。

② "似"字原作"以",曹云:"'以'當為'似','不似虛反'與上注'若得魂反'義一貫。"據改,疏述注亦改。

③ "用"字原作"而",阮云:"《通解》、《要義》、楊氏俱同,毛本'而'作'用'。按《喪大記》作'用',毛本是也。"據改。

戾,音壁,下力計反。【疏】○注"綴猶"至"爲對"。○釋曰:案記云"綴足用燕几,校在南,御者坐持之",鄭注云"校,脛也。尸南首,几脛在南以拘足,則不得辟戾矣",以此言之,几之兩頭皆有兩足,今豎用之,一頭以夾兩足,恐几傾倒,故使御者坐持之。案《喪大記》"小臣楔齒用角柶,綴足用燕几,君、大夫、士一也",又案《周禮・天官・玉府》"大喪共含玉、復衣裳、角枕、角柶",則自天子以下至於士,其禮同。言燕几者,燕,安也,當在燕寢之内,常馮之以安體也。　奠脯、醢、醴、酒,升自阼階,奠于尸東。鬼神無象,設奠以馮依之。○以馮,音憑。【疏】"奠脯"至"尸東"。○注"鬼神"至"依之"①。○釋曰:案《檀弓》曾子云"始死之奠,其餘閣也與",鄭注云"不容改新也",則此奠是閣之餘食爲之。案下小斂一豆、一籩,大斂兩豆、兩籩,此始死,俱言脯、醢②,亦無過一豆、一籩而已。下記云"若醴若酒",鄭注云"或卒無醴,用新酒",此醴、酒雖俱言,亦科用其一,不並用,以其小斂酒、醴具有,此則未具,是其差。　帷堂。事小訖也。【疏】○注"事小訖也"。○釋曰:云"事小訖也"者,以其未襲、斂,必帷之者,鬼神尚幽闇故也。

　　乃赴于君,主人西階東,南面命赴者,拜送。赴,告也。臣,君之股肱耳目,死當有恩。【疏】○注"赴告"至"有恩"。○釋曰:此及下經論使人告君之事。云"臣,君之股肱耳目"者,案《虞書》云"帝曰:臣作朕股肱耳目",注云"大體若身"。云"死當有恩",是以下有弔及贈襚之事也。案《檀弓》云"父兄命赴者",鄭注云"謂大夫以上也",士主人親命之",是尊卑禮異也。　有賓則拜之。賓,僚友羣士也,其位猶朝夕哭矣。【疏】○注"賓僚"至"哭矣"。○釋曰:此謂因命赴者,有賓則拜之,若不因命赴者,則不出,是以下云"唯君命出",鄭云"始喪之日,哀戚甚,在室,故不出"是也。云"賓,僚友羣士也"者,同官爲僚,同志爲友,羣士即僚友也,以其始死,唯赴君,此僚友未蒙赴及即來,是先知疾重,故未赴即來,明是僚友之士,非大夫及疏遠者。若有大夫,則經辨之而稱大夫,是以下文因君襚,即云"有大夫則特拜之"是也。云"其位猶朝夕哭矣"者,謂賓弔位,猶如賓朝夕哭位,其主人之位,則異於朝夕而在西階東,南面拜之,拜訖,西階下東面,下經所云"拜大夫之位"是也。

---

　　①　"○"上原無"奠脯至尸東"五字,曹云:"阮出'奠脯至尸東'五字,小字注云'《要義》有此五字',此五字當在標注上。"據補。
　　②　"言"下原無"脯醢"二字,阮云:"'此始死俱言'之下脱'脯醢'二字。"據補。

入坐于牀東,衆主人在其後,西面。婦人俠牀,東面。衆主人,庶昆弟也。婦人,謂妻、妾、子姓也,亦適妻在前。○俠牀,古洽反。亦適,丁狄反。【疏】○注"衆主"至"在前"。○釋曰:自此盡"北面",論主人以下哭位之事。云"入坐"者,謂上文主人拜賓訖,入坐于牀東,是其衆主人直言在其後,不言坐,則立可知,婦人雖不言坐,案《喪大記》婦人皆坐,無立法。言"俠牀"者,男子牀東,婦人牀西,以近而言也。案《喪大記》"士之喪,主人、父兄、子姓皆坐于東方,主婦、姑姊妹、子姓皆坐于西方",鄭注云"士賤,同宗尊卑皆坐",此除主人之外不坐者,此經據命士,彼據不命之士。知者,案《喪大記》云"大夫之喪,主人坐于東方,主婦坐于西方。其有命夫、命婦則坐,無則皆立",是大夫喪,尊者坐,卑者立,是知此非主人皆立,據命士,《喪大記》云"尊卑皆坐",據不命之士,但此經有不命士,《喪大記》無不命之士,此又與《喪大記》文不同,釋亦不合,此義恐錯①。云"婦人,謂妻、妾、子姓"者,下云"親者在室",其中有姑姊,故此注直言妻、妾、子姓也,《喪大記》兼言姑姊妹者,彼無別文,見親者在室,故注總言之也。言"亦適妻在前"者,亦主人在衆主人前也。親者在室,謂大功以上父兄、姑姊妹、子姓在此者。【疏】○注"謂大"至"此者"。○釋曰:知親者謂大功以上者,以大功以上有同財之義,相親昵之理,下有衆婦人戶外,據小功以下疏者,故知此爲大功以上也。云"父兄、姑姊妹、子姓在此者"②,上注據死者妻、妾、子姓也,此注據主人

---

① "案喪大記士之喪"至"此義恐錯",殿本移置前後文序如此,原作"案《喪大記》'士之喪,主人、父兄、子姓皆坐于東方,主婦、姑姊妹、子姓皆坐于西方',此義恐錯,此經有不命士,《喪大記》無不命士,又與《大記》文不同,釋亦不合。'子姓皆坐于西方',注云'士賤,同宗尊卑皆坐',此除主人之外不坐者,此據命士,彼據不命之士。知者,案《喪大記》云'大夫之喪,主人坐于東方,主婦坐于西方。其有命夫、命婦則坐,無則皆立',是大夫喪,尊者坐,卑者立,是知此非主人皆立,據命士,《大記》云尊卑皆坐,據不命之士"。曹云:"殿本移置甚善。命士、不命士,賈蓋承用舊義而疑之,故云'此義恐錯',《既夕記》室中唯主人、主婦坐節疏義與此不同,則賈之自爲説也。竊疑賈氏之書,據黃氏、李氏爲本而疏中稱引殊不概見。竊疑原本當先引二家,次下己語,後人刪併爲一,故全書內時有前後違互者,且有一節內文義不甚融貫者,又加以顛倒舛誤,古書之受誣、經義之晦蝕,非一日矣。"倉石云:"今案'此義恐錯'以下二十八字,蓋後人駁賈氏分割命士、不命士之語,其云'釋亦不合'可爲證,本在旁或上下別記,傳寫誤與疏文相連不晰也。諸家以爲顛倒錯置者,似未盡善。其與下記釋抵牾,乃是曹氏所云全書內時有前後違互耳。所以然者,蓋因南北章疏,賈氏多襲其文而没其名故也。曹云後人刪併爲一,似無確據。"

② "在"上原無"子姓"二字,曹云:"'在'上脱'子姓'二字。"據補。

之兄弟、姑姊妹、子姓而言。若然，父謂諸父，兄謂諸兄、從父昆弟，姑謂主人之姑，姊妹謂從父姊妹，子姓謂主人之孫，於死者謂曾孫、玄孫，曾孫、玄孫爲曾祖①、高祖齊衰三月，當在大功親之内，故云子姓在此者。**衆婦人户外北面，衆兄弟堂下北面。**衆婦人、衆兄弟，小功以下。【疏】○注"衆婦人"至"以下"。○釋曰：案《喪服記》云"兄弟皆在他邦，加一等"，傳曰"小功以下爲兄弟"，玄謂"於此發兄弟傳者，嫌大功以上又加也。大功以上若皆在他國，則親自親矣"，是大功以上爲親者，則上文是也，是以知此婦人在户外，是小功以下可知。若然，同是小功以下而男子在堂下者，以其婦人有事，自堂及房，不合在下，故男子在堂下，婦人户外堂上耳。

　　君使人弔，徹帷。主人迎于寢門外，見賓不哭，先入門右，北面。使人，士也。禮使人必以其爵。使者至，使人入將命，乃出迎之。寢門，内門也。徹帷，扃之，事畢則下之。○使者至，所吏反。扃，劉羌據反，閉也。【疏】○注"使人士"至"下之"。○釋曰：自此盡"不辭，入"，論君使人弔禭之事。鄭知"禮使人必以其爵"者，案《聘禮》使人歸饔餼及致禮皆各以其爵，此君使人弔朝士，明亦以其爵，使士可知。此《儀禮》見諸侯弔法，若天子則不以其爵，各以其官，是以《周禮·大僕職》云"掌三公、孤、卿之弔勞"，鄭云"王使往"，又《小臣職》云"掌士、大夫之弔勞"，又《御僕職》掌羣使之弔勞，又案《宰夫職》云"凡邦之弔事，掌其戒令與幣器"，注"弔事，弔諸侯"，是其皆以官不以爵也。云"使者至，使人入將命，乃出迎之"者，將命，謂傳賓、主人之言擯也，案下小斂後云"有禭者，則將命，擯者出請入告"，注云"喪禮略於威儀，既小斂擯者乃用辭"，若然，則此雖有擯者，未用辭，故此經直云主人出迎②，經不云擯者，鄭探其意，使者使人入將命，所使之人入將命，即包主人擯者也。云"寢門，内門也"者，以其大夫、士唯有兩門，有寢門、有外門③，以其下云"主人拜送于外門外"，故知此寢門内門也。云"徹帷，扃之"者，謂褰帷而上，非謂全徹去。知"事畢則下之"者，案下君使人

---

　　①　"爲"上原無"玄孫"二字，倉石云："浦氏'爲'上補'玄孫'二字。今案下'曾孫'二字移在'之孫'下亦通。"據以補"玄孫"二字。

　　②　"故此經直云"原作"故此下經不云"，曹云："'下'字衍，'不'當爲'直'。"據删改。

　　③　"有寢門有外門"原作"有寢門者外門者"，倉石云："《要義》無'外門者'三字，《校勘記》云似當作'知寢門非外門者'。今案殿本作'有寢門有外門'，似優。"據改。

襚，徹帷，明此事畢下之可知。**弔者入，升自西階，東面。主人進中庭，弔者致命。**主人不升，賤也。致命曰：“君聞子之喪，使某如何不淑。”【疏】○注“主人”至“不淑”。○釋曰：上云“主人迎于寢門外”，此云“弔者入”，謂入寢門，以其死在適寢。云“主人不升，賤也”者，對大夫之喪，其子得升堂受命，知者，案《喪大記》“大夫於君命①，迎于寢門外。使者升堂致命，主人拜于下”，言“拜于下”，明受命之時得升堂。必知大夫之子得升堂受命者，案《喪大記》云“大夫之喪，將大斂，君至，主人迎，先入門右。君即位于序端，主人房外南面。卒斂，宰告，主人降，北面於堂下，君撫之，主人拜稽顙”，鄭注云“大夫之子尊，得升視斂”，下文又云“士之喪，將大斂，君不在，其餘禮猶大夫也”，以君常視士殯，故言“君不在”，若有恩賜，君視大斂則不得如大夫，言君在者②，謂士之子不升堂在君側，以此言之，士受君命，不得升堂，以其賤，明大夫之子得升，受命乃降拜可知，是以《大戴禮》云“大夫於君命，升聽命，降拜”是也。云“致命曰”以下，鄭知有此辭者，案《雜記》諸侯使人弔鄰國之君喪而云“弔者入，升自西階東面，致命曰：‘寡君聞君之喪，寡君使某，如何不淑。’”彼據鄰國之君，故稱寡，此使士弔己國之士，故直云君，不言寡也。**主人哭，拜稽顙，成踊。**稽顙，頭觸地。成踊，三者三。○者三，息暫反。【疏】○注“稽顙”至“者三”。○釋曰：云“稽顙，頭觸地”者，案《禮記·檀弓》曰“稽顙而后拜，頎乎其致也”，爲稽首之拜，但觸地無容，即名稽顙。云“成踊，三者三”，案《曾子問》君薨，世子生，三日告殯云“衆主人、卿大夫、士哭踊，三者三”，凡九踊也。**賓出，主人拜送于外門外。君使人襚，徹帷，主人如初。襚者左執領，右執要，入，升致命，**襚之言遺也。衣被曰襚。致命曰：“君使某襚。”○人襚，音遂，衣服曰襚。執要，一遥反，後放此。言遺，唯季反，與也。【疏】○注“襚之”至“某襚”。○釋曰：云“主人如初”者，如上弔時“迎于寢門外”以下之事也。云“襚之言遺也”者，謂君有命，以衣服遺與主人。云“衣被曰襚”者，案《左傳》隱元年，“秋七月，天王使宰咺來歸惠公、仲子之賵”，《穀梁傳》曰“乘馬曰賵，衣衾曰襚，貝玉曰含，錢財曰賻”是也。云“致命曰：君使某襚”者，亦約《雜記》文，此君襚雖在襲前，主人襲與小斂俱不得用君襚，大斂乃用之，知者，案《喪大記》云“君無襚，大夫、士

---

① “喪大記”原作“喪大器”，疏所引文句見於《禮記·喪大記》，則“器”字當爲“記”字之誤，謹改。

② “在”上原有“不”字，以上下文意推尋，“不”字或涉上文而衍，謹删。

畢主人之祭服。親戚之衣受之，不以即陳，注云“無襚者，不陳不以斂”，謂不用之爲小斂，至大斂乃用之，故下文大斂之節云“君襚不倒”，注云“至此乃用君襚，主人先自盡”是也。**主人拜如初。襚者入，衣尸，出，主人拜送如初。唯君命，出，升降自西階，遂拜賓。有大夫，則特拜之。即位于西階下，東面，不踊。大夫雖不辭，入也。**唯君命，出，以明大夫以下，時來弔襚，不出也。始喪之日，哀戚甚，在室，故不出拜賓也。大夫則特拜，別於士旅拜也。即位西階下，未忍在主人位也。不踊，但哭拜而已。不辭而主人升入，明本不爲賓出，不成禮也。○別於，彼列反，下皆同。【疏】○注“唯君”至“禮也”。○釋曰：云“主人拜如初”者，亦如上主人進中庭，哭，拜稽顙，成踊。云“襚者入，衣尸，出”者，案《既夕記》“襚者委衣于牀，不坐”，衆襚者委于牀上，不坐，則此襚者左執領，右執要，以衣尸，亦不坐。云“唯君命，出”者，欲見孤、卿大夫、士，雖有弔襚來，皆不出，故云“唯”，著異也。云“遂拜賓”者，因事曰遂，以因有君命，故拜賓，若無君命，則不出戶。云“大夫雖不辭，入也”者，謂主人小斂後，賓致辭云“如何不淑”，乃復位踊，今以初死，大夫雖不辭，主人升入室。云“以明大夫以下，時來弔襚，不出也”者，言唯君命，出，明大夫已下時來弔襚，不出可知，經云拜大夫者，以因君命出見故也。云“未忍在主人位也”者，至小斂後，始就東階下西面主人位也①。云“明本不爲賓出，不成禮也”者，總解不爲之踊及雖不辭而入二事。

　　親者襚，不將命，以即陳。大功以上，有同財之義也。不將命，不使人將之致於主人也。即陳，陳在房中。【疏】○注“大功”至“房中”。○釋曰：自此盡“適房”，論大功兄弟及朋友弔襚之事。云“大功以上”，謂并異門齊衰，故云“以上”。云“即陳，陳在房中”者，下云“如襚，以適房”，故知此陳，陳在房中也。**庶兄弟襚，使人以將命于室，主人拜于位，委衣于尸東牀上。**庶兄弟即衆兄弟也。變衆言庶，容同姓耳。將命曰：“某使某襚。”拜于位，室中位也。【疏】○注“庶兄”至“位也”。○釋曰：知“庶兄弟即衆兄弟”者，見上文云“親者在室”，又云“衆兄弟堂下，北面”，注云是“小功以下”，又云“親者襚”，此云“庶兄弟襚”，以文次而言，故知“庶兄弟即衆兄弟也”。云“變衆言庶，容同姓耳”者，以同姓絕服者有襚法，鄭必知變衆言庶即容同姓

---

①　“西”下原有“南”字，曹云：“‘南’字衍。”據刪。

者,見《喪服》不杖麻屨章士言衆子,大夫言庶子,鄭云"士謂之衆子,未能遠別也",是庶者疏遠之稱,故知言庶容同姓。云"將命曰:某使某襚"者,某謂庶兄弟名,使某,襚者名,但庶兄弟是小功、緦麻之親,在堂下,使有司歸家取服,致命於主人,若同姓,容不在,始來弔襚也。云"拜于位,室中位也"者,以其非君命不出,故知拜于室中位也。

朋友襚,親以進,主人拜,委衣如初。退,哭不踊。親以進,親之,恩也。退,下堂反賓位也。主人徒哭不踊,別於君襚也。【疏】○注"親以"至"襚也"。○釋曰:云"別於君襚也"者,上文君襚之時,主人哭,拜稽顙,成踊,此朋友襚,主人徒哭不踊,故云"別於君襚"。**徹衣者執衣如襚,以適房。**凡於襚者出,有司徹衣。【疏】○注"凡於"至"徹衣"。○釋曰:云"執衣如襚"者,上文君襚之時,襚者左執領,右執要,此徹衣者亦左執領,右執要,故云如襚。云"凡於襚者出,有司徹衣"者,案此徹衣之文,在諸襚者之下言之,故《雜記》諸侯使人弔,含、襚、賵訖,乃云"宰舉以東"①,故云"凡於襚者出,有司徹衣"。

　　爲銘,各以其物。亡則以緇長半幅,經末長終幅,廣三寸,書銘于末曰"某氏某之柩"。銘,明旌也。雜帛爲物,大夫、士之所建也②。以死者爲不可別,故以其旗識識之,愛之斯録之矣。亡,無也。無旌,不命之士也。半幅,一尺。終幅,二尺。在棺爲柩。今文銘皆爲名,末爲旆施也。○爲銘,亡丁反,《禮記》云:銘,明旌也。經末,丑貞反。旗識識之,上音試,下音式,亦作試。爲旆,步貝反。【疏】○注"銘明"至"旆也"。○釋曰:自此至"西階上",論書死者銘旌之事。此《士喪禮》記公、侯、伯之士一命,亦記子、男之士不命,故此銘旌總見之也。云"爲銘各以其物"者,案《周禮·司常》大夫、士同建"雜帛爲物",今云"各以其物"而不同者,雜帛之物雖同,其旌旗之杠,長短則異,故《禮緯》云"天子之旗九刃③,諸侯七刃,大夫五刃,士三刃",但死以尺易刃,故下云"竹杠長三尺",長短不同,故言"各"以別之,此據侯、伯之士一命者也。云"銘,明旌也"者,《檀弓》文。"雜帛爲物,大夫、士之所建也"者,此《司常》文

---

① "宰舉以東"原作"主人有司",吳紱云:"按《雜記》含、襚、賵、訖,皆云'宰舉以東',此當用其語。"倉石云:"今案'主人有司'見《雜記》諸侯出夫人節,此疑誤引。"據改。

② "夫"下原無"士"字,阮云:"'夫'下《通典》、《集釋》、敖氏俱有'士'字。按據《周禮·司常》注,則'士'字當有。"據補,疏述注亦補。

③ "天子之旗九刃",《周禮·司常》疏引"旗"作"旌","旌"下有"高"字。

也。言“雜帛”者，爲旗旌之縿以絳帛爲之，以白色之帛褌緣之，鄭彼注云“大夫、士雜帛，言以先王正道佐職”是也。云“以死者”至“録之矣”者，《檀弓》文，案彼自“銘明旌”至“録之矣”，引之者事恰盡，重與奠，自爲下事之别，不得以蒙此①，《周禮·小祝》之職，杜子春解熬爲重，鄭不從其義，故以證破子春，又鄭注《檀弓》云“謂重與奠”，此引證銘旌者，鄭君兩解之，以彼兼有重與奠，亦是録死者之義，此銘旌是録死者之名，故兩注不同。案《周禮·小祝》云“設熬置銘”，杜子春引《檀弓》曰“銘，明旌也，以死者爲不可别，故以其旗識之，愛之斯録之矣”，子春亦爲此解。云“無旌，不命之士也”者，謂子、男之士也。云“半幅，一尺。終幅，二尺”者，經直云“長半幅”，不言廣，則亦三寸。云“經末長終幅，廣三寸”，則廣三寸總結之，但布幅二尺二寸，今云二尺者，鄭君計侯與深衣皆除邊幅一寸，此亦兩邊除二寸而言之。凡書銘之法，案《喪服小記》云“復與書銘，自天子達於士，其辭一也。男子稱名，婦人書姓與伯仲”，鄭注云“此謂殷禮也。殷質，不重名，復則臣得名君。周之禮，天子崩，復曰‘皋天子復’，諸侯薨，復曰‘皋某甫復’，其餘及書銘則同”，以此而言，除天子、諸侯之外，其復，男子皆稱姓名，書銘則天子以下同稱姓名②，是以此云“某氏某之柩”。云“在棺爲柩”者，《下曲禮》文，以其銘旌表柩不表屍，故據柩而言。**竹杠長三尺，置于宇，西階上。杠，銘橦也。宇，梠也。**○竹杠，音江。橦也，丈江反。梠，音吕。【疏】○注“杠銘”至“梠也”。○釋曰：此始造銘訖，且置於宇下西階上，待爲重訖，以此銘置於重，又下文卒塗，始置於豜。若然，此時未用，權置於此，及爲重訖，乃置於重也③。云“宇，梠也”者，案《爾雅·釋宫》云“檐謂之樀”，郭云“屋梠”，謂當檐下，故《特牲記》云“饎爨在西壁”，鄭注云“西壁，堂之西墙下。舊説云‘南北直屋梠，稷在南’”是也。

甸人掘坎于階間，少西。爲垼于西墙下，東鄉。甸人，有司主田野者。垼，塊竈。西墙，中庭之西。今文鄉爲面。○甸人，大練反。掘坎，其勿反，又其

---

① “以”下原無“蒙此”二字，曹云：“‘以’下似脱‘蒙此’二字。”據補。

② “皆稱姓名”下原無“書銘”至“姓名”十一字，曹云：“下似脱‘書銘則天子以下同稱姓名’一語。”據補。

③ “權置”至“重也”原作“權置於此及於重也”，四庫本作“權置於此，及爲重訖，乃置於重也”，卷末《考證》云：“監本脱‘爲重訖乃置’五字，今尋繹上下文義補之。”據補。

月反。爲垼,音役。東鄉,許亮反,注同,後放此。塊甗,苦對反,劉音枯雷反①,謂宜用土塊也。【疏】○注"甸人"至"爲面"。○釋曰:自此盡"西階下",論掘坎、爲垼、饌陳沐浴之具。此坎不論淺深及所盛之物,案《既夕記》云"掘坎,南順,廣尺,輪二尺,深三尺,南其壤",下文沐浴餘潘及巾、栖等,棄埋之於此坎也。云"甸人,有司主田野者",士無臣,所行事皆是有司、屬吏之等,言"主田野者",案《周禮·甸師》其徒三百人,掌帥其屬而耕耨王藉,是掌田野,士雖無此官,亦有掌田野之人,謂之甸人。云"垼,塊甗"者,案《既夕記》云"垼用塊",是以塊爲甗,名爲垼,用之以煑沐浴者之潘水。知在中庭之西者,經直云"于西牆下",不繼階、宇,明近南,中庭之西也。**新盆、槃、瓶、廢敦、重鬲皆濯,造于西階下。**新此瓦器五種者,重死事。盆以盛水,槃承澳濯,瓶以汲水也。廢敦,敦無足者,所以盛米也。重鬲,鬲將縣重者也。濯,滌溉也。造,至也,猶饌也。以造言之,喪事遽。○廢敦,劉音對,又都愛反,及注下皆同。重,直容反,注重鬲、於重同。鬲,音歷,下放此。皆濯,大角反。造于,七報反,注同。五種,章勇反。以盛,音成,下同。澳濯,上奴亂反,下直孝反,下文放此。以汲,居及反。將縣,音玄。滌,大歷反。溉,古愛反。事遽,其據反。【疏】○注"新此"至"事遽"。○釋曰:云"盆以盛水"者,案下文祝淅米時所用。"槃以盛澳濯"者,謂置於尸牀下,浴時餘潘水②,名爲澳濯,知以此槃盛者,下文別云"士有冰,用夷槃",彼是寒尸之槃,故知此承澳濯。云"瓶以汲水也"者,下文管人汲用此瓶。知"廢敦,敦無足者",若有足,直名敦,故下文徹朔奠云"敦啓會,面足",注云"面足執之,令足間鄉前也",是其有足直名敦。凡物無足稱廢,是以《士虞禮》云"主人洗廢爵,主婦洗足爵",廢爵,注云"爵無足"是也。云"所以盛米也"者,以下文而知。云"重鬲,鬲將縣重者也",下文鬻餘飯,乃縣於重,此時先用煑沐潘,故云"將縣重者也",以其事未至,故言"將"也。云"以造言之,喪事遽"者,以其不言饌言造者③,造是造次,故以造言之,喪事遽也。

　　陳襲事于房中,西領,南上,不綪。襲事,謂衣服也。綪讀爲紳。紳,屈也。襲事少,上陳而下不屈。江沔之間,謂縈收繩索爲紳。古文綪皆爲精。○不

---

　　①　"枯"字原作"古",黃云:"宋本葉鈔、朱鈔作'劉先苦雷反'。阮云:'宋本先字誤,苦字不誤,苦雷反即《集韻》之枯回反。'"據改。

　　②　"時"上原無"浴"字,曹云:"'時'上脱'浴'字。"據補。

　　③　"造"上原無"言"字,倉石云:"'造'上疑脱'言'字。"據補。

綪，注作綪，側庚反，後皆同，《説文》云：綪，赤繒也。江沱，音緬，水名也，一本作沱，大何反，江別爲沱。謂縈，於營反。繩索，悉各反。【疏】○注“襲事”至“爲綪”。○釋曰：自此至“繼陳，不用”，論陳襲所用之事。云“襲事，謂衣服也”者，此先陳之，至下文商祝襲時乃用之，但用者三稱而已，其中庶襚之等雖不用，亦陳之，以多爲貴。案下小斂、大斂，先陳先用，後陳後用，依次第而陳，此襲事，以其初死，先成先陳，後成後陳，喪事遽，備之而已，故不依次也。云“襲事少，上陳而下不屈”者，所陳之法，房户之内，於户東，西領，南上，以衣裳少，從南至北則盡，不須綪屈，知户東陳之者，取之便故也。云“江沱之間”者，案《禹貢》云“嶓冢導漾，東流爲漢”，孔傳云“泉始出山爲漾水，南東流爲沔水，至漢中東行爲漢水”，南有江水，北有沔水，故云“江沱之間”，以“縈收繩索爲綪”，引之證取綪爲屈義也。**明衣裳用布**。所以親身，爲圭絜也。○以親，如字，劉音清刃反。【疏】○注“所以”至“絜也”。○釋曰：案下記云“明衣裳用幕布”，注云“幕布，帷幕之布”，則此布用帷幕之布，但升數未聞。知“親身”者，下浴訖，先設明衣，故知親身也。云“爲圭絜也”者，以其言明，明者絜浄之義，故知取圭絜者也。**鬠笄用桑，長四寸，纋中**。桑之爲言喪也，用爲笄，取其名也。長四寸，不冠故也。纋，笄之中央以安髮。○鬠，劉音膾，又户膾反，後同。纋中，音憂，一音何侯反。【疏】○注“桑之”至“安髮”。○釋曰：以鬠爲鬠，義取以髮會聚之意。云“桑之爲言喪也”者，爲喪所用，故用桑，以聲名之，是以云“取其名也”。云“長四寸，不冠故也”者，凡笄有二種，一是安髮之笄，男子、婦人俱有，即此笄是也，一是爲冠笄，皮弁笄、爵弁笄，唯男子有而婦人無也，此二笄皆長不唯四寸而已。今此笄四寸者，僅取入鬠而已[1]，以其男子不冠，冠則笄長矣。此注及下注知死者不冠者，下記云“其母之喪，鬠無笄”，注云“無笄，猶丈夫之不冠也”，以此言之，生時男子冠，婦人笄，今死婦人不笄，則知男子亦不冠也。《家語》云孔子之喪襲而冠者，《家語》，王肅之增改，不可依用也。云“纋，笄之中央以安髮”者，兩頭闊，中央狹，則於髮安，故云“以安髮”也。**布巾環幅，不鑿**。環幅，廣袤等也。不鑿者，士之子親含，反其巾而已[2]。大夫以上，賓爲之含，當口鑿之，嫌有惡。古文環作還。○廣袤，古曠反，下音茂。賓爲，于僞反，下同。有惡，烏路

---

[1]　“入”字原作“人”，毛氏汲古閣刊本作“入”，據改。

[2]　“反”字原作“及”，阮云：“徐本同，《集釋》、《通解》、毛本‘及’俱作‘反’。張氏曰：‘注曰及其巾而已，案疏及作反，從疏。’按《通典》亦作‘反’。”據改。

反。【疏】○注"環幅"至"作還"。○釋曰：此爲飯含而設，所以覆死者而云"廣袤等也"者，布幅二尺二寸，鄭計布廣狹，例除邊幅二寸，以二尺爲率，則此廣袤等，亦二尺也。云"不鼗者，士之子親含，反其巾而已"者，下經云"主人左扱米，實于右三，實一貝，左、中亦如之"，是士之子親含，此經云"不鼗"，明反其巾而已也。又知"大夫以上，賓爲之含，當口鼗之，嫌有惡"者，案《雜記》云"鼗巾以飯，公羊賈爲之也"，鄭云"記士失禮所由始也。士親飯，必發其巾。大夫以上，賓爲飯焉，則有鼗巾"，以此經云"不鼗"，則大夫以上鼗，謂若士月半不殷奠，則大夫以上月半殷奠可知，以其大夫以上有臣，臣爲賓，賓飯含，嫌有惡，故鼗之也。**掩，練帛廣終幅，長五尺，析其末。**掩，裹首也。析其末，爲將結於頤下，又還結於項中①。○掩練，劉音奄。析其，西歷反。裹首，音果。【疏】○注"掩裹"至"項中"。○釋曰：掩，若今人幞頭，但死者以後二脚於頤下結之，與生人爲異也。此陳之耳，若設之，案下經云"商祝掩，瑱，設幎目"，注云"掩者，先結頤下，既瑱，幎目，乃還結項"是也。**瑱用白纊。**瑱，充耳。纊，新綿。○瑱，他見反，充耳。白纊，音曠，劉古曠反，緜也。【疏】○注"瑱充耳纊新綿"。○釋曰：案下記云"瑱塞耳"，《詩》云"充耳"，充即塞也，生時人君用玉，臣用象，又《著》詩云"充耳以素"、"充耳以黃"之等，注云"所以懸瑱"，則生時以黃、以素，又以玉、象等爲之，示不聽讒，今死者直用纊塞耳而已，異於生也。云"纊，新綿"者，案《禹貢》豫州貢絲纊，故知纊新綿，對緼是舊絮也。**幎目用緇，方尺二寸，䞓裹，著，組繫。**幎目，覆面者也。幎，讀若《詩》云"葛藟縈之"之"縈"②。䞓，赤也。著，充之以絮也。組繫，爲可結也。古文幎爲涓。○幎，依注音縈，於營反，劉宛名反，又武遍反，又音縣，後同。組繫，戶計反，下同。葛藟，力水反。以絮，息據反。爲涓，古玄反。【疏】○注"幎目"至"結也"。○釋曰：鄭讀從"葛藟縈之"之"縈"者③，以其葛藟縈于樹木，此面衣亦縈於面目，故讀從之也。云"組繫，爲可結也"者，以四角有繫，於後結之，故有組繫也。**握手用**

---

① "中"字原作"巾"，阮云："張氏曰：'注曰又還結于項巾。按監、杭本、毛本巾作中，從監、杭本。'"據改。

② "縈之"下原不重"之"字，阮云："'之'字徐本、《通解》俱不重，聶氏、《集釋》、楊、敖、毛本俱重。"據補。

③ "縈之"下原不重"之"字，阮云："'之'字《要義》不重，與徐本注合，毛本重。"據補。

玄，纁裏，長尺二寸，廣五寸，牢中旁寸，著，組繫。牢，讀爲樓，樓謂削約握之中央以安手也。今文樓爲緱，旁爲方。○握手，於角反，劉烏豆反，下設握同。牢中，牢音樓，出注。【疏】○注“牢讀”至“爲方”。○釋曰：名此衣爲握，以其在手，故言握手，不謂以手握之爲握手。云“牢，讀爲樓，樓謂削約握之中央以安手也”者，經云“廣五寸，牢中旁寸”者，則中央廣三寸，廣三寸中央，又容四指而已，四指，指一寸則四寸，四寸之外仍有八寸，皆廣五寸也。讀從樓者，義取樓斂挾少之意。云“削約”者，謂削之使約少也。**決用正王棘若檿棘，組繫，纊極二。**決，猶闓也，挾弓以橫執弦。《詩》云：“決拾既次。”正，善也。王棘與檿棘善理堅刃者，皆可以爲決。極，猶放也①，以沓指放弦，令不挈也。生者以朱韋爲之而三，死用纊又二，明不用也。古文王爲玉，今文檿爲也②。世俗謂王棘砥鼠。○若檿，音澤。猶闓，音開。挾弓，音協，又子協反。令不，力呈反，下令可同。挈指，苦結反，劉本作契，苦計反。砥鼠，劉音託。【疏】○注“決猶”至“砥鼠”。○釋曰：云“挾弓以橫執弦”者，方持弓矢曰挾，未射時已然，至射時還依此法以闓弦，故云“挾弓以橫執弦”也。引《詩》者，證決是闓弦之物。云“王棘與檿棘”者，科用其一皆得，不謂兼用二者。云“以沓指放弦，令不挈也”者，謂以此極與指爲藉③，令弦不挈傷指耳④。云“生者以朱韋爲之而三”者，《大射》所云“朱極三”者是也，彼但爲君設文，引證此士禮，則尊卑生時俱三，皆用朱韋，死者尊卑同二，用纊也。**冒，緇質，長與手齊，䞓殺，掩足。**冒，韜尸者，制如直囊，上曰質，下曰殺。質，正也。其用之，先以殺韜足而上，後以質韜首而下，齊手。上玄下纁，

---

① “放”下原有“弦”字，阮云：“《通典》、聶氏俱無‘弦’字。金曰追云：‘《大射儀》朱極三，注：極，猶放也。無弦字，則有者誤衍也。’”孫云：“阮校是也。‘極，猶放也’與上文‘決，猶闓也’文例正同，不當有‘弦’字。”據删。

② “今文檿爲也”，阮云：“‘檿爲也’，徐本作‘澤爲也’，毛本、《集釋》、《通解》俱作‘檿爲澤’。張氏曰：‘注曰今文澤爲也，案杭本云檿爲澤，從杭本。’按‘也’疑‘宅’字之誤。”

③ “此極與指”原作“此二者與決”，曹云：“‘二者’二字當爲‘極’，‘決’當爲‘指’。”據改。

④ “不”下原有“決”字，曹云：“‘決’字衍。”據删。

象天地也。《喪大記》曰："君錦冒黼殺①，綴旁七。大夫玄冒黼殺①，綴旁五。士緇冒經殺，綴旁三。"凡冒，質長與手齊，殺三尺②。○冒，亡報反，後皆同。手齊，如字，又才計反。經殺，所界反，劉色例反，注及下注同。韜尸，土刀反。而上，時掌反。【疏】○注"冒韜"至"三尺"。○釋曰：云"制如直囊"者，下經云"設冒韇之"，故云"如直囊"。云"上曰質，下曰殺。質，正也"者，案此經以冒爲總目，下別云質與殺，自相對，則知上曰質，"質，正"者，以其在上，故以正爲名。引《喪大記》君與大夫、士皆以冒對殺，不云質，則冒既總名，亦得對殺，爲在上之稱，皆云"綴旁"者，以其冒無帶，又無紐③，一定不動，故知旁綴質與殺相接之處，使相連，尊卑降殺而已。云"其用之，先以殺韜足而上，後以質韜首而下，齊手"者，凡人著服，先下後上，又質長與手齊，殺長三尺，人有短者，質下覆殺，故後韜質也。　爵弁服純衣、謂生時爵弁之服也。純衣者，纁裳。古者以冠名服，死者不冠。○純衣，莊其反，注同。所衣，於既反，下所衣同。【疏】○注"謂生"至"不冠"。○釋曰：云"謂生時爵弁之服也"者，凡襲斂之服，無問尊卑，皆先盡上服，生時服，即士之常服以助祭者也。云"纁裳"者，《士冠禮》文。云"古者以冠名服，死者不冠"者，以死者不冠而經云爵弁、皮弁，此直取以冠名服，不用其冠，故云此也。　皮弁服、皮弁所衣之服也，其服白布衣素裳也。【疏】○注"皮弁"至"裳也"。○釋曰：云"皮弁所衣之服也"者，亦見死者不冠，不用皮弁，今直取以冠名服，是皮弁所衣著之服也。知"其服白布衣素裳"者，《士冠禮》注衣與冠同色，裳與韠同色，以皮弁白而白韠，故《士冠禮》云"素積白韠"是也，《雜記》云"朝服十五升"，則皮弁天子朝服與諸侯朝服同十五升布也。　褖衣、黑衣裳，赤緣謂之褖。褖之言緣也，所以表袍者也。《喪大記》曰："衣必有裳，袍必有表，不禪，謂之一稱。"古文褖爲緣。○褖衣，他亂反，後同。緣之，說絹反，下言緣同④。不禪，音丹，下同。一稱，尺證反。【疏】○注"黑衣"至"爲緣"。○釋曰：知此褖衣是黑衣裳者，此褖衣則玄端，知者，以其《士冠禮》陳三服，玄

---

①　"黼"字原作"黼"，阮云："'黼'，楊氏作'黼'。張氏曰：'監、杭本黼作黼，巾箱、嚴本之爲黼，其以《禮記·喪大記》之文乎？《禮器》曰：君黼，大夫黼。《喪大記》之本蓋誤也，從監、杭本。'"據改。

②　"尺"字原作"寸"，疏標注起止作"尺"，據改。

③　"紐"字原作"鈕"，曹云："'鈕'當爲'紐'。"據改。

④　"下言緣同"原作"注緣同"，黃云："宋本'注'作'言'。阮云：'案緣之二字出注，注又云褖之言緣也，當作下言緣同'。"據改。

946

端、皮弁、爵弁，有玄端，無褖衣，此士喪襲亦陳三服，與彼同，此無玄端，有褖衣，故知此褖衣則玄端者也。玄端有三等裳，此喪禮質略，同玄裳而已，但此玄端連衣裳，與婦人褖衣同，故變名褖衣也。若然，連衣裳者，以其用之以表袍，袍連衣裳故也，是以《雜記》云“子羔之襲也，繭衣裳與稅衣纁袡，曾子曰：‘不襲婦服。’”彼曾子譏用纁袡，不譏其稅衣，是稅衣以表袍，故連衣裳而名褖衣。引《喪大記》者，欲見褖衣以表袍之意，若然，《雜記》云繭衣，《大記》云袍，不同者，《玉藻》云“纊爲繭，縕爲袍”，鄭云“衣有著之異名也”，其實連衣裳一也。云“赤緣謂之褖”者，《爾雅》文，彼釋婦人嫁時褖衣，此引之者，證此褖衣雖不赤緣，褖衣之名同，故引爲證也。　緇帶、黑繒之帶。【疏】○注“黑繒之帶”。○釋曰：上雖陳三服，同用一帶者，以其士唯有此一帶而已，案《玉藻》云士“練帶緇辟”，是黑繒之帶據裨者而言也，但生時著服不重，各設帶，此襲時三服俱著，共一帶，爲異也。　韎韐、一命縕韍。○韎，音妹，又武拜反，劉又武八反。韐，古荅反，又古洽反。縕，音溫，劉烏本反。韍，音弗，蔽膝。【疏】○注“一命縕韍”①。○釋曰：韎者，據色而言，以韎草染之，取其赤；韐者，合韋而爲之，故名韎韐也。云“一命縕韍”者，《玉藻》文，但祭服謂之韍，他服謂之韠，士一命名爲韎韐，亦名縕韍，不得直名韍也。但《士冠禮》玄端爵韠，皮弁素韠，爵弁服韎韐，今亦三服共設韎韐者，以其重服，亦如帶矣。　竹笏。笏，所以書思對命者。《玉藻》曰：“笏，天子以球玉，諸侯以象，大夫以魚須文竹，士以竹本象可也。”又曰：“笏度二尺有六寸，其中博三寸，其殺六分而去一。”又曰：“天子搢珽，方正於天下也。諸侯荼，前詘後直，讓於天子也。大夫前詘後詘，無所不讓。”今文笏作忽。○以珽，音蜓，劉巨蜓反。文竹，如字，劉目真反。去一，起呂反。珽，他頂反，本又作梃，同。侯荼，音舒。笏作，音忽。【疏】○注“笏所”至“作忽”。○釋曰：云“笏，所以書思對命者”，亦《玉藻》文。引《玉藻》者，證天子以下笏之所用物不同及長短廣狹有異，言公侯，不言伯子男，亦與公侯同②，案彼鄭云“謂之珽，珽之言挺然無所屈也。或謂之大圭，長三尺”，或者，或《玉人職》文，鄭又云“荼，讀

---

① “命”字原作“節”，鄭注作“一命縕韍”，則“節”爲“命”字之誤，據改。

② “言公侯不言伯子男亦與公侯同”，曹云：“注作‘諸侯’，各本同，《玉藻》本文亦作‘諸侯’，賈所見注蓋異。”

爲舒遲之舒。舒懦者①,所畏在前也。詘,謂圜殺其首,不爲椎頭。諸侯唯天子詘焉,是以謂笏爲荼",“大夫前詘後詘,無所不讓也",鄭注云“大夫奉君命出入者也。上有天子,下有己君,又殺其下而圜",前後皆詘,故云“無所不讓",彼雖不言士,士與大夫同。**夏葛屨、冬白屨,皆繶緇絇純,組綦繫于踵**。冬皮屨,變言白者,明夏時用葛,亦白也,此皮弁之屨②。《士冠禮》曰:“素積白屨,以魁柎之。緇絇繶純,純博寸。"綦,屨係也,所以拘止屨也。綦,讀如馬絆綦之綦。○皆繶,於力反。緇絇純③,諸允反,劉之閏反,注同。組綦,音其,一音其記反,注同。于踵,諸勇反。士冠,古亂反。以魁,苦回反。柎,方于反。馬絆,音半。【疏】○注“冬皮"至“之綦"。○釋曰:云“變言白者,明夏時用葛,亦白也"者,案《士冠禮》云“屨,夏用葛,冬用皮",今此“變言白者",欲互見其義,以夏言葛,冬當用皮,冬言白,明夏亦用白,又《士冠禮》云“爵弁纁屨"、“素積白屨"、“玄端黑屨",以三服各自用屨,屨從裳色,其色自明,今死者重用其服,屨唯一,故須見色。若然,三服相參,帶用玄端,屨用皮弁,韎韐用爵弁,各用其一,以當三服而已。云“此皮弁之屨"者,以其色白,即所引《士冠禮》曰“素積白屨"者爲證是也。引“緇絇繶純"者,欲解《士冠禮》繶絇純同用緇,此經“繶"雖在“緇"上,明亦用緇可知,繶謂條在牙底相接之縫中,絇在屨鼻,純謂緣口,皆以條爲之,但舃則對方爲繢次,屨則比方爲繡次,爲異耳。云“綦,屨係也"者,經云“繫于踵",則綦當屬于跟後,以兩端向前,與絇相連于脚跗之上④,合結之,名爲“繫于踵"也。云“讀如馬絆綦之綦"者,此無正文,蓋俗讀馬有絆名爲綦,拘止馬,使不得浪去,此屨綦亦拘止屨,使不縱誕也。**庶襚繼陳,不用**。庶,衆也。不用,不用襲也。多陳之爲榮,少納之爲貴。【疏】○注“庶衆"至“爲貴"。○釋曰:直云“庶襚",即上經親者襚、庶兄弟襚、朋友襚皆是,故云“庶襚"。云“繼陳",謂繼襲衣之下陳之。云“不用,不用襲也"者,以其繼襲衣

---

① “舒懦者",曹云:“‘懦’,毛作‘儒’,阮云陳本、《通解》俱作懦。案《玉藻》注本文作‘懦’。"

② “此"字原作“比",阮云:“徐本、楊氏同,《集釋》、《通解》、敖氏、毛本‘比’俱作‘此’。張氏曰:‘監、杭本作此,從監、杭本。’"據改。

③ “緇"下原無“絇"字,黃云:“石經‘緇純’中間有‘絇’字。嚴云:‘《周禮·屨人》注引及彼疏疊注皆無絇。’案鄭注引《士冠禮》‘緇絇繶純’,與此經相當,《士冠禮》又有‘絇繶純’語,恐非衍文。疏亦‘絇’、‘純’對舉,云‘絇在屨鼻,純爲緣口’,又云‘與絇相連’,則不得無‘絇’字。《釋文》及鄭彼注或傳寫失之。"據補。

④ “跗"下原有“踵足"二字,曹云:“殿本無‘踵足’二字。"據刪。

而言不用，明不用襲，至小斂則陳而用之，唯君襚至大斂乃用也。云“多陳之爲榮”者，庶襚皆陳之是也。“少納之爲貴”者，襲時唯用三陳是也。

貝三實于笲　貝，水物，古者以爲貨，江水出焉。笲，竹器名。○于笲，音煩。【疏】○注“貝水”至“器名”。○釋曰：自此盡“夷槃可也”，論陳飯含、沐浴器物之事。此云“貝三”，下云“稻米”，則士飯含用米貝，《上檀弓》云“飯用米貝”①，亦據士禮也。案《喪大記》云“君沐粱，大夫沐稷，士沐粱”，鄭云“《士喪禮》沐稻，此云士沐粱，蓋天子之士也”，飯與沐米同，則天子之士飯用粱，大夫用稷，諸侯用粱，鄭又云“以差率而上之，天子沐黍與”，則飯亦用黍可知。但士飯用米，不言兼有珠玉，大夫以上飯時兼用珠玉也，《雜記》云“天子飯九貝，諸侯七，大夫五，士三”，鄭注云“此蓋夏時禮也，周禮天子飯含用玉”，案《典瑞》云“大喪，共飯玉、含玉”，《雜記》云“含者執璧”，彼據諸侯而用璧，唯大夫含無文，哀十一年《左氏傳》云“公會吳子伐齊，陳子行命其徒具含玉”，示必死者，春秋時非正法，若趙簡子云“不設屬椑”之類。文五年，“王使榮叔歸含且賵”，何休云“天子以珠，諸侯以玉，大夫以璧，士以貝，春秋之制也”，《禮緯·稽命徵》云“天子飯以珠，含以玉；諸侯飯以珠，含以璧；卿大夫飯以珠，含以貝”，未識是周大夫所用否，以玉蓋亦異代法②。云“貝，水物”者，按《書傳》云“紂囚文王，散宜生等於江淮之閒取大貝如車渠，以獻于紂，遂放文王”，是貝水物，出江水也。又云“古者以爲貨”者，《漢書·食貨志》云五貝爲朋，又云有大貝、壯貝之等以爲貨用，是古者以爲貨也。知笲是竹器名者，以其字從竹，又《聘禮》云“夫人使下大夫勞以二竹簋方，其實棗蒸栗擇”③，《昏禮》婦見舅姑，執笲以盛棗栗，此雖盛貝不盛棗栗，其笲並竹器也。稻米一豆，實於筐　豆四升。○於筐，丘方反。【疏】○注“豆四升”。○釋曰：昭公三年晏子辭。沐巾一、浴巾二皆用綌，於笲　巾所以拭汙垢。浴巾二者，上體、下體異也。綌，麤葛。○用綌，去逆反。【疏】○注“巾所”至“麤葛”。○釋曰：云“浴巾二者，上體、下體異”，此士禮，上下同用綌。按《玉藻》云“浴用二巾，上絺下綌”，彼據

---

① “上檀弓”原作“古檀弓”，孫云：“‘古’當作‘上’。”據改。

② “含以玉”至“異代法”原作“含竟未釋周大夫所用以玉蓋亦異代法”，曹云：“‘含’下有脫誤，當云‘含以玉；諸侯飯以珠，含以璧；卿大夫飯以珠，含以貝，未識是周大夫所用否，以玉蓋亦異代法’（言大夫以玉含，或亦異代法，不始於春秋時大夫僭侈之爲。或者玉當爲璧，謂春秋之制大夫以璧，蓋亦本異代法，與周異）。”據以補改。

③ “栗”下原無“擇”字，曹云：“‘栗’下脫‘擇’字。”據增。

大夫以上,分别上下爲貴賤,故上用細、下用麤也。**櫛,於簞**。簞,葦笥。○櫛,莊乙反。於簞,音丹,笥也。葦,于鬼反。笥,息嗣反。【疏】○注“簞葦笥”。○釋曰:案《曲禮》云“凡以弓、劍、包、苴、簞、笥問人者”,注云“圓曰簞,方曰笥”,則是簞、笥别,此注“簞,葦笥”者,舉其類。按《論語》云顏回“一簞食”,注云“簞,笥也”,亦舉其類,謂若蕢麻與枲麻雄雌異,而鄭注云“蕢麻,枲麻也”,亦舉其類也。**浴衣,於篋**。浴衣,已浴所衣之衣,以布爲之,其制如今通裁。○通裁,在代反,又音才。【疏】○注“浴衣”至“通裁”。○釋曰:知“浴衣,已浴所衣之衣”者,下經云“浴用巾,挋用浴衣”,是既浴所著之衣,用之以晞身,明以布爲之。云“如今通裁”者,以其無殺,即布單衣,漢時名爲通裁,故舉漢法爲況。**皆饌于西序下,南上**。皆者,皆貝以下①。東西牆謂之序,中以南謂之堂。【疏】○注“皆者”至“之堂”。○釋曰:謂從序半以北陳之。云“東西牆謂之序”者,《爾雅·釋宮》文。云“中以南謂之堂”者,謂於序中半以南②,乃得堂稱,以其堂上行事,非專一所,若近户,即言户東、户西;若近房,即言房外之東、房外之西;若近楹,即言東楹、西楹;若近序,即言東序下、西序下;若近階,即言東階、西階;若自半以南無所繫屬者,即以堂言之,即下文“淅米于堂”是也。其實户外、房外皆是堂,故《論語》云“由也升堂矣,未入于室”,是室外皆名堂也。

---

① “貝”字原作“具”,阮云:“徐、陳、《集釋》、《通解》、楊氏同,毛本‘具’作‘貝’。張氏曰:‘上文云貝三,蓋自貝三以下皆饌于西序,傳寫者誤以貝爲具。後經云受具,按諸本亦作貝。’”據改。

② “謂”字原作“諸”,曹云:“‘諸’殿本作‘謂’。”據改。

儀禮疏卷第三十六　儀禮卷第十二

管人汲，不説繘，屈之。管人，有司主館舍者。不説繘，將以就祝潘米。屈，縈也。○管人，如字，劉又音官。不説，土活反，劉舒悦反，注同。繘，均必反，劉俱筆反，綆也。【疏】○注“管人”至“縈也”。○釋曰：自此盡“明衣裳”，論沐浴及寒尸之事。云“不説繘，屈之”者，以其喪事遽，則知吉尚安舒，汲宜説之矣。云“管人，有司主館舍者”，士既無臣，所行事者是府史，故知管人是有司也，《聘禮記》云“管人爲客，三日具沐，五日具浴”，此爲死者沐浴①，故亦使之汲水也。云“不説繘，將以就祝潘米”者，以下經云“祝潘米”，明此管人將以就堂授祝潘米可知。祝潘米于堂，南面，用盆。祝，夏祝也。潘，汰也。○潘米，西歷反。汰也，徒賴反。【疏】○注“祝夏”至“汰也”。○釋曰：知是夏祝者，見下記云“夏祝潘米，差盛之”是也。管人盡階，不升堂，受潘，煑于垼，用重鬲。盡階，三等之上。《喪大記》曰：“管人受沐，乃煑之。甸人取所徹廟之西北厞薪，用爨之。”○受潘，芳元反，下及注同，潘米汁也。用重，直龍反。用爨，七端反，又七亂反。【疏】○注“盡階”至“爨之”。○釋曰：云“盡階”者，三等上也②。云“用重鬲”者，以其先煑潘，後煑米爲鬻，懸于重，故煑潘用重鬲也。云“取所徹廟之西北厞薪，用爨之”者，此薪即復人降自西北榮所徹者也。祝盛米于敦，奠于貝北。復於筐處。○盛米，音成，下注盛物、巾盛、盛也同③。處也，昌慮反。【疏】○注“復於筐處”。○釋曰：敦即上廢敦也。云“復於筐處”者，向未潘，實于筐，今潘訖，盛于敦，所置之處還於筐所，以擬飯之所用也。士有冰，用夷槃可也。謂夏月而君加賜冰也。夷槃，承尸之槃。《喪大記》曰：“君設大槃，造冰焉。大夫設夷槃，造冰焉。士併瓦槃，無冰。設牀襢笫，有枕。”○造冰，七到反，下同。士併，步

---

① “者”下原無“沐浴”二字，曹云：“下似脱‘沐浴’二字。”據補。

② “等”字原作“階”，倉石云：“‘階’，《校勘記》云‘等’字之譌，似是。”據改。

③ “盛也”原作“盛笙”，黄云：“張氏《識誤》云：‘下無盛笙字，有曰殷盛也，笙字當也。或曰殷盛之盛去聲也。’案籩豆具而有巾盛之也，《釋文》亦音成，與此同爾。”據改。

頂反，下皆同。禮，之善反，下同。第，壯矣反，下同，牀簀也。【疏】〇注"謂夏"至"有枕"。〇釋曰："謂夏月"者，以《周禮·凌人職》云"夏頒冰"，據臣而言，《月令》二月出冰，據君爲説。云"而君加賜冰也"者，《喪大記》云士無冰用水，此云有冰，明據士得賜者也。云"夷槃，承尸之槃"者，案《喪大記》注"禮，自仲春之後，尸既襲，既小斂，先内冰槃中，乃設牀於其上，不施席而遷尸焉，秋涼而止"是也。引《喪大記》已下，欲證士有賜乃有冰，又取用冰之法。案彼注"造，猶内，夷槃小焉"，第爲簀，謂無席如浴時牀也，特欲通冰之寒氣，若然，《凌人》云"大喪，共夷槃冰"，則天子有夷槃，鄭注《凌人》云"《漢禮器制度》大槃廣八尺，長丈二尺，深三尺，漆赤中"，諸侯稱大槃，辟天子，其大夫言夷槃，此士喪又用夷槃，卑不嫌，但小耳，故鄭云"夷槃小焉"。**外御受沐入。**外御，小臣侍從者。沐，管人所煑潘也。〇侍從，才用反。【疏】〇注"外御"至"潘也"。〇釋曰：此云"外御"者，對"内御"爲名，故下記云"其母之喪，則内御者浴"，則此外御，是士之侍御僕從者，故《尚書·冏命》云"今予命汝作大正，正于羣僕侍御之臣"，此雖無臣，亦有侍御僕從者也。知"沐，管人所煑潘也"者，以其上文管人煑潘，此外御受沐入，明受之於管人也①。**主人皆出，户外北面。**象平生沐浴保裎，子孫不在旁，主人出而禮第。〇保裎，力果反，下直貞反。【疏】〇注"象平"至"禮第"。〇釋曰：云"象平生沐浴裸裎，子孫不在旁"者，裸謂赤體，裎猶袒也，將浴尸，裸袒無衣，故主人出也②，下記云"御者四人，抗衾而浴"，鄭云"抗衾，爲其保裎，蔽之也"，以浴尸時袒露無衣，故抗衾以蔽之也。云"而禮第"者，又下記云"禮第"，鄭云"禮，袒也。袒簀去席，盡水便"是也。**乃沐，櫛，挋用巾。**挋，晞也、清也。古文挋皆作振。〇挋用，之慎反，劉居吝反，晞也，清也。清，如字，又才性反，下絜清同。【疏】〇注"挋晞"至"作振"。〇釋曰：挋謂拭也，而云"晞也、清也"者，以其櫛訖，又以巾拭髮乾，又使清浄無潘糷，拭訖，仍未作紒，下文待蚤揃訖，乃醫用組，是其次也。**浴用巾，挋用浴衣。**用巾，用拭之也。《喪大記》曰："御者二人浴，浴水用盆，沃水用枓。"〇用枓，音主。【疏】〇注"用巾"至"用枓"。〇釋曰：枓，酌水器，受五升，方有柄，今用大匏，不方，用挹盆中水以沃

---

① "明"下原有"所"字，曹云："'所'字衍。"據删。

② "云象"至"出也"原作"云象平生沐浴裸裎者，裸謂赤體，裎猶袒也，將浴尸，裸袒無衣，故子孫不在旁，主人出也"，曹云："'子孫不在旁'五字，當在'者'字上。"據乙。

尸，又案《喪大記》“浴水用盆，沃水用枓，沐用瓦盤”①，明沐浴俱有盤及枓，此沐浴盤、枓亦皆有也。引《喪大記》者，證人之數及浴之器物也。**澳濯棄于坎。**沐浴餘潘水、巾、櫛、浴衣亦并棄之。古文澳作緣，荊沔之閒語。○作滌，劉土亂反。【疏】○注“沐浴”至“閒語”。○釋曰：潘水既經温熱，名之爲澳，已將沐浴，謂之爲濯，已沐浴訖，餘潘水棄于坎。知巾、櫛、浴衣亦棄之者，以其已經尸用，恐人褻之，若棄杖者棄于隱者，故知亦棄于坎。云“古文澳作緣，荊沔之閒語”者，《禹貢》云“荊河惟豫州”，則鄭見豫州人語澳爲緣，是以古文誤作緣也。**蚤揃如他日。**蚤，讀爲爪，斷爪揃鬚也，人君則小臣爲之。他日，平生時。○蚤，依注音爪，下鬌蚤同。揃，子淺反。斷爪，丁管反。揃鬚，音須，本亦作須。【疏】○注“蚤讀”至“生時”。○釋曰：鄭讀蚤從爪者，此蚤乃是《詩》云“其蚤獻羔祭韭”，古早字，鄭讀從手爪之爪。知“人君則小臣爲之”者，《喪大記》云“小臣爪足”，注云“爪足，斷足爪”是也。**鬌用組，乃笄，設明衣裳。**用組，組束髮也。古文鬌皆爲括。【疏】○注“用組”至“爲括”。○釋曰：鬌紒乃可設明衣以蔽體，是其次也。

　　主人入，即位。已設明衣，可以入也。【疏】○釋曰：自此盡“反位”，論布襲衣裳并飯含之事。**商祝襲祭服，褖衣次。**商祝，祝習商禮者。商人教之以敬，於接神宜。襲，布衣牀上。祭服，爵弁服、皮弁服，皆從君助祭之服。大蜡有皮弁素服而祭，送終之禮。襲衣於牀，牀次含牀之東，衽如初也。《喪大記》曰：“含一牀，襲一牀，遷尸於堂又一牀。”○大蜡，士嫁反。【疏】○注“商祝”至“一牀”。○釋曰：云“商祝，祝習商禮者”，雖同是周祝，仰習夏禮則曰夏祝，仰習商禮則曰商祝也。云“商人教之以敬，於接神宜”者，案《表記》云“殷人尊神，率民以事神，尊而不親”，言尊敬，故知殷人教以敬，是以使之襲，於接神宜。若然，此篇及《既夕》以夏人教忠，從小斂奠、大斂奠及朔月薦新②、祖奠、大遣奠皆是夏祝爲之，其閒雖不言祝名，亦夏祝可知，其徹之者，皆不言祝名，則周祝徹之也。殷人教以敬，但是接神，皆商祝爲之，其閒行事，若祝取銘之類，不言祝名者，亦周祝可知，唯《既夕》開殯時，以周祝徹饌而堂下之事不可並使

---

① “瓦盤”原作“瓦盆”，《禮記·喪大記》作“瓦盤”，疏引以證此沐浴皆有盤、枓，則原本作“盤”，涉上文“盆”字而誤，據改。

② “月”字原作“半”，曹云：“‘半’當爲‘月’。”據改。

周祝①，故夏祝取銘置于重。案《周禮》有大祝、小祝、喪祝、詛祝、甸祝，此篇及《既夕》言夏祝、商祝，周禮以喪禮行事，皆當喪祝者也，天子以下喪禮亡②，亦當喪祝行事也。云"襲，布衣牀上"者，《喪大記》云"襲一牀"，故知襲時布衣牀上也，此雖布衣，未襲，待飯含訖，乃襲，下經爲次是也。云"祭服，爵弁服、皮弁服，皆從君助祭之服"者，以其爵弁從君助祭宗廟之服，《雜記》云"士弁而祭于公"是也；皮弁，從君聽朔之服，《玉藻》云"皮弁以聽朔於大廟"是也。云"大蜡有皮弁素服而祭，送終之禮也"者，《郊特牲》文，引之者，證皮弁之服有二種，一者皮弁時白布衣積素爲裳，是天子朝服，亦是諸侯及臣聽朔之服，二者皮弁時衣裳皆素葛帶榛杖，大蜡時送終之禮，凶服也，此士之襲及《士冠》所用聽朔者，不用此素服，引者欲見《郊特牲》皮弁素服是大蜡送終之服，非此襲時所用者也。知"襲衣於牀，牀次含牀之東"者，以其死于北墉下，遷尸于牀當墉下③，沐浴而飯含。引《大記》云"含一牀，襲一牀，遷尸于堂又一牀"者，喪事所以即遠，故知襲牀次含牀之東。云"衽如初也"者，衽，臥席，下莞上簟，彼"一牀"之下又云"皆有枕席，君、大夫、士一也"，故知衽如初含時也。**主人出，南面，左袒，扱諸面之右，盥于盆上，洗貝，執以入。宰洗柶，建于米，執以從。**俱入户西鄉也。今文宰不言執。○扱諸，初洽反，劉初輒反，下同。以從，劉才用反，下同。【疏】○注"俱入"至"言執"。○釋曰：云"扱諸面之右"者，面，前也，謂袒左袖，扱於右腋之下帶之內④，取便也。云"洗貝，執以入"者，洗訖，還於笲內執以入。云"宰洗柶，建于米"者，亦於廢敦之內建之。鄭知"俱入户西鄉"者，以下經始云"主人與宰牀西東面"，故知此時西鄉也。**商祝執巾從入，當墉北面，徹枕設巾，徹楔受貝，奠于尸西。**當墉北面，值尸南也。設巾，覆面，爲飯之遺落米也。如商祝之事位，則尸南首明矣。○爲飯，于僞反，下扶晚反，下佐飯并下文同。南首，手又反。【疏】○注"當墉"至"明矣"。○釋曰：云"受貝"者，就尸東主人邊受取笲貝，從尸南過，奠尸西牀上，以待主人親含也。鄭云"當墉北面，值尸南也"者，知尸當墉者，見《既夕記》"設牀第，當

---

① "之"字原作"二"，倉石云："'二'疑當作'之'。"據改。

② "亡"字原作"云"，倉石云："'云'，浦氏作'自'，殿本删。今案當作'亡'字之譌也。"據改。

③ "于"下原無"牀"字，曹云："'于'下脱'牀'字。"據補。

④ "右"字原作"左"，張敦仁本作"右"，據改。

牖。衽，下莞上簟”，遷尸於上，是尸當牖，今言“當牖北面”，故知“值尸南”可知。云“設巾，覆面，爲飯之遺落米也”者，但士之子親含，發其巾不嫌穢惡，今設巾覆面者，爲飯時恐有遺落米在面上，故覆之也。云“如商祝之事位，則尸南首明矣”者，舊有解云“遷尸於南牖時，北首”，若北首則祝當在北頭而南鄉，以其爲徹枕設巾，要須在尸首便也，今商祝事位以北面，則尸南首明矣。若然，未葬已前，不異於生，皆南首。《檀弓》云“葬于北方，北首”者，從鬼神尚幽闇，鬼道事之故也。唯有喪朝廟時北首，順死者之孝心，故北首也。**主人由足西，牀上坐，東面。**不敢從首前也。祝受貝米奠之，口實不由足也。【疏】○注“不敢”至“足也”。○釋曰：云“祝受貝米奠之，口實不由足也”者，前文祝入，當牖北面，是由尸首，故受主人貝奠之，并受米奠于尸西，故主人空手由足過，以其口實不可由足，恐褻之故也。**祝又受米，奠于貝北。宰從立于牀西，在右。**米在貝北，便扱者也。宰立牀西，在主人之右，當佐飯事。○便扱，婢面反。【疏】○注“米在”至“飯事”。○釋曰：云“米在貝北，便扱者”，以其祝先奠貝于尸西，祝又受米，從首西過，奠于貝南便矣，今不於貝南奠之而奠于貝北，故云便主人之扱也。云“宰立牀西，在主人之右，當佐飯事”者，此不敢取“詔辭自右”之義，直以米在主人之右，故宰亦在右，故云“當佐飯事”也。**主人左扱米，實于右三，實一貝，左、中亦如之，又實米，唯盈。**于右，尸口之右。唯盈，取滿而已。【疏】○注“于右”至“而已”。○釋曰：云“于右，尸口之右”者，尸南首，云右，謂口東邊也。云“唯盈，取滿而已”者，以經左、右及中各三扱米，更云“實米，唯盈”，則九扱恐不滿，是以重云“唯盈”也。**主人襲，反位。**襲，復衣也。位在尸東。【疏】○注“襲復”至“尸東”。○釋曰：云“襲，復衣也”者，以其鄉袒則露形，今云襲，是復著衣，故云“復衣”。知“位在尸東”者，以其鄉者在尸西，今還尸東西面位也。

商祝掩、瑱、設幎目，乃屨，綦結于跗，連絇。掩者，先結頤下，既瑱、幎目，乃還結項也。跗，足上也。絇，屨飾，如刀衣鼻在屨頭上，以餘組連之，止足圻也。○于跗，方于反。連絇，其于反。足圻，丑宅反。【疏】○注“掩者”至“圻也”。○釋曰：自此盡“于坎”，論襲尸之事。云“掩者，先結頤下，既瑱、幎目，乃還結項也”者，經先言掩，後言瑱與幎目，鄭知後結項者，以其掩有四腳，後二腳先結頤下，無所妨，故先結之，若即以前二腳向後結于項，則掩於耳及面，兩邊瑱與幎目無所施，故先結頤下，待設瑱塞耳并施幎目，乃結項後也。云“跗，足上也”者，謂足背也。云“絇，屨飾，如刀衣鼻在屨頭上”者，以漢時刀衣鼻況絇在屨頭上，以其皆有孔，得穿繫于中而過者也，若無絇，則謂之鞮屨，是以鄭注《周禮·鞮鞻氏》云“鞮屨者，無絇之扉”①。云“以餘組連之”者，以其綦繫既結，有餘組穿連兩屨之絇，使兩足不相悖離②，故云“止足圻也”。

乃襲，三稱，還尸於襲上而衣之。凡衣死者，左衽，不紐。襲不言設牀，又不言還尸於襲上，以其俱當牖，無大異。○三稱，尺證反，杜預云衣襌複具曰稱，下放此。而衣，於既反，下同。不紐，女九反。【疏】○注“還尸”至“大異”。○釋曰：云“還尸於襲上而衣之”者，以其上文已布衣於含東牀上而未襲，今已飯含訖，乃還尸以衣著於尸，故云“還尸於襲上而衣之”也。云“凡衣死者，左衽，不紐”者，案《喪大記》云“小斂、大斂祭服不倒，皆左衽，結絞不紐”，注云“左衽，衽鄉左，反生時也”。云“襲不言設牀，又不言還尸於襲上，以其俱當牖，無大異”者，此對大斂、小斂布衣訖，皆言還尸於斂上，以其小斂于戶內，大斂于阼階，其處有異故也，此襲牀與含牀並在南牖下，小別而已，無大異，故不言設牀與還尸也。若然，疾者於北墉下廢牀，始死還尸於南牖，即有牀，故上文主人“入坐於牀東”，主婦牀西，以其夏即寒尸，置冰於尸牀之下，雖不言設牀，有牀可知，故將飯含，祝以米、貝致於牀西也。《大記》唯言含一牀，襲一牀，小斂、大斂不言牀者③，以大、小斂衣裳多，陳於地，故不言牀，襲衣裳少，含時須漉水，又須寒尸，故並須牀也。此士襲三稱，小斂十九稱，大斂三十稱，案《雜記》注云“士襲三稱，子羔襲五稱，今公襲九稱，則尊卑襲數不同矣，諸侯七稱，天子十二稱與”，以無正文，故云“與”以疑之。《喪大記》云小斂十有九稱，尊卑同，大斂君百稱，五等同，大夫五十稱，以下文士三十稱，天子、諸侯卿大夫、士命數雖殊，稱數亦等，三公宜與諸侯同。**明衣不在筭**。筭，數也。不在數，明衣，襌衣，不成稱也。○不數，所主反。【疏】○注“筭數”至“稱也”。○釋曰：云“不在數，明衣，襌衣，不成稱也”者，《喪大記》云“袍必有表，不襌。衣必有裳，謂之一稱”，其褖衣雖襌，以袍爲表，故云稱，明衣襌而無裏，不成稱，故不數也。**設韐、帶，搢笏**。韐帶，韎韐、緇帶。不言韎、緇者，省文，亦欲見韐自有帶，韐帶用革。搢，插也，插衣帶之右旁。古文韐爲合也。○省文，所景反。欲見，賢遍反。

---

① “鞮屨者無絇之扉”，孫云：“此《曲禮》注說，《周禮》無此文，賈誤。”
② “悖”字原作“恃”，曹云：“‘恃’蓋‘悖’之誤，悖猶背也。”據改。
③ “大斂”上原無“小斂”二字，倉石云：“首當補‘小斂’二字。”據補。

捷也①，初洽反，下同。【疏】○注“鞈帶”至“合也”。○釋曰：云“鞈帶，韎韐、緇帶”者，案上陳服之時有韎韐，有緇帶，故云是韎韐、緇帶也。云“不言韎、緇者，省文，亦欲見鞈自有帶”者，本正言韎韐、帶，亦同得爲省文，今言韐、帶者明革帶也②，以其生時緇帶以束衣，革帶以佩韍玉之等③，生時有二帶，死亦備此二帶，是以《雜記》云“朱緑帶，申加大帶於上”，注云“朱緑帶者，襲衣之帶，飾之雜以朱緑，異於生也，此帶亦以素爲之。申，重也，重於革帶也。革帶以佩韍，必言重加大帶者，明雖有變，必備此二帶”是也。案《玉藻》云“雜帶，君朱緑，大夫玄華，士緇辟”，又案《雜記》云“率帶，諸侯、大夫皆五采，士二采”，注云“此謂襲尸之大帶”也，以此而言，生時君、大夫二色，今死則加以五采，士生時一色，死更加二色，是異於生。若然，此帶亦以素爲之，以朱緑異於生也④，彼是襲衣之帶⑤，非大帶，諸侯禮有⑥，則士、大夫亦宜有之，此不言，文不具也。但人君衣帶用朱緑，與大帶不同⑦，此則大夫、士飾與大帶同也⑧。云“揗，插也，插於帶之右旁”者，以右手取之便故也。**設決，麗于擘，自飯持之。設握，乃連擘。**麗，施也。擘，手後節中也。飯，大擘指本也。決，以韋爲之籍，有彄。彄内端爲紐，外端有横帶。設之，以紐擐大擘本也，因沓其彄，以横帶貫紐，結於擘之表也。設握者，以綦繫鉤中指，由手表與決帶之餘連結之。此謂右手也。古文麗亦爲連，擘作捥。○于擘⑨，烏亂反。大擘，補革反，劉薄歴反，大指也，下同。爲籍，才夜反。有彄，苦侯

───────────

①　“捷也”，黃云：“張淳本同，注疏本作插。”

②　“鞈帶者明革帶”原作“韎韐者用革帶”，曹云：“‘韎韐’當爲‘鞈帶’，‘用’當爲‘明’。”據改。

③　“玉”字原作“王”，張敦仁本作“玉”，據改。

④　“若然”至“生也”原作“若然，又雜記朱緑帶，注云朱緑帶者，襲衣之帶，飾之雜以朱緑，異於生也，此帶亦以素爲之”，四庫本删乙改定爲“若然，此帶亦以素爲之，以朱緑異於生也”，吴紱云“又雜記朱緑帶”以下十九字屬衍文，蓋因上文引之而誤複耳，又云“以朱緑異於生也”一句當在“此帶亦以素爲之”句下。據以删乙。

⑤　“襲”字原作“帶”，曹云：“上‘帶’似當爲‘襲’。”據改。

⑥　“禮”下原無“有”字，曹云：“‘禮’下似脱‘有’字。”據補。

⑦　“同”上原無“不”字，曹云：“‘同’上脱‘不’字。”據補。

⑧　“此則大夫士飾與大帶同也”，曹云：“大夫大帶亦五采，襲衣之帶不與之同，疏偶失檢。”

⑨　“擘”字原作“擎”，黃云：“‘擎’字誤，盧改作‘擘’。嚴云：‘鄭注：擘，手後節中也，古文作捥。《說文》：擘，手擘也，即今腕字。’”據改。

反。摡，劉郭犬反①，一音患。作捥，烏亂反。【疏】○注"麗施"至"作捥"。○釋曰：云"決，以韋爲之籍，有彄。彄內端爲紐，外端有橫帶"者，以下當大擘本鄉掌爲內端，屬紐子，鄉手表爲外端，屬橫帶也。云"設之，以紐擐大擘本也，因沓其彄，以橫帶貫紐，結於擘之表也"者，以鄭言之，大指短，其著之，先以紐擐大擘本，然後因沓其彄於指，乃以橫帶繞手擘一帀②，貫紐反向手表結之，鄭雖云"結于擘之表"，且內於帶閒，未即結此橫帶，即上組繫是也。云"設握者，以綦繫鉤中指，由手表與決帶之餘連結之"者，案上文握手長尺二寸，裏手一端，繞於手表裏必重③，宜於上掩者屬一繫於下角，乃以繫繞手一帀，當手表中指，向上鉤中指，又反而上繞，取繫鄉下，與決之帶餘連結之。云"此謂右手也"者，以其右手有決，今言與決同結，明是右手也。下記所云"設握"者，此謂左手，鄭云"手無決者也"。設冒囊之，幠用衾。囊，韜盛物者，取事名焉。衾者，始死時斂衾。今文囊爲橐。○囊之，古刀反，劉古道反。爲橐，音託。【疏】○注"囊韜"至"爲橐"。○釋曰：云"取事名焉"者，此本名冒而云囊，囊是韜盛之名，今以此冒囊盛尸，故名爲囊，是取盛物之事名焉。云"衾者，始死時斂衾"者，篇首始死云"幠用斂衾"，注云"大斂之衾"，今雖襲訖，仍用大斂衾④，以其襲時無衾，小斂之衾陳之，與前未襲同，不言斂衾，單言衾，是斂衾可知，故不言也。巾、柶、鬊、蚤埋于坎。坎至此築之也。將襲辟奠，既則反之。○鬊，音舜，劉又音旬，亂髮也。辟奠，婢亦反，又音避。【疏】○注"坎至"至"反之"。○釋曰：云"坎至此築之也"者，上文直云"渜濯棄于坎"，不言埋，以其未築故也，至此言埋者，事訖當築之故也。必至此乃築之者，以其斂事遽，無暇即埋，又慮更有須埋者，故至此覆尸訖，乃埋之。前爲坎者是甸人也，則此埋之亦甸人也。云"將襲辟奠，既則反之"者，言此者，以初死脯、醢、醴、酒之奠，爾來不言，恐不知所安之處，但始死設于尸東，妨襲事⑤，必當辟之，襲訖反之於尸東，以

---

① "犬"字原作"大"，黃云："'大'字承宋本之誤，段改作'犬'。"據改。

② "繞手擘一帀"原作"繞手一二"，曹云："'手'下似脫'擘'字。如疏説，則先繞擘後貫紐矣。'二'，楊氏作'帀'是。"據補改。

③ "表"下原無"裏"字，曹云："'表'下似脫'裏'字。握手之制如囊，一端至擘，一端包手指，綦繞於手之表裏必重，一爲覆，一爲藉也。"據補。

④ "仍"字原作"乃"，張敦仁本作"仍"，據改。

⑤ "妨襲事"原作"方襲事"，阮云："盧文弨改'事'爲'時'。案安知'方'字非'妨'字之訛？古書有疑則闕之，勿遽改。"倉石云："今案下疏亦云：'即始死之奠，襲後改爲襲奠，以恐妨斂事，故知辟襲奠。'阮説近之。"據阮校改。

其不可空無所依故也。案下記云"小斂，辟奠不出室"，彼還是襲奠，辟小斂，則此辟襲奠亦不出室，仍不言處，大斂時，辟小斂奠于序西南，則此宜室西南隅，至大斂辟小斂奠，則言于序西南，有文可知也。若然，此奠襲後，因名襲奠，故下鄭注云"將小斂，則辟襲奠"①。

重，木刊鑿之。甸人置重于中庭，參分庭一在南。木也，縣物焉曰重。刊，斲治。鑿之，爲縣簪孔也。士重木長三尺。○重木，直容反，下及注同。縣物，音玄，下同。簪孔，側林反，劉左南反。【疏】○注"木也"至"三尺"。○釋曰：自此至"于重"，論設重之事。云"木也，縣物焉曰重"者，解名木爲重之意，以其木有物縣於下相重累，故得重名。云"鑿之，爲縣簪孔也"者，下云"繫用靲"，用靲內此孔中，云簪者，若冠之笄謂之簪，使冠連屬於紒，此簪亦相連屬於木之名也。云"士重木長三尺"者，鄭言士重木長三尺，則大夫以上各有等，當約銘旌之杠，士三尺，大夫五尺，諸侯七尺，天子九尺。據竪之者，橫者宜半之。鄭不言大夫以上，無正文故也。夏祝鬻餘飯，用二鬲于西牆下。夏祝，祝習夏禮者也。夏人教以忠，其於養宜。鬻餘飯，以飯尸餘米爲鬻也。重，主道也。士二鬲，則大夫四、諸侯六、天子八，與簋同差。○鬻，本又作粥，之六反，一音育。餘飯，扶晚反，注同，謂以飯尸之餘米爲粥。於養，羊亮反。【疏】○注"夏祝"至"同差"。○釋曰：云"于西牆下"者，西牆下有竃，即上文甸人爲垼是也。云"夏人教以忠，其於養宜"者，案《禮記·表記》云"夏道尊命，敬神而遠之，近人而忠焉"，《書傳略説》亦云"夏后氏主教以忠"，是夏人教以忠也。《曲禮》云"君子不盡人之歡，不竭人之忠"，鄭云"歡謂飲食，忠謂衣服"，若忠不對歡，忠亦飲食，故此飲食使夏祝，忠者養宜也。前商祝奠米，飯畢②，夏祝徹之，今乃鬻之而盛於鬲，是以下記云"夏祝徹餘飯"，注云"徹去鬻"是也。云"重，主道也"者，《檀弓》文，彼注云"始死未作主，以重主其神也"，即是虞祭之後，以木主替重處，故云"重，主道也"，引之者，證此重是木，主之道也。云"士二鬲，則大夫四、諸侯六、天子八，與簋同差"者，亦無正文，鄭言之者，以其同盛黍稷，故知同差也。案《特牲》用二敦，《少牢》用四敦，同姓之大夫、士用簋，故皆以簋言之。《明堂位》云"周之八簋"，《詩》云"陳饋八簋"，皆天子禮，自上降殺以兩，明諸侯六，《祭統》諸侯禮而云"四簋黍見其脩於廟中也"，二簋留陽厭，

---

① "辟"字原作"避"，曹云："'避'當爲'辟'。"據改。
② "畢"字原作"米"，曹云："'米'當爲'畢'。"據改。

不用餕，故不言也。**冪用疏布，久之，繫用幹，縣于重。冪用葦席，北面，左衽，帶用幹，賀之，結于後。**久，讀爲灸，謂以蓋塞鬲口也。幹，竹篾也。以席覆重，辟屈而反，兩端交於後，左衽，西端在上。賀，加也。古文冪皆作密①。○冪用，本又作㡩，亡狄反。久之，依注音灸。用幹，劉舉琴反，下同，《說文》其闇反。竹篾，音蔑。辟屈，音壁。【疏】○注"久讀"至"作密"。○釋曰：云"冪用疏布，久之"者，鄭久讀爲灸，灸，塞義，謂直用麤布蓋鬲口爲塞也。云"幹，竹篾也"者，案《顧命》云"牖間南嚮，敷重篾席"，即此幹篾一也，謂竹之青可以爲繫者。云"以席覆重，辟屈而反，兩端交於後，左衽，西端在上"者，據人北面，以席先於重北面南掩之，然後以東端爲下向西，西端爲上向東，是爲"辟屈而反"，兩端交於後爲左衽②，然後以篾加束之，結於後也。**祝取銘，置于重。**祝，習周禮者也。【疏】○釋曰：以銘未用，待殯訖乃置於斿，今且置於重，必且置于重者，重與銘皆是録神之物故也③。

　　厥明，陳衣于房，南領西上，綪。絞，橫三縮一，廣終幅，析其末。綪，屈也。絞，所以收束衣服爲堅急者也，以布爲之。縮，從也。橫者三幅，從者一幅。析其末者，令可結也。《喪大記》曰："絞，一幅爲三。"○綪絞，戶交反，後同。縮從，子容反，下同。【疏】○注"綪屈"至"爲三"。○釋曰：自此盡"束柄"，論陳小斂衣物之事。云"厥明"者，對昨日始死之日爲厥明。此陳衣，將陳并取以斂皆用篋，是以《喪大記》云"凡陳衣者實之篋，取衣者亦以篋，升降者自西階"是也。云"絞，所以收束衣服爲堅急"者，此總解大、小斂之絞，若細而分之則別，故鄭注《喪大記》云"小斂之絞也，廣終幅，析其末，以爲堅之强也。大斂之絞，一幅三析，用之以爲堅之急也"。云"以布爲之"，知者，下記云"凡絞、紟用布，倫如朝服"，注云"倫，比也"，此絞直言從橫幅數，不言長短者，人有短長不定，取足而已。引《喪大記》，證絞爲三析之事。**緇衾，**

---

①　"古文"原作"今文"，阮云："徐本、《集釋》、《通解》同，毛本'今'作'古'，'作'作'用'。按通部皆古文作密，此不當作'今'。"據改。

②　"左衽"下原有"右衽"二字，倉石云："'右衽'二字諸本無，此衍。"據刪。

③　"銘"字原作"主"，曹云："'主'似當爲'銘'。"據改。

頼裏，無紞。紞，被識也①。斂衣或倒，被無別於前後可也。凡衾，制同，皆五幅也。○頼裏，丑貞反，赤也。無紞，丁敢反。被識，申志反。無別，彼列反。【疏】○注“紞被”至“幅也”。○釋曰：云“斂衣或倒”者，案下文云“祭服不倒”，則餘服有倒者，皆有領可記也。云“被無別於前後可也”者，被本無首尾，生時有紞，爲記識前後，恐於後互換，死者一定，不須別其前後可也。云“凡衾，制同，皆五幅也”者，此無正文，《喪大記》云“紟五幅，無紞”，衾是紟之類，故知亦五幅。**祭服次**，爵弁服，皮弁服。【疏】○注“爵弁服皮弁服”。○釋曰：凡陳斂衣，先陳絞、紟於上，次陳祭服於下，故云“祭服次”，至大斂陳衣，亦先陳絞、紟、衾，次陳君襚祭服。所以然者，以絞、紟爲裏束衣②，故皆絞、紟爲先。但小斂美者在内，大斂美者在外，故小斂先布散衣，後布祭服，大斂則先布祭服，後布散衣，是小斂美者在内，大斂美者在外也，襲時美者在外，是三者相變也。**散衣次**，襚衣以下，袍繭之屬。○散衣，息但反，下及注同。袍襺，古典反。【疏】○注“襚衣”至“之屬”。○釋曰：袍繭有著之異名，同入散衣之屬也。**凡十有九稱**。祭服與散衣。【疏】○釋曰：士之服唯有爵弁、皮弁、襚衣而已，云十九稱，當重之使充十九。必十九者，案《喪大記》“小斂衣十有九稱，君陳衣于序東，大夫、士陳衣于房中”，注云“衣十有九稱，法天地之終數也”，則天子以下皆同十九稱。言“法天地之終數”者，天地之初數，天一地二，終數則云天九地十，人在天地之間而終，故取終數爲斂衣稱數，尊卑共爲一節也。**陳衣繼之**，庶襚。【疏】○注“庶襚”。○釋曰：知“庶襚”者，以其襲時陳衣訖，乃云“庶襚繼陳，不用”，此亦陳衣訖，乃云“陳衣繼之”，明亦是庶襚。**不必盡用**。取稱而已，不務多。○盡用，津忍反。取稱，尺證反。【疏】○釋曰：襲時言“庶襚繼陳”，則全不用，此“陳衣繼之”下云“不必盡用”，則兼用之，不必盡而已，以其小斂用衣多，主人自盡不足，故容用之也。云“取稱而已，不務多”者，衣服雖多，不得過十九耳。**饌于東堂下**，脯、醢、醴、酒。**冪奠用功布，實于箪，在饌東**。功布，鍛濯灰治之布也。凡在東西堂下者，南齊坫。古文奠爲尊。

---

① “被”下原無“識”字，阮云：“徐本同，《釋文》、《通典》、《集釋》、《通解》、楊、敖、毛本‘被’下有‘識’字。張氏曰：‘紞，被之識也，所以識前後也，無識字則句不成文。’”據補。

② “裏”字原作“裹”，四庫本作“裏”，據改。

○饌于，劉狀轉反，一音士眷反，後同。鍛濯，丁亂反，下大角反。齊坫，丁念反。爲奠，于僞反，下爲舉、爲不、爲塵皆同。【疏】○注“功布”至“爲尊”。○釋曰：知“功布，鍛濯灰治之之布”者，案《喪服傳》云冠六升，鍛而勿灰，七升已下，鍛濯灰治之，是以殤大功章云“大功布衰裳”，注云“大功布者，其鍛治之功麤治之”①，則此云功布者，大功之布，故云鍛濯灰治之也。云“凡在東西堂下者，南齊坫”，知者，《既夕記》云“設楎于東堂下，南順，齊于坫，饌于其上兩甒醴酒”，若然，則凡設物於東西堂下者，皆南與坫齊，北陳之②。堂隅有坫，以土爲之，或謂堂隅爲坫也。**設盆盥于饌東，有巾。**爲奠設盥也。喪事略，故無洗也。【疏】○注“爲奠”至“洗也”。○釋曰：云“爲奠設盥也”者，謂爲設奠人設盥及巾③。云“喪事略，故無洗也”，直以盆爲盥器也，下云“夏祝及執事盥，執醴先酒”，即是於此盥也。但諸文設洗篚者，皆不言巾，凡設洗篚不言巾者④，以其設洗篚，篚內有巾可知，故不言。至於不就洗篚皆言巾者⑤，既不就洗篚，恐揮之不用，故言巾，是以《特牲》、《少牢》尸尊不就洗篚及此喪事略不設洗篚，皆見巾是也。**苴絰大鬲，下本在左，要絰小焉，散帶垂，長三尺，牡麻絰右本在上，亦散帶垂，皆饌于東方。**苴絰，斬衰之絰也。苴麻者，其貌苴，以爲絰，服重者尚麤惡。絰之言實也。鬲，搹也。中人之手，搹圍九寸，絰帶之差，自此出焉。下本在左，重服統於内而本陽也。要絰小焉，五分去一。牡麻絰者，齊衰以下之絰也。牡麻絰者，其貌易，服輕者宜差好也。右本在上，輕服本於陰而統於外。散帶之垂者，男子之道，文多變也。饌于東方，東坫之南，苴絰爲上。○苴，七如反。絰，大結反。大鬲，音革，又作搹同。搹，音厄，本又作扼。去一，起呂反，下并注同，後放此。齊，音咨，後同。易服，以豉反。宜差，初賣反。【疏】○注“苴絰”至“爲上”。○釋曰：此陳絰帶者，以其

---

①　“其鍛治之功麤治之”，此本“大功布衰裳”下鄭注“治”字原作“沽”，張敦仁本此處引鄭注作“沽”，與原注同，疏蓋以治訓沽，故徑以治代沽。

②　“皆南與坫齊北陳之”，曹云：“‘北’似當爲‘南’。”既言“南與坫齊”，當是北陳之，若是南陳之，當言“北與坫齊”，存舊俟考。

③　“盥”下原有“洗”字，曹云：“‘洗’字衍。”據刪。

④　“凡”字原作“至於”，阮云：“陳本、《要義》同，毛本‘至於’作‘凡’。”曹云：“各本此句‘至於’二字與下‘凡不就洗篚’句‘凡’字，互易似是。”據改。

⑤　“至於”原作“凡”字，阮云：“陳本、《要義》同，毛本‘凡’作‘至於’。”據改。

小斂訖,當服未成服之麻故也。云"亦散帶垂"者,不言尺寸,亦與大帶同垂三尺①。云
"苴絰,斬衰之絰也"者,案《喪服》斬衰章云"喪服,斬衰裳,苴絰杖",故知此苴絰,斬衰
之絰。云"苴麻者,其貌苴,以爲絰"者,案《禮記·閒傳》云"斬衰貌若苴",彼據人之形
貌若苴麻,明麻之形貌亦苴可知,故此指麻之貌苴者以爲絰。云"服重者尚麤惡"者,
對齊衰已下服輕,不尚麤惡,故《閒傳》云"齊衰貌若枲,大功貌若止",是不尚麤惡也。
云"絰之言實也"者,《檀弓》云"絰也者,實也",鄭注《喪服》云"明孝子有忠實之心",是
明孝子之心與服相稱,不虛服此服也。云"搹,扼也。中人之手,扼圍九寸"者,此無正
文,《喪服》及此皆言"苴絰大搹",搹是扼物之稱,故據中人一扼而言。"大"者,據大拇
指與大巨指扼之,故言"大"也。云"絰帶之差,自此出焉"者,案《喪服傳》云"苴絰大搹,
左本在下,去五分一以爲帶。齊衰之絰,斬衰之帶也",自此斬衰之帶差至緦麻之帶,
故云"絰帶之差,自此出焉"。云"下本在左,重服統於内而本陽也"者,謂斬衰統於内
以解本在下,而本陽以解在左,對齊衰之絰右本在上,輕服本於陰而統外,案《雜記》云
"親喪外除",鄭云"日月已竟而哀未忘","兄弟之喪内除",注云"日月未竟而哀已殺",
此言統内、統外者,亦據哀在内、外而言,本陽、本陰者,亦據父者子之天爲陽,母者子
之地爲陰而言也。云"要絰小焉,五分去一"者,亦據《喪服傳》而言。首絰圍九寸,五
分之,五寸正去一寸,得四寸。餘四寸,每寸爲五分,四寸爲二十分,去四分得十六分。
取十五分爲三寸,餘一分在,總得七寸五分寸之一,彼傳因即分之至緦麻。云"齊衰
之絰,斬衰之帶也",以其俱七寸五分寸之一,又去五分一以爲帶。七寸取五寸,去一寸
得四寸。破二寸②,一寸爲二十五分,二寸爲五十分,一分爲五分,添前爲五十五分,總
去十一分,餘有四十四分。二十五分爲一寸,添前四寸爲五寸,仍有十九分在,是齊衰
之帶總有五寸二十五分寸之十九。彼又云"大功之絰,齊衰之帶",以其俱五寸二十五
分寸之十九,又去五分一以爲帶。五寸去一寸得四寸,餘二十五分寸之十九者,一分
爲五分,十分爲五十分,又九分者爲四十五分,添前五十,總爲九十五分。去一者,五
十去十,四十五去九,總得七十六。據整寸破之而言,此四寸百二十五分寸之七十六
以爲小功之絰。大功之帶以下,仍有小功之帶,但小功之帶以小功之絰又五分去一,
下至緦麻之帶,皆以五倍破寸,計之可知耳。云"牡麻絰者,齊衰以下之絰也"者,案

---

①　"大帶"原作"苴絰",曹云:"'苴絰'當爲'大帶'。"據改。
②　"破"字原作"彼",阮云:"'彼'疑'破'字之誤。"據改。

《喪服》齊衰、大功皆言"牡麻絰",小功又言"澡麻",則齊衰以下皆牡麻絰,《傳》曰"牡麻者,枲麻也",對苴絰爲麻之有蕡,色如苴黎,則此雄麻色好者,故《閒傳》云"齊衰貌若枲",是以鄭云"牡麻絰者,其貌易,服輕者宜差好也"。云"散帶之垂者,男子之道,文多變也"者,此小斂絰有散麻帶垂之,至三日成服絞之,對婦人陰質,初而絞之,與小功以下男子同。知"饌于東方,東坫之南,苴絰爲上"者,以其對下牀笫、夷衾之等在西坫南,故此亦在東坫南也。若然,經直言東方,知不在東堂下東方者,以其小斂陳饌皆在東堂下,若此亦在東堂下,當言陳于饌東、饌北,何須言東方乎? 明此非東堂下也。知"苴絰爲上"者,以其經先言苴絰,明依此爲首,南陳之也。**婦人之帶,牡麻結本,在房。**婦人亦有苴絰,但言帶者,記其異。此齊衰婦人,斬衰婦人亦有苴絰也①。【疏】○注"婦人"至"絰也"。○釋曰:知"婦人亦有苴絰"者,《喪服》首云"苴絰杖",下經男子、婦人俱陳,則婦人亦有苴絰,《禮記·服問》之等每云婦人麻絰之事,故知婦人亦有絰,今此經不言婦人苴絰者,記其異,謂男子帶有散麻,婦人則結本,是其異者②,且男子小功、緦麻,小斂有帶則絞之,亦結本,婦人帶結本可以兼之矣。云"此齊衰婦人"者,以其牡麻,宜言齊衰以下至緦麻皆同牡麻也。云"斬衰婦人亦有苴絰也"者,此亦據帶而言,以其帶亦名絰,則《喪服》云"苴絰杖",鄭云"麻在首在要皆曰絰",彼經既兼男女,則婦人有苴麻爲帶絰可知,經不言者,以義可知,故省文也。此帶牡麻結本③,兼男子小功以下,陳之則別處,以其男子陳之于坫南,此經云"在房",明知異處也。**牀笫、夷衾,饌于西坫南。**笫,簀也。夷衾,覆尸之衾。《喪大記》曰:"自小斂以往用夷衾,夷衾質、殺之裁猶冒也。"○簀也,音責。殺之,色界反,劉色例反。【疏】○注"笫簀"至"冒也"。○釋曰:云"夷衾,覆尸之衾"者,小斂訖,奉尸夷於堂,㒳用夷衾矣,故陳之於西坫南。案《曲禮》云"在牀曰尸,在棺曰柩",此夷衾小斂以往用之覆尸柩,今直言覆尸者,鄭據此小斂未入棺而言。云"《喪大記》曰:自小斂以往用夷衾"者,對小斂已前用大斂之衾,今小斂以往,大斂之衾當陳之,故用夷衾,證小斂不

---

①　"亦"下原無"有"字,阮云:"'亦'下監本衍'有'字。"《喪服》斬衰章下疏引此經及鄭注,"亦"下有"有"字,監本不誤,據補,疏述注亦補。

②　"是其異者"原作"無異者",曹云:"毛作'是其異者'。阮云:"'其'《要義》作'無'。案'其'上當有'是'字,刊本脱。'"據改。

③　"牡麻"下原無"結本"二字,曹云:"'麻'下脱'結本'二字。"據補。

用之，兼明夷衾之制。彼言小斂以往①，則此夷衾本爲覆尸、覆柩，不用入棺矣，是以將葬啓殯，覆棺亦用之矣。云"夷衾質、殺之裁猶冒也"者，案上文冒之材云"冒，緇質，長與手齊，經殺，掩足"，注云"上曰質，下曰殺"，此作夷衾亦如此，上以緇、下以經，連之乃用也，其冒則韜下韜上訖，乃爲綴旁使相續，此色與形制大同，而連與不連則異也。

西方盥，如東方。 爲舉者設盥也。如東方者，亦用盆、布巾，饌於西堂下。【疏】○注"爲舉"至"堂下"。○釋曰：云"爲舉者"，謂將舉尸者，則下經"士盥，二人"是也。云"西堂下"，知者，以其東方盥在東堂下，則知此西方亦在西堂下可知。**陳一鼎于寢門外，當東塾，少南，西面。其實特豚，四鬢，去蹄，兩胉、脊、肺。設扃鼏，鼏西末。素俎在鼎西，西順，覆匕，東柄。** 鬢，解也。四解之，殊肩、髀而已，喪事略。去蹄，去其甲，爲不絜清也。胉，脅也。素俎，喪尚質。既饌，將小斂則辟襲奠。今文鬢爲剔，胉爲迫。古文鼏爲密。○四鬢，託歷反，解也。去蹄，大兮反。兩胉，音博，劉音百，又音魄，脅也。扃，古營反。肩髀，步啓反，又必爾反，下文同。則辟，婢亦反。【疏】○注"鬢解"至"爲密"。○釋曰：此亦爲小斂奠陳之。鼏用茅爲編，言西末，則茅本在東。云"四解之②，殊肩、髀而已，喪事略"者，凡牲體之法有二，一者四解而已，此經直云"四鬢"，即云"去蹄"，明知殊肩、髀爲四段。案《士冠禮》云"若殺，則特豚，載合升"，注云"合左右胖"，此下文大斂亦云"豚合升"，則吉、凶之禮豚皆合升而鄭云"喪事略"者，但喪中之奠，雖用成牲，亦四解，故《既夕》葬奠云"其實羊左胖，豕亦如之"，是以鄭總釋喪中四解之事，故云"喪事略"。若禘郊大祭，雖吉祭，亦先有豚解，後爲體解，是以《禮運》云"腥其俎，孰其殽"，鄭云"腥其俎，謂豚解而腥之。孰其殽，謂體解而爓之"，《國語》亦云"禘郊之事則有全烝，王公立飫則有房烝③，親戚燕飲則有殽烝"者，若然，禘郊雖先有全烝，後有體解④，《禮運》所云是也，若然，此經云"四鬢"，并兩胉脊與脊總爲七體，若豚解皆然也。云"既饌，將小斂則辟襲奠"者，即始死之奠⑤，襲後改爲襲奠，以恐妨斂事，故知辟襲奠，前襲時已辟之，今將小斂亦辟之，

---

① "彼"字原作"鄭"，倉石云："'鄭'當爲'彼'。"據改。
② "云"字原作"方"，倉石云："'云'誤'方'。"據改。
③ "烝"字原作"俎"，曹云："'俎'當爲'烝'。"據改。
④ "體解"下原有"豚解"二字，曹云："'豚解'二字衍，全烝即豚解。"據刪。
⑤ "即"字原作"既"，張敦仁本作"即"，據改。

亦當於室之西南隅，如將大斂辟小斂奠於序西南也。凡奠在室外經宿者，皆辟之於序西南，是以小斂奠與祖奠等皆辟之於序西南，朝廟遷祖之奠，不設於序西南，以其以再設爲褻，是以遷之，即設新者也①。

士盥，二人以並，東面立于西階下。立，俟舉尸也。今文並爲併。【疏】○注“立俟舉尸也”。○釋曰：舉尸，謂小斂從襲牀爲遷尸於户內服上，即下文“士舉遷尸，反位”是也。布席于户内，下莞上簟。有司布斂席也。商祝布絞、衾、散衣、祭服，祭服不倒，美者在中。斂者趨方，或值倒衣裳。祭服尊，不倒之也。美，善也。善衣後布，於斂則在中也。既後布祭服而又言善者在中，明每服非一稱也。○或值，本又作顛，丁田反。倒衣，丁老反。【疏】○注“斂者”至“稱也”。○釋曰：云“斂者趨方，或值倒衣裳”者，以其襲時衣裳少，不倒，小斂十九稱，衣裳多，取其要方，除祭服之外，或倒或否。云“祭服尊，不倒”者，士之助祭服，則爵弁服、皮弁服，并家祭服玄端亦不倒也。云“善衣後布，於斂則在中也”者，以其斂衣半在尸下，半在尸上，今於先布者在下，則後布者在中可知也。云“既後布祭服而又言善者在中，明每服非一稱也”者，鄭見祭服文在散衣之下②，即是後布祭服，祭服則是善者，復云“善者在中”，則祭服之中更有善者可知，故云“每服非一稱”，以其總十九稱之中，善者非一稱也。士舉遷尸，反位。遷尸於服上。設牀笫于兩楹之間，衽如初，有枕。衽，寢臥之席也，亦下莞上簟。【疏】○注“衽寢”至“上簟”。○釋曰：《曲禮》云“請席何鄉，請衽何趾”，鄭云“坐問鄉，臥問趾，因於陰陽”，是衽爲臥席。云“亦下莞上簟”者，《詩·斯干》宣王寢席而言“下莞上簟”，是尋常寢席，無問貴賤者，下莞上簟。卒斂，徹帷。尸已飾。主人西面馮尸，踊無筭。主婦東面馮，亦如之。馮，服膺之。○馮尸，音憑，後皆同。主人髺髪，袒，衆主人免于房，始死，將斬衰者雞斯，將齊衰者素冠。今至小斂變，又將初喪服也，髺髪者，去笄纚而紒，衆主人免者，齊衰將袒，以免代冠。冠，服之尤尊，不以袒見也。免之制未聞，舊説以爲如冠狀，廣一寸。《喪服小記》曰：“斬衰髺髪以麻，免而以布。”此用麻布爲之，狀如今之著幓頭矣，自項中而前，交於額上，卻繞紒也。于房、于室，釋髺髮宜於隱者。今文

---

① “者”字原作“之”，四庫本作“者”，據改。
② “鄭”字原作“欲”，倉石云：“‘欲’字《詳校》疑衍。今案或當作‘鄭’。”據改。

免皆作絻，古文絻作括。○髺髮，音括，劉音活。人免，音問，後放此。雞斯，所買反，劉霜綺反，下作纚同。而紒，音計，下同。今著①，丁略反，下同。幓頭，七消反。作絻，音問。【疏】○注“始死”至“作括”。○釋曰：知“始死，將斬衰者雞斯”者，案《禮記·問喪》云“親始死，雞斯徒跣”，鄭注云“雞斯，當爲笄纚”，以成服乃斬衰，是始死未斬衰，故云“始死，將斬衰者雞斯也”。云“將齊衰者素冠”者，《喪服小記》云“男子冠而婦人笄”，冠、笄相對，《問喪》親始死，男子云笄纚，明齊衰男子素冠可知。云“今至小斂變”者，謂服麻之節，故云變也。云“又將初喪服也，髺髮者，去笄纚而紒”者，此即《喪服小記》云“斬衰髺髮以麻，爲母髺髮以麻，免而以布”，是母雖齊衰，初亦髺髮，與斬衰同，故云“去笄纚而紒”，紒上著髺髮也。云“衆主人免者，齊衰將袒，以免代冠”者，此亦小斂節，與斬衰髺髮同時，此皆據男子，若婦人，斬衰婦人以麻爲髽，齊衰婦人以布爲髽，髽與髺髮皆以麻布自項而向前，交於額上，邰繞紒如著幓頭焉，免亦然，但以布廣一寸爲異也。云“于房、于室，釋髺髮宜於隱者”，并下文婦人髽于室兼言之也。**婦人髽于室。**始死，婦人將斬衰者去笄而纚，將齊衰者骨笄而纚。今言髽者，亦去笄纚而紒也，齊衰以上至笄猶髽。髽之異於髺髮者，既去纚而以髮爲大紒，如今婦人露紒，其象也。《檀弓》曰：“南宮縚之妻之姑之喪，夫子誨之髽，曰：‘爾毋縱縱爾，爾毋扈扈爾。’”其用麻布，亦如著幓頭然。○髽，側瓜反。宮縚，他刀反。爾毋，音無，下同。縱，范音總，劉又在紅反。扈扈，並音户。【疏】○注“始死”至“頭然”。○釋曰：知“婦人將斬衰者去笄而纚”者，《喪服小記》云“男子冠而婦人笄”，冠、笄相對，將斬衰男子既去冠而著笄纚，則婦人將斬衰亦去笄而纚可知。又知“將齊衰者骨笄而纚”者，上引男子齊衰始死素冠，則知婦人將齊衰骨笄而纚也。云“今言髽者，亦去笄纚而紒也”者，謂今至小斂節，亦如上將斬衰男子去笄纚而髺髮，則此將斬衰婦人亦去纚而麻髽②，齊衰婦人去骨笄與纚而布髽矣，鄭不云斬衰婦人去纚而云“去笄纚”者，專據齊衰婦人而言，文略故也，鄭所以云“而紒”，紒即髽也，故《喪服》注亦云“髽，露紒也”。云“齊衰以上至笄猶髽”者，謂從小斂著未成服之髽，至成服著笄③，猶髽不改，蓋大斂殯後④，又著成服

---

①　“今”字原作“令”，黄云：“張氏《識誤》‘令’作‘今’，是也。”據改。
②　“去”下原有“笄”字，曹云：“‘笄’字衍。”據删。
③　“著”字原作“之”，曹云：“‘之’當爲‘著’。”據改。
④　“蓋”字原作“至”，曹云：“‘至’似當爲‘蓋’。”據改。

之鬠代之也①。云“鬠之異於髻髮者，既去纚而以髮爲大紒，如今婦人露紒，其象也”者，古者男子、婦人吉時皆有笄纚，有喪至小斂，則男子去笄纚著髻髮，婦人去纚而著鬠，鬠形先以髮爲大紒，紒上，斬衰婦人以麻，齊衰婦人以布，其著之如男子髻髮與免，故鄭依《檀弓》縱縱、扈扈之後，乃云“其用麻布，亦如著幓頭然”，既髻髮與鬠皆如著幓頭而異爲名者，以男子陽，外物爲名而謂之髻髮，婦人陰，內物爲稱而謂之鬠也。但經云“婦人鬠于室”者，男子髻髮與免在東房，若相對，婦人宜鬠于西房，大夫、士無西房，故於室內戶西，皆於隱處爲之也。**士舉，男女奉尸，侇于堂，幠用夷衾。男女如室位，踊無筭。**侇之言尸也。夷衾，覆尸柩之衾也。堂，謂楹閒牀第上也。今文侇作夷。○侇于，音夷。【疏】○注“侇之”至“作夷”。○釋曰：云“侇之言尸也”者，尸之衾曰夷衾，尸之牀曰夷牀，并此經侇尸不作移字，皆作侇者，侇人旁作之，故鄭注《喪大記》皆是依尸爲言也。云“幠用夷衾”者，初死幠用大斂之衾，以小斂之衾當陳，今小斂後，大斂之衾當擬大斂，故用覆棺之夷衾以覆尸也。**主人出于足，降自西階。衆主人東即位，婦人阼階上西面。主人拜賓，大夫特拜，士旅之，即位踊，襲、絰于序東，復位。**拜賓，鄉賓位拜之也。即位踊，東方位。襲、絰于序東，東夾前。○鄉賓，許亮反。東夾，古洽反，劉古協反。【疏】○注“拜賓”至“夾前”。○釋曰：云“衆主人東即位”者，雖無降階之文，當從主人降自西階，主人就拜賓之時，衆主人遂東，即位於阼階下主人位南②，西面也，於時阼階空，故婦人得向阼階上西面也。云“復位”者，復阼階下西面位。云“拜賓，鄉賓位拜之也”者，經云主人“降自西階”，即云“主人拜賓”，明不即位而先拜賓，是主人鄉賓位拜賓可知。云“即位踊，東方位”者，謂主人拜賓訖，即鄉東方阼階下，即西面位踊，踊訖，襲、絰也。云“襲、絰于序東，東夾前”者，經云主人“降自西階”，更無升階之文③，而云“序東，東夾前”者，主人即位踊訖而云“襲、絰于序東”④，謂鄉堂東，東當序牆之東⑤，又當東夾之

---

① “又”字原作“乃”，曹云：“‘乃’似當爲‘又’。”據改。
② “下”字原作“以”，阮云：“‘以’，閩本、《通解》、敖氏俱作‘下’是也。”據改。
③ “升階”原作“升降”，阮云：“‘升’，陳、閩俱誤作‘外’。浦鏜云：‘降字疑階字之誤。’”據改。
④ “云”字原作“去”，阮云：“浦鏜改‘去’爲‘云’。”據改。
⑤ “東”下原有“西”字，阮云：“陳、閩俱無‘西’字，案‘西’字衍文。”據刪。

前，非謂就堂上東夾前也。云“復位”者，復阼階下西面位①。

乃奠。祝與執事爲之。舉者盥，右執匕卻之，左執俎橫攝之，入，阼階前西面錯，錯俎北面。舉者盥，出門舉鼎者。右人以右手執匕，左人以左手執俎，因其便也。攝，持也。西面錯，錯鼎於此，宜西面。錯俎北面，俎宜西順之。○錯，七故反，下及注同。其便，婢面反。【疏】○注“舉者”至“順之”。○釋曰：右執匕、左執俎者，謂鄉北入内，東方爲右人，西方爲左人，故鄭云“右人以右手執匕，左人以左手執俎”，各用内手舉鼎，外手執匕、俎，故云“便也”。云“錯鼎於此，宜西面”者，對在門外時，北面陳鼎，鄉内爲宜也。右人左執匕，抽扃予左手，兼執之，取鼏，委于鼎北，加扃，不坐，抽扃取鼏，加扃於鼏上，皆右手。今文扃爲鉉，古文予爲與，鼏爲密。○爲鉉，胡犬反，劉古頑反，又音關，又音玄。【疏】○注“抽扃”至“爲密”。○釋曰：云“抽扃取鼏，加扃於鼏上，皆右手”者，以其經云“左執匕”，即云“抽扃予左手，兼執之”，不言用右手，故鄭明之，以其右人用左手執匕，即知抽扃已下用右手，似若左執爵，用右手祭脯、祭薦取便也②。乃朼載，載兩髀于兩端，兩肩亞，兩胉亞，脊、肺在於中，皆覆，進柢，執而俟。乃朼，以朼次出牲體，右人也。載，受而載於俎，左人也。亞，次也。凡七體，皆覆，爲塵。柢，本也。進本者，未異於生也。骨有本末。古文朼爲匕，髀爲脾，今文胉爲迫③，柢皆爲胝。○乃朼，必李反④。進柢，丁計反，本也，後同。爲脾，必爾反，又毗支反。爲胝，劉音帝。【疏】○注“乃朼”至“爲胝”。○釋曰：凡七體者，前左右肩、臂、臑屬焉，後左右脾、肫、胳屬焉，并左右脅，通脊爲七體也。案下文大斂豚合升，言合升則髀亦升之矣。凡言“合升”者⑤，皆并髀升，非獨喪禮，若體解升者，皆髀不升，鄭云“近竅，賤也”。云“皆覆，爲塵”者，諸進體皆不言覆，此言覆者，由無尸而不食，故覆之也。云“進本者，未異於生也”者，《公食大夫》亦

---

① “云復位者復阼階下西面位”，此十一字已見上文，釋經“復位”，此釋注訖，又重出此十一字，當爲衍文。
② “祭薦”，曹云：“二字當易一‘醢’字，或二字屬下讀。”此從下讀。
③ “胉”下原重“胉”字，阮云：“嚴本重‘胉’字，徐本‘爲’上空一字，鍾本‘爲’上有‘皆’字，《集釋》《通解》、毛本‘胉’字不重。張氏曰：‘注曰今文胉胉爲迫，按監本無一胉字，從監本。’”據删。
④ “李”字原作“季”，黄云：“‘季’字誤，宋本作‘李’。”據改。
⑤ “者”字原作“多言”，曹云：“‘多言’二字當爲‘者’，屬上讀。”據改。

進本,是生人法,今以始死,故未異於生也。夏祝及執事盥,執醴先,酒、脯、醢、俎從,升自阼階,丈夫踊。甸人徹鼎,巾待于阼階下。執事者,諸執奠事者。巾,功布也。執者不升,己不設,祝既錯醴,將受之。○俎從,劉才用反。

【疏】○注"執事"至"受之"。○釋曰:云"甸人徹鼎"者①,以其空無事,故徹,案《公食大夫》云"甸人舉鼎,順出,奠于其所",謂當門也。或云徹冪者誤②,何者?前陳饌于東堂下,脯、醢、醴、酒,鼏奠用功布,實于筲,何徹之有也?云"執者不升,己不設,祝既錯醴,將受之"者,此執者不升,唯據執巾者,故鄭云"祝既錯醴,將受之",當以覆酒、醴等③,故下云"祝受巾"是也。奠于尸東,執醴、酒北面西上,執醴、酒者先升,尊也。立而俟後錯,要成也。豆錯,俎錯于豆東,立于俎北,西上,醴、酒錯于豆南。祝受巾,巾之,由足降自西階,婦人踊。奠者由重南東,丈夫踊。巾之,爲塵也。東,反其位。○巾巾,並如字,劉下居覲反。由重,直龍反。

【疏】○注"東反其位"。○釋曰:云"由足降自西階,婦人踊"者,主人位在阼階下,婦人位在上,故奠者升,丈夫踊,奠者降,婦人踊,各以所見先後爲踊之節也。云"奠者由重南東,丈夫踊"者,此奠者奠訖,主人見之,更與主人爲踊之節也。奠者降反位,必由重南東者,以其重主道,神所馮依,不知神之所爲,故由重南而過,是以主人又踊也。注云"東,反其位"者,其位蓋在盆盥之東,南上。賓出,主人拜送于門外。廟門外也。【疏】○注"廟門外也"。○釋曰:廟門者,士死于適室,以鬼神所在則曰廟,故名適寢爲廟也。

　　乃代哭,不以官。代,更也。孝子始有親喪,悲哀憔悴,禮防其以死傷生,使之更哭,不絕聲而已。人君以官尊卑,士賤以親疏爲之。三日之後,哭無時。《周禮·挈壺氏》:"凡喪,縣壺,以代哭。"○代更,音庚,下同。憔悴,在遙反,下在季反。禮坊,音房,本亦作防。挈壺,苦結反。縣壺,音玄。【疏】○注"代更"至"代哭"。○釋曰:

---

①　"鼎"下原有"巾"字,阮云:"閩本無'巾'字。"據刪。

②　"冪"字原作"鼎",阮云:"'鼎',閩本作'冪'。按此及上條皆當從閩本,賈氏讀'甸人徹鼎'爲句,因或本誤'鼎'爲'冪',故特辨之。下云'冪奠用功布,實于筲,何徹之有',正辨'冪'字之誤也。後人誤斷經句,併改疏文,失之遠矣。一說上條'巾'字當移補此句'鼎'字下,亦通。"據改。

③　"醴"下原無"等"字,曹云:"'醴'下似脱'等'字。"據補。

此經論君及大夫、士於小斂之後，隨尊卑代哭之事。注云"人君以官尊卑，士賤以親疏爲之"者，案《喪大記》云君喪，縣壺，乃官代哭，大夫官代哭不縣壺，士代哭不以官，注云"自以親疏哭也"，此注不言大夫，舉人君與士，其大夫有《大記》可參，以官可知，故不言也。云"三日之後，哭無時"者，禮有三無時之哭：始死未殯，哭不絶聲，一無時；殯後葬前，朝夕入於廟阼階下哭，又於廬中思憶則哭，是二無時；既練之後，在堊室之中，或十日或五日一哭，是三無時。練前葬後①，有朝夕在阼階下哭，唯此有時，無無時之哭也。引《挈壺氏》者，證人君有縣壺爲漏刻分更代哭法②，大夫、士則無縣壺之義也。

有襚者則將命，擯者出請入告，主人待于位。喪禮略於威儀，既小斂，擯者乃用辭，出請之辭曰："孤某使某請事。"【疏】○注"喪禮"至"請事"。○釋曰：云"喪禮略於威儀，既小斂，擯者乃用辭"者，案上文始死云"有賓則拜之"，君使人弔，皆不云"擯者出請入告"之事，至此乃云"擯者出請入告"，是"喪禮略於威儀，既小斂，擯者乃用辭"也。云"出請之辭曰：孤某使某請事"者，此約《雜記》諸侯使人弔鄰國諸侯之喪，嗣君在阼階之下，使擯者出請云"孤某使某請事"，此亦宜然，故引爲證也。擯者出，告須，以賓入。須亦待也。出告之辭曰："孤某須矣。"【疏】○注"須亦"至"須矣"。○釋曰：云"出告之辭曰：孤某須矣"者，此約《雜記》辭爲證也。賓入中庭，北面致命，主人拜稽顙。賓升自西階，出于足，西面委衣，如於室禮，降，出。主人出，拜送。朋友親襚，如初儀，西階東，北面哭，踊三，降，主人不踊。朋友既委衣，又還哭於西階上，不背主人。○不背，音佩。【疏】○注"朋友"至"主人"。○釋曰：云"朋友親襚，如初儀"者，謂初死時，"庶兄弟襚，使人以將命于室"，"朋友襚，親以進"，親之恩是也。云"西階東，北面哭，踊三，降，主人不踊"者，案前初死，"朋友襚，親以進，退，哭不踊"，注云"主人徒哭不踊"，以爲朋友不哭，主人徒哭，此朋友堂上北面哭，據朋友哭，知上文退哭非朋友哭者，前文朋友、君命俱來，君之使者不哭，朋友亦不哭，故退哭據主人，此朋友特來，無君命，故哭與彼異，不可相決。襚者以褶，則必有裳，執衣如初。徹衣者亦如之，升降自西階以東。帛爲褶，無絮，雖複，與禪同，有裳乃成稱，不用表也。以東，藏以

───────────

① "前"字原作"則"，張敦仁本作"前"，據改。
② "刻"字原作"尅"，四庫本作"刻"，據改。

待事也。古文襦爲襲。○以襦，音牒，一特獵反。雖複，方服反。與襌，音丹。【疏】○
注“帛爲”至“爲襲”。○釋曰：案《喪大記》云“小斂，君、大夫複衣複衾。大斂，君襦衣襦
衾。大夫、士猶小斂也”，若然，則士小斂、大斂皆同用複，而襚者用襦者，襦者所以襚，
主人未必用之斂耳①。云“帛爲襦，無絮，雖複，與襌同，有裳乃成稱，不用表也”者，此
決《雜記》云“子羔之襲也，繭衣裳與稅衣”，乃爲一稱，以其絮褺，故須表，此雖有表裏
爲襦，衣裳別，又無絮②，非褺，故有裳乃成稱，不須表也。言“雖複，與襌同”者，案《喪
大記》君、大夫、士襦衣與複衣相對，有著爲複，無著爲襦，散文襦亦爲複也，案《喪大
記》有衣必有裳乃成稱，據襌衣、祭服之等而言，此襦雖複，與襌同，亦得裳乃成稱也。
云“不用表也”者，見異於袍繭也。云“藏以待事也”者，以待大斂事而陳之也。

　　宵，爲燎于中庭。宵，夜也。燎，大燋③。○爲燎，力召反，或力弔反。大
燋，劉哉約反，又祖堯反，一音哉益反，後同，本作燭。【疏】○注“宵夜也燎大燋”④。○
釋曰：案《少儀》云主人“執燭抱燋”，注云“未爇曰燋”，古者以荆燋爲燭，故云“燎，大燋”
也。或解庭燎與手執爲燭別，故《郊特牲》云“庭燎之百，由齊桓公始也”，注云“僭天子
也。庭燎之差，公蓋五十，侯、伯、子、男皆三十”，大夫、士無文，又《詩》云“庭燎之光”，
傳云“庭燎”，即大燭⑤。或云以布纏葦，以蠟灌之，謂之庭燎，則此云庭燎亦如之。云
大者，對手執者爲大也。

---

① “斂”字原作“襚”，曹云：“‘襚’殿本改作‘斂’。”據改。
② “又”上原有“則裳”二字，曹云：“‘則裳’二字衍。”據刪。
③ “大”字原作“火”，阮云：“‘火’，監本、《釋文》、《集釋》俱作‘大’。陸氏曰：‘燋，
本作燭。’案‘大’字是。”據改。
④ “大”字原作“火”，阮云：“‘火’，監本、《要義》俱作‘大’，下同。”據改。
⑤ “大燭”上原無“又詩云”至“庭燎即”十二字，曹云：“‘大’上似脫‘即’字。以下
‘燭俟于饌東’疏校之，似脫‘又《詩》云庭燎之光，傳云庭燎’十一字。”據補。

儀禮疏卷第三十七　儀禮卷第十二

厥明，滅燎。陳衣于房，南領西上，綪。絞、紟、衾二、君襚、祭服、散衣、庶襚，凡三十稱。紟不在筭，不必盡用。紟，單被也。衾二者，始死斂衾，今又復制也。小斂衣數，自天子達，大斂則異矣。《喪大記》曰："大斂布絞，縮者三，橫者三。"○絞，其鳩反，劉居鳩反，下皆同。必盡，津忍反，下注同。又復，扶又反，下不復、將復、復執皆同。【疏】○注"紟單"至"者三"。○釋曰：云"君襚、祭服、散衣"者，士祭服有助祭爵弁服，自家祭玄端服，散衣非祭服、朝服之等。云"庶襚"者，謂朋友、兄弟之等來襚者也。云"紟不在筭"者，案《喪大記》"紟五幅，無紞"，鄭云"今之單被也"，以其不成稱，故不在數內。云"不必盡用"者，案《周禮‧守祧職》云"其遺衣服藏焉"，鄭云"遺衣服，大斂之餘也"，即此不盡用者也。云"衾二者，始死斂衾，今又復制"者，此大斂之衾二，始死幠用斂衾，以小斂之衾當陳之，故用大斂衾，小斂已後，用夷衾覆尸，故知更制一衾，乃得二也。云"小斂衣數，自天子達"者，案《喪大記》君、大夫小斂已下同云十九稱，則天子亦十九稱，注云"十九稱，法天地之終數也"，案《易‧繫辭》生成之數，從天一地二，天三地四，天五地六，天七地八，天九地十，是十九爲天地之終數。云"大斂則異矣"者，案此文，士喪大斂三十稱，《喪大記》士三十稱，大夫五十稱，君百稱，不依命數，是亦喪數略，則上下之大夫及五等諸侯各同一節，則天子宜百二十稱，此鄭雖不言襲之衣數，案《雜記》注云"士襲三稱，大夫五稱，公九稱，諸侯七稱，天子十二稱與"，以其無文，推約爲義，故云"與"以疑之。東方之饌：兩瓦甒，其實醴酒，角觶，木柶；毼豆兩，其實葵菹芋、蠃醢；兩籩無縢，布巾，其實栗，不擇，脯四脡。此饌但言東方，則亦在東堂下也。毼，白也。齊人或名全菹爲芋。縢，緣也。《詩》云："竹柲緄縢。"布巾，籩巾也。籩豆具而有巾，盛之也。《特牲饋食禮》有籩巾。今文蠃爲蝸，古文縢爲縚。○瓦甒，亡甫反。毼豆，苦瞎反，劉苦割反。蠃醢，力禾反。無縢，大登反。四脡，大頂反。縢緣，悅面反。柲緄，古本反，劉古魂反。爲蝸，力禾反，又古華反。【疏】○注"此饌"至"爲縚"。○釋曰：云"此饌但言東方,則亦在東堂下也"者,案上小斂之饌云于東堂下,此直言東方,則亦東堂下,鄭云"亦"者,亦上小斂也。云"齊人或名全菹爲芋"者,案鄭於《周禮・醢人》注云"細切爲齏,全物若牒爲菹",若然,凡菹者全物,不得芋名,此云齊人名全菹爲芋者,菹法,舊短四寸者全之,若長於四寸者亦切之,則葵長者自然切乃爲菹,但喪中之菹葵雖長而不切,取齊人全菹爲芋之解也。引《詩》者,欲見滕爲緣義。云"籩豆具而有巾,盛之也"者,決小斂一豆一籩①,籩豆不具,故無巾,若然,籩有巾,豆無巾者,以豆盛菹醢濕物,不嫌無巾,故不言,其實有巾矣。案此注引《特牲記》"籩巾",鄭彼注云"籩有巾者,果實之物多皮核,優尊者",此言"盛之",不同,引之者,以其彼爲尸,尸食,故云"優尊者",此爲神,神不食,故云"盛之",引之直取證有巾覆之同。**奠席在饌北,斂席在其東**。大斂奠而有席,彌神之。【疏】○注"大斂"至"神之"。○釋曰:云"彌神之"者,以其小斂奠無巾,大斂奠有巾,已是神之,今於大斂奠又有席,是彌神之也。

掘肂見衽。肂,埋棺之坎者也,掘之於西階上。衽,小要也。《喪大記》曰:"君殯用輴,欑至于上,畢塗屋。大夫殯以幬,欑置于西序,塗不暨于棺。士殯見衽,塗上,帷之。"又曰:"君蓋用漆,三衽三束。大夫蓋用漆,二衽二束。士蓋不用漆,二衽二束。"○掘,其勿反,又其月反。肂,以二反,劉音四。見,賢遍反。衽,而甚反。小要,一遙反。用輴,勅倫反。欑至,在官反,劉本作挫,音同,云《禮記》作欑。不暨,其器反,劉本作墍,古慨反。【疏】○注"肂埋"至"二束"。○釋曰:云"肂,埋棺之坎"者,肂訓爲陳,謂陳尸於坎,鄭即以肂爲埋棺之坎也。知"於西階上"者,《檀弓》孔子云"夏后氏殯於東階,殷人殯於兩楹之間,周人殯於西階之上",故知士亦殯于西階之上。此殯時雖不言南首,南首可知,鄭注上文云"如商祝之事位,則尸南首",以《檀弓》又云"葬於北方北首,三代之達禮也",《禮運》云"故死者北首,生者南鄉",亦據葬後而言,則未葬已前,不忍異於生,皆南首。唯朝廟時北首,故《既夕》云"正柩于兩楹間,用夷牀",注云"是時柩北首",必北首者,朝事當不背父母,以首鄉之故也。引《喪大記》者,云"畢塗屋"者,畢,盡也,四面及上盡塗之如屋然。云"大夫殯以幬,欑置於西序"者,大夫不得如人君於西階,離序而四面欑之,大夫但逼西序,以木幬覆棺,營欑置於西序。云"塗不暨于棺"者,彼注云"欑中狹小,裁取容棺",暨,及也,但塗木不及棺而已②。云"士殯見衽,塗

---

① "決"字原作"使",曹云:"'使'當爲'決'。"據改。
② "塗"字原作"欑",阮云:"《通解》'欑'作'塗'是也。"據改。

上”者，即此經掘珥而見其小要於上，塗之而已。云“帷之”者，鬼神尚幽闇，君、大夫、士皆同也。云“又曰：君蓋用漆，三衽三束”者，古者棺不釘，彼鄭注云“用漆者，塗合牝牡之中也①。衽，小要也”，棺蓋每一縫爲三道小要，每道爲一條皮束之，故云“君蓋用漆，三衽三束”，大夫、士降于君，故“二衽二束”，大夫有漆，士無漆也，引之者，證經珥與衽之義也。**棺入，主人不哭。升棺用軸，蓋在下。**軸，輁軸也。輁，狀如牀。軸，其輪，輓而行。○用軸，大六反。輁軸，九勇反。輓而，音晚，本又作挽。【疏】○注“軸輁”至“而行”。○釋曰：云“輁，狀如牀。軸，其輪”者，此注文略，案《既夕》云“遷于祖用軸”，注云“軸，輁軸也。軸，狀如轉轔，刻兩頭爲軹。輁，狀如長牀，穿桯，前後著金而關軸焉。大夫、諸侯以上有四周謂之輴，天子畫之以龍”是也。**熬，黍稷各二筐，有魚腊，饌于西坫南。**熬，所以惑蚍蜉，令不至棺旁也。爲舉者設盆盥於西。○熬，五刀反。蚍，音毗。蜉，音浮。令不，力呈反，下令足同。爲舉，于僞反，下同。【疏】○注“熬所”至“於西”。○釋曰：《喪大記》云“熬，君四種八筐，大夫三種六筐，士二種四筐，加魚腊焉”②，注云“熬者，煎穀也。將塗設於棺旁，所以惑蚍蜉，使不至棺也”，引此《士喪禮》曰“熬，黍稷各二筐”，又云“‘設熬，旁一筐’，大夫三種，加以粱。君四種，加以稻。四筐則首足皆一，其餘設於左右”，若然，則此士二筐，首足各一筐，其餘設於左右可知也。云“爲舉者設盆盥於西”者，以小斂既云設盆盥于饌東，西方盥如東方③，明大斂用西方之盆盥矣，以其先陳盥，後陳鼎，故於鼎上言之也。**陳三鼎于門外，北上。豚合升，魚鱄鮒九，腊左胖，髀不升，其他皆如初。**合升，合左右體升於鼎。其他皆如初，謂豚體及匕俎之陳如小斂時。合升、四鬉，亦相互耳。○鱄，市轉反，劉市專反。鮒，音附。左胖，音判。【疏】○注“合升”至“互耳”。○釋曰：云“其他皆如初，謂豚體及匕俎之陳如小斂時”者，謂豚七體之等，一依前小斂時也④。云“合升、四鬉，亦相互耳”者，小斂云四鬉，四解爲七體，亦左右體合升，今升左右體，亦四解可知也，故云“相互”也。**燭俟于饌東。**燭，燋也。饌，東方之饌。

---

① “牝”字原作“牡”，曹云：“上‘牡’字‘牝’之誤。”據改。

② “加”字原作“君”，《禮記‧喪大記》原作“加魚腊焉”，據改。

③ “設盆”至“東方”原作“設盆盥饌于東方”，曹云：“當爲‘設盆盥于饌東，西方盥如東方’。”據改。

④ “斂”上原無“小”字，曹云：“‘斂’上脱‘小’字。”據補。

有燭者,堂雖明,室猶闇。火在地曰燎,執之曰燭。【疏】○注"堂雖"至"曰燭"。○釋曰:云"堂雖明,室猶闇"者,前小斂陳衣于房無燭者,近戶得明,故無燭,此大斂奠於室之奥①,故有燭以待之。云"在地曰燎"者,謂若《郊特牲》云"庭燎之百",又《詩》云"庭燎之光",如此之類,皆在地曰燎,此云"執之曰燭"及《少儀》云主人"執燭抱燋",此之類,皆是人手執之燭也②,且庭燎③,《燕禮》亦謂之大燭也,《司烜氏》亦謂之墳燭也。

祝、徹盥于門外,入,升自阼階,丈夫踊。祝、徹,祝與有司當徹小斂之奠者。小斂設盥于饌東,有巾。大斂設盥于門外,彌有威儀。【疏】○注"祝徹"至"威儀"。○釋曰:此直云"祝、徹盥于門外"者,不知何時設此,案上小斂陳饌訖,即言設盥,則陳大斂饌訖,亦設盥於門外也。祝徹巾,授執事者以待。授執巾者於尸東,使先待於阼階下,爲大斂奠又將巾之。祝還徹醴也。【疏】○注"授執"至"醴也"。○釋曰:云"授執巾者於尸東,使先待於阼階下"者,此巾前爲小斂奠巾之,今祝徹巾,還爲大斂奠巾之,前小斂奠升自阼階,設于尸東,祝受巾於阼階下而升,今大斂奠亦升自阼階,設于奥,亦宜受巾於阼階下而升,故知祝授巾於執巾者,使先待於阼階下也。又知"祝還徹醴"者,下文"徹饌,先取醴"故也。徹饌,先取醴、酒,北面。北面立,相待俱降。其餘取先設者,出于足,降自西階,婦人踊。設于序西南,當西榮,如設于堂。爲求神於庭,孝子不忍使其親須臾無所馮依也。堂,謂尸東也。凡奠,設于序西南者,畢事而去之。【疏】○注"爲求"至"去之"。○釋曰:云"堂,謂尸東也"者,謂如尸東堂上陳設之次第,故云"尸東也"。云"凡奠,設于序西南者,畢事而去之"者,言凡奠,謂小斂奠、大斂奠、遷柩奠、祖奠,但將設後奠,則徹先奠於序西南④,待後奠事畢,則去之,故小斂奠設之於此,不巾,以不久設故也。醴、酒位如初,執事豆北,南面東上。如初者,如其醴、酒北面西上也。執醴尊,不爲便事變位。【疏】○注"如初"至"變位"。○釋曰:前設小斂奠于尸東時,醴、酒先升,北面西上。執豆俎者立於俎北,西上。至此執豆俎者豆北東上,爲便事,事

---

① "斂"下原無"奠"字,曹云:"'斂'下脱'奠'字。"據補。
② "人手執之"原作"人之手執",曹云:"'之'字當在'執'下。"據乙。
③ "且庭燎"原作"庭燎且",曹云:"'且'字當在'庭'上。"據乙。
④ "序西"原作"西序",阮云:"'西序'二字誤倒。"倉石云:"'西序',汲古閣本倒,是。"據乙。

訖,向東爲便,故東上變位,以執醴者尊,仍西上,是不得爲便事變位也。**乃適饌。** 東方之新饌。【疏】○注"東方之新饌"。○釋曰:以其將設大斂新饌於室,故知是新 饌也。

帷堂。 徹事畢。**婦人尸西,東面。主人及親者升自西階,出于 足,西面袒。** 袒,大斂變也。不言髺、免、髽髮,小斂以來自若矣。【疏】○注"袒大" 至"若矣"。○釋曰:知"袒"爲"大斂變"者,前將小斂袒①,今言袒,下文即行大斂事,故 知爲"大斂變也"。云"不言髺、免、髽髮,小斂以來自若矣"者,決前小斂袒,男有髽髮、 免,婦人有髺,今大斂袒不言者,自小斂以來有此,至成服乃改。若,如也,自如常有, 故不言之也。**士盥,位如初。** 亦既盥並立西階下。【疏】○注"亦既"至"階下"。 ○釋曰:言亦者,亦如小斂時,士盥,二人並立于西階下,以待遷尸也。**布席如初。** 亦下莞上簟,鋪於阼階上,於楹閒爲少南。○鋪,普吳反,又音孚。【疏】○注"亦下" 至"少南"。○釋曰:"布席如初",初,謂小斂時下莞上簟。云"鋪於阼階上"者,案《喪大 記》云"小斂於戶內,大斂於阼"是也。云"於楹閒爲少南"者,取南北節,以其言阼階 上,故知於楹閒爲少南,近阼階也。**商祝布絞、紟、衾、衣,美者在外,君襚 不倒。** 至此乃用君襚,主人先自盡。【疏】○注"至此"至"自盡"。○釋曰:云"至此乃 用君襚,主人先自盡"者,《喪大記》"君無襚大夫、士",注云"不陳,不以斂",彼"無襚大 夫、士",止謂不陳爲小斂用之,故云"無襚大夫、士",以其上文士喪始死,君使人襚,何 得云君全無襚大夫、士也? 故以"不陳,不以斂"解之,至大斂乃用君襚,於小斂所用, 主人先自盡也。**有大夫則告。** 後來者則告以方斂,非斂時則當降拜之。【疏】○ 注"後來"至"拜之"。○釋曰:案《檀弓》"大夫弔,當事而至,則辭焉",注云"辭,猶告也, 擯者以主人有事告。主人無事,則爲大夫出",《喪大記》云"士之喪,於大夫不當斂 則出",注"父母始死悲哀,非所尊不出也",上文有君命,則出迎于門外,是始死唯君命 出,若小斂後,則爲大夫出,故《雜記》云"當袒,大夫至,雖當踊,絕踊而拜之,反,改成 踊",若士來,即成踊乃拜之也。**士舉遷尸,復位,主人踊無筭。卒斂,徹 帷。主人馮如初,主婦亦如之。**

---

① "前將小斂袒",倉石云:"案上經卒小斂,'主人髽髮,袒',注云'今至小斂變', 則此疑有誤。"

主人奉尸斂于棺，踊如初，乃蓋。棺在殡中，斂尸焉，所謂殯也。《檀弓》曰："殯於客位。"○奉尸，芳勇反，又如字，下放此。【疏】○釋曰："士舉遷尸"，謂從户外夷牀上遷尸於斂上，下云"奉尸斂于棺"，謂從阼階斂上，遷尸鄉西階，斂於棺中，乃加蓋於棺上也。○注"棺在"至"客位"。○釋曰：云"棺在殯中，斂尸焉"者，欲見先以棺入殯中，乃奉尸入棺中。云"所謂殯也"者，即所引《檀弓》"殯於客位"者是也，以尸入棺名斂，亦名殯也。主人降，拜大夫之後至者，北面視殯。北面於西階東。【疏】○注"北面於西階東"。○釋曰：小斂後，主人阼階下，今殯後，拜大夫後至者，殯訖，不忍即阼階，因拜大夫，即於西階東，北面視殯而哭也。衆主人復位，婦人東復位。阼階上下之位。【疏】○注"阼階上下之位"。○釋曰：衆主人與婦人於賓無事，故殯後即鄉東阼階上下之位也。設熬，旁一筐，乃塗，踊無筭。以木覆棺上而塗之，爲火備。卒塗，祝取銘置于殯。主人復位，踊，襲。爲銘設柎，樹之殯東。○爲銘，于僞反，下爲安、爲神、祝爲、爲葬同。設柎，方于反。【疏】○注"爲銘"至"殯東"。○釋曰：上文始死則作銘，襲訖①，置于重，今殯訖，取置于殯上，銘所以表柩故也。云"殯東"者，以不使當殯，於東可知。

乃奠，燭升自阼階，祝執巾，席從，設于奥，東面。執燭者先升堂照室，自是不復奠于尸。祝執巾與執席者從入，爲安神位。室中西南隅謂之奥。執燭南面，巾委於席右。○從設，才用反，下皆同。于奥，一報反。【疏】○注"執燭"至"席右"。○釋曰：云"執燭者先升堂照室"者，以其設席於奥，當先照之爲明也。云"自是不復奠于尸"者，鄭欲解自始死已來，襲奠、小斂奠皆在尸旁，今大斂奠不在西階上就柩所，故於室内設之，則自此已下朝夕奠、朔月奠薦新②，皆不於尸所，總解之。知"執燭南面"者，以其燭先入室，南面照之便故也。云"巾委於席右"者，以巾爲神，故知委於席右也。祝反降，及執事執饌。東方之饌。士盥，舉鼎入，西面北上，如初。載魚左首，進鬐，三列，腊進柢。如初，如小斂舉鼎、執匕俎肩臂臑、朼載之儀。魚左首，設而在南。鬐，脊也。左首進鬐，亦未異於生也。凡未異於生

---

① "訖"上原無"襲"字，曹云："'訖'上脱'襲'字。"據補。

② "朔月奠薦新"原作"朔月奠新奠"，阮云："毛本上'奠'字作'荐'，陳、閩、監本、《通解》俱作'薦'，《要義》作'奠'。案'奠'字當在'薦'字上。"據改。

者,不致死也。古文首爲手,鬐爲耆。○鬐,巨之反。【疏】○注"如初"至"爲耆"。○釋曰:云"左首進鬐,亦未異於生也"者,案《公食》右首進鬐,此云左首,則與生異而云"亦未異於生"者,下文注"載者統於執,設者統於席",彼《公食》言右首,據席而言,此左首據載者統於執,若設於席前,則亦右首也。云"不致死也"者,《檀弓》云"之死而致死之,不仁而不可爲也",今進魚不異於生,則亦是之死不致死之,故引爲證也。祝執醴如初,酒、豆、籩、俎從,升自阼階,丈夫踊,甸人徹鼎。如初,祝先升。【疏】○注"如初祝先升"。○釋曰:以其小斂,祝執醴,醴在先,此云"如初",故知祝先升也。奠由楹内入于室,醴、酒北面。亦如初。【疏】○注"亦如初"。○釋曰:以其小斂之醴、酒先升,北面西上,此經亦言"北面",明與小斂同,故云"亦如初",謂如初小斂,經不言如初,文略也。設豆,右菹,菹南栗,栗東脯,豚當豆,魚次,腊特于俎北,醴、酒在籩南,巾如初。右菹,菹在醢南也。此左右異於魚者,載者統於執,設者統於席。醴當栗南,酒當脯南。【疏】○注"右菹"至"脯南"。○釋曰:云"設豆,右菹"者,凡設菹醢①,菹常在右,今特言之者,此從北鄉南而陳,嫌先設者在北,故言右,言"右菹",則醢自然在左,是以鄭云"右菹,菹在醢南也"。注云"此左右異於魚者,載者統於執,設者統於席"者,鄭以上文魚言左首,據載者統於執,故云左首,及設則右首,此言"設豆,右菹",據設者統於席前,若執來即左菹也。云"醴當栗南,酒當脯南"者,以其陳饌要成,尊者後設,故先設栗、脯於北,乃於南設醴、酒,酒在東,故醴在栗南,酒在脯南也。既錯者出,立于户西,西上。祝後,闔户。先由楹西,降自西階,婦人踊。奠者由重南東,丈夫踊。爲神馮依之也。○闔户,户臘反,下同。【疏】○注"爲神"至"之也"。○釋曰:鄭解丈夫見奠者至重即踊者,重,主道,爲神馮依之,故丈夫取以爲踊節也。

賓出,婦人踊,主人拜送于門外。入,及兄弟北面哭殯。兄弟出,主人拜送于門外。小功以下至此可以歸,異門大功亦存焉。【疏】○注"小功"至"存焉"。○釋曰:云"北面哭殯"者,案《喪大記》云"大夫、士哭殯則杖,哭柩則

---

① "醢"上原無"菹"字,曹云:"'醢'上似脱'菹'字。"據補。

輯杖",注云"哭殯,謂既塗也。哭柩,謂啓後也",此哭不言杖者,文略也①。云"小功以下至此可以歸"者,案《喪服記》云"小功以下爲兄弟",則此兄弟可以兼男女也。云"異門大功亦存焉"者,大功容有同門、同財②,故《喪服》以小功以下爲兄弟,但大功亦容有不同門③、不同財之義,以異門疏,至此亦可以歸,故云"亦存焉",謂存在家之法也④。既殯雖歸,至朝夕、朔奠之日,近者亦入哭限也,若至葬時,皆就柩所,故《既夕》反哭云"兄弟出,主人拜送",注云"兄弟,小功以下也,異門大功亦可以歸"是也。**衆主人出門,哭止,皆西面于東方,闔門。主人揖,就次。** 次,謂斬衰倚廬、齊衰堊室也。大功有帷帳,小功、緦麻有牀第可也。○堊室,於各反。【疏】○注"次謂"至"可也"。○釋曰:凡言次者,廬、堊室以下總名,是賓客所在,亦名次也,故引《禮記·閒傳》爲證,案《閒傳》云"父母之喪,居倚廬,寢苦枕凷,不説絰帶。齊衰居堊室,芐翦不納。大功寢有席,小功、緦麻牀可也",齊衰既居堊室,故大功以下有帷帳也。

　　君若有賜焉,則視斂。既布衣,君至。 賜,恩惠也。斂,大斂。君視大斂,皮弁服襲裘,主人成禮之後往則錫衰。【疏】○注"賜恩"至"錫衰"。○釋曰:案《雜記》云"公視大斂,公升,商祝鋪席,乃斂",注引《喪大記》曰"'大夫之喪,將大斂,既鋪絞、紟、衾,君至',此君升乃鋪席,則君至爲之改,始新之",此經上下不言改新者,文不具也。云"斂,大斂"者,案《喪大記》云"君於士,既殯而往,爲之賜,大斂焉",此經云"若有賜",明君於士視大斂也。云"君視大斂,皮弁服襲裘"者,案《喪服小記》云"諸侯弔,必皮弁錫衰",言諸侯不言君者,以其彼是弔異國之臣法,案《服問》云"公爲卿大夫錫衰以居,出亦如之,當事則弁絰",不見君弔士服,案《文王世子》注君爲同姓之士緦衰,異姓之士疑衰,並據成服後,今大斂未成服,緣弔異國之臣有服皮弁之法,則君弔士未成服之前,可服皮弁襲裘。襲裘之文,出《檀弓》子游弔,小斂後"襲裘帶絰而入",此小斂後,亦宜然也。云"成禮之後往則錫衰"者,亦約《服問》君弔卿大夫之法。若然,《文王世子》注同姓之士緦衰,異姓之士疑衰,不同者,彼謂凡平之士,此士於君有

---

　　① "此哭不言杖者文略也",程恂云:"按既殯,明日成服乃杖,殯時未成服,何從有杖?《喪大記》蓋指朝夕哭于殯宫者言之,而賈氏誤引之耳。"

　　② "同財"上原有"有"字,曹云:"'有'字似衍。"據删。

　　③ "容"下原無"有"字,阮云:"毛本'容'作'有',陳、閩、監本俱作'容',《要義》'容'下有'有'字。"據《要義》補"有"字。

　　④ "法"字原作"注",張敦仁本作"法",據改。

師友之恩,特賜與大夫同也。**主人出迎于外門外,見馬首不哭,還入門右,北面,及衆主人袒。**不哭,厭於君,不敢伸其私恩。○厭於,一涉反,下注同。【疏】○注"不哭"至"私恩"。○釋曰:案《喪大記》云"男子出寢門見人,不哭",平常出門時,此迎君宜見馬首即不哭①。**巫止于廟門外,祝代之。小臣二人執戈先,二人後。**巫,掌招弭以除疾病。小臣,掌正君之法儀者。《周禮》:"男巫,王弔則與祝前。"《檀弓》曰:"君臨臣喪,以巫祝桃茢執戈,以惡之,所以異於生也。"皆天子之禮。諸侯臨臣之喪,則使祝代巫,執茢居前,下天子也。小臣,君行則在前後,君升則俠阼階,北面。凡宮有鬼神曰廟。○招弭,亡婢反,又作弴。桃茢,音列,又音例。惡之,烏路反。下天子,戶嫁反,下尊、下王同。【疏】○注"巫掌"至"曰廟"。○釋曰:云"巫,掌招弭以除疾病"者,《周禮·春官·男巫職》文,彼注云"招,招福也。弭讀爲弭,弭,安也,謂安凶禍也"。云"小臣,掌正君之法儀"者,《夏官·小臣職》文。云"男巫,王弔則與祝前"者,亦《男巫職》文。云"祝"者,則《周禮·春官·喪祝職》云"王弔則與巫前"是也。引之者,證經巫、祝、小臣之事也。引《檀弓》者,證彼與此經異,故云"皆天子之禮"也,以其巫祝桃茢具,故爲天子禮也。云"諸侯臨臣之喪,則使祝代巫,執茢居前,下天子也"者,此據《喪大記》而言,案彼云"大夫既殯而君往焉,巫止于門外,祝代之先,君釋菜于門內,祝先升自阼階,負墉南面。君即位于阼,小臣二人執戈立于前,二人立于後",文與此經同,文有詳略耳。云"小臣,君行則在前後"者,非直爲弔喪,則凡平行皆有此小臣從,以其與君爲儀衛者。云"君升則俠阼階",案《顧命》云二人雀弁夾階②,是其類也。云"凡宮有鬼神曰廟"者,以經云廟,謂適寢爲廟,故云"有鬼神曰廟"。**君釋采,入門,主人辟。**釋采者,祝爲君禮門神也。必禮門神者,明君無故不來也。《禮運》曰:"諸侯非問疾弔喪而入諸臣之家,是謂君臣爲謔。"○釋菜,七代反。人辟,婢亦反,又音避,下不出者同。爲謔,許略反。【疏】○注"釋采"至"爲謔"。○釋曰:引《禮運》者,證君無故不入臣家③,故將入,必禮門神也。彼注引陳靈公與孔

---

①　"宜見馬首即不哭"原作"宜哭",吳紱云:"按經意謂迎君不敢哭,敬君故也。此云宜哭,與經、注意背,疑疏文或有譌脫。"曹云:"'宜'下當脫'見馬首即不'五字。"據曹校補。

②　"二人雀弁夾階",孫云:"此當引'四人綦弁',賈誤記。"

③　"不"字原作"而",曹云:"'而'當爲'不'。"據改。

甯、儀行父數如夏氏，以取弒焉，是君臣相譖致禍之事也。**君升自阼階，西鄉。**
祝負墉，南面。主人中庭。 祝南面房户東鄉君①。牆謂之墉。主人中庭，進
益北。【疏】○注“祝南”至“益北”。○釋曰：祝必負墉南面鄉君者，案《喪大記》云“君稱
言，視祝而踊”，鄭注“視祝而踊，祝相君之禮，當節之也”，故須鄉君也。云“主人中庭，
進益北”者，前主人先入門右，中庭之南，今云中庭，明益北至庭也。**君哭，主人**
哭，拜稽顙，成踊，出。 出，不敢必君之卒斂事。**君命反行事，主人復**
位。 大斂事。**君升主人，主人西楹東，北面。** 命主人使之升。**升公、卿**
大夫，繼主人，東上，乃斂。 公，大國之孤，四命也。《春秋傳》曰：“鄭伯有耆
酒，爲窟室而夜飲酒擊鍾焉，朝至未已。朝者曰：‘公焉在？’其人曰：‘吾公在壑谷。’”伯
有者，公子子良之孫良霄。○耆酒，市志反。窟室，苦忽反。朝至，直遥反，下朝者同。
公焉，於虔反。在壑，火各反。【疏】○注“公大”至“壑谷”。○釋曰：案《典命》云“公之
孤四命”，故云“大國之孤，四命也”。引《春秋》者，襄三十年《左氏傳》文。鄭爲伯爵，不
合立孤，但良霄，鄭之公族大夫，貴重之極，以比大國之孤，故臣子尊其君，亦號爲公。
引之者，證經公是公之孤也，以其天子有三孤，副貳三公，大國無公，唯有孤，亦號爲
公，是以《燕禮》亦謂之爲公也。**卒，公、卿大夫逆降，復位。主人降，出。**
逆降者，後升者先降，位如朝夕哭弔之位。【疏】○注“逆降”至“之位”。○釋曰：“卒”
者，謂卒斂也。云“主人降，出”者，亦是不敢久留君，先出。下文君反主人，主人反鄉
中庭，君乃撫尸，主人乃拜稽顙，踊，出，出謂主人出鄉門外立。**君反主人，主人**
中庭。君坐撫，當心。主人拜稽顙，成踊，出。 撫，手案之。凡馮尸，興
必踊。今文無成。【疏】○注“撫手”至“無成”。○釋曰：云“凡馮尸，興必踊”者，《喪大
記》文，此經直云“君坐撫，當心”，主人直拜，又不言馮尸而鄭云“凡馮尸，興必踊”者，
欲見撫即馮之類，興亦踊，故得與主人拾踊也，是以《喪大記》“君於臣撫之，父母於子
執之，子於父母馮之，婦於舅姑奉之，舅姑於婦撫之，馮尸不當君所”，又云“凡馮尸，興

---

① “户”字原作“中”，胡培翬云：“‘中’當爲‘户’之譌。《喪大記》注云‘祝負墉南
面，直君北，房户東也’，孔疏謂祝在君之北，立於房户之東，此其明證。蓋斯時君位近
序端，祝必立於房户之東，背當房之墉，乃可南面鄉君。若以爲在房中之東，則是面墉
而立，不得云南面鄉君矣。各本皆作‘中’，誤甚。”據改。

必踊",是馮爲總名,故君撫之,亦踊也。君反之,復初位。衆主人辟于東壁,南面。以君將降也。南面,則當坫之東。【疏】○注"以君"至"之東"。○釋曰:云"君反之,復初位",初位即中庭位,知者,以其文承中庭位故也。云"以君將降也。南面,則當坫之東"者,下文"君降,西鄉,命主人馮尸",則君降當在阼階下,西面命之,故衆主人辟君東壁,南面。南面,則西頭爲首者,當堂角之坫,故云"當坫之東"也。君降,西鄉,命主人馮尸。主人升自西階,由足,西面馮尸,不當君所,踊。主婦東面馮,亦如之。君必降者,欲孝子盡其情。奉尸斂于棺,乃蓋。主人降,出。君反之,入門左,視塗。殯在西階上,入門左,由便趨疾,不敢久留君。○由便,婢面反。君升即位,衆主人復位。卒塗,主人出,君命之反奠,入門右。亦復中庭位。【疏】注"亦復中庭位"。○釋曰:經云"入門右",注"復中庭位",謂在門右,南北當中庭也。乃奠,升自西階。以君在阼。【疏】○注"以君在阼"。○釋曰:以其凡奠,皆升自阼階,是爲君在阼,故辟之而升西階也。君要節而踊,主人從踊。節,謂執奠始升階及既奠由重南東時也。【疏】○注"節謂"至"時也"。○釋曰:云"節,謂執奠始升階及既奠由重南東時也"者,案上文大斂奠,升時丈夫踊,降時婦人踊,由重南而東丈夫踊,此注不云降時踊者,以經直有君與主人丈夫踊節,故不言降時踊節也。卒奠,主人出,哭者止。以君將出,不敢讙踊聒尊者也。○敢讙,火官反,又許元反,下同。踊,許驕反,劉五高反,下同。聒尊,古活反。君出門,廟中哭。主人不哭,辟,君式之。辟,逡遁辟位也。古者立乘,式謂小俛以禮主人也。《曲禮》曰:"立視五巂,式視馬尾。"○逡,七旬反。遁,音旬。辟位,音避,下文不辟注同。立乘,繩證反,下文及注乘車同。小俛,音免。【疏】○注"辟逡"至"馬尾"。○釋曰:君入臣家,至廟門乃下車,則貳車本不入大門,下云"貳車畢乘,主人哭,拜送"者,明出大門矣。云"辟,逡遁辟位也"者,案《曲禮》云"君出就車,左右攘辟",則此云辟,亦是主人攘辟,故云"逡遁辟位也"。云"古者立乘"者,以其坐乘則不得式而小俛,故云"古者立乘"也。知式是禮主人者,《曲禮》云"式宗廟",《曾子問》卿大夫見君之尸皆下之,尸必式,是凡式皆是禮前物爲式。引《曲禮》者,欲見式小俛,彼注"巂,猶規也",車輪轉之一帀爲一規,案《周禮·冬官》輪崇六尺六寸,圍三徑一,三六十八,一帀則一丈九尺八寸,五規則五箇一丈九尺八寸,總爲九丈九尺,六尺爲一步,總十六步半,凡平立視,視前十六步半,若小俛爲式,則低頭視馬尾,故連引《曲禮》云"式視馬尾"也。**貳車畢乘,主人哭,拜送。**貳車,副車也,其數各視其命之等。君出,使異姓之士乘之在後。君弔,蓋乘象路。《曲禮》曰:"乘君之乘車不敢曠左,左必式。"【疏】○注"貳車"至"必式"。○釋曰:云"其數各視其命之等"者,案《周禮·大行人》云上公貳車九乘,侯伯貳車七乘,子男貳車五乘,故知視命數也。云"君出,使異姓之士乘之在後"者,《禮記·坊記》云"君不與同姓同車,與異姓同車",彼謂與君同在一車爲御與車右者也,此經云"貳車畢乘",明亦使異姓之士乘之在後可知。云"君弔,蓋乘象路"者,案《周禮·巾車職》王有五路,玉、金、象、革、木,諸侯則同姓金路已下,異姓象路已下,四衛革路已下,蕃國唯有木路,若然,唯王與同姓、異姓得弔乘象路,今云"蓋乘象路"者,以諸侯言之,唯據上公與侯伯於王有親者,得用象路弔臨其臣,以其象路以朝及燕出入,弔臨亦是出入之事①,故云"蓋"以疑之。若四衛諸侯,侯伯已下,與王無親者,亦各乘己所賜之車,革路、木路之等。今鄭於貳車之下,言所乘車者,以其言貳車,其飾皆與正車同,故於貳車以下言君之所乘車也。引《曲禮》者,乘君之乘車則貳車是也,以其與君爲副貳,即是君之乘車也,彼注云"君存惡空其位",則此乘車亦居左,以其人君皆左載,御者在中②,鄭注《周禮》亦有車右也。云"左必式"者,不敢立視櫥③,常爲式耳。**襲,入即位,衆主人襲,拜大夫之後至者,成踊。**後至,布衣而後來者。【疏】○注"後至"至"來者"。○釋曰:知"布衣而後來者",若未布衣時來,即入前卿大夫從君之內,今承上君大夫之下,別言"拜大夫之後至者"④,明布衣後來,不得與前卿大夫同時從君入者,故鄭以布衣之後解之。**賓出,主人拜送。**自賓出以下,如君不在之儀。【疏】○注"自賓"至"之儀"。

---

① "以其"至"之事"原作"以巾車又云象路以朝釋曰王以朝及燕出入雖不言弔臨然弔臨亦是出入之事",倉石云:"'釋曰王以'四字,殿本據《巾車》注改作'謂以日視'。《校勘記》引《要義》首句,'以'下有'其'字,'巾車又云'四字、'釋曰王以朝'五字、'雖不言弔臨然'六字均無。阮云:'《周禮·司常》云:道車載旜,注云:道車,象路也,王以朝夕燕出入。《巾車》疏備引其文,賈氏此疏亦兼引《巾車》及《司常》注,其中似有後人增竄之詞,當悉從《要義》。'今案阮説是也。'及'字或當爲'夕'字之誤。"據《要義》增刪。

② "御"上原有"無"字,曹云:"'無'字衍。"據刪。

③ "立"下原有"相"字,阮云:"浦鏜云衍'相'字。"據刪。

④ "言"字原作"君",毛氏汲古閣刊本、張敦仁本皆作"言",據改。

○釋曰：上經君在之時，卿大夫、士從君者，不得與主人爲禮，君出後，有賓來，即乃得別與主人爲禮，故云“自賓出以下，如君不在之儀”也。

三日成服，杖，拜君命及衆賓，不拜棺中之賜。既殯之明日，全三日，始歠粥矣。禮，尊者加惠，明日必往拜謝之。棺中之賜，不施己也。《曲禮》曰：“生與來日。”○始歠，昌悦反。粥矣，之六反，劉音育。【疏】○注“既殯”至“來日”。○釋曰：云“既殯之明日”者，上“厥明，滅燎”者，是三日之朝，行大斂之事，今別言“三日成服”，則除上三日，更加一日，是四日矣，而言三日者，謂除死日數之爲三日也。云“全三日，始歠粥矣”者，謂成服日乃食粥，除此日已前，是未全三日，不食，至四日乃食也。案《喪大記》云“三日不食”，謂通死日不數成服日，故云“三日不食”，《孝經》“三日而食”者，是除死日數，故云“三日而食”也。云“禮，尊者加惠，明日必往拜謝之”者，案《既夕記》云“主人乘惡車”，注云“拜君命”是也。引《曲禮》者，彼注云“與，猶數也。生數來日，謂成服杖，以死明日數也。死數往日，謂殯斂以死日數也。此士禮，貶於大夫者，大夫以上皆以來日數”，引之以證此士喪禮與大夫已上異也。

朝夕哭，不辟子卯。既殯之後，朝夕及哀至乃哭，不代哭也。子、卯，桀、紂亡日，凶事不辟，吉事闕焉。【疏】○注“既殯”至“闕焉”。○釋曰：云“既殯之後，朝夕及哀至乃哭”者，此據殯後阼階下朝夕哭、廬中思憶則哭。云“不代哭也”者，決未殯以前，大夫以上以官代哭，士以親疏代哭，不絶聲。云“子、卯，桀、紂亡日”者，《詩》云“韋顧既伐，昆吾夏桀”，《左傳》云乙卯，昆吾稔之日，昆吾與夏桀同時誅，則桀以乙卯亡，案《尚書·牧誓序》云“時甲子昧爽”，武王伐紂之日，是紂以甲子日死，王者以爲忌日。云“凶事不辟”者，即此經是也。云“吉事闕焉”者，《檀弓》云“子、卯不樂”，是吉事闕也。

婦人即位于堂，南上，哭。丈夫即位于門外，西面北上。外兄弟在其南，南上。賓繼之，北上。門東，北面西上。門西，北面東上。西方，東面北上。主人即位，辟門。外兄弟，異姓有服者也。辟，開也。凡廟門，有事則開，無事則閉。○辟門，婢亦反，注同。【疏】○注“外兄”至“則閉”。○釋曰：《喪大記》云“祥而外無哭者”，則此外位皆有哭，今直云婦人哭，則丈夫亦哭矣，但文不備也，案下注云“兄弟，齊衰大功者，主人哭則哭，小功、緦麻亦即位乃哭”是也。云“外兄弟，異姓有服者”，謂若舅之子、姑姊妹從母之子等，皆是有服者也。云“凡廟門，有事則開，無事則閉”者，有事謂朝夕哭及設奠之時，無此事等則閉之，鬼神

尚幽闇故也。婦人拊心，不哭。方有事，止讙譁。○拊心，芳甫反。【疏】○注
"方有事止讙譁"。○釋曰：云"方有事"者，謂下經徹大斂奠，設朝奠之事也。主人
拜賓，旁三，右還，入門哭，婦人踊。先西面拜，乃南面拜，東面拜也。【疏】
○注"先西"至"拜也"。○釋曰：知先西面、後東面者，以經云"旁三，右還，入門"，故知
先西面，後乃東，遂北面入門，以缺一面①，故云旁。主人堂下，直東序，西面。
兄弟皆即位，如外位。卿大夫在主人之南。諸公門東，少進。他
國之異爵者門西，少進。敵則先拜他國之賓。凡異爵者，拜諸其
位。賓皆即此位，乃哭，盡哀止。主人乃右還拜之，如外位矣。兄弟，齊衰大功者，主
人哭則哭，小功、緦麻亦即位乃哭。上言賓，此言卿大夫，明其亦賓爾。少進，前於列。
異爵，卿大夫也。他國卿大夫亦前於列，尊之。拜諸其位，就其位特拜。○直東，音
值，下直西同。【疏】○注"賓皆"至"特拜"。○釋曰：既云"如外位"，又案外位，主人之
南有外兄弟，其南乃有賓，此內位，主人之南即有卿大夫，不言兄弟者，以外兄弟雖在
主人之南，以少退，故卿大夫繼主人而言也。云"諸公門東，少進"者，謂門東有士，故
云"少進"，少進於士，此所陳位，不言士之屬吏者，案大夫家臣位在門右，則士之屬吏
亦在門右，又在賓之後也。云"賓皆即此位，乃哭，盡哀止。主人乃右還拜之，如外位
矣"者，以其云"如外位"②，明拜之亦右還如外位也。云"兄弟，齊衰大功者，主人哭則
哭"者，以其大功已上親，無問外內位③，但主人哭亦哭矣。小功、緦麻疏，故入即位
乃哭④。云"少進，前於列"者⑤，前於士之列也。云"異爵，卿大夫也"者，以主人是士，
明異爵是卿大夫也。云"他國卿大夫亦前於列"者，以經云"他國之異爵者門西，少
進"，亦當前於士之位也。云"拜諸其位，就其位特拜"者，以其異爵，則亦卿大夫，故知
特拜，一一拜諸其位也。徹者盥于門外，燭先入，升自阼階，丈夫踊。徹
者，徹大斂之宿奠。祝取醴，北面，取酒立于其東。取豆、籩、俎，南面

---

① "以"下原無"缺"字，曹云："'以'下似脫'缺'字。"據補。
② "云"下原無"如"字，曹云："'云'下脫'如'字。"據補。
③ "問"字原作"門"，曹云："'門'當爲'問'。"據改。
④ "即"下原無"位乃哭"三字，曹云："下脫'位乃哭'三字。"據補。
⑤ "云少進前於列者"原作"進"，曹云："'進'上當有'云少'二字，下當有'前於列
者'四字。"據補。

西上。祝先出，酒、豆、籩、俎序從，降自西階，婦人踊。序，次也。【疏】○注“序次也”。○釋曰：“序，次”者，次第人使相當，此經所言先後，則祝執醴在先、次酒、次豆籩、次俎，爲次第也。設于序西南，直西榮。醴、酒北面，西上。豆西面錯，立于豆北，南面。籩、俎既錯，立于執豆之西，東上。酒錯，復位。醴錯于西，遂先由主人之北適饌。遂先者，明祝不復位也。適饌，適新饌，將復奠。【疏】○注“遂先”至“復奠”。○釋曰：云“遂先者，明祝不復位也”者，以其云“遂先”，先即祝不得復位，遂適東相新饌也。乃奠，醴、酒、脯、醢升，丈夫踊。入，如初設，不巾。入，入於室也。如初設者，豆先，次籩，次酒，次醴也。不巾，無菹、無栗也。菹、栗具則有俎，有俎乃巾之。【疏】○注“入”入”至“巾之”。○釋曰：注云“入，入於室也”者，以其設奠在室中故也。云“如初設者，豆先，次籩，次酒，次醴也”者，以其大斂有俎，籩、豆又多，今言“如初設”，直豆、籩、酒、醴見用者，先後次第耳。云“不巾，無菹、無栗也”者，以大斂奠兼有菹、栗，則巾之，是以《檀弓》云“喪不剝奠也與，祭肉也與”，其大斂皆有俎，俎有祭肉，故巾之也。若然，朝廟之奠亦是宿奠，無菹、栗有巾者，爲在堂而久設，塵埃故也。錯者出，立于戶西，西上。滅燭，出。祝闔戶，先降自西階，婦人踊。奠者由重南東，丈夫踊。賓出，婦人踊，主人拜送。哭止乃奠，奠則禮畢矣。今文無拜。【疏】○注“哭止”至“無拜”。○釋曰：云“祝闔戶，先降”者，以其出戶時，祝闔戶在後，故須云祝先降也。云“哭止乃奠”者，謂朝夕哭止，拜賓乃奠，奠則禮畢矣，是以《檀弓》云“朝奠日出”是也。眾主人出，婦人踊。出門哭止，皆復位，闔門。主人卒拜送賓，揖眾主人，乃就次。

朔月奠，用特豚、魚、腊，陳三鼎如初，東方之饌亦如之。朔月，月朔日也。自大夫以上，月半又奠。如初者，謂大斂時。【疏】○注“朔月”至“斂時”。○釋曰：知“大夫以上，月半又奠”者，下經云“月半不殷奠”，士不者，大夫以上則有之，謂若下文云“不述命”，大夫已上則有之，又若《特牲》云士“不諏日”，大夫已上則諏，諸士言不者，大夫已上則皆有之，故知大夫以上又有月半奠也。云“如初者，謂大斂時”者，以其上陳大斂事，此言如初，故知如大斂時也。無籩，有黍稷，用瓦敦有蓋，當籩位。黍稷併於甒北也，於是始有黍稷。死者之於朔月、月半，猶平常之朝夕。大祥之後,則四時祭焉。○併於,步頃反,又必性反。【疏】○注"黍稷"至"祭焉"。
○釋曰:云"於是始有黍稷"者,始死以來,奠不言黍稷,至此乃言之,故云"於是始有黍
稷"也。云"死者之於朔月、月半,猶平常之朝夕"者,謂猶生時朝夕之常食也,案《既夕
記》云"燕養、饋、羞、湯沐之饌,如他日",注云"燕養,平常所用供養也。饋,朝夕食也。
羞,四時之珍異",若然,彼謂下室中不異於生時,殯宮中則無黍稷,今至朔月、月半乃
有之,若朔月、月半殯宮中有黍稷,下室則無,故《既夕記》云"朔月若薦新,則不饋于下
室",注云"以其殷奠有黍稷也。下室如今之內堂"是也,是以云"猶平常朝夕"決之也。
云"大祥之後,則四時祭焉"者,《士虞禮》禫月"吉祭猶未配",是大祥之後,得四時祭,
若虞祭之後,卒哭之等,雖不四時,亦有黍稷,是其常也。　主人拜賓,如朝夕哭,
卒徹。徹宿奠也。舉鼎入,升,皆如初奠之儀。卒枇,釋匕于鼎。俎
行,枇者逆出,甸人徹鼎。其序,醴酒、菹醢、黍稷、俎。俎行者,俎後
執,執俎者行,鼎可以出。其序,升、入之次。【疏】○注"俎行"至"之次"。○釋曰:云
"俎行者,俎後執,執俎者行,鼎可以出"者,案下文設時,豆錯,俎錯,黍稷後設,則俎宜
在黍稷前,今在黍稷後而言俎行者,欲見俎雖在黍稷前設,以執之在後,欲與鼎匕出爲
節,故云"俎行",即匕鼎出也。云"其序,升、入之次"者,謂如經醴已下次第也。　其設
于室,豆錯,俎錯,腊特,黍稷當籩位。敦啓會,卻諸其南。醴、酒
位如初。當籩位①,俎南黍,黍東稷。會,蓋也。今文無敦。○啓會,古外反,注同。
【疏】○注"當籩"至"無敦"。○釋曰:知"當籩位,俎南黍,黍東稷"者,依《特牲》所設爲
之也。　祝與執豆者巾,乃出。共爲之也。　主人要節而踊,皆如朝夕哭
之儀。月半不殷奠。殷,盛也。士月半不復如朔盛奠,下尊者。【疏】○注"殷
盛"至"尊者"。○釋曰:云"下尊者",以下大夫以上有月半奠故也。　有薦新,如朔
奠。薦五穀若時果物新出者。【疏】○注"薦五"至"出者"。○釋曰:案《月令》仲春"開
冰,先薦寢廟",季春云"薦鮪于寢廟",孟夏云"以彘嘗麥,先薦寢廟",仲夏云"羞以含
桃,先薦寢廟",皆是薦新。"如朔奠"者,牲牢、籩、豆,一如上朔奠也。　徹朔奠,先

取醴、酒，其餘取先設者。敦啓會，面足。序出，如入。啓會，徹時不復蓋也。面足，執之令足開鄉前也。敦有足，則敦之形如今酒敦。【疏】○注“啓會”至“蓋也”。○釋曰：以前設時，即不蓋，至徹亦不蓋，今經云“敦啓會”，嫌先蓋，至徹重啓之，故云“不復蓋也”。其設于外，如於室。外，序西南。

　　筮宅，冢人營之。宅，葬居也。冢人，有司掌墓地兆域者。營，猶度也。《詩》云：“經之營之。”○猶度，大各反，下文度茲并注同。【疏】○注“宅葬”至“營之”。○釋曰：案《周禮》有冢人掌公墓之地，辨其兆域，此士亦有冢人掌墓地兆域，故云“冢人營之”也。掘四隅，外其壤。掘中，南其壤。爲葬將北首故也。【疏】○注“爲葬”至“故也”。○釋曰：云“爲葬將北首”者，解“掘中，南其壤”，爲葬時北首，故壤在足處，案《檀弓》云“葬於北方北首，三代之達禮也”，是葬時北首也。既朝哭，主人皆往，兆南北面，免絰。兆，域也，所營之處。免絰者，求吉不敢純凶。○免絰，如字，又音勉，注同，下放此。之處，昌慮反，下灼處同。【疏】○注“兆域”至“純凶”。○釋曰：案《雜記》云“大夫卜宅與葬日，有司麻衣、布衰、布帶，因喪屨，緇布冠不蕤，占者皮弁”，下又云“如筮，則史練冠長衣以筮，占者朝服”，彼有司與筮者之服①，不純吉，亦不純凶，此乃主人之服，不純吉，免絰亦不純凶也。命筮者在主人之右。命尊者，宜由右出也。《少儀》曰：“贊幣自左，詔辭自右。”○少儀，詩召反。【疏】○注“命尊”至“自右”②。○釋曰：云“命尊者，宜由右出也”者，對贊幣卑者在左，故引《少儀》爲證也。筮者東面，抽上韇，兼執之，南面受命。韇，藏筮之器也。兼與筮執之。今文無兼。○上韇，音獨，函也。【疏】○注“韇藏”至“無兼”。○釋曰：云“抽上韇”者，則下韇未抽，待用筮時乃并抽也。命曰：“哀子某，爲其父某甫筮宅，度茲幽宅兆基，無有後艱？”某甫，且字也，若言山甫、孔甫矣。宅，居也。度，謀也。茲，此也。基，始也。言爲其父筮葬居，今謀此以爲幽冥居兆域之始，得無後將有艱難乎？艱難，謂有非常若崩壞也。《孝經》曰：“卜其宅兆而安厝之。”古文無兆，基作期。○爲其，于僞反，注爲其、爲下同。【疏】○注“某甫”至“作期”。○釋曰：云“某甫，

---

① “筮”字原作“占”，曹云：“‘占’當爲‘筮’。”據改。

② “至”字原作“者”，張敦仁本作“至”，據改。

且字也”者，謂二十加冠時且字。云“若言山甫、孔甫矣”者，此亦二十加冠所稱，故《士冠禮》云“伯某甫，仲、叔、季唯其所當”，鄭亦以孔甫之字解某甫，則孔甫之等是實字，以某甫擬之，是且字也，是以諸侯薨，復者亦言某甫，鄭云“某甫，且字”，是爲之造字也。引《孝經》“卜其宅兆”者，證宅爲葬居，又見上大夫以上，卜而不筮，故《雜記》云“大夫卜宅與葬日”，下文云“如筮，則史練冠”，鄭注云“謂下大夫若士也”，則卜者謂上大夫，上大夫卜，則天子、諸侯亦卜可知。但此注兆爲域，彼注兆爲吉兆，不同者，以其《周禮·大卜》掌三兆，有玉兆、瓦兆、原兆，《孝經》注亦云“兆，塋域”，此文“主人皆往，兆南北面”，兆爲營域之處，義得兩全，故鄭注兩解俱得合義。**筮人許諾，不述命，右還，北面，指中封而筮，卦者在左。**述，循也，既受命而申言之曰述。不述者，士禮略。凡筮，因會命筮爲述命。中封，中央壤也。卦者，識爻卦畫地者。古文述皆作術。○右還，劉户串反，一音旋，注及下同。畫地，音獲。【疏】○注“述循”至“作術”。○釋曰：云“不述者，士禮略”者，但士禮，命筮辭有一，命龜辭有二，大夫已上，命筮辭有二，命龜辭有三。士命筮辭有一者，即上經是，直有命筮，無述命，又無即席西面命筮辭，是命筮辭唯有一也，下文卜日有族長涖卜，爲事命龜，直云“哀子某”以下，又有即席西面一命龜，注云“不述命，亦士禮略”，是士命龜辭有二。又知大夫以上命筮辭有二，命龜辭有三者，案《少牢》是大夫筮禮，彼上文云“主人曰：孝孫某，來日丁亥”以下，是爲因事命筮①，下又云“遂述命曰：假爾大筮有常”，因直“孝孫某②，來日丁亥”已下，即將西面命筮③，冠於述命之上，共爲一辭，通前爲事命筮有二，若卜則有爲事命龜，通述命，又有當席西面命爲三④。知大夫龜亦有述命，士不者⑤，《士喪禮》士之卜筮皆云“不述命”，士云不者，大夫已上皆有，謂若士“月半不殷奠”，大夫則殷奠

---

① “因”字原作“一”，阮云：“陳本、《要義》同，毛本‘一’作‘因’。”曹云：“‘因’誤‘一’。”據改。
② “因”字原作“是”，曹云：“‘是’或當爲‘因’。”據改。
③ “即將”原作“將即”，曹云：“‘將即’，殿本倒。”據乙。
④ “有”下原有“卿”字，曹云：“‘卿’字衍。”據删。
⑤ “士”下原有“云”字，曹云：“‘云’字衍。”據删。

之類。知大夫命龜①，不將述命，與即席西面命龜②，共爲一命龜，亦知有二者③，案此《士喪》注"述命、命龜異，龜重威儀多也"，對《少牢》述命與命龜爲二，通前命龜爲三。若然，則天子、諸侯亦命筮辭有二、命龜辭有三可知也。知士不述命非爲喪禮略者，《特牲》之吉禮亦云"不述命"，故知士吉、凶皆不述命，非爲喪禮略也。**卒筮，執卦以示命筮者。命筮者受視，反之。東面旅占，卒，進告于命筮者與主人："占之曰從。"**卒筮，卦者寫卦示主人，乃受而執之。旅，衆也。反與其屬共占之，謂掌《連山》、《歸藏》、《周易》者。從，猶吉也。【疏】○注"卒筮"至"吉也"。○釋曰：經云"卒筮，執卦以示命筮者"，不言主人，注云"寫卦示主人"，不言命筮者，其實皆示，經直云"命筮者"，以命筮人於卦吉凶審，故據而言之，是以下覆告命筮與主人，二人并告，明與前不異也。云"與其屬共占之，謂掌《連山》、《歸藏》、《周易》者"，案《洪範》卜筮云"三人占，則從二人之言"，注云"卜、筮各三人"，大卜掌三兆、三《易》，以其龜有三兆，玉兆、瓦兆、原兆，筮有三《易》，《連山》、《歸藏》、《周易》。《連山》者，夏家《易》，以純艮爲首，艮爲山，象山之出雲，連連不絶，故《易》名《連山》。《歸藏》者，殷之《易》，以純坤爲首，坤爲地，萬物歸藏於地，故《易》名《歸藏》。周以十一月爲正月，一陽爻生爲天統，故以乾爲首，乾爲天，天能周帀於四時，故《易》名《周易》也。**主人経，哭，不踊。若不從，筮擇如初儀。**更擇地而筮之。**歸，殯前北面哭，不踊。**易位而哭，明非常。【疏】○注"易位"至"非常"。○釋曰：朝夕哭當在阼階下西面，今筮宅來，北面哭者，是易位，非常故也。

　　既井椁，主人西面拜工，左還椁，反位哭，不踊，婦人哭于堂。既，已也。匠人爲椁，刊治其材，以井構於殯門外也。反位，拜位也。既哭之，則往施之窆中矣。主人還椁，亦以既朝哭矣。○之窆，昌絹反。【疏】○注"既已"至"哭矣"。○釋曰：自此盡"亦如之"，論將葬須觀知椁材與明器之材善惡之事。案《禮記·檀弓》云"既殯，旬而布材與明器"，注云"木工宜乾腊"，則此云井椁及明器之材，布之已久，

---

① "知大夫命龜"，"大夫"或爲"士"字之誤，觀下文引鄭注論士禮述命、命龜異於《少牢》大夫禮可知，俟考。
② "即"下原無"席"字，曹云："'即'下脱'席'字。"據補。
③ "知"字原作"只"，阮云："毛本'只'作'知'，《要義》作'只'似誤。"從毛本改。

故云"既,已也",又須作之,豈今始獻材也,但至此時將用,故主人親看視,是以云"既哭之,則往施之窆中"也。云"匠人爲椁,刊治其材"者,此解經主人拜工之事,以其《冬官》主百工,百工之内,匠人主木工之事。所云"拜工"者①,拜匠人,以其爲椁,刊治其材有功,故主人拜之也。云"以并構於殯門外也"者,以下文"獻材於殯門外",則此亦在殯門外,此不言,下言者,以明器之材多,并有獻素、獻成之事,故具言處所也。"反位,拜位"者,謂反西面拜位。知既哭施之窆中者,以其文承筮宅以下,見其即入壙故也。知"主人還椁,亦以既朝哭矣"者,以其筮宅與卜日皆在朝哭訖,明還椁亦既朝哭,言亦者,亦彼二事也。**獻材于殯門外,西面北上,綪。主人徧視之,如哭椁。獻素、獻成亦如之。**材,明器之材。視之,亦拜工左還。形法定爲素,飾治畢爲成。○徧視,音遍。【疏】○注"材明"至"爲成"。○釋曰:上經已言椁,此經言材,故鄭言"明器之材"也。《檀弓》云"既殯,旬而布材與明器",明器與材別言,故彼言材爲椁材也,又此下別言素與成,則此明器之材,未斲治,先獻之,驗其堪否也。云"形法定爲素,飾治畢爲成",知義然者,以其言素,素是未加飾名,又經言獻材是未斲治②,明素是形法定,斲治訖可知,又言成,成是就之名,明知飾治畢也。此明器須好,故有三時獻法,上椁材既多,故不須獻,直還觀之而已。

　　卜日,既朝哭,皆復外位。卜人先奠龜于西塾上,南首,有席。楚焞置于燋,在龜東。楚,荆也。荆焞,所以鑽灼龜者。燋,炬也,所以然火者也。《周禮·菙氏》:"掌共燋契,以待卜事。凡卜,以明火蓺燋,遂灼其燋契③,以授卜師,遂以役之。"○楚焞,存閽反,劉吐敦反,又徒敦反,又子閽反,又音純。以鑽,子官反,一本作灼。炬也,音巨。菙氏,時髓反。掌共,音恭。燋契,本又作契,苦計反,劉苦結反,下同。蓺燋,人悦反④。其燋,劉音俊,又存閽反,又子閽反,李作館反。【疏】○注"楚荆"至"役之"。○釋曰:云"楚,荆也"者,荆本是草之名,以其與荆州之荆名同,楚又是荆州之國,故或言荆也。"荆焞,所以鑽灼龜者",古法鑽龜用荆,謂之荆

---

① "云"下原無"拜工"二字,曹云:"'云'下脱'拜工'二字。"據補。

② "是"下原無"未"字,曹云:"'是'下脱'未'字。"據補。

③ "遂灼其燋契",阮云:"'灼',《集釋》作'歊'。"《周禮·菙氏》作"歊",作"灼"義亦可通,姑存其舊。

④ "人"字原作"之",黄云:"'之',盧本作'如',宋本葉鈔、朱鈔皆作'人'。案作'如'、作'人'皆是也,'之'字誤。"據宋本改。

焞也。云“燋,炬也”者,謂存火者爲炬,亦用荆爲之,故鄭云“所以然火者也”。“《周禮·菙氏》:掌共燋契,以待卜事”者,案彼下注“杜子春云:‘明火,以陽燧取火於日。’玄謂焌讀如戈鐏之鐏,謂以契柱燋火而吹之也。契既然,以授卜師,用作龜也。役之,使助之”,是楚焞與契爲一,皆謂鑽龜之焌①,讀爲戈鐏之鐏者,取其鋭頭爲之灼龜也。

族長涖卜,及宗人吉服立于門西,東面南上。占者三人在其南,北上。卜人及執燋、席者在墊西。

族長,有司掌族人親疏者也。涖,臨也。吉服,服玄端也。占者三人,掌玉兆、瓦兆、原兆者也。在墊西者,南面東上。○族長,丁丈反,注及下同。涖,音利,又音類。【疏】○注“族長”至“東上”。○釋曰:云“族長,有司掌族人親疏者也”者,以其言族長,故知掌族人親疏也。云“吉服,服玄端也”者,案《雜記》云“大夫卜宅與葬日,有司麻衣”,又云“如筮,則史練冠長衣”,此宗人直云吉服,不言服名,則士之吉服,祭服爲吉服,士之祭服爲玄端而已。宗人掌禮之官,非卜筮者,著玄端,則筮、史亦服練冠長衣。《雜記》所云是求吉,故筮者不純凶也。云“占者三人,掌玉兆、瓦兆、原兆者”,案《周禮·大卜》“掌三兆之法”,注云“兆者,灼龜發於火,其形可占者。其象似玉、瓦、原之璺罅,是用名之焉。上古以來,作其法可用者有三原。原,田也。杜子春云:‘玉兆,帝顓頊之兆。瓦兆,帝堯之兆。原兆,有周之兆’”,此三兆者,當代之别名,及占之,又有體、色、墨、坼之等,故《占人》云“君占體,大夫占色,史占墨,卜人占坼”,注云“體,兆象也。色,兆氣也。墨,兆廣也。坼,兆璺也。體有凶吉,色有善惡,墨有大小,坼有微明。尊者視兆象而已,卑者以次詳其餘也。周公卜武王,占之曰:‘體,王其無害。’凡卜,體吉、色善、墨大、坼明,則逢吉”,是其卜不專據此三兆也②。云“在墊西者,南面東上”者,以其取堂南行事,明不得背之北面,故知南面,取近爲尊,故知東上也。

闔東扉,主婦立于其内。

扉,門扉也。

席于闑西閾外。

爲卜者也。古文闑作槷,閾作蹙。○于闑,魚列反。閾外,音域,劉呼逼反。

宗人告事具。主人北面,免絰,左擁之。涖卜即位于門東,西面。

涖卜,族長也。更西面,當代主人命卜。【疏】○注“涖卜”至“命卜”。○釋曰:云“涖卜,族長也”者,上文所云是也,以其改鄉西面,下文受龜、受視、受命訖,即云“命曰哀子

①　“焌”字原作“荆”,阮云:“《要義》同,毛本‘荆’作‘焌’。”從毛本改。

②　“卜”下原無“不”字,阮云:“毛本‘卜’下有‘不’字。金曰追云:‘今本脱不字,與上文義不貫,依《通解》補。’”孫云:“此疑‘卜’字即‘不’之誤。”從毛本補。

某",則族長非直視高,兼行命龜之事也,故云"當代主人命卜"也。《周禮》天子卜法,則與士異,假使大事,則大宗伯涖卜,小宗伯陳龜、貞龜、命龜,大卜眡高、作龜,次事、小事以下,各有差降也。**卜人抱龜、燋,先奠龜,西首,燋在北。**既奠燋,又執龜以待之。【疏】○注"既奠"至"待之"。○釋曰:云"卜人抱龜、燋"者,謂從埶上抱鄉闌外待也,先奠龜於席上,乃復奠燋在龜北。云"既奠燋,又執龜以待之"者,鄉時先奠龜,次奠燋,既奠燋,又取龜執之以待。待者,下經授與宗人,宗人受之是也。**宗人受卜人龜,示高。**以龜腹甲高起所當灼處示涖卜也。【疏】○注"以龜"至"上也"。○釋曰:凡卜法,案《禮記》云"禎祥見乎龜之四體",鄭注云"春占後左,夏占前左,秋占前右,冬占後右",今云"腹甲高"者,謂就龜之四體腹下之甲高起之處鑽之①,以示涖卜也。**涖卜受視,反之。宗人還,少退,受命。**受涖卜命。授龜宜近,受命宜卻也。**命曰:"哀子某,來日某,卜葬其父某甫,考降無有近悔。"**考,登也。降,下也。言卜此日葬,魂神上下,得無近於咎悔者乎!○有近,附近之近。【疏】○注"考登"至"者乎"。○釋曰:云"某甫"者,亦上孔甫之類,且字也。云"魂神上下"者,總指一切神,無所偏指也。云"咎悔"者,亦謂冢墓有所崩壞也。**許諾,不述命,還即席,西面坐,命龜,興,授卜人龜,負東扉。**宗人不述命,亦士禮略。凡卜,述命、命龜異,龜重威儀多也。負東扉,俟龜之兆也。【疏】○注"宗人"至"兆也"。○釋曰:云"宗人不述命,亦士禮略"者,以《少牢》述命,此云"不述命",故云"士禮略"。云"凡卜,述命、命龜異,龜重威儀多也"者,言凡,非一,則大夫已上皆有述命,述命與命龜異,故知此不述而有即席西面命龜,若大夫以上有述命者,自然與西面命龜異可知。言"凡卜,述命、命龜異,龜重威儀多",對筮時述命、命筮同,筮輕威儀少。云"俟龜之兆也"者,下文"告于主婦、主婦哭"是也。**卜人坐,作龜,興。**作,猶灼也。《周禮·卜師》②:"凡卜事,示高,揚火以作龜,致其墨。"興,起也。【疏】○注"作猶"至"起也"。○釋曰:"《周禮·卜師》:凡卜,揚火以作龜,致其墨"者,此據小事,故不使大卜眡高作龜。**宗人受龜,示涖卜。涖卜受視,反之。宗人退,東**

---

① "高起之處"原作"高者部之處",阮云:"《要義》同,毛本作'高起之處'。按:疑當作'部起之處'。"從毛本改。
② "卜師"原作"卜人",阮云:"'人',《集釋》、敖氏俱作'師'是也,與疏合。"據改。

面，乃旅占。卒，不釋龜，告于涖卜與主人："占曰某日從。"不釋龜，復執之也。古文日爲日。【疏】〇注"不釋"至"爲日"。〇釋曰：云"不釋龜"者，似元執不釋，注云"復執之也"者，似釋後重執之，二疑之間，謂宗人退，東面，旅占之時，授人傳占，占訖，授宗人，宗人復執之，與本不釋相似，故經云"不釋龜"也。授卜人龜，告于主婦，主婦哭。不執龜者，下主人也。告于異爵者，使人告于衆賓。衆賓，僚友不來者也。【疏】〇釋曰：上云"既朝哭，皆復外位"，外位中有異爵卿大夫等，故就位告之。云"使人告于衆賓"者，既言使人告，明不在此，故鄭云"不來者也"。卜人徹龜，宗人告事畢。主人経，入，哭，如筮宅。賓出，拜送。若不從，卜（宅）〔擇〕如初儀①。

① "卜宅如初儀"，阮云："'宅'，唐石經、徐本、《通解》具作'宅'，《集釋》、楊、敖、毛本俱作'擇'。張氏曰：'上文有云筮擇如初儀，此卜日爾，非卜宅也。擇、宅音同，故誤。'顧炎武云：'擇，當依石經作宅。'張爾岐云：'擇，石本誤作宅。'"四庫本作"擇"，陸宗楷云："按因上'入，哭，如筮宅'以致傳寫之譌耳。"當據改。

儀禮疏卷第三十八　儀禮卷第十三

既夕第十三

○既夕禮第十三,鄭云:"《士喪禮》之下篇也。既,已也,謂先葬二日已夕哭時也,與葬間一日,若上士二廟,則既夕哭在前葬三日也。"【疏】"既夕第十三"。○鄭《目録》云:"《士喪禮》之下篇也。既,已也,謂先葬二日已夕哭時,與葬間一日,凡朝廟日、請啓期必容焉。此諸侯之下士一廟,其上士二廟,則既夕哭,先葬前三日。《大戴》第五①,《小戴》第十四,《別録》名《士喪禮》下篇第十三。○釋曰:"鄭《目録》云:《士喪禮》下篇"者,依《別録》而言,以其記本士之始死②,乃計葬時而總計之③,故名《士喪禮》下篇也。鄭又云"先葬二日與葬間一日"者,驗經云"既夕哭,請啓期,告于賓",明旦夙興開殯,即遷于祖,一日,又厥明即葬,故知是葬前二日與葬間一日也。云"必容"者,請啓期在葬前二日,中間容朝廟一日,故云"必容焉"。鄭又云"此諸侯下士一廟,其上士二廟,則既夕哭先葬前三日"者,以其一廟則一日朝,二廟則二日朝,故葬前三日,中間容二日,故三日。若然,大夫三廟者葬前四日,諸侯五廟者葬前六日,天子七廟者葬前八日,差次可知。

既夕哭,既,已也,謂出門哭止,復外位時。【疏】"既夕哭"。○注"既已"至"位時"。○釋曰:此經論既夕哭,請啓期之事。夕哭者,是主人朝夕哭,在殯宮阼階之下。禮,將請啓殯之時,主人於夕哭訖,出寢門,復外位,故鄭云"謂出門哭止,復外位時"④。

---

① "第五"原作"第十五",阮云:"毛本作'《大戴》第五删'。案《大戴》第十五乃《公食大夫》,此當作'第五'也。'删'字似後人校語誤入正文。按卷一疏云'《大戴》,《既夕》爲第五'。"據改。

② "本"字原作"下",曹云:"'下'當爲'本'。"據改。

③ "計"字原作"記",阮云:"《通解》、《要義》同,毛本'記'作'計'。"曹云:"'記'當爲'計'。"據改。

④ "時"下原有"者",曹云:"'者'字衍。"據删。

鄭知復外位請者，見上篇卜日禮云“既朝哭，皆復外位”，朝夕之哭，其禮並同，明知此請啓期，亦在復外位時。若然，上篇卜日禮云“既朝哭，皆復外位”，此不於既朝哭而待既夕哭者，謂明日之朝始啓殯，又不可隔夕哭，故於既夕請也。但復外位之時，必有弔賓來，亦在外位，故請期因告賓也。**請啓期，告于賓。**將葬，當遷柩于祖，有司於是乃請啓殯之期於主人以告賓，賓宜知其時也。今文啓爲開。○請啓，舊七井反。啓殯，以二反，劉音四。【疏】“請啓期告于賓”。○注“將葬”至“爲開”。○釋曰：云“將葬，當遷柩于祖，有司於是乃請啓殯之期於主人以告賓”者，鄭解時未至而豫前二日夕哭之後，出於門外位請期者，明旦須啓殯以柩朝于祖，故有司於此時請啓殯之期告賓，使知而來赴弔之事也。

　　夙興，設盥于祖廟門外。祖，王父也。下士祖禰共廟。【疏】“夙興”至“門外”。○注“祖王”至“共廟”。○釋曰：自此盡“階間”，論豫於祖廟陳饌之事。言“夙興”者，謂夕哭請期訖，明旦早起豫設盆盥於祖廟門外，擬舉鼎之人盥手。案小斂設盆盥在東堂下，大斂設盥於門外，雖不言東方，約小斂盥在東堂下，則大斂盥亦門外東方。此下陳鼎如大斂奠，則此設盥亦在門外東方如大斂也。云“祖，王父也”者，案《祭法》云“曰考廟、曰王考廟”，此云王父，王父之言出於彼。云“下士祖禰共廟”者，又《祭法》云“適士二廟，官師一廟”，鄭注云“官師，中士、下士”，案下記云“其二廟，則饌于禰”，則此經所朝，據一廟者而言，設盥于祖，是下士一廟，祖禰共廟，據尊者而言也。**陳鼎皆如殯，東方之饌亦如之。**皆，皆三鼎也。如殯，如大斂既殯之奠。【疏】“陳鼎”至“如之”。○注“皆皆”至“之奠”。○釋曰：案上文，殯後大斂奠之陳三鼎①，有豚、魚、腊，在廟門外，西面北上，此陳鼎亦如之。云“東方之饌亦如之”者，彼大斂時云“東方之饌：兩瓦甒，其實醴、酒；觶豆兩，其實葵菹芋、蠃醢；兩籩無縢，布巾，其實栗，不擇，脯四脡”，故今云“東方之饌亦如之”。云“皆，皆三鼎也”者，以其言皆，明非一鼎，皆三鼎可知，又不言外內，即門外及陳於阼階下，亦西面北上，外內同。云“如殯，如大斂既殯之奠”者，以其大斂於阼階，即移于棺而殯之，殯訖，乃于室中設大斂之奠，即大斂奠在殯後，恐於殯時別有奠，故明之云“如殯，如大斂既殯之奠”也。**夷牀饌于階間。**夷之言尸也，朝正柩，用此牀。○俟牀，音夷，本亦作夷。饌于，劉士轉

---

①　“斂”下原無“奠”字，曹云：“‘斂’下脱‘奠’字。”據補。

反。朝柩,直遥反,下朝祖、殷朝、周朝同。【疏】"夷牀饌于階間"。○注"夷之"至"此牀"。○釋曰:云"夷之言尸也"者,遷尸於堂,亦言夷尸,盤、衾皆依尸而言,故云"夷之言尸也"。云"朝正柩,用此牀"者,謂柩至祖廟兩楹之間,尸北首之時,乃用此牀,故名夷牀也。

　　二燭俟于殯門外。早闇,以爲明也。燭用烝。○用烝,之承反,薪也。【疏】"二燭"至"門外"。○注"早闇"至"用烝"。○釋曰:自此盡"夷衾",論啓殯及變服之事。二燭者,以其發殯宮徹奠①,下云"燭入",注云"炤徹與啓婢者",故於此豫備之。云"燭用烝"者,案《周禮·甸師》云"以薪烝役外内饔"②,注云"大曰薪,小曰烝",又案《少儀》云"主者執燭抱燋",鄭云"未蓺曰燋",燋即烝,故云"燭用烝"也。**丈夫髽,散帶垂,即位如初**。爲將啓變也,此互文以相見耳。髽,婦人之變。《喪服小記》曰:"男子免而婦人髽,男子冠而婦人笄。"如初,朝夕哭門外位。○髽,側瓜反。散帶,悉但反。爲將,于僞反,下爲有、爲啓、爲其同。相見,賢遍反。子免,音問,後放此。子冠,古亂反。【疏】"丈夫"至"如初"。○注"爲將"至"外位"。○釋曰:云"爲將啓變也"者,凡男子免與括髮,散帶垂,婦人髽,皆當小斂之節,今於啓殯時,亦見尸柩,故變同小斂之時,故云"爲將啓變也"。云"此互文以相見耳。髽,婦人之變"者,髽既是婦人之變,則免是男子之變,今丈夫見其人,不見免,則丈夫當免矣,婦人見其髽,不見人,則婦人當髽矣,故云"互文以相見耳"。引《喪服小記》者,正見未成服已前③,男子免而婦人髽,既成服以後,男子冠,婦人笄。若然,小斂之時,斬衰男子括髮,齊衰以下男子免,不言男子括髮者,欲見啓殯之後,雖斬衰亦免而無括髮。知者,案《喪服小記》云"緦、小功、虞、卒哭則免",注云"棺柩已藏,嫌恩輕,可以不免也。言則免者,則既殯、先啓之間,雖有事不免",以此而言,先啓不免,則啓當免矣,又《喪服小記》云"君弔,雖不當免時也,主人必免,不散麻。雖異國之君,免也,親者皆免",注云"不散麻者,自若絞垂,爲人君變,貶於大斂之前、既啓之後也。親者,大功以上也",注直言不散麻,貶於

---

① "徹奠"原作"二者",四庫本作"徹奠",據改。
② "師"下原有"氏"字,阮云:"《要義》無'氏'字,按《要義》是也。"據删。
③ "正"字原作"證",曹云:"'證'或當爲'正'。"據改。

既啓之後，則主人著免不貶矣，以此言之，啓後主人著免可知，若啓後著免，亦是變矣①。若然，後至卒哭，其服同矣，以其反哭之時，更無變服之文，故知同也。云“婦人髽”及“婦人笄”者，若未成服之時，婦人髽無笄，故空云髽，成服之後，婦人髽即有笄，故《喪服》斬衰婦人云“箭笄”，《檀弓》云“南宮縚之妻之姑之喪，夫子誨之髽”，蓋榛以爲笄，是成服有笄明矣，是以婦人成服云笄也。云“散帶垂”者，小斂節，大功已上男子皆然，若小功已下及婦人，無問輕重，皆初而絞之。云“如初，朝夕哭門外位”者，但經直云“即位如初”，知如門外位者，以下經始云“主人拜賓，入，即位，袒”，明知此未入門，在門外如朝夕哭位也。**婦人不哭，主人拜賓，入，即位，袒。**此不蒙如初者②，以男子入門不哭也。不哭者，將有事，止讙囂。○袒，音但。止讙，火官反。囂，許驕反，劉五高反。【疏】“婦人”至“位袒”。○注“此不”至“讙囂”。○釋曰：云“此不蒙如初者，以男子入門不哭”者，案上篇朝夕哭云“主人即位，辟門。婦人撫心，不哭。主人拜賓，旁三，右還，入門哭，婦人踊”，此主人入門不哭，婦人不哭、不踊，故不得蒙如初也。云“將有事”者，謂將有啓殯之事也。**商祝免，袒，執功布入，升自西階，盡階不升堂，聲三，啓三，命哭。**功布，灰治之布也。執之以接神，爲有所拂拭也。聲三，三有聲，存神也。啓三，三言啓，告神也。舊説以爲聲，噫興也。今文免作絻。○聲三，息暫反，又如字，下放此。拂拭，本又作仿佛，上芳味反，下芳丈反。噫，於其反，又於喜反。作絻，音問，後同。【疏】“商祝”至“命哭”。○注“功布”至“作絻”。○釋曰：云“功布，灰治之布也”者，亦謂七升以下之布也。云“執之以接神，爲有所拂拭也”者，拂拭猶言拂拭，下經云“商祝拂柩用功布”，是拂拭去塵也，此始告神而用功布拂拭者，謂拂拭去凶邪之氣也。云“三有聲，存神也”者，案《曾子問》亦云“祝聲三”，鄭云“警神也”，即此存神也。云“舊説以爲聲，噫興”者，鄭注《曾子問》云“聲，噫歆”，不云舊説，亦是舊説也。**燭入。**炤徹與啓殯者。【疏】“燭入”。○注“炤徹與啓殯者”。○釋曰：上云“二燭”，此鄭云“炤徹與啓殯”，則一燭於室中炤徹奠，一燭於堂照開殯殯也。**祝降，與夏祝交于階下，取銘置于重。**祝降者，祝徹

---

①　“變”字原作“貶”，程恂云：“按啓後自當免，不應云‘貶’。以上文君弔，主人必免，爲人君變推之，則‘貶’字蓋‘變’之譌。下云反哭之時，更無變服，亦可證也。”據改。
②　“蒙”字原作“象”，阮云：“徐本同，毛本‘象’作‘蒙’，《集釋》、《通解》、楊、敖俱作‘蒙’。張氏曰：‘疏作蒙，從疏。’”據改。

999

宿奠降也。與下祝交，事相接也。夏祝取銘置于重，爲啓殯遷之。吉事交相左，凶事交相右。今文銘皆作名。○夏祝，户雅反，下之六反，後皆放此。于重，直龍反，後放此。【疏】“祝降”至“于重”。○注“祝降”至“作名”。○釋曰：此祝不言商、夏，則周祝也。燭既入室，周祝從而入室徹宿奠降，降時夏祝自下升取銘，降置于重，爲妨啓殯故也。云“祝降者，祝徹宿奠降也”者，謂昨暮所設夕奠經宿，故謂之宿奠也，此宿奠擬朝廟所用，即下云“重先，奠從，燭從”者是也①，此奠所徹所置之處雖不言，案上篇大斂，遷小斂奠于序西南，此亦序西南可知②。云“吉事交相左”者，則《鄉射》、《大射》皆云“降與升射者交於階下③，相左”是也。云“凶事交相右”者，此凶事不言交相左者，以凶事反於吉，明交相右可知，交相右者，周祝降階時當近東，夏祝升階當近西，是交相右也。云“今文銘皆作名”者，此銘及下陳明器云“取銘置于茵”，二者皆名，但作銘書名④，亦通一塗也。**踊無筭。**主人也。【疏】“踊無筭”。○注“主人也”。○釋曰：下文云“商祝拂柩”，則踊無筭當指開殯出柩之時⑤，以其踊爲哀號之已甚，故知主人也。

商祝拂柩用功布，幠用夷衾。拂，去塵也。幠，覆之，爲其形露。○幠，火吾反。拂去，起吕反。【疏】“商祝”至“夷衾”。○注“拂去”至“形露”。○釋曰：開柩已出時，是棺南首，夷衾本擬覆柩，故斂時不用，今得覆棺，於後朝廟及入壙，雖不言用夷衾，又無徹文，以覆棺言之，當隨柩入壙矣。

　　遷于祖，用軸。遷，徙也。徙於祖，朝祖廟也。《檀弓》曰：“殷朝而殯於祖，周朝而遂葬。”蓋象平生，將出必辭尊者。軸，輁軸也。軸，狀如轉轔，刻兩頭爲軹。輁，

---

①　“奠從”下原無“燭從”二字，阮云：“‘奠從’下《要義》有‘燭從’二字。按：有則與下文合，《要義》是也。”據補。
②　“知”字原作“也”，倉石云：“‘也’，殿本作‘知’，是。”據改。
③　“與”下原無“升”字，曹云：“‘與’下脱‘升’字。”據補。
④　“但作銘書名”原作“但銘書作名”，曹云：“當爲‘但作銘書名’。”據乙。
⑤　“指開殯出柩”原作“知開棺柩”，曹云：“‘知開棺柩’當爲‘指開殯出柩’。”據改。

狀如長牀，穿桯①，前後著金而關軸焉②。大夫、諸侯以上有四周，謂之輴，天子畫之以龍。○軹，九勇反。轉轔，音鄰。爲輗，音紙。著金，丁略反，下著之同。之輴，勅倫反。【疏】“遷于祖用軸”。○注“遷徙”至“以龍”。○釋曰：自此盡“由足，西面”，論以柩朝廟之事。云“遷于祖，用軸”者，謂朝廟之時，從殯宮遷移于祖廟朝時，用軹軸載之，案《士喪禮》將殯云“棺入，主人不哭，升棺用軸”，則遷于祖時，亦升軹軸於階上，載之挽柩而下。若然，未升饌陳之當在堂下，是以下記云“夷牀、軹軸，饌于西階東”，注云“明階閒者，位近西。夷牀饌于祖廟，軹軸饌于殯宮”，而言階閒，明在堂下也。云“《檀弓》曰：殷朝而殯于祖”者，殷人將殯之時，先朝廟，訖乃殯，至葬時不復朝也。云“周朝而遂葬”者，周人殯于路寢，至葬時乃朝，朝訖而遂葬。引之者，證經將葬朝祖之事。云“蓋象平生，將出必辭尊者”，《曲禮》云“出必告，反必面”是也。案《聘禮》大夫將出聘，告于禰乃行，介無告禰之事，故不得象之。云“軸，軹軸也”者，下記云“夷牀、軹軸”是也。云“軸，狀如轉轔”者，此以漢法況之，漢時名轉軸爲轉轔，轔，輪也，故《士喪禮》云“升棺用軸”，注云“軸，軹軸也。軹，狀如牀。軸，其輪，輓而行”，是以輪爲轔也。云“刻兩頭爲軹”者，以軸頭爲軹，刻軸使兩頭細，穿入軹之兩髀，前後二者皆然。云“軹，狀如長牀，穿桯，前後著金而關軸焉”者，此軹既云如長牀③，則有先後兩畔之木，狀如牀髀，厚大爲之，兩畔爲孔，著金釧於中，前後兩畔皆然，然後關軸於其中。言桯者，以其厚大可以容軸，故名此木爲桯也。云“大夫、諸侯以上有四周，謂之輴”者，大夫殯葬雖不用輴，士朝廟用軹軸，則大夫朝廟當用輴，諸侯、天子殯葬、朝廟皆用輴，但天子畫轅爲龍，謂之龍輴，《檀弓》諸侯云“輴”，天子云“菆塗龍輴”是也，此輴皆有四周爲輴，故名爲輴也。

重先，奠從，燭從，柩從，燭從，主人從。 行之序也。主人從者，丈夫由右，婦人由左，以服之親疏爲先後，各從其昭穆。男賓在前，女賓在後。○奠從，才用反，後以意求之。【疏】“重先”至“人從”。○注“行之”至“在後”。○釋曰：此論發殯宮鄉祖廟之次序。柩之前後皆有燭者，以其柩車爲隔，恐闇，故各有燭以炤道，若

---

① “桯”字原作“程”，阮云：“徐、葛、《通典》、《通解》、楊氏同，毛本、聶氏、《集釋》俱作‘桯’。案疏内‘桯’字，單疏及《識誤》所引俱與毛本同。”據毛本改。

② “關軸”原作“關軹”，阮云：“‘關’，《通典》作‘闗’。‘軹’，徐本、《集釋》俱作‘軹’，《通典》、毛本、聶氏、《通解》、楊氏俱作‘軸’。張氏曰：‘疏軹作軸，監本亦作軸，從疏及監本。’按：敖氏於《士喪禮》載此注亦作‘軹’。”據監本改。

③ “如長”原作“長如”，倉石云：“‘長如’二字當倒。”據乙。

至廟,燭在前者升炤正柩,在後者在階下炤升柩,故下記云"燭先入者升堂,東楹之南,西面。後入者西階東,北面,在下"是也。云"主人從者,丈夫由右,婦人由左,以服之親疏爲先後"者,經直云"主人從"者,以主人爲首者而言,故鄭總舉男子、婦人并五服而言,知男子由右,婦人由左者,以《内則》云"道路,男子由右,女子由左",鄭云"地道尊右",彼謂吉時,此雖凶禮,亦依之也。云"親疏爲先後,各從其昭穆"者,假令昭親則在先,昭疏則在後,就同昭穆之中,又以年之大小爲先後,男從主人後,女從主婦後。云"男賓在前,女賓在後"者,謂無服者亦各從五服男子、婦人之後爲序也。**升自西階**。柩也,猶用子道,不由阼也。【疏】"升自西階"。○注"柩也"至"阼也"。○釋曰:云"猶用子道,不由阼也"者,案《曲禮》云爲人子者"升降不由阼階",今以柩朝祖,故用子道,不由阼也。**奠俟于下,東面北上**。俟正柩也。【疏】"奠俟"至"北上"。○注"俟正柩也"。○釋曰:既升階,當正之於夷牀之上,北首,既正乃設奠,故云"俟正柩也"。**主人從升。婦人升,東面。衆〔主〕人東即位**①。東方之位。【疏】"主人"至"即位"。○注"東方之位"。○釋曰:主人、主婦從柩而升,言"婦人升,東面",不言主人西面,舉主婦東面,主人西面可知,故下文云主人西面也。云"衆人東即位"者,唯主人、主婦升,自衆主人以下,從柩至西階下,遂鄉東階下即西面位。**正柩于兩楹閒,用夷牀**。兩楹閒,象鄉户牖也,是時柩北首。○鄉户,許亮反,下鄉外、鄉柩皆同。【疏】"正柩"至"夷牀"。○注"兩楹"至"北首"。○釋曰:云"兩楹閒,象鄉户牖也"者,以其户牖之閒,賓客之位,亦是人君受臣子朝事之處,父母神之所在,故於兩楹之閒,北面鄉之。若言鄉户牖,則在兩楹閒而近西矣,故下記云"夷牀、軶軸饌于西階東",饌夷牀俟正柩而言西階東,則正柩于楹閒近西可知矣。云"是時柩北首"者,既言朝祖,不可以足鄉之,又自上以來設奠,皆升自阼階,今此下文設奠,升降皆自西階,下鄭注云"奠升不由阼階,柩北首辟其足",以此而言,此時柩北首明矣。**主人柩東,西面。置重如初**。如殯宫時也。【疏】"主人"至"如初"。○注"如殯宫時也"。○釋曰:主人、主婦從柩升,即當西面、東面鄉柩,主婦上文即言東面,至此乃言主人西面者,以其主婦東面位不改,故從柩升,因言東面,男子在柩東西面,既改西面位,故待正

---

① "衆人東即位",敖云:"東即位者,衆主人也,脱一'主'字,以記考之可見。"疏釋"衆人東即位",亦以衆人爲衆主人,當據補。

枢訖，乃言西面也。其重，依上文序從之時重先，不先置者，以其上待正枢訖①，乃置之。云"如初"者，亦如上篇三分庭一在南，二在北而置之，故鄭云"如殯宫時也"。**席升，設于枢西。奠設如初，巾之。升降自西階。**席設于枢之西，直枢之西，當西階也。從奠設如初，東面也。不統於枢，神不西面也。不設枢東，東非神位也。巾之者，爲禦當風塵。○巾之，如字，劉居覲反。直枢，音值，下文同。爲禦，于僞反，下爲襲、爲遷、爲其、爲載、爲設、爲苞同。【疏】"席升"至"西階"。○注"席設"至"風塵"。○釋曰：此論設宿奠於枢西。云"席設于枢之西，直枢之西，當西階也"者，知當西階，以其枢當户牖之南，席北鋪之，自然當西階之上。云"從奠設如初，東面也"者，"如初"謂如殯宫朝夕設奠于室中者，從枢而來，此還是彼朝夕奠脯、醢、醴、酒，據神東面設之於席前也。云"不統於枢，神不西面也"者，謂不近枢設奠，若近枢，則統於枢，爲神不西面，故不近東統於枢，知神不西面者，《特牲》、《少牢》皆設席于奥，東面，則天子、諸侯亦不西面可知。云"不設枢東，東非神位也"者，此亦據神位在奥，不在東而言也。若然，小斂奠設于尸東者，以其始死，未忍異於生，大斂以後，奠皆設於室中，亦不統於枢，此奠不設於室者，室中神所在，非奠死者之處故也。云"巾之者，爲禦當風塵"者，案《禮記·檀弓》云"喪不剥奠也與，祭肉也與"，據小斂、大斂之等也，有牲肉，故不保露，故巾之，以此宿奠脯、醢、醴、酒，無祭肉巾之者，以朝夕奠在室不巾，此雖無祭肉，爲在堂風塵，故巾之，異於朝夕在室者也。**主人踊無筭，降拜賓，即位踊，襲。主婦及親者由足，西面。**設奠時，婦人皆室户西南面，奠畢乃得東也②。親者西面，堂上迫，疏者可以居房中。【疏】"主人"至"西面"。○注"設奠"至"房中"。○釋曰：云"降拜賓，即位踊，襲"者，賓謂在殯宫看主人開殯朝祖之賓。襲者，主人從殯宫中降拜賓③，入即位祖，至此乃襲。襲者先即位踊，踊訖，乃襲絰于序東。云"設奠

---

①　"以其上待正枢訖"，倉石云："浦氏删'上'字。今案'上'下疑有脱文。"

②　"也"字原作"面"，阮云："'面'，閩、葛、《通解》俱作'也'。案疏云'乃由枢足鄉枢東'，正釋注'東'字之義。又云'主人降拜賓，婦人乃得東也'，據此，則注'面'字當依《通解》作'也'爲是。"據改。

③　"襲者主人從殯宫中降拜賓"原作"襲者從殯宫中拜賓"，阮云："《要義》同，毛本'者'下有'主人'二字，'中'下有'降'字。《通解》有'主人'二字，無'襲者'二字。"從毛本補。

1003

時，婦人皆室户西南面，奠畢乃得東也”者①，知婦人户西南面者，案下記云將載柩，“祝及執事舉奠，户西，南面，東上”，則知此設之時，婦人辟之，亦户西南面，待設奠訖，乃由柩足向柩東西面。不即鄉柩東西面者，以主人在柩東，待設奠訖，主人降拜賓，婦人乃得東也。若然，云“親者西面”，則大功以上相隨同西面也。又云“堂上迫，疏者可以居房中”者，以其言親者西面，明疏者小功以下，不得堂上西面，爲堂上迫狹，自然在房中西面矣。

薦車，直東榮，北輈。薦，進也。進車者，象生時將行陳駕也，今時謂之魂車。輈，轅也。車當東榮，東陳西上於中庭。○北輈，竹求反。【疏】“薦車”至“北輈”。○注“薦進”至“中庭”。○釋曰：自此盡“還出”，論薦車馬，設遷祖奠之事。“薦車”者，以明旦將行，故豫陳車。云“進車者，象生時將行陳駕也”者，案《曲禮》云“君車將駕，則僕執策立於馬前，已駕，僕展軨”，是生時將行陳駕，今死者將葬，亦陳車象之也。云“今時謂之魂車”者，鄭舉漢法况之，以其神靈在焉，故謂之魂車也。云“輈，轅也”者，《周禮·考工記》有輈人爲輈，輈亦謂之轅，故云“輈，轅也”。云“車當東榮，東陳西上於中庭”者，此車既非載柩之車，即下記云薦乘車、道車、槀車②，以次言之，則先陳乘車，次陳道車，次陳槀車，知“東陳西上”者，下文“陳明器于乘車之西”，明器繼乘車而西，明乘車在上，已東有道車、槀車，故知三者西上也。乘車既當東榮，則三者不當中庭而云“中庭”者，據南北爲中庭③，不據東西爲中庭也。何者？以下經云薦馬入門，三分庭一在南，馬右還出，薦馬者當車南，在庭近南，明車近北當中庭矣。質明，滅燭。質，正也。【疏】“質明滅燭”。○釋曰：自啓殯至此時，在殯宮、在道及祖廟，皆有二燭爲明，以尚早故也，今至正明，故滅燭也。徹者升自阼階，降自西階。徹者，辟新奠。不設序西南，已再設爲褻。○辟新，音避，下同。【疏】“徹者”至“西階”。○注“徹者”至“爲褻”。○釋曰：云“新奠”者，謂遷祖之奠將設新，故徹去從奠，以辟新奠也。云“不設序西南，已再設爲褻”者，爲徹從奠，不設于序西南，爲再設褻黷，故不設也。其再設者，未啓殯前夕時一設，至此朝廟又設，是再設也。乃奠如初，升降

---

① “也”字原作“面”，阮云：“‘面’，《通解》作‘也’。”據改。

② “槀車”之“槀”，經文作“槀”，注偶作“槀”，疏則或作“槀”或作“槀”，用字不一，姑存舊貌，不一一校改。

③ “爲”字原作“之”，曹云：“‘之’似當爲‘爲’。”據改。

自西階，爲遷祖奠也。奠升不由阼階，柩北首，辟其足。【疏】“乃奠”至“西階”。○
注“爲遷”至“其足”。○釋曰：云“爲遷祖奠也”者，謂遷柩朝祖之奠也。云“如初”者，亦
於柩西當階之上，東面席前爲之則同，其饌則異，以其上三鼎及東方之饌，皆如大斂之
奠是也①。云“奠升不由阼階，柩北首，辟其足”者，以前大斂、小斂及朝夕奠皆升自阼
階，降自西階，今此遷祖奠升不由阼階，故云辟足。辟足者，以其來往不可由首，又飲
食之事不可褻之由足，故升自西階也。若然，徹時所以由足者，奠畢去之，由足無嫌
也。主人要節而踊。節，升降。【疏】“主人要節而踊”。○注“節升降”。○釋曰：
云“節，升降”者，奠升時主人踊，降時婦人踊，由重南東②，主人踊，此不言婦人，文不具
也。薦馬，纓三就，入門北面，交轡，圉人夾牽之。駕車之馬，每車二匹。
纓，今馬鞅也。就，成也。諸侯之臣，飾纓以三色而三成。此三色者，蓋條絲也，其著
之如鬒然。天子之臣，如其命數。王之革路條纓。圉人，養馬者。在左右曰夾。既奠
乃薦馬者，爲其踐汙廟中也。凡入門，參分庭一在南。○馬鞅，於丈反。條絲，他刀
反，下同。如鬒，九例反。【疏】“薦馬”至“牽之”。○注“駕車”至“在南”。○釋曰：薦馬
并薦纓者，纓爲馬設，故與馬同時薦之。案下記云“薦乘車”，又云“纓、轡、貝勒縣于
衡”，又云“道車載朝服，槀車載蓑笠”，注云“道車、槀車之纓、轡及勒亦縣于衡也”，若
然，薦車之時，纓縣于衡，此薦馬得有纓者，以薦車時縣于衡，至此薦馬時又取而用之，
故兩見之也。云“駕車之馬”者，即上文薦車之馬也。云“每車二匹”者，下經云“公贈
兩馬”，注云“兩馬，士制也”，故知此車有三，乘馬則六匹矣。云“纓，今馬鞅也”者，古者
謂之纓，漢時謂之鞅，故舉漢法爲況也。云“諸侯之臣，飾纓以三色而三成”者，以此下
士薦馬，纓三就，則不依命數，則大夫亦同三色，知者，案《巾車》上公纓九就，侯伯纓七
就，子、男纓五就，諸侯之臣不得與子、男同五就，故知與士同三就，此三色，則如《聘禮
記》三色朱、白、蒼也。云“此三色者，蓋條絲也”者，謂以絲爲條，無正文，故云“蓋”以疑
之。云“其著之如鬒然”者，鄭注《巾車》云“玉路之樊及纓，皆以五采鬒飾之，十二就”，
其下金路九就，象路七就，注皆云“五色鬒飾之”，此則三采絲爲條飾之，但著之則同，
故云“其著之如鬒然”也。云“天子之臣，如其命數”者，案《典命》云三公八命，其卿六

---

① “皆”下原無“如”字，曹云：“‘皆’下脱‘如’字。”倉石云：“胡氏《正義》‘皆’下補
‘如’字是。”據補。
② “南”下原無“東”字，曹云：“‘南’下脱‘東’字。”據補。

命,大夫四命,出封皆加一等,命數雖卑於諸侯,以王人雖微,猶序諸侯之上,故得與同依命數,就依命數,其色則無過五采繢,以其金路以下與諸侯,其飾與王同,諸侯之臣既同三色,明天子大夫以上亦五采繢,與諸侯同。但天子之士三命以下,不得依命少於諸侯之臣,當同三色①,與諸侯之臣同矣。若然,公之孤四命,以降於天子大夫,宜與三卿同三色也。云"王之革路條纓"者,至革路、木路,不用繢而用條絲爲纓,與此纓三色者同,故引爲證也。云"圉人,養馬者",案《周禮·校人職》云"乘馬一師四圉",是圉人以養馬,以其養馬,故使之薦也。云"在左右曰夾"者,以車三乘,馬則六匹,每馬二人交轡牽之,故云"在左右曰夾"。云"既奠乃薦者,爲其踐汙廟中"者,車馬相將之物,前薦車在奠上,今此薦馬在奠後者,欲其既薦即出,恐踐汙廟中,故後薦之也。云"凡入門,參分庭一在南"者,大判陳事在庭②,分爲三分,一分在北則繼堂而言,一分在南則繼門而言,此既繼門,故云"三分庭一在南",又不言門左、門右,則當門之北矣。**御者執策,立于馬後,哭成踊,右還出。**主人於是乃哭踊者,薦車之禮成於薦馬。○執策,初革反。【疏】"御者"至"還出"。○注"主人"至"薦馬"。○釋曰:云"主人於是乃哭踊者,薦車之禮成於薦馬"者,以其車得馬而成,故前薦車時主人不哭踊,至薦馬乃哭,是由薦車成於薦馬故也③,主人哭踊訖,馬則右還而出。右者,亦取便故也。

　　賓出,主人送于門外。有司請祖期。亦因在外位請之,當以告賓,每事畢輒出。將行而飲酒曰祖。祖,始也。【疏】"賓出"至"祖期"。○注"亦因"至"始也"。○釋曰:自此盡"屬引",論祖時飾柩車之事。此賓即上來弔主人啓殯者,朝廟事畢而出,主人送之。云"亦因在外位請之"者,上既夕哭訖,因外位請啓期,故云"亦"也。此經不言告賓,知告賓者,若不告賓,時至則設,何須請期?故知擬告賓,故云"當以告賓"也。云"每事畢輒出"者,有司請期之禮,每事皆待事畢,因主人出在外位,乃請之。言每事者,篇首云"請期",此云"請祖期",下文"請葬期",皆因出在外請之,故云"每事"也。云"將行而飲酒曰祖。祖,始也"者,案《詩》有"韓侯出祖,出宿于屠。顯父餞之,清酒百壺",又云"出宿于泲,飲餞于禰",皆是將行飲酒曰祖,此死者將行,亦曰

---

①　"色"上原無"三"字,曹云:"'色'上脫'三'字。"據補。
②　"判"字原作"敵",曹云:"'敵'字譌,單疏作'判'。"據改。
③　"車"上原無"薦"字,曹云:"'車'上脫'薦'字。"據補。

祖，爲始行，故曰祖也。曰："日側。"側，昳也，謂過中之時①。○側昳，大結反。【疏】"曰日側"。○注"側昳"至"之時"。○釋曰：此主人辭，以上文有司請主人祖期，主人荅之曰"日側"者，側是傍側，亦爲特義轉爲昳者，取差昳之義，故從昳也②。云"過中之時"者，則《尚書・無逸》云文王"至于日中昃"，昃即側也。主人入，祖，乃載，踊無筭，卒束，襲。祖，爲載變也。乃舉柩卻下而載之。束，束棺於柩車。賓出，遂、匠納車于階閒，謂此車。【疏】"主人"至"束襲"。○注"祖爲"至"此車"。○釋曰：云"祖，爲載變也"者，將載，主人先祖，乃載，故云"爲載變也"。云"乃舉柩卻下而載之"者，卻猶却也，鄉柩在堂北首，今卻下以足鄉前，下堂載於車，故謂之爲卻也。云"束，束棺於柩車"者，案《禮記・喪大記》云"君蓋用漆，三衽三束"，《檀弓》曰"棺束縮二橫三"，彼是棺束，此經先云"載"，下乃云"卒束"，則束非棺束，是載柩訖，乃以物束棺，使與柩車相持不動也。云"賓出，遂、匠納車于階閒，謂此車"者，案下記云"既正柩，賓出，遂、匠納車于階閒"，此經不辨納車時節，故鄭明之。降奠，當前束。下遷祖之奠也。當前束，猶當尸臈也，亦在柩車西，束有前後也。【疏】"降奠當前束"。○注"下遷"至"後也"。○釋曰：束卒乃云"降奠"，則未束以前，其奠使人執之，待束訖，乃降奠之，當束也。云"當前束，猶當尸臈也"者，下記云"即牀而奠，當臈"，彼在尸束，此在柩車西，當前束，亦當臈，故取當臈而言也。云"束有前後也"者，以經既言前束，則有後束可知，故云"有前後也"。商祝飾柩，一池，紐前經後緇，齊三采，無貝。飾柩，爲設牆柳也。巾奠乃牆，謂此也。牆有布帷，柳有布荒。池者，象宮室之承霤，以竹爲之，狀如小車笭，衣以青布。一池縣於柳前，士不揄絞。紐，所以聯帷荒，前赤後黑，因以爲飾，左右面各有前後。齊居柳之中央，若今小車蓋上蕤矣，以三采繒爲之，上朱、中白、下蒼，著以絮。元士以上有貝。○紐，女九反。經，丑貞反。齊三，如字，劉才計反，注同。承霤，力又反。車笭，力丁反。衣以，於既反。縣於，音玄。不揄，音遥。絞，户交反。以聯，音連。上蕤，汝誰反。【疏】"商祝"至"無貝"。○注"飾柩"至

---

①　"謂"下原有"將"字，阮云："敖氏無'將'字，似與疏合。"胡培翬云："諸本有'將'字非，當從敖本。"據删。

②　"側是"至"昳也"原作"昃是傍側亦爲特義轉爲昃者取差跌之義故從昃也"，倉石云："首'昃'字殿本、《校釋》俱作'側'。案下二'昃'字亦當爲'昳'，《司市》疏云'昃者傾側之義，昳者差昳之言，故以昳解昃也'，是其證。"據改。

"有貝"。○釋曰：此並飾車之事。其柩車，即《周禮》蜃車也，四輪迫地，其轝亦狀如長牀①，兩畔豎輪子，以帷繞之，上以荒，一池縣於前面荒之爪端，荒上於中央加齊。云"飾柩，爲設牆柳也"者，即以帷、荒是也。云"巾奠乃牆"，下記文，鄭引之者，以此經直云"飾柩"，不言設牆時節，故記人辨之，以巾覆奠乃牆，謂此飾柩者也。云"牆有布帷，柳有布荒"者，案《喪大記》云"飾棺，君龍帷、黼荒，大夫畫帷、畫荒，士布帷、布荒"，鄭注云"布帷、布荒者，白布也，君、大夫加文章焉"，此注牆、柳别，案《喪大記》注又云"在旁曰帷，在上曰荒，皆所以衣柳也"，則帷、荒總名爲柳者，案《縫人》云"衣翣柳之材"，鄭注"必先纏衣其木，乃以張飾也。柳之言聚，諸飾之所聚"，若然，對而言之②，則帷爲牆，象宮室有牆壁，荒爲柳，以其荒有黼黻及齊三采諸色所聚，故得柳名，總而言之，皆得爲牆，"巾奠乃牆"及《檀弓》云"周人牆置翣"，皆牆中兼有柳，《縫人》"衣翣柳之材"，柳中兼牆矣。鄭注《喪大記》云"荒，蒙也"，取蒙覆之義。云"池者，象宮室之承霤，以竹爲之"者，生人宮室，以木爲承霤，仰之以承霤水，死者無水可承，故用竹而覆之，直取象平生有而已。云"狀如小車笭，衣以青布"者，此鄭依漢禮而言。云"一池縣於柳前"者，案《喪大記》君三池，大夫二池，士一池。君三池，三面而有。大夫二池，縣於兩相。士一池，縣於柳前面面而已。云"士不褕絞"者，案《雜記》云"大夫不褕絞，屬於池下"，褕者，依《爾雅·釋鳥》云"江淮而南，青質，五采皆備，成章曰鷂"，絞者，倉黄之色，則人君於倉黄色繒上，又畫鷂雉之形，縣於池下，大夫則闕之，故云大夫則不褕絞，屬於池下。池下褕絞，一名振容，故《喪大記》云大夫"不振容"，振容者，車行振動，以爲容儀，但大夫不振容，池下仍有銅魚縣之。士不但不褕絞，又無銅魚，故《喪大記》大夫有"魚躍拂池"，士則無，鄭注云"士則去魚"。云"左右面各有前後"者，柩車左右以有帷，分兩相，各爲前後，故云"前緟後緇"。云"齊居柳之中央"者，雖無正文，以其言齊，若人之齊亦居身之中央也。云"若今小車蓋上蕤矣"者，漢時小車蓋上有蕤，在蓋之中央，故舉以爲説。云"以三采繒爲之，上朱、中白、下倉"者，案《聘禮記》云三采"朱、白、倉"，彼據縓藉用三采，先朱，次白，下倉，此爲齊用三采，亦當然，故取以爲義也。云"著以絮"者，既云齊，當人所覩見，故知以絮著之使高。知"元士以上有貝"者，案《喪大記》

---

　　①　"亦"下原有"一"字，阮云："《要義》同，毛本無'一'字，陳、閩俱有'删'字。案'删'字亦後人校語，誤入正文。"據删。

　　②　"對"下原無"而言之"三字，阮云："《要義》同，毛本、《通解》'對'下有'而言之'三字。"據補。

云君齊五采、五貝，大夫齊三采、三貝，士齊三采、一貝，鄭注云"齊，象車蓋蕤，縫合雜采爲之，形如瓜分然，綴貝落其上及旁"，見彼士爲天子元士，元士已上皆有貝也，此諸侯之士，故云無貝也。　設披，披，絡柳棺上，貫結於戴，人居旁牽之，以備傾虧。《喪大記》曰："士戴，前纁後緇，二披用纁。"今文披皆爲藩。○設披，彼義反，劉方寄反，下同。爲藩，方元反。【疏】"設披"。○注"披絡"至"爲藩"。○釋曰：云"披，絡柳棺上，貫結於戴"者，案《喪大記》注云"戴之言值也，所以連繫棺束與柳材，使相值，因而結前後披也"，此注云"披，絡柳棺上①，貫結於戴"，以此而言，則戴兩頭皆結于柳材，又以披在棺上絡過，然後貫穿戴之連繫棺束者，乃結于戴，餘披出之於外，使人持之，一畔有二，爲前後披，故下記云"執披者旁四人"，注云"前後左右各二人"是也。人君則三披，各三人持之，備傾虧也。引《喪大記》者，證披連戴而施之也。云"二披用纁"者，與戴所用異，大夫與人君則戴與披用物同，故《喪大記》云"君纁戴六，纁披六。大夫戴，前纁後玄，披亦如之"，是其用物同也。云"今文披皆爲藩"者，言皆者，此文披及下文"商祝御柩，執披"并下記"執披者"，三字皆爲藩，今不從之也。　屬引。屬，猶著也。引，所以引柩車，在軸輤曰紼。古者人引柩。《春秋傳》曰："坐引者而哭之三。"②○屬引，音燭，注同，著也，引音胤，又如字，注引，所以引同，後屬引皆放此。猶著，直略反。曰紼，音弗。【疏】"屬引"。○注"屬猶"至"之三"。○釋曰：云"引，所以引柩車"者③，引謂紼，繩屬，著於柩車。云"在軸輤曰紼"者，士朝廟時用軸，大夫已上用輤，故并言之，言紼見繩體，言引見用力，故鄭注《周禮》亦云"在車曰紼，行道曰引"④。云"古者人引柩"者，《雜記》"乘人，專道而行"，又云諸侯五百，大夫三百，皆是引人也，言古者人引，對漢以來不使人引。引《春秋》者，案定公九年《左氏傳》云齊侯伐晉夷儀，敝無存死之，齊侯與之犀軒而先歸之，"坐引者，以師哭之，親推之三"，注云坐而飲食之⑤，此鄭

---

①　"披"下原無"絡"字，曹云："'披'下各本有'絡'字是也。"據補。

②　"引"下原無"者"字，阮云："'引'下《通典》有'者'字。案'者'字似不可省，疏亦似有'者'字。"據補。

③　"曰"下原無"云引所以引柩車者"八字，阮云："毛本曰下有'云引所以引柩車者'八字，《通解》、《要義》俱無。"據毛本補。

④　"在車曰紼行道曰引"，倉石云："《周禮》注無上主。今案賈氏於《大司徒》、《遂人》疏皆引《喪大記》注'在棺曰紼，行道曰引'，則此亦當引之。"

⑤　"注云坐而飲食之"，倉石云："疑是服注文，李氏貽德、嚴氏蔚俱未采。"

略引之，云"坐引者"，亦謂飲食之，而哭之，亦以師哭之，"三"者亦謂公親推之三也，引之者，證古者人引也。

陳明器於乘車之西。明器，藏器也。《檀弓》曰："其曰明器，神明之也。"言神明者，異於生器。"竹不成用，瓦不成味，木不成斲，琴、瑟張而不平，竽、笙備而不和，有鍾、磬而無簨虡"。陳器於乘車之西，則重北也。○乘車，繩證反，注及下注乘車同。成味，武葛反，劉音妹。成斲，陟角反。竽，音于。笙，音生。簨，息允反。虡，音巨。【疏】"陳明"至"之西"。○注"明器"至"北也"。○釋曰：云"明器，藏器也"者，自包筲以下①，皆是藏器，故下云"器，西南上，綪"，又云"茵"，注云"茵在抗木上，陳器次而北也"，則自包筲以下總曰藏器，以其俱入壙也。引《檀弓》者，案彼注"成，猶善也，竹不可善用，謂邊無縢。味當作沫。沫，靧也"，又云"琴、瑟張而不平，竽、笙備而不和"，注云"無宮商之調"，又云"有鍾、磬而無簨虡"，注云"不縣之也，橫曰簨，植曰虡"。云"陳器乘車之西，則重北"者，無正文，上薦車云"直東榮"，繼廟屋而言，上注云"中庭"，不得云近北，明車近南在重東北②，今東陳於乘車之西，明重北可知。折，橫覆之。折，猶庋也，方鑿連木爲之，蓋如牀而縮者三、橫者五，無簀。窆事畢，加之壙上，以承抗席。橫陳之者，爲苞筲以下綪於其北便也。覆之，見善面也。○折橫，之設反，後皆同。猶庋，九委反，劉居綺反，下以庋同。窆事，彼驗反，劉逋鄧反。壙上，苦晃反，又音曠。抗席，苦浪反，劉音剛，後皆同。苞筲，色交反。綪於，側耕反。便也，婢面反，後放此。見善，賢遍反。【疏】"折橫覆之"。○注"折猶"至"面也"。○釋曰：云"折，橫覆之"者，鄭云"蓋如牀"，則加於壙上時，南北長，東西短，今經云橫，明知其長者東西陳之，言覆者，謂見善面③，則折加於壙時，擬鄉上看之爲面，故善者鄉下，今陳之，取鄉下看之，故反覆善面鄉上也。云"折，猶庋也"者，以其窆畢，加之於壙上，所以承抗席，若庋藏物然，故云"折，猶庋也"。云"方鑿連木爲之，蓋如牀而縮者三、橫者五，無簀"者，此無正文，以經云"橫覆之"，明有縱對之，既爲縱橫，即知有長短廣狹以承抗席，故爲如牀解之。又知"縮者三、橫者五"，亦約茵與抗木，但於壙口承抗席，宜大於茵與抗木，

---

① "自"下原無"包"字，阮云："'自'字下《要義》有'包'字。"據補。

② "近南在重東北"原作"近不在重"，曹云："案'近不在重'四字，當爲'近南在重東北'六字。"據改。

③ "謂"下原無"見"字，曹云："'謂'下脱'見'字。"據補。

故知縮三、橫五也。知"無簀"者,以其縮三、橫五以當簀處,故無簀也。知"窆事畢,加之壙上,以承抗席"者,下葬時窆事畢,云加折卻之,加抗席覆之,是折窆事畢,加之壙上,承抗席者也。云"橫陳之者,爲苞筲以下綌于其北便也"者,鄭解折不縮者,南北順陳而橫陳之意,爲折橫陳則東西廣,是以苞、筲陳之於北便也。**抗木,橫三縮二。** 抗,禦也,所以禦止土者。其橫與縮,各足掩壙。○御也,魚呂反,亦作禦,下同。【疏】"抗木橫三縮二"。○注"抗禦"至"掩壙"。○釋曰:云"所以禦止土者",以其在抗席之上,故知以禦土也。"其橫與縮,各足掩壙"者①,以其壙口大小雖無文,但明器之等皆由羨道入,諸侯已上又有輴車,亦由羨道入,壙口唯以下棺,則壙口大小容棺而已,今抗木亦足掩壙口也。**加抗席三。** 席,所以禦塵。【疏】"加抗席三"。○注"席所以禦塵"。○釋曰:既陳抗木於折北,又加此抗席三領於抗木之上,知抗木不在折上者,以抗木直言橫三縮二,不言"加",明別陳於折北,抗木之下而此云"加",加於抗木之上可知,抗席之下而云"加茵",明又加於抗席之上。此三者,以後陳者先用,故先陳抗木於下,次陳抗席而後陳茵,先用取後陳於上者,便故也,是以下文及葬時,茵先入壙,窆事訖,加折壙上,則先用抗席,後用抗木,是其次也。若然,折於抗席前用而不加於抗席之上者,以長大,故別陳於南,用之仍在茵後。其茵用之,在明器前入,而陳之於明器上者,以其同葬具,故與抗木同陳於上也,但抗席、茵相重陳者,以其入壙時相當,又皆是縱橫重累之物,故重加陳之也。云"席,所以禦塵"者,上云抗木所以禦土,此抗席云"禦塵"者,以此二者但壙口以承土、承塵,但抗木在上,故云"禦土"②,抗席在下,隔抗木,慮有塵鄉下,故云"禦塵",是以釋之有異也。**加茵,用疏布,緇翦,有幅,亦縮二橫三。** 茵,所以藉棺者。翦,淺也。幅,緣之。亦者,亦抗木也。及其用之,木三在上,茵二在下③,象天三合地二,人藏其中焉。今文翦作淺。○加茵,音因。以藉,才夜反,下當藉同。緣之,以絹反。【疏】"加茵"至"橫三"。○注"茵所"至"作淺"。○釋曰:云"加茵"者,謂以茵加於抗席之上,此説陳器之時。云"用疏布"者,謂用大功

---

① "掩"下原無"壙"字,阮云:"《要義》同,毛本、《通解》'掩'下有'壙'字。"曹云:"'掩'下各本有'壙'字是。"據補。

② "土"字原作"塵",曹云:"'塵'字譌,單疏作'土'。"據改。

③ "木三在上茵二在下",吳紱云:"按抗木與茵皆縮二橫三陳之,用之橫縮相變。木先縮後橫,茵先橫後縮,則茵二在下當作茵三在下,故疏已作茵三之解。或云疏以渾天言之,在外者爲上,則在內者爲下,疏與注似異而實同也。"

疏纑之布。云“緇翦”者，緇則七入黑汁爲緇，翦，淺也，謂染爲淺緇之色。言“有幅”者，案下記云“茵著用荼，實綏澤焉”，此鄭注云有幅緣之者，則用一幅布爲之，縫合兩邊幅爲俗，不去邊幅，用之以盛著也，故云“有幅”也。云“茵，所以藉棺”者，下葬時茵先入①，屬引乃窆，則茵與棺爲藉，故先入在棺之下也。鄭云“幅，緣之”者，蓋縫合既訖，乃更以物緣此兩邊幅縫合之處，使之牢固不坼壞，因爲飾也。云“亦者，亦抗木也”者，抗木云縮二橫三，此亦縮二橫三，故知“亦者，亦抗木也”。云“及其用之，木三在上，茵二在下”者，上抗木先云“橫三”，後云“縮二”，此茵先云“縮二”，後云“橫三”，並據此陳列之時，鄭據入壙而言，故云“其用之也，木三在上，茵二在下”，各舉一邊而言，其實皆有二三。云“象天三合地二”者，據渾天言之②，則地之上下、内外、周帀皆有天，若然，云木二則在下，及其用之，則茵三在下，茵二在上，以此而言，木與茵皆有天三合地二也。云“人藏其中焉”者，亦謂渾天而言，上下俱有天、地，人尸柩藏其中，故《説卦》云“參天兩地”，又云“立天之道，立地之道，立人之道”爲三材也。　**器，西南上，綪。**器，目言之也。陳明器，以西行南端爲上。綪，屈也，不容則屈而反之。○上綪，側耕反。【疏】“器西南上綪”。○注“器目”至“反之”。○釋曰：云“器，目言之也”者，器與下爲目，即下文苞以下是也。　**茵。**茵在抗木上，陳器次而北也。【疏】“茵”。○注“茵在”至“北也”。○釋曰：茵非明器而言之者，陳器從此茵鄉北爲次第，故言之，故鄭云“茵在抗木上，陳器次而北”是也。　**苞二。**所以裹奠羊、豕之肉。○以裹，音果。【疏】“苞二”。○注“所以”至“之肉”。○釋曰：下文既設遣奠，而云“苞牲，取下體”，故知苞二，所以裹奠羊、豕之肉也。　**筲三，黍、稷、麥。**筲，畚種類也，其容蓋與簋同一㲉也。○畚，音本。種類，章勇反，劉之用反。一㲉，音斛，劉又户角反。【疏】“筲三黍稷麥”。○注“筲畚”至“㲉也”。○釋曰：案下記云“菅筲三”，則筲以菅草爲之，筲三各盛一種，黍、稷、麥也。云“筲，畚種類也”者，舊説云畚器所以盛種，此筲與畚盛種同類，故舉以爲況也。云“其容蓋與簋同一㲉也”者，案《考工記》“瓬人爲簋，實一㲉”，又云“豆實三而成㲉”，案昭三年晏子云“四升曰豆”，“豆實三而成㲉”，則㲉受斗二升，此筲與簋同盛黍、稷，知受一㲉斗二升，約同之，無正文，故云“蓋”以疑之也。　**甕三，醯、**

---

① “先”下原無“入”字，阮云：“《要義》同，毛本、《通解》‘先’下有‘入’字。”據補。

② “渾”上原無“據”字，曹云：“‘渾’上脱‘據’字。”據補。

醢、屑，幂用疏布。甕，瓦器，其容亦蓋一觳。屑，薑、桂之屑也。《内則》曰："屑，桂與薑。"幂，覆也。今文幂皆作密。○甕，烏弄反。幂，亡狄反，本又作冪。【疏】"甕三"至"疏布"。○注"甕瓦"至"作密"。○釋曰：云"甕，瓦器"者，以甕與甒等字從缶、瓦，故知是瓦器。云"其容亦蓋一觳"者，《聘禮記》致饗餼云"甕斗二升"①，則此甕約同之，故云"蓋"以疑之也。知屑是薑、桂者，以其與《内則》"屑，桂與薑"同云"屑"，故引《内則》爲證也。甒二，醴、酒，幂用功布。甒亦瓦器也。古文甒皆作廡。○甒二，亡甫反，注廡音同。【疏】"甒二"至"功布"。○注"甒亦"至"作廡"。○釋曰：謂二者所盛，須繼甕三而陳之。言"亦瓦器"，亦上"甕三"也。皆木桁，久之。桁，所以庪苞、筲、甕、甒也。久，當爲灸，灸謂以蓋案塞其口。每器異桁。○木桁，户庚反，又户郎反。久之，依注音灸。【疏】"皆木桁久之"。○注"桁所"至"異桁"。○釋曰：云"皆木桁，久之"者，則自苞、筲以下，皆塞之置於木桁也。若然，既皆久塞而甕、甒獨云幂者，以其苞、筲之等燥物，宜苞塞之而無幂，甕、甒濕物，非直久塞其口，又加幂覆之。云"久，當爲灸，灸謂以蓋案塞其口"者，此亦如上設重鬲，亦與之同，故讀從灸也。云"每器異桁"者，以其言"皆木桁"，故知每器別桁也。用器，弓矢、耒耜、兩敦、兩杅、槃匜。匜實于槃中，南流。此皆常用之器也。杅，盛湯漿。槃匜，盥器也。流，匜口也。今文杅爲桙。○兩敦，音對，劉又都愛反。兩杅，音于，本又作芋，音同。槃匜，音移，劉音徒何反。杅盛，音成。爲桙，音牟，劉音杅。【疏】"用器"至"南流"。○注"此皆"至"爲桙"。○釋曰：謂常用之器，弓矢，兵器；耒耜，農器；敦杅，食器；槃匜，洗浴之器，皆象生時而藏之也。無祭器，士禮略也。大夫以上兼用鬼器、人器也。【疏】"無祭器"。○注"士禮"至"器也"。○釋曰：知"大夫以上兼用鬼器、人器也"者，案《檀弓》云"宋襄公葬其夫人，醯醢百甕。曾子曰：既曰明器矣而又實之"，注云"言名之爲明器而與祭器皆實之，是亂鬼器與人器"，以此而言，則明器，鬼器也；祭器，人器也。士禮略，無祭器，空有明器而實之。大夫以上尊者備，故兩有。若兩有，則實祭器，不實明器，宋襄公既兩有而并實之，故曾子非之。有燕樂器可也。與賓客燕飲用樂之器也。【疏】"有燕樂器可也"。○注"與賓"至"器也"。○釋曰：言"可"者，許其得用，故云"可"也。云"與賓客燕飲用樂之器也"者，則升歌有琴瑟，庭中有特縣

---

① "甕斗二升"，倉石云："《聘禮》無此文，當攷。"

縣磬也。**役器，甲、冑、干、筭。**此皆師役之器。甲，鎧。冑，兜鍪。干，楯。筭，矢箙。○干筭，側白反，矢箙也。甲鎧，苦代反。兜，丁侯反。鍪，音牟。干楯，常允反，又音允。矢箙，音服，本亦作服。【疏】“役器甲冑干筭”。○注“此皆”至“矢箙”。○釋曰：此役器中有干、筭，無弓、矢，示不用，故不具。上用器是常用之器，故具陳之也。云“甲，鎧。冑，兜鍪”者，古者用皮，故名甲、冑，後代用金，故名鎧，兜鍪，隨世爲名故也。但上下役用之器，皆臝沽爲之，故下記云“弓矢之新，沽功”，注云“設之宜新，沽示不用”，弓矢云沽，餘雖不言，皆沽可知也。但此筭是送死之具，下記云“薦乘車，鹿淺幦，干、筭、革鞮”者，是魂車所載，象生者，與此別也。**燕器，杖、笠、翣。**燕居安體之器也。笠，竹筨蓋也。翣，扇。○杖笠，音立。翣，所甲反，扇也。【疏】“燕器杖笠翣”。○注“燕居”至“翣扇”。○釋曰：云“燕居安體之器也”者，以杖者所以扶身，笠者所以禦署，翣者所以招涼，而在燕居用之，故云“燕居安體之器也”。云“笠，竹筨蓋也”者，筨，竹青之皮，以竹青皮爲之。

徹奠，巾、席俟于西方，主人要節而踊，巾、席俟於西方，祖奠將用焉。要節者，來象升，丈夫踊；去象降，婦人踊。徹者，由明器北，西面。既徹，由重南東。不設於序西南者，非宿奠也。宿奠必設者，爲神馮依之久也。○爲神，于僞反，下爲將、爲還、爲柩、爲其、爲哭、爲行皆同。馮依，音憑，後放此。【疏】“徹奠”至“而踊”。○注“巾席”至“久也”。○釋曰：自此盡“入復位”，論還車爲祖奠之事。此徹遷祖奠，爲將還遷車，更設祖奠。云“巾、席俟於西方，祖奠將用焉”者，以下經云“祖，還車”，還車訖，布席設祖奠，則布此巾、席也，故巾、席俟祖奠在西方也。云“節者，來象升，丈夫踊；去象降，婦人踊”者，案上篇徹小斂、大斂奠時，皆升自阼階，丈夫踊，降自西階，婦人踊，今奠在庭，無升降之事，直有來往，經云“要節而踊”，明“來象升，丈夫踊；去象降，婦人踊”，但此經直云主人要節，知有婦人亦踊者，以下經徹祖奠時云“徹者入，丈夫踊，設於西北，婦人踊”，注云“猶阼階升時也，徹設於柩車西北，亦猶序西南”，是男子、婦人並有踊文，則知此要節踊內，亦兼婦人也。云“徹者由明器北，西面。既徹，由重南東”者，凡奠於堂、室者，皆升自阼階，降自西階，奠於庭者，亦由重北，東方來陳，由重北而西徹，徹訖①，由重南而東，象升自阼階，降自西階也，但設奠於柩車西而東

---

① “西徹”下原不重“徹”字，曹云：“阮云《要義》重‘徹’字，案重者似是。”據補。

面,則徹者由奠東而西面徹之也。云“不設于序西南者,非宿奠也”者,以其大斂、小斂奠及夕奠,乃皆經宿,故皆設之于序西南,爲神馮依,此遷祖奠旦始設之,今日側徹之,未經宿即徹,故不設于序西南也。 **祖。** 爲將祖變①。【疏】“祖”。○注“爲將祖變”。○釋曰:下經“商祝御柩,乃祖”,是將祖,故此主人祖,祖即變也。 **商祝御柩,** 亦執功布居前,爲還柩車爲節。○還柩,劉音患,下還車同。【疏】“商祝御柩”。○注“亦執”至“爲節”。○釋曰:云“商祝御柩”者,謂居柩車之前,却行詔傾虧,使執披人知其節度。云“亦執功布”者,下經“商祝執功布,以御柩執披”,故此亦如之而執功布②。 **乃祖。** 還柩鄉外爲行始。【疏】“乃祖”。○注“還柩”至“行始”。○釋曰:商祝既執功布爲御,乃還柩車,使轅鄉外也。祖者,始也,爲行始,去載處而已也。 **踊,襲,少南,當前束。** 主人也。柩還則當前束南。【疏】“踊襲”至“前束”。○注“主人”至“東南”。○釋曰:前祖爲祖變,今既祖訖,故踊而襲。云“主人也”者,前祖是主人,則此襲亦主人也。經云“少南”,鄭云“則當前束南”者,以其車未還之時,當前束近北,今還車亦當前束少南。 **婦人降,即位于階間。** 爲柩將去有時也。位東上。【疏】“婦人”至“階間”。○注“爲柩”至“東上”。○釋曰:“婦人降”者,以柩還鄉外,階間空,故婦人從堂上降在階間。云“爲柩將去有時”者,去有時,即明旦遣而行之時是也③,今此爲行始也。云“位東上”者,以堂上時,婦人在阼階西面,統於堂下男子,今柩車南還④,男子亦在車東,故婦人降亦東上,統于男子也。婦人不鄉車西者,以車西有祖奠,故辟之在車後。 **祖,還車不還器。** 祖有行漸,車亦宜鄉外也。器之陳,自已南上。【疏】“祖還車不還器”。○注“祖有”至“南上”。○釋曰:“祖,還車”者,爲載時鄉北,今爲行始,故須還鄉南,故鄭云“祖有行漸,車亦宜鄉外也”。“不還器”者,鄭云“器之陳,自已南上”,南上者,即上文茵下注云“茵在抗木上,陳器次而北”是也。 **祝取銘,置于茵。** 重不藏,故於此移銘加於茵上。【疏】“祝取銘置于茵”。○注“重不”至“茵上”。

---

① “祖”字原作“袒”,阮云:“徐本、《通解》同,《集釋》、《要義》、楊、敖、毛本‘袒’俱作‘祖’。張氏曰:‘疏作袒,從疏。’”據《集釋》等改,疏標注起止亦改。

② “而執功布”原作“故執布”,阮云:“毛本、《通解》作‘而執功布’。”據改。

③ “時是”原作“是時”,曹云:“‘是時’二字殿本倒。”據乙。

④ “還”字原作“遷”,阮云:“《要義》同,毛本、《通解》‘遷’作‘還’。”據改。

○釋曰：初死，爲銘置于重。啓殯，祝取銘置于重。祖廟，又置于重。今將行置于茵者，重不藏；擬埋于廟門左，茵是入壙之物，銘亦入壙之物，故置于茵也，是以鄭云"重不藏，故於此移銘加於茵上"也。士無廄旌，唯有乘車所建攝盛之旐，并此銘旌而已，大夫以上有廄旌，通此二旌，則皆備三旌也。**二人還重，左還。**重與車馬還相反，由便也。【疏】"二人還重左還"。○注"重與"至"便也"。○釋曰：云"重與車馬還相反，由便也"者，以車馬至中庭之東，以右還鄉門爲便，重在門内，面鄉北，人在其南，以左還鄉門爲便，是以二者雖相反，各由其便。**布席，乃奠如初，主人要節而踊。**車已祖，可以爲之奠也，是之謂祖奠。【疏】"布席"至"而踊"。○注"車已"至"祖奠"。○釋曰：云"主人要節而踊"者，祖奠既與遷祖奠同車西，又皆從東而來①，則此要節而踊，一與遷祖奠同。云"車已祖，可以爲之奠也"者，奠本爲柩設，其柩未安，不得設奠，今車已還，名之爲祖，尸柩已定，可以爲奠也。云"是之謂祖奠"者，下記云"祝饌祖奠于主人之南"，是謂之祖奠②。**薦馬如初。**柩動車還，宜新之也。【疏】"薦馬如初"。○注"柩動"至"之也"。○釋曰：上已薦馬，今又薦馬者，以柩車動而鄉南，爲行始，宜新之，故"薦馬如初"也。**賓出，主人送，有司請葬期。**亦因在外位時。【疏】"賓出"至"葬期"。○注"亦因在外位時"。○釋曰：云"亦因在外位時"者，亦上啓期、祖期事畢在外位，故此亦因事畢，出在外位時請葬期也。**入，復位。**主人也。自死至於殯，自啓至於葬，主人及兄弟恒在内位。【疏】"入復位"。○注"主人"至"内位"。○釋曰：云"主人"者，以其送賓據主人③，今送賓訖，入復位，明主人也。云"自死至於殯，自啓至於葬，主人及兄弟常在内位"者，自死至於殯在内位，在殯宫中，自啓至於葬在内位，據在祖廟中，處雖不同，在内不異，故總言之。云"在内位"者，始死未小斂已前，位在尸東，小斂後，位在阼階下，若自啓之後在廟，位亦在阼階下也。

---

① "又皆從東"原作"又皆從車"，阮云："陳本、《通解》、《要義》同，毛本'又'作'人'。"曹云："'車'當爲'重'。"倉石引《校釋》作"'車'當爲'東'"，姑從"東"字改。

② 之"字原作"彼"，阮云："陳本、《要義》同，毛本'彼'作'之'。"據毛本改。

③ "人"下原有"入"字，阮云："陳本、《要義》同，毛本無'人'字。按無'人'字者是，以疏但釋注主人也，況疏義方明送賓出在外，亦不當遽用'入'字。"曹云："'入'字衍。"據删。

儀禮疏卷第三十九　儀禮卷第十三

公賵玄纁束、馬兩。公，國君也。賵，所以助主人送葬也。兩馬，士制也。《春秋傳》曰宋景曹卒，魯季康子使冉求賵之以馬，曰："其可以稱旌繁乎？"○公賵，芳鳳反，車馬曰賵。旌繁，步干反。【疏】"公賵"至"馬兩"。○注"公國"至"繁乎"。○釋曰：自此盡"入復位，杖"，論國君賵法之事。云"公，國君也"者，公及大夫皆有臣，臣皆尊其君呼之曰公，故《左氏傳》伯有之臣曰"吾公在壑谷"，今此云公，則國君，非大夫君也，以下云"主人釋杖，迎于廟門外"，與《喪大記》如此迎送者，皆據國君也。云"賵，所以助主人送葬也"者，案兩小《傳》皆云"車馬曰賵"，施于生及送死者，故云"助主人送葬者也"，是以下注云"賵奠於死生兩施"是也。云"兩馬，士制也"者，謂士在家常乘之法，若出使及征伐則乘駟馬，其大夫以上則常乘駟馬，故鄭《駁異義》云"天子駕駟"，《尚書·康王之誥》康王始即位，云諸侯"皆布乘黃朱"，《詩》云"駟騵彭彭"，武王所乘，《魯頌》云"六轡耳耳"，僖公所乘，《小雅》云"駟牡騑騑"，大夫所乘，是大夫以上駕駟之文也。引《春秋》者，《左氏傳》哀公二十三年，"春，宋景曹卒"，注云"景曹，宋元公夫人小邾女，季桓子外祖母"，又云"季康子使冉有弔，且送葬，曰：敝邑有社稷之事，使肥與有職競焉，是以不得助執紼，使求從輿人"，注云"輿，衆也"，又云"曰：以肥之得備彌甥也"，注云"彌，遠也"。康子父之舅氏，故稱彌甥"，又云"有不腆先人之產馬，使求薦諸夫人之宰，其可以稱旌繁乎"，注云"稱，舉也。繁，馬飾繁纓也"，引之者，證公有賵馬助人之事。擯者出請，入告。主人釋杖，迎于廟門外，不哭，先入門右，北面，及衆主人袒。尊君命也。衆主人自若西面。【疏】"擯者"至"入袒"。○注"尊君"至"西面"。○釋曰：云"尊君命也"者，謂釋杖迎入，是尊君命也，故下文"賓賵"，擯者"出告須"，注云"不迎"，則此經皆是尊君命，鄭無所指屬，故以"尊君命"解經

“不哭”①，又前文祖、襲，皆據主人，此則衆主人亦祖，亦是尊君命。云“衆主人自若西面”者，以其主人一人迎賓入，門東而右②，其餘衆主人不迎賓，明自若常位，柩東西面可知也。　**馬入設。**設於庭，在重南。【疏】“馬入設”。○注“設於庭在重南”。○釋曰：以馬是庭實，故云“設於庭”。知“在重南”者，以庭實法皆參分庭一在南設之，又重北陳明器不得設馬，故知“在重南”也。　**賓奉幣，由馬西當前輅，北面致命。**賓，使者。幣，玄纁也。輅，轅縛，所以屬引。由馬西，則亦當前輅之西，於是北面致命，得鄉柩與奠。柩車在階間少前，參分庭之北。輅有前後。○前輅，音路。使者，所吏反，下公使同。【疏】“賓奉”至“致命”。○注“賓使”至“前後”。○釋曰：云“賓，使者”，案此使者即士也，知者，《士喪禮》“君使人弔”，注“使人，士也。禮，使人各以其爵”，故知是士也。云“輅，轅縛，所以屬引”者，謂以木縛於柩車轅上，以屬引於上而挽之，故名“轅縛”也。云“由馬西，則亦當前輅之西”者，以經直云“當前輅”，不言輅之東西及前後，鄭以義言之，以其馬在重南，當門，柩車在階間少南，亦當門，賓由馬西北行，當前輅致命，明在輅西可知。云“於是北面致命，得鄉柩與奠”者，以賓當輅西，經云“北面致命”，明當奠、柩之南，北面，是得鄉柩與奠也。云“柩車在階間少前，參分庭之北”者，案下記云“遂、匠納車于階間”，是柩車在階間也。云“少前”者，上經祖還車訖，云“婦人降，即位于階間”，明柩車少南，是少前也。云“參分庭之北”者，以其中庭陳明器，不得在中庭，故知在參分庭之北，謂參分庭在北分之內③，此解賓致命之處。云“輅有前後”者，以經云“前輅”，明有後以對前，故知“輅有前後”也。　**主人哭，拜稽顙，成踊。賓奠幣于棧左服，出。**棧，謂柩車也，凡士車制無漆飾。左服，象授人授其右也。服，車箱。今文棧作轏。○奠幣，如字，劉音定。于棧，士板反，劉才產反，注轏同。【疏】“主人”至“服出”。○注“棧謂”至“作轏”。○釋曰：“主人哭，拜”者，仍於門右北面，以賓致命訖，遂哭拜也。云“成踊”者，三者三，凡九踊。云“棧，謂柩車也，凡士車制無漆飾”者，此棧車即柩車，以其賓由輅西而致命。云“奠幣於棧”者，明

---

① “鄭無”至“不哭”原作“故鄭無所指屬君命故鄭解經不哭”，倉石云：“十四字，浦氏删。殷本删首‘故’字，‘屬’下補‘故以尊’三字，删下‘故鄭’二字。《校釋》云：‘鄭解經三字衍。’未知孰是。”姑據殷本删補。

② “門”上原有“門”字，曹云：“衍一‘門’字。”據删。

③ “內”字原作“北”，曹云：“下‘北’或當爲‘內’。”據改。

此棧車、柩車即蜃車，四輪迫地，無漆飾，故言棧也。云"左服，象授人授其右也"者，案《聘禮》宰授使者圭時云"同面"，使者在左，宰在右而授其右也，此車南鄉，以東爲左，尸在車上，以東爲右，故授左服容授尸之右也。**宰由主人之北，舉幣以東。**柩東，主人位。以東，藏之。【疏】"宰由"至"以東"。○注"柩東"至"藏之"。○釋曰：云"柩東，主人位"者，解經"由主人之北"，以幣在車東，主人在車東，故宰由主人位北而鄉左服上取幣，以東藏之於内也。但此時主人仍在門東北面，此位雖無主人，既有定位，故宰由位北而取幣，不得履主人之位，故由主人之北也。**士受馬以出。**此士謂胥徒之長也，有勇力者受馬。《聘禮》曰："皮馬相間可也。"○胥徒，如字，劉思叙反。之長，丁丈反，下注之長同。相間，間厠之間。【疏】"士受馬以出"。○注"此士"至"可也"。○釋曰：云"此士謂胥徒之長也，有勇力者受馬"，不得爲屬士，以其受幣者宜尊，受馬者宜卑，故知受馬是胥徒之長，以其受馬，故知有勇力者也。若然，《昏禮記》云"士受皮"，注云"士謂中士、下士"，不爲胥徒者，彼主人親受幣，明受皮非胥徒，是正士也。引《聘禮》者，欲見此用皮亦可也。**主人送于外門外，拜，襲，入復位，杖。**【疏】"主人"至"位杖"。○釋曰：主人既送賓，還入廟門車東，復位杖也。

　　賓賵者將命。賓，卿、大夫、士也。【疏】"賓賵者將命"。○注"賓卿大夫士也"。○釋曰：自此盡"知生者賵"，論賓及兄弟賵奠之事。云"賓，卿、大夫、士也"者，以其上云君，下有兄弟，則此賓是國中三卿、五大夫、二十七士可知。言"將命"者，身不來，遣使者將命告主人。**擯者出請，入告，出告須。**不迎，告曰："孤某須。"【疏】注"不迎"至"某須"。○釋曰：案《雜記》諸侯使卿弔鄰國諸侯，主人使擯者告賓云"孤某須矣"，故引之爲義。**馬入設，賓奉幣。擯者先入，賓從，致命如初。**初，公使者。**主人拜于位，不踊。**柩車東位也。既啓之後，與在室同。【疏】注"柩車"至"室同"。○釋曰：云"既啓之後，與在室同"者，案上篇始死時云"庶兄弟襚，使人以將命于室，主人拜于位"，此主人亦拜于位，俱是不爲賓出，故云"與在室同"，至于有君命，亦出迎也。**賓奠幣如初，舉幣、受馬如初，擯者出請。**賓出在外，請之，爲其復有事。○復有，扶又反，下同。【疏】注"賓出"至"有事"。○釋曰：云"賓出在外，請之，爲其復有事"者，以其賓既行賵訖出，更請之，爲其復有事，若無事，賓報事畢，遂去也①。若奠，賓致可以奠也。【疏】“若奠”。○注“賓致可以奠也”。○釋曰：謂賓釋辭，以此所致之物②，或可堪爲（元缺一字）奠於祭祀者也。入告，出，以賓入，將命如初，士受羊如受馬，又請。士亦謂胥徒之長。又，復也。【疏】注“士亦”至“復也”。○釋曰：以其受羊與馬，同是畜類，故知亦胥徒之類，但受羊不須勇力，故鄭不言也。若賻，賻之言補也、助也，貨財曰賻。○若賻，音附，貨財曰賻。【疏】“若賻”。○注“賻之”至“曰賻”。○釋曰：云“貨財曰賻”者，《公羊傳》文也。入告，主人出門左，西面，賓東面將命。主人出者，賻主施於主人。【疏】注“主人”至“主人”。○釋曰：鄭知“施於主人”者，以下經云“知生者賻”，是施於主人也。案《春秋》文五年春，“王使榮叔歸含且賵”，《傳》譏一人兼二事，此賓所以兼事者，彼譏一人獨行，不與介各行，故譏，若《雜記》云上客弔，即其介各行含、襚、賵，則不譏，則卿、大夫、士禮，一人行數事可也。主人拜，賓坐委之。宰由主人之北，東面舉之，反位。坐委之，明主人哀戚，志不在受人物。反位，反主人之後位。【疏】注“坐委”至“後位”。○釋曰：鄭知“反位，反主人之後位”者，以主人在門東西面而云“宰由主人之北”，鄉賓奠幣之處舉幣，明宰位在主人之後，故得由主人之北西行，是以宰位在主人之後也。若無器，則捂受之。謂對相授，不委地。○則捂③，五故反。【疏】“若無”至“受之”。○注“謂對”至“委地”。○釋曰：以堂上授，有並受法，以其在門外，若有器盛之，則坐委於地，若無器，則對面相授受，故云“捂受之”，捂即逆也④，對面相逢受也。又請，賓告事畢，拜送，入。贈者將命。贈，送。擯者出請，納賓如初。如其入告、出告須。【疏】注“如其”至“告須”。○釋曰：謂如上賓賵時，擯者出請，入告，出告須也。賓奠幣如初，亦於棧左服。若就器，則坐奠于陳。就，猶善也。贈無常，唯玩好所有。陳，明器之陳。○于陳，如

---

① “遂”字原作“送”，倉石云：“‘送’，殿本作‘遂’，似可從。”據改。
② “謂賓”至“之物”原作“謂賓不辭此釋所致之物”，四庫本作“謂賓釋辭以此所致之物”，曹云“謂賓不辭此釋”當爲“謂賓釋辭”，據四庫本改。
③ “捂”字原作“梧”，黃云：“王筠云：‘梧，今本作捂，張忠甫本於《士昏》注亦作捂。’雷浚云：‘《說文》無捂字，依義當作捂。’”據改。
④ “逆”字原作“選”，阮云：“《要義》同，毛本‘選’作‘逆’，下同。”據改。

字，劉直吝反，下同。玩好，呼報反。【疏】“若就”至“于陳”。○注“就猶”至“之陳”。○釋曰：知“贈無常”者，案下記云“凡贈幣無常”，注云“賓之贈也。玩好曰贈，在所有”，言玩好者，謂生時玩好之具，與死者相知，皆可以贈死者，故此經云“若就器，則坐奠于陳”者，就器則是玩好之器也。云“陳，明器之陳”者，以其廟中所陳者唯明器，即陳于車之西，以外或言薦，或言設，無言陳者，故指明器而言也。**凡將禮，必請而后拜送。** 雖知事畢猶請，君子不必人意。【疏】“凡將”至“拜送”。○注“雖知”至“人意”。○釋曰：云“君子不必人意”者，義取孔子云“無必”、“無固”之言也。**兄弟賵、奠可也。** 兄弟，有服親者，可且賵且奠，許其厚也。賵奠於死生兩施。【疏】“兄弟賵奠可也”。○注“兄弟”至“兩施”。○釋曰：知“兄弟，有服親者”，《喪服傳》云“凡小功以下爲兄弟”，既言兄弟，明有服親者也，知非大功以上者，以大功以上有同財之義，無致賵奠之法。云“可且賵且奠，許其厚也”者，若然，此所知許其賵，不許其奠，兄弟許其貳，賵兼奠，而上經亦賓而有賵、有奠、有賻三者，彼亦不使並行，俱見之，見三禮之中，有則任行其一，故總見之。云“賵奠於死生兩施”者，以下經云“知死者賵，知生者賻”，注云“各主於所知”，此賵奠不偏言所主，明於生死兩施也。**所知，則賵而不奠。** 所知，通問相知也，降於兄弟。奠施於死者爲多，故不奠。【疏】“所知”至“不奠”。○注“所知”至“不奠”。○釋曰：云“所知，通問相知也”者，言所知，明是朋友通問相知。言“降於兄弟”者，許賵不許奠也。云“奠施於死者爲多，故不奠”者，但賵與奠皆生死兩施，其奠雖兩施，施於死者爲多，知者，以其言奠爲死者而行，故知（元缺一字）“施於死者爲多”，所知爲疏，不許行之也[①]。**知死者賵，知生者賻。** 各主於所知。【疏】“知死”至“爲賻”。○注“各主於所知”。○釋曰：云“各主於所知”者，以其賵是玩好，施於死者，故知死者行之，賻是補主人不足，施於生者，故知生者行之，是各施於所知也。

書賵於方，若九、若七、若五。 方，板也。書賵、奠、賻、贈之人名與其物於板，每板若九行、若七行、若五行。○九行，户郎反，下同。【疏】“書賵”至“若五”。○

---

① “故知”至“之也”原作“故知所知爲疏不許行之也”，阮云：“‘故知’，此本‘知’下元缺一字，陳本‘知’下有‘多’字，毛本、楊氏‘知’下有‘於死者爲多’五字，《通解》‘於’上更有‘施’字。‘所知爲疏’，閩本無此四字。”曹云：“阮云單疏本疏下空一字。案：‘疏下’乃‘所上’之譌。”據《通解》補。

注“方版”至“五行”。○釋曰：以賓客所致，有賵、有賻①、有贈、有奠，直云“書賵”者，舉首而言，但所送有多少，故行數不同。**書遣於策**。策，簡也。遣，猶送也，謂所當藏物，茵以下。○書遣，弃戰反，注及下讀遣并注同。【疏】“書遣於策”。○注“策簡”至“以下”。○釋曰：云“策，簡”者，編連爲策，不編爲簡，故《春秋左氏傳》云“南史氏執簡以往”，上書賵云方，此言“書遣於策”，不同者，《聘禮記》云“百名以上書於策，不及百名書於方”，以賓客贈物名字少，故書於方則盡，遣送死者明器之等并贈死者玩好之物名字多，故書之於策。策書明器之物，應在上文，而於此言之者，遣中并有贈物，故在賓客贈賻與賵之下特書也②。**乃代哭如初**。棺柩有時將去，不忍絕聲也。初，謂既小斂時。【疏】“乃代哭如初”。○注“棺柩”至“斂時”。○釋曰：案《喪大記》大夫以上官代哭，士無官以親疏代哭。云“初，謂既小斂時”者，案《喪大記》小斂之後乃代哭，初死直主人哭不絕聲，士二日小斂，小斂主人懈怠，容更代而哭也。**宵，爲燎于門內之右**。爲哭者爲明。○爲燎，力召反。【疏】“宵爲”至“之右”。○注“爲哭者爲明”。○釋曰：燎，大燭。必於門內之右門東者，奠於柩車西，鬼神尚幽闇，不須明，柩車東有主人，階閒有婦人，故於門右照之爲明而哭也。

　　厥明，陳鼎五于門外，如初。鼎五，羊、豕、魚、腊、鮮獸各一鼎也。士禮，特牲三鼎，盛葬奠加一等用少牢也。如初，如大斂奠時。○少牢，詩召反。【疏】“厥明”至“如初”。○注“鼎五”至“奠時”。○釋曰：自此盡“主人要節而踊”，論葬日之朝③，陳大遣奠於廟門外之事。知五鼎是羊、豕、魚、腊、鮮獸各一鼎者，以下經云“羊左胖，豕亦如之，魚、腊、鮮獸皆如初”，與少牢禮同，故知也。云“士禮，特牲三鼎”者，《特牲饋食禮》陳三鼎，故知也。云“盛葬奠加一等用少牢也”者，以其常祭用特牲，今大遣奠與大夫常祭用少牢同，是盛此葬奠，故“加一等用少牢”也。云“如初，如大斂奠時”者，以其上遷祖奠時云“如殯”，謂如大斂，明此云“如初”，亦如大斂在廟門外及東方之饌也，雖如大斂，鼎數仍不同，以其大斂三鼎，此則五鼎。然大、小斂時無黍稷，朔月則有黍稷，此葬奠又無黍稷者，大斂前無黍稷者，以其初死至朔月乃有之，故鄭注云“至

---

　　①　“有賵有賻”原作“有賻有賵”，阮云：“聶氏、敖氏俱作‘有賵有賻’。”據乙。

　　②　“贈賻與賵”原作“贈賄與賵”，阮云：“毛本、《通解》作‘贈賻與賵’，《要義》與此本同。”曹云：“當從各本作‘賻’。”據改。

　　③　“朝”字原作“明”，曹云：“‘明’當爲‘朝’。”據改。

此乃有黍稷”，今葬奠更無黍稷者，以其始死至殯，自啓至葬，其禮同，故無黍稷亦同也。凡牢鼎數，或多或少不同。若用特豚者，或一鼎，或三鼎。若《士冠禮》醮子及《昏禮》盥饋并小斂之奠與朝禰之奠，皆一鼎也。三鼎者，《昏禮》同牢，《士喪》大斂、朔月、遷祖及祖奠，皆三鼎而以魚、腊配之是也。其用少牢者，或三鼎，或五鼎。三鼎者，則《有司徹》云“陳三鼎如初”，以其繹祭殺於正祭①，故用少牢而鼎三也。五鼎者，《少牢》五鼎，大夫之常事；此葬奠，士攝盛之奠用少牢②，亦五鼎；《聘禮》致飧，衆介皆少牢，亦五鼎；《玉藻》諸侯朔月少牢，亦五鼎。其用大牢者，或七、或九、或十、或十二。其云七鼎、九鼎者，《公食大夫》下大夫大牢鼎七，上大夫鼎九是也。鼎十與十二者，《聘禮》致飧於賓，飪一牢，鼎九，羞鼎三，是十二也；又云“上介飪一牢，鼎七，羞鼎三”，是其十。若然，案《郊特牲》云“鼎俎奇而籩豆偶，以象陰陽”，鼎有十與十二者，以其正鼎與陪鼎各別，數則爲奇數也。**其實，羊左胖**，反吉祭也。言左胖者，體不殊骨也。○左胖，音判。【疏】“其實羊左胖”。○注“反吉”至“骨也”。○釋曰：云“反吉祭也”者，以其《特牲》、《少牢》吉祭，皆升右胖，此云“左胖”，故云“反吉祭也”。云“言左胖者，體不殊骨也”者，既言左胖，則左邊共爲一段，故云“體不殊骨”，雖然，下云“髀不升”，則除髀以下，膞、胳仍升之，則與上肩、臂、脊別升，則左胖仍爲三段矣，而云“體不殊骨”，據脊、臂以上，膞、胳已下共爲一，亦得爲“體不殊骨也”。**髀不升**，周貴肩賤髀。古文髀作脾。○髀不，步禮反，又方爾反。作脾，必爾反，又婢支反。【疏】“髀不升”。○注“周貴肩賤髀”。○釋曰：云“髀不升”者，則膞已上去之，取膞、胳已下。云“周貴肩賤髀”者，案《祭統》云“殷人貴髀，周人貴肩”，故云“髀不升”。**腸五、胃五**，亦盛之也。【疏】“腸五胃五”。○注“亦盛之也”。○釋曰：“亦盛之”者，以其不用特牲而用少牢，是盛葬奠，案《少牢》用腸三、胃三，今加至五，亦是盛此奠也。**離肺**，離，撻。○撻也，苦圭反。【疏】“離肺”。○注“離撻”。○釋曰：此非直升腸、胃，又升離肺者，案《少儀》云“牛羊之肺，離而不提心”，注云“提，猶絕也，刌離之，不絕中央少者，使易絕以祭耳”，此爲食而舉，亦名舉肺也。**豕亦如之，豚解，無腸胃**，如之，如羊左胖、髀不升、離肺也。豚解，解之如解豚，亦前肩、後肫、脊、脅而已。無腸胃者，君子不食溷

---

① “殺”下原有“之”字，四庫本無“之”字，據刪。
② “攝”下原無“盛”字，四庫本有“盛”字，據補。

腒。○後肫，劉音純，又之春反。溷，音患，又户困反。腴，音臾。【疏】"豕亦"至"腸胃"。○注"如之"至"溷腴"。○釋曰：云"亦如之"，鄭云"如之，如羊左胖，髀不升，離肺也"者，謂豕與羊同者左胖，雖同，仍與羊異，以其羊則體不殊骨，上下共爲二段，此豕之左胖則爲四段矣，故別云"豚解"，豚解總有七段，今取左胖仍爲四段矣。云"亦前肩、後肫、脊、脅而已"者，鄭欲爲四段與羊異也。云"君子不食溷腴"者，《禮記・少儀》文，彼鄭注云"謂犬豕之屬，食米穀者也。腴，有似人穢"，引之者，證不取腸、胃之義也。魚、腊、鮮獸皆如初。鮮，新殺者。士腊用兔。加鮮獸而無膚者，豕既豚解，略之。【疏】"魚腊"至"如初"。○注"鮮新"至"略之"。○釋曰：云"士腊用兔"者，謂此腊是其乾者。云"鮮，新殺者"，二者皆用兔。必知"士腊用兔"者，雖無正文，案《少牢禮》大夫腊用麋，鄭云"大夫用麋，士用兔與"①，以無正文，故云"與"以疑之，此亦云"士腊用兔"，雖不云"與"，亦同疑可知，但士腊宜小，故疑用兔也。云"加鮮獸而無膚者，豕既豚解，略之"者，以葬奠用少牢攝盛，則當有膚，與少牢同，以豕既豚解四段，喪事略，則無膚者亦略之而加鮮獸也。東方之饌：四豆，脾析、蜱醢、葵菹、蠃醢；脾，讀爲雞脾肶之脾②。脾析，百葉也。蜱，蟇也。今文蠃爲蝸。○脾析，劉音毗，注同，一音婢支反，下思狄反。蜱，皮佳反。蠃，力禾反。脾肶，尺之反③。蟇也，步講反。爲蝸，力禾反，又古華反。【疏】"東方"至"蠃醢"。○注"脾讀"至"爲蝸"。○釋曰：陳鼎既訖，又陳東方之饌于主人之南、前輅之東。其豆有四，脾析一，蜱醢二，葵菹三，蠃醢四，案《周禮》鄭注《醢人》云"細切爲齏，全物若牒爲菹"，又云"齏菹之稱，菜肉通"，

---

①　"大夫用麋士用兔與"，倉石云："今本《少牢》無此注，當攷。"

②　"讀爲雞脾肶之脾"，阮云："'肶'，徐本作'肶'。《釋文》、《通典》、《集釋》、《通解》俱作'肶'。案《說文》：'膍，牛百葉也。從肉皀聲，或從比。'徐鍇曰：'《周禮》謂之脾析。'借脾字。據此則'脾'、'肶'實一字，此注'脾'、'肶'連文，疑有誤。《說文》'膍'字下注云'一曰鳥膍胵'，疑'脾肶'當作'膍胵'。徐本作'肶'，或此、至聲近相借耶。"孫云："作'肶'是也，嚴本亦作'肶'。"當據以改'肶'爲'肶'，然疏已據'肶'爲釋，姑存其舊。

③　"脾肶尺之反"，黃云："宋本同。葉鈔此條分爲'肶頻尺反'、'胵尺之反'二條。案葉鈔是也。'肶'字不應有'尺之'之音。《說文》'膍'字下注云'一曰鳥膍胵'，'膍'即'肶'字也。段氏則云'脾'不誤，'肶'當爲'肶'，《禮記》注同。"依葉鈔《釋文》，鄭注原本作"脾，讀爲雞肶胵之肶"，故摘'肶胵'爲音。然賈所見本已作"讀爲雞脾肶之脾"，並據以爲說，故此亦存《釋文》舊貌而不從葉鈔。

又經不云菹者，類皆是韲，則此經云“脾析”者即韲也。云“脾，讀爲雞脾肶之脾”者，鄭讀之，欲見此脾雖與脾腎之脾同，正謂百葉名爲脾析，故讀音從“雞脾肶之脾”，時俗有此語，故讀從之也。案《醢人》注云“脾析，牛百葉也”，此不云牛者，彼天子禮，容有牛，此用少牢無牛，當是羊百葉，故不云牛也。云“蜃，蚌也”者，即蛤也，知蜃即蛤者，以《周禮·醢人》云“蠯醢”，注云“蠯，蛤也”，此注云“蜃，蚌也”，以蜃、蠯是一物，故知蜃蚌即蠯蛤也。　四籩，棗、糗、栗、脯；糗，以豆糗粉餌。○棗糗，去九反。粉餌，而志反。【疏】“四籩棗糗栗脯”。○注“糗以豆糗粉餌”。○釋曰：云“糗，以豆糗粉餌”者，案《籩人》云“羞籩之實，糗餌、粉餈”，鄭云“此二物皆粉稻米、黍米所爲也。合蒸曰餌，餅之曰餈。糗者，擣粉熬大豆，爲餌、餈之粘著，以粉之耳。餌言糗，餈言粉，互相足”者，此本一物，餌言糗，謂熬之亦粉之，餈言粉，擣之亦糗之，不言互文而云“互相足”者，凡言互文者，是二物各舉一邊而省文，故云互文，此糗與粉唯一物分爲二文，皆語不足，故云“互相足”也。又案《籩人》羞有二邊，糗餌及粉餈，此經直言糗，則舉糗以見餌而無餈，故鄭云“糗，以豆糗粉餌”也。　醴、酒。此東方之饌與祖奠同，在主人之南，當前輅，北上，巾之。【疏】“醴酒”。○注“此東”至“巾之”。○釋曰：鄭知義然者，案下記云“祝饌祖奠于主人之南，當前輅，北上，巾之”，注云“既祖，祝乃饌”，以此言之，祝饌祖奠，即是還柩鄉外，乃饌之于主人之南，自還柩車，至此饌葬奠，柩車未動，則此葬奠東方之饌亦饌于主人之南，當與前同處，故注云“與祖奠同，在主人之南”，但祖奠與大斂奠同二豆、二籩，此葬奠四豆、四籩，籩、豆雖不同而同處耳。云“北上”者，蓋兩甒在北，次南饌四豆，豆南饌四籩也。　陳器。明器也。適斂藏之①。【疏】“陳器”。○注“明器”至“藏之”。○釋曰：陳饌已訖，又陳明器也。本作夜斂，適似寫誤。云“夜斂”者，以其上朝祖之日已陳明器，此復陳之者，由朝祖至夜斂藏之，至此厭明更陳之也。　滅燎，執燭俠輅，北面。炤徹與葬奠也。【疏】“滅燎”至“北面”。○注“炤徹與葬奠也”。○釋曰：昨日朝祖日，至夕云“宵，爲燎于門内之右”，至此滅燎。既滅，二人

---

① “適斂”原作“夜斂”，阮云：“周學健云：‘疏云本作夜斂，適似寫誤，據此則改適斂爲夜斂，反與疏語不符。’”推求疏意，鄭注本作“適斂”，故疏有此校語，四庫本作“適斂”，據改。又下疏“云適斂者”云云，承校語之下釋“夜斂”之意，則此“適斂”當爲“夜斂”，四庫本正作“夜斂”，亦據改。

執燭俠輅，北面，一人在輅東，一人在輅西，輅西者炤徹祖奠①，輅東者炤葬奠之饌，故
注云"炤徹與葬奠也"。**賓入者拜之。**明自啓至此，主人無出禮。【疏】"賓入者拜
之"。○注"明自"至"出禮"。○釋曰：此時有弔葬之賓，主人皆不出迎，但在位拜之。
所以不出迎者，既啓之後，既覩尸柩，不可離位以迎賓，唯有君命乃出，故注云"明自啓
至此，主人無出禮"也。**徹者入，丈夫踊。設于西北，婦人踊。**猶阼階升時
也，亦既盥乃入，入由重東而主人踊，猶其升也。自重北西面而徹，設於柩車西北，亦
猶序西南②。【疏】"徹者"至"人踊"。○注"猶阼"至"西南"。○釋曰：云"徹者入"者，
謂將設葬奠，先徹祖奠，故云"徹者入"，入謂祝與執事徹祖奠者，亦既盥乃入，由重東
而主人踊，至徹訖，設柩車西北，則婦人踊也。云"猶阼階升"者，謂徹小斂奠者，門外
盥訖入，升自阼階，丈夫踊，今徹者亦門外盥訖入，由重東，主人踊，故云"猶其升也"。
云"自重北西面而徹，設於柩車西北，亦猶序西南"者，此徹祖奠設於柩車西北，亦猶小
斂、大斂、朔月奠設于序西南也。**徹者東，**由柩車北，東適葬奠之饌。【疏】"徹者
東"。○注"由柩"至"之饌"。○釋曰：以其徹訖，當設葬奠，故徹者由柩車北，東適葬奠
之饌，取而設于柩車西也。知由柩車北而東者，以其徹者設于柩車西北而云"徹者
東"，若柩車南，不得云"徹者東"，故知在柩車北，東行也。　**鼎入，**舉入陳之也，陳之
蓋於重東北，西面北上，如初。【疏】"鼎入"。○注"舉入"至"如初"。○釋曰：以其徹者
既東③，當設葬奠，故五鼎皆入陳也。云"陳之蓋於重東北④，西面北上，如初"者，以其
上篇小斂奠，舉鼎入，"阼階前西面錯"，大斂奠云"舉鼎入，西面北上"，又朔月奠云"鼎
入，皆如初"，其遷祖奠云"陳鼎皆如殯"，則皆在阼階下，西面北上，今此但云"鼎入"，
不言如初，無正文，故云"蓋"以疑之。既疑而知在"重東北⑤，西面北上"者，以其奠祭

---

① "炤"下原無"徹"字，阮云："《通解》同，毛本、楊氏'炤'下有'徹'字。按'徹'字
當有，此本誤脱。"據補。
② "猶"字原作"由"，阮云："'由'，閩、監、葛本、《通典》、《集釋》、楊氏俱作'猶'，
陳本、《通解》俱作'曰'。案'由'、'猶'古字通用，'曰'即'由'字之誤。"據改。
③ "東"字原作"祖"，曹云："'祖'，殿本改作'東'。"據改。
④ "之"下原有"也"字，曹云："'也'字衍。"據刪。
⑤ "在重東北"原作"在東北"，阮云："《要義》同，毛本、《通解》'在'下有'重'字。"
曹云："'東'上各本有'重'字是。"據補。

在室、堂設者①，皆陳鼎於阼階下，西面，如大、小斂，故知也。**乃奠。豆（西）〔南〕上②，綪。籩，嬴醢南，北上，綪**。籩，嬴醢南，辟醴酒也。○辟醴，音避，下不辟注同。【疏】"乃奠"至"上綪"。○注"籩嬴"至"酒也"。○釋曰：云"籩，嬴醢南，辟醴酒也"者，如上所饌，則先饌脾析於西南，次北蜱醢③，次東葵菹，次南嬴醢，陳設要方，則四籩宜亦設於脾析已南，綪之爲次，今不於脾析已南爲次，而於嬴醢已南爲次④，故知辟醴、酒，醴、酒當設在脾析之南可知也。**俎二以成，南上，不綪，特鮮獸**。成，猶并也。不綪者，魚在羊東，腊在豕東。古文特爲俎。○猶并，步頂反。【疏】"俎二"至"鮮獸"。○注"成猶"至"爲俎"。○釋曰：知俎二以并，不綪者，若綪，則宜先設羊於西南，次北設豕，次東設魚，次南設腊，今於西南設羊，次北豕，以魚設于羊東，設腊于魚北，還從南爲始，是不綪也，其鮮獸在北，北無偶，故云"特"也，是以鄭云"不綪者，魚在羊東，腊在豕東"也。**醴、酒在籩西，北上**。統於豆也。【疏】"醴酒"至"北上"。○注"統於豆也"。○釋曰：云"統於豆"者，豆即脾析也，以其云"北上"，上謂二甒醴、酒繼豆言"北上"，故云"統於豆也"。**奠者出，主人要節而踊**。亦以往來爲節，奠由重北西，既奠，由重南東。【疏】"奠者"至"而踊"。○注"亦以"至"南東"。○釋曰：自上已來，堂下設奠、徹奠皆云"主人要節而踊"，注皆云"往來爲節"，此"主人要節而踊"，"亦以往來爲節"，奠來時由重北而西，既奠，由重南而東，此奠饌在輅之東，言由重北者，亦是由車前明器之北，鄉柩車西設之，設訖，由重南而東者⑤，禮之常也。

　　旬人抗重，出自道，道左倚之。還重不言旬人，抗重言之者，重既虞將埋之，言其官，使守視之。抗，舉也。出自道，出從門中央也。不由闑東、西者，重不反，

---

①　"堂"字原作"掌"，曹云："'掌'或當爲'堂'。"倉石云："今案上徹奠巾席俟于西方節疏云'凡奠於堂室者'云云，則此當從曹校作'奠祭在室、堂設者'。各本作'掌'，字之譌也。"據改。

②　"豆西上"，"西"字當爲"南"字之誤，觀疏可知，毛氏汲古閣刊本、張敦仁本皆作"豆南上"，當據改。

③　"蜱"字原作"脾"，阮云："盧文弨改'脾'爲'蜱'是也。"據改。

④　"於"字原作"發"，倉石云："'發'當從諸本作'於'。"據改。

⑤　"由重南而東者"原作"由柩車南而來者"，倉石云："'車'下浦氏補'重'字。'來'，汲古閣本作'東'。今案此當爲'由重南而東者'。"據改。

變於恒出入。道左,主人位。今時有死者,鑿木置食其中,樹於道側,由此。○倚之,
於綺反,後放此。由闑,魚列反。【疏】"甸人"至"倚之"。○注"還重"至"由此"。○釋
曰:自此盡"徹者出,踊如初",論將葬重及車馬之等以次出之事。云"道左倚之"者,當
倚於門東北壁。云"還重不言甸人"者,上云二人還重,不言甸人,至此乃言甸人也。
云"重既虞將埋之"者,《雜記》文,彼注云"就所倚處埋之",但天子九虞,諸侯七虞,大
夫五虞,士三虞,未虞以前,以重主其神,虞所以安神,雖未作主,初虞其神,即安於寢,
不假重爲神主,又士、大夫無木主,明亦初虞即埋之也。云"不由闑東、西者,重不反,
變於恒出入"者,恒出入,則闑東、闑西也。云"道左,主人位"者,《檀弓》云"重,主道",
注云"始死未作主,以重主其神也",則重主死者,故於主人之位埋之也。鄭云"今時"
以下者,引漢法證重倚道左之事也。　薦馬,馬出自道,車各從其馬,駕于門
外,西面而俟,南上。南上,便其行也。行者乘車在前,道、槀序從。○道槀,古
老反。【疏】"薦馬"至"南上"。○注"南上"至"序從"。○釋曰:云"南上"者,謂於門外
之時南上。云"便其行也"者,以其葬於國北,在路則南上,上者常在前,故云"便其行
也"。云"行者乘車在前,道、槀序從"者,案下記云"乘車載旃,道車載朝服,槀車載蓑
笠",是序從也。　徹者入,踊如初。　徹巾,苞牲,取下體,苞者,象既饗而歸
賓俎者也。取下體者,脛骨象行,又俎實之終始也。士苞三个,前脛折取臂、臑,後脛
折取骼,亦得俎釋三个。《雜記》曰:"父母而賓客之,所以爲哀。"○脛骨,戶定反,劉胡
孟反,下同。三个,古賀反。臂臑,乃到反。取骼,劉音格,一音各。【疏】"徹者"至"下
體"。○注"苞者"至"爲哀"。○釋曰:云"苞者,象既饗而歸賓俎者也"者,案《雜記》文而
言之。云"取下體者,脛骨象行"者,以父母將行鄉壙,故取前脛、後脛下體行者以送
之,故云"象行"也。云"又俎實之終始也"者,此盛葬奠用少牢,其載牲體亦當與《少
牢》同,案《少牢》載俎云"肩、臂、臑、膊、骼在兩端",又云"肩在上",以此言之,則肩、臂、
臑在俎上端,爲俎實之始,膊、胳在俎下端,爲俎實之終,今取此兩端脛骨,包以歸父
母,直取脛骨爲象行,又兩端爲俎實之終始也。云"士包三个"者,自上之差,案《檀弓》
云"國君七个,遣車七乘,大夫五个,遣車五乘",注云"人臣賜車馬者,乃得有遣車。遣
車之差,大夫五,諸侯七,則天子九。諸侯不以命數,喪數略也。个,謂所包遣奠牲體
之數也。《雜記》曰:遣車視牢具",彼注云"言車多少,各如所包遣奠牲體之數也。然
則遣車載所包遣奠而藏之者與? 遣奠,天子大牢包九个,諸侯亦大牢包七个,大夫亦

大牢包五个，士少牢包三个，大夫以上乃有遣車”，以此而言，士無遣車，則所包者不載于車，直持之而已。士有二包而云“包三个”①，鄭又云“个，謂所包遣奠”，則士一包之中有三个牲體，故云“前脛折取臂、臑，後脛折取骼”者。若然，大夫云“遣車五乘”，包五个，則一包之中有五个，五五二十五，一大牢而爲二十五體，則亦取下體、前脛取臂、臑，後脛取骼，三牲有九體，又就九體折分爲二十五个，五包，包各五个，諸侯亦大牢而包七个，天子亦一大牢，又加以馬牲，牲別有三體，則十二體，就十二體中，細分爲八十一个，九包，包各九个。大夫以上，皆不得全體，謂若《少儀》云“大牢則以牛左肩、臂、臑折九个”之類，亦爲不全體也。云“亦得俎釋三个”者，羊俎，上注云“體不殊骨也”，其髀又不升②，則肫、骼別爲一段在俎③，今前脛折取臂、臑，其肩仍著胖爲一段，後脛折取骼，仍有肫一節在俎，則羊俎仍有兩段在俎，豕則左胖，豚解爲四段在俎，今前脛折取臂、臑，後脛折取骼，仍有四段在俎，若然，羊俎有二段，豕俎有四段，相通則二俎，俎有三段在，故得爲“俎釋三个”。案《特牲》“俎釋三个”，注云“爲改饌於西北隅遺之”，則此奠雖不爲改饌西北隅留之④，亦爲分禱五祀也。引《雜記》者，案彼云曾子謂或人曰“吾子不見大饗乎？夫大饗既饗，卷三牲之俎歸于賓館，父母而賓客之，所以爲哀也”，注云“既饗歸賓俎，所以厚之也，言父母家之主，今賓客之，是孝子哀親之去也”，取此者，以證此包牲歸父母，亦是賓客父母之事也。**不以魚、腊。**非正牲也。【疏】“不以魚腊”。○注“非正牲也”。○釋曰：云“非正牲也”者，正牲謂上二牲⑤，魚、腊非正牲，故不以魚、腊載之，故云“非正牲”。**行器**，目葬行明器，在道之次。【疏】“行器”。○注“目葬”至“之次”。○釋曰：包牲訖，明器當行鄉壙，故云“行器”。云“目葬行明器”者，即下云茵、包已下是也，故云“目葬行”也。**茵、苞、器序從。**如其陳之先後。【疏】“茵包器序從”。○注“如其陳之先後”。○釋曰：此直云“序從”者，序從即上文“器，西南上”，茵、包已下是也，故此亦言茵、包，以其爲首故也。**車從。**次器。【疏】“車從”。○注“次器”。○釋曰：上陳明器訖，次列車以從明器，故云“次器”也。

---

① “二包”原作“一包”，曹云：“‘一’當爲‘二’。”據改。
② “髀”字原作“脾”，曹云：“‘脾’字譌，單疏作‘髀’。”據改。
③ “骼”上原無“肫”字，曹云：“‘骼’上脱‘肫’字。”據補。
④ “爲改”原作“改爲”，曹云：“‘改爲’殿本倒。”據乙。
⑤ “二”字原作“三”，曹云：“‘三’殿本作‘二’。”據改。

徹者出，踊如初。於是廟中當行者唯柩車。【疏】"徹者出踊如初"。○注"於是"
至"柩車"。○釋曰：徹者，謂包牲訖，當徹去所釋者，出廟門分禱五祀者，徹出時，主
人踊。云"於是廟中當行者唯柩車"者，以其上文明器及車馬鄉壙者皆出，唯有柩車在
廟未出，故云"於是廟中當行者唯柩車"也。

　　主人之史請讀賵，執筭從，柩東當前束，西面。不命毋哭，哭
者相止也，唯主人、主婦哭。燭在右，南面。史北面請，既而與執筭西面
於主人之前讀書釋筭。燭在右，南面，炤書便也。古文筭皆爲筴。○毋哭，音無，下
同。【疏】"主人"至"南面"。○注"史北"至"爲筴"。○釋曰：自此盡"滅燭，出"，論讀
賵、讀遣之事。經直云"史請讀賵"，鄭知"史北面請"者，以其主人於車東西面①，所請
者，請於主人，明史北面問之，故知史北面也。又知在主人之前讀之，對面當柩，故知
在主人之前西鄉柩也，請訖，乃西面。請時及入時，書在前，筭在後，則史西面之時，筭
在史南西面，今燭在史北，近史，炤書爲便，若在左，則隔筭不便也。讀書，釋筭則
坐。必釋筭者，榮其多。【疏】"讀書釋筭則坐"。○注"必釋"至"其多"。○釋曰：讀書
者立讀之，敬也。釋筭者坐爲釋之，便也。云"必釋筭者，榮其多"者，以其所賵之物言
之亦得，今必釋筭顯其數者，榮其多故也。卒，命哭，滅燭，書與筭執之以逆
出。卒，已。【疏】"卒命"至"逆出"。○釋曰：言"逆出"，則入時長在前，出時長在後。
燭言滅不言出者，以其燭已滅，不待言燭出②，其人亦出可知。公史自西方東
面，命毋哭，主人、主婦皆不哭。讀遣，卒，命哭。滅燭，出。公史，
君之典禮書者。遣者，入壙之物。君使史來讀之，成其得禮之正以終也。燭俠輅。
【疏】"公史"至"燭出"。○注"公史"至"俠輅"。○釋曰：知公史是君之典禮書者，以其
言公史，故知君史，案《周禮》大史、小史皆掌禮，則諸侯史亦掌典禮可知。云"成其得
禮之正以終"者，以其死，葬之以禮，是死者得禮之終事，故以君史讀而成之也。知"燭
俠輅"者，上陳設葬奠云"執燭夾輅，北面"，故知也。

　　商祝執功布，以御柩執披。居柩車之前，若道有低仰傾虧，則以布爲抑

---

①　"西"字原作"北"，曹云："'北'當爲'西'。"據改。
②　"待"字原作"得"，阮云："陳本、《通解》同，毛本'得'作'待'。"據改。

揚左右之節，使引者、執披者知之。士執披八人。今文無以。○低仰，五郎反。【疏】
“商祝”至“執披”。○注“居柩”至“無以”。○釋曰：自此盡“杖，乃行”，論柩車在道發行
之事。云“執功布”者，謂執大功之布麤者也。云“以御柩執披”者，葬時乘人①，故有柩
車前引柩者及在傍執披者，皆御治之，故云“御柩執披”也。云“居柩車之前②，若道有
低仰傾虧，則以布爲抑揚左右之節”者，道有低謂下坂時，道有仰謂上坂時，傾虧謂道
之兩邊在車左右轍有高下。云“以布爲抑揚左右之節”者，道有低則抑下其布，使知下
坂，道有仰則揚舉其布，使知上坂。云“左右”者，謂道傾虧高下，則左右其布，使知道
之有傾虧也。若束轍下，則下其布向東，西邊執披者持之，西轍下，則下其布向西，東
邊執披者持之。若然，鄭云“使引者、執披者知之”者，執披者知其左右，引者知其上下
也。知“士執披八人”者，案下記云“執披者旁四人”，注云“前後左右各二人”，是士執
披者八人也。**主人袒，乃行，踊無筭，**袒，爲行變也。乃行，謂柩車行也。凡從
柩者，先後左右如遷于祖之序。【疏】“主人”至“無筭”。○注“袒爲”至“之序”。○釋
曰：云“乃行，謂柩車行”者，經云“乃行”，文承“主人袒”下，嫌主人行，故云“乃行，謂柩
車行”，以行處據柩爲主，柩車行主人行可知，故舉柩車行也。云“凡從柩者，先後左右
如遷于祖之序”者，上遷于祖時，注云“主人從者，丈夫由右，婦人由左。以服之親疏爲
先後，各從其昭穆。男賓在前，女賓在後”，此從柩向壙之序，一如遷于祖之序，故如之
也。**出宮，踊，襲。**哀次。【疏】“出宮踊襲”。○注“哀次”。○釋曰：云“哀次”者，
以經云“出宮，踊，襲”，以出宮有此踊襲③，止爲出宮大門外，有賓客次舍之處，父母生
時接賓之所，故主人至此感而哀此次，是以有踊，踊訖，即襲，襲訖而行也，故《檀弓》云
“哀次亦如之”，注云“次，他日賓客所受大門外舍也，孝子至此而哀”是也。**至于邦
門，公使宰夫贈玄纁束。**邦門，城門也。贈，送也。【疏】“至于”至“纁束”。○
注“邦門”至“送也”。○釋曰：云“邦門”者，案《檀弓》云“葬于北方北首，三代之達禮
也”，此邦門者，國城北門也。贈用玄纁束帛者，即是至壙窆訖，主人贈死者用玄纁束
帛也，以其君物所重，故用之送終也。**主人去杖，不哭，由左聽命，賓由右**

---

① “葬時乘人”，阮云：“《通解》、《要義》同，毛本‘人’作‘車’。”孫云：“‘乘人’，《雜
記》文，毛本妄改。”
② “云”下原無“居”字，曹云：“‘云’下脫‘居’字。”據補。
③ “襲”下原有“以出宮有此踊者”七字，阮云《要義》、毛本無，據刪。

致命。柩車前輅之左右也。當時止柩車。○去杖,起呂反。【疏】“主人”至“致命”。○注“柩車”至“柩車”。○釋曰:此謂宰夫將致命,主人乃去杖,不哭,由柩車前輅之左右。若然,在廟柩車南鄉,左則在東,此出國北門,柩車鄉北,左則在前輅之西也,賓由右致命,則在柩車之東矣。經直云左右,鄭必知據前輅左右者,決柩車在廟時①,賓在柩車右,主人在柩車左,故知此亦當前輅左右也。云“當時止柩車”者,下記云“唯君命,止柩于堩,其餘則否”,注云“不敢留神”,明此宰夫致命時,柩車止也。主人哭,拜稽顙。賓升,實幣于蓋,降。主人拜送,復位,杖,乃行。升柩車之前,實其幣於棺蓋之柳中,若親授之然②。復位,反柩車後。【疏】“主人”至“乃行”。○注“升柩”至“車後”。○釋曰:實既致公贈命訖,主人乃哭,拜稽顙,賓乃升車,實幣于棺之蓋中,載以之壙。上文在廟,所贈之幣,皆奠於左服,此實于蓋中者,彼贈幣生死兩施,故奠左服,此贈專爲死者,故實于蓋中,若親授之然。云“復位,反柩車後”者,上在廟位,在柩車東,此行道,故在柩車後也。

---

① “決柩車在廟時”原作“次柩車在廟門時”,曹云:“‘次’或當爲‘決’,‘門’字衍.”據改删。

② “授”字原作“受”,阮云:“徐、陳、《通解》、楊氏同,《通典》、《集釋》、敖氏、毛本‘受’俱作‘授’.”據改。

儀禮疏卷第四十　儀禮卷第十三

至于壙，陳器于道東西，北上。統於壙。【疏】"至于"至"北上"。○注"統于壙"。○釋曰：自此盡"拜送"，論至壙陳器及下棺訖送賓之事。云"統于壙"者，對廟中南上，此則北上，故云"統于壙"也。茵先入，當藉柩也。元士則葬用輴軸，加茵焉。【疏】"茵先入"。○注"當藉"至"茵焉"。○釋曰：云"當藉柩也"者，解茵先入之意，以其茵入，乃後屬引下棺於其上，以須藉柩，故"茵先入"。云"元士則葬用輴軸，加茵焉"者，元士謂天子之士，葬時先以輴軸由羨道入，乃加茵於其上，乃下棺於中。知元士葬用輴軸者，《檀弓》云"孺子䵎之喪，哀公欲設撥"，注云"撥可撥引輀車，所謂紼"，"問於有若，有若曰：'其可也，君之三臣猶設之。'顏柳曰：'天子龍輴而椁幬，諸侯輴而設幬，爲楡沈，故設撥。三臣者廢輴而設撥，竊禮之不中者也'"，以此言之，天子、諸侯殯葬皆用輴，朝廟用輴可知，大夫雖殯葬不用輴，朝廟亦用輴，以其士殯葬不用輴軸，朝廟得之，明大夫朝廟得用輴，故上注云"大夫、諸侯以上，有四周謂之輴"①，以其大夫朝廟得用輴，故言之也。諸侯之大夫有三命、再命、一命，殯葬不得用輴。天子之元士亦三命、再命、一命，葬得用輴軸者，《春秋》之義，王人雖微，猶在諸侯之上，明天子之士尊，謂之爲元，元者，善之長，故得用輴軸，不與諸侯大夫同也。屬引。於是説載除飾，更屬引於緘耳。古文屬爲燭。○説載，土活反。於緘，古咸反，劉古陷反。【疏】"屬引"。○注"於是"至"爲燭"。○釋曰：云"於是説載"者，謂柩車至壙，解説去載與披及引之等。"除飾"者，解去帷、荒、池、組之等，然後下棺。云"更屬引於緘耳"者，案《喪大記》云"君窆以衡，大夫、士以咸"，鄭注云"衡，平也。人君之喪，又以木橫貫緘耳，居旁持而平之，今齊人謂棺束爲緘"，以此而言，則棺束君三衽、三束，大夫、士二

---

① "輴"下原有"以其大夫諸侯以上有四周謂之輴"十四字，阮云："此本、《要義》俱復出。疏文冗蔓多類此，似非刊本誤衍。"曹云："賈疏有極條暢處，有極簡當處，實非不善行文者。唐以後治此經者鮮，故刊本衍脱譌錯，積謬相仍，幾不可讀，要非作者本意。此十四字當係誤衍，後人又以意删之耳。凡校書者，正其譌可也，改其本不可也。"既係誤衍，删之可也。

衽、二束，束有前後，於束末皆爲縅耳，以緋貫結之而下棺，人君又於橫木之上以屬緋也。**主人袒，衆主人西面北上，婦人東面，皆不哭。**俠羨道爲位。【疏】"主人"至"不哭"。○注"俠羨道爲位"。○釋曰："主人袒"者，爲下棺變。婦人不言北上，亦如男子北上可知。"不哭"者，爲下棺宜静。云"俠羨道爲位"者，羨道謂入壙道，上無負土爲羨道，天子曰隧，塗上有負土爲隧，僖二十五年，晉文公請隧弗許是也。**乃窆，主人哭，踊無筭。**窆，下棺也。今文窆爲封。【疏】"乃窆"至"無筭"。○注"窆下棺也"。○釋曰：主人哭踊不言處，還於壙東西面也。云"窆，下棺"者，《春秋》謂之堋，皆是下棺之名也。**襲，贈用制幣玄纁束，拜稽顙，踊如初。**丈八尺曰制。二制合之束，十制五合。【疏】"襲贈"至"如初"。○注"丈八"至"五合"。○釋曰：云"丈八尺曰制"者，《朝貢禮》及《巡狩禮》皆有此文，以丈八尺名爲制。《昏禮》幣用二丈，取成數。凡禮幣皆用制者，取以儉爲節。《聘禮》云"釋幣，制玄纁束"，注云"凡物，十曰束。玄纁之率，玄居三，纁居二"，此注云"二制合之束，十制五合"者，則每一端丈八尺，二端爲一匹，五匹合爲十制也。**卒，袒，拜賓，主婦亦拜賓。即位，拾踊三，襲。**主婦拜賓，拜女賓也。即位，反位。○拾踊，其業反，劉其輒反，後放此。【疏】"卒袒"至"三襲"。○注"主婦"至"反位"。○釋曰：卒謂贈卒，更袒拜賓。云"反位"者，各反羨道東西位，其男賓在衆主人之南，女賓在衆婦之南。**賓出，則拜送。**相問之賓也。凡弔賓有五，去皆拜之，此舉中焉。【疏】"賓出則拜送"。○注"相問"至"中焉"。○釋曰：鄭知賓是"相問之賓也"。凡弔賓有五，此舉中者，案《雜記》云"相趨也，出宮而退。相揖也，哀次而退。相問也，既封而退。相見也，反哭而退。朋友，虞祔而退"，注云"此弔者恩薄厚、去遲速之節也。相趨，謂相聞姓名，來會喪事也。相揖，嘗會於他也。相問，嘗相惠遺也。相見，嘗執贄相見也"，以此而言，此經既葬而退，是相問遺之賓[①]，舉中以見上下五者，去即皆拜送可知。

　　藏器於旁，加見。器，用器、役器也。見，棺飾也。更謂之見者，加此則棺柩不復見矣。先言藏器，乃云加見者，器在見內也。內之者，明君子之於事終不自逸也。《檀弓》曰："有虞氏之瓦棺，夏后氏堲周，殷人棺椁，周人牆置翣。"○加見，賢遍反，

---

① "相"下原有"見"字，曹云："'見'字衍。"據刪。

注皆同。不復，扶又反。聖周，子疾反。【疏】"藏器於旁加見"。○注"器用"至"置翣"。
○釋曰：云"器，用器、役器也"者，用器即上弓矢、耒耜之等，役器即上甲胄、干笮之屬，
此器中亦有樂器，不言者，省文。知有用器、役器者，以下別云"包、筲"之等，則所藏者
是此器也。云"見，棺飾也"者，飾則帷、荒，以其與棺爲飾，是以《喪大記》云"飾棺，君龍
帷、黼荒，大夫畫帷、畫荒，士布帷、布荒"，注云"飾棺者，以華道路及壙中，不欲衆惡其
親也"，此柩入壙，還以帷、荒加於柩，故鄭注云"及壙中"也。云"更謂之見者，加此則
棺柩不復見矣"者，以其唯見此帷、荒，故名帷、荒爲見，是棺柩不復見也。云"先言藏
器，乃云加見者，器在見内也。内之者，明君子之於事終不自逸也"者，以用器、役器近
身陳之，是不自逸也。引《檀弓》者，見帷、荒在柩外，周人名爲牆，若牆屋然，其外又置
翣爲飾也。藏苞、筲於旁。於旁者，在見外也。不言甕、甒、饌相次可知。四者兩
兩而居。《喪大記》曰："棺椁之間，君容祝，大夫容壺，士容甒。"○容梲，尺六反。【疏】
"藏包筲於旁"。○注"於旁"至"容甒"。○釋曰：云"於旁者，在見外也"者，以其加見，
乃云"藏包、筲"，故知見外也。云"不言甕、甒、饌相次可知"者，以其陳器之法，後陳者
先用，甕、甒後陳①，包、筲先陳②，包、筲藏，明甕、甒先藏可知，故云"相次可知"。云
"四者兩兩而居"者，謂包、筲居一旁，甕、甒居一旁，故云"兩兩而居"也。引《喪大記》
者，欲見椁内棺外所容寬狹，得容器物之意也。加折，卻之。加抗席，覆之。
加抗木。宜次也。【疏】"加折"至"抗木"。○注"宜次也"。○釋曰：云"宜次也"者，
宜謂折上陳之，美面鄉上，今用即美面鄉下，抗席又覆之，又折宜承席，席宜承木，皆是
其宜也。次者，木則先陳後用，席則後陳先用，是其次也。實土三，主人拜鄉
人。謝其勤勞。【疏】"實土"至"鄉人"。○注"謝其勤勞"。○釋曰：案《雜記》云"鄉人
五十者從反哭，四十者待盈坎"，注云"非鄉人則少長皆反"，以此而言，於時主人未反
哭，鄉人並在，故今至實土三徧，主人拜謝之，謝其勤勞。勤勞者，謂在道助執綍，在壙
助下棺及實土也。即位踊，襲，如初。哀親之在斯。【疏】"即位踊襲如初"。○
注"哀親之在斯"。○釋曰：謂既拜鄉人，乃於羨道東即位，踊無筭，如初也。云"哀親
之在斯"者，以親之在斯，故哀號甚，踊無筭。

---

① "陳"字原作"用"，曹云："'用'當爲'陳'。"據改。
② "筲"下原無"先陳"二字，曹云："'筲'下脱'先陳'二字。"據改補。

乃反哭，入，升自西階，東面。衆主人堂下，東面北上。西階東面，反諸其所作也。反哭者，於其祖廟。不於阼階西面，西方神位。【疏】“乃反”至“北上”。○注“西階”至“神位”。○釋曰：自此盡“門外，拜稽顙”，論主人反哭賓弔之事。反哭者，拜鄉人訖，反還家哭於廟，入升西階，東面哭。云“西階東面，反諸其所作也”者，案《檀弓》云“反哭升堂，反諸其所作也”，注云“親所行禮之處”是也。云“反哭者，於其祖廟”者，謂下士祖禰共廟，故下經賓出，主人送于門外，遂適于殯宮，適士二廟者，自殯宮先朝禰，後朝祖，今反哭則先於祖，後于禰，遂適殯宮也。案《春秋》僖八年經書“用致夫人”，《左氏》云“凡夫人，不薨于寢[1]，不殯於廟”者，春秋之世多行殷法，不與禮合也。云“不於阼階西面，西方神位”者，以《特牲》、《少牢》主人行事升降，皆由阼階，今不於阼階，故決之以西方神位。知者，《特牲》、《少牢》皆布席于奧，殯又在西階，是西方神位，主人非行事，直哭而已，故就神位。婦人入，（大）〔丈〕夫踊[2]，升自阼階。辟主人也。【疏】“婦人”至“阼階”。○注“辟主人也”。○釋曰：反哭之禮，主人、男子等先入，主婦、婦人等後入，故婦人入，丈夫在位者皆踊，婦人不升西階者，由主人在西階，故鄭云“辟主人”。主婦入于室，踊，出即位，及丈夫拾踊三。入于室，反諸其所養也。出即位，堂上西面也。拾，更也。○拾更，音庚。【疏】“主婦”至“踊三”。○注“入于”至“更也”。○釋曰：案《檀弓》云“主婦入于室，反諸其所養也”，鄭注云“親所饋食之處”，但主人既在西階親所行禮之處，以婦人無外事，故於饋食之處哭也。云“出即位，堂上西面也”者，自小斂奉尸夷于堂已後，主婦等位皆在阼階上西面，是以知“出即位”者，阼階上西面也。云“拾，更也”者，凡成踊而拾，皆主人踊，婦人踊[3]，賓乃踊，故云更也。賓弔者升自西階，曰：“如之何？”主人拜稽顙。賓弔者，衆賓之長也。反而亡焉，失之矣，於是爲甚，故弔之。弔者北面，主人拜於位。不北面拜賓東者，以其亦主人位也。今文無曰。【疏】“賓弔”至“稽顙”。○注“賓弔”至“無曰”。○釋曰：知賓弔是衆賓之長者，以其弔賓皆在堂下，今升堂釋詞，故

---

①　“人”下原無“不薨于寢”四字，曹云：“‘人’下似脱‘不薨于寢’四字。”據補。

②　“婦人入大夫踊”，阮云：“徐本同，毛本、《集釋》、《通解》、楊、敖‘大’俱作‘丈’。張氏曰：‘監本大作丈，當從監本’。”當據改。

③　“婦人”原作“主婦人”，阮云：“毛本、《通解》無‘人’字。”曹云：“‘主’字衍。”據曹校删。

知賓中爲首者，賓之長也。云“反而亡焉，失之矣，於是爲甚”者，亦《檀弓》文，引之證周人反哭而弔，哀之甚也。云“弔者北面”者，以經云“賓弔者升自西階”，即云“曰：如之何”，不見弔者改面之文，明升堂北面可知。云“主人拜于位”者，拜于西階上東面位，知者，以其上經主人升自西階，東面，故知仍東面位也。云“不北面拜賓東者，以其亦主人位也”者，《鄉飲酒》、《鄉射》主人酬賓，皆於賓東主人位，《特牲》、《少牢》助祭之賓，主人皆拜送于西階東面①，故於東面不移，以其亦主人位故也。賓降，出，主人送于門外，拜稽顙。【疏】“賓降”至“稽顙”。〇釋曰：此於《雜記》五賓，當相見之賓，故鄭上注云“舉中焉”，明五賓皆依節而弔也。

遂適殯宮，皆如啓位，拾踊三。啓位，婦人入升堂，丈夫即中庭之位。【疏】“遂適”至“踊三”。〇注“啓位”至“即位”。〇釋曰：案上《喪禮》朝夕哭位云“婦人即位于堂，南上。主人堂下，直東序，西面”，啓殯時云主人“位如初”，又云主人“入即位”，則此如啓位②，婦人亦即位于堂，西面③，主人即位于堂下，直東序，西面。直東序，西面，即中庭位也。兄弟出，主人拜送。兄弟，小功以下也。異門大功，亦可以歸。【疏】“兄弟”至“拜送”。〇注“兄弟”至“以歸”。〇釋曰：丈夫、婦人在殯宮拾踊既訖，兄弟入門者出，主人拜而送之。知“兄弟，小功以下也”者，此兄弟等，始死之時皆來臨喪，殯訖各歸其家，朝夕哭則就殯所，至葬開殯而來喪所，至此反哭，亦各歸其家，至虞、卒哭祭④，還來預焉，故《喪服小記》云“緦、小功，虞、卒哭則皆免”是也。云“異門大功，亦可以歸”者，大功以上，有同財之義，爲異門則恩輕，故可歸也。衆主人出門，哭止，闔門。主人揖衆主人，乃就次。次，倚廬也。【疏】“衆主”至“就次”。〇注“次倚廬也”。〇釋曰：云“衆主人出門”者，則主人拜送兄弟因在門外。云“闔門”者，鬼神尚幽闇。云“次，倚廬也”者，以未虞以前，仍依於初，東壁下倚木爲

---

① “主人皆拜送于西階東面”，曹云：“《特牲》、《少牢》主人拜皆北面，疏失之。”
② “如”字原作“主”，阮云：“《要義》同，毛本、《通解》‘主’作‘如’。”曹云：“各本作‘如’是。”據改。
③ “西面”原作“東面”，阮云：“陳本、《通解》、《要義》同，毛本‘東’下有‘西’字，閩本‘西’字擠入。”曹云：“‘東’當爲‘西’。”據曹校改。
④ “卒哭祭”原作“卒祭”，阮云：“《要義》同，毛本、《通解》、楊氏‘卒’下有‘哭’字。”曹云：“‘祭’上各本有‘哭’字是。”據補。

廬,齊衰居堊室,大功張幬,《喪服傳》云"既虞,柱楣翦屏"①,此直云倚廬,據主人斬衰者而言。

　　猶朝夕哭,不奠。是日也,以虞易奠。【疏】"猶朝夕哭不奠"。○注"是日"至"易奠"。○釋曰:自啓殯已來常奠,今反哭至殯宮,猶朝夕哭如前,不奠耳。《檀弓》云"葬日虞,弗忍一日離也。是日也,以虞易奠",故不奠也。**三虞,**虞,喪祭名。虞,安也。骨肉歸於土,精氣無所不之,孝子爲其彷徨,三祭以安之。朝葬,日中而虞,不忍一日離。○彷,音旁。徨,音皇。離也,力智反。【疏】"三虞"。○注"虞喪"至"日離"。○釋曰:云"虞,喪祭名。日中而虞,不忍一日離",皆《檀弓》文,案彼云"葬日虞,弗忍一日離也",又云"卒哭曰成事,是日也,以吉祭易喪祭",喪祭則三虞也。云"虞,安也"者,主人孝子葬之時,送形而往,迎魂而返,恐魂神不安,故設三虞以安之。云"骨肉歸于土,精氣無所不之"者,案《檀弓》云延陵季子葬其長子於嬴博之間,"既窆,左袒,右還其封",云"骨肉歸復于土,命也,若魂氣則無不之",是其骨肉歸于土,精氣無所不之之事。言此者,欲見迎魂而返,以虞祭安之,是以鄭云"孝子爲其彷徨,三祭以安之"。云"朝葬,日中而虞",即《檀弓》所云"葬日虞,弗忍一日離",又下《士虞記》亦云"日中而行事"是也。**卒哭,**卒哭,三虞之後祭名。始朝夕之間,哀至則哭,至此祭止也,朝夕哭而已。【疏】"卒哭"。○注"卒哭"至"而已"。○釋曰:云"卒哭,三虞之後祭名"者,三虞者,再虞用柔日,後虞改用剛日,又隔柔日,卒哭用剛日,故云"卒哭,三虞之後祭名"也。云"始朝夕之間,哀至則哭,至此祭止也"者,始死,主人哭不絕聲,小斂之後,以親代哭,亦不絕聲,至殯後,主人在廬,廬中思憶則哭,又有朝夕於阼階下哭,至此爲卒哭祭,唯有朝夕哭而已,言其哀殺也。然則喪有三無時哭者,始死至殯,哭不絕聲,一無時;既殯,廬中思憶則哭,二無時;卒哭祭後,唯有朝夕哭爲有時;至練祭之後,又止朝夕哭,唯有堊室之中或十日、或五日一哭,通前爲三無時之哭也,是以《檀弓》云"哭無時,使必知其反也",是據練後哭無時也。**明日以其班祔。**班,次也。祔,卒哭之明日祭名。祔,猶屬也,祭昭穆之次而屬之。今文班爲胖。○猶屬,音燭,下同。【疏】"明日以其班祔"。○注"班次"至"爲胖"。○釋曰:云"班,次也"者,謂昭穆之次第。云"祔,卒哭之明日祭名"者,以卒哭用剛日,祔用柔日,是以下《士虞記》

_____

① "翦"字原作"前",阮云:"浦鏜云'翦'誤'前'。"據改。

云卒哭祭，即云"明日，以其班祔"，故云"卒哭之明日祭名"。云"祔，猶屬也，祭昭穆之
次而屬之"者，以其孫祔於祖，孫與祖昭穆同，故以孫連屬於祖，而就祖而祭之也。

　　記：【疏】"記"。○釋曰：凡記者，皆是經不具，記之使充經，文理備足也。士
處適寢，寢東首于北墉下。將有疾，乃寢於適室。今文處爲居，于爲於。○適
寢，丁狄反，注同。東首，手又反。北墉，音庸。【疏】"士處"至"墉下"。○注"將有"至
"爲於"。○釋曰：云"將有疾，乃寢於適室"者，以《士喪》篇首云士"死于適室"，此記云
"適寢"者，即適室①，一也，故互見其文，若不疾，則在燕寢，將有疾，乃寢臥于適室，故
變室爲寢也。云"東首"者，鄉生氣之所。云"墉下"者，墉謂之牆，《喪大記》謂之北墉
下②，必在北墉下，亦取十一月一陽生於北，生氣之始故也。《士喪禮》論其死事，故不
云疾，此記人記其不備，凡人死，皆因疾，故記其疾之所在也。有疾，疾者齊，正情
性也。適寢者，不齊不居其室。○者齊，側皆反，本又作齋，後同。【疏】"有疾疾者齊"。
○注"正情"至"其室"。○釋曰：云"有疾"者，既有疾，當齊戒，正情性故也。云"適寢
者，不齊不居其室"者，案《鄉黨》孔子齊，"居必遷坐"，又《祭義》云"致齊於內，散齊於
外"，皆在適寢，但散齊得鄉外，故云"於外"耳，是其齊居適寢也。養者皆齊，憂也。
○養者，于亮反，後兼養并注同。【疏】"養者皆齊"。○注"憂也"。○釋曰：案《曲禮》云
"父母有疾，冠者不櫛，行不翔，笑不至矧，怒不至詈，不飲酒食肉，疾止復故"，男女養
疾，皆齊戒正情性也。徹琴瑟。去樂。○去樂，起呂反，後同。【疏】"徹琴瑟"。○
注"去樂"。○釋曰：君子無大故，琴瑟不離其側，今以父母有疾，憂不在于樂，故去之。
案《喪大記》云"疾病，內外皆埽，君、大夫徹縣，士去琴瑟"，注云"凡樂器，天子宮縣，諸
侯軒縣，大夫判縣，士特縣。去琴瑟者，不命之士"，亦謂子、男之士不命者也。疾
病，外內皆埽。爲有賓客來問也。疾甚曰病。○皆埽，素到反。爲有，于僞反，下
放此，以意求之。【疏】"疾病外內皆埽"。○注"爲有"至"曰病"。○釋曰：云"疾甚曰
病"者，則外內皆埽，爲賓客來問疾，自絜清也。徹褻衣，加新衣。故衣垢汙，爲
來人穢惡之。○穢惡，紆廢反，劉烏外反，下烏路反。【疏】"徹褻衣加新衣"。○注"故

---

　　①　"適"上原無"即"字，曹云："'適'上似脫'即'字。"據補。
　　②　"墉"字原作"牅"，曹云："'牅'當爲'墉'，然此非鄭本也，詳胡氏《研六室文
集》。"據改。

衣"至"惡之"。〇釋曰:此文承疾病者及養病者,則徹褻衣據死者而言,則生者亦去故衣服新衣矣。"徹褻衣",謂故玄端已有垢汙,故來人穢惡,是以徹去之。"加新衣"者,謂更加新朝服。《喪大記》亦云"徹褻衣,加新衣",鄭注云"徹褻衣,則所加者新朝服矣,互言之也。加朝服者,明其終於正也",互者,褻衣是玄端,新衣是朝服,朝服言新,則褻衣是故,玄端言褻,朝服是絜不褻矣,各舉一邊而言,明皆互言也①。必知褻衣是玄端,新衣是朝服者,案《司服》士之齊戒服玄端,則疾者與養疾者皆齊,明服玄端矣,《檀弓》云"始死,羔裘玄冠者,易之而已",羔裘玄冠即朝服,故知臨死所著新衣,則朝服也,故鄭云"終於正也"。**御者四人,皆坐持體。**爲不能自轉側。御者,今時侍從之人。【疏】"御者"至"持體"。〇注"爲不"至"之人"。〇釋曰:案《喪大記》云"體一人",注云"爲其不能自伸屈也",若然,四體各一人,亦爲不能自轉側,《詩》云"輾轉反側",據身,云"不能自屈伸",據手足,二文相兼乃具。云"御者,今時侍從之人"者,士雖無臣,亦有侍御僕從之人,終於其手也。**屬纊,以俟絕氣。**爲其氣微難節也②。纊,新絮。〇屬,音燭,下屬幅并注同。纊,音曠,劉古曠反,新緜。【疏】"屬纊以俟絕氣"。〇注"有其"至"新絮"。〇釋曰:案《喪大記》注云"纊,今之新緜,易動搖,置口鼻之上以爲候",亦二注相兼乃具。云"纊,新絮",即新緜,《禹貢》豫州貢纖纊,明纊新緜也。**男子不絕於婦人之手,婦人不絕於男子之手。**備褻。【疏】"男子"至"之手"。〇注"備褻"。〇釋曰:案《喪大記》注云"君子重終,爲其相褻",若然,疾時使御者持體,并死于其手,若婦人,則内御者持體,還死于其手,故《喪大記》云"其母之喪,則内御者抗衾而浴"。僖三十三年冬,"公薨于小寢",《左氏傳》曰"即安",服注云"小寢,夫人寢也。禮,男子不絕于婦人之手,今僖公薨于小寢,譏其近女室",是男子不絕于婦人之手,備褻也。**乃行禱于五祀。**盡孝子之情。五祀,博言之。士二祀,曰門、曰行。〇盡孝,子忍反。【疏】"乃行禱于五祀"。〇注"盡孝"至"曰行"。〇釋曰:云"盡孝子之情"者,死期已至,必不可求生,但盡孝子之情,故乃行禱五祀,望祐助病者,使之不死也。云"五祀,博言之。士二祀,曰門、曰行"者,《祭法》文,今禱五祀,是廣博言之,望助之者衆,其言五祀,則與諸侯五祀同,則《祭法》云諸侯五祀是也。

---

① "皆互言"原作"皆有兼",曹云:"'兼',單疏作'言'。案'皆有言',似當爲'皆互言'。"據改。

② "爲"字原作"有",阮云:"嚴本同,毛本'有'作'爲'。"據改。

乃卒。卒，終也。【疏】"乃卒"。○注"卒終也"。○釋曰：自此盡"遷尸"，論上篇始死遷尸於南牖之事。《曲禮》與《爾雅》皆云"大夫曰卒，士曰不禄"，今士不言不禄而云卒者，義取君子曰終，小人曰死，故鄭云"卒，終也"，美言之，使與大夫同稱也。主人啼，兄弟哭。哀有甚有否，於是始去笄纚，服深衣。《檀弓》曰："始死，羔裘玄冠者，易之。"○人啼，大兮反。纚，所買反，又所綺反。【疏】"主人啼兄弟哭"。○注"哀有"至"易之"。○釋曰：云"哀有甚有否"者，啼即泣也，《檀弓》云高柴"泣血三年"，注云"言泣，無聲，如血出"，則啼是哀之甚，發聲則氣竭而息之，聲不委曲，若往而不反，對齊衰以下，直哭無啼，是其否也。知"於是始去笄纚，服深衣"者，《禮記·問喪》云"親始死，雞斯徒跣，扱上衽"，注云"雞斯，當爲笄纚。上衽，深衣之裳前"，是其親始死笄纚，服深衣也。引《檀弓》者，證服深衣，易去朝服之事也。設牀笫，當牖。衽，下莞上簟，設枕。病卒之間廢牀，至是設之，事相變。衽，臥席。古文笫爲茨。○牀笫，側几反。衽，而甚反，又而鳩反①。【疏】"設牀"至"設枕"。○注"病卒"至"爲茨"。○釋曰：經直云士"死于適室，幠用斂衾"，不云此等之事，故記人言之也。云"病卒之間廢牀，至是設之"者，《喪大記》云疾病"寢東首於北牖下，廢牀"，是其始死，亦因在地無牀，復而不蘇，乃設牀於南牖下，有枕席，是病卒之間廢牀，於是設之。云"事相變"者，謂疾病時去牀，既死設牀，是生死事相變也。"衽，臥席"者，《曲禮》云"請席何鄉？請衽何趾"，鄭云"坐問鄉，臥問趾，因於陰陽"，是衽爲臥席，《昏禮》注云"衽，臥席也"。遷尸。徙於牖下也，於是幠用斂衾。【疏】"遷尸"。○注"徙於"至"斂衾"。○釋曰：云"徙於牖下"者，即上文"牀笫，當牖"者也。"於是幠用斂衾"者，釋《士喪禮》"幠用斂衾"之時節也。

復者朝服，左執領，右執要，招而左。衣朝服，服未可以變。○朝服，直遙反，後同。執要，一遙反，後同。衣朝，於既反。【疏】"復者"至"而左"。○注"衣朝"至"以變"。○釋曰：云"招而左"者，以左手執領，還以左手以領招之，必用左者，招魂所以求生，左陽，陽主生，故用左也。復者，士之有司，著朝服也。左執領，謂爵弁服也。云"衣朝服，服未可以變"者，謂始死未可以變之服凶服，以其復所以求生故也，《喪大記》"小臣復，復者朝服"，彼言小臣，據君，則上下尊卑復者皆朝服也。楔，貌

---

① "而"字原作"西"字，黃云："'西'字誤，宋本作'而'。"據改。

如輗，上兩末。事便也。今文輗作厄。○楔貌，悉結反。如輗，於革反。【疏】"楔貌"至"兩末"。○注"事便"至"作厄"。○釋曰：云"如輗"者，輗謂如馬鞅①，輗馬領亦上兩末，令以屈處入口，取出時易，故鄭云"事便也"，此角柶②，異於吉時所用也。綴足用燕几，校在南，御者坐持之。校，脛也。尸南首，几脛在南以拘足，則不得辟戾矣。古文校爲枝。○綴足，丁劣反，劉丁衛反。校在，劉胡飽反，一音苦交反。辟戾，必亦反。【疏】"綴足"至"持之"。○注"校脛"至"爲枝"。○釋曰：云"几脛在南以拘足，則不得辟戾矣"者，古者几兩頭各施兩足，今以夾足則豎用之③，尸南首，足鄉北，故以几脚鄉南以夾足，恐几欹側，故使生存侍御者一人坐持夾之，使足不辟戾，可以著屨也。即牀而奠，當腢，用吉器。若醴，若酒，無巾、柶。腢，肩頭也。用吉器，器未變也。或卒無醴，用新酒。○當腢，五口反，劉五侯反。或卒，七忽反。【疏】"即牀"至"巾柶"。○注"腢肩"至"新酒"。○釋曰：即，就也，謂就尸牀而設之，尸南首則在牀東，當尸肩頭也，此即《檀弓》云"始死之奠，其餘閣也與"。云"用吉器，器未變也"者，謂未忍異於生，故未變，至小斂奠，則變豆籩之等，爲變矣。云"或卒無醴，用新酒"者，釋經"若醴，若酒"，科有其一，不得並有之事，以其始死，卒未有醴，則用新酒。若然，醴、酒俱有，容有醴則用之，不更用酒，以其始死不備故也。若小斂以後，則酒、醴具設，"甒二，醴、酒"是也。

赴曰："君之臣某死。"赴母、妻、長子則曰："君之臣某之某死。"赴，走告也。今文赴作訃。○長子，丁丈反，下注長猶同。作訃，音赴。【疏】"赴曰"至"某死"。○注"赴走"至"作訃"。○釋曰：云"母、妻、長子則曰：君之臣某之某死"者，上某是士名，下某是母、妻、長子，假令長子則云長子某甲，母、妻則婦人不以名行，直云母與妻也。云"赴，走告也"者，言赴，取急疾之意，故云"赴，走告也"。云"今文赴作訃"者，《雜記》作訃者，義取以言語相通，亦一塗也。

室中，唯主人、主婦坐，兄弟有命夫、命婦在焉亦坐。別尊卑也。

---

① "謂"下原無"如"字，阮云："毛本、《通解》'謂'下有'如'字。"據補。

② "角"字原作"用"，阮云："陳本同，毛本'用'作'角'。"《士喪禮》云"楔齒用角柶"，則毛本是，據改。

③ "夾"下原無"足"字，曹云："'夾'下似脱'足'字。"據補。

○別尊，彼列反。【疏】"室中"至"亦坐"。○注"別尊卑也"。○釋曰：云"兄弟有命夫、命婦在焉亦坐"者，若無命夫、命婦則皆立可知，此《士喪禮》據命士，故鄭云"別尊卑也"，尊謂命夫、命婦①。案《大記》君之喪，主人、主婦坐，以外皆立；若大夫喪，主人、主婦、命夫、命婦皆坐，以外皆立也；士之喪，主人、父兄、主婦、姑姊妹皆坐，鄭云"士賤，同宗尊卑皆坐"，此命夫、命婦之外立而不坐者，此謂有命夫、命婦來，兄弟爲士者則立，若無命夫、命婦則同宗皆坐也②。

尸在室，有君命，衆主人不出。不二主。【疏】"尸在"至"不出"。○注"不二主"。○釋曰：經直云"主人唯君命出"，不言衆主人，故記人辨之。云"衆主人不出"，在尸東耳。云"不二主"者，《曾子問》云"喪有二孤，廟有二主"爲非禮，不云"不二孤"而云"不二主"者，彼廟主與喪孤相對，此孤不對廟主，孤亦是喪主，故以主言之也。

襚者委衣于牀，不坐。牀高由便。【疏】"襚者"至"不坐"。○注"牀高由便"。○釋曰：云"牀高由便"者，《曲禮》云"授立不跪，授坐不立"，此委衣於牀者，不坐委之，以牀高，亦如授立不坐之義，故云"由便"也。其襚于室，户西北面致命。始死時也。【疏】"其襚"至"致命"。○注"始死時也"。○釋曰：云"始死時也"者，謂未小斂之前，尸在室中，故户西北面致命③，若小斂之後，奉尸夷於堂，則中庭北面致命。

夏祝淅米，差盛之。差，擇之。○淅米，西歷反。差盛，七何反，又初佳反④，劉藏何反，下音成。【疏】"夏祝"至"盛之"，○注"差擇之"。○釋曰：經直云"祝淅米于堂，南面，用盆"，不言"夏"與"盛之"，故記人言之。御者四人，抗衾而浴，襢笫。抗衾，爲其保裎，蔽之也。襢，袒也。袒簀，去席，盈水便。○抗衾，苦浪反，劉音剛。襢，之善反。裎，力果反。袒，音但。簀，音責。盈，音禄。便也，婢面反。其母之喪，則内御者浴，鬠無笄。内御，女御也。無笄，猶丈夫之不冠也。○鬠，古外反。【疏】注"内御"至"冠也"。○釋曰：云"内御，女御"者，以婦人稱内，故以女

---

① "云兄弟"至"謂命夫命婦"，曹云："以上承用舊義命士、不命士之説，'此《士喪禮》'下似脱'據命士'三字。"據補。
② "案大記"至"皆坐也"，曹云："以下賈氏下己意以易舊説，若命夫、命婦'若'下，當從各本增'無'字。"據補。
③ "故户西"原作"户西故"，曹云："當爲'故户西'。"據乙。
④ "佳"字原作"佳"，黄云："宋本'佳'作'佳'是也。"據改。

御爲内御，婦人不死男子之手，故知"内御，女御也"。天子八十一御妻亦曰女御，與此別也。云"無笄，猶丈夫之不冠也"者，《喪服小記》云"男子冠而婦人笄"，《士喪禮》男子不冠①，此云婦人不笄與男子不冠同，故云猶丈夫不冠也。**設明衣，婦人則設中帶。**中帶，若今之禪襂。○禪，音昆。襂，音衫。【疏】"設明"至"中帶"。○注"中帶"至"禪襂"。○釋曰：經直云"設明衣"，不辨男子與婦人，故此記人云設明衣者男子，其婦人則設中帶。鄭云"中帶，若今禪襂"者，鄭舉目驗而言。但男子明衣之狀，鄭不明言，亦當與中帶相類，有不同之處，故別。雖名中帶，亦號明衣，取其圭絜也。**卒洗，貝反于笲，實貝，柱右齻、左齻。**象齒堅。○于笲，音煩。柱，丁主反。齻，丁干反。【疏】"卒洗"至"左齻"。○注"象齒堅"。○釋曰：經直云實貝於尸左、右及中，不言遠近，故記人辨之。云"右齻、左齻"，謂牙兩畔最長者，象生時齒堅也。**夏祝徹餘飯。**徹去鬻。【疏】"夏祝徹餘飯"。○釋曰：經不言夏祝徹，故記人記之。**瑱塞耳。**塞，充窒。○瑱塞，他殿反。【疏】"瑱塞耳"。○釋曰：經直云"瑱用白纊"，用掩之，不云"塞耳"，恐同生人縣于耳旁，故記人言之也。**掘坎，南順，廣尺，輪二尺，深三尺，南其壤。**南順，統於堂。輪，從也。今文掘爲抾也。○掘坎，其勿反，又其月反。從也，子容反。爲抾，五錦反，劉音作感反，《坤蒼》云坎也、坑也。【疏】"掘坎"至"其壤"。○釋曰：經直云"甸人掘坎于階閒"，不辨大小，故記人明之。**壆用塊。**塊，堛也。古文壆爲役。○壆用，音役。塊，苦内反。堛也，普逼反，劉音逼。【疏】注"塊堛也"。○釋曰：云"塊，堛"者，《爾雅·釋言》文，孫氏云"堛，土塊也"。**明衣裳用幕布，袂屬幅，長下膝。**幕布，帷幕之布，升數未聞也。屬幅，不削幅也。長下膝，又有裳，於蔽下體深也。【疏】"明衣"至"下膝"。○注"幕布"至"深也"。○釋曰：云"明衣裳用幕布"，則衣裳同用幕布。云"袂屬幅，長下膝"者，唯據衣而言，以其下別云裳故也。云"幕布，帷幕之布"者，《周禮·幕人》云"掌帷、幕、幄、帟、綬"，鄭云"帷、幕皆以布爲之，幄、帟皆以繒爲之"，以其帷、幕所以張之於外，恐不相勝舉，故須用布，鄭亦取此文用幕布爲義也，故此云"帷幕之布"。云"升數未聞"者，以其不云疏布，直云幕布，故云"未聞"也。云"屬幅，不削幅"者，布幅二尺二寸，凡用布，皆削去

---

① "子"下原有"免"字，曹云："'免'字衍。"據刪。

邊幅旁一寸，爲二寸計之，則此不削幅，謂繚使相著，還一袟二尺二寸①。云“長下膝”者，謂爲此衣長至膝下。云“又有裳，於蔽下體深”者，凡平爲衣，以其有裳，故不至膝下，此又有裳而言膝下，故云“於蔽下體深也”。蔽下體，解此經衣至膝下也。**有前後裳，不辟，長及觳**。不辟，質也。觳，足跗也。凡他服，短無見膚，長無被土。〇不辟，必亦反，劉又薄歷反，注同。及觳，苦角反，又户角反。足跗，方于反。不見，賢遍反，下不見同。不被，皮義反。【疏】“有前”至“及觳”。〇注“不辟”至“被土”。〇釋曰：云“不辟，質也”者，以其凡男子，裳不連衣，故皆前三幅，後四幅，辟積其要閒，示文，今此亦前三後四，不辟積者，以其一服不動，不假上狹下寬也。云“凡他服，短無見膚，長無被土”者，他服，謂深衣，《深衣》云“短毋見膚”，注云“衣取蔽形”，又云“長無被土”，注云“爲汙辱”是也，此裳及觳，至足跗，亦是不被土，故引爲證也。**緅絥緆**，一染謂之緅，今紅也。飾裳在幅曰絥，在下曰緆。〇緅，七絹反，范倉亂反。絥，毗支反，劉音卑。緆，他計反，劉羊豉反。一染，而漸反。【疏】“緅絥緆”。〇注“一染”至“曰緆”。〇釋曰：云“一染謂之緅”者，《爾雅》文，謂一入赤汁染之，即漢時紅，故舉以爲況也。云“飾裳在幅曰絥”者，案《深衣》云“純袂、緣、純邊”，注云“純，謂緣之也。緣邊，衣裳之側，廣各寸半，則表裏共三寸矣”，此在幅亦衣裳之側，緣法如彼也。**緇純**。七入爲緇。緇，黑也。飾衣曰純，謂領與袂。衣以緇，裳以緅，象天地也。〇緇純，諸允反，劉之閏反，注同。**設握，裏親膚，繫鉤中指，結于掔**。掔，掌後節中也。手無決者，以握繫一端繞掔，還從上自貫，反與其一端結之。〇設握，如字，劉烏豆反。中指，如字，劉丁仲反。于掔②，烏亂反。【疏】“設握”至“于掔”。〇注“掔掌”至“結之”。〇釋曰：“手無決者”，以其經已云設握麗于掔，與決連結③，據右手有決者，不言左手無決者，故記之。云“以握繫一端繞掔，還從上自貫，反與其一端結之”者，案上文握手用玄纁裏，長尺二寸，今“裏親膚”，據從手内置之，長尺二寸，中掩之④，手繞相對也，兩端各有繫，先以一端繞掔一帀，還從上自貫，又以一端鄉上鉤中指，反與繞掔者

---

① “一”字原作“以”，阮云：“陳、閩‘以’俱作‘一’，聶氏作‘爲二尺二寸’。”據陳、閩本改。

② “掔”字原作“掔”，黃云：“孫星衍改作‘掔’。”據改。

③ “連”字原作“運”，汪刊單疏作“連”，據改。

④ “中”字原作“十”，曹云：“‘十’字譌，單疏作‘中’。”據改。

結於掌後節中。**甸人築垎坎**，築，實土其中，堅之。穿坎之名，一曰垎。【疏】"甸人築垎坎"。○注"築實"至"曰垎"。○釋曰：經直云"甸人掘坎"，不云還使甸人築，故記人明之，還使甸人築之也。**隸人涅廁**。隸人，罪人也，今之徒役作者也。涅，塞也。爲人復往褻之，又亦鬼神不用。○涅廁，乃結反，塞也。復往，扶又反。【疏】"隸人涅廁"。○注"隸人"至"不用"。○釋曰：知"隸人，罪人"者，案《周禮·司厲職》云"其奴，男子入於罪隸"，則中國罪人，對夷隸、蠻隸、貉隸之等是征四夷所得也，故鄭舉漢法，"今之徒役作者也"，云"爲人復往褻之，又亦鬼神不用"者，若然，古者非直不共湢浴①，亦不共廁，故得云死者不用也。**既襲，宵爲燎于中庭**。宵，夜。【疏】"既襲"至"中庭"。○釋曰：士之喪，死日而襲，經不云中庭設燎，故記明之也。

　　厥明，滅燎，陳衣。記節。【疏】"厥明滅燎陳衣"。○注"記節"。○釋曰：云"記節"者，爲小斂陳衣當襲之，明旦滅燎之時，故記節。正經不云，故記人以明之也。**凡絞、紟用布，倫如朝服**。凡，凡小斂、大斂也。倫，比也。今文無紟，古文倫爲輪。【疏】"凡絞"至"朝服"。○注"凡凡"至"爲輪"。○釋曰：言凡，非一之言，以其唯小斂至大斂有絞，大斂又有紟，故知凡中有大、小斂也。言類如朝服者，《雜記》云"朝服十五升"是也。

---

① "湢"字原作"偪"，孫云："《內則》作'湢'，此與《釋文》所載或本合。"據改。

儀禮疏卷第四十一　儀禮卷第十三

設椸于東堂下，南順，齊于坫，饌于其上，兩甒醴、酒，酒在南。篋在東，南順，實角觶四、木柶二、素勺二。豆在甒北，二以並，籩亦如之。椸，今之輂也。角觶四①、木柶二、素勺二②，爲夕進醴③、酒，兼饌之也。勺二，醴、酒各一也。豆、籩二以併，則是大斂饌也。記於此者，明其他與小斂同陳。古文角觶爲角柶。○設椸，於庶反。齊于，如字，劉才計反。坫，丁念反。素勺，上沿反④，注同。【疏】“設椸”至“如之”。○注“椸今”至“角柶”。○釋曰：自此盡“出室”，論陳大、小斂奠，記經不備之事。云“角觶四、木柶二，爲夕進醴、酒，兼饌之也”者，以其大、小斂之奠，皆有醴、酒，醴一觶，又用一柶，酒用一觶，計醴、酒但用二觶一柶矣，而觶有四，柶有二者，朝夕酒、醴及器別設，不同器，朝夕二奠各饌其器也。云“豆、籩二以併，則是大斂饌”者，以其小斂一豆、一籩，大斂乃有二豆、二籩，故知二爲大斂饌。云“記於此者，明其他與小斂同陳”者，鄭意大斂饌不在大斂節內陳之，而在小斂節陳之者，以其陳此籩、豆之外，皆與小斂同，故就小斂節內陳之，取省文之義也。云“同陳”者，謂多少同陳，不謂大斂饌陳之，亦在小斂節內也。**凡籩、豆實具設，皆巾之。**籩豆偶而爲具，具則於饌巾之。巾之，加飾也，明小斂一豆、一籩不巾。【疏】“凡籩”至“巾之”。○注“籩豆”至“不巾”。○釋曰：云“實具設，皆巾之”者，謂於東堂實之，於奠設之，二處皆巾，故云“皆巾之”。云“籩豆偶而爲具，具則於饌巾之。巾之，加飾也”者，此鄭指解大斂之實饌於堂東之時，巾之，加飾，對小斂之實於堂東不巾，不加飾。云“明小斂一豆、一籩不巾”者，以其云籩豆具，據大斂奠二豆、二籩，實與奠二處

---

① “角”字原作“各”，張敦仁本作“角”，據改。
② “勺”下原無“二”字，阮云：“徐本同，毛本‘勺’下有‘二’字，楊氏無此句與疏合，《集釋》、《通解》俱與毛本同。”據毛本補。
③ “夕”字原作“少”，阮云：“徐本同，《集釋》、《通解》、楊氏、毛本‘少’俱作‘夕’。張氏曰：‘疏少作夕，從疏。’”據改。
④ “上”字原作“土”，黃云：“‘土’字誤，宋本作‘上沿反’，是也。”據改。

皆巾，明小斂奠一豆、一籩堂東饌時不巾。若然，小斂奠設于牀東巾之，爲在堂經久設，塵埃加，故雖一豆、一籩亦巾之，即《禮記·檀弓》云"喪不剥奠也與？祭肉也與"，以其有牲肉故也。**觶俟時而酌，柶覆加之，面枋，及錯，建之。**時，朝夕也。《檀弓》曰："朝奠日出，夕奠逮日。"○面枋，彼命反。及錯，七故反。【疏】"觶俟"至"建之"。○注"時朝"至"逮日"。○釋曰：言此者，記人恐饌時已酌於觶，故記云"俟時而酌"也。引《檀弓》者，謂時是朝夕之時，必朝奠待日出，夕奠須日未没者，欲得父母之神隨陽而來故也。**小斂辟奠不出室。**未忍神遠之也。辟襲奠以辟斂，既斂則不出於室設于序西南，畢事而去之。○辟奠，婢亦反，劉音芳益反，注辟襲奠同。神遠，于万反。辟斂，音避，下辟忌同①。【疏】"小斂辟奠不出室"。○注"未忍"至"去之"。○釋曰：云"未忍神遠之也"者，釋奠不出室之義，始死，猶生事之，不忍即爲鬼神事之，故奠不出室。云"辟襲奠以辟斂"者，以經云"小斂辟奠"，故知辟襲奠只爲辟斂也。云"既斂則不出於室設於序西南"者，又解襲奠不出室，若將大斂，則辟小斂奠於序西南，此將小斂，辟奠於室，至於既小斂，則亦不出於室設于序西南，故言"不出室"。若然，"奠不出室"，爲既斂而言也。云"事畢而去之"者，斂事畢，奉尸夷于堂乃去之，而設小斂奠於尸東。

無踊節。其哀未可節也。【疏】"無踊節"。○注"其哀未可節也"。○釋曰：自死至此，爲受君弔、襚，主人成踊②，有三者三，有踊節而云"無踊節"者，除三者三之外，其閒踊皆無節，即上文"踊無筭"是也。云"其哀未可節也"者，亦謂三者三之外，無踊節而言也。**既馮尸，主人袒，髺髮，絞帶，衆主人布帶。**衆主人，齊衰以下。○髺髮，音括。【疏】"既馮"至"布帶"。○注"衆主"至"以下"。○釋曰：小斂于户内訖，主人袒，髺髮，散帶垂，絰不云"絞帶"及齊衰以下"布帶"事，故記者言之。案《喪服》苴絰之外，更有絞帶，鄭注云"要絰象大帶③，又有絞帶象革帶，齊衰以下用布"，齊衰以下

---

①　"忌"字原作"患"，黃云："宋本'患'作'忌'。阮云：'案辟忌乃下文君視斂注，患字非也'。"據改。

②　"爲受"至"成踊"原作"爲節賓主拾踊"，曹云："當爲'爲受君弔襚，主人成踊'。"據改。

③　"絰"上原無"要"字，阮云："'絰'上陳、閩、《通解》俱有'要'字，依《喪服》注增。"據補。

無等①，皆是布帶也。知衆主人非衆子者，以其衆子皆斬衰、絞帶，故知"衆主人，齊衰
以下"，至緦麻首皆免也。**大斂于阼**。未忍便離主人位也。主人奉尸斂于棺，則西
階上賓之。○便離，力智反。奉尸，芳勇反，下奉之同。【疏】"大斂于阼"。○注"未忍"
至"賓之"。○釋曰：經大斂時直云"布席如初"，不言其處，故記云"大斂于阼"，阼是主
人位，故鄭云"未忍便離主人位也"。云"主人奉尸斂于棺，則西階上賓之"者，喪事所
以即遠，斂訖，即奉尸斂于棺，賓客之，故《檀弓》云"周人殯于西階，則猶賓之"是也。
大夫升自西階，階東，北面東上。視斂。【疏】"大夫"至"東上"。○注"視
斂"。○釋曰：知"視斂"者，以其文承大斂下，故知大夫升，爲視斂也。**既馮尸，大
夫逆降，復位**。中庭西面位。【疏】"既馮"至"復位"。○注"中庭西面位"。○釋
曰：知大夫位在中庭西面者，上篇朝夕哭云主人入堂下，直東序，西面，卿大夫在其南，
卿大夫與主人同西面向殯，故知大夫位在中庭西面也。**巾奠，執燭者滅燭出，
降自阼階，由主人之北東**。巾奠而室事已。【疏】"巾奠"至"北東"。○注"巾
奠而室事已"。○釋曰：上篇大斂奠時，直云"乃奠，燭升自阼階"，無執燭降，由主人之
北，故記人言之云"由主人之北東"也。云"巾奠而室事已"者，既巾訖，是室事已，故執
燭者出也。

　　既殯，主人説髦。既殯，置銘于楹，復位時也。今文説皆作税。兒生三月，
鬋髮爲鬌，男角女羈，否則男左女右。長大猶爲飾存之，謂之髦，所以順父母幼小之
心。至此尸柩不見，喪無飾，可以去之。髦之形象未聞。○人説，土活反，劉詩悦反，
下不説同。髦，音毛。爲鬌，丁果反，劉徒禍反。【疏】"既殯主人説髦"。○注"既殯"至
"未聞"。○釋曰：自此盡"乘車"，論孝子衣服、飲食、乘車等之事。云"既殯，置銘于楹，
復位時也"者，案上篇云"主人奉尸斂于棺，乃蓋。主人降，拜大夫之後至者，北面視
楹。卒塗，祝取銘置于楹，主人復位"，云"復位"者，從西階下復阼階下位也。凡説髦，
尊卑同皆三日，知者，《喪大記》云"小斂，主人即位于戶內，乃斂。卒斂，主人馮之。主
人袒，説髦，髻髮以麻"，注云"士既殯説髦，此云小斂，蓋諸侯禮也"，士之既殯，諸侯之
小斂，於死者俱三日也，是尊卑同三日也。必三日説髦者，案《禮記·問喪》云"三日而
不生，亦不生矣"，以髦是子事父母之飾，父母既不生，故去之。云"今文説皆作税"者，

此“説”及下經“不説絰帶”二字,皆作税。凡釋今古之文,皆在注後,此在注中者,以其釋經義盡者,於注末言之,以文更有義者,釋今古字訖,乃更汎説,即此注已解今古字訖,更釋髦義是也。云“兒生三月,翦髮爲鬌,男角女羈,否則男左女右”者,《内則》文,彼注云“夾囟曰角,午達曰羈”,引之者,證髦象幼時鬌之義,故云“長大猶爲飾存之,謂之髦,所以順父母幼少之心”,是以舜年五十,不失孺子之心者也。云“髦之形象未聞”者,案《詩》云“髧彼兩髦”,傳云“髦者①,髮至眉,子事父母之飾”,以其云髧,髧者垂之貌,又云兩髦,故以髮至眉解之,其狀則未聞。**三日絞垂。**成服日,絞要絰之散垂者。○之散,息但反。【疏】“三日絞垂”。○注“成服”至“垂者”。○釋曰:以經小斂日要絰②,大功以上散帶垂,不言成服之時絞之,故記人言之。云“成服日”者,士禮生與來日,則除死三日,則經云“三日成服”,此云“三日絞垂”之日也。小功、緦麻初而絞之,不待三日也。**冠六升,外縪,纓條屬,厭。**縪,謂縫著於武也。外之者,外其餘也。纓條屬者,通屈一條繩爲武,垂下爲纓,屬之冠。厭,伏也。○外縪,音必,劉又扶結反。屬,音燭,注同。厭,一涉反,注同,伏也。著於,直略反,注同。【疏】“冠六”至“屬厭”。○注“縪謂”至“伏也”。○釋曰:云“冠六升”者,據斬衰者而言,齊衰以下冠衰各有差降。云“縪,謂縫著於武”者,古者冠吉、凶皆冠、武別材,武謂冠卷,以冠前後皆縫著於武,若吉冠,則從武上鄉内縫之,縪餘在内,謂之内縪,若凶冠,從武下鄉外縫之,謂之外縪,故云“外之者,外其餘也”。云“纓條屬者,通屈一條繩爲武,垂下爲纓,屬之冠”者,吉冠則纓、武別材,凶冠則纓、武同材,以一繩從前額上以兩頭鄉項後交通,至耳各綴之於武,使鄉下爲③纓結之。云“屬之冠”者,先爲纓武訖,乃後以冠屬著武,故云“屬”也。云“厭,伏也”者,以其冠在武下過,鄉上反縫著武,冠在武下,故云“厭”也④。五服之冠皆厭,但此文上下據斬衰而言也。**衰三升。**衣與裳也。【疏】“衰三升”。○注“衣與裳也”。○釋曰:經直云衰,鄭兼言裳者,以其衰裳升數同,故經舉衰而通裳,但首對身,首爲尊,故冠六升,衰三升,衰裳同三升也,是以吉時朝服十五

---

① “傳”字原作“鄭”,倉石云:“此《柏舟》傳文,‘傳’誤‘鄭’。”據改。

② “日”字原作“曰”,四庫本、汪刊單疏、張敦仁本皆作“日”,倉石云:“‘日’,《校勘記》云當作‘曰’。今案此作日字爲優,阮説非。”據改。

③ “纓”上原無“爲”字,曹云:“‘纓’上脱‘爲’字。”據補。

④ “冠在武下故云厭也”,吳紱云:“按冠在武下,外畢則然,非厭字之義。厭者,厭伏於髮,不如吉冠之羨羨也,疏似未的。”

升，至於麻冕，鄭亦爲三十升布與服一倍而解之。**屨外納。**納，收餘也。【疏】“屨外納”。○注“納收餘也”。○釋曰：案《喪服》斬衰而言，此則菅屨也。云“外納”者，謂收餘末鄉外爲之，取醜惡不事飾故也。**杖下本，竹、桐一也。**順其性也。【疏】“杖下”至“一也”。○注“順其性也”。○釋曰：案《喪服》爲父斬衰，以苴杖竹，爲母齊衰，以削杖桐，桐、竹皆下本，本謂根本。鄭云“順其性”者，謂下其根本，順木之性。但爲父杖竹者，義取父者子之天，竹性自然圓象天父，子自然至孝。爲母杖桐者，義取桐者同也，同之於父，言至孝同之於父，故《喪服》貶於父，非自然之意也。**居倚廬，**倚木爲廬，在中門外東方，北戶。【疏】“居倚廬”。○注“倚木”至“北戶”。○釋曰：知“在中門外東方，北戶”者，案《喪服傳》云“居倚廬①，既虞，翦屏，既練，舍外寢”，鄭彼注云“舍外寢，於中門之外，屋下壘墼爲之，不塗墍，所謂堊室”，鄭以《子夏傳》以既練居堊室而言外②，外爲中門外，則初死居倚廬，倚廬亦中門外可知也。“東方”者，以中門内殯宮之哭位在阼階下，西面鄉殯，明廬在中門外亦東方鄉殯，是以主人及兄弟、卿大夫外位皆西面。云“北戶”者，以倚東壁爲廬，一頭至地，明北戶鄉陰，至既虞之後，柱楣翦屏，乃西鄉開戶也。**寝苫枕塊，**苫，編藁③。塊，墣也。○寝苫，失占反，編稾也。枕，之鴆反。編，必連反。稾，古老反。【疏】“寝苫枕塊”。○注“苫編藁塊墣也”。○釋曰：孝子寝臥之時，寝於苫，以塊枕頭，必“寝苫”者，哀親之在草，“枕塊”者，哀親之在土。云“苫，編藁”者，案《爾雅》“白蓋謂之苫”，郭云“白茅，苫也”，與此不同者，彼取絜白之義，此（不取絜白，故鄭因時人用藁爲苫而言編藁。云“塊，墣也”者，亦《爾雅》文。**不說絰、帶，**哀戚不在於安。【疏】“不說絰帶”。○注“哀戚不在於安”。○釋曰：云“不說絰、帶”者，冠、衰自然不說，以其絰、帶在冠、衰之上，故周公設絰，舉絰、帶而言也。**哭晝夜無時，**哀至則哭，非必朝夕。【疏】“哭晝夜無時”。○注“哀至”至“朝夕”。○釋曰：此謂殯後在廬中，除朝夕入哭，於廬中思憶則哭，無時節，故鄭云“哀至則哭，非必朝夕”也。**非喪事不言。**不忘所以爲親。【疏】“非喪事不言”。○注“不忘所

---

① “案”上原有“一釋”二字，阮云：“《要義》同，毛本無‘一釋’二字。”據刪。

② “居堊室”原作“居堊屋”，阮云：“陳、閩俱無‘居’字，毛本‘屋’作‘室’，陳本作‘屋’。”據毛本改。

③ “編藁”，阮云：“‘藁’，《釋文》從‘禾’無‘艸’，監本亦從‘禾’。案從‘禾’是，無‘艸’非。”

以爲親”。〇釋曰：《喪服四制》云“不言而事行者，扶而起。言而后事行者，杖而起”，庶人面垢而已，則天子、諸侯有臣，不言而喪事得行者，喪事亦不言，大夫、士是臣，降於君，言而事行，若然，此士禮亦言而事行，故於喪非喪事不言也。《孝經》云“言不文”，亦據大夫、士也。云“不忘所以爲親”者，則喪事也，是以《曲禮》云“居喪未葬讀喪禮，既葬讀祭禮，喪復常讀樂章”，喪事而言，亦兼此也。**歠粥，朝一溢米，夕一溢米，不食菜果。**不在於飽與滋味。粥，糜也。二十兩曰溢，爲米一升二十四分升之一。實在木曰果，在地曰蓏。〇歠，昌悦反。粥，之六反，劉音育。一溢，音逸，劉音實。糜也，亡皮反。曰蓏，力果反。【疏】“歠粥”至“菜果”。〇注“不在”至“曰蓏”。〇釋曰：云“不在於飽”者，案《周禮・廩人》中歲人食“三鬴”，注云“六斗四升曰鬴”，三鬴爲米一斛九斗二升，三十日之食，則日食米六升四，合今日食米二溢二升有餘，是“不在於飽。又案《檀弓》云“必有草木之滋焉，以爲薑、桂之謂也”，彼薑、桂爲滋味，此鄭以菜、果爲滋味，則薑、桂之外，菜、果亦爲滋味也。云“粥，糜也”者，案《爾雅》饘糜謂粥之稀者，故鄭舉其類，謂性不能食粥者，糜亦一溢米同也。云“二十兩曰溢，爲米一升二十四分升之一”者，依算法，百二十斤曰石，則是一斛。若然，則十二斤爲一升①，取十斤分之②，升得一斤。餘二斤，斤爲十六兩，二斤爲三十二兩。取三十兩十升，升得三兩。添前一斤十六兩，爲十九兩。餘二兩，兩二十四銖，二兩爲四十八銖。取四十銖十升，升得四銖。餘八銖，銖爲十絫。十升，升得八絫③，則是一升得十九兩四銖八絫，於二十兩仍少十九銖二絫④，則別取一升破爲十九兩四銖八絫。分十兩，兩爲二十四銖，則爲二百四十銖，又分九兩，兩爲二十四銖，則爲二百一十六銖，并四銖八絫添前，得四百六十銖八絫，總分爲二十四分，且取二百四十銖，分得十銖，餘二百二十銖八絫在，又取二百一十六銖二十四分，分得九銖，添前分得十九銖，餘有四銖八絫。四銖，銖爲十絫，總爲四十絫，通八絫，二十四分，得二絫。是一升爲二十四分，分得十九銖二絫。將十九銖添前四銖爲二十三銖，將二絫添前八絫則爲十絫爲一銖，以此一銖添前二十三銖則爲二十四銖爲一兩，以一兩添十九兩，總二十兩曰溢。云“實在木曰

---

① “一升”，汪刊單疏作“一斗”。
② “十”下原有“二”字，倉石云：“《喪服》疏無‘二’字。”據刪。
③ “絫”字原作“銖”，汪刊單疏作“絫”，據改。
④ “少”字原作“小”，倉石云：“《喪服》疏‘小’作‘少’。”據改。

果，在地曰蓏”者，案《周禮》九職云“二曰園圃，毓草木”，鄭云“樹果蓏曰圃”。案《食貨志》臣瓚以爲“在地曰蓏，在樹曰果”，張晏又云“有核曰果，無核曰蓏”，則此云“在木曰果，在地曰蓏”用臣瓚之義。在木曰果，棗、栗之屬。在地曰蓏，瓜、瓠之屬。**主人乘惡車**，拜君命、拜衆賓及有故行所乘也。《雜記》曰：“端衰、喪車皆無等。”然則此惡車，王喪之木車也。古文惡作堊。○端衰，七回反。作堊，烏洛反，一音烏路反。【疏】“主人乘惡車”。○注“拜君”至“作堊”。○釋曰：云“拜君命、拜衆賓及有故行所乘也”者，以其主人在喪，恒居廬哭泣，非有此事則不行，知義然也。引《雜記》者，證喪事上下同，無別義，以其貴賤雖異，於親一也，故《孝經》五孝不同，及其喪親，唯有一章而已，亦斯義也。云“然則此惡車，王喪之木車”者，案《巾車》云“王之喪車五乘”，發首云“木車，蒲蔽”，是王始喪所乘木車無飾，與此惡車同，故引之見尊卑同也。**白狗幦**，未成豪，狗。幦，覆笭也。以狗皮爲之，取其臑也。白於喪飾宜。古文幦爲幂。○狗幦，亡狄反，覆笭也。覆笭，力丁反，劉音領，本或作軨。其臑，乃管反。爲幂，音莫。【疏】“白狗幦”。○注“未成”至“爲幂”。○釋曰：案《玉藻》云“士齊車鹿幦”，此喪車無飾，故用白狗幦以覆笭。云“未成豪，狗”者，《爾雅·釋畜》文也。**蒲蔽**，蔽，藩。【疏】“蒲蔽”。○注“蔽藩”。○釋曰：藩謂車兩邊禦風，爲藩蔽以蒲草，亦無飾也。**御以蒲菆**，不在於驅馳。蒲菆，牡蒲莖。古文菆作騶。○蒲菆，側留反，劉作侯反，牡蒲莖也。【疏】“御以蒲菆”。○注“不在”至“作騶”。○釋曰：御謂御車者，士乘惡車之時，御車用蒲菆以策馬，喪中示不在於驅馳。云“蒲菆，牡蒲莖”者，案宣十二年，“楚熊負羈囚知罃①，知莊子以其族反之。廚武子御，每射抽矢，菆，納諸廚武子之房”，服注云“菆，好箭”，又云“廚子怒曰：非子之求而蒲之愛”，注云“蒲，楊柳，可以爲箭”，以此而言，蒲非直得策馬，亦爲矢榦也。**犬服**，笭間兵服，以犬皮爲之，取堅也，亦白。今文犬爲大。【疏】“犬服”。○注“笭間”至“爲大”。○釋曰：云“笭間兵服”者，凡兵器建之於車上笭間，喪家乘車亦有兵器自衛，以白犬皮爲服，故云“以犬皮爲之”，取其堅固也。云“亦白”者，幦用白狗皮，明此亦用白犬皮也。**木錧**，取少聲。今文錧爲鐯。○木錧，音管。爲鐯，户瞎反。【疏】“木錧”。○注“取少”至“爲鐯”。○釋曰：其車錧常

---

① “熊”字原作“雄”，阮云：“《要義》同，毛本‘雄’作‘熊’。”《左傳·宣公十二年》作“熊”，與毛本同，據改。

用金，喪用木，是取少聲也。**約綏，約轡**，約，繩。綏，所以引升車。【疏】“約綏約轡”。○注“約繩”至“升車”。○釋曰：知約是繩者，案哀十一年《左傳》云“人尋約，吴髮短”，杜注云“約，繩也”，故知此約亦謂繩也，平常吉時綏、轡用索爲之，今喪中取其無飾，故皆用繩爲之也。**木鑣**，亦取少聲。古文鑣爲苞。○木鑣，彼苗反。【疏】“木鑣”。○注“亦取”至“爲苞”。○釋曰：平常用馬鑣，以金爲之，今用木，故知“亦取少聲”也。**馬不齊髦**。齊，翦也。今文髦爲毛。主人之惡車，如王之木車，則齊衰以下，其乘素車、繅車、駹車、漆車與？○齊，如字，又子淺反。繅車，音早。駹，亡江反。車與，音餘。【疏】“馬不齊髦”。○注“齊翦”至“車與”。○釋曰：此注解文不於末者，亦以釋“不齊髦”訖，别記釋車義故也。云“齊衰以下，其乘素車、繅車、駹車、漆車與”，案《巾車》“王之喪車五乘”，木車，始死所乘；素車，卒哭所乘；繅車，既練所乘；駹車，大祥所乘；漆車，既禫所乘。此士之喪車，亦當五乘，主人乘惡車，齊衰乘素車，與卒哭同；大功乘繅車，與既練同；小功乘駹車，與大祥同；緦麻乘漆車，與既禫同。主人至卒哭已後，哀殺，故齊衰以下節級約與主人同，故鄭爲此義也。若然，士尋常乘棧車，不革輓而漆之，今既禫亦與王以下同乘漆車者，禮窮則同故也。**主婦之車亦如之，疏布裧**。裧者，車裳幃，於蓋弓垂之。○布裧，尺占反。【疏】“主婦”至“布裧”。○注“裧者”至“垂之”。○釋曰：“疏布裧”在“亦如之”之下，見不與男子同。云“裧者，車裳幃”者，案《衛詩》云“漸車幃裳”，注云“幃裳，童容”，又案《巾車》后之翟車有容蓋，容則童容也，若然，則裧與幃裳及容一也，故注者互相曉也。云“於蓋弓垂之”者，案《巾車》云“皆有容蓋”，容蓋相將，其蓋有弓，明於蓋弓垂之也。**貳車，白狗攝服**，貳，副也。攝，猶緣也。狗皮緣服，差飾。○猶緣，悦絹反，下同。差飾，初賣反①。【疏】“貳車白狗攝服”。○注“貳副”至“差飾”。○釋曰：依正禮，大夫以上有貳車，士卑，無貳車，但以在喪，可有副貳之車，非常法，則有兵服，服又加白狗皮緣之，謂之攝服。云“狗皮緣服，差飾”者，對主人服無緣，此則有緣，是差飾也②。**其他皆如乘車**。如所乘惡車。【疏】“其他皆如乘車”。○注“如所乘惡車”。○釋曰：云“其他”者，唯白狗攝服爲異，其他謂“惡車白狗幦”以下，“齊髦”以上，皆同主人惡車也。

---

① “賣”字原作“皆”，黄云：“段云‘皆’當是‘賣’。”據改。

② “差”下原無“飾”字，曹云：“‘差’下脱‘飾’字。”據補。

朔月，童子執帚，卻之，左手奉之，童子，隸子弟，若內豎、寺人之屬。執用左手，卻之，示未用。【疏】“朔月”至“奉之”。○注“童子”至“未用”。○釋曰：此盡“下室”，論饋奠埽絜之事。案《曲禮》埽地者，箕帚俱執，此直執帚，不執箕者，下文“埽室聚諸㝔”，故不用箕也。云“童子，隸子弟”者，案桓二年《左傳》云“士有隸子弟”，服注云“士卑，自其子弟爲僕隸，祿不足以及宗”，是其有隸子弟也。知有內豎及寺人者，士雖無臣，亦有內外之言寺人奄者，以通宮中之命也。云“示未用”者①，用之則用右手也。從徹者而入。童子不專禮事。【疏】“從徹者而入”。○注“童子不專禮事”。○釋曰：案《論語·憲問》云“童子將命，先生並行”，注引《玉藻》“無事則立主人之北，南面”②，皆不專行禮事③，故“從徹者而入”也。比奠，舉席，埽室聚諸㝔，布席如初。卒奠，埽者執帚，垂末內鬣，從執燭者而東。比，猶先也。室中東南隅謂之㝔④。○比奠，必二反，注同。諸㝔，本又作㝔，一弔反，又音杳，見《爾雅》。內鬣，音獵，又以接反。猶先，悉見反。【疏】“比奠”至“而東”。○注“比猶”至“之㝔”。○釋曰：案上文童子從徹者入，及此經則從執燭者出者，以其入則燭在先，徹者在後，出則徹者在先，執燭者在後，童子常在成人之後，故出入所從不同也。云“室中東南隅謂之㝔”者，《爾雅·釋宮》文。燕養，饋、羞、湯沐之饌，如他日。燕養，平常所用供養也。饋，朝、夕食也。羞，四時之珍異。湯沐，所以洗去汙垢。《內則》曰三日具沐，五日具浴。孝子不忍一日廢其事親之禮，於下室日設之，如生存也。進徹之時，如其頃。○供養，九用反。洗去，悉禮反，劉本作淬，七對反。【疏】“燕養”至“他日”。○注“燕養”至“其頃”。○釋曰：云“燕養”者，謂在燕寢之中，平生時所有共養之事，則“饋、羞、湯沐之饌”是也。“如他日”者，今死，不忍異於生平之日也。云“饋，朝夕食也”者，鄭注《鄉黨》云“不時，非朝、夕、日中時”，一日之中三時食，今注云“朝夕”不

---

① “示未”原作“右手”，汪刊單疏作“示未”，據改。

② “北面”原作“南北”，阮云：“浦鏜云‘北、南字誤倒’。”《禮記·玉藻》作“立主人之北，南面”，據乙。

③ “行”字原作“以”，曹云：“‘以’或當爲‘行’。”據改。

④ “室”下原無“中”字，阮云：“‘室’下《集釋》有‘中’字。張氏曰：‘疏室下有中字。’按《少牢》注亦有中字。”據補。

言"日中"者，或鄭略之①，亦有日中也，或以死後略去日中，直有朝、夕食也。知"羞，四時之珍異"者，《聘禮》有"禽羞俶獻"，《聘義》云"時賜"，鄭云"時賜，四時珍異"，故知此羞亦四時珍異也。引《内則》者，證經進湯沐，亦依《内則》之日數。知"下室日設之"者，言其燕養在燕寢，又下經云"朔月，不饋食於下室"，明非朔月在下室設之也，以其燕養在燕寢中設之可知。云"進徹之時，如其頃"者②，一如其平生子進食於父母，故雖死象生時，若一食之頃。**朔月，若薦新，則不饋于下室。**以其殷奠有黍稷也。下室，如今之内堂。正寢，聽朝事。○聽朝，直遥反，下文及注同。【疏】"朔月"至"下室"。○注"以其"至"朝事"。○釋曰：云"以其殷奠有黍稷也"者，大小斂奠、朝夕奠等，皆無黍稷，故上篇朔月有黍稷，鄭注云"於是始有黍稷"，唯有下室若生，有黍稷，今此殷奠，大奠也，自有黍稷，故不復饋食於下室也。若然，大夫已上又有月半奠，有黍稷，亦不饋食於下室可知。云"下室，如今之内堂"者，下室既爲燕寢，故鄭舉漢法内堂況之。云"正寢，聽朝事"者，天子、諸侯路寢以聽政，燕寢以燕息。案《玉藻》云"朝玄端，夕深衣"，鄭注云"謂大夫、士也"，則聽私朝亦在正寢也③。

　　筮宅，冢人物土。物，猶相也。相其地可葬者，乃營之。○猶相，息亮反，下同。【疏】"筮宅冢人物土"。○注"物猶"至"營之"。○釋曰：自此盡"不哭"，論筮宅、卜日之事。正經筮宅之事不言物土④，故記人言之。云"相其地可葬者，乃營之"者，凡葬，皆先相，乃筮之，筮吉乃掘坎，今直云"營之"，不言筮宅者，營之中兼筮，故經云"筮宅，冢人物土"，是使冢人物土，乃筮者也。**卜日吉，告從于主婦。主婦哭，婦人皆哭。主婦升堂，哭者皆止。**事畢。【疏】"卜日"至"皆止"。○注"事畢"。○釋曰：正經直云"闔東扉，主婦哭"⑤，不云"主婦升堂，哭者皆止"之事，故記明

---

　　①　"之"字原作"言"，阮云："陳、閩、監本、《通解》、《要義》同，毛本'言'作'云'。"盧文弨云：'疑是之字。'按草書'言'、'云'俱似'之'字。"據改。

　　②　"進"下原重"進"字，阮云："毛本、《通解》不重'進'字。"曹云："'進'字不當重。"據删。

　　③　"則"下原無"聽私朝"三字，阮云："《要義》同，毛本、《通解》'則'下有'聽私朝'三字。"據補。

　　④　"不"下原無"言"字，曹云："'不'下似脱'言'字。"據補。

　　⑤　"主婦"原作"主人"，阮云："'人'，陳、閩、《通解》俱作'婦'。"曹云："'婦'字是。"據改。

之。云卜日吉，宗人告從于主婦，主婦哭時，堂上婦人皆哭，主婦升堂，堂上婦人皆止不哭。**啓之昕，外内不哭**。將有事，爲其讙踊。既啓，命哭。古文啓爲開。○之昕，音欣。【疏】"啓之"至"不哭"。○注"將有"至"爲開"。○釋曰：自上皆記《士喪》上篇事，自此以下皆記此篇。篇首將啓殯①，唯言"婦人不哭"，不云男子，故記以明之，云內外男女不哭，止讙踊故也。

　　夷牀、輁軸饌于西階東。明階閒者，位近西也。夷牀饌於祖廟，輁軸饌於殯宮。其二廟者，於禰亦饌輁軸焉。古文輁或作拱。○饌于，士轉反。近西，附近之近。【疏】"夷牀"至"階東"。○注"明階"至"作拱"。○釋曰：其夷牀在祖廟，輁軸在殯宮，以其西階東是同，故并言之。鄭云"明階閒者，位近西也"者，以正經直云"階閒"，恐正當兩階之閒，故記人明之，是以鄭云"明階閒者，位近西"，以其柩當殯奠位之處，故夷牀在西，還當牖，輁軸以候載柩，故近西，皆在西階東。云"其二廟者，於禰亦饌輁軸焉"者，以其先朝禰，故至禰廟一移柩升堂，明旦乃移柩於輁軸上，載以朝祖廟，朝祖廟時下柩訖，明日用蜃車，輁軸不復更用，不饌之，故云"二廟者，於禰亦饌輁軸焉"。

　　其二廟，則饌于禰廟，如小斂奠，乃啓。祖尊禰卑也。士事祖禰，上士異廟，下士共廟。【疏】"其二"至"乃啓"。○注"祖奠"至"共廟"。○釋曰：自此盡"主人踊如初"，論上士二廟，先朝禰，奠設及位次之事。云"其二廟，則饌于禰廟"者，以先朝禰，後朝祖，故先於禰廟饌，至朝設之故也。云"如小斂奠"者，則亦門外特豚一鼎，東方兩甒醴、酒②，一豆、一籩之等也。云"祖尊禰卑也"者，欲見上文朝祖時如大斂奠，此朝禰如小斂奠，多少不同之意也。云"士事祖禰"者，總上士及中、下之士而言。云"上士異廟"，據此經而言，"下士共廟"，據經而言。中士亦共廟而唯言下士者，略之，其實中士亦共廟，故《祭法》云"適士二廟，官師一廟"，鄭云"官師，中、下之士"是也。**朝于禰廟，重止于門外之西，東面。柩入，升自西階，正柩于兩楹閒。奠止于西階之下，東面北上。主人升，柩東，西面。衆主人東即位。婦人從升，東面。奠升，設于柩西。升降自西階，主人**

---

① "篇"字原作"葬"，曹云："'葬'殿本作'篇'。"據改。
② "方"字原作"上"，曹云："'上'當爲'方'。"據改。

要節而踊。重不入者,主於朝祖而行,若過之矣。門西東面,待之便也。【疏】"朝于"至"而踊"。○注"重不"至"便也"。○釋曰:此是上士二廟,先朝禰之事,雖言正柩于兩楹間,奠位在户牖之間,則此于兩楹間稍近西,乃得當奠位,亦如軼軸饌于階間而近西然也。云"衆主人東即位"者,柩未升之時,在西階下,東面北上,柩升,主人從升,衆主人已下,乃即阼階下西面位。云"婦人從升",不云"主婦"者,以其婦人皆升,故總言之。云"主人要節而踊"者,奠升,主人踊;降時,婦人踊也。云"門西東面,待之便也"者,以其祖廟在東,柩入禰廟,明旦出門,東鄉朝祖時,其重於柩車先,東鄉祖廟,便也,若先在門東西面,及柩入,乃迴鄉東,則不便,故云"東面,待之便也"。**燭先入者升堂,東楹之南,西面。後入者西階東,北面,在下**。炤在柩者。先,先柩者。後,後柩者。適祖時燭亦然,互記於此。○先先柩,上如字,下西見反。後後柩,上如字,下户豆反。【疏】"燭先"至"在下"。○注"炤在"至"於此"。○釋曰:此燭本是殯宫中炤開殯者,在道時,一在柩前,一在柩後,今又一升堂,一在堂下,故鄭云"先,先柩者。後,後柩者。適祖時燭亦然,互記於此"者,上適祖時,直有朝廟在道柩前後之燭,至廟直云"質明,滅燭",不見燭之升堂、不升堂,此文見至廟燭升與不升,不見在道燭,故云"適祖時燭亦然,互記於此",以其皆有在道及至廟燭升與不升之事也。**主人降,即位,徹,乃奠,升降自西階,主人踊如初**。如其降拜賓,至於要節而踊。不薦車,不從此行。【疏】"主人"至"如初"。○注"如其"至"此行"。○釋曰:云"如其降拜賓,至於要節而踊"者,案上經朝祖時,既正柩,設從奠訖,主人降拜賓,至於要節而踊,故此如之也。云"不薦車,不從此行"者,案上祖禰共廟者,朝廟日即薦車,此二廟,明日於祖廟薦車馬,以其從祖廟行,故薦,今此禰廟,不從此行,故不薦也。

　　祝及執事舉奠,巾、席從而降,柩從,序從如初,適祖。此謂朝禰明日,舉奠適祖之序也。此祝執醴先,酒、脯、醢、俎從之,巾、席爲後。既正柩,席升設,設奠如初。祝受巾,巾之。凡喪,自卒至殯,自啓至葬,主人之禮其變同,則此日數亦同矣。序從,主人以下。今文無從。【疏】"祝及"至"適祖"。○注"此謂"至"無從"。○釋曰:自此盡"不煎",論至祖廟陳設及贈之事。云"此謂朝禰明日"者,以其下文朝祖之時,"序從如初",中有燭,若同日,則朝祖之時已自明矣,何須更有燭也?以此言之,則此朝祖與朝禰別日可知,故鄭云"舉奠適祖之序也"。云"此祝執醴先,酒、脯、醢、俎從之,巾、席爲後"者,此禰奠與小斂奠同,小斂奠時云"夏祝及執事盥,執醴先,酒、脯、醢、俎從"，此經亦祝及執事舉奠，明此亦"執醴先，酒、脯、醢、俎從之"，此經所云"巾、席爲後"也①。云"既正柩，席升設，設奠如初。祝受巾，巾之"者，上正經朝祖時，正柩于兩楹閒訖，"席升，設於柩西。奠設如初，巾之"，以經直云"巾之"，無"祝受巾"，知"祝受巾②，巾之"者，以上篇設小斂奠訖，"祝受巾，巾之"，此與小斂奠同，明設奠訖，"祝受巾，巾之"可知。云"凡喪，自卒至殯，自啓至葬，主人之禮其變同"者，主人常在喪位不出，唯君命乃出迎及送，"其變同，則此日數亦同"，以其此二廟朝者③，啓日朝禰，又明日朝祖，又明日乃葬，與始死日襲，明日小斂，又明日大斂而殯亦同日，主人、主婦變服亦同，以其小斂主人散帶，主婦髽，自啓至葬，主人、主婦亦同於未殯也。云"序從，主人以下"者，案上注云主人與男子居右，婦人居左，以服與昭穆爲位是也。

薦乘車，鹿淺幦，干、笮、革靾，載旜，載皮弁服，纓、轡、貝勒縣于衡。

士乘棧車。鹿淺，鹿夏毛也。幦，覆笭。《玉藻》曰："士齊車，鹿幦豹犆。"干，盾也。笮，矢箙也。靾，韁也。旜，旌旗之屬。通帛爲旜，孤卿之所建，亦攝焉。皮弁服者視朔之服。貝勒，貝飾勒。有干無兵，有箙無弓矢，明不用。古文靾爲殺，旜爲膳。〇乘車，繩證反，後皆同。革靾，息列反。載旜，之然反。縣于，音玄，下注同。夏毛，户嫁反。士齊，側皆反。豹犆，音直。韁也，居良反，劉本作繡，音獲。【疏】"薦乘"至"于衡"。〇注"士乘"至"爲膳"。〇釋曰：此并下車三乘，謂葬之魂車。云"士乘棧車"者，《巾車》之文。云"鹿淺幦"，謂車前式豎者笭子④，以鹿夏皮淺毛者爲幦以覆式，是以《詩·韓奕》云"鞹鞃淺幭"，傳云"鞹，革也。鞃，軾中也。淺，虎皮淺毛也。幭，覆軾也"。引《玉藻》者，彼注云"犆，謂緣也"，士之齊車與朝車同，引之欲證此鹿幦亦以豹皮爲緣飾。云"旜，旌旗之屬"云云者，案《司常》云"孤卿建旜，大夫、士建物"，此士而用旜，故云"亦攝焉"。云"皮弁服者，視朔之服"者，案《玉藻》云諸侯"皮弁以聽朔於大廟"，《鄉黨》孔子云"素衣麑裘"，亦是視朔之服，君臣同服，是以此士亦載皮弁視朔之服也。云"貝勒，貝飾勒"者，貝水物，故以貝飾勒。云"有干無兵，有箙無弓矢，明不用"者，以其干與戈戟兵器及箙與弓矢，皆相須乃用，今有干無兵，有箙無弓矢，明死者不

---

①　"後"下原無"也"字，四庫本"後"下有"也"字，據補。

②　"知"下原無"祝"字，阮云："'知'下陳、閩、《通解》俱有'祝'字。"據補。

③　"廟朝"原作"篇薦"，曹云："'篇薦'二字當爲'廟朝'。"據改。

④　"謂"字原作"爲"，汪刊單疏作"謂"，據改。

用，故闕之也。**道車載朝服**，道車，朝夕及燕出入之車。朝服，日視朝之服也，玄衣素裳。【疏】“道車載朝服”。○注“道車”至“素裳”。○釋曰：知“道車，朝夕及燕出入之車”者，但士乘棧車，更無別車而上云“乘車”，下云“槀車”，此云“道車”，雖有一車，所用各異，故有乘車、道車、槀車之名。知“道車，朝夕”者，案《玉藻》云“朝玄端，夕深衣”，鄭注云“謂大夫、士也”，私朝之服，《春秋左氏傳》云“朝而不夕”，據朝君，於是有朝無夕，若然，云“朝夕”者，士家朝朝暮夕當家私朝之車。又云“及燕出入”者，謂士家游燕出入之車。案《周禮・夏官》有道右、道僕，皆據象路而言道，又案《司常》云“道車載旞”，鄭注云“王以朝夕燕出入”，與此道車同，則士乘棧車與王乘象路同名“道”。云“朝服，日視朝之服”者，案《鄉黨》云“緇衣羔裘”，是孔子所服，鄭注云“諸侯視朝之服”，是君臣同服，故《玉藻》云諸侯“朝服以日視朝”，士之道車而用朝君之服，不用私朝玄端服者，乘車既載孤卿之膻，故道車亦載朝君之服，攝盛也。云“玄衣素裳”者，《士冠禮》云“主人玄冠，朝服，緇帶，素韠”，注不云衣①，衣象冠色，則不云裳，裳象韠色可知，故云“玄衣素裳”也。**槀車載蓑笠**。槀，猶散也，散車以田以鄙之車。蓑笠，備雨服。今文槀爲潦。凡道車、槀車之緵、轡及勒，亦縣于衡也。○槀車，古老反，劉古到反。載蓑，素禾反。猶散，悉但反。【疏】“槀車載蓑笠”。○注“槀猶”至“衡也”。○釋曰：云“槀，猶散也”者，案上乘車、道車，皆據人之乘用爲名，不取車上生稱，則此散車亦據人乘爲號。知“散車，以田以鄙之車”者，案《司常》云“斿車載旌”，注“斿車，木路也，王以田以鄙”，謂王行小小田獵、巡行縣鄙，此散車與彼斿車同是游散所乘，故與斿車同解。若然，士亦與王同有“以田以鄙”者，亦謂從王“以田以鄙”也，若正田獵，自用冠弁服，乘棧車也。云“蓑笠，備雨服”者，案《無羊》詩云“爾牧來思，何蓑何笠”，彼注云“蓑，所以備雨。笠，所以御暑”，而此并云“備雨”者，非直蓑以御雨，笠亦以備雨，故《都人士》詩注云“笠，所以御雨”，喪事不辟暑，是以并云備雨之服。云“今文槀爲潦”者，案《周禮》“輪人爲蓋”，鄭云“禮所謂潦車，謂蓋車輿”，若然，彼注引此文②，則爲潦車者，義亦通矣。“凡道車、槀車之緵、轡及勒，亦縣於衡”者，以車三乘皆當有馬，有馬則有此三者，但記人舉上以明下，乘車云“緵、轡、貝勒縣於衡”，即此三者亦縣於衡可知。

---

① “注不云衣”原作“注云不云衣”，鄭注《士冠禮》無“不云衣，衣象冠色”之語，疏釋鄭意而已，“不云衣”與下文“不云裳”辭例相同，則上“云”字當爲衍文，謹删。

② “注”下原無“引”字，曹云：“‘注’下省‘引’字。”據補。

將載，祝及執事舉奠，户西，南面東上。卒束前而降，奠席于柩西。將於柩西當前束設之。【疏】"將載"至"柩西"。○注"將於"至"設之"。○釋曰：經載柩時，不云去奠設席之事，故記人明之。云"將於柩西當前束設之"者，經雖先云舉奠，後云降席，要須設席乃設奠，故云"將於柩西當前束設之"，正經云"降奠，當前束"是也。巾奠，乃牆。牆，飾柩也。【疏】"巾奠乃牆"。○注"牆飾柩也"。○釋曰：正經直云"降奠，當前束，商祝飾棺"，不云"巾奠"，故記人辨之。巾奠訖，商祝乃飾棺牆，即帷、荒與棺爲飾，故變飾棺云牆也。抗木，刊。剥削之。古文刊爲竿。【疏】"抗木刊"。○注"剥削之"。○釋曰：刊，削也，而云剥者，木無皮者直削之，有皮者剥乃削之，故兼言剥也。茵著用荼，實綏、澤焉。荼，茅秀也。綏，廉薑也。澤，澤蘭也。皆取其香，且御濕。○用荼，大奴反，茅莠。且御，魚吕反，劉本作衙，音禦。【疏】"茵著"至"澤焉"。○注"荼茅"至"御濕"。○釋曰：茵内非直用茅秀，兼實綏、澤取其香，知且御濕者，以其在棺下，須御濕之物，故與荼皆所以御濕。葦苞，長三尺一編。用便易也。○易也，以豉反。【疏】"葦苞長三尺一編"。○注"用便易也"。○釋曰：言"便易"者，葦草既長①，載取三尺一道編之，用便易故也。菅筲三，其實皆瀹。米、麥皆湛之湯，未知神之所享，不用食道，所以爲敬。○菅，古顔反。筲三，所交反。皆瀹，餘若反。皆湛，子廉反，劉子廉反。以爲，如字。【疏】"菅筲三其實皆瀹"。○注"米麥"至"爲敬"。○釋曰：經直云"筲三，黍、稷、麥"，不辨筲之所用及黍稷生熟②，故記人明之，是以云筲用菅草，黍稷皆淹而漬之。云"未知神之所享"者，以其鬼神幽暗，生者不見，故淹而不熟，以其不知神之所享故也。云"不用食道，所以爲敬"者，案《檀弓》云"飯用米貝，不以食道"，食道褻則不敬，故云"不用食道，所以爲敬"也。祖，還車不易位。爲鄉外耳，未行。○還車，音患。爲鄉，許亮反。【疏】"祖還車不易位"。○注"爲鄉外耳未行"。○釋曰：案正經"乃祖"，還乘車、道車、槀車，不辨還之遠近，故記人明之。雖還車，不易本位，爲鄉外耳，還車未行者皆不易位。上經未還車③，車在階間，婦人在堂上，還車去階間，婦人降堂下，若然，則是還車易位而云"不易

---

① "既"字原作"即"，阮云："浦鏜改'即'作'既'。"據改。
② "筲"字原作"苞"，曹云："'苞'當爲'筲'。"據改。
③ "車"字原作"奉"，阮云："'奉'，浦鏜改作'車'。"據改。

位”者，以其三分其庭爲三位，車雖去階間，猶不離三分其庭一在北之位，據大判而言“不易位”也。**執披者旁四人**。前後左右各二人。【疏】“執披者旁四人”。○注“前後左右各二人”。○釋曰：“前後左右各二人”者，謂前之左右，後之左右，則一旁四人，兩旁則八人，上經鄭注云“備傾虧”也。**凡贈幣，無常**。賓之贈也。玩好曰贈①，在所有。○翫好，呼報反。【疏】“凡贈幣無常”。○注“賓之”至“所有”。○釋曰：正經云公賵用玄纁束帛，是贈有常矣，上又云賓贈“奠幣如初”，直云“奠幣如初”，不云物色與多少，故記人明之，以其賓客非一，故云“凡贈幣無常”，鄭云“賓之贈也”。云“玩好曰贈，在所有”者，《詩》云“知子之來之，雜佩以贈之”，是贈在所有也。**凡糗，不煎**。以膏煎之則褻，非敬。【疏】“凡糗不煎”。○注“以膏”至“非敬”。○釋曰：正經葬奠直云“四籩，棗、糗、栗、脯”，不云糗之煎不，故記人明之，凡糗直空糗而已，不用脂膏煎和之，是以鄭云“以膏煎之則褻，非敬”，故云“不煎”。此篇唯葬奠有糗而云凡者，記人通記大夫以上。

　　唯君命，止柩于堩，其餘則否。不敢留神也。堩，道也。《曾子問》曰：“葬既引，至於堩。”○于堩，古鄧反，道也。【疏】“唯君”至“則否”。○注“不敢”至“於堩”。○釋曰：正經直云柩“至邦門，君使宰夫贈”，不云止柩之事，故記人明之。引《曾子問》者，彼爲日食，此爲君命，雖不同，止柩是同，故引之證止柩之事。**車至道左，北面立，東上**。道左，墓道東，先至者在東。【疏】“車至”至“東上”。○注“道左”至“在東”。○釋曰：正經直云“陳器于道東西，北上”，統于壙，以其入壙故也，不云三等之車面位之事，故記人明之，以其不入壙，故東上，不統於壙也。云“道左，墓道東”者，據墓南面爲正，故知道左是墓道東也，當是陳器之南。云“先至者在東”者，以乘車、道車、稾車三者次第爲先後，先至謂乘車也。必知此車是乘車之等者，以其下有柩車，故知此是三等者也。**柩至于壙，斂服載之**。柩車至壙，祝説載除飾，乃斂乘車、道車、稾車之服載之，不空之以歸。送形而往，迎精而反，亦禮之宜。○斂服，收斂之斂，注同。祝説，土活反，劉詩悦反。【疏】“柩至”至“載之”。○注“柩車”至“之宜”。○釋曰：正經直云柩“至于壙，屬引，乃窆”，不云柩車斂服載之，故記人明之。云“柩車至

---

① “曰”字原作“日”，阮云：“徐本同，毛本‘日’作‘曰’。”從毛本改。

壙，祝説載除飾，乃斂乘、道、槀車服載之，不空之以歸”者，此解説載，謂下棺於地，除飾謂除去帷、荒，柩車既空，乃斂乘車皮弁服、道車朝服、槀車蓑笠三者之服載之於柩車，示“不空之以歸”者也。云“送形而往，迎精而反”者，《禮記·問喪》文，引之證此不空歸之義。云“亦禮之宜”者，形往則送之，主人隨柩路是也，精反則迎之，主人隨精而反，是亦禮之宜然也，故云“禮之宜”也。**卒窆而歸，不驅。**孝子往如慕，反如疑，爲親之在彼。【疏】“卒窆而歸不驅”。○注“孝子”至“在彼”。○釋曰：此文解上斂服載之，下棺訖，實土三，孝子從蜃車而歸，不驅馳而疾者，疑父母之神不歸。云“孝子往如慕，反如疑”者，亦《禮記·問喪》文。云“孝子往如慕”者，如嬰兒隨母而啼慕。“反如疑”者，孝子不見其親，不知精魂歸否，故疑之。云“爲親之在彼”者，謂疑精魂在彼不歸，言此者，解經不驅之事。

君視斂，若不待奠，加蓋而出。不視斂，則加蓋而至，卒事。爲有他故及辟忌也。【疏】“君視”至“卒事”。○注“爲有”至“忌也”。○釋曰：君於士既殯而往，有恩則與大斂，既布衣君至，奠訖乃出，不辨不得終視斂之事，故記人明之，是以經二事皆見於禮而言。云“君視斂，若不待奠，加蓋而出”者，一爲君有急事他故，是以不得待奠。云“不視斂，則加蓋而至，卒事”者，亦是君有辟忌，不用見尸柩，是以加蓋乃來。云“卒事”者，待大斂訖乃出。

既正柩，賓出，遂、匠納車于階間。遂、匠，遂人、匠人也。遂人主引徒役，匠人主載柩窆，職相左右也。車，載柩車，《周禮》謂之蜃車，《雜記》謂之團，或作輲，或作摶，聲讀皆相附耳，未聞孰正。其車之轝，狀如牀，中央有轅，前後出，設前後輅，轝上有四周，下則前後有軸，以輇爲輪。許叔重説：“有輻曰輪，無輻曰輇。”○蜃車，市軫反。之團，作輲、作摶，並音市專反，又市轉反，劉團及輇市專反，摶大官反。【疏】“既正”至“階間”。○注“遂匠”至“曰輇”。○釋曰：正經不云納柩車時節，故記人明之。既朝，正柩於兩楹之間，當此之時，遂、匠納柩車於階間。云“遂人、匠人也”者，以其《周禮》有遂人、匠人，天子之官，士雖無臣，亦有遂人、匠人主其葬事。云“遂人主引徒役，匠人主載柩窆，職相左右也”者，案《周禮·遂人職》云“大喪，帥六遂之役而致之，掌其政令。及葬，帥而屬六綍。及窆，陳役”，注云“致役，致於司徒，給墓上事。陳役者，主陳列之耳”，是遂人主引徒也，又《鄉師職》云“及葬，執斲以與匠師御匶而治役”，謂監督其事，又此遂人與匠人同納車于階間，即匠人主載窆，與遂人職相左右也。云“車，載柩車"者,以其此云"納車于階間",正爲載柩①,若乘車、道車之等,則當東榮,不在階間,故知此是柩車也。云"《周禮》謂之蜃車"者,案《遂師職》云"大喪,使帥其屬以幄帟先及蜃車之役",注云"蜃車,柩路也,柩車載柳②,四輪迫地而行,有似於蜃,因取名焉"是也。云"《雜記》謂之團,或作輇,或作摶,聲讀皆相附耳,未聞執正"者,言"或作輇,或作摶"者,皆或《禮記》別本,故云"皆相附耳",但未知執正也。云"其車之轝,狀如牀,中央有轅,前後出"者,觀鄭此注,其轝與輴車同,亦一轅爲之。云"設前後輅"者,正經唯云"前輅",言前以對後,明知亦有後輅。云"轝上有四周"者,此亦與輴車同。云"下則前後有軸,以輇爲輪"者,此則與輴異,以其輴無輪,直有轉轔,此有輇輪。引"許叔重説"者,案許氏《説文》云"有輪無輻曰輇",證此輇無輻也。**祝饌祖奠于主人之南,當前輅,北上,巾之。**言饌於主人之南,當前輅,則既祖,祝乃饌。【疏】"祝饌"至"巾之"。○注"言饌"至"乃饌"。○釋曰:正經直云"祖,還車"及"還重"訖,"乃奠如初",不云饌處,故記人明之,"祝饌祖奠於主人之南,當前輅"。云"則既祖,祝乃饌"者,以其未祖以前,柩車鄉北,輅在主人之北,今云"饌于主人之南",明知既祖還,鄉南乃饌之③。

弓矢之新,沽功,設之宜新,沽示不用。今文沽作古。○沽功,音古。【疏】"弓矢之新沽功"。○注"設之"至"作古"。○釋曰:自此盡篇末,論死者用器弓矢麤惡之事。以其正經直云"用器,弓矢",不辨弓矢善惡及弓矢之名,故記人明之。"設之宜新"者,爲死者宜用新物,云"沽示不用"者,沽謂麤爲之。**有弭飾焉,**弓無緣者謂之弭,弭以骨角爲飾。○有弭,面爾反。無緣,以絹反。【疏】"有弭飾焉"。○注"弓無"至"爲飾"。○釋曰:案《爾雅》云"弓有緣謂之弓,無緣謂之弭",孫氏云"緣,繫約而漆之。無緣,不以繫約,骨飾兩頭",是此弭也,《詩》云"象弭魚服",是用象骨,弓隈既用角,明兩頭亦得用,故鄭總云"骨角爲飾"。**亦張可也。**亦使可張。【疏】"亦張可也"。○注"亦使可張"。○釋曰:生時之弓有張弛,此死者之弓,雖不射而沽,略亦使可張,故

---

① "爲"字原作"謂",阮云:"'謂',《通解》、《要義》俱作'爲'。"據改。

② "柩路"下原無"也柩車載柳"五字,阮云:"《通解》、《要義》同,毛本'路'下有'也柩車載柳'五字。案《周禮》注有此五字,'柩車'作'柩路'。"據補。

③ "明知"至"饌之"原作"明知既祖還乃鄉饌之",曹云:"當爲'明知既祖還,鄉南乃饌之'。"據改。

儀禮疏卷第四十二　儀禮卷第十四

士虞禮第十四

　　○士虞禮第十四，鄭云："虞，猶安也。士既葬其父母，迎精而反，日中而祭之於殯宮以安之之禮。"①【疏】"士虞禮第十四"。○鄭《目録》云："虞，安也。士既葬父母，迎精而反，日中祭之於殯宮以安之。虞於五禮屬凶，《大戴》第六，《小戴》第八②，《别録》第十四。"○釋曰：案此經云"側亨于廟門外之右"，又記云"陳牲于廟門外"，皆云廟，《目録》云"祭之殯宮"者，廟則殯宮也，故鄭注《士喪禮》"凡宮有鬼神曰廟"，以其虞、卒哭在寢，祔乃在廟，是以鄭注《喪服小記》云"虞於寢，祔於祖廟"是也。

　　士虞禮。特豕饋食。饋，猶歸也。○饋食，其位反。【疏】"士虞禮特豕饋食"。○注"饋猶歸也"。○釋曰：自此盡"南順"，論陳鼎鑊、祭器、几筵等之事。案《左氏傳》云"卜日曰牲"，是以《特牲》云牲，大夫已上稱牲，亦稱牢，故云《少牢》，此虞爲喪祭，又葬日虞，因其吉日，故略無卜牲之禮，故指豕體而言不云牲，大夫以上亦當然。《雜記》云"大夫之虞也，植牲"，又此下記云"陳牲於廟門外"，《檀弓》云"與有司視虞牲"，皆言牲者，記人之言，不依常例故也。然《少牢》云"司馬刲羊，司士擊豕"③，不言牲者，據殺時須指事而言④，亦非常例也。云"饋，猶歸"者，謂以物與神及人皆言饋，是以此《虞》及《特牲》、《少牢》皆言饋，《坊記》云"父母在，饋獻不及車馬"，是生死皆言饋，又案《周禮·玉府》云"掌凡王之獻金玉、兵器"，注"謂百工爲王所作，可以獻遺諸侯。古者致物於人，尊之則曰獻，通行曰饋"，以此而言，獻雖主於尊，其《春秋》齊侯來獻魯戎捷，尊魯也，其云饋者，上下通稱，故祭祀於神而言饋，陽貨饋孔子豚而言饋，《鄉黨》

---

①　"安之"下原不重"之"字，黄云："盧本作'以安之之禮'。"據補。
②　"第八"原作"第十五"，阮云："當作'第八'，第十五乃《聘禮》。"據改。
③　"士"上原無"司"字，《少牢饋食禮》作"司士擊豕"，據補。
④　"時"字原作"特"，曹云："'特'字譌，單疏作'時'。"據改。

云“朋友之饋”，是上下通言饋。《膳夫》云“凡王之饋，食用六穀”，注云“進物於尊曰饋，此饋之盛者，王舉之饌也”，彼鄭據當文是進于王，故云“進物于尊”，其實通也。**側亨于廟門外之右，東面。**側亨，亨一胖也。亨於爨用鑊。不於門東，未可以吉也。是日也，以虞易奠，祔而以吉祭易喪祭。鬼神所在則曰廟，尊言之。○側亨，普庚反，劉虛兩反，注同。一胖，音判。用鑊，戶郭反。【疏】“側亨”至“東面”。○注“側亨”至“言之”。○釋曰：云“側亨，亨一胖也”，知者，案吉禮皆全，左右胖皆亨，不云側，此云“側亨”，明亨一胖而已。必亨一胖者，以其虞不致爵，自賓三獻已後①，則無主人、主婦及賓已下之俎，故唯亨一胖也。若然，《特牲》亦云“側殺”者，彼雖亨左右胖，少牢二，特牲一，故以一牲爲側，各有所對故也。云“亨於爨用鑊”者，亦案《少牢》有羊鑊，故亨在鑊。云“不於門東，未可以吉也”者，以虞爲喪祭，不於門東，對《特牲》吉禮，鼎鑊皆在門東，此云“門外之右”，是門之西，未可以吉。云“是日也”至“喪祭”，皆《檀弓》文。云“是日”，謂葬日，日中而虞，易去奠，以死事之，故立尸而祭之。云“祔而以吉祭易喪祭”者，案下記云“三虞、卒哭、他，用剛日，亦如初，曰‘哀薦成事’”，鄭注引《檀弓》文“葬，日中而虞，不忍一日離也，是日也，以虞易奠。卒哭曰成事，是日也，以吉祭易喪祭”，如是則卒哭即是吉祭，而鄭此注云祔爲吉祭者，卒哭對虞爲吉祭，卒哭比祔爲喪祭，故下記云卒哭祭乃餞云“尊兩甒於廟門外之右，少南。洗在尊東南，水在洗東，篚在西”，注云“在門之左，又少南”，則鼎鑊亦在門左，以此知卒哭對虞爲吉祭也②。又云“明日，以其班祔，沐浴”，又云“其他如饋食”，是祔乃與特牲吉祭同，以祔爲吉祭，是以云“祔而以吉祭易喪祭”也。云“鬼神所在則曰廟，尊言之”者，對平時廟與寢別③，今雖葬，既以其迎魂而反，神還在寢，故以寢爲廟，虞於中祭之也。**魚、腊爨亞之，北上。**爨，竈。【疏】“魚腊”至“北上”。○注“爨竈”。○釋曰：上豕爨在門右，東面，此魚、腊各別鑊，言“北上”則次在豕鼎之南④，云“爨，竈”者，周公經爲爨，至孔子時爲竈，

---

① “賓三獻”原作“獻賓”，曹云：“‘獻賓’當爲‘賓三獻’。”據改。

② “左”下原無“以此”至“祭也”十一字，阮云：“《要義》同，毛本此下更有‘以此知卒哭對虞爲吉祭也’十一字，《通解》同。”據補。

③ “時”上原無“平”字，曹云：“‘時’上或脫‘平’字。”據補。

④ “南”字原作“北而”，曹云：“‘北而’二字當爲‘南’。”據改。又，吳紱云：“按三者豕最北，魚、腊以次而南，所謂北上也。此言爨不言鼎，下云‘陳三鼎于門外之右’，則此時鼎未陳也。”

故王孫賈問孔子曰“與其媚於奧，寧媚於竈”，是前後異名，故鄭舉後決前也。饎爨
在東壁，西面。炊黍稷曰饎。饎北上，上齊於屋宇。於虞有亨饎之爨，彌吉。○
饎，尺志反。【疏】“饎爨”至“西面”。○注“炊黍”至“彌吉”。○釋曰：以三鑊在西方反
吉，案《特牲》云“主婦視饎爨于西堂下”，宗婦主之，在西方，今在東，亦反吉也。《少牢》
廩爨在饔爨之北，在門外者，是大夫之禮，廩人主之①，男子之事，故與牲爨同在門外東
方也。知“炊黍稷曰饎”者，案《周禮·饎人》云“掌凡祭祀共盛”，齊盛即黍稷，故知也。
云“北上，上齊于屋宇”者，此案《特牲記》云“饎爨在西壁”，鄭注云“西壁，堂之西墻下。
舊說云南北直屋桷，稷在南”，彼此東西皆言壁，彼云“屋桷”，此云“屋宇”，故知此亦齊
屋也。云“於虞有亨饎之爨，彌吉”者，以其小斂、大斂未有黍稷，朔月薦新之等，始有
黍稷，向吉，仍未有爨，至此始有亨饎之爨，故云“彌吉”。設洗于西階西南，水
在洗西，篚在東。反吉也。亦當西榮，南北以堂深。【疏】“設洗”至“在東”。○注
“反吉”至“堂深”。○釋曰：如其上文設爨反吉，此亦反吉。又上下篇吉時設洗，皆當
東榮，南北以堂深，今在西階西南，亦當西榮，南北以堂深可知也。尊于（堂）〔室〕
中北墉下②，當户，兩甒醴、酒，酒在東，無禁，冪用絺布，加勺，南
枋。酒在東，上醴也。絺布，葛屬。○冪用，亡狄反。【疏】“尊于”至“南枋”。○注“酒
在”至“葛屬”。○釋曰：云“酒在東，上醴也”者，醴法上古，酒是人所常飲，故在東，吉禮
玄酒在酒上，今以喪祭禮無玄酒，則醴代玄酒在上，故云“上醴也”。云“絺布，葛屬”
者，絺綌以葛爲之，布則以麻爲之，今絺布並言，則此麻葛雜，故有兩號，是以鄭云“葛
屬”也。素几、葦席在西序下。有几，始鬼神也。【疏】“素几”至“席下”。○注
“有几始鬼神也”。○釋曰：經几、席具有，注唯云几者，以其大斂奠時已有席，至此虞
祭乃有几故也。然案《檀弓》云“虞而立尸，有几、筵”，筵則席，虞祭始有者，以几、筵相
將，故連言筵，其實虞有几③。若天子、諸侯始死則几、席具，故《周禮·司几筵》云“每
敦一几”，據始殯及葬時，是始死即几、席具也。苴，刋茅，長五寸，束之，實于

① “是大”至“主之”原作“是大夫主之廩人掌”，曹云：“當爲‘是大夫之禮，廩人主之’。”據改。
② “尊于堂中北墉下”，唐石經及諸本“堂”皆作“室”，當據改。
③ “其”下原無“實”字，曹云：“‘其’下似脱‘實’字。”據改。

筐，饌于西坫上。苴，猶藉也。○苴，子徐反，劉子都反，下及記同。刉，七本反。猶藉，在夜反，後皆同。【疏】“苴刉”至“坫上”。○注“苴猶藉也”。○釋曰：此苴而云藉祭，故《易》云“藉用白茅，無咎”。饌兩豆菹、醢于西楹之東，醢在西，一鉶亞之。醢在西，南面取之，得左取菹，右取醢，便其設之。○便其，婢面反，後放此。【疏】“饌兩”至“亞之”。○注“醢在”至“設之”。○釋曰：此饌繼西楹言之，則以西楹爲主，向東陳之。云“一鉶亞之”者，菹以東也。云“醢在西，南面取之，得左取菹，右取醢，便其設之”者，以其尸在奧東面，設者西面設於尸前，菹在南，醢在北，今於西楹東饌之，菹在東，醢在西，是南面取之，得左取菹，右取醢，至尸前西面，又左菹右醢，故云便也。從獻豆兩，亞之，四籩亞之，北上。豆從主人獻祝，籩從主婦獻尸、祝。北上，菹與棗。不東陳，別於正。○別於，彼列反。【疏】“從獻”至“北上”。○注“豆從”至“於正”。○釋曰：此從獻豆、籩，雖文承一鉶之下而云“亞之”，下別云“北上”，是不從鉶東爲次，宜於鉶東北，以北爲上，向南陳之。若然，文承一鉶下而云“亞之”者，以其次在鉶以東，去楹漸遠，故云亞，不謂亞鉶以東也。據此陳之次，然則東北菹爲首，次南醢，醢東栗，栗北棗，棗東棗，棗南栗，此以東面取之而入，北面設之祝前，得右菹左醢，其籩亦然，先陳者先設，後陳者後設，棗在左，亦得其設，故鄭云“北上，菹與棗”也。云“豆從主人獻祝”者，以其尸前正豆已設訖，以爲陰厭，不名爲從，此二豆主人先獻祝酒，後乃薦豆，故言從。云“籩從主婦獻尸、祝”者，以其四籩，二籩從主婦獻尸，二籩從主婦獻祝，亦是從也。云“不東陳，別於正”者，以二豆與鉶在尸未入前爲正[1]，此皆在獻後爲非正，故東北別也。饌黍、稷二敦于階閒，西上，藉用葦席。藉，猶薦也。古文藉爲席。○二敦，音對，劉又都愛反，後放此。【疏】“饌黍”至“葦席”。○注“藉猶”至“爲席”。○釋曰：云“藉，猶薦也”者，謂先陳席，乃陳黍稷於上，是所陳席藉薦黍稷也。匜水錯于槃中，南流，在西階之（南）〔東〕[2]，簞巾在其東。流，匜吐水口也。○匜水，音移。錯，七故反，後同。簞巾，音丹。陳三鼎于門外之右，北面北上，設扃鼏。門外之右，門西也。今文扃爲鉉。○作鉉，玄犬反。

---

① “未入”原作“爲獻”，曹云：“‘爲獻’當爲‘未入’。”據改。

② “在西階之南”，張惠言云：“據下‘淳尸盥’，賈疏兩言‘在西階之東’，則與《少牢》同。”胡培翬云：“經文各本皆作‘南’，恐賈所見本偶誤。”當據改。

【疏】"陳三"至"扃鼏"。○注"門外"至"爲鉉"。○釋曰：此扃雖先云設，其設扃在後，知者，案《士喪禮》小斂云"右人左執匕，抽扃，予左手，兼執之，取鼏委於鼎北，加扃"，則扃在鼏上，故先抽扃，後去鼏，則鼏先設可知。扃鼏雖在三鼎之下總言，其實陳一鼎訖，即設之，知者，案下記云"皆設扃鼏"，注云"嫌既陳，乃設扃鼏"是也。**匕俎在西塾之西。**不饌於塾上，統於鼎也。塾有西者，是室南鄉。○南鄉，許亮反。【疏】"匕俎在西塾之西"。○注"不饌"至"南鄉"。○釋曰：云"不饌於塾上，統於鼎也"者，決下文"羞燔俎在内西塾上"而在塾上，又云"賓降，反俎于西塾"，至於主婦亞獻訖，直云賓"燔從，如初"，明尸受燔訖，賓亦反俎于西塾上，是互見義也。**羞燔俎在内西塾上，南順。**南順，於南面取，縮執之便也。肝俎在燔東。○羞燔，音煩。

　　主人及兄弟如葬服，賓執事者如弔服，皆即位于門外，如朝夕臨位。婦人及内兄弟服，即位于堂，亦如之。葬服者，《既夕》曰"丈夫髽，散帶垂"也。賓執事者，賓客來執事也。○臨位，力蔭反，下同。髽，側瓜反。散帶，悉但反。【疏】"主人"至"如之"。○注"葬服"至"事也"。○釋曰：自此盡"北面"，論將虞祭即位及衣服之事[1]。云"葬服者，《既夕》曰'丈夫髽，散帶垂'也"者，此唯謂葬日反，日中而虞及三虞時，其後卒哭，即服其故服，是以《既夕記》注云"自卒至殯，自啓至葬，主人之禮，其變同"，則始虞與葬服同，三虞皆同，至卒哭卒去無時之哭，則依其喪服，乃變麻服葛也。云"賓執事者，賓客來執事也"者，以其虞爲喪祭，主人未執事，故云"賓客來執事也"。案下注云"士之屬官，爲其長弔服加麻"，即此經賓執事者弔服是也。若然，此士屬官中有命于其君者，是以《特牲記》賓中有"公有司"，鄭注云"公有司亦士之屬，命于其君者也"，案《曾子問》"士則朋友奠，不足則取於大功以下"[2]，又云"士祭不足，則取於兄弟大功以下者"，鄭云"祭，謂虞、卒哭時"，以此而言，彼朋友則公有司，與此執事一物，以僚友言之，雖屬官亦爲朋友也。**祝免，澡葛絰帶，布席于室中，東面，右几，降，出，及宗人即位于門西，東面南上。**祝亦執事。免者，祭祀之禮，祝所親也。澡，治也。治葛以爲首絰及帶，接神宜變也。然則士

---

① "即"字原作"於"，曹云："'於'當爲'即'。"據改。

② "取"上原無"則"字，阮云："《要義》同，毛本、《通解》'取'上有'則'字。按此本誤脱，《曾子問》有'則'字。"據補。

之屬官,爲其長弔服加麻矣,至於既卒哭,主人變服則除。右几,於席近南也。○祝
免,音問,注同①。澡葛,音早。爲其,于僞反,下爲神同。長,丁丈反,下文并注同。近
南,附近之近,後放此。【疏】"祝免"至"南上"。○注"祝亦"至"南也"。○釋曰:云"祝
亦執事"者,謂亦上執事也。云"免者,祭祀之禮,祝所親也"者,案《禮記・喪服小記》
云"緦麻、小功、虞、卒哭則免",注云"卒哭,緦麻以上至斬衰皆免",今祝是執事屬吏之
等,無免法②,今與緦以上同著免,嫌其大重,故云"祭祀之禮,祝所親"而可以重服
也③。宗人告有司具,遂請拜賓,如臨。入門哭,婦人哭。臨,朝夕
哭。【疏】"宗人"至"人哭"。○注"臨朝夕哭"。○釋曰:朝夕哭奠時④,門外拜賓訖⑤,
入門,男子、婦人共哭也。主人即位于堂,衆主人及兄弟、賓即位于西
方,如反哭位。《既夕》曰:"乃反哭,入門⑥,升自西階,東面。衆主人堂下,東面北
上。"此則異於朝夕。【疏】"主人"至"哭位"。○注"既夕"至"朝夕"。○釋曰:此明賓將
與祭,主人及兄弟等即位之事。云"如反哭位",鄭引《既夕》者,證主人等面位之事也。
祝入門左,北面。不與執事同位,接神尊也。【疏】"祝入門左北面"。○注"不與"
至"尊也"。○釋曰:云"不與執事同位,接神尊也"者,執事即上兄弟、賓即位于西方,
如反哭位,皆是執事,故《曾子問》喪祭不足則取兄弟,故云"不與執事同位,接神尊
也"。宗人西階前,北面。當詔主人及賓之事。【疏】"宗人"至"北面"。○注"當
詔"至"之事"。○釋曰:此宗人在堂下,是主人在堂時,若主人在室,宗人即升堂,是以
下記云"主人在室,則宗人升,户外北面",注云"當詔主人室事"是也。

　　祝盥,升,取觶降,洗之,升,入設于几東席上,東縮,降,洗
觶,升,止哭。縮,從也。古文縮爲蹙。○東縮,所六反。從也,子容反,下文并注
同。爲蹙,子六反。【疏】"祝盥"至"止哭"。○注"縮從也"。○釋曰:自此盡"哭,出,復

---

①　"問"下原無"注同"二字,黃云:"宋本'音問'下有'注同'二字。"據補。
②　"無"上原有"皆"字,曹云:"'皆'字衍。"據刪。
③　"重"字原作"受",曹云:"'受'或當爲'重'。"據改。
④　"奠"字原作"祭",阮云:"毛本、《通解》無'祭'字。"曹云:"'祭'當爲'奠'。"據
曹校改。
⑤　"拜"字原作"送",曹云:"'送'當爲'拜'。"據改。
⑥　"入門",阮云:"徐本、《集釋》、《通解》、楊、敖同,毛本'門'作'則'。浦鏜云《既
夕》經無此字。"

位”，論設饌於神，杖不入於室之事也①。案此文陰厭時，“主人倚杖，入，祝從，在左，西面”，下記云“尸入，祝從尸”，注云“祝在主人前也。嫌如初時，主人倚杖入，祝從之。初時，主人之心尚若親存，宜自親之。今既接神，祝當詔侑尸也”，主人前自門入向西②，在階下未得倚杖于序，今主人在西階，將入室，故倚杖于西序。**主人倚杖入，祝從，在左，西面。** 主人北旋，倚杖西序乃入。《喪服小記》曰“虞杖不入於室，祔杖不升於堂”，然則練杖不入於門，明矣。○倚杖，於綺反，注及下同。祔杖，音附。**贊薦菹醢，醢在北。** 主婦不薦，齊斬之服不執事也③。《曾子問》曰：“士祭不足，則取於兄弟大功以下者。”【疏】“贊薦”至“在北”。○注“主婦”至“下者”。○釋曰：案《特牲》“主婦盥于房中，薦兩豆”，此主婦不薦，故決之。引《曾子問》“士祭不足④，則取於兄弟大功以下者”，彼文承祭下⑤，故引之。虞⑥、卒哭既取大功以下，則齊衰不執事可知，此齊衰不執事，唯爲今時，至于尸入之後，亦執事，兩籩棗、栗，設於會南，至於祔祭，雖陰厭，亦主婦薦，主人自執事也。知者，下記云“其他如饋食”，案《特牲》云“主人在右，及佐食舉牲鼎”是也，若大夫已上尊，不執事，故《少牢》云“主人出迎鼎”，注云“道之也”，是不執事也。**佐食及執事盥，出舉，長在左。** 舉，舉鼎也。長在左，西方位也。凡事，宗人詔之。**鼎入，設于西階前，東面北上，匕俎從設。左人抽扃鼏，匕，佐食及右人載。** 載，載於俎。佐食載，則亦在右矣。今文扃爲鉉，古文鼏爲密。**卒，枇者逆退復位⑦。** 復賓位也。**俎入，設于豆東，魚亞之，腊特。** 亞，次也。今文無之。**贊設二敦于俎南。黍，其東稷。** 簋實尊黍也。【疏】“贊設”至“東稷”。○注“簋實尊黍也”。○釋曰：云“簋實尊黍

---

① “室”字原作“門”，曹云：“‘門’當爲‘室’。”據改。

② “門入向西”原作“西入向東”，曹云：“‘西’當爲‘門’，‘東’當爲‘西’。”據改。

③ “齊”字原作“衰”，阮云：“徐本、《集釋》、《通解》同，《通典》、《要義》、楊氏、毛本‘衰’俱作‘齊’。按疏作‘齊’。”據改。

④ “引”上原有“既”字，曹云：“‘既’字衍。”據刪。

⑤ “祭”字原作“奠”，曹云：“‘奠’當爲‘祭’。”據改。

⑥ “虞”字原作“下”，曹云：“上‘下’字當爲‘虞’。”據改。

⑦ “枇者逆退復位”，敖繼公云：“‘枇’當作‘匕’，字之誤也。”吳紱云：“按枇、匕自可通用。”

也”者,以經西黍東稷,西上,故云“尊黍也”。經云“敦”,注言“簋”者,案《特牲》云“佐食
分簋鉶”,注云“分簋者,分敦黍於會,爲有對也。敦,有虞氏之器也。周制,士用之。變
敦言簋,容同姓之士得從周制耳”,然則此注變“敦”言“簋”者,亦謂同姓之士得用簋故
也。**設一鉶于豆南。** 鉶,菜羹也。【疏】注“鉶菜羹也”。○釋曰:此對黍是湆羹。
佐食出,立于户西。 饌已也。今文無于户西。【疏】“佐食”至“户西”。○注“饌
已”至“户西”。○釋曰:“佐食出”者,以無事不可以空立,故出立于户西。不從今文無
于户西三字者,若無此文,不知立之所在,故不從也。**贊者徹鼎。** 反于門外。**祝
酌醴,命佐食啓會。佐食許諾,啓會,却于敦南,復位。** 會,合也,謂
敦蓋也。復位,出立于户西。今文啓爲開。○啓會,古外反,後放此。【疏】“祝酌”至
“復位”。○注“會合”至“爲開”。○釋曰:《特牲》、《少牢》直言酌奠,不言酌醴者,以彼
直有酒,故不言酒,是酒可知,此酒、醴兩有,今所奠者醴,故須言醴也。若然,彼單酒,
此兩有者,以其同小斂、大斂、朔月、遷祖、祖奠、大遣奠等皆酒、醴並有,故此虞之喪祭
亦兩有,異於吉祭也。**祝奠觶于鉶南,復位,主人再拜稽首。** 復位,復主人
之左。【疏】“祝奠”至“稽首”。○注“復位”至“之左”。○釋曰:云“復主人之左”者,上
“主人倚杖入,祝從,在左”,不見祝更有位,故復主人左也。**祝饗,命佐食祭。**
饗,告神饗。此祭,祭於苴也。饗神辭,記所謂“哀子某,哀顯相,夙興夜處不寧”下至
“適爾皇祖某甫,饗”是也[①]。○顯相,息亮反,下文不相并注同。【疏】“祝饗命佐食
祭”。○注“饗告”至“是也”。○釋曰:下云“祝祝卒”,注云“祝祝者,釋孝子祭辭”,又下
文迎尸後,尸墮祭云“祝祝,主人拜如初”,此等三者皆有辭,此文饗神引記者,是陰厭
饗神辭。下文迎尸上釋孝子辭者,經記無文,案《少牢》迎尸上[②],祝孝子辭云“孝孫某,
敢用柔毛、剛鬣、嘉薦、普淖,用薦歲事于皇祖伯某,以某妃配,某氏,尚饗”,此是釋孝
子辭,此迎尸上釋孝子辭,宜與彼同,但稱哀爲異。其迎尸後祝辭者,即下記饗辭云
“哀子某,圭爲而哀薦之,饗”,鄭注云“饗辭,勸强尸之辭也”。凡吉祭,饗尸曰孝子,是
以《特牲》迎尸後云“祝饗”,注云“饗,勸强之也”,其辭取於《士虞記》,則宜云‘孝孫某,圭

---

① “饗”上原有“尚”字,阮云:“徐本、《集釋》、楊氏同,毛本、《通解》無‘尚’字。”記
文所記饗神辭無“尚”字,故删。

② “尸”下原無“上”字,曹云:“‘尸’下脱‘上’字。”據補。

爲孝薦之，饗’”是也。下二虞、卒哭，記皆有辭，至彼別釋。**佐食許諾，鉤袒，取黍稷，祭于苴三，取膚祭，祭如初。祝取奠觶祭，亦如之，不盡，益，反奠之。主人再拜稽首。**鉤袒，如今擐衣也。苴，所以藉祭也。孝子始將納尸以事其親，爲神疑於其位，設苴以定之耳。或曰：“苴，主道也。”則《特牲》、《少牢》當有主象而無，何乎？○撋衣，音宣，手發衣曰撋，又作擐，音患，又古患反①。少牢，詩召反，後放此。【疏】“佐食”至“稽首”。○注“鉤袒”至“何乎”。○釋曰：云“鉤袒，如今擐衣也”者，經云“鉤袒”，若漢時人擐衣以露臂，故云“如今擐衣也”。云“孝子始將納尸以事其親，爲神疑於其位，設苴以定之耳”者，案上文祝取苴降洗，設於几東者，至此乃祭于苴，下文乃延尸，是孝子迎尸之前用苴，以將納尸，以事其親，爲神疑於其位，故設苴以定之，解預設苴之意也。云“或曰：‘苴，主道也。’則《特牲》、《少牢》當有主象而無，何乎”者，解舊有人云“苴，主道”，似重爲主道然，故鄭破之，云若是苴爲主道，《特牲》、《少牢》吉祭亦當有主象，亦宜設苴，今而無苴何乎？是鄭以苴爲藉祭，非主道也。若然，此據文有尸而言，將納尸有苴，案下記文無尸者亦有苴，又《特牲》、《少牢》吉祭無苴，案《司巫》“祭祀，則供匰主及蒩館”，常祀亦有苴者，以天子、諸侯尊者禮備，故吉祭亦有苴，凶祭有苴可知。**祝祝卒，主人拜如初，哭，出，復位。**祝祝者，釋孝子祭辭。○祝祝，劉下之又反，及注下放此。

　　祝迎尸，一人衰絰奉筐，哭從尸。尸，主也。孝子之祭，不見親之形象，心無所繫，立尸而主意焉。一人，主人兄弟。《檀弓》曰：“既封，主人贈而祝宿虞尸。”○奉筐，芳勇反，下芳鬼反，本亦作筐。哭從，才用反，後以意求之。既封，彼驗反，劉逋鄧反。【疏】“祝迎”至“從尸”。○注“尸主”至“虞尸”。○釋曰：自此盡“如初設”，論迎尸入九飯之事。鄭知“一人衰絰”是“主人兄弟”者，以主人哭，出，復位，無從尸之理，又云“衰絰”，且非疏遠，故知“一人衰絰”是“主人兄弟”也。引《檀弓》者，證祝隨主人葬，先反宿虞尸，故得有“祝迎尸”之事。云“既封”者，封當爲窆，窆，下棺也。**尸入門，丈夫踊，婦人踊。**踊不同文者，有先後也。尸入，主人不降者，喪事主哀，不主敬。【疏】“尸入”至“人踊”。○注“踊不”至“主敬”。○釋曰：云“踊不同文者，有先後也”者，主人在西序，東面，衆兄弟西階下，亦東面，婦人堂上，當東序，西面，故主人與

---

　　①　“古”上原無“又”字，黃云：“盧本作‘又古患反’。”據補。

兄弟見尸先踊,婦人後見尸,故後踊,是有先後。云"尸入,主人不降者,喪事主哀,不主敬"者,決《特牲》、《少牢》尸入,主人皆降立于阼階東,敬尸,故此不降爲主哀。**淳尸盥,宗人授巾**。淳,沃也。沃尸盥者,賓執事者也。○淳尸,之純反,注及下同。【疏】"淳尸"至"授巾"。○注"淳沃"至"者也"。○釋曰:此直言盥,不言面位,案《特牲》云"尸入門左,北面盥,宗人授巾",上陳器時,匜水之等在西階之東,合在門左,則以器就,《特牲》注云"侍盥者執其器就之",若然,《特牲》設尸盥"在門内之右",注云"尸尊,不就洗。門内之右,象洗在東",此虞禮反吉祭,故在西階東,《少牢》禮異於士禮,故尸盥在西階東,與此虞禮同也。云"沃尸盥者,賓執事者也",案上文賓與兄弟皆在執事之中①,既"宗人授巾",明沃盥亦賓執事也。**尸及階,祝延尸**。延,進也,告之以升。【疏】"尸及階祝延尸"。○注"延進"至"以升"。○釋曰:案《特牲》云"祝延尸",注云"延,進也,在後詔侑曰延",又案《少牢》注云"由後詔相之曰延",然則延者皆在後也。若然,記云"尸稷,祝前,鄉尸",又曰"降階,還,及門,如出户",注云"降階如升時",以此言之,降在尸前,云"如升"者,直取與尸升同,不取後同,故《禮器》"詔侑無方"是也。**尸升,宗人詔踊如初**。言詔踊如初,則凡踊,宗人詔之。【疏】"尸升"至"如初"。○注"言詔"至"詔之"。○釋曰:云"言詔踊如初,則凡踊,宗人詔之"者,以其上無宗人詔踊之事,以此"宗人詔踊"云"如初",明前踊并明下文踊,皆宗人詔之,故鄭云"凡"也。**尸入户,踊如初,哭止**。哭止,尊尸。**婦人入于房**。辟執事者。○辟執,音避。【疏】"婦人入于房"。○注"辟執事者"。○釋曰:以其婦人在堂上,執事者由堂入室②,故辟之入房也。**主人及祝拜妥尸,尸拜,遂坐**。妥,安坐也。○妥尸,他果反,劉湯回反,安坐也③。【疏】"主人"至"遂坐"。○釋曰:案《郊特牲》注云"尸即至尊之坐,或時不自安,則以拜安之",此亦然。"妥,安坐也",《爾雅》文。**從者錯篚于尸左席上,立于其北**。北,席北也。【疏】"從者"至"其北"。○注"北席北也"。○釋曰:此虞禮篚象《特牲》所俎,所俎置于席北,明此篚亦在席北,以擬盛尸之饌也。**尸取奠,左執之,取菹,擩于醢,祭于豆間,祝命佐食墮**

---

① "兄弟"原作"主人",曹云:"'主人'當爲'兄弟'。"據改。

② "入室"原作"東",曹云:"'東'字或當爲'入室'二字。"據改。

③ "安坐"原作"坐安",黃云:"《考證》云:'注作"安坐",此似誤倒。'"據乙。

1076

祭。下祭曰墮,墮之猶言墮下也。《周禮》曰“既祭,則藏其墮”,謂此也。今文墮爲綏,
《特牲》《少牢》或爲羞,失古正矣。齊、魯之閒謂祭爲墮。○擩,人悅反①,劉而玄反,
又而誰反。墮祭②,許恚反,注同,又相恚反。猶隋,許規反。【疏】“尸取”至“墮祭”。
○注“下祭”至“爲墮”。○釋曰:云“尸取奠,左執之”者,以右手將墮故也。云“下祭曰
墮”者,以其凡祭,皆手舉之,向下祭之,故云“下祭曰墮”。云“墮之猶言墮下”者,案《左
傳》云子路“將墮三都”,以三都大高,故墮下之,取墮爲下祭之義,故讀從之。引《周
禮·守桃職》云“‘既祭,則藏其墮’③,謂此也”者,謂此墮祭一也,引之者,證《守桃》同
之耳。云“今文墮爲綏”,又云“《特牲》《少牢》或爲羞,失古正矣”者,此二字皆非墮下
之義,故云“失古正”也。云“齊、魯之閒謂祭爲墮”者,齊南魯北謂祭爲墮者,由墮下而
祭,因即謂祭爲墮,是鄭從墮,不從綏與羞之意也。案《特牲》云“祝命挼祭”,注云“《士
虞禮》古文曰‘祝命佐食墮祭’,《周禮》曰‘既祭,則藏其墮’,墮與挼讀同耳。今文改挼
皆爲綏,古文此皆爲擩祭也”④,又《少牢》尸將酢主人時,“上佐食以綏祭”,鄭注云“綏
讀爲墮”,此三處經中墮皆不同者,此五字或爲墮,或爲挼,或爲羞,或爲綏,或爲擩,此
五者鄭既以挼、綏及羞三者已從墮,復云古文作擩,以其《特牲》及此《士虞》皆有擩祭,
故亦兼擩解。**佐食取黍、稷、肺祭授尸,尸祭之。祭奠,祝祝,主人拜**
如初。尸嘗醴,奠之。如初,亦祝祝卒,乃再拜稽首。【疏】“佐食”至“奠之”。○
注“如初”至“稽首”。○釋曰:云“如初,亦祝祝卒,乃再拜稽首”者,亦如上文迎尸前祝
祝卒也。**佐食舉肺、脊授尸,尸受,振祭,嚌之,左手執之。**右手將有事
也。尸食之時,亦奠肺、脊于豆。○嚌之,才計反。【疏】“佐食”至“執之”。○注“右手”
至“于豆”。○釋曰:案《特牲》“祝命爾敦,佐食爾黍稷于席上。舉肺、脊以授尸,尸受,

① “人悅”原作“韋帨”,黃云:“‘韋帨’,宋本作‘人悅’。”據改。
② “墮祭”,黃云:“石經作‘隋’。嚴云:‘鄭注下祭曰墮,墮之猶言墮下也。《周
禮》曰既祭,則藏其墮,謂此也。檢《周禮·守桃》作藏其隋,鄭彼注及先鄭注及彼疏統
作隋。《小祝》贊隋,彼注疏亦統作隋。《説文》:擩,篆文陸字,敗城皀曰陸;隋,裂肉也。
城皀敗則下,肉裂亦下,誼本互明,故《周禮》作隋,此經文及注疏及《郊特牲》注引皆作
墮,墮從隋聲,亦兩得也。’”
③ “祭”下原無“則”字,阮云:“《通解》《要義》同,毛本‘祭’下有‘則’字。按《周
禮》有‘則’字。”據補。
④ “擩祭”,《特牲饋食禮》鄭注“擩”字作“挼”,或賈所見本與今本異。

振祭,嚌之",彼舉肺、脊在爾敦後,此舉肺、脊在爾敦前者,彼吉祭,吉凶相變故也。云
"右手將有事也"者,爲下文"祭鉶、嘗鉶"是也。云"尸食之時,亦奠肺、脊於豆"者,解經
無奠文。知不執以食卒者,案下文云"尸卒食,佐食受肺、脊,實于筐",在尸手當云"受
肺、脊"。又知在豆者,《特牲》云"尸實舉於菹豆"是也。案《特牲》尸"乃食,食舉",注云
"舉言食者,明凡解體皆連肉",《少牢》云"食舉",注云"舉,牢肺、正脊也。先飯啗之,以
爲道也",此喪祭不言食舉,亦食舉可知,是以《特牲》注云"肺,氣之主也。脊,正體之
貴者。先食啗之,所以道食通氣"也。案下文注云"尸不受魚、腊,以喪不備味",則亦
不食庶羞矣。**祝命佐食邇敦。佐食舉黍,錯于席上。**邇,近也。**尸祭
鉶,嘗鉶。**右手也。《少牢》曰:"以柶祭羊鉶,遂以祭豕鉶,嘗羊鉶。"【疏】"尸祭鉶嘗
鉶"。○注"右手"至"羊鉶"。○釋曰:知以右手者,上經云"佐食舉肺、脊授尸,尸受,振
祭,嚌之,左手執之",鄭云"右手將有事",指此嘗鉶用右手也。引《少牢》者,證此經嘗
祭之時亦用柶,案下記云"鉶芼用苦若薇,有滑,夏用葵,冬用荁,有柶",是用柶祭之
義。**泰羹湆自門入,設于鉶南,臷四豆,設于左。**博異味也。湆,肉汁
也。臷,切肉也。○湆,去及反。臷,側吏反。【疏】"泰羹"至"于左"。○注"博異"至
"肉也"。○釋曰:云"設于鉶南"者,前以泰羹湆未設①,故繼鉶而言之,其實觶北留空
處,以待泰羹。云"臷四豆,設于左"者,案《特牲》"四豆,設于左,南上",云左者,正豆之
左,又《少牢》云"上佐食羞臷,兩瓦豆,有醢,設于薦豆之北",注云"設於薦豆之北,以
其加也",言北亦是左也。云"博異味"者,以其有湆、有臷故也。**尸飯,播餘于
筐。**不反餘也。古者飯用手,吉時播餘于會。古文播爲半。○尸飯,扶晚反,注及下
并下注九飯同。【疏】"尸飯播餘于筐"。○注"不反"至"爲半"。○釋曰:云"古者飯用
手"者,案《曲禮》云"無搏飯",又云"無放飯,飯黍毋以箸",故知古者飯用手,言此者,證
播飯去手爲放飯。云"吉時播餘于會"者,可知,故決之。**三飯,佐食舉幹,尸
受,振祭,嚌之,實于筐。**飯間啗肉②,安食氣。○啗肉,大敢反。【疏】"三飯"
至"于筐"。○注"飯間"至"食氣"。○釋曰:云"飯間啗肉,安食氣"者,以其胳、脅骨體

---

①　"以"上原無"前"字,曹云:"'以'上或脱'前'字。"據補。

②　"間"字原作"門",阮云:"毛本'門'作'間'。張氏曰:'監、巾箱、杭本間作門,
從諸本。'"疏述注作"間",從毛本改。

連肉，又在三飯之閒，故云"飯閒啗肉，安食氣"。**又三飯，舉胳，祭如初。佐食舉魚、腊，實于筐。**尸不受魚、腊，以喪不備味。〇舉胳，音格，一音各。【疏】"又三"至"于筐"。〇注"尸不"至"備味"。〇釋曰：云"尸不受魚、腊"者，案經"佐食舉魚、腊"，不云尸受，嚌之，明尸不受魚、腊可知。云"以喪不備味"者，案《特牲》三舉魚、腊，尸皆振祭，嚌之，此佐食舉魚、腊，實於筐，尸不嚌，故云"喪不備味"。**又三飯，舉肩，祭如初。**後舉肩者，貴要成也。【疏】"又三"至"如初"。〇注"後舉"至"成也"。〇釋曰：云"後舉肩者，貴要成也"者，案《禮記·祭統》云"周人貴肩"，故云貴者要成也，要成者，據後食即飽也。**舉魚、腊俎，俎釋三个。**釋，猶遺也。遺之者，君子不盡人之歡，不竭人之忠。个，猶枚也。今俗或名枚曰個，音相近。此腊亦七體，如其牲也。〇三个，古賀反。曰個，古賀反。【疏】"舉魚"至"三个"。〇注"釋猶"至"牲也"。〇釋曰：此經直舉魚、腊俎，盛於筐，俎釋三个，不言盛牲體者，案下記云"羹飪，升左肩、臂、臑、肫、胳、脊、脅"七體，此上經佐食初舉脊，次舉幹，又舉胳，終舉肩，總舉四體，唯有臂、臑、肫三者，佐食即當"俎釋三个"，不復盛牲體，故直舉魚、腊而已。云"遺之者，君子不盡人之歡，不竭人之忠"，此上《曲禮》文，案彼注"歡謂飲食，忠謂衣服"[1]，於此引之併據飲食者，彼注對文，此注散文，則歡與忠通，故總證牲體也。又案《特牲》"釋三个"，注云"謂改饌於西北隅遺之"，與此注不同者，此注亦有改饌之義，又兼有此不盡歡、忠之禮。云"今俗或名枚曰個，音相近"者，經中个，人下豎牽，俗語名枚曰個者，人傍著固，字雖不同，音聲相近，同是一个之義。云"此腊亦七體，如其牲也"者，案下記牲有七體，此腊亦不過於牲體[2]，故云"如其牲"，言此以對彼，案彼《特牲》吉祭十一體，是以《特牲記》云"腊如牲骨"，乃有十一體，與此不同，吉禮異故也。**尸卒食，佐食受肺、脊，實于筐，反黍，如初設。**九飯而已，士禮也。筐猶吉祭之有肵俎。〇肵俎，音祈，後同。【疏】"尸卒"至"初設"。〇注"九飯"至"肵俎"。〇釋曰：云"反黍，如初設"者，案上設黍稷在俎南，西黍東稷，次上文"佐食舉黍，錯于席上"，此"尸卒食"，故反黍于本處，如初設。云"九飯而已，士禮也"者，少牢十一飯，諸侯十三飯，天子十五飯，故云九飯士禮也。云"筐猶吉祭之有肵俎"者，案《特牲》、《少

---

① "忠"字原作"竭"，鄭注原作"忠"，四庫本、張敦仁本皆作"忠"，據改。
② "於"字原作"特"，曹云："'特'字譌，單疏作'於'。"據改。

牢》尸舉牲體,振祭,嚌之,皆加於胏俎,此尸舉牲體,振祭,嚌之,皆實於篚,故云"篚猶吉祭之有胏俎"。

主人洗廢爵,酌酒酳尸。尸拜受爵,主人北面答拜。尸祭酒,嘗之。爵無足曰廢爵。酳,安食也。主人北面以酳酢,變吉也。凡異者,皆變吉。古文酳作酌。○酳尸,以刃反,劉矣哉反①。【疏】"主人"至"嘗之"。○注"爵無"至"作酌"。○釋曰:自此盡"升堂,復位",論主人初獻尸并獻祝及獻佐食之事。云"爵無足曰廢爵"者,案下文"主婦洗足爵",鄭云"爵有足,輕者飾也",則主人喪重,爵無足可知。凡諸言廢者,皆是無足廢敦之類是也。云"主人北面以酳酢,變吉也"者,案《特牲》、《少牢》尸拜受,主人西面拜送,與此面相反,故云"變吉也"。案《特牲》直有主人送拜,雖不見主人位,約與《少牢》同,皆西面也。云"凡異者,皆變吉"者,案《特牲》云"主人拜送",此云主人答拜,《特牲》云尸"卒角,祝受尸角,曰:送爵",此不云送爵,《特牲》嚌肝訖②,加於菹豆,此嚌肝訖,加於俎,皆是異於吉時,故云"凡異者,皆變吉"。賓長以肝從,實于俎,縮,右鹽。縮,從也,從實肝炙於俎也,喪祭進柢。右鹽,於俎近北,便尸取之也。縮執俎言右鹽,則肝、鹽併也。○賓長,丁丈反,下賓長皆同。肝炙,支夜反。進柢,丁計反,後同。併也,步頂反。【疏】"賓長"至"右鹽"。○注"縮從"至"併也"。○釋曰:云"縮,從也,從實肝炙於俎也,喪祭進柢"者,案下記云"載猶進柢",柢,本也,謂肝之本頭進之向尸。云"右鹽,於俎近北,便尸取之也"者,從執俎一頭向尸,據執俎之人,左畔有肝,右畔有鹽,西面向尸,尸東面,以右手取肝於俎右畔,擩鹽於左畔,是以鹽於俎近北③,便尸取之。云"縮執俎言右鹽,則肝、鹽併也"者,謂俎既縮執則狹,肝、鹽不容相遠,是執俎人右畔有鹽,左畔有肝,故云"併也"。尸左執爵,右取肝,擩鹽,振祭,嚌之,加于俎。賓降,反俎于西塾,復位。取肝,右手也。加于俎,從其牲體也,以喪不志於味。【疏】"尸左"至"復位"。○注"取肝"至"於味"。○釋曰:復位者,謂賓長也,尸既振肝訖,復西階前眾兄弟之南東面位。云"以喪不志於味"者,決《特牲》、《少牢》尸嚌肝訖,加菹豆以近身,此虞禮,尸嚌

---

① "矣"字原作"侯",黃云:"宋本'侯'作'矣',阮云'侯'當作'矣'。燏案阮説非也,'矣哉'即《集韻》之'士刃'。"據宋本改。

② "嚌"字原作"濟",曹云:"'濟'字譌,單疏作'嚌'。"據改。

③ "俎"下原有"之"字,曹云:"'之'字衍。"據刪。

肝訖,不加于菹豆而遠加於俎以同牲體者,以喪志不在於味,故遠身加俎也。若然,《特牲》、《少牢》祝不敢與尸同加於菹豆,嚌肝訖,加于俎,與此尸同者,祝無不在味之嫌①,禮窮則同故也。**尸卒爵,祝受,不相爵。主人拜,尸荅拜。**不相爵,喪祭於禮略。相爵者,《特特》曰:“送爵,皇尸卒爵。”**祝酌授尸,尸以醋主人。主人拜受爵,尸荅拜。**醋,報。○以醋,才各反,本亦作酢。**主人坐祭,卒爵,拜,尸荅拜。筵祝,南面。**祝接神,尊也。筵用萑席。【疏】“筵祝南面”。○注“祝接”至“萑席”。○釋曰:上文尸用葦席,其祝席經、記雖不言,以尸用在喪,故不用萑,今祝宜與平常同,故用萑也。云“祝接神,尊也”者,解先得獻之事。**主人獻祝,祝拜,坐受爵,主人荅拜。**獻祝,因反西面位。【疏】“主人”至“荅拜”。○注“獻祝”至“面位”。○釋曰:云“獻祝,因反西面位”者,以《少牢》云主人受酢時,“主人拜受爵,尸荅拜,主人西面奠爵”,《特牲》云“主人拜受角,尸拜送,主人退”②,雖不言西面,彼注云“退者,進受爵反位”,則西面也,是吉祭時主人西面,故上注云“北面以酳酢,變吉也”,今至酳酢及獻祝訖,明“因反西面位”可知也。**薦菹醢,設俎。祝左執爵,祭薦,奠爵,興,取肺,坐祭,嚌之,興,加于俎,祭酒,嘗之。肝從,祝取肝擩鹽,振祭,嚌之,加于俎。卒爵,拜,主人荅拜。**今文無擩鹽。【疏】“薦菹”至“荅拜”。○釋曰:此直言“薦菹醢,設俎”者,不見薦徹之人,案下文云“祝薦席徹入于房”,注云“徹薦席者,執事者”,則此設者亦執事可知。**祝坐(受)〔授〕主人③。主人酌,獻佐食。佐食北面拜,坐受爵,主人荅拜。佐食祭酒,卒爵,拜,主人荅拜,受爵出,實于篚,升堂,復位。**篚在庭。不復入,事已也,亦因取杖,乃東面立。【疏】注“篚在”至“面立”。○釋曰:云“篚在庭”者,此雖無文,約同薦車設遷奠之等也。云“不復入,事已也,亦因取杖,乃東面立”者④,上文哭時,主人升堂,西序東面,又上文云“主人倚杖入”,今

---

① “味”字原作“位”,汪刊單疏作“味”,據改。

② “角”下原無“尸拜送主人退”六字,阮云:“毛本、《通解》‘角’下有‘尸拜送,主人退’六字,此本無。”據補。

③ “祝坐受主人”,諸本“受”字皆作“授”,當據改。

④ “東”下原有“西”字,阮云:“毛本、《通解》無‘西’字。”據删。

升堂，復位，不復入室，以其事已，因得取杖復東面位也。

　　主婦洗足爵于房中，酌，亞獻尸，如主人儀。爵有足，輕者飾也。
《昏禮》曰："內洗在北堂，直室東隅。"〇直室，音值。【疏】"主婦"至"人儀"。〇注"爵
有"至"東隅"。〇釋曰：自此盡"入于房"，論主婦獻尸并獻祝及佐食之事。云"如主人
儀"者，即上主人酳尸，尸拜受爵，主人北面苔拜之等，今主婦亞獻亦然，故云"如主人
儀"也。云"爵有足，輕者飾也"者，主婦，主人之婦，爲舅姑齊衰，是輕於主人，故爵有
足爲飾也。引《昏禮》者，證經洗爵于房中，不言設洗處，宜與《昏禮》同也。**自反兩
籩，棗、栗，設于會南，棗在西。**尚棗，棗美。【疏】"自反"至"在西"。〇注"尚
棗棗美"。〇釋曰：案《特牲》"宗婦執兩籩，主婦受，設于敦南"，此主婦自反兩籩，不使
宗婦者，以喪尚縱，縱反吉故。然上主人獻，使贊薦菹醢，注云"齊斬之服不執事"者，
彼爲主人獻，故不使主婦薦，此亞獻，己所有事，故自薦可知。**尸祭籩、祭酒如
初，賓以燔從如初，尸祭燔、卒爵如初。酳獻祝，籩、燔從，獻佐
食，皆如初，以虛爵入于房。**初，主人儀。【疏】"尸祭"至"于房"。〇注"初主
人儀"。〇釋曰：此"尸祭籩"已下至"籩、燔從，獻佐食"，皆與主人獻尸①，賓長以肝從，
至"佐食祭酒，卒爵，拜，主人苔拜，受爵出，實于篚"，並如主人儀，故皆云"如初"也。

　　賓長洗繶爵，三獻，燔從，如初儀。繶爵，口足之閒有篆文，又彌飾②。
〇繶爵，於力反。有篆，大轉反。【疏】"賓長"至"初儀"。〇注"繶爵"至"彌飾"。〇釋
曰：此一節論賓長終三獻之事。云"繶爵，口足之閒有篆文，又彌飾"者，案《屨人》繶是
屨之牙底之閒縫中之飾，則此爵云繶者，亦是爵口足之閒有飾可知。云"又彌飾"，以
其主婦有足已是有飾，今口足之閒又加飾也。

　　婦人復位。復堂上西面位，事已，尸將出，當哭踊。【疏】"婦人復位"。〇注

---

①　"與"字原作"舉"，曹云："'舉'字譌，單疏作'與'。"據改。
②　"有篆文又彌飾"原作"有篆又彌飾"，阮云："'篆'下《通典》有'文'字是也。"胡
培翬云：《通典》'篆'下有'文'字，當從之。今本作'又'，蓋'文'之訛。依文義，彌上不
得加'又'也。彌飾者，案《周禮·屨人》注云：'繶，縫中紃也'。繶本以紃飾屨縫之名，
此名繶爵，故知口足閒有篆文爲飾也。上主婦用足爵，已有飾。此又加以篆文，故云
彌飾。"疏述注無"文"字而有"又"字，並據以爲説，姑從《通典》補"文"字而仍存"又"字，
疏述注亦補。

“復堂”至“哭踊”。○釋曰：自此盡“拜稽顙”，論祭訖送尸及改饌爲陽厭之事。云“復堂上西面位”者，上云主人“即位於門外，如朝夕臨位。婦人及内兄弟服，即位於堂，亦如之”，以下更不見别有婦人位，明復位者，還此位可知，又案《士喪禮》凡臨位，“婦人即位于堂，南上”，即西面位也①。云“尸將出，當哭踊”者，以哭送，此喪祭故踊，《特牲》吉祭不哭踊，故亦無此復位之事也。**祝出户，西面告利成，主人哭，**西面告，告主人也。利，猶養也。成，畢也，言養禮畢也。不言養禮畢，於尸開嫌。○猶養，予亮反②，下同。【疏】“祝出”至“人哭”。○注“西面”至“開嫌”。○釋曰：云“西面告，告主人也”者，以主人東面③，故祝西面對而告之。云“不言養禮畢，於尸開嫌”者，若言養禮畢，即於尸中開有嫌諷去之。或本開作閑音，以養尸事畢而尸空閑，嫌諷去之。**皆哭。**丈夫、婦人於主人哭斯哭矣。【疏】“皆哭”。○注“丈夫”至“哭矣”。○釋曰：上云主人哭④，則主人之外，緦麻以上在位者皆哭，故鄭總“丈夫、婦人於主人哭斯哭矣”。**祝入，尸謖。**謖，起也。祝入而無事，尸則知起矣。不告尸者，無遺尊者之道也。古文謖爲休⑤。○尸謖，所六反，起也。【疏】“祝入尸謖”。○注“謖起”至“爲休”。○釋曰：云“祝入而無事，尸則知起矣”者，雖不告尸無事，尸亦知無事禮畢而起矣。云“不告尸者，無遺尊者之道也”者，謂不告尸以禮畢者，尸尊，若告之，則如發遺尊者，故云“不告尸者，無遺尊者之道也”。**從者奉篚哭，如初。**初，哭從尸。**祝前，尸出户，踊如初，降堂，踊如初，出門亦如之。**前，道也。如初者，出如入，降如升，三者之節悲哀同。○前道，音導，下前道、道尸、爲道同。【疏】“祝前”至“如之”。○注“前道”至“哀同”。○釋曰：案上文“尸入門，丈夫踊，婦人踊。尸及階，祝延尸。尸

①　“即西面位”原作“即面位”，阮云：“《要義》同，毛本、《通解》‘即’下有‘西’字。”曹云：“‘面’上各本有‘西’字是。”據補。

②　“予”字原作“才”，黄云：“‘才’字誤，宋本作‘予’。”據改。

③　“以主人”原作“以處主人”，阮云：“‘以’字下陳、閩、《通解》俱有‘其’字。‘面’，陳、閩俱無。”曹云：“‘處’字衍。”據曹校删。

④　“上”上原有“言”字，四庫本無“言”，據删。

⑤　“謖”下原有“或”字，沈云：“《記》‘尸謖’鄭注‘古文謖作休’，而《少牢》祭畢尸出廟節‘祝入尸謖’鄭注‘謖或作休’，則不知爲古文抑爲今文。今参諸家之説，以《士虞·記》注爲正，‘謖’爲今文，而《少牢》注脱‘古文’二字，又二‘或’字俱屬衍文。”漢簡本《特牲》作“尸休”，實用古文，則此“或”字爲衍文無疑，據删。

升，宗人詔踊如初。尸入戶，踊如初”，故此鄭云“出如入，降如升，三者之節悲哀同”，是以“如之”得有三者也。**祝反入，徹，設于西北隅，如其設也。几在南，厞用席。**改設饌者，不知鬼神之節，改設之，庶幾歆饗，所以爲厭飫也。几在南，變右文①，明東面。不南面，漸也。厞，隱也，于厞隱之處從其幽闇。○厞用，扶未反，劉音非，隱也。爲厭，一豔反，下同。飫也，於庶反。【疏】“祝反”至“用席”。○注“改設”至“幽闇”。○釋曰：“祝反入”，謂送尸出門而反入，徹神前之饌，故“設於西北隅”也。云“如其設也”者，謂設于西北隅，次第一如奧中東面設。云“几在南，變右文”者②，上文陰厭時，設几席于室中，東面，右几。今云“几在南”，明其同，必變文者，案《少牢》大夫禮，陽厭時南面③，亦几在右，此言右几，嫌與大夫同南面而右几，故變文云“几在南”，與前在奧同，故云“明東面”也。又以《特牲》云“祝筵几于室中，東面”，至於改饌云“佐食徹尸薦、俎、敦設于西北隅，几在南”，是與此同也。云“不南面，漸也”者，以《特牲》東面右几，今虞爲喪祭，是向吉有漸，故設几與吉祭同。“厞，隱也，于厞隱之處從其幽闇”者，謂以席爲障，使之隱，故云厞隱從其幽闇也。**祝薦席徹入于房，祝自執其俎出。**徹薦席者，執事者。祝薦席，則初自房來。【疏】“祝薦”至“俎出”。○注“徹薦”至“房來”。○釋曰：云“徹薦席者，執事者”，但祝之薦席設與徹，不言其人，知使執事者，以其主人之事④，不言官者，皆爲之故也。云“祝薦席，則初自房來”者，以其上文神席在西序下，此祝經、記俱不言，今知自房來者，見《公食大夫記》云“筵出自房”，《昏禮》與《士冠》席皆亦在于房，故此祝席亦自房來⑤，今還于房可知也。**贊闔牖戶。**鬼神尚居幽闇，或者遠人乎！贊，佐食者。【疏】“贊闔牖戶”。○注“鬼神”

---

① “右”字原作“古”，阮云：“‘古’，《通典》、《集釋》俱作‘右’。張氏曰：‘疏云：上文設几席于室中，東面，右几。今云几在南，明其同。必變文者，《少牢》大夫禮，亦几在南。此言右几，嫌與大夫同。予以爲鄭氏稱作經者變上右几之文而已，未必及大夫也。然古必作右，從疏。’盧文弨校引方云：‘古乃吉之訛，文乃又之訛。’按張說與《通典》合，方說恐非。”據改。

② “右”字原作“古”，阮云：“‘古’，《要義》作‘右’。按‘右’字是。”據改。

③ “南”下原無“面”字，阮云：“《要義》同，《通解》、楊氏、毛本‘南’下有‘面’字。”曹云：“‘南’下各本有‘面’字是。”據補。

④ “事”字原作“士”，阮云：“毛本、《通解》‘士’作‘事’。”據改。

⑤ “此”字原作“比”，曹云：“‘比’字譌，單疏作‘此’。”據改。

至“食者”。○釋曰:云“或者遠人乎”者①,《禮記·郊特牲》文,此鄭玄之義,非直取鬼神居幽闇,或取遠人之意故也,知是生人之意。云“贊,佐食者”,自上以來行事,唯有祝與佐食,以其云“祝自執其俎出”,故知闔牖户者是佐食也。**主人降,賓出。**宗人詔主人降,賓則出廟門。**主人出門,哭止,皆復位。**門外未入位。【疏】注“門外未入位”。○釋曰:知是門外位者,以經云“出門”,乃更云“皆復位”,明“門外未入位”可知。**宗人告事畢,賓出,主人送,拜稽顙。**送拜者,明于大門外也。賓執事者皆去,即徹室中之饌者兄弟也。【疏】“宗人”至“稽顙”。○注“送拜”至“弟也”。○釋曰:云“送拜者,明于大門外也”者,以其上文云“復位”,是殯門外,未出大門,此云“送拜”,是大門外送拜可知。知“徹室中之饌者兄弟也”者,賓即執事而云“賓出”,則室中無執事之人,唯有兄弟,故“徹室中之饌者兄弟”可知也。

　　記:虞,(沐)浴②,不櫛。沐浴者,將祭自絜清。不櫛,未在於飾也。唯三年之喪不櫛,期以下櫛可也。今文曰沐浴。○不櫛,莊乙反。期以,音基,篇末同。【疏】“記虞沐浴不櫛”。○注“沐浴”至“沐浴”。○釋曰:云“唯三年之喪不櫛,期以下櫛可也”者,經云“不櫛”③,據三年爲主。案下文班祔而櫛④,明期以下虞而沐浴、櫛可也。**陳牲于廟門外,北首西上,寢右。**言牲,腊在其中。西上,變吉。寢右者,當升之胖也。腊用栚。《檀弓》曰:“既反哭,主人與有司視虞牲。”○用栚,於庶反。【疏】“陳牲”至“寢右”。○注“言牲”至“虞牲”。○釋曰:知腊在牲中者,《士虞》唯有一豕而云“西上”,明知兼兔腊得云“西上”也⑤。云“西上,變吉”者,案《少牢》二牲東上,是吉祭東上,今此西上,是變吉也。云“寢右者,當升左胖也”者,若然,《特牲》腊在東,置於栚,東首,牲在西,尚右,今虞禮反吉,故“寢右”,升左胖。知“腊用栚”者,案《特牲》“陳鼎於門外,北面北上,栚在南,南順,實獸于其上,東首”是也。引《檀弓》者,證虞時有牲之事。**日中而行事。**朝葬,日中而虞,君子舉事必用辰正也。再虞、三虞皆

---

①　“乎者”原作“者乎”,阮云:“毛本‘者乎’作‘乎者’。”據乙。
②　“記虞沐浴不櫛”,吳紱云:“按敖本無‘沐’字,注云‘今文曰沐浴’,則鄭從古文不應有‘沐’字矣。石經有‘沐’字,蓋從今文,今仍之而加圈以別之。”當據刪“沐”字。
③　“不”下原無“櫛”字,曹云:“‘不’下脱‘櫛’字。”據補。
④　“而”下原無“櫛”字,倉石云:“《詳校》下補‘櫛’字,似是。”據補。
⑤　“兔”字原作“兔”,汪刊單疏作“兔”,據改。

質明。【疏】"日中而行事"。○注"朝葬"至"質明"。○釋曰：云"辰正"者，謂朝、夕、日中也，以朝有葬事，故至日中而行虞事也。云"再虞、三虞皆質明"者，以朝無葬事，故皆質明而行虞事，是用朝之辰正也。

　　殺于庿門西，主人不視，豚解。主人視牲不視殺，凡爲喪事略也。豚解，解前後脛、脊、脅而已，孰乃體解，升於鼎也。今文無庿。○凡爲，于僞反，下爲淺、爲神、本爲、圭爲同。【疏】"殺于"至"豚解"。○注"主人"至"無廟"。○釋曰：云"主人視牲不視殺，凡爲喪事略也"者，案《特牲饋食禮》"宗人告濯具，賓出，主人出，皆復外位"，鄭云"爲視牲也"，又曰"告事畢，賓出，主人拜送。夙興，主人服如初，立于門外東方，南面，視側殺"，然則《特牲》吉祭，故主人視牲，又視殺，今虞爲喪事，故主人視牲不視殺，是其略也。"凡"者，衆辭，但此經與《特牲饋食》不同者，皆爲喪事略，故云"凡"以廣之。"豚解，解前後脛、脊、脅而已，孰乃體解，升於鼎也"者，體解下文七體是也①。

　　羹飪，升左肩、臂、臑、肫、骼、脊、脅、離肺，膚祭三取諸左腏上，肺祭一實于上鼎。肉謂之羹。飪，孰也。脊、脅，正脊、正脅也。喪祭略，七體耳。離肺，舉肺也。《少牢饋食禮》曰："舉肺一，長終肺。祭肺三，皆刌。"腏，胉肉也。古文曰左股上。此字從肉殳聲，殳，殳矛之殳②。○羹飪，而甚反。臂臑，乃報反。肫，音純，又之春反。骼，音格，又音各。左腏，音益，胉肉也，後同。胉，音豆，頸也，後同。殳矛，音殊，下莫侯反。【疏】"羹飪"至"上鼎"。○注"肉謂"至"殳聲"。○釋曰："肉謂之羹"，《爾雅・釋器》文。"飪，孰"，《釋言》文③。云"脊、脅，正脊、正脅也"者，案《特牲》注云"不貶正脊，不奪正脅"，然則此爲喪祭，體數雖略，亦不奪正，故知"脊、脅，正脊、正脅也"。云"喪祭略，七體耳"者，案《特牲》"尸俎，右肩、臂、臑、肫、胳，正脊二骨、橫脊，長脅二骨、短脅"，注云"士之正祭禮九體，貶於大夫，有併骨二，亦得十一之名，合

---

　　①　"體解下文七體是也"，孫云："豚解爲七體，體解乃廿一體，疏説未析。下文七體，乃體解廿一體中之七體，非豚解之七體也。"

　　②　"此字從肉殳聲殳殳矛之殳"原作"此字從肉殳殳矛之殳聲"，阮云："徐本、《集釋》'字'上俱有'此'字，與疏合。'肉'下俱無'從'字，與單疏述注合。毛本、《通解》無'此'字，'肉'下有'從'字。按：此句當云'此字從肉殳聲'，復於'殳'下加'殳矛之殳'四字，乃注中之注也。後人連讀，更衍一'從'字，則'聲'字如贅旒然。"據改，疏述注亦改。

　　③　"飪孰釋言文"，倉石云："《爾雅》無此文。案鄭注《昏禮》《聘禮》皆云：'飪，孰也。'彼疏未曾引《爾雅》釋之。"

《少牢》之體數，此所謂放而不致者”，然則此所升唯七體，故云“喪祭略，七體耳”。云“離肺，舉肺也”者，案《特牲》注云“離，猶捝也，小而長，午割之，亦不提心，謂之舉肺”是也。引《少牢饋食禮》者，證離肺，祭肺之義①。云“脀，胉肉也”者，案《少牢》云“雍人倫膚九，實于一鼎”，注云“倫，擇也。膚，脅革肉。擇之，取美者”，案下注“今以胉肉貶於純吉”，則此用脀爲貶於純吉之事也。云“古文曰左股上。此字從肉殳聲，殳，殳矛之殳”者，鄭注《儀禮》疊古文從經今文，又説古文解之者，鄭欲兩從故也，但字從肉，義可知，而以殳與股不是形聲之類②，其理未審。**升魚鱄鮒九，實于中鼎**。差減之。○鱄，市專反，又市轉反。鮒，音附。【疏】“升魚”至“中鼎”。○注“差減之”。○釋曰：“差減之”者，案《特牲》魚十有五，今爲喪祭略而用九，故云“差減之”也。**升腊左胖，髀不升，實于下鼎**。腊亦七體，牲之類。○髀，步禮反，又方爾反。【疏】“升腊”至“下鼎”。○注“腊亦七體牲之類”。○釋曰：云“腊亦七體，牲之類”者，上文升左肩③、臂、臑、肫、胳、脊、脅，是牲之七體，今升腊左胖亦然，《特牲記》云“腊如牲骨”是也。**皆設扃鼏，陳之**。嫌既陳，乃設扃鼏。今文扃作鉉，古文鼏作密。【疏】“皆設扃鼏陳之”。○注“嫌既”至“作密”。○釋曰：云“嫌既陳，乃設扃鼏也”者，經云“陳三鼎”，後言“設扃鼏”，有嫌，故記人辨之，皆先扃鼏，後陳之也。**載猶進柢，魚進鬐**。猶，猶《士喪》《既夕》，言未可以吉也。柢，本也。鬐，脊也。今文柢爲胝，古文鬐爲耆。○鬐，渠之反。爲胝，音帝。【疏】“載猶”至“進鬐”。○注“猶猶”至“爲耆”。○釋曰：鬐、柢二者，皆變於吉，是以《少牢》云“下利升豕，其載如羊，皆進下”，注云“變於食生也”④，又曰“腊一純而俎，亦進下”，又曰“魚用鮒，十有五而俎，縮載，右首，進腴”，注云“亦變於食生也”，是皆與此反矣，是變於吉也。云“猶，猶《士喪》、《既夕》，言未可以吉也”者，云與吉反，則明與生人同，《士喪禮》小斂云“皆覆，進柢”，注云“柢，本

---

① “義”字原作“異”，曹云：“‘異’或當爲‘義’。”離肺即舉肺，若引《少牢》欲證離肺與祭肺之異，則疏之舉肺或當爲祭肺之誤，此姑從曹校改。

② “聲”字原作“人”，阮云：“‘人’，一本改作‘聲’。按《説文》‘股，從肉殳聲’，與鄭注合，賈氏於偏傍之學甚疏。”據一本改。

③ “上”上原有“牲”字，阮云：“《要義》同，毛本無‘牲’字。”曹云：“各本無‘牲’字是。”據刪。

④ “食”下原無“生”字，阮云：“毛本、《通解》‘食’下有‘生’字。按當有‘生’字。”據補。

也。進本者,未異於生也",至大斂,"載魚左首,進鬐,腊進柢",鄭注云"亦未異於生也",又葬奠云"如初",皆未異於生,故記人以猶之,是以《鄉飲酒》《鄉射記》皆云"右體進腠"是也。**祝俎髀、胳、脊、脅、離肺,陳于階閒,敦東。**不升於鼎,賤也。統於敦,明神惠也。祭以離肺,下尸。○下尸,户嫁反。【疏】"祝俎"至"敦東"。○注"不升"至"下尸"。○釋曰:云"不升於鼎,賤也"者,對上尸俎①,羹飪升於鼎爲貴者也。云"統於敦,明神惠也"者,案上文"饌黍稷二敦於階閒,西上",是神之黍稷,今陳祝饌于神饌之東,統于神物,明惠由神也。云"祭以離肺,下尸"者,以其尸祭用刌肺②,祝不用刌肺,用離肺,故云"下尸"也。

淳尸盥,執槃西面,執匜東面。執巾在其北,東面。宗人授巾,南面。槃以盛棄水,爲淺汙人也。執巾不授巾,卑也。○以盛,音成。淺,劉音箭,一音贊。汙,汙穢之汙。【疏】"淳尸"至"南面"。○注"槃以"至"卑也"。○釋曰:上經直云"淳尸盥,宗人授巾",不云執槃與執匜、執巾及宗人授巾等面位,故記人明之。

主人在室,則宗人升,户外北面。當詔主人室事。【疏】"主人"至"北面"。○注"當詔主人室事"。○釋曰:上經唯言"宗人告有司具"及詔主人踊,皆堂下之事,今主人入室,宗人當升,户外詔主人室中之事,故升堂也。**佐食無事則出户,負依南面。**室中尊,不空立。户牖之閒謂之依。○負依,於豈反,注同。【疏】"佐食"至"南面"。○注"至中"至"之依"。○釋曰:云"户牖之閒謂之扆",此《爾雅》文,謂户西南面也。

鉶芼用苦若薇,有滑,夏用葵,冬用荁,有柶。苦,苦荼也。荁,堇類也。乾則滑。夏、秋用生葵,冬、春用乾荁。古文苦爲枯,今文或作芐。○若薇,音微。用荁,音丸。苦荼,音徒。堇類,音謹。爲枯,如字,又音姑,劉本作枯,音先古

---

① "對"上原有"祝"字,曹云:"'祝'字衍。"據删。
② "刌"字原作"刉",曹云:"'刉'當爲'刌',下句同。"據改。

反①。爲芐，音户，劉音下。【疏】"鉶芼"至"有柶"。○注"苦苦"至"作芐"。○釋曰：案
《公食記》三牲具，則牛藿、羊苦、豕薇，各用其一。若一牲者，容兼用其二，是以此及
《特牲》一豕②，皆云鉶芼苦、薇，是科用其一也。知"苣，堇類"者，《内則》云"堇、苣、枌、
榆"，同爲滑物，故知"苣，堇類也"。云"乾則滑"者，以其冬用之，故知乾則滑于葵也③。
云"夏、秋用生葵，冬、春用乾苣"者，以其秋與夏同有生葵，春初未生者，故春約與冬
同，是以經直云夏、冬④，明舉夏以兼秋，舉冬以兼春也。**豆實葵菹，菹以西蠃**
醢。籩，棗烝栗擇。棗烝栗擇，則菹刌也。棗烝栗擇，則豆不揭，籩有籐也。○
蠃，力禾反。不揭，苦瞎反，劉苦割反，本或作𤿯，同。【疏】"豆實"至"栗擇"。○注"棗
烝"至"籐也"。○釋曰：云"棗烝栗擇，則菹刌也。棗烝栗擇，則豆不揭，籩有籐也"者，
此雖無正文，案《士喪禮》大斂云"𤿯豆兩，其實葵菹芋、蠃醢。兩籩無籐，布巾，其實
栗，不擇。脯四脡"，自大斂後皆云"如初"，則葬奠四豆，脾、析、葵、菹亦長矣，四籩，棗、
糗、栗、脯亦不擇也，至此乃云"棗烝栗擇"，則菹亦切矣，豆、籩有飾可知。

　　尸入，祝從尸。祝在主人前也。嫌如初時，主人倚杖入，祝從之。初時，主人
之心尚若親存，宜自親之。今既接神，祝當詔侑尸也。【疏】"尸入祝從尸"。○注"祝
在"至"尸也"。○釋曰：上經陰厭時，主人先祝入户，至此迎尸，祝在主人前，先後有
異，故記人明之，是以鄭云"祝在主人前也，嫌如初時，主人倚杖入，祝從之"也。云"今
既接神，祝當詔侑尸也"者，尸，神象，是以云"既接神，祝當詔侑尸"，即上"祝命佐食爾
敦"，舉黍稷及"祝酌授尸"及祝出"告利成"，"祝入，尸謖"之等是也。**尸坐，不説**
屨。侍神，不敢燕惰也。今文説爲税。○不説，他活反，劉詩悦反，下説經、説首并注

---

①　"劉本作枯音先古反"，黄云："宋本同。惠云：'劉本作姑，音先枯反。'盧云：
'楛舊作枯，譌，今案音改正。注疏本先古作先枯，譌。'吳云：'案《鄉射禮》注蕭慎貢楛
矢，《釋文》云字又作楛。盧説劉本作楛，近是。然以先古反證字當爲楛，則大謬矣。
尋苦、枯、楛三文其反語上字不外見、溪、匣三紐，無以齒舌音爲切者，疑先古反之先字
爲羌之形譌，以無明證，未能輒改。'黄云：'辛皋連言，樺梓通字，古有齒音，亦無怪爾，
先古作反，未可輒改。'焞案惠以先枯切姑，盧以先古切楛，皆有未合，此當存疑。"
②　"及"上原無"此"字，曹云："'及'上脱'此'字。"據補。
③　"葵"字原作"堇"，倉石云："案《特牲》注云：'苣，堇屬，乾之冬滑於葵。'則此
'堇'字似當爲'葵'。"據改。
④　"冬"上原無"夏"字，曹云："'冬'上脱'夏'字。"據補。

同。【疏】"尸坐不説屨"。○注"侍神"至"爲稅"。○釋曰:案《鄉飲酒》、《燕禮》之等,凡坐,降説屨乃升坐,今尸雖坐,不説屨者,爲"侍神,不敢燕惰"故也。

儀禮疏卷第四十三　儀禮卷第十四

尸謖，祝前，鄉尸。前，道也。祝道尸，必先鄉之，爲之節。○鄉尸，許亮反，下注皆同。【疏】"尸謖祝前鄉尸"。○注"前道"至"之節"。○釋曰：此記尸謖之時，祝前尸之儀也。云"必先鄉之，爲之節"者，言必先面鄉尸者，爲之節度也。還，出户，又鄉尸。還，過主人，又鄉尸。還，降階，又鄉尸。過主人，則西階上。不言及階，明主人見尸有踧踖之敬。○踧，子六反。踖，子亦反。【疏】"還出"至"鄉尸"。○注"過主"至"之敬"。○釋曰："過主人，則西階上。不言及階，明主人見尸有踧踖之敬"者，以其經出户、降階、及門，皆指物而言，主人者在階上①，不言西階而言主人者，欲見主人見尸有踧踖之敬，故没去階名而云主人也。降階，還②，及門，

---

① "在"字原作"欲見"，曹云："'欲見'二字當爲'在'。"據改。

② "降階又鄉尸降階還"，王引之《經義述聞》云："下'降階'二字，蓋衍文也。當以'降階又鄉尸還'六字連讀。上文經'尸及階，祝延尸'，疏引此已作'降階，還'，則其誤久矣。敖繼公《集説》爲之辭曰：'上降階者祝也，下降階者尸也。祝先降而鄉尸，及尸既降，祝乃反面而行。'今案：降階若分祝與尸，則記當云'祝降階，又鄉尸，尸降階，還'，文義方明。何得上下兩言降階而不爲之區别乎？上文出户過主人，亦是祝先尸後，何以不兩言出户，兩言過主人乎？且上文經曰：'尸出户，踊如初，降堂，踊如初，出門亦如之。'是出户、降階、出門皆以尸爲主，何得先言祝降階乎？敖説非也。"斷經文下"降階"二字爲衍文，諸家皆以爲卓見，宜删。因疏標起止作"降階至出户"，則賈作疏時已衍"降階"二字，姑存其舊。沈文倬則以爲下"降階"二字非衍文，上"降階"二字當爲"及階"。

如出戶。及，至也。言還至門，明其閒無節也。降階如升時①，將出門如出戶時，皆還鄉尸也。每將還，必有辟退之容。凡前尸之禮儀，在此。○辟退，音避，又婢亦反。【疏】"降階"至"出戶"。○注"及至"至"在此"。○釋曰："言還至門，明其閒無節也"者，以經自階已前皆不言及，從階到門言及者，以其自階到門，其中道遠，故特言及以殊之，是以鄭云"言還至門，明其閒無節"，謂無還鄉尸之節也。云"降階如升時，將出門如出戶時，皆還鄉尸也"，經直云"及門，如出戶"，雖不言降階如升時，以將出門如出戶，明降階如升時，故鄭約出門以明降階也。云"皆還鄉尸"者，欲見經還者皆還鄉尸也，謂鄉尸乃前道也。云"每將還，必有辟退之容"者，辟退即逡巡，謙讓之容貌也。云"凡前尸之禮儀，在此"者，以《儀禮》一部所云前尸之禮儀在此經爲具悉者。尸出，祝反，入門左，北面，復位，然後宗人詔降。【疏】"尸出"至"詔降"。○釋曰："尸出，祝反，入門左，北面，復位"者，謂祝既送尸出，反入門復位，復上文"祝入門左，北面"位，故云"復位"也。云"然後宗人詔降"者，謂祝復位，宗人乃詔告主人降，以其無事故也。尸服卒者之上服。上服者，如《特牲》士玄端也。不以爵弁服爲上者，祭於君之服，非所以自配鬼神。士之妻則宵衣耳。【疏】"尸服卒者之上服"。○注"上服"至"衣耳"。○釋曰：上經直見主人服，不見尸服，故記人明之。云上服②，對深衣在下。玄端者，案《特牲經》筮曰云"主人冠玄端"，至祭日，"夙興，主人服如初"，是士之正祭服玄端，即是卒者生時所著之祭服，故尸還之。云"不以爵弁服爲上者，祭於君之服，非所以自配鬼神"者，案《曾子問》"孔子曰：尸弁冕而出，卿大夫、士皆下之"，

---

① "降階如升時"，王引之云："注內'降階如升時'五字，當是後人所加。降階時，祝在尸前，故以還鄉尸爲節，升階則祝在尸後，不得有還鄉尸之節矣。鄭注上文經'祝及階，祝延尸'曰：'延，進也，告之以升'；注《特牲饋食禮》祝延尸曰：'在後詔侑曰延'；《少牢饋食禮》'祝延尸，尸升自西階，入，祝從'，注亦曰'自後詔侑之曰延'，是升之與降，絕不相同，安得曰'降階如升時'皆還鄉尸乎？且注曰'及，至也。言還至門，明其閒無節'，是釋還、及門相連之義，又曰'將出門如出戶時，皆還鄉尸'，是釋及門如出戶之義，中閒亦不得有降階如升時之語，此必非鄭注原文也。疏曰'經雖不言降階如升時，以將出門如出戶時，明降階如升時，故鄭約出門以明降階也'，則賈所據本已增此五字矣。鄭注"降階如升時"五字既是後人所加，固宜刪之。賈疏所據之本既已增此五字，且爲之作疏，姑存其舊。"
② "上服"原作"主服"，經言上服，注以士之正祭服玄端爲上服，經、注皆不言主服，則"主服"當爲"上服"之誤，汪刊單疏正作"上服"，據改。

注云“爲君尸或弁者，先祖或有爲大夫、士者”，彼君之先祖爲士，尸服爵弁不服玄端者，子孫爲諸侯，先祖爲士者①，尸還服助祭於君之服也。云“士之妻則宵衣耳”者，以其經直云尸，不辨男女，士虞既男女別尸，明經云尸可以兼男女，故鄭併云士之妻也。案《特牲》正祭主婦著纚笄宵衣，明女尸亦宵衣可知。**男，男尸。女，女尸，必使異姓，不使賤者。**異姓，婦也。賤者，謂庶孫之妾也。尸配尊者，必使適也。○使適，丁狄反。【疏】“男男”至“賤者”。○注“異姓”至“適也”。○釋曰：虞、卒哭之祭，男女別尸，故男女別言之也。云“異姓，婦也”者，以男無異姓之禮故也，知經云“必使異姓”者，據與婦爲尸者也。不使同姓與婦爲尸者，尸須得孫列者，孫與祖爲尸，孫婦還與夫之祖姑爲尸，故不得使同姓女爲尸也。云“賤者，謂庶孫之妾也。尸配尊者，必使適也”者，男尸先使適孫，無適孫乃使庶孫，女尸先使適孫妻，無適孫妻使適孫妾，又無妾，乃使庶孫妻，即不得使庶孫妾，以庶孫之妾是賤之極者。若然，庶孫妻亦容用之而鄭云“必使適也”者，據經不使賤，有適孫妻則先用適而言，其實容用庶孫妻法也。必知無，容用庶孫者，以《曾子問》孔子曰“祭成喪者必有尸，尸必以孫，孫幼使人抱之，無孫則取于同姓可也”，彼不言適，是容無適而用庶。此經男女別尸，據虞祭而言，至卒哭已後，自禫已前，喪中之祭皆男女別尸。知者，案《司几筵》云“每敦一几”，鄭注云“雖合葬及同時在殯，皆異几，體實不同。祭於廟，同几，精氣合”，《少牢》吉祭云“某妃配”，是男女共尸，篇末云“是月也，吉祭，猶未配”，注云“是月，是禫月也。當四時之祭月則祭，猶未以某妃配某氏，哀未忘也”，則引《少牢》吉祭妃配之事爲證，明禫月不當四時祭月，則不云某妃配，配則共尸可知。

　　無尸，則禮及薦饌皆如初。無尸，謂無孫列可使者也，殤亦是也。禮，謂衣服、即位、升降。【疏】“無尸”至“如初”。○注“無尸”至“升降”。○釋曰：自此盡“詔降如初”，論喪祭無尸之事。云“無尸，謂無孫列可使者”，知謂無孫列者，《禮記》云無孫則取同姓之適，則大夫、士祭先取孫，無孫取同姓之適，是有孫列可使，如無孫②，復無同姓之適，是無孫列可使者也。云“殤亦是也”者，《禮記·曾子問》云“祭成喪者必

---

　　①　“先”上原有“先祖尸在中故”六字，阮云：《要義》同，毛本、《通解》無‘先祖尸在中故’六字。”據刪。

　　②　“可使”下原無“如無孫”三字，張敦仁本同，四庫本“可使”下有“如無孫”三字，據補。

有尸”，明殤死無尸可知，《曾子問》又云“宗子直有陰厭，庶殤直有陽厭”，是無尸也。云“禮，謂衣服、即位、升降”者，雖無尸，主人亦如葬所服，即位於西序及升降與有尸相似。**既饗，祭于苴。**【疏】“既饗祭于苴”。○釋曰：云“既饗”者，正謂祝釋饗神辭，告之使令祔之、安之，釋饗訖，佐食取黍稷祭于苴。**祝祝卒，記異者之節。**【疏】“祝祝卒”。○注“記異者之節”。○釋曰：云“記異者”，謂記無尸者異於有尸何者？有尸，祝釋孝子辭，釋辭訖，爲祝祝卒，別有迎尸已後之事，今無尸者，祝祝卒饗神訖，無迎尸已後之事，故下文云“不綏祭”之等，是記異者之節也。**不綏祭，無泰羹涪、胾、從獻。**不綏、言獻，記終始也。事尸之禮始於綏祭，終於從獻。綏當爲墮。○不綏，依注音墮，許恚反，劉相恚反。涪胾，莊吏反，劉本作胾，酢再反。【疏】“不綏”至“從獻”。○注“不綏”至“爲墮”。○釋曰：此四事皆爲尸，是以上文有尸者，云迎尸而入，祝命佐食綏祭，又泰羹涪自門入，設于鉶南，胾四豆，設于左，又尸食之後，主人獻之後，賓長以肝從，主婦亞獻，賓長以燔從，賓長獻後亦如之，無尸闕此四事，自羹已下三事，皆蒙無字解之也。云“不綏、言獻，記終始也”者，以見經無尸，具陳四事，凡祭禮以獻爲終，舉終以見始，亦得爲義，今不但言獻，記其終始，具言四事者，欲明始於綏祭，終於從獻，故鄭即云“事尸之禮始於綏祭，終於從獻”者，故具言之。云“綏當爲墮”者，《周禮・守祧職》云“既祭，藏其墮”，墮字爲正①，取減爲義。**主人哭，出復位。**於祝祝卒。【疏】“主人哭出復位”。○注“於祝祝卒”。○釋曰：謂祝祝卒，無尸可迎，既無上四事，主人遂即哭，出復戶外東面位也。**祝闔牖戶，降，復位于門西，**門西北面位也。【疏】“祝闔”至“門西”。○注“門西北面位也”。○釋曰：鄭此及下注皆云“復位”者，“門西北面位”者，據上文“尸出，祝反，入門左，北面復位”也。**男女拾踊三，**拾，更也，三更踊。○拾踊，其業反，注下同。更也，音庚，下同。【疏】“男女拾踊三”。○注“拾更也三更踊”。○釋曰：凡言更踊者，主人踊，主婦踊，賓乃踊，三者三爲拾也。**如食間。**隱之如尸一食九飯之頃也。【疏】“如食間”。○注“隱之”至“頃也”。○釋曰：隱之者，謂闔牖戶也。九飯之頃，時節也。**祝升，止哭，聲三，啓戶。**聲者，噫歆也。將啓戶，警覺神也。今文啓爲開。【疏】“祝升”至“啓戶”。○注

---

① “字”上原無“墮”字，四庫本重“墮”字，據補。

“聲者”至“爲開”。○釋曰：云“聲者，噫歆也”者，若《曲禮》云“將上堂，聲必揚”，故云“將啓戶，警覺神也”。主人入，親之。【疏】“主人入”。○注“親之”。○釋曰：云“親之”者，啓牖鄉是祝之事①，主人無事而入者，是主人親至神所恭敬之事也。祝從，啓牖鄉，如初。牖先闔後啓，扇在内也。鄉、牖一名也。如初者，主人入，祝從在左。○牖鄉，許亮反，亦窻也。【疏】注“牖先”至“在左”。○釋曰：云“牖先闔後啓，扇在内也”者，見上文“闔牖户”，闔時牖先言，此經上云“主人入，祝從”，乃言“啓牖”，是户先開乃啓牖，故須解之“扇在内也”。云“鄉、牖一名也”者，案《詩》云“塞鄉墐户”，注云“鄉，北出牖也”，與此注不同者，語異義同，北牖名鄉，鄉亦是牖，故云“牖一名也”。云“如初者，主人入，祝從入在左”者，鄭以經“如初”之文在“牖鄉”之下，恐人以爲啓牖鄉如初，上既無啓牖鄉之事，明據主人與祝位“如初”也。主人哭，出復位。堂上位也。【疏】“主人哭出復位”。○注“堂上位也”。○釋曰：案下文云“宗人詔降如初”，注云“詔主人降之”，乃降堂，明此復位者，復堂上東面位也。卒徹，祝、佐食降，復位。祝復門西北面位，佐食復西方位。不復設西北隅者，重闔牖户，褻也。○不復設，扶又反，下豈復、又復同。重闔，直用反。【疏】注“祝復”至“褻也”。○釋曰：鄭知祝與佐食位如此者，見上經云“主人即位于堂，衆主人及兄弟、賓即位于西方”，佐食即賓也，故知佐食言復位，復西方可知。知祝復位，復門西北面位者，上經“祝入門左，北面”，注“不與執事同位，接神尊也”，明此祝復位，復門西北面位可知。云“不復設西北隅者，重闔牖户，褻也”者，上經有尸者有陰厭、有陽厭，陰厭無闔牖户之事②，今無尸者陰厭時闔牖户，今更設饌於西北隅，復更闔牖户爲褻瀆，故不爲也。宗人詔降如初。初，贊闔牖户，宗人詔主人降之。【疏】“宗人詔降如初”。○注“初贊”至“降之”。○釋曰：此降謂禮畢降堂也。上經云“贊闔牖户，主人降，賓出”，注云“宗人詔主人降”，彼謂降堂，故鄭知此云“如初”，亦如上經詔降也。

　　始虞用柔日，葬之日，日中虞，欲安之。柔日陰，陰取其静。【疏】“始虞用柔日”。○注“葬之”至“其静”。○釋曰：自此下盡“哀薦成事”，論初虞、二虞、三虞卒哭，

---

① “祝之事”原作“親之事”，阮云：“顧廣圻云：‘當作祝之事，宋本已誤。’”倉石云：“今案顧説甚是。”據改。

② “無”上原無“陰厭”二字，曹云：“句首似脱‘陰厭’二字。”據補。

明三者之祭饗神辭及用日不同之事。云"葬之日，日中虞"者①，上文云"日中行事"是也。葬用丁亥，是柔日葬，始虞用日中，故云"始虞用柔日"也。**曰："哀子某，哀顯相，夙興夜處不寧。** 曰，辭也，祝祝之辭也。喪祭稱哀。顯相，助祭者也。顯，明也。相，助也。《詩》云："於穆清廟，肅雍顯相。"不寧，悲思不安。○顯相，息亮反，注及下顯相同。悲思，息嗣反。**敢用絜牲剛鬣、** 敢，昧冒之辭。豕曰剛鬣。○剛鬣，力涉反，豕曰剛鬣。昧冒，亡比反，下亡報反。【疏】注"敢昧"至"剛鬣"。○釋曰："敢，昧冒之辭"者，凡言敢者，皆是以卑觸尊，不自明之意，故云"昧冒之辭"。云"豕曰剛鬣"者，《下曲禮》文。**香合、** 黍也。大夫、士於黍稷之號，合言普淖而已。此言香合，蓋記者誤耳。辭次，黍又不得在薦上。○香合，本又作薌，音同，黍曰薌合。【疏】"香合"。○注"黍也"至"薦上"。○釋曰：案《下曲禮》云"黍曰香合，粱曰香萁，稷曰明粢"是也。云"大夫、士於黍稷之號，合言普淖而已。此言香合，蓋記者誤耳"者，《曲禮》所云黍稷別號者，是人君法，《特牲》、《少牢》黍稷合言普淖，此别號黍爲香合，下特號稷爲普淖，故知記誤也。云"辭次，黍又不得在薦上"者，依設薦法，先設菹醢，次設俎，後設黍稷，今黍在嘉薦之上，此亦記者之誤，故鄭非之也。若然，俎在後，今絜牲在黍上者，祭以牲爲主，故先言，非設時在前也。**嘉薦、普淖、** 嘉薦，菹醢也。普淖，黍稷也。普，大也。淖，和也。德能大和，乃有黍稷，故以爲號云。○普淖，女孝反，劉徒較反，普，大也，淖，和也，謂黍稷。【疏】"嘉薦普淖"。○注"嘉薦"至"號云"。○釋曰：言"故以爲號云"者，鄭以意解之，無正文，故言"云"以疑之。**明齊溲酒，** 明齊，新水也，言以新水溲釀此酒也。《郊特牲》曰："明水涗齊，貴新也。"或曰當爲明視，謂兔腊也②，今文曰明粢，粢，稷也，皆非其次。今文溲爲醙。○明齊，才計反，注同，明齊，新水也。溲酒，所求反，注醙同。涗齊，始鋭反。明粢，音咨，一音側其反。【疏】"明齊溲酒"。○注"明齊"至"爲醙"。○釋曰：云"言以新水溲釀此酒也"者，鄭以溲水邊爲之，與縮字義異，謂以新水漬麴乃溲釀此酒，又引《郊特牲》"明水涗齊，貴新也"者，彼注云"涗，猶清也。五齊濁，沛之使清，謂之涗齊，及取明水，皆貴新也"，據彼注，明水則《周禮·司烜氏》所取月中之水，與此"明齊，新水"别，鄭引之者，彼此雖異，引之直取新義

---

① "日中"下原無"虞"字，鄭注作"葬之日，日中虞"，此不可省"虞"字，謹補。

② "謂"字原作"爲"，毛氏汲古閣刊本、張敦仁本皆作"謂"，與疏述注合，據改。

是同，故引爲證，非謂爲一物也。云“或曰當爲明視，謂兔腊也”者，士祭有兔腊，是故或有人作如此説。云“今文曰明粢，粢，稷也，皆非其次”者，若以明齊當爲明視，作兔腊解者，應在上與牲爲次，何因退在下？今文又爲稷解者，上已云普淖兼黍稷，何用又見稷也？故知二者皆非其次也。若然，《特牲》《少牢》無腊號，以小物略之。**哀薦祫事**，始虞謂之祫事者，主欲其祫先祖也，以與先祖合爲安。今文曰合事①。○祫事，音洽。【疏】“哀薦祫事”。○注“始虞”至“古事”。○釋曰：云“虞謂之祫事者，主欲其祫先祖也”者，案《公羊傳》文二年云“大祫者何？合祭也”，合先君之主於大廟，故此鄭亦以祫爲合而言，但三虞、卒哭後乃有祔祭，始合先祖，今始虞而言祫者②，鄭云“以與先祖合爲安”，故下文云“適爾皇祖某甫”，是始虞預言祫之意也。**適爾皇祖某甫**，爾，女也。女，死者。告之以適皇祖，所以安之也。皇，君也。某甫，皇祖字也，若言尼甫。○爾女，音汝，下同。**饗！**勸强之也。○勸彊，其丈反，下同。**再虞，皆如初，（日）〔曰〕：“哀薦虞事。”③**丁日葬，則己日再虞，其祝辭異者一言耳。【疏】注“丁日”至“言耳”。○釋曰：“己日再虞”者，以其後虞用剛日，初虞、再虞皆用柔日，始虞用丁日，隔戊日，故知再虞用己日。云“祝辭異者一言耳”者，一言或有一句爲一言，若《論語》云“一言以蔽之，曰思無邪”是也，今此一言，則一字爲一言，謂數一虞云“祫”，再虞云“虞”，三虞云“成”是也。**三虞、卒哭、他，用剛日，亦如初，曰：“哀薦成事。”**當祔於祖廟，爲神安於此。後虞改用剛日，剛日陽也。陽，取其動也。士則庚日三虞，壬日卒哭，其祝辭異者，亦一言耳。他，謂不及時而葬者。《喪服小記》曰：“報葬者報虞④，三月而後卒哭。”然則虞、卒哭之間，有祭事者亦用剛日，其祭無名，謂之他者，假設言之。文不在卒哭上者，以其非常也，今正者自相亞也。《檀

---

　　①　“合”字原作“古”，阮云：“‘古’《集釋》作‘合’。周學健云：‘祫之言合也，作合字文義方協。’”據改。

　　②　“今始虞而言”原作“始虞而已言”，阮云：“《要義》同，毛本‘始’上有‘今’字，《通解》有‘今’無‘已’。”據改。

　　③　“日哀薦虞事”，阮云：“‘日’，唐石經作‘曰’，下同，毛本作‘曰’。”當據改。

　　④　“虞”下原有“者”字，阮云：“徐本同，《通典》、《集釋》、《通解》、楊氏、毛本無下‘者’字。”《禮禮·喪服小記》無下“者”字，據删。

弓》曰：“葬，日中而虞，弗忍一日離也。是日也，以虞易奠，卒哭曰成事①。是日也，以吉祭易喪祭，明日祔於祖父。”如是，虞爲喪祭，卒哭爲吉祭。今文他爲它。○報葬，《禮記音》芳付反，下同。令正，力呈反。離也，力智反。【疏】“三虞”至“成事”。○注“當祔”至“爲它”。○釋曰：鄭云“當祔於祖廟，爲神安於此”者，却解初虞、再虞稱祫、稱虞之意，今三虞改用剛日，將祔於祖，取其動義故也。云“士則庚日三虞，壬日卒哭”者，以其己日爲再虞，後改用剛日，故次取庚日爲三虞也。卒哭亦用剛日，故庚日後降辛日，取壬日爲卒哭也。云“祝辭異者，亦一言耳”者，改虞爲成，是一言也。云“他，謂不及時而葬者”，謂有故及家貧不及三月，因三日殯日即葬於國北。引《喪服小記》者，彼鄭注云“報，讀爲赴疾之赴”，謂不待三月，因殯日虞，所以安神，以送形而往，迎魂而反而須安之，故疾虞。“三月而後卒哭”者，謂卒去無時之哭，鄭云卒哭“待哀殺”，故至三月待尋常葬後，乃爲卒哭祭。云“然則虞、卒哭之間，有祭事者亦用剛日”者，以虞、卒哭已是剛日，他祭在後，故亦用剛日也。云“其祭無名，謂之他者”，謂虞、卒哭、祔、祥皆有名，此則無名，故謂之他。云“文不在卒哭上”者，此他祭在卒哭上，今退在卒哭下者，以其非常，又非祭名故也②。引《檀弓》者，證卒哭辭稱“成事”之義，但卒哭爲吉祭者，喪中自相對，若據二十八月後吉祭而言，禫祭已前總爲喪祭也。若然，此經云三虞與卒哭稱“哀薦成事”，有明文③，而鄭注《檀弓》云“卒哭而祭，其辭蓋曰‘哀薦成事’”，言“蓋”疑之者，以鄭君以前，有人解云三虞與卒哭同爲一事解之者，鄭故疑卒哭之辭而云“蓋”也，是以《雜記》云“上大夫之虞也少牢，卒哭成事、祔皆大牢”，鄭注云“卒哭成事、祔言皆，則卒哭成事、祔與虞異矣”，是微破前人三虞與卒哭同解者也。

獻畢，未徹，乃餕。卒哭之祭，既三獻也。餕，送行者之酒。《詩》云：“出宿于泲④，飲餞于禰。”餞尸⑤，且將始祔于皇祖，是以餞送之。古文餞爲踐。○乃餞，扶

---

① “曰”字原作“日”，阮云：“‘日’，徐本作‘曰’，《集釋》、《通解》、楊氏、毛本俱作‘曰’。張氏曰：‘注曰卒哭成事，按《檀弓》曰作。此引《檀弓》文也，從《檀弓》。’”據改。

② “祭”下原無“名”字，曹云：“‘祭’下脱‘名’字。”據補。

③ “稱哀薦成事有明文”原作“哀薦成事明文”，曹云：“‘哀’上似脱‘稱’字，‘明’上脱‘有’字。”據補。

④ “泲”字原作“濟”，阮云：“‘濟’，徐本、《釋文》、《通典》、敖氏俱作‘濟’，《集釋》、《通解》、楊氏、毛本俱作‘泲’。”《詩經·邶風·泉水》作“泲”，據改。

⑤ “尸”上原無“餞”字，下經“用嗣尸”疏引鄭注作“餞尸”，據補。

淺反，送也。于濟，子禮反。于禰，乃禮反，劉本作泥，音同。【疏】"獻畢未徹乃餞"。○
注"卒哭"至"爲踐"。○釋曰：自此盡"不脱帶"，論卒哭之祭，未徹餞尸於寢門外之事。
鄭云"卒哭之祭"者，案上文直云"獻畢，未徹，乃餞"，不言卒哭，鄭知是"卒哭之祭"者，
以其三虞無餞尸之事，明旦祔於祖入廟，乃有餞尸之禮，故鄭據卒哭而言。若然，三虞
不餞尸者，以其三虞與卒哭同在寢，祔則在廟，以明旦當入廟，以其易處鄉尊所，故特
有餞送尸之禮也。引《詩》者，彼生人餞行人之禮，爲行始，此祭祀餞尸之禮，亦鄉祖廟
爲行始，事雖異，餞送飲酒是同，故引爲證也。知"旦將始祔於皇祖"者，下云"明日，以
其班祔"，鄭云"卒哭之明日也"，是明日之旦也。**尊兩甒于廟門外之右，少**
南，水尊在酒西，勺北枋。少南，將有事於北。有玄酒，即吉也。此在西，尚凶
也。言水者，喪質。無羃，不久陳。古文甒爲廡也。【疏】注"少南"至"廡也"。○釋曰：
云"少南，將有事於北"者，正謂下文云"尸出門右，南面"已下是也。云"有玄酒，即吉
也"者，以其虞祭用醴酒，無玄酒，至卒哭云"如初"，則與虞祭同，今至餞尸用玄酒，酒
則尋常祭祀之酒，非醴酒，故云"即吉"。云"此在西，尚凶也"者，以其吉祭，尊在房
户之間①，至於虞祭，尊在室是凶，今卒哭餞尸，尊在門西，不在門東，是尚凶，故變於吉
也。**洗在尊東南，水在洗東，篚在西。**在門之左，又少南。**饌籩、豆，脯**
四脡。酒宜脯也。古文脡爲挺。○四脡，徒頂反，又他頂反。**有乾肉折俎，二**
尹縮，祭半尹，在西墊。乾肉，牲體之脯也，如今涼州烏翅矣。折以爲俎實，優
尸也。尹，正也。雖其折之，必使正。縮，從也。古文縮爲蹙。○烏翅②，申豉反。從
也，子容反。【疏】注"乾肉"至"爲蹙"。○釋曰：云"涼州烏翅"者，經云"乾肉折俎"，則
漢時乾脯似之，故鄭以今曉古也。**尸出，執几從，席從。**祝亦告利成③，入，前
尸，尸乃出。几、席，素几、葦席也。以几、席從，執事也。【疏】"尸出"至"席從"。○注
"祝入"至"事也"。○釋曰：云"祝亦告利成，入，前尸，尸乃出"者，雖餞行飲酒，尸將起
之時，祝亦如虞祭，告云"利成"，尸乃興，以前尸也。知"几、席，素几、葦席也"者，上經

---

①　"尊"上原有"祭"字，曹云："'祭'字衍。"據删。
②　"烏"字原作"鳥"，黄云："盧依《周禮》注改'鳥'爲'烏'。"據改。
③　"祝"下原有"入"字，胡培翬云："上'入'字是衍文。"據删，疏述注作"祝入亦告
利成"，則誤衍已在賈之前，亦删。

初虞云"素几、葦席,在西序"①,至及再虞、三虞及卒哭皆如初,不見更設几、席之文,明

同初虞用素几、葦席,今卒哭祭末,餞尸於門外,明是卒哭之几、席,故知是素几、葦席

也。**尸出門右,南面。**俟設席也。【疏】"尸出門右南面"。○注"俟設席也"。○

釋曰:知"俟設席"者,尸在門右南面,在坐北立,下即云設席之事,明俟設席也。**席設**

于尊西北,東面,几在南。賓出,復位。將入臨之位。《士喪禮》賓繼兄弟

北上;門東,北面西上;門西,北面東上;西方,東面北上。○入臨,力蔭反。**主人出,**

即位于門東,少南,婦人出,即位于主人之北,皆西面,哭不止。婦

人出者,重餞尸。○重餞,直勇反,下重帶同,又直用反。【疏】注"婦人出者重餞尸"。

○釋曰:婦人有事,自堂及房而已,今出寢門之外,故云"重餞尸"也。**尸即席坐,**

唯主人不哭,洗廢爵,酌,獻尸。尸拜受,主人拜送,哭,復位。薦

脯醢,設俎于薦東,胸在南。胸,脯及乾肉之屈也。屈者在南,變於吉。○胸

在,其俱反。【疏】"尸即"至"在南"。○注"胸脯"至"於吉"。○釋曰:云"主人拜送"者,

案上祭云主人荅拜②,《特牲》亦云拜送,則拜送吉凶同也。云"屈者在南,變於吉"者,

案《曲禮》云"以脯脩置者,左胸右末",鄭云"屈中曰胸",則吉時屈者在左,今尸東面而

云"胸在南",則是凶禮屈者在右,末頭在左,故云"變於吉"也。**尸左執爵,取脯**

擩醢,祭之。佐食授嚌,授乾肉之祭。**尸受,振祭,嚌,反之,祭酒,卒**

爵,奠于南方。反之,反於佐食,佐食反之於俎。尸奠爵,禮有終。【疏】注"反之"

至"有終"。○釋曰:鄭知"反之,反於佐食"者,經云"佐食授嚌,尸受,振祭,嚌",嚌訖而

云"反之",明反於佐食③,佐食乃反於俎可知也。云"尸奠爵,禮有終"者,上經云三獻

尸皆有酢,今餞尸,三獻皆不酢而奠之,是爲禮有終,謂若主人拜送,賓不荅拜,亦是禮

有終也。**主人及兄弟踊,婦人亦如之。主婦洗足爵,亞獻,如主人**

儀,婦人踊如初。賓長洗繶爵,三獻,如亞獻,踊如初。佐食取

---

① "序"字原作"席",上經初虞云"素几、葦席在西序下",則此"席"字當是"序"字

之誤,據改。

② "荅"字原作"其",阮云:"毛本、《通解》'其'作'荅'。"曹云:"'其',各本作'荅'

是。"據改。

③ "於"字原作"與",阮云:"《通解》同,毛本'與'作'於'。"據改。

俎,實于篚。尸謖,從者奉篚哭從之。祝前,哭者皆從,及大門
内,踊如初。男女從尸,男由左,女由右。及,至也。從尸不出大門者,由廟門外無
事尸之禮也。古文謖作休。【疏】注“男女”至“作休”。○釋曰:鄭知“男女從尸,男由
左,女由右”者,約上文男子在南,婦人在北,南爲左,北爲右,因從此位便,故知男子由
左,婦人由右也。云“從尸不出大門者,由廟門外無事尸之禮也”者,在廟以廟門爲
限①,在寢門外以大門爲限,正祭在廟,廟門外無事尸之禮,今餞尸在寢門外,則大門外
無事尸之禮,故鄭舉正祭況之,從尸不出大門外,取正祭比之,故注云“由廟門外無事
尸之禮也”。尸出門,哭者止。以餞於外,大門猶廟門。【疏】“尸出門哭者止”。
○注“以餞”至“廟門”。○釋曰:鄭意所以尸出大門哭者便止者,正以餞於寢門以大門
爲限,似事尸在廟以廟門爲限②,故鄭云“大門猶廟門”也。賓出,主人送,拜稽
顙。送賓,拜於大門外。【疏】“賓出”至“稽顙”。○注“送賓”至“門外”。○釋曰:上從
尸不出大門者,有事尸限,故不出大門送之,送賓於大門外,自是常禮,故云“送賓,拜
于大門外”。但禮有終,賓無答拜之禮也。主婦亦拜賓。女賓也。不言出、不言
送,拜之於闈門之内。闈門,如今東西掖門。○闈門,音韋,劉音暉。【疏】“主婦亦拜
賓”。○注“女賓”至“掖門”。○釋曰:上主人送男賓,故知此主婦拜女賓也。云“不言
出、送,拜之於闈門之内”者,決上文男主拜男賓,言出送,此明主婦送女賓于門之内,
以其婦人送迎不出門,見兄弟不踰閾故也。云“闈門,如今東西掖門”者,案《爾雅·釋
宫》云“宫中之門謂之闈”,則闈門在宫内,漢時宫中掖門在東西,若人左右掖,故舉以
爲況也。丈夫説絰帶于廟門外。既卒哭,當變麻受之以葛也。夕日則服葛者
爲祔期。今文説爲税。【疏】“丈夫”至“門外”。○注“既卒”至“爲税”。○釋曰:云“既
卒哭,當變麻受之以葛也”者,《喪服》鄭注云“大夫以上虞而受服,士卒哭而受服”,士
亦約此文而言也。云“夕日則服葛者爲祔期”者,今日爲卒哭祭,明旦爲祔,前日之夕,
爲祔祭之期。變麻服葛是變重從輕,明旦亦得變,不要夕期之時變之,夕時言變麻服
葛者,鄭云“爲祔期”,亦因祔期即變之,使賓知變節故也。入徹,主人不與。入
徹者,兄弟大功以下。言主人不與,則知丈夫、婦人在其中。古文與爲豫。○不與,音

① “爲”上原無“門”字,阮云:“‘爲’上《要義》有‘門’字。”據補。
② “門”上原無“以廟”二字,曹云:“‘門’上似脱‘以廟’二字。”據補。

1101

預，注同。【疏】"入徹主人不與"。○注"入徹"至"爲豫"。○釋曰：鄭知入徹是大功以下者，見《曾子問》云"士祭不足，則取於兄弟大功以下者"，經云"入徹，主人不與"，明取大功、小功、總麻之等入徹也。云"言主人不與，則知丈夫、婦人在其中"者，上文直言"丈夫説經"，不辨親疏，下文"婦人脱首経"，不辨齊衰婦人，此云"入徹"，據大功以下，則此文"入徹，主人不與"之中，丈夫、婦人兼有可知，以其平常祭時，諸宰君婦廢徹不遲，則凶祭丈夫、婦人亦在，但齊斬不與徹耳。**婦人説首経，不説帶。**不説帶，齊斬婦人帶不變也。婦人少變而重帶，帶，下體之上也。大功、小功者葛帶，時亦不説者，未可以輕文變於主婦之質。至衬，葛帶以即位。《檀弓》曰："婦人不葛帶。"【疏】"婦人"至"説帶"。○注"不説"至"葛帶"。○釋曰：知"齊斬婦人帶不變也"者，案《喪服小記》云"齊衰帶、惡笄以終喪"，鄭云"有除無變"，舉齊衰則斬衰帶不變可知，齊斬帶不變，則大功以下變可知。云"婦人少變"者，以其男子既葬，首経、腰帶俱變，男子陽多變，婦人既葬，直變首経，不變帶，故云"少變"也。云"而重帶，帶，下體之上也"者，對男子陽，重首，首在上體①，婦人陰重腰，腰是下體，以重下體，故帶不變也。云"大功、小功者葛帶"者，案大功章云"布衰裳、牡麻経纓、布帶三月，受以小功衰即葛九月者"，又案小功章云"布衰裳、澡麻帶経五月者"，二章内皆男女俱陳，明大功、小功婦人皆葛帶可知。云"時亦不説者，未可以輕文變於主婦之質"者，變是文，不變是質，不可以大功以下輕服之文變主婦重服之質，故經直見主婦，不見大功以下也。云"至衬，葛帶以即位"者，此鄭解大功以下，雖夕時未變麻服葛，至衬日亦當葛帶即位也。知大功以下夕時未變麻服葛者，以其與主婦同在廟門外，主婦不變，大功以下亦不變。若然，夕時不變，夕後入室可以變，故至衬旦以葛帶即位也。引《檀弓》者，亦證齊斬婦人不葛帶之事②。

　　無尸則不餞，猶出，几席設如初，拾踊三。以餞尸者，本爲送神也。丈夫、婦人亦從几席而出。古文席爲筵。【疏】"無尸"至"踊三"。○注"以餞"至"爲筵"。○釋曰：自此至"賓出"，論卒哭祭無尸可餞之事。云"几席設如初"者，雖無尸，送神不異，故云"如初"，故鄭云"餞尸者，本爲送神也"。云"丈夫、婦人亦從几席而出"者，

---

①　"重首"下原不重"首"字，阮云："《通解》、《要義》同，毛本、楊氏'首'字重出。"據補。

②　"斬"字原作"衰"，曹云："'衰'當爲'斬'。"據改。

以其云"出，几席設如初"，即云"拾踊三"，明在門外有尸行禮之處，即知丈夫①、婦人從几席出可知。言亦者，亦餕尸之時也。**哭止，告事畢，賓出。**

死三日而殯，三月而葬，遂卒哭。謂士也。《雜記》曰："大夫三月而葬，五月而卒哭。諸侯五月而葬，七月而卒哭。"此記更從死起，異人之閒，其義或殊。【疏】"死三"至"卒哭"。○注"謂士"至"或殊"。○釋曰：自此盡"他辭，一也"，論記人所記，其義或殊，是以更有此文也。云"遂卒哭"，不言三虞者，是記人略言之。注云"謂士也"者，以其此篇是士虞，故知三日、三月據士而説。引《雜記》者，見大夫已上與士異者，以其《王制》大夫、士同有三日而殯、三月而葬之文，《雜記》云大夫亦同三月而葬，卒哭則士云三月、大夫五月，卒哭之月不同者，《曲禮》云"生與來日，死與往日"，鄭云"與，猶數也。生數來日，謂成服杖以死來日數也。死數往日，謂殯斂以死日數也。大夫以上皆以來日數"，若然，士云三日殯，三月葬，皆通死日、死月數，大夫以上，殯葬皆除死日、死月數，是以士之卒哭，得在葬之三月內②，大夫三月葬，除死月，通死月則四月，大夫有五虞，卒哭在五月，諸侯已上以義可知。云"此記更從死起，異人之閒，其義或殊"者，上已論虞、卒哭，此記更從始死記之，明非上記人，是異人之閒，其辭或殊，更見記之事，其實義亦不異前記也。**將旦而祔則薦，**薦，謂卒哭之祭。【疏】"將旦而祔則薦"。○注"薦謂卒哭之祭"。○釋曰：謂卒哭之祭日，將旦而祔則薦，薦謂卒哭之祭。云"祔則薦"者，記人見卒哭之祭爲祔而設，故連文云"將旦而祔"，則爲此卒哭而祭也。**卒辭曰："哀子某，來日某，隮祔爾于爾皇祖某甫，尚饗！"**卒辭，卒哭之祝辭。隮，升也。尚，庶幾也。不稱饌，明主爲告祔也。今文隮爲齊。○隮祔，子兮反，升也。【疏】"卒辭"至"尚饗"。○注"卒辭"至"爲齊"。○釋曰：云"卒辭，卒哭之祝辭"者，謂迎尸之前，祝釋孝子辭云爾。云"不稱饌，明主爲告祔也"者，但卒哭之祭實有牲饌而不稱者，以其卒哭祭主爲告神，將附於祖而設牲饌，故不言也。**女子，曰："皇祖妣某氏。"**女孫附於祖母。【疏】"女子"至"某氏"。○注"女孫祔於祖母"。○釋曰：此女子謂女未嫁而死，或出而歸，或未廟見而死，歸葬女氏之家，既葬祔于祖母也。**婦，曰："孫婦于皇祖姑某氏。"**不言爾，曰孫婦，婦差疏也。今

---

① "知"字原作"如"，汪刊單疏作"知"，據改。
② "得"下原無"在"字，曹云："'得'下脱'在'字。"據補。

文無某氏。○差疏，初賣反。【疏】注“不言”至“某氏”。○釋曰：此對上文孫祔于祖而云祔于爾皇祖某甫，此則不曰“爾”而變曰“孫婦”，婦差疏，故不云“爾”也。若然，上女子亦不云“爾”者，文承孫下，云“爾”可知，直言其“皇祖妣”異者耳。**其他辭，一也。**來日某、隮祔、尚饗。【疏】“其他辭一也”。○注“來日”至“尚饗”。○釋曰：“他辭，一”者，正謂“來日某”、“隮祔”、“尚饗”，女子及孫婦皆有此辭，故云“其他辭，一也”。其祔女子云“來日某，隮祔爾于爾皇祖妣某氏，尚饗”，其孫婦云“來日某，隮祔孫婦於皇祖姑某氏，尚饗”。

饗辭曰：“哀子某，圭爲而哀薦之，饗！”饗辭，勸强尸之辭也。圭，絜也。《詩》曰：“吉圭爲饎。”凡吉祭饗尸曰孝子。【疏】“饗辭”至“之饗”。○注“饗辭”至“孝子”。○釋曰：“饗辭，勸强尸之辭也”者，案《特牲禮》迎尸入室，“尸即席坐，主人拜妥尸，尸荅拜，執奠，祝饗”，鄭云“勸强之也，其辭引此《士虞記》則宜云‘孝孫某，圭爲孝薦之，饗’”，當此時爲之。“凡吉祭饗尸曰孝子”者，此一辭説三虞、卒哭勸尸辭，若祔及練、祥吉祭，其辭亦用此，但改“哀”爲“孝”耳，故鄭云“凡”以該之也。

明日，以其班祔。卒哭之明日也。班，次也。《喪服小記》曰：“祔必以其昭穆，亡則中一以上。”凡祔已，復于寢，如既祫，主反其廟，練而後遷廟。古文班或爲辨，辨氏姓或然，今文爲胖。【疏】“明日以其班祔”。○注“卒哭”至“爲胖”。○釋曰：引《喪服小記》者，彼解中猶間也，一以上，祖又祖，孫祔祖爲正，若無祖則祔于高祖，以其祔必以昭穆，孫與祖昭穆同，故間一以上，取昭穆相當者。若婦則祔于夫之所祔之妃，無亦間一以上。若妾祔，亦祔于夫之所祔之妾，無則易牲祔女君也。云“凡祔已，復于寢，如既祫，主反其廟”者，案文二年《公羊》云“大事者何？大祫也。大祫者何？合祭也。毀廟之主陳于大祖，未毀廟之主皆升，合食于太祖”，又案《曾子問》云天子、諸侯既祫祭，“主各反其廟”，今祔于廟，祔已，復于寢。若大夫、士無木主，以幣主其神，天子、諸侯有木主者，以主祔祭訖，主反于寢，如祫祭訖，主反廟相似，故引爲證也。云“練而後遷廟”者，案文二年《經》云“丁丑，作僖公主”，《穀梁傳》云“作僖公主，譏其後也。作主壞廟有時日，於練焉壞廟。壞廟之道，易檐可也，改塗可也”，是練而遷廟，引之者，證練乃遷廟，祔還于寢①。案左氏僖公三十三年《傳》云“凡君薨，卒哭而祔，祔而

①　“還”字原作“遷”，曹云：“‘遷’當爲‘還’。”據改。

作主，特祀於主，烝、嘗、禘於廟"，服注云"特祀于主，謂在寢。烝、嘗、禘於廟者，三年喪畢，遭烝、嘗則行祭皆於廟"，言遭烝、嘗乃於廟，則自三年已前，未得遷於廟而禘祭，此賈、服之義，不與鄭同。案《春官·鬯人職》云"廟用卣"，鄭注云"廟用卣者，謂始禘時，自饋食始"，以此言之，鄭義若於三年後，四時常祭在廟①，用彝盛鬱，此練祭後始禘於廟，略用卣中尊獻象等②，以盛鬯酒而已，故鄭取《穀梁》練而遷廟，特祀新死者於廟，故用卣也。若然，唯祔祭與練祭，祭在廟，祭訖，主反於寢，其大祥與禫祭，其主自然在寢祭之。案下文禫月，逢四時吉祭之月，即得在廟祭，但未配而已。又《玄鳥》詩鄭注云"君喪三年，既畢禘於其廟，而後祫祭于大祖。明年春，禘于羣廟"，若如此言，則三年喪畢更有特禘者，鄭意除練時特禘，三年喪畢更有此特禘之禮也。**沐浴，櫛，搔翦。** 彌自飾也。搔當爲爪。今文曰沐浴。搔翦，或爲蚤揃，揃或爲鬋。○搔，依注音爪。揃，子淺反，注鬋同。【疏】"沐浴櫛搔翦"。○注"彌自"至"爲鬋"。○釋曰：云"彌自飾也"者，上文"虞，沐浴，不櫛"，注云"自絜清。不櫛，未在於飾"，鄭雖言不在於飾③，沐浴，少飾，今祔時櫛，是"彌自飾也"。**用專膚爲折俎，取諸脰臆，**專，猶厚也。折俎，謂主婦以下俎也。體盡人多，折骨以爲之。今以脰臆，貶於純吉。今文字爲折俎而説以爲胏俎，亦已誣矣。古文脰臆爲頭嗌也。○頭嗌，音益。【疏】"用專"至"脰臆"。○注"專猶"至"嗌也"。○釋曰：云"折俎，謂主婦以下俎"者，鄭知折俎是"主婦以下俎"者，《特牲記》云"主婦俎④，觳折。佐食俎，觳折"，《少牢》云"主婦俎，臑折"是也。**其他如饋食。** 如特牲饋食之事。或云以左胖虞，右胖祔。今此如饋食，則尸俎、胏俎皆有肩、臂，豈復用虞臂乎？其不然明矣。【疏】"其他如饋食"。○注"如特"至"明矣"。○釋曰：云"如特牲饋食之事"者，知不如士虞饋食禮者，虞不致爵，則夫婦無俎矣，上文有俎，則祔時夫婦致爵，以祔時變麻服葛，其辭稱孝，夫婦致爵與《特牲》同，故云"如特牲饋食之事"也。"或云以左胖虞，右胖祔"者，當鄭君時，有人解

---

① "常"字原作"當"，曹云："'當'殿本作'常'。"孫云："'當祭'疑'常祭'之誤。"據改。

② "略"字原作"必"、"略"上原無"此練"至"於廟"八字，曹云："'必'當爲'略'，'略'上有脱，擬補'此練祭後始禘於廟'八字"孫云："'必用'疑當作'不用'，此言常祭用彝盛鬱，與始禘用卣盛鬯異也。"據曹校補改。

③ "雖"下原有"不"字，曹云："'不'字衍。"據删。

④ "主"下原無"婦"字，曹云："'主'下單疏有'婦'字，此脱。"據補。

者云虞祭與祔祭共用一牲，各用一胖，以左胖爲虞祭，右胖爲祔祭，不是，故鄭破之云，今此經云"如饋食"，謂如特牲饋食之禮，尸俎用右胖，解之，主人俎左臂，左胖之臂已爲虞祭①，主人豈得復取虞時左胖之臂而用之乎？明不然矣。用嗣尸。虞、祔尚質，未暇筮尸。【疏】"用嗣尸"。○注"虞祔"至"筮尸"。○釋曰：言"用嗣尸"，則從虞以至祔祭，唯用一尸而已。云"虞、祔尚質，未暇筮尸"者，以其哀未殺，故云"尚質，未暇筮尸"。若然，練、祥則筮尸矣，故《喪服小記》云"練，筮日、筮尸"，大祥筮尸可知，是以鄭上文注云"饋尸，且將始祔于皇祖"，是用一尸也。曰："孝子某，孝顯相，夙興夜處，小心畏忌，不惰其身，不寧，稱孝者，吉祭。【疏】注"稱孝者吉祭"。○釋曰：對虞時稱哀，案《檀弓》虞爲喪祭，卒哭爲吉祭，卒哭既爲吉祭，祔在卒哭後，亦是吉祭，故鄭以吉祭言之也。用尹祭、尹祭，脯也。大夫、士祭，無云脯者。今不言牲號而云尹祭，亦記者誤矣。【疏】"用尹祭"。○注"尹祭"至"誤矣"。○釋曰：鄭知尹祭是脯者，《下曲禮》云"脯曰尹祭"，故知也，但《曲禮》所云是天子、諸侯禮用脯號，案《特牲》、《少牢》無云用脯者，故云"大夫、士祭，無云脯者"，唯上饋尸有脯，此非饋尸，"今不言牲號而云尹祭，亦記者誤"也，以其上文初虞云"敢用絜牲、剛鬣"，"今不言牲號而云尹祭"，是記人誤。云"亦"者，亦上"香合"也。嘉薦、普淖、普薦、溲酒，普薦，鉶羹。不稱牲，記其異者。今文溲爲醙。【疏】注"普薦"至"爲醙"。○釋曰：知普薦是鉶羹者，案上文虞禮及《特牲》皆云祝酳"奠于鉶南"，則鉶在酒前而設，此亦普薦在酒上，故知也，但虞禮一鉶，此云饋食，則與《特牲》同二鉶，故云"普薦"也。云"不稱牲，記其異者"，對初虞之等稱牲②，但記其異，雖不説牲之號，有號可知也。若然，云"記其異者"，以嘉薦③、普淖④、溲酒與前不異，記之，以其普薦與前異，將言設薦在普淖後、溲酒前，故并言其次耳。適爾皇祖某甫，以隮祔爾孫某甫，尚饗！"欲其祔合，兩告之。《曾子問》曰："天子崩，國君薨，則祝取羣廟之主而藏諸祖廟，禮也。卒哭成事，而後主各反其廟。"然則士之皇祖，於卒哭亦反其廟，無主則反廟之禮

---

① "已"字原作"以"，曹云："'以'、'已'通。"作"已"義更顯豁，謹改。

② "對"下原有"與"字，曹云："'與'字衍。"據刪。

③ "以"上原有"所"字，四庫本無"所"字，據刪。

④ "普淖"下原有"普薦"二字，吳綬云："按下句云'以其普薦與前異'，則此句中不應有'普薦'明矣。"據刪。

未聞，以其幣告之乎？【疏】“適爾”至“尚饗”。○注“欲其”至“之乎”。○釋曰：云“欲其
祔合，兩告之”者，欲使死者祔於皇祖，又使皇祖與死者合食，故須兩告之，是以告死者
曰“適爾皇祖某甫”，謂皇祖曰“隮祔爾孫某甫”，二者俱饗，是其兩告也。引《曾子問》
者，案彼鄭注“象有凶事者聚也”。云“卒哭成事，而後主各反其廟”者，至祔，須得祖之
木主，以孫祔祭故也，天子、諸侯有木主，可言聚與反廟之事，大夫無木主聚而反之，故
云“無主則反廟之禮未聞”。云“以其幣告之乎”者，《曾子問》云“無遷主將行，以幣帛
爲主命”，此大夫、士或用幣以依神而告使聚之，無正文，故云“乎”以疑之。

　　朞而小祥，小祥，祭名。祥，吉也。《檀弓》曰：“歸祥肉。”古文朞皆作基。
【疏】“朞而小祥”。○注“小祥”至“作基”。○釋曰：自祔以後，至十三月小祥，故云“朞
而小祥”。引《檀弓》者，彼謂顔回之喪，饋祥肉於孔子而言，彼云饋，今云歸者，饋即歸
也，故變文言之。引之者，證小祥是祭，故有肉也。曰：“薦此常事。”祝辭之異
者。言常者，朞而祭，禮也。古文常爲祥。【疏】“曰薦此常事”。○注“祝辭”至“爲祥”。
○釋曰①：“祝辭之異者”，謂小祥辭與虞祔之辭有異，異者，以虞、祔之祭非常，一期天
氣變易，孝子思之而祭，是其常事，故祝辭異也。云“朞而祭，禮也”者，《喪服小記》文，
案彼云“期而祭，禮也。期而除喪，道也。祭不爲除喪也”，注云“此謂練祭也。禮，正月
存親，親亡至今而期，期則宜祭。期，天道一變，哀惻之情益衰，衰則宜除，不相爲也”，
是以謂小祥祭爲常事也②。又朞而大祥，曰：“薦此祥事。”又，復也。【疏】
“又朞”至“祥事”。○注“又復也”。○釋曰：此謂二十五月大祥祭，故云復朞也，變言祥
事，亦是常事也。中月而禫。中，猶閒也。禫，祭名也，與大祥閒一月。自喪至此，
凡二十七月。禫之言澹，澹然平安意也。古文禫或爲導。○中月，劉丁仲反，注同。
而禫，大感反。猶閒，閒厠之閒，下同。言澹，大斬反。【疏】“中月而禫”。○注“中猶”
至“爲導”。○釋曰：知“與大祥閒一月”，二十七月禫，徙月樂，二十八月復平常，正作
樂也。云“禫之言澹，澹然平安意也”者，禫月得無所不佩，又於禫月將鄉吉祭，又得樂
懸，故云“平安意也”，但至後月，乃是即吉之正也。是月也，吉祭，猶未配。是

---

　　①　“注”下原無“祝辭”至“釋曰”七字，阮云：“毛本‘注’下有‘祝辭至爲祥釋曰’七
字。按《要義》亦直云‘注祝辭之異者’，不載‘釋曰’二字。”據毛本補。
　　②　“是以謂小祥祭爲常事也”原作“以是小祥祭謂常事也”，阮云：“‘以是’毛本
作‘是以’，下‘謂’字《要義》作‘爲’。”據乙改。

月,是禫月也。當四時之祭月則祭,猶未以某妃配某氏,哀未忘也。《少牢饋食禮》:"祝祝曰:孝孫某,敢用柔毛、剛鬣、嘉薦、普淖,用薦歲事于皇祖伯某,以某妃配,某氏,尚饗!"○某妃,豐非反,劉又音配。【疏】"是月"至"未配"。○注"是月"至"尚饗"。○釋曰:謂是禫月禫祭,仍在寢,此月當四時吉祭之月則于廟,行四時之祭於羣廟而猶未得以某妃配,哀未忘,若喪中然也。言猶者,如祥祭以前,不以妃配也。案《禮記》云"吉事先近日,喪事先遠日",則大祥之祭,仍從喪事,先用遠日下旬爲之,故《檀弓》云"孔子既祥,五日彈琴而不成聲,十日而成笙歌",注"踰月且異旬也,祥亦凶事,先遠日",案此禫言澹然平安,得行四時之祭,則可從吉事先近日,用上旬爲之,若然,二十七月上旬行禫祭於寢,當祭月即從四時祭於廟,亦用上旬爲之。引《少牢禮》者,證禫月吉祭未配,後月吉,如《少牢》,配可知也。

儀禮疏卷第四十四　儀禮卷第十五

特牲饋食禮第十五

○特牲饋食禮第十五，鄭云：“諸侯之士以歲時祭其祖廟之禮。”【疏】“特牲饋食禮第十五”。○鄭《目録》云：“特牲饋食之禮，謂諸侯之士以歲時祭其祖禰之禮，於五禮屬吉禮。《大戴》第七，《小戴》第十，《別録》第十五。”①○釋曰：鄭知非天子之士而云“諸侯之士”者，案《曲禮》云“大夫以索牛，士以羊、豕”，彼天子大夫、士，此《儀禮》特牲、少牢，故知是諸侯大夫、士也，且經直云“適其皇祖某子”，不云考，鄭云“祖禰”者，《祭法》云“適士二廟，官師一廟”，官師謂中、下之士祖禰共廟，亦兼祭祖，故經舉祖兼有禰者，鄭達經意，祖禰俱言也。若祭，無問一廟二廟，皆先祭祖，後祭禰，是以文二年《左傳》云“文、武不先不窋”②，子不先父食也③。若祭，無問尊卑、廟數多少，皆同日而祭畢，以此及《少牢》唯筮一日，明不別日祭也④。

特牲饋食之禮。不諏日，祭祀自孰始曰饋食。饋食者，食道也。諏，謀

① “謂諸侯”至“第十五”原作“謂諸侯之士祭祖禰非天子之士而於五禮屬吉禮”，阮云：“《集釋》校云：‘此條有脱誤。《釋文》引鄭云諸侯之士以歲時祭其祖廟之禮，又疏云鄭知非天子之士而云諸侯之士者，似《釋文》所引乃鄭《目録》本文，此云非天子之士及而字，皆疏内字訛入注文。於五禮屬吉禮下又脱《大戴》第七，《小戴》第十三，《別録》第十五，凡十四字。’按《釋文》‘廟’字誤，當從疏作‘禰’。”又，胡培翬《儀禮正義》引先大夫《目録校證》云：“據《士冠禮》疏，當作‘《小戴》第十’，第十三乃《士喪禮》。”據删補。

② “窋”字原作“窟”，倉石云：“《正字》云‘窋’誤‘窟’。”今本《左傳·文公二年》作“窋”，據改。

③ “食”字原作“是”，倉石云：“《正字》云‘食’誤‘是’。今案《左傳》云：‘子雖齊聖，不先父食久矣。’浦説似是。”據改。

④ “若祭”至“祭也”，孫云：“此説未碻。天子七廟九獻，又各有旅酬無筭爵，此豈一日能徧乎？左哀十三年《傳》子服景伯曰‘魯將以十月上辛有事於上帝先公，季辛而畢’，則是經歷兩旬，其非一二日畢事明矣。”

也。士賤職褻，時至事暇，可以祭則筮其日矣，不如《少牢》大夫先與有司於廟門諏丁己之日。今文諏皆爲詛。○不諏，子須反，謀也。職褻，息列反。爲詛，莊助反。【疏】“特牲饋食之禮不諏日”。○注“祭祀”至“爲詛”。○釋曰：自此至“事畢”，論士將筮日之事。云“祭祀自孰始曰饋食。饋食者，食道也”者，案《檀弓》云飯用米貝，弗忍虛也。不用食道，用美焉爾”，鄭注云“食道褻，米貝美”，若然，食道是生人飲食之道，孝子於親，雖死事之若生，故用生人食道饋之也，此釋經不言祭祀而言饋食之意耳。云“祭祀自孰始”者，欲見天子、諸侯饋食已前，仍有灌鬯、朝踐、饋獻之事，但饋食見進黍稷，云饋孰見牲體而言，天子、諸侯堂上朝踐、饋獻後，迎尸入室①，亦進黍稷、牲體，其犬、豕、牛、羊亦孰之，同節也。云“士賤職褻，時至事暇，可以祭則筮其日矣”者，此解經“不諏日”，謂不如大夫以上預前十日與臣諏日而筮之，是以鄭云“不如《少牢》大夫先與有司於廟門諏丁己之日”也。凡士言不者，對大夫以上爲之，此士言“不諏日”，《少牢》大夫諏日，《士喪禮》月半不殷奠，則大夫已上殷奠，如此之類皆是也。鄭云“時至事暇，可以祭”者，若祭時至，有事不得暇，則不可以私廢公故也。若大夫已上尊，時至，唯有喪故不祭，自餘吉事皆不廢祭，若有公事及病，使人攝祭，故《論語》孔子云“吾不與祭，如不祭”，注云“孔子或出或病，不自親祭，使攝者爲之，不致肅敬於心，與不祭同”，又《祭統》云“是故君子之祭也，必身親涖之②。有故，則使人可也。雖使人也，君不失其義者，君明其義故也”，是君、大夫有病故，皆得使人攝祭。若諸侯有朝會之事，則不得使人攝，故《王制》云“諸侯礿則不禘，禘則不嘗，嘗則不烝，烝則不礿”，鄭注云“虞夏之制，諸侯歲朝，廢一時祭”，又《明堂位》云“是故夏礿、秋嘗、冬烝”，鄭注云“不言春祠，魯在東方，王東巡守以春，或闕之”，是諸侯朝會不得攝，以諸侯禮大故也。案桓八年經書“正月己卯，烝”，《公羊傳》云“烝者何？冬祭也。春曰祠，夏曰礿，秋曰嘗，冬曰烝。常事不書，此何以書？譏。何譏爾？譏亟也。亟則黷，黷則不敬。君子之祭也，敬而不黷，疏則怠，怠則忘。士不及茲四者，則冬不裘，夏不葛”，何休云“禮本下爲士制。四者，四時祭也③。士有公事不得及茲四時祭者，則不敢美其衣服”，若然，則士不暇不得

---

　　①　“入室”原作“於堂”，倉石云：“‘堂’，《詳校》作‘室’。今案‘於堂’或當作‘入室’，《大宗伯》疏亦云‘祭訖，始迎尸入室，乃有黍稷’，亦其證。”據改。

　　②　“涖”字原作“進”，《禮記·祭統》作“涖”，汪刊單疏亦作“涖”，據改。

　　③　“四者”下原無“四時祭也”四字，何休注“四者”下有“四時祭也”四字，疏引誤脫，謹補。

祭，又不得使人攝，大夫已上有公事，乃有攝可知。**及筮日，主人冠端玄，即位于門外，西面。**冠端玄，玄冠、玄端。下言玄者，玄冠有不玄端者。門謂廟門。【疏】"及筮"至"西面"。〇注"冠端"至"廟門"。〇釋曰：云"冠端玄，玄冠、玄端。下言玄者，玄冠有不玄端者"，不玄端則朝服，下記云助祭者朝服，不著玄端故也。若然，玄端一冠，冠兩服也。對文則玄端有玄裳①、黃裳、雜裳，若朝服，緇布衣而素裳，但六入爲玄，七入爲緇，大判言之，緇衣亦名玄，是以散文言之，朝服亦名玄端，故《論語》云"端章甫"，鄭云"端，玄端也，諸侯日視朝之服"，以端是正幅，非直朝服稱端②，六冕亦有端稱，故《禮記》魏文侯曰"吾端冕而聽古樂，則唯恐臥"，是冕服正幅亦名端也。云"門謂廟門"，知者，《士冠禮》云"筮於廟門"，爲冠禮筮，尚在廟門，此爲祭廟筮，在廟門可知。若然，《士冠》言廟非祭，恐不在廟，故言廟，此不言廟者，爲祭廟筮可知，不須言廟也。**子姓、兄弟如主人之服，立于主人之南，西面北上。**所祭者之子孫。言子姓者，子之所生。小宗祭而兄弟皆來與焉，宗子祭則族人皆侍。〇來與，音預。【疏】"子姓"至"北上"。〇注"所祭"至"皆侍"。〇釋曰：云"子姓者，子之所生"者，案鄭注《喪大記》云"姓之言生也"，云子之所生，則孫是也。云"小宗祭而兄弟皆來與焉"者，案《喪服小記》云"繼別爲宗，繼禰者爲小宗"，鄭注云"小宗有四，或繼高祖，或繼曾祖，或繼祖，或繼禰，皆至五世則遷"，若然，繼禰者長者爲小宗，親弟等雖異宮皆來祭，繼祖者從父昆弟皆來祭，繼曾祖者從祖昆弟皆來祭，繼高祖者族祖昆弟皆來祭，是皆據小宗而言也。云"宗子祭則族人皆侍"者，此鄭據《書傳》而言，案《書傳·康誥》云"天子有事，諸侯皆侍，尊卑之義"③，注云"事謂祭祀"，又云"宗室有事，族人皆侍終日。大宗已侍，於賓奠，然後燕私"，注云"謂卿大夫以下。宗室，大宗之家"，引《禮

---

① "有"下原有"纁裳"二字，曹云："'纁裳'二字衍。"據刪。

② "服"上原無"朝"字，曹云："'服'上脱'朝'字。"據補。

③ "書傳康誥"云云，《韓非子·説林下》引今本《酒誥》中之"無彝酒"，題稱《康誥》，故段玉裁《古文尚書撰異》、皮錫瑞《今文尚書考證》等皆以爲今本《尚書》中《康誥》、《酒誥》、《梓材》三篇先秦時但稱《康誥》，漢以後始分一篇爲三篇並另增《酒誥》、《梓材》兩個篇題。漢初伏生等著《尚書大傳》時，或三篇仍爲一篇，僅題《康誥》，尚無《酒誥》、《梓材》兩個篇名，釋三篇之傳皆附《康誥》篇題下，故賈疏引《大傳》文"天子有事"以下十二字而稱《書傳·康誥》。陳壽祺輯《大傳》以"天子有事"以下十二字附《酒誥》篇題下，則是據《康誥》一篇分爲三篇輯録傳文而分別附於各篇之下，恐非《大傳》舊貌。

記》"別子爲祖,繼別爲大宗,繼禰爲小宗","賓,寮友助祭者",若然,大宗子祭,一族之内皆來助祭。引之者,證經子姓、兄弟,若據小宗有服者,若據大宗兼有絶服者也。

有司羣執事如兄弟服,東面北上。士之屬吏也。【疏】"有司"至"北上"。○注"士之屬吏也"。○釋曰:云"如兄弟服"者,如主人冠端玄。《左傳》云"士有隸子弟"謂此,言爲屬吏而已。**席于門中,闑西閾外。**爲筮人設之也。古文闑作槷,閾作蹙。○闑西,魚列反。閾外,于逼反,又況逼反。爲筮,于僞反,下爲神、爲視皆同。作槷,魚列反。作蹙,子六反。【疏】"席于"至"閾外"。○注"爲筮人設之也"。○釋曰:案《士冠禮》云"筮與席、所卦者,具饌于西塾",乃言"布席于門中,筮人執筴,抽上韇,兼執之",此不言"具饌于西塾"而經但言"席于門中",取筮于西塾,又不云"抽上韇"者,皆是互見省文之義。**筮人取筮于西塾,執之,東面受命于主人。**筮人,官名也。筮,問也。取其所用問神明者,謂蓍也。○西塾,音執。謂蓍,音尸。【疏】注"筮人"至"蓍也"。○釋曰:案《周禮·春官》有卜人、筮人,此士禮亦云筮人,故云"官名也"。云"筮,問也。取其所用問神明者,謂蓍也"者,案《周禮·天府職》云"季冬,陳玉以貞來歲之美惡",注云"問事之正曰貞。凡卜筮,實問於鬼神",謂卜用龜,龜知生數一二三四五之神,筮用蓍,蓍知成數七八九六之神,則此鄭云"神明者"也。若然,神既爲生、成之神,鄭云"謂蓍"者,則蓍亦有神,《易·繫辭》有"蓍之德圓而神",非直筮有成數之神,亦有蓍之神也。**宰自主人之左贊命,命曰:"孝孫某,筮來日某,諏此某事,適其皇祖某子,尚饗!"**宰,羣吏之長。自,由也。贊,佐也,達也。贊命由左者,爲神求變也。士祭曰歲事,此言某事,又不言妃者,容大祥之後,禫月之吉祭。皇,君也。言君祖者,尊之也。某子者,祖字也,伯子、仲子也。尚,庶幾也。○之長,丁丈反,下長占并注同。言妃,音配,又芳非反。禫月,大感反。【疏】"宰自"至"尚饗"。○注"宰羣"至"庶幾也"。○釋曰:云"宰,羣吏之長"者,贊命之事,非長不爲,又天子、諸侯皆尊官,故知"羣吏之長"也。云"贊命由左者,爲神求變也"者,決《士冠禮》"宰自右少退,贊命",鄭注云"宰,有司主政教者。自,由也。贊,佐也。命,告也。佐主人告所以筮也。《少儀》曰'贊幣自左,詔辭自右'",此祭祀,故宰自左贊命,爲神求吉,故變於常禮也。云"士祭曰歲事,此言某事,又不言妃者,容大祥之後,禫月之吉祭"者,案下宿賓云"薦歲事",據吉祭而言,又《少牢》吉祭云"以某妃配",即與《士虞記》云“中月而禫，是月也，吉祭，猶未配”異①，此與彼文同，故知是禫月吉祭也。云“言君祖者，尊之也”者，天子、諸侯名曾祖爲皇考，此士亦云皇祖，故云“尊之也”。云“某子者，祖字也，伯子、仲子”者，以其某在子上，爲男子美稱，故以某爲伯、仲、叔、季五十字，下篇云“皇祖伯某”，鄭注云“伯某，且字也”，不爲五十字者，以某在伯下，故爲且字解之，與此異也。**筮者許諾，還，即席西面坐。卦者在左，卒筮，寫卦，筮者執以示主人。**士之筮者坐，箸短由便。卦者，主畫地識爻，爻備，以方寫之。○還即，音環。由便，婢面反，後放此。畫地，音獲。【疏】注“士之”至“寫之”。○釋曰：云“士之筮者坐，箸短由便”者，決下《少牢》云“史曰：‘諾。’②遂述命”，既，“乃釋韇，立筮”，鄭注云“卿大夫之箸長五尺，立筮由便”，與士不同。知箸有長短者，案《三正記》云“天子箸長九尺，諸侯七尺，大夫五尺，士三尺”是也。云“卦者，主畫地識爻，爻備，以方寫之”者，案《士冠禮》云“筮人許諾，右還，即席坐，西面，卦者在左。卒筮，書卦，執以示主人”，鄭云“卒，已也。書卦者筮人，以方寫所得之卦”，彼云“書卦”，即云“執以示主人”，則筮者書寫以示主人也，此經云“卒筮，寫卦”，乃云“筮者執以示主人”，則寫卦者非筮人，故此鄭云“卦者，主畫地識爻，爻備，以方寫之”也。**主人受視，反之。**反，還。**筮者還，東面，長占，卒，告于主人：“占曰吉。”**長占，以其屬之長幼旅占之。【疏】注“長占”至“占之”。○釋曰：經直云“長占”，知非長者一人而云“長幼旅占之”者，《士冠禮》云“筮人還，東面旅占”，明此亦是長幼旅占。經直云長者，見從長者爲始也。**若不吉，則筮遠日，如初儀。**遠日，旬之外日。【疏】“若不”至“初儀”。○注“遠日旬之外日”。○釋曰：案《曲禮》云“吉事先近日，喪事先遠日”，此尊卑禮同也，又云“旬之內曰近某日，旬之外曰遠某日”，此尊卑有異。云“旬之內曰近某日”，據士禮吉事先近日，謂祭祀，假令孟月，先於孟月上旬內筮，筮不吉，乃用中旬之內更筮，中旬又不吉，更於下旬內筮，筮不吉，即止，大夫已上，假令孟月祭，於前月下旬筮來月之上旬，不吉，又於孟月之上旬筮中旬，中旬不吉，又於中旬筮下旬，下旬又不吉，即止，不祭。今云“遠日，旬之外日”者，謂上旬不吉，更於上旬外筮中旬，爲“旬之外日”，非謂如大夫已上，旬之外謂旬前爲旬外也。**宗人告**

---

① “配”下原無“異”字，曹云：“‘配’下似脱‘異’字。”據補。

② “諾”字原作“若”，《少牢饋食禮》作“諾”，據改。

事畢。

　　前期三日之朝，筮尸，如求日之儀，命筮曰："孝孫某，諏此某事，適其皇祖某子，筮某之某爲尸，尚饗！"三日者，容宿賓、視濯也。某之某者，字尸父而名尸，連言其親，庶幾其馮依之也。大夫、士以孫之倫爲尸。○其馮，音憑。【疏】"前期"至"尚饗"。○注"三日"至"爲尸"。○釋曰：自此盡"主人退"，論祭前筮尸、宿尸之事。云"三日者，容宿賓、視濯也"者，謂前期二日宿賓，一日視濯，是以下云"厥明夕，陳鼎于門外"下至"夙興"，皆祭前一日視濯之事，以其"夙興"上事是祭前一日也，宿賓又在"厥明夕"爲期上①，則宿賓與視濯別日，又知宿賓是祭前二日，此經乃祭前三日筮尸，故鄭云"容宿賓、視濯"，言容者，爲筮尸之後，祭日之前，有二日容此二事也。若然，筮尸在祭前三日，宿尸云"乃"，乃是緩辭，則與筮尸別日矣。以此而言，則宿尸與宿賓中無"厥明"之文，則二者同日矣。二者既同日，鄭直言"容宿賓、視濯"，不言容宿尸者，以其宿賓在"厥明"之上，故不嫌宿尸與宿賓別日也。云"某之某者，字尸父而名尸"者，經直云"某之某"，鄭知"字尸父而名尸"者，《曲禮》云"爲人子者，祭祀不爲尸"，鄭彼注云"尊者之處，爲其失子道，然則尸卜筮無父者"，又云"卒哭乃諱"，諱則不稱名，故知尸父云某是字，尸既對父，故某爲名。云"連言其親，庶幾其馮依之也"者，尸父前世與所祭之父同時，同時必相識，知今又筮其子爲尸，尸又與所祭之子相識，父子皆同類，故"連言其親，庶幾其神馮依之"也。云"大夫、士以孫之倫爲尸"者，案《祭統》云"夫祭之道，孫爲王父尸。所使爲尸者，於祭者子行也。父北面而事之，所以明子事父之道也"，注云"祭祖則用孫列，皆取於同姓之適孫也。天子、諸侯之祭，朝事延尸於戶外，是以有北面事尸之禮"，如是則天子、諸侯宗廟之祭，亦用孫之倫爲尸而云大夫、士者，但天子、諸侯雖用孫之倫，取卿大夫有爵者爲之，故《鳧鷖》詩祭尸之等皆言"公尸"，又《曾子問》云"卿大夫將爲尸於公"，若大夫、士祭，尸皆取無爵者，無問成人與幼，皆得爲之，故《曾子問》孔子曰"祭成喪者必有尸，尸必以孫，孫幼則使人抱之"是也。乃宿尸。宿，讀爲肅。肅，進也。進之者，使知祭日當來。古文宿皆作羞。凡宿，或作速，記肅，《周禮》亦作宿。【疏】"乃宿尸"。○注"宿讀"至"作宿"。○釋曰：云"古文宿皆作羞"，疊之不從古文。云"凡宿，或作速"，謂一部之内，或

---

①　"在"字原作"是"，曹云："'是'或當爲'在'。"據改。

作速者,若《公食大夫》速賓之類是也,云"記作肅"者,《曲禮》云"主人肅客而入"是也,又云"《周禮》亦作宿"者,《大宗伯》云"宿眡滌濯"是也①,是以鄭汎云"或"也。**主人立于尸外門外,子姓、兄弟立于主人之後,北面東上。**不東面者,來不爲賓客。子姓立于主人之後,上當其後。【疏】"主人"至"東上"。○注"不東"至"其後"。○釋曰:云"不東面者,來不爲賓客"者,爲尸者父象也,主人有子道,故主人北面,不爲賓客,不敢當尊,故不東面,此決《冠禮》宿賓,主人東面,此北面②,不同也。云"上當其後"者,子姓、兄弟北面陪主人後,東頭爲上者不得過主人,故爲上者當主人之後也。**尸如主人服,出門左,西面。**不敢南面當尊。【疏】"尸如"至"西面"。○注"不敢南面當尊"。○釋曰:此決《少牢》云"主人即位於廟門外之東方,南面",以其大夫尊,於諸官有君道③,故南面當尊,此士之孫倫爲尸,雖被宿,猶不敢當尊也。**主人辟,皆東面北上。**順尸。○主人辟,劉芳益反,一音避。**主人再拜,尸荅拜。**主人先拜,尊尸。【疏】注"主人先拜尊尸"。○釋曰:此決下文宿賓,賓先拜,主人乃荅拜,故云"尊尸",是以主人先拜也。案《少牢》云"吉則遂宿尸,祝擯,主人再拜稽首,祝告曰:'孝孫某'"云云,"尸拜,許諾",祝先釋辭訖,尸乃拜許,此尸荅拜後,宗人乃擯辭者,士尸卑,主人拜,尸即荅拜,不待擯辭訖④,大夫之尸尊,尊待釋辭訖乃拜⑤。**宗人擯辭如初,卒曰:"筮子爲某尸,占曰吉,敢宿。"**宗人擯者釋主人之辭如初者,如宰贊命筮尸之辭。卒曰者,著其辭所易也。今文無敢。【疏】"宗人"至"敢宿"。○注"宗人"至"無敢"。○釋曰:云"如初者,如宰贊命筮尸之辭"者,案筮尸時雖不見宰贊命,以其云"筮尸,如求日之儀",筮日時有宰贊命,則筮尸時亦有宰贊命可知,故此得如之也。云"卒曰者,著其辭所易也"者,前筮尸辭云"筮某之某爲尸,尚饗",易已上之辭也。**祝許諾,致命。**受宗人辭,許之,傳命於尸。始宗人、祝北面,至於傳命,皆西面受命,東面釋之。○傳命,丈專反,下同。【疏】"祝許諾致

---

① "云"字原作"文",曹云:"'文'當爲'云'。"據改。
② "此"下原有"中"字,阮云:"《要義》同,毛本、《通解》、監本無'中'字。"據刪。
③ "於諸官有君道"原作"於恩有君道",阮云:"《要義》同,毛本、《通解》無'於恩'二字。"曹云:"'恩'當爲'諸官'二字。"據曹校改。
④ "待"字原作"得",阮云:"'得'當作'待'。"據改。
⑤ "待"字原作"得",倉石云:"'得'字殿本作'待'。"據改。

命”。○注“受宗”至“釋之”。○釋曰:云“始宗人、祝北面,至於傳命,皆西面受命,東面釋之”者,以其上文始時,主人與子姓、兄弟立于尸門外北面,重行,則宗人與祝相隨,亦皆北面,故云“始宗人、祝北面”,至於尸“出門左,西面”,主人避之,門西東面,定位訖,宗人進主人之前,西面鄉之受命,受命訖,尸既西面,明宗人旋鄉東面釋之可知。

尸許諾,主人再拜稽首。其許亦宗人受於祝而告主人。【疏】“尸許”至“稽首”。○注“其許”至“主人”。○釋曰:云“其許亦宗人受於祝而告主人”者,謂祝受尸許諾辭,旋西面告宗人,宗人告主人尸許諾,主人乃再拜稽首。**尸入,主人退。**相揖而去,尸不拜送,尸尊。【疏】注“相揖”至“尸尊”。○釋曰:鄭知有“相揖而去”者,約下篇《少牢》云“主人退,尸送,揖不拜”是也,但彼有送文,此經“尸入”後乃言“主人退”,則尸不送可知。此尸不送者,士卑,故尸被宿之後不送也,大夫尊,故尸雖受宿,猶送大夫也。

　　宿賓,賓如主人服,出門左,西面再拜,主人東面荅(再)拜①。宗人擯曰:“某薦歲事,吾子將涖之,敢宿。”薦,進也。涖,臨也。言吾子將臨之,知賓在有司中,今特蕭之,尊賓耳。○將涖,音利,又音類。【疏】“宿賓”至“敢宿”。○注“薦進”至“賓耳”。○釋曰:自此盡“賓拜送”,論士將祭,宿屬吏內一人爲備三獻賓之事也。云“言吾子將臨之,知賓在有司中”者,以其云“將臨之”,明前筮尸在其中可知,以上無戒文,今宿之云“吾子將涖之”,明知賓在有司內可知。案前文“有司羣執事如兄弟服,東面北上”,鄭云“士之屬吏”,此云賓在有司內,則賓是士之屬吏可知,下記云“公有司門西,北面東上,獻次衆賓。私臣門東,北面西上,獻次兄弟”,賓及衆賓行事在西階之下,復似賓不在有司中者,但賓是士之屬吏內,言“私臣”,據己自辟

---

　　① “荅”下漢簡本無“再”字,沈云:“今本荅下有‘再’字。此主人到賓門宿賓,賓出門左拜主人之辱臨,再拜;賓爲主人之有司,卑於主人,但既被選爲賓,應與主人尊卑相敵,主人亦應如今本作‘再拜’。簡本祇一拜,似誤。其實不然。下賓從主人之請,主人謝其允來,再拜,賓荅一拜。今本與簡本同。前後合觀,當是荅皆一拜。據今本,到門賓主皆再拜,從請謝允主人再拜而賓荅一拜,反成尊卑不敵。又《士冠》宿賓節,到門賓再拜而主人一拜,從請謝允主人再拜而賓答一拜,實同《特牲》簡本。據以參證,當從簡本,今本誤衍‘再’字。”賈疏所據之本已誤衍“再”字,上下文或據以爲説,雖當删而仍其舊。

除者，言"公有司"者，亦是士之屬吏命於其君者，言"賓在有司中"者，諸在此獻者之中①，選以爲賓，又選爲衆賓以下。若在門外時，同在門西，東面北上，及其入爲賓及衆賓者，適西階以俟行事。公有司不選爲賓者，門西北面。私臣不選爲賓，門東北面。門外不列者，以其未有事。入門而列者，爲將行事。公有司門西，私臣門東，二者皆無事，故經不見，記人乃辨之，見其與於獻也。云"今特肅之，尊賓耳"者，賓有司之內不嫌不助祭，今特宿之者，將使爲賓也。賓曰："某敢不敬從。"主人再拜，賓荅拜。主人退，賓拜送。

厥明〔日〕夕②，陳鼎于門外，北面北上，有鼏。厥，其也，宿賓之明日夕。門外北面，當門也。古文鼏爲密。○有鼏，亡狄反。【疏】注"厥其"至"爲密"。○釋曰：自此盡"主人拜送"，論祭前一日之夕視濯與視牲之事。云"門外北面，當門也"者，以其經直云"門外"，不言門之東西，故知當門。下篇《少牢》陳鼎在門東，此當門者，士卑，避大夫故也。椸在其南，南順，實獸于其上，東首。順，猶從也。椸之制，如今大木轝矣，上有四周，下無足。獸，腊也。○椸在，於庶反。從也，子容反。木轝，音預。【疏】"椸在"至"東首"。○注"順猶"至"腊也"。○釋曰：下篇《少牢》"牲北首東上"③。司馬刲羊，司士擊豕。宗人告備，乃退，不言獸，《少牢》五鼎，明有獸可知，不言之者，已有二牲，略其小者，故不言之也。案《士虞記》"陳牲于廟門外，北首西上"，鄭注云"言牲，腊在其中。西上，變吉"，此亦"牲在其西④，北首東足"，與彼文同，彼云"變吉"者，彼牲云"北首西上"，明腊亦北首可知，此實獸椸上東首，不與牲相統，故云"變吉"。云"椸之制，如今大木轝矣，上有四周，下無足"者，鄭舉漢法以曉

①　"在"字原作"士"，阮云："'士'，《要義》作'在'。《通解》作'士'，刪下五字。"曹云："阮云《要義》作'在'，案'在'字是。"據《要義》改。
②　"明"下漢簡本有"日"字，沈云："今本無'日'字。鄭注：'宿賓之明日夕。'鄭氏作'明日夕'，顯係述經而非以之釋明夕者。《士冠》爲期節'厥明夕爲期于廟門之外'，鄭氏無注。然則原本俱作'明日夕'而後人省'日'字耳。"賈疏所據之本已省"日"字，上下文或據以爲説，雖當補而仍其舊。
③　"篇"下原有"云"字，阮云："《要義》同，毛本、《通解》無'云'字。"曹云："各本無'云'字是。"據刪。
④　"亦"下原無"牲在"二字，曹云："'亦'下脫'牲在'二字。"據補。

1117

古,諸《禮記》及此《儀禮》内言椸者①,皆以無足解之②。云"獸,腊也"者,《特牲》三鼎③,有豕、魚、腊,案《周禮·腊人》鄭注云"小物全乾爲腊",故知豕云牲,魚,水物,云"獸"是腊可知。**牲在其西,北首東足。**其西,椸西也。東足者,尚右也。牲不用椸,以其生。【疏】注"其西"至"其生"。○釋曰:豕不可牽之,縛其足,陳於門外,首北出椸,東其足,寢其左,以其周人尚右,將祭故也。云"牲不用椸,以其生"者,對腊死用椸而言之。**設洗于阼階東南,壺禁在(西)〔東〕序④,豆、籩、鈃在東房,南上,几、席、兩敦在西堂。**東房,房中之東,當夾北。西堂,西夾之前近南耳⑤。○鈃,音刑。兩敦,音對,劉又都愛反,後放此。當夾,古洽反,劉古協反,後皆同。近南,附近之近,下同。【疏】注"東房"至"南耳"。○釋曰:大夫、士直有東房、西室,若言房則東房矣,故《士冠禮》"陳服于房中西墉下,東領北上",不言東,又《昏禮》"側尊甒醴于房中",亦不言東,如此之類皆不言東,以其直有一房,不嫌非東房,故不言東,今此經特言東房,明房内近東邊,故云"東房"也。夾室半以南爲之,以壁外相望,則當夾北也,又與《少牢》籩豆所陳相反,《少牢》近於西方,此經則房中之東也。言"當夾北"者,以其夾室在房南近東⑥,故云"房中之東,當夾北"也。云"西堂,西夾之前近南耳"者,案《爾雅》注"夾室前堂謂之相",此在西堂,在西相,故云"西夾之前近南"也。**主人及子姓、兄弟即位于門東,如初。**初,筮位也。**賓及衆賓即位于門西,東面北上。**不蒙如初者⑦,以宰在而宗人、祝不在。【疏】注"不蒙"至

---

①　"諸"下原有"禮"字、"内"字原作"而",曹云:"衍一'禮'字,'而'當爲'内'。"據删改。

②　"以"上原無"皆"字,曹云:"'以'上似脱'皆'字。"據補。

③　"牲"下原無"三"字,阮云:"《要義》同,毛本、《通解》'牲'下有'三'字。"據補。

④　"西"字漢簡本及諸本皆作"東",此本誤,當據改。

⑤　"夾"下原有"室"字,阮云:"張氏曰:'疏無室字。此篇末注云:東堂,東夾之前;《聘禮經》曰:西夾亦如之;《公食大夫》:立于東夾南,注曰:箱東夾之前;《覲禮》注曰:東箱,東夾之前;《士喪禮》注曰:襲,經于序東,東夾前,亦不帶室字,從疏。'按:夾室,古衹稱夾。《顧命》云'東夾西夾',無室字。至《雜記》釁廟,始稱夾室。"據删。

⑥　"南近"原作"近南",曹云:"'近南'二字當倒。"據乙。

⑦　"蒙"字原作"象",阮云:"'象',《集釋》、楊氏俱作'蒙'。張氏曰:'疏象字于《既夕禮》作蒙,從《既夕禮》。'"據改,疏述注亦改。

“不在”①。○釋曰：云“不蒙如初者”，此決上經“主人及子姓、兄弟即位于門東”，如初
筮位，今賓及衆賓者即是前者有司羣執事②，當言如初，不言者，以宰前筮時在門東，贊
主人辭，今宰在門西，同行，又宗人、祝離位，賓西北，東面南上，異於筮位時，故不言如
初也。**宗人、祝立于賓西北，東面南上。** 事彌至，位彌異。宗人、祝於祭宜
近廟。【疏】注“事彌至位彌異”。○釋曰：云“事彌至”者，謂祭事彌至。“位彌異”者，謂
宗人、祝近門，離本位，故云“位彌異”。**主人再拜，賓苔再拜，三拜衆賓，衆**
賓苔再拜。 衆賓再拜者，士賤，旅之得備禮也。【疏】注“衆賓”至“禮也”。○釋曰：
云“旅之得備禮”者，謂衆賓無問多少，總三拜之。旅，衆也，衆賓共得三拜，故云“旅
之”也。“衆賓再拜者，士賤”，衆賓得備禮。案《有司徹》“主人降，南面拜衆賓于門東三
拜③，衆賓門東北面皆苔一拜”，注云“言三拜者，衆賓賤，旅之也。衆賓一拜，賤也。卿
大夫尊，賓賤，純臣也”，經云“皆苔一拜”，明人人從上至下皆一一獨苔拜，以其純臣故
也，所以不再拜者，避國公故也，此士賓莫問多少，皆得一時再拜者，以其士賤，衆賓得
備禮故也。**主人揖入，兄弟從，賓及衆賓從，即位于堂下，如外位。**
爲視濯也。○兄弟從，如字，又才用反，後以意求之。**宗人升自西階，視壺濯**
及豆、籩，反降，東北面告濯具。 濯，溉也。不言敦、鉶者，省文也。東北面
告，緣賓意欲聞也。言濯具，不言絜，以有几、席。○濯溉，古愛反。省文，所景反，下文
省同。【疏】“主人”至“濯具”。○注“濯溉”至“几席”。○釋曰：云“不言敦、鉶者，省文
也”者，決上文初饌時，云“豆、籩、鉶在東房”④，明敦及鉶亦視可知，經不言者⑤，省文
故也。上陳時，經有几、席，鄭注所以不并言几、席省文者，經言“告濯具”，几、席不在
濯內，故不得云几、席爲省文也。云“東北面告，緣賓意欲聞也”者，經云“即位于堂下，
如外位”，則主人在東階之下，宗人降自西階，宜東面告濯具，所以不正面告者，以賓在

---

①　“蒙”字原作“象”，阮云：“此‘象’字當作‘蒙’，下同。”據改。

②　“羣”下原有“吏”字，曹云：“‘吏’字衍。”據刪。

③　“南面拜衆賓于門東三拜”，漢簡本《有司》無下“拜”字，當據刪，詳《有司徹》經
文下校記。

④　“房”字原作“方”，曹云：“‘方’字譌，單疏作‘房’。”據改。

⑤　“經不言”原作“文不言”，阮云：“毛本‘文’作‘經’，監本同，《通解》無。按‘經’
是也。”曹云：“‘文’當爲‘今’，‘言’單疏作‘云’。”從阮校改。

西,亦欲聞之,不專爲主人告故也①。云"言濯具,不言絜,以有几、席"者,凡洗濯,當告絜,不洗者,告具而已,几、席不在洗內,故直告濯具,不言絜,嫌通几、席亦在洗濯之限,此決下經門外"舉鼎鼏"云"告絜"。**賓出,主人出,皆復外位。**爲視牲也。今文復爲反。**宗人視牲,告充。雍正作豕。**充,猶肥也。雍正,官名也。北面以筴動作豕,視聲氣。○以筴,初革反。【疏】注"充猶"至"聲氣"。○釋曰:云"北面以筴動作豕"者,此無正文,經云作是動作之言,故知以筴動作豕。云"視聲氣"者,案《禮記·內則》、《周禮·內饔》唯云"豕望視而交睫,腥"②,不云豕之聲氣而鄭云"視聲氣"者,但祭祀之牲當充盛肥,若聲氣不和,即是疾病不堪祭祀,故云"視聲氣"也。**宗人舉獸尾,告備。舉鼎鼏,告絜。**備,具。**請期,曰:"羹飪。"**肉謂之羹。飪,孰也,謂明日質明時而曰肉孰,重豫勞賓。宗人既得期,西北面告賓、有司。○羹飪,而甚反。【疏】"請期曰羹飪"。○注"肉謂"至"有司"。○釋曰:案《少牢》云"宗人曰:'旦明行事'",此不云"旦明行事"而云"羹飪"者,彼大夫尊,有君道,可以豫勞賓,故云時節,此士卑,無君道,故不云"旦明"而云"羹飪",是以鄭云"重豫勞賓",羹飪乃來也。云"宗人既得期,西北面告賓、有司"者,此案《少牢》云"主人門東南面,宗人朝服北面,曰:'請祭期。'主人曰:'比於子。'宗人曰:'旦明行事'",上文門外,賓位在門西東面,今既得期,鄉西,在賓南,北面告賓與有司,使知祭日當來也。**告事畢,賓出,主人拜送。**

　　夙興,主人服如初,立于門外東方,南面,視側殺。夙,早也。興,起也。主人服如初,則其餘有不玄端者。側殺,殺一牲也。【疏】"夙興"至"側殺"。○注"夙早"至"牲也"。○釋曰:自此盡"於中庭",論祭日夙興,主人、主婦陳設及行位之事。云"主人服如初,則其餘有不玄端"者,案下記云"特牲饋食,其服皆朝服,玄冠,緇帶,緇韠",注云"於祭服此也。皆者,謂賓及兄弟筮日、筮尸、視濯亦玄端,至祭而朝服。朝服者,諸侯之臣與其君日視朝之服,大夫以祭。今賓、兄弟緣孝子欲得嘉賓尊

---

①　"所以"至"故也"原作"以賓在西亦欲聞之故也所以不正面告者爲主人告故也",曹云:"文有誤,擬刪云'所以不正面告者,以賓在西,亦欲聞之,不專爲主人告故也'。"據刪改。

②　"內饔"原作"庖人",所引"豕望視而交睫,腥"一語,既見於《禮記·內則》,亦見於《周禮·內饔》而不見於《庖人》,"庖人"當爲"內饔"之誤,謹改。

1120

客以事其祖禰，故服之。緇韠者，下大夫之臣。夙興，主人服如初，則固玄端”是也。鄭云“其餘有不玄端者”，明亦有著玄端者，是以下記人辨之云“唯尸、祝、佐食玄端，玄裳、黃裳、雜裳可也，皆爵韠”，鄭注云“與主人同服”，是有同服者，有著朝服者，故鄭云“其餘有不玄端者”也。云“側殺，殺一牲也”者，案《少牢》“主人即位於廟門之外，司馬刲羊，司士擊豕”，皆主人不親殺①，案《楚語》云“諸侯宗廟之事，必自射其牲，刲羊，擊豕”，又《司弓矢》云“凡祭祀，共射牲之弓矢”，注云“射牲，示親殺也。殺牲非尊者所親，唯射可”，又《國語》云“禘郊之事，天子必自射其牲”，《玉藻》云“凡有血氣之類，君子弗身翦也”者，據凡常，非祭祀，天子尊，于郊射牲，諸侯降天子，故宗廟亦親殺，大夫、士不敢與君同，故視之而不親殺之。“側殺，殺一牲”者，案《冠禮》云“側尊一甒醴，在服北”，鄭注云“側，猶特也，無偶曰側”，以其無玄酒，是以《少牢》云“司馬刲羊，司士擊豕”，以其二牲，不云側也。**主婦視饎爨于西堂下。**炊黍稷曰饎，宗婦爲之。爨，竈也。西堂下者，堂之西下也，近西壁，南齊于坫。古文饎作糦，《周禮》作饎。○視饎，尺志反，注糦同。齊坫，丁念反。【疏】注“炊黍”至“作饎”。○釋曰：知“宗婦爲之”者，以經言“主婦視饎爨”，明主婦不自爲也②，是以下記云“宗婦贊薦者，執以坐于户外，授主婦。尸卒食而祭饎爨”，鄭以祭饎爨用黍而已，是宗婦爲之可知也。云“爨，竈也”者，周公制禮之時謂之爨，至孔子時則謂之竈，故《論語》王孫賈云“與其媚於奧，寧媚於竈”，是孔子時爲竈也。云“西堂下者，堂之西下也”者，以其爲爨不可正在堂下，當逼西壁爲之，故云“堂之西下，近西壁”也。又知“南齊于坫”者，案《既夕記》云“設楾于東堂下，南順，齊于坫”，明在東西堂下，皆齊於坫可知，又鄭下注引舊説云“南北直屋梠，稷在南”是也。案《少牢》云“雍人㮣鼎、匕、俎于雍爨，雍爨在門東南，北上。廩人㮣甑、甗、匕與敦於廩爨，廩爨在雍爨之北”，廩爨既在門外，不見主婦有視文，主婦未知視之以否，主婦視饎爨，猶主人視殺牲，故《易·歸妹》上六云“女承筐無實，士刲羊無血”，鄭注“宗廟之禮，主婦奉筐米”，爲饎之時③，兼視之可知。云“《周禮》作饎”者，

---

① “親”字原作“視”，《少牢饋食禮》云“主人朝服，即位于廟門外東方，南面”，又云“司馬刲羊，司士擊豕。宗人告備，乃退”，則是主人視殺而不親殺，彼疏已明言之，此疏言“皆主人不視殺”，疑此“視”字爲“親”字之誤，謹改。

② “自”上原無“不”字，曹云：“‘自’上脱‘不’字。”據補。

③ “爲”字原作“如”，曹云：“‘如’當爲‘爲’。”據改。

所謂故書饎作餴者也①。亨于門外東方，西面北上。亨，爨也。爨豕、魚、腊以鑊，各一爨。《詩》云："誰能亨魚，溉之釜鬵。"○亨于，普庚反，注及下注不能亨、亨者同。以鑊，戶郭反。溉之，古愛反。釜鬵，音尋，劉側林反。【疏】注"亨爨"至"釜鬵"。○釋曰：知用鑊者，下《少牢》云"羹定，雍人陳鼎五，三鼎在羊鑊之西，二鼎在豕鑊之西"，故用鑊也。羹飪，實鼎，陳于門外，如初。初，視濯也。尊于戶東，玄酒在西。戶東，室戶東。玄酒在西，尚之。凡尊，酌者在左。【疏】注"戶東"至"在左"。○釋曰：知"戶東"是"室戶東"者，若據房戶東西，則舉東房而言，今直云"戶東"，故知"室戶東"也。云"玄酒在西，尚之。凡尊，酌者在左"者，左爲上尊，今云"玄酒在西"，故云"尚之"，是以《鄉飲酒》、《鄉射》皆玄酒在西，事酒在東。若《燕禮》、《大射》唯君面尊，不從此義也。實豆、籩、鉶，陳于房中，如初。如初者，取而實之，既而反之。【疏】注"如初"至"反之"。○釋曰：經云"實豆、籩"者（元缺一字），明取豆②、籩實之。又言"陳于房中，如初"者，明"既而反之"，可知也。執事之俎陳于階間，二列，北上。執事，謂有司及兄弟。二列者，因其位在東西。祝、主人、主婦之俎亦存焉。不升鼎者，異於神。【疏】"執事"至"北上"。○注"執事"至"於神"。○釋曰：鄭知經"執事之俎"，祝、主人、主婦亦存焉者，見《士虞記》祝俎"陳於階間，敦東"，彼虞不致爵，故不見主人③、主婦俎，明此吉祭有致爵，主人、主婦俎陳於階間可知④，以主婦亦是執事之人也。若然，《少牢》主人、主婦無俎者，以三獻禮成，別爲儐尸，正祭無致爵，故主人、主婦無俎，儐尸行三獻，致爵乃有俎，下大夫不儐尸者，亦於三獻尸爵止，行致爵乃有俎也。云"不升鼎者，異於神"者，神俎升鼎而入⑤，設於階前，此鼎在門

---

　　① "饎作餴者也"原作"者或作餴也"，曹云："'者'字當在'也'上，'或'字當爲'饎'。"據乙改。

　　② "者"下原無"明"字，阮云："'者'下此本空一字。按空處疑是'明'字。"據補。

　　③ "故不見"原作"故見"，阮云："《要義》同，毛本、《通解》'故'下有'不'字。"曹云："'見'上各本有'不'字是。"據補。

　　④ "陳"上原無"俎"字，曹云："'陳'上脱'俎'字。"據補。

　　⑤ "神"字原作"前"，曹云："'前'，疑當爲'神'。"據改。

外不入①,而言陳於階閒二列,故知不升鼎。**盛兩敦,陳于西堂,藉用萑,几、席陳于西堂,如初。**盛黍稷者,宗婦也。萑,細葦。古文用爲于。○藉用,慈夜反。萑,音完,細葦也。細葦,于鬼反。【疏】注"盛黍稷者宗婦也"。○釋曰:知盛黍稷是宗婦者,以其黍稷是宗婦所主,故知也。**尸盥匜水實于槃中,簞巾在門内之右。**設盥水及巾。尸尊,不就洗,又不揮。門内之右,象洗在東,統于門東,西上。凡鄉内,以入爲左右。鄉外,以出爲左右。○尸盥,音管。匜,音移。簞,音丹。不揮,許韋反。凡鄉,許亮反,下同。【疏】"尸盥"至"之右"。○注"設盥"至"左右"。○釋曰:云"不揮"者,揮振去水,使手乾,今有巾,故不揮也,是以僖二十三年《左氏傳》云公子重耳在秦,"秦伯納女五人,懷嬴與焉,奉匜沃盥,既而揮之,懷嬴怒"是也。云"門内之右,象洗在東"者,東謂門東,據向内爲右,故鄭云"統於門東,西上"。云"凡鄉内,以入爲左右。鄉外,以出爲左右"者,欲明門内,據鄉内以入爲左右也②。**祝筵几于室中,東面。**爲神敷席也,至此使祝接神。○敷席,音孚,本又作鋪,普吳反,後同。【疏】注"爲神"至"接神"。○釋曰:案上視濯時云"宗人、祝立於賓西北,東面南上",鄭注云"事彌至,位彌異,宗人、祝於祭宜近廟",至入廟時,宗人獨升視濯及出門外視牲告充,未有使祝之文,至此臨祭,使祝敷神席,故鄭云"至此使祝接神"也③。**主婦纚笄宵衣,立于房中,南面。**主婦,主人之妻。雖姑存,猶使之主祭祀。纚笄,首服。宵,綺屬也。此衣染之以黑,其繒本名曰宵。《詩》有"素衣朱宵",《記》有"玄宵衣"。凡婦人助祭者,同服也。《内則》曰:"舅没則姑老,冢婦所祭祀賓客,每事必請於姑。"○纚,所買反,又所綺反。宵,音消,依字作綃,綺屬。【疏】"主婦"至"南面"。○注"主婦"至"於姑"。○釋曰:云"雖姑存,猶使之主祭祀"者,謂姑老不堪祭祀,故姑存,猶使之主祭祀也。云"纚"者,謂若《士冠禮》廣終幅,長六尺。"笄",安髮之笄,非冠冕之笄。冠冕之笄,男子有,婦人無,若安髮之笄,男子、婦人俱有。婦人笄對男子冠,故

---

① "此鼎在門外不入",吳紱云:"按注既言不升鼎,則無鼎矣。'此鼎'二字,非賈氏誤解,即字之譌也。"吳廷華《儀禮疑義》云:"尸俎用右胖,升于鼎内,俎隨鼎入,匕而載之。此皆用左胖,自鑊升俎而不升鼎,故不隨鼎入而先設于階閒耳。"此釋鄭注較賈疏明晰,因無他本校賈疏之是非,録之補其不備。

② "左右"原作"右者"。阮云:"閩本同,毛本'右者'作'左右'。"據改。

③ "神"下原有"故"字,阮云:"毛本無故字。"據删。

《內則》云"男女未冠笄",又《喪服小記》云"男子冠而婦人笄"是也。云"宵,綺屬也。此衣染之以黑,其繒本名曰宵"者,謂此宵衣是綾綺之屬,鄭注《內司服》云"男子之褖衣黑,則是亦黑也",以其《士喪禮》有褖衣,與《士冠》玄端爲一,玄端黑,是男子褖衣亦黑,則此婦人宵衣亦黑可知,其玄則黑之類也,故鄭引《玉藻》"君子狐青裘,玄宵衣以裼之",證婦人玄宵衣亦黑也。云"其繒本名宵"者,此字據形聲爲綃,從絲肖聲①,但《詩》及《禮記》、《儀禮》皆作宵字,故鄭云"其繒本名曰宵",故引《詩》及《禮記》爲證。引《詩》者,直取字爲證,引《記》謂《禮記·玉藻》,非直取證字爲宵,亦以證婦人宵衣爲玄也。云"凡婦人助祭者,同服也"者,經及記不見主婦及宗婦異服之文,故知同服,對男子助祭,賓、兄弟等與主人服異也②。《少牢》云"主婦贊者一人,亦髽鬄衣移袂",與主婦同,其餘雖不移袂,亦同宵衣可知③。依《內司服》,天子、諸侯王后以下,助祭皆不同者,人君尊卑差等,大夫、士卑,服窮則同也。引《內則》者,彼舅没時年七十以上,姑雖存,年六十已上而當傳家事④,故子之妻代姑祭,雖代姑,每事必請於姑,引之者,證經主婦内含姑未老自爲主婦⑤,姑老則子妻爲主婦也。**主人及賓、兄弟、羣執事即位于門外,如初。宗人告有司具。**具,猶辦也。○猶辦,皮莧反。**主人拜賓如初,揖入,即位,如初。**初,視濯也。**佐食北面立于中庭。**佐食,賓佐尸食者,立于宗人之西。【疏】"佐食"至"中庭"。○注"佐食"至"之西"。○釋曰:案下記云"佐食,當事則户外南面,無事則中庭北面",據此而言,則此經謂無事時也。云"立于宗人之西"者,案《士虞禮》云"主人及兄弟、賓即位于西方,如反哭位",注引《既夕禮》云"反哭入門,升自西階,東面",經又云"宗人西階前,北面",注云"當詔主人",此《特牲》吉禮,主人行事由阼階,宗人亦在阼階南擯主人⑥,佐食北面於中庭,明在宗人之西可知。

---

① "肖"字原作"省",阮云:"'省'當作'肖'。"據改。
② "賓兄弟"原作"祝佐食",曹云:"'祝佐食'當爲'賓兄弟'。"據改。
③ "亦同"原作"同亦",曹云:"'同亦'二字當倒。"據乙。
④ "傳"下原有"之"字,曹云:"'之'字衍。"據刪。
⑤ "内含"原作"而含",曹云:"'而'似當爲'内'。'含'各本作'舍',阮云《要義》作'含'。案單疏作'含'。"據改。
⑥ "階"下原重"階"字,阮云:"《要義》同,毛本、《通解》'階'字不重。"曹云:"'階'字各本不重是也。"據刪。

儀禮疏卷第四十五　儀禮卷第十五

主人及祝升，祝先入，主人從，西面于户内。祝先入，接神宜在前也。《少牢饋食禮》曰："祝盥于洗，升自西階。主人盥，升自阼階。祝先入，南面。"○少牢，詩召反，下少牢皆同。【疏】"主人"至"户内"。○注"祝先"至"南面"。○釋曰：自此盡"稽首"，論主人、主婦及祝與佐食陳設陰厭之事。云"主人從，西面于户内"，注引《少牢》者，證主人户内西面，其時祝北墉下南面之事，以其未有祝行事之法，直監納祭而已，下文乃云"祝在左"，爲孝子釋辭，乃有事也。主婦盥于房中，薦兩豆，葵菹、蝸醢，醢在北。主婦盥，盥於内洗。《昏禮》婦洗在北堂，直室東隅。○蝸醢，力禾反。直室，音值。宗人遣佐食及執事盥，出。命之盥出，當助主人及賓舉鼎。主人降，及賓盥，出。主人在右，及佐食舉牲鼎。賓長在右，及執事舉魚、腊鼎，除鼏。及，與也。主人在右，統於東。主人與佐食者，賓尊不載。《少牢饋食禮》魚用鮒，腊用麋，士腊用兔。○賓長，丁丈反，下注庭長、下賓長、弟長并注放此。用鮒，音附。【疏】注"及與"至"用兔"。○釋曰：鼎在門外，北上，東爲右人，西爲左人。右人尊，入時在鼎前。左人卑，入時在鼎後，又盡載牲體於俎，又設俎于神坐之前。主人升，乃以東爲主，今在堂下，主人在右，故云"統於東"也。云"主人與佐食者，賓尊不載"者，以賓、主當相對爲左右，以賓尊不載牲體，故使佐食對主人，使賓爲右人而使執事在左而載也。宗人執畢先入，當阼階，南面。畢狀如叉，蓋爲其似畢星取名焉。主人親舉，宗人則執畢導之。既錯，又以畢臨匕載①，備

---

① "又"字原作"叉"、"匕"字《釋文》作"朼"，阮云："'叉'，徐本同，與述注合。《集釋》、《通解》、楊氏、毛本俱作'又'。'匕'，《釋文》作'朼'。張氏曰：'監本匕誤作上，從諸本。'按：'上'字因'匕'而誤，疏亦作'匕'，唯《釋文》作'朼'。張氏恪遵《釋文》而此不從朼，何耶？"據以改"叉"爲"又"。

失脫也。《雜記》曰："杜用桑，長三尺，畢用桑，長三尺①，刊其本與末。"杜、畢同材明矣。今此杜用棘心，則畢亦用棘心。舊說云"畢以御他神物，神物惡桑叉"，則《少牢饋食》及《虞》無叉，何哉？此無叉者，乃主人不親舉耳。《少牢》大夫祭，不親舉。《虞》喪祭祭也，主人未執事。祔、練、祥執事用桑叉，自此純吉，用棘心叉。○爲其，于僞反，下當爲、不爲、爲將、爲改同。道之，音導，下以道、猶道同。既錯，七故反，下文及注同。杜載，必履反。刊其，苦干反②。惡桑，烏路反。【疏】"宗人"至"南面"。○注"畢狀"至"心叉"。○釋曰：云"畢狀如叉"者，下引舊說有他神物惡桑叉之言，故以叉而言。云"蓋爲其似畢星取名焉"者，案《詩》云"有捄天畢，載施之行"，無正文，故云"蓋"以疑之也。云"主人親舉，宗人則執畢導之。既錯，又以畢臨匕載③，備失脫也"，知義然者，以經言"宗人執畢先人"，是導之也，又知"既錯，又以畢臨匕載，備失脫也"者，以經云"當阼階，南面"，明鄉主人執畢臨匕④，備失脫可知也。云"今此杜用棘心，則畢亦用棘心"者，案下記云"棘心匕刻"是也，知畢亦棘心者，以《雜記》匕、畢同用桑，據喪祭，今吉祭，匕用棘心，則畢亦棘心也。云"舊說云'畢以御他神物，神物惡桑叉'"，舊說如此，又引《少牢》、《士虞》已下，破舊說之意也。云"此無叉者，乃主人不親舉耳"者，總解《士虞》、《少牢》二禮。云"《少牢》大夫祭，不親舉"者，大夫尊，主人不親舉。云"《虞》喪祭祭也，主人未執事"者，對吉祭主人執事有畢，彼無也。云"祔、練、祥執事用桑叉"者，以其虞時主人不執事，則祔已執事，執事用桑叉，則《雜記》所云是也。云"自此純吉，用棘心叉"者，除祥後則禫月及吉祭用棘心也。案《易·震卦·象辭》云"震來虩虩，笑言啞啞。震驚百里，不喪匕鬯"，鄭注云"雷發聲聞於百里⑤，古者諸侯之象⑥。諸侯出教令，能警戒其國⑦，内則守其宗廟、社稷，爲之祭主，不亡其匕與鬯也⑧。人君於祭之

①　"三"上原無"長"字，阮云："徐本、《集釋》、《通解》、楊、敖同，毛本'三'上有'長'字。"據補。

②　"苦"字原作"若"，黄云："'若'，宋本亦誤，盧本改作'苦'，是也。"據改。

③　"又"字原作"叉"，阮云："《要義》同，《通解》、毛本作'又'，下同。"據改。

④　"畢"字原作"事"，汪刊單疏作"畢"，據改。

⑤　"聲"下原無"聞"字，據《周易集解》所載鄭注補。

⑥　"侯"下原無"之"字，據《周易集解》所載鄭注補。

⑦　"戒"下原無"其"字，據《周易集解》所載鄭注補。

⑧　"匕與鬯也"原作"匕鬯"，據《周易集解》所載鄭注補。

禮①，匕牲體、薦俎而已，其餘不親爲也”，若然，諸侯親匕牲體，大夫不親者，辟人君，士卑不嫌，得與人君同親匕也。**鼎西面錯，右人抽扃，委于鼎北。**右人，謂主人及二賓。既錯，皆西面俟也。○抽扃，古熒反。**贊者錯俎，加匕。**贊者，執俎及匕從鼎入者。其錯俎，束縮。加匕，束柄。既則退，而左人北面也。○束枋，音柄，本亦作柄，下同。【疏】注“贊者”至“北面”。○釋曰：云“其錯俎，束縮。加匕，束柄”者，《少牢》云“俎皆設于鼎西，西肆”，又云“匕皆加于鼎，束枋”，則此加匕於鼎東柄可知。云“既則退，而左人北面也”，知者，以其俎從於鼎西，其人當北面於其南，載之便，是以《昏禮》亦云“北面載，執而俟”是也。**乃枋。**右人也。尊者於事，指使可也。左人載之。**佐食升胉俎，鼏之，設于阼階西。**胉，謂心、舌之俎也。《郊特牲》曰：“胉之爲言敬也。”言主人之所以敬尸之俎。古文鼏皆作密。○升胉，音祈。【疏】注“胉謂”至“作密”。○釋曰：知“胉，謂心、舌”者，下記云“胉俎，心、舌，皆去本末，午割之，實於牲鼎。載，心立，舌縮俎”是也。引《郊特牲》者，見敬尸有胉俎②，送于尸前。**卒載，加匕于鼎。**卒，已也。已載，畢亦加焉。【疏】注“卒已”至“加焉”。○釋曰：主人匕牲體，宗人以畢助之，主人匕事訖，加之於鼎，則宗人既事，亦加於鼎可知。**主人升，入，復位。俎入，設于豆東，魚次，腊特于俎北。**入設俎，載者。腊特，饌要方也。凡饌必方者，明食味人之性所以正。【疏】注“入設”至“以正”。○釋曰：知載人設俎者，以其經“卒載”下，即云“入設”，不見別人，明是載者設之可知。云“腊特，饌要方也”者，案經豆在神坐之前，豕俎入設於豆東，魚俎又次其東，若腊俎復在東，則饌不得方，故腊俎特于俎北，取其方故也。**主婦設兩敦黍稷于俎南，西上，及兩鉶芼設于豆南，南陳。**宗婦不贊敦、鉶者，以其少，可親之。芼，菜也。○鉶芼，亡報反。【疏】注“宗婦”至“菜也”。○釋曰：案《少牢》主婦設金敦，宗婦贊三敦，以其多，故使宗婦贊，此士祭祀，二敦少，故不使宗婦贊，主婦可親之也。若然，案《少牢》佐食贊鉶，宗婦不贊鉶，此不以佐食決之而并云宗婦者，此決《有司徹》，故《有司徹》云“主婦洗于房中，出實爵，尊南西面拜，獻尸。尸拜于筵上，受。主婦西面

---

① “祭”下原無“之禮”二字，據《周易集解》所載鄭注補。
② “敬”下原無“尸”字，曹云：“‘敬’下脱‘尸’字。”據補。

于主人之席北，拜送爵，入于房，取一羊鉶，坐奠于韭菹西，主婦贊者執豕鉶以從，主婦不興，受，設于羊鉶之西”，又下至主婦致爵于主人，“主婦設二鉶與稷、脀，如尸禮”，皆是也。**祝洗，酌奠，奠于鉶南，遂命佐食啓會。佐食啓會，卻于敦南，出立于户西，南面。**酌奠，奠其爵觶也。《少牢饋食禮》啓會乃奠之。○啓會，古外反，下并下注於會同。【疏】注“酌奠”至“奠之”。○釋曰：引《少牢》者，案《少牢》“祝酌奠，遂命佐食”，佐食啓會乃奠者，彼大夫禮，與此士禮相變，是以與此奠乃啓會異也。**主人再拜稽首，祝在左。**稽首，服之甚者。祝在左，當爲主人釋辭於神也。祝祝曰：“孝孫某，敢用剛鬣、嘉薦、普淖，用薦某事於皇祖某子，尚饗！”○祝曰，州又反，下文卒祝、祝曰同。普淖，女孝反。【疏】注“稽首”至“尚饗”。○釋曰：引《少牢》祝祝已下者，欲見迎尸之前，釋孝子之辭也。**卒祝，主人再拜稽首。**

　　祝迎尸于門外。尸自外來，代主人接之，就其次而請，不拜，不敢與尊者爲禮。《周禮・掌次》：“凡祭祀，張尸次。”【疏】“祝迎尸于門外”。○注“尸自”至“尸次”。○釋曰：自此盡“反黍稷于其所”，論陰厭後迎尸爲正祭之事①。云“尸自外來，代主人接之”者，下注云“主人不迎尸，成尸尊”故也。云“就其次而請，不拜，不敢與尊者爲禮”者，凡平賓客，皆在門西，主人出門左，西面拜，今此經直云“迎尸於門外”，不言祝拜，尸荅拜，是祝出就次，尸乃出次，迎之而入門，是不敢與尊者爲禮。引《周禮》者，證門外張尸次之事也。**主人降，立于阼階東。**主人不迎尸，成尸尊。尸，所祭者之孫也。祖之尸，則主人乃宗子。禰之尸，則主人乃父道。事神之禮，廟中而已，出迎則爲厭。○爲厭，一葉反。【疏】注“主人”至“爲厭”。○釋曰：云“主人不迎尸，成尸尊”者，案《祭統》云“君迎牲而不迎尸，別嫌也。尸在廟門外則疑於臣，在廟中則全於君。君在廟門外則疑於君②，入廟門則全於臣、全於子”，鄭云“不迎尸者，欲全其尊也。尸，神象也。鬼神之尊在廟中，人君之尊出廟門則伸”，此士禮，雖無君道，亦尊尸，主人不迎，迎之尊不成，不迎之則成尸之尊也③。云“尸，所祭者之孫也”者，《禮記》云“孫爲王父尸”是也。云“祖之尸，則主人乃宗子”者，以其祭祖，兄弟來助祭，故知宗子，小宗、

---

　　①　“爲”字原作“于”，曹云：“‘于’當爲‘爲’。”據改。
　　②　“疑”上原無“則”字，阮云：“《通解》、《要義》同，毛本‘疑’上有‘則’字。按《祭統》有‘則’字。”據補。
　　③　“尊”字原作“道尊”，曹云：“‘道尊’二字當倒，或‘道’字衍。”據刪。

大宗五宗皆然，《書傳》云"宗子將有事，族人皆入侍也"。云"禰之尸，則主人乃父道"者，《禮記‧祭統》云"夫祭之道，孫爲王父尸。所使爲尸者，於祭者子行也。父北面而事之，所以明子事父之道也，此父子之倫也"，注云"祭祖則用孫列，皆取於同姓之適孫"，是其禰之尸，則主人乃父道也。云"事神之禮，廟中而已，出迎則爲厭"者，出廟門①，主人有君道②，是有厭臣之義③，故不迎也。**尸入門左，北面盥，宗人授巾。**侍盥者執其器就之。執箅者不授巾，賤也。宗人授巾，庭長尊。《少牢饋食禮》曰："祝先入門右，尸入門左。"【疏】注"侍盥"至"門左"。○釋曰：引《少牢》者，見上經陳盥在門右，今尸入門左，尸尊，不就盥槃匜巾等鄉門右，就尸之義也。**尸至于階，祝延尸。尸升，入。祝先，主人從。**延，進，在後詔侑曰延，《禮器》所謂"詔侑武方"者也。《少牢饋食禮》曰："尸升自西階，入，祝從。主人升自阼階，祝先入，主人從。"○詔侑，音又。武方，音無。【疏】"尸至"至"人從"。○注"延進"至"人從"。○釋曰：云"在後詔侑曰延"者，案《士虞禮》"尸謖，祝前，鄉尸"，鄭注云"前，道也。祝道尸，必先鄉之，爲之節"，彼祝居尸前道之，此則在尸後詔之，故云"延"也。云"《禮器》所謂‘詔侑武方’"者，彼注"武，無也"，祝詔侑尸無常，謂若《檀弓》子事父母，"左右就養無方"，今祝延尸、道尸亦無常也。引《少牢》者，見祝從尸，主人又從祝入之事。**尸即席坐，主人拜妥尸。**妥，安坐也。○妥尸，他果反，劉湯回反。**尸荅拜，執奠。祝饗，主人拜如初。**饗，勸強之也。其辭取于《士虞記》，則宜云"孝孫某，圭爲孝薦之④，饗"。舊說云："明薦之。"○彊之，其丈反。【疏】"尸荅"至"如初"。○注"饗勸"至"薦之"。○釋曰：云"其辭取于《士虞記》，則宜云‘孝孫某，圭爲孝薦之，饗’"者，但喪祭稱哀，吉祭稱孝，故《士虞記》卒哭饗尸辭曰"哀子某，圭爲哀薦之，饗"，此既吉祭，宜云"孝孫某，圭爲孝薦之，饗"，以其改哀云孝，故曰"宜云"也。引舊說者，證圭

---

① "出"上原有"有"字，阮云："《要義》同，《通解》、毛本無‘有’字。按‘有’字疑當作‘者’，屬上句。"據改。
② "道"字原作"是"，曹云："‘是’當爲‘道’。"據改。
③ "是"下原無"有"字，曹云："‘是’下當從阮氏增‘有’字。"據補。
④ "圭"字原作"主"，阮云："毛本‘主’作‘圭’，嚴本作‘主’。張氏曰：‘監本主作圭，從監本’。"據改。

爲絜明之義也。祝命挼祭，尸左執觶，右取菹，（挼）〔擩〕于醢①，祭于豆閒。命，詔尸也。挼祭，祭神食也。《士虞禮》古文曰："祝命佐食墮祭。"《周禮》曰："既祭，則藏其墮。"墮與挼讀同耳。今文改挼皆爲綏，古文此皆爲挼祭也。擩醢者，染於醢。○挼祭，依注音墮，許恚反，劉相恚反，後隋祭、挼祭皆放此。擩醢，如悦反，劉而玄反，又而誰反，後同。【疏】"祝命"至"豆閒"。○注"命詔"至"於醢"。○釋曰：云"挼祭，祭神食也"者，鄉者設饌未迎尸陰厭，厭飫神，今尸來升席而挼祭，祭訖，當食神餘。引《周禮》而云"墮與挼讀同"，則二字通用。云"今文改挼皆爲綏"，不從今文引古文者，欲見挼下有祭無醢②，故疊之而不從也。云"擩醢者，染於醢"，從經爲正也。佐食取黍稷、肺祭授尸，尸祭之，祭酒，啐酒，告旨。主人拜，尸奠觶苔拜。肺祭，刌肺也。旨，美也。祭酒，穀味之芬芬者，齊敬共之，唯恐不美，告之美，達其心，明神享之。○啐酒，七内反。刌肺，寸本反。齊敬，側皆反。共之，音恭。【疏】

---

①　"挼"字漢簡本作擩，沈云："今本《特牲》、《少牢》、《有司》'挼祭'，《公食》、《士虞》又作'擩'。《周禮·大祝職》'六曰擩祭'，鄭司農云：'擩祭，以肝肺菹擩鹽醢中以祭也。'段玉裁《周禮漢讀考》改爲挼祭，云：'注杜子春云挼讀爲虞芮之芮，讀爲當作讀如，擬其音如芮耳。經注擩字今本作擩，其誤自唐至今矣。凡耎聲之字在弟十四元寒部，音轉入弟十五脂微部，需聲之字在弟四侯部，音轉入弟五魚虞部，而後人作偏旁多亂之，以子春讀如芮，《周禮》、《儀禮》釋文皆曰而泉反，一音如劣反、劉又而誰反證之，則其字定爲耎聲非需聲。《説文·手部》：'擩，染也。从手需聲。《周禮》曰六曰擩祭。'段注亦改爲'挼'，云：'古音耎聲在十四部，需聲在四部，其音畫然分別，後人乃或淆亂其偏旁，本从耎者譌而从需，而音由是亂矣。唐石經《周禮》、《士虞》皆作擩，《特牲》、《少牢》、《有司》皆作挼，參差乖異，此非經字不一，乃《周禮》、《士虞》經淺人妄改矣。'又云：'《説文》已爲俗改之本，有擩無挼，而不知《説文》古本之有挼無擩也。'段説甚辯，《正義》從之。簡本《特牲》、《少牢》、《有司》均作'擩'，與今本《公食》、《士虞》同，據以知經文均作'擩'不作'挼'，非如段氏所臆斷誤自唐後。又鄭氏《公食》注'擩猶染也'與《説文》同，《士虞》'擩'下，《特牲》、《少牢》、《有司》'挼'下均無注，《周禮》注引《少牢》亦作'擩'，足證鄭氏所據二《禮》均作'擩'不作'挼'。得簡本而斷今本有誤字，而段氏妄改，説雖辯而實無據。"當據改。

②　"挼"字原作"挼"，阮云："《要義》同，毛本'挼'作'挼'。按：'挼'即'擩'之俗字，'挼祭'、'擩醢'本屬兩事，疏恐人誤淆，故特辨之。《説文》云'擩，染也'，《周禮》'六曰擩祭'，然則'挼祭'之'挼'與'擩醢'之'擩'本俱作'擩'。此節經文'擩醢'，注中'挼祭'，宜皆改作'擩'。"孫云："注自是'挼祭'，賈所據本誤作'擩祭'耳，不當據賈本改鄭也。注云'古文此皆爲挼祭也'者，自明從挼祭不從綏祭之故。賈似誤以爲擩醢祭之異文，故云疊而不從也。"從毛本改"挼"爲"挼"。

注“肺祭”至“享之”。○釋曰：知肺祭是刌肺也者，下記“刌肺三”，鄭注“爲尸、主人、主婦祭”，明是刌肺非舉肺也。**祭鉶，嘗之，告旨。主人拜，尸荅拜。**鉶，肉味之有菜和者。《曲禮》曰：“客絮羹，主人辭不能亨。”○菜和，戶臥反，下不和同。客絮，丑慮反，調和之也。【疏】注“鉶肉”至“能亨”。○釋曰：云“鉶，肉味之有菜和者”，此即《公食大夫》牛霍、羊苦、豕薇之等是也，以其盛之鉶器，因號羹爲鉶，故云肉味有菜和者。引《曲禮》者，證鉶羹有五味調和，不合絮調之義，故告旨，若大羹不調以鹽菜，無絮調之理也。**祝命爾敦，佐食爾黍稷于席上。**爾，近也。近之，便尸之食也。**設大羹湆于醢北。**大羹湆，煑肉汁也。不和，貴其質。設之，所以敬尸也。不祭、不嚌，大羹不爲神，非盛者也。《士虞禮》曰：“大羹湆自門入。”今文湆皆爲汁。○湆，去及反。不嚌，才計反。【疏】“設大羹湆于醢北”。○注“大羹”至“爲汁”。○釋曰：云“醢北”者，爲薦左，案《公食大夫》、《昏禮》大羹湆皆在薦右，此在左者，神禮變於生人，《士虞禮》大羹湆設于鉶南①，在右，與生人同，有不忍異於生故也。云“不和，貴其質”者，案桓二年《左氏傳》云“大羹不和以鹽菜”，是貴其質也。云“不爲神”者，陰厭時未設，尸來始設爲尸，故《士虞記》云“無尸，則禮及薦饌皆如初，不授祭，無大羹湆、葅、從獻”，有尸即有大羹湆、從獻，縱有，亦不祭、不嚌，是不爲神，爲尸，非盛者也。引《士虞禮》曰“大羹湆自門入”者，證迎尸後，乃從獻來也。**舉肺、脊以授尸，尸受，振祭，嚌之，左執之。**肺，氣之主也。脊，正體之貴者。先食啗之，所以導食通氣。○先食，悉薦反，又如字。啗之，大敢反。**乃食，食舉。**舉言食者，明凡解體皆連肉。【疏】“乃食食舉”。○注“舉言”至“連肉”。○釋曰：“乃食”，謂食肺。云“食舉”，謂骨體正脊，從俎舉鄉口，因名體爲舉。凡牲體，或七或二十一②，皆據骨節而言。今言食，不可空食骨，以體皆連肉也。**主人羞胏俎于腊北。**胏俎主於尸，主人親羞，敬也。神俎不親設者，貴得賓客以神事其先。【疏】注“胏俎”至“其先”。○釋曰：云“胏俎主於尸”者，以其尸入後乃設之③，故知主於尸，主人親進者，敬尸故也。前神俎

---

① “大”下原有“夫”字，阮云：“陳、閩、《通解》俱無‘夫’字，《要義》有。”曹云：“‘夫’字衍。”據刪。

② “一”字原作“七”，曹云：“‘七’當爲‘一’。”據改。

③ “入”上原無“尸”字，曹云：“‘入’上脱‘尸’字。”據補。

使載者設之者,欲得尊賓嘉客以事其先故也。**尸三飯,告飽。祝侑,主人拜。**三飯告飽,禮一成也。侑,勸也,或曰又勸之,使又食。《少牢饋食禮》侑辭曰"皇尸未實,侑"也。○三飯,扶晚反,注及下同。**佐食舉幹,尸受,振祭,嚌之。佐食受,加于肵俎。舉獸幹、魚一,亦如之。**幹,長脅也。獸,腊,其體數與牲同。【疏】注"幹長"至"牲同"。○釋曰:云"幹①,長脅",文出下記也。云"獸,腊,其體數與牲同",知者,亦見下記云"腊如牲骨"是也。**尸實舉于菹豆。**爲將食庶羞,舉謂肺、脊。**佐食羞庶羞四豆,設于左,南上,有醢。**庶,眾也。眾羞以豕肉,所以爲異味。四豆者,膮、炙、胾、醢。南上者,以膮、炙爲上,以有醢不得緟也。○膮,許堯反。炙,章夜反,下肝炙同。胾醢,莊吏反。得緟,側耕反。【疏】注"庶眾"至"緟也"。○釋曰:案《公食大夫》云"旁四列,西北上。臐以東臐、膮、牛炙,炙南醢,以西牛胾、醢",注云"先設醢,緟之次也",此四豆有醢,則不得先設,非緟之次故也,又復一醢,不得與胾、炙相對,相對之法,炙在南,醢在北,胾在北,醢在南②,如此是得緟③,故《少牢》云"韭菹、醓醢,葵菹、蠃醢。韭菹在南,葵菹在北,緟"④,注云"葵菹在北緟",又云"羞胾,兩瓦豆,有醢,亦用瓦豆,設于薦豆之北",注云"四豆亦緟,羊胾在南,豕胾在北",此皆有醢,亦得緟者,以其四豆胾、醢具相對,故鄭皆云緟也。**尸又三飯,告飽,祝侑之如初。**禮再成也。**舉骼及獸、魚如初,尸又三飯,告飽,祝侑之如初。**禮三成。獸、魚如初者,獸骼、魚一也。○舉骼,音格,又音各,後皆同。**舉肩及獸、魚如初。**不復飯者,三三者,士之禮大成也。舉,先正脊後肩,自上而卻下,緟而前,終始之次也。○不復,扶又反,下爲復、復拜、不復并復入同。者三,息暫反。【疏】注"不復"至"次也"。○釋曰:云"舉,先正脊後肩,自上而卻下,緟而前,終始之次也"者,先舉正脊自上也,次舉脅即卻也,後舉骼即下緟也,終舉肩即前也。前

---

① "云"下原無"幹"字,阮云:"陳、閩、監本同,毛本、《通解》'云'下有'幹'字。"據補。

② "醢在南"原作"醢南",阮云:"毛本、《通解》'醢'下有'在'字。"曹云:"'南'上各本有'在'字是。"據補。

③ "是"字原作"見",曹云:"'見'當爲'是'。"據改。

④ "北"下原無"緟"字,阮云:"毛本、《通解》'北'下有'緟'字。"曹云:"阮云單疏本無'緟',案單疏實有。"據補。

者，牲體之始，後者，牲體之終，故云"終始之次也"。佐食盛肵俎，俎釋三个。佐食取牲、魚、腊之餘，盛於肵俎，將以歸尸。俎釋三个，爲改饌於西北隅遺之。所釋者，牲、腊則正脊一骨、長脅一骨及臑也，魚則三頭而已。个，猶枚也。今俗言物數有云若干個者，此讀然。○盛肵，音成，注同。三个，古賀反，注干個同。及臑，乃報反。【疏】注"佐食"至"讀然"。○釋曰：云"俎釋三个，爲改饌於西北隅遺之。所釋者，牲、腊則正脊一骨、長脅一骨及臑也"，知者，案下記云"尸俎，右肩、臂、臑、肫、骼，正脊二骨、横脊，長脅二骨、短脅"，今已舉正脊一骨①、長脅一骨及骼、肩，則脊、脅各有一骨在②，前脚三節，後脚二節，各舉其一訖，前脚舉肩訖，宜次盛臂，後脚舉骼訖，宜次盛肫，前後各一節，以歸尸，又盛横脊、短脅③，以其次正脊、長脅故也④，前脚唯有臑在，并脊、脅各一骨爲三也。舉肺、脊加于肵俎，反黍稷于其所。尸授佐食，佐食受而加之，反之也。肺、脊初在菹豆⑤。【疏】注"尸授"至"菹豆"。○釋曰：經直云"肺、脊加於肵俎"，鄭知尸不自加而授與佐食，佐食受而加之者，約《少牢》云"上佐食受尸牢肺、正脊加于肵"，鄭注云"受者，尸授之"是也⑥。云"肺、脊初在菹豆"者，上文云"尸實舉于菹豆"是也。

主人洗角，升，酌，酳尸。酳，猶衍也。是獻尸也，謂之酳者，尸既卒食，又欲頤衍養樂之。不用爵者，下大夫也。因父子之道質而用角，角加人事略者。古文酳皆爲酌⑦。○酳，以刃反，又士刃反。樂之，音洛。下大，户嫁反，下下尸同。【疏】

---

① "已"字原作"尸"，阮云："陳、閩、《通解》同，毛本'尸'作'以'。按'尸'是也。"毛本不誤，"以"通"已"，據改。

② "及骼"至"骨在"原作"及骼脊脅各一骨在"，阮云："陳、閩、《通解》'骼'下俱有'肩則'二字，'各'下俱有'有'字。"曹云："陳、閩是也。"據補。

③ "以歸"至"短脅"原作"以歸脡脊"，曹云："當爲'以歸尸，又盛横脊、短脅'。"據改補。

④ "脊"下原無"長脅"二字，曹云："'脊'下脱'長脅'二字。"據補。

⑤ "菹"字原作"俎"，阮云："徐本同，《集釋》、《通解》、楊氏、毛本'俎'俱作'菹'。張氏曰：'注曰肺、脊初在俎豆，按疏作菹豆。經上文云尸實舉于菹豆，注云舉謂肺、脊。今自菹豆加于肵俎也，從疏。'按此本述注作'菹'，標目仍作'俎'，毛本則與此相反，要以'菹'爲正。"據改，標目亦改。

⑥ "授之是也"原作"授之也是"，阮云："當作'授之是也'。"據乙。

⑦ "古"字原作"今"，阮云："錢大昕曰：'《少牢》、《士虞》注並云古文酳爲酌，《特牲》注今文亦當爲古文之訛。'"據改。

"主人"至"酳尸"。○注"酳猶"至"爲酳"。○釋曰:自此盡"入復位",論主人獻尸及祝、佐食之事。知是獻尸者,下有主婦洗爵獻尸并賓長獻尸,故知此是主人獻尸也①。云"不用爵者,下大夫也"者,此決《少牢》云"主人降,洗爵,酌酒,乃酳尸",用爵不用角也。云"因父子之道質而用角,角加人事略"者,既辟大夫不用爵,次當用觚而用角者,因無臣助祭,父子相養之道而用角者,父子是質,角加人事略,得用功少故也。**尸拜受,主人拜送。尸祭酒,啐酒,賓長以肝從。**肝,肝炙也。今文曰啐之,古文無長。【疏】"尸拜"至"肝從"。○注"肝肝"至"無長"。○釋曰:此直言"肝從",亦當如《少牢》"賓長羞牢肝,用俎,縮執俎,肝亦縮,進末,鹽在右",此亦不言者,文不具也。**尸左執角,右取肝擩于鹽,振祭,嚌之,加于菹豆,卒角。祝受尸角,曰:"送爵,皇尸卒爵。"主人拜,尸荅拜**。曰送爵者,節主人拜。**祝酳,授尸,尸以醋主人**。醋,報也。祝酳不洗,尸不親酳,尊尸也。尸親醋,相報之義。古文醋作酢。○以醋,才各反。【疏】注"醋報"至"作酢"。○釋曰:云"祝酳不洗"者,尸當酢主人,宜親洗爵酌酒,不親洗酳,尸尊故也,授祝代酳②,由祝代酳,故不洗也。**主人拜受角,尸拜送。主人退,佐食授(授)〔妥〕祭**③。退者,進受爵反位。妥亦當爲授。尸將嘏主人,佐食授之授祭,亦使祭尸食也。其授祭,亦取黍稷、肺祭。今文或皆改妥作授。【疏】注"退者"至"作授"。○釋曰:云"授祭,亦使祭尸食也"者,前祝命尸授祭,祭神食,今命主人祭尸食,亦如尸祭神食,故云"亦"也。云"其授祭,亦取黍稷、肺祭"者,亦如上佐食取黍稷、肺祭授尸,尸祭之相似,故云"亦"也。**主人坐,左執角,受祭,祭之,祭酒,啐酒,進聽嘏**。聽,猶待也。受福曰嘏。嘏,長也、大也,待尸授之以長大之福。○聽嘏,古雅反,受福曰嘏。嘏,長也、大也。**佐食搏黍授祝,祝授尸。尸受以菹豆,執以親嘏主人**。獨用黍者,食之主。其辭,則《少牢饋食禮》有焉。○搏黍,大官反。【疏】"佐食"至"主人"。○注"獨用"至"有焉"。○釋曰:案《少牢》云:"祝與二佐食皆出,盥于洗,入。二

---

① "獻"字原作"酳",阮云:"浦鏜云'酳當獻字誤'。"據改。

② "授"下原無"祝"字,曹云:"'授'下似脫'祝'字。"據補。

③ "佐食授授祭",阮云:"張氏曰:'注云妥亦當爲授,又云今文或皆改妥作授,則經文授蓋妥字也,從注。'按《士虞》疏所舉五字,獨不及妥。大抵授、擩、綏、妥四字,古今文既參差不一,今本又復淆訛,不可致詰。"沈云:"張淳據注改妥是也。"當據改。

佐食各取黍於一敦，上佐食兼受，摶之以授尸，尸執以命祝。卒命祝，祝受以東，北面于户西，以嘏于主人。"但《少牢》不親嘏者，大夫尸尊，又大夫禮文，此親嘏者，士尸卑，禮質故也。云"其辭，則《少牢饋食禮》有焉"者，案《少牢》云祝以嘏于主人曰"皇尸命工祝，承致多福無疆，于女孝孫，來女孝孫，使女受禄于天，宜稼于田，眉壽萬年，勿替引之"是也。云"獨用黍者，食之主"者，案上文云"爾黍于席上"，不云"爾稷"者，以稷雖五穀之長，不如黍之美，故云"食之主"，是以《喪大記》云"君沐粱，大夫沐稷，士沐粱"，《士喪禮》士沐稻，諸侯之士，鄭注云"差率而上，天子沐黍"，是黍爲穀之貴也。**主人左執角，再拜稽首受，復位，詩懷之，實于左袂，挂于季指，卒角，拜，尸荅拜。**詩，猶承也，謂奉納之懷中。季，小也。實于左袂，挂袪以小指者，便卒角也。《少牢饋食禮》曰："興受黍，坐，振祭，嚌之。"古文挂作卦。○挂于，俱賣反，一音卦，注同。奉納，芳勇反。季少，詩召反，下同。下少年之少亦放此。【疏】注"詩猶"至"作卦"。○釋曰：云"挂袪以小指者，便卒角也"，但右手執角，左手挂袪以小指，執角不于左手①，言"便卒角"者，飲酒之時，恐其遺落，故挂以小指，故云"便卒角"也。**主人出，寫嗇于房，祝以籩受。**變黍言嗇，因事託戒，欲其重稼嗇。嗇者，農力之成功。【疏】"主人"至"籩受"。○注"變黍"至"成功"。○釋曰：案《少牢》云"主人出，宰夫以籩受嗇黍。主人嘗之，納諸内"，此大夫尊，不自入房②，直見大夫出，宰夫以籩受，此主人寫嗇于房，祝以籩受，以其士賤故也。云"變黍言嗇，因事託戒，欲其重稼嗇"者，以黍者五穀之名，非農力成功之稱，故以黍爲嗇，欲其重稼嗇，故《少牢》鄭注云"收斂曰嗇"，是用農力之言也。**籩祝，南面。主人自房還時。主人酳，獻祝。祝拜受角，主人拜送。設葅醢、俎。**行神惠也。先獻祝，以接神尊之。葅醢皆主婦設之，佐食設俎。【疏】注"行神"至"設俎"。○釋曰：此先佐食③，以佐食接尸，故後獻之，祝接神，先獻。云"葅醢皆主婦設之，佐食設俎"，知者，前獻尸時，葅醢主婦設之，亞獻及致爵於主人，籩豆亦皆主婦設之，則此設葅醢亦主婦可知。又知"佐食

---

　　①　"執角不于"原作"不干"，阮云："'干'，陳、閩、監本、《通解》俱作'于'。"曹云："'不'上似脱'執角'二字。"據補改。

　　②　"不自入房"原作"不似有入房"，阮云："當作'不自入房'。"據改。

　　③　"先"字原作"汝"，阮云："毛本'汝'作'女'。按此句疑有訛脱，浦鏜改'女'爲'先'，亦未是。"姑據浦鏜改。

設俎”，約《少牢》主人獻祝，佐食設俎，故此亦佐食設俎可知。祝左執角，祭豆，興，取肺，坐祭，嚌之，興，加于俎，坐祭酒，啐酒，（以）肝從①。祝左執角，右取肝㨖于鹽，振祭，嚌之，加于俎，卒角，拜。主人荅拜，受角，酌，獻佐食。佐食北面拜受角，主人拜送。佐食坐祭，卒角，拜。主人荅拜，受角，降，反于篚，升，入復位。【疏】“祝左”至“復位”。○釋曰：云“主人荅拜，受角，酌，獻佐食”者，案上獻祝有俎，此獻佐食不言俎者，上經云“執事之俎陳於階間，二列，北上”，鄭注云“執事，謂有司”，以佐食亦在有司內者，下記云“佐食俎，觳折、脊、脅”也，又下經賓長獻節，鄭注云“凡獻佐食皆無從（元缺起字），其薦俎，獻兄弟以齒設之”。若《少牢》獻佐食，俎即設于兩階之間，西上。大夫將賓尸，故即設佐食俎，至於賓尸時，佐食無俎也。

　　主婦洗爵于房，酌，亞獻尸。亞，次也。次，猶貳。主婦貳獻不夾拜者，士妻儀簡耳。【疏】注“亞次”至“簡耳”。○釋曰：自此盡“以爵入于房”，論主婦獻尸、祝及佐食之事。云“主婦貳獻不夾拜者，士妻儀簡耳”者，此決《少牢》主婦亞獻尸時夾拜，此士妻下之，故云“儀簡耳”。尸拜受，主婦北面拜送。北面拜者，辟內子也。大夫之妻拜於主人北，西面。【疏】注“北面”至“西面”。○釋曰：案《少牢》云“主婦洗于房中，出酌，入户，西面拜，獻尸”，鄭注云“入户西面拜，由便也。不北面者，辟人君夫人也。拜而後獻者，當夾拜也”，又云“尸拜受，主婦主人之北，西面拜送爵”是也。若然②，大夫妻貴，辟人君夫人，士妻賤，不嫌得與人君夫人同也。宗婦執兩籩，户外坐。主婦受，設于敦南。兩籩，棗、栗，棗在西。【疏】注“兩籩”至“在西”。○釋曰：知者，案下記云“籩，巾以絺也，纁裏，棗烝栗擇”是也。知“棗在西”者，依《士虞禮》云主婦亞獻尸時，云“自反兩籩，棗、栗，設于會南，棗在西”，鄭云“尚棗，棗美”，故知

① “肝”上漢簡本無“以”字，沈云：“此主人初獻尸而從獻其祝。肝從爲肝燔從設，乃從獻之肝燔也。篇中記從獻句例有二，爲某某進獻者，用‘以’字，上文‘賓長以肝從’及主婦亞獻節‘兄弟長以燔從’是也。爲執事進獻者，不著其人則不用‘以’字，如主婦致爵主人節但云‘肝從’是也。此文亦執事進獻，不著其人，有‘以’字將被視作承上文而受者自進，義不然也。《少牢》同節‘祭酒啐酒，肝牢從’，今本無‘以’字與簡本同，以此相決，可斷今本誤衍。”當據刪。

② “若”下原無“然”字，曹云：“‘若’下似脱‘然’字。”據補。

也。祝贊籩祭，尸受，祭之，祭酒，啐酒。籩祭，棗、栗之祭也。其祭之，亦
於豆祭。【疏】注“其祭之亦於豆祭”。○釋曰：知者，見上經尸授祭時，云“右手取菹①，
揳于醢，祭于豆閒”，又“佐食取黍稷、肺祭授尸，尸祭之”，不言其處，明亦祭於豆閒，今
此祝贊籩祭之，亦不言其處，亦祭於豆閒可知。又案《有司徹》云“尸取韭菹，揳于三
豆②，祭于豆閒”，又“尸取䵝蕡，宰夫贊者取白黑以授尸，尸受，兼祭于豆祭”，是籩、豆
同祭於豆閒也。兄弟長以燔從，尸受，振祭，嚌之，反之。燔，炙肉也。○
以燔，音煩。【疏】注“燔炙肉也”。○釋曰：云“反之”者，謂反燔于長兄弟。羞燔者
受，加于肵，出。出者，俟後事也。【疏】注“出者俟後事也”。○釋曰：云“俟後事”
者，謂俟主婦獻祝之時，更當羞燔于祝，知者，約上文主人獻尸云“賓長以肝從”，至獻
祝時，但云“以肝從”，不言其人，明亦賓長可知，此下文主婦“獻祝，籩、燔從，如初儀”，
明獻祝時，亦長兄弟羞燔可知，故鄭注云“俟後事也”。尸卒爵，祝受爵，命送
如初。送者，送卒爵。酢，如主人儀。尸酢主婦，如主人儀者，自“祝酌”至“尸
拜送”，如酢主人也。不易爵，辟内子。【疏】注“尸酢”至“内子”。○釋曰：云“尸酢主
婦，如主人儀者，自‘祝酌’至‘尸拜送’如酢主人也”者，言此上則如之，其異者，不並蒙
如文也③，謂主人受佐食授，自祭之，此佐食錯授于地，主婦撫之而已是也。云“不易
爵，辟内子”者，以經云“酢，如主人儀”，上尸酢主人時不易爵，故此主婦受酢亦不易爵
可知，男女不相襲爵，所以今襲爵者，辟内子，是以《少牢》云“祝受尸爵，尸答拜。易
爵，洗，酌，授尸。主婦拜受爵，尸答拜”，是其易爵也。主婦適房，南面，佐食
授祭。主婦左執爵，右撫祭，祭酒，啐酒，入，卒爵，如主人儀。撫
授祭，示親祭。佐食不授而祭於地，亦儀簡也。入室卒爵，於尊者前成禮，明受惠也。
【疏】注“撫授”至“惠也”。○釋曰：云“佐食不授而祭於地，亦儀簡也”者，《少牢》大夫妻
云“上佐食授祭，主婦西面於主人之北受祭，祭之”，此佐食祭於地，主婦撫之而已，故
云“亦儀簡”。云“亦”者，亦前不夾拜也。獻祝，籩、燔從，如初儀。及佐食，

---

①　“右手”原作“若平”，阮云：“浦鐣云：‘右手誤若平，經無手字。’”據改。

②　“豆”上原無“三”字，曹云：“‘豆’上脱‘三’字。”據補。

③　“蒙如文也”原作“取也”，曹云：“‘取’或當爲‘蒙’，‘蒙’下脱‘如文’二字。”據
改補。

如初。卒，以爵入于房。及佐食，如初，如其獻佐食，則拜主人之北，西面也。【疏】注"及佐"至"面也"。〇釋曰：此無正文，以佐食北面拜受，主婦不宜與佐食同面拜送，又言"如初"，明與主人同西面拜，故鄭云"拜主（元缺止此）人之北，西面"，與內子同。

　　賓三獻如初，燔從如初，爵止。初，亞獻也。尸止爵者，三獻禮成，欲神惠之均於室中，是以奠而待之。【疏】"賓三"至"爵止"。〇注"初亞"至"待之"。〇釋曰：自此盡"卒，復位"，論賓長獻尸及祝①、佐食并主人、主婦致爵之事。此一科之內，乃有十一爵：賓獻尸，一也；主婦致爵于主人，二也；主人酢主婦，三也；主人致爵于主婦，四也；主婦酢主人，五也；尸舉奠爵酢賓長，六也；賓長獻祝，七也；又獻佐食，八也；賓又致爵于主人，九也；又致爵于主婦，十也；賓受主人酢②，十一也。云"初，亞獻也"者，知不如初獻者③，以主婦亞獻承初獻後，賓長又承亞獻後，故知如亞獻，不得如初獻也，又面位及燔從皆如亞獻也。云"三獻禮成，欲神惠之均於室中，是以奠而待之"者，謂尸得三獻而禮成，其實飲二爵④，祝與佐食亦得三獻，主人、主婦各得一酢而已，未得獻，是神惠未均，"奠而待之"者，待主人、主婦致爵乃均也。案下文"衆賓長爲加爵，如初，爵止"，鄭注云"尸止爵者，欲神惠之均于在庭"，止得一獻亦言均，則不以爵數爲均，直據得一獻則爲均也。席于戶內。爲主人鋪之，西面，席自房來。〇爲主，于僞反，下爲絕、爲異、爲將、爲酬、必爲同。主婦洗（爵），酌⑤，致爵于主人。

---

①　"及"下原無"祝"字，曹云："'及'下脱'祝'字。"據補。

②　"受"字原作"獻"，曹云："'獻'當爲'受'。"倉石云："'獻'，殿本作'受'，似通。"據改。

③　"不"下原無"如"字，曹云："'不'下脱'如'字。"據補。

④　"其實飲二爵"原作"言其實飲三爵"，曹云："'言'字衍，'三'當爲'二'。"據删改。

⑤　"洗"下漢簡本無"爵"字，沈云："鄭注：'今文曰主婦洗酌爵。'注文有誤。胡承珙《疏義》云：'案《有司徹》云主婦苔拜，受爵酌以致于主人，鄭蓋約彼文知今文爵酌二字誤倒，故從古文。'案胡説亦誤。下'洗爵致于主婦'，鄭注：'今文曰洗致。'則此注當作'今文曰主婦洗酌'，爵字爲傳寫誤衍，而簡本實用古文。洗酌即洗爵酌爵，下第29簡同節：'主人降，洗酌，致爵于主婦。'今本亦無'爵'字與簡本同，則此文不應有'爵'字也。"當據删。

主人拜受爵，主婦拜送爵。主婦拜，拜於北面也。今文曰主婦洗酌①。【疏】
注“主婦”至“酌爵”。○釋曰：云“主婦拜，拜於北面也”者，約《有司》儐尸於堂，主婦致
爵于主人，主人致爵于主婦，北面于阼階上荅拜是也。宗婦贊豆如初，主婦
受，設兩豆、兩籩。初，贊亞獻也。主婦薦兩豆、籩，東面也。【疏】注“初贊”至“面
也”。○釋曰：上主婦亞獻時，但云“宗婦執兩籩”，又云“祝贊籩祭”，無豆，此云“贊豆如
初”，明贊豆之時，與贊籩同，故得言如初。知“東面”者，以主人西面，故知也。俎入
設。佐食設之。【疏】“俎入設”。○注“佐食設之”。○釋曰：知“佐食設之”者，見《有
司》下大夫不儐尸者，主婦致爵於主人時，佐食設俎，彼室內行事，與士禮略同，故鄭約
之，知“佐食設之”也。主人左執爵，祭薦，宗人贊祭，奠爵，興，取肺，坐
絕祭，嚌之，興，加于俎，坐挩手，祭酒，啐酒。絕肺祭之者，以離肺長也。
《少儀》曰：“牛羊之肺，離而不提心。”豕亦然。挩，拭也。挩手者，爲絕肺染汙也。刌肺
不挩手。古文挩皆作説。○不提，丁禮反。染汙，而漸反。【疏】注“絕肺”至“作説”。
○釋曰：引《少儀》者，彼注云“提，猶絕也，不絕中央少許者”，引之證離肺長而不絕，故
須絕之。云“刌肺不挩手”者②，以其先已斷絕③，取祭之，不須以手絕之，故不挩手也。
肝從，左執爵，取肝搵于鹽，坐，振祭，嚌之。宗人受，加于俎，燔
亦如之。興，席末坐，卒爵，拜。於席末坐卒爵，敬也。一酌而備，再從而次
之，亦均④。【疏】注“於席”至“亦均”。○釋曰：此決上主人獻尸，賓長以肝從，主婦獻
尸，兄弟以燔從，今一酌而肝、燔從，則與尸等，故云“亦均”。“亦”者，亦上酒均於室
內⑤。主婦荅拜，受爵，酌，醋，左執爵，拜，主人荅拜。坐祭，立飲，
卒爵，拜，主人荅拜。主婦出，反于房。主人降，洗，酌，致爵于主
婦。席于房中，南面。主婦拜受爵，主人西面荅拜。宗婦薦豆、

---

① “酌”下原有“爵”字，“爵”字係傳寫誤衍，説見上，謹删。
② “刌”字原作“忖”，注作“刌”，據改。
③ “以”下原無“其先”二字，阮云：“毛本‘以’下有‘其先’二字，《通解》同毛本。”
據補。
④ “亦均”原作“示均”，阮云：“‘示’，徐本、楊氏俱作‘示’，與此本標目合，《集
釋》、《通解》、毛本俱作‘亦’。盧文弨云：‘示非，疏甚明。’”據改，標目亦改。
⑤ “室”字原作“堂”，曹云：“‘堂’當爲‘室’。”據改。

俎，從獻皆如主人。主人更爵，酌，醋，卒爵，降，實爵于篚，入，復位。主人更爵自酢，男子不承婦人爵也。《祭統》曰："夫婦相授受，不相襲處，酢必易爵①，明夫婦之別。"古文更爲受。○襲處，昌慮反。之別，彼列反。【疏】注"主人"至"爲受"。○釋曰：云"主人更爵自酢，男子不承婦人爵也"者，案上主婦獻尸，尸酢主婦不易爵，鄭注云"辟内子"，致爵于主人則易爵也。若然，案下記"設洗，篚在洗西，實二爵"，鄭注云"二爵者，爲賓獻爵止，主婦當致也"，此賓長所獻爵，尸奠之未舉，其篚唯有一爵，得云易者，上主婦亞獻，洗爵于房中②，則房中有爵，又主婦獻祝及佐食訖，以爵入于房，後主婦致爵于主人，還是房内爵，後主人致爵于主婦者，是下篚之爵，主婦飲訖，實于房中之篚，主人更取房内之爵以酌酢，酢訖，奠于下篚，云"主人更爵"者，謂酌酢爵以房内爵相更③。鄭注下記云"主婦當致"者，謂主人致爵於主婦，則用下篚内之爵也④。三獻作止爵，賓也，謂三獻者，以事命之。作，起也。舊説云："賓入户，北面，曰：'皇尸請舉爵。'"尸卒爵，酢。（酌）獻（洗）〔祝〕及佐食⑤，洗爵，酌，致于主人、主婦，燔從皆如初。更爵，酢于主人，卒，復位。洗乃致爵，爲異事新之。燔從皆如初者，如亞獻及主人、主婦致爵也。凡獻佐食皆無從，其薦俎，獻兄弟以齒設之。賓更爵自酢，亦不承婦人爵。今文曰洗致，古文更爲受。【疏】注"洗乃"至"爲受"。○釋曰：此決上文賓獻尸、獻祝及佐食皆不洗，今致于主人洗，故決之也。案下篇不儐尸，洗爵致于主人，注云"以承佐食賤，新之"，此云"爲異事新之"，注不同者，但爲異事，異事則是承賤，承賤後則事異，言雖不同，理則一也。云"燔從皆如初者，如亞獻及主人、主婦致爵"者，謂如上主婦亞獻尸及祝皆燔從，此言

① "必"字原作"不"，《禮記·祭統》作"必"，據改。
② "洗爵"下原重"洗爵"二字，阮云："《要義》同，毛本、《通解》'洗爵'二字不重出。"曹云："'洗爵'二字各本不重是也。"據删。
③ "以"字原作"與"，曹云："'與'當爲'以'。"據改。
④ "内"下原無"之"字，阮云："'内'下陳、閩、《通解》俱有'之'字。"據補。
⑤ "獻"上漢簡本無"酌"字，沈云："《少牢》有獻祝節，又有獻兩佐食節，彼大夫禮盛，詳記之則其儀甚繁。士禮雖稍殺，不過用一佐食耳。其儀則設席、受獻酒、薦豆設俎、接祭祭俎、祭啐卒爵，各節皆備。此總叙一句，則'酌'字可不必有，簡本爲長。"當據删。又，"洗"字漢簡本及《集釋》等皆作"祝"，阮云："徐本同，《集釋》《通解》、楊、敖、毛本'洗'俱作'祝'。"張氏曰：'經曰獻洗及佐食，巾箱、杭本洗作況，監本作祝，從監本。'"當據改。

“燔從皆如初”①，故云“如亞獻及主人、主婦致爵”，雖云如初，則無肝從，故經釋云“燔從皆如初”。云“凡獻佐食皆無從”者，謂主人、主婦及賓長獻佐食皆無從，故云“凡”，鄭言此者，以經“獻祝及佐食，洗爵，致于主人、主婦，燔從皆如初”，在獻佐食下，嫌獻佐食亦然，有燔從，故鄭辨之。若然，佐食得獻與祝得獻同，亦得如初，但無從爲異。云“其薦俎，獻兄弟以齒設之”者，以上佐食得獻時，不見有設薦俎之文，下記云“佐食，於旅齒於兄弟”②，故佐食薦俎，亦與兄弟同時設之也。

　　主人降阼階，西面拜賓如初，洗。拜賓而洗爵，爲將獻之。如初，如視濯時，主人再拜，賓荅拜，三拜衆賓，衆賓荅再拜者。【疏】“主人”至“初洗”。○注“拜賓”至“拜者”。○釋曰：自此盡“實爵于篚”，論獻賓及衆賓之事也。**賓辭洗，卒洗，揖讓升，酌，西階上獻賓，賓北面拜受爵，主人在右，荅拜。**就賓拜者，此禮不主於尊也。賓卑則不專階，主人在右，統於其位。今文無洗。【疏】“賓辭”至“荅拜”。○注“就賓”至“無洗”③。○釋曰：云“就賓拜者，此禮不主於尊也”者，案《鄉飲酒》、《鄉射》賓主獻酢，各於其階，至酬乃同階，此因祭而獻賓④，非爲尊之，所尊者謂尸也，又賓是士家有司，卑不得專階，故就之使不得專階也，對《鄉飲酒》、《鄉射》得專階也。云“主人在右，統於其位”者，以其賓在西階上⑤，北面，以東爲右，主人位在阼階，故云“統於其位”，鄭言此者，主人就西階，異於飲酒，主人在右，則與飲酒禮同，以言主人常居右也。**薦脯醢，設折俎。**凡節解者，皆曰折俎。不言其體，略云折俎，非貴體也。上賓骼，衆賓儀，公有司設之。【疏】“薦脯醢設折俎”。○注“凡節”至“設之”。○釋曰：案下記云“賓，骼”，鄭云“骼，左骼也。賓俎全體，尊賓”也，全體而曰折俎⑥，明凡節解牲體皆曰折，升于俎，故名折俎，與臑折同名，其折義則異彼折骨。云“不言其體，略云折俎，非貴體也”者，案下記云“賓，骼”，骼是牲體，此經云“折俎”者，亦用骼，非貴體，故“略云折俎”，若然，經尸俎，祝、佐食及主人、主婦俎體，皆不言之而

---

① “此言燔從皆如初”原作“此言皆燔從如初”，阮云：“毛本無‘此言皆燔從’五字。”曹云：“‘皆’字當在‘從’下。”據乙。

② “旅”下原有“也”字，曹云：“記無‘也’字。”據刪。

③ “無洗”原作“其位”，曹云：“‘其位’，單疏作‘無洗’，與嚴本注合。”據改。

④ “而獻”原作“如初”，曹云：“‘如初’當爲‘而獻’。”據改。

⑤ “賓”下原有“得”字，曹云：“‘得’字衍。”據刪。

⑥ “全體”原作“折骨”，曹云：“‘折骨’疑‘全體’之譌。”據改。

鄭注獨云賓俎"不言體者",尸、祝等經不言牲體,亦不言折,以其體貴故也,此賓俎不言牲體而言折,明非貴體也。云"上賓骼,衆賓儀"者,案下記唯云"賓,骼",其衆賓已下皆殽脅,不言儀者,鄭見《有司徹》主人獻賓①,司士設俎,羊骼一,又云衆賓長拜受爵,"其脅體,儀也",注云"儀者,尊體盡,儀度餘骨,可用而用之。尊者用尊體,卑者用卑體而已"是也。云"公有司設之"者,此即《有司徹》云"司士設俎,羊骼一。衆賓脅體,儀"是也,此下文云公有司在門西,則此設俎者也。**賓左執爵,祭豆,奠爵,興,取肺,坐絶祭,嚌之,興,加于俎,坐捝手,祭酒,卒爵,拜。主人荅拜,受爵,酌,酢,奠爵拜,賓荅拜。** 主人酌自酢者,賓不敢敵主人,主人達其意。【疏】注"主人"至"其意"。○釋曰:云"賓不敢敵主人,主人達其意"者,以其賓是士之有司之中,以卑不敢與主人爲敵酢之,是以主人酌以自酢,達賓意故也。若《鄉飲酒》、《鄉射》賓皆親酢主人,以其賓尊,行敵禮故也。**主人坐祭,卒爵,拜。賓荅拜,揖,執祭以降,西面奠于其位,位如初,薦俎從設。** 位如初,復其位東面。《少牢饋食禮》:"宰夫執薦以從,設于祭東。司士執俎以從,設于薦東。"是則皆公有司爲之與? ○之與,音餘,下爲之與、燕飲與同。【疏】注"位如"至"之與"。○釋曰:以賓位在西階下東面,今受獻於西階上,經云"執祭以降,西面奠于其位",又言"位如初",明復西階下東面位可知也。**衆賓升,拜受爵,坐祭,立飲。薦俎設于其位,辨。主人備荅拜焉,降,實爵于篚。** 衆賓立飲,賤不備禮。《鄉飲酒記》曰:"立卒爵者,不拜既爵。"備,盡,盡人之荅拜。○位辯,音遍,後皆同。

　　尊兩壺于阼階東,加勺,南枋,西方亦如之。 爲酬賓及兄弟,行神惠,不酌上尊,卑異之,就其位尊之。兩壺皆酒,優之。先尊東方,示惠由近。《禮運》曰:"澄酒在下。"○加勺,時灼反。【疏】"尊兩"至"如之"。○注"爲酬"至"在下"。○釋曰:自此盡"揖,復位",論堂下設尊酬賓之事。云"行神惠,不酌上尊,卑異之"者,決上文獻賓及衆賓皆酌上尊者②,獻是嚴正,故得與神靈共尊,至此旅酬禮褻,故不敢酌上尊。案《司尊彝職》四時之祭云"皆有罍,諸臣之所酢",《少牢》上下大夫堂下皆無尊

---

① "賓"下原有"儀"字,曹云:"'儀'字衍。"倉石云:"殿本刪'儀'字。"據刪。

② "衆賓"原作"兄弟",上無獻兄弟之文而有獻衆賓之禮,疑"兄弟"爲"衆賓"之誤,謹改。

者，士卑，得與人君同，大夫尊，辟人君故也。云“兩壺皆酒，優之”者，設尊之法，皆有玄酒，今兩壺皆酒，無玄酒，優之也。案《玉藻》云“唯饗野人皆酒”，鄭云“飲賤者不備禮”，與此注無玄酒爲優之異者，此士之祭禮，欲得尊賓嘉客以事其先，非賤者，故以皆酒爲優之，彼饗野人，野人是賤者，故以“不備禮”解之也。云“先尊東方，示惠由近”者，東方主人位，西方賓位，今先設東方，乃設西方者，見酒由主人來，故云“示惠由近”爲始也。引《禮運》者，彼注澄爲沈齊，酒是三酒，酒所以飲諸臣，證此壺尊亦飲在下者也。

主人洗觶，酌于西方之尊，西階前北面酬賓，賓在左。先酌西方者，尊賓之義。**主人奠觶拜，賓荅拜。主人坐祭，卒觶，拜，賓荅拜。主人洗觶，賓辭，主人對，卒洗，酌，西面，賓北面拜，**西面者，鄉賓位，立於西階之前、賓所荅拜之東北。○鄉賓，許亮反。【疏】注“西面”至“東北”。○釋曰：以經云“主人對，卒洗，酌，西面，賓北面拜”，主人西面授，賓北面荅拜，明主人不得南過於賓①，故鄭以義言之，云“立於西階之前、賓所荅拜之東北也”。**主人奠觶于薦北。**奠酬於薦左，非爲其不舉，行神惠，不可同於飲酒。【疏】注“奠酬”至“飲酒”。○釋曰：以其神惠，右不舉，生人飲酒，左不舉。今行神惠，不可同於飲酒，故奠於左，與生人相變，故《有司徹》云二人舉觶酬尸、侑，“侑奠觶于右”，鄭注云“奠于右者，不舉也。神惠右不舉，變於飲酒”是也。此酬奠於薦左，下文賓舉爲旅酬，以其神惠故也。言不可同飲酒者，謂不可同於《鄉飲酒》，故《鄉飲酒記》云“將舉者於右，奠者於左”，其義與此別。此下文奠觶於薦南，明將舉，以初在北，飲酒將舉，奠於薦南，便其復舉。

賓坐取觶，還東面（拜）②，主人荅拜。賓奠觶于薦南，揖，復位。還東面，就其位薦西。奠觶薦南，明將舉。【疏】“賓坐”至“復位”。○注“還東”至“將舉”。○釋曰：云“揖，復位”者，則初奠時少南於位可知。云“還東面”者，則初賓坐取觶，薦

---

① “不”字原作“之”，阮云：“毛本、《通解》‘之’作‘不’。”曹云：“‘之’各本作‘不’是。”據改。

② “面”下漢簡本無“拜”字，沈云：“戴震校《集釋》云：‘案此下各本衍一拜字。考上經賓北面拜，主人奠觶于薦北下云主人荅拜，荅賓北面之拜也。賓坐取觶，下乃云賓坐奠觶于薦南，賓方執觶在手，不得拜明矣。’胡氏《正義》云：‘汪氏中《儀禮》校本删拜字，謂無賓兩拜主人止荅一拜之理。’今得簡本，知原本無‘拜’字，益證戴、汪之説爲不可易。”當據删。

東西面可知，故鄭注云"還東面，就其位薦西"也。

　　主人洗爵，獻長兄弟于阼階上，如賓儀。酬賓乃獻長兄弟者，獻之禮成於酬。先成賓禮，此主人之義。亦有薦脀設于位，私人爲之與？○獻長，丁丈反，注下皆同。薦脀，之丞反。【疏】"主人"至"賓儀"。○注"酬賓"至"之與"。○釋曰：自此盡"如衆賓儀"，論主人獻長兄弟及衆兄弟之事。云"酬賓乃獻長兄弟者，獻之禮成於酬"者，以其獻賓之禮，以酬副之，乃禮成，故《冠禮》云"乃禮賓以一獻之禮"，鄭注云"獻、酢、酬，賓、主人各兩爵而禮成"，又《鄉飲酒》獻及酬賓訖，乃獻介，又此文獻賓即酬賓乃獻兄弟，故鄭注"獻之禮成於酬"也。云"亦有薦脀設于位"者，以經云"獻長兄弟于阼階上，如賓儀"，則長兄弟初受獻于阼階上時，亦薦脯醢，設折俎於阼階上，祭訖，乃執以降設於下位，皆當如賓儀，鄭下注云"設薦俎於其位"者，據執祭以降奠于其位而言也①，言"亦"者，亦賓。鄭必知有薦俎者，見於下記云"長兄弟及宗人，折"是也。云"私人爲之與"者，私人者即私臣，下記云"私臣門東，北面西上"是也，以賓薦俎②，公有司設之，則兄弟薦俎私人可知，以無正文，故言"與"以疑之也。**洗，獻衆兄弟，如衆賓儀。**獻卑而必爲之洗者，顯神惠。此言如衆賓儀，則知獻衆賓洗明矣③。【疏】注"獻卑"至"明矣"。○釋曰：云"此言如衆賓儀，則知獻衆賓洗明矣"者，以其上獻衆賓時雖不言洗，此云"洗，獻衆兄弟，如衆賓儀"，明獻衆賓洗可知，不言之者，舉下以明上，省文之義故也。

　　洗，獻內兄弟于房中，如獻衆兄弟之儀。內兄弟，內賓、宗婦也。如衆兄弟，如其拜受、坐祭、立飲、設薦俎於其位而徧④。內賓，其位在房中之尊北。不殊其長，略婦人者也。《有司徹》曰："主人洗，獻內賓於房中，南面拜受爵。"【疏】"洗獻"至"之儀"。○注"內兄"至"受爵"。○釋曰：自此盡"入，復位"，論主人獻姑姊妹及宗婦之事。云"內賓、宗婦也"者，此總云"內兄弟"，下記云"內賓、宗婦"，案彼注云"內賓，姑姊

---

　　①　"奠于"原作"及"，曹云："'及'當爲'奠于'二字。"據改。
　　②　"薦"下原無"俎"字，曹云："'薦'下脱'俎'字。"據補。
　　③　"知"字原作"如"，阮云："'如'，《集釋》作'知'。按作'知'是也，觀疏自明，疏述注亦誤作'如'字。"據改，疏述注亦改。
　　④　"徧"字原作"立"，胡培翬云："或曰'立'當爲'徧'之譌，謂設薦俎于其位而徧也。今案此經'如獻衆兄弟之儀'，上獻衆兄弟'如衆賓儀'，據前獻衆賓云'拜受爵，坐祭，立飲。薦俎設于其位，辯'，或説近是。"據改。

妹。宗婦，族人之婦”，若然，兄弟者服名，故號婦人爲兄弟也。云“其位在房中之尊北”者，案下記云“尊兩壺于房中西墉下，南上。内賓立于其北，東面南上。宗婦北堂，東面北上”是也。云“不殊其長，略婦人者”，決上文獻賓於西階上，獻兄弟於阼階上，皆殊其長，此不殊，故云略之。引《有司徹》者，欲見此内賓受獻時，亦南面拜受爵，故下注云“内賓之長亦南面荅拜”，言“亦”者，亦前受獻時，前雖無文，約《有司徹》，内賓之長亦南面荅拜。**主人西面荅拜，更爵酢，卒爵，降，實于篚，入，復位。**爵辨乃自酢，以初不殊其長也，内賓之長亦南面荅拜。【疏】注“爵辨”至“荅拜”。○釋曰：云“爵辨乃自酢，以初不殊其長也”者，對上賓與長兄弟不待獻衆賓①、衆兄弟徧②，主人先自酢也。云“内賓之長亦南面荅拜”者，獻時不殊其長，酢時猶如賓及兄弟殊其長，與男子同，男子、婦人、衆賓以下皆無酢也。

　　長兄弟洗觚爲加爵，如初儀，不及佐食，洗、致如初，無從。大夫、士三獻而禮成，多之爲加也。不及佐食，無從，殺也。致，致於主人、主婦。○殺也，所界反，下皆同。【疏】“長兄”至“無從”。○注“大夫”至“主婦”。○釋曰：此一經論士三獻之外，爲加獻尸之事。云“如初儀”者，如賓長三獻之儀，但賓長獻十一爵，此兄弟之長加獻則降，唯有六爵，以其闕主人、主婦致爵并酢四爵及獻佐食五，唯有六在者：洗觚爲加獻，一也；尸酢長兄弟，二也；獻祝，三也；致爵於主人，四也；致爵於主婦，五也；受主人酢，六也。云“大夫、士三獻而禮成”者，天子大祫十有二獻，四時與禘唯有九獻，上公亦九獻，侯伯七獻，子男五獻，卿大夫士略同三獻而祭禮成也，是以多之者爲加。若生人飲酒禮③，卿大夫三獻，士唯一獻而已。祭禮士與大夫同者，攝盛，葬奠亦與（元缺一字）大夫同，少牢五鼎，又乘車建旜，亦與卿大夫同也。

　　衆賓長爲加爵，如初，爵止。尸爵止者，欲神惠之均於在庭。【疏】“衆賓”至“爵止”。○注“尸爵”至“在庭”。○釋曰：庭賓及兄弟雖得一獻，未得旅酬，其尸已得三獻④，又別受加爵，故停之，使庭行旅酬，是以云“尸爵止者，欲神惠之均於在庭”也。

---

① “待”字原作“得”，曹云：“‘得’當爲‘待’。”據改。
② “徧”字原作“偏”，張敦仁本作“徧”，據改。
③ “生”字原作“主”，曹云：“‘主’字譌，單疏作‘生’。”據改。
④ “其”下原無“尸”字，曹云：“‘其’下脱‘尸’字。”據補。

儀禮疏卷第四十六 儀禮卷第十五

　　嗣舉奠，盥，入，北面再拜稽首。嗣，主人將爲後者。舉，猶飲也。使嗣子飲奠者，將傳重累之者。大夫之嗣子不舉奠，辟諸侯。○將傳，丈專反。【疏】"嗣舉"至"稽首"。○注"嗣主"至"諸侯"。○釋曰：自此盡"出，復位"，論嗣子飲奠酳獻之事。云"嗣，主人將爲後者"，不言適而言"將爲後者"，欲見無長適，立庶子及同宗爲後皆是，故汎言"將爲後"也。云"舉，猶飲也"者，非謂訓舉爲飲，直是嗣子舉而飲之耳。云"將傳重累之者"，謂將使爲嗣，牽累崇敬承重祭祀之事，是以使飲之而獻也。云"大夫之嗣子不舉奠，辟諸侯"者，案《文王世子》云"其登餕、獻、受爵，則以上嗣"，注云"上嗣，君之適長子。以《特牲饋食禮》言之，受爵謂上嗣舉奠也，獻謂舉奠洗爵酳入也，餕謂宗人遣舉奠盥，祝命之餕也。大夫之嗣無此禮，辟君也"，今案《少牢》無嗣子舉奠之事，故此注云"辟諸侯"，士卑，不嫌得與人君同，故有嗣子舉奠之事也。奠者，即上文"祝酳奠，奠於鉶南"是也。《郊特牲》云"舉斝、角，詔妥尸"，鄭注云"始入，舉奠斝若奠角，將祭之。祝則詔主人拜安之，使之坐。尸即至尊之坐，或時不自安，則以拜安之。天子奠斝，諸侯奠角"，彼鄭注意亦引此《特牲》祝酳奠于鉶南也。尸執奠，進受，復位，祭酒，啐酒。尸舉肝，舉奠左執觶，再拜稽首，進受肝，復位，坐食肝，卒觶，拜，尸備答拜焉。食肝，受尊者賜，不敢餘也。備，猶盡也，每拜答之，以尊者與卑者爲禮，略具文耳。古文備爲復。【疏】"尸執"至"拜焉"。○注"食肝"至"爲復"。○釋曰：直言受肝，明有鹽，是以下記云"嗣舉奠，佐食設豆鹽"是也。云"食肝，受尊者賜，不敢餘也"者，食之當盡，以其食若不盡，直云嚌之而已，此經云食肝，明不敢餘也。舉奠洗，酳，入，尸拜受，舉奠答拜。尸祭酒，啐酒，奠之。舉奠出，復位。啐之者，荅其欲酳己也。奠之者，復神之奠觶。嗣，齒於子姓。凡非主人，升降自西階。【疏】"舉奠"至"復位"。○注"啐之"至"西階"。○釋曰：云"啐之者，荅其欲酳己也"者，《鄉飲酒》、《鄉射》主人獻賓，賓皆啐酒，洗爵，即酢主人，此嗣子獻尸，尸啐之①，亦欲酢己，故啐之，其實無酢也。云"嗣，齒於子姓"者，姓之言生，子之所生謂孫行者，今嗣亦孫之流，故齒之也。云"凡非主人，升降自西階"者，案《曲禮》云爲人子者，"升降不由阼階"，是以雖嗣子亦宜升降自西階，餘子孫自不升阼階②，故於此總言"凡"也。

　　兄弟弟子洗，酌于東方之尊，阼階前北面舉觶于長兄弟，如主人酬賓儀。弟子，後生也。【疏】"兄弟"至"賓儀"。○注"弟子後生"。○釋曰：自此盡"乃羞"，論弟子舉觶將行旅酬之事。云"如主人酬賓儀"者，謂如上文主人酬賓就其階，同北面並拜，乃飲，卒爵拜，洗酌，乃西面，賓北面拜儀③，故言"如"，此亦然，弟子洗觶，酌於東方之尊，阼階前東面獻長兄弟，長兄弟北面拜受，弟子奠于薦南，長兄弟坐取觶，還西面拜，弟子北面荅拜，長兄弟奠于薦北，揖復位，若《有司徹》云"兄弟之後生者舉觶於其長，長在左"，弟子自飲訖，"升酌，降，長拜受於其位，舉爵者東面荅拜"，鄭注云"拜受、荅拜不北面者，儐尸禮殺"，此不儐尸，則拜受④、拜送皆北面可知也。"弟子，後生"者，此即《有司徹》云"兄弟之後生者"是也。宗人告祭脀，脀，俎也。所告者，衆賓、衆兄弟、内賓也。獻時設薦俎于其位，至此禮又殺，告之祭，使成禮也。其祭皆離肺，不言祭豆可知。【疏】注"脀俎"至"可知"。○釋曰：云"告祭脀"者，謂告衆賓之等，知無長賓者，以其初得獻時，即祭肺於階上，此獻時乃設薦俎于其位，故此無長賓也，上又云長兄弟如賓儀⑤，則亦獻時祭可知，故云宗人所告，告衆賓、衆兄弟、内賓也。云"獻時設薦俎於其位"者，得獻時乃薦于堂下及房内之位。云"至此禮又殺，告之祭，使成禮也"者，案上文加爵、致爵不及佐食，無從，殺也，此"告之祭，使成禮"，是再殺，故云"又殺"也。云"其祭皆離肺"者，已於記文解之也。云"不言祭豆可知"者，以衆賓言"薦俎從設"，言薦即豆也，故云"不言祭豆可知"。乃羞。羞，庶羞

　　① "獻尸尸啐之"原作"獻賓賓啐之"，阮云："兩'賓'字《通解》並作'尸'。"曹云："阮云兩'賓'字《通解》並作'尸'，案'尸'字是。"據改。
　　② "餘子孫自不"原作"適子孫不"，曹云："'適'似當爲'餘'，'不'上脱'自'字。"據改補。
　　③ "儀"字原作"位"，曹云："'位'殿本改作'儀'。"據改。
　　④ "則"下原無"拜受"二字，曹云："'則'下脱'拜受'二字。"倉石云："今案下無筭爵疏亦云'拜受送皆北面'，則此有脱文明矣。"據補。
　　⑤ "云"字原作"下"，曹云："'下'當爲'云'。"據改。

也。下尸,薦、醢豆而已。此所羞者,自祝、主人至於內賓,無內羞。【疏】"乃羞"。○注
"羞庶"至"內羞"。○釋曰:知羞非薦羞者,上文受獻時皆設薦俎於其位,故知此羞乃
是庶羞,非薦也。云"下尸,薦、醢豆而已"者,上爲尸"佐食羞庶羞四豆,設於左",鄭注
"四豆,膮、炙、胾、醢",此祝以下庶羞降于尸①,當去膮、炙,故云"胾、醢豆而已"。云
"此所羞者,自祝、主人至於內賓"者,言自祝下及內賓,則衆賓②、兄弟皆在可知,又下
記云"公有司,獻次衆賓。私臣,獻次兄弟",則內賓亦及之,是以《少牢》下篇云"乃羞
庶羞于賓、兄弟、內賓及私人",不儐尸,亦云"乃羞于賓、兄弟、內賓及私人辯"是也。
若然,《有司徹》儐尸與不儐尸③,庶羞與房中羞,皆尸、侑及祝④、主人、主婦同時羞之
者⑤,彼上下大夫禮尊,故得與尸同時羞,此士禮卑,故不得與尸同也。云"無內羞"
者⑥,以其尸尊,尚無內羞,況祝卑,故無內羞也。

　　賓坐取觶,阼階前北面酬長兄弟,長兄弟在右。薦南奠觶。【疏】
"賓坐"至"在右"。○注"薦南奠觶"。○釋曰:自此盡"實觶于篚",論行旅酬之閒作止
爵之事。但此《特牲》之禮,堂下旅酬、無筭爵並行⑦,在室中者不與旅酬之事。上大夫
儐尸,與旅酬,不與無筭爵之事,故別使二人舉觶於尸、侑,尸、侑得舉爲旅酬,徧及堂
下,尸與旅酬者,以其儐尸在堂,禮殺故也。若下大夫不儐尸者,堂下無旅酬,直行無
筭爵於堂下而已,尸則不與之,所以下大夫無旅酬,直有無筭爵者,以其禮尸室中,
辟國君,堂下不設尊,故無旅酬,直行無筭爵而已,以其堂上與神靈共尊,不得與尸行
旅酬,故屈之。此《特牲》堂下得旅酬、無筭爵並行者,以其堂下與神靈別尊,故爲加爵

---

① "庶"字原作"薦",曹云:"'薦'當爲'庶'。"據改。

② "則"字原作"及",曹云:"'及'當爲'則'。"據改。

③ "有司徹"上原有"少牢與"三字,曹云:"上三字衍。"據刪。

④ "皆尸侑及祝"原作"皆與尸佐食及祝",曹云:"'與'字衍,'佐食'當爲'侑'。"
據刪改。

⑤ "同"上原有"皆"字,曹云:"'皆'字似衍。"據刪。

⑥ "云"下原無"無"字,阮云:"毛本、《通解》、《要義》'云'下有'無'字。"曹云:"各
本'云'下有'無'字是。"據補。

⑦ "旅酬無筭爵並行"原作"行旅酬無筭爵並",曹云:"'行'字當在'並'下。"
據乙。

禮尸於室中，酌上尊，堂下旅酬行神惠，酌下尊。故上下大夫及士之祭禮①，旅酬②、無筭爵或行或不，皆參差不等也。賓酬長兄弟，長兄弟在右，下文長兄弟酬，“衆賓長自左受旅，如初”，是賓主相酬，主人常在東。其同在賓中，則受酬者在左。若《鄉飲酒》賓酬主人，主人立於賓東，主人酬介，介立於主人之西，其衆賓受介酬者自介右，鄭注云“尊介，使不失故位”，衆受酬者受自左，異其義也。賓主相酬，各守其位，不以尊卑變。同類之中，受者于左，尊右也。**賓奠觶拜，長兄弟荅拜。賓立卒觶，酌于其尊，東面立，長兄弟拜受觶。賓北面荅拜，揖，復位。**其尊，長兄弟尊也。此受酬者拜，亦北面。【疏】注“其尊”至“北面”。○釋曰：以其旅酬、無筭爵，以飲者酌己尊，酬人之時酌彼尊，是各自其酒，故無筭爵賓弟子及兄弟弟子舉觶於其長，各酌于其尊也。云“此受酬者拜，亦北面”者，以經“長兄弟拜受觶”，不言面位，故鄭云“受酬者拜③，亦北面”，言“亦”者，亦賓北面也。**長兄弟西階前北面，衆賓長自左受旅，如初。**旅，行也，受行酬也。初，賓酬長兄弟。**長兄弟卒觶，酌于其尊，西面立，受旅者拜受。長兄弟北面荅拜，揖，復位。衆賓及衆兄弟交錯以辯，皆如初儀。**交錯，猶言東西。**爲加爵者作止爵，如長兄弟之儀。**於旅酬之間，言作止爵，明禮殺並作。【疏】“爲加”至“之儀”。○注“於旅”至“並作”。○釋曰：前“衆賓之長爲加爵，如初，爵止”，今還使“爲加爵者作止爵”也，故云“如長兄弟之儀”。云“於旅酬之間，言作止爵，明禮殺並作”者，此決上文“賓三獻，爵止”，鄭注云“三獻禮成，欲神惠之均于室中，是以奠而待之”，故有室中主人、主婦致爵訖，乃“三獻作止爵”，此“衆賓長爲加爵，如初，爵止”，鄭注云“尸爵止者，欲神惠之均于在庭”，而堂下庭中行旅酬未訖，“爲加爵者作止爵”，故鄭注云“禮殺並作”也。**長兄弟酬賓，如賓酬兄弟之儀，以辯，卒受者實觶于篚。**長兄弟酬賓，亦坐取其奠觶。此不言交錯以辯，賓之酬不言卒受者實觶于篚，明其相報禮終於此，其文省。【疏】注“長兄”至“文省”。○釋曰：云“長兄弟酬賓，亦坐

---

① “上”下原無“下”字，曹云：“‘上’字下脱‘下’字。”倉石云：“‘上’下補‘下’字是也。”據補。

② “酬”下原有“行”字，曹云：“‘行’字衍。”據刪。

③ “酬”字原作“酌”，鄭注作“酬”，謹改。

取其奠觶"者，"亦"謂亦上賓坐取薦南奠觶，此長兄弟所舉奠觶者，即上弟子舉觶於其長是也。云"明其相報禮終於此，其文省"者，以其賓舉奠觶於長兄弟行旅酬盡，皆徧，長兄弟舉觶於賓行旅酬，亦皆徧，故云"相報禮終"，言"明"者，嫌其不終，所以嫌者①，賓之酬不言"卒受者"，此不言"交錯以辯"，嫌其不卒、不辯，其實賓之酬亦"卒受者實觶于篚"，此亦"交錯以辯"，故鄭云"文省"。

　　賓弟子及兄弟弟子洗，各酌于其尊，中庭北面西上，舉觶於其長，奠觶拜，長皆荅拜。舉觶者祭，卒觶，拜，長皆荅拜。舉觶者洗，各酌于其尊，復初位，長皆拜，舉觶者皆奠觶于薦右。奠觶，進奠之于薦右，非神惠也。今文曰奠于薦右。【疏】"賓弟"至"薦右"。○注"奠觶"至"薦右"。○釋曰：自此盡"爵無筭"，論二觶並行無筭爵之事。云"奠觶，進奠之於薦右，非神惠也"者，案上"尊兩壺於阼階東，加勺，南柄，西方亦如之"，鄭注云"爲酬賓及兄弟，行神惠"，至此云"非神惠"者，彼三獻止爵，欲得神惠均於室中，衆賓長爲加爵止爵者，欲神惠均于在庭，故止爵行旅酬，雖以尸而奠爵待之，亦得爲神惠，至此別爲無筭爵，在下自相勸，故得爲非神惠，故奠於薦右，同於生人飲酒，舉者奠於薦右也。長皆執以興，舉觶者皆復位，荅拜。長皆奠觶于其所，皆揖其弟子，弟子皆復其位。復其位者，東西面位。弟子舉觶於其長，所以序長幼、教孝弟。凡堂下拜，亦皆北面。○孝弟，音悌。【疏】"長皆"至"其位"。○注"復其"至"北面"。○釋曰：云"復其位者，東西面位"者，上既言"皆復位，荅拜"，此復重云復位，則上文復位，復在庭初舉北面位，此重言復位者，當復東西面位可知。云"凡堂下拜，亦皆北面"者，前主人酬賓，弟子舉於其長行旅酬及無筭爵，兄弟弟子、賓弟子舉觶，皆北面，則知凡堂下，雖不見面位者，皆北面拜可知。云"凡"，賓以下至於私人，拜受送皆北面，故云"凡"也。爵皆無筭。筭，數也。賓取觶酬兄弟之黨，長兄弟取觶酬賓之黨，唯己所欲，亦交錯以辯，無次第之數。因今接會，使之交恩定好，優勸之。○定好，呼報反。

　　利洗散，獻于尸，酢，及祝，如初儀，降，實散于篚。利，佐食也。言利，以今進酒也。更言獻者，以利待尸禮將終，宜一進酒，嫌於加酒亦當三也。不致

---

① "嫌者"下原有"嫌其不終所以嫌者"八字，阮云："此句下此本誤複'嫌其不終所以嫌者'八字，《通解》、毛本無。"據刪。

爵，禮又殺也。○洗散，悉但反，下皆同。【疏】"利洗"至"于篚"。○注"利佐"至"殺也"。○釋曰：自此盡"西序下"，論佐食獻尸祭祀畢之事。云"利，佐食也。言利，以今進酒也"者，利與佐食乃有二名者，以上文設俎啓會爾敦之時，以黍稷爲食，故名佐食，今進以酒，酒所以供養，故名利，利即養也，故鄭云"以今進酒也"，若然，《少牢》名"佐食上利執羊俎，下利執豕俎"者，大夫禮文，故即兩見其名。云"更言獻者，以利待尸禮將終，宜一進酒，嫌於加酒亦當三也"者，此決兄弟長及衆賓長爲加爵於尸，不言獻，今進酒更言獻，不言加爵，故鄭君解其義意，以利事尸禮將終，宜一進酒，不似長兄弟助宗子祭祀爲加爵，衆賓之長助主人祭祀設爲加爵，嫌此佐食同彼二者爲加爵，故變言獻，是以鄭云嫌亦當三也。"亦"者，亦上主人獻，主婦獻，賓長爲三獻也。長兄弟爲加爵，衆賓長爲加爵，通洗散獻尸亦三，都并尸飲六，士祭事尸禮畢也。云"不致爵，禮又殺也"者，上文云"長兄弟洗觚爲加爵，如初儀，不及佐食，洗、致如初，無從"，注云"不及佐食，無從，殺也"，此又不致，故云"又殺也"。**主人出，立于戶外，西（南）〔面〕①。**事尸禮畢。**祝東面告利成。**利，猶養也。供養之禮成，不言禮畢，於尸閒之嫌。○猶養，羊亮反，下同。供養，九用反。【疏】"祝東面告利成"。○注"利猶"至"之嫌"。○釋曰：《少牢》云"主人出，立于阼階上，西面②。祝出，立于西階上，東面。祝告曰：利成"，此戶外告利成，彼階上告利成，以尊者稍遠於尸。若天子、諸侯禮畢，於堂下告利成，故《詩•楚茨》云"禮儀既備，鍾鼓既戒。孝孫徂位，工祝致告"，鄭注云"鍾鼓既戒，戒諸在廟中者，以祭禮畢，孝孫往位堂下西面位也，祝於是致孝孫之意，告尸以利成"，是尊者告利成，遠於尸也。云"不言禮畢，於尸閒之嫌"者，閒，閒暇無事，若然，禮畢則於尸閒暇無事，有發遣尸之嫌，故直言利成而已也。**尸謖，祝前，主**

---

① "南"字漢簡本作"面"，沈云："阮元《校勘記》云：'南，《集釋》、敖氏俱作面。張氏曰：下文有立于戶外西面，此南字亦當作面，從下文。按唐石經亦作南，張氏以意改爲面而李氏、敖氏從之。'張淳《識誤》以意改經，率多謬誤，而此據下文改'面'則甚是。王引之《經義述聞》云：'戶外西面者，主人之位也，故主人事尸禮畢、事蕢者禮畢，皆出立于戶外西面。主人西面，故祝東面告利成，與主人相鄉也。'其實《詩•楚茨正義》引此文正作'西面'，而《少牢》祭畢尸出廟節'主人出立于阼階上西面'，《有事》不儐尸者禮畢尸出節'主人出立于阼階上西面'，'南'字之誤可推比而得。張淳見不及此，遂成意改而偶中。今得簡本，更證作'面'無疑。唐石經作'南'，則其誤在唐以前矣。"當據改。

② "西面"原作"南面"，《少牢饋食禮》本作"西面"，據改。

人降。謖，起也。前，猶導也。《少牢饋食禮》曰："祝入，尸謖。主人降，立于阼階東，西面。祝先，尸從，遂出于廟門。"前尸之義，《士虞禮》備矣。〇尸謖，所六反，起也。【疏】"尸謖"至"人降"。〇注"謖起"至"備矣"。〇釋曰：引《少牢》者，證大夫禮主人立位與士同①，又證前尸出廟之事。云"前尸之儀，《士虞禮》備矣"者，彼有室中、出户②、降階、出廟前尸之事，故云"備矣"。**祝反，及主人入，復位，命佐食徹尸俎，俎出于廟門**。俎，所以載肵俎。《少牢饋食禮》曰："有司受，歸之。"【疏】注"俎所"至"歸之"。〇釋曰：引《少牢》者，是《少牢》下篇《有司徹》下大夫不賓尸之禮，彼云"佐食徹尸俎，佐食乃出尸俎于廟門外，有司受，歸之"，此士禮不儐尸與下大夫同，故引以相證也。**徹庶羞，設于西序下**。爲將餕，去之。庶羞，主爲尸，非神饌也。《尚書傳》曰："宗室有事，族人皆侍終日。大宗已侍，於賓奠，然後燕私。燕私者何也？已而與族人飲也。"此徹庶羞置西序下者，爲將以燕飲與？然則自尸、祝至於兄弟之庶羞，宗子以與族人燕飲于堂；内賓、宗婦之庶羞，主婦以燕飲於房。〇爲將餕，于僞反，下同。去之，起吕反。奠然，本或作暮，或作驀。【疏】"徹庶"至"序下"。〇注"爲將"至"于房"。〇釋曰：知"非神饌"而云"爲尸"者，以其尸三飯後始薦庶羞，故徹之乃餕也。凡餕者，尸餕鬼神之餘，祭者餕尸之餘，義取鬼神之惠徧廟中，庶羞非鬼神惠，故不用也。引《尚書傳》已下者，是彼《康誥傳》文。"大宗已侍，於賓奠"者，或有作驀，或有作暮者，皆誤，以奠爲正也。引之者，證徹庶羞不入于房而設於西序下，以擬燕故也。必知祭有燕者，案《楚茨》詩云"鼓鍾送尸"，下云"備言燕私"，鄭注云"祭祀畢，歸賓客之俎，同姓則留與之燕，所以尊賓客，親骨肉也"，其上大夫當日儐尸，安有燕？故《有司徹》上大夫云"主人退"，注云"反於寢也"，是無燕私，若下大夫不儐尸，與此士禮同，亦當有燕也。云"與"者，以經直言設于序下，不言燕，疑之，引《書傳》爲證有燕，故言"與"以疑之也。云"然則自尸、祝"以下，知義如此者，以兄弟受獻於堂上，主婦、内賓受獻於房中，尸出之後，堂、房無事，故知燕時男子在堂，婦人在房可也。

筵對席，佐食分簋、鉶。爲將餕分之也。分簋者，分敦黍於會，爲有對也。敦，有虞氏之器也。周制，士用之，變敦言簋，容同姓之士得從周制耳。《祭統》曰："餕

① "同"上原有"不"字，曹云："'不'字衍。"據删。

② "户"字原作"尸"，毛本、張敦仁本皆作"户"，據改。

者，祭之末也，不可不知也。是故古之人有言曰：‘善終者如始。’餕其是已。是故古之君子曰：‘尸亦餕鬼神之餘。’惠術也，可以觀政矣。”【疏】“筵對”至“簋鉶”。○注“爲將”至“政矣”。○釋曰：自此盡“户外，西面”，論嗣子共長兄弟對餕之事。云“敦，有虞氏之器”者，《禮記·明堂位》云“有虞氏之兩敦”，上文黍稷之敦是，周制，士用之。云“言簋，容同姓之士得從周制耳”者，大夫、士異姓既用異代之器①，故《少牢》、《特牲》皆用敦，則同姓之士當同周制用簋，故經言“分簋”，是以《文王世子》鄭注亦云同姓之士總衰，異姓之士疑衰，亦同姓與異姓别也。引《祭統》者，證餕是鬼神之惠徧廟中，若國君之惠徧境内，是可以觀政之事也。**宗人遣舉奠及長兄弟盥，立于西階下，東面北上。祝命嘗食。嘗者、舉奠許諾，升，入，東面，長兄弟對之，皆坐。佐食授舉，各一膚。**命，告也。士使嗣子及兄弟嘗，其惠不過族親也。古文嘗皆作餕。○食嘗，劉子峻反，與餕同。【疏】注“命告”至“作餕”。○釋曰：此決下篇《少牢》二佐食及二賓長餕，明惠大及異姓，不止族親而已。**主人西面再拜，祝曰：“嘗有以也。”兩嘗奠舉于俎，許諾，皆荅拜。**以，讀如“何其久也，必有以也”之“以”。祝告嘗，釋辭以戒之，言女嘗于此，當有所以也，以先祖有德而享于此祭，其坐嘗其餘，亦當以之也。《少牢饋食禮》不戒者，非親昵也。舊説曰：“主人拜下嘗席南。”○有以，依注音似，或如字。言女，音汝，下同。其坐，才卧反。親昵，女乙反。【疏】注“以讀”至“席南”。○釋曰：云“以，讀如‘何其久也，必有以也’之‘以’”者，此辭在《詩·邶風·旄丘篇》，必從之者②，以此經云“有以也”者，以先祖有功德，子孫當嗣之而廟食，先祖有德亦合享此祭，故讀從之也，是以彼注亦云“我君何以久留於此乎③？必以衛有功德故也”。云“其坐嘗其餘，亦當以之也”者，“亦”謂亦似其先祖。已上皆爲以，爲似者誤也。云“《少牢饋食禮》不戒者，非親昵也”者，謂二佐食與二賓長，是非親昵也。引舊説者，以經直言主人西面拜，不見其處，故引舊説以明下嘗席南④。

---

① “夫”下原無“士”字，倉石云：“‘夫’下疑脱‘士’字。”據補。

② “必”下原有“有以”二字，倉石云：“各本‘以’下有‘也’字。今案‘有以’二字似羨。”據删。

③ “此乎”原作“二佐”，阮云：“浦鏜據原文改‘二佐’爲‘此乎’。”據改。

④ “南”下原有“面”字，阮云：“毛本、《通解》無‘面’字。”曹云：“‘面’字各本無是也。”據删。

若是者三。丁寧戒之。皆取舉，祭食，祭舉，乃食，祭鉶，食舉。食乃祭鉶，禮殺。【疏】注"食乃祭鉶禮殺"。○釋曰：前正祭之時，尸祭鉶，嘗之，告旨訖，佐食爾黍於席上，尸始食，今餕食乃祭鉶，故決之，云"禮殺"故也。卒食，主人降，洗爵，宰贊一爵。主人升，酌，酳上餕，上餕拜受爵，主人荅拜，酳下餕亦如之。《少牢饋食禮》曰："贊者洗三爵，酌，主人受于戶內，以授次餕。"舊説云："主人北面，授下餕爵。"【疏】注"少牢"至"餕爵"。○釋曰：引《少牢》者，欲見此禮主人亦受于戶內，以授次餕。引舊説，以此經云"酳下餕"，主人面位無文，當北面也。主人拜，祝曰："酳有與也。"如初儀。主人復拜，爲戒也。與，讀如"諸侯以禮相與"之"與"。言女酳此，當有所與也。與者，與兄弟也。既知似先祖之德，亦當與女兄弟，謂教化之。【疏】注"主人"至"化之"。○釋曰：云"讀如'諸侯以禮相與'之'與'"者，案《禮運》云"諸侯以禮相與"者，諸侯會同聘問，一德以尊天子，言此者，戒嗣子與長兄弟及衆兄弟相教化，相與以尊先祖之德也。兩餕執爵拜，荅主人也。祭酒，卒爵，拜，主人荅拜。兩餕皆降，實爵于篚。上餕洗爵，升，酌，酢主人，主人拜受爵。下餕復兄弟位，不復升也。上餕即位坐，荅拜。既授爵戶內，乃就坐。【疏】注"既授"至"就坐"。○釋曰：以其主人位在戶內下餕席南西面，故知上餕"授爵於戶內，乃就坐"。主人坐祭，卒爵，拜。上餕荅拜，受爵，降，實于篚。主人出，立于戶外，西面。事餕者禮畢。

祝命徹阼俎、豆籩，設于東序下。命，命佐食。阼俎，主人之俎。宗婦不徹豆籩，徹禮略，各有爲而已。設于東序下，亦將燕也。【疏】"祝命"至"序下"。○注"命命"至"燕也"。○釋曰：自此盡"畢出"，論徹薦俎，改設饌於西北隅爲陽厭之事。云"祝命徹阼俎"者，是佐食徹之，當徹阼俎之時，堂下賓、兄弟俎畢出，故下文云"佐食徹阼俎，堂下俎畢出"是也。若然[①]，祝命徹阼俎時，"堂下俎畢出"又退在下者，欲見先徹室內俎，乃徹堂下，是以祝命佐食徹阼俎及豆籩，又祝自執俎以出，又宗婦徹祝豆籩入於房，即佐食改饌西北隅，是以作經并説室內行事，乃到本云上佐食徹阼俎時，堂下俎

---

① "若然"原作"者然"，阮云："《要義》'者'作'若'，毛本無'者'字。"曹云："'者'，阮謂《要義》作'若'是也。"據改。

畢出也。云“命，命佐食”者，此命命使徹阼俎，下文云佐食徹俎，故知祝命者，命佐食也。云“宗婦不徹豆籩，徹禮略，各有爲而已”者，以豆籩宗婦贊設之，佐食設俎，理應佐食還自徹俎，宗婦徹豆籩，以徹禮略，各自有爲而已，故宗婦豆籩，今佐食并徹之，故云“徹禮略”也。“各有爲而已”者，謂宗婦徹祝豆籩①，佐食徹阼俎、豆籩，是各自有爲，何必依前所設之時也。**祝執其俎以出，東面于户西。**俟告利成。《少牢》下篇曰：“祝告利成，乃執俎以出。”【疏】注“俟告”至“以出”。○釋曰：案《有司徹》下大夫不儐尸，改饌于西北隅訖，主人出，立于阼階上，西面，祝執其俎以出，立于西階上，東面，司宫闔牖户，祝告利成，乃執俎以出于廟門外，有司受，歸之，彼不儐尸之禮亦與此《特牲》禮同，故引爲證也。**宗婦徹祝豆籩入于房，徹主婦薦俎。**宗婦既並徹，徹其卑者。《士虞禮》曰：“祝薦席徹入于房。”【疏】“宗婦”至“薦俎”。○注“宗婦”至“于房”。○釋曰：宗婦不徹主人豆籩而徹祝豆籩入房者，爲主婦將用之爲燕。祝兩豆籩而主婦用之者，祝接神尸之類，主婦燕姑姊妹及宗女宜行神惠，故主人以薦羞并及祝庶羞燕宗人於堂，主婦以祝籩豆用之燕内賓於房，是其事也。云“宗婦既並徹，徹其卑者”，以宗婦不徹主人籩豆而徹祝與主婦，是徹其卑者，故得並徹。引《士虞禮》者，以經自有入房之文，注更引《士虞禮》者，有嫌也，嫌者，以主婦薦俎先在房，嫌經入房又爲徹。**佐食徹尸薦、俎、敦，設于西北隅，几在南，厞用筵，納一尊。佐食闔牖户，降。**厞，隱也。不知神之所在，或諸遠人乎？尸謖而改饌爲幽闇，庶其饗之，所以爲厭飫。《少牢饋食禮》曰：“南面，如饋之設。”②此所謂當室之白，陽厭也，則尸未入之前爲陰厭矣。《曾子問》曰：“殤不備祭，何謂陰厭、陽厭也？”○厞用，扶未反。厭，一豔反。飫，於庶反。【疏】注“厞隱”至“厭也”。○釋曰：云“不知神之所在，或諸遠人乎”，《禮記·郊特牲》之文。彼論正祭與繹祭之事，此爲陽厭，引之者，欲見孝子求神非一處，故先爲陰厭，後爲陽厭之事也。引《少牢》者，見彼大夫禮陽厭南面，此士禮東面，雖面位不同，當室之白則同。案《曾子問》庶殤爲陽厭之事，故彼云“凡殤與無後者，祭於宗子之家，當室之白，尊於東房，是謂陽厭”，鄭注云“當室之

---

①　“祝”下原有“俎”字，曹云：“‘俎’字衍。”據删。

②　“如”字原作“而”，阮云：“徐本、《要義》同，《集釋》、《通解》、楊氏、毛本而俱作‘如’。按古書假借通用，後人多改從本字，間有一二存者，宜仍其舊。”《少牢饋食禮》作“如”，據改。

白,謂西北隅得户之明者也"。凡言厭者,謂無尸直厭飫神,故鄭云"則尸未入之前爲陰厭矣",謂祭于奧中,不得户明,故名陰厭,對尸謖之後,改饌於西北隅爲陽厭,以向户明,故爲陽厭也。引《曾子問》云"殤不備祭,何謂陰厭、陽厭也",彼上文孔子曰"有陰厭,有陽厭",謂宗子有陰厭,無陽厭;凡殤有陽厭,無陰厭。曾子言謂殤死陰厭、陽厭並有,故問孔子,孔子別宗子一有陰厭①,凡殤一有陽厭,引之證成人陰厭、陽厭並有之義也。**祝告利成,降,出。主人降,即位。宗人告事畢。賓出,主人送于門外,再拜。**拜送賓也。凡去者不荅拜。【疏】注"拜送"至"荅拜"。○釋曰:云"凡去者不荅拜"者,云"凡",總解諸文主人拜送,賓皆不荅拜,鄭注《鄉飲酒》云"禮有終"是也。若賓更荅拜,是更崇新敬禮,故不荅也。**佐食徹阼俎,堂下俎畢出。**記俎出節。兄弟及衆賓自徹而出,唯賓俎有司徹歸之②,尊賓者。【疏】注"記俎"至"賓者"。○釋曰:云"唯賓俎有司徹歸之,尊賓者"③,《有司徹》歸尸、侑之俎,不償尸歸尸俎,皆不見歸賓俎,鄭所以知歸賓俎者,正見"賓出,主人送於門外,再拜",明賓不自徹俎,主人使歸之。若士助君祭④,必自徹其俎。鄭注《曲禮》"大夫以上⑤,或使人歸之",是以《孔子世家》云魯郊不致燔俎于大夫,孔子不稅冕而行。士、大夫家尊賓,則使歸之,自餘亦自徹而去也。

記:特牲饋食,其服皆朝服,玄冠,緇帶,緇韠。於祭服此也。皆者,謂賓及兄弟筮日、筮尸、視濯亦玄端,至祭而朝服。朝服者,諸侯之臣與其君日視朝之服,大夫以祭。今賓、兄弟緣孝子欲得嘉賓尊客以事其祖禰,故服之。緇韠者,下大夫之臣。凤興,主人服如初,則固玄端。○朝服,直遥反,下皆同。韠,音畢。【疏】"記特牲"至"緇韠"。○注"於祭"至"玄端"。○釋曰:此退玄冠在朝服下者,欲令近緇

---

① "別"字原作"引",阮云:"'引',陳、閩俱作'別'。"據改。

② "賓"字原作"實",阮云:"徐本同,《集釋》、《通解》、楊氏、毛本'實'俱作'賓'。張氏曰:'監本實作賓,從監本。'"據改。

③ "俎"下原無"有司"至"賓者"八字,曹云:"殿本增'有司徹歸之尊賓者'八字。"據補。

④ "若"下原無"士"字,曹云:"以《曲禮正義》參之,此'若'字下疑脱'士'字。"據改。

⑤ "上"字原作"下",曹云:"'下'當爲'上'。孔所見本作'下',賈或以義定與。"據改。

色，《士冠》在朝服上，從其正也①。云"皆者，謂賓及兄弟筮日、筮尸、視濯亦玄端"者，見上經云"筮日，主人冠玄端，子姓、兄弟如主人之服，有司羣執事如兄弟服"，筮尸云"如求日之儀"，至於視濯又不見異服，故知皆玄端，至祭日夙興，云"主人服如初"，初即玄端，明其餘不如初，是朝服可知，是以此注云"皆者，謂賓及兄弟"也。云"朝服者，諸侯之臣與其君日視朝之服，大夫以祭"者，案《玉藻》云"諸侯朝服，以日視朝"，下《少牢》云"主人朝服"是也。"緇韠者，下大夫之臣"者，《士冠禮》云"主人玄冠，朝服，緇帶，素韠"，韠與裳同色，此朝服緇韠，大夫之臣朝服素韠，此緇韠，故云"下大夫之臣"。云"夙興，主人服如初，則固玄端"，引上經者，直言皆朝服，恐主人亦在其中，故引證主人服玄端，與兄弟異也。**唯尸、祝、佐食玄端，玄裳、黃裳、雜裳可也，皆爵韠。**與主人同服。《周禮》士之齊服有玄端、素端。然則玄裳，上士也；黃裳，中士；雜裳，下士。○齊服，側皆反。【疏】注"與主"至"下士"。○釋曰："《周禮》士之齊服有玄端、素端"，《司服》文。引之者，欲見士之齊服有一玄端而裳則異，故鄭云"然則玄裳"以下，見玄端一而裳有三也。彼注云"素端者，亦謂札荒有所禱請"服之，於此經無所當而連引之耳。若然，《士冠》亦有玄端三等裳而引《司服》者，以此特牲祭祀時，彼據齊時四命已上齊祭異冠，大夫齊祭同冠，故就此祭祀引齊時冠服爲證也。

設洗，南（北）以堂深，東（西）當東榮②。榮，屋翼也。水在洗東。祖天地之左海。**篚在洗西，南順，實二爵、二觚、四觶、一角、一散。**順，從也。言南從，統於堂也。二爵者，爲賓獻爵止，主婦當致也。二觚，長兄弟及衆賓長爲加爵③，二人班同，宜接並也。四觶，一酌奠，其三，長兄弟酬賓卒受者與賓弟子、兄弟弟子舉觶於其長。禮殺，事相接。《禮器》曰："貴者獻以爵，賤者獻以散，尊者

---

① "其"字原作"而"，曹云："'而'當爲'其'。"據改。

② "南"下、"東"下漢簡本無"北"字、"西"字，沈云："《鄉飲》、《鄉射》設洗均有'南北以堂深，東西當東榮'之文，簡本無此兩篇，不知所作。洗設於庭，所置之處非可實指，必虛擬以爲度。庭有三堂之深，依今本知設於一堂之深處，近堂抑近門仍不能明，反不若簡本無'北'字則近堂之義瞭然矣。其東西之度，正當東屋翼，《士冠》作'直于東榮'，無'西'字義更顯豁。"當據刪"北"、"西"二字。

③ "及"字原作"酬"，阮云："'酬'，徐本《要義》、楊氏俱作'酬'，《集釋》作'及'，《通解》、毛本作'酌'。周學健云：'及，監本作酌，楊氏《儀禮圖》作酬，並訛。推尋文義，應作及字爲是。'"據改。

舉觶,卑者舉角。"舊説云:"爵一升,觚二升,觶三升,角四升,散五升。"○順從,子容反,下南從、從橫同。【疏】注"順從"至"五升"。○釋曰:云"二爵者,爲賓獻爵止,主婦當致也"者,以一爵獻尸,尸奠之未舉,又一爵,主婦當致者,案經主婦致爵於主人,婦人不見就堂下洗,當於内洗,則主婦致爵於主人時,不取堂下爵而云"主婦當致"者,謂主婦當受致之時,用此爵也。又長兄弟洗觚爲加爵,衆賓長(元缺起此)爲加爵,如初爵止①。云"四觶,一酌奠,其三,長兄弟酬賓卒受者與賓弟子、兄弟弟子舉觶於其長。禮殺,事相接"者,酌奠于銅南,是嗣子雖飲,還復神之奠觶也,餘有三在,主人洗一觶酬賓,奠於薦北,賓舉奠於薦南,此未舉也,下篚有二觶在,又兄弟弟子洗,舉觶于長兄弟②,此亦未舉也,下篚仍有一觶在,乃羞之後③,賓始舉奠觶,行旅酬辨,卒受者以虛觶奠於下篚,還有二觶,至爲加爵者作止爵,長兄弟亦坐舉其奠觶酬賓,如賓酬兄弟之儀以辨,卒受者未實觶于篚時,賓弟子、兄弟弟子洗觶各酌舉觶於其長,即用此篚二觶,卒受者未奠之,故三觶並用也,故注云"卒受者與賓弟子、兄弟弟子舉觶於其長"也。云"《禮器》曰:貴者獻以爵"者,謂賓長獻尸,主人致爵於主婦是也;"賤者獻以散",上利洗散是也;"尊者舉觶",謂若酌奠之及長兄弟酬賓之等是也;"卑者舉角",謂主人獻用角,鄭云"不用爵者,下大夫也",則大夫尊用爵,士卑用角是也。引舊説者,爵、觚已下升數無正文,《韓詩》雖有升數,亦非正經,故引舊説爲證也。　壺、棜禁饌于東序,南順。覆兩壺焉,蓋在南。明日卒奠,冪用綌。即位而徹之,加勺。覆壺者,盚瀝水,且爲其不宜塵。冪用綌,以其堅絜。禁言棜者,祭尚厭飫,得與大夫同器,不爲神戒也。○饌于,扶轉反,又如字。覆兩,芳伏反,注同。盚,音鹿。瀝,音歷。且爲,于僞反,下爲婦、爲餕、爲尸、爲其同。【疏】注"覆壺"至"戒也"。○釋曰:未奠不設冪,卒奠乃設之,故曰"卒奠,冪用綌"。云"禁言棜者,祭尚厭飫,得與大夫同器,不爲神戒也"者,器本無名,人與作號,棜之與禁,因物立名,是以大夫尊,以厭飫爲名,士卑,以禁戒爲稱,復以有足無足立名,故《禮記》注云"無足有似於棜,或因名

---

①　"又長"至"爵止"十九字原在下文"有二觶在"下,其中"觚"字原作"觶",曹云:"'觶'字譌,單疏作'觚'。案此錯簡,當在上文'用此爵也'下、'云四觶'上。"據乙改。

②　"有二觶在"下原有"又長"至"爵止"十九字已移置上文而無"又兄弟"至"長兄弟"十二字,曹云:"此處當云'又兄弟弟子洗,舉觶于長兄弟'。"據乙補。

③　"乃"字原作"尸",阮云:"'尸',陳、閩、《通解》俱作'乃'。"曹云:"阮云陳、閩、《通解》俱作'乃',案'乃'字是。"據改。

云耳”。但經已有棜字，注云“世人因名”者誤，當無“世人”字也。士曰禁，由有足，以
《士虞禮》云“尊于室中，兩甒醴酒，無禁”，禁由足生名。《禮記》云大夫用棜，士用禁，及
《鄉飲酒》、《鄉射》皆非祭禮，是以雖大夫去足猶存禁名，至祭則雖士去足①，名爲棜禁，
不爲神戒也。**籩巾以綌也，纁裏。棗烝栗擇。**籩有巾者，果實之物多皮核，
優尊者，可烝裏之也②。烝、擇互文。舊説云：“纁裏者皆玄被。”○裏之，音果。玄被，
皮義反。【疏】注“籩有”至“玄被”。○釋曰：言“多皮核”者，栗多皮，棗多核。**鉶芼
用苦若薇，皆有滑，夏葵冬荁。**苦，苦荼也。荁，堇屬，乾之，冬滑於葵。《詩》
云：“周原膴膴，堇荼如飴。”今文苦或爲芐③，芐乃地黃，非也。○若薇，音微。冬荁，音
丸。苦荼，音徒。堇屬，音謹。膴膴，亡甫反。如飴，以之反。爲芐，音户，劉又音下。
【疏】注“苦苦”至“非也”。○釋曰：云“乾之，冬滑於葵”者，以其冬乾用之，不用葵而用
荁，明知冬則滑於葵也。引詩證之，《詩》言“堇荼”，即經荁苦之類也。云“今文苦爲芐，
芐乃地黃，非也”者，《爾雅·釋草》云“芐，地黃”，非者，以其與薇、葵等菜爲不類，故知
非也。**棘心匕刻。**刻，若今龍頭。**牲鼎在廟門外東南，魚、臘鼎在其
南，皆西面。饎爨在西壁。**饎，炊也。西壁，堂之西牆下。舊説云：“南北直屋
梠，稷在南。”○西辟，步歷反，又音壁。直屋，音值。梠，音侶。【疏】注“饎炊”至“在
南”。○釋曰：云“西壁，堂之西牆下”者，案上經云“主婦視饎爨于西堂下”，逼西壁爲
之，故以舊説辨之也。舊説者，案《爾雅·釋宮》曰“檐謂之樀”，孫氏云“謂室梠，周人
謂之梠，齊人謂之檐，謂承檐行材”，《士喪禮》銘“置于宇西階上”，鄭注云“宇，梠”是也。
肵俎，心、舌皆去本末，午割之，實于牲鼎，載，心立，舌縮俎。午割，
從橫割之，亦勿没。立、縮順其牲。心、舌知食味者，欲尸之饗此祭，是以進之。○皆
去，起吕反。【疏】注“午割”至“進之”。○釋曰：云“載，心立，舌縮俎”者，《少牢》云“舌

　　①　“則”下原無“雖士”二字，曹云：“‘則’下似脱‘雖士’二字。”據補。
　　②　“裏”字原作“裏”，阮云：“‘裏’，徐本作‘裏’，下同。《釋文》、《集釋》、《通解》、
楊氏、毛本俱作‘裏’。按當作‘裏’。”據改。
　　③　“苦”下原無“或”字，沈云：“《公食記》‘鉶芼，牛藿、羊苦、豕薇’，鄭注‘今文苦
作芐’，以苦爲古文，其實非也。《士虞記》‘鉶芼用苦若薇’，鄭注：‘古文苦爲枯，今文或
作芐’。是古文作‘枯’，今文作‘苦’，今文或本作‘芐’，此注及《公食》注俱誤脱‘或’字
耳，胡承珙、徐養原均所未論。鄭所據本用今文而以或作‘芐’爲非。”據補。

皆切本末,亦午割勿没,其載于胏,横之",此言縮俎者,彼言横,據俎上爲横①,此言縮,據鄉人爲縮,是以《少牢》云"皆進下"是也。云"亦勿没"者,亦《少牢》文,謂四面皆鄉中央割之,不絶中央少許,謂之"勿没"也。**賓與長兄弟之薦自東房,其餘在東堂。**東堂,東夾之前,近南。○近南,附近之近。【疏】注"東堂"至"近南"。○釋曰:其餘,謂衆賓、兄弟之薦也。

沃尸盥者一人,奉槃者東面,執匜者西面淳沃,執巾者在匜北。匜北,執匜之北,亦西面。每事各一人。淳沃,稍注之。今文淳作激。○奉槃,芳勇反。淳沃,之純反,劉音純。作激,古狄反,一本作浮,劉本作徼,音敫②。**宗人東面取巾,振之三,南面授尸,卒,執巾者受。**宗人代授巾,庭長尊。**尸入,主人及賓皆避位,出亦如之。**避位,逡遁。○辟位,婢亦反,又音避,注同。逡,七句反。遁,音旬。

嗣舉奠,佐食設豆、鹽。肝宜鹽也。**佐食,當事則户外南面,無事則中庭北面。**當事,將有事而未至。**凡祝呼,佐食許諾。**呼,猶命也。**宗人,獻與旅齒於衆賓。**尊庭長,齒從其長幼之次③。**佐食,於旅齒於兄弟。**

尊兩壺于房中西墉下,南上。爲婦人旅也。其尊之節亞西方。【疏】注"爲婦"至"西方"。○釋曰:先尊東方者,亦惠由近也④,西方雖是賓,以其男子,故在前設尊,此處爲房内婦人設尊,故知亞次西方。又經云"尊兩壺于阼階東",又云"西方亦如之",明其相亞次,此房内婦人之尊,上文不見者,異之於婦人。**内賓立于其北,東面(西)〔南〕上⑤。**宗婦北堂,東面北上。二者所謂内兄弟。内賓,姑

---

① "上"下原有"云"字,曹云:"'云'字衍。"據删。

② "敫"字原作"敷",黄云:"'敷',宋本同。張氏《識誤》云:'敷必敫字之誤。'"據改。

③ "長"字原作"齒",曹云:"'齒'字譌,嚴作'長'。"據改。

④ "近"字原作"之",曹云:"'之'當爲'近'。"據改。

⑤ "東面西上",阮云:"徐本同,《集釋》、《通解》、《要義》、楊、敖、毛本'西'俱作'南'。張氏曰:'監、巾箱、杭本西作南,從諸本。'"漢簡本"西"字亦作"南"。鄭注云"或南上,或北上",則其所見本亦作"南"。當據以改"西上"爲"南上"。

姊妹也。宗婦，族人之婦，其夫屬于所祭爲子孫。或南上，或北上，宗婦宜統於主婦，主婦南面。北堂，中房而北。【疏】注“二者”至“而北”。○釋曰：言“所謂”者，上經云“主人洗，獻內兄弟于房中，如獻衆兄弟之儀”是也。云“其夫屬于所祭爲子孫”者，以其在父行，則謂之爲母，今言宗婦，則其夫屬於所祭死者爲子孫，其妻皆稱婦也①。云“或南上，或北上”，云內賓姑姊妹、賓客之類南上，自取《曲禮》云“東鄉、西鄉，以南方爲上”，宗婦雖東鄉，取統于主婦，故北上，主婦南面故也。云“北堂，中房而北”者，謂房中半已北爲北堂也。**主婦及內賓、宗婦亦旅，西面。**西面者，異於獻也。男子獻於堂上，旅於堂下。婦人獻於南面，旅於西面。內賓象衆賓，宗婦象兄弟，其節與其儀依男子也。主婦酬內賓之長，酌奠於薦左，內賓之長坐取奠於右。宗婦之娣婦舉觶於其姒婦，亦如之。內賓之長坐取奠觶，酬宗婦之姒，交錯以辯。宗婦之姒亦取奠觶，酬內賓之長，交錯以辯。內賓之少者、宗婦之娣婦各舉觶於其長②，並行交錯，無筭。其拜及飲者，皆西面于主婦之東南③。○弟婦，大計反，或作娣，下弟同。姒婦，音似，本或作似。【疏】注“西面”至“東南”。○釋曰：云“西面者，異於獻也”者，以受獻時南面也。云“男子獻於堂上，旅於堂下”者，見上經。云“婦人獻於南面，旅於西面”者，見於《有司徹》。云“其節與其儀依男子也”者，謂依上經旅酬及無筭爵早晚行事之節，皆依男子也。云“主婦酬內賓之長，酌奠於薦左，內賓之長坐取奠于右”者，此約上經“主人洗觶，酌于西方之尊，西階前酬賓”時，“主人奠觶于薦北，賓坐取觶，奠觶于薦南”是也。云“宗婦之娣婦舉觶於其姒婦，亦如之”者，此亦約上經“兄弟弟子洗，酌于東方之尊，阼階前北面舉觶于長兄弟，如主人酬賓儀”是也。云“內賓之長坐取奠觶，酬宗婦之姒，交錯以辯”者，此亦上經正行旅酬節“賓坐取觶，阼階前北面酬長兄弟”，云“交錯以辯，皆如初儀”是也。云“宗婦之姒亦取奠觶，酬內賓之長，交錯以辯”者，此亦約旅酬節云“長兄弟酬賓，如賓酬兄弟之儀，以辯，卒受者實觶于篚”是也。云“內賓之少者、宗婦之娣婦各舉觶於其長”者，此亦約上經正行無筭爵時，云“賓弟子及兄弟弟子各酌于其尊，舉觶於其長”，下云“爵皆無筭”是也。云“其拜及飲者，皆西面於主

---

①　“死者爲子孫其妻”原作“死者之子孫之妻”，曹云：“上‘之’當爲‘爲’，‘孫’字句下‘之’當爲‘其’。”據改。

②　“觶”字原作“奠”，阮云：“‘奠’《集釋》作‘觶’，與疏合。”據改。

③　“面”下原無“于”字，阮云：“‘面’下《集釋》、敖氏俱有‘于’字，按疏亦脫‘于’字。”據補，疏述注亦補。

婦之東南”者,此經云“亦旅,西面”,故知其拜受及拜送、飲皆西面①,又約旅酬之法②,拜受、飲皆北面③,知在主婦之東南者,以其不背主婦,又得邪角相向也。**宗婦贊薦者執以坐于戶外,授主婦。**

　　尸卒食而祭饎爨、雍爨。雍,孰肉。以尸享祭,竈有功也。舊說云:“宗婦祭饎爨,亨者祭雍爨。”用黍、肉而已,無籩、豆、俎。《禮器》曰:“燔燎於爨。夫爨者,老婦之祭,盛於盆,尊於瓶。”○燔燎,力召反,或力弔反。【疏】注“雍孰”至“於瓶”。○釋曰:云“亨”者,則《周禮》亨人之官,其職主實鑊水爨亨之事,以供外内饔,故使之祭饗爨也。云“用黍、肉而已,無籩、豆、俎”者,亦約《禮器》云“盆、瓶”知之。引《禮器》者,案彼云“孔子曰:臧文仲焉知禮,燔柴於奧”,鄭注云“奧當爲爨,字之誤也,或作竈。《禮》:‘尸卒食而祭饎爨、雍爨也。’時人以爲祭火神,乃燔柴”,又云“夫爨者,老婦之祭也,盛於盆,尊於瓶”,注云“老婦,先炊者也。盆、瓶,炊器也。明此祭先炊,非祭火神,燔柴似失之”,引之者,證祭(元缺止此)爨之事也。

　　賓從尸,俎出廟門,乃反位。賓從尸,送尸也。士之助祭,終其事也。俎,尸俎也。賓既送尸,復入反位者,宜與主人爲禮,乃去之。【疏】注“賓從”至“去之”。○釋曰:云“士之助祭,終其事也”者,謂送尸爲終其事,既送尸爲終其事,則更無儐尸之禮。若上大夫有儐尸者,尸出,賓不送,以其事終於儐尸故也。

　　尸俎:右肩、臂、臑、肫、胳,正脊二骨、橫脊,長脅二骨、短脅,尸俎,神俎也。士之正祭禮九體,貶於大夫,有併骨二,亦得十一之名,合《少牢》之體數,此所謂放而不致者。凡俎實之數奇。脊無中,脅無前,貶於尊者,不貶正脊,不奪正也。正脊二骨、長脅二骨者,將舉於尸,尸食未飽,不欲空神俎。○肫,時倫反,又之春反,又之罪反。有併,步頂反。放而,方往反。數奇,居宜反,下同。【疏】注“尸俎”至“神俎”。○釋曰:云“亦得十一之名,合《少牢》之體數”者,謂《少牢》正體之數十一,若牢並骨并數則十七,鄭云“此所謂放而不致者”,致,至也,所謂《禮器》,彼鄭注云“謂若

---

① “及拜送”原作“及拜受”,曹云:“‘拜受’二字衍,當在下文‘飲’字上。”倉石云:“‘受’當從各本作‘送’,此誤。”據倉石説改。

② “約”字原作“亦”,曹云:“‘亦’當爲‘約’。”據改。

③ “拜受飲皆北面”原作“飲皆西面”,曹云:“‘飲’上脱‘拜受’二字,‘西’當爲‘北’或當爲‘同’。”據補改。

諸侯自山龍以下，皆有放象”，諸侯山龍以下，無日月星辰①，卿大夫又不山龍，此士併骨二數，乃得十一，除此唯九而已，亦是“放而不至”也。云“凡俎實之數奇”者，有九，有七，有五，是奇數，以其鼎俎奇，故實數亦奇而相稱也。云“脊無中，脅無前，貶於尊者，不貶正脊，不奪正也”者，以《少牢》大夫禮三脊脅具有，此但有二體，貶於大夫，大夫即尊者也，等貶牲體，不貶正脊者，不奪其正，長脅亦不貶者，義與正脊同。云“正脊二骨，長脅二骨者，將舉於尸，尸食未飽，不欲空神俎”者，此脊與脅二骨本爲改饌厭飫所設也②，又使尸既舉脊③、脅而猶有脊、脅在，既不空神俎，義得兩施。膚三，爲豆用二，厭飫一也。離肺一，離，猶捵也。小而長，午割之，亦不提心，謂之舉肺。○猶捵，苦圭反。不提，丁禮反。【疏】“離肺一”。○注“離猶”至“舉肺”。○釋曰：云“亦不提心”者，言“亦”，謂亦《少儀》云“牛羊之肺，離而不提心”，鄭注云“提，猶絶也，捵離之不絶中央少許者”是也。刌肺三，爲尸、主人、主婦祭。今文刌爲切。魚十有五，魚，水物，以頭枚數，陰中之物，取數於月十有五日而盈。《少牢饋食禮》亦云：“十有五而俎。”尊卑同，此所謂經而等也。【疏】注“魚水”至“等也”。○釋曰：云“魚，水物，以頭枚數”者，對三牲與腊以體數也。云“取數於月十有五日而盈”者，案《禮運》云月“三五而盈，三五而闕”，文出於彼也。云“此所謂經而等”者，亦所謂《禮器》，彼鄭注云“謂若天子以下至士庶人爲父母三年”是也，引之者，謂魚數亦尊卑同也。腊如牲骨。不但言體，以有一骨二骨者。【疏】注“不但”至“骨者”。○釋曰：云“不但言體，以有一骨二骨者”，若但言體，體有九，有十一，則不兼二骨者，若言牲骨，則一骨二骨兼在其中，故直言“如牲骨”也。祝俎：髀，脡脊二骨，脅二骨，凡接於神及尸者，俎不過牲三體。以《特牲》約，加其可併者二，亦得奇名。《少牢饋食禮》羊、豕各三體。○髀，步禮反，又方爾反。脡，他頂反。【疏】“祝俎”至“二骨”。○注“凡接”至“三體”。○釋曰：云“祝俎”，直云“脅二骨”，謂代脅也。知者，以尸俎無脡脊，祝則有之，尸俎無

---

① “無”字原作“至”，曹云：“‘至’殿本作‘無’。”據改。
② “饌”上原無“改”字，曹云：“‘饌’上脫‘改’字。”據補。
③ “使”字原作“次”，曹云：“‘次’或當爲‘使’。”據改。

1163

代脅,祝俎有代脅可知①。云"凡接於神及尸者,俎不過牲三體。以《特牲》約,加其可併者二,亦得奇名"者,言"凡"者,凡祝、佐食、賓長、長兄弟、宗人之等是也。接神者,謂祝與佐食,佐食尸未入爲神設俎、卻會,祝酳奠於鉶南,故曰接神也。接尸者,賓爲三獻,長兄弟爲加爵,尸盥宗人授巾,皆是與尸相接也。知皆三體者,下"佐食俎:觳折、脊、脅"也,"賓,骼。長兄弟及宗人,折,其餘如佐食俎",故知皆三體也。衆賓之長亦有加爵,接於尸,亦應三體,下文但言兄弟及宗人而衆賓長亦在焉可知,故下文直云"衆賓及衆兄弟皆觳脅",注云"不備三者,賤"也,則衆賓長爲加爵,不在賤限。"以《特牲》約,加其可併者二骨"者,是尊祝也,佐食已下卑無加②,故下注云"三體,卑者從正"是也。云"《少牢饋食禮》羊、豕各三體"者,以少牢二牲,故祝俎無加者,直三體,引之以證此《特牲》約三體之外,加其併骨也。若然,俎實奇數,二牲各三體,共六體,不奇者,通腊髀爲七,則亦奇數也,以其腊既兩髀屬于尻,不殊,故爲一體也。**膚一,離肺一。阼俎:臂,正脊二骨、橫脊,長脅二骨、短脅**,主人尊,欲其體得祝之加數。五體,又加其可併者二,亦得奇名。臂,左體臂。【疏】"膚一"至"短脅"。○注"主人"至"體臂"。○釋曰:云"臂,左體臂"者,以其尸用右,不云折,明全升,主人又云臂,明左臂可知。脅骨多,不嫌得與尸同用右體,猶脊然也。**膚一,離肺一。主婦俎:觳折**,觳,後足。折,分也,分後右足以爲佐食俎③,不分左臑折,辟大夫妻。古文觳皆作殼。○觳,戶角反,又苦角反。辟大,音避。【疏】注"觳後"至"作殼"。○釋曰:云"觳,後足"者,案《既夕記》云"明衣裳,長及觳",鄭注云"觳,足跗也",是"觳,後足"也。云"分後右足以爲佐食俎"者,經不云"後右足",鄭知者,以《少牢》主婦用左臑,此士妻辟之,不用左臑,用後右足,不用後左足,左足大卑,故知用後右足,用後右足④,

---

① "云祝"至"可知",阮云:"自'也知'至'代脅'十八字毛本脫,此本有。《通解》無'知者'二字,'尸俎無代脅'下有'祝俎有代脅'五字,餘與此本同。按:就此本言之,但移'祝俎有代脅'五字置於'尸俎無代脅'下而以'也'字屬上'謂代脅'爲句,則文勢自順,《通解》增刪未當。"曹云:"汪氏影刊單疏如此,與阮稱單疏本不合而與阮所移同。"

② "食"下原有"也"字,曹云:"'也'字衍。"據刪。

③ "折分也分後右足"原作"折分後右足",阮云:"'分'下《要義》有'也'字。按疏述注無'折'字,疑此注'折'下脫'分也'二字。"據補。

④ "用"上原有"故知"二字,阮云:"按複句疑衍'故知'二字。"據刪。

故鄭云“辟大夫妻”也。**其餘如阼俎。**餘，謂脊、脅、膚、肺。**佐食俎：觳折，脊，脅，**三體，卑者從正。【疏】“佐食”至“脊脅”。○注“三體卑者從正”。○釋曰：直云“脊，脅”，不定體名，欲見得便用之。《少牢》佐食“俎設于兩階之間，其俎，折、一膚”，鄭注云“折者，擇取牢正體餘骨折分用之，有脅而無薦，亦遠下尸”，是無定體也。**膚一，離肺一。賓，骼。長兄弟及宗人，折，其餘如佐食俎。**骼，左骼也。賓俎全體，尊賓。不用尊體，爲其已甚卑而全之，其宜可也。長兄弟及宗人折，不言所分，略之。○長兄，丁丈反，注同。【疏】注“骼左”至“略之”。○釋曰：知骼是左骼者，以其尸用右骼，故知賓所用骼是左骼可知也。云“長兄弟及宗人折，不言所分，略之”者，此決上文主婦俎觳折，佐食俎亦名觳折，此不言所分，故知“略之”也。**衆賓及衆兄弟、內賓、宗婦，若有公有司、私臣，皆觳脅，**又略。此所折骨，直破折餘體可觳者升之俎，一而已。不備三者，賤。祭禮，接神者貴。凡骨有肉曰觳。《祭統》曰：“凡爲俎者，以骨爲主。貴者取貴骨，賤者取賤骨。貴者不重，賤者不虛，示均也。俎者，所以明惠之必均也。善爲政者如此，故曰見政事之均焉。”公有司亦士之屬，命於君者也。私臣，自己所辟除者。○皆觳，戶交反。見政，賢遍反，又如字。【疏】注“又略”至“除者”。○釋曰：云“又略”者，上文長兄弟及宗人直言“折”，不言所折骨體，已是略，此又不言折而言“觳脅”，是“又略”也。言“此所折骨”，值有餘體，即破之可也。云“祭禮，接神者貴”者，謂長兄弟及宗人已上俎皆三，皆有嚌肺，以接神及尸貴，故三體。不止接神，尸，神象，所接尸者，亦貴可知。自衆賓已下，折體而已，不接尸、神賤，無獻故也。宗人雖不獻，執巾以授尸，亦名接尸也。引《祭統》者，見貴賤皆有骨，示均之義。云“己所辟除者”，則府史之等，不命於君者也。**膚一，離肺一。**

公有司門西，北面東上，獻次衆賓。私臣門東，北面西上，獻次兄弟。升受，降飲。獻在後者，賤也。祭祀有上事者，貴之。非執事者，亦皆與旅①。○皆與,音預。【疏】注"獻在"至"與旅"。○釋曰:衆賓、兄弟,次賓之後得獻②,公有司獻在衆賓後,私臣獻在兄弟後,故云"獻在後者,賤也"。云"祭祀有上事者,貴之"者,衆賓擇取公有司可執事者,謂執前舉鼎、匕載、肝從、燔從、加爵之事③,如此者,門外在有司羣執事中,入門列在東面爲衆賓,餘者在門西位也;兄弟雖無上事,亦皆在西面位,族親故也;私臣獻在兄弟後者,職賤;公有司在衆賓後,不執事賤於執事者,故曰"有上事者,貴之"。宗人獻與旅齒於衆賓,則公有司爲之。佐食於旅齒於兄弟,則私臣之中擇爲賓使爲佐食也,是以前文"佐食北面,立于中庭",注云"佐食,賓佐尸食者"是也。案前賓得獻,"薦脯醢,設折俎",注云"公有司設之",及獻兄弟薦脊,注云"私人爲之與",二者皆使執事,云"非執事者",以受獻者不得自設俎,暫使二者設之,非本執事之人,然則公有司、私臣薦俎,皆使徒隸爲之與?云"亦皆與旅"者④,上宗人獻、旅,云"齒於衆賓",佐食旅,齒於兄弟,是但言獻次,不言旅,以宗人、佐食約之,"亦皆與旅",亦者⑤,亦此二人也。若天子、諸侯祭祀,其位無文。此公有司在門西,北面東上;私臣在門東,北面西上。天子、諸侯祭祀,可依此位矣。同姓無爵者在阼階前,西面北上;卿西階前,東面北上;大夫在門東,北面;士門西,北面,旅食在其後。《少牢》下篇云衆賓位在門東北面,既獻,在西階西南,衆賓繼上賓而南。天子、諸侯之賓,其位或依此與?案《祭統》云"凡賜爵,昭爲一,穆爲一。昭與昭齒,穆與穆齒,凡羣有司皆以齒,此之謂長幼有序",此不見昭穆位者,主人、衆兄弟非昭穆乎?故彼注"昭穆,猶《特牲》、《少牢》饋食之禮主人之衆兄弟也,羣有司猶衆賓下及執事者。君賜之

① "亦"上原無"非執事者"四字,四庫本據疏補此四字,吳紱云:"按疏呼此句而釋之,則注應有此句,且注若無此,則'亦皆'二字無著而語勢不全,今尋繹文義補之。"據補。

② "衆賓"至"得獻"原作"謂衆賓兄弟次賓之卑得獻",在下文"貴之者"下,四庫本卷末《考證》云"監本在下文'貴之者'下,細玩文意當移于首",並刪句首"謂"字。曹云:"'卑'當爲'後'。"據以乙刪改。

③ "謂執"至"之事"原作"謂前舉鼎匕載羞從獻衆賓擇取公有司酬爵之屬",吳紱云:"按'衆賓擇取公有司'七字,蓋緣上文而誤複,其餘譌字悉据經之節次改正。"阮云:"'匕',《通解》、《要義》俱作'匕'是也,毛本誤作'己'。'屬',毛本作'事',陳、閩、《通解》、《要義》俱作'屬'。按此句疑有誤,一本改作'謂執前舉鼎、匕載、肝從、燔從、加爵之事'。"阮校所謂一本,蓋指殿本,此亦從之。

④ "皆"上原無"亦"字,毛氏汲古閣刊本"皆"上有"亦"字,據補。

⑤ "亦皆與旅亦者"原作"與旅者",曹云:"當爲'亦皆與旅亦者'。"據補。

爵，謂若酬之"是也。若其有爵者，則以爵序之，何故然也？案《文王世子》"其在外朝則以官，其在宗廟之中則如外朝之位，宗人授事，以爵以官"，是不以姓，其獻之亦以官，故《祭統》云"尸飲五，君洗玉爵獻卿；尸飲七，以瑤爵獻大夫；尸飲九，以散爵獻士及羣有司，皆以齒，明尊卑之等"是也。其酬蓋因此位，而昭穆得獻蓋依《少牢》下篇"主人洗，升酌，獻兄弟阼階上"，注云"兄弟長幼立飲，賤不別。大夫之賓，尊於兄弟"，又曰"辨受爵，其位在洗東，西面北上。升受爵，其薦脀設于其位"，注云"先著其位於上，乃後云薦脀設于其位，明位初在是也"，此中皆無爵者，以此二者差之，知無爵者從昭穆，有爵者則以官矣。所擇執事者貴①，即衆賓，無事者公有司、私臣。注《祭統》云"羣有司猶衆賓下及執事者"，似衆賓不執事，言下及殊卑者，指謂公有司、私臣，是亦得名爲執事。言衆賓據尊言，謂之不執事者，或衆賓中容有不執事者也。

---

① "所擇"原作"鄉釋"，阮云："'鄉釋'，毛本作'卿擇'，陳本作'鄉擇'。按：'鄉'，讀曰'曏'，曏釋猶言舊解也。"四庫本"鄉釋"作"所擇"，據改。

儀禮疏卷第四十七　儀禮卷第十六

少牢饋食禮第十六

○少牢饋食禮第十六，鄭云"諸侯之卿大夫祭其祖禰於廟之禮"，少牢，詩召反，後放此，養牲所曰牢，少牢，羊、豕也。【疏】"少牢饋食禮第十六"。○鄭《目録》云："諸侯之卿大夫祭其祖禰於廟之禮。羊、豕曰少牢。《少牢》於五禮屬吉禮。《大戴》第八，《小戴》第十一，《別録》第十六。"○釋曰：鄭知"諸侯之卿大夫"者，《曲禮下》云"大夫以索牛"，用大牢是天子卿大夫，明此用少牢爲諸侯之卿大夫可知。賓尸是卿，不賓尸爲下大夫爲異也。

少牢饋食之禮。禮，將祭祀，必先擇牲，繫于牢而芻之。羊、豕曰少牢，諸侯之卿大夫祭宗廟之牲。○而芻，初俱反，猶養也。【疏】"少牢饋食之禮"。○注"禮將"至"之牲"。○釋曰：自此盡"如初"①，論卿大夫祭前十日，先筮日之事。云"禮，將祭祀，必先擇牲，繫于牢而芻之"者，案《周禮・地官・充人職》云"掌繫祭祀之牲牷，祀五帝則繫于牢，芻之三月，享先王亦如之"，注云"牢，閑也。必有閑者，防禽獸觸齧。養牛羊曰芻，三月一時，節氣成"，案《楚語》諸侯卿（大夫等雖不得三月，亦皆有養牲之法，故鄭據焉。言"芻之"，唯據羊，若犬豕則曰豢②，故《地官・槁人職》云"掌豢祭祀之犬"③，注云"養犬豕曰豢"，《樂記》亦云"豢豕作酒，非以爲禍"，不言豕曰豢，文略也。云"羊、豕曰少牢"者，對三牲具爲大牢。若然，豕亦有牢稱，故《詩・公劉》云"執豕於

---

① "如初"下原有"儀"字，倉石云："'儀'衍字。"據刪。

② "豕"上原無"犬"字，倉石云："《校勘記》云：'豕上《要義》有犬字。'案疏下引《槁人職》明犬得稱豢也。"據補。

③ "槁人"原作"薰人"，阮云："《通解》、《要義》'薰'作'槁'。按：'薰'乃'稾'之誤，'槁'與'稾'同。宋本《周禮釋文》作'槁人'不誤。"據改。又，"之犬"下原無"注云"至"曰豢"七字，倉石云："《正譌》云：'犬下脱注云養犬豕曰豢七字，依《通解》正。'"據補。

牢”，下經云“上利升牢心舌”，注云“牢，羊、豕也”，是豕亦稱牢也，但非一牲即得牢稱，一牲即不得牢名，故郊特牲與士特牲皆不言牢也。**日用丁、己**，內事用柔日。必丁、己者，取其令名，自丁寧、自變改，皆爲謹敬。必先諏此日，明日乃筮。○丁己，音紀，注皆同。先諏，子須反。【疏】“日用丁己”。○注“內事”至“乃筮”。○釋曰：云“內事用柔日”，《曲禮》文，彼云“外事以剛日，內事以柔日”，內事謂冠、昏、祭祀，出郊爲外事，謂征伐、巡守之等。若然，甲、丙、戊、庚、壬爲剛日，乙、丁、己、辛、癸爲柔日，今直言丁、己者，鄭云“取其令名，自丁寧、自變改，皆爲謹敬”之義故也。云“必先諏此日，明日乃筮”者，以其舉事尚朝旦，不可今日謀日即筮，是以此文云“日用丁、己”，乃云“筮旬有一日”，是別於後日乃筮也。**筮旬有一日**，旬，十日也。以先月下旬之己，筮來月上旬之己。【疏】“筮旬有一日”。○注“旬十”至“之己”。○釋曰：知“旬，十日”者，此云“旬有一日”，“以先月下旬之己，筮來月上旬之己”者，除後己之前，通前己爲十日，十日爲齊，後己日則祭。若然，筮日即齊乃可，故下文筮日即云“乃官戒”①，不云“厥明”也。鄭直云下旬己、上旬己，據用己一日而言。若用丁，言先月下旬丁，筮來月上旬丁。若丁、己之外，辛、乙之等皆然。鄭必言“來月上旬”，不用中旬、下旬者，吉事先近日故也。**筮於廟門之外。主人朝服，西面于門東。史朝服，左執筮，右抽上韇，兼與筮執之，東面受命于主人。**史，家臣，主筮事者。○朝服，直遙反，後朝服皆放此。上韇，徒木反。【疏】“筮於”至“主人”。○注“史家”至“事者”。○釋曰：云“主人朝服，西面于門東”者，此爲將筮，故西面，案下文“爲期于廟門外，主人門東南面”，注云“主人不西面者，大夫尊，於諸臣有君道也”者，彼不爲卜筮之事，故主人南面也，又主人朝服者，爲祭而筮，還服祭服，是以上篇《特牲》筮亦服祭服玄端。以此而言，天子、諸侯爲祭卜筮，亦服祭服，案《司服》云“享先王則袞冕”，《祭義》云“易抱龜南面，天子袞冕北面。雖有明知之心，必進斷其志焉”，是爲祭而卜，還服祭服，則諸侯爲祭卜筮，服祭服可知。若爲他事卜筮，則異於此，《孝經》注云“卜筮，冠皮弁，衣素積，百王同之，不改易”，《士冠》“主人朝服”，注云“尊蓍龜之道”是也。云“史，家臣，主筮事”者，案《雜記》大夫、士筮亦云“史練冠長衣”，是史主筮事也。**主人**

---

① “官戒”原作“戒官”，曹云：“‘戒官’二字當倒。”據乙。

曰：“孝孫某，來（日）丁亥①，用薦歲事于皇祖伯某，以某妃配，某氏，尚饗！”丁未必亥也，直舉一日以言之耳。《禘于大廟禮》曰：“日用丁亥。”不得丁亥，則己亥、辛亥亦用之，無則苟有亥焉可也②。薦，進也。進歲時之祭事也。皇，君也。伯某，且字也。大夫或因字爲謚③，《春秋傳》曰“魯無駭卒，請謚與族，公命之以字爲展氏”是也。某，仲、叔、季，亦曰仲某、叔某、季某。某妃，某妻也。合食曰配。某氏，若言姜氏、子氏也。尚，庶幾。饗，歆也。○大廟，音泰，下文大筮、大祝皆同。【疏】“主人”至“尚饗”。○注“丁未”至“歆也”。○釋曰：云“丁未必亥也，直舉一日以言之耳”者，以日有十，辰有十二，以五剛日配六陽辰，以五柔日配六陰辰，若云甲子、乙丑之

①　“來”下漢簡本無“日”字，沈云：“此筮日節主人命詞與祝述命詞兩見‘來丁亥’，下第4、5簡筮尸宿尸節主人命詞與祝宿命詞又兩見‘來丁亥’，今本俱有‘日’字。《特牲》筮日節宰贊主人之命詞‘筮來日某’，簡本有‘日’字與今本同。上諭曰云‘日用丁巳，筮旬有一日’。凡筮日，以前一旬之某日筮後一旬之某日，謂之來。卜辭多有此例，《殷虛書契前編》卷七頁27片2：‘戊辰卜，爭貞：來乙亥，不雨。〔戊〕辰卜，爭貞：〔來乙〕亥，其雨。’《殷契萃編》790：‘癸未卜，來壬辰，雨。’又785：‘辛□〔卜〕，至來辛，亡大雨。’簡本命詞猶是殷禮欵式，當以無‘日’爲長。”當據刪。
②　“禘于大廟禮”至“有亥焉可也”，胡培翬云：“張氏惠言：‘注禘于大廟禮曰：日用丁亥，不得丁亥，則己亥、辛亥亦用之，無則苟有亥焉可也。案此蓋《禘于大廟禮》文。苟有亥焉可者，禘大廟之禮耳。若《少牢》祭日，則徑云日用丁己，當六陰辰可矣，不須有亥也。賈疏誤以《大戴禮》當《禘于大廟禮》，遂以不得丁亥以下，爲解本經之文，非也。’今案：張説甚是。鄭明云丁未必亥矣，而又云苟有亥焉可也，不自相背戾乎？蓋《禘于大廟禮》以亥爲主，不得丁亥，則有亥焉皆可用之。《少牢》祭日以丁己爲主，不得丁亥，則凡丁日、己日皆可用之，此鄭引以證經之義也。不然，經言丁己，注專言亥，其非經意，夫人知之。鄭氏大儒，豈猶昧此？且鄭注‘日用丁己’云：‘必丁己者，取其令名’；注‘筮旬有一日’云：‘以先月下旬之己，筮來月上旬之己’；注‘若不吉則筮遠日’云‘遠日，後丁若後己’，是鄭前後注皆依經立義，何獨於此注而違之？以此益知‘不得丁亥’以下，爲《禘于大廟禮》文無疑也。”賈疏或誤，然既以《禘于大廟禮》當《大戴禮》，故此仍其意而爲句讀。
③　“大夫或因字爲謚”，胡培翬云：“顧氏炎武謂謚乃氏之譌，是也。春秋時，列國大夫以王父字爲氏者甚多，此注因且字而推言之，謂大夫或有因字爲氏者，下即引《春秋傳》曰‘魯無駭卒，請謚與族，公命以字爲展氏’是也。無駭爲公子展之孫，命爲展氏，正所謂以王父字爲氏者。此傳請謚與族，族即氏也。公命以字爲展氏，則但賜氏而未賜謚，注‘是也’二字正以展氏證上因字爲氏之説耳。若作謚字，則義不可通矣。或謂鄭誤讀《左傳》爲謚作句而云因字爲謚，不知此注云‘大夫或因字爲氏’，係鄭之自説，下乃引傳耳。注中謚字，正由後人見《左傳》有爲謚之文，誤改氏爲謚，非鄭本作謚也。”此疏既據謚字作解，姑依其舊。

等，以日配辰，丁日不定，故云“丁未必亥”，經云“丁亥”者，不能具載，直舉一日以丁當亥而言，餘或以己當亥，或以丁當丑，此等皆得用之也。云《禘于大廟禮》曰：日用丁亥”者，《大戴禮》文，引之證祭用丁亥之義也。云“不得丁亥，則己亥、辛亥亦用之”者，鄭云此吉事先近日，唯用上旬，若上旬之內，或不得丁、己以配亥，或上旬之內無亥以配日，則餘陰辰亦用之，故《春秋》宣八年經書“辛巳，有事于大廟”，文二年經書“八月丁卯，大事于大廟”，昭十五年經書“二月癸酉，有事于武宮”，桓十四年“乙亥，嘗”，此等皆不獨用丁、己之日與亥辰也。云“無則苟有亥焉可也”者，此即乙亥是也，必須亥者，案《月令》云“乃擇元辰”，天子乃耕，注云“元辰，蓋郊後之吉亥也”，陰陽式法，亥爲天倉，祭祀所以求福，宜稼于田，故先取亥，上旬無亥，乃用餘辰也。云“伯某，且字也”者，以某在伯下，若其在子上者，某是伯、仲、叔、季，以某且字，不得在子上故也。云“大夫或因字爲謚”者，謂因二十冠而字爲謚，知者，以某且字者，觀德明功，若五十字以伯、仲①，人人皆有，非功德之事，故知取二十冠而字爲謚也②。《春秋》者，案隱八年《左氏傳》云：“無駭卒，羽父請謚與族。公問族於衆仲，衆仲對曰：‘天子建德，因生以賜姓，胙之土而命之氏。諸侯以字爲謚，因以爲族。’公命以字爲展氏。”彼無駭之祖公子展，以展爲謚，在春秋前，其孫無駭取以爲族，故公命爲展氏。若然，無駭賜族不賜謚。引之者，大夫有因字爲謚，證伯某某爲且字③，有謚者或即某爲謚也④，此經云“伯某”，是正祭之稱也。若時有告請及非常祭祀⑤，則去伯，直云且字言某甫，則《聘禮》“賜饔，唯羹飪笲一尸，若昭若穆，僕爲祝，祝曰：孝孫某，薦嘉禮于皇祖某甫”是也。若卿、大夫無謚，正祭與非常祭一，皆言五十字在子上，與士正祭禮同，則云某子，故《聘禮記》云“皇考某子”是也。《特牲》士禮無謚，正祭稱“皇考某子”。若士告請之祭，則稱且字，故《士虞記》云“適爾皇祖某甫”是也。**史曰：“諾。”西面于門西，抽下**

---

①　“字”下原無“以伯仲”三字，阮云：“《要義》同，《通解》、毛本‘字’下有‘以伯仲’三字。”據補。

②　“十”下原無“冠而”二字，阮云：“《要義》同，《通解》、毛本‘十’下有‘冠而’二字。”據補。

③　“爲”字原作“或”，曹云：“‘或’當爲‘爲’。”據改。

④　“即”上原無“或”字，曹云：“‘即’上容脱‘或’字。”據補。

⑤　“及”字原作“而”，阮云：“‘而’，《通解》、《要義》俱作‘及’。按‘而’字誤。”曹云：“‘而’字譌，單疏作‘及’。”據改。

韇，左執筮，右兼執韇以擊筮，將問吉凶焉，故擊之，以動其神。《易》曰：“蓍之德圓而神。”○蓍之，音尸。圜而，于宣反①。【疏】“史曰”至“擊筮”。○注“將問”至“而神”。○釋曰：云“史曰：‘諾。’西面于門西”者，謂既云“諾”，乃至於門西闑外②，西面述命，乃筮也。云“左執筮”及下云“擊筮”，筮者皆是蓍，以其用蓍爲筮，因名蓍爲筮。云“兼執韇”者，上文已用右手抽上韇，此經又用右手抽下韇，是二韇兼執之也。云“《易》曰：蓍之德圓而神”者，鄭彼注云“蓍形圓而可以立變化之數，故謂之神也”，引之者，證蓍有神，故擊而動之也。遂述命曰：“假爾大筮有常。孝孫某，來日丁亥，用薦歲事于皇祖伯某，以某妃配，某氏，尚饗！”述，循也，重以主人辭告筮也。假，借也，言因蓍之靈以問之。常，吉凶之占繇。○重以，直用反。占繇，直又反，卦兆辭。【疏】“遂述”至“尚饗”。○注“述循”至“占繇”。○釋曰：云“遂述命”者，史既受主人命，乃右還，向闑外西面，遂述上主人之辭，謂之述命，述命訖，乃連言曰“假爾大筮有常”，此是即席西面命筮與述命同爲一辭者，對《士喪禮》卜葬日云“不述命”，若述命，即與即席西面命龜異，異者，鄭注云“述命、命龜異，龜重威儀多也”，對此大夫少牢述命、命筮同，筮輕威儀少爲文也。云“常，吉凶之占繇”者，謂應凶告吉，應吉告凶則不常，此吉凶之占，依龜之繇辭，繇辭則占龜之常③，若《易》之爻辭以占筮也。乃釋韇，立筮。卿大夫之蓍長五尺，立筮由便。○由便，婢面反，後皆同。【疏】“乃釋韇立筮”。○注“卿大”至“由便”。○釋曰：云“卿大夫之蓍長五尺”者，《大戴禮》、《三正記》皆有此文。“立筮由便”，以其蓍長，立筮爲便，對士之蓍三尺，坐筮爲便。若然，諸侯蓍七尺，天子蓍九尺，立筮可知。卦者在左坐，卦以木。卒筮，乃書卦于木，示主人，乃退占。卦者，史之屬也。卦以木者，每一爻畫地以識之，六爻備，書於版，史受以示主人。退占，東面旅占之。○畫地，音獲。【疏】“卦者”至“退占”。○注“卦者”至“占之”。○釋曰：云“卦者，史之屬也”者，以其筮是史，故知卦者是史之屬也。云“書於版”者，釋經“書卦于木”，木即版也。云“史受以示主人”者，以經“書卦”是畫卦者，恐是卦者以示於主人，以卦者卑，宜還使筮史受以示主人

---

① “于”字原作“音”，黃云：“‘音’字誤，宋本作‘于’。”據改。
② “至”字原作“之”，曹云：“‘之’當爲‘至’。”據改。
③ “常”字原作“長”，四庫本作“常”，據改。

也。吉則史讀筮,史兼執筮與卦以告于主人:"占曰從。"從者,求吉得吉之言。【疏】注"從者"至"之言"。○釋曰:以主人之祭,本以求吉,今以疑而問筮,筮而得吉,是從主人本心,故曰"從者"是"求吉得吉之言"也。乃官戒,宗人命滌,宰命爲酒,乃退。官戒,戒諸官也。當共祭祀事者,使之具其物且齊也。滌,溉濯祭器,埽除宗廟。○命滌,大歷反。當共,音恭。且齊,側皆反,下同。滌溉,古愛反,本作濯。【疏】"乃官"至"乃退"。○注"官戒"至"宗廟"。○釋曰:云"官戒,戒諸官也。當共祭祀事者,使之具其物且齊也。滌,溉濯祭器,埽除宗廟"者,此其筮祭日得吉,當以崇祭事,故知官戒,戒諸官有此數事,此等皆事見於下文,故鄭總而言也。若不吉則及遠日,又筮日如初。及,至也。遠日,後丁若後己。【疏】"若不"至"如初"。○注"及至"至"後己"。○釋曰:云"遠日,後丁若後己"者,案《上曲禮》云"喪事先遠日,吉事先近日",近日,即上旬丁、己是也,若上旬丁、己不吉,則至上旬又筮中旬丁、己,不吉,至中旬又筮下旬丁、己,不吉則止,不祭,以其卜筮不過三也,是以鄭云"後丁若後己"也。

　　宿。宿,讀爲肅。肅,進也。大夫尊,儀益多。筮日既戒諸官以齊戒矣,至前祭一日又戒以進之,使知祭日當來。古文宿皆作羞。【疏】"宿"。○注"宿讀"至"作羞"。○釋曰:自此盡"改筮尸",論筮尸、宿尸及宿諸官之事。云"大夫尊,儀益多"者,其大夫宿、戒兩有,士有宿而無戒,是儀略,故云大夫儀多也。此直是儀多而云"益多"者,據士尸一宿,下文大夫尸再宿,是"儀益多",益多猶云彌多也。此云"前祭一日又戒以進之,使知祭日當來"并下文"明日,朝服筮尸",並是前祭一日,唯下文"前宿一日,宿戒尸"者,是前祭二日,以言"前宿一日",明祭前二日可知也。前宿一日,宿戒尸。皆肅諸官之日,又先肅尸者,重所用爲尸者,又爲將筮。○又爲,于僞反,下爲此、爲尸同。【疏】注"皆肅"至"將筮"。○釋曰:云"皆肅諸官之日"者,解經"宿"是肅諸官之日。云"又先肅尸者",總解經"前宿一日,宿戒尸",謂是肅諸官之日前,又先肅尸,校一日,當祭前二日也。云"重所用爲尸者",肅諸官唯一肅,尸有再肅,是"重所用爲尸者"故也。云"又爲將筮"者,亦是肅之使知祭日當來故也。若然,宿與戒前後名不同,今合言之者,以前有十日之戒,後有一日之宿,若單言戒,嫌同十日,若單言宿,嫌同一日,故宿戒並言,明其別也或可。此是初戒尸,云"宿戒尸"者,故加宿字於戒上也。**明日,朝〔服〕筮尸①,如筮日之禮。命曰:"孝孫某,來日丁亥,用薦歲事于皇祖伯某,以某妃配,某氏,以某之某爲尸,尚饗!"筮、卦、占如初。**某之某者,字尸父而名尸也。字尸父,尊鬼神也。不前期三日筮尸者,大夫下人君,祭之朝乃視濯,與士異。○下人,户嫁反。【疏】"明日"至"如初"。○注"某之"至"士異"。○釋曰:云"某之某者,字尸父而名尸也"者,案《曲禮》云"父在不爲尸",注云"爲其失子道,然則尸卜筮無父者",若然,凡爲人尸者,父皆死矣,死者當諱其名,今對尸,故知不稱尸父之名,故上某是尸之父字,下某爲尸名,是生者可稱名,是以云"字尸父而名尸也"。云"字尸父,尊鬼神也"者,以不稱名,是尊鬼神也。云"不前期三日筮尸者,大夫下人君"者,決上篇《特牲》士禮云"前期三日筮尸",此祭前一日筮尸,吉遂宿尸,不同之事,但天子、諸侯前期十日卜得吉日,則戒諸官散齊,至前祭三日,卜尸得吉,又戒宿諸官使之致齊,士卑不嫌,故得與人君同三日筮尸,但下人君,不得散齊七日耳,大夫尊,不敢與人君同,直散齊九日,前祭一日筮尸,并宿諸官致齊也。云"祭之朝乃視濯,與士異"者,亦是士卑,得與人君同祭前一日視濯,大夫尊,不敢與人君同,故與士異也,云"與士異",亦是"下人君","下人君"亦是"與士異",互換省文爲義也。**吉則乃遂宿尸,祝擯,**筮吉又遂肅尸,重尸也。既肅尸,乃肅諸官及執事者。祝爲擯者,尸,神象。【疏】"吉則"至"祝擯"。○注"筮吉"至"神象"。○釋曰:云"筮吉又遂肅尸,重尸也"者,以其諸官一肅,其尸(元缺一字)上已宿訖②,今筮吉又肅,再肅者,是重尸者也。云"既肅尸,乃肅諸官及執事者",此重解上文"宿",是此宿尸後事,置於上文者,彼爲"前宿一日,宿戒尸"之事,故云也,其實當在此重肅尸之後也。云"祝爲擯者,尸,神象"者,決前筮尸時皆主人出命,至此使祝擯,以尸是神象,故使祝擯也。案《特牲》使宗人擯,主人辭,又有祝共傳命者,士卑不嫌兩有,與人君同,此大夫尊,下人君,故闕之,唯有祝擯而已。又此尸不言出門面位,案《特牲》主人宿尸時,"尸如主人服,出門左,西面",鄭注云"不敢南面當尊",則大夫之尸尊,尸出門

---

① "朝筮尸",阮云:"按張爾岐謂'朝'下有'服'字,石本、監本並脱,今考各本俱無'服'字。"漢簡本"朝"下亦無"服"字,沈云:"上筮日主人朝服,下祭日主人亦朝服,故此筮尸主人必服朝服,無'服'字不成文義,顯係誤脱。"經文"宿"下疏引此經文亦有"服"字,當據補。

② "尸"下原無"上"字,阮云:"'尸'下此本空一字,《通解》作'上已宿尸訖'。按此本所空疑是'上'字。"據補。

徑南面，故主人與尸皆不在門東、門西也。**主人再拜稽首，祝告曰："孝孫某，來日丁亥，用薦歲事于皇祖伯某，以某妃配，某氏，敢宿。"**告尸以主人爲此事來肅。**尸拜，許諾，主人又再拜稽首。主人退，尸送，揖，不拜。**尸不拜者，尸尊。【疏】注"尸不拜者尸尊"。○釋曰：凡賓主之禮，賓去主人皆拜送，今云"尸送，揖，不拜"者，以尸尊故也①。**若不吉，則遂改筮尸。**即改筮之，不及遠日。【疏】注"即改"至"遠日"。○釋曰：此決上文筮日不吉筮遠日者，以日爲祭祀之本，須取丁、己之類，故須取遠日後旬丁、己②，此筮尸不吉，不須退至後旬，故筮不待遠日也。

　　既宿尸反，爲期于廟門之外。爲期，肅諸官而皆至，定祭早晏之期，爲期亦夕時也。言既肅尸反爲期，明大夫尊，肅尸而已。其爲賓及執事者，使人肅之。【疏】"既肅"至"之外"。○注"爲期"至"肅之"。○釋曰：自此盡"曰：'諾。'乃退"，論宗人請祭期之事。云"爲期，肅諸官而皆至"者，此即上文宿同時之事，以其後宿尸，及宿諸官與爲期皆於祭前之日也。知"爲期亦夕時也"者，案《特牲》云"厥明夕，陳鼎于門外"，又下文同日夕時而云"請期，曰：羹飪"，是夕時，則此大夫禮爲期，亦夕時可知也。知大夫尊，直肅尸，餘使人肅之者，以經云"宿尸反"，即云"爲期"，明大夫不自肅賓以下可知，故云"使人肅之"也。**主人門東南面，宗人朝服北面，曰："請祭期。"主人曰："比於子。"**比次早晏，在於子也。主人不西面者，大夫尊，於諸官有君道也。爲期，亦唯尸不來也。○比於，毗志反，次也，注同。【疏】注"比次"至"來也"。○釋曰：言"比次早晏"者，一日一夜辰有十二，冬日夏夜長短不同，是以推量比次日辰之早晏也。云"主人不西面者，大夫尊，於諸官有君道也"者，決《特牲》主人門外西面，士卑，於屬吏無君道故也。云"爲期亦唯尸不來也"者，言亦《特牲》爲期時，賓及衆賓即位于門西時無尸，此大夫禮，餘賓之等並來，亦唯尸不來，是以主人南面亦爲無尸也。**宗人曰："旦明行事。"主人曰："諾。"乃退**。旦明，旦日質明。

　　明日，主人朝服，即位于廟門之外東方，南面。宰、宗人西面

---

① "以"下原有"大夫"二字，曹云："'大夫'二字衍。"據刪。
② "丁"下原無"己"字，曹云："'丁'下脱'己'字。"據補。

北上。牲北首東上。司馬刲羊，司士擊豕。宗人告備，乃退。刲、擊，皆謂殺之。此實既省，告備，乃殺之，文互者，省也。《尚書傳》曰："羊屬火，豕屬水。"○刲羊，苦圭反。省也，所景反。【疏】"明日"至"乃退"。○注"刲擊"至"屬水"。○釋曰：自此盡"東榮"，論視殺、視濯之事。案《特牲》視牲與視殺別日，今《少牢》不言視牲，直言刲、擊，告備乃退者，省，此大夫禮，視牲告充即刲、擊殺之，下人君，士卑不嫌，故異日矣。必知人君視、殺別日者，《大宰職》云"及執事眡滌濯，及納亨，贊王牲事"，注云"納亨，納牲，將告殺，謂鄉祭之晨，既殺以授亨人"，又云"及祀之日，贊玉幣爵之事"，注云"日旦明也"，是其視牲與殺別日。案《祭義》云"君牽牲，穆荅君，卿大夫序從。既入門，麗于碑，卿大夫袒而毛牛尚耳"，諸侯禮殺于門內，此大夫與《特牲》士皆殺于門外者，辟人君。云"刲、擊，皆謂殺之"者，豕言擊，動之使鳴，是視牲也，羊言刲，謂殺之，是視殺也，大夫視牲、視殺同日，故互見皆有，故鄭云"刲、擊，皆謂殺之"。又云"此實既省，告備，乃殺之，文互者，省也"者，亦是視牲訖，即視殺，如鄉所解，下言"告備"，欲見兼有也。云"《尚書傳》曰：羊屬火，豕屬水"者，此《尚書大傳》文。引之者，解司馬刲羊，以其司馬火官，還使刲羊，羊屬火故也。案《周禮》鄭注"司空奉豕"，司士乃司馬之屬官，今不使司空者，諸侯猶兼官，大夫又賤①，職相兼，況士無官，僕隸爲司馬、司士，兼其職可知，故"司士擊豕"也。雍人摡鼎、匕、俎于雍爨，雍爨在門東南，北上。雍人，掌割亨之事者。爨，竈也。在門東南，統於主人，北上。羊、豕、魚、腊皆有竈，竈西有鑊。凡摡者，皆陳之而後告絜。○人摡，古愛反。割亨，普庚反。【疏】注"雍人"至"告絜"。○釋曰：云"雍人，掌割亨之事者"，《周禮·饔人職》文。云"凡摡者，皆陳之而後告絜"者，案《特牲》視濯時皆陳之，視訖告絜，此亦當然。廩人摡甑、甗、匕與敦于廩爨，廩爨在雍爨之北。廩人，掌米入之藏者。甗如甑，一孔。匕，所以匕黍稷者也。古文甑爲烝。○廩人，力甚反，注同。甑甗，子孕反，下魚展反，又音言，劉音彥，又魚變反。與敦，音對，劉又都愛反，後皆放此。爲烝，之膚反。【疏】注"廩人"至"爲烝"。○釋曰：云"廩人，掌米入之藏者"，《周禮·地官·廩人職》文，以其穀入倉人，米入廩人故也。云"甗如甑，一孔"者，案《冬官·陶人職》云"甗實二鬴，厚半寸，脣寸。甑實二鬴，厚半寸，脣寸，七穿"，鄭司農云"甗，無底甑"，

---

① "賤"字原作"職"，曹云："'職'當爲'賤'。"據改。

以其無底，故以一孔解之。云"匕，所以匕黍稷者也"者，上雍人云匕者，所以匕肉，此廩人所掌米，故云"匕黍稷"也。司宮摡豆、籩、勺、爵、觚、觶、几、洗、篚于東堂下，勺、爵、觚、觶實于篚。卒摡，饌豆、籩與篚于房中，放于西方。設洗于阼階東南，當東榮。放，猶依也。大夫攝官，司宮兼掌祭器也。○放于，方往反，注同，猶依也。【疏】"司宮"至"東榮"。○注"放猶"至"器也"。○釋曰：案《特牲》云"宗人升自西階，視壺濯及豆、籩，反降，東北面告濯具"，鄭注云"不言絜，以有几、席"，若然，彼几、席不摡，則几①、洗、篚三者，亦不摡而并言之者，以其同降于東堂下，故繼觚、觶連言之，其實不摡也。云"大夫攝官，司宮兼掌祭器"者，下文司宮筵神席於奧，此又掌豆、籩之等，故鄭云"攝官"，案《內則》鄭注云"諸侯兼官"者，彼對天子，天子六卿，諸侯三卿兼六卿，此則大夫對諸侯，諸侯具官，大夫攝官也。

　　羹定，雍人陳鼎五，三鼎在羊鑊之西，二鼎在豕鑊之西。魚、腊從羊，膚從豕，統於牲。○羹定，多佞反。【疏】"羹定"至"之西"。○注"魚腊"至"於牲"。○釋曰：自此盡"簞、巾于西階東"，論鼎及豆、籩、盤、匜等之事。云"魚、腊從羊，膚從豕，統於牲"者，案《公食大夫》云"甸人陳鼎"，鄭注云"甸人，冢宰之屬兼亨人者"，此大夫雍人陳鼎者，《周禮》甸人掌供薪烝與亨爨，聯職相通，是以諸侯無亨人，故甸人陳鼎，此大夫又無甸人，故使雍人與亨人聯職，故《亨人》云"職外內饔之爨亨"，故使饔人也。云"魚、腊從羊，膚從豕"者，上文摡鼎時，鄭云"羊、豕、魚、腊皆有鼏"，今陳鼎宜各當其鑊，此三鼎在羊鑊之西，二鼎在豕鑊之西，故云"魚、腊從羊，膚從豕"也，其實羊、豕、魚、腊各有鑊也，此直有羊、豕鑊②，前注何以知魚、腊皆有鼏，案《士虞禮》云"側亨於廟門外之右，東面"，魚、腊爨在其南③，士之魚、腊皆有爨，則大夫魚、腊皆有鑊可知，故羊、豕、魚、腊皆有鼏也。司馬升羊右胖，髀不升，肩、臂、臑、膊、骼，正脊一、脡脊一、橫脊一、短脅一、正脅一、代脅一皆二骨以並，腸三、胃三、舉肺一、祭肺三，實于一鼎。升，猶上也。上右胖，周所貴也。髀

不升，近竅，賤也。肩、臂、臑，肱骨也。膊、骼，股骨。脊從前爲正，脅旁中爲正。脊先前，脅先後，屈而反，猶器之綍也。並，併也。脊、脅骨多，六體各取二骨併之，以多爲貴。舉肺一，尸食所先舉也。祭肺三，爲尸、主人、主婦。古文胖皆作辯，髀皆作脾，今文並皆爲併。○右胖，音判。髀，步禮反，又方爾反。臑，奴到反，又人于反。膊，劉音純，《説文》之兖反①。骼，音格，又音各，下同。脡，他頂反。猶上，時掌反，下同。近竅，附近之近，下苦弔反。從前，劉子容反。綍，側耕反，後同。併也，步頂反，下文同。作辯，音遍，一音皮莧反。作脾，必爾反，又婢支反。【疏】“司馬”至“一鼎”。○注“升猶”至“爲併”。○釋曰：上十一體言一者，見其體也，下言“皆二骨以並”，見一體皆有二骨也。云“脊從前爲正，脅旁中爲正。脊先前，脅先後，屈而反，猶器之綍也”，云“先前”者，正脊是也，“先後”者，即短脅是也，故《特牲記》云“尸俎：正脊二骨、橫脊，長脅二骨、短脅”，鄭注云“脊無中，脅無前，貶也”，明代脅最在前也。“脊先前，脅先後”者，取綍屈之義。若然，脊以前爲正，其次名脡，卻後名橫。脡者，取脡然直②，後言橫者，取闊於脡。凡名骨，皆隨形名之，唯言正者，以義取稱焉。此言綍者，指解脊、脅，不取肩、臂、臑、膊、骼也，若尸舉牲體，則脊、脅、骼、肩爲綍③，故鄭注《特牲》云“舉先正脊，後肩，自上而卻下，綍而前，終始之次也”，故尸舉牲體如綍也。案下注云“升之以尊卑”，此注云“猶器之綍也”，若綍則不得見尊卑，若以尊卑升復不得見綍，兩注似乖者，凡牲體四支爲貴，故先序肩、臂、臑、膊、骼爲上是尊，然後序脊、脅於下是卑，次應先言正脅而先言短者，又取綍之義也，但所序骨體各有宜，不可準定也。若然，既以尊卑升之而祭肺貴，序在下者，腸、胃及肺在内，不得與外體爲尊卑之次，當以腹内自爲先後之次也④。云“脊、脅骨多，六體各取二骨併之，以多爲貴”者，此經肩、臂已下皆言一，

---

①　“兖”字原作“允”，黄云：“惠云：‘膊疑當作肫。’雷浚云：‘之允爲《説文》舊音，在大徐之前，然頗疑允字有譌。《廣韻》：膊，旨兖切，又市兖切。《集韻》：主兖切，又豎兖切。’黄云：‘允或兖之譌。’”據改。

②　“脡者取脡然直”原作“者取脡脡然直”，阮云：“毛本、《通解》‘者’上有‘脡’字。”曹云：“當爲‘脡者取脡然直’。”據乙。

③　“指解”至“爲綍”原作“指解脊不取肩骼也若尸舉牲體則脅肩骼爲綍”，四庫本於“脊”下增“脅”字，又於上“肩”、“骼”之間增“臂、臑、膊”三字，又於“脅”上增“脊”字並互乙下“肩”、“骼”二字，吴紱云：“按以經之節次及牲體考之，應如此。”據補乙。

④　“腹”字原作“腸”，曹云：“‘腸’當爲‘腹’。”倉石云：“殿本‘腸’作‘腹’字，似是。”據改。

至十一體之下總言"皆二骨",知二骨據脊、脅骨多,六體各取二骨者,案《特牲記》肩、臂、臑、肫、骼不言二骨,至序脊、脅即言二骨以並,故知此言"皆二骨",亦據脊、脅可知也。司士升豕右胖,脾不升,肩、臂、臑、膊、骼,正脊一、脡脊一、橫脊一、短脅一、正脅一、代脅一皆二骨以並,舉肺一、祭肺三,實于一鼎。豕無腸、胃,君子不食溷腴。○溷,音患,又戶困反。腴,羊朱反。【疏】注"豕無"至"溷腴"。○釋曰:云"君子不食溷腴",《禮記‧少儀》文,彼注云"腴有似於人穢",故《樂記》注云"以穀食犬、豕曰豢",是似人也。雍人倫膚九,實于一鼎。倫,擇也。膚,脅革肉。擇之,取美者。【疏】注"倫擇"至"美者"。○釋曰:知"脅革肉"者,下文云"膚九而俎,亦橫載,革順",故知膚者是脅革肉也。司士又升魚、腊,魚十有五而鼎,腊一純而鼎,腊用麋。司士又升,副倅者。合升左右胖曰純。純,猶全也。○副倅,七內反。【疏】"司士"至"用麋"。○注"司士"至"全也"。○釋曰:云"司士又升,副倅者",謂是第三俎,其司士與前文司士升豕者別,知者,以下經云"司士三人升魚、腊、膚",則此豕、魚、腊宜各一人,又此升鼎宜俱時,明是副倅者,非升豕者可知。云"倅者",案《諸子職》云"掌國子之倅",鄭云"是公卿、大夫之副貳",則此云"倅",亦副之別名,以其副牲鼎,故云"副倅"也。卒脀,皆設扃鼏,乃舉,陳鼎于廟門之外東方,北面北上。北面北上,鄉內相隨。古文鼏皆爲密。○卒脀,之承反。鄉內,許亮反。司宮尊兩甒于房戶之閒,同棜,皆有幂,甒有玄酒。房戶之閒,房西室戶東也。棜,無足,禁者,酒戒也。大夫去足改名,優尊者,若不爲之戒然。古文甒皆作廡,今文鼏作幂。○兩甒,亡甫反,注廡同音。棜,於據反。去足,起呂反。【疏】"司宮"至"玄酒"。○注"房戶"至"作幂"。○釋曰:云"棜,無足,禁者,酒戒也。大夫去足改名,優尊者,若不爲之戒然"者,此決《特牲》用棜,仍云禁,此改名曰棜,是"優尊者",若不爲神戒然。《鄉飲酒》雖是大夫禮,猶名斯禁者,尋常飲酒,異於祭祀也。司宮設罍水于洗東,有枓,設篚于洗西,南肆。枓,斟水器也。凡設水用罍,沃盥用枓,禮在此也。○設罍,音雷。有枓,音主。斟水,九于反,劉又苦侯反。【疏】"司宮"至"南肆"。○注"枓斟"至"此也"。○釋曰:云"凡設水用罍,沃盥用枓,禮在此也"者,言"凡",總《儀禮》一部內用水者,皆須罍盛之,沃盥水者,皆用枓爲之,鄭言"禮在此"者,以《士冠禮》直言"水在洗東",《士昏禮》亦直言"水在洗東"，《鄉飲酒》、《特牲記》亦云然，皆不言罍器，亦不云有枓，其《燕禮》、《大射》雖云罍水，又不言有枓，故鄭注總云凡此等設水用罍，沃盥用枓，其禮具在此，故餘文不具，省文之義也。**改饌豆、籩于房中，南面，如饋之設，實豆、籩之實。**改，更也。爲實之更之，威儀多也。如饋之設，如其陳之左右也，饋設東面。○爲實，于僞反，下爲尸、爲將、爲其、爲神同。【疏】"改饌"至"之實"。○注"改更"至"東面"。○釋曰：前司宮摡豆、籩訖，饌豆、籩放於西方，今欲實之，乃更設豆、籩於房中，南面，如饋之禮，東面設然者，此大夫禮，威儀多，決《特牲》士禮視濯時"豆、籩、鉶在東房"，至實豆、籩時直云"豆、籩、鉶陳於房中，如初"，鄭云"如初者，取而實之，既而反之"，是其不改豆、籩之處，因而實之，是士禮威儀略也。**小祝設槃、匜與簞、巾于西階東。**爲尸將盥。○槃匜，以支反。與簞，音丹。【疏】"小祝"至"階東"。○注"爲尸將盥"。○釋曰：案《特牲》直云"尸盥匜水實于槃中，簞巾在門内之右"，不言其人，未聞也。知非祝者，彼下文始言"祝筵几于室中"，注云"至此使祝接神"，明前非祝也。

主人朝服，即位于阼階東，西面。爲將祭也。【疏】"主人"至"西面"。○注"爲將祭也"。○釋曰：自此盡"革順"，論祭時將至，布設舉鼎、匕載之事。**司宮筵于奧，祝設几于筵上，右之。**布陳神坐也。室中西南隅謂之奧。席東面，近南爲右。○于奧，烏報反。神坐，才臥反。【疏】"司宮"至"右之"。○注"布陳"至"爲右"。○釋曰：案《特牲》云"祝筵几"，鄭云"使祝接神"，此使司宮者，此大夫禮，異於士，故司宮設席，祝設几，大夫官多，故使兩官共其事①，亦是接神，故祝設几也。**主人出，迎鼎，除鼏。士盥，舉鼎，主人先入。**道之也。主人不盥，不舉。○道之，音導，下爲道同。【疏】注"道之"至"不舉"。○釋曰：此決《特牲》主人降及賓盥，士禮自舉鼎，此大夫尊，不舉，故不盥也。**司宮取二勺于篚，洗之，兼執以升，乃啓二尊之蓋冪，奠于棜上，加二勺于二尊，覆之，南柄。**二尊，兩甒也。今文啓爲開，古文柄皆爲枋。○作枋，彼命反。【疏】"司宮"至"南柄"。○注"二尊"至"爲枋"。○釋曰：云"二尊，兩甒"者，即上"司宮尊兩甒于房户之間"是也。知二

---

① "官"下原有"若"字，阮云："毛本、《通解》無'若'字。"曹云："'若'字各本無，是也。"據刪。

勺,兩尊用之者,玄酒雖有,不酌,重古如酌者然也。鼎序入,雍正執一匕以從,雍府執四匕以從,司士合執二俎以從,司士贊者二人皆合執二俎以相,從入。相,助。○以從,如字,又才用反,後放此。以相,息亮反,注同,助也。陳鼎于東方,當序,南于洗西,皆西面北上,膚爲下。匕皆加于鼎,東枋。膚爲下,以其加也。南于洗西,陳於洗西南。【疏】"陳鼎"至"東枋"。○注"膚爲"至"西南"。○釋曰:此云"膚爲下",門外陳鼎時不言,至此言之者,以膚者豕之膚①,前陳鼎在門外時未有俎,據鼎所陳則膚在魚上,今將載於俎,設之最在後,故須分別之也。云"膚爲下,以其加"者,以羊無別俎而豕有膚俎,故謂之加,以加爲下也。云"南于洗西,陳于洗西南"者,洗當東榮,近東也,其陳鼎,鼎當東序則近西也,而言"南于洗西",則鼎陳于洗西稍近南,東西不得與洗相當也。俎皆設于鼎西,西肆。肵俎在羊俎之北,亦西肆。肵俎在北,將先載也。異其設文,不當鼎。○肵俎,音祈。【疏】"俎皆"至"西肆"。○注"肵俎"至"當鼎"。○釋曰:云"異其設文,不當鼎"者,羊俎在羊鼎西,今云肵俎在羊俎北,不繼鼎,明不當鼎也。若繼鼎言者,即在鼎西也。宗人遣賓就主人,皆盥于洗,長枕。長枕者,長賓先,次賓後也。主人不枕,言就主人者,明親臨之。古文枕作匕。○長枕,丁丈反,注及下賓長同。佐食上利升牢心、舌,載于肵俎。心皆安下切上,午割勿没,其載于肵俎,末在上,舌皆切本末,亦午割勿没,其載于肵,橫之,皆如初爲之于爨也。牢,羊、豕也。安,平也。平割其下,於載便也。凡割本末,食必正也。午割,使可絕也。勿没,爲其分散也。肵之爲言敬也,所以敬尸也。周禮祭尚肺,事尸尚心、舌,心、舌知滋味。今文切皆爲刌。○爲刌,七本反。【疏】"佐食"至"爨也"。○注"牢羊"至"爲刌"。○釋曰:言"皆如初爲之于爨也"者,經言此者,以前實鼎時②,不見心、舌,嫌不在爨,故明之。云"皆如初爲之于爨",皆者,皆羊、豕,羊、豕皆有心、舌也,案《特牲記》云"肵俎,心、舌,皆去本末,午割之,實于牲鼎。載,心立,舌縮俎",即是未入鼎時,則制此心、舌然也,既未入鼎時先制之,是以雖出爨,亦得

---

① "豕之膚"原作"豕之實",倉石云:"《校釋》云:'實當爲肉。'今案當爲'膚'字之誤也。"據改。

② "實"字原作"膚",曹云:"'膚'當爲'實'。"據改。

爲皆如初于爨也①。云"凡割本末,食必正也"者,《鄉黨》孔子云"割不正不食",故割本末爲食正也。云"肵之爲言敬也"者,《郊特牲》文,彼云"肵之爲言敬也",言"所以敬尸也"。云"周禮祭尚肺"者,《禮記·明堂位》云"有虞氏祭首,夏后氏祭心,殷祭肝,周祭肺",是周之禮法祭肺而此肵俎不取肺而用心者,以其事尸尚心、舌,心、舌知滋味者,故《特牲記》鄭注亦云"心、舌知食味者,欲尸之饗此祭,是以進之",若然,舌之所嘗五味,乃是心之所知酸苦也,故心、舌併言之。**佐食遷肵俎于阼階西,西縮,乃反。佐食二人。上利升羊,載右胖,髀不升。肩、臂、臑、膊、骼;正脊一、脡脊一、横脊一、短脅一、正脅一、代脅一,皆二骨以並;腸三、胃三,長皆及俎拒;舉肺一,長終肺;祭肺三,皆切。肩、臂、臑、膊、骼在兩端,脊、脅、肺,肩在上。**升之以尊卑,載之以體次,各有宜也。拒,讀爲介距之距。俎距,脛中當横節也。凡牲體之數及載,備於此。○俎拒,音巨。【疏】"佐食"至"在上"。○注"升之"至"於此"。○釋曰:"升羊,載右胖"者,準例,實鼎曰升,實俎曰載,今實俎而言升者,以其升者上也,是以載俎,升、載兩言之也,但此經所載牲體,多少一依上文升鼎,不異而重序之者,以其載俎之時,恐與入鼎時多少有異,故重序之。舉肺、祭肺上已言,今又言之者,以其上升鼎時,直言舉肺一、祭肺三,不言長短,上所以不言長短者,以其入鼎時二者未制,故不辯長短,至此載俎,乃制長短及切之,故具辯之也。若然,上升鼎時不制者,若升鼎制之,恐二肺雜亂,是以升俎乃制。若然,心、舌未升鼎時已午割勿没不言,至載俎乃言午割者,彼二者其體殊異,不雜亂,故載俎乃一辯之而已②。云"肩、臂、臑、膊、骼在兩端,脊、脅、肺,肩在上"者,此是在俎之次,俎有上下,猶牲體有前後,故肩、臂、臑在上端③,膊、骼在下端,脊、脅、肺在中,其載之次序,肩、臂、臑、正脊、脡脊、横脊、代脅、長脅、短脅、肺、腸、胃④、膊、骼也。云"升之以尊卑"者,即上文"上利升羊"以下序其在鼎也。云"載之以體次"者,俎法,四體尊於脊、脅,即經四體在兩端,脊、脅、肺在中者,故云"各有宜也"。云"拒,讀爲介距之距"者,案《左氏傳》昭二十五年云"季、郈之雞鬭,季氏介其雞",服氏

---

① "爨"上原無"于"字,曹云:"'爨'上脱'于'字。"據補。
② "俎"上原無"載"字,曹云:"'俎'上脱'載'字。"據補。
③ "臑"上原無"臂"字,曹云:"'臑'上脱'臂'字。"據補。
④ "腸胃"原作"胃腸",曹云:"單疏作'腸胃'。"據乙。

云“擣芥子播其雞羽”，鄭氏云“介甲，爲雞著甲”，又云“邱氏爲之金距”，注云“金距，以金踏距”，今鄭君合取季氏之介，又取邱氏之距而云“介距之距”也。引之者，彼距在雞足爲距，此俎距在俎爲橫也，是以云“俎距，脛中當橫節也”。案《明堂位》云“俎，有虞氏以梡，夏后氏以嶡，殷以椇，周以房俎”，注云“梡，斷木爲四足而已。嶡之言蹷也，謂中足爲橫距之象，周禮謂之距”，彼注云“周禮謂之距”，即指此俎距而言，是距爲俎足中央橫者也。此言“俎距，脛中當橫節”者，案《明堂位》“夏后氏以嶡”，謂中足之橫，下仍有殷之椇，謂橫下仍有曲橈之足，下又有周之房俎，謂四足下更有跗，鄭云“上下兩閒，有似於堂房”，是橫下更有二事，故言“脛中當橫節也”。云“凡牲體之數及載，備於此”者，案此經節折前體肩①、臂、臑兩相爲六，後體膊、胳兩相爲四，短脅、正脅、代脅兩相爲六，脊有三，總爲十九體，唯不數㪅二，通之爲二十一體。二㪅正祭不薦於神尸，故不言，是牲體之數備於此。言“及載，備於此”者，上經云升於鼎，此經云載於俎，是其“及載，備於此”也。**下利升豕，其載如羊，無腸、胃。體其（載）〔在〕于俎②，皆進下。**進下，變於食生也。所以交於神明，不敢以食道，敬之至也。《鄉飲酒禮》進腠。羊次其體，豕言進下，互相見。○進，七豆反。相見，賢遍反。【疏】“下利”至“進下”。○注“進下”至“相見”。○釋曰：云“進下，變於食生也”者，決《公食大夫》《鄉飲酒》牲體皆進腠，腠是本，是食生人之法，此言進末，末爲終，謂骨之終，食鬼神法，故云“變於食生也”。云“所以交於神明”（元缺起此至卷末）者，《郊特牲》文。云“不敢以食道”，《檀弓》文。云“羊次其體，豕言進下，互相見”者，羊次其體，即上終“上利升羊”以下，是次其體，言“互相見”者，羊言體亦進下，豕言進下亦次其體也。

司士三人升魚、腊、膚。魚用鮒，十有五而俎，縮載，右首進腴。右首進腴，亦變於食生也。《有司》載魚橫之，《少儀》曰：“羞濡魚者進尾。”○用鮒，音附。【疏】注“右首”至“進尾”。○釋曰：云“右首進腴，亦變於食生也”者，凡載魚爲生人，首皆向右，進鰭，其祭祀亦首皆在右，進腴，生人、死人皆右首，陳設在地，地道尊右故也。

---

　　①　“節折”原作“即折”，阮云：“毛本‘即折’作‘節祈’，陳本作‘節析’，《通解》作‘節折’。按‘即折’是也。”曹云：“‘即’似當從《通解》作‘節’。”倉石云：“‘即’字未誤。”姑據《通解》改。

　　②　“載”字漢簡本作“在”，沈云：“牲體有本有末，本曰腠，末曰下。此神俎，‘進下’即以體末向神。此文作‘載’作‘在’均通，載法上文已明，此作‘在’爲長。在、載聲同，《說文》‘在’從土才聲，‘載’從車戈聲，戈從戈才聲，以聲同相通假。”當據改。

鬼神進腴者,腴是氣之所聚,故祭祀進腴也。生人進鰭者,鰭是脊,生人尚味,故《公食大夫》云"魚七,縮俎寢右",鄭注云"右首也。寢右,進鰭也。乾魚近腴,多骨鯁"是也。云"《有司》載魚橫之,《少儀》曰:羞濡魚者進尾",引之者,欲見正祭與儐尸載魚禮異,又與生人食禮不同,以其儐尸之禮①,上大夫載魚橫之,於人爲縮,於俎爲橫,既是乾魚②,則進首可知,復取《少儀》者,濡魚進尾,見與乾魚異。《有司徹》進首是上大夫繹祭儐尸之禮,有乾魚橫於俎,宜進其首,則《少儀》羞濡魚者是天子、諸侯繹祭可知。以其天子、諸侯繹祭,乾濕皆有,乾魚則進首,鮮魚則進尾。必知是天子、諸侯繹祭者,以其大夫儐尸云"加膴祭",《少儀》云"祭膴",又與儐尸加膴祭於上同,故知義然也。腊一純而俎,亦進下,肩在上。如羊、豕。凡腊之體,載禮在此。【疏】注"如羊"至"在此"。○釋曰:以其諸經唯有腊文,無升載之事,唯有此經有所載之法③,故云"載禮在此"也。膚九而俎,亦橫載,革順。列載於俎,令其皮相順。亦者,亦其骨體。○令其,力呈反。【疏】注"列載"至"骨體"。○釋曰:云"列載於俎,令其皮相順"者,解經"革順"也。載革順,謂以此膚之體相次而作行列,以膚革相順而載也。云"亦者,亦其骨體"者,上牲體橫載,文不明,故舉膚"亦橫載"以明之,此膚言橫,則上羊、豕骨體亦橫載可知也。

① "尸"上原無"儐"字,曹云:"'尸'上脱'儐'字。"據補。
② "是"字原作"見",曹云:"'見'當爲'是'。"據改。
③ "所"上原無"有"字,曹云:"'所'上脱'有'字。"據補。

儀禮疏卷第四十八　儀禮卷第十六

卒膚，祝盥于洗，升自西階。主人盥，升自阼階。祝先入，南面。主人從，戶內西面。將納祭也。【疏】“卒膚”至“戶內西面”。○注“將納祭也”。○釋曰：自此盡“主人又再拜稽首”，論先設置爲陰厭之事也。主婦被錫，衣移袂，薦自東房，韭菹、醓醢，坐奠于筵前。主婦贊者一人，亦被錫，衣移袂，執葵菹、蠃醢以授主婦。主婦不興，遂受，陪設于東，韭菹在南，葵菹在北。主婦興，入于房。被錫，讀爲髲鬄。古者或剔賤者、刑者之髮以被婦人之紒爲飾，因名髲鬄焉，此《周禮》所謂次也。不纚笄者，大夫妻尊，亦衣綃衣而移其袂耳，移者，蓋半土妻之袂以益之，衣三尺三寸，袪尺八寸。韭菹、醓醢，朝事之豆也而饋食用之，豐大夫禮。葵菹在北綷①。今文錫爲緆，蠃爲蝸。○被錫，依注讀爲髲鬄，上音皮義反，下大計反，劉土歷反②，下同。移袂，本又作侈③，昌爾反。醓，他感反。蠃，力禾反。韭菹，側魚反，作葅亦同。或剔，他計反。之紒，音計。不纚，所買反，又所綺反。亦衣，於既反。綃衣，音消。爲緆，音羊。爲蝸，力禾反，又工

---

① “在”下原無“北”字，阮云：“‘在’下《集釋》有‘比’字，按《特牲》疏引此注今本有‘北’字，單疏本則有‘北’字而無‘綷’字也。”據補。

② “土”字原作“士”，黃云：“‘士’，宋本同，葉鈔作‘土’。案作‘土’是也，‘土歷’即《集韻》之‘他歷’。阮謂‘土’乃‘先’字之誤，非也。”據改。

③ “移袂本又作侈”原作“侈袂本又作移”，黃云：“宋本同。《羣經音辨》曰：‘移，廣也，音侈。《禮》：主婦衣移袂。’段云：‘據此，是賈昌朝本作移也。張淳本亦從禾，葉鈔《釋文》從衤，殆非也。’又云：‘此當作移袂本又作侈，後人倒之耳。唐石經作移不誤，張稷若正誤非，張忠甫依《釋文》改移爲侈亦非也。作侈者自是相傳古本。’又云：‘案當作本又作移，《司服》注亦有移。《說文》：移，衣張也。’阮氏《石經校勘記》云：‘《釋文》侈本又作移，《表記》：衣服以移之，鄭彼注：移讀如水氾移之移，移猶廣大也。鄭彼注讀正據《儀禮》耳。移、侈古通借，張淳改從侈，則與《禮記》注不合。’焯案《羣經音辨》多本《釋文》，據其所載，知《釋文》正文原作‘移袂’，不作‘侈袂’。段氏謂當作‘移袂本又作侈’是也。”據改。

華反。【疏】"主婦被錫衣"至"入于房"。○注"被錫"至"爲蝸"○釋曰：云"主婦贊者一人，亦被錫"者，此被錫、移袂與主婦同，既一人與主婦同，則其餘不得如主婦，當與士妻同纚笄綃衣。若士妻與婦人助祭一皆纚笄綃衣，以綃衣下更無服，服窮則同，故《特牲》云"凡婦人助祭者同服"是也。云"被錫，讀爲髲髢"者，欲見髢取人髮爲之之義也。云"古者或剔賤者、刑者之髮，以被婦人紒爲飾，因名髲髢焉"者，此解名髲髢之意，案哀公十七年《左傳》說衛莊公登城望戎州，"見己氏之妻髮美，使髡之，以爲呂姜髢"，是其取賤者髮爲髲髢之事也①。云"此《周禮》所謂次也"者，案《周禮·追師》云掌王后以下副、編、次，三翟者首服副，鞠衣、襢衣首服編，褖衣首服次，鄭彼注"副，首飾，若今步搖。編，編列髮爲之，若今假紒。次，次第髮長短爲之，所謂髲髢"，鄭云所謂髲髢者②，指此文也，是彼此相曉也。云"不纚笄者，大夫妻尊"者，此決《特牲》主婦纚笄，士妻卑故也。云"亦衣綃衣"者，亦如《特牲》士妻主婦綃衣也。綃衣者，六服外之下者。云"而侈其袂耳，侈者，蓋半士妻之袂以益之，衣三尺三寸，袂尺八寸"者，士妻之袂二尺二寸，袪尺二寸，三分益一，故衣三尺三寸③，袂尺八寸也，故《追師》注亦爲此解也④。或云衣三尺三寸，或云袂，俱合義，是以《喪服記》云"衣二尺有二寸"⑤，亦名袂爲衣也。云"韭菹、醓醢，朝事之豆也"者，案《周禮·醢人職》"朝事之豆，韭菹、醓醢、昌本、麋臡、菁菹、鹿臡、茆菹、麇臡"⑥，彼天子八豆，今大夫取二豆爲饋食用之，豐大夫禮故也。若然，葵菹、蠃醢亦天子饋食之豆，今大夫用之，鄭不言者，彼饋食當其節，天子八豆，此大夫取二而已，故不須言之。云"葵菹在北绖"者⑦，以其韭菹在南，醓醢在北，今於次

---

① "髮爲髲髢"原作"髮爲髢"，阮云："'髮爲髢'，陳本、《通解》俱作'髲爲髢'，《要義》作'髮爲髮'。按當作'髮爲髲髢'。"據補。

② "鄭"上原有"鄭云所謂髲髢"六字，阮云："上六字此本重出，《通解》、毛本無。按疏意蓋謂此注云'《周禮》所謂次'者，指《追師》文。《追師》注云'所謂髲髢'者，即指此文也。傳寫錯誤，複衍六字。"據删。

③ "故"下原無"衣"字，阮云："《通解》、毛本'故'下有'衣'字。"曹云："'故'下各本有'衣'字是也。"據補。

④ "追師"原作"内司服"，倉石云："案此當《追師》注文，'内司服'誤。"據改。

⑤ "云"下原無"衣二尺有二寸"六字，曹云："'云'下脫'衣二尺有二寸'六字。"據補。

⑥ "麇"字原作"麋"，阮云："浦鏜云'麇'作'麋'。"《周禮·醢人》作"麇"，張敦仁本亦作"麇"，據改。

⑦ "在"下原無"北"字，阮云："按'在'下亦當有'北'字，或'北'誤爲'绖'。"據補。

東，葵菹在北，蠃醢在南，是其綏之次也①。佐食上利執羊俎，下利執豕俎，司士三人執魚、腊、膚俎，序升自西階，相從入。設俎，羊在豆東，豕亞其北，魚在羊東，腊在豕東，特膚當俎北端。相，助也。○相從，息亮反，注及下注同。主婦自東房執一金敦黍，有蓋，坐設于羊俎之南。婦贊者執敦稷以授主婦，主婦興受，坐設于魚俎南，又興受贊者敦黍，坐設于稷南，又興受贊者敦稷，坐設于黍南。敦皆南首。主婦興，入于房。敦有首者，尊者器飾也，飾蓋象龜。周之禮，飾器各以其類，龜有上下甲。今文曰主婦入于房。【疏】"主婦"至"于房"。○注"敦有"至"于房"。○釋曰："敦有首者，尊者器飾也，飾蓋象龜"，知有此義者，以其經曰敦南首，明象蟲獸之形②，故云首。知象龜者，以其蓋形龜象故也。云"周之禮，飾器各以其類"者，案《周禮·梓人》云"外骨、內骨、以脰鳴者、以胸鳴者"之類，鄭云"刻畫祭器，博庶物也"，又《周禮·司尊彝》有雞彝之等，是周之禮，飾器各以其類也。云"龜有上下甲"者，欲言此敦蓋取象之意，以龜有上下甲，故敦蓋象之，是亦取其類也。敦蓋既象龜，明簋亦象龜爲之，故《禮器》云"管仲鏤簋，朱紘"，注云"謂刻而飾之，大夫刻爲龜耳，諸侯飾以象，天子飾以玉"，言以玉飾之，還依大夫象形爲飾。天子則簋、敦兼有，《九嬪職》云"凡祭祀，贊玉齍"，注云"玉齍、玉敦，受黍稷器"，是天子八簋之外，兼用敦也。《特牲》云"佐食分簋鉶"，注云"爲將餕。敦，有虞氏之器也。周制，士用之。變敦言簋，容同姓之士得從周制耳"，則同姓大夫亦用簋。《特牲》、《少牢》用敦者，異姓大夫、士也。《明堂位》云"有虞氏之兩敦，夏后氏之四璉，殷之六瑚，周之八簋"，鄭注云"皆黍稷器，制之異同未聞"，案《周禮·舍人》注"圓曰簋"，《孝經》注直云"外方內圓"者，據簋而言③。若然，云"未聞"者，據殷已上未聞，周之簋則聞矣，故《易·損卦》云"二簋可用享"，注

---

① "之次"原作"次之"，曹云："'次之'二字當倒。"據乙。
② "象"下原有"龜"字，阮云："《通解》、《要義》同，毛本無'蟲'字，聶氏有'蟲'字，無'龜'字。"孫云："'龜'字宜依聶《圖》刪。"據刪。
③ "外方內圓者據簋而言"原作"外方曰簋者據而言"，倉石云："'據'下殿本補'外'字，《正字》補'周'字。今案《周禮·舍人》疏云'方曰簠，圓曰簋'，皆據外而言。案《孝經》云'陳其簠簋'，注云'內圓外方，受斗二升'者，直據簋而言，與此文理殊近，則此'曰簋'二字當爲'內圓'，'據'下當補'簋'字。"據改補。

云"離爲日,日體圓。巽爲木,木器而圓,簋象"①,是其周器有聞也。《孝經緯·鉤命決》云"敦規首上下圓相連,簠、簋上圓下方,法陰陽",是有聞而鄭云"未聞"者,鄭不信之故也。**祝酌奠,遂命佐食啓會。佐食啓會(蓋)②,二以重,設于敦南。** 酌奠,酌酒爲神奠之。後酌者,酒尊,要成也。《特牲饋食禮》曰:"祝洗,酌奠,奠于鉶南。"重,累之。○啓會,古外反,及下同。以重,直容反,注同。【疏】注"酌奠"至"累之"。○釋曰:"酌奠,酌酒爲神奠之"者,以其迎尸之前,將爲陰厭,爲神不爲尸,故云"爲神奠之"也。云"後酌者,酒尊,要成也"者,上經先設餘饌,此經乃酌者,酒尊物,設饌要由尊者成,故後設之也。引《特牲》者,酌奠之處當在鉶南,此經不言,故引爲證也。云"重,累之"者,以黍、稷各二,二者各自當重累於敦南,卻合之也。**主人西面,祝在左,主人再拜稽首,祝祝曰:"孝孫某,敢用柔毛、剛鬣、嘉薦、普淖,用薦歲事于皇祖伯某,以某妃配,某氏,尚饗!"主人又再拜稽首。** 羊曰柔毛,豕曰剛鬣。嘉薦,葅醢也。普淖,黍稷也。普,大也。淖,和也。德能大和,乃有黍稷。《春秋傳》曰:"奉粢以告曰'絜粢豐盛',謂其三時不害而民和年豐也。"○祝祝,下之又反。剛鬣,力輒反。普淖,女孝反。【疏】注"羊曰"至"豐也"。○釋曰:云"羊曰柔毛,豕曰剛鬣",《下曲禮》文,羊肥則毛柔濡,豕肥則鬣剛也,彼注云"號牲物者,異於人用也"。引《春秋》者,證黍稷大和之義。案彼左氏桓六年《傳》文:楚武王侵隨,使薳章求成焉,軍於瑕以待之。隨人使少師入楚軍董成,楚以羸師而納少師。少師還,請追楚師。季梁止之曰:"天方授楚,楚之羸,其誘我也。臣聞小之能敵大也,小道大淫。所謂道,忠於民而信於神也。上思利民,忠也。祝史正辭,信也。今民餒而君逞欲,祝史矯舉以祭,臣不知其可也。"公曰:"吾牲牷肥腯,粢盛豐備,

---

① "注云"至"簋象"原作"注云離爲日日圓巽爲木木器象",倉石云:"《正字》從李鼎祚《周易集解》'圓'上補'體'字、'器'下補'而圓簋'三字。今案《周禮·族人》疏引與浦略同,《舍人》疏引無'體'字、'而'字。"據補。

② "蓋"字漢簡本作"□",沈云:"陳校云:'簡剜去而忘補寫,遂成空白。'似以今本爲是。《士虞》陰厭節'佐食許諾,啓會,卻于敦南。'鄭注:'會,合也,謂敦蓋也。'《特牲》陰厭節'佐食啓會,卻于敦南。'簡本會誤作楅,詳彼校。會爲敦之蓋,今本《少牢》不當有'蓋'字。敦之爲器,下半與上半相同,傳世實物可證,與鄭注'會合也'之訓正符,故不言蓋而言會。'會'下'蓋'字係經師旁注,書手誤鈔入正文,簡本傳習者剜去之是也,得此而證今本誤衍。"當據刪。

何則不信?"對曰:"夫民,神之主也,是以聖王先成民而後致力於神,故奉牲以告曰'博碩肥腯',謂民力之普存也。奉盛以告曰'絜粢豐盛',謂其三時不害而民和年豐也。"則此之所言,隨季梁辭也。

祝出,迎尸于廟門之外。主人降,立于阼階東,西面。祝先入門右,尸入門左。主人不出迎尸,伸尊也。《特牲饋食禮》曰:"尸入,主人及賓皆辟位,出亦如之。"祝入門右者,辟尸盥也,既則後尸。○皆辟,音避,又房益反,下同。後尸,戶豆反。【疏】注"主人"至"後尸"。○釋曰:自此盡"牢肺、正脊加于肵",論尸入正祭之事。云"主人不出迎尸,伸尊也"者,《禮記》云"君迎牲而不迎尸,別嫌也。尸在廟門外則疑於臣,在廟中則全於君",故主人皆不出迎尸,尸在廟門外爲臣道,故主人不出迎尸,伸尊也。引《特牲》者,尸出入時,主人與賓在位上①,皆逡巡辟位,敬尸也。云"既則後尸"者,下經云"祝延尸,尸升自西階,入,祝從",注云"由後詔相之曰延",是後尸者也。宗人奉槃,東面于庭南。一宗人奉匜水,西面于槃東。一宗人奉簞巾,南面于槃北。乃沃尸,盥于槃上。卒盥,坐奠簞,取巾,興,振之三,以授尸,坐取簞,興以受尸巾。庭南,沒霤。○奉槃,芳勇反,下同。沒霤,力又反。【疏】注"庭南沒霤"。○釋曰:"庭南"者,於庭近南,是沒盡門屋霤,近門而盥也,是以《特牲》亦云"尸入門,北面盥",繼門而言,即亦此"沒霤"者也。祝延尸,尸升自西階,入,祝從。由後詔相之曰延。延,進也。《周禮》曰:"大祝相尸禮。"祝從,從尸升自西階。【疏】"祝延"至"祝從"。○注"由後"至"西階"。○釋曰:《周禮》曰:大祝相尸禮"者,案職云"相尸禮",注云"延其出入,詔其坐作"是也。主人升自阼階,祝先入,主人從。祝接神,先入宜也。尸升筵,祝、主人西面立于戶內,祝在左。主人由祝後而居右,尊也。祝從尸,尸即席,乃卻居主人左。【疏】注"主人"至"人左"。○釋曰:祝先入,至主人入而居祝之右者,以祝從尸後詔侑之,故在尸後主人前,及尸即筵,主人與祝西面,則主人尊故也。云"祝從尸,尸即席,乃卻居主人左"者,解祝在先居左之意也。祝、主人皆拜妥尸,尸不言,尸荅拜,遂坐。拜妥尸,拜之使安坐也。尸自此荅拜,遂坐而卒

---

① "在"字原作"西",四庫本作"在",據改。

食，其閒有不啐奠、不嘗鉶、不告旨。大夫之禮，尸彌尊也。不告旨者，爲初亦不饗，所謂曲而殺。○妥尸，他果反。不啐，七內反。而殺，所界反，後禮殺同。【疏】“祝主”至“遂坐”。○注“拜妥”至“而殺”。○釋曰：案《爾雅》“妥、安，坐也”，故云“拜妥尸，拜之使安坐也”。案《特牲》云“尸啐酒，告旨，主人拜，尸荅拜。祭鉶，嘗之，告旨”，不得遂坐，此經云“荅拜，遂坐”，故鄭解其遂坐而卒食之意，以“其閒有不啐奠、不嘗鉶、不告旨”也，大夫之禮，尸彌尊，故無三事①。《特牲》所云“嘗鉶”，謂嘗豕鉶，此“不嘗鉶”，謂不嘗豕鉶也，知非不嘗羊鉶者，案下云“嘗羊鉶”，故知不嘗豕鉶也。“不告旨”者，既不啐奠，故無告也。言“彌尊”者，既不啐奠，已尊②；又不嘗鉶，不告者，是彌尊也。云“不告旨者，爲初亦不饗”者，案《特牲》迎尸即席坐，“主人拜妥尸，尸荅拜，執奠。祝饗，主人拜如初”，注云“饗，勸強之也。其辭取於《士虞記》，則宜云‘孝孫某，圭爲而孝薦之，饗’”，是士賤，不嫌得與人君同，大夫尊，嫌與人君同，故初不饗，後亦不告旨，故云“不告旨者，爲初亦不饗”也。云“所謂曲而殺”者，《禮器》文，彼注云“謂若父在爲母期”，不得申，大夫不得者，亦不得申，故引爲證。若然，“曲而殺”爲初不饗而言也。祝反南面。未有事也。墮祭、爾敦，官各肅其職，不命。○隋祭，許規反，劉相規反，下同。【疏】注“未有”至“不命”。○釋曰：云“未有事也”者，釋“祝反南面”也。云“墮祭、爾敦”，文在下經。“官各肅其職，不命”者，言祝無事之義。前宿諸官③，各肅其事，不須命，故祝得反南面。尸取韭菹，辯擩于三豆，祭于豆閒。上佐食取黍稷于四敦，下佐食取牢一切肺于俎，以授上佐食。上佐食兼與黍以授尸，尸受，同祭于豆祭。牢，羊、豕也。同，合也，合祭於菹豆之祭也④。黍稷之祭爲墮祭，將食神餘，尊之而祭之。今文辯爲徧。○辯，音遍。擩于，如悅反⑤，劉而誰反。作徧，音遍，後皆同。【疏】注“牢羊”至“爲徧”。○釋曰：云“黍稷之祭爲墮祭”者，肺與黍稷俱得爲墮，故《周禮·守祧職》“既祭則藏其墮”，墮中豈不能兼肺，肺

---

① “三”字原作“拜”，阮云：“‘拜’乃‘三’字之訛。”據改。
② “已”字原作“一”，倉石云：“殿本、《正謌》‘一’作‘已’。”據改。
③ “前”字原作“案”，曹云：“‘案’或當爲‘前’。”據改。
④ “菹豆”原作“俎豆”，阮云：“李氏曰‘俎豆’當作‘菹豆’。”據改。
⑤ “悅”字原作“帨”，黃云：“‘帨’宋本作‘悅’是也，‘如悅’即《集韻》之‘儒劣’。”據改。

與黍稷俱祭于苴上[①]，既則藏之[②]，明肺與黍稷器不動，人就器減取之，故特得墮名。舉肺則全取，因而絶之[③]，不得墮稱，及其藏之，并有墮名也。云“將食神餘，尊之而祭之”者，謂陰厭是神食，神食後尸來即席食[④]，尸餕鬼神之餘，故尸亦尊神而祭之，以其凡祭者，皆不是盛主人之饌，故以祭之爲尊也。**上佐食舉尸牢肺、正脊以授尸，上佐食爾上敦黍于筵上，右之。**爾，近也，或曰移也。右之，便尸食也。重言上佐食，明更起不相因。○重言，直用反。【疏】“上佐”至“右之”。○注“爾近”至“相因”。○釋曰：《曲禮》云“飯黍無以箸”，是古者飯食不用匙箸，若然，器即不動，器中取之，故移之於席上，便尸食也。云“重言上佐食，明更起不相因”者，前“舉尸牢肺”時，坐而取之，興以授尸，不因此坐取肺，即爾敦黍，明更坐，爾黍而起，不因前坐也。案《特牲》云“黍稷”，此及《虞》皆不云稷者，此後皆黍稷連言，明并黍稷食之，不虛陳而不食，不言爾之者，文不具，其實亦爾之也。**主人羞肵俎，升自阼階，置于膚北。**羞，進也。肵，敬也。親進之，主人敬尸之加。○置于[⑤]，音值，下注直室同。【疏】“主人”至“膚北”。○注“羞進”至“之加”。○釋曰：《郊特牲》訓肵爲敬，今此主人親進之，故鄭云“敬尸之加”，以其爲尸特加，故云“加”也。若然，《特牲》三俎，膚從豕俎，故肵在腊北，此五俎，有膚俎，故肵在膚北。**上佐食羞兩鉶，取一羊鉶于房中，坐設于韭菹之南。下佐食又取一豕鉶于房中以從，上佐食受，坐設于羊鉶之南。皆芼，皆有柶。尸扱以柶，祭羊鉶，遂以祭**

---

① “苴”字原作“菹”，倉石云：“《正字》云：‘菹誤苴。’《校釋》云：‘據《鄉師》注，則苴字不誤。’今案《特牲》、《少牢》吉祭無苴，惟天子、諸侯尊者禮備，故吉祭亦有之。此引《守祧職》，則謂天子禮，其有苴無可疑也。曹説是。”汪刊單疏本作“苴”，阮刻本改爲“菹”，此仍改從單疏。

② “既則藏之”原作“上既藏之”，阮云：“《要義》重‘上’字，屬下句，《通解》、毛本‘上’字不重。”曹云：“似當爲‘既則藏之’。”據曹校改。

③ “而”字原作“上”，曹云：“‘上’或當爲‘而’，既全取出，因而絶之，是非於器中減之矣。”據改。

④ “神食”下原不重“神食”二字，阮云：“‘神食’二字《要義》重出。”據補。

⑤ “置于”原作“直於”，黄云：“石經作‘置于’，注疏本同。嚴云：‘直字易識，鄭不破讀，何必發音，而直室東隅之注又相隔太遠，陸氏實無此例，明屬後人補改。《説文》：植，或作檟，是置、直古通。張淳以石經置爲誤而改從《釋文》，非也。’焯案‘下注直室’，張淳所據本作‘置’，亦可知經文‘直於’之當作‘置于’也。”據改。

豕鉶，嘗羊鉶。芼，菜也。羊用苦，豕用薇，皆有滑①。○皆芼，亡報反。有柶，音四。尸扱，初洽反。用薇，音微。【疏】"上佐"至"羊鉶"。○注"芼菜"至"有滑"。○釋曰："芼，菜"者，菜是地之芼。知"羊用苦，豕用薇，皆有滑"者，案《公食大夫記》云"鉶芼，牛藿、羊苦、豕薇，皆有滑"是也。食舉，舉，牢肺、正脊也。先食啐之②，以爲道也。○先食，作飲飯者皆非。啐之，大敢反。【疏】"食舉"。○注"舉牢"至"道也"。○釋曰：此食舉在羞�肵之下，《特牲》食舉在羞肵之上，不同者，彼《特牲》食舉下乃云羞肵俎者，是其正，以食舉後，尸即嚌幹之屬，即加於肵俎，故食舉後即進肵是正也，此食舉不在羞肵之上，上佐食羞鉶羹，尸祭鉶訖，乃得食舉，故退食舉在祭鉶之下，又不退羞肵在食舉下者，由主人敬尸，故不退在下也。《特牲》爾敦下設大羹，此不云者，大羹不爲神，直是爲尸者，故此不言，儐尸乃有也。云"舉牢肺、正脊也"者，上文云"上佐食舉尸牢肺、正脊以授尸"，尸受祭肺，明今食先云食舉，是上牢肺、正脊也。云"先食啐之，以爲道也"者，案《特牲》"舉肺、脊以授尸，尸受，振祭，嚌之，左執之"，注"肺，氣之主也。脊，體之貴者。先食啐之，所以道食通氣"是也。三飯。食以黍。【疏】"三飯"。○注"食以黍"。○釋曰：知先食黍者，以前文先言爾黍，故知先食黍也。上佐食舉尸牢幹，尸受，振祭，嚌之。佐食受，加于肵。幹，正脊也。古文幹爲肝。○嚌之，才計反③。【疏】注"幹正脊也"。○釋曰：上文序體，先言短脊，次言正脊，則正脊在中，上食舉是正脊，故知此食幹亦先取正脊也。《特牲》云"食幹"，鄭注爲"長脊也"，彼記序九體，有長脊無代脊者，案鄭注云"脊無中，脅無前，貶於尊者"，故與此異也。

上佐食羞嚌兩瓦豆，有醢，亦用瓦豆，設于薦豆之北。設于薦豆之北，以其加也。四豆亦絳，羊嚌在南，豕嚌在北。無臐、膮者，尚牲不尚味。○羞嚌，莊吏反。臐，許云反。膮，許堯反。【疏】"上佐"至"之北"。○注"設于"至"尚味"。○釋曰：《特牲》略於《少牢》，故有豕膮，此少牢二牲，故不尚味而無臐、膮也。尸又食，食嚌。上佐食舉尸一魚，尸受，振祭，嚌之。佐食受，加于肵，橫之。

---

① "滑"字原作"酒"，疏標注起止作"滑"，謹改。

② "食"字原作"飲"，阮云："'飲'，《釋文》、《集釋》、楊氏俱作'食'，陸氏曰'作飲飯者皆非'。按疏亦作'食'。"據改。

③ "才"字原作"丁"，黃云："宋本'丁'作'才'，是也。盧本未改正。"據改。

又，復也。或言食，或言飯，食大名，小數曰飯。魚橫之者，異於肉。○又復，扶又反，下復嘗同。小數，所角反。【疏】"尸又"至"橫之"。○注"又復"至"於肉"。○釋曰：云"食大名"者，以其《論語》文多言食，故云"食大名"也。云"小數曰飯"者，此《少牢》、《特牲》言三飯、五飯、九飯之等，據一口謂之一飯，五口謂之五飯之等，據小數而言，故云"小數曰飯"也。云"魚橫之者，異於肉"者，魚在俎縮，肉在俎則橫，其肉在胏俎①，仍橫之，魚本縮，今則橫之矣②，與牲體異，故云魚橫異於肉也。必知肉在胏仍橫者，但言加于胏，不云縮，則與本俎同橫可知也。大夫不儐尸者，於此時亦當設大羹，此主爲大夫儐尸者，故無設大羹之文也③。又食，上佐食舉尸腊肩，尸受，振祭，嚌之。上佐食受，加于胏。腊、魚皆一舉者，少牢二牲，略之。腊必舉肩，以肩爲終也。別舉魚、腊，崇威儀。【疏】注"腊魚"至"威儀"。○釋曰：云"腊（元缺起此）、魚皆一舉者，少牢二牲，略之"者，以《特牲》三舉獸、魚，以其牲少故也，此"少牢二牲，略之"者，體足可舉，故腊、魚一舉以略之。云"腊必舉肩，以肩爲終也"者，以腊如牲骨，但舉一肩，肩尊以爲終，取其成義，牲體舉肩爲終。云"別舉魚、腊，崇威儀"者，《特牲》云"尸三飯，佐食舉獸幹、魚一，亦如之。尸又三飯，舉骼及獸、魚如初。尸又三飯，舉肩及獸、魚如初"，獸、魚常一時同舉而此獸、魚別舉，大夫之禮，故云"崇威儀"。案《特牲》先舉腊後魚，此《少牢》後舉腊者，彼《特牲》三俎，腊皆三舉，故後舉魚，此《少牢》腊、魚皆一舉，故使腊在後，肩取其終義故也。又食，上佐食舉尸牢骼，如初。如舉幹也。又食，不舉者，卿大夫之禮不過五舉，須侑尸。【疏】注"不舉"至"侑尸"。○釋曰：云"五舉"者，舉牢肺一也，又舉牢幹二也，又舉一魚三也，又舉腊肩四也，又舉牢骼五也，是卿大夫之禮五舉也。尸告飽。祝西面于主人之南獨侑，不拜，侑曰："皇尸未實，侑。"侑，勸也。祝獨勸者，更則尸飽。實，猶飽也。祝既侑，復反南面。○獨侑，音又。【疏】注"侑勸"至"南面"。○釋曰：云"侑，勸也。祝獨勸者，更則尸飽"者，此決《特牲》九飯三侑，皆祝、主人共侑，不更以侑者，欲使尸飽，若其重侑，則嫌

---

①　"肉"字原作"同"，曹云："'同'當爲'肉'。"據改。

②　"橫"下原無"之"字，阮云："《通解》同，毛本'橫'下有'之'字。"據補。

③　"此主"至"文也"原作"此主爲大夫不儐尸者大羹之文也"，阮云："浦鏜云：'不當衍字，者上當脫故無設三字。'"浦氏所言"者上"之"上"字當爲"下"，據刪補。

相襲，《特牲》共侑不更者①，以士禮九飯，縱更亦不飽，故不更，此大夫禮十一飯，更則飽，故有更，是以使祝獨侑，取與主人更之義②。云“祝既侑，復反南面”者，户内，主人及祝有事之位，尸席北，祝無事之位，今侑訖，亦復尸北南面位也。此與《特牲》皆有侑尸飯法③，天子、諸侯亦當有之，故《大祝》九拜之下云“以享侑祭祀”，注云“侑，勸尸食而拜”，若然，士三飯即告飽而侑，大夫七飯告飽而侑，諸侯九飯告飽而侑，天子十一飯而侑也。**尸又食，上佐食舉尸牢肩，尸受，振祭，嚌之。佐食受，加于肵。**四舉牢體，始於正脊，終於肩，尊於終始。【疏】注“四舉”至“終始”。○釋曰：正脊及肩，此體之貴者，故先舉正脊爲食之始，後舉肩者爲食之終，故云“尊於終始”。**尸不飯，告飽。祝西面于主人之南。**祝當贊主人辭。【疏】注“祝當贊主人辭”。○釋曰：以其西面是祝之有事之位，故從南向西面位也④。**主人不言，拜侑。**祝言而不拜，主人不言而拜，親疏之宜。【疏】注“祝言”至“之宜”。○釋曰：云“親疏之宜”者⑤，云“祝言而不拜”者，疏也；云“主人不言而拜”者，親也。事相成，故云“親疏之宜”也。**尸又三飯。**爲祝一飯，爲主人三飯，尊卑之差。凡十一飯，下人君也。○爲祝，于僞反，下同。**上佐食受尸牢肺、正脊，加于肵。**言受者，尸授之也。尸受牢幹⑥，而實舉于菹豆⑦，食畢操以授佐食焉。○操以，七刀反。【疏】注“言受”至“食焉”。○釋曰：此案上文初食舉，謂正脊與牢肺，不言置舉之所，下文即言“三飯，上佐食舉尸牢幹。尸受，振祭，嚌之。佐食受，加于肵”，至此尸十一飯後，乃言“上佐食受尸牢肺、正脊，加于肵”者，是却本初食，約《特牲》舉肺脊，其時尸實舉于菹豆，

①　“共”字原作“重”，依上文“《特牲》九飯三侑，皆祝、主人共侑”而言，疑此“重”字當爲“共”，謹改。

②　“與”上原無“取”字，倉石云：“‘義’，殿本作‘也’。今案‘與’上或奪‘取’字。”據補。

③　“有”下原無“侑”字，曹云：“‘有’下脱‘侑’字。”據補。

④　“故從南面向西面位也”，倉石云：“‘南’下《校釋》補‘面’字。今案此蓋謂主人之南，非謂席北南面之位，曹校恐非。”

⑤　“之”下原無“宜”字，倉石云：“殿本‘之’下增‘宜’字。”據補。

⑥　“受”字原作“授”，四庫本作“受”，據改。

⑦　“菹豆”原作“俎豆”，阮云：“‘俎’，《集釋》、楊氏俱作‘菹’，與疏合。張氏曰：‘疏於《特牲》之肺、脊初在菹豆，既作菹，于此又作菹，則此篇之上文注合祭于俎豆之祭也之俎，亦必菹字，並從疏。’”據改。

今尸食畢，尸乃於菹豆上取而授上佐食，上佐食受而加于肵，故言"受尸牢肺、正脊，加于肵"也。

　　主人降，洗爵，升，北面酌酒，乃醋尸。尸拜受，主人拜送。 醋，猶羨也。既食之而又飲之，所以樂之。古文醋作酳。○乃醋，音胤，又士刃反。既食，音寺。又飲，於鴆反。樂之，音洛。【疏】注"醋猶"至"作酳"。○釋曰：自此盡"折、一膚"，謂主人醋尸之事。云"醋，猶羨也"者，取饒羨之義，故以爲樂之也。**尸祭酒，啐酒。賓長羞牢肝，用俎，縮執俎，肝亦縮，進末，鹽在右。** 羞，進也。縮，從也。鹽在肝右，便尸換之。古文縮爲蹙。○從也，子容反。爲蹙，子六反。【疏】注"羞進"至"爲蹙"。○釋曰：云"鹽在肝右，便尸換之"者，鹽在肝右，據賓長西面手執而言，尸東面，若至尸前，鹽在尸之左，尸以右手取肝，鄉左〔元缺止此〕換之，是其便也。**尸左執爵，右兼取肝，換于俎鹽，振祭，嚌之，加于菹豆，卒爵。主人拜，受尸爵，尸荅拜。** 兼，兼羊、豕。**祝酌（受）〔授〕尸①，尸醋主人。主人拜受爵，尸荅拜。主人西面奠爵，又拜。** 主人受酢酒，俠爵拜，彌尊尸。○尸醋，才各反。【疏】注"主人"至"尊尸"。○釋曰：云"彌尊尸"者，此《少牢》與《特牲》尸酢主人，使祝代尸酌者，已是尊尸，今主人拜受訖，又拜爲俠拜，是"彌尊尸"也。**上佐食取四敦黍稷，下佐食取牢一切肺以授上佐食，上佐食以綏祭。** 綏，或作挼。挼，讀爲墮。將受嘏，亦尊尸餘而祭之。古文墮爲肵。○以綏，許規反，劉相規反，并注挼及墮亦放此，下皆同。受嘏，古雅反。【疏】注"綏或"至"爲肵"。○釋曰：經中綏是車綏，或有《禮》本作挼者，故亦讀從《周禮·守祧》"既祭則藏其墮"②，取墮減之義也。云"將受嘏"者，下文主人受嘏之時，先墮祭，是以佐食授黍稷與主人爲墮禮。**主人（佐）〔左〕執爵③，右受佐食，坐祭之，又祭酒，不興，遂啐酒。** 右受佐食，右手受墮於佐食也。至此言坐祭之者，明尸

---

　　①　"祝酌受尸"，阮云："'受'，《集釋》、《要義》、楊、敖俱作'授'。張氏曰：'經曰祝酌受尸，按經上文祝受尸爵，今酌以授尸，作受非也，從經。'按唐石經作'受'。"漢簡本作"授"，當據改。

　　②　"祭"字原作"葬"，曹云："'葬'當爲'祭'。"據改。

　　③　"主人佐執爵"，阮云："徐本同，毛本'佐'作'左'。張氏曰：'經前後文執爵皆左，此佐當爲左，從經前後文'。"漢簡本作"左"，當據改。

與主人爲禮也。尸恒坐,有事則起。主人恒立,有事則坐。【疏】注"右手"至"則坐"。
○釋曰:云"尸常坐,有事則起。主人常立,有事則坐"者,案《禮器》云"周坐尸",《曲禮》
云"立如齊",鄭云"齊,謂祭祀時",則是尸常坐,主人祭時則常立。經云"坐祭之",謂墮
祭尸餘,是尸與主人爲禮,是主人有事乃坐也。尸答主人拜乃立,是尸有事則起也。
祝與二佐食皆出,盥于洗,入。二佐食各取黍于一敦,上佐食兼
受,搏之以授尸,尸執以命祝。命祝以嘏辭。○搏之,大官反。【疏】注"命祝
以嘏辭"。○釋曰:謂命祝使出嘏辭,以嘏於主人,下文是也。卒命祝,祝受以
東,北面于户西,以嘏于主人曰:"皇尸命工祝,承致多福無疆于
女孝孫,來女孝孫,使女受禄于天,宜稼于田,眉壽萬年,勿替引
之。"嘏,大也,予主人以大福。工,官也。承,猶傳也。來,讀曰釐。釐,賜也。耕種
曰稼。勿,猶無也。替,廢也。引,長也。言無廢止時,長如是也。古文嘏爲格,禄爲
福,眉爲微,替爲枼,枼或爲载。载、替聲相近。○無疆,居良反。于女,音汝,下同。來
女,依注音釐,力之反,賜也,劉音釐,亦音來,力代反,亦訓賜也,下音汝。猶傳,丈專
反。枼①,音决。载,大結反,劉土結反。【疏】"卒命"至"引之"。○注"嘏大"至"相
近"。○釋曰:云"嘏,大也"者,《郊特牲》云"嘏,長也、大也",故鄭云"予主人以大福"。
案《特牲》尸親嘏主人,此尸使祝嘏主人者,大夫尸尊,故不親嘏。《特牲》無嘏,文不具
也。主人坐奠爵,興,再拜稽首,興,受黍,坐,振祭,嚌之,詩懷之,
實于左袂,挂于季指,執爵以興,坐卒爵,執爵以興,坐奠爵,拜,
尸答拜。執爵以興,出,宰夫以籩受嗇黍,主人嘗之,納諸内。詩,
猶承也。實於左袂,便右手也。季,猶小也。出,出户也。宰夫,掌飲食之事者。收敛
曰嗇,明豐年乃有黍稷也。復嘗之者,重之至也。納,猶入也。古文挂作卦。○挂于,
俱賣反,又音卦。【疏】"主人"至"諸内"。○注"詩猶"至"作卦"。○釋曰:云"出,出户
也"者,以主人位在户内西面,今云出,故知是出户也。此宰夫以籩受嗇,大夫之禮,

①　"枼"字原作"袂",黃云:"宋本'袂'作'枼'。阮云:'段玉裁云:袂不當有决音,
《儀禮》嘉靖本、鍾人傑本皆作枼。今案《五經文字》、《九經字樣》俱無枼字,宋人重修
《玉篇》始載之,未知是古字否。至錢大昕謂袂當作秩,陸所見本已譌,此又當別論
也。'"據宋本改。

《特牲》主人出寫嗇于房，祝以籩受，彼士禮，與大夫異也。案《春官·鬱人》云"大祭祀，與量人受舉斝之卒爵而飲之"，鄭云"斝，受福之嘏，聲之誤也。王酳尸，尸嘏王，此其卒爵也。《少牢饋食禮》主人受嘏，詩懷之，卒爵，執爵以興，出，宰夫以籩受嗇黍，主人嘗之，乃還獻祝。此鬱人受王之卒爵，亦王出房時也"，是王受嘏與大夫同也。案《楚茨》詩"既齊既稷，既匡既勑"，注云"嘏之禮，祝徧取黍稷、牢肉、魚擩於醢，以授尸。孝孫前就尸受之，天子使宰夫受之以筐，祝則釋嘏辭以勑之"，天子嘏辭與大夫同也。云"復嘗之者，重之至也"者，前已"嚌之"，是已嘗，今復言"嘗"，是重受福之至也。《特牲》不言復嘗者，文不具也。 **主人獻祝，設席南面，祝〔再〕拜于席上①，坐受**，室中迫狹。【疏】"主人"至"坐受"。○注"室中迫狹"○釋曰：言迫狹，大夫、士廟室皆兩下五架②，正中曰棟，棟南兩架，北亦兩架。棟南一架名曰楣，前承簷，以前名曰庪。棟北一架後爲室③，南壁而開戶，即是一架之開，廣爲室，故云"迫狹"也。必知棟北一架後乃爲室者，《昏禮》主人筵賓，升自西階，"當阿，東面致命"，鄭云"阿，棟也，入堂深"，明不入室，是棟北乃有室也。 **主人西面荅拜**。不言拜送，下尸。【疏】"主人西面荅拜"。○注"不言拜送下尸"。○釋曰：上主人酳尸，尸拜受，主人拜送，今主人獻祝，祝拜受，主人荅拜。拜送禮重，荅拜禮輕，今言"荅拜"，故云"不言拜送，下尸"也。 **薦兩豆菹、醢**。葵菹、蠃醢。【疏】"薦兩豆菹醢"。○注"葵菹蠃醢"。○釋曰：知者，上云"韭菹、醓醢"，鄭云"朝事之豆也而饋食用之，豐大夫禮"，上亦云葵菹、蠃醢，是饋食之豆，當饋食之節，是其常事，故不言豐大夫之禮，今祝用之，亦其常事，故知用葵菹、蠃醢也。 **佐食設俎，牢髀、橫脊一、短脅一、腸一、胃一、膚三，魚一橫之，腊兩髀屬于尻**。皆升下體，祝賤也。魚橫者，四物共俎，殊之也。腊兩髀屬于尻，尤賤，不殊。○屬于，音燭。尻，苦刀反。【疏】注"皆升"至"不殊"。○釋曰：言"升下體"者，髀與短脅、橫脊皆羊、豕之下體，"屬于尻"，又腊之下體，爲祝

---

① "祝拜于席上"漢簡本作"祝再于席上"。沈云："陳校云：'書手筆誤。'此主人獻祝，祝賤，又無卒爵拜，故受時再拜。此當簡本脱'拜'字而今本脱'再'字也。"當據補。

② "室"下原有"也"字，曹云："殿本删'也'字。"據删。

③ "架"下原無"後"字，曹云："'架'下脱'後'字。"據補。

賤故也。云"魚橫者，四物共俎，殊之也"者，以其魚獨在俎縮載①，今橫者，爲四物共俎，橫而殊之也，縮有七物而云"四物"者②，據羊、豕、魚、腊，故云"四物"也。云"尤賤"者，羊、豕體不屬於尻，以腊用左右胖，故有兩髀，言髀屬于尻，尻在中，謂髀與尻相連屬不殊，是"尤賤"也。腊脾賤③，常連之也。**祝取菹擩于醢，祭于豆閒。祝祭俎**，大夫祝俎無肺，祭用膚，遠下尸。不嚌之，膚不盛。【疏】"祝取"至"祭俎"。〇注"大夫至不盛"。〇釋曰：云"大夫祝俎無肺，祭用膚，遠下尸"者，案《特牲》尸俎有祭肺、離肺，祝俎有離肺無祭肺，是下尸，今大夫尸俎亦皆有，祝則離肺、祭肺俱無，是"遠下尸"也。云"不嚌之，膚不盛"者，決離肺祭訖，嚌之，加于俎，今以無肺祭，不盛故也。凡膚皆不嚌④，獨於此言之者，以其以膚替肺，肺則嚌，此則不嚌，故須言之也。**祭酒，啐酒，肝牢從。祝取肝擩于鹽，振祭，嚌之，不興，加于俎，卒爵，興。**亦如佐食授爵乃興。不拜既爵，大夫祝賤也。【疏】注"亦如"至"賤也"。〇釋曰："亦如佐食授爵乃興"者，此經直云"卒爵，興"，不云"授爵"，故特明之，案下文主婦獻祝，祝卒爵，坐授主婦爵，主婦又獻二佐食，二佐食坐授主婦爵，主婦獻祝與獻二佐食同，明主人獻祝，祝授主人爵，亦與二佐食同可知。云"不拜既爵，大夫祝賤也"者，此決《特牲》"祝卒角，拜，主人荅拜"，以士卑，故祝不賤，此大夫尊，故祝賤，不拜既爵也。**主人酌，獻上佐食。上佐食戶內牖東，北面拜，坐受爵，主**

---

①　"獨"字原作"猶"，曹云："'猶'當爲'獨'。"倉石云："'猶'，殿本作'獨'，似是。"據改。

②　"有"字原作"其"，阮云："陳、閩、《通解》同，毛本'其'作'有'。"曹云："'其'字譌，單疏作'有'。"據改。

③　"腊脾賤"原作"周祝賤"，四庫本卷末《考證》云："'腊髀'，監本譌作'周祝'，今据經文改正。"曹云："殿本改爲'腊脾賤'。"據改。

④　"嚌"字原作"齊"，汪刊單疏作"嚌"，據改。

人西面荅拜。佐食祭酒，卒爵（拜）①，坐授爵，興。不啐而卒爵者，大夫之佐食賤，禮略。【疏】注“不啐”至“禮略”。○釋曰：《特牲》士之佐食亦啐，大夫佐食賤，禮略。天子、諸侯禮雖亡，或可對天子、諸侯佐食啐乃卒爵，貴故也。俎設于兩階之間，其俎，折、一膚。佐食不得成禮於室中。折者，擇取牢正體餘骨折分用之。有殽而無薦，亦遠下尸。○折一，之設反，後同。【疏】“俎設”至“一膚”。○注“佐食”至“下尸”。○釋曰：云“有殽而無薦，亦遠下尸”者，有殽即經俎實是也，無薦謂無菹醢也，既無肺，已是下尸，又無薦，是“遠下尸”也。主人又獻下佐食，亦如之。其殽亦設于階間，西上，亦折、一膚。上佐食既獻則出，就其俎。《特牲記》曰佐食“無事則中庭北面”，謂此時。

　　有司贊者取爵于篚以升，授主婦贊者于房戶。男女不相因。《特牲饋食禮》曰：“佐食卒角，主人受角，降，反于篚。【疏】“有司”至“房戶”。○注“男女”至“于篚”。○釋曰：自此盡“入于房”②，論主婦亞獻尸與獻祝、佐食之事③。此直云有司授婦贊者于房，案《禮記·內則》云“非祭非喪，不相授器。其相授，則女受以篚。其無篚，則皆坐奠之而后取之”，此經雖不言受以篚及奠於地之事，亦當然也。云“男女不相因”者，案《特牲》“佐食卒角，主人受角，降，反于篚，升，入復位”訖，主婦乃“洗爵于房，酌，亞獻尸”，是不相因爵也。引《特牲》者，證男女不相因爵，主婦不取此爵也。婦贊者受，以授主婦。主婦洗于房中，出，酌，入戶，西面拜，獻尸。入戶西面拜，由便也。不北面者，辟人君夫人也。拜而後獻者，當俠拜也。《昏

---

①　“爵”下漢簡本無“拜”字，沈云：“下主婦獻佐食節‘祭酒卒爵，坐授主婦’。彼佐食不拜卒爵，此主人獻佐食當與之同。主人主婦獻祝，祝啐而不拜卒爵；主人主婦獻兩佐食，兩佐食均不啐酒，鄭注云：‘不啐酒而卒爵者，大夫之佐食賤，禮略。’祝啐酒而佐食不啐酒，豈有祝不拜卒爵而佐食反拜卒爵之理？上‘佐食戶內牖東北面拜，主人西面荅拜’。送爵受爵各有一拜。佐食如拜卒爵，豈有主人不答之理？凡此均證今本衍‘拜’字。敖斷公疑‘拜’字爲衍文，褚寅亮以爲‘敖說可從’，今得簡本，可證本無‘拜’字。”當據刪。

②　“自”上原有“云”字，依疏標起止通例而言，句首“云”字當爲衍文，四庫本無“云”字，據刪。

③　“尸與獻祝佐食之事”原作“祝獻尸與佐食之事”，阮云：“‘尸’《要義》作‘祝’。按《要義》固非，然獻尸宜在獻祝前，諸本亦有誤。曹云：‘當爲尸與獻祝佐食之事’。”據乙。

禮》曰:"婦洗在北堂,直室東隅。"○辟人,音避。【疏】注"入户"至"東隅"。○釋曰:云"入户西面拜,由便也"者,下注云"此拜於北,則上拜於南矣,由便也"。云"不北面者,辟人君夫人也"者,案《特牲》"主婦北面拜",注云"北面拜者,辟内子也",則是士妻卑,不嫌得北面與人君夫人同也。尸拜受,主婦主人之北,西面拜送爵。拜於主人之北,西面,婦人位在内。此拜於北,則上拜於南矣,由便也。尸祭酒,卒爵。主婦拜,祝受尸爵,尸荅拜。易爵,洗,酌,授尸。祝出易爵,男女不同爵。主婦拜受爵,尸荅拜。上佐食綏祭,主婦西面于主人之北受祭,祭之。其綏祭如主人之禮,不嘏,卒爵拜,尸荅拜。不嘏,夫婦一體。綏亦當作授。古文爲肵。主婦以爵出,贊者受,易爵于篚,以授主婦于房中。贊者,有司贊者也。易爵,亦以授婦贊者,婦贊者受房户外,入授主婦。【疏】注"贊者"至"主婦"。○釋曰:知"贊者,有司贊者也"者,上文云"有司贊者取爵於篚",此還是上有司贊者也。主婦洗,酌,獻祝。祝拜,坐受爵,主婦荅拜于主人之北。卒爵,不興,坐授主婦。不俠拜,下尸也。今文曰祝拜受。主婦受,酌,獻上佐食于户内。佐食北面拜,坐受爵,主婦西面荅拜。祭酒,卒爵,坐授主婦。主婦獻下佐食亦如之。主婦受爵,以入于房。不言拜於主人之北,可知也。爵奠於内篚。

　賓長洗爵獻于尸,尸拜受爵,賓户西北面拜送爵。尸祭酒,卒爵,賓拜。祝受尸爵,尸荅拜。祝酌,授尸。賓拜受爵,尸拜送爵。賓坐,奠爵,遂拜,執爵以興,坐祭,遂飲,卒爵,執爵以興,坐奠爵,拜,尸荅拜。賓酌,獻祝。祝拜,坐受爵,賓北面荅拜。祝祭酒,啐酒,奠爵于其筵前。啐酒而不卒爵,祭事畢,示醉也。不獻佐食,將儐尸,禮殺。【疏】"賓長"至"筵前"。○釋曰:云"尸祭酒,卒爵"者,案《特牲》賓長獻,爵止,注云"欲神惠之均於室中",待夫婦致爵,此大夫禮,或有儐尸者①,致爵在儐尸之

---

①　"儐"字原作"賓",汪刊單疏、四庫本皆作"儐",據改。

上，故不致爵，爵不止也。若然，《有司徹》尸作止爵，三獻致爵於主人，主人不酢①，又不致爵于主婦，下大夫不儐尸，賓獻尸止爵，主婦致爵于主人，酢主婦，主人不致於主婦，《特牲》主人與主婦交相致爵，參差不同者，此以尊卑爲差降之數，故有異也。上大夫得儐尸，故不致爵②，上辟人君。下大夫不儐尸，故增酢主婦而已。士卑不嫌與君同，故致爵具也。○注“崒酒”至“禮殺”。○釋曰：云“不獻佐食，將儐尸，禮殺”者，以其祝與佐食俱是事神及尸，是以獻尸并及之，故主人、主婦獻祝與佐食，今賓獻祝不及佐食者，但爲待儐尸③，故於賓長獻是祭末禮殺，故不及佐食，闕之也。

主人出，立于阼階上，西面。祝出，立于西階上，東面。祝告曰：“利成。”利，猶養也。成，畢也，孝子之養禮畢。○猶養，子亮反，下文同。【疏】“主人”至“利成”。○釋曰：自此盡“廟門”，論祭祀畢尸出廟之事④。祝入，尸謖。主人降，立于阼階東，西面。謖，起也。古文謖作休⑤。○尸謖，所六反。祝先，尸從，遂出于廟門。事尸之禮，訖於廟門。【疏】注“事尸”至“廟門”⑥。○釋曰：注“事尸之禮訖於廟門”者，上祝迎尸於廟門，今禮畢又送尸於廟門。案《禮記》“尸在廟門外則疑於臣”，是以據廟門爲斷。

祝反，復位于室中。主人亦入于室，復位。祝命佐食徹肵

---

① “酢”下原有“主婦”二字，曹云：“殿本删‘主婦’二字。”據删。

② “故”下原無“不”字，四庫本補“不”字，卷末《考證》云：“監本脱‘不’字，今据經之節次補之。”據補。

③ “儐”字原作“賓”，汪刊單疏、四庫本皆作“儐”，據改。

④ “主人至利成”至“出廟之事”原在下節經文“祝先，尸從，遂出于廟門”下，疏標起止作“主人至廟門”，四庫本卷末《考證》云：“監本誤刊在下‘祝先，尸從’節之下，今改正。”阮云：“‘主人至廟門’，按主人者，指前節‘主人出，立于阼階上’句也。凡《儀禮》皆以一疏配一注，此獨總三節爲一疏，亦變例也。然標目既云‘主人至廟門’而疏乃云‘自此盡廟門，論祭祀畢尸出廟之事’，殊不可解。一本移‘自此’句置前注‘孝子之養禮畢’下，則標目當改云‘主人至利成。’”所謂一本，或指四庫本，據乙改。

⑤ “古文謖作休”原作“謖或作休”，阮云：“按《士虞》注云‘古文謖或爲休’，此注‘謖’上疑脱‘古文’二字。”此注“謖”下“或”字亦爲衍文，詳《士虞禮》“祝入尸謖”鄭注下校記，據以補删。

⑥ “事尸至廟門”原作“主人至廟門”，此處標起止下原有“自此”至“之事”一節已移置上文“主人出”至“祝告曰利成”節下，彼處標起止亦改爲“主人至利成”，則此處標起止當作“注事尸至廟門”，謹改。

俎,降設于堂下阼階南。徹胏俎不出門,將儐尸也。胏俎而以儐尸者,其本爲不反魚肉耳。不云尸俎,未歸尸。○爲不,于僞反。【疏】"祝反"至"階南"。○注"徹胏"至"歸尸"。○釋曰:自此盡篇末,論徹胏俎行餕之事。云"徹胏俎不出門,將儐尸也"者,決《特牲》佐食徹尸俎出廟門者,送尸者也。云"胏俎而以儐尸者,其本爲不反魚肉耳"者,案《曲禮》云"毋反魚肉",謂食時魚肉不反俎,故尸食亦加胏俎,本爲尸不反魚肉,今儐尸將更食魚肉①,當加於胏俎,未得即送尸家,故云"本爲不反魚肉"也,故儐尸訖,并後加者得歸之也。司宮設對席,乃四人餕。大夫禮,四人餕,明惠大也。○四人餕,音餕。【疏】注"大夫"至"大也"。○釋曰:案《祭統》云:"凡餕之道,每變以衆,所以別貴賤之等而興施惠之象也。"②是故上有大澤,則惠必及下,是以《特牲》二人餕,惠之小者,大夫四人餕,明惠之大者也。上佐食盥升,下佐食對之,賓長二人備。備四人餕也。三餕亦盥升。【疏】"上佐"至"人備"。○注"備四"至"盥升"。○釋曰:"下佐食對之"者,不謂東西相當,直取上佐食東面,下佐食西面爲對,以其下佐食西面近北,故不得東西相當也。云"賓長二人備"者,亦不東西相當,以其一賓長在上佐食之北,一賓長在下佐食之南,是亦不東西相當也,故云"備",不言"對"也。司士進一敦黍于上佐食,又進一敦黍于下佐食,皆右之于席上。右之者,東面在南,西面在北。【疏】注"右之"至"在北"。○釋曰:"東面在南",據上佐食;"西面在北",據下佐食。"右之者",飯用手,右之,便故也。資黍于羊俎兩端,兩下是餕。資,猶減也。減置於羊俎兩端,則一賓長在上佐食之北,一賓長在下佐食之南。今文資作齎。【疏】注"資猶"至"作齎"③。○釋曰:云"兩下是餕"者,據二賓長於二佐食爲下④,故云"一賓長在上佐食之北,一賓長在下佐食之南",以地道尊右,故二佐食皆在右。若然,羊俎兩閒,南北面置之,故二賓長於俎兩端取黍也①。必知上佐食東面近南，下佐食西面近北者，以其尸東面近南，今尸起，上佐食居尸坐處，明知位次如此。司士乃辯舉，餕者皆祭黍、祭舉。舉，舉膚。今文辯爲徧。○乃辯，音徧，下同。【疏】“司士”至“祭舉”。○注“舉舉”至“爲徧”。○釋曰：知舉是舉膚者，以其尸舉肺，餕者下尸，明不舉肺，當舉膚，是以《特牲》云佐食授餕者各一膚，明此大夫禮，亦舉膚也。主人西面，三拜餕者。餕者奠舉于俎，皆荅拜，皆反，取舉。三拜，旅之示徧也。言反者，拜時或去其席，在東面席者東面拜，在西面席者皆南面拜。【疏】“主人”至“取舉”。○注“三拜”至“面拜”。○釋曰：知面位如此者，以主人在户内，西面三拜餕者，餕者在東面位者東面荅主人拜可知②，在西面位者，以主人在南西面，不得與主人同面而拜，明迴身南面向主人而拜，故鄭以義解之如此也。司士進一鉶于上餕，又進一鉶于次餕，又進二豆湆于兩下，乃皆食，食舉。湆，肉汁也。○湆于，去及反。【疏】“司士”至“食舉”。○釋曰：云“又進二豆湆于兩下”者，以其神坐之上，止有羊、豕二鉶，一進與上佐食，一進與下佐食，故更羞二豆湆于兩下。湆者從門外鑊中來，以兩下無鉶，故進湆也。卒食，主人洗一爵，升，酌，以授上餕。贊者洗三爵，酌，主人受于户内，以授次餕，若是以辯。皆不拜受爵，主人西面三拜餕者。餕者奠爵，皆荅拜，皆祭酒，卒爵，奠爵，皆拜，主人荅壹拜。不拜受爵者，大夫餕者賤也。荅壹拜，略也。古文一爲壹也。【疏】注“不拜”至“壹也”。○釋曰：云“不拜受爵者，大夫餕者賤也”者，決《特牲》使嗣子與兄弟餕爲貴，故拜受爵也。云“荅壹拜，略也”者，《特牲》亦無再拜法，此云“略”者，以其四餕皆拜，主人總荅一拜，故云“略也”。餕者三人興，出。出降實爵于篚，反賓位。上餕止，主人受上餕爵，酌以酢于户内，西面，坐奠爵，拜，上餕荅拜。坐祭酒，啐酒。主人自酢者，上餕獨止，當尸位，尊不酢也。【疏】注“主人”至“酢也”。○釋曰：《特牲》上餕親自酢，酢主人，此上餕不酢者，上餕將嘏主人，故在尸位，不可親酢，《特牲》上餕酢者，以上餕不嘏主人，既卒爵，三餕俱出，上餕酢主人，《少牢》禮備，又嘏主

① “兩端”原作“一端”，倉石云：“‘一’，殿本作‘兩’。”據改。
② “位者東面”原作“而”，曹云：“‘而’當爲‘面’，面上脱‘位者東’三字。”據改補。

1203

人，故不酳也。上嗇親嘏，曰：“主人受祭之福，胡壽保建家室。”親嘏不使祝，授之亦以黍。【疏】注“親嘏”至“以黍”。○釋曰：言“亦”者，亦上皇尸命工祝嘏主人以黍，此亦以黍。上文司士進敦，乃分黍于羊俎兩端，下不言稷，故知亦黍也。主人興，坐奠爵，拜，執爵以興，坐卒爵，拜，上嗇荅拜。上嗇興，出。主人送，乃退。送佐食不拜，賤。【疏】注“送佐食不拜賤”。○釋曰：賓主之禮，賓出，主人皆拜送，此佐食送之而不拜，故云賤也。

儀禮疏卷第四十九　儀禮卷第十七

有司第十七

○有司第十七①，本或作有司徹，鄭云：“大夫既祭，儐尸於堂之禮。”【疏】“有司徹第十七”。○釋曰②：鄭《目録》云：“《少牢》之下篇也。大夫既祭，賓尸於堂之禮。祭畢，禮尸於室中。天子、諸侯之祭，明日而繹。《有司徹》於五禮屬吉。《大戴》第九，《小戴》第十二，《別録》《少牢》下篇第十七。”○釋曰：“言大夫既祭，儐尸於堂之禮”者，謂上大夫室内事尸，行三獻禮畢，別行儐尸於堂之禮。又云“祭畢，禮尸於室中”者，據下大夫室内事尸，行三獻，無別行儐尸於堂之事，即於室内爲加爵禮尸，即下文云“若不儐尸”以下是也。

有司徹，徹室中之饋及祝、佐食之俎。卿大夫既祭而賓尸③，禮崇也。賓尸則不設饌西北隅，以此薦俎之陳有祭象而亦足以厭飫神。天子、諸侯明日祭於祊而繹，《春秋傳》曰“辛巳，有事于大廟，仲遂卒于垂，壬午猶繹”是也。《爾雅》曰：“繹，又祭也。”○有司徹，直列反，字又作撤。以厭，一豔反。於祊，百庚反。大廟，音泰，下大宰同。【疏】“有司徹”。○注“徹室”至“祭也”。○釋曰：自此盡“如初”，論徹室内之饋并更整設及温尸俎之事。云“徹室中之饋及祝、佐食之俎”者，室内之饋，主於尸饌，薦俎黍稷皆名饋，下大夫不儐尸，餕訖，云“有司官徹饋，饌於室中西北隅”，彼鄭注云“官徹饋者，司馬、司士舉俎，宰夫取敦及豆”，則此饋内兼數物，唯無肵俎。肵俎，上篇佐食

---

①　“有司第十七”，疏標目作“有司徹第十七”，黃云：“惠云：‘唐石經及嘉靖本亦無徹字。’阮氏《石經校勘記》云：‘此與既夕下不加哭字例同，無徹字是。’”漢簡本作“有司第十二”，亦無“徹”字。

②　“釋曰”，阮云：“按此獨有‘釋曰’二字，下文又重出‘釋曰’，正與《考工記》篇題疏同例，明鄭《目録》乃作疏者所引，非鄭氏自引也。”

③　“賓尸”，阮云：“徐本同，毛本‘賓’作‘儐’。按通篇‘儐尸’之‘儐’，或作‘賓’，或作‘儐’，諸本錯互，今不悉校。據經文作‘儐’，則當以‘儐’爲正。‘賓’、‘儐’或古字通用，其作‘擯’者誤。”

徹之，先設於堂下也。又言"及祝、佐食之俎"者，殊其尊卑爲文，祝亦有薦，在室內北
墉下，佐食之俎在兩楹之間，無薦，此等見於上篇，今徹，祝與佐食并爲文者，賤者省文
之義，其實祝薦俎在室內，佐食俎在階間。此直云"有司"不言官，下大夫不儐尸云"官
徹"者，彼爲更饌西北隅爲陽厭，故見官也。斫俎亦用儐尸，不使有司同時徹者，斫俎
本爲尸，故設之、徹之皆不與正俎同時而後設先徹。案《楚茨》詩云"諸宰君婦，廢徹不
遲"，此不言者，彼人君禮，故不同也。云"卿大夫既祭而儐尸，禮崇也"者，此對下大夫
不儐尸，禮不崇也。云"以此薦俎之陳有祭象而亦足以厭飫神"者，對下大夫尸出之
後，改饌西北隅爲厭飫神，今儐尸者雖不設饌西北隅，以此薦俎之陳有祭象，亦足以厭
飫神，亦下大夫也。云"天子、諸侯明日祭於祊而繹"者，欲見天子、諸侯尊，別日爲之，
與卿大夫禮異，但祊與繹二者俱時爲之，故《郊特牲》云"繹之於庫門內，祊之於東方，
失之矣"，鄭注云"祊之禮，宜於廟門外之西室，繹又於其堂，神位在西。此二者同時而
大名曰繹，其祭禮簡而事尸禮大"。引《春秋傳》者，此宣八年《左氏傳》。"辛巳，有事于
大廟，仲遂卒于垂"，卿佐卒，輕于正祭，不合廢，但繹祭禮輕，宜廢而不廢，故譏之。云
"壬午猶繹"，引之者，證人君別日爲繹，又見二者雖同時而大名繹，故孔子書繹不書
祊。引《爾雅》者，《爾雅·釋天》文，彼云"周曰繹，商曰肜，夏曰復胙"，復胙者，復昨日
之胙祭；殷曰肜者，義取肜肜祭不絕；周曰繹者，取尋繹前祭之事。但祊者，《禮器》云
"爲祊乎外"，注"祊祭，明日之繹祭也。謂之祊者，於廟門之旁，因名焉。其祭之禮，既
設祭於室而事尸於堂，孝子求神非一處"是也。此祊是明日又祭，故於廟門外。若然，
正祭祊即於廟門內，故《楚茨》詩云"祝祭于祊，祀事孔明"，毛傳云"祊，門內也"，鄭云
"孝子不知神之所在，故使祝博求之平生門內之旁①，待賓客之處，祀禮於是甚明"，是
正祭祊在門內也。《郊特牲》云"索祭祝于祊，不知神之所在，於彼乎？於此乎？或諸
遠人乎？祭于祊尚曰求諸遠者與"，亦是祭之明日祊，故云"求諸遠者"。但此大夫儐
尸，同日同正祭之牲②。天子、諸侯禮大，別日又別牲，故《牛人》云"享牛求牛"，鄭云
"享，獻也。獻神之牛，謂所以祭者也。求，終也。終事之牛，謂所以繹者也"，是其別牲

也。埽堂，爲賓尸新之。《少儀》曰："氾埽曰埽，埽席前曰拚。"○爲儐，于僞反，下爲尸同。少儀，詩召反，下之少、年少同。氾埽①，芳劍反，下索到反。曰拚，方問反。【疏】"埽堂"。○注"爲賓"至"曰拚"。○釋曰："爲賓尸新之"者，正祭於室之時，堂亦埽訖，今將儐尸，又埽之，故云"爲儐尸新之"。引《少儀》者，若直埽席前，止可云"拚"，今云"埽"不云"拚"，明於廟堂氾埽②，引之見氾埽爲義也。　司宮攝酒，更洗益整頓之。今文攝爲聶。○爲聶，女輒反。【疏】"司宮攝酒"。○注"更洗"至"爲聶"。○釋曰：鄭云"更洗益整頓之"者，案《士冠禮》"再醮攝酒"，注云"攝，猶整也。整酒，謂撓之"，此更添益整頓，則此洗當作撓，此謂賓尸，唯徹室中之饋，亦因前正祭之酒，更撓攪添益整新之也。　乃燅尸俎。燅，溫也。溫尸俎於爨，肵亦溫焉。獨言溫尸俎，則祝與佐食不與賓尸之禮。古文燅皆作尋，記或作燖。《春秋傳》曰："若可燖也，亦可寒也。"○燅，音尋，劉徐鹽反，溫也，注燖同。肵亦，音祈。不與，音預。【疏】"乃燅尸俎"。○注"燅溫"至"寒也"。○釋曰：知"溫尸俎於爨"者，見下文云"卒燅，乃升羊、豕、魚三鼎"，故知先溫於爨之鑊，乃後升之於鼎也。"肵亦溫焉"，知者，案下文載俎，所舉在肵，肩、胳、脊、脅皆在，載於俎，明亦溫可知。又云"獨言溫尸俎，則祝與佐食不與賓尸之禮"者，但正祭時尸、祝及佐食皆有俎，今獨言溫尸俎，欲見賓尸時祝與佐食不與而別立侑也。云"古文燅皆作尋"者，《論語》及《左傳》與此古文皆作尋，《論語》不破，至此疊古文不從者，彼不破者，或古今文通用③，至此見有今作燅，有火義，故從今文也。云"記或作燖"者，案《郊特牲》云"有虞氏之祭也，尚用氣。血腥、爓祭，用氣也"，注云"爓或爲燖"，今此義指彼記，或讀之，故云"記或作燖"也。引《春秋傳》者，案哀公十二年《左傳》："夏，公會吳于橐皋。吳子使大宰嚭請尋盟，公不欲，使子貢對曰：'盟，所以周信也，故心以制之，玉帛以奉之，言以結之，明神以要之。寡君以爲苟有盟焉，弗可改也已。若猶可改，日盟何益？今吾子曰必尋盟，若可尋也，亦可寒也。'"服注云："尋之言重也，溫也。寒，歇也，亦可寒而歇之（元缺一字）。"鄭引之者，證燅尸俎是重溫之義。　卒燅，乃升羊、豕、魚三鼎，無腊與膚，乃設扃鼏，陳鼎于門外，

---

① "氾"字原作"汜"，黃云："'汜'字誤，盧本改作'氾'，注疏本作'汜'。"據改。

② "明於廟堂"原作"明于堂廟"，曹云："'堂廟'二字當倒，'于'單疏作'於'。"據乙改。

③ "文"上原無"今"字，曹云："'文'上或脫'今'字。"據補。

如初。腊爲庶羞，膚從豕，去其鼎者，賓尸之禮殺於初。如初者，如廟門之外東方，北面北上。今文肩爲鉉，古文羃爲密。○肩，古熒反，注同。羃，亡狄反。去其，起呂反，下拂去同。禮殺，所界反，劉色例反，下皆同。爲鉉，玄犬反。【疏】"卒褻"至"如初"。○注"腊爲"至"爲密"。○釋曰：云"腊爲庶羞"者，鄭解不褻腊之義，案上褻尸俎則皆在其內，今升鼎言無腊，下載又不見腊體，明從庶羞可知。云"膚從豕，去其鼎"，知者，下載體時膚猶在豕鼎，不爲庶羞可知，但正祭時五鼎，今二者皆去其鼎，故云"賓尸之禮殺於初"也。

乃議侑于賓，以異姓。議，猶擇也。擇賓之賢者，可以侑尸。必用異姓，廣敬也。是時主人及賓、有司已復內位。古文侑皆作宥。○侑于，音又。【疏】"乃議"至"異姓"。○注"議猶"至"作宥"。○釋曰：自此盡"侑荅拜"，論選侑并迎尸及侑之事。云"是時主人及賓、有司已復內位"者，下文"侑出，俟于廟門之外"，又云主人出迎尸、侑，言侑，即賓之賢者，明賓、有司、主人皆復內位矣。若然，知賓、主不先在內，必知出復內位者，上篇云四餕者，二佐食、二賓長餕訖皆出，未見入，主人送上餕言退，皆有出事，今議侑在內，故云"是時賓、主人已復內位"也。宗人戒侑，戒，猶告也。南面告於其位，戒曰："請子爲侑。"【疏】"宗人戒侑"。○注"戒猶"至"爲侑"。○釋曰：知"南面告於其位"者，以賓位在門東北面，請以爲侑，明面鄉其位可知。知賓位在門東北面者，下文將獻賓時云"主人降，南面拜衆賓門東三拜①，衆賓門東北面皆荅壹拜"是也。云"戒曰：請子爲侑"者，案《燕禮》公曰"命某爲賓"，射人傳公命當云"請子爲賓"，此處命侑，當先云"主人曰：命某爲侑"，宗人傳主人辭，戒曰"請子爲侑"，鄭以互文約之，故云然也。侑出，俟于廟門之外。俟，待也。待於次，當與尸更入。主人興禮事尸，極敬心也。【疏】"侑出"至"之外"。○注"俟待"至"心也"。○釋曰：云"主人興禮事尸，極敬心也"者，正謂立侑以輔尸，使出更迎入②，是極其敬心也。司宮筵于戶西，南面。爲尸席也。又筵于西序，東面。爲侑席也。尸與侑北面于廟門之外，西上。言與，殊尊卑。北面者，賓尸而尸益卑。西上，統於賓客。【疏】

---

①　"三"下漢簡本無"拜"字，當據刪，詳彼經文下校記。

②　"更迎入"原作"便迎之"，倉石云："殿本'便'作'更'。今案'之'當作'入'，文義乃足。"據改。

1208

注“言與”至“賓客”。○釋曰：云“尸益卑”者，以儐尸之禮，以尸爲賓客，當在門西，東面北上，今執臣道，門外北面，故云“益卑”也。主人出迎尸，宗人擯。賓客尸而迎之，主人益尊。擯，贊。【疏】“主人”至“人擯”。○注“賓客”至“擯贊”。○釋曰：案《少牢》宿尸祝擯，此宗人擯者，以祝不與儐尸，故使宗人爲擯也。云“賓客尸而迎之，主人益尊”者，上篇正祭時，主人不迎尸，以申尸之尊，至此賓客尸而迎之，以尸同賓客，是“主人益尊”故也。主人拜，尸荅拜。主人又拜侑，侑荅拜。主人揖，先入門右。道尸。○道尸，音導。尸入門左，侑從，亦左。揖，乃讓。没霤相揖，至階又讓。【疏】注“没霤”至“又讓”。○釋曰：經直云“揖，乃讓”，鄭知“没霤相揖，至階又讓”者，案上篇、《鄉飲酒》之等，入門三揖，至階又讓，故知也。主人先升自阼階，尸、侑升自西階，西楹西，北面東上。東上，統於其席。【疏】注“東上統於其席”。○釋曰：尸在門外，北面西上，統於賓客，至此升堂，亦應西上，故決之。云“東上，統於其席”，以其賓席以東爲上故也。主人東楹東，北面拜至，尸荅拜。主人又拜侑，侑荅拜。拜至，喜之。

　　乃舉。舉，舉鼎也。舉者不盥，殺也。【疏】“乃舉”。○注“舉舉”至“殺也”。○釋曰：自此盡“西枋”，論門外舉鼎，匕、俎入陳于廟門内之事①。云“舉者不盥，殺也”者，決正祭時，皆盥訖乃舉鼎，此儐尸禮殺，舉者不盥，故云“殺也”。司馬舉羊鼎，司士舉豕鼎、舉魚鼎以入，陳鼎如初。如初，如阼階下西面北上。【疏】注“如初”至“北上”。○釋曰：云“如初”者，此如上經正祭時陳鼎之事也。雍正執一匕以從，雍府執二匕以從。司士合執二俎以從，司士贊者亦合執二俎以從。匕皆加于鼎，東枋。二俎設于羊鼎西，西縮。二俎皆設于二鼎西，亦西縮。雍正，羣吏掌辨體名肉物者。府，其屬。凡三匕，鼎一匕。四俎爲尸、侑、主人、主婦，其二俎設于豕鼎、魚鼎之西，陳之宜具也。古文縮皆爲蹙。○爲蹙，子六反。【疏】注“雍正”至“爲蹙”。○釋曰：云“雍正，羣吏掌辨體名肉物者”，案《周禮・内饔職》云“掌割烹煎和之事，辨體名肉物”，注云“體名，脊、脅、肩、臂、

_____

①　“門”下原無“内”字，曹云：“‘門’下脱‘内’字。”據補。

臑之屬。肉物，㦛、燔之屬"，此大夫之雍正①，所掌亦依之也。知四俎據尸、侑、主人、主婦者，據下文四者皆有俎知之也。云"陳之宜具"者，此四俎當俱陳于羊鼎之西②，分二俎陳豕鼎、魚鼎之西者，欲使三鼎之西並有俎，故云"陳之宜具也"。**雍人合執二俎，陳于羊俎西，並，皆西縮。覆二疏匕于其上，皆縮俎，西枋。**並，併也③。其南俎，司馬以羞羊匕湆、羊肉湆。其北俎，司士以羞豕匕湆④、豕脀、湆魚。疏匕，匕柄有刻飾者。古文並皆作併。○並併，步頂反，後皆同。匕湆，去及反。豕脀，之承反。【疏】注"並併"至"作併"⑤。○釋曰：云"其南俎，司馬以羞羊匕湆、羊肉湆"者，匕湆謂無肉直汁，以其在匕，故名匕湆也⑥，即下文"司馬在羊鼎之東，二手執桃匕枋以挹湆，注于疏匕"是也。云"肉湆"者，直是肉從湆中來，實無汁，下文云"羊肉湆，臑折、正脊一、正脅一、腸一、胃一"是也。案下文次賓羞羊匕湆，司馬羞羊肉湆，此注并云"司馬"不云"次賓"者，案上經正祭時云"司馬刉羊"，據此正文没次賓不言，其實羞羊匕湆者是次賓也。又云"其北俎，司士以羞豕匕湆、豕脀、湆魚"者，此經陳二俎以爲益送之俎，南俎已是司馬所用於羊湆之等，則此北俎是司士羞豕湆之等。若然，案下文亦次賓羞豕匕湆，司士羞豕脀，此并云"司士"者，亦據上經正文"司士擊豕"而言，實次賓羞豕匕湆也。云"疏匕，匕柄有刻飾者"，以其言疏，是疏通、刻飾之名，若《禮記》云"疏屏"之類，故知"柄有刻飾"，亦通柄刻雲氣以飾也。

　　主人降，受宰几。尸、侑降，主人辭，尸對。几，所以坐安體。《周禮·大宰》掌"贊玉几、玉爵"。【疏】注"几所"至"玉爵"。○釋曰：引《大宰》者，證宰授

---

① "大夫"原作"士"，四庫本作"大夫"，據改。

② "于"下原無"羊"字，曹云："'于'下脱'羊'字。"倉石云："殿本'于'下補'羊'字。"據補。

③ "並併也"原作"並并也"，阮云："毛本'並'作'竝'，徐本、《釋文》、《集釋》、《通解》、《要義》、楊氏'并'俱作'併'。按'併'、'并'今多溷用，此注下云'古文並皆作併'，此云'並併也'，是以古文解今文也，不得岐出，故辨之。"曹云："'并'，嚴作'併'。"據嚴本改。

④ "湆"下原有"豕肉湆"三字，吳綬云："按下司士匕豕，即豕脀也，絕無'豕肉湆'之名，蓋後人妄增者。""豕肉湆"三字蓋後人釋"豕匕湆"之語，本書於"豕匕湆"旁，後轉寫誤入注内，據删。疏述注雖亦有"豕肉湆"，但於"豕肉湆"無説，故亦删。

⑤ "並併"原作"並并"，汪刊單疏作"並併"，據改。

⑥ "匕"下原無"故名匕"三字，曹云："'匕'下似脱'故名匕'三字。"據補。

主人几之義。宰授几，主人受，二手橫執几，揖尸。獨揖尸，几禮主於尸。**主人升，尸、侑升，復位。**位，阼階、賓階上位。【疏】注“位阼”至“上位”。○釋曰：鄭言此者，主人位常在阼階上，其賓位在户西及在西階上，今恐尸復位在户西，以其未得在户西，故言“賓階上位”也。**主人西面，左手執几，縮之，以右袂推拂几三，二手橫執几，進授尸于筵前。**衣袖謂之袂。拂者，外拂之也①。推拂去塵，示新。**尸進，二手受于手閒。**受從手閒，謙也。**主人退，尸還几，縮之，右手執外廉，北面奠于筵上，左之，南縮，不坐。**左之者，異於鬼神。生人陽，長左。鬼神陰，長右。不坐奠之者，几輕。○長左，丁丈反，後皆同。【疏】“主人”至“不坐”。○注“左之”至“几輕”。○釋曰：云“主人退，尸還几，縮之”者，以主人橫執几進授尸時，尸二手受於主人手閒時，亦橫受之，將欲縱設於席，故還之使縮，以右手執几外廉，故鄉北面縮設于席也。云“左之者，異於鬼神”者，謂若上篇以來，設神几皆在右，爲生人皆左几之等，是其生人陽，故尚左，鬼神陰，故尚右也。云“不坐奠之者，几輕”者，此決下文啐酒坐奠之，言坐，是重之，此言不坐，輕之故也②。**主人東楹東，北面拜。**拜送几也。**尸復位，尸與侑皆北面荅拜。**侑拜者，從於尸。【疏】注“侑拜者從於尸”。○釋曰：以主人授几止爲尸，故主人拜送，宜尸獨荅拜③，今侑亦拜，故云“從於尸”，以其立侑以輔尸，故侑從尸拜也。

　　主人降洗，尸、侑降，尸辭洗，主人對。卒洗，揖。主人升，尸、侑升。尸西楹西北面拜洗，主人東楹東北面奠爵，荅拜。降盥，尸、侑降。主人辭，尸對。卒盥，主人揖升，尸、侑升。主人坐取爵，酌，獻尸。尸北面拜受爵，主人東楹東北面拜送爵。降盥者，爲土汙手不可酌。【疏】“主人”至“送爵”。○釋曰：自此盡“興，退”，論主人、主婦獻於尸之事。云“主人降洗，尸、侑降，尸辭洗”者，案《鄉飲酒》主人降洗，賓降，主人辭降，賓

---

　　①　“袂”下原無“拂者外拂之也”六字，吳紱云：“監本脱‘拂者，外拂之也’句。按《士昏禮》疏引此注有之，今據彼補正。”據補。

　　②　“言坐”至“故也”原作“不言坐是重之此言坐執之故也”，阮云：“許宗彥云：‘上句衍不字，下句脱不字，執乃輕字之訛。’”據乙改。

　　③　“宜”字原作“其”，曹云：“‘其’當爲‘宜’。”據改。

對,此中亦應主人降洗,尸、侑降①,主人辭降。**主婦自東房薦韭菹、醓,坐奠于籩前,菹在西方。婦贊者執昌菹、醓以授主婦,主婦不興,受,陪設于南,昌在東方。興,取籩于房,麷、蕡,坐設于豆西,當外列,麷在東方。婦贊者執白、黑以授主婦,主婦不興,受,設于初籩之南,白在西方。興,退。**昌,昌本也。韭菹、醓醢,昌本、麋臡。麷,熬麥也。蕡,熬枲實也。白,熬稻。黑,熬黍。此皆朝事之豆籩,大夫無朝事而用之賓尸,亦豐大夫之禮。主婦取籩興者,以饌異,親之。當外列,辟鉶也。退,退入房也。○麷,芳中反,熬麥也。蕡,扶云反,熬枲也。醓,他感反。麋臡,乃兮反,又人兮反。枲也,思治反。辟鉶,音避,下亦辟、辟併、辟主同。【疏】"主婦"至"興退"。○注"昌昌"至"房也"。○釋曰:案此上下經,主人先獻,主婦乃後薦者,若正祭則先薦後獻,若繹祭則先獻後薦,故《祭義》云"君獻尸,夫人薦豆",鄭注云"謂繹日也",則此儐尸禮與天子、諸侯繹祭同,故亦先獻後薦也。云"昌本"已下等物至"此皆朝事之豆籩"者②,案《周禮·籩人》云"朝事之籩,麷、蕡、白、黑、形鹽、膴、鮑魚、鱐",《醢人》云"朝事之豆,韭菹、醓醢、昌本、麋臡、菁菹、鹿臡、茆菹、麇臡"③,故鄭注此,皆據彼而言,又案彼注"昌本,昌蒲根。有骨爲臡,無骨爲醢"。云"蕡,熬枲實也"者,案《喪服傳》云"苴者,麻之有蕡者也。牡麻者,枲麻也",若然,蕡麻有實,枲麻無實,鄭云"蕡,枲實"者,舉其類耳,其實枲是雄麻無實,若竹器圓曰籩,方曰筥,鄭注《論語》亦云"簞,笥",亦是舉其類也。白、黑之等無正文,鄭以形色而言之。云"大夫無朝事而用之儐尸,亦豐大夫之禮"者,案《禮記》坐尸於堂,子北面而事之,注云天子、諸侯之祭,朝事延尸於戶外,是以有北面事尸之禮,是《特牲》、《少牢》正祭無朝事於堂,直有室中之事。若然,大夫雖用天子、諸侯朝事之籩豆,以其禮殺,故八籩、八豆之中各取其四耳,其"韭菹、醓"者,則無骨之醢;"昌菹、醓"者,即《周禮》麋臡,臡,散文亦名醢。又案《周禮》鄭注云"韲菹之稱菜肉通,

---

① "尸侑"原作"賓",曹云:"'賓'當爲'尸侑'。"據改。

② "事"下原無"之"字,阮云:"毛本'事'下有'之'字,《通解》有'之'字無'豆'字。"據毛本補"之"字,與鄭注合。又,"豆籩"下原無"者案周禮籩人云朝事之籩"十一字,四庫本卷末《考證》云:"監本脱'者'字以下十一字,今据下文醢人例,依《周官》原文補之。"曹校、孫校同,據補。

③ "麇臡"原作"麋臡",阮云:"浦鏜云'麇'誤'麋'。"據改。

全物若腏爲菹，細切爲齏”，彼昌本不言菹，是細切爲齏，此云“昌菹”，則大夫以昌本爲菹，異於天子、諸侯所用也。云“主婦取籩興者，以饌異，親之”者，鄭意以籩豆俱時設，而籩不使婦贊者取籩以授主婦者，以籩與豆不同，所實又別，故主婦宜親就房，親取之也。

乃升。升牲體於俎也。【疏】“乃升”。○釋曰：自“乃升”盡“于其上”，論司馬載俎，因歷說十一俎之事。司馬朼羊，亦司馬載。載右體，肩、臂、臑、骼、膊、正脊一、脡脊一、橫脊一、短脅一、正脅一、代脅一、腸一、胃一、祭肺一，載于一俎。言錄尸俎，復序體者，明所舉肩、骼存焉，亦著脊、脅皆一骨也。臑在下者，折分之以爲肉湆俎也①。一俎，謂司士所設羊鼎西第一俎。○肫，音純。胳，音格，又音各，本亦作骼。臑，奴到反。脡，他頂反。復序，扶又反，下不復、復言同。折分，之設反，下皆同。【疏】注“言錄”至“一俎”。○釋曰：云“言錄尸俎，復序體者，明所舉肩、骼存焉”者，上篇《少牢》載牲體十一，脊、脅皆加並骨二，尸食特舉脊、脅②、肩、骼，在於肵俎，上文直言“錄尸俎”，嫌所舉在肵者不在，故復序其體，所舉肩、骼則存焉。所舉未知在此正俎③，爲在下羊肉湆，以本脊、脅皆二骨以並，今皆一骨，故鄭云“明所舉肩、骼存焉”，以肩、骼一骨前尸所舉，今復序之，明在可知。脊、脅雖舉，以其二以並，今脊、脅載一骨在正俎，一骨在湆俎，故鄭云“亦著脊、脅皆一骨也”，以其前所舉者未知在何俎，故直注云“著脊、脅皆一骨”，不云“存”耳。云“一俎，謂司士所設羊鼎西第一俎”者，此俎在侑俎之南，故下文注“侑俎”云“羊鼎西之北俎也”，鄭君知尸俎在南，見羊肉湆俎在豕俎之南，羊尊豕卑，明尸俎在侑俎之南。或解云言第一者最在北，故侑俎下注云“司士所設羊鼎西之北俎也”，明北俎則餘俎在南④。已下所注俎之次第，皆據司士、雍人所陳爲次，義可知也。羊肉湆，臑折、正脊一、正脅一、腸一、胃一、嚌肺一，載于南俎。肉湆，肉在汁中者，以增俎實，爲尸加也。必爲臑折，上所折分者。嚌肺，離肺也。南俎，雍人所設在南者。此以下十一俎，

---

①　“俎”字原作“貶”，阮云：“徐本、《集釋》同，《通解》、楊氏、毛本‘貶’俱作‘俎’。”據改。

②　“脊”下原無“脅”字，曹云：“‘脊’下殿本增‘脅’字。”據補。

③　“此”上原無“在”字，曹云：“‘此’上殿本增‘在’字。”據補。

④　“則餘俎在南”原作“在俎之南”，四庫本作“則餘俎在南”，據改。

俟時而載,於此歷説之爾。今文湆爲汁。○隮,才計反。【疏】"羊肉"至"南俎"。○注"肉湆"至"爲汁"。○釋曰:云"肉湆,肉在汁中者,以增俎實,爲尸加也"者,以決正祭之鼎,直升牲體無湆者,以正祭之俎非加,今儐尸增俎實爲尸加,故有湆也。凡牲體皆出汁,不言湆,又下豕胾亦出于汁,皆不言湆,此特得湆名者,《特牲》《少牢》正祭升牲體於鼎時,皆無匕湆,故直云升體於俎,設於尸前,鼎内亦無匕湆升文,今此升牲體於尸前,匕湆亦升焉,故得湆名,以其俎實無汁,故進羊肉湆,必先進羊匕湆,然後進羊肉湆,見此湆爲肉而有,故在羊肉湆前進之,使尸嘗之,故鄭下注云"隮湆者,明湆肉加耳,嘗之以其汁,尚味"是也。若然,豕亦有匕湆,不名肉湆而名豕胾者,互見爲文。言胾者,見在俎無汁,言肉湆者,見在鼎内時有汁也。若然,羊、豕互見爲文,魚何以不言魚湆而云湆魚者,羊先言肉後言湆,使肉前進匕湆,明是湆從肉來可知,魚前無進匕湆,故先言湆,以明魚在湆可知,魚無匕湆者,鄭下注云"不羞魚匕湆,略小味也"。羊有正俎,羞匕湆、肉湆,豕無正俎,魚無匕湆,隆汙之殺。云"必爲臑折,上所折分者",上經退臑在下者,以折分,故退之,今此經云"臑折",即上經所退臑在下者也。左右體各有臑而必取右體之臑①,折分用之,貴神俎故也。若然,脊、脅二骨亦分一骨爲肉湆者,亦是貴神俎故也。云"此以下十有一俎,俟時而載,於此歷説之爾"者,案下文"卒升,賓長設羊俎於豆南。賓降,尸升筵",唯設此一俎,餘十一俎皆未載②,又主人、主婦俎升席時乃設之③,是其"俟時而載",今於此已下雖未載,因前俎遂歷陳説之爾。十一俎者,即尸之羊肉湆一也,豕胾俎二也,侑之羊俎三也,豕俎四也,主人羊俎五也,羊肉湆俎六也,豕胾七也,主婦羊俎八也,尸、侑、主人三者皆有魚俎,是其十一,通尸羊正俎爲十二俎。其四俎,尸、侑、主人、主婦載羊體俎,皆爲正俎。其餘八俎,雍人所執二俎益送往還,故有八,其實止二俎也。**司士柸豕,亦司士載,亦右體,肩、臂、肫、骼、臑、正脊一、脡脊一、横脊一、短脅一、正脅一、代脅一、膚五、隮肺一,載于一俎**。臑在下者,順羊也。俎謂雍人所設在北者。【疏】"司士"至"一俎"。○注"臑在"至"北者"。○釋曰:云"臑在下者,順羊也"者,以其豕胾不折臑,臑亦在下,順上文羊臑在下,由折分,此雖不折,順羊,故亦在下也。豕肉湆所

---

① "各有"原作"之",曹云:"'之'當爲'各有'二字。"據改。
② "未"下原無"載"字,曹云:"'未'下脱'載'字。"據補。
③ "升"上原無"俎"字,倉石云:"殿本'升'上補'俎'字。"據補。

以不折者，由豕無正俎，皆是肉湆，故不折也①。侑俎，羊左肩、左肫、正脊一、脅一、腸一、胃一、切肺一，載于一俎。侑俎，豕左肩折、正脊一、脅一、（膚三②、）切肺一，載于一俎。侑俎用左體，侑賤。其羊俎過三體，有肫，尊之，加也。豕左肩折，折分爲長兄弟俎也。切肺亦祭肺，互言之爾。無羊湆，下尸也。豕又祭肺，不嚌肺，不備禮。俎，司士所設羊鼎西之北俎也③。豕俎與尸同。○下尸，戶嫁反，下注下尸、下之、亦下侑④、下主人、下大夫、下上大夫同。【疏】"侑俎"至"一俎"。○注"侑俎"至"尸同"。○釋曰："侑俎用左體"者，案《少牢》載尸俎皆右體，脊、脅皆二骨；舉肺一；切肺三，尸、主人、主婦盡用；腸三、胃三，尸正俎用一，湆俎用一，唯有一在此。是以自侑已下及主人、主婦，皆用左體脊、脅。若然，亁尸俎時，左體亦同升於鼎，上不云者，文不具，是以前陳俎時，皆設于鼎西，若不同升鼎，則侑、主人、主婦俎如《特牲》執事之俎，陳在階間，不應在鼎側也。若然，《特牲》執事與主人、主婦之俎亦不升鼎，彼爲自異於神。《少牢》祝與佐食俎亦不升鼎，亦自異於神。此自侑已下，悉與尸同鼎者，以儐尸禮益卑，唯尸尊，禮詳，侑已下，禮略故也。云"其羊俎過三體，有肫，尊之，加也"者，鼎俎數奇，今體數四，故云"加"，若《禮緯》云"禮，六十已上，籩豆有加"，是以《少牢》祝羊、豕體各三，又下文主人羊肉湆俎體亦三，今儐尸之有侑，猶正祭之有祝，侑四體，必知以肫爲加者，侑豕俎無肫，主人羊肉湆俎亦無肫，故知有肫爲加，以立侑以輔尸，尊之，故以肫爲加體也。云"豕左肩折，折分爲長兄弟

① "不"下原有"順所"二字，倉石云："'順所'二字疑衍。"據删。
② "膚三"，吳紱云："按下阼俎注云：'降於侑羊體一而增膚三'，謂膚三爲增于侑俎，似侑俎無膚三也。然諸本皆同，無可取正，存疑於此。"阮云："'三'，楊氏作'一'。周學健云：'下阼俎注云降于侑羊體一而增豕膚三，謂膚三爲增於侑俎，似侑俎無膚三也。然諸本皆同，無可取正，存疑於此。'按楊氏獨作'膚一'，不知何據。"當據删"膚三"二字。
③ "俎司士所設羊鼎西之北俎也"，吳紱云："按上司馬杓羊注云：'一俎，謂司士所設羊鼎西第一俎'，彼第一，則此當第二，不應反在其北，疑'北'字是'次'字之譌。然疏已作'北俎'釋之，今仍之而附識所疑如此。"
④ "亦下侑"原作"亦下下侑"，黃云："宋本'侑'作'賓'。"阮云：'賓字誤，亦下下侑當作亦下侑。'"據改。

1215

俎也”者,以下文設薦俎而云“其衆,儀①”,禮文薦膚皆不云折,唯長兄弟云“先生之膚折②”,鄭云“先生,長兄弟。折,豕左肩之折”,是以知義然也。云“無羊湇,下尸也”者,直云無羊湇不云肉者,以匕湇、肉湇皆無,故直云“無羊湇”,以包二者皆無,此二湇尸皆有,侑皆無,故云“下尸也”。云“豕又祭肺,不嚌肺,不備禮”者,上尸羊俎有祭肺,豕俎有嚌肺,是備禮,侑羊俎、豕俎皆切肺,故曰“不備禮”也。**阼俎,羊肺一、祭肺一,載于一俎。羊肉湇,臂(一)③、脊一、脅一、腸一、胃一、嚌肺一,載于一俎。豕脀,臂(一)④、脊一、脅一、膚三、嚌肺一,載于一俎。**阼俎,主人俎。無體,遠下尸也。以肺代之,肺尊也。加羊肉湇而有體,崇尸惠亦尊主人。臂,左臂也。侑用肩,主人用臂,下之也。不言左臂者,大夫尊,空其文也。降於侑羊體一而增豕膚三,有所屈,有所申,亦所謂順而摭也。阼俎,司士所設豕鼎西俎也。其湇俎與尸俎同,豕俎又與尸豕俎同。○而摭,之石反。【疏】“阼俎”至“一俎”。○注“阼俎”至“俎同”。○釋曰:“無體,遠下尸”者,尸用右體,主人用左體,是其相下之義,今主人正俎全無牲體,故云“遠下尸也”。云“以肺代之,肺尊也”者,尸、侑一肺,今主人一俎有兩肺,故知以肺代體,肺者,氣之主,食所先祭,尊於腸胃,故以肺代體。云“加羊肉湇而有體,崇尸惠,亦尊主人”者,以正俎物雖與尸不同⑤,有肉湇與尸同⑥,至尸酢主人而設之,故曰“崇尸惠”,正俎所以不崇尸惠者,遠下尸,故無正體,無正體遠下尸⑦,則無肉湇者,近下尸,故侑無羊肉湇,注但云“下尸”⑧,此非直崇尸惠,亦見尊

---

① “云其衆儀”原作“注云衆兄弟儀”,曹云:“‘注’字衍,‘衆兄弟儀’當爲‘其衆儀’。”據删改。

② “唯”下原無“長”字,曹云:“‘唯’下脱‘長’字。”據補。

③ “臂”下漢簡本無“一”字,沈云:“下第13簡同節‘豕升(脀)辟(臂)’,第43簡主人獻長賓節‘羊胳(骼)’,今本均有‘一’字。全書文例,肱骨股骨俱不記數字,今本俱屬誤衍。”當據删。

④ “臂”下漢簡本無“一”字,“一”爲衍文,當删,説見前。

⑤ “俎”上原無“正”字,曹云:“‘俎’上似脱‘正’字。”據補。

⑥ “有”字原作“者”,曹云:“‘者’或當爲‘有’,屬下讀。”據改。

⑦ “故無”至“下尸”原作“故無正俎遠下”,曹云:“‘俎’殿本改作‘體’,又重‘無正體’三字。”又云:“‘下’字下殿本增‘尸’字。”據改補。

⑧ “下”下原無“尸”字,曹云:“‘下’下殿本亦增‘尸’字。”據補。

主人者，侑無羊匕湆、無豕匕湆而主人盡有，是其尊主人，所有尊主人者①，見下文受酢致爵時。云"不言左臂者，大夫尊，空其文"者，牲右體體貴，左體賤，侑用左體，皆言左肩、左肫，今主人用左臂，直云臂不云左者，大夫尊，故空其文，似若得用右體然，必知是左臂者，以右臂在尸俎故也。云"降於侑羊體一而增豕膚三，有所屈有所申，亦所謂順而撫也"者，案《禮器》注云"謂若君沐粱，大夫沐稷，士沐粱"，大夫不沐粱，屈於君，士則申，與君同，是亦屈申之義，故引爲證也。云"其湆俎與尸俎同，豕俎又與尸豕俎同"者，以其共用益送之俎，故知同也。**主婦俎，羊左臑、脊一、脅一、腸一、胃一、膚一、嚌羊肺一，載于一俎。** 無豕體而有膚，以主人無羊體，不敢備也。無祭肺，有嚌肺，亦下侑也，祭肺尊。言嚌羊肺者，文承膚下，嫌。膚在羊肺上，則羊、豕之體名同相亞也。其俎，司士所設在魚鼎西者。【疏】"主婦"至"一俎"。○注"無豕"至"西者"。○釋曰：云"無豕體而有膚，以主人無羊體，不敢備也"者，以主人俎無羊體，故主婦俎亦無豕體，以主人遠下尸，主婦亦遠下尸也。云"無祭肺，有嚌肺，亦下侑也，祭肺尊"者，言"亦"者，亦主人下侑也，侑用肩，主人用臂，祭肺尊，嚌肺卑，侑俎皆祭肺，主婦皆嚌肺，故云"下侑也"。云"嚌羊肺者，文承膚下，嫌也"者，肺文承膚下，有豕肺之嫌，故須辨之，云"嚌羊肺"者以別之也。云"膚在羊肺上，則羊、豕之體名同相亞也"者，羊、豕雖異，脊、脅之等體名則同，今豕雖直言膚，不言體，以豕膚在羊肺之上，使絢羊之體②，故云"相亞"。若然，下文主人獻賓之時，司士設俎，羊骼一、腸一、胃一、切肺一、膚一，所以膚又在肺下者，彼取用之先後，故退膚在下。**司士杙魚，亦司士載，尸俎五魚，橫載之，侑、主人皆一魚，亦橫載之，皆加膴祭于其上。** 橫載之者，異於牲體，彌變於神。膴，讀如殷冔之冔。刌魚時，割其腹以爲大臠也，可用祭也。其俎又與尸豕俎同。○加膴，火吳反，依注音冔，況甫反，劉呼孤反，後同。刌魚，口吳反，又口侯反。大臠，力轉反。【疏】"司士"至"其上"。○注"橫載"至"俎同"。○釋曰：案上歷説十一俎，尸、侑、主人之下皆次言豕俎③，獨不陳魚

---

①　"所有尊主人者"原作"所有者尊"，曹云："殿本改爲'所有尊主人者'。"據改。

②　"使絢羊之體"，周學健云："按此非絢法，疑有譌繆。"

③　"次言豕俎"下原有"魚俎亦是歷説十一俎"九字，曹云："殿本刪。"此亦據刪。

俎於豕俎之下而并陳於此者①,欲見魚,水物,别於正牲,又欲見魚獨副賓長三獻②,故并於此序之。云"横載之者,異於牲體,彌變於神"者,以其牲體皆横載於俎,於人爲縮,鬼進下,生人進膝,上篇《少牢》正祭升體時云"下利升豕,其載如羊,無腸、胃。體其載于俎,皆進下",鄭注"進下,變於食生也。所以交於神明,不敢以食道,敬之至也",引《鄉飲酒禮》"'進膝',羊次其體,豕言進下,互相見",明正祭之時,牲體皆横載進下可知,至此儐尸事神禮簡,儐尸禮隆,以尸爲賓客,故從生人禮,牲體皆進膝,横載於俎,異於祭③。魚於正祭之時縮載,故《少牢》云"司士升魚,十有五而俎,縮載,右首進腴",於俎爲縮,於尸爲横,首向右,腹腴向尸,鄭注云"右首進腴,亦變於食生也",若生人則亦縮載,於人爲横,首亦向右,進鰭脊向人,腹腴向外,今儐尸之禮,載魚宜亦同生人,縮載進鰭,今横載,於人爲縮,不與正祭同,又與生人異,欲見儐尸之禮異於正祭,又不得全與生人同。鄭云"彌變於神"者,牲體既進膝,是已變於神,至於魚,載又横於俎,是"彌變於神"也。云"膴,讀如殷冔之冔"者,讀從《士冠禮》、《郊牲牲》周弁、殷冔,冔,覆也,可以覆首,此亦取魚腹反覆於上以擬祭。云"其俎又與尸豕俎同"者,謂上雍人所設於侑俎之西者也④。

卒升。卒,已也,已載尸羊俎。【疏】"卒升"。○注"卒已"至"羊俎"。○釋曰:自此盡"立于筵末",論薦獻於尸之事。云"卒升"者,案上有主人酌獻尸,主婦薦籩豆,又升羊俎進於尸前,因歷説十一俎之事,今言"卒升",還計上升羊俎,故云"卒",是以鄭亦據"已載尸羊俎"而言之⑤。此事從上文"獻尸",下盡"乃卒爵"有五節,五節者,從主人獻酒於尸并主婦設籩豆,是其一也;賓長設俎,二也;次賓羞羊匕湆,三也;司馬羞

---

① "并陳"原作"陳并",阮云:"'陳并'二字《要義》倒。"曹云:"阮云'陳并'二字《要義》倒,案倒者是。"據乙。

② "三獻"原作"獻三",曹云:"'獻三'二字當倒。"據乙。

③ "祭"字原作"載",曹云:"'載'或當爲'祭'。"據改。

④ "謂上雍人"至"之西者也"原作"謂上司士所設於豕鼎之西者也",吳紱云:"按据上經鄭注,此俎當是雍人所設在北者,疏語似繆,未敢輕改。"曹云:"'豕鼎'當爲'羊俎'。"説亦未允,因爲羊俎西之益送之俎爲雍人所設而非司士所設。此據鄭注,謹改作"謂上雍人所設於侑俎之西者也"。

⑤ "據"字原作"云",曹云:"'云'當爲'據'。"據改。

肉湆，四也①；次賓羞羊燔尸乃卒爵，五也。賓長設羊俎于豆南，賓降。尸升筵自西方，坐，左執爵，右取韭菹擩于三豆，祭于豆閒。尸取糜、蕡，宰夫贊者取白、黑以授尸，尸受，兼祭于豆祭。賓長，上賓。○擩，如悅反，劉而誰反。【疏】“賓長”至“豆祭”。○注“賓長上賓”。○釋曰：上文載羊俎，退“卒升”於十一俎下者，欲就此賓長設羊俎之事，故此言“賓長設羊俎于豆南，賓乃降”，注云“賓長，上賓”者，案下三獻時云“上賓洗爵”，注云“上賓，賓長也”②，是以鄭上下交相曉爲一人者也。雍人授次賓疏匕與俎，受于鼎西，左手執俎左廉，縮之，卻右手執匕枋，縮于俎上，以東面受于羊鼎之西。司馬在羊鼎之東，二手執桃匕枋以挹湆，注于疏匕，若是者三。桃，謂之歃，讀如“或舂或扰”之“扰”，字或作桃者，秦人語也。此二匕者皆有淺升，狀如飯樔。桃，長枋，可以抒物於器中者。注，猶寫也。今文桃作扰，挹皆爲扱。○執挑，湯堯反，劉湯姚反，又他羔反，一音由，又食汝反。以挹，一入反。之歃，初洽反，劉初輒反，下扱同。或作挑，本又作扰，劉弌羔反。飯樔③，七消反。以抒，食汝反。【疏】注“桃謂”至“爲扱”。○釋曰：云“讀如‘或舂或扰’之‘扰’”者，讀從《詩》“或舂或扰”，彼注“扰，抒臼也”。云“此二匕者皆有淺升，狀如飯樔”，此以漢法況之，言淺升（元缺一字），對尋常勺升深，此淺耳。尸興，左執爵，右取肺，坐祭之，祭酒，興，左執爵。肺，羊祭肺。【疏】注“肺羊祭肺”。○釋曰：知“羊祭肺”者，見上載尸羊正俎而云“祭肺一”，故知此羊俎上祭肺。其羊肉湆雖有嚌肺一，此下經乃升，此時未升，故知非嚌肺也。次賓縮執匕俎以升，若是以授尸。尸卻手（授）〔受〕匕枋④，坐祭，嚌之，興，覆手以授賓。賓亦覆手以受，縮匕于俎上以

---

① “二也”下原無“次賓”至“四也”十五字，阮云：“此句下《通解》、毛本有‘次賓羞羊匕湆，三也。司馬羞肉湆，四也’十五字，此本與《要義》俱無。”曹云：“《通解》補之是也。”據補。

② “上賓”下原不重“賓”字，阮云：“浦鏜云脫一‘賓’字。”據補。

③ “樔”字原作“操”，黃云：“宋本作‘樔’是也。”據改。

④ “尸卻手授匕枋”，阮云：“‘授’，楊、敖俱作‘受’。張氏曰：‘按經文次第，次賓執俎授尸，尸卻手受以祭，復覆手授賓，賓亦覆手受以降，諸本誤以受爲授。’周學健云：‘石經亦作授而刊其扌旁，知受字是也。’”漢簡本“授”字正作“受”，當據改。

降。嚌湆者，明湆肉加耳，嘗之以其汁，尚味。○覆手，芳伏反，下同。啐，七內反。
【疏】"次賓"至"以降"。○注"嚌湆"至"尚味"。○釋曰：云"嚌湆者，明湆肉加耳，嘗之
以其汁，尚味"者，此匕湆似大羹，案《特牲》大羹不祭、不嚌，以不爲神，非盛，此嚌之
者，明湆肉加，先進其汁而嘗之，尚味故也，以湆肉加在鼎有汁，在俎無汁，故以匕進
汁，是以上注云"肉湆，肉在汁中者，以增俎實，爲尸加"是也。《特牲》大羹自門入，本
不在鼎，不調之，此肉湆在鼎已調之，故云"尚味"也。尸席末坐，啐酒，興，坐
奠爵，拜，告旨，執爵以興，主人北面于東楹東荅拜。旨，美也。拜告
酒美，荅主人意。古文曰東楹之東。【疏】"尸席"至"荅拜"。○注"旨美"至"之東"。○
釋曰：案上篇《少牢》尸不啐奠，不告旨，大夫之禮，尸彌尊，至於儐尸啐酒告旨者，異於
神奠，具尸禮，彌賓故也①。司馬羞羊肉湆，縮執俎。尸坐奠爵，興，取
肺，坐絕祭，嚌之，興，反加于俎。司馬縮奠〔湆〕俎于羊（湆）俎
南②，乃載于羊俎，卒載（俎）③，縮執俎以降。絕祭，絕肺末以祭。《周禮》
曰絕祭。湆使次賓，肉使司馬，大夫禮多，崇敬也。【疏】"司馬"至"以降"。○注"絕祭"
至"敬也"。○釋曰：引《周禮》者，案《大祝職》辨九祭，七曰絕祭，注云"絕末以祭"，引之
證絕祭與此同也。云"湆使次賓，肉使司馬，大夫禮多，崇敬也"者，司馬，火官，羊又火
畜，則羊湆與肉，皆當司馬羞之④，案上文次賓羞湆⑤，此經司馬羞肉者，以大夫官多，

① "賓"字原作"儐"，曹云："'儐'當爲'賓'。"據改。
② "羊"字下漢簡本無"湆"字，沈云："下第26簡主人受尸酢節'司馬宿（縮）奠汁（湆）俎于俎西'，今本'于'下有'羊'字。上司馬羞羊肉湆爲加俎，設於席上者，不過將俎中牲體加於羊正俎上，旋即撤去。本是羊湆俎，何能復奠於羊湆俎南，故李如圭、敖繼公、方苞均謂今本'湆'字爲誤衍。張爾岐云：'經文司馬縮奠俎于羊湆俎南，疑誤，觀下受酢羞肉湆節，當是縮奠湆俎于羊俎南。'案張説是也。據二本對勘，簡本此文'羊'下無'湆'字甚善，但'奠'下誤脱'湆'字，下文'于'下誤脱'羊'字，而今本則誤移'湆'字於'羊'字之下，當如張氏所正者。"當據以乙正。
③ "載"下漢簡本無"俎"字，沈云："阮元《校勘記》云：'周學健云：石經載下無俎字。按今本石經載縮二字已壞，補缺誤補俎字，遂脱縮字，周所據猶未壞本也。'全書文例，'卒載'下俱無'俎'字，受酢節今本亦無'俎'字。據簡本可定今本爲衍。"當據删。
④ "羞"字原作"載"，曹云："'載'當爲'羞'，下兩'載'字同。"據改。
⑤ "羞"字原作"載"，據曹校改。

各所羞其一①，是以云“大夫禮多，崇敬也”。尸坐執爵以興，次賓羞羊燔，縮執俎，縮一燔于俎上，鹽在右。尸左執爵，受燔，揳于鹽，坐，振祭，嚌之，興，加于羊俎，賓縮執俎以降。燔，炙。○羊燔，音煩。【疏】注“燔炙”。○釋曰：案《詩》云“載燔載烈”，注云“傅火曰燔，貫之加于火曰烈”，烈則炙也，彼以燔、炙相對則異，此云“燔，炙”者，燔之傅火亦是炙類，故曰“燔，炙”。尸降筵，北面于西楹西，坐卒爵，執爵以興，坐奠爵，拜，執爵以興。主人北面于東楹東荅拜，主人受爵。尸升筵，立于筵末。

主人酌，獻侑。侑西楹西北面拜受爵，主人在其右北面荅拜。不洗者，俱獻閒無事也。主人就右者，賤不專階。【疏】“主人”至“荅拜”。○注“不洗”至“專階”。○釋曰：自此盡“主人荅拜”，論主人獻侑并薦俎從獻之事也。此節内從獻有三事，主人獻時，主婦薦籩豆，一也；司馬羞羊俎，二也；次賓羞羊燔，三也。侑降於尸二等，無羊匕湇，又無肉湇。云“不洗者，俱獻閒無事也”者，此則以其獻尸訖，即獻侑，中閒無别酢酬之事，故不洗。凡爵行，爵從尊者來向卑者，俱獻閒無事則不洗爵，從卑者來向尊，雖獻閒無事亦洗，是以此文獻尸訖，俱獻侑，不洗，是爵從尊者來，故《特牲》賓致爵於主人洗爵者，鄭云“洗乃致爵，爲異事新之”，以其承佐食賤，雖就獻閒，以其爵從卑者來，故洗之，故“不儐尸”鄭注云“洗致爵者，以承佐食賤，新之”，是爵從卑者來，故洗也。云“主人就右者，賤不專階”者，對主人不就尸階者，尸尊，得專階故也。主婦薦韭菹、醢，坐奠于筵前，醢在南方。婦贊者執二籩麷、蕡以授主婦，主婦不興，受之，奠麷于醢南，蕡在麷東，主婦入于房。醢在南方者，立侑爲尸，使正饌統焉。【疏】注“醢在”至“統焉”。○釋曰：凡設菹，常在右，便其揳，今菹在醢北者，以其立侑以輔尸，故菹在北，統於尸也。侑升筵自北方，司馬横執羊俎以升，設于豆東。侑坐，左執爵，右取菹揳于醢，祭于豆閒，又取麷、蕡同祭于豆祭，興，左執爵，右取肺，坐祭之，祭酒，興，左執爵。次賓羞羊燔，如尸禮。侑降筵自

① “羞”字原作“載”，據曹校改。

北方，北面于西楹西坐卒爵，執爵以興，坐奠爵，拜，主人荅拜。荅拜，拜於侑之右。【疏】注"荅拜"至"之右"。○釋曰：知"拜於侑之右"者，以其前"拜受爵"時①，主人在侑之右（元缺一字）②。

　　尸受侑爵，降洗。侑降立于西階西，東面。主人降自阼階，辭洗。尸坐奠爵于篚，興，對。卒洗，主人升，尸升自西階。主人拜洗，尸北面于西楹西，坐奠爵，荅拜。降盥，主人降，尸辭，主人對。卒盥，主人升，尸升，坐取爵，酢。酢者，將酢主人。【疏】"尸受"至"爵酢"。○注"酢者將酢主人"。○釋曰：自此盡"就筵"，論主人受尸酢并薦籩豆及俎之事③。就此事中亦有五節，行事尊主人，故與尸同五節者④：尸酢主人時，主婦亦設籩豆，一也；賓長設羊俎，二也⑤；次賓羞羊匕湆，三也；司馬羞肉湆，四也；次賓羞羊燔，主人乃卒爵，五也。但《特牲》、《少牢》主人獻尸，尸即酢主人，主人乃獻祝及佐食，此尸待主人獻侑，乃酢主人，不同者，此尸卑，達主人之意，欲得先進酒於侑乃自飲，彼尸尊，不達主人，欲自達己意，故先酢主人，乃使主人獻祝與佐食，故不同，是以下文賓長獻尸，致爵主人，尸乃酢之，遂賓意，亦此類也。司宮設席于東序，西面。主人東楹東北面拜受爵，尸西楹西北面荅拜。主婦薦韭菹、醓，坐奠于筵前，菹在北方。婦贊者執二籩棗、栗，主婦不興，受，設棗于菹西北，栗在棗西。主人升筵自北方，主婦入于房。設籩于菹西北，亦辟鉶。今文無二籩。【疏】"司宮"至"于房"。○注"設籩"至"二籩"。○釋曰：此乃陳主人受酢設席之位。案《特牲》為士，《少牢》下大夫⑥，皆致爵乃設席，此儐尸受酢即設席者，以其儐尸，尸益卑，主人益尊，故上一等⑦，受酢即設席。案上設尸籩云"興，

---

　　①　"拜"下原無"受"字，曹云："'拜'下脱'受'字。"據補。

　　②　"主人"原作"尸"，曹云："'尸'當為'主人'。"倉石云："'尸'，殿本改為'主人'。"據改。

　　③　"酢"字原作"酌"，曹云："'酌'字誤，單疏作'酢'。"據改。

　　④　"者"上原無"五節"二字，曹云："'者'上脱'五節'二字。"據補。

　　⑤　"二"下原無"也"字，倉石云："下脱'也'字，下'次賓羞羊匕湆，三'下同。"據補，下文亦補。

　　⑥　"少"上原有"案"字，曹云："'案'字衍。"倉石云："殿本刪'案'字。"據刪。

　　⑦　"上"字原作"明"，四庫本作"上"，據改。

取籩於房，糗、蕡"，注云"以饌異，親之"，與此"婦贊者執二籩糗、蕡，主婦不興，受"，文不同者，凡執籩、豆之法，皆兩雙執之，此侑與主人皆二籩，故主婦與婦贊者各執其二，於事便，故主婦不興受設之，上尸籩、豆各四，故主婦興取籩于房①，亦見異饌，親之義也。云"設籩于葅西北，亦辟鉶"者，上設侑籩正當豆，此在西北，明辟鉶，云"亦"，亦尸籩當豆西外列以辟鉶故也。長賓設羊俎于豆西。主人坐，左執爵，祭豆、籩，如侑之祭，興，左執爵，右取肺，坐祭之，祭酒，興。次賓羞匕湆，如尸禮。席末坐，啐酒，執爵以興。司馬羞羊肉湆，縮執俎。主人坐奠爵于左，興，受肺，坐絶祭，嚌之，興，反加于湆俎。司馬縮奠湆俎于羊俎西，乃載之，卒載，縮執虛俎以降。奠爵于左者，神惠變於常也。言受肺者，明有授。言虛俎者，羊湆俎訖於此，虛不復用。【疏】注"奠爵"至"復用"。○釋曰：云"言虛俎者，羊湆俎訖於此，虛不復用"者，此俎雍人所執，陳奠於羊俎西在南者，自次賓羞匕湆②，司馬羞羊肉湆於尸，次賓又羞匕湆於主人，同用此俎，三降皆不言虛，欲見後將更用，至於此言虛俎，明其不復用此俎，又見下次賓羞羊燔於主人，則用北之豕俎③，用北之豕俎而得羞羊燔者，以其禮殺故也。主人坐取爵以興，次賓羞燔，主人受，如尸禮。主人降筵自北方，北面于阼階上坐卒爵，執爵以興，坐奠爵，拜，執爵以興。尸西楹西荅拜，主人坐奠爵于東序南。不降奠爵於篚，急崇酒。【疏】"主人"至"序南"。○注"不降"至"崇酒"。○釋曰：直云"次賓羞燔"者，燔即羊燔，知者，以其主人與尸、侑皆用羊體，主婦獻尸以後④，悉用豕體，賓長獻尸後，悉用魚從，是以知主人之燔羊燔也。云"不降奠爵于篚，急崇酒"者，此下唯有崇酒之文，更無餘事，故云"急崇酒"。案《鄉飲酒》"介荅拜，主人卒爵，坐奠於西楹南，介右再拜崇酒"，注云"奠爵西楹南，以當獻衆賓"，與此不同者，彼實有獻衆賓之事，故云"當獻衆賓"，亦得見急崇酒，兩見之

---

①　"籩"下原有"豆"字，曹云："'豆'字衍。"據刪。

②　"次"字原作"此"，曹云："'此'當爲'次'。"倉石云："殿本'此'作'次'。"據改。

③　"則"下原無"用"字，阮云："毛本作'則用此之豕俎'，《通解》有'用'字，'此'作'北'。"據《通解》補"用"字。

④　"主"上原有"鄉"字，曹云："'鄉'字殿本刪。"據刪。

也。侑升，尸、侑皆北面于西楹西。見主人不反位，知將與己爲禮。主人北面于東楹東，再拜崇酒，崇，充也，拜謝尸、侑以酒薄充滿。尸、侑皆荅再拜。主人及尸、侑皆升，就筵。

　　司宮取爵于篚，以授婦贊者于房東，以授主婦。房東，房户外之東。【疏】"司宮"至"主婦"。○注"房東"至"之東"。○釋曰：自此盡"主婦荅拜"，論主婦亞獻尸并見從獻之事。上文主人獻節，凡有三爵，有主人獻尸、獻侑并受酢，此主婦獻內凡有四爵，即分爲四節解之，四者，主婦獻尸，一也；獻侑，二也；致爵於主人，三也；受尸酢，四也。下文賓長爲三獻爵止，故與主婦亞獻同，此主婦亞獻尸一節之內，從獻有五，五者，主婦亞獻，主婦設兩鉶，一也；主婦又設糗與腶脩，二也；次賓羞豕匕湆，三也；司士羞豕胾，四也；次賓羞豕燔，尸乃卒爵，五也。主婦洗于房中，出，實爵，尊南西面拜獻尸。尸拜于筵上，受。尊南西面拜，由便也。○由便，婢面反。【疏】"尸拜于筵上受"。○注"尊南"至"便也"。○釋曰：賓主獻酢，無在筵上受法，今尸於筵上受者，以婦人所獻，故尸不與行賓主之禮，故不得各就其階。若然，《少牢》主人獻祝①，"祝拜於席上，坐受"者，注云"室內迫狹"，故拜筵上，與此禮異。云"尊南西面拜，由便也"者，此決下文"西面於主人之北拜送爵"，今酌尊，因在尊南西面拜獻尸者便也。言便者，便其西面授尸，故不退主人之北。主婦西面于主人之席北拜送爵，入于房，取一羊鉶，坐奠于韭菹西。主婦贊者執豕鉶以從，主婦不興，受，設于羊鉶之西，興，入于房，取糗與腶脩，執以出，坐設之，糗在賣西，脩在白西，興，立于主人席北，西面。飲酒而有鉶者，祭之餘鉶。無黍稷，殺也。糗，糗餌也。腶脩，搏肉之脯。今文腶爲斷。○糗，去九反。腶，丁亂反，本又作段，音同，加薑桂以脯而鍛之曰腶脩。餌也，音二。搏肉，劉本作搗，同丁老反。爲斷，丁亂反。【疏】注"飲酒"至"爲斷"。○釋曰：云"無黍稷，殺也"者，決正祭時有黍稷故也。尸坐，左執爵，祭糗、脩，同祭于豆祭，以羊鉶之柶挹羊鉶，遂以挹豕鉶，祭于豆祭，祭酒。次賓羞豕匕湆，如羊匕湆之禮。尸坐，啐酒，左執爵，嘗上鉶，執爵以興，

---

①　"人"下原無"獻祝"二字，曹云："下脱'獻祝'二字。"據補。

坐奠爵，拜，主婦荅拜，執爵以興。司士羞豕脅，尸坐奠爵，興，受，如羊肉湆之禮，坐取爵，興。次賓羞豕燔，尸左執爵，受燔，如羊燔之禮，坐卒爵，拜，主婦荅拜。受爵，酳獻侑，侑拜受爵。主婦，主人之北西面荅拜。酳獻者，主婦。今文無西面。○之柶，音四。【疏】“酳獻”至“荅拜”。○注“酳獻”至“西面”。○釋曰：同有三等，降於尸二等，無鉶羹與豕匕湆。云三等者，主婦酳獻侑，主婦羞糗脩，一也；司士羞豕脅，二也；次賓羞燔，侑乃卒爵，三也。主婦羞糗、脩，坐奠糗于醴南，脩在糗南。侑坐，左執爵，取糗、脩，兼祭于豆祭。司士縮執豕脅以升，侑興，取肺，坐祭之。司士縮奠豕脅于羊俎之東，載于羊俎，卒〔載〕①，乃縮執俎以降，侑興。豕脅無湆，於侑禮殺。【疏】“主婦”至“侑興”。○注“豕脅”至“禮殺”。○釋曰：案上下文，尸與侑及主人、主婦，俱是正俎②，皆橫執俎以升，又橫設於席前，若益送之俎，皆縮執之，又縮於席前，今司士所羞豕脅，是益送之俎，縮執是其常而言縮執者，以其文承上主人獻侑時無羊肉湆，故主婦獻侑，司士羞豕脅，不得相如，是以經特著縮執俎，見異於正俎。諸文特云橫執、縮執者，皆此類。次賓羞豕燔，侑受，如尸禮，坐卒爵，拜，主婦荅拜。

受爵酳，以致于主人。主人筵上拜受爵，主婦北面于阼階上荅拜。主婦易位，拜于阼階上，辟併敬。【疏】“受爵”至“荅拜”。○注“主婦”至“併敬”。○釋曰：自此盡“荅拜，受爵”，論主婦致爵於主人之事。此科亦有五節行事，主婦致爵於主人時，主婦設二鉶，一也；又設糗脩，二也；豕匕湆，三也；豕脅，四也；豕燔，主人卒爵，五也。云“主婦易位，拜於阼階上，辟併敬”者，前主婦獻尸、侑，拜送於主人北，今致爵於主人，拜於阼階上者，辟併敬主人與尸、侑，故易位也。若然，案《特牲》三獻爵止，乃致爵，此未三獻已致爵者，以上篇已有獻於尸，故此不待三獻，又見儐尸禮

---

① “卒”下漢簡本有“載”字，沈云：“主人獻尸節‘乃載于羊俎，卒載，宿（縮）執俎以降’。主人受尸酢節‘乃載之，卒載，宿（縮）執虛俎以降’。今本均與簡本同。以彼決此，當從簡本。”當據補。

② “俱”字原作“但”，阮云：“陳本、《通解》、《要義》同，毛本‘但’作‘俱’。”據毛本改。

殺,故早致。**主婦設二鉶與糗、脩,如尸禮。主人其祭糗脩、祭鉶、祭酒、受豕匕湆、(拜)啐酒**①**,皆如尸禮,嘗鉶不拜。**主人如尸禮,尊也。其異者,不告旨。【疏】"主婦"至"不拜"。○注"主人"至"告旨"。○釋曰:云主人"拜啐酒"、"嘗鉶不拜",若然,則啐酒有拜,嘗鉶無拜,案前主婦獻尸,"尸坐啐酒,左執爵,嘗上鉶,執爵以興,坐奠爵,拜",拜在嘗鉶之下,則嘗鉶有拜,坐啐酒不拜,與此違者,彼拜雖在嘗鉶下,其拜仍爲啐酒,拜在嘗鉶下者,以因坐啐酒,不興,即嘗鉶,嘗鉶訖,執爵興,坐奠爵拜,拜仍爲啐酒,是以《特牲》、《少牢》尸嘗鉶皆不拜。或此經啐酒之上無"拜"文,有者衍字也。**其受豕脊、受豕燔,亦如尸禮。坐卒爵,拜。主婦北面荅拜,受爵。**

　　尸降筵,受主婦爵以降。將酢主婦。【疏】"尸降"至"以降"。○注"將酢主婦"。○釋曰:自此盡"皆就筵",論尸酢主婦之事。此科內從酢有三,三者,主婦受酢之時,婦贊者設豆籩,一也;司馬設羊俎,二也;次賓羞羊燔,主婦卒爵,三也。以其主婦受從與侑同三,主人受從與尸同五,尊卑差也。**主人降,侑降,主婦入于房。主人立于洗東北,西面。侑東面于西階西南。**俟尸洗。**尸易爵于篚,盥,洗爵。**易爵者,男女不相襲爵。**主人揖尸、侑。**將升。**主人升,尸升自西階,侑從。主人北面立于東楹東,侑西楹西北面立。**俟尸酳。**尸酳,主婦出于房,西面拜受爵,尸北面于侑東荅拜。主婦入于房,司宮設席于房中,南面,主婦立于(西)席〔西〕**②。設席

----

① "啐"上漢簡本無"拜"字,沈云:"此主婦致爵於主人節,云'如尸禮',如主婦獻尸節之儀。胡氏《正義》云:'唐石經有拜字。'賈疏云:'按前主婦獻尸,嘗鉶有拜,坐啐酒不拜。與此違者,彼拜雖在嘗鉶下,其拜仍爲啐酒,是以《特牲》、《少牢》尸嘗鉶皆不拜。或此經啐酒之上無拜文,有者衍字也。'張爾岐《句讀》云:'愚按疏言,謂經嘗鉶不拜,正謂啐酒不拜耳。啐酒上拜字衍。'盛世佐云:'今以上文考之,云次賓羞豕匕湆如羊匕湆之禮,尸坐啐酒,即此所謂受豕匕湆啐酒也,受豕匕湆與啐酒之間,絕無所拜者,則此經拜字之爲衍文信矣。'今得簡本無拜字,證賈之或説並張、盛之説是也。此文所記,蓋著明祭糗脩、祭鉶、祭酒、受豕匕湆、啐酒五者與獻尸禮同,唯嘗鉶不拜爲異。主婦獻尸節:'尸坐啐酒,左執爵,嘗上鉶,執爵以興,坐奠爵拜,主婦荅拜。'即拜嘗鉶也。賈疏謂'其拜仍爲啐酒',獻尸不拜啐酒,賈之前説誤也。"當據刪。

② "西席"漢簡本及諸本皆作"席西",當據以乙正。

者,主婦尊。今文曰南面立于席西。【疏】注“設席者主婦尊”。○釋曰:以賓長以下皆無設席之文,唯主婦與主人同設席,故云“主婦尊”,《特牲》及下大夫主婦設席,亦是主婦尊。**婦贊者薦韭菹、醢,坐(奠)〔設〕于筵前①,菹在西方。婦人贊者執醯、賣以授婦贊者,婦贊者不興,受,設醯于菹西,賣在醯南。**婦人贊者,宗婦之少者。【疏】注“婦人”至“少者”。○釋曰:案《特牲記》云“宗婦北堂,東面北上”,注云“宗婦,族人之婦,其夫屬于所祭爲子孫者”是也,彼直云宗婦,是《特牲》宗婦一人而已,不言贊或少,未可定,此大夫禮隆,贊非一人而稱贊,贊主婦及長婦,故云“宗婦之少者”。**主婦升筵,司馬設羊俎于豆南。主婦坐,左執爵,右取菹㨨于醢,祭于豆間,又取醯、賣,兼祭于豆祭。主婦奠爵,興,取肺,坐絶祭,嚌之,興,加于俎,坐挩手,祭酒,啐酒。**挩手者,于帨。帨,佩巾。《内則》曰:“婦人亦左佩紛帨。”古文帨作説。○挩手,申鋭反②,注紛帨音同。**次賓羞羊燔,主婦興,受燔,如主人之禮。主婦執爵以出于房,西面于主人席北,立卒爵,執爵拜,尸西楹西北面荅拜。主婦入,立于房,尸、主人及侑皆就筵。**出房立卒爵,宜鄉尊。不坐者,變於主人也。執爵拜,變於男子也。○宜鄉,許亮反。【疏】注“出房”至“子也”。○釋曰:云“不坐者,變於主人也”者,上主人受酢坐卒爵,故云“變於主人也”。“執爵拜,變於男子”者,上下經凡男子拜卒爵,皆奠爵乃拜,故云“變於男子也”。

上賓洗爵以升,酌獻尸。尸拜受爵,賓西楹西北面拜送爵。尸奠爵于薦左,賓降。上賓,賓長也。謂之上賓,以將獻異之,或謂之長賓。奠爵,爵止也。【疏】“上賓”至“賓降”。○注“上賓”至“止也”。○釋曰:此一經論賓長備三獻獻尸,其尸奠於薦左未舉之事。尸不舉者,以三獻訖,正禮終,欲使神惠均於庭,

---

①　“奠”字漢簡本作“設”,沈云:“作設是也。《特牲》、《少牢》言豆籩俎鉶之置於筵前也,俱作‘設’無作‘奠’者。《有司》亦作‘設’,偶有作‘奠’,簡本與今本俱同,惟此文以簡本作‘設’今本作‘奠’爲異。”當據改。

②　“申”字原作“由”,黄云:“張氏《識誤》云:‘監本由作申。’阮云:‘由者申之誤也。’”據改。

徧得獻乃舉之,故下文主人獻長賓及衆賓以下訖①,乃作止爵。若然,《特牲》及下大夫尸在室内,始行三獻,未行致爵,尸奠爵,欲得神惠均於室,此儐尸之禮,室内已行三獻,至此儐尸,夫婦又已行致爵訖,儐尸又在堂,故爵止者,欲得神惠均於庭,與正祭者異。云"上賓,賓長"者,上文云"賓長設羊俎",是此與上文賓長互見爲一人②。云"謂之上賓,以將獻異之"者,言長賓,賓中長,尊稱輕,若言上賓,賓中上,尊稱重,故以將獻變言上賓。云"或謂之長賓"者,或《少牢》文,案彼云"長賓洗爵,獻于尸"③,此異之稱長爲上者④,《少牢》尸有父尊,屈之,故但云長賓耳,若然,不儐尸亦云長賓,《特牲》云"賓三獻如初",又不言長賓者,士賓卑,又闕之。云"奠爵,爵止"者,《特牲》云"賓三獻如初,燔從如初,爵止",不儐尸者亦然,是其爵止之事,案下經爵止者多,非爲均神惠之事,故此特解之。

主人降,洗觶,尸、侑降。主人奠爵于篚,辭,尸對。卒洗,揖。尸升,侑不升。侑不升,尸禮益殺,不從。【疏】"主人"至"不升"。○注"侑不"至"不從"。○釋曰:自此盡"皆左之",論主人酬尸設羞之事。云"侑不升,尸禮益殺"者,儐尸之禮殺於初,今侑不升,又殺,故云"益殺"也。主人實觶,酬尸,東楹東北面坐奠爵,拜,尸西楹西北面荅拜。坐祭,遂飲,卒爵拜,尸荅拜。降洗,尸降,辭。主人奠爵于篚,對。卒洗,主人升,尸升。主人實觶,尸拜受爵。主人反位荅拜,尸北面坐奠爵于薦左。降洗者,主人。【疏】"尸北"至"薦左"。○注"降洗者主人"。○釋曰:此主人酬尸,尸奠於薦左者不舉,案下經二人舉觶于尸、侑⑤,"侑奠觶于右",注云"奠於右者,不舉也。神惠右不舉,變於飲酒",與此不同者,《特牲》及下不儐尸,皆無酬尸之事,此特

①　"獻"下原無"長賓"二字,曹云:"'獻'下脱'長賓'二字。"據補。
②　"賓長"原作"長賓",阮云:"《要義》同,毛本'長賓'二字倒。"曹云:"'長賓'二字各本倒是也。"據乙。
③　"長賓洗爵獻于尸",倉石云:"案《少牢》正作'賓長',疏蓋誤引。"
④　"長"下原無"爲"字,曹云:"'長'下脱'爲'字。"據補。
⑤　"經"下原有"不舉"二字,阮云:"《通解》、毛本無'不舉'二字。"曹云:"'不舉'二字各本無是也。"據删。

1228

有之，由儐尸如與賓客飲酒然①，故有酬，異於神惠，神惠右不舉，侑奠於右是也。侑一名加者，《少牢》無侑，及此乃有，故無加稱②。是以主人酬賓，賓奠於左，亦是神惠，故即舉之。《特牲》及不儐尸，皆有酬賓，同是神惠，故皆奠於左也。**尸、侑、主人皆升筵，乃羞。宰夫羞房中之羞于尸、侑、主人、主婦，皆右之。司士羞庶羞于尸、侑、主人、主婦，皆左之。**二羞所以盡歡心。房中之羞，其籩則糗餌粉餈，其豆則酏食糝食。庶羞，羊臐豕膮，皆有葅③。房中之羞，內羞也。內羞在右，陰也。庶羞在左，陽也。○粉餈，在私反。則酏，以支反，劉書支反。食，音寺，下同。糝食，素感反。臐，許云反。膮，許堯反。有葅，側史反。【疏】注"二羞"至"陽也"。○釋曰：以二羞是庶羞④、房中之羞，以儐尸用之，故云"盡歡心"。云"房中之羞，其籩則糗餌粉餈"者⑤，是《周禮・籩人職》云"羞籩之實"，案彼鄭注云"此二物皆粉稻米、黍米所爲也。合蒸曰餌，餅之曰餈。糗者，擣粉熬大豆爲餌餈之粘著以粉之耳。餌言糗，餈言粉，互相足"是也。云"其豆則酏食糝食"者，《周禮・醢人職》"羞豆之實"，案彼鄭云"酏，餰也。《內則》曰：取稻米，舉糔溲之，小切狼臅膏，以與稻米爲酏。又曰：糝，取牛、羊、豕之肉三如一，小切之與稻米。稻米二，肉一，合以爲餌，煎之"是也。若然，案《王制》云"庶羞不踰牲"，注云"祭以羊，則不以牛肉爲羞"，依《內則》羞用三牲者，據得用大牢者，若大夫已下，不用大牢者，則無牛矣而此引之者，舉其成文以曉人耳。云"庶羞，羊臐豕膮，皆有葅"，知者，案《公食大夫》牲皆臐及炙、葅，今此鄭直云臐、膮⑥、葅，不言炙者，此儐尸飲酒之禮，故主人獻尸，皆羊燔從，當主婦獻，皆豕燔從，《公食大夫》是食禮，故庶羞並陳，此飲酒之禮，故先以膰從，酬賓之後乃言"司士羞庶羞"，

---

① "然"字原作"無"，倉石云："殿本、《正字》刪'無'字。《校釋》云：'或無下脫異字，上句如當爲時。'今案'無'疑當作'然'，形近之譌。楊復《儀禮圖》云：'下經二人舉觶于尸、侑，侑奠觶于右。'注云：'奠于右者，神惠。右不舉，變於飲酒。此賓尸如與賓客飲酒然，故有酬，異於神惠，是以奠於左。'蓋用此而正作'然'字，是其證。"據改。

② "侑一"至"加爵"，周學健謂此數語"辭意不明，非疏文譌衍，即注有脫文"，曹云"此數語未敢强解，容訂"。又，文中"及"字原作"尸"，四庫本作"及"，據改。

③ "葅"下原有"醢"字，曹云："疏無'醢'字。"據刪。

④ "庶"字原作"內"，曹云："'內'殿本改爲'庶'。"據改。

⑤ "籩"下原無"則糗餌粉餈者"六字，阮云："《要義》、楊氏同，《通解》、《毛本》'籩'下有'則糗餌粉餈者'六字。"據補。

⑥ "臐"下原無"膮"字，曹云："'臐'下脫'膮'字，下文'止有臐葅同'。"據補。

則知止有羊臐、豕膮、羊胾、豕胾，以其燔炙前已從獻訖，故知止有臐、膮、胾而已。云"房中之羞，內羞也"者，案下大夫不儐尸，云"乃羞，宰夫羞房中之羞，司士羞庶羞于尸、祝、主人、主婦。內羞在右，庶羞在左"是也。云"內羞在右，陰也"者，以其是穀物，故云陰也。云"庶羞在左，陽也"者，以其是牲物，故云陽。《大宗伯》亦云"天產作陰德，地產作陽德"，鄭亦云"天產，六牲之屬。地產，九穀之屬"，是其穀物陰，牲物陽者也。

儀禮疏卷第五十　儀禮卷第十七

主人降，南面拜衆賓于門東三（拜）①，衆賓門東北面皆荅壹拜。拜于門東，明少南就之也。言三拜者，衆賓賤，旅之也。衆賓一拜，賤也。卿大夫尊，賓賤，純臣也，位在門東。古文壹爲一。【疏】"主人"至"壹拜"。○注"拜于"至"爲一"。○釋曰：自此盡"賓降"，論主人獻長賓已下并主人受酢之事。云"拜于門東，明少南就之也"者，以其繼門言之，明少南就之。云"言三拜者，衆賓賤，旅之也"者，案《周禮·司士職》"孤卿特揖，大夫以其等旅揖"，注云"特揖，一一揖之。旅，衆也。大夫爵同者，衆揖之"，此云"旅之"者，旅，衆也，衆人共得三拜②。云"衆賓一拜，賤也"者，以賤不得備禮，故云"賤也"。云"純臣也，位在門東"者，此對《特牲記》云"公有司門西，北面東上，獻次衆賓。私臣門東，北面西上，獻次兄弟"，此賓皆在門東，故云"純臣"者，指北面時也，得獻訖，在西階下，亦不純臣，故下經云"獻私人于阼階上"，注云"私人，家臣，己所自謁除也③。大夫言私人，明不純臣也"，若然，大夫云私人，見不純臣，士言私臣不言人者，大夫尊近君，若言私臣，則臣與君不異，故名私人，士卑，無辟君臣之名，不嫌，故名私臣。主人洗爵，長賓辭。主人奠爵于篚，興對，卒洗，升酌，獻賓于西階上。長賓升，拜受爵，主人在其右北面荅拜。宰夫自東房薦脯、醢，醢在西。司士設俎于豆北，羊骼（一）④、腸一、胃一、切肺一、膚一。羊骼，羊左骼。上賓一體，賤也。薦與設

---

① "三"下漢簡本無"拜"字，沈云："鄭注：'言三拜者，衆賓賤，旅之也。'拜有三者，旅拜也，非禮有三拜也，簡本作'拜于門東三'是也。然則鄭云'三拜'釋旅拜之義，不足爲所據本'三'下有'拜'字之證。"當據刪。

② "三"字原作"一"，曹云："'一'或當爲'三'。"倉石云："今案曹説是也。《特牲》主人三拜衆賓節疏亦云'衆賓共得三拜'。"據改。

③ "謁"下原有"云獻私人于阼階上注云私人家臣己所自謁"十八字，阮云："自'云獻'至'自謁'十八字，此本、《要義》俱誤複，當從毛本。"據刪。

④ "骼"下漢簡本無"一"字，當據刪，説見前"羊肉湇，臂（一）"下沈校。

俎者,既則俟于西序端。古文骼爲胳。【疏】注"羊骼"至"爲胳"。○釋曰:云"設俎者,既則俟于西序端"者,案《鄉飲酒》"司正升相旅,受酬者降席,司正退立于序端",然則先事既訖①,後事未至,其退立之位,當在於序端。知此不降者,下文賓執祭以降,宰夫執薦以從,司士執俎以從,無升文,明此不降,退立於序端可知。**賓坐,左執爵,右取(肺)〔脯〕挩于醢②,祭之,執爵興,取肺,坐祭之,祭酒,遂飲,卒爵,執〔爵〕以興③,坐奠爵,拜,執爵以興,主人荅拜,受爵。賓坐取祭以降,西面坐委于西階西南。** 成祭於上,尊賓也。取祭以降,反下位也。反下位而在西階西南,已獻尊之。祭,脯、肺。【疏】注"成祭"至"脯肺"。○釋曰:云"取祭以降,反下位也。反下位而在西階西南,已獻尊之"者,凡言反位者,或反初位,或上下位異亦爲反,此則初位在門東,今得獻反在西階南,與主人相對,已獻尊之故也,若《燕禮》士得獻,位于東方,亦是尊之者也。云"祭,脯、肺"者,案經云取脯、取肺祭之,明祭是脯、肺。**宰夫執薦以從,設于祭東。司士執俎以從,設于薦東。衆賓長升,拜受爵,主人荅拜。坐祭,立飲,卒爵,不拜既爵。** 既,盡也。長賓升者,以次第升受獻。言衆賓長拜,則其餘不拜。【疏】注"既盡"至"不拜"。○釋曰:云"長賓升者,以次第升受獻"者,知不直次上賓後,一人爲衆賓長特受獻④,必以長幼次第受獻者,以其下文云"宰夫贊主人酌,若是以辯",鄭云"每獻一人,奠空爵于棜,宰夫酌授於尊南",是衆賓皆以長幼次第受獻也⑤。**宰夫贊主人酌,若是以辯。** 主人每獻一人,奠空爵于棜,宰夫酌授於尊南。今文若爲如,辯皆爲徧。○以辯,音徧,注徧同,後放此。**辯受爵,其薦脯醢與脊,設于其**

---

①　"訖"字原作"設",曹云:"'設'當爲'訖'。"據改。

②　"右取肺",阮云:"'肺',《集釋》、楊、敖俱作'脯'。張氏曰:'注云祭脯肺,疏曰按經云取脯取肺祭之,明祭是脯肺。今諸本右取脯作肺,從注疏。'《石經考文提要》云:'監本作取肺,沿唐石經之誤。'"漢簡本作"右取脯",《集釋》、楊、敖與簡本同,當據改。

③　"執以興",阮云:"'執'下唐石經有'爵'字。敖氏曰:'執以興,似脫一爵字。'按敖氏蓋未見唐石經。"漢簡本"執"下有"爵"字,唐石經與簡本同,當據補。

④　"特"字原作"時",曹云:"'時'當爲'特'。"據改。

⑤　"是衆賓皆"原作"是奠爵故",阮云:"《通解》、毛本無'奠爵故'三字。"曹云:"當爲'是衆賓皆'。"據曹校改。

位。其位繼上賓而南，皆東面。其骨體，儀也。徧獻乃薦，略之，亦宰夫薦，司士骨。儀者①，尊體盡，儀度餘骨可用而用之。尊者用尊體，卑者用卑體而已，亦有切肺、膚。今文儀皆作義，或爲議。○儀度，大各反。作義，劉音儀。【疏】“辯受”至“儀也”。○注“徧獻”至“爲議”。○釋曰：云“徧獻乃薦，略之”者②，謂若燕禮三卿已上得獻即薦，大夫徧獻乃薦，亦其類。云“亦宰夫薦，司士骨”者，此約上賓，此衆賓亦同此二人爲之。云“儀者，尊體盡，儀度餘骨可用而用之。尊者用尊體，卑者用卑體而已”者，以其言儀，取尊卑得其儀，但尊體既盡，就卑體之中度尊卑之儀而用之，不可辨其骨體③，故鄭以意解之，“尊者用尊體，卑者用卑體而已”也。云“亦有切肺、膚”者，案《特牲》用離肺，知此衆賓用切肺、膚者，以其侑用切肺，不敢殊於尸，明衆賓亦不敢殊於侑。若然，不儐尸者亦用切肺者，亦是不敢變於儐尸禮也。乃升長賓，主人酌，酢于長賓，西階上北面，賓在左。主人酌自酢，序賓意，賓卑不敢酢。【疏】“乃升”至“在左”。○注“主人”至“敢酢”。○釋曰：《特牲》主人獻長賓訖即酢，此辯獻乃酢者，主人益尊，先自達其意，《特牲》主人獻內賓辯乃自酢，注云“爵辯乃自酢，以初不殊其長也”，則此大夫尊，初不殊其長故也④。主人坐奠爵，拜，執爵以興，賓荅拜。坐祭，遂飲，卒爵，執爵以興，坐奠爵，拜，賓荅拜，賓降。降反位。

　　宰夫洗觶以升，主人受，酌，降酬長賓于西階南，北面，賓在左。主人坐奠爵，拜，賓荅拜。坐祭，遂飲，卒爵拜，賓荅拜。宰夫授主人觶，則受其虛爵奠于篚。古文酌爲爵。【疏】“宰夫”至“荅拜”。○注“宰夫”至“爲爵”。○釋曰：自此盡“于薦左”，論主人酬長賓於堂下之事也。云“宰夫授主人觶，則受其虛爵奠于篚”者，謂上主人受賓之酢爵，今宰夫既授觶訖，因受取酢之虛爵，降

---

① “儀”上原有“用”字，阮云：“徐本、楊、敖同，《集釋》、《通解》、毛本無‘用’字。按疏亦無。”據刪。

② “云徧”至“之者”原作“既獻”，曹云：“二字譌，殿本改作‘云徧獻乃薦略之者’。”據改。

③ “辨其骨體”原作“辯其尊體”，曹云：“‘尊’當爲‘骨’，言不可細別其體名，故鄭以意解之，依尊卑儀度用之而已。”以此則“尊”爲誤字外，“辯”當爲“辨”，據改。

④ “不”字原作“則”，倉石云：“‘則’疑當作‘不’。”據改。

奠於篚也。知然者，上文主人受酢訖①，賓降，主人無降文，即云宰夫授觶，主人受之，明主人手中虛爵，宰夫受之，奠于篚可知。若然，知不待酬賓虛觶，受之奠於篚者，以其下文賓之觶奠於薦左②，故知非賓虛觶。其賓奠薦左者，後舉之以爲無筭爵也。**主人洗，賓辭。主人坐奠爵于篚，對。卒洗，升酌，降復位。賓拜受爵，主人拜送爵。賓西面坐，奠爵于薦左。**

　主人洗，升酌，獻兄弟于阼階上。兄弟之長升，拜受爵，主人在其右荅拜。坐祭，立飲，不拜既爵，皆若是以辯。兄弟長幼立飲，賤不別。大夫之賓，尊於兄弟。宰夫不贊酌者，兄弟以親昵來，不以官待之。○不別，彼列反。親昵，女乙反。【疏】"主人"至"以辯"。○注"兄弟"至"待之"。○釋曰：自此盡"其衆，儀也"，論主人獻兄弟於阼階之事。云"兄弟長幼立飲，賤不別"者，案《特牲》云"獻長兄弟于阼階上，如賓儀"者，士卑，長兄弟爲貴，殊貴賤，故云"如賓儀"，長賓坐飲也，此大夫禮，長賓坐飲，衆賓立飲，至於大夫貴，兄弟賤，兄弟長幼皆立飲，不得如賓儀，故"立飲，賤不別"也。云"大夫之賓，尊於兄弟。宰夫不贊酌者，兄弟以親昵來，不以官待之"者，決上文大夫賓貴，使宰夫贊酌，今兄弟酌，不使宰夫贊酌者，爲兄弟是親昵，不以官待之，故兄弟雖賤於賓，不得使人贊酌而親之也。**辯受爵，其位在洗東，西面北上。升受爵，其薦脯設于其位。**亦辯獻乃薦，既云辯矣，復言升受爵者，爲衆兄弟言也。衆兄弟升，不拜受爵，先著其位於上，乃後云薦脯設於其位，明位初在是也。位不繼於主人而云洗東，卑不統於尊。此薦脯皆使私人。○爲衆，于僞反，下爲不、爲鬼同。【疏】"辯受"至"其位"。○注"亦辯"至"私人"。○釋曰：云"既云辯矣，復言升受爵者，爲衆兄弟言也"者，以上經云"兄弟之長升，拜受爵"，嫌衆兄弟亦升，拜受爵，是以此更云"升受爵"，直爲衆兄弟不拜受爵而言，鄭即云"衆兄弟升，不拜受爵"也。若然，上賓拜受爵，又拜既爵，衆賓長拜受爵③，不拜既爵，長兄弟得與衆賓長同④，衆兄弟又不拜受爵，是其差也。云"先著其位於上，乃後云薦脯設於

---

① "酢"字原作"爵"，曹云："'爵'當爲'酢'。"據改。

② "之"下原有"虛"字，曹云："'虛'字衍。"據删。

③ "賓"下原無"長"字，曹云："'賓'下脱'長'字。"據補。

④ "賓"下原無"長"字，曹云："'賓'下亦脱'長'字。"據補。

其位，明位初在是"者，初位，謂經云"其位在洗東，西面北上"，是"先著其位於上"，乃云"升受爵"者，謂發此位升堂受爵，又云"薦脀設於其位"者，謂受爵時設薦脀於洗東西面位①，是"先著其位於上，乃後云薦脀設於其位，明位初在是也"，故先云洗東位。以此而言，則衆賓亦先有位在門東北面，繼上賓後獻訖，亦設薦脀於位②，皆是先有位，不繼於門東而在西階西南者，彼謂已獻尊之故也③。云"位不繼於主人而云洗東，卑不統於尊"者，案《特牲》主人卑，故兄弟助祭之位，得繼主人於阼階下南陳，又得辟大夫④，不敢自尊也，此以大夫尊，故兄弟之位在洗東，不繼主人，卑不統於尊故也。云"此薦脀皆使私人"者，上獻賓長及衆賓，使宰夫設薦，司士設俎，又使宰夫贊酌，至於此獻兄弟爲親昵，不以官待之，主人親酌，明亦不以官，使私人薦脀可知。**其先生之脀，折、脅一、膚一。**先生，長兄弟。折，豕左肩之折。【疏】注"先生"至"之折"。○釋曰：知先生是長兄弟者，以其文承長兄弟之下，故知先生非老人教學者。知折是豕左肩之折者，以上初升牲體⑤，明侑俎豕左肩折，注云"折分爲長兄弟俎"是也。**其衆，儀也。**

　主人洗，獻内賓于房中。南面拜受爵，主人南面于其右荅拜。内賓，姑姊妹及宗婦。獻于主婦之席東，主人不西面，尊不與爲賓主禮也。南面於其右，主人之位恒左人。【疏】"主人"至"荅拜"。○注"内賓"至"左人"。○釋曰：自此盡"亦有薦脀"，論主人獻姑姊妹之等於房中之事。知内賓是姑姊妹及宗婦者，約《特牲記》而知也。云"獻於主婦之席東，主人不西面，尊不與爲賓主禮也"者，案《特牲》獻内兄弟於房中，如獻衆兄弟之儀，主人西面荅拜，此大夫禮，主人南面拜，故決之，不與爲賓主之禮也。云"南面於其右，主人之位恒左人"者，謂人在主人左，若《鄉飲酒》、《鄉射》之等，於西階上北面，主人在東，賓在西，此南面則主在西，賓在東，故云"恒左人"也。**坐祭，立飲，不拜既爵，若是以辯，亦有薦脀。**亦設薦脀於其位。

---

① "洗"字原作"其"，阮云："《通解》、毛本'其'作'洗'。曹云：'"其"各本作"洗"是。'"據改。

② "亦"下原無"設"字，曹云："'亦'下脱'設'字。"據補。

③ "尊"字原作"薦"，曹云："'薦'當爲'尊'。"據改。

④ "大夫"原作"夫人"，毛氏汲古閣刊作"大夫"，據改。

⑤ "升"字原作"亨"，阮云："陳、監、《要義》同，《通解》、毛本'亨'作'升'。曹云：'"亨"殿本改作"升"。'"據殿本改。

《特牲饋食禮記》曰:"内賓立于房中西墉下,東面南上。宗婦北堂,東面北上。"【疏】"坐祭"至"薦脅"。○注"亦設"至"北上"。○釋曰:云"亦設薦脅於其位"者。言"亦"者,亦上先生之等。引《特牲記》者,欲見内賓設薦之位處。

主人降洗,升,獻私人于阼階上。拜于下,升受,主人荅其長拜。乃降,坐祭,立飲,不拜既爵,若是以辯。宰夫贊主人酌,主人於其羣私人不荅拜。其位繼兄弟之南,亦北上,亦有薦脅。私人,家臣,己所自謁除也。大夫言私人,明不純臣也。士言私臣,明有君之道。北上,不敢專其位。亦有薦脅,初亦北面,在衆賓之後爾。言繼者,以爵既獻爲文。凡獻,位定。【疏】"主人"至"薦脅"。○注"私人"至"位定"。○釋曰:自此盡"主人就筵",論主人獻私人之事。云"私人,家臣,己所自謁除也"者,此對公士得君所命者,此乃大夫自謁請於君,除其課役,以補任爲之。云"大夫言私人,明不純臣也"者,大夫尊,近於君,故屈己之臣名爲私人。云"士言私臣,明有君之道"者,士卑,不嫌近君,故得名屬吏爲私臣也。云"北上,不敢專其位"者,以其兄弟北上,今繼兄弟之南,亦北上,與兄弟位同,故云"不敢專其位"。云"凡獻①,位定"者,決上衆兄弟云"其位在洗東②,西面北上,升受爵,其薦脅設于其位",注云"先著其位於上,明位初在是",此不先著位於上,但言繼兄弟者③,是據獻位爲言,則未獻時在衆賓後矣。案《特牲記》云私臣位在"門東北面",是衆賓後也。云"凡獻,位定",則是凡獻以前,非定位也。主人就筵。古文曰升就筵。

尸作三獻之爵。上賓所獻爵。不言三獻作之者,賓尸而尸益卑,可以自舉。【疏】"尸作三獻之爵"。○注"上賓"至"自舉"。○釋曰:自此盡"降,實于篚",論舉三獻之爵,賓長又獻侑并致爵之事。云"上賓所獻爵"者,若然,三獻是上賓,不言上賓而言三獻者,以其主人、主婦并此賓長備三獻,因號上賓爲三獻,是以事名官者也。云"不言三獻作之"者,對《特牲》云"三獻作止爵",故決之。下大夫不儐尸,自作爵者,順上

---

① "凡獻"原作"兄弟",阮云:"《通解》、毛本'兄弟'作'凡獻'。"曹云:"'兄弟',今本作'凡獻',似是。"據改。
② "決"字原作"與",曹云:"'與'當爲'決'。"據改。
③ "但言繼兄弟者"原作"俱言繼凡獻者",阮云:"《通解》、毛本'凡獻'作'兄弟'。"曹云:"'凡獻'今本作'兄弟',似是。'俱'或當爲'但'。"據改。

大夫爲文。作其爵者，以神惠均於庭訖，欲使尸飲此酒。但此一節之內，有四爵行事。四者，尸作三獻之爵，一也；獻侑，二也；致爵於主人，三也；受尸酢，四也。**司士羞湇魚，縮執俎以升。尸取膴祭祭之，祭酒，卒爵。**不羞魚匕湇，略小味也。羊有正俎，羞匕湇、肉湇。豕無正俎，魚無匕湇，隆汙之殺。○隆汙，音烏。【疏】注“不羞”至“之殺”。○釋曰：云“不羞魚匕湇，略小味也”者，對羊、豕牲之大，有匕湇之等，魚無，以魚爲小味，故略之也。云“隆汙之殺”者，以有者爲隆盛，無者爲殺少也。**司士縮奠俎于羊俎南，橫載于羊俎，卒，乃縮執俎以降。尸奠爵，拜，三獻北面荅拜，受爵，酌獻侑。侑拜受，三獻北面荅拜。司馬羞湇魚一，如尸禮。卒爵，拜，三獻荅拜，受爵。**司馬羞湇魚，變於尸。【疏】注“司馬”至“於尸”。○釋曰：上文尸使司士羞魚，此侑使司馬羞魚，故云“變於尸”也。**酌，致主人。主人拜受爵，三獻東楹東北面荅拜。**賓拜於東楹東，以主人拜受於席，就之。【疏】注“賓拜”至“就之”。○釋曰：“就之”者，賓於禮當在西階上，今在東楹之東，以主人席在於阼階，是以賓拜於東楹東就之也。**司士羞一湇魚，如尸禮。卒爵，拜，三獻荅拜，受爵。尸降筵，受三獻爵，酌以酢之。**既致主人，尸乃酢之，遂賓意。【疏】注“既致”至“賓意”。○釋曰：“遂賓意”者，賓雖不言其意，欲得與主人抗獻酢之禮，今尸見致爵於主人訖，即酌以酢賓，是遂達賓之意。**三獻西楹西北面拜受爵，尸在其右以授之。尸升筵，南面荅拜。坐祭，遂飲，卒爵，拜，尸荅拜，執爵以降，實于篚。**

二人洗觶，升，實爵，西楹西北面東上，坐奠爵，拜，執爵以興，尸、侑荅拜。坐祭，遂飲，卒爵，執爵以興，坐奠爵，拜，尸、侑荅拜，皆降。三獻而禮小成，使二人舉爵，序殷勤於尸、侑。【疏】“二人”至“皆降”。○注“三獻”至“尸侑”。○釋曰：自此盡“及私人”，論旅酬從尸及上下無不徧之事。云“三獻而禮小成”者，以此獻爲正，後仍有舉奠加爵之等，終備乃是禮之大成，故云“小成”也。云“使二人舉爵，序殷勤於尸、侑”者，飲酒之禮，旅酬與無筭爵乃盡歡心①，故

---

① “酬”上原無“旅”字，倉石云：“上當補‘旅’字。”據補。

以旅酬及無筭爵爲殷勤於尸、侑也①。案《鄉飲酒》及《鄉射》、《特牲》等皆一人舉觶爲旅酬始,二人舉觶爲無筭爵始,今儐尸乃以二人爲旅酬始者,此儐尸別一禮,與彼不同,以其初時主人酬尸,尸奠之,侑未得酬,故使二人舉觶,侑乃得奠而不舉,即與尸並奠一爵②,一爵遂酬於下,是以須二人舉觶。兄弟之後生者舉觶於其長爲無筭爵者,以其賓長所舉奠酬亦爲無筭爵,以此二觶者皆在堂下,故爲無筭爵,尸不與無筭爵,故舉堂下觶爲無筭爵。其爲旅酬皆從上發尸爲首,故《特牲》等使一人舉觶爲旅酬,與賓長所舉薦右之觶並行③,此賓不舉旅酬,皆從尸舉,故所奠者爲無筭一爵,亦是異於《特牲》。**洗,升,酌,反位。尸、侑皆拜受爵,舉觶者皆拜送,侑奠觶于右。**奠于右者,不舉也。神惠右不舉,變於飲酒。**尸遂執觶以興,北面于阼階上酬主人,主人在右。**尸拜於阼階上,酬禮殺。【疏】注"尸拜"至"禮殺"。○釋曰:決上文尸酢主人,主人東楹東北面拜受爵,尸西楹西北面苔拜,是各於其階④,今尸酬主人,同于阼階,故云"禮殺"也。**坐奠爵,拜,主人苔拜。不祭,立飲,卒爵,不拜既爵。(酬)〔酌〕⑤,就于阼階上酬主人。**言就者,主人立待之。【疏】注"言就"至"待之"。○釋曰:言"立待之"者,以其不言適阼階上酢主人,明主人不去,立待之可知。**主人拜受爵,尸拜送。**酬不奠者,急酬侑也。【疏】注"酬不"至"侑也"。○釋曰:此決上主人酬賓奠之也。**尸就筵,主人以酬侑于西楹西,侑在左。坐奠爵,拜,執爵興,侑苔拜。不祭,立飲,卒爵,不拜既爵,酌,復位。侑拜受,主人拜送。**言酌,復位,明受於西階上。**主人復筵,乃升長賓。侑酬之,如主人之禮。**遂旅也。言升長賓,則有贊呼之。【疏】注"遂旅"至"呼之"。○釋曰:知者,若不贊呼之,則當如上文衆賓長升,兄弟之長升,拜受爵,故知有贊呼之也。**至于衆賓,遂及兄弟,亦如之,皆**

---

① "爵"字原作"乃",阮云:"'乃'《要義》作'爵'。"據改。
② "即與尸並奠一爵"原作"即與亦奠一爵",曹云:"當爲'即與尸並奠一爵'。"據改。
③ "觶"下原無"並行"二字,曹云:"'觶'下脫'並行'二字。"據補。
④ "各"下原重"各"字,阮云:"《通解》、《要義》同,毛本不重'各'字。"曹云:"'各'字不必重。"據刪。
⑤ "酬"字漢簡本及各本皆作"酌",當據改。

飲于上。上，西階上。遂及私人，拜受者升受，下飲。私人之長拜於下，升受兄弟之爵，下飲之。【疏】注"私人"至"飲之"。○釋曰：私人位在兄弟之南，今言下飲之，則私人之長一人在西階下飲之，其餘私人皆飲於其位，故下經云"卒爵，升酌，以之其位，相酬辯"是也。卒爵，升酌，以之其位，相酬辯。其位，兄弟南位。亦拜受、拜送、升酌由西階。卒飲者實爵于篚，末受酬者①，雖無所旅，猶飲。【疏】"卒飲"至"于篚"。○注"末受"至"猶飲"。○釋曰：凡旅酬之法，皆執觶酒以酬前人，前人領受其意，乃始自飲，此私人末受酬者，後雖無人可旅，猶自飲之訖，乃實爵於篚，以其酒是前人所酬，不可不飲故也。乃羞庶羞于賓、兄弟、內賓及私人。無房中之羞，賤也。此羞同時，羞則酌，房中亦旅。其始，主婦舉酬於內賓，遂及宗婦。【疏】"乃羞"至"私人"。○注"無房"至"宗婦"。○釋曰：此經論無算爵時，羞庶羞於賓及兄弟之等事。云"此羞同時，羞則酌，房中亦旅"者，旅酬之下云"乃羞庶羞"，內賓羞在私人之上，私人得旅酬，則房中內賓亦旅可知。

兄弟之後生者舉觶于其長，後生，年少也。古文觶皆爲爵。延熹中，設校書，定作觶。○延熹，許其反。【疏】"兄弟"至"其長"。○注"後生"至"作觶"。○釋曰：自此盡"爵止"，論後生舉觶於長兄弟，代主人酬兄弟之事②。洗，升酌，降，北面(立)于阼階南③，長在左。坐奠爵，拜，執爵以興，長答拜。長在左，辟主人。【疏】注"長在左辟主人"。○釋曰：凡獻酬之法，主人常左人，若北面，則主人在東，今長兄弟北面，云"長在左"，則在西，故辟主人。坐祭，遂飲，卒爵，執爵以興，坐奠爵，拜，執爵以興，長答拜。洗，升酌，降，長拜受于其位，舉爵者東面答拜，爵止。拜受、答拜不北面者，儐尸禮殺。長賓言奠，兄弟言止，互相發明，相待也。【疏】注"拜受"至"待也"。○釋曰：云"儐尸禮殺"者，案

①　"末"字原作"未"，阮云："'末'，《集釋》、敖氏俱作'末'，與單疏疏文合。"據改。
②　"主"上原無"代"字，曹云："'主'上當有'代'字。"據補。
③　"面"下漢簡本無"立"字，沈云："此兄弟後生舉觶，鄭注：'後生，年少也。'兄弟之長稱先生，其年少者稱後生。兄弟之位在東壁，其長南北當以當洗爲節，此時舉觶於其長，後生與長均轉至阼階之南，北面。觶之授受當立，毋須更著'立'字。上尸酬主人，'北面于阼階上酬主人，主人在右'。句法正同。據簡本相證，今本'立'字當係誤衍。"當據刪。

1239

《特牲》兄弟之後生舉觶於其長爲旅酬，又兄弟弟子舉觶於其長爲無筭爵，拜送皆北面，此云"東面"，故云"償尸禮殺也"①。云"長賓言奠，兄弟言止，互相發明"者，上文主人酬賓，奠爵于薦左，是長賓言奠，此言爵止，是兄弟言止，長賓言奠，明止而未行，此言止，明亦奠薦左，故云"互相發明"也。云"相待也"者，酬賓雖在前，及其行之，相待俱時舉行，故下文云"賓及兄弟交錯其酬，皆遂及私人，爵無筭"是也。若二人舉觶于尸、侑，侑奠于右不舉，尸即酬主人，主人酬侑，侑酬長賓，至于衆賓，遂及兄弟，遂及私人，依次第行徧不交錯，所謂旅酬也。

　　賓長獻于尸，如初，無湆，爵不止。賓長者，賓之長次上賓者，非即上賓也。如初②，如其獻侑，酌致主人，受尸酢。無湆，爵不止，別不如初者，不使兄弟，不稱加爵，大夫尊也。不用觚，大夫尊者也。【疏】"賓長"至"不止"。○注"賓長"至"者也"③。○釋曰：此一經論衆賓長爲加爵④，數多與上賓異，何者？上賓獻尸、侑⑤，致爵於主人時，皆有湆魚從，今無湆魚從，故經云"無湆"也。云"爵不止"者，上賓獻尸時，亦止爵，待獻堂下畢，乃舉觶，今尸不止爵即飲，故云"爵不止"。云"賓長者，賓之長次上賓者，非即上賓"者，以其上賓將獻，異之言上賓，此不異其文，明非上文上賓爲賓長者，故以爲次上賓者也。經云"無湆，爵不止"，文在"如初"之下，不蒙"如初"之文，則知與上異，故文在"如初"下也。云"不使兄弟，不稱加爵，大夫尊也"者，此決《特牲》云"長兄弟爲加爵"，又"衆賓長爲加爵"，不言獻，此言獻者，尊大夫，若三獻之外，更容其獻，故云"大夫尊也"。云"不用觚，大夫尊"者，此亦決《特牲》云"長兄弟洗觚爲加爵"，此用爵，爵尊於觚，故云"大夫尊者也"。

　　賓一人舉爵于尸，如初，亦遂之於下。一人，次賓長者。如初，如二

---

　　①　"故云"原作"決上"，曹云："'決上'當爲'故云'。"據改。

　　②　"如初"上原無"賓長"至"賓也"十五字，阮云："此本、徐本、楊氏俱無此十五字，《集釋》、《通解》、毛本俱有。按疏內述注有之，李氏蓋據疏補入。唯'非即上賓'句，乃賈氏語，非注也。《通解》引疏删'非即上賓者'五字，蓋亦知爲賈氏語，故可删。"據補。

　　③　"賓長"原作"如初"，既據《集釋》、《通解》、毛本於鄭注"如初"上補"賓長"至"賓也"十五字，則此標起止之"如初"當改爲"賓長"，謹改。

　　④　"爲加"原作"加爲"，曹云："'加爲'二字當倒。"據乙。

　　⑤　"侑"上原無"尸"字，倉石云："《詳校》'侑'上補'尸'字。"據補。

人洗觶之爲也。遂之於下者，遂及賓、兄弟下至于私人。是言"亦遂之于下"，上言"無 涪①，爵不止"，互相發明。【疏】"賓一"至"於下"。○注"一人"至"發明"。○釋曰：此 一經論次賓舉觚于尸，更爲旅酬，如上旅酬之事，但前二人舉觶於尸、侑，尸舉旅酬從 上至下皆徧飲，今亦從上至下，故云"亦遂之於下"。云"上言'無涪，爵不止'，互相發 明"者，上經云"爵止"，與上賓奠爵云"互相發明"，今此又與上文"無涪，爵不止"相發 明，是以二文皆在"如初"之下。

賓及兄弟交錯其酬，皆遂及私人，爵無筭。筭，數也。長賓取觶酬 兄弟之黨，長兄弟取觶酬賓之黨，唯己所欲，無有次第之數也。【疏】"賓及"至"無筭"。 ○注"筭數"至"數也"。○釋曰：自此盡"有司徹"，論堂下行無筭爵禮終，尸、侑出，主人 送於廟門外之事。云"長賓取觶"者，是主人酬賓觶。云"長兄弟取觶"者，是兄弟之後 生者舉觶于其長之觶也。尸出，侑從，主人送于廟門之外，拜，尸不顧。 拜送之。【疏】"尸出"至"不顧"。○注"拜送之"。○釋曰：儐尸之禮，尸、侑賓也，故孔 子亦云"賓不顧矣"。拜侑與長賓，亦如之，衆賓從。從者，不拜送也。司 士歸尸、侑之俎。尸、侑尊，送其家。主人退。反於寢也。有司徹。徹堂 上下之薦俎也。外賓尸，雖堂上，婦人不徹。【疏】"有司徹"。○注"徹堂"至"不徹"。 ○釋曰：云"徹堂上下之薦俎也"者，案上文堂上有尸、侑之薦俎，堂下有賓及兄弟之薦 俎，皆徹之也。云"外賓尸，雖堂上，婦人不徹"者，案《特牲》云"宗婦徹祝豆籩入于房， 徹主婦薦俎"，此篇首云"有司徹"，鄭注云"徹室中之饌及祝、佐食之俎"，爲將儐尸，故 使有司徹之，下大夫不儐尸，改饋饌于西北隅，云"有司官徹饋，饌於室中西北隅"，至 篇末禮終云"婦人乃徹"，注云"徹祝之薦及房中薦俎，不使有司者，下上大夫之禮"，然 則此篇首云"有司徹"，別無婦人也，下大夫有司饌陽厭，婦人徹之，篇末云"徹室中之 饌"，注云"有司饌之，婦人徹之，外內相兼，禮殺"，此戶外儐尸，亦禮殺，嫌婦人亦徹 之，故云"雖堂上，婦人不徹"，婦人必不徹者，異於下大夫也，堂上儐尸，猶如室內之陽 厭②，故鄭注篇首云"賓尸則不設饌西北隅，以此薦俎之陳有祭象而亦足以厭飫神"

---

　　① "上言"原作"言上"，阮云："毛本、楊氏同，'上言'二字徐本倒，與疏不合，《通 解》誤作止言。"據乙。

　　② "室"字原作"堂"，曹云："'堂'當爲'室'。"倉石云："'堂'，殿本改爲'室'。" 據改。

是也。

若不賓尸，不儐尸，謂下大夫也。其牲物則同，不得備其禮耳。舊説云："謂大夫有疾病，攝昆弟祭。"《曾子問》曰"攝主不厭祭、不旅、不假、不綏祭、不配，布奠于賓，賓奠而不舉"，而此備有，似失之矣。○不綏，許恚反，本亦作隋，同。【疏】"若不賓尸"。○注"不賓"至"之矣"。○釋曰：自此盡"牢舉，如賓"，論下大夫不賓尸之事。云"不賓尸，謂下大夫"者，從尸七飯已前①，皆與上大夫賓尸者同，已後則以此"祝侑"續之，是不儐尸之禮②，故云"不賓尸，謂下大夫也"。云"其牲物則同，不得備其禮耳"者，謂不備儐尸禮也。引《曾子問》者，破舊説。案彼上云"若宗子有罪，居于他國，庶子爲大夫，其祭也，祝曰：'孝子某使介子某，執其常事。'攝主不厭祭，不旅，不假，不綏祭，不配"，注云"皆辟正主。厭，厭飫神也。厭有陰，有陽。迎尸之前，祝酌奠，奠之且饗，是陰厭也。尸謖之後，徹薦俎敦，設于西北隅，是陽厭也。此不厭者，不陽厭也。不旅，不旅酬也。假，讀爲嘏。不嘏，不嘏主人也。不綏祭，謂今主人也"，又云"布奠於賓，賓奠而不舉，謂主人酬賓，奠觶于薦北，賓取觶奠于薦南"是也③。云"而此備有，似失之矣"者，謂此不儐尸者，不厭已下皆有，則非如舊説使昆弟攝者，故云"似失之矣"。

則祝侑亦如之。謂尸七飯時。○七飯，扶晚反，後皆同。【疏】"則祝侑亦如之"。○注"謂尸七飯時"。○釋曰：案上篇尸食七飯告飽，"祝西面于主人之南，獨侑，不拜，侑曰：皇尸未實，侑"是也④。尸食，八飯。【疏】"尸食"。○注"八飯"。○釋曰：上已七飯，故知此當八飯也。乃盛俎，臑、臂、肫、脡脊、横脊、短脅、代脅皆牢，盛者，盛於斯俎也。此七體羊、豕，其脊、脅皆取一骨也，與所舉正脊、幹、骼凡十矣。肩未舉，既舉而俎猶有六體焉。○乃盛，音成，注及下同。【疏】"乃盛"至"皆牢"。○注"盛者"至"體焉"。○釋曰：案《特牲》尸食訖乃盛，今八飯即盛者，大夫禮與士相變。若然，此先言臑者，見從下起，不言盛肩，肩未舉，舉乃盛，不言骼，骼已舉先在俎。

---

①　"七飯"原作"飲七"，曹云："'飲七'當爲'七飯'。"據改。

②　"是"下原無"不"字，曹云："'是'下脱'不'字。"據補。

③　"是"上原無"謂主人"至"于薦南"十七字，四庫本卷末《考證》云："監本脱此十七字，今据《曾子問》注文補之。"據補。

④　"是"字原作"尸"，張敦仁本作"是"，據改。

有司徹,不盛俎者,賓尸之禮,更無所用①,全以歸尸故也。云"盛者,盛於肵俎也"者,以《特牲》云"盛肵俎,俎釋三个",故知盛於肵,以歸尸故也。云"此七體羊、豕"者,以其五鼎下有魚、腊,膚又不盛②,故唯羊、豕也。云"其脊、脅皆取一骨也,與所舉正脊、幹、骼凡十矣"者,案上篇載時皆二骨以並,今但盛一骨,不云正脊、長脅者,先舉一骨,故不序也。凡骨體之數,左右合爲二十一體。案《少牢》注云"肩、臂、臑,肫骨也。膊、骼,股骨",《鄉飲酒》注"前脛骨三,肩、臂、臑也。後脛骨二,膊、骼也",又後有髀、觳③,《特牲記》云"主婦俎,觳折",注云"觳,後足也",正禮不數者④,凡體,前貴於後,觳賤於臑,故數臑不數觳,是以不升於鼎,又以髀在肫上,以近竅賤⑤,正俎不用,又脊有三分,一分以爲正脊,次中爲脡脊,後分爲橫脊,脅亦爲三分,前分爲代脅,次中爲中脅,後分爲短脅,是其二十一體也。云"而俎猶有六體焉"者,謂三脊、三脅皆取一骨盛於肵,各有一骨體在俎不取,以備陽厭也,故云"而俎猶有六體焉"也。　**魚七**,盛半也。魚十有五而俎,其一已舉。必盛半者,魚無足翼,於牲象脊、脅而已。【疏】"魚七"。○注"盛半"至"而已"。○釋曰:云"魚十有五而俎"者,案《少牢》載魚鮒云"十有五而俎"。云"其一已舉"者,謂尸食時已舉其一,唯有十四在。云"必盛半者,魚無足翼,於牲象脊、脅而已"者,案《中候》云"魚者,水精,隨流出入,得申朕意",鄭注引《春秋緯·璇璣樞》曰"魚無足翼,紂如魚,乃討之"是也,紂雖有臣,無益於股肱,若魚雖有翼,不能飛。若然,此注云"魚無翼"者,亦從彼文,魚雖有翼不能飛。云"象脊、脅"者,六體十二骨,盛六是半,魚無足,象牲脊、脅,亦盛半,盛半相似,數則不同,以其牲之脊、脅則六,魚之半則七也。　**腊辯,無髀**。亦盛半也。所盛者,右體也,脊屬焉。言無髀者,云一純而俎,嫌有之。古文髀作脾。○無髀,步禮反,又方爾反。【疏】"腊辯無髀"。○注"亦盛"至"作脾"。○釋曰:云"亦盛半"者,謂除尸舉,其餘兩半亦似魚十四盛七爲半,必知盛半者,以其此腊在魚下,明盛半與魚同,此腊亦盛右體,知者,以其牲用右,故此亦盛右體。知"脊屬焉"者,案上篇《少牢》云"腊一純而俎",脊不折,直爲一段,代脅、長

----

①　"更"上原無"賓尸之禮"四字,阮云:"《通解》、毛本'更'上有'賓尸之禮'四字,此本與楊氏無。"四庫本"更"上亦有"賓尸之禮"四字,據補。

②　"盛"字原作"升",曹云:"四字不與上連讀,'升'當爲'盛'。"據改。

③　"觳"下原有"折"字,曹云:"'折'字衍。"據刪。

④　"正"字原作"昏",曹云:"'昏'或當爲'正'。"據改。

⑤　"以"下原無"近"字,曹云:"'以'下脱'近'字。"據補。

脅、短脅各一骨,左右三脅,脅骨合爲六體,并脊爲七,通肩、臂等十爲十七體,與牲體同,如腊肩尸食既舉而俎唯有十六在,言盛半,明脊屬,又且凡牲載體者,脊皆屬焉,下經云"乃摭于魚腊俎,俎釋三个,其餘皆取之",明不盡盛可知。若然,案《士虞禮》"升腊左胖,髀不升,實于下鼎",注云"腊亦七體,牲之類",又《特牲記》云"腊如牲骨",鄭注云"不但言體,以有一骨、二骨者",以此言之,腊與牲體設骨多少盡同而云腊脊、脅皆一骨者,以其左右盡升,欲使祝及主婦已下俱取於此腊體,故下云"祝、主人之魚、腊取于是",注云"祝、主人、主婦俎之魚、腊取於此者,大夫之禮文,待神餘也。三者各取一魚。其腊,主人臂,主婦臑,祝則髂也",今若復分一骨二骨,則數多於牲①。《特牲》祝以下俎無腊體,不升腊右胖,故云"腊如牲骨",與右胖同,皆祝俎所不用。上篇《少牢》雖祝俎有腊,兩髀屬竅,上大夫禮又異於此。《士虞禮》祝以下亦無腊體,故鄭注《士虞禮》"腊亦七體,牲之類"。鄭注《士昏禮》云凡腊用純者②,據上下大夫以上祭祀及士之嘉禮,士祭禮則腊不用純,辟大夫。云"言無髀者,云一純而俎,嫌有之"者,案上篇《少牢》載腊云"一純而俎",不云髀不升,故此明之而云"腊辯,無髀"也,案上篇《少牢》祝俎云腊兩髀在祝俎,不升於鼎,不在神俎,已自明矣,今此更明之者,以《少牢》陳鼎上下大夫皆同,今此下大夫不儐尸,其祝俎腊髂,不云"無髀",何以明之? **卒盛,乃舉牢肩。尸受,振祭,嚌之,佐食受,加于肵。**卒,已。佐食取一俎于堂下以入,奠于羊俎東,不言魚俎東,主於尊。【疏】注"不言"至"於尊"。○釋曰:案《少牢》云"設俎,羊在豆東,豕亞其北,魚在羊東,腊在豕東,特膚當俎北端",今摭魚、腊,宜在魚俎東而繼羊俎言之,以羊尊爲主也。**乃摭于魚、腊俎,俎釋三个,其餘皆取之,實于一俎以出,**个,猶枚也。魚摭四枚,腊摭五枚,其所釋者,腊則短脅、正脅、代脅,魚三枚而已。古文摭爲揖。○三个,古賀反。爲揖,之舌反③,劉音與摭同。【疏】"乃摭"至"以出"。○注"个猶"至"爲揖"。○釋曰:知"魚摭四枚,腊摭五枚"者,以魚盛半,其俎猶有七个在,故摭去四枚,釋三个,腊盛半而俎猶有

---

①　"於"下原無"牲"字,曹云:"'於'下脱'牲'字。牲脊、脅盛一骨,此腊盛半,若有一骨、二骨則脊、脅當二骨並盛,數多於牲矣。"據補。

②　"注"下原無"士昏禮"三字,倉石云:"殿本'注'下補'士昏禮'三字。今案《昏禮》注'純'作'全'。"據補。

③　"舌"字原作"石",黃云:"'石',宋本同。阮云:'當作舌。'"據改。

八體在，摭去五枚，釋三个，皆爲改饌西北隅也。云"腊則短脅、正脅、代脅，魚三枚而已"者，以腊右體已盛，脊又屬焉，唯有左在，下文云主人腊臂，主婦腊臑，祝則骼，所釋者，故知脅，又牲體所釋者是脅、脊，此腊脊已在盛半限，故知所釋唯有三脅耳。**祝、主人之魚、腊取于是。**祝、主人、主婦俎之魚、腊取於此者，大夫之禮文，待神餘也。三者各取一魚，其腊，主人臂，主婦臑，祝則骼也與？此皆於鼎側更載焉。不言主婦，未聞。○也與，音余。【疏】"祝主"至"于是"。○注"祝主"至"未聞"。○釋曰：案《特牲》士禮，不待神餘，故主人、主婦、祝皆無腊，上大夫之祝當有腊俎，至於儐尸，腊爲庶羞，又不載於俎，與此異，此下大夫待神餘，故祝、主人、主婦皆有腊體也。云"其腊，主人臂，主婦臑，祝則骼也與"者，主人用臂，主婦用臑，見於下經，祝無文而知用骼者，其骼無正文，故云"與"以疑之也。云"此皆於鼎側更載焉"者，上摭時共在一俎以出，及下設時，主人、主婦及祝各異俎，又不同時，故知更載俎，云"鼎側"，則不復升鼎也。云"不言主婦，未聞"者，下有主婦俎腊臑，則主婦用腊可知，此經直云祝、主人，不云主婦，未聞其義，或轉寫者脱耳。**尸不飯，告飽。主人拜侑，不言，尸又三飯。**凡十一飯。士九飯，大夫十一飯，其餘有十三飯、十五飯。【疏】"尸不"至"三飯"。○注"凡十"至"五飯"。○釋曰：上篇士禮九飯，《少牢》上下大夫同十一飯，士、大夫既不分命數爲尊卑，則五等諸侯同十三飯，天子十五飯可知。**佐食受牢舉，如儐。**舉，肺、脊。

　　主人洗，酌，酳尸，賓羞肝，皆如儐禮。卒爵，主人拜，祝受尸爵，尸荅拜。祝酌授尸，尸以醋主人，亦如儐。其綏祭，其嘏，亦如儐。肝，牢肝也。綏，皆當作挼。挼，讀爲藏其墮之墮。古文爲捘。○酳尸，以刃反，又士刃反。其綏，并注挼及隋皆許惠反，後放此。【疏】"主人"至"如儐"。○釋曰：自此盡"薦羞皆如賓"禮，論主人獻尸、祝及佐食之事。此主人獻有五節，主人獻尸，一也；酢主人，二也；獻祝，三也；獻上佐食，四也；獻下佐食，五也。○注"肝牢"至"爲捘"。○釋曰：云"綏，皆當作挼"者，案經唯有一綏而云"皆"者，鄭并下佐食綏總破之，故云"皆"也。云"讀爲藏其墮之墮"者，讀從《周禮·守祧職》云"既祭，則藏其隋"，必讀從之者，義取墮減之事也。**其獻祝與二佐食，其位，其薦羞皆如儐。**

　　主婦其洗，獻于尸，亦如儐。自尸侑不飯告飽至此，與賓同者在上篇。

【疏】"主婦"至"如儐"。○注"自尸"至"上篇"。○釋曰:自此盡"入于房",論主婦亞獻尸及祝并獻二佐食之事。此一節之内,獻數與主人同,唯不受嘏爲異。云"與儐同者",經既云"如儐"而注復云"與儐同者",爲事在上篇而發也。**主婦反取籩于房中,執棗、糗,坐設之。棗在稷南,糗在棗南。婦贊者執栗、脯,主婦不興,受,設之。栗在糗東,脯在棗東。主婦興,反位。**棗,饋食之籩。糗,羞籩之實。雜用之,下賓尸也。栗、脯,加籩之實也。反位,反主人之北拜送爵位。【疏】"主婦"至"反位"。○釋曰:此設籩實,繼在《少牢》室内西南隅陰厭神饌也。○注"棗饋"至"爵位"。○釋曰:案《周禮·籩人職》云"饋食之籩,棗、栗、桃、乾䕩、榛實。羞籩之實,糗餌、粉餈",又"加籩之實,菱、芡、棗、脯",是鄭據《籩人職》而言也。云"雜用之,下儐尸也"者,案上儐尸者齏、菹、白、黑、糗、脩之等①,朝事之籩、羞籩之實,各用之而不雜也。案上儐尸,主婦亞獻尸,設籩直有糗②、脩二籩,下大夫之禮,主婦亞獻有四籩者,儐尸之禮,主人獻尸,主婦設四籩齏、菹、白、黑,故至主婦獻時,直設糗餌與脯脩二籩,通前四籩六籩,此主人初獻,如上篇無籩從,故至主婦亞獻設四籩,猶自少於儐尸兩籩。**尸左執爵,取棗、糗,祝取栗、脯以授尸,尸兼祭于豆祭,祭酒,啐酒。次賓羞牢燔,用俎,鹽在右。尸兼取燔揲于鹽,振祭,嚌之。祝受,加于肵。卒爵,主婦拜,祝受尸爵,尸荅拜。**自主婦反籩至祝受加于肵③,此異于賓。【疏】注"自主"至"于賓"。○釋曰:上篇主婦但有獻而已,無籩燔從之事,此篇首儐尸,主婦亞獻尸,乃有籩從之事④,其物又異,唯糗同耳,故云"此異于賓"也。上注云"自尸侑不飯告飽至此,與儐同在上篇",此注云"此異于賓"者,上注云"至此,與儐同者",皆與儐禮同在上篇,故注云"至此"也,此自"卒爵"下至"荅拜",與儐同在上篇,自"祝受,加于肵"以上,至主婦反籩與儐尸異⑤,所

---

　　①　"脩"字原作"餌",曹云:"'餌'當爲'脩'。"據改。
　　②　"糗"字原作"脯",曹云:"'脯'當爲'糗'。"據改。
　　③　"至"下原無"祝"字,阮云:"徐本同,《集釋》《通解》、毛本'至'下有'祝'字。"據補。
　　④　"從"字原作"餌",曹云:"'餌'當爲'從'。"據改。
　　⑤　"儐"上原無"與"字,阮云:"《通解》、毛本'儐'上有'與'字,此句下無'所得相決'四字。"曹云:"'儐'上各本有'與'字是。"據補。

得相決，鄭所以不在“卒爵”上注而在“尸荅拜”下注者，取終一事故也。**祝易爵洗，酌授尸，尸以醋主婦。主婦主人之北拜受爵，尸荅拜。主婦反位，又拜。上佐食綏祭，如儐。卒爵拜，尸荅拜。**主婦夾爵拜，爲不儐尸降崇敬。今文醋曰酢。【疏】注“主婦”至“曰酢”。○釋曰：案《特牲》主婦獻尸，不夾爵拜，上篇上大夫賓尸，主婦獻尸，夾爵拜，此下大夫既不賓尸，主婦宜與士妻同，今夾爵拜者，爲不賓尸降崇敬①，故夾爵拜，與上大夫同。言降，謂降賓尸之禮也。**主婦獻祝，其酌如儐。拜，坐受爵，主婦主人之北荅拜。**自尸卒爵至此，亦與賓同者，亦在上篇。【疏】注“自尸”至“上篇”。○釋曰：經無“尸卒爵”之文，鄭注云尸者，以經有卒爵之文多，故言尸以別之也。**宰夫薦棗、糗，坐設棗于菹西，糗在棗南。祝左執爵，取棗、糗，祭于豆祭，祭酒，啐酒。次賓羞燔，如尸禮。卒爵。**內子不薦籩，祝賤，使官可也。自宰夫薦至賓羞燔，亦異于賓。【疏】注“內子”至“于賓”。○釋曰：案《特牲》主婦設籩者，士妻卑也，案上尸與主人籩，皆主婦設之，至此祝，不使主婦而使宰夫設籩，故云“祝賤，使官可也”。案《禮記》注“內子，卿妻”，引《春秋》趙姬請逆叔隗以爲內子，證卿妻爲內子，今此下大夫妻得稱內子者，欲見此下大夫妻於祝不薦籩，兼見上大夫妻亦不薦籩，故變言內子也或可，散文，下大夫妻亦得爲內子也。云“自宰夫薦至賓羞燔，亦異于賓”者，《少牢》主婦獻祝亦無籩燔從一事，此有籩燔從者，亦異于賓也。**主(人)〔婦〕受爵②，酌，獻二佐食，亦如儐。主婦受爵，以入于房。**

賓長洗爵，獻于尸。尸拜受，賓戶西北面荅拜，爵止。尸止爵者，以三獻禮成，欲神惠之均於室中，是以奠而待之。【疏】“賓長”至“爵止”。○注“尸止”至“待之”。○釋曰：自此盡“庶羞在左”，論賓長獻尸、祝、佐食并致爵之事。此一節之內，凡有十爵，獻尸，一也；主婦致爵於主人，二也；主人酢主婦，三也；尸作止爵，飲

---

① “不”字原作“拜”，汪刊單疏作“不”，據改。

② “主人受爵”，阮云：“‘人’，陳、閩、葛本、《集釋》、《通解》、楊、敖俱作‘婦’。《石經考文提要》云：‘監本沿唐石經之誤，此節乃主婦亞獻，其獻二佐食與《少牢饋食》主婦獻二佐食同，非主人也。’”當據改。

訖,酢賓長,四也;賓獻祝①,五也;又獻上佐食,六也;又獻下佐食,七也;賓致爵於主人,八也;又致爵于主婦,九也;賓受主人酢,十也。云"賓户西北面苔拜"者,案上《少牢》正祭賓獻與此篇首賓長獻皆云"拜送",此特言"苔拜"者,下大夫故也。言"拜送"者,禮重;云"苔拜"者,禮輕。**主婦洗于房中,酌,致于主人。主人拜受,主婦户西北面拜送爵,司宫設席。**拜受乃設席,變於士也。【疏】"主婦"至"設席"。○注"拜受"至"士也"。○釋曰:此下大夫夫婦致爵之禮。《祭統》云夫祭有十倫之義,七曰"見夫婦之别焉",又曰"尸酢夫人執柄,夫人受尸執足。夫婦相授受,不相襲處,酢必易爵",彼據夫婦致爵而言,又《詩・既醉序》云"醉酒飽德",謂見十倫之義,志意充滿,是天子、諸侯皆有夫婦致爵之事,但《少牢》上大夫受致不酢,下大夫受致又酢不致,士受致自酢又致②,是上大夫尊,辟君,受致不酢,下大夫與士卑,不嫌得與人君同,夫婦致爵也。云"拜受乃設席,變於士也"者,案《特牲禮》未致爵已設席,故云異於士,其上大夫正祭未致爵,至賓尸,尸酢主人,設席,以尸如賓③,故設席在前也。案《周禮・司几筵》云"祀先王昨席亦如之",鄭注云"謂祭祀及王受酢之席",彼受酢時已設席,與大夫禮異也,鄭注《周禮・司几筵》又云"后、諸臣致爵乃設席",與此禮同者,下大夫與士卑不嫌④,多與君同故也。**主婦薦韭菹、醢,坐設于席前,菹在北方。婦贊者執棗、糗以從,主婦不興,受,設棗于菹北,糗在棗西。佐食設俎,臂、脊、脅、肺皆牢,膚三、魚一、腊臂。**臂,左臂也。《特牲》五體,此三者,以其牢與腊臂而七。牢、腊俱臂,亦所謂"腊如牲體"。【疏】注"臂左"至"牲體"。○釋曰:知是左臂者,右臂尸所用,故知左臂也。云"《特牲》五體,此三者,以其牢與腊臂而七"者,以經云臂、脊、脅皆牢,牢謂羊豕也,既羊豕臂、脊、脅俱有,是六也,通腊臂而七,是以牲體唯有三也。云"牢、腊俱臂,亦所謂'腊如牲體'"者,"腊如牲體",《特牲記》文。案彼云"腊如牲骨",骨即體也,故以體言之,以其上腊摭五枚,

---

① "祝"字原作"長",汪刊單疏作"祝",據改。
② "自"下原無"酢又"二字,倉石云:"殿本'自'下補'酢又'二字,《考證》吴氏紱云:'《特牲饋食禮》主婦致爵于主人,自酢,主人又致爵于主婦。補此二字,其義乃全。'"據補。
③ "以尸如賓"原作"以有尸賓",曹云:"當爲'以尸如賓'。"據改。
④ "士"上原無"下大夫與"四字,曹云:"以上文參之,'士'上當脱'下大夫與'四字。"據補。

左肩、臂、臑、肫、骼，今主人不用肩而用臂者，以其羊豕皆用臂，故腊亦用臂，是以鄭云“腊如牲體”，但此腊臂直一骨無並，故須云“腊如牲體”也。**主人左執爵，右取菹擩于醢，祭于豆間，遂祭籩，奠爵，興，取牢肺，坐絕祭，嚌之，興，加于俎，坐挩手，祭酒，執爵以興，坐卒爵，拜。**無從者，變於士也，亦所謂順而摭也。【疏】“主人”至“爵拜”。○注“無從”至“摭也”。○釋曰：云“無從者，變於士也”者，案《特牲》主婦致爵於主人，肝、燔並從，此無肝、燔從，故云“變於士也”。**主婦荅拜，受爵，酌以醋，戶内北面拜，**自酢不更爵，殺。【疏】注“自酢不更爵殺”。○釋曰：此決上主婦受酢時，祝易爵洗，酌授尸，尸以醋主婦，今自酢又不更爵，故云“殺”也。**主人荅拜。卒爵拜，主人荅拜，主婦以爵入于房。尸作止爵，祭酒，卒爵，賓拜。祝受爵，尸荅拜。**作止爵乃祭酒，亦變於士。自爵止至作止爵，亦異於賓。【疏】注“作止”至“於賓”。○釋曰：云“作止爵乃祭酒，亦變於士”者，《特牲》“賓三獻如初，燔從如初，爵止”，無祭酒之文，至“三獻作止爵，尸卒爵”，亦無祭酒之文，知《特牲》祭酒訖乃止爵者，以經云“燔從如初”，乃云“爵止”，鄭注云“初，亞獻也”，亞獻時，祭酒訖，乃始燔從，則三獻“燔從如初”，始云“爵止”，明是祭酒既訖，乃始止爵，今大夫作止爵，乃祭酒，故云“變於士”。云“自爵止至作止爵，亦異於賓”者，此篇首賓尸禮，賓長獻尸奠爵，又云“尸作三獻之爵”，不解以爲與賓同，云“異”者，賓尸止爵在致爵後，其作之在獻私人後，欲神惠之均於庭，此止爵在主婦致爵前，作之在致爵後，欲神惠均於室中，與《特牲》“燔從如初，爵止”同。《少牢》上篇所以不致爵者，爲賓尸，賓尸止爵者，欲神惠均於庭①，故止爵也。《特牲》再止爵者，一止爵欲神惠均於室中，一止爵者順上大夫之禮也。**祝酌，授尸。賓拜受爵，尸拜送。坐祭，遂飲，卒爵拜，尸荅拜。獻祝及二佐食。洗，致爵于主人。**洗致爵者，以承佐食賤，新之。**主人席上拜受爵，賓北面荅拜。坐祭，遂飲，卒爵拜，賓荅拜。受爵，酌，致爵于主婦。主婦北堂，司宮設席，東面。**北堂，中房以北。東面者，變於士妻。賓尸不變者，賓尸禮異矣。内子東面，則宗婦南面西上，内賓自若東面南上。【疏】注“北堂”至“南上”。○釋曰：云

---

① “欲”下原有“室中”二字，曹云：“‘室中’二字衍。”據刪。

"東面者,變於士妻"者,案《特牲記》"宗婦北堂,東面北上",注云"宗婦宜統於主婦,主婦南面",此東面,故云"變於士妻"。云"内子東面,則宗婦南面西上"者,此無正文,鄭以意解之,何者? 宗婦位繼於主婦,今主婦準《特牲》,在宗婦位處,則宗婦位亦易處在主婦位,"南面西上"可知。云"内賓自若東面南上"者,亦約《特牲記》文。**主婦席北東面拜受爵,賓西面荅拜。**席北東面者,北爲下。【疏】注"席北"至"爲下"。○釋曰:案《特牲》宗婦東面北上,今主婦在宗婦之位東面,鄭以北爲下者,若宗婦之衆則北爲上,今主婦特位立,則依《曲禮》"席東鄉、西鄉,以南方爲上",因於陰陽,故"北爲下"。**婦贊者薦韭菹、醢,菹在南方。婦人贊者執棗、糗授婦贊者,婦贊者不興,受,設棗于菹南,糗在棗東。**婦人贊者,宗婦之弟婦也。今文曰"婦也,贊者執棗、糗授婦贊者,不興,受"。○弟婦,音娣。**佐食設俎于豆東,羊臑,豕折,羊脊、脅、(祭)肺一①、膚一、魚一、腊臑。**豕折,豕折骨也。不言所折,略之。《特牲》主婦觳折。豕無脊、脅,下主人。羊、豕四體,與腊臑而五。○觳折,苦角反,又户角反。【疏】注"豕折"至"而五"。○釋曰:云"豕折骨也"者,謂不全體,就體骨中折之,故云"折骨"。云"不言所折,略之"者,謂不言所折骨名,是略之。引《特牲》"主婦觳折"者,證略而不言骨名,其折是觳折也。云"豕無脊、脅,下主人"者,主人於上文豕有脊②、脅也。云"羊、豕四體,與腊臑而五"者,上主人牢與腊臑而七,此五是其略也。**主婦升筵,坐,左執爵,右取菹擩于醢,祭之,祭籩,奠爵,興,取肺,坐絶祭,嚌之,興,加于俎,坐挩手,祭酒,執爵興,筵北東面立卒爵,拜。**立飲拜既爵者,變於大夫。**賓荅拜,賓受爵,易爵于篚,洗,酌,醋于主人,户西北面拜,主人荅拜。卒爵拜,主人荅拜。賓以爵降,奠于篚。**自賓獻及二佐食至此③,亦異於賓。

---

① "肺"上漢簡本無"祭"字,沈云:"阮元《校勘記》云:'唐石經無祭字。'此乃離肺,非祭肺。敖繼公謂'祭字誤衍',彼未見石經,已斷爲衍字;今得簡本,更證今本之誤。"當據删。

② "有"上原無"豕"字,曹云:"'有'上脱'豕'字。"據補。

③ "自賓"下原無"獻"字,阮云:"徐本、楊氏同,《集釋》、毛本'賓'下有'獻'字,《通解》有'獻'無'自'。"據補。

【疏】注“自賓”至“於賓”。○釋曰：“異”者，謂賓獻及二佐食以下至此“奠于筐”，異於《少牢》賓長獻，直及祝不及佐食，故鄭彼注云“不獻佐食，將儐尸，禮殺”是也。乃羞，宰夫羞房中之羞，司士羞庶羞于尸、祝、主人、主婦，内羞在右，庶羞在左。

主人降，拜衆賓，洗，獻衆賓，其薦脀、其位、其酬醋，皆如儐禮。主人洗，獻兄弟與内賓與私人，皆如儐禮，其位、其薦脀，皆如儐禮。卒，乃羞于賓、兄弟、内賓及私人，辯。自乃羞至私人之薦脀，此亦與儐同者在此篇。不儐尸，則祝猶侑耳。卒，已也。乃羞者，羞庶羞。【疏】“主人降”至“人辯”。○注“自乃”至“庶羞”。○釋曰：此一經論主人獻堂下衆賓、兄弟下及私人并房中内賓，皆與上大夫禮同之事。

賓長獻于尸，尸醋。獻祝，致，醋，賓以爵降，實于筐。致，謂致爵于主人、主婦。不言如初者，爵不止，又不及佐食。【疏】“賓長”至“于筐”。○注“致謂”至“佐食”。○釋曰：此經論次賓長獻尸已下之事，以其上賓長已獻尸訖①，明此是次賓長爲加爵也。云“不言如初者，爵不止，又不及佐食”者，謂“不言如初者”，以有與初不同②，案上文云“賓長獻于尸③，如初，無洊，爵不止”，注云“如初，如其獻侑，酌致主人，受尸酢也。無洊，爵不止，别不如初者”，此文不與彼同者，爲經不可如一，故鄭注彼此各申經意。

賓、兄弟交錯其酬，無筭爵。此亦與儐同者在此篇。【疏】“賓兄”至“筭爵”。○注“此亦”至“此篇”。○釋曰：此一經論堂下賓及兄弟行無筭爵之事。此堂下兄弟及賓行無筭爵，似下大夫無旅酬④，故鄭云“此亦與儐同者在此篇”，若此經兼有旅酬，鄭不得言“與儐同”，案《特牲》尸在室内，亦不與旅酬之事而堂下賓及兄弟行旅酬，

①　“長”下原有“上”字，阮云：“《要義》《通解》同，毛本、楊氏無下‘上’字。”據删。
②　“謂不”至“不同”原作“謂不言同”，曹云：“當云‘謂不言如初者以有與初不同’。”據補。
③　“上”上原無“案”字，曹云：“句首脱‘案’字。”據補。
④　“下”字原作“上”，阮云：“‘上’，《通解》《要義》俱作‘下’。”曹云：“‘下’字是。”據改。

又使弟子二人舉觶爲無筭爵者,下大夫雖無儐尸之禮,堂上亦與神靈共尊①,不敢與人君之禮同,既與神靈共尊,故闕旅酬,直行無筭爵而已。《特牲》堂下得獻之後,與神別尊,故旅酬、無筭爵並皆行之,士賤不嫌與君同,故得禮備也。

　　利洗爵,獻于尸,尸酢。獻祝,祝受,祭酒,啐酒,奠之。利獻不及主人,殺也。此亦異於賓。【疏】“利洗”至“奠之”。○注“利獻”至“於賓”。○釋曰:此一經論佐食事尸,禮將畢,爲加爵獻尸及祝之事。云“利獻不及主人,殺也”者,此對上文賓長爲加爵及主人,此不及主人,是“殺也”。又云“此亦異於賓”者,案上《少牢》無利獻,賓三獻尸即止,此篇首儐尸之禮,佐食又不與,故無佐食獻,故云“異”也。

　　主人出,立于阼階上,西面。祝出,立于西階上,東面。祝告于主人曰:“利成。”祝入,主人降,立于阼階東,西面。尸謖,祝前,尸從,遂出于廟門。祝反,復位于室中。祝命佐食徹尸俎,佐食乃出尸俎于廟門外,有司受,歸之,徹阼薦俎。自主人出至此,與賓雜者也。先蕢徹主人薦俎者,變于士。《特牲饋食禮》曰:“徹阼俎豆籩,設于東序下。”○尸謖,所六反。【疏】注“自主”至“序下”。○釋曰②:云“自主人出至此,與賓雜者也”者,謂有同者不同,故上《少牢》直云“祝告曰:利成”,此云“祝告于主人曰:利成”;上《少牢》云“祝入,尸謖。主人降,立于阼階東,西面”,此云“祝入,主人降立于阼階東,西面。尸謖”;彼云“祝先”,此云“祝前”;彼云“祝命佐食徹阼俎,降設于堂下”,此云“祝反,復位于室中。祝命佐食徹尸俎,佐食乃出尸俎于廟門外,有司受,歸之”,故云“雜”。云“先蕢徹主人薦俎者,變於士”者,《特牲》既餕,祝命佐食徹阼俎,此餕前徹阼薦俎,故云“變於士”。引《特牲》者,證徹阼薦俎所置之處也。

　　乃蕢,如儐。謂上篇自司宮設對席,至上餕興出也。今文蕢作餕③。○乃

――――――――――

　　① “上”字原作“下”,倉石云:“‘下’,殿本改爲‘上’字。今案據《特牲》疏云‘《少牢》上下大夫堂下皆無尊者,士卑得與人君同,大夫尊,辟人君故也’,則此當作‘上’爲是。”據改。

　　② “釋曰”上原無“注自主至序下”六字,倉石云:“各本上有‘注自主至序下’六字,《校勘記》云:‘單疏本不標經注起止,偶脱耳。’今案九字單疏本擠刻,蓋初併‘釋曰’二字奪之,直接上節疏末,後校改如此而未む補標題也。”據補。

　　③ “今文”原作“古文”,此注亦誤,“古文”當爲“今文”,謹改,詳《特牲饋食禮》之“蕢者舉奠許諾”鄭注校記。

蕣,音俊。

卒蕣,有司官徹饋,饌于室中西北隅,南面,如饋之設,右几,扉用席。官徹饋者,司馬、司士舉俎,宰夫取敦及豆。此於尸謖改饌,當室之白,孝子不知神之所在,庶其饗之於此,所以爲厭飫。不令婦人改徹饌敦豆,變於始也,尚使官也。佐食不舉羊、豕俎,親餕,尊也。扉,隱也。古文右作侑,扉作茀。○扉,扶味反。取敦,音對,劉又都愛反,下同。厭,一豔反。飫,於庶反。不令,力呈反。作茀,音弗。【疏】"卒蕣"至"用席"。○注"官徹"至"作茀"。○釋曰:自此下盡篇末,論餕訖改饌於西北隅爲陽厭之事。云"官徹饋者,司馬、司士舉俎"者,經云"官徹",則司馬主羊,司士主豕,明還遣此二人舉俎可知,即上經云"司馬刲羊,司士擊豕"是也[1]。云"宰夫取敦及豆"者,以其宰夫多主主婦之事,此敦及豆本主婦設之,今云"官徹",明非婦人,知是宰夫爲之也,是以上文云"宰夫羞房中之羞",又上"主婦獻祝,宰夫薦",鄭注云"内子不薦籩,祝賤,使官可也",以此言之,則宰夫代主婦設籩豆及敦可知。云"當室之白,孝子不知神之所在,庶其饗之於此,所以爲厭飫"者,此言雜取《曾子問》、《郊特牲》、《祭義》之文。案《曾子問》說陽厭之事云"當室之白,尊于東房",鄭云"得户明者也",《郊特牲》云"索祭祝于祊,不知神之所在,於彼乎?於此乎?尚曰求諸遠者與",《祭義》云"勿勿乎其欲饗之",是鄭所取陽厭及祊祭求神之事。云"不令婦人改饌敦豆,變於始也,尚使官也"者,此決《少牢》初設饌,主婦薦兩豆,宗婦一人贊兩豆,主婦設一敦,宗婦贊三敦,是其始時婦人設之,今使宰夫徹豆敦者,"尚使官"故也。納一尊于室中。陽厭殺,無玄酒。司宮埽祭。埽豆閒之祭。舊說云:"埋之西階東。"【疏】注"埽豆"至"階東"。○釋曰:引舊說者,案《曾子問》凡幣帛皮圭璧爲主命,埋之階閒,此豆閒之祭,案舊說"埋之西階東",以神位在西,故近西階,是以鄭亦依用也。主人出,立于阼階上,西面。祝執其俎以出,立于西階上,東面。司宮闔牖户。閉牖與户,爲鬼神或者欲幽闇。祝告利成,乃執俎以出于廟門外,有司受,歸之。衆賓出,主人拜送于廟門外,乃反。拜送賓者,亦拜送其長。不言長賓者,下大夫無尊賓也。【疏】注"拜送"至"賓也"。○釋曰:此

---

① "也"字原作"之",阮云:"'之',《要義》作'也'。"曹云:"'也'字是。"據改。

決賓尸時，"尸出，侑從，主人送於廟門之外，拜，尸不顧。拜侑與長賓①，亦如之，衆賓從"，鄭注云"從者，不拜送也"，言"從者，不拜送"，則此云"拜送"者，拜送其長可知②，不言長者，下大夫賤，無尊賓，故不別其長也。**婦人乃徹**，徹祝之薦及房中薦俎，不使有司者，下上大夫之禮。【疏】注"徹祝"至"之禮"。○釋曰：云"不使有司者，下上大夫之禮"者，決上大夫祭畢將儐尸，有司徹，賓尸禮終，亦有司徹，今婦人徹，故云"下上大夫之禮"也。**徹室中之饌**。有司饌之，婦人徹之，外内相兼，禮殺。【疏】注"有司"至"禮殺"。○釋曰：云"有司饌之，婦人徹之，外内相兼，禮殺"者，此徹室中之饌者，於上經"有司徹饋，饌於室中西北隅"者，今使婦人徹之，故云"外内相兼"。外者，謂有司官改饌西北隅；内者，謂今婦人（元缺一字）徹饋，故云"相兼"也。

---

① "與"字原作"於"，阮云："陳、閩同，毛本'於'誤作'與'。"曹云："'於'字譌，單疏作'與'。"據改。
② "長"上原無"其"字，倉石云："'長'上注疏本、《通解》俱有'其'字。"據補。

圖書在版編目(CIP)數據

儀禮之屬. 第 2 冊 / 賈海生點校. —杭州：浙江大
學出版社，2016.9
（中華禮藏. 禮經卷）
ISBN 978-7-308-11590-2

Ⅰ.①儀… Ⅱ.①賈… Ⅲ.①禮藏—中國—古代
Ⅳ.①K892.9

中國版本圖書館 CIP 數據核字(2013)第 115097 號

中華禮藏·禮經卷·儀禮之屬 第二冊

賈海生 點校

出 品 人	魯東明	
總 編 輯	袁亞春	
項目統籌	黃寶忠　宋旭華	
責任編輯	宋旭華　胡　畔　張小苹	
封面設計	張志偉	
出版發行	浙江大學出版社	
	（杭州市天目山路 148 號　郵政編碼 310007）	
	（網址：http://www.zjupress.com）	
排　　版	浙江時代出版服務有限公司	
印　　刷	浙江印刷集團有限公司	
開　　本	710mm×1000mm　1/16	
印　　張	39.75	
字　　數	641 千	
版 印 次	2016 年 9 月第 1 版　2016 年 9 月第 1 次印刷	
書　　號	ISBN 978-7-308-11590-2	
定　　價	300.00 圓